F. L. Ruch P. G. Zimbardo

Lehrbuch der Psychologie

Eine Einführung für Studenten der Psychologie, Medizin und Pädagogik

Übersetzt und bearbeitet von
W. F. Angermeier J. C. Brengelmann
Th. J. Thiekötter
W. Gerl S. Ortlieb G. Ramin
R. Schips Ch. Schulmerich

Zweite, korrigierte Auflage

Mit 257 zum Teil farbigen Abbildungen und 20 Tabellen

Springer-Verlag
Berlin Heidelberg New York 1975

Floyd L. Ruch, Ph. D., Professor of Psychology, University of Southern California
Philip G. Zimbardo, Ph. D., Professor of Psychology, Stanford University
Professor Dr. W. F. Angermeier, Psychologisches Institut I der Universität Köln, Lehrstuhl Psychologie II, 5 Köln 41, Kerpenerstraße 4
PD. Dr. Dr. J. C. Brengelmann, Direktor, Psychologische Abteilung Max-Planck-Institut für Psychiatrie, München, Kraepelinstraße 10
W. Gerl, Universität München
S. Ortlieb, Universität München
G. Ramin, Universität München
R. Schips, Universität München
Ch. Schulmerich, Universität München
Th. J. Thiekötter, Universität Köln

Titel der amerikanischen Originalausgabe:
Psychology and Life
Brief 8th Edition

ISBN 3-540-07260-8 2. Auflage Springer-Verlag Berlin Heidelberg New York
ISBN 0-387-07260-8 2nd edition Springer-Verlag New York Heidelberg Berlin

ISBN 3-540-06549-0 1. Auflage Springer-Verlag Berlin Heidelberg New York
ISBN 0-387-06549-0 1st edition Springer-Verlag New York Heidelberg Berlin

Printed in Germany. Library of Congress Cataloging in Publication Data: Ruch, Floyd Leon, 1903–. Lehrbuch der Psychologie. Translation of Psychology and Life. Bibliography: p. Includes index. 1. Psychology. I. Zimbardo, Philip G., joint author. II. Title. BF123.R8415 1975 150 75-9759.

Satz, Druck und Bindearbeiten: Offsetdruckerei Julius Beltz OHG, Hemsbach

Vorwort

Dieses Lehrbuch, das bereits nach einem Jahr in zweiter Auflage erscheint, bringt einen knappen, aber umfassenden Überblick über das Gesamtgebiet der Psychologie. Durch Hinweise auf zahlreiche experimentelle Studien versucht das Buch die wissenschaftlichen Erkenntnisse der modernen Psychologie klar zu umreißen, obgleich auch die spekulativen Elemente nicht zu kurz kommen.

Die Darstellungen in diesem Buch setzen sich kritisch mit den individuellen und kollektiven Problemen unserer modernen Welt auseinander, ohne diese verschönern oder zerstören zu wollen. Besonders wichtige Studien und Erkenntnisse werden „Unter die Lupe" genommen und eingehend analysiert.

Die didaktischen Vorzüge der Originalausgabe wurden auch in dem hier vorliegenden Buch voll und ganz zur Geltung gebracht. Das Buch wendet sich an einen Leserkreis ohne besondere Vorkenntnisse, obgleich Sinn und Verständnis für wissenschaftliche Methoden vorausgesetzt werden. Besonders wertvoll ist dieses Werk für die Anfangssemester der Psychologie und Soziologie, da kein vergleichbares Werk in deutscher Sprache vorliegt. Dies gilt auch für die Medizinstudenten — im Hinblick auf die Anforderungen der neuen Approbationsordnung für Ärzte — und für die Studenten der Pädagogik, denen das vorliegende Buch auch für ihr Fachgebiet Grundlage sein soll.

Ohne die „Ganzheit" der Originalausgabe wesentlich zu beeinträchtigen, wurden zur Verdeutlichung der Aussagen an verschiedenen Stellen zusätzliche Abbildungen und „Lupen" eingefügt.

Es soll darauf hingewiesen werden, daß die Meinung der Übersetzer nicht notwendigerweise mit der der Autoren übereinzustimmen braucht.

Die Übersetzung ist in Zusammenarbeit mit Studenten der Psychologie entstanden, deren Sprache dieses Buch ja sprechen soll.

Besonderer Dank gebührt der Scott, Foresman and Company, Glenview/Illinois, für die Genehmigung der deutschsprachigen Bearbeitung von Ruch und Zimbardos „Psychology and Life".

Köln/München, im März 1975 — Die Übersetzer

Inhaltsübersicht

Inhaltsverzeichnis

Teil I
Die wissenschaftlichen und menschlichen Grundlagen der Psychologie

Einleitung

Psychologie ist Wissenschaft vom Verhalten.
Psychologie ist die Frage nach dem, was den Menschen bewegt.
Psychologie befaßt sich mit dem menschlichen Geist.
Psychologie befaßt sich mit der Frage, wie Lebewesen mit ihrer Umwelt und gegenseitig miteinander fertig werden. In der Psychologie begegnen sich die Philosophie, die Biologie, die Soziologie, die Physiologie und die Anthropologie.
Psychologie ist das, was den Menschen von einer Maschine unterscheidet.
Psychologie ist eine Art Wissen und Vorgehen, welches benutzt werden kann, um die Qualität menschlichen Lebens zu verbessern.
Psychologie ist all das — und vielleicht noch mehr.

Es ist heute nahezu unmöglich, eine Zeitung zu lesen, ohne auf irgendwelche psychologischen Phänomene wie z. B. Drogenmißbrauch, Gewalttätigkeit, Sexualität, Eignungsuntersuchungen, Intelligenztests und vieles andere zu stoßen. Was sind das für Berichte? Worauf basieren sie? Bevor man sich auf Grund dieser Berichte entscheidet, etwas zu tun oder zu unterlassen, sollte man sich über deren Glaubwürdigkeit im klaren sein.

Wir werden versuchen, solche Fragen im einzelnen zu beantworten, indem wir die üblichen Verallgemeinerungen, die uns immer wieder als sog. „psychologische Wahrheiten" angeboten werden, genauer untersuchen. Bei diesem Vorgehen werden wir auf viele Fehler eingehen, die durch zufällige Beobachtung, unkontrollierte Voreingenommenheit sowie durch den sog. „gesunden Menschenverstand" entstehen.

Im ersten Teil dieser Einführung in die Psychologie werden wir einen Überblick darüber geben, was Psychologen tun, welche Methoden sie anwenden und wie sich ihre Arbeitsweise zu der anderer Disziplinen verhält.

Psychologische Forschung versucht die Struktur des Verhaltens aufzuzeichnen, Ursachen von Reaktionen zu finden und Sinn und Ordnung dort zu sehen, wo oft Zufälligkeit und Chaos zu herrschen scheinen. Da die Psychologie ein Bestandteil des täglichen Lebens ist, werden wir versuchen zu zeigen, wie die Methoden der psychologischen Forschung und deren Ergebnisse oft Aussagen ermöglichen, die für jeden von uns interessant und von Bedeutung sind.

Bei der Untersuchung psychologischer Prozesse gibt es gewöhnlich drei grundsätzliche Probleme zu berücksichtigen: Wie stellt man die richtigen Fragen, wie findet man die richtigen Antworten und wie bewertet man deren Gültigkeit? Dementsprechend befassen sich die ersten Kapitel dieses Buches mit der Erforschung von Verhaltensphänomenen auf unterschiedlichen Ebenen, mit Methoden der wissenschaftlichen Fragestellung und mit Möglichkeiten, falsche Aussagen einzugrenzen.

Psychologen befassen sich im allgemeinen mit dem Studium des Verhaltens lebender Organismen, und zwar sowohl mit *externalem* wie auch mit *internalem* Verhalten. Das internale Verhalten ist entweder *physiologisch* oder *erfahrungsbedingt.* Physiologisches Verhalten beinhaltet biochemische und elektrische Vorgänge innerhalb des Körpers und kann oft direkt gemessen werden. Erfahrungsbedingt sind Prozesse wie Gedanken und Gefühle, von denen man vermutet, daß sowohl ihre Ursachen wie auch ihre Wirkungen im Nervensystem zu suchen sind, die gewöhnlich zu komplex und unzugänglich sind, als daß man sie direkt messen könnte.

Psychologen stehen gewöhnlich Versuchen, innere „subjektive" Erfahrungsprozesse wie z. B. Träume, Gedanken und Phantasien zu untersuchen, argwöhnisch gegenüber und bevorzugen das Studium äußeren Verhaltens, bei dem die entsprechenden Reaktionen oft direkt meßbar und Beobachtungen gut kontrollierbar sind.

Kapitel 2 wird sich mit den physiologischen Grundlagen des inneren und äußeren Verhaltens befassen.
Beim Studium der frühen Entwicklungsphasen des Organismus (Kapitel 3) stoßen wir auf zwei Probleme: Wo liegen die *Ursprünge* von Verhaltensmustern, und welche Möglichkeiten gibt es, solche Verhaltensmuster zu *verändern*? Auch in späteren Kapiteln werden wir uns auf das offene Verhalten konzentrieren, um genauer zu sehen, wie Verhalten modifiziert wird, und welche Bedeutung der Aufmerksamkeit, der Wahrnehmung, dem Denken und der Kreativität bei der Ausformung des Verhaltens zukommt. Von Zeit zu Zeit jedoch werden wir uns überlegen müssen, inwieweit für ein weiteres Verständnis des Verhaltens nicht doch ein breiteres Gesichtsfeld notwendig ist — nämlich eines, welches die erfahrungsbedingte Seite des Verhaltens mit einschließt.

1 Die Psychologie als wissenschaftliches System

Bei einem Psychologie-Lehrbuch ist der Leser auch zugleich der Stoff des Buches; er bringt ein ganzes Leben voll Erfahrung mit, hat bereits Beobachtungen über sein eigenes Verhalten und das von anderen angestellt und hat Erklärungen dafür bereit, wie bestimmte Vorgänge miteinander zusammenhängen und warum er selbst ein bestimmtes Verhalten zeigt. Manchmal versucht er vorauszusagen, wie andere auf sein Verhalten reagieren werden. Schließlich und endlich versucht er Kontrolle auszuüben, indem er sein eigenes Verhalten ändert, seine Umwelt umgestaltet und andere beeinflußt.

In diesem Kapitel werden wir zu zeigen versuchen, warum zufällige und unregelmäßige Beobachtungen sowie solche, die sich auf den „gesunden Menschenverstand" verlassen, für die Beurteilung menschlichen Verhaltens unzureichend sind.

a Wenn man seinen Augen und Ohren trauen darf

Wie kommen unsere Auffassungen über die Natur, insbesondere „die menschliche Natur" zustande? Wie beurteilen wir Aussagen darüber, warum bestimmte Leute ein bestimmtes Verhalten zeigen?

Wir lernen, was der Mensch ist, auf was er reagiert und wie er reagieren sollte, durch Beobachtung, Eindrücke, Fragen, Aussagen anderer, durch Lesen und Denken. Unser Verständnis kommt also entweder direkt aus eigener Erfahrung mit unserer Umwelt oder indirekt durch die Erfahrung anderer, die uns vermittelt wird.

Wir nehmen vieles als gegeben an, insofern als wir es akzeptieren, ohne uns über mögliche Alternativen Gedanken zu machen (z. B. vertraut ein Kind den Erklärungen seiner Mutter, warum die Dinge so und nicht anders sind). So werden Auschauungen verallgemeinert und Verallgemeinerungen werden zu einer persönlichen Auffassung über das, was wahr ist. Diese Verallgemeinerungen benutzen wir als Zusammenfassungen unserer persönlichen Erfahrung. Sie üben einen bahnenden Einfluß darauf aus, was und wie wir in Zukunft wahrnehmen. Schon sehr früh hören wir auf, die Dinge so zu sehen wie sie sind, und unsere Wahrnehmung wird durch unsere eigenen Erwartungen, die auf früheren Verallgemeinerungen basieren, beeinflußt. Hugo Münsterberg (1908) gab folgenden Bericht über die Verschiedenartigkeit der von Journalisten auf einer Friedenskundgebung gemachten Beobachtungen:

„Die Journalisten saßen direkt vor der Rednertribüne. Einer schrieb, daß die Zuhörer über meine Ansprache so überrascht waren, daß sie sich ganz still verhielten; ein anderer schrieb, daß ich dauernd durch lauten Beifall unterbrochen wurde und daß dieser am Ende meiner Ansprache minutenlang anhielt. Der eine schrieb, daß ich während der Ansprache meines Gegners dauernd lächelte; der andere beobachtete, daß ich keinerlei Miene verzog. Der eine schrieb, daß ich rot vor Aufregung, der andere, daß ich weiß wie Kalk wurde. Der eine berichtete, daß mein Gegner während der Ansprache dauernd auf der Rednertribüne auf und ab ging; der andere sagte, er habe die ganze Zeit an meiner Seite gestanden und mir väterlich auf die Schulter geklopft".

Sicherlich hat hier jemand nicht die Wahrheit erzählt. In Kapitel 6 werden wir sehen, wie Wahrnehmungen durch Einstellungen, Motive und Erwartungen beeinflußt werden. Unsere gegenwärtige Aufgabe besteht jedoch darin, zu zeigen, wie fehlerhaft eine angeblich glaubwürdige Darstellung der Realität sein kann.

Wir wollen jetzt beginnen; nicht am Anfang des Lebens mit dem Säugling oder dem neugierigen Kind, sondern mit einem Studenten, der sich Annoncen anschaut oder Zeitungen und Illustrierte liest. Natürlich glaubt der aufgeklärte Student nicht alles, was er liest oder am Fernsehschirm sieht, aber es ist möglich, daß er Dinge glaubt, die sich auf Statistiken stützen, auf Feststellungen von anerkannten

Autoritäten, auf wissenschaftliche Tests, auf Umfragen, auf Interviews und Forschungsberichte. Oft werden auch Feststellungen, die den Stempel der Wissenschaft tragen, allgemein für bare Münze genommen. Was wir hier zeigen wollen, ist der Unterschied zwischen pseudowissenschaftlichen Schlußfolgerungen (die gefährlich sein können) und Schlußfolgerungen, auf die man sich verlassen kann, weil sie sich auf wissenschaftliche Methoden stützen.

Im folgenden wollen wir herausfinden, wie man zu gültigen Schlußfolgerungen gelangt. Unser Material befaßt sich mit dem Leben, so wie es in den Massenmedien dargestellt wird.

Die Wahrheit kann unter verschiedenen Warenzeichen angeboten werden

Reklame ist dazu bestimmt, nicht nur Verhalten, sondern auch Ideen zu manipulieren. Werden wir von der Reklame belogen? Nehmen wir z. B. an, daß Sie eine Pille haben möchten, um ein gewöhnliches Kopfweh loszuwerden. Würden Sie deshalb glauben, daß eine Pille tatsächlich die beste ist, weil es heißt: „Tests seitens der Regierung haben gezeigt, daß keine Kopfwehtablette wirksamer ist als die XYZ-Pille“?
Was die Reklame nicht erwähnt, ist die Tatsache, daß die Tests, die von einer Regierungskommission durchgeführt und im Dezember 1962 veröffentlicht wurden (Journal of the American Medical Association) zeigten, daß kein Unterschied zwischen den fünf Kopfwehtabletten, die geprüft wurden, besteht, weder in der Schnelligkeit der Schmerzlinderung noch in der allgemeinen Wirksamkeit. Natürlich ist es wahr, daß keine Tablette wirksamer war als die XYZ-Tablette, aber es war auch keine *weniger* wirksam. Betrachtet man diesen Zusatz, erscheint die obige Behauptung in einem etwas anderen Licht.

Die Brünetten können einem leid tun

Eine andere Reklame bietet eine Haarfarbe an und zeigt, daß die hübschen und glücklichen Mädchen in dem Film (bzw. auf dem Bild) dafür belohnt werden, daß sie neuerdings blond sind. Es soll angedeutet werden, daß z. B. die durchschnittliche brünette Studentin auf ihrem Zimmer oder in der Bibliothek sitzt und sich mit einem Buch wie diesem herumschlägt, während sich ihre blonde Freundin irgendwo amüsiert. Haben denn wirklich nur die Blonden Spaß, oder zumindest mehr Spaß als die Brünetten?
Die oben dargestellten Beispiele sollen uns dazu bringen, nur auf diejenigen Fälle zu achten, die *für* das Beispiel sprechen. So gehörten für Hollywood z. B. blonde Haare und sex appeal zusammen. Dadurch wurde das Image von Stars wie Marilyn Monroe, Mae West und Jean Harlow aufgebaut. Dann kommt die Haarfärbemittel herstellende Industrie und zeigt auf dem Bildschirm blonde Mädchen, die sich gut amüsieren. Dies dient lediglich der Bestätigung einer bereits früher gebildeten Verallgemeinerung. Hinzu kommt, daß, wenn Blondinen und andere diese Verallgemeinerungen glauben, sie ihr Verhalten so ändern, daß sich ihre Erwartungen erfüllen. So spricht man z. B. mit einer dümmlichen amüsierwütigen Blondine nicht über ernsthafte Dinge und gewinnt dadurch mehr Zeit für unwichtige, amüsante Dinge usw. Das kann dazu führen, daß wir letztendlich beobachten, daß Blondinen mehr Zeit damit verbringen, sich zu amüsieren. Aus einer Behauptung ist eine „sich selbst erfüllende Prophezeihung“ (self fulfilling prophecy) geworden.

Rauchen und Zensuren

Vielleicht haben wir schon gelernt, gegenüber Reklamen mißtrauisch zu sein; aber wie steht es mit Presseberichten? Was würden Sie z. B. von einem Bericht halten, der besagt, daß Studenten, die rauchen, schlechtere Zensuren bekommen? Muß der neu-immatrikulierte Student das Rauchen aufgeben, um auf der Universität erfolgreich zu sein? Hier brauchen wir weder die Daten selbst noch die Korrelation zwischen den zwei Arten von Verhalten zu bezweifeln (Rauchen der Studenten und die Zensuren, die die Dozenten vergeben). Wir sollten vielmehr die angenommene Kausalität betrachten. Was führt zu was? Wenn Zensuren und Rauchen negativ miteinander korrelieren, werden dann die Zensuren besser, wenn der Student weniger raucht? Dies würde nur dann eintreten, wenn die beiden Vorgänge direkt miteinander verbunden wären. Wir können jedoch mehrere andere kausale Zusammenhänge annehmen, die zu unseren Beobachtungen passen. Zunächst einmal wäre es möglich, daß Rauchen tatsächlich schlechtere Zensuren verursacht. Wäre das wahr, dann müßte die Anzahl der gerauchten Zigaretten negativ mit der Durchschnittszensur korrelieren und die

Zensuren müßten sich je nach Anzahl der gerauchten Zigaretten verändern. Aber nehmen wir einmal an, daß schlechte Zensuren das Rauchen verursachen. In einem Zeitungsbericht lesen wir tatsächlich, daß „Studenten mit schlechten Zensuren eine bestimmte psychologische Reaktion zeigten, die oft zu nervösen Angewohnheiten wie Rauchen und Nägelbeißen führte". Wenn dem so ist, dann würde die Änderung des Effekts (des Rauchens) die Ursache nicht verändern (schwache Zensuren).

Es könnte auch sein, daß beide Faktoren durch einen dritten verursacht werden, z. B. durch „nervöse Reizbarkeit". Dieser Faktor könnte zum Rauchen, zu wenig effektiven Lerngewohnheiten und den daraus resultierenden schlechten Zensuren führen. Wenn man so argumentiert, könnte eine Reduzierung des Rauchens die Nervosität erhöhen, was wiederum zu einer Störung des Lernvorganges und damit zu schlechteren Zensuren führen könnte. Es wäre möglich, daß das Rauchen ein Sicherheitsventil ist, welches einer bestimmten Anzahl von Studenten hilft, bessere Zensuren zu bekommen.

Es ist augenscheinlich, daß zwei Faktoren, die systematisch abhängig voneinander variieren, nicht unbedingt in einem direkten Ursache-und-Wirkungs-Verhältnis zueinander stehen müssen. Bevor wir nicht mehr über diese Dinge wissen, erscheinen andere Erklärungen ebenso plausibel wie die hier gegebenen. In dem oben angeführten Beispiel können wir zumindest noch eine andere Alternative anbieten (vielleicht können auch Sie zusätzliche Alternativen angeben?). Es wäre z. B. möglich, daß die Dozenten diejenigen Studenten nicht leiden können, die während der Vorlesung rauchen (weil es so aussieht, als ob sie dem Dozenten nicht genügend Aufmerksamkeit schenkten, nicht fleißig genug seien etc.), und sie deshalb diesen Studenten schlechtere Zensuren geben. In solchen Fällen kann das Einstellen des Rauchens zu besseren Zensuren führen. Die Ursache wäre dann die Veränderung der Wahrnehmung des Dozenten und nicht die Verhaltensänderung beim Studenten.

Der 8. Sinn

In einem Zeitungsartikel wurde berichtet, daß von der Hälfte derer, die starben, 85 % sich der „Vorboten des Todes direkt bewußt waren". Können wir daraus schließen, daß ältere Leute einen speziellen Sinn entwickeln, mit dem sie ihren Tod vorausahnen?

Da die Wahrscheinlichkeit zu sterben für Leute über 70 ziemlich hoch ist, erscheint es uns realistisch, daß diese den Tod in nicht allzu ferner Zeit erwarten und deshalb eine Reihe von körperlichen Symptomen als Vorboten desselben betrachten. Diese 85 %ige Genauigkeit besagt aber nichts, wenn wir nicht wissen, um wieviele Leute es sich insgesamt handelt, und wieviele unter den verbleibenden fälschlicherweise glauben, daß auch sie Vorboten des Todes wahrgenommen hätten.

Sex kann einen verrückt machen

Ein anderer Zeitungsartikel berichtete über die Arbeit eines Psychiaters, der feststellte, daß 86 % einer Gruppe von Studentinnen, die sich in psychiatrischer Behandlung befanden, Geschlechtsverkehr gehabt hatten, verglichen mit nur 22 % einer Gruppe an der gleichen Universität, die sich nicht in psychiatrischer Behandlung befand. Die Daten wurden mit Hilfe eines Fragebogens ermittelt, und der Psychiater soll aus diesen Daten geschlossen haben, daß seine Patientinnen „Opfer der Sex-Revolution" geworden seien. Würden auch Sie diesen Schluß ziehen?

Es handelt sich hier um 2 Behauptungen:

1. daß ein viel höherer Prozentsatz von Patienten Geschlechtsverkehr hatte als Nichtpatienten und
2. daß die sexuelle Aktivität der Patienten ein kausaler Faktor für deren emotionale Probleme sei.

Diese Schlußfolgerungen mögen wahr sein, aber bevor wir sie akzeptieren können, müssen wir wiederum verschiedene Fragen stellen.

Zunächst, wie groß war die Gruppe der psychiatrischen Patienten? Die überraschend große Zahl von 86 % könnte sich z. B. daraus ergeben haben, daß von 7 Mädchen 6 nicht „nein" sagen konnten. Glich die Patientengruppe der Nicht-Patientengruppe außer in bezug auf sexuelle Betätigung, oder bestanden auch noch andere Unterschiede (wie z. B. weniger Erfolg im Studium oder mehr Probleme zu Hause), welche eine erhöhte Anfälligkeit der Patientengruppe im Rahmen des Universitätslebens verursachten? Ferner gehen die Schlußfolgerungen weit über die ursprünglich befragte Gruppe hinaus. Es wird auf die gesamte Gruppe der Studentinnen generalisiert, es wird uns aber nicht gesagt, wie groß

die ausgewählte Gruppe war oder inwieweit sie repräsentativ für alle Studentinnen war.
Man könnte sich auch vorstellen, daß die nicht behandelten Studentinnen einen etwas „frisierten" Selbstbericht gaben, indem sie ihre Promiskuität unterschätzten, während die Patientinnen entweder ehrlicher oder angeberischer waren. Die Schlußfolgerungen bezogen sich also nicht auf den Selbstbericht, sondern auf das Verhalten, das durch solche Berichte angesprochen wird. Deshalb können wir auch nicht ohne weiteres annehmen, daß Selbstberichte und tatsächliches Verhalten miteinander perfekt korrelieren. Durch Selbstberichte dargestellte Unterschiede zwischen Gruppen können Unterschiede reflektieren, die sich nicht auf das beschriebene Verhalten direkt beziehen, sondern auf das, was die beiden Gruppen von sich selbst berichten wollten. So kann es durchaus sein, daß die Patientinnen ihre sexuelle Aktivität als einen der wenigen gesunden Aspekte ihres Lebens betrachteten und die psychiatrische Hilfe aus ganz anderen Gründen suchten.
Wir können also letzten Endes nur feststellen, daß sich die Patientinnen sexuell mehr betätigten als die Nicht-Patientinnen. Ihr tatsächliches Verhalten aber können wir nicht miteinander vergleichen, und wir wissen auch nicht, ob die Probleme der Patientinnen in ihrer sexuellen Aktivität begründet waren oder mit dieser in keiner Beziehung standen.

Nicht genügend Daten . . .

Wir machen uns Sorgen über die schädlichen Einflüsse von LSD auf die Jugend unseres Landes und Gedanken über die mögliche Entdeckung von Krebsursachen. Beides wurde kürzlich in einem Bericht miteinander in Beziehung gebracht, in dem „der Beweis für ein mögliches Bindeglied zwischen der halluzinogenen Droge LSD und Leukämie" geliefert wurde.
Über dieses mögliche Bindeglied berichtete ein Arzt aus Australien, dessen Schlußfolgerungen aus der Arbeit mit genau einem Patienten resultierten. Dieser Patient erkrankte an Leukämie genau ein Jahr nach der Verabreichung von LSD im Rahmen eines Therapieprogramms für emotionale Probleme.
Obwohl die kontrollierte Analyse eines einzigen Falles Material zu gültigen Schlußfolgerungen liefern kann, werden im allgemeinen solche zufälligen und unkontrollierten Beobachtungen, wie sie hier an einem einzigen Fall gemacht wurden, nicht als Beweis zugelassen.

Darf man den Statistikern glauben?

Die Tagespresse erinnert uns häufig an die sich stetig erhöhende Zahl von Verkehrstoten; dies geschieht besonders dann, wenn Vergleiche zwischen der Anzahl von Verkehrstoten an einem Feiertag in diesem und im letzten Jahr angestellt werden. In Abb. 1-1 sehen wir, daß in den Vereinigten Staaten die Zahl der Verkehrstoten von etwa 38 000 im Jahr 1936 auf über 56 000 im Jahr 1969 anstieg. 1936 fuhren die Amerikaner insgesamt etwa 22 Milliarden Meilen, 1969 etwa 1000 Milliarden Meilen. Der diese Abbildung betrachtende Pessimist wird sagen, daß die Todeskurve stetig mit der Zahl der gefahrenen Meilen ansteigt.

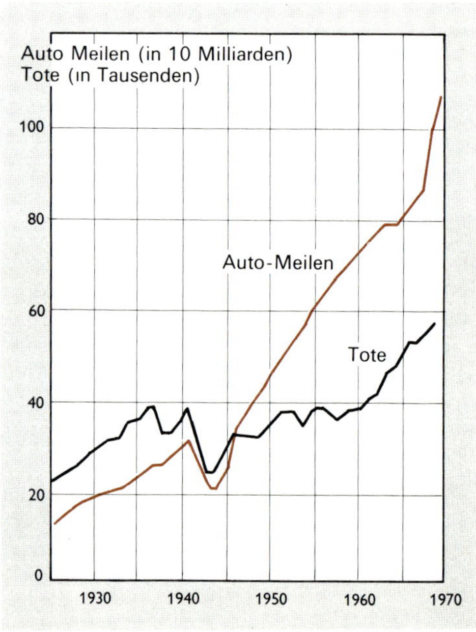

Abb. 1-1. Verkehrstote und Auto-Meilen (Nach US Safety Council, 1969)

Nun wollen wir uns aber das Verhältnis zwischen diesen beiden Zahlen näher ansehen. Bei den gefahrenen Meilen gab es eine Steigerung von insgesamt 500 %, verglichen mit einer Steigerung der Verkehrstotenziffer um etwa 50 %. Um dieses Verhältnis besser zu verstehen, müssen wir jetzt Abb. 1-2 betrachten, in der eine zusätzliche Kurve eingetragen ist, die die Zahl der Verkehrstoten für je 100 Millionen gefahrene Meilen zeigt.

Wir stellen fest, daß, so gesehen, die Anzahl der Verkehrstoten innerhalb der hier dargestellten Zeitperiode etwa auf ein Drittel gesunken ist. Am meisten freuen wir uns über das bemerkenswerte Absinken seit 1966, was bedeuten kann, daß die zahlreichen Programme, wie z. B. verbesserte Fahrzeugkonstruktion, Verkehrserziehung und gesetzliche Maßnahmen, erfolgreich waren. Keine der hier gezeigten Kurven ist „realer" als die andere. Sie zeigen lediglich ein und dieselbe Realität auf unterschiedliche Art. Dies geschieht durch die zugrundeliegende Konzeption und die Wahl der statistischen Formulierung.

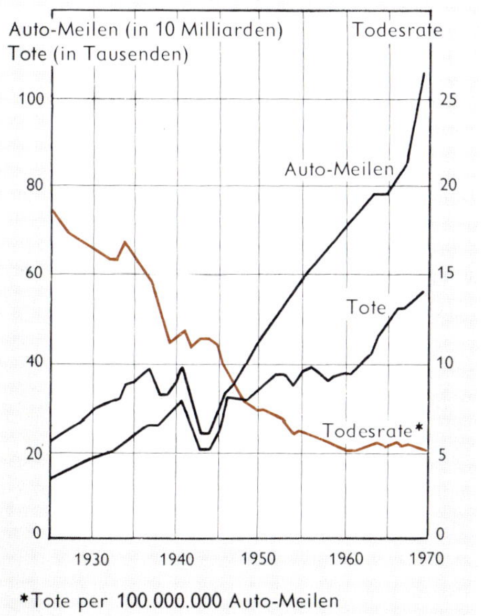

Abb. 1-2. Verkehrstote, Auto-Meilen und Todesrate (Nach US Safety Council, 1969)

Jetzt müßte man schwarz sein, wo die Polizei die Weißen verprügelt

„Arme Weiße werden von unnötig angewendeter Polizeigewalt mehr betroffen als Neger", hieß es in einem amerikanischen Zeitungsbericht vom Juli 1968. „Rassenvorurteile spielen keine Rolle, wenn arme Leute von der Polizei geschlagen werden . . . Weiße scheinen von der Polizei mehr mißhandelt zu werden als Neger".

Sechsunddreißig Beobachter, die mit der Polizei von Boston, Washington und Chicago während des Sommers 1966 arbeiteten, berichteten, daß von 643 festgenommenen Weißen 27 unnötig geschlagen wurden (das entspricht 41,9 per 1000). Von 752 schwarzen Festgenommenen wurden nur 17 mißhandelt (22,9 per 1000). Insofern werden Beschuldigungen von Zivilrechtsgruppen, welche der Polizei Brutalität gegenüber den Schwarzen vorwerfen, durch diese Angaben nicht bestätigt.

So wie die Daten dargestellt sind, gibt es zumindest drei mögliche Interpretationen:

1. Die Angaben können richtig sein;
2. sie können auf das Prinzip der Ungewißheit zurückzuführen sein;
3. sie können die Voreingenommenheit der Beobachter widerspiegeln oder falsch sein.

Der Physiker Heisenberg entdeckte das Prinzip der Unbestimmtheit — nämlich die Tatsache, daß die Messung eines Prozesses den Prozeß selber verändern kann. Obgleich sich dies auf die Geschwindigkeit und Lage eines Elektrons in einer Nebelkammer bezog, trifft diese Feststellung auch häufig für psychologische Messungen zu.

Wenn der Beobachtete weiß, daß er beobachtet wird, so bekommt der Beobachter selten genaue Daten. Eine Messung kann verfälscht werden durch den Versuch, den Beobachter zu täuschen, durch das Bemühen, einen möglichst guten Eindruck zu machen, oder durch das Bestreben, so zu sein, wie man glaubt, der Versuchsleiter sähe es gerne.

Bei dieser Studie über Polizeibrutalität ist es also möglich, daß die Polizei ihre Schläge anders verteilte als dies normalerweise der Fall ist, weil sie sich unter Beobachtung wußte. Die Polizei war sich möglicherweise bewußt, da es zu diesem Zeitpunkt politisch gesehen riskanter war, einen schwarzen Mann zu mißhandeln als einen weißen.

Wir sollten hier auch noch eine andere Betrachtungsweise in Erwägung ziehen. Es ist z. B. möglich, daß die Definition eines so vagen Konzeptes wie „unnötige Polizeigewalt" von den Beobachtern für die festgenommenen Schwarzen anders ausgelegt wurde als für die Weißen. Was mit einem solchen Ausdruck gemeint ist, hängt davon ab, was der Einzelne unter „berechtigter Gewalt", „Provokation" etc. versteht. Es ist möglich, daß die Polizei genauso viele Schwarze wie Weiße geschlagen hat — vielleicht sogar mehr — aber, daß das Schlagen von Schwarzen von den Beobachtern eher als „notwendig" betrachtet wurde, d. h., die Beobachter könnten dieselbe Gewalt, die gegen die Schwarzen angewendet wurde, als notwendig, die Anwendung dieser Gewalt gegen die Weißen aber als Mißhandlung betrachtet haben. Hier sehen wir, daß die Daten, auf Grund derer man Schlüsse zieht, von Verhaltensweisen stammen müssen, die präzise und mit einem Minimum an persönlicher Voreingenommenheit beobachtet und ausgewertet werden können.

Baby, draußen ist es kalt und dunkel

Es ist bemerkenswert, wieviel Dinge in der Natur miteinander korrelieren und wie diese Zahl sich erhöht, wenn es sich dabei um Menschen handelt. Im August 1966 meldeten New Yorker Zeitungen einen überdurchschnittlichen Geburtenanstieg in „verschiedenen führenden Krankenhäusern, 9 Monate nach dem totalen Elektrizitätsausfall im Jahre 1965."
Diese Behauptungen wurden allgemein akzeptiert, und man bemühte sich daraufhin um eine Erklärung des Phänomens.

Unter den 30 Millionen Menschen, die von dem Ausfall der Elektrizität am 9. November 1965 betroffen waren, gab es solche, die erklärten, daß „Naturkatastrophen Menschen näher zusammenbringen; Ausgrabungen in Pompeji z. B. zeigten, daß sich Paare während des Vulkanausbruchs umklammerten". Eine Mutter im Brookdale-Krankenhaus sagte: „Ich wollte nicht alleine zu Bett gehen". Einer, der gerade Vater geworden war, meinte zum Geburtenanstieg, daß „die New Yorker sehr romantisch seien. Es war das Kerzenlicht". Etwas nüchterner wurde die Lage durch einen Vertreter der „Amerikanischen Föderation für geplante Elternschaft" beschrieben:

„Die Sexualität ist eine sehr starke Kraft, und die Leute würden sich normalerweise mehr damit beschäftigen, wenn sie nicht tausend andere Dinge zu tun hätten. All dieser Ersatz für Sex wie Gruppen-Treffen, Vorlesungen, Kartenabende, Theater, Bars fielen an diesem Abend aus. Was hätten sie anderes anfangen sollen?" (The New York Times, 11. August 1966).

Hier sehen wir wieder eine kausale Folgerung aus der Korrelation zweier Vorgänge. Die Häufigkeit, mit der diese Art von Denken betrieben wird, zeigt die Neigung des Menschen, über die Beobachtung hinauszugehen und eine Gesetzmäßigkeit zu finden, die diese Beobachtung seiner Meinung nach erklärt. Dies mag ein bewundernswerter Zug sein, jedoch müssen wir noch einmal nachdrücklich davor warnen, eine Kausalverbindung dort zu suchen, wo nur eine Korrelation beobachtet werden kann. In diesem Beispiel gibt es noch zwei andere Möglichkeiten, die bisher nicht erwähnt wurden:

1. Die Daten sind falsch oder
2. der Zusammenhang ist zufällig.

Obwohl ein New Yorker Krankenhaus (St. Luke's) dreimal die tägliche Geburtenzahl für die 7 wichtigen Tage meldete, war diese Zahl dennoch klein: nur etwa 10 „Extra-Babies" pro Tag. Die anderen 16 Krankenhäuser zusammen berichteten eine Zunahme von nur 47 Geburten: etwa 2,9 Neugeborene pro Krankenhaus. Diese Zahlen erscheinen noch weniger signifikant, wenn wir beachten, daß in New York-City etwa 3 Millionen geburtsfähige Frauen den besagten Elektrizitätsausfall mitmachten.

Es gibt auch Einwände dagegen, die Geburtenziffer an bestimmten Tagen mit der durchschnittlichen Tagesgeburtenziffer eines ganzen Jahres zu vergleichen, anstatt dies für die gleichen Tage in verschiedenen Jahren zu tun. Es ist z. B. möglich, daß es „saisonbedingte" Fluktuationen gibt (so berichtete ein Krankenhausdirektor in Chikago von einem Geburtenanstieg in der letzten Woche des September — 9 Monate nach einem „fröhlichen Weihnachten" und einem „glücklichen Neujahr"). Es wäre auch gut, hinter die unpersönlichen Zahlen zu schauen und festzustellen, wieviele von den Frauen, die während der kritischen Woche in New York entbunden hatten, tatsächlich in der Stadt waren, als der Strom ausfiel.

Ein Nachgesang zur New Yorker Story kam im darauffolgenden Jahr aus Chikago. Anscheinend hatten die Krankenhauschefs die New Yorker Geschichte geglaubt und bereiteten sich für den Herbst 1967 auf eine erhöhte Geburtenzahl vor, nachdem im Januar desselben Jahres ein Schneesturm mit einer etwa 60 cm hohen Schneedecke den Verkehr fast völlig lahmgelegt hatte. Die Statistik für die drei Herbstmonate, verglichen mit denselben Monaten im Jahr vorher und nachher zeigte jedoch nur kleine Abweichungen mit etwas weniger Geburten als im vorangegangenen und etwas mehr Geburten als im folgenden Jahr.

Geburtenziffern in Chikago 1966, 1967, 1968

Monat	1966	Differenz	1967	Differenz	1968
Okt.	21,1	−0,6	20,5	+1,6	18,9
Nov.	19,8	−0,8	19,0	+0,5	18,5
Dez.	20,2	−0,5	19,7	+1,1	18,6

(Gesundheitsamt Chikago, 1969)

Die Zahlen für das Jahr 1967 zeigen die Anzahl der Geburten pro 1000 Einwohner in Chikago im Jahre des „Großen Sturms". Die anderen Spalten zeigen die entsprechenden Zahlen für das vorangegangene und das folgende Jahr. Es ist also kein Beweis vorhanden, daß es im Herbst 1967 eine erhöhte Geburtenziffer gab; die Unterschiede scheinen auf normalen Fluktuationen zu beruhen.

Klopfe einem gewalttätigen Gefangenen nicht auf die Schulter

Es scheint, als ob gewalttätige Individuen einfach durch ihre Hypersensitivität in bezug auf die physische Nähe anderer provoziert werden können. Eine Studie, die für die American Psychiatric Association (Kinzel, 1969) durchgeführt wurde, berichtete, daß eine Gruppe von gewalttätigen Gefangenen eine fast viermal so große „Individualdistanz" brauchte als eine nicht-gewalttätige Kontrollgruppe. (Die Größe der Individualdistanz wird dadurch definiert, daß der Versuchsleiter (Vl) feststellt, wie nahe er an einen Probanden herantreten kann, ohne daß dieser „stop" sagt.) Der betreffende Forscher schrieb diesen Tatbestand in der gewalttätigen Gruppe einem „pathological body image state" und „homosexueller Angst" zu, also einer Tendenz, „diese passive persönliche Nähe als eine aktive physische Bedrohung auszulegen." Sollte Gewalttätigkeit sich tatsächlich in solchen psychologischen Prozessen widerspiegeln, wäre es möglich vorauszusagen, daß Leute, die eine große Individualdistanz besitzen, wahrscheinlich sehr leicht gewalttätig werden können.

Nur ein Teil dieser Studie und die dazugehörige Schlußfolgerung soll uns hier beschäftigen: die qualitative Klassifikation von Individuen, d. h. die Einteilung in verschiedene Gruppen entsprechend einem allgemeinen Konzept, in diesem Fall „gewalttätig" vs. „nicht-gewalttätig". Diese Art der Klassifikation finden wir in der psychologischen Forschung und in den Massenmedien häufig. Z. B. könnten Kinder, je nach dem Interesse des Forschers als „normal" oder „zurückgeblieben" (oder „voreingenommen" vs. „nicht voreingenommen" oder „gesund" vs. „unterernährt") klassifiziert werden. Das Verhalten der Kinder wird dann beobachtet, um zu sehen, ob sich eine Gruppe durchgängig irgendwie anders verhält als die andere. In einigen Fällen wird nur eine einzige Art von Verhalten beobachtet (Individualdistanz im Beispiel der gewalttätigen und nicht-gewalttätigen Gefangenen). In anderen Fällen versucht der Beobachter, möglichst viele Verhaltensbeispiele zu sammeln, um dann zu sehen, ob irgendein Verhalten für die eine Gruppe charakteristischer ist als für die andere.

Dieses allgemeine Vorgehen, zu Schlußfolgerungen zu gelangen, ist nur dann berechtigt, wenn wir es in der ersten Phase der Untersuchung anwenden. Der hierbei gewöhnlich auftretende Fehler liegt darin, daß ein bestimmtes isoliertes Charakteristikum als verantwortlich für die beobachteten Unterschiede im Verhalten der Gruppen angesehen wird. In der oben angeführten Gefangenen-Studie unterschieden sich die gewalttätigen durch häufiges „gewalttätiges Verhalten" im Laufe ihres Lebens, definiert als „tätliches Angreifen eines anderen mit Gewebeverletzung als Folge". Es gab jedoch noch andere Unterschiede zwischen den beiden Gruppen. In dieser Studie waren die gewalttätigen Gefangenen im Durchschnitt jünger (um etwa 6 Jahre), gedrungener (etwa 2,6 cm kürzer und 14 Pfund schwerer) und weniger intelligent (um etwa 15 IQ-Punkte).

Wie können wir schließen, daß der Unterschied in der Individualdistanz unumstritten mit Gewalttätigkeit und nicht mit Alter, Körperbau oder Intelligenz zusammenhängt? Wir können dies nicht tun, bis wir nicht bei Probanden mit demselben Grad an Gewalttätigkeit die anderen, oben aufgeführten Eigenschaften miteinander verglichen haben. Theoretisch gesehen gibt es eine unüberschaubare Zahl von Eigenschaften, die auf irgendeine Art und Weise mit der einzelnen Eigenschaft zusammenhängen (welche als Grundlage für eine Klassifikation diente).

Die Gefahr liegt in der Versuchung, eine bestimmte Variable als kausalen Faktor hinzustellen und dann diese Variable für die Diagnose, Voraussage und eventuell sogar für ein Kontrollprogramm des mit ihr korrelierenden Verhaltens zu benutzen. Es ist durchaus möglich, daß eine Variable zwar vorhanden war, aber eine andere, die nicht berücksichtigt wurde, das Verhalten „verursachte". Ein Beispiel dafür kommt aus den frühen Tagen der Medizin: Als die Pest in Europa herrschte, wurde beobachtet, daß während der Epidemien immer Ratten auf den Straßen waren. Die Ausrottung der Ratten jedoch beendete die Epidemien nicht. Dieser Seuche wurde erst dann Einhalt geboten, als ein französischer Arzt, Sismone, feststellte, daß die Pest in Wirklichkeit von Läusen übertragen wurde, welche auf den Ratten lebten, und daß auf diese Art und Weise die Krankheit diejenigen Leute befiel, welche die toten Ratten sammelten und verbrannten (Infektionskette: Ratte-Laus-Mensch).

Klassifizieren und Kategorisieren ist notwendig, wenn wir irgendeine Ordnung in die Tausende von Reizen, Reaktionen, Situationen und Individuen, mit denen wir uns beim Studium des Verhaltens befassen, bringen wollen. Wir müssen uns jedoch davor hüten, die klare Linie zwischen Klassifikation und Verursachung zu verwischen.

b Wird unsere Welt von Ordnung und Gesetzmäßigkeit oder von Chaos und Ungewißheit regiert?

Auf Grund der vorausgegangenen Diskussion können wir jetzt verstehen, wie leicht es ist, falsche Schlüsse zu ziehen, die möglicherweise die Anschauungen und Handlungen von Leuten beeinflussen.

Läßt man große Worte beiseite, dann ist die wissenschaftliche Forschung nichts anderes als ein Weg, falsche Schlußfolgerungen über natürliche Vorgänge einzugrenzen. Dieses einfache Ziel ist nur sehr schwer zu erreichen. Es verlangt sowohl eine Reihe besonderer Eigenschaften auf seiten des Forschenden als auch bestimmte Methoden der Darstellung, Prüfung und Auswertung von Behauptungen. Zusammengenommen sind es diese Eigenschaften und Vorgehensweisen, die man als wissenschaftliche Methode bezeichnet.

Es ist hier nicht unsere Absicht, die Psychologie als „harte", eng mit den Naturwissenschaften verwandte Wissenschaft hinzustellen. Es soll aber dem Leser dieses Buches klar werden, daß die wichtigen psychologischen Entdeckungen, die bis heute gemacht wurden, nur deshalb möglich waren und sind, weil die Psychologie die wissenschaftliche Methode als ihr Modell zum Verständnis des Verhaltens lebender Organismen angenommen hat.

Die wissenschaftliche Methode

Obwohl jeder unter „wissenschaftlicher Methode" etwas anderes verstehen kann, stimmt man doch darin überein, daß es ganz bestimmte Voraussetzungen und Regeln gibt, die es dem Forscher ermöglichen:

1. Daten zu sammeln durch systematische Beobachtung und Aufzeichnung;
2. die gesammelten Daten (die aufgezeichneten Beobachtungen) auszuwerten;
3. seine Resultate und Schlußfolgerungen anderen mitzuteilen;
4. seine Befunde und Interpretationen so darzulegen, daß sie repliziert werden können (von anderen wiederholt zum Zwecke der Verifizierung oder zur Anfechtung);
5. das, was er entdeckt hat, dem hinzuzufügen, was andere schon zur Lösung eines gegebenen Problems beigetragen haben;
6. durch Veröffentlichung seiner neuen Fakten und Auslegungen den ihm folgenden Forschern eine günstigere Ausgangsposition zu schaffen.

Die Ausgangsposition eines jeden Wissenschaftlers ist die Annahme eines auf Gesetzmäßigkeiten beruhenden Universums. Dies führt uns zu der Annahme des „Gesetzes der kausalen Determiniertheit", welches, von John Stuart Mill (1843) formuliert, besagt, „daß es in der Natur Dinge gibt, die man als Parallelfälle bezeichnet; daß das, was sich einmal

Unter der Lupe

John Stuart Mills Regeln der Beweisführung

Um herauszufinden, ob ein bestimmter Faktor Ursache eines beobachteten Ereignisses ist, schlug J. St. Mill vier Bedingungen vor, die zutreffen müssen, bevor dieser Faktor als Ursache betrachtet werden kann. Diese Bedingungen sind hier kurz zusammengefaßt:

1. Bezeichnen wir etwas als Ursache, so muß es immer dann auftreten, wenn das Phänomen auftritt.
2. Bezeichnen wir etwas als Ursache, dann muß das Phänomen immer dann auftreten, wenn die vermutliche Ursache auftritt.
3. Bezeichnen wir etwas als Ursache, dann muß das Phänomen variieren, wenn die vermutliche Ursache variiert.
4. Weist ein Phänomen, dessen Ursache bekannt ist, zusätzliche Eigenschaften auf, dann gibt es dafür zusätzliche Ursachen.

Diese „Regeln der Beweisführung" geben uns Richtlinien, falsche Hypothesen über die Ursachen beobachteter Ereignisse zu eliminieren. Es wird dem Leser nahegelegt, anhand der hier dargestellten Bedingungen die oben beschriebenen Zeitungsberichte und Reklamen noch einmal zu überprüfen.

ereignet, sich bei genügend hohem Ähnlichkeitsgrad der Umstände wieder ereignen wird".

Dies wiederum führt zu einer systematischen Suche nach Ursachen. Während die Logiker immer noch darüber argumentieren, was Kausalität eigentlich bedeutet, wollen wir hier Kausalität als gegeben betrachten, wenn eine unveränderliche Beziehung zwischen zwei oder mehreren Prozessen besteht. Damit einer dieser Prozesse als Ursache für den anderen gelten kann, muß er diesem zeitlich vorangehen und für das Eintreten dieses zweiten Prozesses notwendig sein (und nicht umgekehrt). Diese Bedingungen legte Mill in seinen berühmten „Regeln der Beweisführung" dar.

An dieser Stelle sei darauf hingewiesen, daß es viele verschiedene Ebenen der Kausalität gibt und daß die Frage „Was ist die Ursache des Phänomens X?" mit verschiedenen gültigen Aussagen beantwortet werden kann. Jeder Forschende muß entscheiden, welchen Grad der Präzision und der Spezifizierung er wählt, und welche allgemeine kausale Beziehung er seiner Untersuchung zugrundelegt. Die Frage „Was brachte den Mörder dazu, sein Opfer umzubringen?" kann wie folgt beantwortet werden:

1. auf einer *makroskopischen Ebene* — z. B. durch das kulturelle oder biologische Erbe des Angeklagten;
2. auf einer *molaren Ebene* — z. B. Provokation von seiten des Opfers, Leidenschaft, Rachsucht;
3. auf einer *molekularen Ebene* — z. B. Muskelkontraktionen im Finger, der den Abzug der Pistole umspannte; ein Erregungsmuster aufweisendes EEG;
4. auf einer *mikroskopischen Ebene* — z. B. spezifische biochemische Energieumwandlungen innerhalb eines Nervs, einer Gehirnzelle oder der Retina des Auges.

Der Wissenschaftler hat oft das Gefühl, die Natur bediene sich vieler Verstellungen, um ihre wahre Identität zu verschleiern. Aus diesem Grund kann er nie absolut sicher sein, eines ihrer Geheimnisse entdeckt zu haben. Seine Schlußfolgerungen sind daher immer unvollständig und nur vorläufig. Sie können nie dogmatisch abgefaßt sein, sondern müssen immer einer Berichtigung oder gar Widerlegung durch neue Fakten offenstehen. Seine Schlußfolgerungen müssen immer in Termini der *Wahrscheinlichkeit* ausgedrückt sein. So gibt er z. B. die Wahrscheinlichkeit an, mit der ein bestimmtes Phänomen, das er beobachtet hat, unter gegebenen Umständen wieder erscheinen wird. Oder er gibt den *Grad der Zuverlässigkeit* seiner Messung an und zeigt damit, inwieweit die von ihm gewählte Stichprobe repräsentativ für die Gesamtheit der Population ist (z. B. 18jährige; Studenten im 2. Semester; etc.).

Die Objektivität und die kritische analytische Einstellung, die für die wissenschaftliche Methode charakteristisch sind, können als Schutz gegen voreilige, unvollständige und falsche Schlußfolgerungen betrachtet werden. Mehr als alles andere jedoch respektiert der Wissenschaftler die *Daten,* die letztendlich über alle Argumente entscheiden. Seine eigenen Daten und die anderer Forscher (wie auch die Methoden, mit denen diese Daten erarbeitet wurden) müssen *öffentlich verifizierbar* sein, d. h. sie müssen offen sein für Überprüfung, Kritik und Nachahmung. Es wird selten etwas als wissenschaftliche Tatsache betrachtet — selbst wenn es noch so vernünftig oder gegeben erscheint — was nicht auch von anderen Forschern nachgewiesen werden kann.

Die Natur selbst wird es nicht erlauben, daß man an ihren Daten herumdoktert. Stalin versuchte z. B. die Anerkennung der Theorie durchzusetzen, nach der während des Lebens erworbene Eigenschaften auf die eigenen Kinder vererbt werden können. Diese Theorie stimmte mit der politischen Anschauung überein, daß der Mensch, einmal durch eine gute Umwelt zum besseren verändert, sich durch den Vorgang der Vererbung so erhalten würde. Dieser Versuch Stalins schlug fehl, nicht, weil er nicht genügend politische oder militärische Macht besaß, sondern weil die *Daten* nicht mit dieser Theorie übereinstimmten. Erworbene Fähigkeiten sind nicht vererbbar, und die Behauptung, daß sie es seien, macht dies noch lange nicht zur Wirklichkeit. Daten warten oft jahrelang auf einen Beobachter, den man nicht zum Schweigen bringen kann und der ihre Information richtig auszulegen versteht. In diesem Sinn wirken Daten dann — nach McCain und Segal 1969 — „wie übermäßig gestärkte Unterwäsche: vor anderen verborgen, aber schlecht zu ignorieren".

Techniken der wissenschaftlichen Fragestellung

Es gibt eine Reihe von wissenschaftlichen Taktiken, die alle Forscher benutzen. Wir werden sie hier kurz skizzieren und diejenigen, die für die Psychologie besonders wichtig sind, eingehender behandeln.

Die Einengung des Blickwinkels. Die Wahrscheinlichkeit einer befriedigenden wissenschaftlichen Antwort auf eine Frage wird größer, wenn diese Frage in Form eines lösbaren Problems formuliert wird. Durch die Beschränkung der Untersuchung auf ein kleines Teilgebiet ist eher die Möglichkeit einer Antwort gegeben als durch die Frage nach den letztendlichen, allumfassenden Erklärungen. Der Wissenschaftler soll sich jedoch stets des Verhältnisses bewußt sein, in welchem seine spezielle Fragestellung zum größeren Problemgebiet steht.

Vom einzelnen Fall zum übergeordneten Prinzip. Zunächst einmal wollen wir den Unterschied zwischen deduktiven und induktiven Schlußfolgerungen klarstellen. Deduktives (syllogistisches) Denken gründet sich auf einen Denkprozeß, der die gegebenen Prämissen untersucht und feststellt, ob sich daraus eine bestimmte Schlußfolgerung unausweichlich ableiten läßt.

Die Wissenschaft bedient sich natürlich oft eines solchen Denkprozesses, aber sie verläßt sich hauptsächlich auf den induktiven Denkprozeß, stellt also Überlegungen an, die über die beobachteten Fakten hinausgehen. Von bestimmten Gegebenheiten, die direkt beobachtet worden sind, wird eine Schlußfolgerung über die Gesamtheit solcher Gegebenheiten abgeleitet. Der Wissenschaftler möchte natürlich Generalisierungen über *Beziehungen* zwischen Dingen aufstellen, kann aber mit Sicherheit nur das wissen, was er selbst in Einzelfällen beobachtet hat. Die Beziehungen zwischen diesen Einzelfällen sind ebenso eine Annahme wie die, daß einzelne Fälle für eine größere Klasse von Fällen repräsentativ seien.

Voreingenommenheit bei der Beobachtung. Vieles in der Wissenschaft hängt von zuverlässiger Beobachtung ab. Wie wir aber bereits gesehen haben, können uns Beobachtungen leicht auf die falsche Fährte locken.

Schauen Sie sich die beiden Linien an, deren Enden mit a_1, b_1 und a_2, b_2 bezeichnet sind. Welche horizontale Linie ist länger?

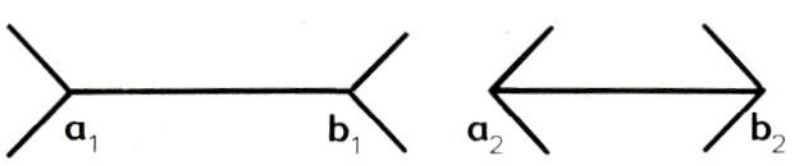

Die Sinneswahrnehmung sagt uns, daß die Linie a_1 bis b_1 länger ist als die Linie a_2 bis b_2. Tatsächlich sind sie aber gleich lang. Um unsere Beobachtungen nachzuprüfen, nehmen wir ein Lineal und messen die beiden Linien. Komischerweise erscheinen die beiden Linien immer noch verschieden, obwohl wir wissen, daß sie gleich lang sind. In Kapitel 6 werden wir auf dieses Phänomen (Müller-Lyer'sche Täuschung) näher eingehen. An dieser Stelle ist es wichtig zu wissen, daß es die Verlängerungen der Linien sind, die unsere Beobachtung verzerren. Sie sind die Ursache einer Sinnestäuschung: Die Beobachtung stimmt nicht mit der physikalischen Gegebenheit überein. Um eine genaue Beobachtung zum Vergleich der Länge dieser Linien durchzuführen, müßte man die Verlängerungen der beiden Linien weglassen oder die Linien mit dem Lineal messen. Wenn man die Verlängerungen abdeckt, verschwindet die Täuschung, und die beiden horizontalen Linien sehen gleich lang aus.

Dies ist also ein Fall, bei dem andere Beobachter die Genauigkeit unserer eigenen Beobachtungen nicht unterstützen können. Auch sie unterliegen denselben psychologischen Prozessen der Wahrnehmungstäuschung, solange ihre Umwelt unserer eigenen insofern gleicht, als in ihr rechte Winkel häufig zu finden sind (z. B. Häuser, Möbel, etc.).

Einen anderen Einfluß auf die Beobachtung zeigt folgende Geschichte: Ein Pferd — „der kluge Hans" — verblüffte seinen Trainer und eine Untersuchungskommission in Berlin im Jahre 1904. Es schien, als hätte Hans ein ganz außergewöhnliches Gedächtnis und als könne er buchstabieren, lesen, komplizierte Fragen verstehen, zählen und mathematische Operationen durchführen. Die Untersuchungskommission befaßte sich sehr sorgfältig mit dem Verhalten des Pferdes, konnte aber keine Tricks feststellen, da das Pferd gegenüber der Kommission genau dasselbe erstaunliche Verhalten zeigte, wie bei seinem Trainer. Daraufhin kam die Kommission zu dem Schluß, daß das Pferd ebenso gut und vernünftig denken könne wie die meisten Menschen. Der Leser wird jetzt gebeten, sich mit den Fähigkeiten von Hans zu befassen und aufzudecken, wie Hans dies alles fertigbrachte.

„... Das stattliche Tier, ein russischer Traber, stand da wie ein gelehriger Schüler, nicht durch die Peitsche, sondern durch sanftes Zureden und häufige Belohnung in Form von Brot oder Karotten geleitet. Fast alle Fragen, die ihm auf Deutsch gegeben wurden, beantwortete er richtig. Hatte er eine Frage verstanden, zeigte er dies unmittelbar durch ein Nicken mit dem Kopf an; verstand er diese nicht, so zeigte er dies durch ein Schütteln des Kopfes. Es wurde uns gesagt, daß der Fragende sich auf ein bestimmtes Vokabular zu beschränken habe, aber dieses war verhältnismäßig umfangreich und wuchs von Tag zu Tag ohne Erteilung besonderer Instruktionen, nur durch den einfachen Kontakt mit seiner Umgebung . . ."

„Unser intelligentes Pferd konnte natürlich nicht sprechen. Es drückte sich hauptsächlich dadurch aus, daß es mit dem rechten Vorderhuf scharrte. Vieles wurde auch durch Bewegungen des Kopfes ausgedrückt. So wurde z. B. das „ja" durch ein Nicken des Kopfes, „nein" durch ein langsames Bewegen des Kopfes von einer Seite zur anderen, die Begriffe „aufwärts", „oben", „nieder", „rechts" und „links" durch das Drehen des Kopfes in diese Richtungen ausgedrückt . . ."

„Nun wollen wir uns einigen seiner besonderen Fähigkeiten zuwenden. Hans hatte anscheinend die Kardinalzahlen von 1 bis 100 und die Ordinalzahlen bis 10 gemeistert. Befragt, konnte er Objekte aller Art zählen, auch die anwesenden Personen, wobei er sogar nach Geschlechtern zu trennen vermochte. Dann kamen Hüte, Regenschirme und Brillen. Kleine Zahlen gab er durch langsames Scharren mit dem rechten Huf an, bei größeren Zahlen erhöhte er seine Geschwindigkeit und tat dies oft schon von Anfang an . . . Nach dem letzten Scharren brachte er den zum Zählen benutzten Huf wieder in die ursprüngliche Position."

„Aber Hans konnte nicht nur zählen, sondern auch mathematische Probleme lösen. Die vier Grundvorgänge des Rechnens waren ihm durchwegs bekannt. Einfache Brüche verwandelte er in Dezimalzahlen und umgekehrt . . ."

„Hans war außerdem imstande, Deutsch zu lesen, ganz gleich, ob die Sprache geschrieben oder gedruckt war . . . Als ihm eine Reihe von Plakaten mit geschriebenen Wörtern präsentiert wurde, schritt er vorwärts und zeigte mit seiner Nase auf das Wort, das er heraussuchen sollte. Er konnte sogar einige der Wörter buchstabieren. Dies geschah mit Hilfe einer Tabelle, die Herr von Osten zusammengestellt hatte, auf der jeder Buchstabe des Alphabets eingetragen war, und die außerdem noch eine Anzahl Diphtonge enthielt, welche das Pferd mit Hilfe von zwei Nummern bezeichnen konnte . . ."

„Darüber hinaus zeigte er ein erstklassiges Gedächtnis . . . Hans hatte den gesamten Jahreskalender im Kopf; er konnte nicht nur das Datum für jeden Tag genau angeben, ohne daß ihm das vorher noch einmal beigebracht werden mußte, sondern konnte auch das Datum jeden beliebigen Tages nennen, der ihm angegeben wurde . . ." (nach Pfungst, 1911).

Es dauerte einige Zeit, bevor die Kommission herausfand, daß Hans keines der Probleme lösen konnte, wenn er Scheuklappen trug, wenn der Trainer hinter ihm stand, oder wenn die Person, die die Frage stellte, nicht selbst die Antwort darauf wußte. Diese Kontrollbedingungen für die Beobachtung von Hans' Verhaltensweisen weisen darauf hin, daß Hans lediglich auf subtile, unbeabsichtigte visuelle Signale reagierte, die von den Fragenden abgegeben wurden und ihm so Hinweise gaben, wann er das Scharren anfangen und wann er es aufhören sollte. Hans hatte lediglich das gelernt, was von „Gedankenlesern" tagtäglich praktiziert wird.

Persönliche Sinneseindrücke sind keine Fakten. Der Inhalt persönlicher Erfahrung kann nicht als wissenschaftliches Faktum zugelassen werden, weil dieser Inhalt idiosynkratisch und der Beobachtung durch andere nicht zugänglich ist. Verbale *Berichte* über persönliche Erfahrungen jedoch sind zulässig, obwohl man nicht annehmen kann, daß sie mit dem, was sie beschreiben, vollkommen übereinstimmen. Die Beschreibung eines Traums ist nicht das gleiche wie der Inhalt eines Traums, da dieser durch das Gedächtnis und den Bericht verzerrt und modifiziert werden kann.

Konkrete Terminologie und operationale Definitionen. Wir können uns die Sprache als eine Menge von Symbolen vorstellen, die in vorgeschriebener Weise benutzt werden. Es wäre ideal, wenn alle diejenigen, die eine Nachricht erhalten, diese auch genau entziffern und ihren Sinn verstehen könnten. Diese Art von Verständigung findet nur dann statt, wenn die Symbole in eng begrenzter, genau festgelegter Art und Weise benutzt werden, wie z. B. bei mathematischen Formeln oder musikalischen Noten. Eine solche Sprache besitzt einen hohen Grad an intersubjektiver Übereinstimmung. Jeder Wissenschaftler wünscht sich diesen Grad an Objektivität, um die Information, die er vermitteln will, klar, präzise und direkt wiedergeben zu können.

Wie beurteilen z. B. andere Psychologen die folgenden Aussagen eines Kollegen:

„Als das ängstliche Kind frustriert war, zog es sich zurück". „Die Ratte explorierte die neue Umgebung, wenn ihr dazu die Gelegenheit gegeben wurde". Es ist unmittelbar verständlich, daß die Sprache, die bei dieser Beschreibung psychologischer Phänomene benutzt wurde, eine Reihe verschiedener Interpretationen zuläßt. Was bedeutet es, „frustriert" zu sein? Ist dies ein innerer Zustand des Kindes, ein Selbstbericht oder ein äußeres Verhalten? Oder wird es definiert durch die Umweltbarrieren, welche das Kind von bestimmten Aktivitäten abhalten? Wie verschieden voneinander müssen zwei Umgebungen sein, bevor man die eine als „neu" bezeichnet?

Wenn wir Konzepte benutzen, die durch eine physikalische Größe ausgedrückt werden können, ergibt sich die Möglichkeit, bei verschiedenen Leuten eine Übereinstimmung über dieses Konzept herbeizuführen. „Die Temperatur des Wassers beträgt 35 ° Celsius" ist eine genauere Beschreibung des Wärmezustandes des Wassers, als die Aussage: „Das Wasser ist warm". Die erste Aussage ist nicht nur eine genauere Beschreibung, sondern sie kann auch von verschiedenen Leuten verifiziert werden, wenn diese dasselbe Thermometer benutzen.

Diese Aussage über das Wasser ist verknüpft mit Operationen, die ausgeführt werden, um eine Temperatur zu bestimmen: „Ein Thermometer, welches sich in Wasser befand, registrierte 35 ° Celsius". Eine solche Aussage bezeichnet man als *operationale Definition,* ein Ausdruck, der von dem Physiker Bridgman geprägt wurde. Seine Ideen werden am besten in seinen eigenen Worten wiedergegeben:

... „Die neue Ansicht über das, was ein Konzept ist, ist eine grundlegend andere. Wir wollen uns einmal das Konzept der Länge überlegen: Was bedeutet es, wenn wir über die Länge eines Gegenstandes sprechen? Wir wissen, was Länge ist, wenn wir sagen können, wie lang bestimmte Gegenstände sind; das genügt dem Physiker. Um jedoch die Länge eines Gegenstandes festzustellen, müssen wir gewisse *physikalische* Operationen vornehmen. Das Konzept der Länge ist daher festgelegt, wenn die Operationen, durch welche die Länge gemessen wird, festliegen: d. h. das Konzept der Länge beinhaltet nicht mehr und nicht weniger als eine Reihe von Operationen, mit deren Hilfe die Länge festgestellt wird. Im allgemeinen bedeutet der Ausdruck ‚Konzept' nichts anderes als eine Reihe von Vorgängen; ‚Konzept' ist also ein Synonym für die jeweils entsprechende Reihe von Operationen" (Bridgman, 1927).

Diesem Prinzip zufolge könnte man „Angst" in Termini des Tests beschreiben, den man benutzt, um sie zu messen. Man könnte sie auch als Folge bestimmter Umwelteinflüsse (Operationen), von denen sie vermutlich erzeugt wird, bezeichnen.

Der Vorteil moderner Apparaturen. Für die gesamte Wissenschaft ist der Gebrauch von Apparaturen entscheidend für das Ausmaß und die Präzision der Beobachtungen. Es wurde einmal gesagt, daß der Mensch einen Platz zwischen den Planeten und dem Atom einnehme; bevor er auf dem einen landen und das andere teilen konnte, brauchte er ein Teleskop und ein Mikroskop.

Wichtige Fortschritte in der Wissenschaft fallen oft mit der Entwicklung neuer Apparaturen zusammen, die es ermöglichen, die kausale Seite eines Phänomens besser zu kontrollieren, und die darüber hinaus eine sorgfältigere Beobachtung, Aufzeichnung und Messung der Wirkung dieses Phänomens zulassen. So wurde der Neurophysiologie z. B. ein neues Gebiet erschlossen, als der Schweizer Physiologe W. R. Hess in den zwanziger Jahren eine Mikroelektrode entwickelte, die die Reizung eines winzigen Gehirnareals bei wachen Versuchstieren ermöglichte.

Registrierung und Messung. Ein Vorgang wird zu einem *Meßwert (Datum),* wenn er von einem Beobachter registriert worden ist. Er

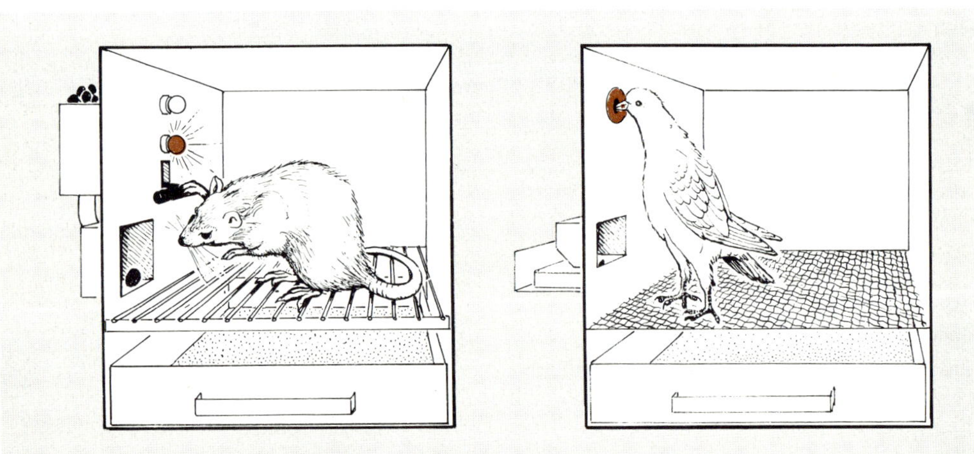

Abb. 1-3. Skinnersche Versuchskammern (Skinner boxes). Links ein Rattenkäfig in dem das Versuchstier durch das Drücken eines Hebels Futter erhält; der rechte Käfig ist mit einer Pickscheibe für Tauben ausgestattet

wird zu einem *zuverlässigen Meßwert,* wenn ein zweiter Beobachter ähnliche Aufzeichnungen macht. Dieser wichtige Prozeß der wissenschaftlichen Untersuchung setzt voraus, daß es *standardisierte* (einheitlich festgelegte) Methoden gibt, nach denen man Beobachtungen macht, Vorgänge registriert und bei der Messung dieser Vorgänge sowohl ihre Entstehung (Existenz) als auch ihre Charakteristika aufzeichnet. Zur Messung sind eindeutige Regeln notwendig, um Vorgänge, die sich in der physischen Realität vollziehen, in symbolische Zeichen umwandeln zu können. Diese Regeln müssen die Normen und unveränderlichen Aspekte der Umwelt festhalten, mit denen die zu messenden Vorgänge verglichen werden können, und beinhalten außerdem Verfahren, die zur Anwendung der Umweltnormen auf den Vorgang benutzt werden können.

Symbole, die bei diesen Transformationen benutzt werden, sind willkürlich (z. B. m oder cm) und kommen gewöhnlich durch die Vereinbarung einer Reihe von Beobachtern zustande. Wir dürfen dabei nicht vergessen, daß diese Symbole selbst nicht die Realität sind, sondern sie bestenfalls repräsentieren. Deshalb können sie auch in andere äquivalente Symbole transformiert werden, ohne dabei ihre Bedeutung zu verlieren (z. B. Fahrenheit — Celsius). Mehrere solcher einzelner *Primärdaten* (Daten, die nur einen symbolischen Schritt vom beobachteten Vorgang entfernt sind) müssen immer irgendwie organisiert und zusammengefaßt sein. Erst dann werden dem Betrachter dieser Daten allgemeine oder abstrakte Qualitäten solcher Vorgänge klar. So können z. B. die Leistungstest-Daten der einzelnen Mitglieder des 2. Schuljahres (Primärdaten) zusammengefaßt werden als durchschnittliche Leistung dieser Klasse während des Schuljahres (eine mögliche Art von Sekundärdaten). Dieser Durchschnitt kann dann mit dem des letzten Jahres verglichen werden. Es können aber auch andere Sekundärdaten von den Primärdaten abgeleitet werden.

Hypothesen sind zum Testen da. Sobald ein Wissenschaftler glaubt, daß seine Datensammlung ihm vertrauenswürdige Fakten liefert, wendet sich sein Interesse den Beziehungen zwischen solchen Fakten und deren Ursachen zu.

Alle Untersuchungen, die sich mit der Ursache eines Phänomens befassen, beginnen mit einer *Hypothese.* Hypothesen sind potentielle Antworten auf die Frage, wie zwei und mehr Ereignisse oder Variablen zueinander in Beziehung stehen. Solche Hypothesen müssen präzise formuliert sein und durch Beobachtung oder Logik überprüft werden können.

Es gibt keine Regeln, wie man zu guten Hypothesen kommt. Diese Fähigkeit hängt ab vom Wissensstand des Forschers, seiner Fähigkeit, analytisch und synthetisch zu denken, seiner Kreativität und manchmal auch vom Zufall. Aber selbst wenn wir das Glück oder den Zufall berücksichtigen (wie z. B. bei Flemmings Entdeckung des Penicillins in verschimmeltem Brot), so glaubt Pasteur, daß „der Zufall nur den gut vorbereiteten Geist bevorzugt".

Die kritische Aufgabe des Forschers ist es, alle *Alternativhypothesen* über Ursache oder Ursachen des Phänomens festzulegen. Erst dann beginnt er mittels der *Strategie der Eliminierung* diejenigen Hypothesen auszuklammern, die für die Erklärung des beobachteten Vorgangs unzureichend erscheinen. Bei diesem Vorgehen bleibt dem Forscher gewöhnlich eine Hypothese, die er den anderen vorzieht. Nun prüft er mit objektiven Methoden, ob diese Hypothese angemessen ist.

Wie wir aber bereits früher festgestellt haben, kann man einer Hypothese nie voll und ganz vertrauen. Selbst diejenigen Hypothesen, die sich in vielen Studien als tragbar erwiesen haben und schließlich sogar zum Gesetz erhoben worden sind, kann man nicht als „bewiesen" betrachten. Auch sie müssen noch als „nur vorläufig" angesehen werden, als das Beste, was es zu diesem Zeitpunkt gibt.

Einige Forscher halten es für falsch, wenn Psychologen ihre Untersuchungen mit vorgefaßten Hypothesen beginnen, ohne irgendwelche Daten in Händen zu haben. Grund dafür ist die Annahme, daß Hypothesen theoretische Abstraktionen sind, die den Beobachter auf ungebührliche Art und Weise beeinflussen können. So kann es vorkommen, daß die Aufmerksamkeit des Untersuchers sich nur auf einen Vorgang richtet, während andere — wichtigere Vorgänge — unbeachtet bleiben. Gegner einer solchen Ansicht argumentieren, daß jegliches Sammeln von Daten durch irgendeine Hypothese beeinflußt wird, selbst wenn diese nicht ausdrücklich festgelegt wurde.

Der wissenschaftliche Beweis liegt im Experiment

Experimente ereignen sich im täglichen Leben dauernd. Hier einige Beispiele:

1. Es gibt Kinder, deren Eltern hohe Anforderungen an sie stellen, während andere Kinder Eltern haben, die ihnen vieles gestatten und wenig Wert auf Leistung legen. Es gibt Schüler, die hochintelligent sind und trotzdem immer schlecht bei Prüfungen abschneiden, während sich andere hier besonders auszeichnen. Hier haben wir es mit zwei Arten von Unterschieden zu tun. Sollte es sich herausstellen, daß zwischen beiden Arten eine feste Beziehung besteht, so könnte es möglich sein, daß sie kausal miteinander verbunden sind.
2. Nach einer Reihe mißlungener Verabredungen mit Mädchen ändert ein Student sein Verhalten dahingehend, daß er die Mädchen jetzt zärtlich umwirbt, statt sie zu überrumpeln. Er hat jetzt bei den Mädchen mehr Erfolg als früher. Was kann man aus diesen Aussagen ableiten?

Bei solchen „natürlichen" Experimenten beobachten wir dieselben Probleme, die wir am Anfang des Kapitels beschrieben haben. Ohne zusätzliche Informationen sind wir nicht in der Lage, die vielen alternativen Hypothesen auszuklammern, die ebenfalls für die beobachtete Beziehung in Frage kommen. Und hiermit kommen wir zu dem grundlegenden Widerspruch, der uns immer dann begegnet, wenn wir Ursachen erklären wollen. Wir müssen eine *künstliche* Situation schaffen, um *natürliche* Vorgänge studieren und verstehen zu können, weil wir nämlich durch Beobachtung allein nur herausfinden können, wie die Dinge erscheinen, und nicht, „wie sie sind".

Funktechnisch ausgedrückt, könnte man sagen, daß im alltäglichen Leben die „Signale", die uns interessieren, immer so sehr von „Rauschen" begleitet sind, daß sie sich nicht klar genug abheben, um von uns verstanden zu werden. Die natürlichen Signale können sehr stark sein, aber das Hintergrundrauschen eben auch (Abb. 1-4). Das Laborexperiment versucht, die beiden Signale, die in der Hypothese spezifiziert sind, zu simulieren und dabei gleichzeitig das Verhältnis von Rauschen zu Signal herabzusetzen. Dadurch gewinnt das Experiment an Präzision, was es an Kraft verliert. Der wichtigste Aspekt eines solchen Experimentes jedoch ist die Tatsache, daß es den Beobachter in die Lage versetzt, kausale Folgerungen zu ziehen. Dabei ist noch zu beachten, daß ein funktionales Verhältnis zwischen den Signalen erst dann besteht, wenn nach Änderung des einen Signals auch eine entsprechende Veränderung des anderen Signals beobachtet werden kann.

Das Laborexperiment zeigt die gleiche Strategie der Eliminierung wie Mills „Regeln der Beweisführung", die auf Seite 12 zusammengefaßt sind. Dadurch, daß jeweils nur ein Faktor systematisch verändert wird, können wir die Anzahl der Alternativhypothesen begrenzen und die Wahrscheinlichkeit dafür erhöhen, daß eine zurückbleibende Hypothese die beste kausale Erklärung für das Phänomen darstellt. Z. B. können wir so unsere verschiedenen Hypothesen über die Beziehung zwischen Rauchen und schlechten Zensuren testen und diejenigen ausklammern, deren Voraussagen sich nicht erfüllten.

Unabhängige und abhängige Variable. Die Hypothese, die in einem Laborexperiment geprüft wird, sagt einen Vorgang nach der Kenntnis eines anderen voraus. Der Prädiktor heißt *unabhängige Variable.* Im Experiment handelt es sich dabei um den Aspekt, der vom Versuchsleiter (Vl) systematisch variiert (d. h. manipuliert) wird. Der Effekt, der von der unabhängigen Variable abhängig ist, ist das, was vorausgesagt wird, die *abhängige Variable.* In der Psychologie ist die abhängige Variable immer ein Aspekt des Verhaltens. Genauer gesagt ist sie eine Verhaltenseinheit, die beobachtet und gemessen werden kann — eine Reaktion (response, R). Diese Reaktion kann molar sein, wie eine Handlung (z. B. laufen, schlagen, weinen), ein Testscore oder ein verbaler Bericht. Sie kann auch molekular sein, wie z. B. die Herzfrequenz oder das EEG.

Der Teil der psychologischen Umwelt, der verändert wird, ist gewöhnlich irgendein *Reiz*-Element (stimulus, S). Als Reiz betrachtet man meistens irgendeine Veränderung in der physischen Energie, die von den Receptoren des am Experiment beteiligten Organismus wahrgenommen werden kann. Die *kausale* Beziehung (zwischen einem Reiz und einer Reaktion) bezeichnet man als eine S→R-Beziehung. Im Vergleich dazu folgt aus der korrelativen Verbindung, die wir früher beschrieben haben, und bei der beide Variable Reaktionen des Organismus sind, eine R-R-Beziehung. Hier können wir nicht eine Variable als Ursache für die andere betrachten, wie einige Beispiele der Zeitungsberichte schon deutlich zeigten.

Obwohl es verschiedene technische Unterschiede zwischen ihnen gibt, werden die folgenden dennoch oft vertauscht:
Ursache — Wirkung,
Unabhängige Variable — abhängige Variable,
Reiz (S) — Reaktion (R).
Unabhängig davon, welche Ausdrücke benutzt werden, müssen diese immer operational definiert sein, damit letztendlich Übereinstimmung darüber herrscht, was zu wem in Beziehung steht.

Experimentelle Kontrolle. Das wichtigste Merkmal eines Experiments ist der darin unternommene Versuch, alle Bedingungen zu *kontrollieren,* die einer klaren, unzweifelhaften Überprüfung der Hypothese entgegenwirken. So müssen z. B. alle relevanten Variablen, die die Wirkung der unabhängigen Variablen ausdehnen, einengen oder verwischen könnten, für sämtliche Versuchstiere oder Versuchspersonen (Vpn) konstant gehalten werden.

Um die Rolle dieser experimentellen Kontrollen besser zu verstehen, müssen wir zunächst einmal das Konzept der *Reaktionsvarianz* (Reaktionsvariabilität) genauer untersuchen.

Verhalten wird immer von einer Reihe von Faktoren beeinflußt. Das Verhalten einer Person in einer bestimmten Situation kann von einer Beobachtungsperiode zur anderen variieren; es kann aber auch das Verhalten verschiedener Personen, auf die zur gegebenen Zeit die gleichen Reize einwirken (= gleiche Situation), ebenfalls variieren.

Deshalb müssen wir uns bei unserer Untersuchung folgende Frage stellen: „Welcher Anteil der beobachteten Reaktionsvarianz ist auf Veränderungen der manipulierten unabhängigen Variable zurückzuführen, und welcher Anteil kommt durch andere Einflüsse zustande? Den ersten Anteil bezeichnet man als *echte Varianz,* während der zweite *Fehlervarianz* genannt wird. Ein gutes experimentelles Design versucht immer, die Fehlervarianz möglichst gering zu halten, wobei der Anteil der Gesamtvarianz, die auf die experimentelle Manipulation zurückzuführen ist (echte Varianz), vergrößert wird.

Die Fehlervarianz setzt sich aus zufälligen und systematischen Fehlern zusammen. Ein *zufälliger Fehler* beeinflußt eine Reaktion dann, wenn z. B. durch Zufall Lärm entsteht und die Vp ablenkt. Dabei kommt es vor, daß die Reaktion einmal in die eine und ein anderes Mal in die andere Richtung beeinflußt wird. Gleich, wie dieser Einfluß im speziellen Fall aussieht, er ist nie vorhersagbar. Die Wirkung des *systematischen Fehlers* auf die Reaktion hingegen kann vorausgesagt werden, da dieser die Reaktion immer nur in eine Richtung beeinflußt. So kann eine attraktive weibliche Versuchsleiterin z. B. ohne Absicht ihre männlichen Vpn dahingehend beeinflussen, daß sie sich in ihrer Gegenwart mehr bemühen als in Anwesenheit eines männlichen Vl.

Der Einfluß des zufälligen wie des systematischen Fehlers wird durch die Anwendung experimenteller Kontrollen vermindert. Solche Kontrollen tragen auch zum besseren Verständnis der Quellen der echten Varianz bei. Es werden hauptsächlich sechs verschiedene Kontrollen angewendet:

Kontrolle der Umgebung. Der Experimentierraum (die Testkammer, der Tierkäfig etc.) muß

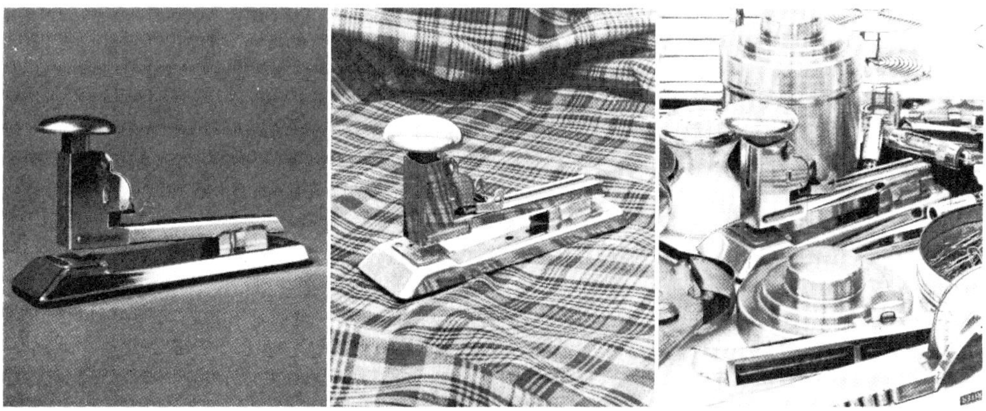

Abb. 1-4. Verhältnis zwischen Signal und Rauschen = Verhältnis zwischen Figur und Grund. a: Grund ist homogen, Figur hebt sich deutlich ab; b und c: Grund ist leicht heterogen, Figur wird undeutlich

Ein typisches experimentelles Design

Zwei Gruppen werden zufällig aus derselben Population ausgewählt (randomisiert). Beide Gruppen erhalten dieselben Vor- und Nach-Tests, im Verlauf derer alle irrelevanten Variablen (Zimmertemperatur, erlaubte Zeit etc.) gleich gehalten werden. Soweit bekannt ist, besteht der einzige systematische Unterschied für beide Gruppen während des Intervalls zwischen Vor- und Nach-Tests in der unterschiedlichen experimentellen Behandlung. Die Veränderung der Lernleistung wird durch den Unterschied zwischen den Vor-Test-Scores und den Nach-Test-Scores bestimmt. Verändert sich die Experimentalgruppe mehr als die Kontrollgruppe, so wird dieser Unterschied auf die Verschiedenheit der experimentellen Bedingungen zurückgeführt.

Können Sie in diesem Beispiel die unabhängigen und die abhängigen Variablen nennen?

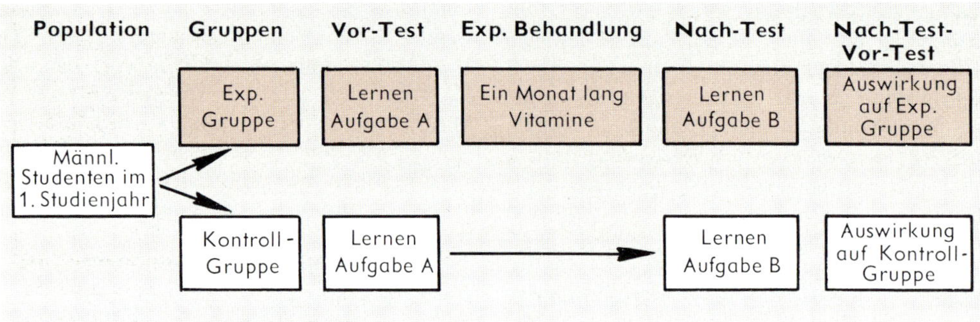

immer so gestaltet sein, daß zusätzliche Reize wie z. B. Licht, Lärm, Temperaturunterschiede usw. auf ein Minimum beschränkt bleiben oder ganz eliminiert werden können. Die experimentelle Umgebung sollte ferner so eingerichtet sein, daß das zu untersuchende Verhalten mit höherer Wahrscheinlichkeit auftritt als anderes, irrelevantes Verhalten. So erhöht sich (z. B. in einer Skinner-Box) die Wahrscheinlichkeit, daß ein hungriges Tier die Taste drückt, wenn man das Tier in eine kleine Box steckt, in der die Taste das wichtigste Reizobjekt in der Umgebung darstellt.

Kontrolle des Verfahrens. Bei jedem Experiment müssen die Instruktionen und Reize (S) standardisiert und die Art ihrer Darbietung gleich sein. Ferner müssen die Beobachtungen an allen Vpn von allen Beobachtern in der gleichen Art und Weise durchgeführt werden. Aufgaben und alternative Reaktionen müssen für alle Vpn identisch sein, und es muß darauf geachtet werden, daß zusätzliche Einflüsse auf den Beobachter selbst ausgeschlossen werden.

Kontrolle der Auswahl. Es ist häufig ein Ziel des Experiments, zu zeigen, daß das Verhalten der Vpn in der Gruppe, die einer Veränderung der unabhängigen Variable ausgesetzt ist, anders ist, als bei einer anderen Gruppe, bei der dies nicht der Fall ist. Deshalb ist es wichtig, daß bei diesen beiden Gruppen *vor* der Einführung der unabhängigen Variablen keinerlei Unterschied in bezug auf das zu untersuchende Verhalten besteht. Eine Angleichung der beiden Gruppen kann dadurch erreicht werden, daß jeweils eine Vp aus der Experimentalgruppe mit jeweils einer der Kontrollgruppe verglichen wird, mit der sie in bezug auf möglichst viele Variable dasselbe Verhalten zeigt (= matching). Dieser Vorgang ist oft sehr schwierig, weil er einer großen Population bedarf, aus der Stichproben gezogen werden können, die dann auf Grund einer Anzahl von Faktoren aufeinander abgestimmt werden müssen (z. B. Geschlecht, Lebensstandard, Länge des Krankenhausaufenthaltes, Notendurchschnitt, Anzahl der gerauchten Zigaretten pro Tag etc.). Dazu kommt noch, daß man natürlich nie *alle* möglichen Variable voraussehen kann, die einen Einfluß auf das Experiment haben können.

Randomisierung (Zufällige Auswahl). Diese Methode bietet uns eine weitere Möglichkeit, vor dem Experiment die Vpn der einzelnen Gruppen einander anzugleichen. So können wir hier die Vpn aus einer größeren Gruppe auswählen (z. B. Gruppe aller Studenten im ersten Studienjahr) und diese Vpn den verschiedenen experimentellen Verfahren rein zufällig zuordnen (z. B. durch das Werfen einer Münze oder noch besser durch den Gebrauch einer Tabelle mit zufälligen Zahlenreihen). Auf Grund dieses Vorgehens können wir annehmen, daß es keine systematischen Unterschiede zwischen den Mitgliedern der einzelnen Gruppen vor der Anwendung der unabhängigen Variablen gibt und daß beide Gruppen als repräsentativ für die größere Population, aus der sie stammen, anzusehen sind.

Welche Fehler sich einschleichen können, wenn wir die Zufälligkeit bei der Auswahl der Versuchsteilnehmer nicht beachten, zeigt eine Studie, die in der Armee durchgeführt wurde. Bei der Auswahl der Teilnehmer beschränkte man sich darauf, jeden 32. Namen von einer Liste als Vp für das Experiment auszusuchen. Als die Vpn sich versammelten, stellte sich heraus, daß sie alle Feldwebel waren, da in die Liste (was der Vl nicht wissen konnte) immer als erstes der Name des Feldwebels eingetragen wurde. Diese Stichprobe war natürlich nicht repräsentativ für die Gesamtpopulation. Ein weiteres Beispiel für die Wichtigkeit der randomisierten Auswahl entstammt einem Experiment, bei dem der Einfluß verschieden langer Aufenthalte in einer „angereicherten" Umgebung (enriched environment) auf späteres Explorationsverhalten junger Ratten untersucht wurde.

Das experimentelle Verfahren bestand darin, daß einige Ratten nach 25 Tagen, andere nach 50 und der Rest nach 100 Tagen aus dem Versuchskäfig entfernt werden sollten. Ohne ein randomisiertes Auswahlverfahren, welches *von Anfang an* festlegte, welche Ratten zu welchem Zeitpunkt aus dem Käfig genommen wurden, wäre es durchaus möglich gewesen, daß am Ende des Versuchs gänzlich verschiedene Ratten-„Typen" existiert hätten; d. h. hätte der Vl diejenigen Ratten zuerst aus dem Käfig entfernt, die leicht zu handhaben waren — also diejenigen, die ihn nicht bissen, wenn er sie anfaßte, oder schliefen — wäre es möglich gewesen, daß sich in der 25-Tage-Gruppe die gelehrigsten und in der 100-Tage-Gruppe die agilsten und aggressivsten Tiere befunden hätten.

Statistische Kontrolle. Nach Abschluß des Experiments kann ein gewisses Maß an analytischer Kontrolle mittels statistischer Techniken angewendet werden. Solche Techniken ermöglichen die Schätzung der Effekte unkontrollierter Variable auf die im Experiment untersuchten Variablen. Eine dieser Techniken ist die *Kovarianz-Analyse.* Wenn man z. B. weiß, daß Unterschiede zwischen den Vpn bestehen, diese Unterschiede aber gemessen werden können, so kann man deren Einfluß statistisch von dem Einfluß der unabhängigen Variable isolieren. In einem Experiment, in welchem der Einfluß elektrischer Schocks auf die Laufgeschwindigkeit von Versuchstieren gemessen wird, die ein unterschiedliches Gewicht haben, kann der Vl die Kovarianz-Analyse anwenden, um sicher zu gehen, daß eventuelle Verhaltensunterschiede auf verschieden starke E-Schocks und nicht auf den Gewichtsunterschied der Ratten zurückzuführen sind.

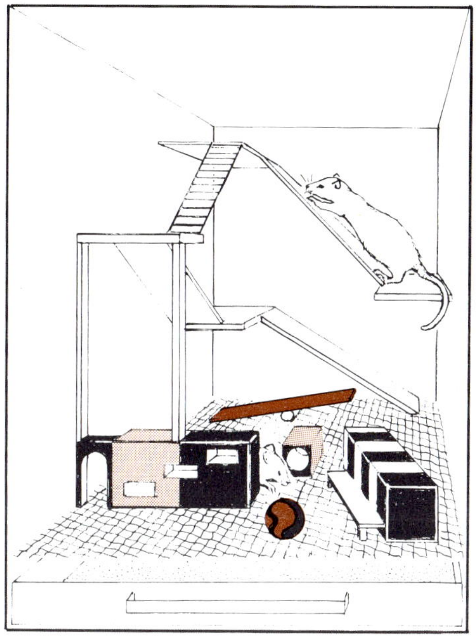

Abb. 1-5. Rattenkäfig mit „angereicherter Umwelt". Hier werden die Tiere zum Explorieren und zu erhöhter Aktivität angeregt

Kontrollgruppen. „Die Gruppe, die ‚Crest' benutzte, zeigte 38 % weniger Caries!" Wenn wir fragen „weniger Caries als wer?", dann wollen wir etwas über die Kontrollgruppe wissen, die einen Vergleich der Wirksamkeit verschiedenartiger Behandlungen ermöglicht. Sie würden sich nie darum bemühen, ‚Crest' zu kaufen, wenn die Frage auf diese Antwort lautete: „Weniger als Leute, die sich nie die Zähne putzen“. Man müßte hier fordern, daß die vergleichbare Kontrollgruppe genau dasselbe Verhalten zeigt, wie die Experimentalgruppe: sie putzt sich die Zähne ebenso häufig, die Qualität der Nahrung ist vergleichbar (besonders im Hinblick auf fluoridiertes Wasser) und sie kommt aus derselben Gesamtpopulation (gleiches Alter, Gesundheitszustand etc.).

Eine Kontrollgruppe muß alle Eigenschaften und experimentellen Bedingungen mit der Experimentalgruppe gemeinsam haben, ausgenommen die unabhängigen Variablen, deren Effekt geprüft werden soll. Wenn wir später einen Unterschied zwischen beiden Gruppen feststellen, können wir mit Sicherheit sagen, daß die Ursache dieses Unterschieds in der unterschiedlichen experimentellen Behandlung liegt.

Den besten direkten Vergleich zwischen Auswirkungen der Behandlung oder Nichtbehandlung bietet uns die sog. „paarweise“ (yoked) Kontrolle. Bei diesem Verfahren werden zwei sorgfältig ausgewählte Vpn gleichzeitig unter praktisch identischen Bedingungen (mit Ausnahme der Anwendung der unabhängigen Variablen) geprüft.

Eine Kontrolle für bestehende genetische Unterschiede wird als „co-twin-control“ (Zwillingsmethode) bezeichnet und bei der Prüfung von Lerneffekten benutzt. Ein eineiiger Zwilling wird dabei durch Zufall der Experimentalgruppe zugeordnet (z. B. bei Untersuchungen zum frühen Sprachtraining), während der andere zur Kontrollgruppe gehört. Beide Zwillinge machen dann einen Leistungstest.

Bei Tieren, deren Würfe groß sind (bei Ratten etwa 8 Junge) kann der Vl die genetischen Einflüsse dadurch konstant halten, daß er abwechselnd die Tiere aus diesem Wurf der Experimental- bzw. der Kontrollgruppe zuordnet.

Endlich kommt es in manchen Versuchen darauf an, daß die Vpn nicht untereinander, sondern jede einzelne Vp mit sich selbst verglichen wird. Bei Anwendung dieser Kontrollmethode („within-subject-control“) kann man jeden Versuchsteilnehmer als eine eigene Versuchseinheit betrachten. Seine Reaktion auf die unabhängige Variable kann direkt mit seiner Reaktion bei Abwesenheit dieser Variable verglichen werden (z. B. bei Drogenstudien). Ein solches Verfahren reduziert die systematische Fehlervarianz, weil gewöhnlich die Reaktionen einer einzigen Person weniger fluktuieren als die Reaktionen zweier verschiedener Personen. Within-subject-Designs sind vorteilhaft, wenn man den Einfluß einer experimentellen Bedingung auf das Verhalten prüfen will, gleichzeitig aber auch an der nach dem Versuch auftretenden Veränderung des Verhaltens interessiert ist.

Es gibt natürlich viele Probleme, die nicht mit diesem Versuchsplan untersucht werden können. Wenn sich das Verhalten der Vp nach der Behandlung permanent ändert, würde sie auf eine zweite Behandlung nicht so wie auf die erste reagieren. Ein Beispiel wäre hier der Einfluß eines Entspannungstrainings auf die Ängstlichkeit einer Frau während ihrer ersten Schwangerschaft. Ihre zweite Schwangerschaft kann hier nicht als Kontrollbedingung (kein Entspannungstraining) angesehen werden, weil sie auf Grund ihres ersten Entspannungstrainings wahrscheinlich nicht mehr so ängstlich ist wie früher.

Wenn bei dem obigen Versuchsplan eine einzige Vp wiederholt verschiedenen Varianten der unabhängigen Variable ausgesetzt wird, ist es unbedingt nötig, daß man diese Einflüsse *gegeneinander ausbalanciert* (counterbalancing). Werden z. B. die Einflüsse zweier verschiedener Dosierungen eines Medikamentes auf die Leistung der Vp untersucht, so kann der Vl der Vp die Dosierung der Medikamente in der Reihenfolge Hoch — Niedrig — Niedrig — Hoch verabreichen. Diese A-B-B-A-Sequenz stellt sicher, daß die Wirkung der niedrigen Dosis nicht nur dadurch zustandekommt, daß sie der höheren folgt.

Die häufigste Kritik, die an Experimenten geübt wird, bezieht sich auf fehlende Kontrollgruppen oder Kontrollverfahren, die logischerweise notwendig gewesen wären, um Alternativhypothesen auszuklammern.

Beweisführung durch statistische Inferenz. Nun kommen wir zum letzten Schritt im langwierigen Prozeß der Beweisführung auf Grund von Beobachtungen. Angenommen, die Daten sind richtig gesammelt worden, und es zeichnet sich ein Verhaltensunterschied zwischen der Experimental- und der Kontrollgruppe ab. Können wir daraus folgern, daß die unabhängige Variable für die Unterschiede verantwortlich und damit die experimentelle Hypothese bestätigt ist? Wenn soviel Zeit, Geld und Energie investiert wurden, so kann das selbst einen seriösen Wissenschaftler geneigt machen, jeden

Mittelwert, Streuung und Korrelation

Bei der Besprechung von Forschungsergebnissen gebrauchen wir manchmal die Begriffe *Mittelwert, Variabilität (Streuung, Abweichung) und Korrelation.* Ihre Bedeutung wird hier kurz erläutert.

1. Um die Leistung einer Gruppe zu beschreiben (und in der Lage zu sein, sie mit der einer anderen Gruppe zu vergleichen), brauchen wir zwei Werte: ein einzelner Wert, der typisch für den Gruppenwert ist, und einen Wert, der die Streuung andeutet.

a) Der am häufigsten gebrauchte Wert ist der *Durchschnitt.* Dieser kann auf drei verschiedene Arten ausgedrückt werden:

Das arithmetische Mittel	=	$\frac{\text{Summe aller Zahlen}}{\text{Anzahl aller Zahlen}}$
Der Median	=	der Wert, der in einer Zahlenreihe genau in der Mitte liegt (3, 5, 9, *19*, 40, 55, 70)
Der Modus	=	der Wert, der in einer Zahlenreihe am häufigsten vorkommt (3, 4, 5, *6, 6, 6, 6,* 7, 8, 9, 12, 25)

b) *Streuungsmaße* geben Auskunft darüber, ob die Werte eng beieinander liegen oder weit gestreut sind. Die am häufigsten benutzten Streuungsmaße sind die Streuungsbreite (range), die Differenz zwischen der größten und kleinsten Maßzahl (kleinster Wert: 3, größter Wert: 25; Streuungsbreite [R] = 22) und die Standardabweichung = Durchschnitt der Abweichungen aller Meßzahlen vom Mittelwert.

2. Um die Beziehungen zwischen zwei Gruppen von Maßzahlen desselben Individuums (z.B. Intelligenz und Zensuren) beschreiben und außerdem ihre Wechselbeziehung feststellen zu können, errechnen wir den Korrelationskoeffizienten (r). Er gibt an ob eine Beziehung besteht und wenn, ob sie positiv oder negativ, bedeutend oder unbedeutend ist.

Korrelationskoeffizienten variieren zwischen − 1,0, was eine perfekte negative Korrelation anzeigt (höhere Intelligenz — fallende Zensuren) über 0 (keine Korrelation) und + 1,0, was eine perfekte positive Korrelation anzeigt (höhere Intelligenz — steigende Zensuren). Perfekte Korrelationen sind selten. Eine mittelmäßige Korrelation liegt zwischen 0,25 und 0,60 (+ oder −); eine hohe Korrelation liegt zwischen 0,70 und 0,99 (+ oder −).

Unterschied (obleich er zufällig oder unzutreffend sein mag) als „echte" Auswirkung anzusehen. Gegen eine solche Versuchung können er und seine Kollegen sich nur dadurch schützen, daß von vorneherein festgelegt ist, was als *signifikanter Unterschied* angesehen wird.

Wenn ein statistisches Inferenzverfahren benutzt wird, dann formuliert der Untersucher die sog. *„Null-Hypothese"* (H_0). Diese Hypothese besagt, daß die beobachteten Unterschiede allein durch Zufall zustandekamen. Seine Aufgabe besteht jetzt darin, durch Anwendung objektiver statistischer Tests festzustellen, ob die Unterschiede groß genug sind, um die Null-Hypothese zu *verwerfen.* Dieses Vorgehen bestimmt zugleich, wieviel Vertrauen in die ursprüngliche *experimentelle Hypothese* (H_1) gesetzt werden kann, die besagt, daß der festgestellte Unterschied durch die manipulierte Variable und *nicht* allein durch Zufall zustandekam.

Die statistischen Tests, die angewendet werden, hängen von der Art der gesammelten Daten ab, führen letztendlich aber alle zu einer *Wahrscheinlichkeitsaussage,* d. h. einer Schätzung der Wahrscheinlichkeit, mit der der beobachtete Unterschied durch Zufall zustandekam. Diese Wahrscheinlichkeitsaussage ermöglicht es dem Psychologen, eine allgemein anerkannte Regel anzuwenden, um zu entscheiden, ob das Experiment „funktioniert" hat. Gewöhnlich werden Resultate nur dann als echt und als statistisch signifikant angesehen, wenn die Wahrscheinlichkeit (p), daß der Unterschied durch Zufall hätte zustandekommen können, weniger als 5 % ist ($p < 0{,}05$). Dieses *Signifikanzniveau* ist gerade noch akzeptabel, aber für viele Fragestellungen reicht es nicht aus. Je schwerwiegender und bedeutender die Konsequenzen einer falschen Schlußfolgerung sind (z. B. wenn Leben auf dem Spiel steht oder größere Summen Steuergelder auf Grund der Resultate freigestellt werden sollen), um so strengere Maßstäbe müssen angelegt werden. Im letzteren Falle müßte man ein Signifikanzniveau von 0,01 verlangen. Letzten Endes jedoch sind alle statistischen Verfahren und die

Schlußfolgerungen, die daraus hervorgehen, nur so gut wie die Qualität der Daten, welche sie verarbeiten.

Pro und Contra Menschen- und Tierversuche. Es wird oft die Frage ausgesprochen, warum Psychologen so viele ihrer Versuche mit Tieren durchführen. Dafür gibt es eine Reihe von Gründen:

a) Das Verhalten von Tieren ist weniger komplex als das von Menschen, was dazu führt, daß Verhaltensmuster auftreten, die beim Menschen nicht in dieser Art und Weise beobachtet werden können;
b) Genetische und Umweltfaktoren können experimentell kontrolliert werden;
c) Tiere haben eine kürzere Lebensspanne als der Versuchsleiter, was eine Untersuchung von experimentellen Auswirkungen über mehrere Generationen hinweg ermöglicht;
d) Tiere können in Versuchen eingesetzt werden, die einen direkten Bezug auf menschliches Verhalten haben, aber beim Menschen aus ethischen Gründen nicht durchgeführt werden können.

Bei Humanversuchen müssen verstärkt ethische Überlegungen angestellt werden. Der Versuchsleiter wird versuchen, seine Hypothese so zu prüfen, daß die Integrität der Versuchsteilnehmer nicht angetastet wird. Er ist es, der entscheiden muß, wo und wann gewisse Unbequemlichkeiten, experimentelle Störungen des Privatlebens seiner Versuchsteilnehmer und Störungen des Wohlbefindens seiner Versuchstiere in Hinblick auf die mögliche Bedeutung des Experiments gerechtfertigt sind.

c Psychologie: Die Wissenschaft vom Verhalten

Genau genommen, bedeutet das Wort ‚Psychologie‘ die Wissenschaft von der Psyche. Die Psychologen waren mit dieser Definition noch nie zufrieden, weil „Psyche“ ein überaus vager Ausdruck ist. Deshalb sollte es uns nicht überraschen, daß es eine ganze Reihe grundlegend verschiedener Definitionen von „Psychologie“ gibt; je nach der theoretischen Ausrichtung der entsprechenden „Schule“.

Die meisten zeitgenössischen Psychologen würden einer Definition der Psychologie als der *„Wissenschaft vom Verhalten der Lebewesen“* zustimmen. Mit *„Verhalten“* sind vor allen Dingen Aktivitäten und Prozesse gemeint, die objektiv beurteilt werden können — d. h. also sowohl die isolierten Reaktionen von Muskeln, Drüsen und anderen Teilen des Organismus, wie auch die organisierten, zielgerichteten äußeren Reaktionsmuster, die den Organismus als Ganzes charakterisieren. Beim Begriff „Verhalten“ denken die Psychologen auch an interne Prozesse, wie Denken, emotionale Reaktionen etc., die eine Person nicht direkt an einer anderen Person beobachten kann, die aber dennoch aus Beobachtungen externen Verhaltens abgeleitet werden können. Verschiedene psychologische Schulen haben ihre Aufmerksamkeit verschiedenen Aspekten des Verhaltens zugewendet (wie z. B. Lernen, Wahrnehmung, Persönlichkeit usw.) und waren sich über das, *was* die Psychologie ihrer Meinung nach untersuchen sollte und *wie* sie es tun sollte, nicht immer einig.

Es gibt natürlich immer noch Widersprüche zwischen den Theorien und Resultaten der verschiedenen Forscher, ebenso wie eine wirklich umfassende ‚Theorie der Psychologie‘ auch heute noch fehlt.

Die Psychologie und andere Wissenschaften

Das Verhalten wird durch eine Reihe von Faktoren bestimmt, die teils biologischer, teils anthropologischer, teils soziologischer und teils psychologischer Herkunft sind. Daher kommt es auch, daß die Psychologie sowohl mit der Biologie als auch mit den Sozialwissenschaften eng verwandt ist.

Die *Biologie* — Wissenschaft vom Leben — zeigt uns, wie lebende Dinge wachsen, ihren Körper instand halten, ihre Art reproduzieren und wie sie andere lebensnotwendige Prozesse vollziehen. Die biologischen Wissenschaften, die der Psychologie am nächsten stehen, sind die *Physiologie,* die sich mit dem Studium der Funktion lebender Organismen und ihrer Teile befaßt; die *Neurologie,* die sich auf die Vorgänge in Gehirn und Nervensystem und die dazugehörigen Krankheiten spezialisiert, die *Embryologie,* die das Wachstum und die Entwicklung vor der Geburt untersucht, und die *Genetik,* die sich mit Vererbungsprozessen beschäftigt. Ein verhältnismäßig neues Spezialgebiet innerhalb der Genetik ist die *Verhaltensgenetik,* die die Vererbbarkeit bestimmter, dem Verhalten zugrundeliegender Mechanismen erforscht.

Die *Anthropologie* untersucht die physische

Evolution des Menschen, den Ursprung von Rassen und die Entwicklung von Zivilisationen. Mit der Erforschung grundverschiedener Kulturen — insbesondere der sog. „primitiven" Kulturen — hat sie für die Psychologie wichtige Daten zum Verständnis des Einflusses kultureller Faktoren auf menschliche Verhaltensmuster beigesteuert.

Die *Soziologie* untersucht Gesetzmäßigkeiten, die der Entwicklung und dem Funktionieren von Gruppen aller Art (sozialer, politischer, ökonomischer, religiöser) zugrundeliegen. Dabei liegt das Hauptgewicht des Interesses mehr auf den strukturellen und funktionellen Eigentümlichkeiten der Gruppen und weniger auf den einzelnen Mitgliedern. Die Soziologie hat der Psychologie nicht nur geholfen, Gruppenverhalten zu verstehen, sondern auch soziale Einflüsse auf das Verhalten des Individuums zu berücksichtigen.

Psychologen, Anthropologen und Soziologen haben herausgefunden, daß sie sich bei ihren Anstrengungen sehr wirkungsvoll gegenseitig unterstützen können. Hieraus hat sich eine neue Disziplin entwickelt, die sog. *Verhaltenswissenschaft* (*behavioral science*), deren Hauptaufgabe darin liegt, allgemein gültige Gesetzmäßigkeiten des menschlichen Verhaltens schlechthin aufzudecken.

Was Psychologen tun

Das Arbeitsgebiet der Psychologen ist in letzter Zeit erheblich umfangreicher geworden. So kommt es vor, daß oft verschiedene Spezialisten das gleiche Problem mit verschiedenen Ansätzen und Methoden zu lösen versuchen. Damit Sie einen besseren Eindruck vom Anschauungsspektrum auch nur eines einzigen Teilgebietes der Psychologie bekommen, wollen wir uns hier ganz kurz mit zwei verschiedenen Richtungen innerhalb der Psychopathologie befassen.

Auf der einen Seite finden wir die Einstellung der Mediziner zum abnormen Verhalten. Hier wird die psychologische Dysfunktion auf physische Ursachen zurückgeführt, z. B. auf organische Schäden oder ein chemisches Ungleichgewicht. Wir finden diese Einstellung häufig beim *Psychiater,* einem Mediziner, der sich auf die Behandlung von Geistesstörungen spezialisiert hat. Er allein darf, den rechtlichen Vorschriften nach, Medikamente oder eine physikalische Behandlung wie z. B. Elektroschock verordnen.

Auf der anderen Seite wird angenommen, daß das Verhalten tief in der Erfahrung — besonders der sozialen Erfahrung — verwurzelt ist. Hier werden die psychologischen und sozialen Faktoren der Psychopathologie hervorgehoben. Diese Einstellung wird gewöhnlich vom klinischen Psychologen vertreten. Seine Behandlungsmethoden bestehen hauptsächlich aus Gespräch und Anwendung von Verstärkung. Er kann zudem auf dem Gebiet der Psychodiagnostik und in der Forschung tätig sein.

Beide der hier dargelegten Einstellungen könnte man als „klinisch, angewandt, praktisch, behandlungsorientiert und ausschließlich auf den Menschen bezogen" bezeichnen. Solche Ansätze repräsentieren jedoch nur einen kleinen Teil der Fachrichtungen innerhalb der Psychologie.

Es gibt noch eine Reihe von anderen Gebieten, auf denen sich die Psychologie um die Lösung praktischer Probleme bemüht. Solche Anwendungen finden wir in der Industrie, in den Schulen, im Marketing, im Weltraumforschungsprogramm, in der Psychodiagnostik etc.

d Ziele der Psychologie

Die Psychologie ist, wie andere Wissenschaften auch, ein Kind der menschlichen Neugierde und entstand aus dem jahrhundertealten Wunsch der Menschheit, die Umweltbedingungen und das, was im Menschen selbst vorgeht, zu *beschreiben,* zu *erklären, vorauszusagen* und zu *kontrollieren.*

Beschreibung

Ein Ziel aller Wissenschaften ist die genaue Beschreibung bestimmter Aspekte der natürlichen Umgebung. Der Psychologe hat das Verhalten von Mensch und Tier als „seinen" Sektor gewählt. Einige Wissenschaften, wie z. B. die Anatomie, beschränken sich fast ausschließlich auf die objektive Beschreibung, während andere, wie die theoretische Physik, weit darüber hinausgehen. Je mehr wir uns mit den Einzelheiten der Psychologie befassen, umso mehr werden wir verstehen, wie schwierig die objektive Beschreibung des Verhaltens ist. Die meisten lebenden Organismen sind nicht nur hochkomplizierte und schwer zu verstehende Systeme, sondern es ist für den Beobachter oft auch schwierig, eine objektive, unvoreingenommene Einstellung zu bewahren, zumal, wenn es sich um die Beschreibung menschlichen Verhaltens handelt. Ferner muß man unterscheiden zwischen dem, was man wirklich *beobachtet* („der Patient zitterte und schaute dem Therapeuten nicht direkt ins Gesicht") und dem, was man daraus *schließt* („der Patient hatte Angst").

Für den Psychologen hat das alte Sprichwort „Wer suchet, der findet", einen bitteren Beigeschmack bekommen. Er muß sich gegen die Tendenz wehren, „das zu sehen, was er zu sehen erwartet". Eine Methode, die ihm dabei hilft, ist der *Doppel-Blindversuch* (double-blind-test). Bei dieser Methode weiß derjenige, der die Daten auswertet, nicht, welche Vpn z. B. Medikamente und welche keine erhalten haben. Außerdem haben die Vpn selbst keine Kenntnis davon, in welcher Gruppe sie sich befinden (Experimental- oder Kontrollgruppe), oder sie wissen überhaupt nicht, daß es mehr als eine Gruppe gibt.

Erklärung

„Es gibt einstöckige Intellektuelle, zweistöckige Intellektuelle und dreistöckige Intellektuelle mit Glasdach. Alle Faktensammler, die nicht über ihre Fakten hinausgehen, sind einstöckig. Zweistöckige Leute vergleichen, denken nach und generalisieren, wobei sie die Arbeit der Faktensammler in ihre eigene integrieren. Dreistöckige Leute schaffen neue Ideen, sind kreativ und imstande, Voraussagen zu machen; ihre besten Erleuchtungen kommen von oben, durch das Glasdach" (Holmes, 1872).

Verhaltensbeobachtung ist die Quelle der Fakten in der Psychologie, aber diese Fakten sind wertlos, wenn sie isoliert dastehen. Nur dadurch, daß sie mit anderen Fakten in Beziehung gebracht werden und durch die Folgerungen, die man daraus ziehen kann, gewinnen sie an Bedeutung und Relevanz. *Unwissenschaftliche Verallgemeinerungen* wie z. B. „Die Milch ist eine Flüssigkeit", „Autos brauchen Benzin" und „Wasser bringt Metall zum Rosten" werden in *wissenschaftliche Verallgemeinerungen* umgewandelt, wie z. B. „Objekte mit entgegengesetzten Polen ziehen sich an", „für die Verbrennung benötigt man Sauerstoff", und „Reaktionen, denen Verstärkung folgt, werden öfters wiederholt". *Gesetzmäßigkeiten* sind Verallgemeinerungen auf höherem Niveau, die präzisere und umfassendere Aussagen über die Prozesse oder Eigenschaften, auf die sie sich beziehen, machen. Diese Gesetzmäßigkeiten können wiederum Bestandteile umfassenderer Aussagen, sog. *Prinzipien* sein, die sich ausnahmslos auf breiterer Ebene anwenden lassen.

Der Wissenschaftler muß jedoch noch einen Schritt weiter gehen und seine Prinzipien in ein logisches Gerüst einordnen, welches die Ordnung und die Konsistenz aufzeigt, mit der die verschiedenen beobachteten Fakten und abgeleiteten Prinzipien untereinander in Beziehung stehen. Eine solche systematische Aussage über Beziehungen dieser Art nennt man eine *Theorie*. Der Wert einer Theorie zeigt sich in (a) ihrer Fähigkeit, die bekannten Fakten zu erklären und Beziehungen zwischen vorher unbekannten Konzepten und Beobachtungen aufzuweisen, und (b) in ihrer Brauchbarkeit für die Aufstellung spezifischer Hypothesen, die dann in weiteren Untersuchungen geprüft werden.

Obwohl Fakten sich im Laufe der Zeit nicht ändern, ist es doch oft notwendig, auf Grund neuer Beobachtungen Theorien zu modifizieren oder sie gar aufzugeben. In solchen Fällen versucht man, eine neue Theorie zu formulieren, die alle bekannten relevanten Fakten enthält und sie möglichst vollständig erklärt.

Die zweite Hauptaufgabe der Wissenschaft ist demnach die *Erklärung*; um diese durchzuführen, muß sie versuchen, die Ordnung zu finden, die der Verworrenheit und Komplexität der Natur zugrundeliegt.

Psychologen benutzen zwei Arten von Klassifikationen: *qualitative* und *quantitative*. Die Trennungslinie zwischen beiden ist nicht immer klar.

Qualitative Klassifikation. Bei der qualitativen Klassifikation fassen wir einzelne Merkmale (Items) auf Grund einer bestimmten Qualität, die sie gemeinsam besitzen, in Kategorien zusammen. Leute z. B. können klassifiziert werden als männlich oder weiblich, als blond, brünett oder rothaarig, als zur SPD, FDP oder CDU gehörend, als verheiratet, ledig, verwitwet oder geschieden. Oft müssen die Mitglieder einer Klasse noch in verschiedene Untergruppen aufgeteilt werden. Wenn wir z. B. Leute als „blind" oder „sehend" klassifizieren, können die Sehenden nochmals in „Normalsichtige" und „Farbenblinde" aufgeteilt werden.

Ein Hauptmerkmal der qualitativen Klassifikation ist, daß die Klassen oder Kategorien miteinander nicht in irgendeiner mathematischen (quantitativen) Beziehung stehen. Primär ist die qualitative Klassifizierung also ein

Prozeß, bei dem Einzelmerkmale Kategorien zugeordnet werden, und diese Kategorien dann eine entsprechende Bezeichnung erhalten.

Quantitative Klassifikation. Bei der quantitativen Klassifikation werden die Kategorien auf Grund verschiedener meßbarer Eigenschaften, wie z. B. Größe, Gewicht oder musikalische Fähigkeiten, bestimmt. Wir alle besitzen *etwas* von der Eigenschaft, aber manche Leute besitzen mehr davon als andere. Die Personen oder Objekte einer Gruppe können demnach in eine Rangordnung eingefügt werden, je nachdem, wieviel sie von der bestimmten Eigenschaft besitzen. Die Kategorien werden gewöhnlich mit einer Bezeichnung versehen, welche das zwischen ihnen bestehende mathematische Verhältnis kennzeichnet. So kann z. B. die Kategorie „Große Frauen" alle diejenigen mit einschließen, die über 1,75 Meter groß sind.

Der Wunschtraum des Psychologen ist es, alle Klassifikationen zu quantitativen zu machen, obgleich dies auf vielen Gebieten nicht zu verwirklichen ist. Man gibt den quantitativen Kategorien deshalb den Vorzug, weil diese es ermöglichen, Voraussagen direkter und präziser zu formulieren; ferner kann die Genauigkeit von Voraussagen besser überprüft werden, wenn die vorhandene Information und das Verhalten, das vorausgesagt werden soll, numerisch ausgedrückt werden.

Voraussage

In alten Zeiten hatten Orakel und Weissager eine ehrenvolle Stellung inne, weil man ihnen eine übernatürliche Fähigkeit, die Zukunft vorherzusehen, zuschrieb. Heute verläßt sich der Mensch im großen und ganzen bei der Vorhersage der Zukunft auf die Wissenschaft.

So basiert z. B. die gesamte Versicherungsbranche auf der Fähigkeit, sehr genau die Lebensdauer verschiedener Gruppen von Leuten vorherzusagen. Die Lebensversicherungsgesellschaft „wettet" sozusagen mit dem Käufer der Police, daß ihre Voraussage richtig ist. Hier ist anzumerken, daß diese Art von *versicherungsstatistischer* Voraussage nicht von einem direkten Verständnis des Lebenscyclus abhängt, sondern lediglich auf beobachteten Verhältnissen beruht. In der Wissenschaft kommen aufsehenerregende Entdeckungen nur dann zustande, wenn man das Verhältnis zwischen Ursache und Wirkung so gut versteht, daß man vorhersagen kann, was in der Vergangenheit noch nie beobachtet wurde.

Eine psychologische Hypothese ist die Überlegung, daß eine bestimmte Reaktion (R_2), wie z. B. das Schlagen der kleinen Schwester, irgendwie mit einer anderen Reaktion (R_1) zusammenhängt, wie z. B. Trotz der Mutter gegenüber, oder mit einem vorausgegangenen Reizereignis (S), z. B. Einstecken einer Tracht

Unter der Lupe

Ebenen der Erklärung	Beispiele aus der Physik	Beispiele aus der Psychologie
unwissenschaftliche Verallgemeinerung	Äpfel fallen auf den Boden	Leute tun am liebsten das, was ihnen Freude macht
wissenschaftliche Verallgemeinerung	Gegenstände, die schwerer sind als Luft, fallen immer nach unten	Folgen auf eine Reaktion positive Konsequenzen, erhöht sich die Wahrscheinlichkeit, daß diese Reaktion später wieder gezeigt wird
Gesetzmäßigkeiten	Die Schwerkraft zieht alle Gegenstände an, die Masse besitzen	Verhalten, welches den gewünschten Effekt auf die Umgebung hat, wird eingeprägt
Prinzip	Die Anziehungskraft zwischen zwei Gegenständen ist proportional ihrer Masse und umgekehrt proportional dem Quadrat ihrer Entfernung	Verhalten kann durch entsprechende Verstärkungs- und Bestrafungspläne modifiziert werden
Theorie	Einsteins Relativitätstheorie	Thorndikes Lerntheorie (Verbindungslehre)

Es ist nahezu unmöglich, genaue Abgrenzungen zwischen Gesetz und Prinzip oder Prinzip und Theorie vorzunehmen. An dieser Stelle zeigen wir lediglich immer abstrakter werdende Verallgemeinerungen.

Prügel. Ob eine Hypothese gut oder schlecht ist, liegt nicht an ihrer Plausibilität oder ihrer scheinbaren Wahrscheinlichkeit, sondern daran, wie erfolgreich sie bei der Voraussage von R_2 ist. Wenn man z. B. sagen könnte, daß viele trotzige Kinder sich ihren kleinen Schwestern gegenüber aggressiv verhalten, dann könnte man bei Trotzverhalten eventuell das Verhalten „Schlagen" voraussagen. Ähnlich: würde man finden, daß dem Verhauen der kleinen Schwester oft eine Tracht Prügel für den „Schläger" vorangeht, könnte man nach der Tracht Prügel das Verhalten gegenüber der kleinen Schwester voraussagen. Auf keinen Fall könnten wir angeben, ob R_1 oder S das Verhalten R_2 verursacht hat, sondern höchstens, daß eine vorhersagbare Beziehung zwischen den Ereignissen (S, R_1, R_2) besteht.

Kontrolle

Der Mensch ist gewöhnlich nicht damit zufrieden, nur zu beschreiben, zu verstehen und etwas vorauszusagen. Es gibt viele Gelegenheiten, bei denen er das, was sich ereignet, beeinflussen und verändern, kurz kontrollieren möchte.

Die Fähigkeit, Verhalten zu kontrollieren, bietet dem Psychologen die beste Möglichkeit, zu überprüfen, ob er dieses Verhalten auch tatsächlich verstanden hat. Man hat festgestellt, daß im Beruf Erfolg und Arbeitsfreude eng mit bestimmten Fähigkeiten, Interessen und anderen meßbaren menschlichen Eigenschaften zusammenhängen. Auf Grund dieses Wissens ist z. B. der Berufsberater in der Lage, mittels Daten aus persönlichen Interviews und psychologischen Tests dem Klienten einen Beruf vorzuschlagen, in dem er mit ziemlicher Sicherheit erfolgreich und zufrieden sein wird.

Die Fähigkeit, Verhalten zu beeinflussen und zu manipulieren, bietet viele neue Möglichkeiten, soziale Zustände und Arbeitsbedingungen zu verbessern, Erziehung und Psychotherapie effektiver zu gestalten. Vieles, was Sie in diesem Buch vorfinden, soll dazu beitragen, Sie über die Relevanz der Verhaltenskontrolle aufzuklären. In diesem Zusammenhang wäre es gut, B. F. Skinners Roman „Futurum Zwei" zu lesen, der eine utopische Kommune beschreibt, die auf den Prinzipien der positiven Verhaltenskontrolle aufbaut; dieses Buch könnte man dann mit dem Roman „1984" von G. Orwell vergleichen, in welchem ein Bild der negativen Kontrolle und damit die möglichen Gefahren einer Verhaltenskontrolle aufgezeigt werden.

Carl Rogers stellte fest, daß, wenn man auf Grund bestimmter existierender Bedingungen ein Verhalten voraussagen kann, es zumindest theoretisch möglich ist, dieses Verhalten zu evocieren, indem man obige Bedingungen schafft (Rogers u. Skinner, 1956). Der Erfolg der sog. „Gehirnwäsche" zeigt nicht nur die mögliche Wirksamkeit der psychologischen Kontrolle, sondern auch die praktischen und ethischen Probleme, die sie mit sich bringt. Robert Oppenheimer sagte in einer Ansprache vor der American Psychological Association:

„Der Psychologe kann kaum etwas tun, ohne sich darüber im klaren zu sein, daß seine neuen Erkenntnisse furchterregende Möglichkeiten der Kontrolle darüber beinhalten, was Leute tun, wie sie denken, sich verhalten, sich fühlen. Das trifft für alle zu, die in der Praxis arbeiten; wenn im Laufe der Zeit die Psychologie noch an Sicherheit, Subtilität und Erfahrung zunimmt, dann sehe ich die Forderung der Physiker, daß das, was sie entdecken, zum Wohle der Menschheit eingesetzt werden soll, als ziemlich trivial gegenüber den Forderungen an, die Sie stellen müssen und für die Sie verantwortlich sein werden" (1956).

Unsere Ansicht ist, daß zwar eine äußere Kontrolle des Verhaltens für das Individuum besteht, die zum Guten oder zum Bösen verwendet werden kann, daß aber die wichtigste Aufgabe der Psychologie darin besteht, den Einzelnen möglichst von dieser äußeren Kontrolle zu befreien. In dem Maße, in dem psychologische Forschung und Theorie dem Einzelnen helfen können, seine interne und externe Umgebung selbst zu kontrollieren, kann der Mensch aus der Abhängigkeit und einem Gefühl der Nutzlosigkeit herausgerissen werden und lernen, sein Leben selbst zu bestimmen und zu meistern.

e Soziale Implikationen psychologischer Forschung

Die Wissenschaft wird manchmal als ein elegantes Spiel angesehen, das nach sorgfältig ausgetüftelten Regeln (die wir in diesem Kapitel beschrieben haben) gespielt werden muß; ein Spiel, welches intellektuelle Anregung für die Spieler bringt und von den Zuschauern bestaunt wird, weil auf mysteriöse Weise neue und fabelhafte Dinge entdeckt werden. Aus dieser Sicht betrachtet ist die Psychologie eine nie versagende Quelle des Genusses für den Geist, der neugierig auf die Ursachen des Verhaltens ist. Auf der anderen Seite aber wird diese Freude von sehr schwerwiegenden Einwirkungen überschattet, die diese Spiele auf das menschliche Leben haben können. In Amerika z. B. hat die Wissenschaft die Atombombe geschaffen, und die Erkenntnisse der dortigen Psychologen dienten als Grundlage sowohl für die Entscheidung des Obersten

Unter der Lupe

Aberglauben und Wissenschaft

Das rechte Bild zeigt peruanische Eingeborene, die versuchen mit einem besonderem Ritual die zornigen Götter während einer Sonnenfinsternis zu besänftigen.
Das untere Bild zeigt mexikanische Dorfbewohner zusammen mit Wissenschaftlern, die dabei sind, ihre Geräte zur Beobachtung der Sonnenfinsternis aufzustellen (März, 1970).

Gerichtshofes, die „segregation“ innerhalb der Schulen aufzuheben, als aber auch für das Argument, daß es Rassenunterschiede bezüglich der Intelligenz gibt.

Die Objektivität und Unparteilichkeit, die den Methoden der Datensammlung, der Analyse und Darbietung eigen sind, werden noch wichtiger, wenn Untersuchungen durchgeführt werden, die einen direkten Einfluß auf soziale Probleme haben.

Die Gleichberechtigung in der Schulerziehung für alle Kinder, ohne Rücksicht auf deren Rasse, ist ein gutes Beispiel. Wenn wir mit der unumstrittenen Tatsache beginnen, daß weiße

Unter der Lupe

Verhaltenskontrolle

Die Werkzeuge der Psychologie können, genau wie andere Werkzeuge, für gute oder schlechte Zwecke verwendet werden: sie können dem Menschen helfen, seine Ziele zu erreichen und seinen Bedürfnissen gerecht zu werden, sie können aber auch eingesetzt werden, ihn zu unterdrücken. Die Kontrolle unserer Bewegungsfreiheit durch andere ist in vielen alltäglichen Situationen erforderlich; wir fürchten uns nicht davor und akzeptieren diese Kontrolle, die hier im linken Bild dargestellt ist.

Auf der anderen Seite empfinden wir die Idee einer computergesteuerten elektronischen Kontrolle unseres Gehirns als unheimlich. Und doch ermöglichen solche Methoden dem hier im rechten Bild gezeigten Affen, seinen gelähmten Arm zu heben; diese Methode kann z. B. auch körperbehinderten Menschen helfen, die verlorene Kontrolle über ihre eigenen Bewegungen wiederzuerlangen.

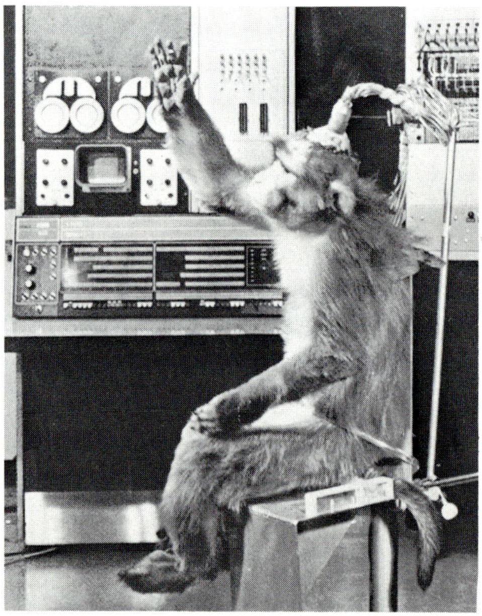

„Mensch, haben wir den Burschen konditioniert! Jedesmal, wenn ich den Hebel drücke, wirft er uns was zu knabbern rein.“

Kinder weit bessere Resultate in Leistungstests zeigen als schwarze Kinder, so ergeben sich daraus für uns eine Reihe verschiedener Fragen und Möglichkeiten des Handelns. Kommt diese Diskrepanz dadurch zustande, daß: (a) es grundlegende vererbbare Unterschiede zwischen den beiden Rassen gibt, (b) die Kriterien für die Auswertung von Intelligenz- und Leistungstests nicht angemessen sind, (c) die Qualität der jeweiligen Schulerziehung unterschiedlich ist, (d) die Erfahrungen der Kinder außerhalb der Schule eine Rolle spielen oder liegt vielleicht (e) eine Kombination solcher Faktoren vor?

Wir können hier nicht alle Argumente und Daten, die es zu diesen Alternativen gibt, aufführen, sondern nur kurz einige Bemühungen beschreiben, die Leistungen der schwarzen Kinder zu verbessern. Wir tun dies, um die Gefahren vereinfachter Schlußfolgerungen im Hinblick auf komplizierte Verhältnisse und Beziehungen aufzudecken und um das Spiel zwischen wissenschaftlichen und nicht-wissenschaftlichen Kräften zu beschreiben, wenn Forschungsergebnisse die öffentliche Meinung beeinflussen.

Die zwei Hauptformen der Intervention, die dazu bestimmt sind, „gleiche Möglichkeiten für die optimale Entwicklung aller Schulkinder" zu schaffen sind: *kompensatorische Erziehung* (in den USA durch das Programm „Head Start" und durch Bereicherung des Grundschulunterrichts eingeführt), und die Schaffung von *„integrated schools"*, d. h. die Zulassung schwarzer Kinder aus den Ghettos zu vormals ausschließlich „weißen" Schulen.

Kompensatorische Erziehung beruht auf der Annahme, daß ein grundlegendes Defizit das Kind daran hindert, sich die normale Schulerziehung voll zunutze zu machen (z. B. unzureichende sprachliche Entwicklung, Mangel an Motivation, sensorische Deprivation etc.). Versuche, diese Nachteile auszuschalten, bestanden im allgemeinen darin, die Klassen kleiner zu halten, besseres Lernmaterial zur Verfügung zu stellen und bessere Bibliotheken einzurichten. Kürzlich wurde die Auswertung einer Reihe solcher kompensatorischer Erziehungsprogramme veröffentlicht, und man stimmte darin überein, daß zwar, sowohl was die Schulleistung als auch die Gesundheit und allgemeine Entwicklung anbelangt, eine Reihe von Fortschritten erzielt wurden, daß aber die Programme das Problem nicht gelöst haben. Verfechter der kompensatorischen Erziehung sahen in diesen Ergebnissen Anzeichen für die Notwendigkeit, den Angriff auf dieses Problem zu intensivieren. Eine andere Gruppe sah in diesen Ergebnissen die Unterlegenheit der Schwarzen und die Tatsache, daß diese sich selbst unter idealen Bedingungen nicht so schnell verbessern können wie die Weißen. Eine dritte Gruppe schließlich argumentierte, daß die bisherigen Programme nur einen mit den gleichen alten Fehlern behafteten Teilangriff darstellten und verlangte eine grundlegende Umstrukturierung und neue Programme mit besseren Ideen.

Es sollte Ihnen jetzt klar sein, daß der Wert der kompensatorischen Programme nicht nur in Faktoren wie ‚mehr Geld', ‚mehr Bücher' oder ‚kleinere Klassen' liegen kann. Man muß vielmehr herausfinden, welche besonderen Aspekte bei der Entwicklung bestimmter Kinder beeinflußt werden können; z. B. welche Reizeinflüsse aus der Umgebung eines Kindes erhöhen die Wahrscheinlichkeit, daß es (a) in der Klasse aufmerksam zuhört, was der Lehrer und die Mitschüler sagen, (b) selbst Fragen stellt und Antworten gibt, (c) über längere Zeit hinweg Interesse und Aufmerksamkeit im Unterricht zeigt und (d) das in der Schule Gelernte außerhalb der Schule anwenden kann? Es ist anzunehmen, daß für eine Verhaltensmodifikation des einzelnen Kindes in diese Richtung auch die *soziale Motivation* und die *Verstärkungsmuster* verändert werden müssen. Dies bedeutet wiederum, daß wir die Hauptquellen seiner Motivation und der Verstärkung zu Hause kennen lernen müssen. Von den Programmen, die immer wieder nur dasselbe bringen und die keine Möglichkeit zu tieferem Eindringen in das Problem bieten, ist kein Erfolg zu erwarten. Demnach besteht die Aufgabe darin, herauszufinden, welche Programme mit welchen Kindern welche Ergebnisse zeigen und wie weit solche Interventionen gehen dürfen.

In späteren Kapiteln werden wir auf die Verstärkung und die Motivation näher eingehen, aber wir wollen an dieser Stelle kurz die Umstände beschreiben, die für den Unterschied zwischen weißen und schwarzen Kindern hinsichtlich ihrer Motivation für intellektuelle Leistungen und der Verstärkung für schulische Anstrengungen verantwortlich sind.

Der durchschnittliche weiße Mittelschicht-Schüler ist mit dem Schulsystem aus verschiedenen Gründen mehr verhaftet: Da sind der Druck und die Unterstützung seitens der Eltern und Freunde, da sind intellektuelle Anregungen von den Klassenkameraden und Lehrern, da ist die Identifizierung mit einigen Zielen des Lehrers und die Erkenntnis, daß man mit einer besseren Ausbildung eine bessere Anstellung bekommen kann. Das benachteiligte Kind aus dem Ghetto kennt wenige solcher Beweggründe. In der Kultur des Ghettos ist die Schule etwas Unwirkliches; sie ist eine fremde Einrichtung, die man besuchen muß, weil man sonst Ärger mit irgendeiner Behörde bekommt. Es besteht dort auch kein Zusammenhang zwischen dem, was innerhalb und dem, was außerhalb der Schule vor sich geht. Man lernt die „Schulweisheiten", um den Anforderungen des Lehrers gerecht zu werden; jedoch die Subkultur betrachtet das „aus dem Buch lernen" als etwas Sekundäres, verglichen mit dem „aus dem Leben lernen", den Tricks, die man auf der Straße lernt.

Es gibt bei den weißen Mittelschicht-Lehrern nur Weniges, mit dem sich die Ghettokinder identifizieren können, und ihre schwarzen Lehrer sind durchweg immer schlechter ausgebildet, haben einen geringeren Wortschatz und kommen aus einem schlechteren Milieu als die weißen Lehrer. Wegen der heimtückischen Diskriminierung gibt es in den betreffenden Familien und unter den Freunden wenige, die die Oberschule, das College oder die Universität absolviert haben und so als „Modell" fungieren könnten. Auch werden diese Kinder außerhalb der Schule nur selten angeregt, intellektuellen, literarischen oder kulturellen Interessen nachzugehen.

Schließlich gibt es in vielen Schulen noch das sog. ‚tracking-system', ein System, welches die Kinder auf Grund von mutmaßlichen Begabungsunterschieden in bestimmte Leistungsgruppen einordnet. Dieses System wird zumeist in den unteren Klassen der Volksschule angewendet und führt dazu, daß eine ungewöhnlich hohe Anzahl von schwarzen Schülern und Schülern anderer Minoritäten nur bis zur Berufsschule vordringen kann und damit von einem Hochschulstudium ausgeschlossen bleibt. Deshalb ist es nicht verwunderlich, daß die Modelle, denen diese Jugend nacheifert, solche sind, die durch Ausnutzung ihrer natürlichen Talente „schnell reich geworden" sind und damit das System besiegt haben.

Das endgültige Ziel der Psychologie ist die Kontrolle des Verhaltens, eine Kontrolle, die immer Einmischung und Veränderung mit sich bringt. Andererseits beruht jeder Versuch, sich in menschliches Verhalten einzumischen, ausnahmslos auf Werturteilen.

f Zusammenfassung

Beiläufige Beobachtungen und die Verallgemeinerungen, die dem „gesunden Menschenverstand" entspringen, führen oft zu falschen Schlußfolgerungen. „Tatsachenberichte" bleiben oft unangefochten, Korrelation wird mit Ursache verwechselt und Bezeichnungen, die als Klassifikation dienen sollen, werden als Erklärungen mißbraucht.

Es ist der Zweck der wissenschaftlichen Forschung, falsche Schlußfolgerungen über natürliche Vorgänge durch die systematische Suche nach Ursachen einzuschränken. Die *wissenschaftliche Methode* besteht aus einer Reihe von Annahmen und Regeln, mit Hilfe derer ein Forscher Daten sammelt, auswertet und seine Resultate anderen in einer Weise mitteilt, daß diese seine Arbeit replizieren können, und deren Ergebnisse entweder bestätigt oder verworfen werden.

Wissenschaftliche Schlußfolgerungen sind immer vorläufig und hängen von weiteren Untersuchungen ab; es gibt keine Hypothese, die ein für alle Mal bewiesen werden kann. Schlußfolgerungen werden immer in Form einer Wahrscheinlichkeitsaussage formuliert; sie gibt die Wahrscheinlichkeit an, mit der die entsprechenden Ergebnisse für die gesamte Population, aus der die Stichproben stammen, zutreffen. Genauso wie andere Wissenschaftler versuchen die Psychologen sich gegen Vorurteile bei ihren Beobachtungen zu schützen und beschränken diese auf verifizierbare, „öffentliche" Ereignisse. Um die größtmögliche Klarheit, Präzision und Objektivität zu erreichen, bedienen sie sich konkreter Aussagen und *operationaler Definitionen*.

Wissenschaftliche Untersuchungen bedürfen standardisierter Registrier- und Meßmethoden. Die Messung impliziert den Gebrauch festgelegter Regeln zur Transformation der beobachteten Ereignisse in Daten. Durch Zusammenfassung von Daten und deren Zusammenfassung in Gruppen ergibt sich die Möglichkeit, sinnvolle Aussagen über die Beziehungen zwischen Ereignissen zu machen.

Die Untersuchung der Ursache eines Phänomens beginnt mit einer oder mehreren *Hypothesen*. Diese Angaben über die Beziehungen zwischen Variablen werden experimentell überprüft; dann werden die nicht-zutreffenden Hypothesen eliminiert. Obgleich das Forschungslabor eine bessere Kontrolle und eine genauere Prüfung der Hypothesen zuläßt, als dies woanders möglich ist, geht in dieser künstlichen Umgebung doch vieles von der Aussagekraft einer Variable verloren. Man muß entscheiden, ob das, was man durch die Ausschaltung des „Hintergrundrauschens" gewonnen hat, den Verlust an „Signal-Stärke" wieder wettmacht.

Die *Reizbedingung (S)*, die manipuliert wird, ist die *unabhängige Variable*. Die *abhängige Variable* ist die *Reaktion (R)*, bei der vorausgesagt wird, daß sie sich mit der Veränderung der unabhängigen Variablen ebenfalls verändert. Eine *kausale Beziehung* zwischen Reiz (S) und Reaktion (R) bezeichnet man als eine S→R-Gesetzmäßigkeit. Eine *Korrelationsbeziehung*, bei der zwei Gegebenheiten (R_X, R_Y) einfach zusammen auftreten, nennt man eine R-R-Gesetzmäßigkeit. Bei letzterer kann man nicht annehmen, daß ein Faktor die Ursache des anderen ist.

Die *Reaktionsvarianz* kann eine *echte Varianz* (die von der Manipulierung der unabhängigen Variable herrührt) oder eine *Fehlervarianz* (die aus anderen Quellen stammt) sein. Wir benutzen *experimentelle Kontrollen*, um die Größe der Fehlervarianz zu minimalisieren. Bei der Untersuchung, ob zwei Gruppen von Versuchsteilnehmern Unterschiede zeigen, nachdem eine von ihnen dem Einfluß der unabhängigen Variable ausgesetzt wurde, benutzt der Forscher eine *randomisierte (zufällige) Auswahl* oder andere Selektionskontrollen. Dies geschieht, um sicherzustellen, daß sich beide Gruppen vor Beginn des Experiments möglichst gleichen. Das *Gegenbalancieren (counterbalancing* = die abwechselnde Reihenfolge von experimentellen und Kontrollbedingungen) ist eine Methode, die verhindert, daß Unterschiede nur auf Grund der Reihenfolge der experimentellen Bedingungen zustandekommen. Da die Variablen, die das Verhalten beeinflussen können, zahlreich und oft eng miteinander verwandt sind, benötigt man u. U. viele Kontrollgruppen, um Alternativhypothesen auszuklammern.

Zeigt sich nach der experimentellen Behandlung ein Unterschied im Verhalten, so benutzt der Untersucher statistische Verfahren, um die Wahrscheinlichkeit festzustellen, mit der diese Unterschiede durch Zufall zustandekamen. Ist die Wahrscheinlichkeit (p) kleiner als 0,05 (5 %), so verwirft er die *Nullhypothese* (H_0), die besagt, daß die Unterschiede durch Zufall zustandekamen, und folgert, daß der Verhaltensunterschied echt und signifikant ist und sich seine Hypothesen über die Wirkungen der unabhängigen Variablen bestätigt haben.

Sowohl aus Gründen der Ethik als auch der Bequemlichkeit werden im Versuch oft Tiere anstatt Menschen eingesetzt. Gewöhnlich versuchen solche Untersuchungen, auf menschliches Verhalten zu schließen.

Die meisten modernen Psychologen würden der Definition zustimmen, daß die *Psychologie* die *Wissenschaft vom Verhalten der Lebewesen* ist, und würden in diese Definition sowohl beobachtbares als auch nicht-beobachtbares Verhalten mit einbeziehen.

Zu den Spezialgebieten der Psychologie gehört die *klinische Psychologie*, die sich hauptsächlich mit dem Verstehen und der Behandlung verschiedener Arten abnormer Verhaltensweisen befaßt; die *experimentelle Psychologie* versucht, voraussagbare Beziehungen zwischen Reaktionen (R_X, R_Y) oder zwischen Reizbedingungen (S) und Reaktionen (R) herauszufinden und greift damit über auf die Entwicklungspsychologie, die Wahrnehmungspsychologie und andere; ferner gehören zu den Spezialgebieten verschiedene Gebiete der *angewandten Psychologie*, die sich bemüht, die Psychologie in Bereichen wie Industrie, Schulwesen, Psychodiagnostik etc. anzuwenden.

Die Ziele der Psychologie gleichen den Zielen anderer Wissenschaften. Durch sorgfältig angelegte Methoden versucht man, Verhalten sowohl qualitativ als auch quantitativ zu *beschreiben*, Verhalten mit Hilfe von *Gesetzmäßigkeiten*, *Prinzipien* und *Theorien* zu *erklären*, zukünftiges Verhalten auf Grund der Bedingungen, die für sein Auftauchen notwendig sind, *vorauszusagen* und seinen Einfluß bei der *Kontrolle des Verhaltens* geltend zu machen, und es dabei anderen zu ermöglichen, ihr eigenes Verhalten zu kontrollieren.

Obgleich Datensammlung und Datenanalyse größtmögliche Objektivität erfordern, beruhen Schlußfolgerungen darüber, welche Veränderungen im Leben der Menschen notwendig sind, auf Werturteilen. Deshalb müssen wir bei der Beurteilung jeglicher Schlußfolgerung nicht nur die zur Verfügung stehenden Daten berücksichtigen, sondern auch die bei der Interpretation einfließenden Wertvorstellungen.

2 Die physiologischen Grundlagen des Verhaltens

Um unser Wissen über das menschliche Verhalten erweitern zu können, müssen wir lernen, der Natur die richtigen Fragen zu stellen; dann müssen wir Methoden entwickeln, die Antworten auf diese Fragen geben, und zwar in einer Form, die meßbar und verständlich ist.

Die Geschichte der Wissenschaft zeigt ganz klar, daß ihre Entwicklung manches Mal über Jahrhunderte hinweg zurückgehalten wurde, und zwar dann, wenn Fragen gestellt wurden, die nicht beantwortbar waren. Solche Fragen erwiesen der Wissenschaft einen schlechten Dienst, da sie die Aufmerksamkeit auf falsche und unbedeutende Probleme lenkten und zu einer oberflächlichen oder nur teilweise richtigen Sicht der Realität führten. Man verbohrte sich in einfache Wahrheiten, wo komplizierte angebracht gewesen wären, und sah von weiteren Untersuchungen ab, wo Probleme zu kompliziert erschienen, in Wirklichkeit aber sehr einfach waren.

Der Versuch, zu verstehen, wie der Mensch seine äußere Umwelt wahrnimmt, blieb lange Zeit durch solche unbeantwortbaren Fragen erfolglos. Der erste Durchbruch auf dem Gebiet der Wahrnehmung fand z. B. erst im 17. Jahrhundert statt. Dafür gibt es zwei Gründe: 1. Die Forscher der Antike und des Mittelalters versuchten vor allen Dingen den Einfluß der Seele auf die Wahrnehmung zu ergründen, 2. sie unterschieden nicht zwischen einer physikalischen, physiologischen und psychologischen Fragestellung.

Es war der französische Philosoph und Mathematiker René Descartes, der Anfang des 17. Jahrhunderts begann, die richtigen Fragen zu stellen. Er betrachtete den menschlichen Körper als eine „Maschine", die man wissenschaftlich untersuchen konnte. Dabei stellte er rein physiologische Fragen; Fragen über die körperliche Mechanik der Bewegung, die von den psychologischen Fragen der Wahrnehmung klar getrennt waren. Die Antworten auf die physiologische Fragestellung konnten durch mathematische Beweise und physikalische Demonstrationen gefunden werden.

Den Beitrag Descartes müssen wir noch höher einschätzen, wenn wir bedenken, daß er ein strenggläubiger, religiöser Mensch war, der an eine Seele glaubte. Man bedenke, daß zur gleichen Zeit Galilei von einem päpstlichen Gericht in Rom als Ketzer verurteilt wurde für seine Behauptung, die Erde sei nicht der Mittelpunkt des Universums. Descartes größte geistige Leistung aber war die Postulierung eines *Dualismus,* der die Tätigkeiten des mechanistischen Körpers und Gehirns von denen der Seele und des Geistes trennte. Erst dadurch wurde die wissenschaftliche Erfor-

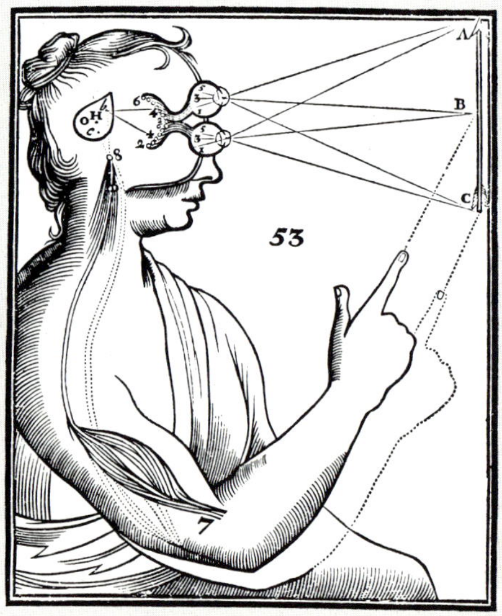

Abb. 2-1. Holzschnitt aus dem Jahre 1686. Descartes glaubte, daß die Information über unsere Umwelt von den Augen aufgenommen werde und über „Stränge im Gehirn" zur Zirbeldrüse gelange, die dann die entsprechenden Botschaften zu den Muskeln weiterleite. Neuere Versuche zeigen, daß die Zirbeldrüse tatsächlich cyclische nervöse Aktivität, die durch Licht hervorgerufen wird, in „hormonale Information umsetzt"

schung des Körpers und der damit verbundenen Vorgänge möglich. Obgleich man annahm, daß die Seele mit dem ganzen Körper vereint sei, konnte sie doch nicht auf alle Teile des Körpers einwirken oder umgekehrt von diesem beeinflußt werden. Wäre dies so, dann wäre der Körper nicht länger eine perfekte Maschine und müßte als „undurchdringlicher Mechanismus" betrachtet werden. Nach Descartes interagieren Seele und Körper in der Zirbeldrüse, dem einzigen Teil des Gehirns, der nicht in jeder der beiden Hirn-Hemisphären abgebildet ist. Seine Ansicht war, daß die Seele nicht allein an diesen Ort gebunden sei, aber daß sie nur von dieser Stelle aus auf den Körper einwirken könne. Erst in letzter Zeit hat man sich wieder mit der physiologischen Funktion der Zirbeldrüse befaßt (Axelrod u. Wurtmann, 1970).

Unterstützt wurde diese *mechanistische* Einstellung durch Helmholtz' Versuche im Jahr 1850, die zeigten, daß die Übertragung des nervösen Impulses nicht augenblicklich vonstatten geht, sondern eine gewisse Zeit in Anspruch nimmt. Wenn die körperliche Bewegung aus einer Reihe von Ereignissen besteht, dann kann diese Bewegung zeitlich gesehen von dem Willen, der sie verursacht, getrennt und so als natürlicher Vorgang untersucht werden.

Solch eine Einstellung ermöglichte es schließlich der Psychologie, sich mit der Physiologie zu verbinden und von der Religion unabhängig zu werden.

Es erscheint uns zweckmäßig, daß wir unsere Darstellung des Verhaltens mit der Physiologie der Impulsübertragung, Wahrnehmung und Gehirnfunktionen beginnen und mit der Analyse des Sehens und Hörens, also der beiden Sinne, die dem Menschen vorrangig den Kontakt mit der Umwelt ermöglichen. Auch wir werden eine mechanistische Einstellung vertreten und Fragen stellen, die auf physiologischer Ebene beantwortet werden können. Einige der Analysen werden sich auf der molekularen Basis der biochemischen Aktivität innerhalb eines Teiles einer einzelnen Zelle bewegen. In den darauffolgenden Kapiteln jedoch werden wir uns mit dem allgemeinen Problem der Wahl der Analysen-Ebene befassen, die sehr wichtig für das Verstehen eines Problems ist. So können wir z. B. nicht erwarten, daß wir auf die Frage „Was brachte Sirhan Shiran dazu, Senator Kennedy zu ermorden?" eine physiologische mechanistische Antwort finden. Statt eine solche Frage mit Hilfe der elektrischen Aktivität von Gehirnzellen beantworten zu wollen, sollte man vielmehr die Aspekte in der Vorgeschichte Sirhans, die ihn zu dieser Tat führten, analysieren, seine persönliche und soziale Einstellung kennenlernen und versuchen, festzustellen, was er sich von dieser Tat versprach.

Viele Studenten, die eine „Einführung in die Psychologie" lesen, sind ungeduldig Methoden gegenüber, die nicht unmittelbar zum Kern der Fragen über Verhalten vordringen. Wir werden solche Fragen und Probleme erst dann behandeln können, wenn wir das nötige Rüstzeug dazu haben. Wir hoffen jedoch, Sie für eine Reihe anderer Probleme interessieren zu können, die Sie bisher vielleicht gar nicht so bemerkenswert empfanden.

a Wie kann ich mich verständlich machen?

Es ist der Vorgang der Impulsübertragung im Nerv, der es dem Einzelnen ermöglicht, die ständige Variabilität und Beeinflussung seiner Umwelt wahrzunehmen. Um zu verstehen, wie eine Wechselwirkung mit der Umwelt zustandekommt, müssen wir uns zunächst mit der Grundeinheit des Nervensystems, der einzelnen Nervenzelle, befassen.

Eine Nervenzelle wird geboren

Eine Nervenzelle besitzt die allgemeinen Eigenschaften anderer lebender Zellen und ist zusätzlich spezialisiert, um elektrochemische Nachrichten (Erregungen, Impulse) zu empfangen und weiterzuleiten. Nervenzellen werden auch *Neurone* genannt. Es gibt wahrscheinlich keine unter ihnen, die sich hinsichtlich Größe, Form, Verzweigungen oder Verbindungen genau gleichen.

Während der pränatalen Entwicklung beobachten wir bei der Nervenzelle wie bei allen anderen Zellen verschiedene Phasen der progressiven Differenzierung von der undifferenzierten Zelle, die bei der Konzeption zustandekam. Diese Zelldifferenzierung wird durch ganz bestimmte chemische Substanzen angeregt, die man als *„Organisatoren"* bezeichnet. Aber diese Reaktion kann nur während bestimmter „kritischer" Phasen der Gewebeentwicklung stattfinden, dann, wenn Teile des Gewebes von den „Organisatoren“ aktiviert werden können. Sowohl das Zustandekommen „kritischer Perioden“ als auch der „Organisatoren“ wird als ein Ergebnis von Prozessen angesehen, die von Genen kontrolliert werden.

In den frühesten Phasen der embryonalen Entwicklung ist das Zellmaterial so undifferenziert, daß es leicht zu irgendeinem beliebigen Teil des Organismus ausgebildet werden kann; z. B. zu einem Auge oder zu einem Muskel. Wenn wir Gewebe von einem Teil des Embryo in einen anderen transplantieren, so entwickelt es sich dort seiner neuen Umgebung entsprechend, und nicht, wie es sich in seiner ursprünglichen Umgebung entwickelt hätte. Eine Zelle, die ursprünglich Teil eines bestimmten Organs hätte werden sollen, wird so zum Teil eines anderen. Bei älteren Embryonen jedoch zeigen Gewebeverpflanzungen diese Eigenschaften nicht; sie passen sich nicht mehr an ihre neue Umgebung an. Sobald sich die erste Anlage des Nervensystems, die *Neuralplatte,* an der Oberfläche des Embryo abzeichnet, sind diese Zellen ausreichend spezialisiert und sind von jetzt ab nicht mehr austauschbar oder in andere zu verwandeln. Schon wenig später hat jede Nervenzelle ihre eigene besondere Aufgabe innerhalb des Nervensystems und kann dann nur noch ihre spezielle Funktion im Leben des Organismus erfüllen.

Während der weiteren Entwicklung des Embryo wandelt sich dann die Neuralplatte in das *Neuralrohr* um, in dem Gehirn und Rückenmark bereits differenziert sind. Die Zellen, welche an der Wand des Neuralrohres sitzen, verändern jetzt ihre Position innerhalb des Rohres und machen dort eine *Mitose* (direkte Zellteilung) mit; es bilden sich Tochterzellen. Dann beobachten wir eine bemerkenswerte Wanderung: Jede Nervenzelle durchquert das Neuralrohr, um sich an einer bestimmten Stelle der das Rohr umgebenden Schicht niederzulassen. Einige Zellen wandern noch ein zweites Mal, um andere Bestimmungsorte entlang des Rohres zu erreichen; andere verlassen das Neuralrohr und wandern enorm weite Strecken, um ihren endgültigen Bestimmungsort in inneren Organen oder in der Nähe der Gewebeteile einzunehmen, die sich später einmal zu Receptoren entwickeln. Niemand weiß, wie die Wanderung aktiviert oder gesteuert wird.

Zwei Arten von Nervenzellen, die über besonders weite Strecken wandern müssen, sind die *motorischen* Nervenzellen, die später von einer Zelle des Rückenmarks aus die Muskeln und Drüsen innervieren, und die *sensorischen* Nervenzellen, wie z. B. die im Auge, die später einmal sensorische Information in die „Zentrale“ übermitteln. Wenn die embryonale motorische Nervenzelle eine bestimmte Stelle im Neuralrohr erreicht hat, dann beginnt ein Verzweigungsprozeß, der die Membran, die das Neuralrohr umgibt, durchdringt. Dieses Ende der Nervenzelle bezeichnen wir als *Axon* (synonym: Neurit, Nervenfaser, Achsenzylinder); es verläßt das Neuralrohr, wird länger und verzweigt sich scheinbar rein zufällig. Die sich verzweigenden Fasern kommen in Bündeln zusammen, diese wiederum vereinigen sich mit anderen Faserbündeln der sensorischen Fasern. Sie treten zusammen in die wachsenden Gliedknospen und andere Teile des sich entwickelnden Embryo ein.

Obwohl der Zellkörper des motorischen Neurons im Rückenmark selbst verbleibt, wächst das Axon bis in die entferntesten Teile des Embryo. Das Wachstum der Nervenzelle wird sowohl durch Hormone als auch durch die Bedingungen, die das wachsende Axon an-

Unter der Lupe

Der Hühner-Embryo wird „lebendig“

Ist der wachsende Embryo schon „lebendig“, oder hängt das Leben von der Fähigkeit ab, funktionelle Tätigkeiten auszuüben — auf Reize zu reagieren? Bei dem Hühner-Embryo können die ersten Gliedreflexe ab dem 7. Tag der Inkubation (Bebrütung) ausgelöst werden; jedoch bereits vor dieser Zeit treten möglicherweise einige spontane, zufällige Gliedbewegungen auf.

Der Beginn grober Bewegungen des Embryo hängt mit einem ungeheueren Anstieg der Aktivität spezifischer Enzyme, besonders des Enzyms AChE (Acetylcholinesterase) zusammen. Wir können annehmen, daß es — für jede Art spezifische — Gene gibt, die einen Anstieg der Enzymproduktion an den Stellen des Embryo auslösen, die später an wichtigen Verhaltensmustern beteiligt sind. So finden wir z. B. beim Kücken zwischen dem 7. und 13. Tag der Inkubation einen 5fachen Anstieg des Enzyms AChE dort, wo die Flügel im Rückenmark repräsentiert sind. Beim Salamander beobachten wir diesen schnellen Enzymanstieg, kurz bevor Schwimmbewegungen möglich werden.

Beispiele der Formenvielfalt von Neuronen

Die Abbildung zeigt eine Auswahl verschiedener Neuronentypen. Beachten Sie insbesondere die starke Variation der Dendriten. Manche Neurone, z.B. Neuron c, verfügen über regelrechte Dendritenbäume; bei anderen, wie z.B. den Neuronen a, b, ist das Verhältnis Somaoberfläche zu Dendritenoberfläche etwas ausgewogener. Schließlich gibt es auch Neurone, die keine Dendriten haben (Neurone d, e). (Nach Ramon y Cajal u. R. F. Schmidt.)

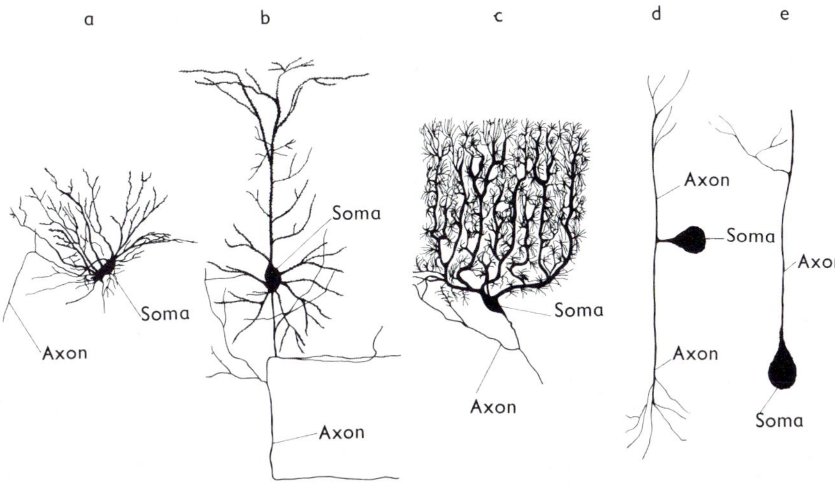

trifft, bestimmt. Neuere Studien haben gezeigt, daß Nervenzellen ein erhebliches Wachstumspotential besitzen, welches unter normalen Bedingungen nicht voll ausgenutzt wird, das aber in Gegenwart bestimmter künstlicher Aktivierungssubstanzen, wie z. B. Schlangengift, voll entwickelt werden kann.

Die Nervenzelle kann auch dann schon Impulse leiten, wenn sie ihre volle Größe noch nicht erreicht hat; allerdings sind zu diesem Zeitpunkt Differenzierung, Wanderung und Verzweigung bereits abgeschlossen. Im Gegensatz zum Gesamtorganismus nimmt die Nervenzelle ihre Tätigkeit bereits früh im Leben auf und vollendet ihr Wachstum erst später. Mit dem Wachstum des Organismus und der immer größer werdenden Entfernung zwischen dem Zellkörper und den Enden des motorischen Axon im Arm oder im Bein muß die Zelle ein ungeheures Wachstum mitmachen. Einer Schätzung zufolge ist der Eiweißanstieg im Cytoplasma der motorischen Nervenzelle einer erwachsenen Ratte etwa 200 000 mal größer als während des frühen Embryonalstadiums (Hydén, 1943). Sogar, wenn beim erwachsenen Organismus das Wachstum abgeschlossen ist, fährt der Zellkörper fort, eine Art Plasma zu produzieren, welches sich im Axon verbreitet und dessen Wachstums- und Veränderungsbereitschaft aufrechterhält. So befinden sich die Nerven also nie in einem statischen Zustand, sondern immer zumindest „in Bereitschaft". So ist z. B. bei einer Beschädigung eines peripheren Axons durch Unfall oder Krankheit oft eine Regeneration möglich.

Der große Plan: Das Nervensystem

Wir haben uns kurz mit der Evolution und Entwicklung des menschlichen Organismus und der einzelnen Zellen befaßt; unsere nächste grundlegende Frage heißt: Wie funktioniert so ein Organismus; wie reagiert er auf Umweltereignisse? Wie entdeckt er Veränderungen, die in ihm selbst vorgehen? Wie bewegt er sich? Wie verarbeitet er Information und wie denkt er? Alle diese Fragen sind von Interesse hinsichtlich der Vorgänge im *Nervensystem*. Im wesentlichen besteht das Nervensystem aus zwei Teilsystemen, dem zentralen und dem peripheren. Zum *zentralen Nervensystem (ZNS)* gehören Gehirn und Rückenmark. Die Funktion dieses Systems ist es, zu korrelieren und zu integrieren, d. h. die Zusammenarbeit der verschiedensten Teile des Körpers zu regulieren. Das *periphere Nervensystem* besteht aus Nervenfasern, die das ZNS mit Zellen verbinden, welche Reize aufnehmen (Receptoren) und zudem noch die Verbindung zu den Muskeln und Drüsen herstellen (Effectoren), welche die eigentlichen regulierenden Aktionen des Organismus ausführen.

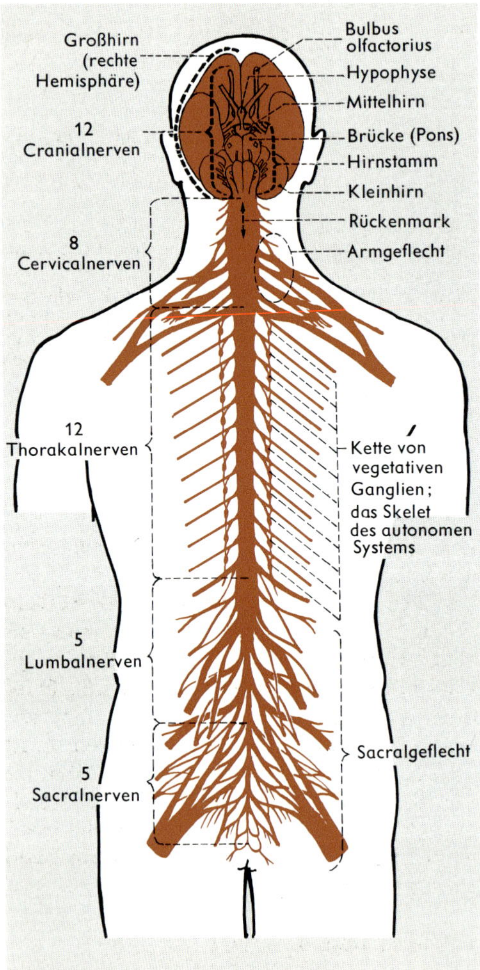

Abb. 2-2. Das Nervensystem. Zum ZNS gehören alle Neurone oder Teile von Neuronen innerhalb von Gehirn und Rückenmark; alle diejenigen, die sich außerhalb dieser Strukturen befinden, bezeichnen wir als peripheres Nervensystem. Es gibt viele einzelne Neurone, die in einem System beginnen und im anderen enden.
Zwölf wichtige Nerven im peripheren System haben ihren Ursprung im Gehirn selbst und werden deshalb Cranialnerven genannt (obgleich einer von ihnen, der Vagus, durch den ganzen Körper zieht und die meisten visceralen Organe innerviert). Die anderen peripheren Nerven sind auf der ganzen Länge mit dem Rückenmark zwischen den Wirbeln verbunden und haben begrenztere Funktionen

Dieses System besteht aus den Teilen des Organismus, die auf sensorischen Input reagieren und diesen integrieren, den Verhaltens-Output initiieren und kontrollieren; zugleich bilden sie die Grundlage für die verschiedenen geistigen Prozesse wie Denken, Gedächtnis und Lernen.

Die Reaktion des gesamten Nervensystems auf einen Reiz vollzieht sich nach einem ziemlich einheitlichen Muster: Der Reiz wird zunächst von den entsprechenden Receptoren aufgenommen (z. B. ein taktiler Reiz wird von speziellen Zellen in der Haut des Fingers aufgenommen). Diese Information wird dann den *sensorischen Nervenzellen* im Rückenmark zugeleitet und gelangt von hier zum Gehirn. Hier wird die Information verarbeitet und, wenn notwendig, eine entsprechende Reaktion „ausgewählt". Diese Entscheidung gelangt dann über die *motorischen Nervenzellen* zu den entsprechenden Effectoren, die eine entsprechende Reaktion auslösen (z. B. Wegziehen der Hand von einem schmerzhaften Reiz). Dieses grundlegende Muster: sensorischer Input — ZNS — Verhaltensoutput wird beim Vollzug einer einzigen Reiz-Reaktions-Abfolge viele Male wiederholt.

Wie wir gesehen haben, ist die grundlegende Funktionseinheit des Nervensystems die einzelne Nervenzelle, das Neuron. Neuronen sind jedoch nicht isoliert, sondern sind miteinander verbunden. Die Schaltstelle zwischen zwei Neuronen bezeichnet man als *Synapse.* Die Tatsache, daß das menschliche Gehirn ein Netzwerk von ca. 10 Milliarden Neuronen besitzt, weist auf die Komplexität dieser Verbindungen hin.

Die Organisation der Neuronen innerhalb des Nervensystems ist nicht so chaotisch, wie Abb. 2-4 vermuten läßt. Häufig kommt es vor, daß eine Anzahl von Axonen (oder Nervenfasern, wie sie häufig genannt werden) in Bündeln zusammengefaßt sind, die einen gemeinsamen Ursprungs- und Bestimmungsort haben. Innerhalb des Zentralnervensystems sind solche Bündel auch als *Nervenstränge* bekannt. Wenn solche Bündel das ZNS mit anderen Teilen des Körpers verbinden, werden sie mei-

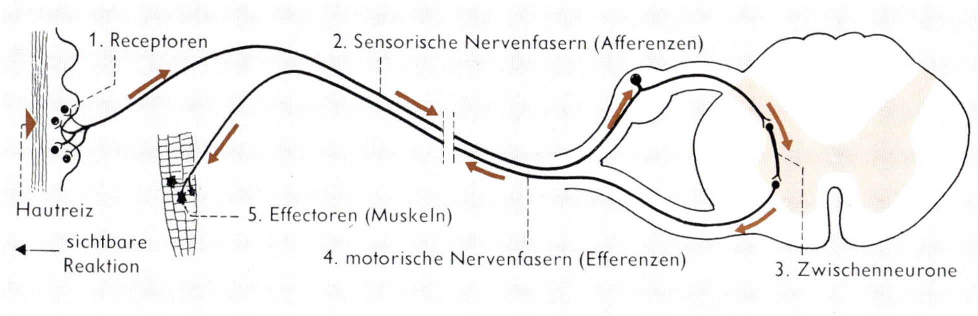

Abb. 2-3. Der Reflexbogen. Reaktionen auf einen Reiz hin erfordern alle 5 Schritte, die in diesem Diagramm gezeigt sind. Nur in seltenen Fällen wird das Zwischenneuron im Rückenmark nicht benutzt. Es findet keine Reaktion statt, wenn: der Reiz zu schwach ist, der Reiz nicht receptorenspezifisch ist, der Impuls über eine der Synapsen innerhalb der Kette nicht hinwegkommt, der Impuls bei seiner Ankunft zu schwach ist, um die Effectoren zu aktivieren, oder wenn die Effectoren nicht auf ihn reagieren (z. B. wegen Übermüdung).
Die Abbildung zeigt eine einzige Kette mit einem Zwischenneuron. Tatsächlich aber wird diese Kette bei einem einzigen Reiz-Reaktions-Vorgang viele Male wiederholt und gewöhnlich bringen die Zwischenneurone noch Rückenmarkssegmente ins Spiel, die oberhalb und unterhalb des hier gezeigten Segments liegen.
Nicht gezeigt in diesem Diagramm ist einer der wesentlichen Aspekte des sequentiellen Verhaltens: die Rückkoppelung. Wenn sich eine Handlung vollzieht, so erhalten wir eine sensorische Rückkoppelung (feedback), die uns die Konsequenzen unseres motorischen Outputs oder andere Veränderungen in der Umwelt anzeigt. Wir nehmen diese Rückkoppelung wahr und passen uns daraufhin den Veränderungen an

stens einfach als *Nerven* bezeichnet und enthalten dann, wie wir bereits gesehen haben, sowohl sensorische wie auch motorische Fasern. Es gibt auch bestimmte Gehirnareale, die als *Kerne (Nuclei)* bezeichnet werden, wo sich die Zellkörper konzentrieren. Schließlich ist der gesamte Komplex von Neuronen noch in ein Netzwerk von *Neuroglia* (auch *Gliazellen* genannt) eingebettet, die den Neuronen Nährstoffe zuführen und sie schützen. Manche

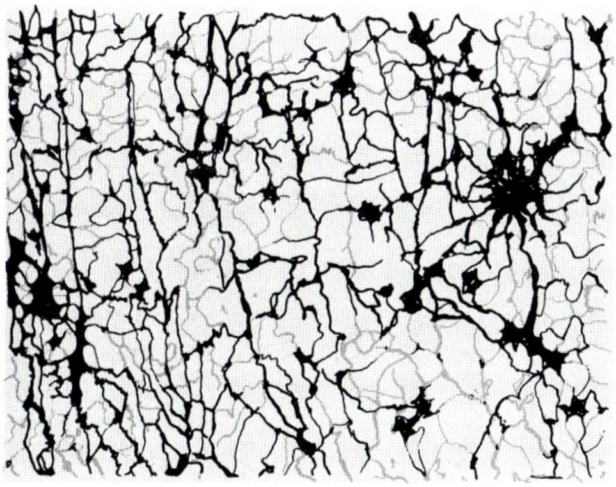

Abb. 2-4. Schnitt durch das Gehirngewebe einer Katze. Hier sehen wir die Kompliziertheit des inneren Kommunikationssystems. Nur ein geringer Teil der Neurone dieses Gehirnschnitts sind zur Verdeutlichung angefärbt

Forscher glauben, daß die Gliazellen eine kritische Rolle bei Lernvorgängen spielen; aber dies ist bis jetzt noch nicht bewiesen.
Obgleich diese Übersicht über das Nervensystem sehr kurz und vereinfacht ist, macht sie doch deutlich, warum sich der Psychologe auch mit der Physiologie befassen soll. Ohne das Nervensystem könnte der Organismus nicht leben, geschweige denn reagieren; es ist sozusagen seine Haupt-Antriebsfeder. Würden wir die seiner Funktion zugrundeliegende Dynamik nicht kennen, dann bliebe auch unser Verständnis des menschlichen Verhaltens begrenzt.

Von einer Instanz zur anderen

Während der evolutionären Entwicklung vom einzelligen zum mehrzelligen Organismus wurde das Problem der internen Kommunikation immer größer. Die verschiedenen Zellen mußten in der Lage sein, miteinander zu interagieren und sich gegenseitig zu beeinflussen, um die Funktion und Aufrechterhaltung des Organismus zu garantieren. Man kann das Nervensystem als ein äußerst kompliziertes Kommunikationsnetz betrachten, welches sich aus der Notwendigkeit der internen Koordination entwickelt hat. Jetzt ergibt sich sofort die Frage, *wie* sich die einzelnen Teile des Nervensystems „untereinander verständigen“. Um dieses System besser verstehen zu können, brauchen wir nur an die notwendigen Voraussetzungen für ein gut funktionierendes Kommunikationssystem zu denken. Die verschiedenen Teile des Systems müssen imstande sein:

1. Information über weite Strecken schnell und genau, also ohne Verlust oder Verzerrung zu senden;
2. genaue Information von anderen Teilen zu empfangen. Dies würde bedeuten, daß ein oder mehrere Kommunikationswege zwischen ihnen bestehen;
3. müßte die Möglichkeit gegeben sein, viele verschiedene Informationen zu integrieren und zu verarbeiten.

Information bitte . . . Gewisse Merkmale des Neurons sind besonders wichtig für die Informationsübertragung. Der *Zellkörper* des Neurons ist etwa kugelförmig und enthält den Zellkern. Aus dem Zellkörper entspringen zwei Arten von faserähnlichen Fortsätzen: eine unterschiedliche Anzahl von *Dendriten* und ein *Axon*.
Die Dendriten sind gewöhnlich kurz, verzweigt und in größerer Anzahl vorhanden. Ihre Aufgabe ist es, Impulse von vielen anderen Zellen zu empfangen und diese an den Zellkörper weiterzuleiten, obgleich diese Verbindung sehr häufig auch ohne Einschaltung der Dendriten direkt auf den Zellkörper zustandekommt.
Das Axon ist eine lange Faser, die viele Verzweigungen haben kann und die in *synaptischen Endknöpfen* endet. Die Länge des Axons ist sehr unterschiedlich; einige Axone sind mehrere Meter lang. Das Axon leitet den Impuls vom Zellkörper zu anderen Neuronen, zu den Muskeln oder zu den Organen des Körpers. Große Axone sind oft mit einer *Myelinschicht* umgeben, die aus einer fetthaltigen Substanz besteht und der Isolierung des Axons sowie der raschen Weiterleitung des Impulses dient.
Die Verbindungsstelle einer axonalen Endigung mit anderen Zellen wird als *Synapse* bezeichnet. (Der synaptische Spalt ist sehr gering, etwa 200 Å = $1/_{500\,000}$ cm.) Er befindet sich zwischen der Membran am Ende des Axons (*präsynaptische Membran*) und der Membran eines Dendriten oder des Zellkörpers eines anderen Neurons (*postsynaptische Membran*).

Es gibt zwei Grundarten der Informationsübertragung, die beide erforderlich sind, um eine Nachricht durch das Nervensystem zu senden. Die *axonale Übertragung*, die Reizleitung innerhalb des Nervs, ist vor allen Dingen wichtig, um die Information weiterzuleiten. Die *synaptische Übertragung*, die Leitung eines Impulses von einem Neuron zum anderen, ist notwendig für die Koordination und Verarbeitung der Information.
1. *Axonale Übertragung*: Wie kommt es überhaupt zu einem elektrischen Impuls? Zum besseren Verständnis stellen wir im Folgenden die Vorgänge etwas vereinfacht dar, da eine vollständige Antwort uns zu weit führen würde. Auf beiden Seiten der Axonmembran befinden sich zwei verschiedene Ionengruppen: Natrium und Kalium. Die Membran ist in ihrer Durchlässigkeit selektiv (selektiv permeabel); Kaliumionen durchdringen sie leichter als Natriumionen. Auf Grund dieser *selektiven Permeabilität* ist die Konzentration von Natriumionen viel größer an der Außenseite, während die Konzentration von Kaliumionen größer an der Innenseite der Axonmembran ist. Dies wiederum bedeutet, daß die Ionengruppen außerhalb und innerhalb der Membran verschiedene elektrische Spannungen aufweisen; im Verhältnis zur Außenseite ist die Innenseite des Axons zumeist elektrisch negativ geladen. In diesem Zustand bezeichnet man das Axon als *polarisiert*, und den Unterschied zwischen der inneren und äußeren Spannung nennt man das *Membranpotential*; im Ruhezustand (d. h. wenn kein Impuls geleitet wird) beträgt es etwa − 60 mV. Wenn das Membranpotential positiver ist (z. B. − 40 mV), ist das Axon *depolarisiert*. Ist das Membranpotential dagegen negativer (z. B. − 80 mV), spricht man von einem *hyperpolarisierten* Axon.
Veränderungen des Ruhepotentials weisen auf die Gegenwart eines nervösen Impulses hin; das Axon ist erregt worden und reagiert darauf: Die Zellmembran wird durchlässiger, und Natriumionen strömen von der Außen- zur Innenseite des Axons. Dadurch wird das Innere des Axons an dieser Stelle positiv geladen, was bedeutet, daß dieser Teil des Axons depolarisiert ist. Nach diesem Vorgang ändert sich die Permeabilität für Kalium, wodurch die Membran kurzfristig negativer wird als während des Ruhezustandes. Nachdem der Impuls durch das Axon geleitet wurde, kehren besondere physiologische Systeme den Fluß der chemischen Substanzen um, und der Ruhezustand

wird wiederhergestellt. Mit anderen Worten: Der nervöse Impuls hängt mit einer breiten Depolarisation der Nervenmembran zusammen. Diese Depolarisation wird als *Aktionspotential* bezeichnet. Obgleich dieser Ionenaustausch intensiv untersucht worden ist (vor allem am Riesenaxon des Tintenfisches), wissen wir bis heute nicht genau, wie die selektive Permeabilität der Membran zustandekommt (Hodgkin, Huxley und Katz, 1949).

Nun taucht die Frage auf, wie der Impuls eigentlich durch das Axon geleitet wird? Wie kann der Ionenaustausch an einer Stelle der Membran den Ionenaustausch an einer anderen Stelle bewirken? Im wesentlichen breitet sich eine Depolarisation an einer Stelle des Axons in Richtung der sie umgebenden Fläche aus, wodurch diese schwach depolarisiert wird (ein Phänomen, das man als „passive Ausbreitung" bezeichnet). Die zuletzt erwähnte Depolarisation verursacht dann einen Impuls an diesem zweiten Punkt des Axons, der wiederum auf das nächste Areal übergreift, usw. Zusammenfassend könnte man sagen, daß jeder nervöse Impuls die Membranpermeabilität der nächstliegenden Membranfläche verändert und dadurch einen anderen Impuls auslöst. Dieser gesamte Vorgang führt zu einem sich fortpflanzenden Impuls entlang des Axons.

Nur ein paar Millisekunden, nachdem das Axon „gefeuert" hat, wenn also die Membran umpolarisiert ist, ist sie kurzfristig unerregbar und kann nicht mehr feuern. Dieses Zeitintervall wird als *absolute Refraktärphase* bezeichnet. Während der Wiederherstellung des Normalzustandes der Membran gibt es eine kurze Periode, innerhalb derer ein stärkerer als normaler Reiz notwendig ist, um einen Impuls auszulösen; diese Periode wird als *relative Refraktärphase* bezeichnet.

Nicht jeder Reiz jedoch ist in der Lage, im Axon ein Aktionspotential auszulösen. Um dies näher zu erläutern, müssen wir uns dem wichtigen Begriff der *Reizschwelle* zuwenden. Jedes Axon hat eine bestimmte Reizintensitätsschwelle, die erreicht werden muß, damit ein Impuls ausgelöst werden kann. Liegt die Reizstärke unter dieser Schwelle, kommt kein Aktionspotential zustande. Wenn aber die Reizintensität über dieser Schwelle liegt — ganz gleich, ob wenig oder viel — dann zeigt das Axon die volle Reaktion. Das Axon feuert also ganz oder gar nicht, eine Tatsache, die auch als das *Alles-oder-Nichts-Prinzip* bezeichnet wird. In einem Axon ist die Größe des

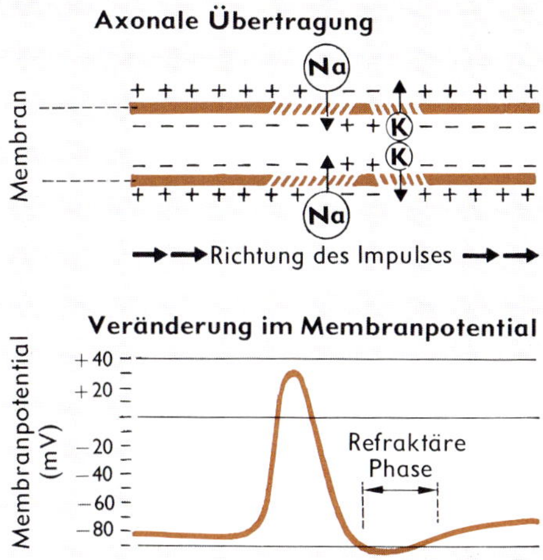

Abb. 2-5. Axonale Übertragung. Das Fortschreiten eines Impuls durch ein Axon wird im oberen Teil des Diagramms gezeigt. Der Impuls bewegt sich entlang dem Axon; die Membran wird durchlässig. Natriumionen dringen ein, und die Membran wird depolarisiert. Nach dem Durchlauf des Impulses wird das negative Potential (Ruhepotential) der Membran wiederhergestellt.

Die Veränderungen der Membran sind im unteren Teil der Abbildung dargestellt. Die Spitze (spike) zeigt die Stelle der maximalen Umkehrung des Potentials an. Unmittelbar danach, wenn die Kaliumionen nach außen fließen, findet eine kurze Refraktärphase statt, während der das elektrische Potential negativer als gewöhnlich ist. Während dieser Zeit ist eine Erregung des Axons schwierig (relative Refraktärzeit) oder unmöglich (absolute Refraktärzeit).

Die Information wird angegeben in Form von „Anzahl von Impulsen/sec" und „Anzahl der erregten Neuronen". Wenn ein Impuls durch ein Axon geleitet wird, bleibt dieser praktisch in seiner vollen Stärke erhalten

Impulses immer dieselbe, also unabhängig von der Reizstärke, solange diese über der Reizschwelle liegt.

Die Reizschwelle und die Alles-oder-Nichts-Reaktion sind wichtige Eigenschaften des Neurons oder der Axone. Daß der Impuls nicht verschwindet oder kleiner wird, ist davon abhängig, daß jeder Impuls einen lokalen Kreisstrom auslöst (Unterschied zwischen den depolarisierten und den angrenzenden Membranbezirken), der das nächste Membransegment depolarisiert. So entsteht von neuem das Aktionspotential. Aus diesem Grunde ist die axonale Übertragung gewöhnlich sehr genau und zuverlässig. Die Tatsache, daß das Neuron nur dann feuert, wenn die Reizintensität über der Reizschwelle liegt, bedeutet, daß zufällige Fluktuationen im Membranpotential keinen Impuls auslösen können. So reagiert das Neuron nur auf echte Informationssignale und nicht auf zufällige Aktivität oder „Rauschen".

2. *Synaptische Übertragung.* Nachdem wir nun die Informationsleitung innerhalb des Axons besser verstehen, ist unsere nächste Frage, wie die Information von einem Neuron zum nächsten gelangt.

Die Übertragung der Information vollzieht sich an den *Synapsen.* Der elektrische Impuls „springt" nicht einfach über den synaptischen Spalt hinweg, sondern es fließen bestimmte chemische Substanzen auf die andere Seite. Die Kompliziertheit und Interaktion dieser Vorgänge läßt darauf schließen, daß die Synapse eine wichtige Stelle nicht nur der Informationsübertragung, sondern auch der Informationsverarbeitung und -integration ist.

Wenn ein Impuls das Ende eines Axons erreicht hat, dann bewirkt er die Freisetzung einer chemischen Übertragungssubstanz (= Transmittersubstanz). Diese Substanz überquert den synaptischen Spalt und wirkt auf die Receptormoleküle der Dendriten oder auf das Soma des zweiten Neurons ein; dadurch wird im zweiten Neuron entweder ein Impuls ausgelöst (Erregung) oder gebremst (Hemmung). Im Gegensatz zum Alles-oder-Nichts-Prinzip finden wir bei der synaptischen Übertragung eine *graduierte* Aktivität. Die chemische Transmittersubstanz verursacht kleine Polarisationsveränderungen der postsynaptischen Membran, die proportional der Stärke und der Art des einkommenden Signals sind. Diese Polarisationsschwankungen breiten sich von den Dendriten und dem Soma zum Anfangsteil des Axons aus, wo ein Impuls dann ausgelöst wird, wenn die Membran genügend depolarisiert ist, um die Reizschwelle zu erreichen. Wenn diese Veränderungen unterhalb der Reizschwelle bleiben, bleibt das Aktionspotential aus.

Wir unterscheiden im wesentlichen zwei Arten von Veränderungen in der postsynaptischen Membran. Das *erregende postsynaptische Potential (EPSP)* ist eine graduierte Reaktion, die die Membran depolarisiert. Sie wird deshalb „erregend" genannt, weil die Depolarisation stark genug ist, um das Neuron zu „erregen" (auch unterschwellig) und dadurch ein Aktionspotential entlang seines Axons hervorzurufen. Das *inhibitorische* (= hemmende) *postsynaptische Potential (IPSP)* ist ebenfalls eine graduierte Reaktion, die die Membran hyperpolarisiert. Diese Hyperpolarisierung bewirkt einen Anstieg der Negativität des Membranpotentials, die eine genügende Depolarisierung zum Erreichen der Reizschwelle schwierig macht. So wirkt also ein IPSP gegen ein EPSP und hemmt das „Feuern" des Neurons. In einem gewissen Sinne wetteifern EPSP und IPSP um die Kontrolle.

Obgleich wir bis jetzt festgestellt haben, daß ein Neuron ein zweites aktiviert, ist dies doch nicht ganz richtig. Im Übertragungssystem der Synapse reicht gewöhnlich die Menge der chemischen Transmittersubstanz, die von einem einzelnen Nervenimpuls freigesetzt wird, nicht aus, um einen zweiten Impuls hervorzurufen. Ein zweites Neuron kann im allgemeinen nur durch die Tätigkeit mehrerer Axonendigungen aktiviert werden (entweder verschiedene Axone oder mehrere verzweigte Endigungen eines einzelnen Axon oder beides). Die graduierten Reaktionen mehrerer verschiedener Axone werden summiert und rufen somit ein größeres postsynaptisches Potential hervor. Bei *räumlicher Summation* werden mehrere Impulse, die gleichzeitig ankommen, addiert, bei *zeitlicher Summation* werden mehrere Impulse, die rasch aufeinander folgen, summiert.

Durch die Summation wird bei der synaptischen Übertragung die Möglichkeit geschaffen, die Information von vielen verschiedenen Neuronen zu integrieren und in einer neuen Form weiterzuleiten. Es ist klar, daß eine Reihe von Wechselwirkungen zwischen erregenden und hemmenden Impulsen möglich ist.

Bis jetzt haben wir uns hauptsächlich mit den elektrischen Vorgängen (Veränderungen der Polarisation) der synaptischen Übertragung befaßt. Obgleich die chemischen Vorgänge an der Synapse vielleicht die faszinierendsten sind, sind sie bei weitem nicht so bekannt.

Wie bewirkt ein Impuls im Axon die Sekretion der Transmittersubstanz im Endteil des Axons? Dieser Endteil des Axons zeigt eine knopfähnliche Struktur (synaptische Endknöpfe), die Vesikel (synaptische Bläschen) enthält. Es wird angenommen, daß sich in diesen Bläschen die Transmittersubstanz befindet und daß jeder Impuls einige dieser Bläschen dazu bringt, ihre chemischen Moleküle in den synaptischen Spalt freizusetzen.

Welche Faktoren sind dafür verantwortlich, daß die Impulse eines bestimmten Axons das nächste Neuron erregen oder hemmen? Da

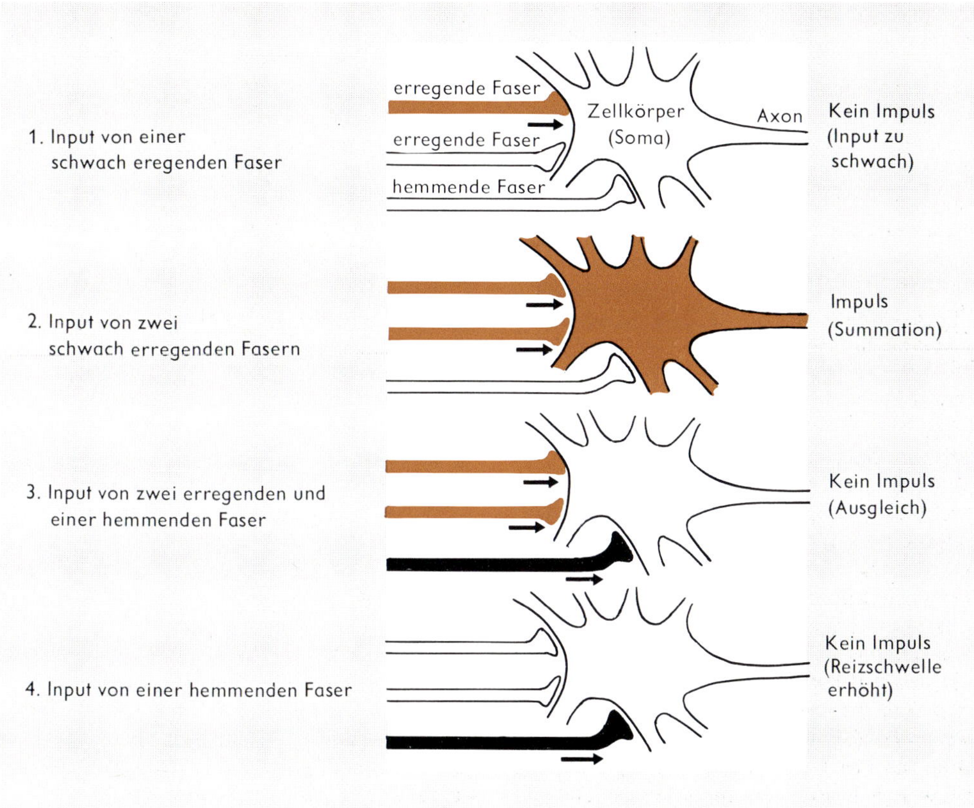

Abb. 2-6. Die Wirkungen von erregendem und hemmendem Input. Die Abbildung zeigt in vereinfachter Form vier verschiedene Möglichkeiten und Kombinationen des Einstroms (Input) auf ein Motoneuron. Zwischen den elektrischen Vorgängen bei einer erregenden und einer hemmenden Phase gibt es keinen Unterschied. Ihre Einflüsse auf das nächste Neuron sind deshalb unterschiedlich, weil unterschiedliche chemische Substanzen an der Synapse frei werden

alle Synapsen dieselbe Struktur aufweisen, nimmt man an, daß diese verschiedenen Effekte von *unterschiedlichen Transmittersubstanzen* verursacht werden.

Ein Axon, welches eine erregende Substanz freisetzt, verursacht in der postsynaptischen Membran eine Depolarisation und damit ein EPSP. Auf ähnliche Weise führt die Freisetzung einer hemmenden Substanz zur Hyperpolarisation der Membran und damit zum IPSP. Viele verschiedene chemische Substanzen sind als mögliche Transmittersubstanzen vorgeschlagen worden, aber bis heute sind nur einige wenige endgültig identifiziert worden. Von diesen ist die wichtigste das *Acetylcholin* (ACh), eine erregende Transmittersubstanz für viele der Synapsen im peripheren und möglicherweise auch im zentralen Nervensystem.

Wie lange dauert es, bis die Transmittersubstanz den synaptischen Spalt überquert hat und eine graduierte Aktivität in der postsynaptischen Membran hervorruft? Wie und durch was wird dieser Vorgang beendet? Es ist klar, daß unser Übertragungssystem ziemlich unwirksam sein würde, wenn die Neuronen nur auf eine Art des Informationsinputs hin reagieren würden. Sobald sich ein Signal im Neuron befindet, muß es weitergeleitet werden, damit im Neuron das nächste Signal verarbeitet werden kann.

Innerhalb der Synapse erfolgt diese Weiterleitung durch die Aktivität von Enzymen. Es wird heute angenommen, daß das Enzym, welches die Transmittersubstanz zerstört oder inaktiviert, sich an oder in der Nähe der postsynaptischen Membran befindet. So wird z. B. Acetylcholin (ACh) durch das Enzym *Acetylcholinesterase* (AChE) in seine Bestandteile Essigsäure und Cholin zerlegt. Nachdem die Transmittersubstanz ein EPSP oder ein IPSP

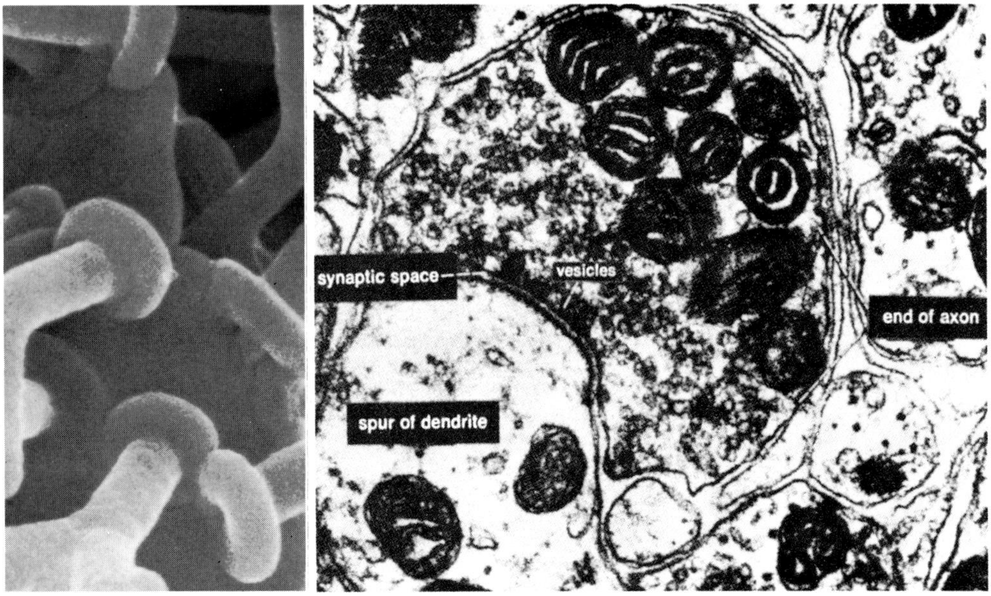

Abb. 2-7. Das bemerkenswerte Photo links wurde ermöglicht durch die neue Technik der Raster-Elektronenmikroskopie bei speziell präpariertem Gewebe. Es zeigt das Zusammentreffen synaptischer Endknöpfe vieler Axone auf einem Zellkörper. Rechts sehen wir das stark vergrößerte Bild einer einzelnen Synapse; es zeigt den synaptischen Endknopf eines Axons, das Dendrit eines anderen Neurons und den winzigen synaptischen Spalt. Ebenfalls zu erkennen sind eine Anzahl von Vesikeln, in denen sich die Transmittersubstanz befindet. Die Anordnung dieser synaptischen Bläschen ermöglicht es, festzustellen, in welcher Richtung der Impuls über die Synapse geleitet wird

verursacht hat, beginnt das entsprechende Enzym zu wirken und unterbindet eine weitere Tätigkeit der Substanz. Die aus diesem Prozeß hervorgehenden chemischen Zerfallsprodukte werden wieder in die präsynaptische Endigung zurückgeschafft und dort wieder zur Transmittersubstanz umgewandelt, die dann abermals den synaptischen Spalt überqueren kann. Genaueres über diese Vorgänge ist bis jetzt allerdings noch nicht bekannt.

Die Einbahnstraße. Der Impuls bewegt sich immer nur in einer Richtung fort: von den Dendriten und dem Zellkörper eines Neurons zum Axon; am Axon entlang und über die Synapse zu den Dendriten und zum Zellkörper eines weiteren Neurons usw. Obgleich man einen Impuls im Axon künstlich in die falsche Richtung lenken kann, kann dieser Impuls eine Synapse jedoch nur in *einer* Richtung überqueren: von dem Axon eines Neurons zu dem Dendriten oder Zellkörper des nächsten Neurons; nur die Endknöpfe eines Axons sind in der Lage, die Transmittersubstanz herzustellen.

Die Informationsübertragung im Nervensystem ist ein ziemlich komplizierter Prozeß, den wir in einer etwas vereinfachten Form dargestellt haben, um dem Leser ein allgemeines Bild zu vermitteln. Wir haben uns zumeist auf den Vorgang bezogen, bei dem ein einzelnes Axon die Signale über die Synapse an ein zweites Neuron weiterleitet. Das Nervensystem besteht jedoch aus Milliarden von Zellen, die Synapsen mit Milliarden von anderen Zellen bilden, von den Drüsen und Muskeln ganz abgesehen. Hunderte oder Tausende von Neuronen können bei der Übermittlung derselben Nachricht beteiligt sein, und die Tätigkeit der Nervenzelle wiederholt sich dauernd an allen Stellen des Körpers in Verbindung mit vielen Nachrichten, die gleichzeitig vermittelt werden.

b Wie wird die Information verarbeitet?

Große Anforderungen werden an den Organismus sowohl von der äußeren Umwelt (z. B. soziale Verhaltensweise) als auch von der inneren Struktur (z. B. Nahrung) gestellt. Was geschieht im Nervensystem zwischen dem sensorischen Input und der Reaktion (Output) der Muskeln und Drüsen?

Das Input-Output-Netz: Das periphere Nervensystem

Wie bereits erwähnt, besteht das periphere Nervensystem aus den Nerven, die das ZNS mit allen Receptoren und Effectoren im Körper verbinden. Das System besteht sowohl aus *somatischen* Anteilen, die die Skeletmuskulatur kontrollieren, wie auch aus *visceralen* Anteilen, die die Drüsen und die speziellen Typen von Muskeln kontrollieren, die wir z. B. im Herz, in den Blutgefäßen, den Augen und in den inneren Organen finden (glatte Muskulatur). Die Synapsen aller Neuronen des somatischen Systems befinden sich im Gehirn und im Rückenmark; die Synapsen der Neuronen des visceralen Teils finden wir immer *außerhalb* des ZNS. Die Zentren, welche beide Systeme kontrollieren, befinden sich ebenfalls im Gehirn; dabei finden wir die visceralen Kontrollzentren in den evolutionär älteren Teilen des Gehirns und die somatischen Kontrollzentren in der Großhirnrinde (obgleich auch subcorticale Strukturen z. B. an Bewegungen Anteil haben). Während die Kontrolle der Skeletmuskulatur entweder bewußt oder reflexiv sein kann, ist die bewußte Kontrolle der visceralen Funktionen ohne besonderes Training nicht möglich. Bis vor kurzem hielt man eine solche Kontrolle überhaupt für ausgeschlossen (Angermeier und Peters, 1973).

Somatische Anteile. In früheren Abschnitten dieses Kapitels verfolgten wir die Wanderung der sensorischen Neuronen und Motoneuronen (während der Embryonalentwicklung), die später dann zu Bestandteilen des peripheren Systems werden. Obgleich sie ihre Impulse in entgegengesetzte Richtungen senden — die sensorischen Neuronen zum Rückenmark hin, die Motoneuronen vom Rückenmark weg — befinden sie sich über weite Strecken hinweg in denselben Nerven. Sie treten zwar an verschiedenen Stellen in das Rückenmark ein oder aus (Vorderwurzel und Hinterwurzel) aber die motorischen Fasern enden an oder in der Nähe von Muskeln, die sich wiederum in der Nähe von Receptoren befinden, welche das sensorische System aktivieren.

Die Zellkörper der sensorischen Neuronen befinden sich in der Nähe des Rückenmarks, und ihre Axonen teilen sich t-förmig in zentralwärts und peripheriewärts verlaufende Teile. Das bedeutet für die sensorischen Neuronen, daß die peripheren Abschnitte derselben sehr lang sein können. Die meisten anderen Neuronen besitzen, wie wir bereits gesehen haben, sehr kurze Dendriten und längere Axonen. Die Dendriten und Zellkörper der Motoneuronen befinden

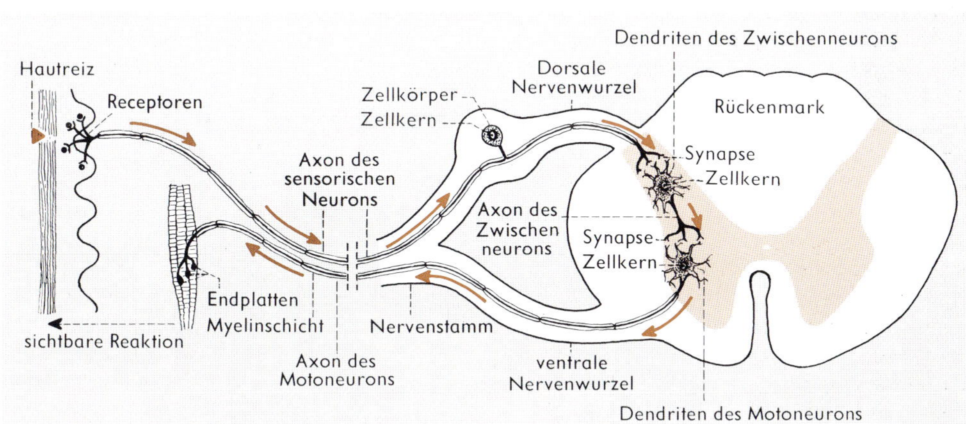

Abb. 2-8. Verschiedene Arten von Neuronen. Hier sehen wir eine genauere Darstellung des Reflexbogens. Es werden drei Typen von Neuronen gezeigt: (a) ein sensorisches (afferentes) Neuron, das sich von den meisten Neuronen durch lange, peripheriewärtsreichende und verhältnismäßig kurze Axonen, die zentralwärts verlaufen, unterscheidet; (b) ein Interneuron mit vielen kleinen Verästelungen und (c) ein Motoneuron, dessen langes Axon fast dieselbe Entfernung in demselben Nerv zurücklegt wie das sensorische Neuron, und das an den Effectoren in der Nähe des Ursprungs des sensorischen Einstroms endigt. In einem Reflexbogen befinden sich alle Synapsen innerhalb des Rückenmarks

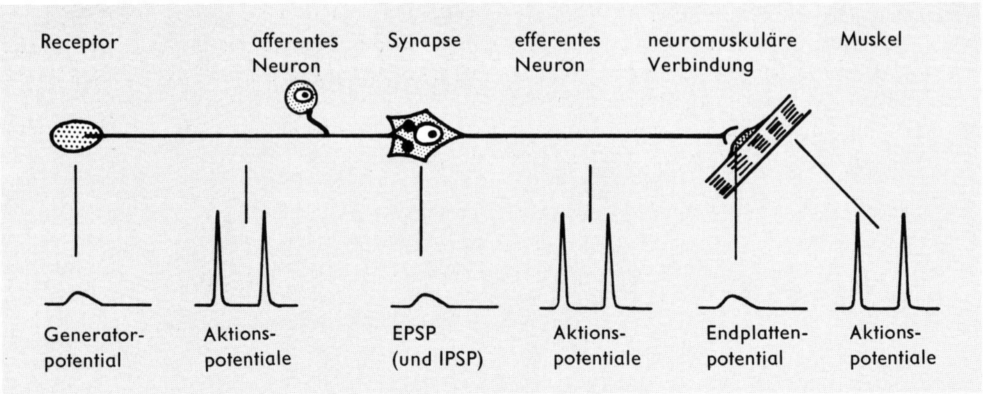

Abb. 2-9. Die Abbildung zeigt die Zuordnung verschiedener Potentiale zum Reflexbogen

sich im Rückenmark; nur ihre Axonen treten aus diesem aus.

Viscerale Anteile. Der viscerale Teil des peripheren Nervensystems wird gewöhnlich als *autonomes Nervensystem (ANS)* bezeichnet. Dieses System ist für die Psychologie deshalb wichtig, weil es alle inneren und viele der äußeren Aspekte der Emotion kontrolliert. Eigentlich ist der Ausdruck „autonom" etwas irreführend, da nur wenige Aktivitäten dieses Systems (wie z. B. die Verdauung) wirklich selbstregulierend sind.

Das System gliedert sich in zwei Teile, einen *sympathischen* und einen *parasympathischen* Anteil. Jeder entspringt in einem anderen Teil des Hirnstammes und des Rückenmarks, und sie zeigen oft einander entgegengesetzte Funktionen und Wirkungen.

Der sympathische Teil des autonomen Nervensystems. In diesem Teil befindet sich der Ursprung der Nervenfasern nur im mittleren Abschnitt des Rückenmarks, d. h. in den Segmenten zwischen dem Hals und dem unteren Teil des Rückgrats. Diese Nerven münden in eine vertikal liegende Kette von Ganglien ein (Ganglien = Ansammlungen von Nervenzellkörpern), von denen je eins auf jeder Seite des Rückenmarks liegt. In diesem Strang verlaufen die Fasern sowohl aufwärts als abwärts und bilden Synapsen mit den Neuronen, die zu den visceralen Organen führen.

Das sympathische System arbeitet gewöhnlich als ein koordiniertes Ganzes, bei dessen Aktivierung alle oder fast alle seiner Funktionen ins Spiel kommen. Der sympathische Teil tritt immer dann in Aktion, wenn Notfälle auftreten; er wird aktiviert, wenn das Leben einer Person in Gefahr ist, wenn die Person einer großen Anstrengung oder Belastung ausgesetzt ist, und bei Emotionen, wie z. B. Furcht und Zorn. Im wesentlichen bereitet das System den Körper darauf vor, in Aktion zu treten; dies geschieht durch Erhöhung der Herzfrequenz, ferner, indem es die Leber veranlaßt, Zucker auszuschütten, der von den Muskeln gebraucht wird, durch Stimulierung der Adrenalinausschüttung, durch Einstellen der Verdauungsprozesse, damit das Blut in die Muskeln geleitet werden kann usw.

Der parasympathische Teil des autonomen Nervensystems. Die Fasern in diesem Teil sind Verästelungen des ZNS oberhalb und unterhalb der sympathischen Nervenfasern, ein Umstand, der auch für den Namen *„parasympathisch"* (*para* = in der Nähe von) verantwortlich ist. Die meisten Funktionen dieses Teils werden von Fasern kontrolliert, die ihren Ursprung im Hirnstamm haben.

Der parasympathische Teil lenkt viele lebenswichtige Funktionen. Zu diesen gehören: die Verdauung, Beseitigung von Stoffwechselprodukten, Schutz des Gesichtssinnes und — allgemein gesprochen — die Aufrechterhaltung der körperlichen Energie. Im Gegensatz zum sympathischen Teil reagiert der parasympathische Teil nicht als Ganzes, sondern aktiviert nur diejenigen Funktionen, die zu einem bestimmten Zeitpunkt notwendig werden.

Die Koordination der beiden Teile des ANS. Die meisten Organe der Brust und des Abdomens nehmen Fasern von beiden Systemen auf; wo dies zutrifft, ist die Funktion beider Teile immer antagonistisch. Wenn ein Teil des

Systems ein Organ zur erhöhten Aktivität anregt, hemmt oder vermindert der andere Teil diese Aktivität. So hemmt z. B. der sympathische Teil die Verdauungsprozesse, während der parasympathische Teil sie anregt. Es gibt jedoch Umstände, unter denen die beiden Systeme sowohl simultan als auch aufeinanderfolgend zusammenarbeiten. Die männliche Geschlechtsreaktion erfordert zunächst eine Erektion (eine parasympathische Funktion), dann eine Ejaculation (eine sympathische Funktion).

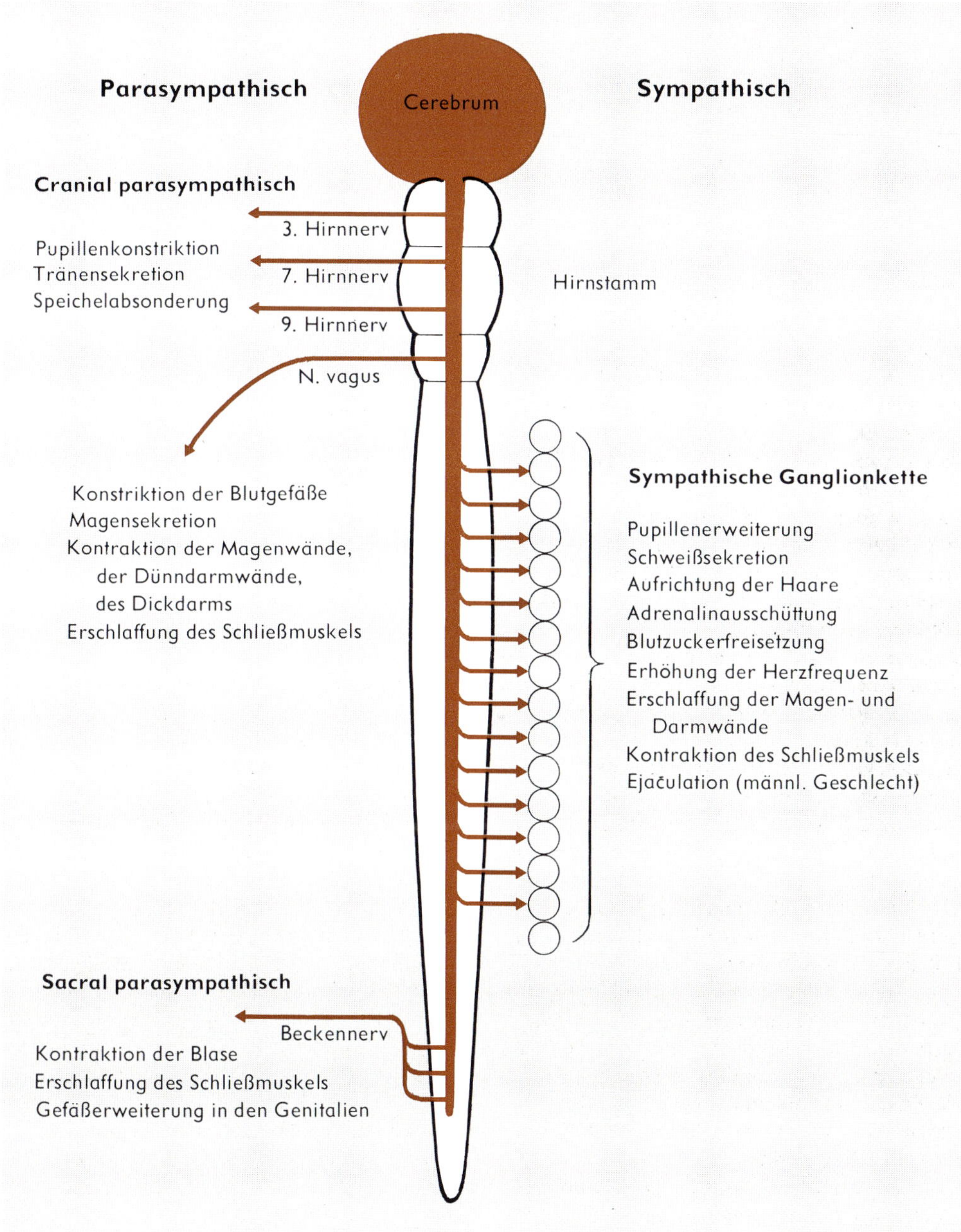

Abb. 2-10. Das autonome Nervensystem (ANS). Hier sehen wir in vereinfachter Darstellung die Teile des autonomen Nervensystems mit Angabe von Ursprüngen und Hauptfunktionen. Aus Gründen der Vereinfachung sind die parasympathischen Teile auf der einen und die sympathischen auf der anderen Seite gezeigt; in Wirklichkeit finden wir beide Teile auf beiden Seiten des Körpers

Die Verbindung: Das Zentralnervensystem (ZNS)

Wie wir bereits gesehen haben, befinden sich während der Embryonalentwicklung die einzelnen Nervenzellen zunächst im Neuralrohr. Aus einem Ende entwickelt sich das Gehirn, aus dem Rest das Rückenmark. Beide Teile zusammen ergeben das *zentrale Nervensystem (ZNS)*. Dieses System ist die Basis für die Verbindung zwischen dem weitreichenden Netz der sensorischen Receptoren und hereinkommenden *Afferenzen*, den herausgehenden *Efferenzen* und den Effectoren. Die afferenten sensorischen Bahnen und die efferenten motorischen Bahnen sind innerhalb des ZNS miteinander durch ein Netz von *Interneuronen (Zwischenneuronen, assoziativen Neuronen)* verbunden.

Das ZNS ist jedoch mehr als nur eine Verbindungsinstanz, denn es integriert und koordiniert auch den Reinzinput und die daraus resultierenden Reaktionen (Output = Ausgang). Je höher eine Art phylogenetisch gesehen steht, desto höher sind auch die Mechanismen der Integration und Koordination entwickelt. Bei einigen Arten, die ein sehr hochspezialisiertes ZNS haben, umfaßt die Möglichkeit der Speicherung sowohl sensorische Information, als auch Information, die sich auf die Folgen der Reaktionen bezieht. Komplexe Aktivitäten des ZNS ermöglichen so einen Vergleich zwischen gespeicherter Information und momentanem Input, wie auch eine Neuorganisation von Input und Output (Kreativität) und eine Vorbereitung weiterer Aktionen (Erwartung).

Die Reflexe des Rückenmarks. Die Beobachtung, daß Tiere, deren Gehirn vom Rückenmark getrennt wurde (Spinalisierung), immer noch auf Reize reagieren und sogar einfache Formen des Lernens zeigen, erscheint überraschend. Im Verlaufe der Evolution jedoch kam die Entwicklung des „denkenden" Gehirns erst nach der Entwicklung des einfacheren Rückenmarks. Schutzfunktionen, In-Ganghalten der „inneren Apparatur" und Körperhaltung des Tieres sind wahrscheinlich der Grund dafür, warum diese Funktionen im Rückenmark und nicht im Gehirn verankert sind, dessen Entwicklung erst später erfolgte.

Zwickt man den Finger eines Säuglings, wird der ganze Arm zurückgezogen. Der lokalisierte Reiz (der auf eine mögliche Gefahr hinweist) bewirkt die Aktivierung eines großen Teils der Körpermuskeln, die auf Grund des „Verteilersystems Rückenmark" zustandekommt. Die erste Station in diesem Verteilersystem bildet das *afferente* Neuron. Beim Eingang in das Rückenmark verzweigt es sich in aufsteigende und absteigende Verästelungen, von denen wiederum *Collaterale* (Verästelungen) an jedes Segment des Rückenmarks abgegeben werden. Jede dieser Collateralen kann sich wiederum mit mehreren *Zwischenneuronen* verbinden, welche ebenfalls das Rückenmark auf und ab laufen und an jedem Segment Collaterale an *Motoneuronen* abgeben. Durch diesen Verteilungsmechanismus können Impulse eines einzigen afferenten Neurons viele verschiedene Muskeln innervieren und dadurch weitreichende Reflexe hervorrufen. Diese Art von Verteilung wird als *Divergenz* bezeichnet.

Eine umgekehrte Abfolge dieser Anordnung bezeichnet man als *Konvergenz*. Hier erreichen Impulse von vielen afferenten Neuronen dasselbe (einzelne) Motoneuron, wobei das System wie ein Trichter funktioniert. Die Konvergenz ermöglicht einer einzigen Muskelfaser, an vielen verschiedenen Reflexen mitzuwirken.

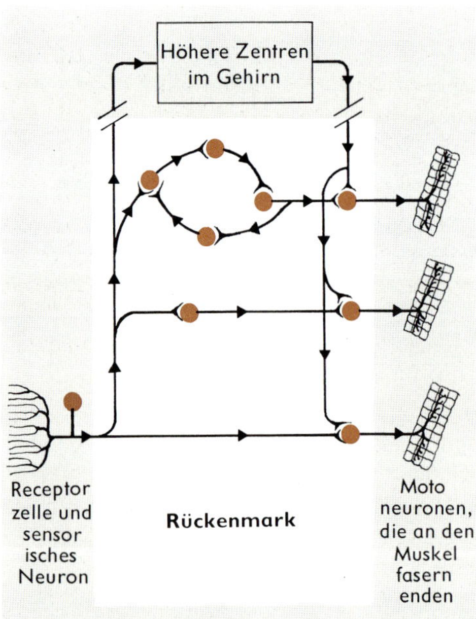

Abb. 2-11. Koordination im Rückenmark. Divergenz, Konvergenz, Erregungskreise und Verbindungen vom und zum Gehirn entstehen durch das Netz von Neuronen im Rückenmark. Alle Vorgänge, mit Ausnahme der Konvergenz, sind hier dargestellt

Eine andere Funktion des Verteilersystems der Collateralen und Interneuronen ist die Verlängerung der Erregung, die auftritt, weil die Zwischenneuronen in *Erregungskreisen* angeordnet sind. Wenn ein Neuron in einem solchen Kreis feuert, dann durchläuft der Impuls nicht nur das Axon, sondern auch die zum Axon gehörenden collateralen Verzweigungen. Diese Verzweigungen können mit einem zweiten Neuron verbunden sein, welches dann ebenfalls erregt wird. Das Axon des zweiten Neurons kann dann den Impuls an die ursprüngliche Zelle zurückleiten und diese wieder erregen; dieser Vorgang kann beliebig oft wiederholt werden. Der Impuls erregt innerhalb dieses Rückkoppelungsmechanismus (*Feedback-Schleife*) jedesmal auch das Motoneuron und den Muskel. So kann ein zeitlich begrenzter Reiz eine Reaktion auslösen, die lange nach dem Abklingen des Reizes anhält. Eine solche Reaktion ist natürlich nur dann möglich, wenn der Bogen aus mehr als zwei Neuronen besteht.

Beim „intakten" Tier erfüllen die Zwischenneuronen des Rückenmarks und die Collateralen der afferenten Neuronen noch eine andere Funktion, indem sie lange Kreise bilden, die Impulse zum Gehirn leiten. So wird das Gehirn von den jeweiligen momentanen Vorgängen informiert und kann dann die Aktivität der einfacheren Reflexbögen entsprechend beeinflussen.

Das Verteilersystem im Rückenmark bewirkt also vier verschiedene Dinge: (a) Impulse von einem einzigen Receptor erreichen viele Muskeln (Divergenz); (b) ein und derselbe Muskel ist an Reflexen beteiligt, die durch die Reizung vieler verschiedener Punkte zustandekommen (Konvergenz); (c) eine Reaktion kann zeitlich verlängert werden; (d) Impulse gelangen durch lange Bahnen hindurch zum Gehirn.

Die Anpassungsfähigkeit der Reflexe. Reflexe sind „automatische" Reaktionen, die gewöhnlich für den Körper eine wichtige Muskel- oder Drüsentätigkeit auslösen. Das Zurückziehen einer Hand nach Verletzung schützt sie vor weiteren Verletzungen und kann deshalb als *Schutzreflex* bezeichnet werden. Ein weiterer Schutzreflex kann beobachtet werden, wenn ein Staubkorn Tränen auslöst, die dieses aus dem Auge herausschwemmen. Einige Reflexe sind zur Aufrechterhaltung der Körperfunktionen wichtig; dazu gehören Reflexe, die den Herzschlag und den Durchmesser der Blutgefäße regulieren.

Im Gegensatz zu den Schutzreflexen stehen die *Haltungsreflexe,* die für die Körperhaltung und für die aufrechte Haltung des Kopfes sorgen. Wenn z. B. jemand auf Ihren Rücken springt, geben Ihre Knie zwar für einen Moment nach, Ihre Beine strecken sich aber sofort wieder, um die aufrechte Körperhaltung zu gewährleisten. Das Beugen der Knie dehnt eine *Muskelspindel,* eine Gruppe von Muskelfasern, die sowohl von afferenten wie auch von efferenten Nervenendigungen umgeben ist. Das Strecken dieser Spindel erregt die afferenten Nervenendigungen, die ihrerseits Impulse zum Rückenmark senden. Diese Impulse gelangen zum Motoneuron, welches die Muskelfasern neben der Spindel versorgt, von der die ursprüngliche Nachricht kam. Der gestreckte Muskel kontrahiert sich und die ursprüngliche Haltung ist wiederhergestellt. Diesen Reflex bezeichnet man als den *Streckreflex,* weil der auslösende Reiz aus einer Streckung der Muskelspindel besteht. Die afferenten Neuronen, die bei solchen Haltungsreflexen mitwirken, sind die größten und am schnellsten leitenden Neuronen, die es gibt.

Hemmung und reziproke Innervation. Im allgemeinen sind die einander gegenüberliegenden Muskeln des Körpers in antagonistischen Paaren angeordnet, wobei der eine ein bestimmtes Gelenk streckt und der andere es beugt. Normalerweise erschlafft ein Muskel, wenn sein Antagonist sich kontrahiert, denn die *Erregung* des einen wird von der *Hemmung* des den anderen Muskel versorgenden Motoneurons begleitet. Diesen Vorgang bezeichnet man als *reziproke Innervation.* Die Hemmung findet nur an den Synapsen statt. Es sind hier nicht die Muskelfasern selbst, die gehemmt werden, sondern die Motoneuronen, die sie versorgen.

Wie entscheidet nun das Nervensystem bei sich widersprechenden Reizen, welche Nachricht gehemmt werden soll? Drei Eigenschaften des Reizes bestimmen dabei die Bevorzugung des einen oder anderen Reizes:

1. Schmerzreize haben gewöhnlich Vorrang. Der Selbstschutz des Organismus ist von größter Bedeutung.
2. Stärkere Reize oder schwächere, sich oft wiederholende Reize haben Vorrang.
3. Eine zu häufige Wiederholung der Reizung führt dazu, daß der Vorrang an die rivalisierende Reaktion abgegeben wird, teils auf Grund von Ermüdung, teils auf Grund der sich einstellenden *Adaptation.* Wenn

ein Reiz fortwährend oder wiederholt mit gleichbleibender Intensität einwirkt, dann adaptiert sich der Receptor an diese Einwirkung durch Herabsetzung seiner Aufnahmebereitschaft.

So müssen Organismen, die eine Vielzahl von Reizen zu verarbeiten haben, einen sensorischen Adaptationsmechanismus entwickeln, um mit den fortwährend auf sie einströmenden Reizen fertigzuwerden.

Wir wenden uns nun dem Ursprung dieser Information — der Umwelt — zu und stoßen dabei gleich wieder auf ein neues Rätsel: Wenn die Grundeinheit im Code des Nervensystems ein elektrischer Impuls von konstanter Größe ist, wie werden dann die vielen Arten der auf den Organismus einwirkenden physikalischen Reize in diesen Code übersetzt?

c Wie nehmen wir Information auf?

Die Information über die Beschaffenheit der Umgebung wird von einer Reihe von Organen vermittelt, die aus hochspezialisierten Receptorzellen zusammengesetzt sind. Gewöhnlich reagiert jedes Receptororgan nur auf eine physikalische oder chemische Eigenschaft der Umgebung, wie z. B. auf Schall- oder Lichtwellen. Diese Unterschiede sind jedoch nicht absolut. So reagiert z. B. das Auge, das normalerweise nur auf Lichtwellen reagiert, auch auf den Druck des Fingers gegen das Augenlid — eine Tatsache, die Sie selbst empirisch überprüfen können.

Transduktion und Psychophysik

Ein Organismus kann gewöhnlich drei Aspekte der Reize in seiner Umgebung erkennen: (a) die allgemeine Art der Energie, wie z. B. Licht, Temperatur oder Druck; (b) den Ort der Reize im Raum; (c) ihre Intensität in zeitlicher Verteilung.

Die Information über den ersten Aspekt — Klassifikation des Reizes — wird gewöhnlich durch die Art des erregten Receptors (seine *Spezifität*) vermittelt. So zeigt z. B. die Reaktion bestimmter Receptorzellen im Auge die Erregung durch Lichtwellen innerhalb gewisser Grenzen elektromagnetischer Strahlung an. Aufschluß über den zweiten Aspekt — Ortsbestimmung des Reizes — wird uns durch die Lage der erregten Receptoren vermittelt, da es für jede Art von Reiz-Input multiple Receptoren gibt. Der dritte Aspekt — die Bestimmung der Intensität des Reizes — wird durch eine Umwandlung der Reizenergie in eine graduierte Depolarisation der Receptorzellmembran bewirkt, einen Prozeß, den man als *Transduktion* bezeichnet. Es ergibt sich ein konstantes quantifizierbares Verhältnis zwischen der Reizintensität und der Amplitude des Receptormembranpotentials, das ausgelöst wird: Jede Reizintensität wird in ein entsprechendes *Generatorpotential* (eine Depola-

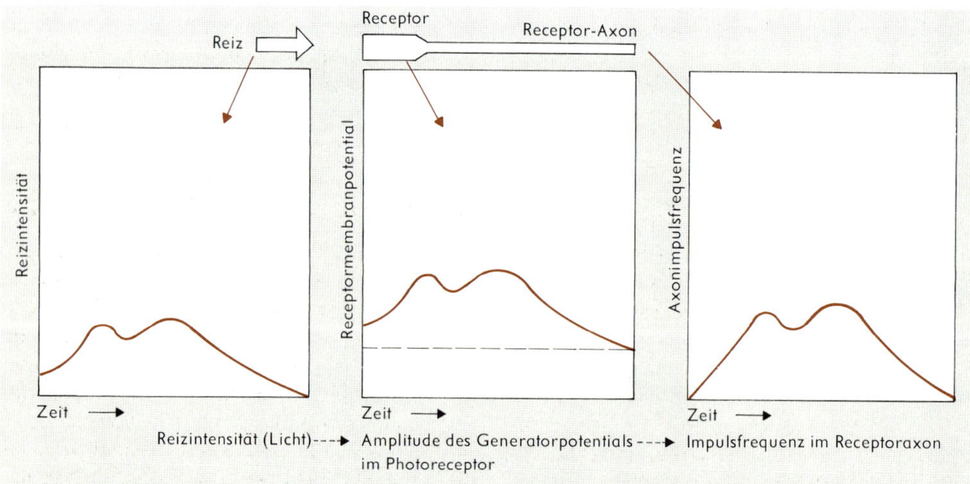

Abb. 2-12. Transduktion. Information aus der Umwelt gelangt in das Nervensystem durch zwei Umwandlungsprozesse: (1) Die Reizintensität wird in das Generatorpotential übersetzt, und (2) das Generatorpotential wird in die Impulsfrequenz umgewandelt (Nach Stevens, 1966)

risation) mit einer bestimmten *Amplitude* übersetzt; diese Amplitude wird dann in eine bestimmte „Feuerfrequenz" verschlüsselt. Ein stärkerer Reiz bewirkt eine häufigere Reaktion der Zelle oder/und die Reaktionen mehrerer Zellen. Sobald die Information verschlüsselt ist, wird sie nach den Grundregeln der Kommunikation, die wir schon besprochen haben, verbreitet und verarbeitet.

Welchen Einfluß hat nun die Veränderung der Reizintensität auf die Amplitude des Generatorpotentials? Diese physiologische Frage kann mehrfach formuliert werden: Wie groß muß die Veränderung des Reizes sein, bevor der Organismus auf diese Veränderung reagiert? Welches mathematische Verhältnis besteht zwischen der Reizintensität und dem Generatorpotential der Receptoren? Wenn Sie z. B. im hohen Frequenzbereich einen Unterschied zwischen Ihrem alten und Ihrem neuen HiFi-Gerät feststellen können, dann ergibt sich die praktische Frage, ob Sie sich ein noch teureres Gerät kaufen sollten, welches noch höhere Frequenzen bringt? Aber könnten Sie diese höheren Frequenzen überhaupt noch wahrnehmen und den „Vorteil" dieses neuen Gerätes genießen?

Ob unsere Sinnesorgane einen Unterschied in der Reizintensität feststellen können, hängt vom Verhältnis zwischen der zusätzlichen und der ursprünglich vorhandenen Intensität ab. Wenn wir z. B. zu einem 100 g-Gewicht 2 g dazugeben müssen, um es als schwerer zu empfinden, müßten wir bei einem 200 g-Gewicht 4 g addieren, bevor wir den Unterschied feststellen könnten. Das genaue Verhältnis variiert mit der Art der Empfindung, die wir messen und mit dem Ausmaß der Intensitäten, mit denen wir uns befassen. Im allgemeinen jedoch ist der kleinste feststellbare Unterschied in der Reizintensität eine konstante Proportion des Vergleichreizes.

Dies bedeutet, daß für fast alle Receptoren eine kleine Veränderung in der Reizintensität eine Veränderung des Generatorpotentials hervorrufen kann, wenn die Reizintensität niedrig ist. Bei Anstieg der Reizintensität bedarf es einer immer größeren Veränderung der Intensität, um eine ähnliche Veränderung im Generatorpotential hervorzurufen.

Das Verhältnis zwischen Reiz und Empfindung kann entweder in Form der physikalischen Reaktion des Organismus (Generatorpotential und Impuls) oder in Form einer psychologischen Reaktion (wieviel Reizveränderung notwendig ist, bevor der Organismus diese wahrnimmt) gemessen werden. Die Methoden zur Messung der psychologischen Reaktion werden auch *psychophysische Methoden* genannt. Mit Hilfe dieser Methoden kann man folgende Konzepte quantifizieren:

1. *Limen* oder *absolute Reizschwelle* — definiert als der Reizwert, der bei 100 Darbietungen genau 50 mal wahrgenommen wird. Werte unter dieser Schwelle werden als *unterschwellig* bezeichnet.
2. *Der eben merkliche Unterschied (just noticeable difference = j. n.d.)* — die Reizerhöhung, die vorgenommen werden muß, damit der Organismus einen Unterschied zwischen dem höheren Reiz und dem ursprünglichen Reiz feststellen kann. Es herscht allgemeine Übereinstimmung, daß bei 100 Darbietungen dieser Unterschied 75 mal oder mehr wahrgenommen werden muß.
3. Das *Weber-Fechnersche Gesetz* beschreibt das Verhältnis zwischen Reizveränderung und Empfindung für verschiedene Reizwerte. Die Reizerhöhung (Δ s), die einen eben merklichen Unterschied (j. n. d.) hervorruft, steht in einem konstanten Verhältnis zu den meisten Reizwerten (nicht jedoch den Extremwerten), wie das unten aufgeführte Beispiel zeigt, in dem Δ s = $^5/_{10}$ oder 0,5 ist.

	Ursprüngl. Reizwert		Notw. Reizerhöhung	
wenn	10 Einheiten	plus	5 E	1 j. n. d.
dann	15 E	plus	7,5 E	
oder	22,5 E	plus	11,25 E	1 j. n. d.
oder	33,75 E etc.	plus	16,875 E	

Verschiedene Arten sensorischer Information

Zunächst einmal wollen wir uns auf den Gesichtssinn und den Gehörsinn konzentrieren, also auf die Sinne, über die wir das meiste wissen. Zusätzlich zu diesen beiden Sinnen, die genaue Information über die Umwelt vermitteln, erhält der Mensch auch Information über die Umgebung mittels verschiedener *Körpersinne,* die aber weniger genau und auf direkten Kontakt angewiesen sind. Es gibt insgesamt vier Körpersinne, deren Receptoren in der Haut liegen: Druck (Berührung), Schmerz, Kälte und Wärme; sie werden oft auch als

Hautsinne bezeichnet. Jeder dieser Sinne vermittelt dem Organismus eine besondere Information über die Umwelt.

Der *Muskelsinn* und der *Gleichgewichtssinn* sind zwei weitere Körpersinne, die eng miteinander verbunden sind und bei der Aufrechterhaltung des Gleichgewichtes zusammenarbeiten; sie informieren uns über die Lage unserer Arme, unserer Füße, unseres Kopfes und aller anderen beweglichen Teile. Dazu kommen noch die chemischen Sinne des Geschmacks und Geruchs.

Das Sehen

Der Gesichtssinn, der so wichtig für das Überleben ist, hat eine faszinierende Entwicklung hinter sich. Das komplizierte menschliche Auge ist anscheinend aus einigen wenigen lichtsensiblen Zellen, wie man sie bei primitiven Lebensformen findet, hervorgegangen. Erst allmählich, als sich höhere Lebensformen entwickelten, erschien eine immer größere Anzahl von Sehelementen pro Flächeneinheit, ein besonders sensibler zentraler Punkt, komplizierte Nervenbahnen und dazugehörige Gehirnareale, die eine genauere Wahrnehmung der „Muster" möglich machten. Darüber hinaus entwickelte das Auge Mechanismen zur Aufnahme geringer Lichtmengen während der Dunkelheit und wurde somit zu einem vielseitig verwendbaren Instrument. Beim Affen und beim Menschen wanderte das Auge allmählich zur Vorderseite des Kopfes, so daß zweiäugiges (binoculäres) Sehen möglich wurde. Schließlich sorgte die Entwicklung weitaus besserer Gehirnverbindungen zum Auge, besonders beim Menschen, dafür, daß dieser den visuellen Input besser („intelligenter") verarbeiten konnte.

Sehsysteme. Das Auge besteht aus zwei verschiedenen optischen Systemen, die zwar kombiniert, aber doch auf verschiedene Funktionen spezialisiert sind. Jedes System hat seine eigenen, verschieden geformten Receptorzellen; die des einen werden als *Zapfen,* die des anderen als *Stäbchen* bezeichnet. Die Zapfen funktionieren nur bei Licht und sind verantwortlich für das Farbsehen und gute Sehschärfe. Bei wenig Licht (z. B. Dämmerung) können die Zapfen nicht erregt werden; die Stäbchen arbeiten alleine. Diese reagieren äußerst sensibel bei geringer Beleuchtung (z. B. Nachtsehen), aber reagieren nicht auf Farben, sondern nur auf schwarz, weiß und grau.

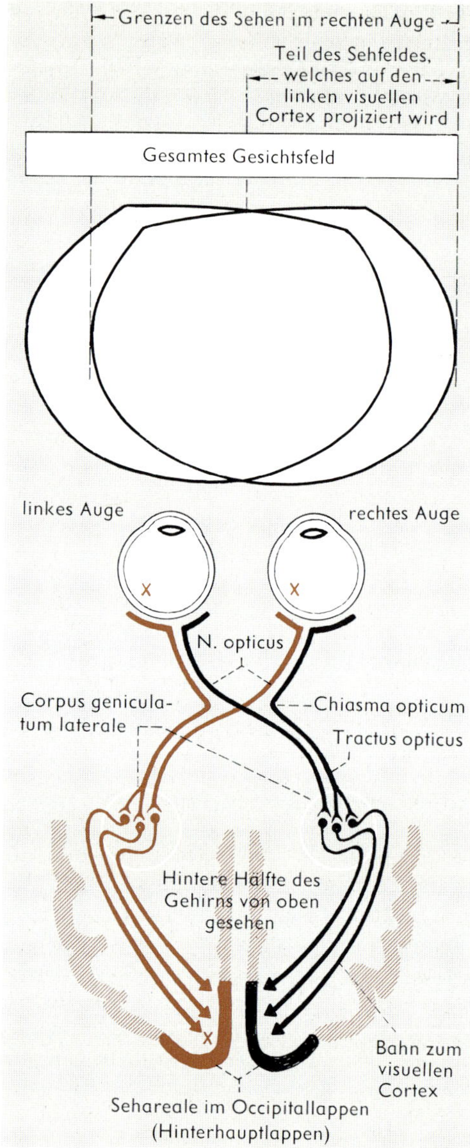

Abb. 2-13. Mechanismus des Sehens. Beim normalen Sehvorgang erregt Licht von einem Punkt in der rechten Hälfte des Gesichtsfeldes Punkte in der linken Hälfte beider Netzhäute, verursacht dabei Impulse über die Nervenbahnen, die von beiden Punkten wegführen und aktiviert schließlich nur einen Punkt im linken visuellen Cortex des Gehirns (Occipitallappen). Das Licht vom angrenzenden Punkt im Gesichtsfeld aktiviert einen anderen, aber angrenzenden Punkt im visuellen Cortex. Inzwischen aktivieren auch die Punkte in der linken Hälfte des Gesichtsfeldes Punkte in der rechten Hälfte des visuellen Cortex. Obgleich doppelte Bahnen zu jedem Punkt des visuellen Cortex führen und obgleich nur eine Hälfte des Gesichtsfeldes auf jeder Seite des Gehirns repräsentiert ist, sehen wir doch ein einziges wohlgestaltetes Bild

Die Zapfen und Stäbchen befinden sich auf der untersten Schicht der Netzhaut, was bedeutet, daß das Licht durch verschiedene Schichten von Nervenfasern und Blutgefäßen dringen muß, bevor es diese Receptorzellen erreicht. Auf der Netzhaut gibt es mehr als 7 000 000 Zapfen. Ihre Dichte ist am größten in der Fovea und verringert sich vom Zentrum zur Peripherie der Netzhaut hin. Stäbchen finden wir auf allen Teilen der Netzhaut, ausgenommen der Fovea.

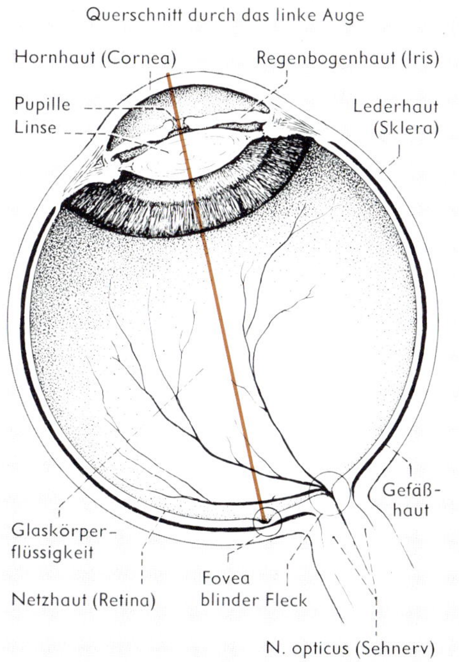

Abb. 2-14. Der Augapfel besteht aus 3 Schichten: (1) einer äußeren Schutzschicht, die als *Sklera* bezeichnet wird; ein Teil der Sklera ist die durchsichtige *Cornea* (Hornhaut), die als Brechungsfläche wirkt; (2) einer mittleren Schicht, die als *Gefäßhaut* bezeichnet wird und pigmentiert ist, und (3) einer lichtintensiven Schicht, der *Retina* (Netzhaut). Wenn Licht in das Auge eindringt, so durchdringt es zuerst die Hornhaut und die *Pupille,* eine Öffnung in der pigmentierten *Iris* (Regenbogenhaut). Die Pupille verändert ihre Größe, um die in das Auge eindringende Lichtmenge zu regulieren; dieser Vorgang beeinflußt sowohl die Helligkeit als auch die Klarheit des Bildes. Die Lichtstrahlen durchdringen dann die *Linse* und werden von dort auf die lichtsensitive Oberfläche der Netzhaut projiziert. Bevor sie aber die Netzhaut erreichen, müssen die Lichtstrahlten noch die Glaskörperflüssigkeit durchdringen, mit der der Augapfel gefüllt ist. Das Licht von der Mitte des Gesichtsfeldes trifft genau auf die *Fovea,* die sich im Mittelpunkt der Netzhaut befindet und bei normalem Tageslicht der empfindlichste Teil des Auges ist.

Wie Abb. 2-15 zeigt, bestehen Verbindungen zwischen den Receptoren und *bipolaren Zellen,* die wiederum Synapsen mit *Ganglienzellen* bilden. Der *Sehnerv* besteht aus den Axonen der Ganglienzellen; diese bilden Synapsen mit Zellen einer „Schaltzelle" im Gehirn, dem *Corpus geniculatum laterale* des Thalamus. Diese letzteren Zellen wiederum besitzen Axone, die bis zum *Hinterhauptlappen* reichen. An dem Punkt, an dem der Sehnerv die Netzhaut verläßt, befindet sich der *blinde Fleck,* der nicht auf Licht reagiert. Sie können die Lage Ihrer blinden Flecke durch ein ganz einfaches Experiment feststellen: Schließen Sie Ihr rechtes Auge, halten Sie das Buch etwa eine Armlänge von sich entfernt und fixieren Sie den Kreis. Während Sie den Kreis immer noch fixieren, bewegen Sie das Buch in Richtung Ihrer Augen, bis das Kreuz verschwindet. An dieser Stelle fällt das Kreuz genau auf den blinden Fleck Ihres linken Auges. Um den blinden Fleck Ihres rechten Auges zu finden, brauchen Sie denselben Vorgang nur zu wiederholen; schließen Sie diesmal aber Ihr linkes Auge und fixieren Sie das Kreuz mit dem rechten Auge.

Man schätzt, daß die Netzhaut etwa 120 000 000 Receptoren enthält, einige Millionen bipolare Zellen und etwa 1 000 000 Ganglienzellen. Demnach muß eine ungeheure Informations-*Konvergenz* von vielen Receptoren auf eine Ganglienzelle stattfinden. Da es aber auch viele Verbindungen zwischen den Zellen der Netzhaut gibt, muß auch ein *Divergenz*-System des Informationsflusses vorhanden sein. So bestehen Verbindungen zwischen einem Receptor und mehreren bipolaren Zellen, die wiederum Verbindungen mit noch mehr Ganglienzellen herstellen. Aber wie wandeln diese Receptoren Licht in nervöse Impulse um? Bei diesem Umwandlungsprozeß spielen die Photopigmente in den Receptoren eine wichtige Rolle. Die Stäbchen enthalten ein Photopigment, das sog. *Rhodopsin,* während jeder Zapfen eine von drei Arten *Iodopsin* enthält, entsprechend den Wellenlängen des blauen, roten und grünen Lichtes. Wenn Licht auf einen Receptor trifft, dann wird es von dem Photopigment absorbiert, wobei das Photopigment in seine Grundbestandteile zerfällt (so

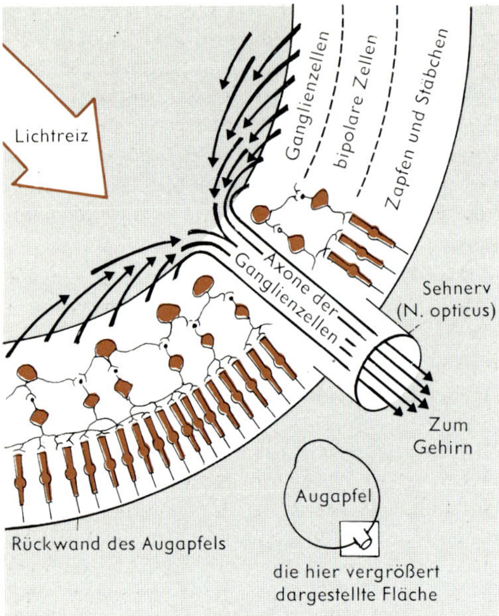

Abb. 2-15. Optische Bahnen. Die Abbildung (oben) zeigt in stark vereinfachter und schematischer Form Beispiele von Bahnen, die drei der Nervenzellenschichten in der Netzhaut verbinden. Das einfallende Licht durchdringt alle diese Schichten, um zu den Receptoren zu gelangen, die sich auf der Rückseite des Augapfels befinden und von der Lichtquelle wegzeigen. Mittels der *Konvergenz* senden mehrere Receptorzellen Impulse an jede Ganglionzelle, während mittels *Divergenz* eine Receptorzelle Impulse an mehrere Ganglienzellen weiterleiten kann. Die Impulse der Ganglienzellen verlassen das Auge über den Sehnerv und gelangen so zum nächsten Umschaltpunkt.
Das Bild (unten) zeigt Zapfen der Netzhaut

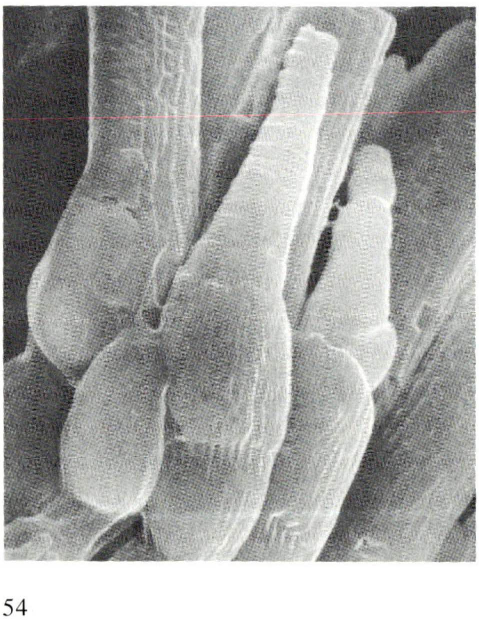

zerfällt z. B. Rhodopsin in *Retinin* und *Opsin*). Wie bei anderen sensorischen Systemen, so verstehen wir auch den visuellen Transduktionsprozeß nicht vollständig; eine Reihe von wichtigen Fragen müssen noch beantwortet werden. Nachdem Millionen von Receptoren auf einen visuellen Reiz reagiert haben, muß diese ungeheure Informationsflut vom Nervensystem irgendwie verarbeitet werden. Durch verschiedene Kombinationen des visuellen Inputs liefert uns das Nervensystem Information über verschiedene Aspekte des visuellen Bildes, wie z. B. über Helligkeit, Farbe, Form und Bewegung. Um dies zu erreichen, muß der Input von den Receptoren *gleichzeitig* auf mehrere unterschiedliche Arten von Information hin analysiert werden. Die vorher erwähnte Anordnung der anatomischen Divergenz macht solch eine mehrfache parallele Informationsverarbeitung möglich.

Helligkeit. Die Absorption von Photonen durch die Receptoren aktiviert die Stäbchen und durch sie Neuronenketten und macht so die Wahrnehmung des Lichts möglich. Je größer die Lichtintensität (Zahl der Photonen pro Zeiteinheit) ist, um so größer ist auch die Aktivität, die in der Netzhaut hervorgerufen und ans Gehirn übermittelt wird, und damit auch um so größer unsere Empfindung der Helligkeit. Der Integrationsvorgang beruht hier auf einer *Summation* der Information vieler Receptoren. Diese Summation findet in den Ganglienzellen statt, von denen jede ihre Information von vielen Receptoren erhält.

Diese Summation ist verantwortlich für die große Lichtsensibilität des Stäbchensystems. Ein einzelnes Stäbchen muß dabei nahezu gleichzeitig von zwei Photonen erregt werden, um eine Ganglienzelle zu aktivieren. Ein solcher gleichzeitiger Vorgang ereignet sich jedoch gewöhnlich nur bei größerer Helligkeit. Die Summation der Erregung vieler verschiedener Stäbchen ermöglicht die Aktivierung der Ganglienzelle durch alle nahezu gleichzeitigen Lichteinwirkungen, bei denen diese Receptoren von mindestens zwei Photonen erregt werden. Dies bedeutet, daß die Ganglienzellen selbst auf sehr geringe Lichtmengen reagieren. Dazu kommt noch, daß das Stäbchensystem verschiedene Möglichkeiten hat, die Summation zu erhöhen, um so größere Sensibilität zu erreichen; dieser Vorteil wird jedoch durch den Verlust an Sehschärfe wieder ausgeglichen.

Die *Dunkeladaptation* ist ein Vorgang, der das Auge auf das Sehen bei geringer Helligkeit vorbereitet. Sie haben bestimmt schon die Erfahrung gemacht, daß Sie in einem dunklen Kino nicht in der Lage waren, ohne fremde Hilfe einen Platz zu finden. Nach ein paar Minuten in der Dunkelheit jedoch geht das ohne weiteres. Die meisten Leute müssen sich nach dem letzten Gebrauch der Augen in hellem Licht etwa eine halbe Stunde in der Dunkelheit aufhalten, bevor der Vorgang der Dunkeladaptation vollständig abgeschlossen ist. Mit zunehmender Dunkelheit wird die Farbunterscheidung immer schwächer und verschwindet letztlich ganz, wenn die „farbenblinden" Stäbchen den Sehvorgang beherrschen.

Sie können einen einfachen, aber interessanten Selbstversuch über die Dunkeladaption machen, indem Sie etwa 10 Minuten lang in einem dunklen Zimmer verweilen. Schließen Sie dann ein Auge, halten Sie eine Hand darüber und machen Sie das Licht einige Minuten lang an. Dann schalten Sie das Licht wieder aus. Beobachten Sie das Zimmer zunächst durch das Auge, das die ganze Zeit geschlossen war, und Sie werden feststellen, daß Sie die Gegenstände ziemlich klar erkennen können. Dann schließen Sie dieses Auge und beobachten das Zimmer nur durch das Auge, das ein paar Sekunden dem Licht ausgesetzt war; das Zimmer erscheint schwarz. Dieser Versuch zeigt, daß die Dunkeladaptation auf der Netzhaut stattfindet.

Farbsehen. Unter Farbsehen versteht man die Fähigkeit, zwischen verschiedenen Wellenlängen des Lichts (verschiedenen Farben) zu unterscheiden, unabhängig von deren relativen Intensität oder Helligkeit. Es steht fest, daß diese Fähigkeit in den Zapfen lokalisiert ist, in Kombination mit Zellen im Corpus geniculatum laterale, den sog. *Gegenfarbenzellen.* Jede dieser Zellen antwortet mit Erregung auf Impulse, die von einer bestimmten Wellenlänge stammen, und mit Hemmung auf Impulse, die von einer anderen Wellenlänge stammen.

Insgesamt gibt es vier Arten von Gegenfarbenzellen: rot erregend, grün hemmend (+ R, − G); rot hemmend, grün erregend (− R, + G); gelb erregend, blau hemmend (+ GE, − B); gelb hemmend, blau erregend (− GE, + B).

Wenn das Licht von den Zapfen absorbiert wird (von denen jeder, wie wir wissen, eine der drei Arten von Photopigmenten enthält), dann wird diese Information an die Gegenfarbenzellen weitergeleitet, die den Output einer Art von Receptoren von dem einer anderen Art *subtrahieren.* So zieht z. B. eine + R-, − G-Zelle den Output der grünen Zapfen von dem der roten ab. Dies bedeutet, daß die Entladung einer einzigen Gegenfarbenzelle von der differentiellen Erregung des zu ihr führenden Receptors abhängt. Verschiedene Erregungs- und Hemmungsmuster der Gegenfarbenzellen verursachen so Empfindungen verschiedener Farben.

Wie das oft der Fall ist, wenn sich unser Wissensstand vergrößert, so bekräftigt das gegenwärtige Gegenfarbenzellen-Modell des Farbsehens bestimmte Aspekte beider klassischer Theorien auf diesem Gebiet. Die *Young-Helmholtz-Theorie* enthält die Ideen des Physikers Young (1801), die später von dem Physiologen Helmholtz modifiziert wurden. Nach dieser Theorie enthält das menschliche Auge drei Arten von Zapfen, von denen jeweils ein Typ auf eine der drei Primärfarben des Lichts reagiert. Der Theorie entsprechend war die Empfindung „weiß" eine Reaktion auf die gleichmäßige Reizung aller drei Typen, während andere Farbempfindungen aus der kombinierten Erregung der drei Zapfen-Arten in jeweils unterschiedlichem Verhältnis zustandekommen. Obgleich sich andere Aspekte der Young-Helmholtz-Theorie als falsch erwiesen haben, so hat die moderne Forschung doch gezeigt, daß verschiedene Arten von Zapfen für verschiedene Farbempfindungen verantwortlich sind.

Die *Hering'sche Theorie,* die auch als *Gegenfarbentheorie* bekannt ist, postulierte drei Gegenfarbenpaare (schwarz-weiß, rot-grün, gelb-blau). Jedes dieser Paare konnte zwei sich gegenseitig ausschließende Urfarben vermitteln. Diese Theorie ist ein Vorläufer der heutigen Gegenfarbentheorie, besonders mit ihren Hypothesen über die rot-grüne und gelbblaue Farbempfindung. Die Erklärung dieser Theorie über die Wahrnehmung von schwarzweiß deckt sich ebenfalls mit dem, was wir heute über die Tätigkeit des Stäbchensystems wissen.

Muster. Erst in letzter Zeit hat sich die Psychologie mit der Wahrnehmung von Mustern befaßt, d. h. unter anderem mit der Frage, wie das Auge Form und Bewegung im Gesichtsfeld registriert.

Konturen: Untersuchungen am Auge von Limulus haben gezeigt, daß jede erregte Zelle die ihr nächstliegende hemmt, ein Phänomen, das als *laterale Inhibition* bezeichnet wird (Ratliff, Hartline und Miller, 1963). Wenn das gesamte Sehfeld einheitlich erregt wird, dann reagiert die einzelne Zelle nicht sehr stark, da alle Zellen sich gegenseitig hemmen. Nehmen wir aber einmal an, daß nur die Hälfte der Zellen stark erregt wird und die andere Hälfte nicht, wie das z. B. bei visuellen Reizen der Fall ist, die halb weiß und halb schwarz sind. Während wir wenig Aktivität in solchen Teilen des Sehfeldes beobachten können, die einheitlich erregt werden, beobachten wir am Erregungsmuster der Ganglienzellen eine rege Tätigkeit entlang der *Grenzlinie* zwischen den beiden Feldern (schwarz und weiß). Der Rand der hellen Seite des Reizes wird durch eine besonders hohe Entladungshäufigkeit charakterisiert, weil diese Zellen nur von einer Seite gehemmt werden. Der Rand des dunkleren Teils des Reizes hingegen zeigt eine geringere Entladungshäufigkeit, weil diese Zellen besonders stark von den ihnen naheliegenden Zellen der helleren Seite gehemmt werden; das Ergebnis ist, daß diese Grenzlinie besonders deutlich wird. Der dunkle Rand der Grenzlinie wird als besonders dunkel und der helle als besonders hell empfunden. Solche Ränder bezeichnet man als *Mach'sche Bänder.*

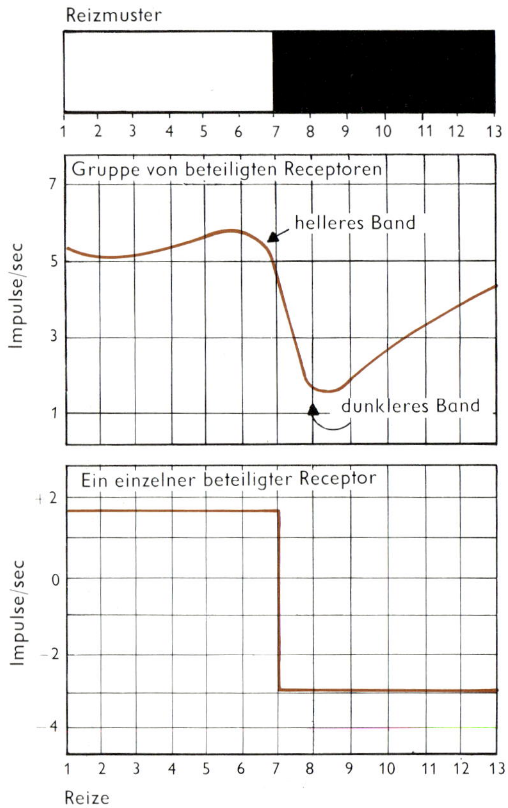

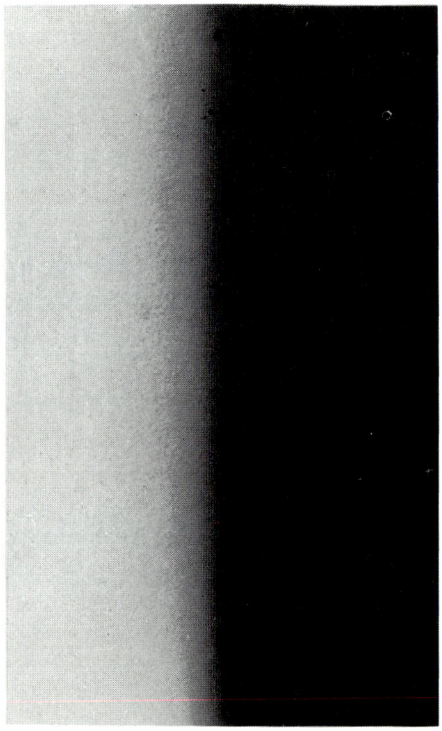

Abb. 2-16. Machsche Bänder. Wenn ein einzelner visueller Receptor von aufeinanderfolgenden Feldern eines hell-dunklen Reizmusters erregt wird (Feld 1—13), dann beobachten wir einen plötzlichen Abfall in seiner Reaktion, der mit dem Punkt zusammenfällt, an dem das helle Muster dunkel wird (unterer Teil der Abb.). Wenn aber derselbe Receptor und die ihm nächstliegenden Receptoren zusammen von diesem Muster erregt werden (oberer Teil der Abb.), dann sehen wir eine gänzlich andere Reaktion, welche auf *lateraler Inhibition* beruht.
Solange der Reiz einheitlich hell ist, bleibt die Reaktion des Receptors die gleiche; aber in der Nähe der Grenzlinie wird seine Reaktion etwas stärker, weil die ihm nächstliegenden Zellen ihn weniger hemmen (einige von diesen werden zu diesem Zeitpunkt schon nicht mehr erregt), und ein helles Band erscheint, welches der Leser selbst auf dem Photo betrachten kann. Auf der dunkleren Seite der Grenzlinie werden einige naheliegende Receptoren immer noch von der hellen Seite erregt und rufen also mehr Hemmung hervor, als dies allgemein auf der schwarzen Seite geschieht. Das Ergebnis ist, daß man an dieser Stelle ein schwarzes Band beobachten kann.
Diese inhibitorischen Prozesse können noch mehr verdeutlicht werden durch Abdecken zunächst der rechten, dann der linken Hälfte des Photos; die Machschen Bänder verschwinden, sobald das Reizfeld einheitlich gestaltet ist (Nach Ratliff und Hartline, 1959)

Formen: Das *receptive Feld* eines bestimmten Neurons ist diejenige Fläche der Netzhaut, von der es Impulse empfängt. Man hat festgestellt, daß Ganglienzellen in der Netzhaut konzentrische receptive Felder haben, die entweder ein hemmendes *Zentrum* und ein erregendes *Umfeld* haben oder umgekehrt.
Die Ganglienzellen reagieren sehr genau auf *kleine Lichtflecken,* die gerade das Zentrum des receptiven Feldes ausfüllen. Im Gegensatz zu den Ganglienzellen haben die Zellen im visuellen Cortex statt konzentrischer oft längliche receptive Felder. In diesem Fall ist der Reiz, der die größte Aktivität in einer Zelle hervorruft, eine *Linie* mit einer bestimmten Breite, die in einem bestimmten Winkel zum Sehfeld liegt. Die „optimale Orientierung" des Reizes ist über die gesamte corticale Oberfläche verteilt. Hubel und Wiesel (1959) nehmen an, daß die „Linien"-Zellen im Gehirn auf den Input einer Gruppe auf der Netzhaut befindlicher konzentrischer Zellen reagieren, deren receptive Felder entlang dieser Linie verlaufen.

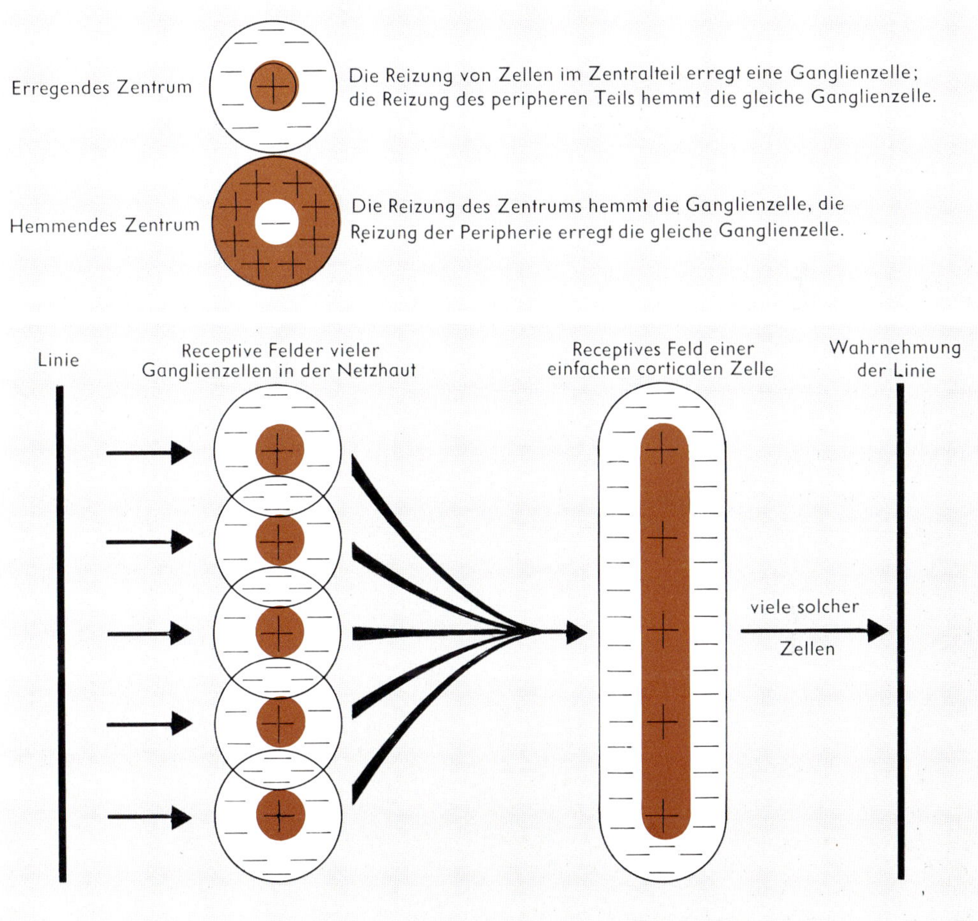

Abb. 2-17. Receptive Felder der visuellen Zellen.

Receptive Felder zweier Ganglienzellen
Jede Ganglienzelle im Auge erhält Input von einer runden, aus vielen Receptoren bestehenden Fläche der Netzhaut. Einmal wirkt der mittlere Teil dieser Fläche erregend und der äußere hemmend; in anderen Fällen ist es umgekehrt. Eine Ganglienzelle reagiert am besten auf den Input vom zentralen Teil ihres receptiven Feldes.

Receptive Felder corticaler Zellen
Im Gegensatz zu den Ganglienzellen ist die Netzhautfläche, die eine einfache corticale Zelle erregt, länglich; sie besitzt ebenfalls hemmende und erregende Teilflächen. Die corticale Zelle wird vom Input mehrerer Ganglienzellen versorgt; die receptiven Felder der Ganglienzellen überlappen einander und ergeben so die Form des receptiven Feldes der corticalen Zelle; auf diese Weise wird z. B. das Sehen einer Linie ermöglicht (Nach De Valois, 1966)

Im Cortex gibt es noch andere, kompliziertere Zellen, die für andere Aufgaben im Verlauf des visuellen Prozesses bestimmt sind. So reagieren z. B. einige dieser Zellen auf jede Linie, unabhängig von deren Lage und Orientierung. Es scheint, daß diese Zellen von einer beliebigen Gruppe anderer corticaler Zellen aktiviert werden können, wobei jede Zelle jedoch nur auf eine Linie mit einer besonderen Lage und Orientierung reagiert. Andere komplizierte Zellen höherer Ordnung reagieren z. B. nur auf einen Winkel. Es wird angenommen, daß der Input dieser Zellen von „Linien"-Zellen kommt, deren optimale Orientierung in einem Winkel zueinander liegt.

Bewegung: Man hat bestimmte Ganglienzellen gefunden, die nur auf einen Reiz reagieren, der sich in eine bestimmte Richtung bewegt. Bewegung in die entgegengesetzte Richtung hemmt die Zelle, während Bewegungen in anderen Richtungen Erregung und Hemmung mittleren Grades hervorrufen. Diese Zellen unterscheiden sich voneinander auf Grund der Bewegungsrichtung, auf die sie am meisten reagieren. Wie aber diese Zellen die Bewegung registrieren, ist immer noch nicht bekannt; es wird angenommen, daß die Analyse und Verarbeitung der Reaktionen dieser bewegungssensiblen Zellen im Cortex stattfindet.

Diese kurze Beschreibung der visuellen Wahrnehmung von Helligkeit, Farbe und Muster sollte genügen, um dem Leser einen Eindruck zu geben, wie gut der Mensch für die Wahrnehmung optischer Reize ausgerüstet ist.

Das Hören

Eines der kompliziertesten Organe des Körpers ist das Ohr; seine Sensibilität ist so groß, daß es selbst auf äußerst leise Töne reagiert (tatsächlich kann es — wenn auch nicht ganz — den Ton registrieren, der durch das zufällige Auftreffen von Luftmolekülen auf das Trommelfell erzeugt wird). Auf der anderen Seite ist das Ohr widerstandsfähig genug, um dem Hämmern sehr starker Schallwellen, wie z. B. verstärker-erzeugter Töne bei einem Rock-Konzert zu widerstehen. Ferner kann es äußerst selektiv sein, z. B. wenn es aus einer Gruppe oder einem Chor eine einzelne Stimme heraushören kann.

Wie der Schall hereinkommt. Das Zustandekommen eines Lautes geschieht durch die Erzeugung von Druckwellen unterschiedlicher Stärke in der Luft. Diese abwechselnden Wellen von dichter und dünner Luft sind die Reize für das Hören; aber bevor nervöse Impulse zum Hörzentrum des Gehirns geleitet werden können, müssen die Schallwellen die drei Hauptabschnitte des Ohrs passieren: Außen-, Mittel- und Innenohr (*Cochlea*), wo sie dann endgültig in Impulse umgeformt werden.

Jetzt werden Sie sich wahrscheinlich fragen, warum ein so komplizierter Mechanismus notwendig ist, um Schallwellen in nervöse Impulse umzuformen? Warum könnten sich die auditiven Receptoren z. B. nicht an der Außenseite des Ohrs befinden? Die Antwort auf diese Fragen ist, daß das Ohr darauf ausgerichtet ist, die Energie der Schallwellen, die auf das Trommelfell auftreffen, bestmöglich auszunutzen. Normalerweise wird ein Großteil der Energie von Schallwellen, die auf eine harte Fläche auftreffen, weg-reflektiert. Die verschiedenen Teile des Ohrs jedoch machen es möglich, diese Energie zu konservieren, indem sie die große Amplitude der Schallwellen in stärkere Vibrationen mit kleinerer Amplitude umwandeln (von Békésy, 1957).

Wie Schallwellen codiert werden. Die Laute, die wir hören, besitzen Tonhöhe und Lautstärke, deren physikalische Grundlagen die Frequenz und die Amplitude der Schallwellen sind. Aber wie kann das Innenohr dem Gehirn die Frequenz und die Amplitude der auditiven Reize so signalisieren, daß sowohl Tonhöhe als auch Lautstärke erkannt werden können? Eine Erklärung dieses Vorgangs liefert die *Einortstheorie* (auch *Resonanztheorie* genannt), die von Helmholtz um die Jahrhundertwende aufgestellt wurde. Helmholtz glaubte, daß verschiedene Fasern der Basilarmembran auf verschiedene Frequenzen reagieren, so wie die verschiedenen Saiten eines Klaviers; so würden auf einen bestimmten Ton hin bestimmte Fasern der Basilarmembran vibrieren und die dazugehörigen Receptorzellen erregen. Dies wiederum würde Impulse in ganz bestimmten Nervenfasern erzeugen, die zu einem ganz bestimmten Areal des auditiven Cortex führen. Nach Helmholtz wäre die Reizintensität gleich der Frequenz, mit der die Nervenfaser reagiert. Aus verschiedenen Gründen hat die Einortstheorie große Schwierigkeiten, das Hören niedriger Töne zu erklären. Einigen *Frequenz-Theorien,* die später entwickelt wurden, gelingt das besser. Typisch für diese ist die *Telephontheorie* des Physikers Rutherford. Er glaubte, daß die Frequenz der nervösen Impulse direkt

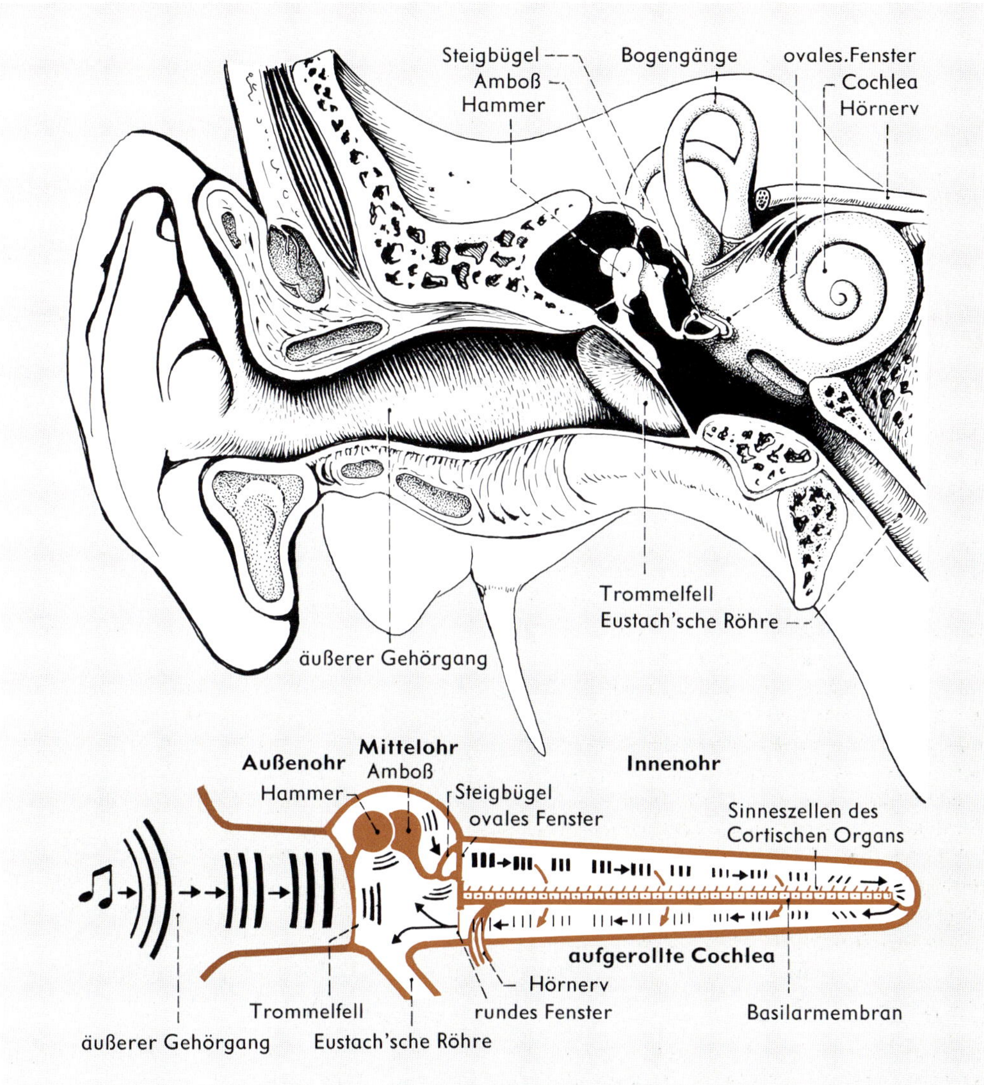

Abb. 2-18. Aufbau des menschlichen Ohrs. Die obere Zeichnung zeigt einen Querschnitt durch das menschliche Ohr. Darunter befindet sich ein Schema, das die Cochlea zeigt, wie sie aufgerollt und geradlinig gedehnt aussehen würde.
Die Schallwellen gelangen durch den äußeren *Gehörgang* zu einer dünnen Membran, dem *Trommelfell,* welches zu schwingen anfängt. Diese Schwingungen übertragen sich auf drei kleine Knochen (Gehörknöchelchen) im Mittelohr und werden dort durch eine andere Membran, das sog. *ovale Fenster* auf die Flüssigkeit in der *Cochlea* übertragen. Eines der Gehörknöchelchen, der *Steigbügel,* funktioniert wie ein Kolben und erzeugt in der Flüssigkeit Druckwellen im Rhythmus der Schallwellen. Die Bewegung der Flüssigkeit verursacht die Bewegung einer dünnen Membran innerhalb der Cochlea, der *Basilarmembran.* Die Sinneshaare der Zellen des *Cortischen Organs* (auf der Basilarmembran) erfahren durch diese Schwingungen eine Ablenkung (mechanische Verbiegung), die zur Erregung der Zellen führt, d. h. zu einem Generatorpotential, welches nervöse Impulse in den Fasern des *Hörnervs* auslöst, über den diese Impulse dann zum Gehirn gelangen

mit der Frequenz der Schallwellen korreliert. So betrachtete er die Basilarmembran als einen Apparat, der Impulse mit verschiedenen Frequenzen an das Gehirn übermittelt. Die Lautstärke eines Hörreizes hinge dann von der Anzahl der erregten Nervenfasern ab. Die Schwierigkeiten dieser Theorie bestehen jedoch darin, daß sie das Hören *hoher* Töne nicht erklären kann. Da eine einzelne Nervenfaser nicht öfters als ca. 1000 mal pro Sekunde reagieren kann, kann sie auch nicht alle Frequenzen innerhalb unseres Hörbereichs, der bis zu ca. 20 000 Hz reicht, übertragen.

Eine Theorie, welche die Telephontheorie ergänzt, ist die sog. *Wechselspannungstheorie* von Wever und Bray (1930). Da wir Frequenzen hören können, die viel höher liegen als die höchste Frequenz der Nervenfaserentladung, nimmt diese Theorie an, daß die Nervenfasern in Gruppen reagieren, wobei die verschiedenen Fasergruppen zu verschiedenen Zeitpunkten die Entladung ihrer Impulse vornehmen. Würde z. B. ein Ton von 4000 Hz übermittelt, könnten wir im Hörnerv einen Anstieg der Aktivität alle $\frac{1}{4000}$ sec oder einmal für jede Spitze (spike) in der Schallwelle beobachten, wobei jeweils *verschiedene* Fasergruppen für den Anstieg der Aktivität verantwortlich wären. Einige Fasern würden dann z. B. auf jede 4. Schwingung der Schallwelle reagieren, andere auf jede 5. etc.

Die Intensität oder Lautstärke eines auditiven Reizes kann auf zwei verschiedene Arten codiert werden: (1) durch die Gesamtzahl von Impulsen, die pro sec aktiviert werden (d. h. die Anzahl der beteiligten Fasern und deren Entladungsfrequenz) und (2) durch die Aktivierung sog. „hoher Schwellen-Fasern" (Nervenfasern, die nur durch eine maximale Verbiegung der Sinneszellenhaare erregt werden). Es soll noch darauf hingewiesen werden, daß es bis jetzt keiner dieser Theorien gelungen ist, den entscheidenden Prozeß der auditiven Transduktion zu erklären, d. h. festzustellen, wie die Erregung der Receptoren durch Schallwellen (d. h. per mechanischer Verbiegung der Sinneshaare) in nervöse Impulse umgewandelt wird.

Der Bereich, innerhalb dessen unser Ohr auf Druck reagiert, ist unglaublich groß. Tatsächlich ist das Verhältnis zwischen dem geringsten und dem höchsten registrierbaren Druck etwa 1:5 000 000. Auf Grund dieses großen Hörbereiches wird die Schallintensität gewöhnlich auch in einer logarithmischen Einheit gemessen, die als Decibel (db) bekannt ist. Das Decibel mißt die Intensität eines bestimmten Tones im Verhältnis zur Intensität eines Tones an der untersten Reizschwelle des Hörens (d. i. wievielmal stärker Ton 1 als Ton 2 ist). Diese untere Reizschwelle hängt sowohl von der Frequenz als auch von der Amplitude der Schallwelle ab; deshalb bezieht sich die Null-Bezeichnung in der Decibel-Skala auf den am wenigsten intensiven Reiz, den wir bei einer Frequenz von 1000 Hz hören können. Trotz des ausgedehnten Frequenzbereiches, auf den das menschliche Ohr reagiert, gibt es viele Frequenzen, auf die es nicht reagiert. Dies trifft hauptsächlich auf die sehr niederen Frequenzen zu, aber dafür gibt es eine plausible Erklärung: Durch die Ausschaltung der sehr niedrigen Frequenzen wird das Hören der körpereigenen Schwingungen vermieden. Wir können solche Töne jedoch hören, indem wir die Finger in beide Ohren stecken und dadurch die Schallwellen der Luft ausschalten. Die

Unter der Lupe

Die Dispersions- oder Wanderwellentheorie

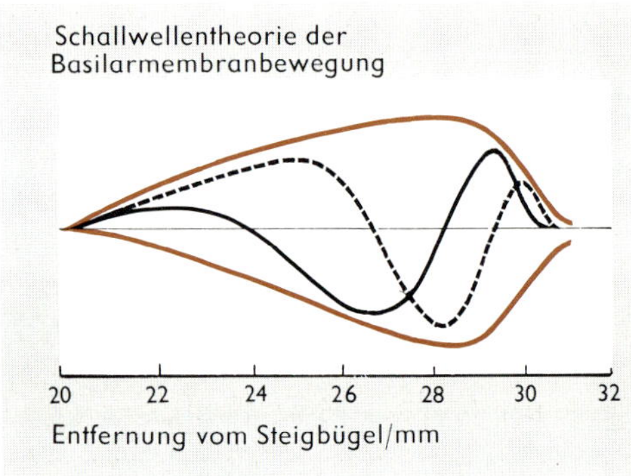

Schwarze und punktierte Linie zeigen die gleiche Schallwelle zu zwei verschiedenen Zeitpunkten. Farbige Linien stellen die Verbindung aller asymptotischen Punkte aufeinanderfolgen der Zeitpunkte dar (Nach Békésy, J. acoust. Soc. Amer. 19, 452—460 [1947])

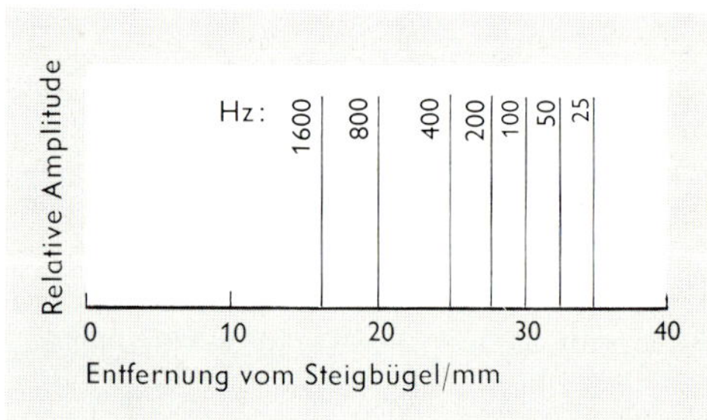

Frequenzansatzpunkte an der Basilarmembran bei konstanter Amplitude (Nach Békésy und Rosenblith, 1951)

niedrigen, unregelmäßigen Töne, die wir hören, sind die Muskelkontraktionen in den Armen und Fingern; man kann auch seinen eigenen Herzschlag hören. Wenn wir alle unsere Körperschwingungen und auch alle anderen Töne niedriger Frequenz hören würden, würde dieses „Rauschen“ im System sehr wichtige auditive Reize überlagern und zu einem starken Informationsverlust führen.

Der Hörvorgang wird am besten durch die *Dispersionstheorie* (oder *Wanderwellentheorie*) Békésys wiedergegeben. Anhand vieler Untersuchungen am menschlichen Ohr (von Leichen) stellte Békésy fest, daß die physikalischen Eigenschaften der Basilarmembran eine Resonanztheorie zwar nicht ausschließen, aber auch diese nur etwa $4\frac{1}{2}$ der $10\frac{1}{2}$ Oktaven des menschlichen Gehörs erklären könnte.

Die Dispersionstheorie stützt sich auf tatsächliche Registrierungen entlang der Basilarmembran, die zeigen, daß diese Membran mit zunehmender Entfernung vom ovalen Fenster flexibler wird. So finden wir die höheren Töne in der Nähe des ovalen Fensters vertreten und die niedrigeren Töne in der gesamten Cochlea.

d Das Gehirn

Stellen Sie sich einen tragbaren Tischcomputer vor, der die folgenden Merkmale besitzt: Eine ungeheure Speicherkapazität für alle möglichen Eingaben, die er innerhalb von 70 Jahren oder mehr erhält, diskriminative Fähigkeiten, die groß genug sind, um gute von schlechten Weinen zu unterscheiden, den Unterschied zwischen zwei Parfüms festzustellen; der die Fähigkeit besitzt, seine eigene Reproduktion und Verbesserung zu lenken und seine Umgebung zu modifizieren. Können Sie sich letzten Endes einen Computer vorstellen, der seine eigene Zerstörung und die seiner Art programmieren kann? Ihr Gehirn ist eine Gewebemasse, die solch ein Computersystem darstellt; Sie können sich vorstellen, welches bis jetzt noch unentdeckte Potential in Ihnen ruht.

Die Wege zum Gehirn

Bei der Untersuchung der Informationsverarbeitung im Gehirn ist es zunächst interessant, die methodologische Frage zu beantworten, *wie* wir die Vorgänge im Gehirn studieren können. Die grundlegenden Methoden sind *Reizung, Ableitung* und *Läsion.* So verursacht z. B. die Reizung eines Teils des Gehirns mit nur winzigen Strommengen das Zittern einer der beiden Hände. Bei der Reizung eines anderen Areals hört der Patient auf zu sprechen; Reizung in der Hinterhauptgegend verursacht optische Empfindungen, während die Reizung etwas weiter nach vorne gelegener Teile die Erinnerung an eine Melodie wecken kann.

Die Reizung kann sowohl elektrisch als auch chemisch durchgeführt werden. Durch den Vergleich der stimulierten Gehirnareale mit dem Verhalten, das eine solche Reizung begleitet, ist es möglich geworden, viele der Gehirnfunktionen genau zu bestimmen.

Diese Bestimmung kann auch durch Beobachtung des Verhaltens nach Läsionen durchgeführt werden. Wenn wir z. B. nach der Entfernung eines Tumors feststellen, daß Krämpfe nicht mehr auftreten, so ist dadurch die Beziehung dieser Hirnläsion (Areal zerstörter Zellen) zum Verhalten klargestellt worden. Läsionen können auch durch Krankheit oder Unfall zustandekommen, oder wir können sie experimentell hervorrufen. Eine genauere Beschreibung solcher Methoden, die bei den Untersuchungen am Menschen und an anderen Wirbeltieren angewendet werden, finden Sie im letzten Teil dieses Kapitels.

Lokalisierung der Funktion

Zu Beginn des 19. Jahrhunderts kam die *Phrenologie* auf. Grundanschauung dieser Richtung war, daß der „Geist“ keine Einheit darstelle, sondern aus verschiedenen getrennten „Fähigkeiten“ zusammengesetzt sei. Diese „Fähigkeiten“, so argumentierten Gall und Spurzheim, die Gründer der Phrenologie, befänden sich in den verschiedenen „Organen“ des Gehirns.

Die Neurophysiologie ist im wesentlichen zu denselben Schlußfolgerungen gelangt; nicht in bezug auf die „Fähigkeiten des Geistes“ oder auf die von den Phrenologen vorgeschlagenen naiven Kategorien, sondern was die Tatsache der spezialisierten Funktionen betrifft. So besagt die Lehre der Funktionslokalisierung, daß Nervenzellen mit derselben Funktion eine Anhäufung in einer bestimmten Hirnregion bilden. Diese Anhäufung hat eine beträchtliche Funktions-*Redundanz* innerhalb eines solchen Areals zur Folge, was bedeutet, daß wichtige Funktionen auch dann ausgeführt werden können, wenn einige der Zellen zerstört sind, weil es viele andere gibt, die die Nachricht übermitteln können (*Kompensationsfähigkeit des ZNS*).

Da bis zu einem gewissen Grade alle Teile des Gehirns miteinander in Verbindung stehen, kann der Verlust eines Gehirnteils oft durch die Aktivität anderer Teile, die dieselbe Information verarbeiten, kompensiert werden. Obwohl die Zerstörung bestimmter Hirnareale den endgültigen Verlust einer bestimmten Funktion bedeutet, ist es möglich, daß sich Schäden dieser Größenordnung in anderen Arealen nur kurzfristig auswirken. In einigen Fällen scheint der Funktionsverlust weniger von der Lokalisation des betroffenen Gehirngewebes abzuhängen als von der gesamten betroffenen Masse. Diese „mass action", die 1929 von Lashley entdeckt wurde, ermöglicht es den höheren Organismen, selbst weitreichende Schäden im zentralen Teil des ZNS zu überleben: trotz seiner Spezialisierung der Fähigkeiten erhält sich das Gehirn doch auch „Äquipotentialität" (Lashley, 1929).

Hauptteile und Funktionen des Gehirns. Wenn wir das Gehirn eines in der Chirurgie befindlichen Patienten von oben betrachten, so sehen wir eine Masse grauen Gewebes, die in zwei Hälften geteilt ist, von denen jede mit Wölbungen und Furchen bedeckt ist. Dieses Gewebe ist der äußere Mantel des Gehirns und ist nur etwa 2,5 mm dick. Es wird als *Cortex (Rinde)* bezeichnet und besteht hauptsächlich aus Dendriten und Zellkörpern von Neuronen, deren Axone sich in den inneren Teil des Gehirns erstrecken. Der Cortex gehört zum Hauptteil des Gehirns, dem *Cerebrum (Großhirn)*. Das Großhirn ist mit dem Rückenmark durch den *Hirnstamm* verbunden, der innerhalb der Evolution den ersten Ansatz zu einer „Zentrale" im Nervensystem darstellt. Am hinteren Teil des Gehirns unter dem Großhirn (Cerebrum) befindet sich das *Kleinhirn (Cerebellum)*, dessen Funktion in der Erhaltung des

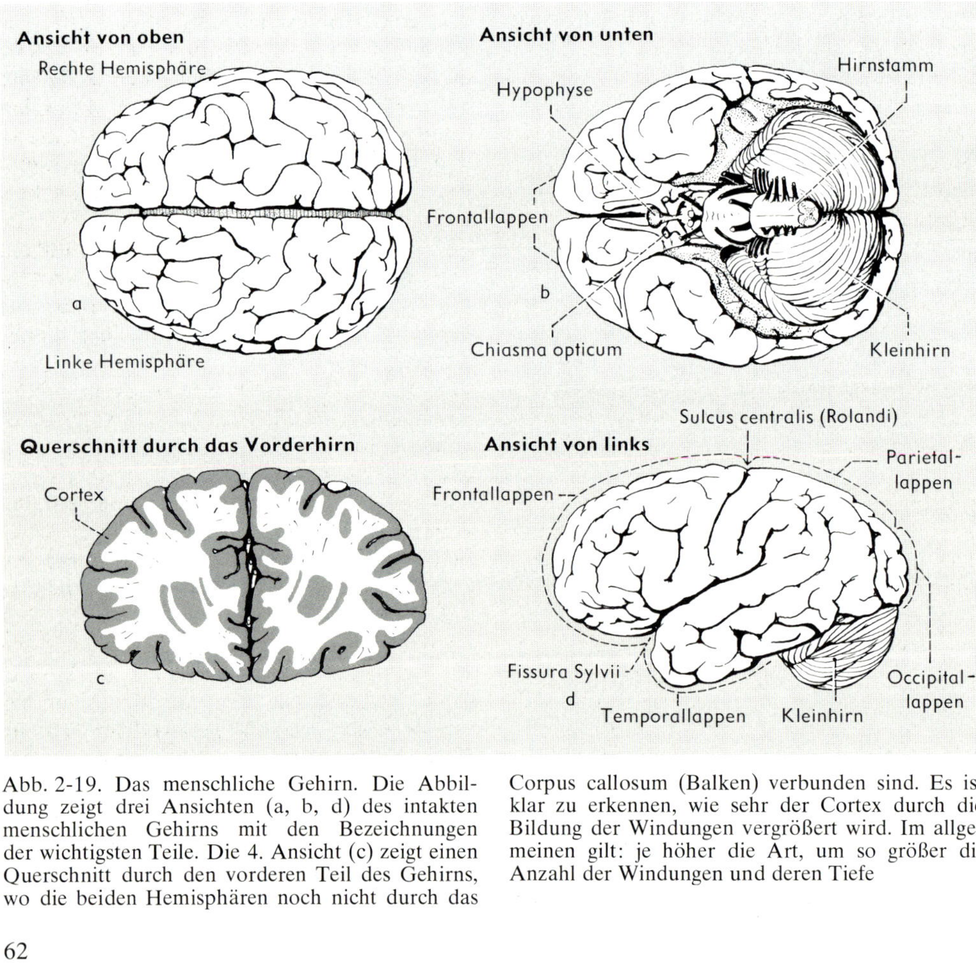

Abb. 2-19. Das menschliche Gehirn. Die Abbildung zeigt drei Ansichten (a, b, d) des intakten menschlichen Gehirns mit den Bezeichnungen der wichtigsten Teile. Die 4. Ansicht (c) zeigt einen Querschnitt durch den vorderen Teil des Gehirns, wo die beiden Hemisphären noch nicht durch das Corpus callosum (Balken) verbunden sind. Es ist klar zu erkennen, wie sehr der Cortex durch die Bildung der Windungen vergrößert wird. Im allgemeinen gilt: je höher die Art, um so größer die Anzahl der Windungen und deren Tiefe

Gleichgewichts, der Körperhaltung und bestimmter Regulationsmechanismen besteht.
Die beiden Hälften des Großhirns, *Hemisphären* genannt, sind nicht voneinander getrennt, sondern durch ein starkes Bündel von Nervenfasern, das *Corpus callosum (Balken)*, miteinander verbunden. Von der Funktion her kann jede Hemisphäre des Großhirns in vier Lappen eingeteilt werden, die durch zwei tiefe Windungen innerhalb jeder Hemisphäre voneinander getrennt sind. Man kann sehen, daß vor dem *Sulcus centralis* der *Frontallappen* liegt und dahinter der *Parietallappen*. Unterhalb des Sulcus centralis liegt der *Temporallappen* und ganz hinten der *Occipitallappen*.
Unterhalb der Cortexschicht liegt der größte Teil des Gehirns, der auf Grund der unzähligen, mit weißer Myelinschicht umgebenen Axone fast gänzlich weiß erscheint. Einige dieser Fasern sind sensorische Fasern, die den Cortex vom Rückenmark her über Schaltstellen erreichen; einige sind motorische Fasern, die vom Cortex zum Rückenmark führen; andere wiederum verbinden ein Hirnareal mit einem anderen in derselben Hemisphäre, mit Arealen auf der anderen Seite des Gehirns oder mit einer Reihe von separaten subcorticalen Strukturen, die unterhalb des Großhirns liegen.
Sensorische Funktionen. Obgleich die Reizung unterschiedlicher sensorischer Nerven auch unterschiedliche Arten von Empfindungen hervorruft, geschieht dies nicht deshalb, weil die Impulse verschieden sind. Wie wir bereits gesehen haben, unterscheiden sich Nervenimpulse nur in ihrer Amplitude und der Schnelligkeit, mit der sie sich fortpflanzen. Die unterschiedlichen Empfindungen kommen durch die unterschiedliche Lokalisation im Gehirn zustande.
Die höchstentwickelten „Empfangsstationen", die die präzisesten Diskriminationen ermöglichen, liegen in der Großhirnrinde (Cortex). Alle Sinne sind jedoch auch in mehr oder weniger großem Maße in niedrigeren Zentren repräsentiert. Sollten also höhere Zentren zerstört werden, können niederere wenigstens einen Teil der Funktion übernehmen und die ankommenden Nachrichten entschlüsseln.
Die höchsten visuellen Zentren liegen, wie bereits angedeutet, im Occipitallappen des Gehirns. Beim Menschen verursacht die Zerstörung dieses Teils den Verlust des Sehvermögens mit Ausnahme einer gewissen primitiven Fähigkeit der Unterscheidung von Licht und Dunkel. Bei niederen Tieren hingegen bleibt bei einer Hirnschädigung mehr visuelle Diskriminationsfähigkeit erhalten als beim Menschen.
Die sensorischen Nachrichten von den verschiedenen Teilen der Körperoberfläche werden auf die *somato-sensorischen Areale*, die in Abb. 2-20 dargestellt sind, projiziert. Das primäre sensorische Zentrum befindet sich hinter dem Sulcus centralis gegenüber den primären motorischen Zentren. Der Körper wird hier kopfstehend repräsentiert, wobei das Gesicht und die Hände viel mehr Fläche einnehmen als der Rest des Körpers. Die Geschmackszentren befinden sich in der Nähe der Areale, die für die taktile Sensibilität der Zunge verantwortlich sind.
Die Hörzentren liegen entlang der Fissura Sylvii im oberen Teil des Temporallappens. Sie befinden sich in der Nähe der taktilen Zentren und durchdringen diese zum Teil. Geruch wird im ältesten Teil des Vorderhirns, im *Rhinencephalon* entschlüsselt, welches sich tief im Inneren der Hemisphären befindet.
Neben den primären Zentren zeigt die Abbildung auch verschiedene benachbarte Gebiete — in einigen Fällen sogar solche, die weiter entfernt sind — die ebenfalls mit der Analyse und der Organisation des sensorischen Inputs und damit mit Wahrnehmungen zu tun haben. Obgleich das primäre Hörzentrum sich unterhalb der Fissura Sylvii, also im oberen Teil des Temporallappens befindet, zeigen Patienten mit Verletzungen in vielen anderen Teilen des Gehirns oft Schwierigkeiten bei der Wahrnehmung von Tönen.
Motorische Funktionen. Die primären motorischen Zentren befinden sich unmittelbar vor dem Sulcus centralis, liegen also direkt gegenüber dem sensorischen Zentrum. Auch hier sind die Füße im oberen Teil repräsentiert, der Rumpf etwas weiter, die Hände noch weiter unten; die Zentren, die die Bewegungen des Gesichts und der Zunge kontrollieren, befinden sich ganz unten.
Lange Axone führen von diesem Teil des Gehirns durch das Rückenmark direkt oder durch Interneuronen zu den Motoneuronen, die die Muskeln des Körpers und der Extremitäten versorgen. Wenn ein Teil dieses Gehirnareals stimuliert wird, dann reagieren einige „willkürliche" Muskelgruppen, und wenn Teile in diesem Areal zerstört werden, ist die Bewegung dementsprechend eingeschränkt.
Wegen der Verbindungen zwischen diesen

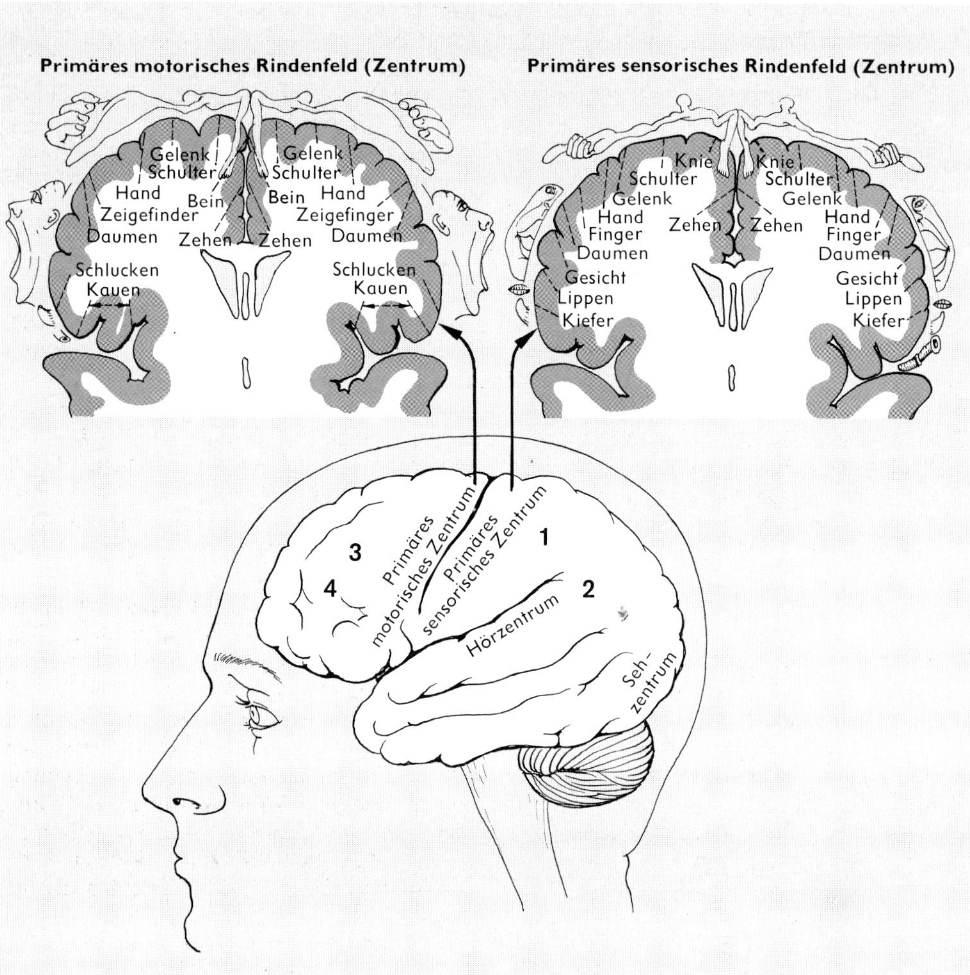

Abb. 2-20. Primäre motorische und sensorische Zentren. Die motorischen und sensorischen Areale des Cortex liegen entlang des Sulcus centralis. Das motorische Areal liegt genau vor ihm (frontal), das sensorische Areal genau hinter ihm. Die sich entsprechenden Teile des Körpers werden von Punkten repräsentiert, die sich der Windung entlang genau gegenüberliegen. Die Körperrepräsentation ist auf den Kopf gestellt. Das bedeutet, daß die Beine und Füße oben und auf den Innenflächen zwischen den Hemisphären repräsentiert sind, die Hände und Arme darunter und der Kopf ganz unten. Die größere Präzision von Sensibilität und Kontrolle in Kopf und Händen gegenüber anderen Teilen des Körpers ist angezeigt durch die größeren Repräsentationsareale im Cortex

Teilen des Gehirns und der Tätigkeit der willkürlichen Muskulatur glaubte man lange, daß die Kontrolle der Muskeln in diesem Gehirnstreifen lokalisiert sei. Luria (1970) hat darauf hingewiesen, daß diese Annahme genauso naiv sei, als wenn man sagen würde, daß sämtliche Produkte, die in einem bestimmten Hafen gelöscht werden, auch dort produziert würden. Tatsächlich spielen mehrere Teile des Gehirns eine wichtige Rolle bei der Organisation der willkürlichen Bewegung.

1. Für die präzise Regulierung der Bewegung ist eine Rückkoppelung von den sensorischen Arealen über den Sulcus centralis hinweg notwendig. Ohne ein solches Feedback würden die Beuge- und Streckmuskeln wahllos innerviert werden, und eine sinnvolle Bewegung wäre unmöglich.
2. Die genaue Koordination unserer Bewegung im Raum erfordert Zellen, die sich in der Schläfen- und Hinterhauptgegend befinden. Mit Läsionen an solchen Stellen

würde eine Person links und rechts verwechseln oder sich in einer vertrauten Umgebung verirren.

3. Um eine koordinierte Reihenfolge von Tätigkeiten zu gewährleisten, muß jede Verhaltensphase abgeschlossen sein, damit die nächste stattfinden kann. Bei Schäden, die frontal vor dem primären motorischen Areal lokalisiert sind, könnte es vorkommen, daß die Person den ersten Teil einer Handlung dauernd wiederholt.
4. Ein weiteres Areal noch weiter vorne im Frontallappen ist notwendig für die Planung und Durchführung koordinierter Verhaltenssequenzen. Wenn dieses Areal beschädigt ist, dann wiederholt die Person Verhaltensphasen, die bereits abgeschlossen sind, oder reagiert unüberlegt auf äußere Reize; sinnvolle zielgerichtete Handlungen können dann nicht durchgeführt werden (Luria, 1970). In Abb. 2-20 sind die vier Areale mit 1, 2, 3, 4 gekennzeichnet.
5. Neben den corticalen Arealen, die wir hier erwähnt haben, spielen auch die subcorticalen Areale des Gehirns eine Rolle, z. B. durch das Filtern oder Verstärken ankommender Nachrichten, durch die Herbeiführung eines bestimmten Energieniveaus usw.

Assoziationsfunktionen. Wenn wir eine Zeichnung vom cerebralen Cortex anfertigen und dabei diejenigen Areale markieren, von denen wir wissen, daß sie bei motorischen und sensorischen Funktionen eine Rolle spielen, so sehen wir bald, daß weitaus der größte Teil dieser Zeichnung von unserem Bleistift unberührt bleibt. Diese Teile sind die *Assoziationsfelder,* die so genannt werden, weil man ursprünglich annahm, daß hier neue „Assoziationen", d. h. Lernvorgänge stattfänden. Obwohl wir noch viel über diese Areale lernen müssen, wissen wir doch heute schon, daß diese Ansicht nicht wahr ist. Die Assoziationsfelder beider Seiten des cerebralen Cortex sind miteinander, mit motorischen und sensorischen Feldern, mit entsprechenden Arealen auf der gegenüberliegenden Seite und mit inneren Teilen des Gehirns verbunden. Man nimmt an, daß sie die einfacheren Funktionen der motorischen und sensorischen Areale korrelieren und integrieren. Wie wir bereits gesehen haben, bilden die sensorischen Areale die Eingänge zum Cortex und die motorischen Areale die Ausgänge. So führen Verletzungen am Cortex außerhalb, aber in der Nähe der primären visuellen Areale (Sehzentrum) nicht zu Blindheit, sondern zum Verlust des räumlichen Sehens und des Erkennens visueller Objekte. Bei der Analyse des sensorischen Inputs und der Formung eines entsprechenden motorischen Outputs spielen jedoch auch beträchtlich vertikale Interaktionen zwischen corticalen und subcorticalen Schichten eine Rolle.

Krankheiten oder Verletzungen in bestimmten Assoziationsfeldern führen dazu, daß die Person nicht imstande ist, Objekte durch das Betasten mit den Händen zu erkennen. Selbst bekannte Dinge wie z. B. ein Schlüssel oder ein Bleistift können lange Zeit mit der Hand betastet und dennoch nicht erkannt werden. Dennoch bleiben den Patienten, die diese Störungen aufweisen, die normalen grundlegenden Empfindungen erhalten; ihr Problem besteht darin, daß sie diese Empfindungen nicht den normalen Wahrnehmungsprozessen zuordnen können.

Ähnliche Wahrnehmungsstörungen finden wir auch in anderen sensorischen Feldern. Diese Störungen werden als *Agnosien* bezeichnet und auf Grund der Funktionen klassifiziert, die gestört sind (akustische, optische, räumliche etc.). Störungen im Sprachbereich bezeichnen wir als *Aphasien.* Ein Beispiel ist die Unfähigkeit, gesprochene Wörter zu erkennen (Störung des Wortverständnisses). Diese Störungen treten auf in Verbindung mit Läsionen in den Assoziationsfeldern, die in der Nähe der ver-

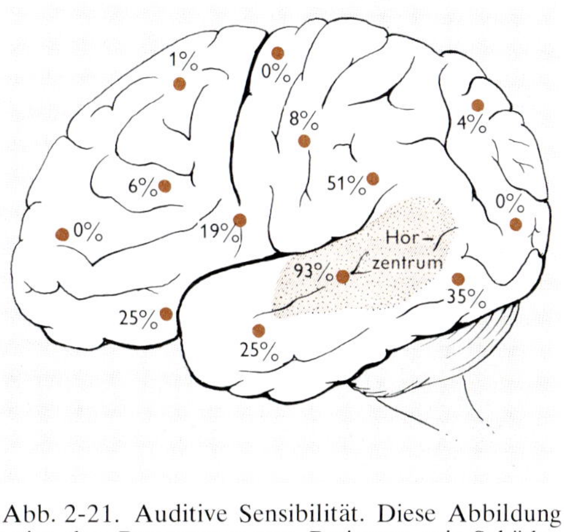

Abb. 2-21. Auditive Sensibilität. Diese Abbildung zeigt den Prozentsatz von Patienten mit Schäden in verschiedenen Gehirnteilen, deren Tonwahrnehmung gestört ist. Nicht nur die Areale, die gewöhnlich als primäre Hörzentren bezeichnet werden, sondern auch die übrigen Teile des Gehirns scheinen bei der normalen akustischen Wahrnehmung eine Rolle zu spielen

schiedenen sensorischen Areale im Cortex liegen.

Ähnliche Schäden der Assoziationsfelder in der Nähe der motorischen Areale können zu motorischen Störungen führen, besonders auf dem Gebiet der Sprache. In einigen Fällen werden zwar die sensorischen und die motorischen Aspekte der Sprache wenig berührt, hingegen beobachten wir subtile Störungen der Sprache, die nur schwer zu beschreiben sind.

Im Jahre 1861 berichtete Broca über den klassischen Fall eines Patienten, der fast das gesamte Sprachvermögen verloren hatte. Eine sorgfältige Untersuchung seines Gehirns zeigte, daß ein Areal im Frontallappen der linken cerebralen Hemisphäre etwas oberhalb der Fissura Sylvii zerstört war. Dieses Areal, das sich in der Nähe des den Mund kontrollierenden Areals befindet, wird seitdem *Broca'sches Sprachzentrum* genannt. Etwa 10 Jahre später entdeckte Wernicke, daß die Zerstörung des corticalen Teils des linken Temporallappens unterhalb des primären Hörzentrums (d. i. akustisches Assoziationsfeld im linken Temporallappen, das sich nach hinten und entlang der Fissura Sylvii erstreckt) es dem Patienten unmöglich macht, gesprochene Sprache zu verstehen. Dieses Areal wird *Wernicke'sches Sprachzentrum* genannt.

Seit dieser Zeit hat die Forschung gezeigt, daß eine der Hirnhemisphären über die andere dominant ist. Die cerebrale Dominanz hängt mit Rechts- bzw. Linkshändigkeit zusammen. Da die sensorischen und motorischen Fasern kreuzen, ist z. B. die linke Hemisphäre bei rechtshändigen Individuen dominant.

Wir wissen nun, daß verschiedene Teile des linken cerebralen Cortex bei einer rechtshändigen Person mit verschiedenen Aspekten des Sprachgebrauchs zu tun haben. Sprechen,

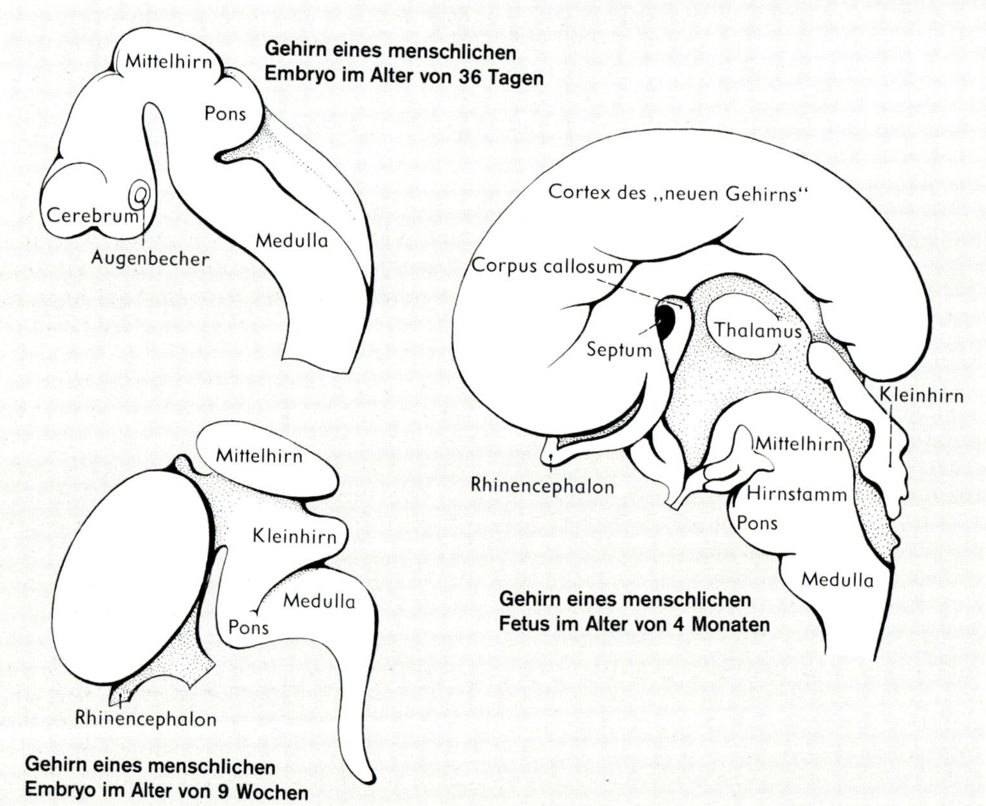

Abb. 2-22. Die pränatale Entwicklung des Gehirns. Diese drei Phasen der Entwicklung des menschlichen Gehirns zeigen zugleich auch den Verlauf der Evolution des Gehirns, das immer größer werdende Wachstum des vorderen Teils im Verhältnis zu den älteren Strukturen. Mit zunehmendem Wachstum und Druck der cerebralen Hemisphären gegen das Schädeldach beobachten wir eine größere Anzahl und Vertiefung der Windungen an der Oberfläche

Schreiben, Lesen und das Verständnis der gesprochenen Sprache bedürfen alle etwas unterschiedlicher Kombinationen. So müssen wir z. B., wenn wir auf eine verbale Instruktion hin ein Wort niederschreiben, Laute diskriminieren (Temporallappen in der Nähe des Hörzentrums), das Wort, das geschrieben werden muß, formulieren (kinästhetische Zentren in der Nähe des Broca'schen Zentrums) und das Wort schreiben (visuelle und räumliche Areale in der Occipitalgegend und im Parietallappen), wobei der ganze Prozeß im Frontallappen koordiniert wird. Von der Störung, die der Patient zeigt, kann oft auf die Lage des Gehirnschadens geschlossen werden. So vermutet man z. B. bei einem Patienten, der die gesprochene Sprache gut versteht, aber geschriebene oder gedruckte Wörter nicht schreiben oder erkennen kann, Schäden in der Parietal-Occipitalgegend.

Subcorticale Strukturen. Die herausragende Stellung des Cortex als phylogenetisch jüngstem Teil des Nervensystems und seine Zugänglichkeit bei Reizungen und chirurgischen Versuchen führte zunächst zu der falschen Annahme, daß der Cortex für fast alle komplexen Verhaltensweisen verantwortlich sei. Dazu kommt, daß es der Cortex oder, besser gesagt, der *Neocortex* war, bei dem sich der Verlauf der phylogenetischen Evolution am besten nachweisen ließ. Fische z. B. haben keinen Neocortex, während die Amphibien, Reptilien und Vögel (in dieser Reihenfolge) mehr davon besitzen. Bei den Säugetieren wird der Neocortex immer größer, bis er dann beim Menschen seinen größten Umfang erreicht. Diese Tendenz bezeichnet man als *Corticalisation.*

Die Hauptaufgaben des Cortex bestehen in der Entzifferung komplizierter sensorischer Nachrichten, der Speicherung von Information, dem Urteilen, Denken, Sprechen und Lernen. Darüber hinaus gibt es jedoch eine Anzahl von Aufgaben für die älteren Teile des Gehirns. So führen z. B. die Bahnen zum und vom Cortex weg durch diese Teile und es besteht eine umfangreiche gegenseitige Kommunikation zwischen diesen und den höheren Zentren des Gehirns. Dazu kommt noch der Einfluß, den subcorticale Strukturen auf viele andere Aspekte des menschlichen Lebens ausüben: Hunger, Durst, sexuelles Verhalten, Furcht und Angst, Essen, Trinken, Paarung, Schlaf, Erregung und Kontrolle der Körpertemperatur. Endlich finden wir in der Tiefe dieser „primitiven" Strukturen Zentren, die eine wichtige Rolle beim emotionalen Verhalten spielen.

Im menschlichen Gehirn liegt der *Thalamus,* wie aus Abb. 2-23 ersichtlich ist, fast genau in der Mitte. Der Thalamus ist eine wichtige Schaltstation für ankommende sensorische Nachrichten aus allen Regionen des Körpers. Genau unterhalb des Thalamus und in ihn übergehend liegt der *Hypothalamus,* in dem sich wichtige Zentren der Regulation des Stoffwechsels, der Körpertemperatur, des Hungers, des Durstes und des emotionalen Verhaltens befinden. Hess (1954) stellte fest, daß die Reizung des hinteren Teils des Hypothalamus Reaktionen des sympathischen Systems hervorruft (Erhöhung der Herzfrequenz und des Blutdrucks), während die Reizung des vorderen Teils parasympathische Reaktionen auslöst (Herabsetzung der Herzfrequenz, Erweiterung der Blutgefäße in den Eingeweiden und im Magen). Der Hypothalamus ist sensibel für Veränderungen in der äußeren Umgebung, die entweder Kampf oder Flucht erfordern. Er reagiert auch auf innere Bedürfnisse des Körpers und spielt eine wichtige Rolle beim Energieaustausch zwischen Körper und Umgebung.

Die *Formatio reticularis* besteht aus einem Knäuel von Kernen und Fasern und befindet sich über der Medulla oblongata im Hirnstamm. Die Formatio reticularis erfüllt zwei wichtige Funktionen: sie reagiert auf Impulse, die von höheren Zentren herunterkommen und dämpft einige sensorische Nachrichten des Inputs, während sie andere fördert. Durch die Fasern, die von der Formatio reticularis aus zu allen höheren Zentren führen, hat sie die Funktion eines allgemeinen Erregungssystems (arousal system): Reizung in diesem Teil führt z. B. zum Aufwachen eines schlafenden Tieres und zur größeren Aufmerksamkeit eines bereits wachen Tieres. Es wird deshalb auch als das *reticuläre Aktivierungssystem (RAS)* bezeichnet. Magoun und seine Mitarbeiter (1963) führten entscheidende Experimente durch, die zeigten, daß die Formatio reticularis Aufmerksamkeit und Erregung durch die Aufrechterhaltung der elektrischen Aktivität im vorderen Teil des Cortex beeinflußt. Es scheint ferner, daß Impulse, die in einem bestimmten Teil der Formatio reticularis ihren Ursprung haben, Vorgänge in einigen Hirnstrukturen hemmen können, wobei die Erregung gedämpft wird und sogar Schlaf induziert werden kann. Ein anderes wichtiges Gebiet der, von der Evolution her gesehen, älteren Teile des Gehirns ist das *Rhinencephalon.*

Das Rhinencephalon wurde ursprünglich für das „Riechhirn" gehalten, weil die Nerven der Geruchsreceptoren der Nase in verschiedenen Teilen seiner Struktur enden. Sein Beitrag zur Regulierung des Verhaltens besteht jedoch nicht nur in der „Decodierung der Gerüche". Hier, im primitivsten Teil des Gehirns, finden wir eine Gruppe von Strukturen, das *limbische System,* welches an so verschiedenen Funktionen wie Aufmerksamkeit, Emotion und Gedächtnis beteiligt ist. Die Reizung vieler dieser Strukturen ruft z. B. eine *Aufmerksamkeitsreaktion* hervor, im Verlauf derer das Tier aktiv die Umgebung absucht. Die Reizung eines Teils der limbischen Struktur, die als *Amygdala* (Mandelkern) bezeichnet wird, führt zu Flucht- und Verteidigungsreaktionen. Läsionen in der Amygdala oder in einer anderen Struktur, dem *Gyrus cinguli,* führen zur Lähmung eines wilden Tieres, während Läsionen in einer nahegelegenen Struktur, dem *Septum,* eine Wutreaktion in einem vorher zahmen Tier hervorrufen können. Außerdem scheint das limbische System für eine selektive Förderung oder Dämpfung des Verhaltens in bezug auf Umwelteinflüsse verantwortlich zu sein.

Ein anderer Teil des limbischen Systems, der *Hippocampus,* spielt bei mindestens zwei weiteren Verhaltensweisen, der Paarung und dem Gedächtnis, eine Rolle. Die elektrische Stimulierung dieses Teils kann eine Erektion des männlichen Geschlechtsorgans hervorrufen (MacLean, 1960). Patienten mit einem Schaden im Hippocampus haben ein sehr schlechtes Gedächtnis für jüngere Ereignisse, es sei denn, ihre Aufmerksamkeit bliebe ganz und gar auf diese beschränkt. Diese Art der Amnesie ist ein Gedächtnisschwund, bei dem ältere Angewohnheiten und Vorgänge gut im Gedächtnis erhalten bleiben, während sich der

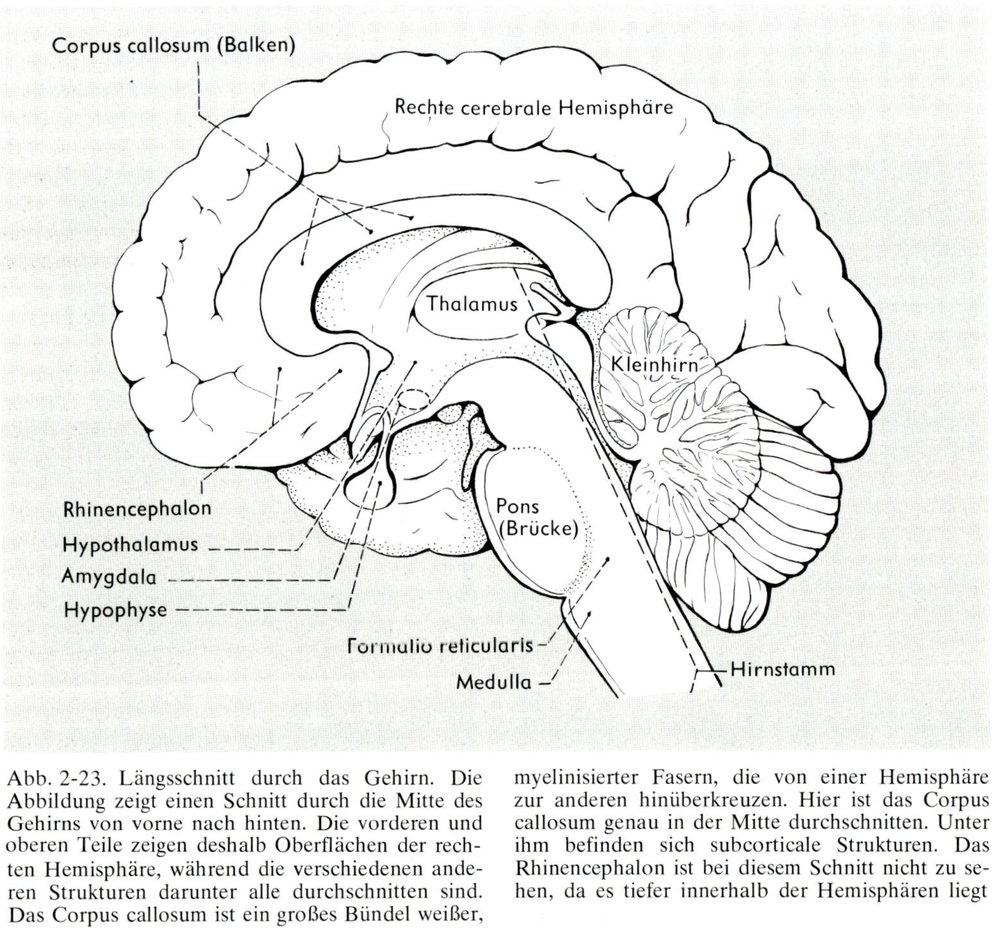

Abb. 2-23. Längsschnitt durch das Gehirn. Die Abbildung zeigt einen Schnitt durch die Mitte des Gehirns von vorne nach hinten. Die vorderen und oberen Teile zeigen deshalb Oberflächen der rechten Hemisphäre, während die verschiedenen anderen Strukturen darunter alle durchschnitten sind. Das Corpus callosum ist ein großes Bündel weißer, myelinisierter Fasern, die von einer Hemisphäre zur anderen hinüberkreuzen. Hier ist das Corpus callosum genau in der Mitte durchschnitten. Unter ihm befinden sich subcorticale Strukturen. Das Rhinencephalon ist bei diesem Schnitt nicht zu sehen, da es tiefer innerhalb der Hemisphären liegt

Abb. 2-24. Funkgesteuerte Hirnelektroden. Obgleich der Stier seinen Angriff bereits begonnen hat, kann ihn Delgado, einer der Pioniere auf diesem Gebiet, durch Funksignale, die von den Elektroden im Gehirn aufgenommen werden, zum Stehen bringen. Nach mehreren Wiederholungen dieses Vorgangs greift das Tier nur noch selten an

Patient an jüngere Gegebenheiten weniger gut erinnern kann.

Ein ähnlicher Vorgang scheint die Senilität zu begleiten: Durch das Verhärten und Altern der Arterien (Herabsetzung der Sauerstoffzufuhr zum Gehirn) wird ein Gedächtnisverlust bewirkt, der sich besonders auf jüngere Ereignisse bezieht. Erste Untersuchungen scheinen zu zeigen, daß die tägliche Gabe von reinem Sauerstoff diesen Gedächtnisschwund bei alten Leuten verhindert (Jacobs, Winter, Alvis und Small, 1969).

Die elektrische Aktivität des Gehirns

Von einem Zeitpunkt vor der Geburt bis zum Moment des Todes zeigt das Gehirn eine konstante Aktivität. Die Registrierung der elektrischen Aktivität, die mittels an der Kopfhaut angebrachten Elektroden durchgeführt wird (Elektroencephalogramm = EEG), zeigt, daß selbst während des Schlafes langsame Wellen von nervösen Impulsen über den Cortex hinwegziehen, wie wir in Kapitel 6 sehen werden.

Was sind diese Gehirnströme, und was können sie über die physiologischen Grundlagen von Erlebnissen und Erfahrungen aussagen? Gehirnströme spiegeln die wechselnden Erregungszustände von Neuronen wider. Viele Nervenfasern werden entlang paralleler Bahnen zum Gehirn an jeder Synapse aktiviert und bilden so eine Welle variierender elektrischer Spannungen. An jeder Umschaltstation im Cortex können bis zu 100 Neuronen gefunden werden; dementsprechend kann der sich fortbewegende Aktionsstrom in einer Sekunde über 100 000 Neuronen hinwegziehen. Dieser Aktionsstrom kann durch ein Mosaik von Neuronen unterschiedlicher Bahnen fließen und zu sich selbst zurückkommen, wobei ein in sich selbst geschlossener Stromkreis (reverberatory circuit) gebildet werden kann.

Diese Stromwellen können sowohl die Träger eines Frequenzcodes sensorischer Impulse sein, als auch die Möglichkeit bieten, Nachrichten zu organisieren (decodieren) und sie zu einer sinnvollen sensorischen Erfahrung umzugestalten. Die sensorische Information der Receptoren kommt zum Cortex als spezifisches Signal, das sogar in einzelnen Zellen des entsprechenden sensorischen Projektionsareals im Cortex aufgenommen werden kann. Da aber verschiedene corticale Zellen wahrscheinlich Informationen über verschiedene Eigenschaften eines Objekts entschlüsseln können (Größe, Form, Bewegung, Farbe, Dichte, Gewicht, Geruch, Temperatur etc.), muß diese gesamte Information irgendwie integriert werden.

Diese gesamte Aktivität des Gehirns erfordert einen ungeheuren Aufwand an Energie in Form des Zellstoffwechsels. Im Ruhezustand verbraucht dieser Stoffwechsel tatsächlich 20 % des gesamten Sauerstoffverbrauchs des Körpers. Erhöht sich die Gehirnaktivität, wie z. B. bei Angstzuständen oder bei Belastung durch Streß, dann benötigt das Gehirn noch mehr Sauerstoff. Im Gegensatz dazu verbraucht das Gehirn wesentlich weniger Sauerstoff — manchmal sogar weniger als die Hälfte des Normalbedarfs — wenn die Gehirnfunktionen nachlassen (z. B. bei alten Leuten mit seniler Psychose) oder fast aufhören (z. B. in Narkose oder im Alkohol-Koma). Man nimmt

an, daß Vorgänge, die die synaptische Übertragung stören, den cerebralen Sauerstoffverbrauch herabsetzen (Kety, 1967).
Obwohl wir schon viel über das Funktionieren des menschlichen Gehirns wissen, gibt uns die Kommunikation innerhalb des Gehirns doch noch so manches Rätsel auf. Trotz der großen Fortschritte in der modernen Neurophysiologie wissen wir immer noch nicht, wie eine Serie elektrischer Impulse uns dazu bringt, einen Freund innerhalb einer Menschenmenge zu erkennen, uns das Gefühl der Freude beim Einsetzen des Frühlings vermittelt oder den Prozeß unserer Selbsterkenntnis fördert.

Die endokrinen Drüsen

Man könnte zu dem Schluß kommen, daß das hochentwickelte Nervensystem des Menschen entsprechend kompliziert sein müßte, um das Anpassungsverhalten des Körpers zu gewährleisten. Dies ist jedoch nicht ganz richtig, wie wir bei der Betrachtung des *endokrinen Systems* sehen werden.
Die endokrinen Drüsen geben ihre Sekrete direkt in den Blutstrom ab, der sie in alle Teile des Körpers trägt. Diese chemischen Substanzen werden als *Hormone* bezeichnet (griechisch für „ich errege"). Sie sind verantwortlich für weitreichende Einflüsse auf den Organismus. Die Aktivität der endokrinen Drüsen ist von Natur aus eine regulierende. Ihre Sekrete dienen der Kontrolle des *Stoffwechsels*, also der chemischen Reaktionen, die die Energie für die lebensnotwendigen Prozesse und für das Wachstum in den Knochen, Muskeln und im Nervengewebe bereitstellen. Die Tätigkeit dieser Drüsen sorgt auch für die Erhaltung eines inneren Gleichgewichtes innerhalb eines optimalen Bereiches. Befindet sich z. B. zuviel Zucker im Blut, so stoßen bestimmte endokrine Strukturen das Hormon *Insulin* aus, welches den Körper beim Zuckerstoffwechsel unterstützt und das normale chemische Gleichgewicht des Blutes wiederherstellt. Dieses Bestreben des Körpers, ein konstantes inneres Gleichgewicht aufrechtzuerhalten, bezeichnet man als *Homöostase*; hieran beteiligen sich sowohl das Nervensystem und andere physiologische Mechanismen als auch die endokrinen Drüsen.
Bei der *Koordination* verschiedener Prozesse im Körper spielen die endokrinen Drüsen ebenfalls eine große Rolle. Bei plötzlicher Furcht zirkuliert z. B. ein Hormon im Blut, welches voneinander grundverschiedene Prozesse in Gang bringt, wie die Erweiterung der Pupillen, die Konstriktion der Blutgefäße in der Magenwand und eine raschere Blutgerinnung im Falle einer Verletzung.
Das Hauptkontrollzentrum des endokrinen Systems liegt mit Sicherheit im hypothalamisch-hypophysealen System. Ferner scheint sicher, daß sogar die Nervenzellen im Hypothalamus bestimmte regulierende Hormone ausscheiden. Bei der Erhaltung des Gleichgewichts und der Koordination körperlicher Funktionen arbeiten die verschiedenen endokrinen Drüsen eng zusammen. Die Funktionen, die hierbei den Psychologen am meisten interessieren, sind die der Hypophyse, der Schilddrüse, der Nebennierenrinden und der Keimdrüsen.
Die *Hypophyse*, eine kleine Struktur, die sich an der Unterseite des Hypothalamus befindet, scheidet eine Anzahl verschiedener Hormone aus, die für das Wachstum und die Erhaltung des chemischen Gleichgewichts von Bedeutung sind. Besonders wichtig für eine normale körperliche Entwicklung während der Kindheit ist das *Hypophysenwachstumshormon*, welches das Wachstum des Skelets, der Muskeln und verschiedener innerer Organe kontrolliert.
Die Hypophyse produziert auch eine Reihe von „Vermittler"-Hormonen, die direkt auf andere endokrine Drüsen, hauptsächlich die Schilddrüse, die Keimdrüsen und die Nebennierenrinde einwirken, um deren Funktion anzuregen. Die Ausscheidung dieser Hormone unterliegt der Kontrolle durch verschiedene Faktoren. So ist z. B. die Interaktion zwischen dem Hypophysenhormon Corticotropin (ACTH) und den Sekreten der Nebennierenrinde ein wichtiger Faktor in der physiologischen Reaktion auf länger andauernde Belastung.
Auf beiden Seiten des „Adamsapfels" im Hals befindet sich die paarig angelegte *Schilddrüse*, die das Hormon *Thyroxin* ausscheidet. In enger Zusammenarbeit mit der Hypophyse beeinflußt die Schilddrüse den Körperstoffwechsel und trägt auch zur Kontrolle des Wachstums bei. Hoher Thyroxin-Ausstoß geht mit hoher allgemeiner Aktivität einher; geringe Ausscheidung bewirkt Trägheit der Bewegung. Schilddrüsensekrete beeinflussen sowohl die Struktur als auch die Funktionen des Nervensystems, besonders bei der Entwicklung der Intelligenz.
Am oberen Ende der Nieren befinden sich zwei *Nebennierendrüsen*, von denen jede aus

zwei Teilen besteht, einem inneren Teil, dem *Nebennierenmark*, und einem äußeren Teil, der *Nebennierenrinde*. Das Nebennierenmark wird direkt vom Nervensystem kontrolliert,

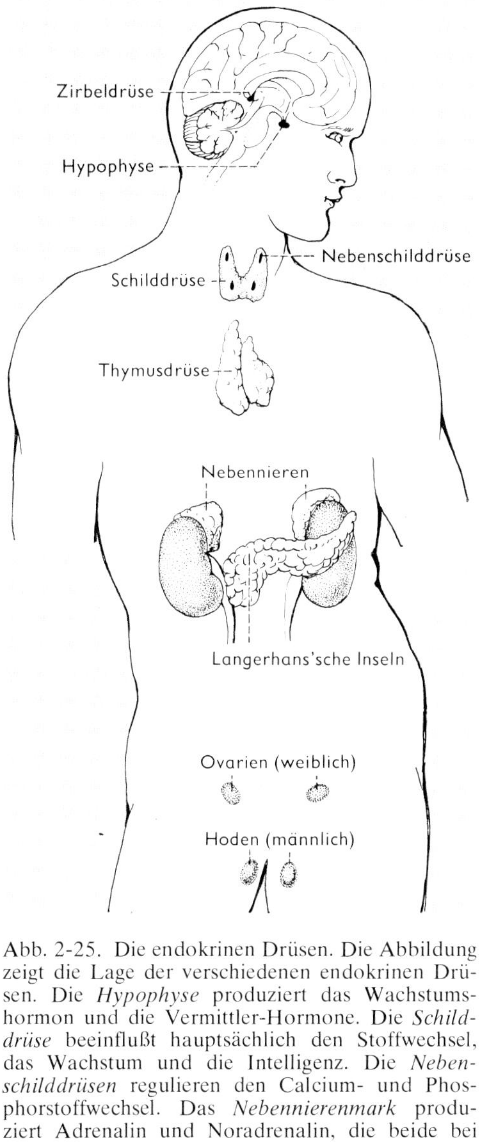

Abb. 2-25. Die endokrinen Drüsen. Die Abbildung zeigt die Lage der verschiedenen endokrinen Drüsen. Die *Hypophyse* produziert das Wachstumshormon und die Vermittler-Hormone. Die *Schilddrüse* beeinflußt hauptsächlich den Stoffwechsel, das Wachstum und die Intelligenz. Die *Nebenschilddrüsen* regulieren den Calcium- und Phosphorstoffwechsel. Das *Nebennierenmark* produziert Adrenalin und Noradrenalin, die beide bei emotionalen Zuständen von Bedeutung sind; die *Nebennierenrinde* beeinflußt die allgemeine körperliche Aktivität, die sekundären Geschlechtsmerkmale und Reaktionen auf länger andauernde Belastung. *Keimdrüsen (Gonaden)* sind lebensnotwendig für die geschlechtliche Entwicklung, den Geschlechtstrieb und die Fortpflanzung. Die *Ovarien* produzieren Oestrogen und Progesteron, die *Hoden* Androgene. Die *Langerhansschen Inseln* im *Pankreas* scheiden Insulin aus, das den Blutzuckerspiegel kontrolliert. Die *Thymusdrüse* spielt bei körperlichen Abwehrreaktionen eine Rolle

welches die Drüsen bei starker emotionaler Belastung zur Ausscheidung seiner Hormone *Adrenalin* und *Noradrenalin* (auch Epinephrin und Norepinephrin genannt) anregt. Die Nebennierenrinde produziert Hormone, die die Ausbildung der sekundären Geschlechtsmerkmale beeinflussen (z. B. Stimmwechsel in der Pubertät) und auch Hormone, die die oben bereits angeführten Belastungsreaktionen beeinflussen.

Die *Keimdrüsen* oder *Gonaden* erfüllen bei beiden Geschlechtern eine doppelte Funktion: (a) Produktion von Sexualhormonen, die die körperliche Entwicklung und das Verhalten beeinflussen; (b) Produktion von Gameten (Spermien oder Eier). Die männlichen Hormone werden als *Androgene* bezeichnet; bei der Frau finden wir zwei Sexualhormone, nämlich die *Oestrogene*, die die Menstruation kontrollieren, und das *Progesteron*, das für Veränderungen in der Gebärmutter verantwortlich ist.

Gehirn und Verhalten

Der Psychologe muß sich deshalb mit der Physiologie befassen, weil diese für das Verständnis wichtiger Verhaltensvorgänge von grundlegender Bedeutung ist. Obwohl wir auch in den späteren Teilen des Buches dementsprechendes Beweismaterial heranziehen werden, möchten wir schon an dieser Stelle zwei Beispiele der Interaktion zwischen physiologischen Vorgängen und Verhalten aufzeigen.

1. Im Sozialleben vieler Tierarten können wir die Existenz einer sog. „Hackordnung" (Rangordnung) beobachten. Ein dominantes, aggressives und selbstsicheres Mitglied der Gruppe wird zum Führer, indem es die Kämpfe und Auseinandersetzungen mit allen anderen Mitgliedern gewinnt. Bei Hühnern ist die Dominanz-Submissivitäts-Hierarchie so klar festgelegt, daß in einer großen Schar jede Henne eine bestimmte Position innehat, von der aus sie alle ihr unterlegenen Hennen beherrscht und nur denen gegenüber submissiv ist, die in der Rangordnung über ihr stehen (Guhl, 1956).

Die gleiche soziale Organistion kann man auch bei Affenherden beobachten. Hier etabliert sich immer ein Affe durch seine drohenden und überwältigenden Gesten als Führer. Es wird nur selten körperliche Aggression zur Erhaltung der Hierarchie eingesetzt. Der führende Affe (der „Chef") beherrscht den Raum und bewegt sich frei im Käfig, während die

Aktivität der anderen Mitglieder der Gruppe auf eine Ecke beschränkt bleibt. Dieser Chef hat eine privilegierte Position in bezug auf das vorhandene Futter und die Auswahl von Geschlechtspartnern.

Die soziale Struktur der Gruppe, wie auch die einzelnen Eigenschaften der Dominanz, der Aggressivität und der furchtvollen Unterwerfung können alle — bis zu einem gewissen Punkt — drastisch geändert werden durch eine elektrische Reizung im Gehirn des Chefs. Als in einer solchen Kolonie das Septum des Rhinencephalon des Chefs elektrisch gereizt wurde, wurde der daraus resultierende un-

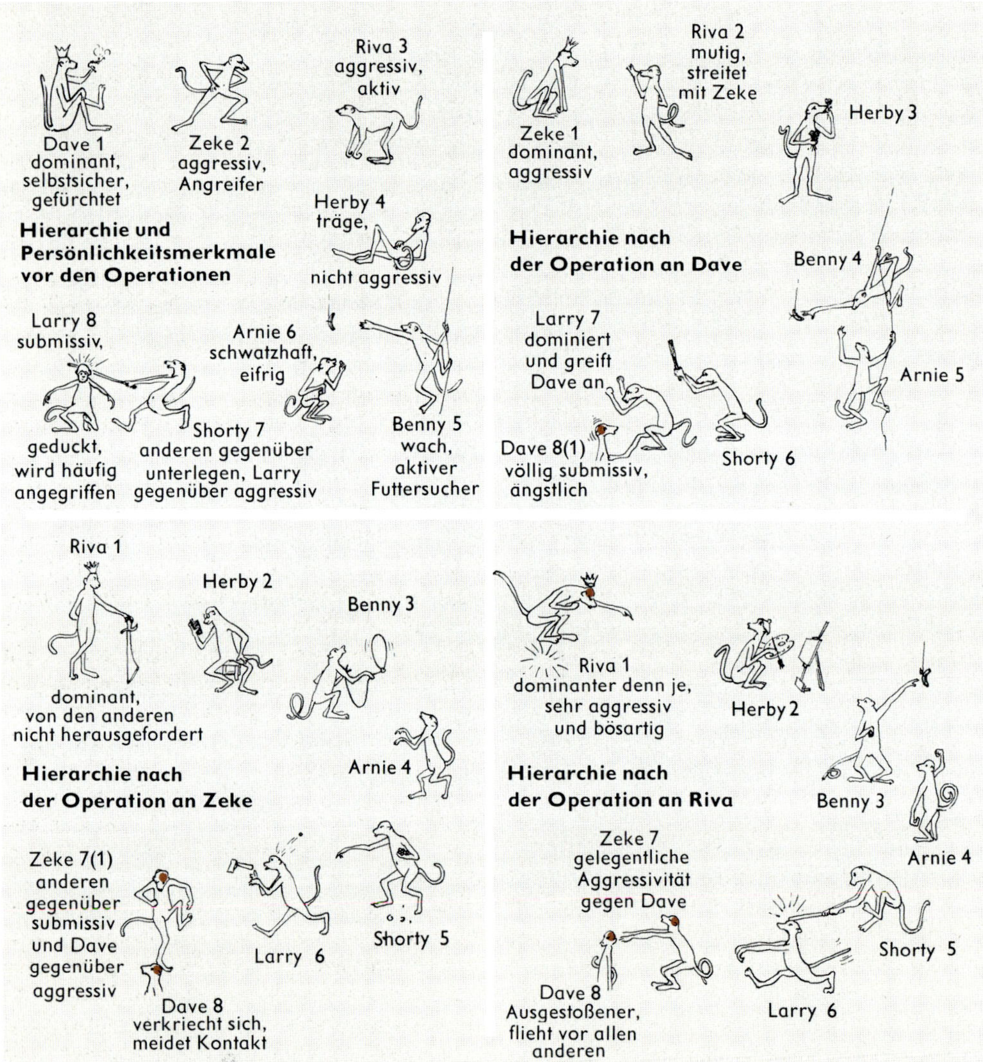

Abb. 2-26. Physiologie und Persönlichkeitsfaktoren beeinflussen die soziale Dominanz. Durch diese Serie von Operationen kam die Bedeutung des Amygdalagebietes für die Dominanzhierarchie klar zum Ausdruck; darüber hinaus spielen aber auch Persönlichkeitsunterschiede und sozialer Kontext eine wichtige Rolle. Dave, der ursprüngliche „Chef", fiel auf die unterste Sprosse der Leiter und blieb dort. Durch seine Aggressivität gelang es Zeke nach Daves Operation die oberste Rangstufe einzunehmen und sie selbst nach seiner eigenen Operation nicht mehr an Dave abzugeben. Rivas Operation machte diesen zwar weniger berechnend, aber in Abwesenheit einer klaren Herausforderung durch Herby wurde er noch dominanter.

Obgleich der chirurgische Eingriff bei allen drei Tieren derselbe war, zeigten Dave, Zeke und Riva unterschiedliche Verhaltensmuster. Das Verhalten war zwar in jedem Fall durch die Operation weitgehend beeinflußt, doch spielen auch das Temperament und die Gewohnheiten des Tieres wie die Herausforderung durch andere Gruppenmitglieder eine wichtige Rolle (Nach Pribram, 1962)

mittelbare Verlust an Aggressivität sofort von den anderen Affen wahrgenommen. Jetzt liefen sie frei im Käfig herum, bis die Reizung endete und der Chef wieder „er selbst" wurde (Delgado, 1970).
Die Dominanzhierarchie in einer Herde von acht jungen Rhesusaffen erfuhr eine permanente Änderung durch chirurgische Eingriffe im Amygdalagebiet des Rhinencephalon beim ursprünglichen Chef und dann der Reihe nach bei denjenigen Affen, die seinen Platz eingenommen hatten (Pribram, 1962).
Bevor irgendeine Operation durchgeführt wurde, war Dave der Chef (Nr. 1) und die anderen hielten irgendeine submissive Stellung innerhalb der Hierarchie inne. Nachdem Dave operiert war, kam er für immer auf die unterste Sprosse der Rangleiter. Seine Selbstsicherheit wurde umgewandelt in Furcht und Submissivität. Zeke (vorher Nr. 2) übernahm nun die Herrschaft und alle anderen stiegen auf der Rangleiter eine Sprosse höher. Larry, der vorher gänzlich submissiv war, beherrschte nun Dave.
Nachdem Zekes Amygdala operiert war, wurde er ebenfalls submissiv, verlor die Führung an Riva und verbrachte seine Zeit damit, ab und zu seinen früheren Peiniger Dave anzugreifen.
Überraschenderweise beendete die Operation an Riva dessen Gewaltherrschaft nicht, sondern verstärkte sie eher noch. Dies mag zum Teil daran liegen, daß Herbies nicht-aggressive „Persönlichkeit" außerstande war, die Krone zu erobern.
So kommen wir zu dem Schluß, daß Persönlichkeitsmerkmale und sogar die Sozialpsychologie einer Gruppe durch die physiologischen Funktionen des Individuums zu beeinflussen sind. Etwas später werden wir dann sehen, wie soziale und kognitive Faktoren wiederum physiologische Funktionen verändern.
2. Wie wir bereits gesehen haben, sind die beiden Hemisphären des Gehirns contralateral organisiert. Das bedeutet z. B., daß die rechte Hemisphäre Information vom linken Sehfeld erhält (über das Chiasma opticum) und natürlich auch von der linken Seite des Körpers; die linke Hemisphäre wiederum erhält ihren Input vom rechten Sehfeld und von der rechten Seite des Körpers. Normalerweise werden diese sensorischen Inputs dann integriert, was zu einer koordinierten Wahrnehmung und zu koordiniertem Verhalten führt. Aber bei einem Patienten, dessen Corpus

Abb. 2-27. Der Chef dieser Affengruppe war Ali (Mitte), gewöhnlich übellaunig und aggressiv. Die ferngesteuerte Reizung seines Gehirns durch implantierte Elektroden machten ihn jedoch brav und zahm. Ein submissiver Affe, Elsa (links) lernte das Drücken eines Hebels, der die Reizung in Alis Gehirn auslöste. Elsa selbst wurde nie zum dominanten Tier, verhinderte aber durch dieses Verhalten Angriffe gegen sich selbst

callosum durchtrennt ist, kann diese Koordination im Gehirn nicht stattfinden. Diese Operation wird manchmal an Patienten mit schweren epileptischen Anfällen, die durch Medikamente nicht zu heilen sind, durchgeführt. Ohne einen solchen chirurgischen Eingriff wären diese Anfälle zumeist tödlich; nach einer solchen Operation wird der Patient von seinen Anfällen befreit und berichtet über eine Verbesserung seines Befindens. Ein Nebenprodukt dieses Eingriffs ist ein natürliches Experiment: Es arbeiten jetzt zwei Gehirne innerhalb eines einzigen Körpers. Jede Hälfte funktioniert unabhängig von der anderen und jede scheint ihre eigenen Empfindungen, Wahrnehmungen, Gedächtnisinhalte wie auch kognitive und emotionale Erlebnisse zu haben.
Untersuchungen über die Fähigkeiten solcher Patienten sind in einem Versuchsraum durchgeführt worden, in dem die Vp angewiesen wird, mit den Augen den Mittelpunkt des Sehfeldes anzufixieren; auf diese Art und Weise gibt es keine Überschneidung der Bilder, die für die beiden Hemisphären bestimmt sind. Wenn Sie sich z. B. in einem solchen Versuchsraum befinden würden und angewiesen wären, auf alle Lichtreize im linken Sehfeld mit einem Druck auf einen Knopf mit der rechten Hand zu reagieren, dann würden Ihre Reaktionszeiten viel langsamer werden, wenn Sie zur selben Zeit auch mit der linken Hand auf Signale aus dem rechten Sehfeld reagieren müßten. Das Gehirn braucht also Zeit, die

verschiedenen sensorischen Inputs zu koordinieren.

Im Gegensatz dazu reagiert ein solcher (s. o.) Patient in einem Mehrfach-Reaktionszeit-Experiment ebenso schnell, wie er in einem einfachen reagieren würde. Hier geschieht jede Reizantwort (Reaktion) unabhängig von der anderen, so daß keine Koordinationszeit erforderlich ist (Gazzaniga und Sperry, 1966). Auf der anderen Seite sind diesem Patienten sämtliche motorischen Koordinationen zwischen den beiden Händen oder zwischen dem visuellen Input zu einer Hemisphäre und der Hand auf dieser Körperseite verloren gegangen.

Untersuchungen an Patienten mit durchtrenntem Corpus callosum haben auch die Ansicht bestätigt, daß eine Hemisphäre klar über die andere dominiert. Es ist nicht nur so, daß die innere visuelle Welt solcher Patienten aus zwei gänzlich verschiedenen Erlebniswelten besteht und nicht, wie bei normalen Personen, eine Einheit darstellt; dazu kommt, daß das, was die rechte Hemisphäre einer rechtshändigen Person sieht oder an was sie sich erinnert, weder durch Schreiben noch durch Sprechen mitgeteilt werden kann, weil die *Kontrollzentren für Kommunikation* in diesem Fall nur in der linken gegenüberliegenden (dominanten) Hemisphäre vorhanden sind.

Besonders interessant sind die emotionalen Reaktionen solcher Patienten, wenn die nichtdominante Hemisphäre emotionalen Reizen ausgesetzt ist. Die unerwartete Darbietung des Bildes eines nackten jungen Mädchens z. B. in der linken Gesichtshälfte (rechte Hemisphäre) führt zu folgender Verhaltenssequenz:

„Unter diesen Umständen ist die typische Antwort des Patienten, daß er nichts gesehen hat, nur ein weißes Licht, wie das immer passiert, wenn die Reize im linken Sehfeld erscheinen. Man kann dann aber ein inneres Lächeln beobachten, das sich über die Gesichtszüge des Patienten ausbreitet, dort verbleibt und selbst in den nächsten zwei oder drei Versuchen noch vorhanden ist. Manchmal beobachtet man auch ein Erröten oder Kichern und einen veränderten Tonfall der Stimme, die von der dominanten Seite kommt. Wenn man dann den Patienten fragt, worüber er lacht, dann ersieht man aus seiner Antwort, daß die sprechende Hemisphäre keine Idee hat, worum es sich handelt. Er kann z. B. sagen: „Das ist aber eine Maschine, die Sie da haben", oder „Uiih, das Licht!" Anscheinend gelangt aber nur der emotionale Unterton hinüber zur sprechenden Hemisphäre, so als ob die kognitiven Aspekte nicht im Hirnstamm artikuliert werden könnten" (Sperry, 1968).

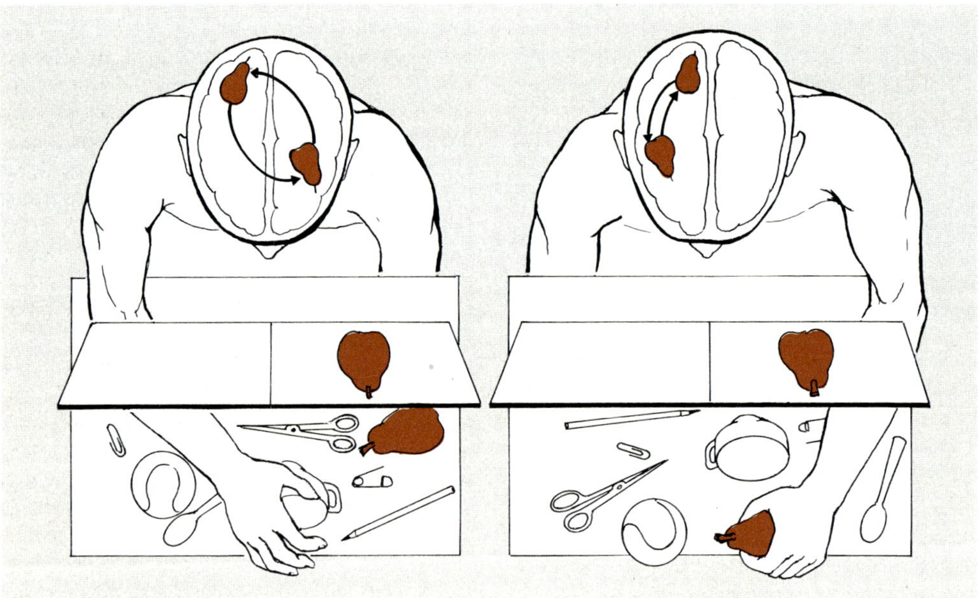

Abb. 2-28. Augen-Hand-Koordination bei einem „split-brain"-Patienten. Eine Person mit durchtrenntem Corpus callosum hat keine Schwierigkeit, mit seiner linken Hand diejenigen Objekte zu erkennen, die denen im linken Sehfeld gleichen. Dies ist so, weil die Nachrichten von seiner linken Hand und dem linken Sehfeld (projiziert auf die rechte Hälfte beider Netzhäute) zur selben cerebralen Hemisphäre gelangen. Auf der anderen Seite jedoch werden die Nachrichten von seiner rechten Hand zur linken Hemisphäre weitergeleitet, von wo aus keine Verbindungen mit dem rechten visuellen Cortex bestehen. Deshalb kann er auch nicht mit seiner rechten Hand dasselbe Objekt heraussuchen, solange es nicht auch in seinem rechten Sehfeld erscheint (Nach Sperry, 1968)

Solche Studien an Patienten mit durchtrenntem Corpus callosum (sog. split-brain-Patienten) geben zusammen mit den experimentellen Untersuchungen an Tieren wertvolle Hinweise auf die Mechanismen, durch die die „Konfusion der großen weiten Welt" für uns zu einer einheitlichen Wahrnehmung wird, auf die sich dann später unser eigenes Verhalten gründet.

Das Verhalten einer Hemisphäre während einer bestimmten Zeitperiode kann auch noch mit Hilfe einer anderen Methode untersucht werden: man bestreicht eine Seite des Cortex mit Kaliumchlorid (KCl). Wie die Diskussion über die nervösen Impulse gezeigt hat, verhindert die dichte K-Konzentration an der Oberfläche anscheinend das Herausfließen der K-Ionen, die sich innerhalb der Axone befinden. Es wird dadurch für die Zellen viel schwieriger, zu depolarisieren und Impulse zu übertragen. Das Ergebnis ist ein zeitweiliges Abstoppen der Hirnaktivität. Bei dieser Methode ist das Versuchstier gleichzeitig sein eigenes Kontrolltier, und es besteht der weitere Vorteil, daß das Gehirn nicht permanent geschädigt wird (Schneider, 1967).

e Zusammenfassung

Das Hauptinstrument des Organismus, um Informationen von der Umwelt aufzunehmen und die Reaktionen auf diese Informationen zu koordinieren, ist das Nervensystem. Der Grundbaustein dieses Systems ist die *Nervenzelle* oder das *Neuron*. Während der pränatalen Entwicklung spezialisieren sich Nervenzellen immer mehr und können sich über weite Strecken vom *Neuralrohr* weg bewegen.

Das Nervensystem besteht aus dem *Zentralnervensystem = ZNS* (Gehirn und Rückenmark) und dem *peripheren Nervensystem* (alle Teile außerhalb des Gehirns und Rückenmarks). Die Information von der Umwelt wird durch die *Receptoren* aufgenommen und gelangt über *sensorische, afferente* Fasern zum Rückenmark und zum Gehirn. Die Reaktionen (Antworten) gelangen über *motorische, efferente* Fasern zu den *Effectoren* (Muskeln oder Drüsen). Die Verarbeitung der Information zwischen Input und Output wird vom ZNS ausgeführt, welches aus dem Gehirn und dem Rückenmark besteht. Der *Reflexbogen* ist die einfachste Art dieses Mechanismus.

Axonale Übertragung leitet die Information innerhalb eines Neurons; *synaptische Übertragung* leitet sie über eine Synapse zu einem anderen Neuron. Impulse bewegen sich nur in *einer Richtung*, von den *Dendriten* zum Axon, zur *Synapse* und wiederum zum Dendriten oder Zellkörper des nächsten Neurons.

Im Ruhezustand ist ein Axon *polarisiert*, wobei die Innenseite — im Verhältnis zur Außenseite — negativ geladen ist. Ein *nervöser Impuls* tritt auf, wenn die Reizung stark genug ist, um die Axonmembran zu *depolarisieren*; diese Veränderung im Membranpotential pflanzt sich dann entlang der Nervenfaser fort. Das Axon leitet Information nur auf einer *Alles-oder-Nichts*-Basis: es übermittelt entweder den Impuls in seiner vollen Stärke oder überhaupt nicht. Information über die Intensität des Reizes wird durch die Anzahl der „feuernden" Neuronen und durch deren Entladungsfrequenz übermittelt.

Die *synaptische Übertragung* vollzieht sich in Phasen, folgt also nicht dem Alles-oder-Nichts-Gesetz. Die Nachricht gelangt über die Synapse mit Hilfe *chemischer Transmittersubstanzen*, die die Polarisation des nächsten Neurons beeinflussen. Wird das *postsynaptische Potential* dadurch *erhöht*, dann ist der Einfluß *hemmend (Inhibitorisches Postsynaptisches Potential = IPSP)*. Wird die Polarisation dadurch *verringert*, dann ist der Einfluß *erregend (Excitatorisches Postsynaptisches Potential = EPSP)*. Das zweite Neuron feuert nur, wenn der erregende Input, den es erhält, den hemmenden Input ausgleicht, d. h. wenn seine *Reizschwelle* erreicht wird.

Der *somatische* Teil des peripheren Systems verbindet das ZNS mit den sensorischen Receptoren und der Skeletmuskulatur. Der *viscerale* Teil (gewöhnlich als *autonomes Nervensystem* bezeichnet) verbindet das ZNS mit den inneren Organen. Das autonome Nervensystem wiederum teilt sich in einen *sympathischen* Anteil, der die Funktion in Notsituationen reguliert, und einen *parasympathischen* Anteil, der die permanenten lebenswichtigen Funktionen kontrolliert.

Die *reziproke Innervation* sorgt dafür, daß die Erregung eines Muskels gewöhnlich die Hemmung des ihm gegenüberliegenden Muskels (Antagonisten) hervorruft. Gewöhnlich haben schmerzhafte, starke oder sich wiederholende

Reize das Vorrecht im Nervensystem. Die Koordination im Rückenmark geschieht durch Divergenz, Konvergenz, Erregungskreise und collaterale Fasern zum und vom Gehirn.
Der Umwandlungsprozeß von Reizenergie in einen nervösen Impuls wird als *Transduktion* bezeichnet. Mit Hilfe von *psychophysischen Methoden* können die Verhältnisse zwischen bestimmten Intensitäten und den daraus entstehenden Empfindungen festgestellt werden. Die Reizschwelle (*Limen*) ist gewöhnlich die Reizstärke, die bei der Hälfte aller Darbietungen wahrgenommen wird. Der *eben feststellbare Unterschied (j. n. d.)* ist der Reizzuwachs, der notwendig ist, um in 75 % aller Fälle den eben noch feststellbaren Empfindungsunterschied zu bewirken. Nach dem *Weber-Fechner'schen Gesetz* ist dies eine konstante Proportion des Kontrollreizes, die für die meisten Reizintensitäten gilt.
Für die verschiedenen Arten von sensorischen Reizen haben wir unterschiedliche Arten von Receptorsystemen, wie den Gesichtssinn, das Hören, Druck-, Kälte- und Wärmeempfindungen, Geschmack, Geruch und Gleichgewichtssinn. Von diesen sind der Gesichts- und der Hörsinn für den Menschen die wichtigsten und zugleich auch die genauesten.
Das Auge besitzt zwei verschiedene Receptorsysteme: die *Stäbchen,* die zwar auf wenig intensives Licht, aber nicht auf Farbe reagieren können, und die *Zapfen,* die auf Tageslicht und Farbwahrnehmung spezialisiert sind. Die Zapfen sind am dichtesten in der Fovea, wo die schärfsten visuellen Eindrücke entstehen; dort gibt es keine Stäbchen. Das Licht wird durch mehrere Schichten von Nervenfasern geleitet, bevor es diese Receptorzellen erreicht, welche es dann in Information umwandeln, die über die *bipolaren* und *Ganglienzellen* zum *Nervus opticus* gelangen und von dort zum visuellen Areal des Gehirns in der *Occipitalgegend.* Dort, wo der N. opticus die Netzhaut verläßt, befindet sich der blinde Fleck. Die Wahrnehmung von Form, Muster und Bewegung hängt von spezialisierten Zellen ab, die nur durch Reize in einer bestimmten räumlichen Anordnung oder Lage aktiviert werden.
Drei Arten von *Photopigmenten* in den Zapfen absorbieren blaues, grünes oder rotes Licht. Vier Arten von *„Gegenfarbenzellen"* im *Corpus geniculatum laterale* summieren die Information, die dorthin gelangt, und leiten sie weiter zum visuellen Cortex, wodurch die Farbwahrnehmung zustandekommt.
Bei der Tonwahrnehmung dringen Schallwellen in das *Außenohr* ein und werden von dort durch das *Mittelohr* zur *Cochlea* im *Innenohr* geleitet, wo sie in nervöse Impulse umgewandelt werden. Die *Dispersionstheorie (Wanderwellentheorie)* von Békésy erklärt die Vorgänge beim Hören besser als die anderen Theorien des Hörens.
Gehirnfunktionen werden mit Hilfe von *Reizung, Ableitung* und *Läsion* erforscht. Im Gehirn finden wir eine ausgedehnte Redundanz von Bahnen, die es möglich macht, daß andere Gebiete des Gehirns die Funktionen beschädigter Areale übernehmen. Das Gehirn hat zwei *Hemisphären,* die durch das *Corpus callosum* verbunden sind; jede Hemisphäre hat vier Lappen (Lobi): *Frontal-, Temporal-, Parietal-* und *Occipitallappen.* Die äußere Schicht der Hemisphären bezeichnen wir als *Cortex.*
Die primären sensorischen Zentren befinden sich in relativ spezifischen Teilen des Cortex, und die primären motorischen Zentren finden wir in dem Areal, welches sich frontal des *Sulcus centralis* befindet. Die übrigen Areale des Cortex sind *Assoziationsfelder.* Wenn diese beschädigt werden, besonders in der linken Hemisphäre einer rechtshändigen Person (dominant), so kann dadurch das Verstehen oder der Gebrauch der Sprache beeinträchtigt werden.
Die *subcorticalen Strukturen* kontrollieren primitive Funktionen, wie grundlegende biologische Triebe, angenehme Gefühle und Schmerz. Die wichtigen Strukturen sind hier der *Thalamus,* eine Schaltstation für sensorische Information; der *Hypothalamus,* der viele lebensnotwendige Funktionen kontrolliert, und die *Formatio reticularis,* ein allgemeines Erregungssystem. Das *Rhinencephalon* besteht aus primitivem corticalem Gewebe, das bei verschiedenen Funktionen, wie z. B. Aufmerksamkeit, Emotion und Gedächtnis, miteinbezogen ist.
Aktionsströme des Gehirns, die durch das Elektroencephalogramm (EEG) gemessen werden, spiegeln die spontane Aktivität der Neuronen des Gehirns wider. Die Hirnaktivität verbraucht etwa ein Fünftel des im Körper vorhandenen Sauerstoffs.
Zum *endokrinen System,* dessen Ausscheidungen (Sekrete) dazu dienen, das chemische Gleichgewicht im Körper zu erhalten und Körperfunktionen zu koordinieren, gehören die *Hypophyse,* verantwortlich für Wachstum

und Erhaltung; die *Schilddrüse,* die das Wachstum und den Stoffwechsel beeinflußt; die *Nebennieren,* die die Reifung und körperliche Reaktionen auf Emotion steuern; und die *Gonaden,* welche auf die körperliche Entwicklung und das Verhalten einwirken und zudem Gameten (Spermien und Eier) zur Fortpflanzung produzieren.

3 Entwicklungsprozesse

Im 1. Kapitel diskutierten wir „Head Start“ und andere kompensatorische Programme, die die Nachteile, mit denen einige Kinder in die Schule kommen, ausgleichen sollen. Solche Programme haben im allgemeinen nicht den gewünschten Erfolg gezeigt; u. U. deswegen, weil die Entwicklungsprozesse nicht genügend berücksichtigt wurden, die bei manchen Kindern zur geistigen Behinderung, bei anderen zur regen Beteiligung und Freude am Lernen führen. Ein besseres Verständnis dieser Prozesse könnte nicht nur helfen, Defizite auszugleichen, sondern auch möglicherweise allen Kindern einen Vorsprung (Head Start) geben. Man könnte argumentieren, daß auf Grund falscher Vorstellungen über die Grenzen des menschlichen Potentials seitens der Eltern und Lehrer kein Kind sein optimales Niveau erreicht. Dies ist natürlich nicht der einzige Grund, warum wir uns mit der Entwicklung befassen, aber das in jüngster Zeit gezeigte Interesse für dieses Gebiet entsprang wohl gerade solchen praktischen Überlegungen. So sagt z. B. White, daß „sich in letzter Zeit ein in der Geschichte noch nie dagewesenes auffälliges Interesse für die ersten drei Lebensjahre entwickelt hat“. Er weist ferner darauf hin, daß das Regierungsprogramm „Head Start“ ursprünglich auf der Annahme beruhte, daß „bei diesen Kindern im Alter von sechs Jahren etwas nicht in Ordnung sei“. Es wußte eigentlich niemand so recht, wie früh dieses „Nicht-in-Ordnung-sein“ zustandekam.

White und seine Mitarbeiter begannen nun, die Entwicklung der 3- bis 6jährigen zu untersuchen. Aus den Kindern in Vorkindergärten (nursery schools), Kindergärten und Head Start-Schulen wählten sie eine Gruppe von begabten Kindern aus (die A-Gruppe) und eine Parallelgruppe von Kindern, die sich durch nichts besonderes auszeichneten, aber mit den anderen nicht ganz mithalten konnten (die C-Gruppe). Nachdem sie ein Jahr lang die 440 A- und C-Kinder untersucht hatten, kamen sie zu dem Schluß, daß sie die ganze Studie zu spät angesetzt hatten. Einer der Mitarbeiter, LaCrosse, sagte: „Bei den A-Kindern zeigten die 3jährigen im Grunde genommen die gleichen Fähigkeiten — vielleicht in etwas weniger ausgeprägter Form — wie die 6jährigen Kinder; sie waren sogar den 6jährigen C-Kindern im Hinblick auf soziale wie auch nicht-soziale Fähigkeiten überlegen“.

„Wir waren von diesen Ergebnissen sehr überrascht und auch irgendwie angeregt“, fährt LaCrosse fort. „Der alte Freud hat gesagt, daß im Alter von 5 Jahren bereits alles vorbei sei, besonders nach der Auflösung des Ödipuskonflikts, aber wir konnten dies einfach nicht glauben. Dann wurde uns plötzlich klar, daß, wenn man über Fähigkeiten spricht, diese bereits vor dem 3. Lebensjahr zu finden sind“ (Pines, 1969).

Die Berichte über die weniger erfolgreichen Head Start-Programme haben dazu geführt, die Aufmerksamkeit der Pädagogen auf frühere kritische Stadien der kindlichen Entwicklung zu lenken, auf Zeitperioden, während der die Verhaltensmuster erstmals geformt werden. Die grundlegende Frage zum Thema „Ausgleich früher Defizite“ ist folgende: Bis zu welchem Grade kann und soll menschliches Verhalten modifiziert werden? Diese Frage wird uns in diesem Kapitel besonders beschäftigen und auch als roter Faden durch das ganze Buch laufen.

a Determinanten der Entwicklung

Wenn wir die menschlichen Entwicklungsprozesse verstehen wollen, so müssen wir die Wirkungsweise und die Interaktionen von Vererbung und Umwelt über lange Zeiträume hinweg studieren. *Vererbung* ist hier definiert als die Gesamtheit aller biologisch übertragenen Faktoren (eingeschlossen sind natürlich die sehr wichtigen Strukturen des Gehirns und Nervensystems), die die Struktur des Körpers beeinflussen und damit der Entwicklung gewisse Grenzen setzen. Die *Umwelt* ist die Gesamtheit aller Umstände, die dazu beitragen, Verhalten zu aktivieren oder zu modifizieren. Die Einwirkung dieser Faktoren auf das individuelle Niveau der biologischen, psychologischen und sozialen Entwicklung wird manchmal wie folgt ausgedrückt:

Vererbung × Umwelt × Zeit = Entwicklungsniveau.

Diese zugegebenermaßen vereinfachte Formel weist darauf hin, daß es sinnlos ist, die Einflüsse von Vererbung und Umwelt isoliert zu betrachten; beide sind notwendig, wenn eine Entwicklung stattfinden soll. Die Vererbung kann sich nur in der Umgebung zeigen, und selbst das Verhalten, welches wir als von der Umwelt verursacht betrachten, kann nur durch vererbte körperliche Strukturen ausgeführt werden.

Wenn wir uns mit dem Verhältnis zwischen Vererbung und Umwelt befassen, so reicht es nicht aus, zu fragen, welcher der beiden Faktoren für einen bestimmten Aspekt der Entwicklung hauptverantwortlich ist, oder sogar feststellen zu wollen, in welchem Verhältnis die beiden Faktoren dazu beigetragen haben. Die wichtige Frage ist in diesem Zusammenhang die nach der Interaktion. So ist die Vererbung z. B. verantwortlich für eine bestimmte Körperform und für bestimmte Gesichtszüge. Jede Gesellschaft bevorzugt wahrscheinlich gewisse Kombinationen solcher körperlicher Eigenschaften und lehnt dadurch automatisch andere Kombinationen ab. Eine Person, die auf Grund ihrer vererbten Eigenschaften von anderen Personen gemieden oder verlacht wird, kann möglicherweise auf die gegen sie gerichtete Diskriminierung mit Verachtung der betreffenden Gesellschaft reagieren. Aus dieser Wechselwirkung kann u. U. ein krimineller Jugendlicher und später sogar ein erwachsener Krimineller werden (Anastasi, 1958). Ein gutes Beispiel ist „Billy the Kid“, der sehr empfindlich auf seine kleine Körpergröße reagierte. Sowohl die Vererbung als auch die Umwelt spielten in diesem Fall eine Rolle, jedoch durch die Wechselwirkung und nicht durch die Addition der entsprechenden Effekte.

Was uns die obige Formel nicht zeigt, ist, daß zu jedem beliebigen Zeitpunkt die Umwelt nicht nur mit der Vererbung, sondern auch mit dem bereits erreichten Entwicklungsstand in Wechselwirkung steht (Hirsch, 1962). Dieses Entwicklungsniveau wiederum spiegelt frühere Erfahrungen wider und ist sowohl ein Produkt der Vererbung als auch des Lernens, das bis zu diesem Zeitpunkt stattgefunden hat. So hatte z. B. der Pianist van Cliburn ein bestimmtes Talent, wozu viele Jahre des Lernens und Übens zu Hause hinzukamen, schließlich das Studium an einem berühmten Konservatorium und die Entwicklung seines Talentes bis zu dem Zeitpunkt, als er den internationalen Tschaikowsky-Wettbewerb in Moskau gewann. Ohne die durch Übung erworbene Fertigkeit hätte er trotz seiner Erbanlagen nicht vom weiteren Studium profitieren können. Eine wichtige Frage ist die, ob die Entwicklung des ererbten Potentials in allen Lebensabschnitten gleich gut möglich ist, oder ob bestimmte Entwicklungen sich zu einem bestimmten Zeitpunkt einstellen müssen, damit das Erbpotential nicht auf die Dauer verloren geht. Letztere Annahme wird gegenwärtig bevorzugt.

Die Rolle der Vererbung für die Entwicklung des Organismus vor der Geburt steht einwandfrei fest. Das bedeutet jedoch nicht, daß das ungeborene Kind keine Umwelt hat, da es im Körper der Mutter von einer beschützenden Flüssigkeit umgeben ist und zudem Nahrung durch den mütterlichen Blutstrom erhält. Wie wir noch sehen werden, gibt es Beweise dafür, daß einfache Reaktionen und Lernen bereits vor der Geburt stattfinden können. Die wichtigste Funktion der pränatalen Umwelt jedoch ist es, den normalen Wachstumsprozeß des ungeborenen Kindes zu unterstützen. Erst vor kurzem hat sich das Interesse der Erbforschung von der Strukturgenetik auf die Verhaltensgenetik verlagert. Dieser *verhaltensgenetische Ansatz* sieht recht vielversprechend aus.

Vererbung und Reifung

Von der Geburt an spielt der Lernprozeß eine immer wichtigere Rolle bei der Entstehung neuer Verhaltensmuster. Genetische Faktoren hören dabei jedoch nicht auf, wirksam zu sein. Erbliche Entwicklungsdispositionen bestimmter Wachstumssequenzen und viele artspezifische Verhaltensweisen drücken sich über Monate und Jahre hinweg aus. Diesen Prozeß, der es den genetischen Faktoren ermöglicht, auch nach der Geburt wirksam zu sein, bezeichnet man als *Reifung*. Eine bekannte Auswirkung der Reifung ist z. B. der Stimmwechsel, der sich bei Knaben während der

Pubertät vollzieht. Durch die Verdickung der Stimmbänder wird die Jungenstimme tiefer, ein Zustand, der auf die vermehrte Produktion von Sexualhormonen zurückzuführen ist. Obgleich sich die tiefe Stimme des Mannes erst lange nach der Geburt entwickelt, ist sie dennoch auf Erbfaktoren zurückzuführen, die sich in der Reifung zeigen. Beobachtungen an Jungen, die ohne irgendeinen Kontakt mit anderen Jungen aufwuchsen, zeigen, daß selbst bei Unkenntnis dieser Veränderung die charakteristische Senkung der Stimme während der Pubertät stattfindet. Natürlich handelt es sich hierbei ebensowenig um Lernen, wie beim Eintritt der Menstruation bei Mädchen. Auf einem viel niedrigeren Niveau liegt die Pick-Reaktion, mit der ein Küken das Ei aufbricht und schlüpft. Solches Verhalten kommt ebenfalls nicht durch Lernen zustande und erscheint nur zu einem bestimmten Zeitpunkt der Reifung. So ist offenkundig, daß eine Reihe von physiologischen Strukturen zum Zeitpunkt der Geburt oder schon früher reif und funktionsbereit sind, während andere (Neuronen-, Muskel- und Drüsenstrukturen) erst Monate oder Jahre später zu arbeiten beginnen. Vor der Reifung dieser Strukturen gibt es keinen Reiz, der das ihnen zugrundeliegende Verhalten auslösen kann.

Umwelt und Lernen

Die meisten Verhaltensmuster hängen natürlich ebenso vom Lernen wie von einem gewissen Reifungsgrad ab. Noch so viel Anweisung und Übung können einem Kleinkind das Lesen nicht beibringen, wenn seine neuralen und muskulären Strukturen nicht genügend gereift sind; und selbst wenn dies der Fall ist, kann kein Kind lesen, ohne es gelernt zu haben.

Zusätzlich zur Bereitstellung der notwendigen Lebens- und Wachstumsbedingungen beeinflußt die Umwelt die Entwicklung des Verhaltens wie folgt: (a) Sie stellt Reize bereit, welche die durch Reifung vorbereiteten Reaktionsmuster auslösen; (b) sie präsentiert Situationen, die das Lernen neuer Reaktionen oder die Veränderung alter Reaktionen erfordern, und (c) sie sorgt für Rückkoppelung oder Verstärkung, wodurch nicht-erfolgreiche Reaktionen eliminiert werden. Die Umwelt eines jeden Individuums bestimmt, welche Verhaltensmuster notwendig sind, damit dieses Individuum lernen kann; dies geschieht durch die Sozialstrukturen und die Gegebenheiten, die diese Umwelt bietet oder nicht bietet.

Psychologen und Physiologen haben ein allgemeines Entwicklungsschema skizziert, welches unter normalen Bedingungen für die menschliche Entwicklung charakteristisch ist. Die Kenntnis dieses Schemas fördert nicht nur das Verständnis der Art „homo sapiens", sondern ist auch bei der Untersuchung des Einzelnen von Bedeutung.

b Entwicklung der Wahrnehmung

Der Organismus muß immer auf Reize, die aus einiger Entfernung auf ihn einströmen, reagieren. Die Flucht vor einem aversiven Reiz oder die Annäherung an einen angenehmen Reiz erfordern die Entwicklung bestimmter sensorischer Fähigkeiten zur Entdeckung von Reizen und zur Identifizierung ihrer positiven und negativen Qualitäten. Selbst die Reaktionen auf innere Vorgänge können perceptive Fähigkeiten erfordern. Der körperliche Zustand, den wir als „hungrig" bezeichnen, kann auch als ein Zustand des Nervensystems betrachtet werden. Ein dieser Situation entsprechendes Verhalten erfordert, daß das Nervensystem die somatischen Reize, die einen Nahrungsbedarf signalisieren, entdeckt und richtig erkennt. In einem späteren Kapitel werden wir hören, daß Abnormität in der Reaktionsfähigkeit auf solche Reize zur Fettsucht führen kann.

Unser motorisches Verhalten hängt ebenfalls von der Entwicklung der Wahrnehmung ab. Wenn z. B. jemand die Augen verbunden hat, so ist sein Gang gestört. Es wäre für Sie tatsächlich eine lehrreiche Erfahrung, wenn Sie einen Tag Ihres Lebens mit einer Augenbinde verbringen würden, um dabei einmal die Wechselwirkung zwischen den motorischen und den perceptiven Systemen besser einschätzen zu können. Stellen Sie sich vor, Ihnen fehlten außerdem noch die kinästhetischen Empfindungen, die anzeigen, in welcher Relation sich unsere Beine zum Körper befinden, und die taktilen Empfindungen, die die Berührungen des Fußes mit dem Fußboden signalisieren. Selbst einfache motorische Vorgänge würden in einem sensorischen Vakuum zu zufälligen Bewegungen ohne jeglichen Nutzen.

Die anatomischen Strukturen der meisten Sinnesorgane sind bereits vor der Geburt gut entwickelt. Ob und wann sie aber im Fetus oder Neugeborenen zu funktionieren beginnen, ist eine Frage, die nur durch sorgfältige Untersuchungen beantwortet werden kann. Die

Prüfung der Sensibilität im frühesten Leben ist jedoch schwierig, weil sie von irgendeiner Reaktion abgeleitet werden muß, die aber nur dann stattfinden kann, wenn das neuromuskuläre System einen gewissen Reifegrad erreicht hat. Dieses Prinzip gilt schlechtin für die gesamte sensorisch-motorische Entwicklung.

Innerhalb der Gebärmutter wirken nicht sehr viel Reize auf den Fetus ein. Das Neugeborene tritt hingegen in eine weitaus kompliziertere Reizumwelt und zeigt bereits eine Ansprechbarkeit auf viele Arten von Reizen. Wie es diese neue Reizwelt jedoch organisiert, ist eine andere Frage und entspricht vielleicht dem, was William James (1890) wie folgt ausgedrückt hat: „Das Kleinkind, das mit einem Mal von Augen, Ohren, Nase, Haut und inneren Organen angesprochen wird, empfindet dies alles als ein einziges großes schwirrendes und summendes Wirrwarr". Das Studium der Entwicklung zeigt uns, worin diese Verwirrung besteht und wie diese Verwirrung entwirrt und geordnet wird.

Wenn die Natur tatsächlich auf Grund eines ihr zugrundeliegenden Ordnungsprinzips organisiert ist, dann ist es unsere Aufgabe, etwas über die Geheimnisse dieses Systems herauszufinden. Bevor wir uns also an die Umwelt anpassen oder versuchen, sie zu verändern (was wir in den zwei Kapiteln über das Lernen näher untersuchen werden), müssen wir zuerst versuchen, die bedeutsamen Gegebenheiten in unserer Umwelt und deren Beziehungen untereinander genau zu erkennen.

Berührung, Temperatur und Schmerz

Es ist bekannt, daß der menschliche Fetus bereits 8 Wochen nach der Konzeption auf taktile Reize reagieren kann. Zu diesem Zeitpunkt sind bereits rudimentäre sensorische Fähigkeiten ausgebildet. Die Sensibilität auf taktile Reize entwickelt sich entlang eines *physiologischen Gradienten,* d. h. vom Kopf abwärts und nach außen in die Gliedmaßen. Während der 8. Woche des pränatalen Lebens reagiert der Fetus auf taktile Reize an Nase, Lippen und Kinn; im Laufe der Zeit reagieren auch andere Gebiete in immer höherem Maße auf Stimulierung. In der 13. oder 14. Woche zeigt der ganze Körper eine Sensibilität auf solche Reize mit Ausnahme des oberen und hinteren Teils des Kopfes, also Teilen, die erst nach der Geburt auf solche Reize ansprechen. Selbst bei der Geburt reagiert das Gesicht mehr auf Berührung und Druck als andere Teile des Körpers.

Temperatursensibilität ist ebenfalls vor der Geburt vorhanden, da Frühgeburten sich genauso wie Normalgeborene weigern, falsch temperierte Milch zu trinken. Solche Kinder reagieren auch auf äußere Temperaturen und zwar gewöhnlich mehr auf Kälte als auf Wärme.

Während der pränatalen Phase und den ersten Tagen des Lebens ist die Schmerzsensibilität nur schwach ausgebildet. Auch hier ist sie im Gesicht größer als anderswo (wiederum ein Beispiel für den physiologischen Reifungsgradienten) und entsprechend unterentwickelt, so daß z. B. eine Beschneidung während der ersten zwei Wochen ohne Betäubung durchgeführt werden kann. Die Verzögerung in der Entwicklung des Schmerzsinnes wird gewöhnlich als biologischer Schutzmechanismus interpretiert, der das Kind während des Geburtsvorganges vor Schmerzen bewahrt (Carmichael, 1951).

Die Umgebung muß Erfahrungen mit taktilen und schmerzvollen Empfindungen vermitteln, damit diese Sinne sich normal entwickeln können. Ohne dieses „Umwelt-Training" kann die normale Entwicklung ernsthaft gefährdet sein. Interessante Auswirkungen taktiler Deprivation wurden an Schimpansen studiert.

Bei einem Versuchstier, Rob, waren im Alter von 1 bis 31 Monaten die Gliedmaßen von den Ellbogen bis zu den Fingerspitzen und von den Knien bis zu den Zehen in Papierröhren eingeschlossen. Rob lernte z. B. nicht, seinen Kopf in Richtung der Hand zu drehen, die vom Vl stimuliert wurde, d. h. wenn der Vl seine rechte Hand drückte, sollte Rob seinen Kopf dieser rechten Hand zuwenden, um eine Verstärkung zu bekommen. Obgleich ein normaler Schimpanse dieses Verhalten in etwa 200 Versuchsdurchgängen lernt, war Rob selbst nach 2000 Versuchsdurchgängen nicht in der Lage, dieses Verhalten zu zeigen (Nissen, Chow und Semmes, 1951).

Man hat auch herausgefunden, daß Hunde, bei denen eine normale Stimulierung während der frühen Kindheit fehlte, nicht imstande sind, Schmerzreize zu vermeiden und auch später Objekte, die mit Schmerz assoziiert sind, nicht fürchten (Melzack und Scott, 1957).

Es wird vermutet, daß frühkindliche Einwirkungen das spätere Reizschwellenniveau schlechthin beeinflussen (Angermeier und Phelps, 1971).

Geschmack und Geruch

Zum Zeitpunkt der Geburt ist der Geschmackssinn schon gut entwickelt. Auf süße oder salzige Reize reagieren Neugeborene gewöhnlich mit Saugbewegungen, auf saure oder bittere mit Abwehrreaktionen. Der Geschmackssinn scheint schon vor der Geburt ausgebildet zu sein, da selbst Frühgeburten auf Geschmacksreize reagieren.

Auch der Geruchssinn ist beim Neugeborenen schon funktionsfähig. In einigen Untersuchungen wurden deutliche Veränderungen der körperlichen Tätigkeit und der Atemfrequenz nach olfactorischer Reizung festgestellt. Andere Studien haben gezeigt, daß Neugeborene bereits zwischen Gerüchen wie Essigsäure, Äthylalkohol, Anisöl etc. unterscheiden können, obgleich keine klaren Unterschiede in bezug auf Gerüche, die für den normalen Erwachsenen angenehm oder unangenehm sind, festgestellt werden konnten (Engen, Lipsitt und Kaye, 1963).

In einer weiteren Studie stellten Engen und Lipsitt (1965) fest, daß sich die Veränderung der Atemfrequenz nach mehrmaliger olfactorischer Reizung sehr schnell adaptiert. Wie in der ersten Studie bestand auch hier der olfactorische Reiz aus mehreren chemischen Substanzen. Wurde nach der Habituation einer dieser Reize einzeln dargeboten, so stellte sich sehr schnell die ursprüngliche Veränderung der Atemfrequenz wieder ein. Engen und Lipsitt kamen auf Grund dieser Ergebnisse zu dem Schluß, daß es sich hier um Habituation und nicht um Adaption handeln muß, da „das Ausmaß der Dishabituation umgekehrt proportional dem Ähnlichkeitsgrad zwischen erster und zweiter Reizung ist".

Hören

Die Frage, ob der Fetus hören kann, obwohl sich in seinen Ohren Flüssigkeit befindet, ist noch ungeklärt. Eine Untersuchung stellte fest, daß die pränatale Herzfrequenz sich schnell erhöht, wenn die Bauchwand der Mutter durch einen Ton stimuliert wird (Bernard und Sontag, 1947). Eine andere Studie beschreibt die Reaktionen ungeborener Kinder auf Töne verschiedener Frequenzen.

Die Reaktionen des fetalen Herzens auf Töne von 1000 und 2000 Hz bei einer Intensität von 100 db und einer Dauer von 5 sec wurden in einer Studie beobachtet, an der 32 Frauen im letzten Schwangerschaftsmonat teilnahmen. Die Pulsfrequenz der Mutter und des Fetus wurden vor, während und nach der Darbietung der Töne registriert. In der Gruppe, die mit Tönen von 1000 Hz geprüft wurde, erhöhte sich die fetale Herzfrequenz im Durchschnitt um 7 Schläge/min. In der Gruppe, die mit 2000 Hz geprüft wurde, lag dieser Anstieg bei 11 Schlägen/min. Der Pulsschlag der Mütter war nicht erhöht (Dwornicka, Jasienska, Smolarz und Wawryk, 1964).

Von besonderem Interesse bei dieser Studie war, daß höhere Töne eine stärkere Reaktion hervorriefen. Studien an Kindern kurz nach der Geburt zeigen, daß sie niedrigere Noten lieber haben als höhere, eine Beobachtung, die von ihrem äußeren Verhalten abgeleitet wurde. Diese beiden Beobachtungen sprechen dafür, daß der Fetus tatsächlich hört.

Bei der Geburt ist der Gehörsinn weniger gut entwickelt als andere Sinne, obgleich es auch hier von Kind zu Kind Unterschiede gibt. Das Hören wird zunächst durch die amniotische Flüssigkeit gestört, die im Mittelohr oft noch einige Tage nach der Geburt zu finden ist. Gewöhnlich reagiert das Neugeborene zwischen dem 3. und 7. Tag auf normale Geräusche, wobei es wiederum stärker auf das Knistern von Papier oder das Klirren von Geschirr reagiert als auf laute Geräusche. Nach der 4. Woche jedoch reagiert es häufiger auf Stimmen als auf laute Geräusche. Im Alter von 2 Monaten reagiert es anscheinend nicht auf „irgendwelche auditiven" Reize, sondern kann zwischen den Geräuschen, die es wahrnimmt, unterscheiden.

Sehen

Wegen der großen Bedeutung des Sehens (als einer Informationsquelle über die Vorgänge in unserer Welt) hat die Frage, ob visuelle Wahrnehmung vom Lernen abhängig ist, zu zahlreichen Untersuchungen geführt. Wenn man bedenkt, daß einfache motorische Reflexe vererbt werden und so ein junges Tier vor dem Ersticken, Umfallen oder zu intensiver Stimulierung bewahren, dann müßte man annehmen können, daß perceptive Fähigkeiten ohne vorheriges Lernen vorhanden sein sollten.

Wandernde Vögel und Fische brauchen z. B. die Signale, die ihnen den Weg weisen, nicht zu erlernen. Tiere, die als Beute dienen, erkennen ihre potentiellen „Mörder" auch ohne vorheriges Lernen. Auf ähnliche Weise saugen Bienen Nektar aus bestimmten Blumen, ohne gelernt zu haben, verschiedene Blumen voneinander zu unterscheiden. Diese angeborene Grundlage der Wahrnehmung ist genetisch verschlüsselt und wird von einer Generation zur anderen überliefert, so daß das Individuum die Fähigkeit ererbt, innerhalb eines bestimmten Bereiches auf Objekte und Situationen zweckmäßig zu reagieren.

Tiere, die sich am unteren Ende der evolutionären Entwicklungsskala befinden, beschränken sich im wesentlichen auf diese angeborenen oder „instinktiven" Fähigkeiten und profitieren sehr wenig vom Lernen. Im Gegensatz dazu wird die visuelle Welt des menschlichen Kleinkindes täglich durch Wahrnehmungslernen erweitert.

Studien über das Sehen beim Kleinkind. Da die Retina, das lichtsensible Gewebe des Auges, zum Zeitpunkt der Geburt noch nicht voll entwickelt ist, nahm man früher an, das Neugeborene könne zu diesem Zeitpunkt auch noch nicht klar sehen. Untersuchungen haben jedoch gezeigt, daß es eine angeborene Fähigkeit für die visuelle Formwahrnehmung gibt. Eine Studie hat z. B. erbracht, daß Kinder schon vor dem 5. Lebenstag schwarz-weiße Muster länger betrachten als einfache farbige Oberflächen. Kinder, die einige Tage älter sind, weisen sogar eine noch größere visuelle Diskriminationsfähigkeit auf (Fantz, 1963). In einer weiteren Studie an Neugeborenen benutzten die Versuchsleiter eine Reihe von Formpaaren, wobei sich jede Form von der anderen in der Anzahl der in ihr enthaltenen Winkel unterschied. Formen, die 10 Winkel oder Drehungen enthielten, wurden anderen Formen mit 5 oder 20 Drehungen vorgezogen, wie photographische Aufzeichnungen der Augenfixation zeigten (Hershenson, Munsinger und Kessen, 1965). Etwa ab dem 10. Lebenstag kann das Kind sogar langsam sich bewegenden Objekten mit seinen Augen folgen. Da seine Augenmuskeln zunächst einmal nicht gut koordiniert sind, sieht es manchmal so aus, als würde sein Blick gleichzeitig in zwei Richtungen gehen.

Es ist noch nicht endgültig erwiesen, ob das Kleinkind Farben wahrnehmen kann, eine Reihe von Experimenten weisen jedoch in diese Richtung.

In einer Studie wurden Kindern im Alter von vier Monaten Reizpaare gezeigt, die sich in Form, Farbe oder in beidem voneinander unterschieden. Präferenzverhalten (und damit die Fähigkeit zu diskriminieren) wurde in dieser Studie mit Hilfe der visuellen Fixationszeit nachgewiesen. Die Ergebnisse zeigten, daß die Kinder die Farben Rot und Blau einem Grau vorzogen, aber daß Form der Farbe vorgezogen wurde (Spears, 1964).

Wie können wir zeigen, daß das Kleinkind seine ererbten perceptiven Fähigkeiten mit Erlerntem ergänzt, um mit dem Neuartigen in seiner Umwelt Kontakt aufzunehmen und es zu verstehen? Eine elegante Studie von Nelson beruht auf einer Methode, mit der man der Lösung dieser grundlegenden Frage etwas näher kommt.

Kann ein Kleinkind, das ein sich bewegendes Objekt betrachtet, welches kurzzeitig aus seinem Blickfeld verschwindet und dann immer wieder an derselben Stelle erscheint, visuell der „Bahn" dieses Objektes folgen? Nelson registrierte die Augenbewegungen von 80 Kleinkindern im Alter von 99 bis 264 Tagen bei der Beobachtung einer elektrischen Modelleisenbahn, die sich auf einem Gleis bewegte. Als die Kinder den Zug sahen, entfielen sofort alle vorherigen zufälligen Verhaltensweisen und sie folgten — mit vor Aufmerksamkeit erstarrten Gliedmaßen — der Bewegung des Zuges. Beim ersten Versuchsdurchgang konnten 73 der Kinder der Bewegung des Zuges folgen, bis er in einem Tunnel verschwand. Danach hefteten sie ihren Blick auf den Eingang des Tunnels („wie Katzen vor dem Mauseloch") und sahen den Zug gewöhnlich nicht, wenn er aus dem anderen Ende des Tunnels herauskam. Bei den nun folgenden drei Versuchsdurchgängen jedoch schauten die Kleinkinder mehr und mehr in Richtung des Ausgangs und sahen deshalb den wiederauftauchenden Zug immer früher. Das visuelle Folgen und die Antizipation in dieser komplexen neuen Situation wurden also in einigen wenigen Versuchsdurchgängen erlernt. Sieben Monate alte Kleinkinder erlernten dabei diese Aufgabe schneller als 5 Monate alte Kinder (Nelson, 1970).

Abb. 3-1. Ein 7 Monate alter Junge blickt gespannt auf das Ende des Tunnels, an dem der elektrische Zug erscheinen wird

Erb- und Lernfaktoren beim Sehen. Ist eine frühe Stimulierung für die normale Entwicklung des Sehens notwendig? Eine Untersuchung erbrachte, daß ein Schimpanse, der in völliger Dunkelheit aufgewachsen war, eine degenerierte Netzhaut und eine auf Dauer herabgesetzte Sehkraft hatte. Bei einem anderen Schimpansen, der zwar nichts zu sehen bekam, dessen Netzhaut jedoch mit Licht stimuliert wurde, zeigte die Retina keinerlei Schäden (Riesen, 1950).

Spätere Untersuchungen an jungen Katzen und Schimpansen zeigten, daß die durch visuelle Deprivation hervorgerufenen chemischen Veränderungen der Netzhaut irreversibel sind, wenn eine solche Deprivation die Kindheit über andauert. Weitere Ergebnisse weisen darauf hin, daß diese Tiere auf Dauer unfähig sind, bestimmte perceptive Fähigkeiten zu erlernen (Riesen, 1961).

Wie lernen Kleinkinder, Figuren als Ganzes zu sehen? Da die Identität einer Figur von der Form und Position ihrer Grenzen und Ecken abhängt, ist anzunehmen, daß sich beim aktiven Lernen die Aufmerksamkeit im wesentlichen diesen Aspekten der Figur zuwendet. Passives Lernen würde im Unterschied dazu wahrscheinlich nur in einem einfachen Überblicken des gesamten visuellen Feldes bestehen. Photographische Aufzeichnungen der Augenfixation Neugeborener während der Beobachtung eines Dreiecks weisen darauf hin, daß die Aufmerksamkeit vornehmlich auf die signifikanten Aspekte der Form gerichtet ist, vor allem auf die Ecken (Salapatek und Kessen, 1966). Der perceptive Lernprozeß ist daher von Anfang an mehr als nur ein passives Aufnehmen; er schließt aktives Konzentrieren auf die charakteristischen Aspekte der visuellen Reize mit ein.

Trotz der augenscheinlichen Bedeutung des Lernens für die Entwicklung der Wahrnehmung scheint es doch gewisse angeborene Wahrnehmungspräferenzen zu geben. Wir wissen, daß Neugeborene an bestimmten Figuren mehr interessiert sind als an anderen und ihre Aufmerksamkeit auch auf die signifikanten Aspekte der Form konzentrieren. Da feststeht, daß es für die Neugeborenen keine vorherige Möglichkeit für Wahrnehmungslernen gibt, sind diese Aspekte der Wahrnehmung wahrscheinlich angeboren. Ein weiterer Beweis für die angeborene Fähigkeit, Muster und Bedeutung visueller Reize zu erkennen, wurde durch Versuche mit der sog. „visuellen Klippe" („visual cliff") geliefert.

Die Apparatur besteht aus einem Brett, das quer über die Mitte einer großen Glasplatte gelegt wird, deren eine Hälfte sich 30 cm vom Boden befindet, wogegen der Boden unter der anderen Hälfte

Abb. 3-2. Die „visuelle Klippe". Obgleich das Kind die Glasplatte mit den Händen berührt und so taktilen Beweis hat, daß eine feste Unterlage vorhanden ist, weigert es sich, dem Zuruf seiner Mutter zu folgen und darüberzukrabbeln. Die 1 Tag alte Ziege bewegt sich frei auf der „flachen" Seite, aber wagte sich ebenfalls nicht auf die „tiefe" Seite

schlagartig auf 1 bis 1,20 m absinkt. Auf der einen Seite des Brettes befindet sich ein Bogen Papier mit Schachbrettmuster, der direkt an der Unterseite der Glasplatte angebracht ist, so daß diese als die solide Unterlage erscheint, die sie tatsächlich ist. Auf der anderen Seite des Brettes ist der Bogen aus demselben Material über den 1 m tieferliegenden Boden gespannt, so daß auf diese Weise der Eindruck einer „Klippe" entsteht (trotz der Glasplatte, die sich darüberspannt). In Untersuchungen an 36 Kindern im Alter von 6 bis 14 Monaten wurde jedes Kind auf das in der Mitte befindliche Brett gesetzt, und die Mutter des jeweiligen Kindes versuchte dieses durch Zurufen — zuerst von der „tiefen", dann von der „flachen" Seite her — anzulocken.

27 der geprüften Kinder bewegten sich vom Brett herunter; alle krochen auf die flache Seite und nur drei wagten sich auf das Glas über der „Klippe". Viele von ihnen weinten, wenn ihre Mutter versuchte, sie von der „tiefen" Seite her zu locken und zeigten keinerlei Bereitschaft, über den vermeintlichen Abgrund zu klettern. Einige bewegten sich von der Mutter weg in die andere Richtung, andere betasteten das Glas auf der „tiefen" Seite, um sich zu vergewissern, ob es wirklich fest sei, bewegten sich aber doch in die andere Richtung. Anscheinend verließen sie sich mehr auf ihre visuellen Eindrücke als auf ihren Tastsinn.

Obgleich dieses Experiment nicht beweist, daß die Wahrnehmung und die Vermeidung der Klippe angeboren ist, unterstützten doch die Ergebnisse einiger Tierexperimente die Hypothese, daß eine solche Wahrnehmung angeboren ist. Fast alle geprüften Tiere zeigten die Fähigkeit, die visuelle Klippe wahrzunehmen und zu vermeiden, sobald sie imstande waren, aufrecht zu stehen oder zu gehen. Dies traf zu für Küken, die weniger als 24 Stunden alt waren, und auch für junge Ziegen, Lämmer und Katzen. Ratten wagten sich auf die „tiefe" Seite nur dann, wenn sie das Glas mit ihren Schnurrhaaren berühren konnten; sie wählten aber immer die flachere Seite, wenn das Mittelbrett so hoch war, daß sie das Glas nicht mehr mit den Schnurrhaaren berühren konnten (Gibson und Walk, 1960).

Diese Experimente weisen darauf hin, daß eine angeborene Wahrnehmung bei solchen Tierarten existiert, bei denen ein Überleben von der Fähigkeit abhängt, Tiefe dann wahrnehmen zu können, sobald sie sich selbst in ihrer Umgebung bewegen können.

Motorische Faktoren bei der Entwicklung der Wahrnehmung

Wir haben bereits gezeigt, daß das Ausführen von Bewegungen von Wahrnehmungsfähigkeiten abhängt. Obgleich dies aus alltäglichen Beobachtungen nicht immer klar wird, hängt die Entwicklung der Wahrnehmung auch von motorischer Aktivität ab.

In einem Experiment wurden junge Katzen von dem Zeitpunkt ab an der Bewegung gehindert, an dem sie zum ersten Mal Licht wahrnehmen konnten. Verglichen mit normalen Tieren war ihr Verhalten in Situationen, die eine visuelle Orientierung erfordern, ungenügend ausgebildet. Die ursprüngliche Interpretation dieser Beobachtung führte diese Ergebnisse auf sensorische Deprivation zurück. Da die an der Bewegung gehinderten Katzen ihre Reizumgebung nicht durch Herumlaufen verändern konnten, wurde ihnen ein Großteil der normalen Reizvariation vorenthalten; diese Tatsache wurde dann als der Grund ihrer gestörten visuellen Diskrimination angesehen.

Weitere Studien zeigten jedoch, daß diese Erklärung nicht ausreichte. Beim Versuch nahm man jeweils zwei junge Katzen, wobei eines dieser Tiere durch passive, das andere durch aktive Bewegung die Umwelt kennenlernte. Die Bewegungen der aktiven Katze wurden mittels eines Mechanismus auf eine kleine Gondel übertragen, in der sich die zweite Katze befand, die sich selbst nicht bewegen konnte. Wenn sich die aktive Katze bewegte, wurde die passive Katze mit der Gondel auf gleiche Weise bewegt, wodurch die Veränderung der visuellen Stimulierung für beide Tiere egalisiert wurde. Die aktive Katze entwickelte sich normal: sie blinzelte mit den Augen, wenn Objekte auftauchten, und streckte die Pfoten aus, wenn man sie z. B. einer Wand entgegentrug oder sie auf den Boden setzte. Das passive Tier zeigte diese Verhaltensweisen nicht, lernte sie aber innerhalb weniger Tage, nachdem es sich selbst frei bewegen konnte (Held, 1965).

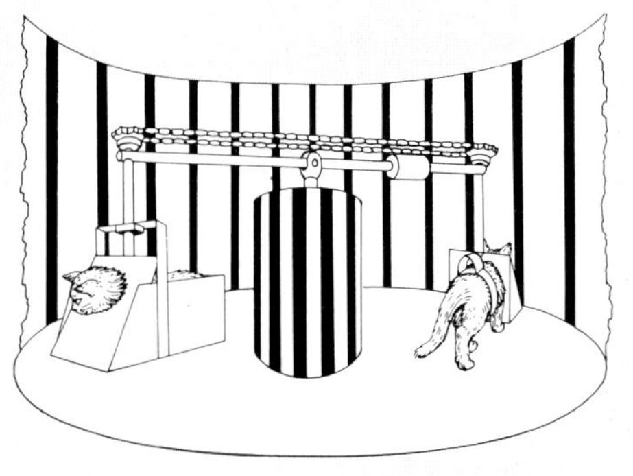

Abb. 3-3. Die junge Katze auf der rechten Seite kann sich bewegen und eine Reihe von visuellen Reizen wahrnehmen; die Katze auf der linken Seite hingegen sitzt in einer Gondel, die über den hier abgebildeten Mechanismus mit dem Zuggeschirr der anderen Katze verbunden ist, wodurch sie zwar dieselben visuellen Eindrücke erhält, jedoch keine motorischen Erfahrungen sammeln kann

Die praktische Bedeutung solcher Ergebnisse wird in einem anderen Experiment angedeutet. Eine Gruppe institutionalisierter Kinder hatte Gelegenheit, sich aktiv in einer „angereicherten (visuellen) Umgebung" zu betätigen. Die Entwicklungsrate dieser Kinder zeigte eine merkliche Erhöhung vieler visuell-motorischer Fähigkeiten. Auch fand man hier Hinweise auf

eine sog. „kritische Periode“; die Behandlung war weniger effektiv, wenn sie zu früh oder zu spät einsetzte (White und Held, 1966).
Es ergibt sich, daß, wenn eine normale Entwicklung stattfinden soll, einige Aspekte der Wahrnehmung und der perceptiv-motorischen Koordination nicht nur einfache Erfahrungen erfordern, sondern aktive Teilnahme des motorischen Systems am Erfahrungsprozeß. Es ist die Funktion der effektiven Reizverarbeitung und des perceptiven Verhaltens, den Organismus so vorzubereiten, daß er in der Lage ist, den Umweltanforderungen zu entsprechen. Soll die Wahrnehmung ein verläßliches Bindeglied in dieser Verhaltenssequenz darstellen, dann müssen wir ein sensorisch-motorisches Rückkoppelungssystem entwickeln, welches uns zuverlässige Informationen über die Konsequenzen unserer Bewegungen gibt.

c Die Entwicklung adaptiven Verhaltens

Bisher haben wir die Entwicklung und Reaktionsfähigkeit von Wahrnehmungssystemen untersucht. Um zu überleben, muß sich der Organismus an seine Umgebung anpassen (adaptieren). Solch adaptives Verhalten beinhaltet die *Integration* von Reaktionen und Wahrnehmungen. So ist es z. B. nicht genug, wenn ein Kind Reaktionen entwickelt wie Hämmern oder Essen oder die Wahrnehmung von Hammer oder Brötchen. Es muß auch lernen, daß ein Hammer zum hämmern und nicht zum essen und ein Brötchen zum essen und nicht zum hämmern da ist.
Obgleich viele Psychologen es vorziehen, über diese Prozesse zu theoretisieren, als seien sie unabhängig voneinander, betont man doch neuerdings ihre gegenseitige Abhängigkeit (Interdependenz) (siehe Gibson, 1970). Um zu verstehen, wie ein Organismus lernt und sich verhält, müssen wir wissen, wie er Beziehungen zwischen Objekten und Ereignissen wahrnimmt. So hat z. B. Lashley (1949) festgestellt, daß „es nicht die Tatsache des Lernens allein ist, was die Tiere in der Entwicklungsreihe voneinander unterscheidet, sondern das, *was* gelernt wird. Das Lernen der höheren Tiere zeigt eine Wahrnehmung von Relationen, die über die Fähigkeit der niederen Tiere hinausgeht“.
Die Natur sorgt anscheinend dafür, daß sich die Wahrnehmung von Vorgängen, die für das Überleben entweder gefährlich oder aber fördernd sind, schon früh im Leben aller Tiere ohne oder mit nur wenig Lernen entwickelt. Die feinere Differenzierung mehrdimensionaler Objekte oder geschriebener Symbole stellt hingegen eine evolutionäre Leistung des Menschen dar, die erst nach entsprechender Erziehung zustandekommt. Das Studium der Entwicklung des Verhaltens umfaßt drei Klassen von Reaktionssystemen: Reflexe, Instinkte und erlernte Reaktionen.

Reflexe

Reflexe sorgen für die direkte Verbindung zwischen Reiz und Reaktion. Wie wir bereits gesehen haben, gelangen beim Reflex nervöse Impulse über relativ einfache Bahnen von den Receptoren über das Rückenmark zu den Effectoren. Die Entwicklung der Reflexe ist ein Ergebnis physischer und physiologischer Entwicklung. Wenn die entsprechenden Receptoren, Neuronen und Muskelfasern vorhanden sind und funktionieren, dann kann auch der zugehörige Reflex beobachtet werden. Ein Lernvorgang ist dazu nicht notwendig; die Verbindung zwischen Reiz und Reaktion ist vorprogrammiert.
Der Fetus zeigt schon eine Reihe reflexiver Reaktionen. Die Berührung der Lippen z. B. verursacht das Öffnen und Schließen des Mundes, und die Darbietung eines Tones an der Bauchwand der Mutter erhöht seine Herzfrequenz. Bei der Geburt weist das Kind eine Reihe von Reflexen auf: den Kniereflex, die Pupillenkontraktion als Antwort auf Licht, Augenblinzeln und Niesen. Der Greifreflex entwickelt sich in zwei Phasen: Der Schließreflex, der bei der Geburt bereits vorhanden ist, wird durch einen Druck auf die Handinnenfläche ausgelöst und besteht aus dem Zusammenballen der Hand. Die zweite Phase besteht aus einem stärkeren Zugreifen oder Anhalten, eine Reaktion, die als Antwort auf eine Stimulierung der Fingersehnen zustandekommt.
Als Reflexe bezeichnen wir also sehr spezifische, verläßliche Reaktionen, die als Antwort auf eine eng begrenzte Anzahl physikalischer Reize zustandekommen. Sie stellen das Reaktionsrepertoire des Neugeborenen dar, welches angeboren und für das Überleben unentbehrlich ist.

Instinkte

Wohl kein Konzept in der Geschichte der Psychologie war so umstritten wie das des Instinkts. Wir können hier die Jahre andauernde hitzige Debatte nicht voll darstellen, aber die Frage bewegte sich im wesentlichen darum, ob menschliches Verhalten durch angeborene Instinkte kontrolliert wird; eine detaillierte Analyse lieferte Beach (1955) in seiner Arbeit „The Descent of Instinct". Hier wollen wir uns nur mit dem Hauptproblem befassen. Zunächst einmal waren es die Theologen, die eine Mensch/Tier-Aufteilung vornahmen; sie unterschieden zwischen dem freien Willen des Menschen (und damit auch seiner Verantwortlichkeit) und den automatisch funktionierenden Instinkten der „nicht-denkenden" Tiere. Um die Jahrhundertwende jedoch zogen berühmte Psychologen wie McDougall und William James auch beim menschlichen Verhalten die treibende Kraft von Instinkten in Betracht. Es lief sogar darauf hinaus, daß der Mensch mehr Instinkte habe als das Tier. Bernard (1924) trug in einer Liste über 10 000 menschliche Instinkte zusammen, die in den Arbeiten verschiedener Autoren aufgetaucht waren. Diese populäre Ansicht, die die amerikanische Psychologie jahrzehntelang beeinflußte, wurde zu Beginn der dreißiger Jahre von drei verschiedenen Seiten aus bekämpft und verschwand. Einmal wurde festgestellt, daß man alleine durch die Bezeichnung „Instinkt" für praktisch alle möglichen Verhaltensweisen diese deshalb noch lange nicht besser erklären konnte. Wenn man ein Verhalten als „instinktiv" bezeichnet, ist damit noch nicht gesagt, wann, wie und unter welchen Umständen dieses Verhalten entstehen kann. Als zweites demonstrierten die Behavioristen (näheres in Kapitel 4) die Bedeutung der Umweltbedingungen bei der Entwicklung des Verhaltens und argumentierten überzeugend, daß fast alle Verhaltensweisen durch Umweltreize kontrolliert würden. Drittens zeigten die Kulturanthropologen, daß viele der für westliche Gesellschaften typischen Verhaltensweisen, die angeblich instinktiv sein sollten, in anderen Gesellschaftsformen nicht zu finden waren.

Wie aber können wir die außerordentliche Organisation einer Ameisentruppe, die soziale Hierarchie eines Bienenstockes, die Wanderung der Lachse, die komplexen, aber streng festgelegten sexuellen Verhaltensmuster bei verschiedenen Tierarten oder das Netzbauen bei Spinnen erklären? *Ethologen* wie Lorenz und Tinbergen, die die Verhaltensmuster von Tieren in Interaktion mit ihrer natürlichen Umwelt studieren, haben durch ihre sorgfältigen Beobachtungen dem Instinktkonzept neues Ansehen verschafft. Diese Verhaltensweisen werden heute als eine komplexe Reihe von Reaktionen auf innere Stimulierung (hormonale Sekretion) und Umweltstimulierungen (wie z. B. Geruchssignale in einem Fluß oder Signale durch den Sonnenstand am Himmel) betrachtet, auf die der Organismus mit angeborener Sensibilität reagiert. Einige Ethologen ziehen es vor, den Ausdruck „angeborener Auslösemechanismus" (AAM; fixed action pattern) zu benutzen, wodurch der Schwerpunkt von angeblich inneren, angeborenen Mechanismen auf äußere Verhaltenskomponenten verlegt wird.

Im allgemeinen besteht heute Übereinstimmung darüber, daß bei einem instinktiven Verhaltensmuster die ihm zugrundeliegenden biologischen Muster durch Reifung und kaum durch Lernen zustandekommen. Es handelt sich also um ein angeborenes Produkt der Vererbung, wenn es auch u. U. erst Monate oder Jahre nach der Geburt in Erscheinung treten mag. Man findet es bei allen Vertretern einer Art ohne Rücksicht auf Unterschiede in deren Umwelt. Sobald die zugrundeliegenden biologischen Muster gereift sind, zeigt sich ein echtes instinktives Verhaltensmuster dann, wenn adäquate Reize geboten werden, also ohne vorherige Gelegenheit zum Lernen.

Der letzte Teil der Definition unterscheidet dieses Konzept von dem früheren, welches Instinkte ohne Zusammenhang mit der Umwelt oder anderer Stimulierung betrachtete. Heute stimmt man darin überein, daß selbst beim eindeutigen Vorliegen eines Instinktes irgendeine Stimulierung zur Auslösung vorhanden sein muß. Einige Variationen der üblichen instinktiven Verhaltensmuster treten als Resultat der Veränderungen der exakten Stimulationsmuster auf, die gewöhnlich in der Umwelt des betreffenden Organismus wirksam werden.

Instinkte, die man als „vorprogrammierte" Verhaltensweisen bezeichnen kann, unterscheiden sich von Reflexen auf vielerlei Art. Gewöhnlich sind sie komplexe Verhaltensmuster, die die Koordination vieler motorischer Systeme, einen bestimmten zeitlichen Ablauf von Aktivitäten und die Anpassung an Umweltveränderungen und -forderungen be-

inhalten. Der Bau eines Vogelnests erfordert z. B.: das Suchen nach entsprechendem Material, das Zusammenbringen dieses Materials und die entsprechende Verarbeitung. In einer bestimmten Umgebung bauen alle Artgenossen das Nest auf die gleiche Art und Weise, jedoch können sie auch anderes Material benutzen oder zusätzlich Lehm als Klebstoff verwenden und sich noch durch andere Modifikationen an eine veränderte Umwelt anpassen.
Obgleich man hier eine unbegrenzte Anzahl von Beispielen anführen könnte, um die verwirrende Komplexität instinktiven Verhaltens zu beschreiben, ist kaum ein Beispiel so überzeugend, wie das der Meeresschildkröten-Wanderung.

Weibliche Schildkröten, die normalerweise an der brasilianischen Küste leben, schwimmen alle paar Jahre zur Ascension-Insel, um dort ihre Eier zu legen. Diese Insel ist nur etwa 8 km lang und über 2000 km entfernt! Als man die einzelnen Schildkröten zu Identifikationszwecken markierte, stellte sich heraus, daß einige der Schildkröten, die auf der Insel markiert wurden, tatsächlich an der brasilianischen Küste wiederentdeckt wurden, und daß einige nach drei Jahren zur Insel zurückkehrten. Eine Schildkröte kehrte an eine Stelle zurück, die nur 200 bis 300 m von dem Punkt entfernt war, den sie „4 Jahre und 4500 km zuvor" verlassen hatte. Man nimmt an, daß die richtungsweisenden Signale, die für diese Reise notwendig sind, wahrscheinlich chemische Signale von der Insel selbst und auch chemische und visuelle Signale der brasilianischen Küste miteinschließen. Auf offener See könnte jedoch höchstens ein Signal wie z. B. der Sonnenstand über dem Horizont um 12 Uhr mittags von irgendeiner Bedeutung sein (Carr, 1965).

Abb. 3-4. Die Schildkröte ist mit einem Peilsender ausgestattet, der es ermöglicht, den genauen Weg des Tieres während seiner Wanderschaft zu verfolgen

Auch einige Reaktionen von Kindern könnte man als „instinktiv" bezeichnen, wie z. B. die Vermeidung der „tiefen" Seite der visuellen Klippe oder die Konzentration der Aufmerksamkeit auf die Ecken von Figuren. Im allgemeinen jedoch ist reines instinktes Verhalten, wie wir es bei Tieren beobachten können, beim Menschen nur selten zu sehen. Sein Nervensystem, besonders aber sein Gehirn, sorgt dafür, daß er sich viel mehr als niederere Arten an die Veränderung der Umwelt anpassen kann, was zur Folge hat, daß die Instinkte, die er vielleicht anfänglich noch hat, schnell durch Auswirkungen des Lernens überlagert werden. Es ist höchst zweifelhaft, ob der erwachsene Mensch überhaupt irgendein *rein* instinktives Verhaltensmuster zeigt. Gewöhnlich sind bestimmte menschliche Verhaltensmuster auf einem Kontinuum zwischen reinem Instinkt und reinem Lernen zu finden, abhängig von dem Grad der Interaktion, der innerhalb der Entwicklung zwischen Reifung und Lernen stattgefunden hat.

Erlerntes Verhalten

Das menschliche Nervensystem besitzt praktisch eine unendliche Flexibilität und Anpassungsfähigkeit. Das alte Sprichwort von der menschlichen Natur, die man nicht verändern könne, ist schlichtweg falsch. Das Problem liegt darin, *wie* man die entsprechenden Umweltbedingungen gestalten muß, um die Entwicklung in die gewünschte Richtung zu lenken. Die Verhaltensmodifikation, die aus einer Interaktion zwischen dem Menschen und seiner Umwelt entsteht, kann man am besten verstehen, wenn man die Konzepte der Lernforschung betrachtet.
Lernen durch Assoziation und Übung. Eine Art des Lernens erweitert die Grundlage unserer angeborenen Reaktionsmuster und baut gleichzeitig darauf auf: Ein Reiz, der normalerweise keine Reaktion hervorruft, wird mit einem Reiz gepaart, der diese Reaktion auslöst, bis dann der erste Reiz diese Reaktion hervorrufen kann. Bei einer zweiten Art von Lernen wird eine bestimmte Reaktion, jedesmal wenn sie auftritt (emittiert wird), durch eine Veränderung in der Umwelt *verstärkt.* So erhält z. B. ein Kind Milch, wenn es einen Hebel drückt, nicht aber, wenn es schreit, mit dem Ergebnis, daß es lernt, den Hebel zu drücken, um mehr Milch zu bekommen. Diese beiden Arten von Lernen bezeichnen wir als

„Klassische Konditionierung“ (Kond. Typ I) und als *„Operante Konditionierung“ (Kond. Typ II)*; sie sind bei der Entwicklung angepaßten Verhaltens äußerst wichtig und werden in Kapitel 4 näher beschrieben.

Obgleich die Lernmöglichkeiten im pränatalen Leben sehr beschränkt sind, konnte nachgewiesen werden, daß der menschliche Organismus einfache Reaktionen schon während der letzten zwei Monate vor seiner Geburt lernen kann.

In einer Studie über pränatale klassische Konditionierung zeigte sich, daß ein lauter Ton an der Bauchwand der Mutter Körperbewegungen hervorrief, während ein an derselben Stelle angesetzter Vibrator diese Bewegungen beim Kind nicht hervorrufen konnte. Bei den nun folgenden Lernabschnitten wurde der Vibrator an der Bauchwand 5 sec lang angesetzt, während zur selben Zeit der laute Ton gegeben wurde. Nach weniger als 100 gepaarten Darbietungen von Ton und Vibrator reagierte der Fetus dann auf den Vibrator alleine. Es wurden individuelle Unterschiede beobachtet, die sich in der Anzahl der für das Lernen benötigten Versuchsdurchgänge ausdrückten (Spelt, 1948).

Studien über Lernen nach der Geburt befassen sich zunächst mit der Bestimmung der Bedingung, die angenehm oder unangenehm für das Neugeborene sind. Was ist für ein Kind verstärkend? Es hat sich gezeigt, daß Verstärker sich nicht auf Essen, Trinken oder das Zurücknehmen aversiver Reize beschränken. Exteroceptive Reize wie z. B. Töne, Muster, Gewebe, Wärme etc. können als Verstärkung für Aufmerksamkeit, visuelles Folgen, Lachen, Laute und andere Reaktionsmuster benutzt werden.

Ein vielversprechendes Projekt von Siqueland (1969) benutzte visuelle Verstärkung. Vier Monate alte Kinder wurden für das Saugen an einem Schnuller verstärkt (es wurden visuelle Reize an eine Wand projiziert, solange sie saugten). Die Kinder lernten das Saugen; allerdings reduzierte sich das Saugverhalten, wenn der visuelle Reiz in dem Moment, in dem das Kind zu saugen anfing, entfernt wurde.

Die Erfahrung mit bestimmten Reizen während der frühen Entwicklungszeit kann auch späteres Verhalten beeinflussen (Gibson und Walk, 1956).

So wurden z. B. Ratten in Käfigen aufgezogen, an deren Wänden sich zwei Kreise und zwei Dreiecke befanden; diese Tiere zeigten ein wesentlich besseres Lernverhalten bei der Diskrimination dieser beiden geometrischen Formen als Tiere, die in einfachen weißen Käfigen aufwuchsen. Bei einem weiteren Experiment wuchsen Ratten in einem Käfig mit einem gleichseitigen Dreieck und einem Kreis auf. Während eines späteren Lernexperimentes zeigten diese Ratten besseres Diskriminationsverhalten (zwischen Dreiecken und Ellipsen) als die Kontrolltiere und eine Generalisation auf ähnliche Figuren (Gibson, Walk, Pick und Tighe, 1958).

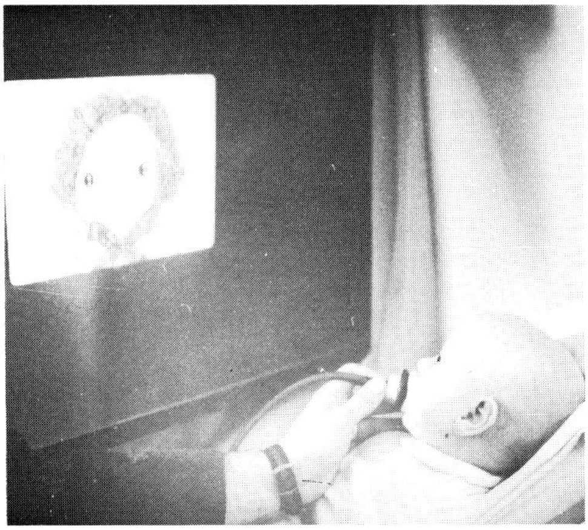

Abb. 3-5. Konditionierungsapparat für das Saugverhalten von Kleinkindern. Das Erscheinen des Bildes dient als Signal zur Erhöhung oder Verminderung des Saugverhaltens

Die Umwelt bestimmt den größten Teil des *Inhalts* dessen, was gelernt wird, und die *Zeit,* zu der es gelernt wird. Bei fortschreitender Reifung und Lernfähigkeit sieht sich das Kind einer Welt gegenüber, in der natürliche Gesetze und soziale Spielregeln bestimmen, welches Verhalten möglich oder unmöglich ist, verstärkt oder bestraft wird. In jedem Lebensabschnitt gibt es bestimmte „Aufgaben“, die das Individuum meistern muß; sie werden ihm von der Gesellschaft und seinen eigenen Bedürfnissen vorgeschrieben und können mit Hilfe erlernter Verhaltensweisen und des fortschreitenden Prozesses der Reifung gelöst werden (Havighurst, 1952, 1953).

So bewirken z. B. sowohl der Druck der Umwelt wie auch die eigenen Wachstumskräfte beim Kind das Erlernen des Gehens und Sprechens. Der Erfolg, mit dem es diese und andere Aufgaben erfüllt, hat einen großen Einfluß sowohl auf die allgemeine Entwicklung und das Wohlbefinden des Einzelnen als auch auf den Erfolg beim Lösen weiterer Entwicklungsaufgaben.

Spezifische Entwicklungsschritte sind natürlich von Kultur zu Kultur sehr verschieden. Obgleich Kinder aller Kulturen das Sprechen und Gehen lernen, so sitzen sie doch nicht alle mit übergeschlagenen Knien, sind nicht alle ehrerbietig gegenüber Erwachsenen, können sie nicht alle Druckbuchstaben lesen oder Tierspuren erkennen. Die Mitglieder einer bestimmten Gesellschaft werden immer auf spezifische Entwicklungsaufgaben treffen. Die wichtigsten

Entwicklungsaufgaben für die verschiedenen Entwicklungsphasen in unserer Gesellschaft — so wie sie in den fünfziger Jahren formuliert wurden — sind in Tabelle 3-1 dargestellt.
Sie sollten sich überlegen, inwieweit diese Aufstellung heute noch zutrifft; der Vergleich dürfte interessant sein!

Lernen durch Interaktion mit den Eltern. Obwohl die klassische Konditionierung und das operante Lernen die Hauptmechanismen unseres adaptiven Verhaltens darstellen, gibt es noch zwei weitere Prozesse, die besonders während der frühkindlichen Entwicklung bei fast allen Arten von Bedeutung sind. Es sind dies die *Prägung* und das *Lernen durch Beobachtung und Imitation.*

Die Interaktion zwischen Eltern und Kindern ist besonders in den frühesten Jahren von großer Bedeutung für das Sozialverhalten. Während dieser Zeit findet solches Lernen kaum außerhalb dieser Eltern-Kind-Verbindung statt. Was das Kind hier lernt, bildet die Grundlage für sein späteres Verhalten und das Lernen in einer Reihe anderer sozialer Situationen (Gewirtz, 1969).

Wie bindet sich ein junges Tier an seine Eltern, wie erkennt es diese wieder und wie findet es später seinen Sexualpartner? Welche Aus-

Unter der Lupe

Frühe Erfahrung kann späteres Lernen verbessern

Die Experimentalgruppe wuchs in einem Käfig auf, an dessen Wänden geometrische Figuren angebracht waren (links); es geschah aber während dieser Zeit nichts, um die Aufmerksamkeit der Tiere auf diese Figuren zu lenken. Die Lebens- und Lernbedingungen für die Kontrollgruppe stimmten mit denen der Experimentalgruppe überein, mit der Ausnahme, daß an den Wänden ihrer Käfige keine Figuren waren. Später mußten beide Gruppen Aufgaben lösen, bei denen die Diskrimination geometrischer Formen verlangt wurde (unten rechts). Wenn die Tiere die „richtige“ Form wählten, erhielten sie Futter. Die Lernkurven (rechts) zeigen, den Prozentsatz der richtigen Reaktionen pro Tag für die beiden Gruppen. Interessanterweise konnten in einer späteren Untersuchung keine Unterschiede zwischen der Experimental- und der Kontrollgruppe festgestellt werden (Nach Gibson und Walk, 1956).

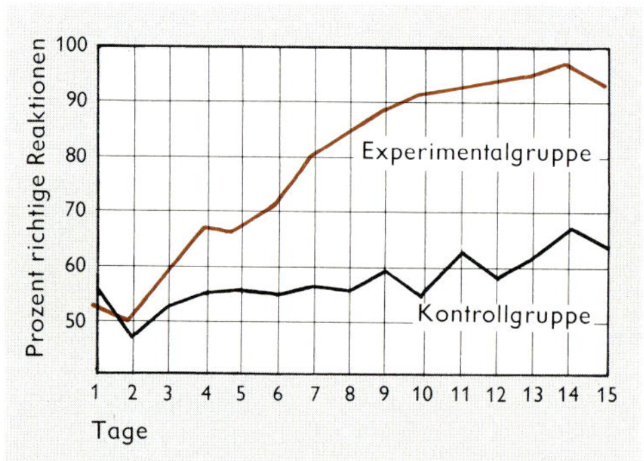

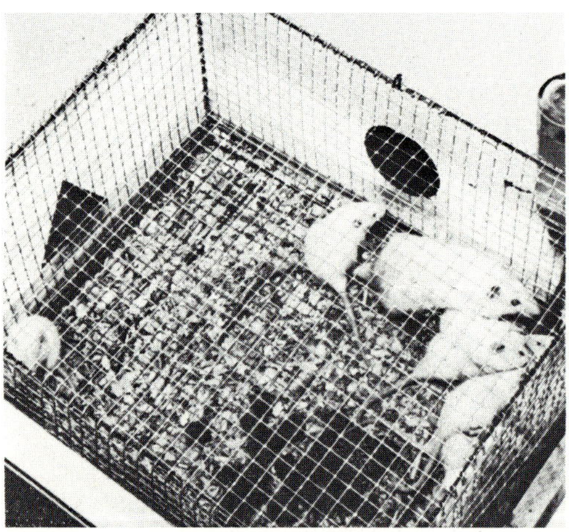

wirkung hat die Gegenwart eines Elternteils (oder Elternersatzes) auf das Verhalten des sich entwickelnden Kindes?

Prägung. Lorenz (1935) lenkte die Aufmerksamkeit auf ein Phänomen, das sowohl für die Entwicklung des Individuums wie auch für die Erhaltung der Art von Bedeutung ist: die Prägung der Folgereaktion und der Sexualreaktion. Der Ausdruck *Prägung* besagt, daß das junge Tier innerhalb einer kritischen Periode seiner frühen Entwicklung einem anderen Tier folgt, das in dieser Periode in seiner Umwelt anwesend ist, und daß es zu einem späteren Zeitpunkt ein Tier derselben Art zum Sexualpartner wählt. Gewöhnlich ist natürlich die Mutter das Prägungsobjekt des Tieres.

An Enten und Hühnern wurden folgende Beobachtungen gemacht: Ein frischgeschlüpftes Tier, das mit einer „Stiefmutter" aus einer anderen Species zusammengebracht wird, (a) folgt ihr und nicht seiner biologischen Mutter; (b) wählt bei Eintreten der Geschlechtsreife einen Partner aus der Species seiner Stiefmutter.

Hess (1959) führte eine Reihe von Laborstudien durch, in deren Verlauf junge Enten auf eine hölzerne „Mutterente", die sich bewegte und entenähnliche Laute von sich gab, geprägt wurden. Mit der Apparatur, die in Abb. 3-6 gezeigt ist, bestätigte Hess die Ergebnisse der in der freien Natur angestellten ethologischen Beobachtungen, daß die kritische Periode für die Prägung der Folgereaktion zwischen der 5. und der 24. Stunde liegt, wobei der optimale Zeitpunkt zwischen der 13. und 16. Stunde zu finden ist. Nach dieser Zeit findet eine Prägung nur selten statt, und die Tiere reagieren auf fremde Objekte mit Scheu oder Furcht. Die entsprechende Zeitperiode liegt für Hunde bei etwa 13 Wochen, und auch Katzen, die in den ersten Lebenswochen keinen Kontakt mit Menschen hatten, fürchten sich nach Ablauf dieser Zeit vor ihnen. Interessant bei

Tabelle 3-1. *Entwicklungsaufgaben von der Geburt bis ins hohe Alter* (Nach Havighurst, 1953)

Frühe Kindheit (Geburt — 6 Jahre)
Gehen lernen
Lernen, feste Nahrung aufzunehmen
Lernen, die Körperausscheidungen zu kontrollieren
Lernen von Geschlechtsunterschieden und Scham
Erreichen physiologischer Stabilität
Bildung einfacher Konzepte sozialer und physikalischer Realitäten
Schaffung emotionaler Bindungen an Eltern, Geschwister u. a.
Unterscheidung zwischen „richtig" und „falsch" und Entwicklung eines Bewußtseins

Mittlere Kindheit (6 — 12 Jahre)
Erlernen von Fähigkeiten, die für normales Spielen notwendig sind
Erlernen einer gesunden Selbsteinschätzung
Lernen, sich mit gleichaltrigen Spielgenossen zu vertragen
Erlernen einer passenden männlichen und weiblichen sozialen Rolle
Erlernen von Lesen, Schreiben und Rechnen
Entwicklung von Konzepten, die für das tägliche Leben von Bedeutung sind
Entwicklung von Bewußtsein, Moral und einer Reihe von Werten
Erlernen einer persönlichen Unabhängigkeit
Entwicklung einer Einstellung gegenüber sozialen Gruppen und Institutionen

Jugendalter (12 — 18 Jahre)
Bildung neuerer und reiferer Verhältnisse mit Gleichaltrigen beiderlei Geschlechts
Erlernen einer männlichen oder weiblichen sozialen Rolle
Adäquater Gebrauch des eigenen Körpers
Erreichen emotionaler Unabhängigkeit von Eltern anderen Erwachsenen
Gewißheit, ökonomische Unabhängigkeit zu erreichen
Auswahl und Vorbereitung auf einen Beruf
Vorbereitung auf Ehe und Familienleben
Entwicklung intellektueller Fähigkeiten und Entwicklung von Konzepten, die für das Leben notwendig sind
Entwicklung sozialen Verantwortungsbewußtseins
Aneignung eines ethischen Wertsystems, welches das eigene Verhalten lenkt

Frühes Erwachsenenalter (18 — 35 Jahre)
Wahl eines Partners
Lernen mit dem Partner zu leben
Gründung einer Familie
Aufziehen von Kindern
Gestaltung eines Heimes
Beginn im Beruf
Gesellschaftliche Verantwortung
Anschluß an eine passende soziale Gruppe

Mittleres Alter (35 — 60 Jahre)
Gesellschaftliche und soziale Verantwortung
Erreichen eines bestimmten Lebensstandards
Vorbereitung der eigenen Kinder auf ein verantwortungsbewußtes und zufriedenstellendes Erwachsenenalter
Vernünftige Freizeitgestaltung
Pflege der Beziehungen zum Partner
Anpassung an die physiologischen Veränderungen des mittleren Alters
Anpassung an alte Eltern

Hohes Alter (60 und mehr Jahre)
Anpassung an das Nachlassen der Kräfte und der Gesundheit
Anpassung an den Ruhestand und an ein vermindertes Einkommen
Anpassung beim Tod des Partners
Anpassung an die eigene Altersgruppe
Fortführung sozialer und gesellschaftlicher Verpflichtungen
Anpassung an die entsprechenden Wohn- und Lebensbedingungen

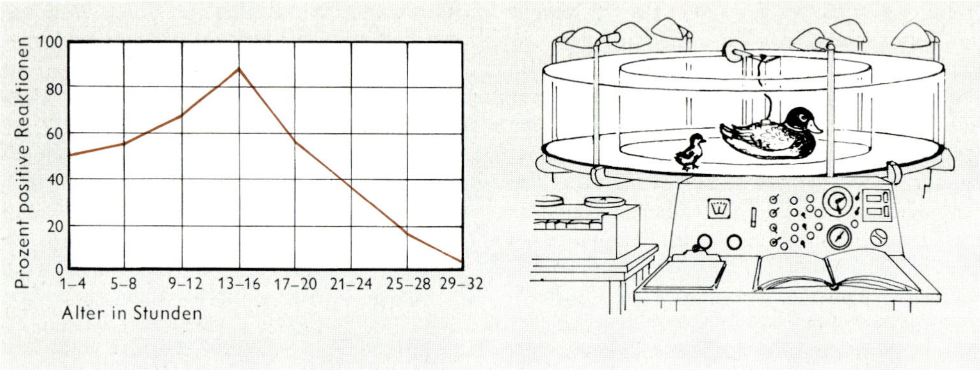

Abb. 3-6. Prägungsfähigkeit und Alter. Der Apparat, den Hess beim Studium der Prägung benutzte (rechts), bestand aus einer an einem Schwenkarm zu bewegenden Holzente, der das Junge auf einem runden Laufsteg folgen konnte. Die graphische Darstellung zeigt den Prozentsatz der positiven Reaktionen von Jungtieren nach dem Prägungstraining. Die Prägung vollzog sich innerhalb eines Zeitraums von 32 Stunden nach dem Ausschlüpfen, wobei die Enten, die zwischen der 13. und 16. Lebensstunde geprägt wurden, die höchste Prägungsrate aufwiesen (Nach Hess, 1959)

der Betrachtung der Prägung ist, (a) daß die Reaktion schon innerhalb einer einminütigen Periode des Hinterherlaufens „fixiert“ werden kann (Schutz, 1969), (b) daß sie um so stärker ist, je mehr Anstrengung erforderlich ist, um dem Modell zu folgen, und (c) daß aversive Reize wie z. B. ein der Ente verabreichter elektrischer Schock die Stärke der Prägung *erhöhen*.

Unter natürlichen Lebensbedingungen ist die Folgereaktion wichtig für das momentane Überleben des hilflosen Tierjungen, welches sich seiner Mutter zwecks Schutz und Ernährung anschließen muß. Die Prägung auf die Mutter sichert auch die spätere Wahl eines Partners aus derselben Art, wodurch eine wahllose Paarung vermieden wird.

Prägungsversuche zeigen die Interaktion zwischen angeborenen Reaktionsmechanismen, Reifungsprozessen und besonderen Umwelterfahrungen. Obwohl es so aussehen mag, als würden Menschen solchen Prozessen weniger unterliegen als Tiere, ist es doch interessant festzustellen, daß Menschen, die ihre frühe Kindheit in Heimen etc. verbringen mußten, sich später u. U. nur schwer an die soziale Gruppe anpassen können (Goldfarb, 1943); vielleicht ist dieses Fehlverhalten auf mangelnden Kontakt mit (und mangelnde adäquate „Prägung“ auf) Menschen zurückzuführen.

Beobachtungs- und Imitationslernen. Der Vorgang, bei dem ein Kind lernt, sein Verhalten dem allgemeinen Wertsystem seiner Kultur anzupassen, wird *Sozialisierung* genannt. In gewissem Sinne bezeichnet dieser Ausdruck den Vorgang, mit Hilfe dessen ein „egozentrisches kleines Tier“ zu einem „zivilisierten Menschen“ wird, der mit anderen Menschen zurechtkommt und zu deren Wohlbefinden beiträgt (oder auch nicht).

Aber bedenken wir auch die zahlreichen Faktoren und Verhaltensmuster, die für diese Umwandlung notwendig sind, z. B. Selbstkontrolle, Belohnungsverzögerung, Etikette, Gesetze, Selbstbewußtsein, Einstellungen zu Eltern, Besitz, Geschlecht, Gesellschaft, Krieg, Fremden, Tod usw. Dazu kommt noch eine schier unbegrenzte Anzahl von Redewendungen, die Kinder erlernen müssen, um andere zu verstehen und selbst verstanden zu werden.

Belohnung und Bestrafung für vorangegangene Reaktionen allein können nicht als ausreichende Erklärung für dieses *soziale Lernen* betrachtet werden. Bandura (1969) geht so weit, zu sagen: „Wenn soziales Lernen ausschließlich auf der Grundlage von Belohnung und Bestrafung basierte, würden die meisten Leute den Sozialisierungsprozeß nicht überleben“. Es ist möglich, daß die menschliche Fähigkeit, von der Beobachtung sowohl verbalen als auch nicht-verbalen Verhaltens entsprechender, innerhalb der Gesellschaft auftretender Modelle zu profitieren, der Grundstein für die Anpassungsfähigkeit und verhältnismäßig erfolgreiche Kontrolle über andere Tiere und deren Umgebung ist.

Vor langer Zeit schon sprachen Miller und Dollard (1941) davon, daß Tiere und Menschen durch Beobachtung und Imitation eines erfolgreichen Modells lernen könnten. Das

Imitationslernen erklärt jedoch nicht, warum ein Beobachter *neue* Reaktionsmuster lernt, die er noch nie vorher ausführen konnte, die nie verstärkt wurden (weder für ihn noch für sein Modell), und die selbst in Abwesenheit des Modells lange Zeit nach der ursprünglichen Beobachtung zum ersten Mal auftreten können. Dazu kommt, daß effektives soziales Lernen mehr erfordert, als nur das Verhalten eines Modells, wie z. B. das eines Elternteils, nachzuahmen. Was hier gefordert wird, ist die Auswahl und Integration verschiedener Kombinationen von Reaktionen aus Beobachtungen an vielen, zum Teil grundverschiedenen Modellen.

Systematische Untersuchungen von Bandura (1969) haben gezeigt, daß neue Verhaltensmuster aus Beobachtungslernen hervorgehen können (bei dem sich angeblich eine Identifikation mit dem Verhalten des Modells vollzieht). Folgende Faktoren scheinen beim Aneignen neuer Reaktionen eine Rolle zu spielen:

1. Die *Aufmerksamkeit,* mit der eine Person die Merkmale der Reaktion des Modells wahrnimmt, erkennt und differenziert;
2. *Symbolische Verschlüsselungsprozesse,* innerhalb derer Reize des Modellverhaltens im Gedächtnis der Person in Vorstellungen oder Wörter verschlüsselt werden;
3. *Gedächtnisprozesse,* innerhalb derer verschlüsseltes Modellverhalten gespeichert und zu späterem Abruf bereitgestellt wird;
4. *Motorische Reproduktionsprozesse,* innerhalb derer die symbolischen, verschlüsselten Darstellungen (Muster) vom Beobachter zur Lenkung einer selbständigen Durchführung der (Modell-)Reaktion benutzt werden.

Für die Durchführung der Reaktion durch den Beobachter müssen zwei Voraussetzungen gegeben sein: Die Person muß die notwendigen Fähigkeiten, Intelligenz und einen bestimmten Entwicklungsstand besitzen, und sie muß motiviert sein.

Dies alles hört sich so an, als erfordere dieser Prozeß ein hohes Intelligenzniveau, und als sei es deshalb unwahrscheinlich, daß das Verhalten eines Kleinkindes dadurch beeinflußt werden könnte. In einer Untersuchung wurden je 30 japanische und amerikanische Säuglinge im Alter von 3 bis 4 Monaten miteinander verglichen. Die Ergebnisse zeigten, daß diese Kleinkinder bereits gelernt hatten, „Japaner“ oder „Amerikaner“ zu sein, indem sie genau die Verhaltensmuster zeigten, die von ihren Müttern erwartet wurden (Caudill und Weinstein, 1969). Die subtilen kulturellen Unterschiede, wie sie später z. B. in ausgeprägten emotionalen Verhaltensmustern bei Erwachsenen zum Ausdruck kommen, entstehen möglicherweise bereits in der frühen Kindheit als Folge unterschiedlicher Lernerfahrungen.

„Amerikanische Kinder geben mehr freudige Laute von sich und sind aktiver und neugieriger, was ihren eigenen Körper und ihre Umgebung anbetrifft, als japanische Kinder. Das mag daher kommen, daß die amerikanischen Mütter eine größere verbale Interaktion mit ihren Kleinkindern pflegen und sie zu größerer physischer Aktivität und Exploration anregen. Im Gegensatz dazu pflegt die japanische Mutter mehr körperlichen Kontakt mit ihrem Kleinkind und lenkt es in Richtung physischer Ruhe und Passivität in bezug auf seine Umwelt. Dazu kommt, daß diese schon in früher Kindheit erlernten Verhaltensmuster genau den — in beiden Kulturen verschiedenen — Erwartungen über das spätere Verhalten entsprechen“ (Caudill und Weinstein, 1969).

d Die Entwicklung der Sprache

Es wird oft gesagt, daß die größte intellektuelle Leistung des Menschen die Aneignung der Sprache ist, eine Leistung, die jedes Individuum lange vor der Einschulung erbringt. Vielleicht bedeutet diese Leistung nicht sehr viel für Sie, weil jeder, den Sie kennen, wahrscheinlich dieses Ziel erreicht hat. Sogar geistig behinderte Kinder erlernen gewöhnlich die Sprache ihrer Kultur, und die Kinder einiger Kulturen lernen trotz schlechter Lernbedingungen sich mit Hilfe höchstkomplizierter Sprachen zu verständigen. Diese menschliche Leistung gewinnt dann an Bedeutung, wenn man überlegt, ob ein Schimpanse (der uns in der Entwicklungsreihe am nächsten steht) das Sprechen erlernen kann, und wie man es anstellen würde, daß er uns seine Ideen mitteilen könnte und unsere eigenen verstehen lernte.

Die Sprache ist mehr als nur ein Kommunikationsmittel; sie spielt beim Ordnen der verschiedenen Erfahrungen und der Stabilisierung der verwirrenden Welt des Kleinkindes eine besondere Rolle. Es gibt in der Tat nur wenige psychologische Prozesse, die nicht durch den Gebrauch von Sprache und Symbolen beeinflußt werden. Indem es die Sprache „richtig“ gebraucht, kann ein Kind seine biologischen Bedürfnisse besser befriedigen, sich die Aufmerksamkeit anderer verschaffen, das Verhalten anderer kontrollieren, Dinge symbolisch darstellen und sich damit auf einem eher ab-

strakten als konkreten Niveau bewegen; ferner kann es sich erinnern, kann planen, logisch denken, analysieren, synthetisieren, Widersprüche erklären, Ungewißheit vermindern und eine soziale Verbindung mit denen eingehen, die dieselbe Sprache sprechen.
Schachtel (1959) argumentiert, daß wir uns vor dem Zeitpunkt, zu dem wir uns die Sprache angeeignet haben, an nichts erinnern können, weil das Gedächtnis eine verbale Verschlüsselung erfordert (Näheres dazu in Kap. 5). Da die Sprache Vorgänge verschlüsselt und damit ermöglicht, diese zu speichern, einzuordnen und für den Abruf bereitzustellen, kann sie als *„zeitbindend"* bezeichnet werden. Sie schafft die dem Menschen eigene Fähigkeit, mit Hilfe von Symbolen die Vergangenheit wieder hervorzurufen und die Zukunft zu antizipieren. Dadurch gewinnt die Gegenwart, selbst wenn sie überwältigend sein sollte, eine Perspektive, die es uns ermöglicht, besser mit ihr fertig zu werden. William James sagte, daß „der große Schrecken der frühen Kindheit die Einsamkeit" ... sei. Die Aneignung der Sprache ist das Mittel, mit dem wir dieses isolierte Dasein überwinden können.

Sprachentstehung

Fast alle Kinder aller Kulturen fangen in einer normalen Umgebung im Alter von 18 bis 24 Monaten an, in Sätzen zu sprechen; innerhalb eines weiteren Jahres haben sie sich dann die Grundbestandteile der Sprache, die in ihrer Sprachumgebung gebraucht wird, angeeignet. Wie ist dieser bemerkenswerte Prozeß zu erklären?
Die menschliche Sprachentwicklung kann grob in vier Phasen eingeteilt werden. Diese überlappen sich und können deshalb nicht genau voneinander getrennt werden (Kaplan und Kaplan, 1970).
1. Phase. Die Untersuchung der Sprachentwicklung bei Kindern beginnt mit dem Geburtsschrei des Neugeborenen. Während der ersten drei Wochen ist das „Sprachrepertoire" des Kindes äußerst eingeschränkt. Der Schreilaut kann etwas abgewandelt werden und ermöglicht es so aufmerksamen Eltern, auf Grund der Klangunterschiede z. B. auf Ärger oder körperlichen Schmerz zu schließen. Im wesentlichen jedoch besteht die Sprache des Neugeborenen aus Schreien, Husten und Gurgellauten.
2. Phase. Im Alter zwischen 3 Wochen und etwa 4 bis 5 Monaten bringt das Kleinkind „Pseudoschreie" hervor, die man nicht als einfaches Schreien bezeichnen kann. Abwandlungen dieser Laute entstehen durch Veränderungen in Dauer und Frequenz sowie durch den Gebrauch der Sprachorgane.
3. Phase. Im Alter von 6 bis 12 Monaten sind die Sprachlaute genügend variiert und kontinuierlich, so daß auf diese Zeitperiode die Bezeichnung „Plapperphase" zutrifft. Vokal- und konsonanten-ähnliche Laute werden artikuliert und die Intonationsmuster von Erwachsenen imitiert.
Bei der Entwicklung von Plapperlauten gibt es bestimmte Muster, deren Auftreten hauptsächlich davon abhängt, wie schwierig es ist, den Laut hervorzubringen. Größtenteils jedoch benutzt das Neugeborene Vokale, die im vorderen Teil des Mundes gebildet werden (wobei die Zunge eine bequeme Stellung einnimmt), wie z. B. das E in „Bett", das I in „Witz" und das U in „Schutz". Vokale, die weiter hinten in der Mundhöhle gebildet werden, sind viel schwieriger, wie z. B. das lange U und das lange A, da sie ein Krümmen des hinteren Zungenteils notwendig machen. Mit zunehmender Reifung des Kindes erhöht sich auch der Prozentsatz der langen Vokale. Im Alter von etwa $2\frac{1}{2}$ Jahren ist der relative Anteil aller Laute in der Sprache etwa derselbe wie bei der Erwachsenensprache (Irwin, 1948).
4. Phase. Der Ansatz zur „echten" Sprache erscheint etwa am Ende des ersten Lebensjahres. Die „vorsprachliche" Periode, die die vorherigen Phasen charakterisierte, wird jetzt durch das Auftauchen deutlicher Äußerungen und der ersten wahrnehmbaren Worte des Kindes verdrängt. Überraschenderweise verringert sich die Mannigfaltigkeit der vom Kind gebrauchten phonetischen Formen kurz bevor es die echte Sprache benutzt. Jakobson (1968) und andere haben beobachtet, daß bestimmte Laute (wie z. B. das „R" in dem Behaglichkeitslaut „Ra") zu diesem Zeitpunkt aus der spontanen Sprache des Kindes völlig verschwinden und teilweise Jahre hindurch nicht mehr auftauchen. Das Kind behält aber die Fähigkeit, sie zu benutzen, bei und kann sie nachahmen, wenn es dazu aufgefordert wird; aber es hört von selbst auf, sie zu benutzen, wenn die Entwicklung des zweiten Lautsystems beginnt. Es ist auch möglich, daß, wie Shvachkin (1948) annimmt, diese Einschränkung der Lautproduktion durch das Auf-

tauchen semantischer Prozesse beim Kind nötig wird, welches so von einfachen Lauten zur Sprache gelangt.
Der Wortschatz von etwa 2 bis 3 Wörtern, der typisch für ein einjähriges Kind ist, erhöht sich auf etwa 50 Wörter beim zweijährigen und auf etwa 1000 Wörter beim dreijährigen Kind (Lenneberg, 1969). Die größere Stimulierung durch tägliche Fernsehprogramme kann möglicherweise dazu beitragen, die Entwicklung des Wortschatzes zu fördern, und kann, wenn sie systematisch und geschickt vorbereitet wird (z. B. Sendung „Sesamstraße") auch andere Aspekte der Sprachentwicklung beeinflussen. So stellte eine Untersuchung von Irwin (1960) fest, daß Arbeiterkinder, denen man zwischen dem 13. und 30. Lebensmonat regelmäßig 15 Minuten am Tag vorlas, Sprachlaute entwickelten, die denen einer entsprechenden Kontrollgruppe hoch überlegen waren; diese Überlegenheit zeigte sich besonders ab dem 17. Lebensmonat.
Die Entwicklung der Grammatik kann am besten aufgezeichnet werden, indem man die mittlere Länge der vom Kind ausgesprochenen Sätze oder Satzteile mißt. Die mittlere Länge eines Ausdrucks zu Beginn der echten Sprachentwicklung ist natürlich ein einzelnes Wort und daher 1,0. Beim Erscheinen von Wortkombinationen erhöht sich dieser Wert, und Kinder, die den gleichen Wert zeigen, weisen auch eine ähnliche grammatikalische Struktur in ihrer Sprache auf. Brown (1970) bringt in seiner Analyse der Sprachentwicklung von drei Kindern, Adam, Eve und Sarah, eine graphische Darstellung, die die mittlere Länge der Äußerungen dem chronologischen Alter gegenüberstellt. Die Länge der Äußerungen aller drei Kinder steigt ständig und gleichmäßig über die ganze Entwicklungsperiode hinweg an. Nur ab und zu gibt es einen „Rückschlag". Aus der Abb. 3-7 wird klar, daß das chronologische Alter ein schlechter Index für das zu erwartende sprachliche Niveau ist, wenn man individuelle Unterschiede wie z. B. bei der Entwicklungsrate, beim Wachstum und beim erreichten Leistungsniveau (die selbst bei einer so kleinen Population auftreten) berücksichtigt.
Von der vorsprachlichen zur sprachlichen Phase: Schritt oder Sprung? Es herrscht bei Sprachforschern keine Übereinstimmung darüber, ob eine Beziehung zwischen vorsprachlichen Regeln (oder Regelmäßigkeiten) und der nachfolgenden echten Sprache besteht. Einige geben zu bedenken, daß es in der Plapperphase,

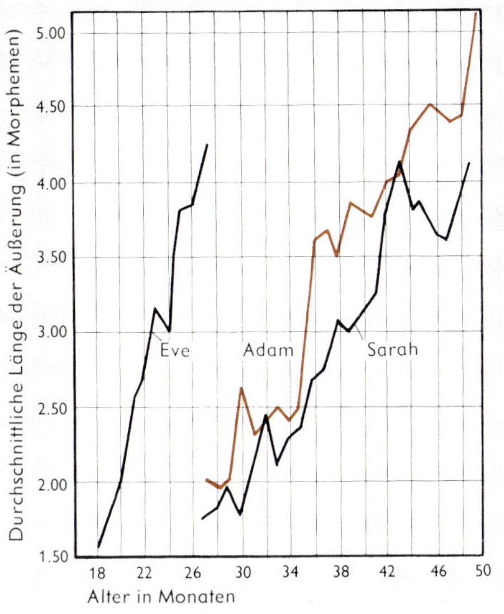

Abb. 3-7. Die Sprachentwicklung im Kindesalter. Hier sehen wir die durchschnittliche Länge der sprachlichen Äußerungen eines jeden Kindes (ausgedrückt in Morphemen = sinnvollen Sprachabschnitten) anstatt in Worten (Nach Brown, 1970)

in der die Grundlage für die späteren Äußerungen geschaffen wird, eine geordnete Entwicklungsabfolge gibt. Zuerst kommen die Vokal-Laute (v), dann die Konsonanten (k), dann k-v-Kombinationen und schließlich k-v-k-v-Einheiten, bei denen Rhythmus und Intonation der normalen Sprache ähneln (Kaplan und Kaplan, 1970).
Im Gegensatz dazu glauben Jakobson (1968) und Shvachkin (1948), daß zwischen der vorsprachlichen und der Phase der echten Sprache keine Kontinuität besteht. Sie argumentieren, daß beim Plappern „Laute sich selbst produzieren" und daher keinem systematischen Sprachgebrauch dienen. Dieser Ansicht nach entwickelt sich die Sprache diskontinuierlich aus früherem sprachlichem Verhalten und hängt *nicht* von früheren Lernerfahrungen ab.

Sprachaufnahme

Das Kind sagt zwar: „Vati, schau mal der Tug (Zug)", aber es ärgert sich, wenn der Vater antwortet: „Ja, ich sehe den Tug". Obwohl es für das Kind schwierig ist, die Laute selbst richtig auszusprechen, weiß es doch, wie diese Laute ausgesprochen werden sollen. Wichtig ist hier, daß die Sprache zwar ein Ausdruck der

Sprachentwicklung ist, aber nicht das Sprachsystem selbst darstellt. Das Kind kann also viel mehr Nachrichten empfangen und verstehen, als es selbst von sich geben kann.
Wie wir bereits gesehen haben, ist die sensorische Fähigkeit, Sprache und andere Laute aufzunehmen, schon bei der Geburt oder zumindest kurz danach vorhanden. Zunächst jedoch hat die menschliche Stimme für das Kleinkind keine besondere Bedeutung und kann von anderen Lauten nicht unterschieden werden; dies geschieht erst nach etwa zwei Wochen. Etwa einen Monat nach der Geburt wird der Klang der Stimme zu einem wirksamen Reiz, der imstande ist, Lächeln und Lautbildungen beim Kleinkind auszulösen (Nakazima, 1966). Im 3. Monat beginnt das Kind einige grundlegende Qualitäten in der Erwachsenenstimme zu unterscheiden; die Reaktionen auf bekannte und unbekannte Stimmen sind unterschiedlich (Wolff, 1963). Eine ärgerliche Stimme z. B. ruft ein Zurückziehen, eine freundliche Lächeln und Gurren hervor.
Bis jetzt scheint das Kind im Fluß der sprach-

Unter der Lupe

Dialekte der Vögel

Sie sind bestimmt imstande, Ihre Kollegen ihrer regionalen Herkunft nach einzuordnen, wobei Ihnen wahrscheinlich deren Dialekt behilflich ist. Wußten Sie aber schon, daß Vögel auch Dialekte besitzen?
Untersuchungen an einer nordamerikanischen Singvogelart haben gezeigt, daß es regionale Unterschiede beim Gesang dieser Tiere gibt und daß diese Unterschiede wichtige Verhaltenskorrelate aufweisen.
Die Analyse des Lautspektrogramms des Balzgesanges 18 männlicher Tiere aus drei verschiedenen Gebieten der San Francisco Bay zeigten, daß die Gesangsmerkmale von Vögeln innerhalb des gleichen Gebiets übereinstimmen, daß sie aber bei Vögeln der gleichen Art, die sich nur etwa 90 km entfernt aufhalten, sehr differieren. Diese Vögel reagieren nicht nur stärker auf den Gesang ihrer eigenen Artgenossen im Vergleich zum Gesang anderer Arten, sondern sie reagieren darüber hinaus auch stärker auf den Gesang der Artgenossen, die den gleichen Dialekt mit ihnen gemeinsam haben; diese werden als Kumpane und Geschlechtspartner ausgewählt.
Marler (1967) und seine Mitarbeiter haben die Entwicklung dieser Dialekte untersucht; sie zogen Vögel in Isolation auf und verhinderten einen akustischen Feedback, indem sie die Tiere taub machten. Diese Untersuchungen weisen interessante Parallelen zur Sprachentwicklung bei Kindern und zum Konzept einer „Sprachgesellschaft“ auf:

1. Der Vogel neigt dazu, einige Klangmuster leichter zu lernen als andere; ebenso wird angenommen, daß einige Aspekte der menschlichen Sprache angeboren sind.
2. Bei jungen Vögeln erscheint der Gesang nicht plötzlich, sondern er entwickelt sich über eine gewisse Zeit des Einübens hinweg, und es gehen ihm noch Übergangsphasen, die man als „subsong“ bezeichnet, voraus. Diese frühe Vokalisierung scheint für jede weitere Gesangsentwicklung notwendig zu sein.
3. Der junge Vogel muß seine eigene Sprache hören können, wenn er später dazu übergeht, aus dem Gedächtnis den normalen Gesang seiner Eltern in motorische Aktivität und seinen eigenen Gesang zu übersetzen.
4. Dialektmuster werden von älteren Vögeln auf jüngere übertragen, ein Lernprozeß, der sich von einer Generation zur nächsten fortsetzt.
5. Das Vorhandensein eines Dialekts erhält die lokale Population durch Inzucht als eine leicht zu unterscheidende Einheit, da männliche wie weibliche Tiere am stärksten auf ihren eigenen Dialekt reagieren. Sobald diese Gesangsmuster eingeprägt sind, gibt es nur wenig Austausch oder Berührung einzelner Vögel mit benachbarten Arten, die einen anderen Dialekt singen.
6. Die Verhaltensmuster, die diese „Gesellschaft Gemeinsamer Gesang e. V.“ hervorbringt, vollziehen sich unter der Kontrolle der Umwelt, sind also nicht genetisch bedingt. Eine mehr spekulative Annahme besagt, daß diese Gesellschaft deswegen erhalten bleibe, weil durch Inzucht die lokale Population subtile, sehr effektive physiologische Anpassungen an die lokalen Gegebenheiten vornehmen kann.

lichen Laute nur Qualitäten wie z. B. Ärger und Vertrautheit zu entdecken. Im 5. und 6. Monat fängt es an, auf Unterschiede innerhalb dieses Sprachflusses zu reagieren. Zuerst sind es anscheinend die Variationen in Intonation, Rhythmus und Dauer, die das Kind unterscheiden lernt, und weniger die Anordnung von Phonemen. So lernte z. B. der 8 Monate alte Sohn eines Sprachforschers, sich dem Fenster zuzuwenden, wenn er gefragt wurde: „Ou est la fenêtre?", wobei das Kind dieselbe Reaktion zeigte, wenn mit der gleichen Intonation die Frage „Where is the window?" gestellt wurde. Da das Kind in diesem Alter unmöglich Englisch oder Französisch gelernt haben konnte, reagierte es wahrscheinlich auf die identischen Intonationsmuster und überging gänzlich die phonetischen Unterschiede (Tappolet und Lewis, 1951).

Erst etwa gegen Ende des 1. Lebensjahres beginnt das Kind zwischen den spezifischen Lauten seiner Sprache zu unterscheiden. In einer klassischen Studie untersuchte Shvachkin (1948) die Frage, wie Kinder im Alter von 10 bis 18 Monaten Aufforderungen verstehen, Objekte aufzuheben. Die Objekte waren in Paaren angeordnet, und die Wörter, die benutzt wurden, um zwischen ihnen differenzieren zu können, unterschieden sich nur in einem einzigen Anfangskonsonanten voneinander. Shvachkin kam zu dem Schluß, daß ein Kind zunächst zwischen der Bedeutung zweier Laute unterscheiden lernen muß, bevor es diesen Unterschied in seiner eigenen Sprache entsprechend verwerten kann.

Es gibt verhältnismäßig wenig systematisch gesammelte Daten über die Entwicklung der Sprachaufnahme, obgleich diese Fähigkeit für den Menschen von ungeheurer Bedeutung ist. Diese Lücke ist zum Teil auf die Annahme zurückzuführen, das Verstehen von Lauten sei ein Nebenprodukt des Sprachlern-Prozesses. Es ist auch möglich, daß sich die Sprachforschung mehr für das äußere Verhalten des Sprechens als für das innere Verhalten des Zuhörens interessiert.

Affensprache

Gehört die Gabe der Sprache, mit der die Natur den Menschen bedacht hat, einzig und allein ihm (bedingt durch die Evolution und durch angeborene neurale Strukturen) oder haben andere Arten einfach keinen Zugang zu der idealen Sprach-Lern-Umwelt, die dem Menschen gegeben ist?

Seit 1932 haben sich fünf Untersuchungen mit der Frage beschäftigt, ob Schimpansen, die mit Menschen aufwachsen, ähnliche Kommunikationsfähigkeiten wie Kinder entwickeln können (Jacobsen, Jacobsen und Yoshioka, 1932; Kellogg und Kellogg, 1933; Kohts, 1935; Hayes und Hayes, 1952; Gardner und Gardner, 1969).

Der junge Schimpanse adaptiert sich äußerst schnell an die physischen und sozialen Gegebenheiten seiner Umwelt, hängt sehr an seinem Betreuer, imitiert ohne vorheriges Training das Verhalten Erwachsener und entwickelt motorisches Verhalten schneller als Menschenkinder gleichen Alters. Die Ergebnisse in bezug auf die Sprachentwicklung jedoch sind erbärmlich. Keiner der Schimpansen, die je untersucht wurden, imitierte oder reproduzierte spontan menschliche Wortlaute. Es gab auch keine Periode des Plapperns oder der zufälligen Lautäußerung (außer den artspezifischen Lauten dieser Tiere). Gua, der Schimpanse, der von den Kelloggs untersucht wurde, lernte eine Reihe von Gesten, die Menschen zuverlässig interpretieren konnten; das Sprechen aber lernte er nicht.

„Das Beste, was je an Produktion menschlicher Laute bei Schimpansen erreicht wurde", sind vier Worte: „Mama", „Papa", „cup" und „up", die die Hayes' ihrer Schimpansin Viki beibrachten. Viki lernte diese Wörter nur unter größten Schwierigkeiten nach langandauerndem Training, und selbst dann konnte sie die Wörter nicht leicht sprechen und konnte auch die Klangmuster nicht gleichhalten. Was das Wortverständnis anbelangt, waren die Schimpansen viel besser, wobei Gua in der Lage war, 58 spezifische richtige Reaktionsmuster auf einfache menschliche Kommandos hin auszuführen. Diese 58 Reaktionen stehen im Vergleich mit 68 Reaktionen, die die menschliche Kontrolle, Donald, im gleichen Zeitraum von 9 Monaten erlernte.

Washoe verständigt sich in amerikanischer Zeichensprache . . . Wenn Schimpansen verstehen, gestikulieren und imitieren können, dann ließe sich eine Sprache vielleicht durch lautlose Kommunikation mit Hilfe eines willkürlichen Zeichensprache-Systems entwickeln. Im Juni 1966 begannen Allen und Beatrice Gardner eine entscheidende Untersuchung über die Sprachaneignung bei Affen mit einer Schimpansin namens Washoe. In dieser Untersuchung benutzten sie die amerikanische Taubstummensprache (American Sign Language = ASL) und setzten fest, daß dieses die einzige Kommunikationsart zwischen Washoe und ihren menschlichen Betreuern sein sollte. 1969 berichteten die Gardners über bemerkenswerte Fortschritte.

In den ersten 7 Monaten lernte Washoe vier Zeichen, die sie zuverlässig gebrauchen konnte: „süß". Dazu kommt, daß Washoe mehr Zeichen verstand, als sie selbst benutzte. In den Zeichen verstand, als sie selbst benutzte. In den nächsten 7 Monaten lernte sie neun weitere Zeichen hinzu; im Alter von drei Jahren beherrschte sie insgesamt 34. Als strenges Kriterium für die erfolgte Aneignung eines Zeichens galt die passende und nicht imitierte Anwendung dieses Zeichens während 15 aufeinanderfolgender Tage.

Was Psychologen wie Roger Brown (1970) aufhorchen ließ, ist nicht allein der Wortschatz, den sich Washoe inzwischen angeeignet hat, sondern die Tatsache, daß sie viele Zeichen täglich spontan benutzt, daß sie Wörter zu einfachen Sätzen zusammengebaut hat und zudem noch Generalisation und Differenzierung zeigt. So benutzte sie z. B. das gleiche Zeichen „mehr", um damit zu zeigen, daß sie weiterspielen wolle, aber auch, um nach zusätzlichem Futter zu fragen, oder „offen", um eine Tür, eine Flasche oder einen Reißverschluß zu öffnen. Das Taubstummenzeichen für Blume wurde ursprünglich benutzt, um sowohl Blumen im allgemeinen als auch Dinge, die einen starken Geruch ausströmten, zu bezeichnen. Aber Washoe lernte deutlich voneinander verschiedene Zeichen, um zwischen „Blume" und „Geruch" zu unterscheiden. Ihre — mehrere Zeichen langen — Sequenzen wie z. B. „Gib mir bitte Futter", „bitte kitzle mehr", „schnell, gib mir Zahnbürste", „Du, ich gehen dort hinein" oder „Roger Washoe kitzeln", sind nicht nur aneinandergereihte Wörter, sondern semantisch gültige Gebilde.

Abb. 3-8. Die Schimpansin Washoe teilt ihrer Lehrerin mit, daß sie gerne Limonade hätte, indem sie das Handzeichen für „Trinken" gebraucht

. . . und Sarah gibt Antwort! Mit einer etwas anderen Taktik ist es Premack und seinen Mitarbeitern gelungen, der Schimpansin Sarah eine Kommunikation beizubringen: Sie hat gelernt, mit Hilfe von farbigen Plastik-Chips Sätze auf einer Magnettafel zu konstruieren. Sarah lernte zunächst durch einfache Konditionierung, Form und Farbe eines Chips mit einer bestimmten Frucht zu assoziieren und durfte zur Belohnung die Frucht aufessen, wenn sie diese richtig „benannt" hatte. Andere Chips standen für die Namen der Versuchsleiter oder für bestimmte Tätigkeiten. So war Sarah bald in der Lage, Sätze zu verstehen und zu konstruieren wie z. B. „Maria, gib Apfel Sarah" und „Sarah steckt Banane Eimer".

Der nächste Schritt bestand darin, festzustellen, ob Sarah auch fähig war, Konzepte wie „auf" oder „unter" zu lernen. Indem sie zuerst mit farbigen Karten und dann mit Farbnamen aus Plastik arbeitete, lernte sie sehr schnell Anweisungen zu befolgen und „rot auf grün" zu legen oder umgekehrt. Eine andere abstraktere Beziehung kann am besten mit dem Ausdruck „Der Name des (von)" bezeichnet werden. Als man Sarah ein Symbol und ein Stückchen von einer Frucht zeigte, lernte sie sehr schnell, die Symbole für „Name des (von)" oder „nicht Name des (von)" zu gebrauchen, wie z. B. „(Symbol) nicht Name des Apfels". Den Höhepunkt ihrer „literarischen" Laufbahn aber erreichte Sarah an dem Tag, als sie, anscheinend gelangweilt von der ganzen Prozedur, eine Reihe von unvollständigen Sätzen zusammenbaute und ihrem erstaunten Trainer einen multiple-choice-Satzergänzungstest vorlegte (Premack, 1969, 1970).

„Wann hört ein Stück Plastik auf, ein Stück Plastik zu sein und wird zu einem Wort?", fragt Premack. „Wenn es als Wort benutzt wird", stellt er schließlich fest; „wenn es mit anderen Wörtern in einem entsprechenden grammatikalischen Zusammenhang steht, und wenn es als eine Antwort auf eine Frage oder als Teil einer Antwort erscheint". Die Leistungen von Washoe und Sarah sind eine klare Herausforderung an die früheren Ansichten

Abb. 3-9. Die Schimpansin Sarah „spricht", indem sie Plastik-Symbole auf eine Tafel legt. Hier bittet sie: „Gib Schokolade Sarah"

über die sprachlichen Grenzen der (dem Menschen „evolutionär benachbarten") Tiere. Wenn alle Ergebnisse vorliegen und durch unabhängige Untersuchungen verifiziert worden sind, dann sind wir vielleicht besser in der Lage zu verstehen, wo der spezifisch menschliche Aspekt in der Entwicklung der menschlichen Sprache liegt.

e Kognitive Entwicklung

Als Meno den Sokrates fragte, ob man jemandem die Tugend durch rationale Diskussion beibringen könne, oder ob sie Übung erfordere, oder ob sie ein natürlicher angeborener Zustand oder eine Einstellung sei, war damit die grundlegende Frage zur Entwicklung des Kindes gestellt; wenn nicht notwendigerweise im Hinblick auf das Konzept „Tugend", so doch allgemein im Hinblick auf jeglichen Aspekt menschlichen Verhaltens. Was würde eigentlich geschehen, wenn sich nichts ereignen würde, wenn es kein Lernen gäbe, keine Möglichkeit, andere Leute zu beobachten, kurz, wenn es keine soziale Umwelt gäbe? Würde sich das Kind genauso entwickeln?

Ein möglicher Zugang zu diesem Problem ergab sich aus Untersuchungen an sog. „Wolfskindern", d. h. Kindern, die in der Wildnis ausgesetzt und anscheinend von Tieren aufgezogen worden waren. Solche Fälle sind allerdings äußerst selten und die Schlüsse, die daraus gezogen werden, unsicher, weil die Erbmasse der Kinder meistens ebensowenig bekannt ist wie die Eigenschaften ihrer Eltern oder Details ihrer nicht-menschlichen Umwelt. Berühmt ist der Fall eines Wolfskindes, Victor, der in einem französischen Wald aufgefunden und von Itard (1962) intensiv untersucht wurde; es gelang ihm, einige wolfsähnliche Verhaltensmuster in menschenähnliche umzuwandeln, während andere sich gegen Veränderung immun zeigten. So scheiterte in diesem Fall auch der Versuch, dem Jungen eine Sprache beizubringen. Solche Kinder sterben gewöhnlich aus unbekannten Gründen in einem sehr frühen Alter; so war es noch nie möglich, eine Rehabilitation über lange Zeit hinweg durchzuführen.

Das Evangelium nach Piaget

Eine grundlegend andere Betrachtungsweise der Frage, wie Kinder ihre geistigen Fähigkeiten entwickeln, ist die des Schweizer Psychologen Piaget. Über 40 Jahre lang beobachtete Piaget, wie normale Kinder mit ihrer Umwelt interagieren — etwa auf die gleiche Art, wie Lorenz und die Ethologen Tierverhalten in der natürlichen Umgebung studiert haben. Piaget (selbst ausgebildeter Zoologe) begann, das Verhalten seiner eigenen Kinder in bestimmten Situationen sorgfältig zu beobachten. Nach Formulierung einer Hypothese, die die Beziehung zwischen dem Verhalten und der Umwelt ausdrückte, veränderte er Schritt für Schritt die Umweltanforderungen, um zu sehen, wie die Kinder darauf reagieren würden.

Bei Untersuchungen über die Komplexität der begrifflichen Welt der Kindheit, des kindlichen Verständnisses abstrakter Beziehungen und des Ausführens logischer Operationen bediente sich Piaget genial einfacher Demonstrationen. Betrachten wir z. B. einmal seine „Limonadenstudie": Eine jeweils gleiche Menge Limonade wird in zwei identische Gläser gefüllt. Wer hat mehr, das Kind oder der Vl? 5-, 6- und 7jährige Kinder sagen alle, daß sie die gleiche Menge haben. Nun wird die Limonade aus dem einen Glas in ein höheres und dünneres gegossen und dem Kind gegeben. Wer hat jetzt mehr? Die 5jährigen sind davon überzeugt, daß in dem hohen Glas mehr Limonade ist; die 6jährigen sind nicht ganz sicher, aber glauben das gleiche, während die 7jährigen „wissen", daß es hier keinen Unterschied gibt. Wird die Limonade wieder zurückgegossen (und die anfängliche Situation wiederhergestellt), glauben die 5jährigen, daß jetzt in *dem* Glas mehr ist, in das die Limonade aus dem höheren Glas gegossen wurde, aber die 6jährigen wissen, daß hier die Limonade gleich verteilt ist.

Kinder beginnen ihre Reise durch die Welt der Dinge als *naive Realisten* und vertrauen fast gänzlich den Dingen so, wie sie erscheinen. Für viele Probleme, die auf sie zukommen, ist diese Orientierung vollkommen ausreichend. Diese funktioniert solange, wie die zugrundeliegende Dimension (oder das Merkmal) direkt mit den unterschiedlichen Signalen in Beziehung steht. Für den 5jährigen bedeutet „Höhe" ein verläßliches Zeichen für die Dimension „mehr als". Aber wenn das Volumen die Dimension ist und Höhe und Breite sich gleichzeitig verändern, dann ist der Hinweisreiz „Höhe" irreführend. Der durchschnittliche 6jährige erkennt, daß außer Höhe noch etwas anderes wichtig ist, aber er kann die beiden Dimensionen noch nicht begrifflich integrieren. Der 7jährige hat verstanden, daß das Konzept der Menge sowohl von der Höhe als auch von der Breite abhängt. Wenn Veränderungen in einer Dimension durch Veränderungen in einer anderen Dimension kompensiert werden, bleibt die zugrundeliegende Realität *erhalten* (d. h. die Realität bleibt unverändert, obgleich die Erscheinung variiert).

Viele Entwicklungspsychologen glauben, daß eine Grundlage für das Verständnis der kognitiven Entwicklung durch die Analyse vieler „Gruppierungs-Aufgaben" (wie die mit der Limonade) auf verschiedenen Stufen der Konzeptbildung geschaffen werden kann. Der strittige Punkt ist hier, daß sich die kognitive Entwicklung durch einen Wandel in der Beurteilung vollzieht; das Kind ist zunächst von den sensorischen und perceptiven Qualitäten der Dinge abhängig und verläßt sich dann zunehmend auf Annahmen oder innere Anschauung von Dingen, Konzepten und Beziehungen. Für Piaget (1957) ist die kognitive Entwicklung weder ein kontinuierlicher Vorgang, im Verlaufe dessen sich Fähigkeiten oder Reaktionen addieren, noch ein Prozeß der Reifung per se. Er nimmt vielmehr an, daß das Verständnis, die Annahmen, die Abstraktionen, die logischen Regeln und das Problemlösen des Kindes sich gänzlich bei Gelegenheiten bilden, bei denen das Kind eine unbefriedigende Interaktion mit seiner Umgebung erlebt (*Zustände des beweglichen Gleichgewichts*). Das Wissen wird genauso strukturiert wie das Verhalten, und diese Strukturen ändern sich nur dann, wenn eine *Diskrepanz* zwischen ihnen und der Komplexität der Umgebung wahrgenommen wird. Aus den Begegnungen der Kinder mit den Aufgaben, die ihnen ihre physikalische Umwelt stellt, entsteht eine gleichbleibende Aufeinanderfolge von Entwicklungsstadien. Wenn auch verschiedene Kinder diese Entwicklungsphasen verschieden schnell hinter sich bringen, so bleibt doch die Reihenfolge dieser Phasen immer die gleiche.

Das Neugeborene beginnt das Leben mit biologisch vererbten Möglichkeiten der Interaktion mit seiner Umwelt (Piaget nennt sie *Funktionen*). Diese Funktionen ermöglichen es dem Kind, Handlungen auszuführen, welche dazu dienen, Objekte seiner Umwelt zu *assimilieren* (z. B. Nahrungsaufnahme). Mit Hilfe des Prozesses der *Akkommodation* verändert sich die Organisation dieser Verhaltensweisen und das Kind entwickelt neue Fähigkeiten. Während der Adaptation an die Umwelt werden kognitive Strukturen — sog. Schemata — gebildet, welche *Mittel* wie Sehen, Handausstrecken, Greifen etc. und *Zwecke* miteinander verbinden (wobei sie von dem in der Hand befindlichen Objekt stimuliert werden). Kognitive Entwicklung besteht also nach Piaget aus einer Reihe von Veränderungen in diesen Strukturen. Diese Schemata bestimmen darüber, was das Kind in einem bestimmten Alter verstehen und tun kann (siehe Phillips, 1969; Flavell, 1963).

Bis vor kurzem sind die Ideen Piagets über die kognitive Entwicklung von den amerikanischen Psychologen nicht gerade begeistert aufgenommen worden. Dafür gibt es wahrscheinlich mehrere Gründe: (a) Piagets Strukturalismus verträgt sich nicht mit dem Funktionalismus der Amerikaner; (b) seine Reaktionseinheit — Schema — ist sehr breit gefaßt und nicht genau definiert; (c) im System Piagets

Arten der Gruppierung	Dimension	Veränderung der physikalischen Erscheinung	Durchschnittliches Alter in dem die Invarianz verstanden wird
Anzahl	Anzahl von Elementen in einer Sammlung 	Umordnung der Elemente 	6–7
Substanz	Menge einer veränderbaren Substanz (z. B. Lehm) 	Veränderung der Gestalt 	7–8
Länge	Länge einer Linie oder eines Gegenstandes 	Veränderung der Gestalt oder Umordnung 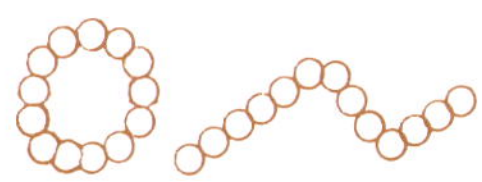	7–8
Fläche	Größe einer Oberfläche, die mit einfachen Figuren bedeckt ist 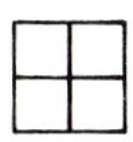	Neuanordnung der Figuren 	8–9
Gewicht	Gewicht eines Gegenstandes 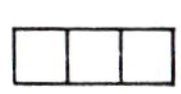	Veränderung der Gestalt 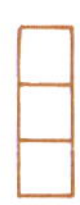	9–10
Volumen	Volumen eines Gegenstandes (in Form von Wasserverdrängung) 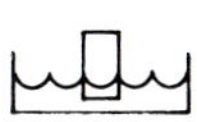	Veränderung der Gestalt 	14–15

Abb. 3-10. Piagets Gruppierungen konzeptueller Relationen. Hier sind einige Arten der Gruppierungen, die Piaget untersuchte, dargestellt. In der rechten Spalte ist das Alter angegeben, in welchem die Schweizer Kinder, mit denen Piaget arbeitete, die verschiedenen Konzepte beherrschten. Beachten Sie, daß mit zunehmendem Alter ein stetiger Fortschritt einhergeht und daß das Konzept der Volumen-Invarianz gewöhnlich erst im jugendlichen Alter verstanden wird

gibt es eine Wechselwirkung zwischen Reiz und Reaktion, dies widerspricht der Auffassung der amerikanischen Behavioristen; (d) Piaget scheint zu glauben, daß sich die kognitive Entwicklung am besten ohne formale Erziehung und ohne Drängen vollzieht (siehe auch Kessen, 1965). In einer seiner wenigen Vorlesungen in den USA schockierte Piaget die anwesenden Erzieher mit der Feststellung: „Jedesmal, wenn Sie ein Kind etwas lehren, hindern Sie es daran, dies selbst zu entdecken".

Die Entwicklung von Konzepten

Die Pädagogen, die die Verantwortung für den Lernprozeß tragen, können sich nicht einfach hinsetzen und warten, bis sich bei den Kindern die Konzepte von alleine entwickeln. Wenn wir wissen, *wie* Konzepte gelernt werden, sollten wir auch in der Lage sein, Situationen zu schaffen, in denen Konzeptlernen möglich ist.
Eine auf Piagets Ansatz aufbauende Methode ist das von Suchman (1962) entwickelte „inquiry training" (Frage-Training). Den Kindern wird ein rätselhaftes Phänomen vorgeführt, z. B. ein Stück Metall, das sich durch eigene Kraft zu biegen scheint. Die Diskrepanz zwischen dem, was die Kinder erwarten und dem, was sie sehen, ermutigt sie gewöhnlich, Hypothesen zu formulieren, Fragen zu stellen und zu versuchen, das Rätsel zu lösen.
Wenn Konzepte aus der Interaktion mit der Umwelt zwecks Auflösung solcher Diskrepanzen entstehen, dann sollte es auch möglich sein, die Entwicklung solcher grundlegender Konzepte wie „Invarianz" durch eine sorgfältige Strukturierung der Umgebung zu beschleunigen, wobei diese Umgebung zur richtigen Zeit das richtige Maß an Diskrepanz aufweisen und dem Kind helfen sollte, die kritischen Aspekte der Situation zu erfassen. Wenn die Pädagogen wirklich interessante und herausfordernde Situationen entwerfen könnten, die gerade etwas über den schon vorhandenen Fähigkeiten der Kinder liegen, dann drängt sich die Frage auf, wie früh solche kritischen Konzepte gelernt werden können. Amerikanische Untersuchungen versuchen diese Frage zu beantworten. Es ist übrigens interessant, daß während der oben zitierten Vorlesung Piaget auch noch folgendes bemerkte: „Jedesmal, wenn ich eine Entwicklungssequenz beschreibe, fragt mich ein Amerikaner: ,Wie kann man das beschleunigen?'".

In einer Untersuchung erhielt die Hälfte einer Gruppe von 20 intelligenten 4jährigen Kindern ein spezielles Training zum Verständnis des „Invarianz-Prinzips". Das Training wurde in der Gruppe durchgeführt und beinhaltete Übungen im vielfachen Bezeichnen, in multipler Klassifizierung, in multiplikativen Verhältnissen und schließlich in Umkehrbarkeit. So wurden z. B. mehrere Gegenstände hintereinander gezeigt und bezeichnet; danach wurden Unterschiede und Ähnlichkeiten herausgearbeitet wie z. B. in der nun folgenden Unterhaltung:

Lehrer: Kannst Du mir sagen, was das ist, Mary?
Mary: Eine Banane.
Lehrer: Was kannst Du mir noch darüber sagen?
Mary: Sie ist gerade.
Lehrer: Sie ist gerade. Was noch?
Mary: Sie hat eine Schale.
Lehrer: Was kann man damit machen?
Tom: Man kann sie essen.
Lehrer: Richtig! Nun wollen wir mal sehen ... Was ist das?
Kinder: Eine Apfelsine.
Lehrer: Ist es wirklich eine Apfelsine?
Kinder: mmmh ... ja.
Lehrer: Schaut sie euch einmal genau an.
Kinder: Man kann sie essen ... und sie ist rund ...
Lehrer: Nun schaut euch mal diese hier an ... Was ist das?
Kinder: Eine Apfelsine.
Lehrer: Und was kann man damit machen?
Kinder: Man kann sie essen ... und sie ist rund ...
Lehrer: Sie ist rund ...
Kinder: Sie hat eine Schale ...
Lehrer: Sie hat eine Schale ... Nun schaut euch mal diese beiden Dinge an. Sind sie gleich?
Kinder: Nein.
Lehrer: Was ist daran verschieden?
Kinder: Diese hier hat eine Delle auf einer Seite, diese ist leichter.
Lehrer: Wißt ihr, was das wirklich ist? Das ist eine Mandarine und das ist eine Apfelsine; nun sagt mir, wo sie einander gleichen.
Kinder: Diese ist kleiner und die ist größer.
Lehrer: Ich sagte: „Auf welche Art und Weise gleichen sie einander?"
Kinder: Sie sind beide rund, sie haben einen Stengel und sind beide orangerot.
Lehrer: Sie haben beide einen Stengel, sind beide rund, beide sind orangerot; ist noch etwas, in dem sie gleich sind?
Kinder: Sie sind beide dick.
Lehrer: Mmmh, was kann man mit ihnen tun?
Kinder: Wir können sie essen.
Lehrer: Wir können sie essen; nun sagt mir, was ist bei all diesen Dingen das gleiche?
Kinder: Sie sind rund, aber die da nicht.
Lehrer: Ich sagte: „Was ist bei allen diesen Dingen das gleiche", nicht „Worin unterscheiden sie sich".
Kinder: Sie sind beide rund.
Lehrer: Und die Banane?
Kinder: Die ist gerade.
Lehrer: Aber sagt mir doch etwas, was bei diesen Dingen gleich ist.
Kinder: Sie haben alle eine Schale.
Lehrer: Das stimmt, das ist bei allen das gleiche; gibt es einen Namen für alle zusammen?

Kinder: Ja!
Lehrer: Was?
Kinder: Frucht . . . Frucht.
Lehrer: Und was ist bei allen Früchten das gleiche?
Kinder: Sie sind alle rund außer den Bananen.
Lehrer: Nein, warum nennen wir alle diese Dinge „Früchte"?
Kinder: Weil man sie essen kann.
Lehrer: Man kann sie essen.
Kinder: Und sie sind ein Nahrungsmittel.
Lehrer: Und sie sind ein Nahrungsmittel. Wenn ich jetzt ein Stück Brot hätte, würde man das auch als „Frucht" bezeichnen?
Kinder: Nein!
Lehrer: Warum nicht?
Kinder: Weil es nicht süß ist, . . . nicht rund . . .

Während des Trainings wurde der Versuch unternommen, die Aufmerksamkeit der Kinder auf die Tatsache zu lenken, daß Gegenstände viele verschiedene Eigenschaften besitzen (multiple Klassifizierung), daß sie miteinander verschiedenartig kombiniert werden können, um verschiedene Kategorien herzustellen (multiple Relationen), und daß Neuordnung eine vorher vorhandene Anordnung wiederherstellen kann (Umkehrbarkeit). Die Kontrollgruppe hatte denselben Lehrer und diskutierte mit ihm Themen wie z. B. „Die Rolle der Freiwilligen Feuerwehr in der Gemeinde".
Tests nach dem Training, verglichen mit den Vortests, zeigten erhöhte Fähigkeiten der Trainingsgruppe in bezug auf „Gruppierung" und allgemeines verbales Verhalten; die Kontrollgruppe zeigte in keinem Bereich Veränderungen. Die Untersucher gaben zu bedenken, daß frühere Versuche, den 4jährigen das Konzept der Erhaltung beizubringen, wahrscheinlich deswegen fehlschlugen, weil sich diese nicht an das bestehende Niveau der Kinder anpaßten und nicht die für jeden weiteren Schritt notwendigen Grundlagen schufen (Sigel, Roeper und Hooper, 1966).

Andere Studien befaßten sich mit solchen Aspekten der Konzeptbildung wie z. B. der Verringerung der Abhängigkeit von perceptiven Reizen. Die Konzeptbildung erfordert die Fähigkeit, über die gegebene Information hinauszugehen und Objekte richtig in breitere Kategorien einzuordnen, so daß man mit ihnen wirksam umgehen kann. Um dies zu können, braucht das kleinere Kind eine größere Anzahl von sensorischen Signalen — eine vollständigere Repräsentation des Objektes — als das ältere Kind oder der Erwachsene (Gollin, 1965).
Es ist zu erwarten, daß weitere Untersuchungen auf diesem Gebiet darüber Aufschluß geben werden, zu welchem Zeitpunkt der Entwicklung der Übergang von der Wahrnehmung zur Kognition stattfindet und über die Bedingungen, die einen solchen Übergang erschweren oder fördern.
Untersuchungen über die Entwicklung mathematischer Konzepte bei Kindern deuten an,

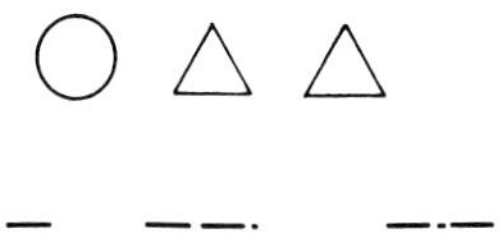

daß manche Konzepte sich nicht allmählich entwickeln, sondern plötzlich vorhanden sind. In einem Fall mußte z. B. das Konzept „Ähnlichkeit der Stellung ungleicher Elemente" erarbeitet werden. Viele Versuchsdurchgänge lang reagierten die Kinder auf den wesentlichen Teil der Situation nicht; dann fanden sie in einem Durchgang ganz plötzlich die Lösung und behielten sie auch bei weiteren Versuchsdurchgängen bei. Das gleiche „Alles-oder-Nichts-Lernen" wurde auch bei komplizierteren mathematischen Konzepten beobachtet (Suppes, 1966).

Determinanten der kognitiven Entwicklung

Der die kognitive Entwicklung betreffende Fragenkomplex könnte auch so formuliert werden: „Wie wird aus einem Gehirn ein Verstand? Durch welche Prozesse wird aus einer Protoplasma-Masse und der biochemisch-elektrischen Aktivität innerhalb von Zellen ein System, welches wahrnehmen, organisieren, integrieren, erinnern, planen und Handlungen steuern kann?"
Diese „Humanisierung der Materie" hat seit eh und je die Philosophen beschäftigt, aber erst vor verhältnismäßig kurzer Zeit wurde diese grundlegende philosophische Frage: „Wie wissen wir etwas?" dahingehend modifiziert, daß sie einer psychologischen Analyse zugänglich ist. Für den Psychologen lautet die Frage nunmehr: „Welches Verhältnis besteht zwischen den Beiträgen der Vererbung und der Umwelt bei der Entwicklung der menschlichen Intelligenz?"
Philosophen wie Kant nahmen an, daß schon zum Zeitpunkt der Geburt im Organismus viele Ideen und Beziehungen vorhanden seien, die sich dann mit der Reifung des Kindes natürlich entwickelten. Die Grundlage des menschlichen Wissens liegt dabei in sog. angeborenen Ideen (a priori Axiome), die schon vor irgendeiner Umwelterfahrung existieren. In der Sprache des 20. Jahrhunderts ausgedrückt bestünde der Verstand somit aus vorprogrammierten Schaltkreisen, die ererbt sind und nur durch Erfahrung entsprechend aktiviert werden müßten.
Diese nativistische Annahme wurde zuerst von Hobbes im 17. Jahrhundert angefochten, der

argumentierte, daß Eindrücke und Erfahrung die Quellen allen Wissens seien und daß Gedächtnis und Phantasie zerfallende sensorische Eindrücke seien, die durch die Assoziation zusammengehalten würden. Auf Grund dieser Annahme sollte man also den Ursprung des Verstandes in den Empfindungen suchen und seine Entwicklung mit Hilfe von Assoziationen erforschen. Diese Annahme von der „Erfahrung als Grundlage des menschlichen Wissens" erfuhr ihre größte Unterstützung durch den berühmten Philosophen John Locke. Er vertrat die These, daß das Gehirn des Neugeborenen wie eine leere Tafel (tabula rasa) sei, auf die die Erfahrung dann sensorische Eindrücke „schreiben" würde, mit Hilfe derer der Sinn des Lebens übermittelt werde.

Auch in der Psychologie haben diese beiden extremen Standpunkte treue Verfechter gefunden, die sich bemühten, entweder die Vererbung oder die Umwelt als die wichtigeren Faktoren bei der Entstehung der Intelligenz hinzustellen. Bevor wir uns mit diesem Problem näher befassen, wollen wir kurz die Beweise, die beide Seiten anführen, betrachten. Wie stellen *Sie* sich zu diesem Problem; neigen Sie mehr der einen oder der anderen Richtung zu?

Argumente „pro Nativismus". Wer sagt eigentlich, daß die Intelligenz durch die Natur vorgegeben sei? Galton, Dugdale und Goddard und die Leute, die die Korrelationen der IQ-Werte von eineiigen und zweieiigen Zwillingen vergleichen, plädieren alle für diese Position.

Galtons Studie über berühmte Männer. Francis Galton veröffentlichte im Jahre 1869 ein Werk mit dem Titel: „Hereditary Genius: An Enquiry into Its Laws and Consequences" (Erbliches Genie: Eine Untersuchung seiner Gesetzmäßigkeiten und der daraus folgenden Konsequenzen). In diesem Werk zeigte er, daß Berühmtheit und Genie innerhalb mancher Familien gehäuft vorkommen, und folgerte daraus, daß sie vererbt seien. Galtons Daten, die den Biographien berühmter Männer entstammten, zeigten, daß deren Kinder ebenso wie die Eltern und Vorfahren mehr Berühmtheit erlangten, als man durch Zufall erwarten konnte. Galton berichtete später, daß er seine Befunde noch habe ergänzen können: „Während der 14 Jahre, die seit der Veröffentlichung des Buches verstrichen sind, hat sich herausgestellt, daß noch zahlreiche andere Mitglieder berühmter Familien, deren Berühmtheit ich damals auf Vererbung zurückführte, ebenfalls selbst berühmt geworden sind, eine Tatsache, die mein Argument unterstützt" (Galton, 1907).

Jukes und Kallikaks: Die Theorie von der Saat des Bösen. Die Sache wurde zugunsten der Vererbung durch eine geniale Taktik vorangetrieben, indem man nämlich versuchte, die „Kehrseite der Medaille" zu beweisen. Während man in England annahm, die Vererbung sei ein kausaler Faktor bei der „Produktion berühmter Männer", wurde in Amerika „bewiesen", daß sie auch die Grundlage für das Versagen zweier der verrufensten Familien der Welt sei, der berüchtigten Jukes und der gleichermaßen entarteten Kallikaks.

Richard Dugdales 1875 veröffentlichte Untersuchung über die genetischen Grundlagen des „Verbrechens, der Armut, der Krankheit und des Wahnsinns" wurde in der ganzen Welt als der beste vorhandene Beweis dafür zitiert, wie richtig die Theorie der „Saat des Bösen" sei. In seiner gründlichen Analyse der Juke-Sippe fand Dugdale über 700 Leute, von denen mehr als 500 asozial waren. Dazu gehörten „Sittenstrolche, Huren, Arme, Trinker, Faule, Mörder, Vergewaltiger und Diebe". Die ganze Familie war so korrupt und schlimm, daß man ausrechnete, sie habe allein in den 73 Jahren (die untersucht wurden) die Steuerzahler des Staates New York über 1 Million Dollar gekostet.

Im Jahre 1912 fand Henry Goddard Unterstützung für die nativistische Position durch ein natürliches genetisches Experiment. Ein Soldat des Unabhängigkeitskrieges, den Goddard „Kallikak" taufte (vom griechischen „kalos" = gut und „kakos" = schlecht) gründete zwei Familien, eine legitime und eine illegitime. Seine erste Verbindung ging er mit einem Barmädchen ein, welches angeblich geistig behindert war; später heiratete er eine junge Frau aus „gutem Hause". Welche Sprößlinge erwuchsen nun aus diesen beiden Verbindungen? Von den 500 Nachkommen aus der legitimen Ehe konnten nur wenige als „unerwünscht" klassifiziert werden. Im Gegensatz dazu brachte Kallikaks unehelicher Sohn (aus der Verbindung mit dem Barmädchen) eine lange Reihe recht unzulänglicher Nachkommen hervor. Von 480 bekannten Nachkommen waren 143 geistig behindert, 33 in Sexualdelikte verwickelt, 24 Alkoholiker, starben viele schon in früher Kindheit, und andere betätigten sich als Kriminelle, Zuhälter oder ähnliches.

Diese Studien brachten einige Kriminologen dazu, die Theorie, daß „soziale Krankheit" ebenso wie Wahnsinn und geistige Behinderung vererbbar sei, zu akzeptieren. Die zwingende Folgerung, daß ein solches Individuum seine „böse Saat" auch noch auf kommende Generationen übertragen würde, gab der Eugenik gewaltigen Auftrieb. In 27 Staaten wurde die Zwangssterilisation gesetzlich eingeführt, um die Übertragung solcher „unabänderlicher" Defekte zu verhindern.

Wenn Sie Kapitel 1 dieses Buches sorgfältig gelesen haben, müssen Sie sich eigentlich fragen, wie intelligente Leute die Beweisführung und die Schlußfolgerungen von Galton, Dugdale und Goddard haben akzeptieren können. Selbstverständlich können Berühmtheit und soziales Ansehen sich auf bestimmte Familien konzentrieren, aber wie können wir hierbei ausschalten, daß der soziale Einfluß und Kontakte die verantwortlichen Faktoren waren? Eine Familie, die Leistung fordert und gesellschaftliches Ansehen für erstrebenswert hält, bietet eine ebenso plausible Erklärung wie allgemeine Erbfaktoren.

Zusätzlich sollten wir uns noch folgendes überlegen: Wie wurden eigentlich die Stammbäume der Jukes und der Kallikaks erstellt in einer Zeit, in der es kaum Statistiken gab und in der vor allem uneheliche Kinder nicht registriert werden konnten? Wie objektiv sind die Bezeichnungen, die die Wissenschaftler den Mitgliedern der Familien gaben („Sittenstrolch, faul")? Haben diese Bezeichnungen irgendeine objektive Grundlage oder spiegeln sie lediglich das Wertsystem der untersuchenden Wissenschaftler wider?

Zwillings-Studien. Eine bessere Beweisführung — wenn auch weniger dramatisch — die die nativistische Position unterstützte, ergab sich aus Untersuchungen, welche die Intelligenztest-Werte eineiiger (identischer) Zwillinge miteinander korrelierten und sie dann mit den Werten zweieiiger (nicht-identischer) Zwillinge, Geschwister und nicht verwandter Personen verglichen. Diese Methode basiert auf der Annahme, daß, wenn Erbfaktoren die Intelligenz beeinflussen, sich eineiige Zwillinge bezüglich ihrer Intelligenz weniger voneinander unterscheiden sollten als zweieiige Zwillinge, die ja im Grunde genommen nicht enger miteinander verwandt sind als normale Geschwister. Es wäre also zu erwarten, daß sich eineiige Zwillinge in bezug auf ihre Intelligenz (gleich, ob hoch oder niedrig) mehr

Tabelle 3-2. *Korrelationen der Intelligenztestwerte* (Nach McNemar, 1942 und Nichols, 1965)

Kinderpaare	Anzahl von Paaren	Korrelationskoeffizient (r)
Geschwister	384	0,53
Zweieiige Zwillinge	482	0,63
Eineiige Zwillinge	687	0,87

gleichen als zweieiige Zwillinge. Wenn wir die Korrelationskoeffizienten in Tabelle 2 betrachten, so trifft dies tatsächlich zu. Hier ist die Korrelation, zwischen den IQs identischer Zwillinge 0,87 und damit viel höher als für zweieiige Zwillinge oder Geschwister. Ebenso haben andere Wissenschaftler festgestellt, daß die Ähnlichkeit bezüglich der Intelligenz zwischen Kindern und ihren biologischen Eltern größer ist als zwischen vergleichbaren Eltern und ihren Stiefkindern.

In einer Studie zeigten eineiige Zwillinge, die nicht miteinander aufwuchsen, sogar höhere Korrelationen (0,84) als zweieiige Zwillinge, die miteinander aufwuchsen (0,53) (Burt, 1955). Es muß jedoch auch festgestellt werden, daß eineiige Zwillinge, die in verschiedenen Umgebungen aufwuchsen, sich in bezug auf Intelligenz weniger gleichen, als eine Gruppe, die in der gleichen Umgebung aufwuchs (Korrelationen in der gleichen Studie 0,92 und 0,84).

Die „Anlage-Umwelt-Kontroverse" mag zwar als eine abstrakte philosophische oder wissenschaftliche Debatte begonnen haben, jedoch sollte klar sein, daß sie nun in zunehmendem Maße mit praktischen, sozialen und politischen Entscheidungen verknüpft ist. Wenn Intelligenz, geistige Gesundheit, Moral und soziale Krankheit genauso genetisch bestimmt wären wie z. B. die Farbe der Augen, dann würde daraus folgen, daß: (a) sie nicht modifiziert werden können und somit Rehabilitation und kompensatorisches Training überflüssig sind, und (b) man das Individuum selbst zwar nicht ändern kann, man aber in jedem Fall einen weiteren verheerenden Einfluß auf die Gesellschaft durch Gesetzgebung gegen entsprechende Eheschließungen, durch Sterilisation oder durch Einweisung in eine Anstalt verhindern kann.

Die „Umweltler" schlagen zurück. Wenn es schon schwierig ist, die genaue Rolle der Erbfaktoren bei der Determinierung komplexer Verhaltensweisen bei einem komplexen Organismus festzustellen, könnte man daran zweifeln, ob man je die Rolle eines so vagen Konzepts wie dem der „Umwelt" definieren kann. In diesem und dem vorhergehenden Kapitel haben wir uns mit vielen Aspekten der Entwicklung befaßt, die durch Umweltbedingungen gefördert oder gehemmt werden: Das Körperwachstum, welches durch physischen oder emotionalen Streß gehemmt, aber durch Kontakt und andere Stimulierung während der Kindheit gefördert wird; geistige Behinderung, hervorgerufen durch Eiweißmangel; größere Gehirnmasse und bessere Lernfähigkeit nach Erfahrungen in einer „angereicherten Umgebung"; bessere Formunterscheidung im Erwachsenenalter nach Erfahrungen mit solchen Formen während der Kindheit etc. Wir haben auch Beispiele dafür gesehen, daß während bestimmter Entwicklungsperioden eine günstige Umwelt gegeben sein muß, und daß Stimulierung allein nichts nutzt, wenn daneben nicht die Möglichkeit besteht, selbst zu reagieren und bestimmte Verhaltensweisen zu üben. Auf Grund dieser Unmasse experimenteller Daten argumentieren die „Umweltler" für die entscheidende Rolle einer günstigen Umwelt während bestimmter Zeitperioden, wenn sich spezifische Komponenten der Intelligenz entwickeln sollen.

Wie wir bereits gesehen haben, sind Reflexe am wenigsten von der Umwelt beeinflußt, Instinkte schon etwas mehr und adaptives Verhalten am meisten. Intelligentes Verhalten ist adaptives Verhalten, es bedarf einer gewissen Flexibilität, des Erkennens der kritischen Punkte eines Problems und der Auswahl angemessener Reaktionen für die Problemlösung. Wahrnehmen, Integrieren, Erinnern, Planen und Steuern von Handlungen sind alles Teile intelligenten Verhaltens, und die Umwelt spielt bei deren Entwicklung eine wichtige Rolle. Insofern argumentieren die „Umweltler", daß das Potential intelligenten Verhaltens sich nicht einfach entfaltet, sondern spezielle Arten von Erfahrung erfordert.

Genetische Faktoren können ohne weiteres die höhere Korrelation des IQ bei eineiigen im Vergleich zu zweieiigen Zwillingen erklären. Aber warum gleichen sich zweieiige Zwillinge bezüglich der Intelligenz mehr als andere Geschwister, deren Erbfaktoren einander ebenso gleichen? Die „Umweltler" weisen darauf hin, daß die Umwelt für zweieiige Zwillinge (da sie gleich alt sind) wahrscheinlich ähnlicher ist als für Geschwister unterschiedlichen Alters. Die Umwelt ist wohl noch viel ähnlicher für die meisten eineiigen Zwillinge, die gewöhnlich die gleiche Kleidung tragen und gleich behandelt werden, bis sie sich dagegen wehren. Das gleiche gilt auch für die Leahy-Studie. Warum sollte eine Korrelation zwischen Stiefkindern

Unter der Lupe

Gleiche Umwelt, ungleiche Erbfaktoren

In dem Ausmaß, in dem die Intelligenz von Erbfaktoren bestimmt wird, könnte man auch erwarten, daß Kinder biologischer Eltern sich in bezug auf Intelligenz mehr gleichen als die mit Stiefeltern. Leahy (1935) verglich eine Gruppe Kinder, die mit ihren natürlichen Eltern aufwuchsen, mit einer Gruppe Kinder, die von fremden Eltern adoptiert wurden, bevor sie 6 Monate alt waren. Alle Kinder befanden sich zum Zeitpunkt der Untersuchung im Alter von 5—14 Jahren, und es wurde angenommen, daß in der letzteren Gruppe keine Beziehungen zwischen den Erbfaktoren der Eltern und denen der Kinder bestehen konnten. Um die zwei Gruppen einander möglichst anzugleichen, wurden die Kinder beider Gruppen paarweise zusammengestellt und zwar aufgrund von Intelligenztestwerten der biologischen oder der Stiefeltern und aufgrund objektiv meßbarer Umweltfaktoren wie z. B. Beruf und Schulbildung etc. Die Intelligenztest-Werte der Kinder wurden dann mit den durchschnittlichen Werten der Eltern, mit denen sie zusammenleben, korreliert.

Die Korrelation zwischen der Intelligenz der biologischen Eltern und der ihrer Kinder zeigt die kombinierte Wirkung ähnlicher Erbfaktoren und einer ähnlichen Umwelt; im Falle der Stiefkinder dürfte eine signifikante Korrelation lediglich den Einfluß einer ähnlichen Umwelt widerspiegeln. Nicht weiter überraschend zeigte sich eine höhere Korrelation, wenn sowohl die Erbfaktoren als auch die Umwelt ähnlich waren, 0,60, verglichen mit 0,18 (Stiefkinder), wenn nur die Umwelt ähnlich war. Die gleichen unterschiedlichen Korrelationen zeigten sich jeweils auch bei den aus beiden Gruppen zusammengestellten Paaren (s. o.) für solche Faktoren wie „erreichter Schulabschluß jeden Elternteils", Wortschatz der Eltern etc.

und Stiefeltern existieren? Die Tatsache, daß eine positive Korrelation zustandekam, kann als Argument für den Einfluß der Umwelt auf die Entwicklung dieser Kinder aufgefaßt werden.

Die Tatsache, daß einige Kinder unter gewissen Bedingungen eine markante Erhöhung oder einen Abfall in ihren Intelligenz-Werten zeigen, weist darauf hin, daß solche Faktoren für die Entwicklung der Intelligenz von Bedeu-

Unter der Lupe

Erhöhter IQ durch ein wenig TLC

Zur Zeit der Depression in den 30er Jahren wurden zwei kleine Mädchen, die von ihren geistig behinderten Müttern vernachlässigt worden waren, in ein Waisenhaus im Staate Iowa eingewiesen. Als sie Harold Skeels (1966) zum ersten Mal beobachtete, waren sie krank und in ihrer geistigen Entwicklung ganz klar zurückgeblieben. Im Alter von 15 bzw. 18 Monaten wurden sie in eine Anstalt für geistig Behinderte überwiesen. Als Skeels sie 6 Monate später sah, machten sie einen aufgeweckten Eindruck, lächelten, zeigten normale Aktivität und schienen gesund zu sein. Auch ihre Intelligenz-Werte verbesserten sich mit der Zeit. Skeels vermutete, daß die Veränderung dadurch zustandekam, daß diese kleinen Waisenkinder von den Schwestern und Patienten „adoptiert" worden waren. Obwohl die älteren Mädchen und Frauen maximal bei einem Intelligenzalter von 10 Jahren lagen (biologisches Alter von 18 bis 50 Jahre), sorgte ihre Gegenwart doch für eine liebevolle stimulierende „familiäre" Umgebung (tender loving care = TLC). Diese zufällige Beobachtung wurde systematisch weiter verfolgt. Dreizehn ähnlich vernachlässigte Kinder mit einem Durchschnittsalter von 19 Monaten und einem Durchschnitts-IQ von 64 — also weit unter dem „normalen" IQ von 100 — wurden vom Waisenhaus in die Anstalt für geistig Behinderte als „Hausgäste" überwiesen. Sie wurden mit einer Kontrollgruppe ähnlichen Alters, aber mit höherem IQ verglichen, die zur gleichen Zeit geprüft wurde, aber im Waisenhaus verblieb. Jedes Kind der Experimentalgruppe wurde sofort von einer älteren Frau adoptiert, und es entwickelte sich ein warmes persönliches Verhältnis. Dieses Verhältnis wurde noch ergänzt durch den Kontakt mit anderen Patienten. Für die älteren Patienten waren die Kinder eine willkommene Abwechslung in der Monotonie des Anstaltslebens. Für die Kinder waren die Stiefmütter die Quelle von Aufmerksamkeit und Stimulierung, die sie im Waisenhaus nie erfahren hatten.

Welche Wirkung zeigte nun diese TLC (tender loving care) = zarte liebevolle Pflege?

1. Alle Kinder der Experimentalgruppe zeigten eine Erhöhung des IQ von 7 bis zu 58 Punkten.
2. Der durchschnittliche *Zuwachs* für die Experimentalgruppe betrug 32 Punkte und trat zum größten Teil während der ersten 9 Monate nach der Überweisung auf. Der durchschnittliche Verlust der Kontrollgruppe betrug 21 Punkte.
3. Der durchschnittliche Schulabschluß für die „TLC-Kinder" war das 12. Schuljahr; bei den Kontrollkindern war es im Schnitt weniger als das 3. Schuljahr.
4. Elf der „adoptierten" Kinder heirateten später und hatten selbst wieder Kinder, deren durchschnittlicher IQ bei 104 lag (die Streuung lag zwischen 86 und 125 für die 28 Kinder der 2. Generation). Von der Kontrollgruppe heirateten nur 2 Kinder.
5. Nach all den Jahren befanden sich noch immer 4 der im Waisenhaus aufgewachsenen Kinder dort, während von der Experimentalgruppe kein einziges Kind mehr in irgendeiner Institution war. Es scheint, daß extreme Umwelt-Bedingungen tatsächlich das intellektuelle Wachstum fördern oder hemmen können, somit auch alle mit der Intelligenz zusammenhängenden Aspekte des Lebens beeinflussen.

Interessanterweise wurde der Durchschnitt der Kontrollgruppe auf mysteriöse Art und Weise durch die Daten einer Versuchsperson in die Höhe getrieben, die das 12. Schuljahr absolvierte (es war die einzige, die von der Kontrollgruppe über das 8. Schuljahr hinauskam), heiratete, 4 normale Kinder hatte und viel mehr verdiente als die anderen aus ihrer Gruppe. Bei näherer Untersuchung stellte sich heraus, daß sie sich während des 5. Lebensjahres — im Rahmen einer anderen Studie — in einer angereicherten Umgebung aufgehalten hatte und dann im Alter von 8 Jahren in eine Spezialschule für Taube überwiesen worden war.

tung sind. Hierbei ist möglicherweise die psychologische Umwelt noch wichtiger als die physische. In einer Studie wurden Kinder aus dem Waisenhaus entlassen und von geistig behinderten Stiefmüttern in einer Heilanstalt aufgezogen (also in einer Umwelt, die gewöhnlich eintönig ist und benachteiligend wirkt). Diese Kinder zeigten gegenüber denen, die im Waisenhaus zurückblieben, einen Zuwachs an Intelligenz und der Fähigkeit, sich an das Leben anzupassen — eine Geschicklichkeit, die sich bis ins Erwachsenenalter nachweisen ließ. Die entscheidenden Faktoren waren hierbei wahrscheinlich die Aufmerksamkeit, die Stimulierung und die Liebe, die einen Teil dieser besonderen psychologischen Umwelt darstellten.

Skeels Ergebnisse sind natürlich keine „harten" Daten, aus denen man allgemeingültige Schlüsse ziehen könnte. So wurden z. B. die größten Fortschritte in den Monaten unmittelbar nach der Überweisung in die zweite Institution gemacht. Bedeutet dies, daß die ursprünglichen Werte nicht gültig sind, z. B. wegen eines Traumas, welches auf Grund der Trennung von den Eltern, der Einlieferung in das Waisenhaus und durch Deprivation zustandekam? Bedeutet es, daß die Fähigkeiten der Kinder sich tatsächlich sprunghaft durch die Ermutigung, liebevolle Betreuung und größere Stimulierung der neuen Umgebung entwickelten, aber möglicherweise auch ein genetisch vorbestimmtes Plateau erreichten? Die Studie hat diese und andere Fragen nicht beantworten können; die Tatsache jedoch, daß solche Veränderungen auftreten können, weist darauf hin, wie bedenklich es ist, auf Grund von Tests die individuelle Entwicklung und das Wachstum vorauszusagen, wenn diese Tests z. B. in frühestem Alter kulturell benachteiligten Kindern gegeben werden.

Schließlich und endlich weisen die Forscher darauf hin, daß man das genetische Potential nie direkt messen kann. Jedes Verhalten, das bei einem Test zutage tritt, reflektiert sowohl genetisches Potential als auch Lernen. Da das

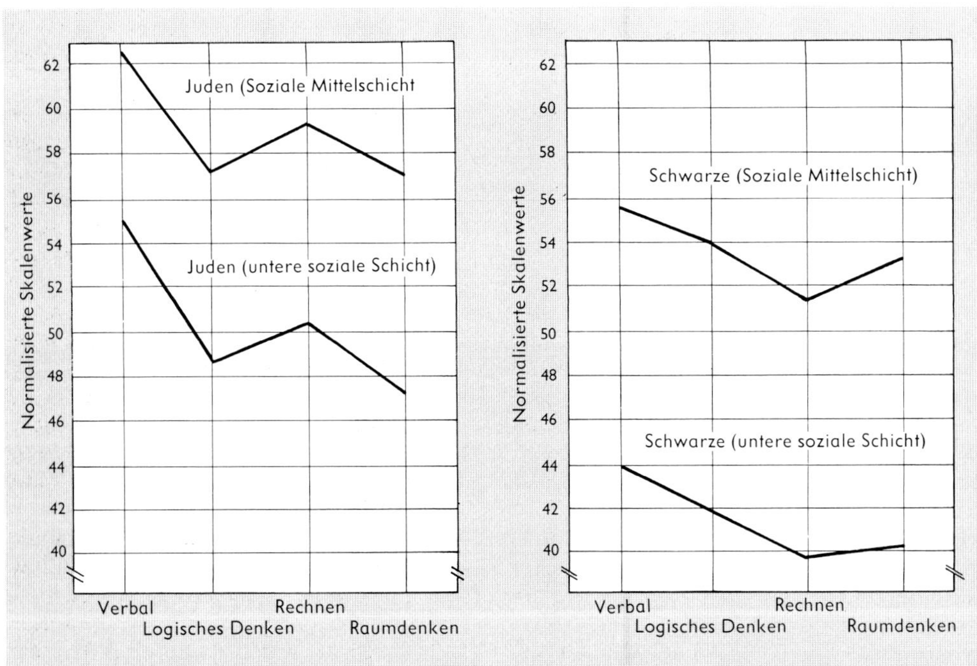

Abb. 3-11. Kognitive Fähigkeiten verschiedener ethnischer Gruppen. Stodolsky und Lesser untersuchten 4 primäre geistige Fähigkeiten bei Mittel- und Unterschicht-Kindern verschiedener ethnischer Gruppen. Sie stellten fest, daß jede Gruppe ein anderes „Fähigkeitsprofil" aufwies und daß in allen Fällen die Werte der Unterschicht-Kinder wesentlich niedriger lagen als die der Mittelschicht-Kinder. Wieder haben wir hier eine Korrelation, die nichts über eine Kausalität aussagt. Kamen die Werte durch Umweltfaktoren oder durch die Erbfaktoren der Eltern zustande? Vielleicht sind beide Faktoren maßgeblich beteiligt. Eltern mit niedrigem IQ verdienen gewöhnlich weniger Geld, und wie wir schon gesehen haben, wirken Deprivationen entwicklungshemmend (Nach Stodolsky und Lesser, 1967)

Ergebnis eines Tests immer aus einer genetischen Komponente und einer Umweltkomponente zusammengesetzt ist, kann man von einem niedrigen IQ nicht auf ein niedriges genetisches Potential schließen, besonders dann nicht, wenn die Umgebung äußerst ärmlich ist und emotional feindlichen Charakter hat.

Kritische Auswertung. In der Vergangenheit gaben diejenigen, die den genetischen Aspekt bei der kognitiven Entwicklung überschätzten, ein fatalistisches Bild des menschlichen Potentials und versuchten mit ihren Schlußfolgerungen vereinfachte Lösungen sozialer Probleme zu rechtfertigen. Die Vertreter des Empirismus machten die gleichen Fehler in entgegengesetzter Richtung. Der amerikanische Behaviorismus nahm an, daß jedes Verhalten durch Erfahrung und Training modifiziert werden könne. Durch die Nichtbeachtung der von den genetischen Faktoren gesetzten Grenzen kam es oft zu einem unbegründeten Optimismus über die Modifizierbarkeit menschlicher Fähigkeiten.

Seitdem es immer klarer wird, daß die beiden Faktoren sich in ständiger Wechselwirkung miteinander befinden, stehen sich die beiden Extreme nicht mehr in dieser Form gegenüber; wahrscheinlich würde heute niemand mehr einen rein genetischen oder einen reinen Umwelt-Standpunkt vertreten. Wir wissen, daß das genetische Potential erst in einer günstigen Umwelt zur Entfaltung kommen kann, daß aber auch keine Umwelt Potentiale schaffen kann, die überhaupt nicht vorhanden sind.

Es wird heute allgemein angenommen, daß das, was wir von unseren Eltern „ererben", uns viele Verhaltensweisen und ein optimales Funktionieren innerhalb dieses Verhaltensbereiches ermöglicht. Die aus der Umwelt kommende Stimulierung mag dazu beitragen, daß diese gegebenen Faktoren ihr Optimum erreichen oder auch nicht. Zum heutigen Zeitpunkt können wir noch nicht sagen, wieviele vorteilhafte Einflüsse eine Umgebung ausüben kann, da wir noch nicht wissen, wie eine solche ideale Umwelt aussieht.

Ist die kognitive Entwicklung vorhersagbar? Eine große Anzahl von Untersuchungen hat sich mit der Frage beschäftigt, ob die Intelligenztest-Werte sich — in ihrer Eigenschaft als Indikatoren für die kognitive Entwicklung — über eine Reihe von Jahren hinweg verändern oder nicht. Es herrscht allgemeine Übereinstimmung darüber, daß sie gewöhnlich konstant bleiben, d. h. wenn Gesundheit, Art der Erziehung und Familienverhältnisse sich nicht wesentlich ändern. Die einzige bemerkenswerte Ausnahme finden wir bei sehr jungen Kindern, deren Entwicklungsmöglichkeiten noch sehr variabel sind und bei denen im Hinblick auf Testentwurf und Testadministration ohnehin schon besondere Schwierigkeiten vorhanden sind. So finden wir z. B. eine unberechenbare Aufmerksamkeit oder eine mangelnde motorische Koordination, die eine genaue Beurteilung unmöglich machen. Ein anderes Problem besteht darin, daß Tests bei verschiedenen Altersgruppen verschiedene Komponenten der Intelligenz messen. Bei jüngeren Kindern erfassen sie im wesentlichen sensorische und motorische Fähigkeiten, während bei älteren Kindern begriffliche und verbale Fähigkeiten mehr ins Spiel kommen. Zweifellos ist dies ein Grund dafür, daß nach dem 6. Lebensjahr gewonnene Werte gewöhnlich besser mit der Erwachsenen-Intelligenz korrelieren als Werte, die vor dem Schuleintritt gemessen wurden. Testwerte, die vor dem 2. Schuljahr erbracht wurden, sind nicht sehr stabil und eher ein Ausdruck des allgemeinen Entwicklungsniveaus als ein Hinweis auf geistige Fähigkeiten.

Wie wir gesehen haben, können Veränderungen in der Umwelt auffallende Veränderungen der Intelligenztest-Werte mit sich bringen; besonders dann, wenn die bisherige Entwicklung durch Deprivation gekennzeichnet ist und wenn das Kind zur Zeit der Veränderung noch sehr jung ist. Es ist in solchen Fällen ziemlich klar, daß die ursprünglichen Intelligenztest-Werte nicht dem ererbten Entwicklungspotential des Kindes entsprechen. Leider wissen wir nicht, inwieweit das für Testwerte allgemein zutrifft, oder wie oft und in welchen Lebensalter sich die Werte anderer Kinder auf Grund einer besseren Programmierung ihrer Umwelt verbessern würden.

Hier kommen uns zwei Langzeitstudien entgegen, welche uns helfen, die Faktoren zu präzisieren, die in den einzelnen Fällen für Konstanz oder Veränderung verantwortlich sind. Eine Untersuchung des Fels Research Institute of Human Development in Ohio (Sontag, Baker und Nelson, 1958) verfügt über vollständige Unterlagen von 200 normalen Versuchspersonen über den Zeitraum der letzten 20 Jahre. Die andere Untersuchung, die unter Leitung von Bayley (1968) an der Universität von Kalifornien in Berkeley durchgeführt wurde, überprüfte 56 normale Personen von der Geburt bis zum Alter von 36 Jahren. Aus vielerlei Gründen sind Untersuchungen dieser Art sehr wertvoll und geben uns interessante Hinweise für weitere Untersuchungen. Eines der wichtigsten Ergebnisse der beiden Studien war, daß der Verlauf der kognitiven Entwicklung bei verschiedenen Personen sehr unterschiedlich sein kann, z. B.:

1. Beide Untersuchungen zeigten, daß sich die Veränderungen der Testwerte für geistige Fähigkeiten nicht nur auf das Vorschulalter beschränkten, sondern die ganze Kindheit hindurch beobachtet werden konnten.
2. Der Verlauf der sich während der frühen Jahre vollziehenden geistigen Entwicklung sah bei den einzelnen Kindern sehr unregelmäßig aus: es gab steile Anstiege und Plateaus.
3. Verschiedene Individuen zeigten verschiedene Veränderungsmuster bezüglich des IQ: bei einigen veränderte er sich überhaupt nicht, bei anderen zeigte er einen progressiven Anstieg oder eine Verminderung, und wieder andere zeigten ein Muster, welches während verschiedener Lebensperioden unterschiedlich gestaltet war.
4. Der größte verzeichnete Zuwachs bestand aus 73 Punkten (von 107 im Alter von 2,5 Jahren bis 180 Punkte im Alter von 10 Jahren), der größte Abfall waren 40 Punkte (von 142 im Alter von 3 Jahren auf 102 im Alter von 8 Jahren).

Die Bayley-Studie fand viele Anhaltspunkte dafür, daß der Verlauf der kognitiven Entwicklung bei Jungen und Mädchen verschieden ist; dazu kommt die Beziehung zwischen kognitiver Entwicklung und verschiedenen Persönlichkeitsmerkmalen. Wir können an dieser Stelle leider nur einige Beispiele anführen.

Für die Mädchen bestand schon von früher Kindheit an eine einwandfreie Korrelation zwischen dem Vokalisieren und der späteren Intelligenz (je mehr Vokalisierung, desto höher die spätere Intelligenz). Bei den Jungen jedoch ergab sich eine positive Korrelation zwischen Vokalisierung und Intelligenz nur in den frühen Jahren; vom 6. Lebensjahr an zeigte sich tatsächlich eine negative Korrelation zwischen Vokalisierung und späterer Intelligenz.

Geschlechtsunterschiede konnten auch für Korrelationen zwischen frühkindlichen Persönlichkeitsmerkmalen und späterer Intelligenz festgestellt werden. Für die Jungen zeigten sich einige durchgängige stabile Korrelationen zwischen den Verhaltensweisen der ersten drei Lebensjahre und der verbalen Intelligenz über die Zeitspanne von 36 Jahren hinweg. Bei den Mädchen jedoch waren diese Korrelationen nicht vorhanden: weder zwischen den Persönlichkeitsmerkmalen der Kindheit und der zur gleichen Zeit gemessenen Intelligenz noch der späteren Intelligenz. In einigen Fällen waren die Korrelationen für 16jährige Mädchen das genaue Gegenteil von denen, die für sie im Alter von 36 Jahren errechnet wurden. Auch bei den Knaben konnten solche Umkehrungen festgestellt werden: So zeigten z. B. Jungen, die zwischen dem 10. und 15. Lebensmonat sehr aktiv waren, später nur sehr schlechte verbale Fähigkeiten; Jungen, die zwischen dem 18. und 36. Lebensmonat sehr aktiv waren, zeigten später sehr hohe verbale Fähigkeiten. Mädchen, die im Alter von 1 Jahr sehr scheu und unglücklich waren, zeigten später ein hohes verbales Niveau; für die Knaben im selben Alter war „glücklich und zufrieden“ ein Faktor, aus dem sich ein späteres hohes verbales Niveau vorhersagen ließ. Scheue Zurückgezogenheit im Alter von 4 Jahren korrelierte mit späterer verbaler Fähigkeit weder bei Jungen noch bei Mädchen. Es scheint uns wahrscheinlich, daß sich unter dem Deckmantel der Durchschnitts-Daten noch so manches verbirgt.

Welchen Einfluß übt die Qualität des mütterlichen Verhaltens auf die Entwicklung der Intelligenz und der Persönlichkeitsmerkmale aus? Hier ergaben sich interessante Korrelationen zwischen dem Verhalten der Mutter und der Intelligenz der Kinder. Für die Knaben z. B. war es wichtig, wie ihre Mutter in den ersten 3 Lebensjahren auf sie reagierte. Dieser Einfluß auf ihre Intelligenz war selbst nach 18 und 36 Lebensjahren noch festzustellen. Mütterliche Abneigung korrelierte mit geringer Erwachsenen-Intelligenz bei den Nachkommen (Korrelationen von etwa −0,60), während mütterliche Zuneigung und Verständnis sich auf die Erwachsenen-Intelligenz der Kinder positiv auswirkten. Im Gegensatz dazu waren die Intelligenztest-Werte der Mädchen unabhängig von der mütterlichen Reaktion, aber anscheinend abhängig von den elterlichen Fähigkeiten. Bayley schließt daraus:

„Diese Geschlechtsunterschiede bei den verschiedenen Korrelationsmustern erhärten die Ansicht, daß es wahrscheinlich genetisch festgelegte Geschlechtsunterschiede in bezug auf die langandauernden Auswirkungen frühkindlicher Erfahrungen (wie z. B. mütterliche Zu- oder Abneigung) gibt. Mädchen schienen widerstandsfähiger zu sein und griffen immer wieder auf ihre eigenen charakteristischen Reaktionsmuster zurück. Die Knaben wurden wesentlich mehr von dem emotionalen Klima ihrer Kindheit beeinflußt, gleich, ob dieses in mütterlicher Wärme und Verständnis bestand oder in strafender Abneigung".

Weitere Untersuchungen, die hinreichende Daten für das Verständnis der für die Intelligenz so wichtigen Wechselwirkung zwischen Erbfaktoren und Umwelt liefern, sind unbedingt erforderlich. Die oben angeführten Ergebnisse weisen darauf hin, daß Erbfaktoren möglicherweise für die weibliche Intelligenz wichtiger sind als für die männliche. Jungen und Männer scheinen auf Umwelteinflüsse empfindlicher zu reagieren als Mädchen und Frauen. Es gibt eine Reihe von Beobachtungen, die diese überraschenden Feststellungen stützen. So ist wahrscheinlich die Wahrscheinlichkeit für Knaben höher als für Mädchen, daß sie während der Kindheit sterben, daß sie Leseprobleme haben, daß in der Kindheit eine Schizophrenie auftaucht, daß sie Selbstmord begehen, daß sie Gewalttaten vollbringen und daß sie in eine medizinische oder psychiatrische Klinik eingeliefert werden. Damit stimmt auch die Beobachtung überein, daß nach dem Atombombenabwurf auf Hiroshima mehr männliche Kinder tot oder geschädigt geboren wurden als weibliche (Maccoby, 1966).

Die Entwicklung kognitiver Fähigkeiten kann vom Wachstum des Individuums nicht getrennt werden, da kognitive Fähigkeiten im wesentlichen bestimmen, was der Mensch in und mit seiner Umwelt anfangen kann. Auf der anderen Seite jedoch stellen die kognitiven Fähigkeiten lediglich eine Erweiterung der Persönlichkeit eines Individuums dar (9. Kapitel). Unsere bisherige Beschreibung hat jedoch bereits gezeigt, daß man die Intelligenz nicht als etwas Statisches, Fixiertes oder als etwas „was eine Person einfach in sich hat" ansehen kann. Die Messung der „Intelligenz" bezieht sich immer auf die adaptiven Verhaltensweisen einer Person, also auf die Fähigkeit, sich an die verschiedenen Anforderungen der Umwelt anzupassen. Dazu benötigt der Mensch sowohl die genetischen Entwicklungsmöglichkeiten als auch den Umgang mit seiner Umwelt, die es ihm erlaubt, die notwendigen Fähigkeiten zu erlernen — seien sie jetzt perceptiver, konceptiver, motorischer, sprachlicher oder sozialer Natur.

f Die Entwicklung der Persönlichkeit

„In dem Moment, in dem wir die Idee der Entwicklung akzeptieren und das Kind nicht länger als einen mißgebildeten Erwachsenen betrachten, stehen die zwei Hauptaufgaben des Kinderpsychologen fest. Er muß den Beginn der Entwicklung beschreiben — das Problem des Ursprungs — und er muß einen Mechanismus der weiteren Entwicklung postulieren — das Problem der Veränderung" (Kessen, 1965).

Wir haben bereits gesehen, daß Piagets Interesse sich auf den Ursprung des Wissens bezieht und darauf, wie ein Kind lernt und wie es seine kognitiven Strukturen durch die Begegnung mit seiner Umwelt verändert. Für Freud war der wichtigste Punkt in der menschlichen Entwicklung das Problem des Seins. Im Vergleich zu Piaget ließ Freud die physische Welt um sich herum unbeachtet (oder nahm sie als gegeben an). Sein Interesse galt den Konsequenzen, die sich aus dem Zusammensein des Kindes mit anderen Leuten ergeben, ferner den Impulsen und biologischen Trieben, die dem Geist oder dem Körper des Kindes entspringen. Nach Freud entwickelt sich die Persönlichkeit aus einer Vielzahl von Wechselwirkungen zwischen biologisch-sexuellen Bedürfnissen und der Art und Weise, in der soziale Kräfte diesen Bedürfnissen stattgegeben oder sie unterdrücken.

Im 9. Kapitel werden wir uns mit den verschiedenen Persönlichkeitstheorien auseinandersetzen, die sich vor allen Dingen im Hinblick auf die kritischen Elemente, die sie für die Persönlichkeitsbildung verantwortlich machen, voneinander unterscheiden. An dieser Stelle wollen wir nur auf die frühe Entwicklung der Persönlichkeit eingehen.

Verschieden geboren

Viele der Erb- und Umweltfaktoren, die einen Einfluß auf die persönliche Entwicklung haben, zeigen ihre Wirkung bereits kurz nach der Befruchtung des Eies. Einige dieser Einflüsse ergeben sich durch den genetischen Beitrag beider Elternteile; andere sind chemische und physikalische Aspekte der intra-uterinen Umwelt des Fetus, welche durch die Gesundheit, Ernährung und den psychologischen Zustand der Mutter beeinflußt werden können. Diese Kombination versieht das Neugeborene mit seiner biologischen Grundausstattung. Nach der Geburt jedoch kommt die äußere Umwelt ins Spiel. Die Umwelt kann dieses Leben fördern und erhalten oder, ökologisch betrachtet, es herausfordern. Feste Nahrung und Flüssigkeit können vorhanden sein, müssen aber nicht; es kann zu heiß oder zu kalt sein, es können Krankheiten grassieren, die Luft kann verschmutzt sein etc. Die Stärke des Menschen liegt in seiner Anpassungsfähigkeit an die Umwelt, in der er sich gerade befindet, aber außerdem bestimmt die Umwelt auch, welche Art von Mensch sich erfolgreich an sie adaptiert. Die soziale Umwelt der Familie, der Altersgenossen, der Klasse und der Kultur sorgt für eine Reihe von Einwirkungen, die die soziale und individuelle Natur des Menschen bestimmen.

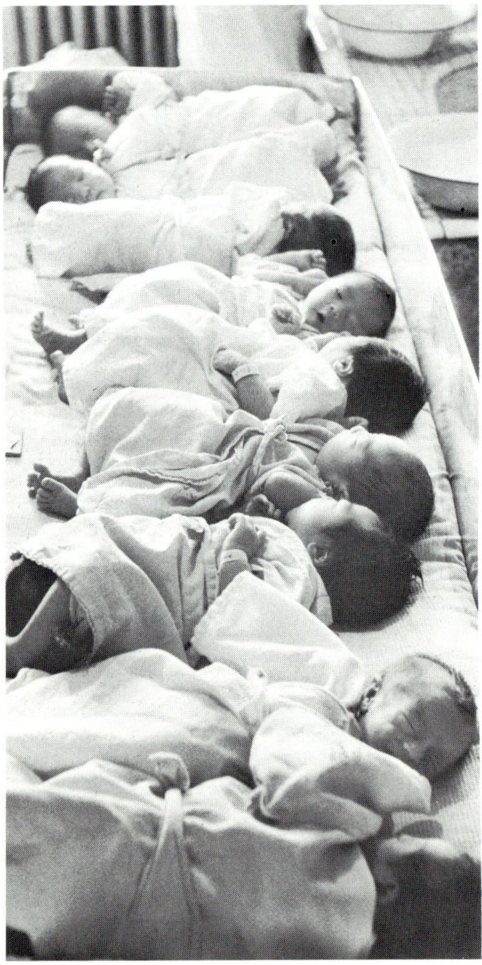

Abb. 3-12. Unterschiede zwischen typischen Verhaltensmustern sind bereits unmittelbar nach der Geburt zu erkennen. Die Säuglinge in diesem japanischen Krankenhaus reagieren bereits jetzt unterschiedlich auf die neue Umwelt

Ein Blick durch das Beobachtungsfenster einer Säuglingsstation zeigt uns, was alle Säuglingsschwestern längst wissen: Die Neugeborenen unterscheiden sich alle voneinander. Einige schlafen sehr viel, andere schreien unentwegt, manche sind aktiv, manche passiv, einige haben keine Probleme mit dem Essen und der Verdauung, andere haben Allergien und Magenbeschwerden. Dazu kommt, daß einige männlich, andere weiblich sind, manche stark und groß, andere klein und schwach auf die Welt kommen.

Diese schon bei der Geburt vorhandenen Unterschiede beeinflussen die Reifung und das Wachstum, spätere Reaktionen auf Reize und die Art und Weise, in der Eltern und andere auf das Kind reagieren und für es sorgen.

Sowohl Brazelton (1962) wie auch Freud haben festgestellt, daß einige Neugeborene eine Reizschranke zu besitzen scheinen, d. h. eine Fähigkeit, übermäßige Reizung durch physiologische Reaktionsmuster zu dämpfen (ähnlich wie im tiefen Schlaf, in dem die Atemfrequenz und die motorische Aktivität herabgesetzt sind und zudem das EEG-Muster langsamere Wellen zeigt). Wenn man bedenkt, daß dieses physiologische Abwehrsystem bei einigen Neugeborenen vorhanden ist und bei anderen nicht, kann man sich vorstellen, welchen unterschiedlichen Einfluß Umweltreize auf die verschiedenen Kinder haben können.

Diese individuellen Unterschiede hinsichtlich der Intensität der Reaktionen bleiben die ersten 2 Lebensjahre hindurch relativ stabil. Die Korrelationen zwischen den jeweils 5monatigen Perioden von 0 bis 6 einschließlich 22 bis 27 Monate schwanken zwischen 0,30 und 0,49 (Thomas, Chess, Birch, Hertzig und Korn, 1963). Andere Untersuchungen haben gezeigt, daß eine Beziehung zwischen hohem Aktivitätsniveau in der frühen Kindheit und impulsivem Verhalten in der späteren Kindheit und im jugendlichen Alter besteht (Shaefer und Bayley, 1963).

Die Rolle genetischer Faktoren bei der Formung sozialen Verhaltens kam in einer Studie zum Ausdruck, in der mehr Ähnlichkeit bei eineiigen als bei zweieiigen Zwillingen in bezug auf soziales Lächeln, Furcht und Aufmerksamkeit festgestellt wurde (Freedman, 1965). Ähnliche Resultate ergaben sich auch für Zwillinge im jugendlichen Alter hinsichtlich sozialer Dominanz, sozialer Kontaktfreude und Selbstkontrolle (Gottesman, 1966).

Was für den einen die Ursache, ist für den anderen die Wirkung

In diesem Kapitel haben wir uns im wesentlichen auf eine Korrelations-Beweisführung verlassen müssen, um zu zeigen, wie ein Vorgang einen anderen beeinflußt. Wie wir aber aus Kapitel 1 wissen, deuten Korrelationen lediglich an, daß eine Beziehung vorhanden ist; sie sagen uns nicht, welcher Faktor als Ursache und welcher als Wirkung anzusehen ist. Wenn wir uns z. B. mit dem Problem der Beeinflussung des kindlichen Verhaltens durch die Eltern befassen, dann korrelieren wir das Verhalten der Eltern mit dem der Kinder. Bedeutet dies nun z. B., daß strafende Eltern ihre Kinder aggressiv machen oder daß aggressive Kinder ihre Eltern zum Strafen treiben? Nach Freud nimmt das Kind, wenn es um die Zuneigung der Mutter geht, den Vater als Rivalen wahr und fürchtet seinen Zorn. Aber vielleicht ist der Vater deshalb nicht nett zu dem Kind, weil die Mutter diesem zuviel Aufmerksamkeit schenkt und ihn vernachlässigt? Eines der großen Probleme bei Schlußfolgerungen über die Determinanten der Persönlichkeitsentwicklung besteht darin, daß man sich auf mutmaßliche Zusammenhänge verläßt, besonders, wenn diese nur berichtet werden und nicht unabhängig und direkt wissenschaftlich beobachtet werden konnten.

Der soziale Druck

Die langandauernde Abhängigkeit des menschlichen Kindes von seinen erwachsenen Betreuern macht die Mutter-Kind-Beziehung zur wichtigsten menschlichen Beziehung überhaupt. Dies betrifft die Kern-Familie (Eltern und Geschwister), die Groß-Familie (Verwandtschaft) und schließlich auch die Gesellschaft, in der die Familie lebt. Der Säugling und das Kleinkind sind zunächst egozentrisch; ihre Bedürfnisse müssen sofort gestillt werden, während sie von den Bedürfnissen der anderen um sich herum nichts wissen. Das Kind muß sich sowohl an das Vorhandensein anderer Leute gewöhnen, welche Bedürfnisse haben, die mit den seinen konkurrieren oder in Konflikt stehen, als auch eine gewisse Verzögerung der Erfüllung seiner eigenen Bedürfnisse ertragen lernen. Erst durch den Sozialisierungsprozeß wird der einzelne Mensch zum Bestandteil einer Gesellschaft.

Im Verlauf des Reifungsprozesses und der kognitiven Entwicklung lernt das Kind, welche Fähigkeiten es hat; durch den Sozialisierungsprozeß lernt es, was zu tun angemessen, richtig, akzeptabel und notwendig ist. Es eignet sich Ansichten, Wertbegriffe, Ideologien und soziale Gebräuche an und wird mit Grundregeln bekannt gemacht, die die Gesellschaft vorschreibt, um ihr eigenes Fortbestehen zu gewährleisten.

Im Sozialisierungsprozeß hat der das Kind betreuende Erwachsene zunächst eine „Monopolstellung"; später greifen in diesen Prozeß Institutionen, wie z. B. die Schule, ein. Obgleich man so lernen könnte, ein zivilisierter und anständiger Bürger zu werden, ist es doch auch möglich, sich Anschauungen und Wertvorstellungen zu eigen zu machen, die einer optimalen Persönlichkeitsentwicklung entgegenwirken. Es steht z. B. fest, daß Vorurteile sowie Geld- und Machtgier sehr schnell angenommen werden können, wenn die Familie und die Gesellschaft diese Einstellungen und ihre Verhaltenskorrelate verstärken (s. Sarnoff, 1966).

Stillen und Sauberkeitserziehung. Die beiden Aspekte der kindlichen Sozialisierung, denen das meiste theoretische Interesse gilt, sind das Füttern und die Sauberkeitserziehung. Vom Standpunkt der Eltern aus erscheint das durchaus berechtigt, besteht doch ihr Leben eine Zeitlang nur daraus, Flaschen zu füllen und Windeln zu wechseln. Da diese Tätigkeiten häufig und regelmäßig stattfinden und für eine ständige Interaktion zwischen Eltern und Kindern sorgen, ergibt sich hier eine Möglichkeit der Übertragung elterlicher Einstellungen auf das Kind, wodurch dessen Persönlichkeitsentwicklung beeinflußt werden kann.

Im Jahr 1957 interviewten Sears, Maccoby und Levin 379 Mütter in Boston, um das Verhältnis zwischen elterlichen Einstellungen und Erziehungsmaßnahmen zu untersuchen. Sie fanden, daß Mütter, die ihre Säuglinge dann fütterten, wenn diese es wollten, und sie langsam (von der Brust weg) an die Flasche oder Tasse gewöhnten, grundlegend andere Einstellungen hatten als Mütter, die ihre Kinder nach einem strengen Zeitplan ernährten und sie schnell entwöhnten. Erstere verhielten sich im allgemeinen permissiv, waren weniger um Ordnung besorgt und bemühten sich bei ihren Vorschul-Kindern weniger um eine Aggressivitätskontrolle. Ferner begannen sie später mit der Sauberkeitserziehung und übten auf das Kind in dieser Beziehung wenig Druck aus.

Wenn das Kind gezwungen wird, dann zu

urinieren und zu defäkieren, wenn seine Umwelt es wünscht, anstatt dann, wenn es selbst das Bedürfnis dazu hat, lernt es möglicherweise viele soziale Einstellungen, die seine Persönlichkeitsentwicklung entscheidend beeinflussen. Für manche Kinder verläuft die — an sich schwierige — Sauberkeitserziehung ohne wesentliche Zwischenfälle, was größtenteils von der Einstellung der Mutter abhängt. Für andere, deren Mütter mit der Sauberkeitserziehung beginnen, bevor überhaupt eine Muskelkontrolle und sensorische Rückkoppelungsmechanismen vorhanden sind, kann dieser Prozeß eine Quelle beträchtlichen Leidens und der Angst sein. Der Beginn der Sauberkeitserziehung lag bei der Sears et al.-Studie im Zeitraum von 5 bis 30 Monaten, wobei mit der Kontrolle der Urinausscheidung später begonnen wurde und diese bei 20 % der Kindergarten-Kinder noch nicht abgeschlossen war.

Was in dieser frühen Entwicklungsphase gelernt wird, ist folgendes: Antriebs-Kontrolle; Verzögerung der Erfüllung persönlicher Bedürfnisse; Ersetzen biologischer Bedürfnisbefriedigung durch soziale Befriedigung; ein Verhältnis zur Autorität; Kooperation, Konformität oder Rebellion; Einstellungen zur Reinlichkeit und zum eigenen Körper. In einer Übersicht über die wenigen vorhandenen Untersuchungen auf diesem Gebiet schreibt Ferguson: „Eine Mutter, die hartnäckig auf Ordnung und Reinlichkeit besteht, ruft wahrscheinlich ähnliche Eigenschaften bei ihren Kindern hervor . . .“

Psychoanalytisch orientierte Wissenschaftler weisen mit Nachdruck darauf hin, daß die mit der Sauberkeitserziehung verbundenen Frustrationen und Ängste zu kausalen Faktoren für eine Hemmung der Persönlichkeitsentwicklung und die Entstehung eines „analen Charakters“ werden können. Freud beschrieb die Konsequenzen, die infolge eines unbefriedigenden Durchlebens dieser Entwicklungsphase für die Persönlichkeitsentwicklung entstehen könnten als ein Dreieck, bestehend aus Ordnung, Sparsamkeit und Hartnäckigkeit. Es gibt jedoch keinen empirischen Beweis für diese hypothetische Beziehung zwischen früher

Tabelle 3-3. *Unterschiedliche Definition der Realität bei verschiedenen sozialen Klassen (Nach Segalman, 1965)*

Aspekt	*Die typische Ansicht der Mittelklasse*	*Die typische Ansicht der unteren Klasse*
Autorität (Gericht, Polizei, Schule)	eine Quelle der Sicherheit, auf die man sich stützen und an die man sich wenden kann	gehaßte und gemiedene Feinde
Erziehung	ein Hilfsmittel zum Erfolg	etwas, was man durchmachen muß, bis die Kinder arbeiten gehen können
Lebensziele	materieller Erfolg, soziale Anerkennung	gelassene Hoffnung (coolness) es zu schaffen, ohne daß die Behörden auf einen aufmerksam werden
Die Zukunft	etwas, worauf man sich freut	gibt es nicht, man lebt von einem Moment auf den anderen
Selbstgefühl	man akzeptiert sich selbst	Selbsthaß und defensive Einstellung
Die Gesellschaft als Ganzes	man identifiziert sich mit ihr und paßt sich ihr an	ist suspekt, man wehrt sich dagegen
Delinquenz	etwas Böses, das seinen Ursprung außerhalb der typischen Mittelklassenfamilie hat	eine nicht zu umgehende Sache im Leben, die man nicht weiter beachtet — es sei denn die Polizei ist gerade zugegen —
Das eigene Heim	etwas zum Hegen und Pflegen	eine Station auf dem Weg nach Nirgendwo
Die Straße	worüber man mit seinem eigenen Auto fährt	eine Fluchtmöglichkeit aus dem überfüllten Quartier
Gewalt	letzte Zuflucht der Behörden	ein Ventil; ein Mittel zum Leben und zum Weitermachen
Sex	eine verbindende Kraft innerhalb der Familie, eine Quelle der Abenteuer, ein Faktor bei der Familienplanung	eine Befreiung; eines der wenigen Vergnügen, für das man nicht sofort bezahlen muß
Geld und Besitz	etwas, was man spart und nach sorgfältiger Planung vorsichtig gebraucht.	etwas, was man sofort benutzen muß, bevor es verschwindet.

Sauberkeitserziehung und späterer Entwicklung von Persönlichkeitsmerkmalen (Hetherington und Brackbill, 1963).

Geschwisterreihe. Sind Sie der (die) Erstgeborene in Ihrer Familie oder ein Später-Geborener? In jedem Fall hätte die soziale Umgebung, in die Sie hineingeboren wurden, ganz anders ausgesehen, wenn Sie zu einem früheren oder späteren Zeitpunkt zur Welt gekommen wären. Erstgeborene genießen die elterliche Aufmerksamkeit, ohne sie mit jemandem teilen zu müssen; mit erstgeborenen Kindern spricht man mehr, sie werden länger gestillt und mehr liebkost als nachfolgende Kinder. Zudem haben sie gewöhnlich Mütter, die ängstlicher und unerfahrener im Umgang mit einem Kind sind. Wenn Erstgeborene aufwachsen, ergeben sich durch diese und andere Umwelteinflüsse folgende Verhaltensunterschiede im Unterschied zu später geborenen Kindern: größere Abhängigkeit, Konformität, Angst und ein größeres Bedürfnis, sich in Streß-Situationen mit anderen zusammenzutun (Schachter, 1959).

Andere Kulturen, anderer Druck. Wir haben gerade gehört, daß bestimmte Aspekte der Persönlichkeit dadurch beeinflußt werden können, ob ein Kind als Erst- oder Später-Geborenes zur Welt kommt. Dasselbe gilt auch für Geschlechtsunterschiede, da die Gesellschaft an Mädchen andere Erwartungen stellt als an Knaben. Andere beeinflussende Kräfte werden vielleicht nicht so leicht gesehen. Z. B. sind die Umweltkräfte, die auf ein reiches oder ein armes, ein schwarzes oder ein weißes Kind, ein Kind der einen oder einer anderen ethnischen Gruppe einwirken, sehr unterschiedlich. Während uns die Anthropologen viel über die Unterschiede zwischen den verschiedenen Kulturen erzählten, haben wir es versäumt, systematisch die Konsequenzen solcher Unterschiede im eigenen Land zu untersuchen. Was bedeutet es, arm zu sein im reichen Amerika, oder schwarz, braun oder gelb zu sein im weißen Amerika? (oder in der BRD ein Jugoslawe, Grieche oder Türke zu sein). Als Psychologen mit sozialer Verantwortung müssen wir uns diesen Problemen zuwenden und sie zu lösen versuchen, wobei es sehr schwierig sein kann, sich in die Lage anderer Leute zu versetzen.

Der Einfluß Freuds

Bevor Freud auf der viktorianischen Szene erschien, war die Kindheit nichts anderes als eine Zeit der Unschuld und des bedeutungslosen Spieles, das in keiner Beziehung zum Ernst des Erwachsenenalters stand. Mit seinem Werk: „Drei Abhandlungen zur Sexualtheorie" (1905) zerbrach Freud diese Illusion.

„Es ist ein Stück der populären Meinung über den Geschlechtstrieb, daß er der Kindheit fehle und erst in der als Pubertät bezeichneten Lebensperiode erwache. Allein dies ist nicht nur ein einfacher, sondern sogar ein folgenschwerer Irrtum, da er hauptsächlich unsere gegenwärtige Unkenntnis der grundlegenden Verhältnisse des Sexuallebens verschuldet. Ein gründliches Studium der Sexualäußerungen in der Kindheit würde uns wahrscheinlich die wesentlichen Züge des Geschlechtstriebes aufdecken, seine Entwicklung verraten und seine Zusammensetzung aus verschiedenen Quellen zeigen.

Es ist bemerkenswert, daß die Autoren, welche sich mit der Erklärung der Eigenschaften und Reaktionen des erwachsenen Individuums beschäftigen, jene Vorzeit, welche durch die Lebensdauer der Ahnen gegeben ist, so viel mehr Aufmerksamkeit geschenkt, also der Erblichkeit so viel mehr Einfluß zugesprochen haben, als der anderen Vorzeit, welche bereits in die individuelle Existenz der Person fällt, der Kindheit nämlich. Man sollte doch meinen, der Einfluß dieser Lebensperiode wäre leichter zu verstehen und hätte ein Anrecht, vor dem der Erblichkeit berücksichtigt zu werden. Man findet zwar in der Literatur gelegentliche Notizen über frühzeitige Sexualbetätigung bei kleinen Kindern, über Erektionen, Masturbation und selbst koitusähnliche Vornahmen, aber immer nur als ausnahmsweise Vorgänge, als Kuriosa oder als abschreckende Beispiele vorzeitiger Verderbtheit angeführt. Kein Autor hat meines Wissens die Gesetzmäßigkeit eines Sexualtriebes in der Kindheit klar erkannt, und in den zahlreich gewordenen Schriften über die Entwicklung des Kindes wird das Kapitel „Sexuelle Entwicklung" meist übergangen."

In der Freudschen Theorie werden die Grundlagen für die erwachsene Persönlichkeit bereits in der frühen Kindheit gelegt. Nicht nur verläuft die normale Persönlichkeitsentwicklung über Alter und Phasen hinweg kontinuierlich; darüber hinaus sind die Ursprünge der erwachsenen Ängste und Neurosen auf traumatische Vorgänge im frühen Leben zurückzuführen.

Phasen der psychosexuellen Entwicklung. Was Piaget für die kognitive, das ist Freud für die Entwicklung der Persönlichkeit. Nach der Freud'schen psychoanalytischen Theorie verläuft die Persönlichkeitsentwicklung während der Kindheit in sog. *psychosexuellen Phasen.* In jeder Phase dominieren instinktive, ungelernte biologische Bedürfnisse *hedonistischer* Natur. Während jeder dieser aufeinanderfolgenden Phasen wird die sinnliche Befriedigung durch die Stimulierung verschiedener „erogener" Körperzonen — Mund, Anus und Genitalien — erreicht. Diese sexuellen Kräfte

werden als *Libido* bezeichnet und umfassen alle möglichen körperlichen Stimulierungen, die als angenehm empfunden werden. In jeder einzelnen Entwicklungsphase können sich — je nach Ausmaß der Befriedigung oder Frustrierung dieser Triebkräfte — Konflikte entwickeln. Exzessive Befriedigung oder Frustration in einer Phase verhindern die normale Weiterentwicklung zur nächsten Phase; man spricht hier von einer *Fixierung* auf diese Phase. Solche Fixierungen beeinflussen dann die Interaktion zwischen Kind und Umwelt. So entwickelt sich z. B. bei „analer Fixierung" ein Charakter, der sich gerne erniedrigt, der Wert auf Sauberkeit legt, der eigensinnig und zwangsneurotisch ist. Die „orale Fixierung" wird als Determinante der Drogensucht und des zwanghaften Essens angesehen und sogar in Zusammenhang mit Sarkasmus und Sprachfluß gebracht.

Die primitivste Phase der psychosexuellen Entwicklung ist die *orale* Phase, in welcher die Mundregion die primäre Quelle der Ernährung, der Stimulierung und des Kontaktes mit der Umwelt darstellt. Es besteht kaum Zweifel darüber, daß Säuglinge und Kleinkinder einen Großteil ihrer Zeit damit verbringen, an ihren Daumen oder Zehen zu lutschen.

In der folgenden, der *analen* Phase wird Befriedigung zunächst durch die Ausscheidung, und dann durch das Zurückhalten des Kotes erreicht. Der Lustgewinn, den das Kind durch den Ausscheidungsprozeß und die Exkremente hat, wird in den meisten Kulturen unterdrückt und reguliert.

Die letzte allgemeine Periode der erotischen Befriedigung befaßt sich mit der Exploration und der Stimulierung des eigenen Körpers, insbesondere des Penis beim Jungen und der Vagina beim Mädchen. Auf diese *phallische* Phase folgt die *latente* Phase. Während der Pubertät schließlich tritt das Individuum dann in die *genitale* Phase der sexuellen Differenzierung ein, die es von der Selbsterotik weg zur Stimulierung durch den Kontakt mit den Genitalien anderer führt. Beim Durchlaufen dieser Phasen erlernen die Kinder die Identifizierung mit ihrer Geschlechtsrolle, entwickeln ein Bewußtsein durch die Lösung von der sexuellen Liebe zum andersgeschlechtlichen Elternteil (*ödipale Situation*) und bereiten sich auf die Heterosexualität des Erwachsenenalters vor.

Diese Skizzierung tut insofern den tiefgehenden Gedanken Freuds Abbruch, als sie nur ganz kurz seine Auffassung von der Entwicklung der Persönlichkeit darstellt; dem Leser wird daher empfohlen, sich näher mit Freud auseinanderzusetzen. Man sollte bedenken, daß dieses Bild der kindlichen Psyche nicht, wie bei Piaget, durch die Beobachtung von Kindern entwickelt wurde, sondern daß es sich zum größten Teil von Freuds eigener analytischer Introspektion und psychoanalytischen Gesprächen mit Erwachsenen herleitet. Wir werden uns in Kapitel 9 näher mit der Freudschen Persönlichkeitstheorie befassen und im 11. Kapitel auf die psychoanalytische Therapie eingehen.

Eriksons Persönlichkeitstheorie

Während viele Persönlichkeitstheoretiker (mit denen wir uns später noch befassen) mit Freuds Ansicht über die Entwicklung nicht übereinstimmen, war es Erik Erikson, der dieser Theorie eine neue Dimension hinzufügte. Er veröffentlichte 1950 drei Beiträge zur Theorie der Persönlichkeitsentwicklung (E. Erikson: Kindheit und Gesellschaft, 1950), die sich auf klinische Beobachtungen an Kindern, Jugendlichen, Studenten und älteren Erwachsenen stützte.

1. Er postulierte parallel zu den psychosexuellen Phasen *psychosoziale* Phasen der Ich-Entwicklung, innerhalb derer das Individuum eine neue Auffassung von sich und anderen Leuten in seiner sozialen Umwelt entwickelt; *2.* entwickelt sich die Persönlichkeit kontinuierlich während aller Phasen des Lebens weiter, bleibt also nicht auf die kindliche Phase beschränkt;

3. fordert jede dieser Phasen eine neue soziale Interaktion, die den Verlauf der Persönlichkeitsentwicklung in positive oder negative Richtung lenken kann.
Erikson gibt acht Phasen der psychosozialen Entwicklung an und beschreibt dabei den menschlichen Lebenslauf von der Geburt bis ins hohe Alter. In jeder Phase wird ein bestimmter Konflikt aktuell, und obgleich dieser Konflikt nie ein für alle Mal gelöst wird, muß er doch einigermaßen überwunden werden, damit das Individuum die Konflikte der folgenden Phasen erfolgreich überstehen kann.
1. Vertrauen versus Ur-Mißtrauen (1. Lebensjahr; entspricht der oralen Phase Freuds). Je nach Art der ihm widerfahrenen Pflege lernt der Säugling entweder seiner Umwelt zu vertrauen und sie als geordnet und vorhersagbar zu betrachten, oder aber ihr zu mißtrauen, sie zu fürchten und sie als unberechenbar und chaotisch wahrzunehmen.
2. Autonomie vs. Scham und Zweifel (2. und 3. Lebensjahr; entspricht der analen Phase bei Freud). Aus der Entwicklung der motorischen und geistigen Fähigkeiten und der Möglichkeit zu explorieren und zu manipulieren, entsteht ein Gefühl der Autonomie, Adäquatheit und Selbstkontrolle. Übermäßige Kritik oder die Einschränkung der Exploration und anderer Verhaltensweisen des Kindes führt zu einem Gefühl der Scham und des Zweifels über seine Fähigkeiten.
3. Initiative vs. Schuldgefühl (4. und 5. Lebensjahr; entspricht der phallischen Phase bei Freud). Die Art und Weise, in der Eltern auf die Eigeninitiative ihrer Kinder reagieren — wobei hier sowohl intellektuelle wie auch motorische Verhaltensweisen gemeint sind — ruft in den Kindern entweder ein Gefühl der Freiheit und Initiative oder aber ein Schuldgefühl und das Gefühl, unerwünscht in die Erwachsenenwelt eingedrungen zu sein, hervor.
4. Leistung vs. Minderwertigkeitsgefühl (6. bis 11. Lebensjahr; entspricht der latenten Phase bei Freud, in der sich das Kind am wenigsten sexuell betätigt). Das Kind interessiert sich dafür, wie Dinge funktionieren und wie sie funktionieren sollten. Diese Phase ist durch das Formulieren von Regeln, durch Organisieren, Ordnung und Betriebsamkeit gekennzeichnet. Werden jedoch diese Anstrengungen als dumm, frech oder störend hingestellt, so entwickelt sich beim Kind ein Gefühl der Minderwertigkeit. Während dieser Phase kommen zum ersten Mal die Kräfte außerhalb des Elternhauses ins Spiel und beginnen einen Einfluß auf die Entwicklung des Kindes zu haben.
5. Identität vs. Rollendiffusion (Jugendalter, von 12 bis 18 Jahren). Während dieser Zeit eröffnen sich dem Jugendlichen neue Wege der Wahrnehmung, er kann Dinge vom Gesichtspunkt anderer aus betrachten und verhält sich in verschiedenen Situationen unterschiedlich, je nachdem, wie es die Lage erfordert. Beim Spielen dieser verschiedenen Rollen muß die Person ihre eigene Identität erkennen lernen, die von allen anderen verschieden sein kann, aber von ihr als Ganzes akzeptiert werden muß. Die Alternativen sind Verwirrung oder die Flucht in eine „negative Identität" — eine Rolle, die von der Gesellschaft nicht anerkannt wird, wie z. B. die des Drogensüchtigen.
6. Intimität vs. Isolierung (junges Erwachsenenalter). Der Erwachsene versucht, Kontakt mit anderen Leuten herzustellen. Daraus kann sich eine Intimität entwickeln (sexuelle, emotionale oder moralische Verpflichtungen anderen Personen gegenüber), oder es kann sich eine Isolierung ergeben, die enge, persönliche Beziehungen ausschließt.
7. Zeugende Fähigkeit vs. Stagnation (mittleres Alter). Mit zeugender Fähigkeit (generativity) bezeichnet Erikson das über die eigene Person hinausgehende Interesse, welches sich für die Familie, die Gesellschaft oder zukünftige Generationen einsetzt. Ist dies nicht der Fall, dann konzentriert sich dieses Interesse auf das eigene Ich, dessen materielles und physisches Wohlergehen dann vorrangig wird.
8. Ich-Integrität vs. Verzweiflung (hohes Alter).

In dieser letzten Lebensphase blickt der Mensch zurück auf das, was gewesen ist, und voraus, auf das Unbekannte, das ihn erwartet. Auf Grund der erfolgreichen Konfliktlösungen, die er in den vorhergehenden Phasen entwickelt hat, kann er jetzt der Erfüllung seines Lebens mit Zuversicht entgegensehen; dies bezeichnet Erikson mit dem Gefühl der Integrität. Verzweiflung befällt denjenigen, dessen Leben falsch gesteuert wurde und unbefriedigend verlief. Zu spät, um etwa im Zorn noch einmal zurückzublicken oder in Hoffnung der Zukunft entgegenzusehen, endet sein Lebenscyclus in völliger Verzweiflung.

Beachtet man die raschen Veränderungen, denen wir ausgesetzt sind, erscheinen die Gedanken Eriksons besser geeignet, z. B. die bei vielen Schülern auftretende „Identitätskrise" zu erklären (Winter und Nuss, 1969) als die traditionelleren Ansichten Freuds, die einer mehr statischen Konzeption der an den Menschen gestellten sozialen und physischen Umweltanforderungen entspricht.

g Zusammenfassung

Die Entwicklung wird durch die Wirkungen und Wechselwirkung von *Vererbung* (biologisch übertragene Eigenschaften) und *Umwelt* (äußere und innere Einwirkungen auf den Organismus) bestimmt. Einige der Eigenschaften erscheinen, obgleich sie von Erbfaktoren bestimmt sind, erst im Laufe der Zeit, eine Tatsache, die man dem *Reifungs*prozeß zuschreibt.

Die anatomischen Strukturen der meisten Sinnesorgane sind bereits vor der Geburt voll entwickelt, jedoch ist es schwierig, festzustellen, in welchem Grade sie tatsächlich funktionstüchtig sind. Eine gewisse Sensibilität auf Berührung und Temperaturveränderungen ist bereits vor der Geburt vorhanden, aber die Schmerzempfindlichkeit ist gering. Für die normale Entwicklung des taktilen und des Schmerzsinnes scheinen postnatale Umweltreize wichtig zu sein. Auch Geschmack und Geruch sind bei der Geburt schon voll entwickelt.

Das Gehör scheint beim Neugeborenen weniger gut ausgebildet zu sein als andere Sinne; aber auch hier gibt es Hinweise darauf, daß es schon vor der Geburt funktioniert. Einige Fähigkeiten, Formen und möglicherweise auch Farben wahrzunehmen, sind zwar bereits vor der Geburt vorhanden, aber auch hier müssen sich die visuellen Strukturen weiterentwickeln. Es ist offenkundig, daß einige Aspekte der visuellen Wahrnehmung angeboren sind und andere erlernt werden müssen. Um eine hinreichende sensorisch-motorische Entwicklung zu garantieren, müssen Gelegenheiten gegeben sein, die Koordination der perceptiven und motorischen Fähigkeiten zu üben.

Die Entwicklung adaptiven Verhaltens basiert auf drei Reaktionssystemen: *Reflexen, Instinkten* und *erlernten Reaktionen.* Reflexe bedienen sich direkter physischer Verbindungen zwischen Reiz und Reaktion; sie entstehen durch Reifung und nicht durch Lernen. Instinkte kommen ebenfalls durch Reifung zustande; sie bestehen gewöhnlich aus ziemlich komplexen Verhaltenssequenzen, die bereits auf die erste Darbietung der entsprechenden Umweltreize voll und ganz in Erscheinung treten. Rein instinktives Verhalten ist beim Menschen selten.

Das Lernen ist der weitaus wichtigste Faktor beim adaptiven Verhalten. Lernen, welches durch Assoziation von Reiz und Reaktion zustandekommt und als *Konditionierung* bezeichnet wird, ist auch schon vor der Geburt zu beobachten. Lernen, das durch Interaktion mit den Eltern zustandekommt, vollzieht sich von der Geburt an. Eine Art dieses Lernens, die zumeist auf Tiere beschränkt ist, bezeichnen wir als *Prägung.* Beim jungen Tier beobachten wir eine Tendenz, dem ersten sich bewegenden Objekt (also meistens der Mutter) zu folgen. Das Kind lernt von seinen Eltern und anderen Erwachsenen durch *Beobachtung* und *Identifikation.* Durch den *Sozialisierungsprozeß* lernt es, sich an das Wertsystem seiner Gesellschaft anzulehnen. Besondere *Entwicklungsaufgaben,* von denen einige allgemeingültig und andere sehr speziell auf bestimmte Kulturen zugeschnitten sind, müssen während jeder Entwicklungsphase gemeistert werden.

Die Aneignung der Sprache ist wohl die menschlichste aller menschlichen Leistungen. Die Sprachproduktion des Kindes umfaßt während des ersten Jahres im wesentlichen verschiedene Arten von Schreien und Plappern. Am Ende dieses Jahres spricht es zum ersten Mal verständliche Worte der „echten" Sprache. Von jetzt ab vergrößert sich der Wortschatz des Kindes, und es entwickelt *eine dem Sprachvermögen entsprechende* Grammatik. Das Aufnehmen der Sprache beginnt mit der Fähigkeit, die menschliche Stimme von anderen Lauten unterscheiden zu können. Der Säugling unterscheidet zunächst Veränderungen in Betonung, Rhythmus, Hervorhebung und Dauer des Gesprochenen; erst gegen Ende des ersten Jahres hat das Kind die Fähigkeit, zwischen spezifischen Sprachlauten zu differenzieren.

Die Psychologen haben sich lange mit der Frage beschäftigt, ob die Fähigkeit zu sprechen dem Menschen allein vorbehalten ist und haben versucht, Schimpansen das Sprechen beizubringen, jedoch mit wenig Erfolg. Neuerdings gibt es Untersuchungen, in denen Schimpansen lernen, sich mittels Signalen und Symbolen zu verständigen; hier sind die Aussichten auf Erfolg besser.

Das Kind beginnt sein Leben als ein naiver Realist und akzeptiert die Dinge so, wie sie ihm erscheinen. Nach Piaget vollzieht sich die kognitive Entwicklung durch Interaktion mit der Umwelt. Wenn ein Kind Diskrepanzen zwischen einfachen Konzepten und den Umweltereignissen feststellt, so formt es neue Konzepte, um sie zu erklären. Durch die Prozesse der *Assimilation* und *Akkommodation* verbessert es allmählich seine kognitiven Strukturen (Schemata), die es erarbeitet hatte, um *Mittel und Zweck* in Beziehung zu bringen. Kinder durchleben die verschiedenen Phasen der kognitiven Entwicklung zwar mit unterschiedlicher Geschwindigkeit, jedoch immer in derselben Reihenfolge. Amerikanische Pädagogen beschäftigen sich zur Zeit mit der Erarbeitung von Programmen, die durch eine geschickte Auswahl von Aufgaben, die gerade etwas über dem momentanen Niveau des Kindes liegen, dessen kognitive Entwicklung fördern sollen.

Immer schon stritt man sich darüber, ob das Gehirn des Neugeborenen wie eine leere Tafel sei, auf der sich die Umwelteinflüsse erst einritzen müssen, oder ein mit angeborenen Fähigkeiten wohlgefüllter Speicher. Die Psychologen sind sich heute darüber einig, daß die richtige Antwort irgendwo zwischen beiden Extremen liegt, und versuchen die Umweltbedingungen herauszufinden, die die beste Entwicklung des vorhandenen Potentials garantieren.

Eine Anzahl unglaublich naiver alter Untersuchungen versuchte zu „beweisen“, daß spezifische intellektuelle Fähigkeiten ebenso angeboren seien wie andere interessante Merkmale, z. B. Wahnsinn, Armut, Alkoholismus und „soziale Krankheit“. Bessere Beweise für die Wichtigkeit der Erbfaktoren erbringen Untersuchungen, die höhere Korrelationen zwischen der Intelligenz genetisch identischer Zwillinge zeigen und niedrigere zwischen den Werten anderer Geschwister.

Daten aus verschiedenen Quellen, einschließlich Untersuchungen an in Heimen aufgewachsenen und dann teilweise in eine stärker anregende Umgebung überwiesenen Kindern zeigen, daß die Umwelteinflüsse eine entscheidende Rolle bei der Entwicklung der intellektuellen Fähigkeiten spielen. Die zur Zeit verfügbaren Resultate machen wahrscheinlich, daß intellektuelle Fähigkeiten das Resultat einer Wechselwirkung zwischen Erbfaktoren und Umwelt sind, wobei die Erbfaktoren die Grenzen bestimmen und die Umwelteinflüsse für das erreichte Niveau verantwortlich sind. Das Konzept des Intelligenztests beruht auf der Annahme, daß kognitive Fähigkeiten stabil und damit vorhersagbar sind. Wenn die äußeren Umstände (wie z. B. Gesundheit, soziale Umgebung etc.) gleich bleiben, trifft dies im wesentlichen für Kinder über 6 Jahre zu. Jedoch können dramatische Veränderungen in der Umwelt dramatische Veränderungen in Intelligenztest-Werten mit sich bringen. Es gibt Hinweise darauf, daß der Verlauf der kognitiven Entwicklung für beide Geschlechter unterschiedlich ist.

Persönlichkeitsmerkmale wie Intelligenz werden sowohl von Erbfaktoren als auch von der Umwelt beeinflußt. In vielerlei Hinsicht kommen Kinder mit unterschiedlichen „Persönlichkeiten“ zur Welt. Einige dieser ursprünglichen Unterschiede bleiben durch die Kindheit hindurch ziemlich stabil und beeinflussen die Art und Weise, mit der das Kleinkind auf seine Umwelt und andere Menschen auf das Kleinkind reagieren.

Größtenteils wird die Entwicklung der kindlichen Persönlichkeit jedoch von der sozialen Umwelt gelenkt, deren Einfluß sich bereits bei der Geburt bemerkbar macht. Faktoren wie Nahrungsaufnahme (Stillen oder Flasche), Sauberkeitserziehung, Geschwisterreihe und soziokulturelle Umwelt scheinen alle in irgendeinem Verhältnis zu Persönlichkeitsmerkmalen zu stehen.

Die große Bedeutung, die man der frühkindlichen Erfahrung in der Persönlichkeitsentwicklung zumißt, geht auf Freud zurück, der glaubte, daß der Grundstein der erwachsenen Persönlichkeit bereits in der Kindheit gelegt wird. Er spricht von fünf Phasen der *psychosexuellen Entwicklung (oral, anal, phallisch, latent, genital),* die auf instinktiven biologischen Trieben und auf der Interaktion zwischen Kind und Eltern basieren.

Erik Erikson ergänzte die psychosexuellen Phasen Freuds durch acht *psychosoziale* Phasen der Entwicklung, deren jede durch bedeutende Konflikte des Individuums gekennzeichnet ist. Diese Phasen sind: *Vertrauen vs. Ur-Mißtrauen; Autonomie vs. Scham und Zweifel; Initiative vs. Schuldgefühl; Leistung vs. Minderwertigkeitsgefühl; Identität vs. Rollendiffusion; Intimität vs. Isolierung; Zeugende Fähigkeit vs. Stagnation* und *Ich-Integrität vs. Verzweiflung.* Die Phasen Eriksons unterscheiden sich von denen Freuds dadurch, daß sie die Entwicklung als durch das ganze Leben kontinuierlich hindurchgehend beschreiben und nicht mit der Kindheit abschließen; ferner sind sie in Termini persönlicher und sozialer Ziele beschrieben und nicht als biologische Triebe.

Teil II
Aus Erfahrung lernen

Einleitung

Um zu überleben und sich an die Anforderungen einer veränderten, manchmal feindlichen Umwelt zu adaptieren, müssen alle Organismen — vom Pantoffeltierchen bis zum Menschen — in der Lage sein, von früheren Erfahrungen zu profitieren. Die physiologischen Mechanismen für die Aufnahme erreichbarer Umweltinformationen und das Ingangsetzen gezielter Handlungen müssen durch den Lernprozeß koordiniert werden, wenn der Organismus wirksam funktionieren soll.

Organismen, die dabei im wesentlichen von angeborenen Reflexen abhängig sind, zeigen eine nur eng begrenzte Fähigkeit, auf neue Reize wirksam zu reagieren. Je höher wir die phylogenetische Skala hinaufgehen, desto flexibler, umwandelbarer und origineller wird das stereotype Verhalten, welches für die niederen Formen des Lebens typisch ist. Organismen mit komplexen Nervensystemen können zwei grundlegende, für eine erfolgreiche Anpassung wichtige Fähigkeiten erlernen: die Vorhersage zukünftiger Umweltereignisse auf Grund zurückliegender Erfahrungen und die Vorhersage von Konsequenzen seitens der Umwelt, die auf eine bestimmte Reaktion folgen werden. Die erste Art des Lernens hilft dem Organismus, die Struktur der Umwelt zu erklären und ermöglicht es ihm, Signale, die Gefahren oder auch Angenehmes anzeigen, zu erkennen; die zweite Art des Lernens hilft ihm festzustellen, ob sich in der Umwelt infolge seines eigenen Verhaltens irgendetwas ereignet oder verändert hat.

Die Änderungsfähigkeit des Menschen erscheint fast grenzenlos, weil er nicht nur die Möglichkeit hat, aus den Wirkungen seines eigenen Verhaltens zu lernen, sondern auch aus der Beobachtung des Verhaltens anderer; weil er durch das Manipulieren von Symbolen abstrakte Beziehungen erlernen und die Sprache dazu benutzen kann, Beziehungen zu beschreiben und sich an sie zu erinnern, und weil er Computer-Programme entwerfen kann, welche die menschliche Intelligenz simulieren.

Die ersten beiden Kapitel dieses Teils werden sich mit den zwei grundlegenden Arten des Lernens befassen, um zu zeigen, wie das Verhalten unter die Kontrolle von Reizen gerät und wie Umweltreize vom Verhalten kontrolliert werden können. Viele Psychologen betrachten diese Prozesse als Grundlagen für das Verständnis fast aller psychologischer Phänomene, wie komplex sie auch immer sein mögen. Ihrer Meinung nach lernen wir wahrzunehmen, logisch und kritisch zu denken, emotional oder auch frustriert zu sein, ein Magengeschwür zu bekommen, und schließlich lernen wir auch noch, geisteskrank zu werden.

Damit das Lernen aber mehr als nur einen vorübergehenden Wert hat, muß das Gelernte auch gespeichert und bei Bedarf wieder abgerufen werden können. Deshalb werden wir uns auch mit den Beziehungen zwischen menschlichem Lernen, Erinnern, Vergessen und mit Methoden zur Verbesserung des Lernens und Erinnerns befassen.

Obwohl die Fähigkeit, aus Erfahrungen zu lernen, für die Adaptation an die Umweltanforderungen wichtig ist, kann sie doch nicht alle Geheimnisse der Psychologie entschlüsseln. Warum verschlafen wir ein Drittel unseres Lebens? Was ist der „Stoff, aus dem die Träume sind"? Was ist Bewußtsein und wie entsteht es? Wie können wir unterscheiden, was wichtig und was unwesentlich ist? In welchem Maße sind unsere Wahrnehmungen ein Produkt angeborener sensorischer Mechanismen oder das Ergebnis gesellschaftlicher Erfahrungen und Lernprozesse? Indem wir Antworten auf diese Fragen suchen, befassen wir uns weiter mit der Komplexität des Organismus, den wir „Mensch" nennen.

4 Lernen

Wahrscheinlich hat es damals in St. Petersburg geschneit, als Pawlow sich auf seine Reise nach Stockholm vorbereitete; man schrieb das Jahr 1904 und er sollte den Nobelpreis entgegennehmen. Der russische Physiologe hatte eine Methode entwickelt, mit der man die Funktion der an der Verdauung beteiligten Drüsen bei Tieren untersuchen konnte. Mit Hilfe von Fisteln, die entweder direkt in den Speicheldrüsen oder in der Magengegend eingepflanzt waren, konnten die Speichelsekretion und andere am Verdauungsprozeß beteiligte Sekretionsvorgänge studiert werden.

Aber als Pawlow nach Stockholm fuhr, war er mehr besorgt als glücklich. Er war bei seiner Arbeit auf eine Reihe von Problemen gestoßen, die seine Methode, die Physiologie der Verdauung zu erforschen, in Frage stellten.

Bei seinen Experimenten gab er den Hunden Fleischpulver ins Maul, worauf sie Speichel absonderten. Nachdem diese Prozedur jedoch ein paarmal wiederholt worden war, trat die Speichelabsonderung schon auf, *bevor* das Fleischpulver ins Maul gelangte. Zuerst begann Speichel zu fließen, wenn die Tiere das Futter sahen, später, wenn sie den Versuchsleiter, der das Futter brachte, sahen, und schließlich, wenn sie die Schritte des Vl auf dem Gang hörten. Pawlows Assistenten bemühten sich verzweifelt, diesen Effekt loszuwerden, da er eine bedeutende Fehlerquelle innerhalb der Experimente darstellte. Jeder Reiz, der regelmäßig der Fleischpulvereingabe ins Maul des Tieres voranging, löste dieselbe Reaktion aus, wie das Fleischpulver selbst!

Pawlow war von der Einmischung dieses „psychischen Prozesses“ in den physiologischen Vorgang, den er untersuchen wollte, beeindruckt. Er war sich der Bedeutung seiner Beobachtung bewußt und stellte sein Forschungsvorhaben um, obgleich Sir Charles Sherrington, der führende Physiologe seiner Zeit, ihm davon abriet, sich von solchem „psychischen Unsinn“ beeinflussen zu lassen. Pawlow jedoch ließ sich nicht beirren, und so kam es, daß aus einer Zufallsbeobachtung eine der größten Entdeckungen unserer Zeit hervorging, nämlich die der Gesetze des Lernens durch Konditionierung.

Die Tragweite des Pawlowschen Beitrags zu unserem Wissen von der Adaptation der Organismen an neue Reize in ihrer Umwelt war sofort augenscheinlich. Als der Historiker H. G. Wells gefragt wurde, wen er als wichtiger für die Gesellschaft halte, Pawlow oder Shaw, antwortete er, daß, wenn beide am Ertrinken wären und er nur einen Rettungsring hätte, er diesen Pawlow zuwerfen würde. Shaw (1933) gefiel dieses Urteil überhaupt nicht, und er bespöttelte Pawlows Beitrag in „Ein Negermädchen sucht Gott“.

In dieser Geschichte begegnet das Mädchen einem schwülstigen, ältlichen Kurzsichtigen in einem Dschungel von Ideen. Nachdem er ihre Furchtreaktion auf einen unerwarteten Lärm als einen einfachen konditionierten Reflex analysiert hat, fährt er fort:

> „Diese bemerkenswerte Entdeckung kostete mich 25 Jahre aufopfernder Forschung, während welcher ich zahllosen Hunden das Gehirn herausschnitt und ihren Speichel beobachtete, indem ich ihre Wangen durchlöcherte, damit er auf diesem Wege abfließe statt über die Zunge. Die ganze wissenschaftliche Welt liegt mir anbetungsvoll zu Füßen ob dieser ungeheuren Errungenschaft und in Dankbarkeit für das Licht, das sie auf die großen Probleme des menschlichen Verhaltens geworfen hat.“
>
> „Warum hast du mich nicht gefragt?“, rief das Negermädchen. „Ich hätte dir alles in 25 Sekunden sagen können, ohne arme Hunde zu martern.“
>
> „Deine Unwissenheit und Anmaßung sind unerhört“, entgegnete der alte Kurzsichtige. „Die Tatsache war natürlich jedem Kind geläufig, aber sie war niemals durch Laboratoriumsversuche bewiesen worden, und deshalb blieb sie wissenschaftlich völlig unbekannt. Als laienhafte Vermutung habe ich sie empfangen, als Wissenschaft habe ich sie weitergegeben. Hast du jemals einen wissenschaftlichen Versuch gemacht, wenn ich bitten darf?“

Und dann zeigt das Negermädchen, daß auch es Verhalten kontrollieren kann. Durch die

verbale Manipulation von Umweltreizen (etwa: „Hast du schon bemerkt, daß du auf einem schlafenden Krokodil sitzt?") bringt sie den alten Mann dazu, schnell auf einen Baum zu klettern, und auf ähnliche Weise („Hinter Deinem Nacken züngelt eine Baumschlange") dazu, wieder herunterzuspringen.
Wenn wir uns nun der Verhaltenskontrolle zuwenden, beginnen wir mit den einfacheren Phänomenen und Fragen, welche die Grundlage für eine komplexere Verhaltenskontrolle bilden.

a Was Organismen lernen müssen

Die zwei wichtigsten Dinge, die ein Organismus wissen muß, wenn er überleben will, sind: a) wie Umweltvorgänge miteinander in Beziehung stehen; und b) wie seine eigenen Handlungen mit den Umweltereignissen in Beziehung stehen, d. h. was passiert, wenn er auf bestimmte Art und Weise handelt.

Welche Vorgänge in der Umwelt stehen miteinander in Beziehung?

Indem wir etwas über die Regelmäßigkeit lernen, mit der bestimmte Ereignisse immer wieder zusammen auftreten, stellen wir Korrelationen bezüglich der Umwelt auf, strukturieren diese damit und machen sie vorhersagbar. Es ist auch diese Ordnung, die es uns ermöglicht, *Vorhersagen* über die Wahrscheinlichkeit zukünftiger Vorgänge aus der Kenntnis gegenwärtiger Vorgänge heraus zu machen.
Ferner kann der Organismus lernen, wie er auf Reizabfolgen zu reagieren hat. Der erste Reiz eines Reizpaares kann zu einem „Signal" für den zweiten werden und dadurch eine antizipatorische (vorwegnehmende) Reaktion auslösen, bevor sich der zweite Reizvorgang ereignet. Dieser Lernvorgang ist besonders dann wertvoll, wenn der zweite Reiz unangenehm, schädlich oder möglicherweise tödlich ist. So ist z. B. für einen Boxer, dessen Gegner bei ihm eine kurze Linke „landet", das „Abducken" möglicherweise die Rettung vor einem rechten Haken ins Gesicht — besonders dann, wenn der erste Reizvorgang regelmäßig den rechten Haken ankündigt.
Schließlich beruhen auch die intellektuellen Aktivitäten des Zerlegens komplexer Reize in einfache Komponenten (*Analyse*) oder des Zusammenfügens einfacher Elemente zu komplexen Ganzheiten (*Synthese*) auf der Wahrnehmung von Beziehungen zwischen Reizen. Analyse und Synthese sind wichtige Komponenten des Problemlösungsprozesses, der im alltäglichen Leben von so großer Bedeutung ist. In diesem Kapitel werden wir sehen, wie Reize zu Signalen werden, die es dem Menschen ermöglichen, verschiedene Aspekte seiner Umwelt vorherzusagen und in vielen Fällen auch zu kontrollieren.

Welche Handlungen und Konsequenzen stehen miteinander in Beziehung?

Die zweite Art der Korrelation, die wir lernen müssen, ist die zwischen einer von uns ausgeführten Reaktion und den Folgen dieser Reaktion auf die Umwelt oder auf unsere Beziehung zu ihr. Manches, was wir tun, hat eine Wirkung, anderes nicht. Von den Dingen die eine Wirkung haben, verändern einige unsere Einstellung zu einem Teil der Umwelt oder sie verändern einen Teil der Umwelt selbst. Beim ersten Anzeichen von Rauch können Sie z. B. zum nächsten Ausgang gehen und so einem Schaden entgehen, Sie können aber auch „Feuer" schreien, weglaufen, eine Panik verursachen und dadurch den Ausgang blokkieren. Natürlich können Sie auch auf den Rauch reagieren, indem Sie versuchen, das Feuer zu löschen: Sie schlagen mit Ihrer Zeitung danach oder werfen sie noch drauf. Da hierdurch das Feuer nur größer wird, lernen Sie sehr schnell, daß dieses Verhalten unerwünschte Konsequenzen hat. Durch alle diese Handlungen lernen Sie etwas über sich selbst als eine wirkende Kraft der Umweltkontrolle, darüber, welche Aspekte der Umwelt kontrolliert werden können und welche Handlungen welche Konsequenzen nach sich ziehen.
Alle lebenden Organismen besitzen die Fähigkeit, etwas über diese beiden Arten von Beziehungen zu lernen. Höhere Organismen können subtilere und komplexere Beziehungen zwischen verschiedenen Umweltreizen lernen als niedrigere; sie lernen auch besser, wie sie ihre Beziehungen zur Umwelt verbessern können — entweder um sich an die Umwelt oder die Umwelt an sich anzupassen.

Die Dusche ist zu heiß

Die mangelhafte Installation in vielen Studentenwohnheimen bietet ein vorzügliches Beispiel für die Betrachtung der beiden, oben aufgeführten, grundlegenden Beziehungen.
Stellen Sie sich vor, daß Sie nach des Tages

Mühen eine warme Dusche nehmen. Wenn das Wasser so schön den Rücken herunterläuft, beginnen Sie bald, sich zu entspannen und merken nichts als eine wohltuende Wärme. Plötzlich ist es mit Ihrer Entspannung vorbei, weil Sie bemerken, daß das Wasser kochendheiß aus der Leitung kommt. Irgendjemand hat eine Toilettenspülung in Gang gesetzt, und wenn das passiert, dann fließt (dank der vereinfachten Installation) kein kaltes Wasser mehr in den Duschen-Anschluß. Das kochendheiße Wasser verbrüht Ihren Rücken und die Sache ist zudem noch recht schmerzhaft. Genauso schnell verändert sich die Temperatur des Wassers wieder und Sie setzen Ihre Dusche fort, wenn auch nicht mehr mit der gleichen Hingabe. Bald darauf entdecken Sie, daß der Wasserdruck wieder sehr schnell abgefallen ist, und, begleitet von Ihren Flüchen, kommt erneut kochendes Wasser auf Sie herab.

Diese eine Assoziation zwischen dem Abfall des Wasserdrucks und der Erhöhung der Wassertemperatur kann genügen, um in Ihnen eine „Erwartung" auszulösen, bei der das erste Ereignis die durch das zweite drohende Gefahr ankündigt. Passiert Ihnen die leidige Sache mehrmals, können Sie sicher sein, daß der erste Vorgang ganz schnell zum Signal für den zweiten wird.

Sie haben also jetzt eine Verbindung zwischen zwei Reizen hergestellt, nämlich, daß eine Korrelation zwischen dem Abfall des Wasserdrucks (es fließt kein kaltes Wasser mehr zu) und der sofortigen Erhöhung der Wassertemperatur besteht. Das eine ist ein zuverlässiges *Signal* für das andere geworden. Könnten Sie jedoch solches Wissen jetzt nicht für sich arbeiten lassen, wären Sie zwar klüger geworden, aber noch lange nicht schmerzfrei. Den bei der Beschädigung des Hautgewebes auftretenden Schmerz bräuchten Sie nicht zu erlernen, denn solche Verbindungen sind physiologisch eingebaut. Aber Sie müssen die Verbindung zwischen dem Vorgang und seiner Wirkung auf Sie lernen — nämlich „sehr heißes Wasser verbrennt meine Haut". Darüber hinaus gibt es viele Verhaltensweisen, die eine solche Schmerzreaktion begleiten, wie z. B. Schreien, Weinen, Fluchen, mit dem Fuß stampfen, gegen die Wand treten und so weiter. Was Sie natürlich lernen müssen, ist, welche Handlung adaptiv (angepaßt) ist, d. h. welche Handlung den Schmerz beendigen oder verhindern kann.

Bei einem derart aversiven und auch schädlichen Ereignis reicht es nicht aus, eine Fluchtreaktion zu erlernen, d. h. dann zu entfliehen, *nachdem* bereits kochendes Wasser aus der Leitung kommt. Es ist viel besser, den ganzen Verdruß zu vermeiden. Eine *Vermeidungsreaktion* bedeutet, daß Sie die Dusche verlassen, bevor das kochendheiße Wasser kommt; d. h. Sie haben nun gelernt, auf ein Umweltsignal zu reagieren, in diesem Fall auf das Abfallen des Wasserdrucks. Ihre erlernte Reaktion hilft Ihnen, Ihre Umwelt zu kontrollieren.

Eine solche Umweltkontrolle wird vor allen Dingen durch den Gebrauch der Sprache gefördert. Als Menschen können wir Aussagen über die Beziehungen zwischen Vorgängen aufnehmen und angemessene Reaktionen mit erwünschten Konsequenzen durchführen, ohne daß wir durch mehrmalige Wiederholung die Signal-Vorgang-Reaktion erlernen müßten. Es braucht also nicht jeder Bewohner eines Studentenwohnheims mit schlechter Installation diese schmerzhafte Entdeckung selbst zu machen. Das Wissen um solche Verhältnisse wird verbal von einer Person zur nächsten vermittelt.

In gewisser Hinsicht befaßt sich die Lernpsychologie mit dem Verständnis der Prinzipien, die an der Bildung der beiden Arten von Korrelationen — zwischen Reizvorgängen und zwischen Reaktionen und deren Konsequenzen — beteiligt sind. Von einem breiteren Ansatz aus gesehen ist das Studium der Lernvorgänge jedoch wesentlich für jegliches Verständnis des Menschen. Das Merkmal, welches höhere Organismen von niedrigeren Formen der Tierwelt unterscheidet, ist die relative Unabhängigkeit ihres Verhaltens von invarianten, angeborenen physiologischen Mechanismen und die größere Anpassungsfähigkeit an die Umwelt. Wir lernen, menschliche Wesen zu werden, mit anderen zu leben, zu sprechen, aufzupassen, wahrzunehmen, vernünftig zu denken und zu handeln. Darüber hinaus sind auch unsere Einstellungen, Geschmäcker, Eigenheiten, Vorurteile, Emotionen und das, was wir lieben, hassen und fürchten, erlernt. Wir lernen — gleich, ob uns das zum Vor- oder Nachteil gereicht — ein Individuum mit eigener Persönlichkeit zu werden. Deshalb sollte es uns nicht überraschen, daß das Verständnis von Lernprinzipien Voraussetzung für jegliche Analyse des menschlichen Verhaltens ist.

In diesem Kapitel beschränken wir uns hauptsächlich auf Lernphänomene und auf die zwei

Entwöhnung (Dishabituation): Zurück zur Orientierungsreaktion

Ist eine Habituation eingetreten, kann die Orientierungsreaktion erneut hervorgerufen werden, wenn der Reiz-Input auffallend verändert wird, z. B. wenn er zwar dieselben Elemente enthält wie vorher, diese aber in ungewohnter oder unerwarteter Reihenfolge erscheinen. Unger (1964) bot z. B. eine Zahlenreihe (1, 2, 3, 4, 5, 6 etc.) solange dar, bis sich

Unter der Lupe

Detektivarbeit mittels Entwöhnung

Das Phänomen der Entwöhnung ermöglichte die Entwicklung einer Methode, mit der man bei Säuglingen die Fähigkeit, zwischen verschiedenen Gerüchen zu diskriminieren, untersuchen kann. Im letzten Kapitel wurden die Untersuchungen von Lippsitt (1963) über die olfactorische Sensibilität bereits kurz beschrieben. Wenn man wenige Tage alten Säuglingen verschiedene olfactorische Reize darbietet, reagieren sie mit Körperbewegungen und Veränderungen der Atem- und Herzfrequenz (s. untere Abb.). Diese Reaktionen deuten an, daß die Säuglinge auf diese Reize sensibel sind.

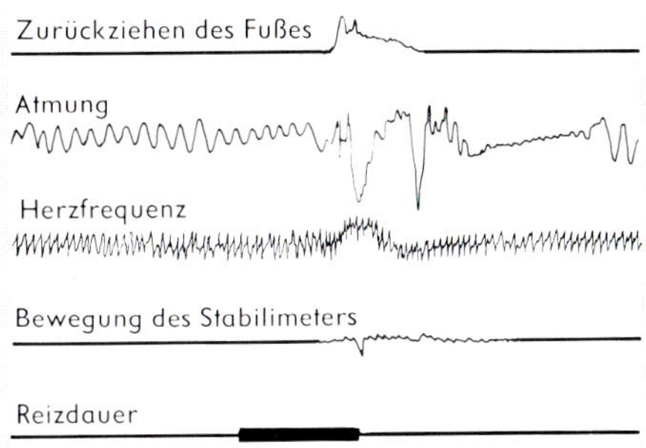

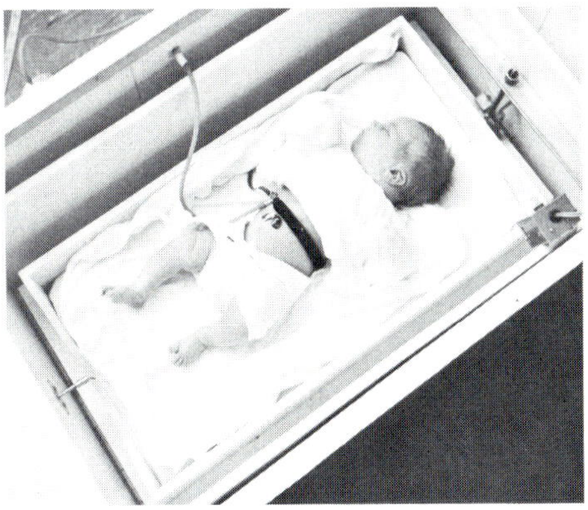

Der Reiz wird wiederholt dargeboten, bis Habituation eintritt; dann bietet der Versuchsleiter einen anderen Reiz dar. Wenn der Säugling nun eine Veränderung wahrnimmt, setzt Entwöhnung ein und damit auch die Orientierungsreaktion auf den olfactorischen Reiz. Wird der neue Reiz nicht als „verschieden" wahrgenommen, setzt sich die Habituation fort.

Die graphische Darstellung rechts zeigt die Habituationskurve eines Säuglings auf ein Gemisch von drei chemischen Substanzen. Wir sehen die durchschnittliche Anzahl der Reaktionen pro Versuchsreihe, die sich ganz deutlich von einer Versuchsreihe zur nächsten verringert. Die Darbietung einer *einzelnen* Komponente des Gemischs (Test ganz rechts) erzeugt wieder eine stärkere Reaktion, die auf Entwöhnung schließen läßt, und deutet zusätzlich an, daß der Säugling die Fähigkeit besitzt, zwischen der ursprünglichen Mischung und der einzelnen Komponente zu unterscheiden. Obwohl Habituation auf die Mischung bereits stattgefunden hat, ist die Reaktion auf die einzelne Komponente dieser Mischung fast so stark wie vor den Habituationsversuchen. (Nach Engen, Lipsitt und Kaye, 1963; und Lipsitt, 1966.)

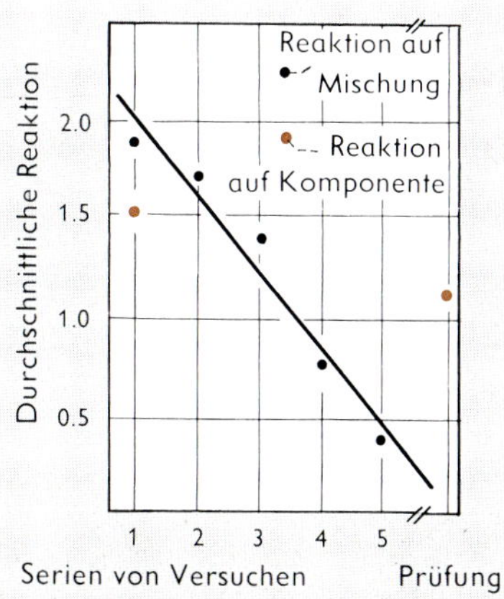

bei den Versuchspersonen eine Habituation einstellte, die über die Blutgefäßkonstriktion im Finger gemessen werden konnte. Wenn eine nicht in die Reihe passende Zahl dargeboten wurde (9, 10, 11, *10*), stellte sich plötzlich die Orientierungsreaktion wieder ein.
Entwöhnung kann eintreten, wenn Länge, Muster oder Bedeutung eines Reizes geändert werden. Es scheint so, als habe der Organismus die Merkmale des ursprünglichen Reizmusters eingespeichert und könne durch den Vergleich mit diesem Muster neu-einkommende Reize als „unverändert" oder „neu" einordnen. Orientierung und Habituation sind demnach Reaktionen auf Veränderungen (oder Nicht-Veränderungen) der Reizeinwirkung, während die Entwöhnung wahrscheinlich eine primitive Form des Lernens darstellt.
Findet nach der Habituation keine Dishabituation (und damit eine neue Orientierungsreaktion) statt, obwohl Elemente des Reizkomplexes verändert wurden, können wir daraus schließen, daß die Veränderung entweder zu klein war, um entdeckt zu werden, oder aber, daß der Organismus diese Veränderung nicht wahrgenommen hat. Letzteres könnte bedeuten, daß der Organismus die betreffenden Elemente nicht als dem ursprünglichen Reizkomplex zugehörig erkannt hat.

Was passiert im Gehirn?

Es ist offensichtlich, daß Orientierung und Habituation eine grundlegende Funktion bei der Steuerung unseres Verhaltens ausüben. Die Frage ist nur, wie sich diese Informationsverarbeitung und Reaktionssteuerung vollziehen.
Vieles von dem, was wir über diese Prozesse wissen, können wir in ein von Sokolow (1960) entwickeltes Modell einordnen, welches mit den zur Zeit gültigen neurophysiologischen Ergebnissen übereinstimmt. Dieses Modell erklärt, wie die Orientierungsreaktion zustandekommt, wie Habituation und Entwöhnung mit dieser Reaktion verflochten sind und schließlich, wo diese Vorgänge im Gehirn lokalisiert sind.
Hauptbestandteil dieses Modells ist ein System, welches einen Vergleich zwischen gerade ablaufenden und früheren Ereignissen erlaubt und zukünftige Reize und die wahrscheinlichsten Reaktionen auf diese Reize vorhersagen kann.
Bei langanhaltender Habituation beobachten wir eine Hemmung der Formatio reticularis, die zu Schläfrigkeit und eventuell zu Schlaf führt. Bei Veränderung des Reizinputs erfolgt eine Störung, die zu einer Aktivierung der Formatio reticularis durch den Hippocampus führt, was eine Entwöhnung und damit eine neue Orientierungsreaktion zur Folge hat.

c Klassische Konditionierung — Pawlowsches Lernen

Es gibt bestimmte Reize, deren biologische und Verhaltenskonsequenzen nicht erlernt werden müssen, da sie bereits genetisch vorprogrammiert sind. Zu diesen ungelernten Reaktionen gehören Reflexe, die durch spezifische Reizung von Sinnes-Receptoren ausgelöst werden. Die Speichelabsonderung ist eine solche ungelernte Reaktion, die durch das Vorhandensein von Nahrung im Mund hervorgerufen wird. Pawlow bezeichnete eine solche Reaktion als „unkonditionierte Reaktion" (syn.: „unbedingte R.; engl.: unconditioned response = UCR) und den auslösenden Reiz als „unkonditionierten Reiz" (syn.: „unbedingten Reiz"; engl.: unconditioned stimulus = UCS).
Bei Reflexen beobachten wir eine perfekte Korrelation zwischen diesen beiden Ereignissen: die unkonditionierte Reaktion (UCR) folgt ausnahmslos auf den unkonditionierten Stimulus (UCS), da das Überleben des Organismus von einer sofort und zuverlässig ausgeführten Reaktion abhängen kann.
So würde z. B. die Netzhaut schwer geschädigt, wenn die Pupille auf zu intensives Licht nicht mit einer sehr raschen Konstriktion reagieren würde. Diese Reaktion vollzieht sich „automatisch", ohne Denken oder Lernen. Dort aber, wo es keinen vorprogrammierten Mechanismus gibt, der das Individuum schützt, muß dieses erst *lernen,* welche Vorgänge und Situationen möglicherweise gefährlich sein können. Was Pawlow herausfand, war folgendes: Nach der Darbietung des Fleischpulvers kam es zur automatischen, ungelernten Reaktion der Speichelabsonderung; es dauerte aber nicht lange, bis auch andere, zur gleichen Zeit auftauchende Reize (Anblick des Futters oder des Versuchsleiters etc.) ebenfalls imstande waren, die Speichelabsonderung auszulösen. Wenn ein ursprünglich neutraler Reiz in der Lage ist, eine

Reaktion, die der unkonditionierten Reaktion (UCR) gleicht, hervorzurufen, so bezeichnet man diesen als einen „Konditionierten Reiz" (syn.: „bedingter Reiz", engl.: conditioned stimulus = CS) und die Reaktion, die er auslöst als „Konditionierte Reaktion" (syn.: „bedingte Reaktion", engl.: conditioned response = CR). Manchmal gleicht die bedingte der unbedingten Reaktion, aber oft enthält sie auch neue Komponenten. Den gesamten Prozeß bezeichnet man als *Klassische Konditionierung*.

Beachten Sie bitte, daß wir es hier mit einer *Reiz-Substitution* zu tun haben, bei der die Funktionen des ursprünglichen unkonditionierten Reizes (UCS) von einem neuen, konditionierten Reiz (CS) übernommen werden. Wichtig ist auch, daß bei diesem Vorgang weder der bedingte noch der unbedingte Reiz vom Organismus kontrolliert werden können; beide erscheinen unabhängig von seinem Verhalten. Die Reize werden durch die Umgebung gesteuert (z. B. bei der Veränderung des Wasserdrucks und der Erhöhung der Wassertemperatur), oder sie werden von Psychologen vorgegeben, die diesen Prozeß untersuchen.

Das Heulen von Luftschutzsirenen hat während des II. Weltkrieges für die Zivilbevölkerung Deutschlands eine besondere Bedeutung erlangt, da dieses Signal sehr häufig Bomben-

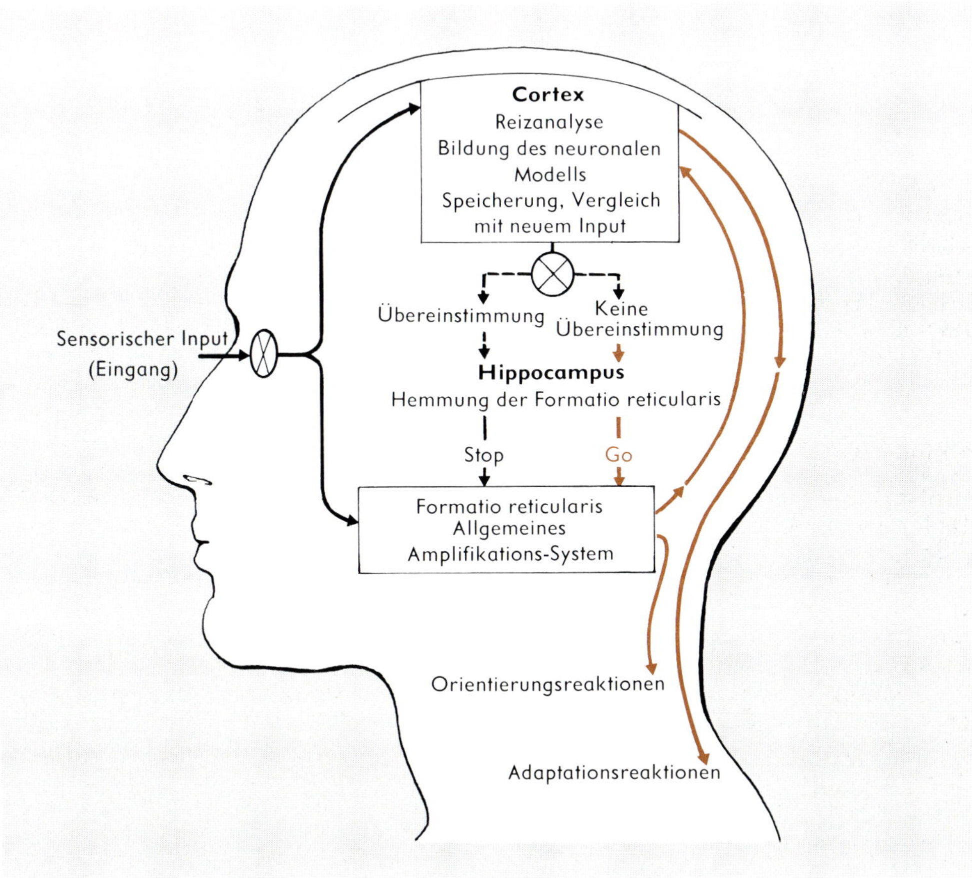

Abb. 4-1. Sokolovs Gehirnmodell. Das vereinfachte Diagramm zeigt, was bei der Orientierungsreaktion, in der Habituations- und der Entwöhnungsphase nach Sokolovs Modell im Gehirn vorgeht.
(1) Der sensorische Input wird im Cortex analysiert und es wird ein „neuronales" Modell gebildet.
(2) Der neue Reiz-Input wird mit diesem Modell verglichen.
(3) Im Falle von „nicht-passend" wird die Formatio reticularis aktiviert, die dann Orientierungsreaktionen (corticale, somatische, viscerale) hervorruft.
(4) Im Falle von „passend" werden Impulse ausgelöst, die die Formatio reticularis hemmen und einen weiteren Input von den afferenten, sensorischen Nerven blockieren.
Resultat: Habituation

angriffen vorausging. Noch heute läuft es diesen Leuten „kalt den Rücken herunter", wenn z. B. das jetzige Warnsystem überprüft wird.

Nicht nur einfache physikalische Reize sondern auch Worte und andere Symbole können zu konditionierten Reizen werden. Solche Konditionierungsprozesse vergrößern die Anzahl der Reize, welche lebenswichtige Reflexe auslösen, Gefahren andeuten oder für andere, im Moment nicht verfügbare, unkonditionierte Reize eintreten können, um ein beträchtliches. Worte und Symbole, die mit wichtigen Ereignissen zusammenhängen, können als Ersatz für diese Ereignisse wirken, indem sie dieselbe Reaktion wie die Ereignisse selbst hervorrufen. Kommen in einem Brief die Worte: „I love You" vor, können sie beim Empfänger (so er Englisch versteht) eine starke emotionale Reaktion auslösen, obgleich der Briefschreiber Hunderte von Kilometern entfernt ist.

Die Anatomie des Pawlowschen Konditionierens

„Das gesamte Leben der höheren Tiere und besonders des Menschen besteht in einem dauernden Aufbau neuer konditionierter Verbindungen auf der Grundlage unkonditionierter Reize unterschiedlicher biologischer Qualität" (Anokhin, 1961). Ob wir mit dieser Aussage übereinstimmen oder nicht, ist hier nebensächlich; in jedem Fall trifft zu, daß im Verlauf des Lebens viele angeborene Aktivitäten des Organismus — wie z. B. Essen und sexuelle Betätigung — mit einer Reihe von Umweltreizen verbunden werden. Die ursprüngliche Handlung kann unter die Kontrolle der neuen Umweltsignale geraten und von diesen direkt ausgelöst werden.

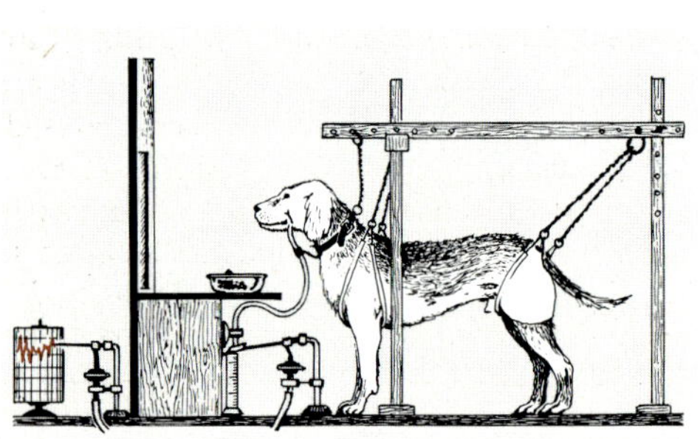

Abb. 4-2. Pawlows Konditionierungsapparat. Bei den ersten Experimenten wurde der Hund angeschirrt und ein Napf mit Futter vor ihn gestellt. Durch eine Glasröhre wurde der Speichel von einer Öffnung an der Speicheldrüse zu einem Hebel (Mitte) geleitet, der die Schreibapparatur in Tätigkeit setzte (ganz links), wo auf einer Trommel die Quantität und zeitliche Verteilung der Speichelabsonderung registriert wurde (Nach Yerkes und Morgulis, 1909)

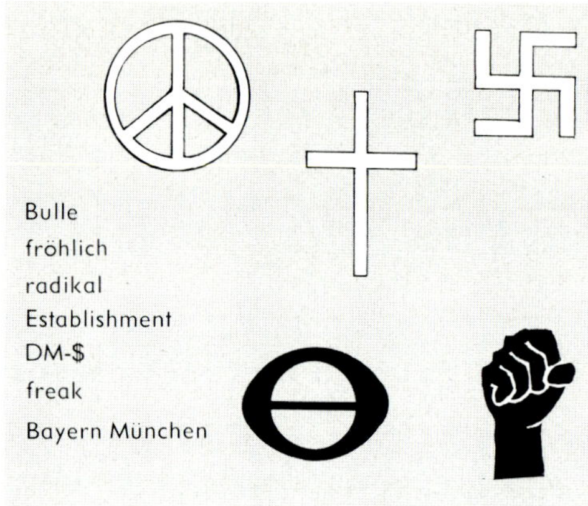

Abb. 4-3. Diese Symbole vermitteln nicht nur eine Bedeutung, sondern lösen bei vielen von uns auch emotionale Reaktionen aus, die aufgrund vorausgegangener Konditionierung zustandegekommen sind

Wie bilden sich diese Verbindungen und wie zerfallen sie wieder, wenn sich die Umgebung ändert und der konditionierte Reiz kein wichtiges Signal mehr ist? Es folgt nun eine kurze Übersicht über die wichtigsten mit der Konditionierung zusammenhängenden Prozesse.

Generalisierte Erregbarkeit. Schon nach einer einzigen Paarung eines neutralen und eines unkonditionierten Reizes reagiert das Tier auf die Konditionierungssituation mit erhöhter Erregbarkeit. Diese kann groß genug sein, sowohl spontane motorische Reaktionen wie auch Drüsensekretionen hervorzurufen. Wenn eine Futterreaktion konditioniert wird, so beobachtet man eine „allgemeine Erregung, eine Vorbereitung auf zukünftige Nahrungsaufnahme und die Erwartung des Futters, welches folgen soll. Dann wird die Reaktion konkretisiert, und das Tier erwartet den bestimmten, gewöhnlich dem Futter vorangehenden konditionierten Reiz und lenkt seine ganze Aufmerksamkeit darauf" (Kupalow, 1961).

Zeitliche Muster. Je öfter konditionierter und unkonditionierter Reiz zusammen dargeboten werden, um so stärker wird die konditionierte Reaktion (bis zu einem gewissen Grad); dies tritt jedoch nur dann ein, wenn zwischen den beiden Ereignissen eine bestimmte zeitliche Beziehung besteht. Die für die Konditionierung beträgt etwa eine halbe Sekunde vom Beginn des konditionierten Reizes (CS) bis zum Beginn des unkonditionierten Reizes (UCS). Dieses Zeitintervall ist lang genug, daß der erste Reiz den zweiten ankündigen und den Organismus physiologisch vorbereiten kann. Kürzere Intervalle verringern die Verwendbarkeit des konditionierten Reizes als Signal; bei längeren Zeitintervallen können andere Reize wirksam werden, wodurch unter Umständen die Aufmerksamkeit auf den konditionierten Reiz (CS) verringert wird. Der optimale Zeitabstand zwischen CS und UCS von einer halben Sekunde trifft vor allem auf skeletale Reaktionen zu. Bei visceralen Reaktionen liegt dieses Intervall zwischen 2 und 5 Sekunden, da bei diesen die Leitungsgeschwindigkeit der innervierenden Nerven beträchtlich langsamer ist. Das Zeitintervall selbst kann auch zum konditionierten Reiz werden. Wird der unkonditionierte Reiz wiederholt im gleichen zeitlichen Abstand dargeboten, lernt das Versuchstier, auf das Intervall zu reagieren, indem es kurz vor Einsetzen des unkonditionierten Reizes eine Reaktion zeigt. Dies bezeichnet man als temporal bedingte Reaktion (temporal conditioning).

Reizgeneralisation. Am Anfang des Konditionierungsprozesses können viele Signale, die dem ursprünglichen Signal gleichen, die Reaktion hervorrufen.

Dieses Phänomen, das man als *„Reizgeneralisation"* bezeichnet, bringt den Organismus dazu, auf ein breites Spektrum von Reizen, worunter sich auch der „echte" konditionierte Reiz befindet, zu reagieren. Mit zunehmender Erfahrung reagiert das Tier dann nur noch auf Reize, die dem tatsächlichen Signal mehr und mehr gleichen. Diese Tendenz, auf ähnliche Reize anzusprechen, zeigt sich am häufigsten bei Reizen, die zur selben sensorischen Modalität gehören wie der konditionierte Reiz (z. B. Töne unterschiedlicher Frequenz und Licht unterschiedlicher Helligkeit), tritt aber auch bei Reizen verschiedener sensorischer Modalitäten auf (Brogden und Gregg, 1951).

Reaktionsgeneralisation. Ein schmerzvoller unkonditionierter Stimulus (UCS) auf die Pfote eines Hundes bewirkt das Zurückziehen der Pfote. Zu Beginn der Konditionierung ruft der konditionierte Reiz (CS) — vielleicht ein Ton — nicht nur die spezifische Reaktion des Zurückziehens der Pfote hervor, sondern auch eine allgemeine motorische Reaktion. Es ist z. B. möglich, daß der Hund beim Erscheinen des Signals (CS) mit seinem ganzen Körper eine Abwehrreaktion ausführt (Culler, Finch, Girden und Brogden, 1935). Insofern kann die konditionierte Reaktion (CR) ganz anders aussehen und tatsächlich auch anders sein als die UCR, besonders zu Beginn der Konditionierung. Erst während des weiteren Versuchsverlaufs wird die Reaktion spezifischer.

Diese Reaktionsgeneralisation hat für das Tier einigen Wert, wie ein Versuch andeutet, bei dem während des Konditionierungsprozesses der Hund mit seinen Pfoten in flache Schalen gestellt wurde, damit so die Bewegungen und die Veränderungen bei der Gewichtsverlagerung gemessen werden konnten. Es zeigte sich, daß die dabei nötigen Haltungsanpassungen den Hund in die Lage versetzten, später die aversiv stimulierte Pfote zurückzuziehen, ohne das Gleichgewicht zu verlieren (Anokhin, 1959).

Versuchspersonen, die eine richtige Antwort auf einen gegebenen Reiz gelernt haben, zeigen oft Reaktionsgeneralisation bei der späteren Prüfung des Gedächtnisses, indem sie Antworten geben, die der richtigen Reaktion in bezug auf Bedeutung, Struktur oder Klang gleichen. Z. B. antworten sie mit „Hirn" anstatt „Gehirn", mit „merkwürdig" statt „eigenartig" etc. (Underwood, 1948).

Unter der Lupe

Konditionierung und Untersuchung „versteckter" Prozesse

Wenn wir Tiere oder Kleinkinder untersuchen, können wir sie nicht fragen, was sie wahrnehmen. Aber wir ersehen dies oft aus der Art der zustandegekommenen konditionierten Reaktionen. Konditionieren wir z. B. ein Kleinkind auf einen Ton und ist diese Konditionierung erfolgreich, wissen wir, daß es den Ton wahrgenommen haben muß. Kommt die Konditionierung nicht zustande, ist damit jedoch nicht das Gegenteil bewiesen: Unzulängliche motorische Kontrolle, Ablenkung oder andere Faktoren mögen der Konditionierung entgegengewirkt haben. Können wir das Kind so konditionieren, daß es auf einen hohen, nicht aber auf einen niedrigen Ton reagiert, wissen wir, daß es zwischen den beiden Tönen diskriminieren kann. Farben, Konzepte wie Dreieckigkeit und andere Reizparameter können auf diese Weise untersucht werden. Viele Studien über Gehirnfunktionen haben Konditionierungsmethoden angewendet, um festzustellen, welche Reize wahrgenommen werden und welche nicht.

**Übertragung (Transfer)
einer konditionierten emotionalen Reaktion
(oder: die traurige Geschichte
vom kleinen Albert und der weißen Ratte)**

Albert war ein gesundes, stabiles und ziemlich unemotionales Kind. Er reagierte nie furchtsam auf die vom Versuchsleiter ausgeklügelten Test-Situationen. Wenn plötzlich eine Reihe von Objekten vor ihn gelegt wurde, streckte er die Hand aus, um damit zu spielen. Es waren da eine weiße Ratte, ein Hase, ein Pelzmantel, ein Ball aus Baumwolle und einige Masken. Aber Albert schreckte zusammen und schrie fürchterlich, wenn plötzlich dicht hinter ihm lauter Lärm erzeugt wurde (eine Stahlstange wurde mit einem Hammer bearbeitet).

Als ihm im Alter von 11 Monaten und 3 Tagen die Ratte gezeigt wurde, und er seine Hand nach ihr ausstreckte, ertönte derselbe scheußliche Lärm hinter ihm. Nachdem Albert diese Erfahrung zweimal gemacht hatte, wimmerte er. Als ihm die Ratte 1 Woche später erneut gezeigt wurde, hatte er seine Lektion gelernt: er zog die Hand zurück, bevor er den alten Spielkameraden berührte. Jetzt wurde systematisch mit der Konditionierung einer starken negativen emotionalen Reaktion auf die weiße Ratte begonnen. Sieben Mal hintereinander tauchten die Ratte und der gräßliche Lärm zusammen auf. Als die Ratte das nächste Mal alleine dargeboten wurde, fing Albert an zu weinen, drehte sich um, fiel hin und krabbelte mit ganzer Kraft davon.

Nach einer Woche stellte sich heraus, daß sich die Furchtreaktion von der weißen Ratte auch auf den freundlichen Hasen übertragen hatte. Nun hatte Albert plötzlich Angst vor dem Hund, beim Ansehen des Pelzmantels fing er an zu weinen, und er schreckte sogar vor seinem Baumwollball zurück. Auch reagierte er „ausgesprochen negativ", als man ihm eine Nikolaus-Maske zeigte. Keine Angst hatte er vor Bauklötzen oder andere Objekten, die nicht zur *Reiz-Dimension* „Pelz oder pelzähnlich" gehörten.

Leider wissen wir nicht, was aus Albert geworden ist. Die Untersucher berichteten, daß „Albert unglücklicherweise noch an dem Tag, an dem man die beschriebenen Tests durchgeführt hatte, aus dem Krankenhaus entlassen wurde. Daher hatten wir leider nicht die Möglichkeit, eine Methode zur Löschung der konditionierten emotionalen Reaktion zu entwikkeln" (Watson und Rayner, 1920).

Differenzierung und Hemmung. Während es zu Beginn des Konditionierungsprozesses für den Organismus vorteilhaft sein kann, auf alle Reize, die Signalwert besitzen *könnten*, zu reagieren, ist das Beibehalten solcher Reaktionen natürlich uneffektiv. Ferner wird dieses Verhalten auch wertlos, sobald die Umgebung so stabil ist, daß nur ein sehr spezifischer Reiz ein konsistentes und verläßliches Signal darstellt. Dann muß das Tier lernen, auf alle die Reize nicht zu reagieren, die *nicht* direkt mit dem unkonditionierten Stimulus verbunden sind.

Während des Konditionierungsprozesses lernt der Organismus, zwischen solchen irrelevanten und den konditionierten Reizen zu unterscheiden. Daß diese Differenzierung stattgefunden hat, wissen wir, sobald der konditionierte Reiz die Reaktion allein hervorruft und andere Reize dies nicht tun: diese anderen Stimuli verursachen jetzt eine *Hemmung* der Reaktion. Konditionierung ist somit ein Prozeß, in dessen Verlauf die Differenzierung über die Generalisation dominiert.

Je besser ein *Signal* unterscheidbar ist, umso schneller kann es identifiziert werden, und umso weniger Aufmerksamkeit geht an irrelevante Reize, die zur selben Zeit vorhanden sind, verloren. So sorgt z. B. ein markanter Intensitätsunterschied zwischen zu differenzierenden Reizen für eine bessere Unterscheidbarkeit. In dem viel zitierten Beispiel von der Dusche vollzieht sich die Assoziation zwischen Abfall des Wasserdrucks und heißerem Wasser schneller, wenn der Wasserdruck plötzlich abfällt und die Temperatur sehr rasch steigt.

Einige Reize werden zu Signalen für die *Abwesenheit* des unkonditionierten Stimulus und erwerben so einen „Sicherheitsreiz-Wert", indem sie signalisieren, daß der unbedingte Reiz *nicht* erscheint, solange sie gegenwärtig sind.

„Nicht-Reagieren" ist, wenn auch ein passives Verhalten, so doch eine physiologische Reaktion. Dazu gehört eine beträchtliche Aktivität im ZNS, um irrelevante Inputs und unangemessene Reaktionen zu hemmen. Viele Untersucher halten die koordinierende Rolle der inhibitorischen (hemmenden) Prozesse für das Interessanteste am ganzen Konditionierungsprozeß.

Eine kurzfristige Hemmung der konditionierten Reaktion kann auch auftreten, wenn sich die Aufmerksamkeit anderen Reizen zuwendet. Z. B. kann die Konditionierung kurzfristig unterbrochen werden, wenn ein unerwarteter irrelevanter Reiz, wie Lärm oder Licht, erscheint, und daraufhin das Tier eine Orientierungsreaktion zeigt. Eine solche Hemmung der konditionierten Reaktion durch zufällig auftretende äußere Reize kann im Laboratorium größtenteils verhindert werden, weil dort fast jegliche äußere Stimulierung kontrolliert werden kann.

Die CR kann aber auch von seiten des Tieres selbst gehemmt werden. Eine *innere Hemmung* kann durch Müdigkeit, Medikamente, eine volle Blase, Läufig-Sein oder andere physiologische und motivationale Zustände hervorgerufen werden.

Konditionierung höherer Ordnung. Krylow, ein Kollege Pawlows, entdeckte, daß, wenn nach einer Morphin-Injektion Übelkeit und Erbrechen aufgetreten waren, diese Beschwerden später allein schon durch den Anblick der Injektionsnadel ausgelöst werden konnten — eine typische CR. Aber nicht nur das: Er fand zusätzlich heraus, daß alle Reize, die regelmäßig dem Anblick der Nadel vorausgingen (Alkohol auf der Haut, das Nadel-Etui, schließlich das Laborzimmer), ebenfalls Übelkeit hervorriefen. Diesen Prozeß, bei dem jeder konditionierte Reiz den ursprünglichen CS ersetzen kann und selbst die Reaktion auslöst, bezeichnet man als *Konditionierung höherer Ordnung.* Ein solches Aneinanderreihen konditionierter Reize ist jedoch nur dann wirksam, wenn die ursprüngliche unkonditionierte Reaktion (UCR) sehr stark ist, und selbst dann ist es notwendig, gelegentlich die ursprüngliche CS-UCS-Anordnung darzubieten.

Es ist tatsächlich sehr schwierig, einen Konditionierungsprozeß über die Konditionierung zweiter Ordnung hinaus durchzuführen (CS_2 — CS_1 — UCS), obgleich frühere Untersuchungen gezeigt haben, daß bei Hunden bis zur 4. Ordnung hin konditioniert werden konnte: Der erste CS_1 war ein Ton, dann wurde

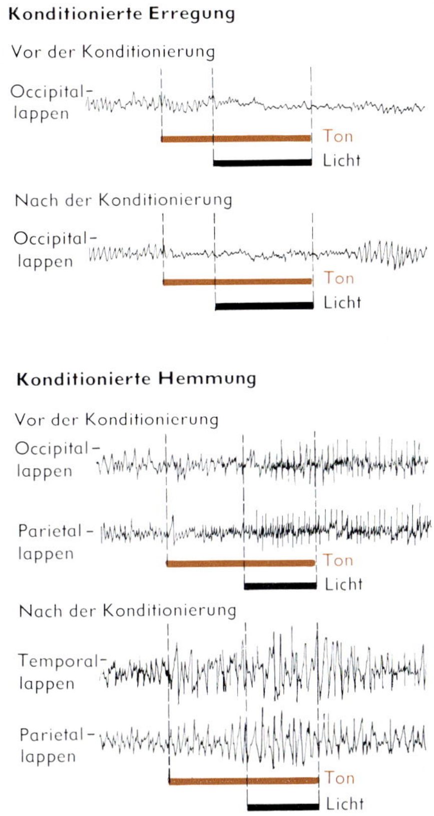

Abb. 4-4. Konditionierungsvorgänge zeichnen sich im EEG ab. Pawlow beobachtete konstante Verhaltensänderungen nach der Paarung eines neutralen Reizes mit einem unkonditionierten Reiz. Heute sind wir in der Lage, im EEG Veränderungen der Hirnaktivität festzustellen, die das neurologische Substrat der Konditionierung darstellen.

1) Konditionierte Erregung
Zu Beginn der Konditionierung erzeugt ein Lichtreiz eine unkonditionierte Erhöhung der elektrischen Aktivität in der Temporal- und Parietal-Gegend; ein Ton hat keinerlei Einfluß. Nach der Konditionierung verursacht der Ton allein vor der Darbietung des Lichts eine Erhöhung der elektrischen Aktivität (Yoshii und Hockaday, 1958)

2) Konditionierte Hemmung
Zu Beginn des Konditionierungsprozesses beobachten wir eine unkonditionierte Blockierung des occipitalen EEG, wenn ein helles Licht dargeboten wird; der Ton aber, der dem Licht vorausgeht, verändert das EEG nicht. Nach dem 9. Versuchsdurchgang jedoch ist die Blockierung der Reaktion auch schon vor der Darbietung des Lichts erkennbar (Morrell und Ross, 1953).

ein Licht zum CS für den Ton und vermochte die Reaktion „Pfote heben" auszulösen; als nächstes wurde eine Glocke zum CS für das Licht, und schließlich wurde diese noch durch einen Ventilator ersetzt (Brogden und Culler, 1935).

Extinktion (Abschwächung). Da die Umwelt variabel ist, ist es lebenswichtig, daß die durch Konditionierung zustandegekommenen Verbindungen ebenfalls zeitlich begrenzt sind. Andernfalls besäßen wir nicht die notwendige Flexibilität, um auf eine veränderte Umwelt angemessen reagieren zu können. Sobald ein konditionierter Reiz (CS) aufhört, Gefahren oder andere für den Organismus wichtige Umstände zu signalisieren, werden auch die zu diesem Reiz gehörenden Reaktionen bedeutungslos und unter Umständen sogar gefährlich.

Glücklicherweise entfallen solche bedeutungslosen Reaktionen sofort, wenn auf den konditionierten Reiz durchgängig *kein* unkonditionierter Reiz mehr folgt. In Abwesenheit des UCS wird die CR schwächer und langsamer, bis sie schließlich nach mehreren Durchgängen (CS + *kein* UCS) den Nullpunkt erreicht: die Reaktion ist *extinguiert* (= gelöscht = verlernt = abgeschwächt).

Eine solche Extinktion ist ein aktiver Hemmungsprozeß und kein einfaches „Verlieren" der Reaktion, eine Annahme, die durch das Phänomen der *spontanen Erholung* (Reflexrest) der CR unterstützt wird. Folgt einer Reihe von Extinktionsdurchgängen eine Pause, in der keine Möglichkeit zur Übung oder zum erneuten Lernen gegeben ist, so tritt bei der ersten Darbietung des CS die CR mit einem Teil ihrer ursprünglichen Intensität wieder auf. Erst sorgfältiges und oft wiederholtes Extinktionstraining kann die CR auf Dauer löschen.

Ebenso wie ein neuer Reiz die *Entwöhnung der Orientierungsreaktion* hervorruft, kann ein neuer Reiz nach der Extinktion einer CR diese „kurzfristig wieder ins Leben rufen". Es scheint, als würde der neue Reiz die Hemmung der CR in diesem Moment aufheben. In diesem Zusammenhang zeigte Razran (1939) z. B., daß nach der Extinktion einer auf einen Lichtreiz konditionierten Speichelabsonderung ein kurz vor dem Licht gegebener Ton die Reaktion auf den Lichtreiz wiederherstellte.

Während der Extinktion vollzieht sich ein Prozeß, der der Reizgeneralisation gleicht, die während des Erlernens einer CR stattfindet. Reaktionen auf Reize, die nicht direkt dem Extinktionstraining unterliegen, werden ebenfalls abgeschwächt, und zwar proportional ihrer Ähnlichkeit mit dem CS. Diesen Vorgang bezeichnet man als „Generalisationsdekrement" (generalization decrement).

Die Stärke der konditionierten Reaktion. Die Stärke der Konditionierung muß aus einem beobachtbaren, meßbaren Verhalten abgeleitet werden. Pawlow benutzte den Umfang *(Amplitude)* der Reaktion — die Menge des abgesonderten Speichels — für die Messung der Reaktionsstärke. Andere Maße sind die *Latenz* der Reaktion, d. h. das Zeitintervall zwischen Einsetzen des CS und Beginn der CR; und die *Frequenz,* d. h. die Anzahl der Reaktionen pro Zeiteinheit.

Die Reaktionsstärke kann auch am *Extinktionswiderstand* gemessen werden. Je mehr Versuchsdurchgänge zur Extinktion einer CR notwendig sind, umso stärker ist die CR.

Ein wenig Lernen kann gefährlich sein

Bei der Beschreibung des Konditionierungsprozesses sind Sie vielleicht zu der Ansicht gelangt, daß das tierische und menschliche Verhalten von einer Reihe einfacher Prinzipien gesteuert ist, die wirkungsvoll ein müheloses Überleben garantieren. Leider sind in die Konditionierungsmachinerie einige Komplikationen eingebaut, denen wir uns jetzt zuwenden.

Schizokinesis. Wenn die beobachtbare CR in einem Konditionierungsexperiment extinguiert wird, kann es passieren, daß andere, begleitende Reaktionen nicht gelöscht werden, sondern unabhängig weiterbestehen. Manchmal führen solche Reaktionen zu einer permanenten Lernunfähigkeit und einer lebenslangen Störung der „Persönlichkeit".

So beobachtete Liddell (1934) an Schafen, daß ein Zurückziehen des Beines als Abwehrreaktion auf einen elektrischen Schock von Veränderungen der Atmung, der Herzfrequenz und der allgemeinen Aktivität begleitet wurde. Alle diese Veränderungen treten dann auch bei der CR auf. Zeaman und Smith (1965) zeigten, daß bei der Konditionierung der menschlichen Herzfrequenz durch Darbietung von Licht (CS) und E-Schock (USC) auch eine Konditionierung der Atmung stattfindet.

Die CR kann somit aus vielen einzelnen Komponenten bestehen. Während die UCR auf Fleischpulver in einer Speichelabsonderung besteht, gehören zur CR die Speichelabsonderung und andere Reaktionen. Ähnlich ist es beim Zurückziehen der Pfote, das durch Paarung von Licht und Schock konditioniert wurde. Auch hier können Ducken, Bellen, Veränderungen der Herzfrequenz und Atmung und möglicherweise eine generalisierte Hemmung zur ursprünglichen Reaktion hinzukommen. Die Gefahr für den Organismus tritt dann auf, wenn die spezifisch konditionierten Reaktionen gelöscht sind, die anderen Komponenten jedoch einer Extinktion widerstehen und weiterfunktionieren. Unangemessene emotionale Komponenten können besonders gefährlich sein.

„Die Tatsache, daß es so schwierig ist, konditionierte Reaktionen zu löschen, machen das Individuum, wenn es älter wird, zu einem regelrechten Antiquariat. ... Es ist mit vielen Reaktionen belastet, die nichts mehr nützen, ja manchmal sogar seinem Leben schaden. Dies trifft besonders für den cardio-vasculären Bereich zu, und gerade diese konditionierten Reaktionen sind am widerstandsfähigsten. Eine Person kann auf eine alte Niederlage oder eine längst nicht mehr existierende Situation reagieren, und sie ist sich gewöhnlich nicht bewußt, wie die Erhöhung ihrer Herzfrequenz oder ihres Blutdrucks zustandekommt. Das Ergebnis kann ein chronischer Hochdruck sein, der wiederum die Erklärung für manches Herzversagen ist" (Gantt, 1966).

Diese Doppel-Reaktion, in der sich die Komponenten einer komplexen CR aufspalten und im Laufe der Zeit verselbständigen, nennt Gantt *Schizokinesis.* Oft zeigt die betroffene Person keinerlei äußerliche Reaktionen auf die Stimulierung, obwohl diese einen Einfluß auf physiologische Vorgänge hat.

Einen solchen Extinktionswiderstand bezüglich eines ehemals signifikanten, jedoch jetzt bedeutungslosen Signalreizes beschreibt eine Studie über die Reaktionen auf Gefechtsalarm (Edwards, 1962).

Im Krankenhaus befindlichen Army- und Navy-Veteranen, die aktiv am II. Weltkrieg teilgenommen hatten, wurde eine Serie von 20 akustischen Reizen dargeboten, wobei gleichzeitig ihre Psychogalvanische Hautreaktion gemessen wurde (PGR). Der größte Unterschied zwischen den beiden Gruppen (Army und Navy) zeigte sich bei wiederholter Darbietung von ca. 100 Gongschlägen pro Minute. Dies war während des II. Weltkriegs auf den Schiffen der amerikanischen Kriegsmarine das Signal für „Alle Mann auf Gefechtsstation". Mehr als 15 Jahre nach dem Krieg löste dieses Signal bei den Navy-Veteranen eine starke emotionale Reaktion aus, während es auf die ehemaligen Army-Angehörigen keinerlei Wirkung ausübte. Der Unterschied zwischen beiden Gruppen war statistisch hoch signifikant ($p < 0{,}01$).

Experimentelle Neurose. Bei Versuchstieren, die während der Konditionierungsprozedur unter hohem Streß stehen, können wir manchmal extrem abnorme Verhaltensmuster beobachten. Ein Assistent Pawlows bemerkte als erster diese Reaktion bei einem Hund, der darauf konditioniert war, beim Anblick eines Kreises (der auf eine Leinwand projiziert wurde) Speichel abzusondern.

Dann wurde eine Diskrimination zwischen dem Kreis und einer Ellipse erlernt, indem man nach der Darbietung des Kreises Futter gab und nach Darbietung der Ellipse nicht.

Während der nächsten Versuchsphase wurde die Ellipse so verändert, daß sie mehr und mehr dem Kreis glich. Der Hund zeigte auch weiterhin die entsprechende Diskrimination, indem er nur auf den vollen Kreis hin die Speichelreaktion emittierte. Bald wurde jedoch ein Punkt erreicht, an dem beide Reize fast gleich waren und die Diskrimination zusammenbrach. Manchmal konnte das Tier nicht einmal mehr die ursprüngliche einfache Diskrimination erbringen. Dramatischer noch waren die begleitenden Verhaltensänderungen. Der ursprünglich ruhige Hund bellte, jaulte, riß an der Apparatur herum, zeigte Furcht vor dem Zimmer und eine generalisierte Hemmung, die zu Schläfrigkeit oder Schlaf führte. Ähnliche Reaktionen wurden auch bei Ratten (Cook, 1939), bei Katzen (Masserman, 1943) und bei Schafen (Liddell, 1956) beobachtet.

Dieses Phänomen wird als experimentelle Neurose bezeichnet. Wie Kimble (1961) feststellt, erscheint eine solche Analogie zu neurotischen Symptomen beim Menschen berechtigt, da ein Vergleich der Merkmale neurotischen Verhaltens zwischen Mensch und Tier zeigt, daß große Ähnlichkeit besteht. In beiden Fällen

a) ergibt sich das Verhalten aus langandauerndem Streß und unausweichlichen Konflikten;
b) zeigt das Verhalten Komponenten, die auf Angst schließen lassen;
c) zeigt das Verhalten Symptome auf, die ungewöhnlich für Mensch und Tier sind und die nur eine Teillösung des Konflikts darstellen;
d) zeigt dieses Verhalten viele Jahre hindurch keine Abschwächung, es sei denn, daß eine spezielle Gegenkonditionierung durchgeführt wird.

Liddell (1956) berichtet, daß diese Symptome über 13 oder mehr Jahre erhalten blieben; ferner starben viele der Versuchstiere mit

	Experimentelle Bedingungen			Versuchsdurchgänge bis zum Kriterium	Rangordnung der Konditionierbarkeit
A	Konditionieren: „handling" + Licht + Schock	→	Nochmalige Überprüfung	69,9	4
B	Konditionieren: „handling" + Licht + Schock	→ verfüttert →	Prüfung der Kannibalen	67,5	3
C	Nur „handling"	→ verfüttert →	Prüfung der Kannibalen	60,8	2
D	Nur Licht	→ verfüttert →	Prüfung der Kannibalen	58,0	1
E	Nur Schock	→ verfüttert →	Prüfung der Kannibalen	88,3	5
F	Keine Stimulierung	→ verfüttert →	Prüfung der Kannibalen	90,0	6
G	Keine Stimulierung	→	Nochmalige Überprüfung	153,9	7

Der Wurm, der lernte und den Wissenschaftlern den Kopf verdrehte

Was kann uns ein niederer Plattwurm über die Prinzipien des Konditionierens erzählen? Plattwürmer sind die höchsten Tiere, die, nachdem man sie zerschnitten hat, regenerieren können. Selbst wenn man einen Plattwurm in 6 Stücke schneidet, entwickelt sich jeder Teil wieder zu einem voll funktionierenden Organismus. Die Würmer bewegen sich durch Muskelkontraktion und reagieren auf aversive Reize durch Kontraktionen entlang ihrer Längsachse. Die ersten Lernexperimente mit diesen faszinierenden Tieren (Thompson und McConnell, 1955) haben gezeigt, daß die Tiere sich auf einen Elektroschock hin (UCS) zusammenziehen (UCR) und daß diese Reaktion auf Licht (CS) konditioniert werden kann.

Die nächste Frage für McConnell und seine Mitarbeiter war: Wenn man einen solchermaßen konditionierten Plattwurm in zwei Teile teilt und ihn regenerieren läßt, zeigt sich dann das Lernen nur bei den Tieren, die sich aus dem konditionierten Kopf entwickelt haben, oder auch bei den Tieren, die aus dem konditionierten Schwanzteil entstanden sind? D.h. ist das Gedächtnis im Gehirn-Teil eines solchen Organismus zu finden?

Die Hälfte einer Gruppe konditionierter Plattwürmer wurden in zwei Teile zerschnitten, die andere Hälfte nicht. Einen Monat später, nachdem die geteilten Tiere regeneriert waren und sich von der „Operation" erholt hatten, wurden sie wieder überprüft. Die aus den Schwanzteilen regenerierten Tiere hatten die Aufgabe ebensogut behalten wie die aus dem Kopfteil regenerierten; ferner hatten die regenerierten Tiere insgesamt genausoviel behalten wie die Kontrolltiere. Die Experimental-Gruppen zeigten ein schnelleres Wiedererlernen als die Kontroll-Gruppen, die vorher nicht konditioniert worden waren, sondern einfach in zwei Teile zerschnitten wurden und regenerierten (McConnell und Kimble, 1959).

Inwieweit sind solche Ergebnisse übertragbar? Wo liegt die Grundlage für eine solche Übertragung von Gedächtnisinhalten? Möglicherweise, so argumentierte McConnell, verursachte der Lernprozeß eine Veränderung der Ribonucleinsäure (RNA) in den Körperzellen dieser Tiere. Wenn dies zuträfe, würde dann diese veränderte RNA, wenn man sie nichtkonditionierten Plattwürmern verabreichte, aus diesen *bessere* Lerner machen? Um diese Hypothese zu überprüfen, verfütterte McConnell die RNA zermahlener konditionierter und unkonditionierter Plattwürmer an eine Gruppe von unkonditionierten Plattwürmern (McConnell, 1962). Die Ergebnisse schienen die Hypothese zu stützen, daß das Übertragen des Gedächtnisses von einer trainierten auf eine untrainierte Generation von Plattwürmern möglich sei. Diese Entdeckung rief in wissenschaftlichen Kreisen eine ziemliche Aufregung hervor.

Diese hielt aber nur solange an, bis andere, unabhängig von den ersten Untersuchern arbeitende Wissenschaftler anfingen, das Problem zu untersuchen. Hartry, Keith-Lee und Morton (1964) bauten auf der Suche nach Alternativ-Erklärungen strengste Kontrollen in ihre Versuche ein. Es wurden 7 Behandlungsmethoden angewendet. Eine Gruppe von Plattwürmern wurde konditioniert und dann an andere verfüttert, eine andere Gruppe wurde konditioniert und intakt gehalten. Einige Gruppen wurden nicht konditioniert, aber verschiedenen Elementen der Konditionierungsprozedur ausgesetzt (Schock, Licht oder einfaches „handling" durch den Versuchsleiter) und dann an „Kannibalen"-Plattwürmer verfüttert. Zwei Gruppen erhielten keinerlei Stimulierung. Eine dieser Gruppen wurde an andere Planarien verfüttert, die andere blieb intakt. Der gesamte Versuchsablauf ist im Diagramm gezeigt. Die 5 Kannibalen-Gruppen und die zwei intakten Gruppen wurden dann in einem Doppelblind-Versuch geprüft, um festzustellen, wie viele Versuchsdurchgänge notwendig waren, bevor diese Tiere das Lernkriterium der ursprünglich konditionierten Gruppen erreichten (23 richtige von 25 aufeinanderfolgenden Versuchsdurchgängen).

Wie aus dem Diagramm zu ersehen ist, lernte die G-Gruppe am schlechtesten. Das war die Gruppe, die weder stimuliert noch mit anderen Würmern gefüttert wurde. Die Konditionierung der „Opfer" hatte keinen Einfluß auf die Lernfähigkeit der „Kannibalen"; in diesem Fall hätten die Gruppen A und B die schnellste Rekonditionierung zeigen müssen. Stattdessen wurden Gruppe D (nur Licht) und C (nur „handling") am schnellsten konditioniert. Es sieht so aus, als ob das bessere Lernen nicht die Funktion einer vorher konditionierten Gedächtnisspur sei, sondern einfach eine Funktion der Stimulierung oder eines *Ernährungs-Faktors.*

Wenn diese Schlußfolgerung richtig ist, dann sollte die Rekonditionierung der „Kannibalen" um so besser vor sich gehen, je mehr ihre „Opfer" stimuliert wurden — ungeachtet irgendeines Konditionierungsprozesses. Zu diesem Schluß kam eine Studie von Walker und Milton (1966), bei der der Lernerfolg der „Kannibalen" direkt mit dem Umfang der Schock-Stimulierung zusammenhing, der die „Opfer" ausgesetzt gewesen waren.

Schließlich zeigte Jensen (1965) in einer Übersicht über sämtliche Studien, die sich mit diesem Problem befaßten, daß sämtliche Studien, die eine Lernübertragung bei Plattwürmern anzeigten, ernste methodologische Fehler aufwiegen, während die korrektesten Untersuchungen negative Ergebnisse erbrachten. Den Schlußstrich zog Byrnes (1966) mit der trockenen Feststellung in der Zeitschrift „Science", die von 23 anderen Forschern bestätigt wurde: „In 18 verschiedenen Experimenten konnte kein klarer Beweis für eine Gedächtnisübertragung von einem trainierten Tier auf ein Empfängertier gefunden werden".

Die allgemeine Förderung des Lernprozesses bei „Kannibalen"-Plattwürmern durch eine vorausgegangene Sensibilisierung ihrer „Opfer" ist wahrscheinlich auf eine Form der *Pseudokonditionierung* zurückzuführen, da hier zwar eine Veränderung des Verhaltens aufgrund irgendwelcher Erfahrung, nicht aber das Lernen einer neuen Assoziation festgestellt werden konnte.

Hier zeigt sich wieder einmal die Bedeutung einiger Merkmale der psychologischen Wissenschaft (wie bereits in Kap. 1 beschrieben):

1. Zwischen der „Entdeckung" und dem „Beweis" eines psychologischen Phänomens besteht ein großer Unterschied.
2. Die interessantesten Ideen, die möglicherweise einen sehr großen Einfluß haben könnten, werden meist am schärfsten von anderen Wissenschaftlern überprüft.
3. Dieses Prüfungssystem ist ein in die wissenschaftliche Methode eingebauter Sicherheitsfaktor zur Vermeidung falscher Schlußfolgerungen.
4. Selbst wenn sich die erste Erklärung für eine „Entdeckung" als unhaltbar erwiesen hat, so können sich bei der Überprüfung andere Erklärungen von Wert herauskristallisieren.

experimenteller Neurose frühzeitig. Er berichtet von einem Zwischenfall, bei dem der Versuchsleiter nach einem Jahr Pause zu einer 400 Pfund schweren neurotischen Sau kam; diese „legte ein sehr freundliches Verhalten an den Tag, lockte ihn in eine Stallecke und griff ihn dann dermaßen bösartig an, daß er sich in ärztliche Behandlung begeben mußte."

Der Einfluß Pawlows

Pawlows Entdeckung bestimmt bis zum heutigen Tag die sowjetische Psychologie. Auch in Amerika betrachten sich viele Psychologen, die auf dem Gebiet des Lernens arbeiten, als Neo-Pawlowianer, ebenso wie die Neurophysiologen, die versuchen, das neurologische Substrat des Lernprozesses zu erforschen. Wenn auch Pawlow mit den Reaktionen des peripheren Nervensystems arbeitete (wie Speichelabsonderung und Abwehrreaktion mit Fuß oder Pfote), so galt sein theoretisches Interesse doch der „höheren Nerventätigkeit", d. h. den corticalen Prozessen, von denen er annahm, daß sie dem Lernen der konditionierten Reaktionen zugrunde liegen müßten.

In Amerika ging Watson, der Begründer des Behaviorismus, sogar noch weiter: Er vertrat eine Psychologie der Reiz-Reaktionsverbindungen und psychologischen Vorgänge. Er argumentierte, daß das Verhalten sich gänzlich aus Drüsentätigkeit und Muskelbewegungen zusammensetze und daß diese Reaktionen durch wirksame Reize bestimmt würden.

So bestand für Watson die Aufgabe der Psychologie darin, die Beziehungen zwischen den Reizen und diesen äußerlichen, beobachtbaren Reaktionen zu identifizieren und zu kontrollieren. Es lag ihm wenig daran, Bewußtseinsprozesse, mentalistische Phänomene oder die Introspektion der Bewußtseinsinhalte zu untersuchen, weil man diese nicht objektiv beobachten konnte und sie auch von der Kausalität her gesehen wahrscheinlich keine bedeutende Rolle spielen. Auf jeden Fall hoffte man, daß man das Verhalten ohne sie erklären und vorhersagen könne, indem man nur objektive „harte" Daten benutzte, die durch Methoden, wie die der Konditionierung, geliefert wurden.

Die Bedeutung, die Watson (im Gegensatz zu der damals herrschenden Vorliebe für angeborene Tendenzen und Instinkte) der Konditionierung und den Umwelteinflüssen (CS-UCS-Paarungen) bei der Entstehung des menschlichen Verhaltens zuschrieb, wird durch seine eigenen Worte deutlich:

„Geben Sie mir ein Dutzend gesunde Säuglinge und meine eigene von mir bestimmte Umwelt, in der sie aufwachsen können, und ich garantiere Ihnen, daß ich jeden einzelnen zufällig auswählen kann und daß er durch Erziehung der Spezialist wird, den ich gerne haben möchte — Arzt, Rechtsanwalt, Künstler, Geschäftsmann und sogar Bettler oder Dieb, ungeachtet seiner Talente, seiner Neigungen, seiner Tendenzen oder der Rasse seiner Vorfahren" (Watson, 1926).

Die in der Zwischenzeit vergangenen Jahre haben überzeugende Beweise geliefert, daß diese Ansicht viel zu extrem war und daß sowohl die genetische Struktur als auch die Umweltbedingungen in Betracht gezogen werden müssen. Ferner weisen viele Daten auf die Notwendigkeit hin, kognitive Faktoren im Verhalten zu berücksichtigen.

Der wichtigste Schluß, den man aus den Untersuchungen über die klassische Konditionierung ziehen kann, ist, daß jeder Reiz, den der Organismus wahrnehmen kann, eine konditionierte Reaktion in jedem beliebigen Muskel oder einer Drüse auslösen kann, wenn man einen CS und einen UCS wirkungsvoll zusammen darbietet. Bykows (1957) eindrucksvollen Überblick über die Möglichkeit der klassischen Konditionierung innerer Organe könnte man so zusammenfassen: „Alles, was sich von selbst bewegt, kann konditioniert werden."

Dies sind große Worte, wenn man bedenkt, daß nicht nur Reizwahrnehmung und Lernen betroffen sind, sondern auch die soziale Kontrolle des menschlichen Verhaltens.

d Das Lernen am Erfolg

Um zu überleben, reicht es für den Organismus nicht aus, zu wissen, welche Umweltereignisse miteinander in Beziehung stehen und vorhersagbar sind, sondern er muß auch lernen, welche konsistenten Beziehungen zwischen seinen eigenen Handlungen und den darauf folgenden Ereignissen in seiner Umwelt bestehen, d. h. welche Änderungen er erreichen und welche er verhindern kann.

Instrumentelles Lernen

Etwa zur gleichen Zeit, als Pawlow seine Versuche an Hunden durchführte, begann Thorndike in Amerika mit Untersuchungen an Katzen. Hungrige Katzen wurden in einen Versuchskäfig (vor dem Futter lag) gesperrt, den sie nur durch das Drücken einer Klinke öffnen konnten; sieben verschieden gebaute „Problemkäfige“ gehörten zu einer Versuchsserie. Thorndike schrieb 1898 über die Ergebnisse seiner Untersuchungen:

„Wenn man die Katze in einen Käfig sperrt ... versucht sie sofort zu entkommen. Sie versucht sich durch jede Öffnung zu zwängen, beißt und kratzt an den Stäben oder am Draht; sie steckt ihre Pfoten überall durch und kratzt nach allem, was ihr in den Weg kommt; sie schenkt auch dem vor dem Käfig liegenden Futter (Verstärkung für die hungrige Katze) keine große Beachtung, sondern scheint einfach instinktiv zu versuchen, aus dem Käfig zu entkommen, wobei sie die ganze ihr zur Verfügung stehende Kraft einsetzt. Etwa 8 bis 10 Minuten lang kratzt, beißt und drückt sie alles, was sie erreichen kann. Eine ältere Katze und eine sehr behäbige (Versuchstiere 13 und 11) zeigten ein ganz anderes Verhalten. Sie wehrten sich nicht lange, nicht heftig und manchmal auch überhaupt nicht. Deshalb war es nötig, sie einige Male aus dem Käfig zu nehmen und zu füttern. Nachdem sie das Herauskommen mit Futter assoziiert hatten, versuchten sie jedesmal, sofort nach draußen zu gelangen. ... Ob nun der Impuls, herauszukommen, eine instinktive Reaktion oder eine Assoziation ist, spielt keine Rolle, denn die Katze, die überall im Käfig herumkratzt, trifft durch Zufall dann auch eine Schnur, eine Schlaufe oder einen Knopf, der die Tür öffnet. Allmählich werden dann alle nicht zum Erfolg führenden Reaktionen gedämpft, der zum Erfolg führende Impuls wird durch die angenehmen Folgen, die er nach sich zieht, eingeprägt und nach vielen Versuchen drückt die Katze, unmittelbar nachdem sie im Käfig eingesperrt worden ist, den Knopf oder zieht die Schleife, die die Tür öffnet.“

Von solchen Beobachtungen des „Versuch-und-Irrtum-Lernens“ her kam Thorndike dann zur Untersuchung dessen, was später als *„Instrumentelle Konditionierung“* bezeichnet wurde. Seine Methoden und Formulierungen wurden für lange Zeit zu Eckpfeilern amerikanischer Untersuchungen des Lernprozesses bei Menschen und Tieren.

Wir wollen nun kurz einige der Merkmale des eben beschriebenen Lernprozesses analysieren, wobei auch die wichtigsten Unterschiede zwischen klassischer und instrumenteller Konditionierung herausgestellt werden sollen.

Vermittelnde Variable — Triebe, Reaktionshierarchien und Hinweisreize. Um das Verhalten seiner Katzen zu erklären, postulierte Thorndike unbeobachtbare innere Prozesse, die zwischen den beobachtbaren Vorgängen *vermittelten.* So glaubte er z. B., daß seine Katzen in den Problemkäfigen durch irgendeinen Trieb motiviert würden, d. h. daß starke internale Reize sie zur Handlung trieben, indem sie die nötige Energie dazu lieferten.

Dieses Verhalten bezeichnete er als *emittiertes*

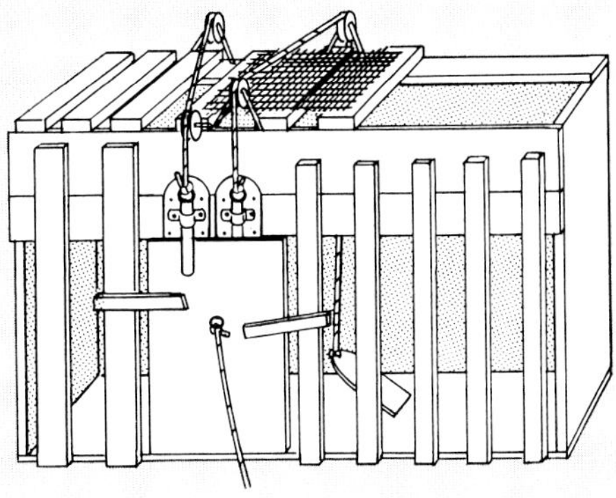

Abb. 4-5. Thorndikes Problemkäfig. Thorndikes Katzen wurden in Käfige (wie der hier dargestellte) gesperrt, vor denen sich Futter befand. Um herauszukommen, mußte das Tier die Sperre lösen, einen Hebel drücken oder eine Schlaufe ziehen, wodurch ein Gewicht bewegt wurde, welches die Tür öffnete (Nach Thorndike, 1898)

Verhalten und verstand darunter ein Verhalten, welches durch internale Bedingungen verursacht und nicht durch externale identifizierbare Stimuli hervorgerufen wird.

Thorndike betrachtete diese inneren Triebe als Kräfte, die eine Reihe von Reaktionen erzwingen — einige davon angeboren und vorprogrammiert, entsprechend dem angeborenen Nervensystem der Art (Miauen, Fauchen bei Katzen, Weinen bei Kleinkindern), andere in früheren Lernsituationen angeeignet. Die angeborenen und die erlernten Reaktionen im Verhaltensrepertoire des einzelnen konnte man, entweder der Wahrscheinlichkeit oder der Reihenfolge ihres Auftretens nach, in eine *Reaktionshierarchie* einordnen.

Wenn eine Katze zum ersten Mal in einen Käfig gesteckt wird, so emittiert sie viele ihrer verfügbaren Reaktionen, gibt aber im Laufe der Zeit die meisten wieder auf. Thorndike glaubte, daß diese Verhaltensweisen Reaktionen auf *internale* Reize darstellten, während die Auswahl und Einengung durch *externale* Reize gelenkt werde. Solche externalen Stimuli können dem Versuchstier helfen, seine Aufmerksamkeit auf die relevanten Teile der Umwelt zu richten (wie z. B. auf Klinke oder Futternapf) oder sie können als Hinweisreize (Signale) dem Tier anzeigen, wann eine bestimmte Reaktion angemessen ist. Wenn z. B. „Licht-an“ bedeutet, daß Futter erreichbar ist, „Licht-aus“ dagegen, daß es nicht erreichbar ist, könnte das Verhalten des Tieres durch

Lichtreize gesteuert werden. Selbst wenn es dauernd Hunger hätte, würde das Tier lernen, sich nur dann um Futter zu bemühen, wenn das Licht an ist, da die richtige Reaktion nur dann belohnt wird.

Instrumentelles Verhalten und das Gesetz der Auswirkung

Wie Thorndikes Katzen, so befinden auch wir uns oft in Situationen, in denen es wichtig ist, *wie* wir uns verhalten. Wenn ein Getränke-Automat nach Einwerfen der Münze mit schöner Regelmäßigkeit *keine* Flasche auswirft, lernen wir, daß es keinen Zweck hat, noch mehr Geld in den Automaten zu stecken. Wenn dagegen nach einem kräftigen Fußtritt unsererseits der Automat eine Flasche auswirft und wir unseren Durst stillen können, dann hat unser Verhalten auf unsere Umwelt eingewirkt. Das nächste Mal, wenn wir durstig sind, gehen wir wieder an den selben Automaten und eröffnen das Geschäft mit einem Fußtritt; das Treten steht somit in unserer Reaktionshierarchie ziemlich weit oben. Sollte dies keinen Erfolg nach sich ziehen, so lernen wir vielleicht, daß die Getränke-Verstärkung aus zwei Reaktionseinheiten besteht: Erst Münze einwerfen, dann treten. Facit: Wir werden in Zukunft das tun, was sich in der Vergangenheit als erfolgreich erwiesen hat.
Genauso ist es bei den Katzen: Hätte sich die Klinke auf Miauen hin bewegt, hätten die Katzen gelernt, daß Miauen einen Weg aus dem Käfig bedeutet, und sie hätten auch bei späteren Versuchsdurchgängen dieses Verhalten gezeigt. Aber das Miauen wurde nicht durch Entlassung oder Futter belohnt: Es hatte keinerlei Einfluß auf die Umwelt.
Thorndike beobachtete, daß alle ursprünglichen Reaktionen, die keinen Einfluß auf die Umwelt hatten, mehr und mehr verschwanden, also innerhalb der Reaktionshierarchie herunterrutschten; wenn die Katze jedoch eine erfolgreiche Bewegung ausführte, d. h. eine Bewegung, die sie aus dem Käfig und zum Futter brachte, so kam dieses Verhalten immer öfter vor — kam also in der Reaktionshierarchie auf die oberen Ränge. Das Entscheidende war hier der Erfolg bei der Veränderung der Umwelt — oder nach Thorndike — das „Gefühl der Befriedigung", diese Leistung vollbracht zu haben (eine andere vermittelnde Variable).

Thorndike glaubte, daß wiederholt auftretende Verbindungen zwischen Reaktionen und deren erfolgreichen Konsequenzen in der Umwelt (Erreichen des Zieles oder Verstärkung) „eingestanzt" würden. Seinem Gesetz der Auswirkung entsprechend heißt das:

> „Jede Handlung, die in einer entsprechenden Situation Befriedigung verschafft, wird mit dieser Situation assoziiert, so daß bei einem erneuten Eintreten dieser Situation die entsprechende Handlung mit höherer Wahrscheinlichkeit als zuvor auftritt. Umgekehrt wird jede Handlung, die in einer bestimmten Situation Unbehagen hervorruft, von dieser Situation weg-assoziiert, so daß, wenn sich die Situation wiederholt, die Handlung weniger wahrscheinlich ist als zuvor" (Thorndike, 1905).

Eine Zeitlang operierte Thorndike auch mit einem „Gesetz der Übung" (Law of Exercise), was besagte, daß die Wiederholung einer Reaktion diese „einstanzen" würde. Er kam jedoch später zu der Ansicht, daß die Wiederholung *allein* nicht genügte, um die Verbindungen zwischen Reizen und Reaktionen in dem Maße zu stärken, wie es das Gesetz der Übung vorsehen würde. Um in der Reaktionshierarchie oben zu stehen, muß das Verhalten eine Wirkung auf die Umwelt haben. Erst wenn dies zutrifft, kann Wiederholung den Lernvorgang fördern. Dieser Nutzwert (Reaktionen rufen Konsequenzen hervor) stellt einen der wichtigsten Unterschiede zwischen dem klassischen und dem instrumentellen Konditionieren dar. Beim klassischen Konditionieren besteht keine Beziehung zwischen dem UCS (sei er angenehm wie z. B. Futter oder unangenehm wie z. B. ein E-Schock) und dem, was der Organismus tut (UCR). Sowohl die Darbietung wie auch die zeitliche Abfolge zwischen dem CS und dem UCS werden entweder von der Umwelt bestimmt (z. B. bei Blitz und Donner) oder vom Versuchsleiter gesetzt. So bekommt der Hund sein Futter, ob er Speichel absondert oder nicht, und der Schock wird gegeben, ob er nun seine Pfote zurückzieht oder nicht. Sein Verhalten ist in beiden Fällen kein instrumentelles. Die Katzen hingegen zeigen instrumentelles Verhalten, es bringt ihnen Freiheit oder Futter. Auch wenn *Sie* etwas bekommen, was Sie haben wollten (z. B. die Flasche aus dem Automaten), zeigen Sie instrumentelles Verhalten.

Operantes Lernen

Die Zeiten ändern sich und die Forschung macht Fortschritte. Statt Problemkäfige wer-

Experimentelle Bedingungen	**Vermuteter Motivationszustand** (Trieb)	**Ursprüngliche oder „angeborene" Hierarchie des gezeigten Verhaltens**	**Konsequenzen in der Umwelt**	**Gelerntes**
S_1 Eingesperrt im Käfig	Unbehagen (Furcht)	R_1 miauen	keine	gelöscht
		R_2 fauchen	keine	gelöscht
		R_3 kratzen	keine	gelöscht
		R_4 stillhalten	keine	gelöscht
		•		S_1 R_N S_A
		•		
		R_N Bewegung, die die Sperre löst	S_A den Käfig verlassen	
S_2 Futterentzug	Hunger	R_1 miauen	keine	gelöscht
		R_2 kratzen	keine	gelöscht
		R_3 schnüffeln	keine	gelöscht
		•		
		•		
		R_N Bewegung, die die Sperre löst	S_B Verstärkung durch Futter	S_2 R_N S_B

Abb. 4-6. Instrumentelles Lernen: Die Katze entkommt dem Käfig. Thorndike nahm an, daß in dieser experimentellen Situation zwei Motive zur Handlung führen: Furcht und Hunger. Er wußte jedoch nicht, ob beide Motivationszustände notwendig waren, oder ob die Katze ihr Bemühen zu entkommen auch gezeigt hätte, wenn sie nicht hungrig gewesen wäre. Heute befassen sich die Experimente gewöhnlich nur mit je einer experimentellen Variable

den heute standardisierte Skinner Boxes benutzt, die mit elektronischen Steuergeräten ausgestattet sind, welche die Verstärkungen ausliefern und die Reaktionen registrieren. Auch die Konzepte, Methoden und die Zielsetzung solcher Untersuchungen werden ständig verfeinert.

Betonung empirischer Operationen. Heute zeichnet sich die Tendenz ab, Konzepte präziser zu fassen und, wo möglich, empirischen Werten mehr Bedeutung beizumessen als mutmaßlichen inneren Begebenheiten.

Was wissen wir z. B. wirklich über Thorndikes Katzen? Was konnte man *sehen*? Miauen und Kratzen, ja; innere Triebe, nein; steigende Reaktionsrate nach erfolgreicher Reaktion, ja; Befriedigung, nein; Löschung unwirksamer Reaktionen, ja; „Einstanzen" oder ausstoßen, nein. Wenn wir tatsächlich Lernen als Einstanzen von Verbindungen betrachten, so können wir u. U. jahrelang den falschen Ideen nachjagen, während der Lernprozeß in Wirklichkeit ganz anders geartet ist. Gegenwärtig bemühen sich die Psychologen, ihre Konzepte zu präzisieren und vor allen Dingen mit *objektiven Beobachtungen* in Einklang zu bringen. Hierbei vertreten einige Psychologen den Standpunkt, daß eine Lernsituation gänzlich mit Hilfe empirischer Beobachtungen und direkter Manipulationen beschrieben werden kann und soll — und nicht darüber, was sich innerhalb des Organismus abspielt. Sie definieren z. B. Hunger nicht durch Zuhilfenahme eines Konzeptes wie „Trieb", sondern geben die Dauer des Futterentzugs vor dem Versuch an. Eine Katze, die 48 Stunden kein Futter bekommen hat, ist nach dieser Definition genau so hungrig wie eine andere Katze, der die gleiche Behandlung wiederfuhr.

Auch die Konsequenzen können empirisch definiert werden. Ein Verstärker (oder verstärkender Stimulus) wird definiert als jeglicher Reiz, der einer Reaktion folgt und die Wahrscheinlichkeit des Auftretens dieser Reaktion erhöht. Wenn also ein Tier auf Grund einer gezeigten Reaktion Futter erhält und dadurch die Wahrscheinlichkeit des Wiedereintretens dieser Reaktion erhöht wird, dann ist das Futter ein Verstärker.

Diese Definitionen sind empirisch und nicht an Konzepte gebunden. Hunger ist gleich Dauer des Futterentzugs in Stunden. Ein Verstärker ist etwas, das die Auftretenswahrscheinlichkeit zukünftiger Reaktionen erhöht. In diesem Zusammenhang sagen wir auch, daß die Nahrungsdeprivation (= Futterentzug) das Futter erst zu einem wirksamen Verstärker gemacht hat, wie aus der erhöhten Reaktionsrate zu ersehen ist; wir sagen hingegen nicht, daß der Hunger das Tier *motiviert* habe, für das Futter zu arbeiten. Futterentzug, Menge und Art des Futters und die Reaktionsrate (= Verhaltenshäufigkeit) sind alles beobachtbare und meßbare Ereignisse. Hier kann man leicht etwas verändern und dann die Wirkung dieser Veränderung messen. Viele der neueren Lernuntersuchungen beschränken sich auf direkt beobachtbare Operationen.

Operante Reaktionen. Das Entkommen aus einem Käfig ist eine Handlung, die sich nur einmal vollzieht und damit endet — es sei denn, das Tier wird in den Käfig zurückgebracht. Ein Großteil der gegenwärtigen Lernuntersuchungen bezieht sich nicht auf solche diskreten einzelnen Handlungen, sondern auf *operante Reaktionen,* d. h. Reaktionen, die immer wieder auftreten, solange man sich in einer bestimmten Situation befindet (z. B. Augenblinzeln während einer Unterhaltung). Solche operanten Reaktionen werden auch *emittiert* (also nicht durch irgendwelche externen Reize hervorgerufen), und sie sprechen auf angenehme oder unangenehme Konsequenzen an, obgleich sie in gewissem Ausmaß auch auftreten, wenn Konsequenzen fehlen. Bei operanten Reaktionen wird die Reaktions*rate* (= Häufigkeit) gemessen und nicht, ob die Reaktion auftritt oder nicht. Im allgemeinen handelt es sich um einfachere Verhaltenseinheiten, als wir sie von Thorndikes Versuchen her kennen.

Zufällige Verhaltenshäufigkeit. Die Auftretenshäufigkeit einer frei verfügbaren Reaktion, deren Konsequenzen weder negativ noch positiv sind, bezeichnen wir als zufällige Häufigkeit (Emissionsrate) dieser operanten Reaktion. Beispiele für operante Reaktionen sind die Herzfrequenz bei Entspannung oder das Schlucken beim Lesen. Ein Individuum zeigt für jede operante Reaktion eine bestimmte zufällige Emissionsrate.

Verstärkung der operanten Reaktion — Erhöhung der Reaktionsrate (Emissionsrate). Von der zufälligen Reaktionsrate ausgehend kann die Reaktionshäufigkeit erhöht werden, wenn die Reaktion mit bestimmten Reizkonsequenzen gepaart ist, d. h. mit entsprechenden Verstärkern. Das Lernmaß oder die *Zuwachsrate* ist das Ansteigen der Reaktionsrate (Verhaltenshäufigkeit) von der anfänglichen zufälligen Reaktionsrate auf ein höheres stabil bleibendes Niveau. So zeigen z. B. Tauben beim Picken eine ziemlich hohe zufällige Emissionsrate. Wenn die Tiere nach Futterentzug in einen Apparat gesperrt werden, in dem sie für das Picken auf eine an der Wand befestigte

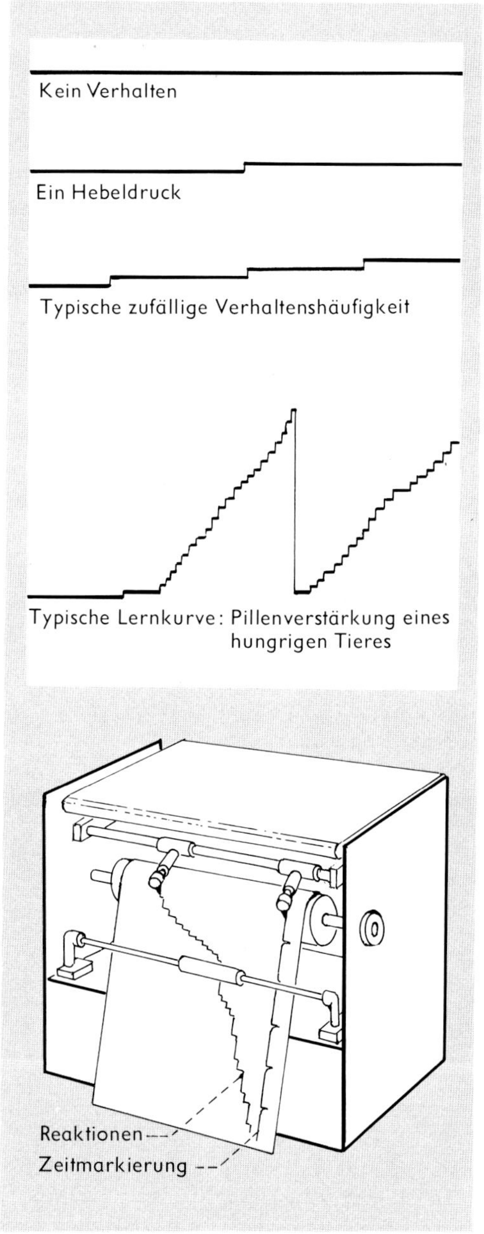

Abb. 4-7. Additivschreiber und kumulative Verhaltenskurven

Scheibe Futter bekommen, zeigen sie eine erhöhte Reaktionsrate bezüglich des Scheibenpickens.
Die Reaktionsrate wird auf einem *Kumulativschreiber* (Additivschreiber) registriert. Gewöhnlich besteht dieser aus einer Walze, über die eine Rolle Papier gezogen wird. Auf dem oberen Teil dieser Walze befindet sich eine Schreibapparatur mit einer oder mehreren Federn. Wird der Hebel in der Versuchskammer nicht betätigt, dann zeichnet die Feder auf dem Papier eine waagerechte Linie. Wird der Hebel aber gedrückt, dann rückt die Feder etwa 1 mm nach oben und läuft dort waagerecht weiter, bis der nächste Hebeldruck erfolgt. So ergibt sich also im Laufe der Zeit ein bildlich leicht zu erfassendes Verhältnis zwischen der abgelaufenen Zeit (an der Abszisse) und der Verhaltenshäufigkeit (an der Ordiante). Die Form (*Topographie*) der Kumulativkurve zeigt, wie sich die Reaktionsrate im Verlauf des Lernprozesses verändert. In einer neuen Lernsituation steigt die Kurve gewöhnlich langsam und unregelmäßig an und zeigt lange Pausen zwischen den einzelnen Reaktionen; während dieser Pausen bewegt sich die Feder waagerecht über das Papier. Bei Fortschreiten des Lernprozesses wird die Lernkurve stabiler und steiler. Ein geübter Untersucher kann diese Kurven ähnlich einem Röntgenbild interpretieren und die Wirkungen verschiedener Verstärkungen feststellen.
Operante Extinktion. Wird die operante Reaktion nicht mehr verstärkt, sinkt die Reaktionsrate zusehends. Die Häufigkeit der nichtverstärkten konditionierten Reaktionen nimmt ab und erreicht bald das Ausgangsniveau der zufälligen Verhaltenshäufigkeit, wobei gleichzeitig die Form der Lernkurve wieder unregelmäßig wird. Diese Veränderungen entstehen durch den Prozeß der operanten Extinktion (Abschwächung).
Reizkontrolle. Der Organismus emittiert operante Reaktionen, d. h. sie werden nicht durch einen identifizierbaren Reiz ausgelöst; die entscheidende Beziehung liegt beim operanten Konditionieren zwischen der Reaktion und ihren Konsequenzen (d. h. den Reizen, die ihr folgen und die durch sie hervorgerufen werden). Aber auch der Reaktion vorangehende Reize können eine Rolle spielen, indem sie nämlich signalisieren, ob auf eine Reaktion eine Verstärkung folgen wird oder nicht. Wenn z. B. ein grünes Licht „Futter“ bedeutet, dann lernt die Taube, nur dann auf die Scheibe zu picken, wenn das grüne Licht aufleuchtet. Obwohl die Forscher die inneren Reize, die *vermutlich* für die Emittierung einer Reaktion verantwortlich sind, nicht bestimmen können, so können sie doch mittels verläßlicher Signale, die eine Verstärkung anzeigen, eine Reaktion kontrollieren.
Diese Art der Kontrolle wird als *Reizkontrolle* (Stimuluskontrolle) bezeichnet und beruht wahrscheinlich auf den Prinzipien der klassischen Konditionierung. Der verstärkende Folgereiz ist dem unkonditionierten Reiz (UCS) gleichzusetzen, der vorangehende Signalreiz (grünes Licht) wird zum konditionierten Reiz (CS).
Positive und negative Verstärkung. Thorndikes Katzen erhielten zwei Arten von Verstärkung: etwas was sie wollten (Futter) und die Beendigung einer aversiven Situation (eingesperrt im Versuchskäfig). Futter wird hier als *positive Verstärkung*, die Flucht aus dem Käfig als *negative Verstärkung* bezeichnet (Aufhebung eines aversiven Zustandes). Forscher, die sich mit operantem Lernen beschäftigen, bevorzugen im allgemeinen positive Verstärker, die nach einem vorher bestimmten Schema angewendet werden. Konditionierung wird aber auch in Situationen untersucht, in denen die korrekte Reaktion auf einen aversiven Reiz die *Vermeidung* dieses Reizes oder die *Flucht* vor ihm ermöglicht. Kann der Organismus durch eine richtige Reaktion den Kontakt mit dem aversiven Reiz vermeiden, so bezeichnet man diesen Prozeß als *Vermeidungskonditionierung*; ist er aber diesem aversiven Reiz ausgesetzt und kann ihn durch die richtige Reaktion beendigen oder ihm entfliehen, wird die Bezeichnung *Fluchtkonditionierung* verwendet.
Die Verstärkung einer Reaktion in deren Abwesenheit ist nicht möglich. Nehmen wir an, Sie sind ein Wissenschaftler, dem eine Reihe von Verstärkern zur Verfügung steht, die Ihnen aber nichts nützen, weil das Versuchstier die richtige (gewünschte) Reaktion nicht zeigt. Welche Mittel können Sie anwenden, um die erste richtige Reaktion hervorzurufen, damit Sie sie dann verstärken und so die Emissionsrate der Reaktion erhöhen können? Für Pawlow bestand dieses Problem nicht, weil er nur Reaktionen untersuchte, die durch die sorgfältige Darbietung eines auslösenden Reizes „produziert“ werden konnten.
Beim Lernprozeß ist dies ein wichtiges und leider wenig systematisch untersuchtes Pro-

blem, und wir können hier nur kurz auf die Wirksamkeit möglicher Alternativen eingehen. Einige der Möglichkeiten, das Individuum zu bewegen, die erste richtige Reaktion zu emittieren, sind:

a) Erhöhung der Motivation,
b) Abbau früher erlernter Reaktionen,
c) Strukturierung der Umwelt,
d) Zwang und Lenkung der Reaktion,
e) Darbietung eines Modells,
f) Verbale Instruktionen,
g) Versuch-und-Irrtum-Lernen,
h) Sukzessive Approximation.

Jede dieser Methoden hat ihre bestimmten Vor- und Nachteile, je nachdem, ob langfristige oder nur unmittelbare Resultate von Bedeutung sind. Da einige dieser Methoden später zu unbeabsichtigten negativen Konsequenzen führen können, muß man sehr vorsichtig darüber entscheiden, welche Methode am besten der jeweiligen Lernsituation entspricht.

Erhöhung der Motivation. Wenn wir den Organismus veranlassen, zu reagieren und viele Reaktionen zu emittieren, erhöht sich damit die Wahrscheinlichkeit, daß eine dieser Reaktionen die „richtige" ist. Ein elektrischer Rost bringt die Ratte dazu, umherzulaufen, wobei sie vielleicht den Fluchtweg findet. Drohungen und das Versprechen zukünftiger Verstärkungen können ebenso wie Deprivation oder aversive Stimulierung Handlungen motivieren. Solche Motivationen haben jedoch möglicherweise negative Auswirkungen auf den Lernprozeß.

Eine Erhöhung der Motivation ist z. B. unwirksam, wenn sich die betreffende Reaktion nicht im Verhaltensrepertoire des Individuums befindet oder aus anderen Gründen nicht gezeigt werden kann. Der Ausspruch einer Mutter: „Ich habe Dich nicht mehr lieb, wenn Du dauernd Deine Windeln vollmachst", hat keinerlei Wirkung, wenn das Kind seinen Schließmuskel noch nicht kontrollieren kann. Auf diese Weise kann die Mutter beim Kind jedoch Minderwertigkeitsgefühle und ein langandauerndes Ressentiment hervorrufen. Auch kann hierbei ein Konflikt entstehen, wenn mehrere Motivationen in Widerstreit stehen. Letztendlich ist auch wichtig, ob die Reaktion nur wegen der von außen gesetzten (extrinsischen) Motivation gezeigt wird (z. B. Vermeidung von Schmerz oder Erwartung von Verstärkung) oder ob sie ausgeführt wird, weil der eigentliche Wert der Handlung erkannt wird.

Abbau früher erlernter Reaktionen. Wenn der Organismus bereits die Fähigkeit besitzt, die richtige Reaktion zu zeigen, dies aber trotz guter Motivation nicht tut, so ist es möglich, daß die Reaktion aus irgendwelchen Gründen gehemmt oder unterdrückt wird.

Früher erlernte Gewohnheiten können mit der gewünschten Reaktion unvereinbar sein. Ein scheuer Schüler, der die Antwort weiß, wird nie verstärkt werden, es sei denn, er hebt seine Hand und meldet sich; dies tut er aber gewöhnlich nicht, weil er gelernt hat, daß es für ihn schwierig ist, im Verlauf des Unterrichts etwas zu sagen. Viele Männer können ihre Liebe oder ihren Kummer nicht ausdrücken, da sie gelernt haben, dies sei „unmännlich". Wir schwächen die miteinander streitenden Motive ab oder unterbinden die Verstärkung hemmender Reaktionen, um dadurch die gewünschte Reaktion zu fördern. Auf der anderen Seite ist es möglich, daß durch den Wegfall der Hemmung weniger erwünschte Verhaltensweisen auftreten, wie z. B. aggressives Verhalten.

Strukturierung der Umgebung. Nehem wir an, daß wir zwei miteinander konkurrierende Kinder zu kooperativem Verhalten bringen wollen. Eine Möglichkeit wäre, sie zusammen in ein Zimmer zu tun, in dem sich Spielzeug befindet, mit dem man nur zu zweit spielen kann. Soll ein Tier einen Hebel drücken, auf eine Scheibe picken, eine Klinke betätigen, durch ein Fluchtloch entkommen oder eine Verstärkung annehmen, so kann dieses Verhalten wahrscheinlicher gemacht werden, indem man ablenkende irrelevante Reize entfernt, die Umwelt vereinfacht und das Manipulandum (Hebel, Pickscheibe etc.) so gestaltet, daß es sich von der Umgebung abhebt. Der Wechsel von den ziemlich komplizierten Käfigen Thorndikes auf die einfachen Skinner-Boxes ist ein Beispiel dafür, wie man die erwünschte Reaktion fördern kann, indem man durch die Umstrukturierung der Umgebung die meisten anderen Reaktionsmöglichkeiten ausschaltet. Auf der anderen Seite kann es ziemlich überwältigend sein, wenn man das Überleben in einer einfachen Umwelt erlernt hat und dann einer komplexen Umgebung gegenübersteht (wie wenn die Feldmaus in die Stadt kommt).

Zwang und Lenkung der Reaktion. Oft ist es am effektivsten, die erste richtige Reaktion hervorzurufen, indem man bei der Durchführung der Reaktion selbst aktiv mithilft. So nimmt man z. B. die Hand des Kindes und führt damit den Löffel zum Mund; dann kann man die Handlung verstärken, indem man das Kind lobt. Wenn jemand seinem Hund den „Purzelbaum" beibringen will, so gibt er zuerst ein verbales Signal, packt den Hund, rollt ihn herum und lobt oder füttert ihn dann, bis er das Kunststück gelernt hat. Beim Menschen hat diese „Schnell-Lern-Methode" wahrscheinlich die übelsten Folgen, besonders wenn die Betroffenen damit nicht einverstanden sind oder der, der diese Technik ausführt, ungeschickt ist. Stellen Sie sich die Gefühle des scheuen Schülers vor, wenn der Lehrer jedesmal seine Hand hochzieht, um ihn so zur „Teilnahme am Unterricht" zu zwingen. Ungeachtet der nun folgenden Verstärkung würde dieses plumpe Drangsalieren negative Emotionen gegen den Lehrer wecken, dem Schüler ein Gefühl der persönlichen Unzulänglichkeit geben, oder ihn dazu bringen, die Bewegung einfach auszuführen, ohne das ihr zugrundeliegende Prinzip zu verstehen.

Imitation eines Modells. „Répétez, s'il vous plaît", sagt der Französischlehrer, und die Schüler versuchen, das Gesagte in Aussprache und Inhalt zu imitieren. Beobachtungslernen ist auch dann wertvoll, wenn die Einzelheiten einer komplexen motorischen Aufgabe nicht verbal vermittelt werden können, z. B. beim Binden von Schnürsenkeln oder beim Erlernen des Fußballspielens. Diese Art des Lernens (Kap. 3) scheint für das soziale Lernen bei Mensch und Tier äußerst wichtig zu sein. Auf der anderen Seite kann die übermäßige Abhängigkeit von Modellen (die oft eine Autorität darstellen) die Initiative des Einzelnen einschränken, ihn gefügig machen und dazu bringen, eine Menge anderer Reaktionen des Modells nachzuahmen. Diese Reaktionen können mit der gewünschten in Beziehung stehen, so z. B., wie die Sprachgewohnheiten oder der Dialekt der Eltern beim Erlernen der Sprache mitgelernt werden. Oder es können einfach Reaktionen sein, die das Modell oft zeigt, wie z. B. der Ausdruck des Vorurteils gegenüber bestimmten Gruppen.

Verbale Instruktionen. „Tu', was ich sage, und nicht, was ich tue", unterscheidet diese Methode von der vorhergehenden. Der Gebrauch der Sprache kann bestimmte Lernvorgänge und besonders das Auftreten der ersten richtigen Reaktion fördern. Die verbalen Instruktionen können nicht nur die erwünschte Reaktion beschreiben, sondern auch deren angenehme Konsequenzen angeben. Verbale Anweisungen sind besonders vorteilhaft bei komplexen Sequenzen, abstrakten Prinzipien, verzögerten Reaktionen, Situationen, in denen man von früher Erlerntem profitieren kann, und bei Hinweisen auf künftiges *Verhalten.*

Natürlich müssen verbale Instruktionen verständlich sein. Dies trifft nicht immer zu, wie viele frustrierte Eltern, die versucht haben, anhand „einfacher" Anleitungen Kinderspielzeug zu basteln, aus eigener Erfahrung wissen. Zu den wichtigsten Faktoren, die die Wirksamkeit verbaler Anweisungen reduzieren, gehören: unklarer Sprachgebrauch, das Voraussetzen von — realiter nicht vorhandenen — Fähigkeiten und Konzepten und unterschiedliche Auffassungen über das, was gesagt wurde. Auf der anderen Seite können genaue verbale Anweisungen zu einer Abhängigkeit führen, welche die intellektuelle Neugierde und die Selbstinitiative hemmt.

Versuch und Irrtum. Diese *„Friß-oder-Stirb-Methode"* ist in vielerlei Hinsicht eigenartig. Sie ist die am wenigsten wirksame Methode, um die erste richtige Reaktion hervorzurufen, zeigt aber, wenn sie funktioniert, auf lange Sicht die besten Resultate.

Sie ist ausgesprochen undemokratisch und elitär, da viele gerufen, aber nur wenige verstärkt werden. Für diejenigen, die es versuchen und erfolgreich sind, ist die subjektive Verstärkung größer als sie es in den Augen der Nicht-Erfolgreichen ist. Darüber hinaus wird nicht nur die richtige Reaktion, sondern der gesamte Lösungsprozeß verstärkt. Andererseits wird die Bereitschaft und die intellektuelle Neugierde derer gelöscht, deren Versuche lediglich zu weiteren Fehlern und damit nie zu einer Verstärkung führen.

Sukzessive Approximation (shaping, stufenweise Annäherung). Wie können Sie es anstellen, daß eine Taube Tischtennis-Spielen lernt und eine Ratte mehr als ihr eigenes Körpergewicht heben kann?

Bei den meisten komplexen Verhaltensweisen ist es unmöglich, daß die richtige Reaktion schon beim ersten Versuch perfekt ausgeführt werden kann. Deshalb muß hier das Verstärkungskriterium niedriger angesetzt werden. Zunächst definieren wir als „richtige Reaktion" jede Reaktion, die der erwünschten irgendwie ähnelt oder innerhalb einer gewünschten Verhaltenssequenz einen Schritt weiter bedeutet . . . In den folgenden Versuchsdurchgängen wird die Reaktion nur dann verstärkt, wenn sie sich immer mehr der letztlich

Abb. 4-8. Herkules der Gewichtheber. Zunächst wurde jedes Verhalten der hungrigen Ratte in Richtung Futternapf von einem lauten „Click“, einem Licht über dem Futternapf und einer Futterpille gefolgt. Sobald das Tier mit dem Futtermagazin vertraut war, wurde es nur für Körperbewegungen in Richtung Hebel verstärkt; dann nur, wenn es diesen berührte, und schließlich, wenn es ihn herunterzog. Als diese Phase beendet war, wurde die Kraft, mit der der Hebel heruntergezogen werden mußte, Schritt für Schritt erhöht, indem man auf die Waagschale am anderen Ende des Hebels immer schwerere Gewichte legte. Durch diese stufenweise Annäherung an die gewünschte Reaktion war die 250 g schwere Ratte innerhalb weniger Stunden in der Lage, 515 g zu heben

erwünschten Reaktion annähert. Wenn das Tier schließlich die richtige Reaktion ausführt, wird nur noch diese verstärkt.

Bei subtiler Handhabung der sukzessiven Approximation kann man erreichen, daß ein Individuum gar nicht merkt, wenn es konditioniert wird. Im allgemeinen jedoch ist die stufenweise Annäherung eine zeitraubende Prozedur, die sehr viel Geschick und Geduld erfordert. Insofern sind die oben beschriebenen anderen Methoden für viele Reaktionen vorteilhafter, weil sie schneller und mit weniger Aufwand zum Ziel führen. Wenn Sie z. B. einen Menschen dazu bringen wollen, eine Seite umzublättern, ist es besser, ihm zu sagen, „blättern Sie bitte die Seite um“, als zu versuchen, mit der Technik der sukzessiven Approximation alle die Reaktionen zu verstärken, die letztendlich zum Umblättern führen.

Es liegt auf der Hand, daß sich der Lehrer (im weitesten Sinne) nicht nur darüber Gedanken machen sollte, welche Methoden er anwenden kann, sondern auch, welche kurz- oder langfristigen Konsequenzen daraus entstehen.

e Die drei Grundbegriffe des assoziativen Lernens

Die drei wichtigsten Elemente bei Untersuchungen des assoziativen Lernprozesses sind:

a) Reize, die der Reaktion vorangehen,
b) die Reaktion,
c) Reize, die der Reaktion folgen (Konsequenzen).

Die Reize, die zu einem Verhalten führen, gleich, ob sie dieses auslösen oder einfach signalisieren, daß eine Verstärkung erreichbar ist, werden als *diskriminative Stimuli* (S^D) bezeichnet. Reize, die aus einem Verhalten hervorgehen bzw. diesem folgen, werden als *Konsequenz-Reize (C)* bezeichnet. Das Verhalten selbst wird R benannt (Reaktion, response), gleich, ob es durch einen Reiz ausgelöst oder als operante Reaktion emittiert wird. Diese Elemente können im Diagramm folgendermaßen angeordnet werden:

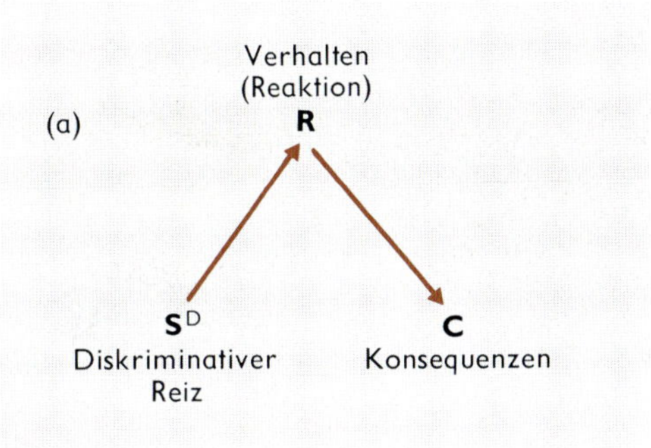

Abb. 4-9a

Die wichtigsten Vergleiche zwischen klassischer und operanter Konditionierung können anhand dieser Elemente und der zwischen ihnen angenommenen Beziehungen gezogen werden. Von diesem einfachen Modell ausgehend, können wir viele Prinzipien des Verhaltens näher erläutern.

Klassische Konditionierung befaßt sich vor allem mit den beiden ersten Elementen, dem diskriminativen Reiz (S^D) und der Reaktion (R). R wird in diesem Fall durch S^D hervorgerufen. Im Falle einer unkonditionierten Reaktion (UCR) ist die Korrelation zwischen beiden Elementen nahezu perfekt: Die Pupille kontrahiert (R) jedesmal, wenn helles Licht (S^D) auf sie einwirkt. Die klassische Konditionierung zeigt, daß ein anderer S^D nach wiederholter Paarung mit einem unkonditionierten S^D ebenfalls mit der Reaktion korreliert. Diese Beziehung sieht im Diagramm so aus:

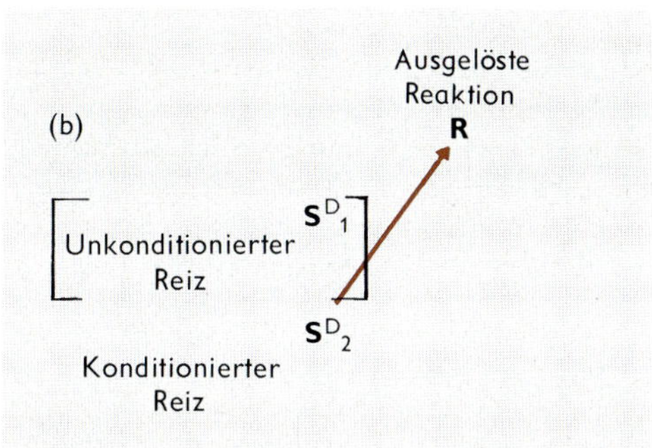

Abb. 4-9b

Beim operanten Konditionieren interessiert uns die Beziehung zwischen der Reaktion R und der Konsequenz C. R ist in diesem Fall eine emittierte Reaktion und C der Verstärker, der ihr folgt. Hier löst der vorangehende Reiz die Reaktion nicht aus. Im Diagramm dargestellt:

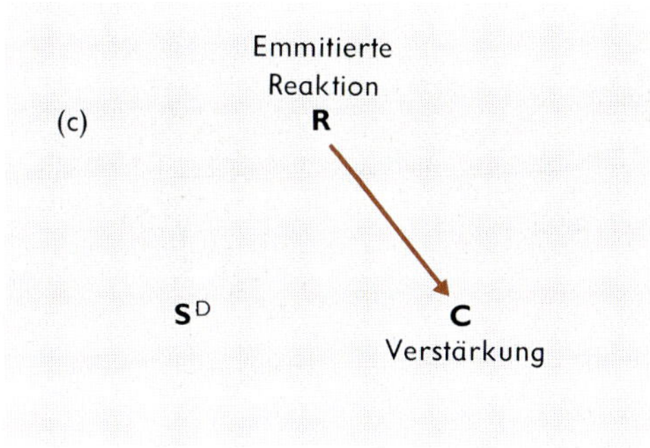

Abb. 4-9c

Wie wir gerade gesehen haben, kann der S^D auch beim operanten Konditionieren eine Rolle spielen, jedoch nur durch Verbindungen mit C und nicht durch einen direkten Einfluß auf R. Die grundlegende Beziehung besteht beim operanten Konditionieren zwischen der Reaktion und der daraus folgenden Konsequenz C. In den folgenden Abschnitten werden wir auf die drei grundlegenden Begriffe, S^D, R und C, und auf die verschiedenen möglichen Beziehungen zwischen ihnen näher eingehen.

Der diskriminative Reiz (S^D)

Der S^D ist der Signalreiz, der der Reaktion vorangeht. Im Falle von konditionierten wie unkonditionierten Reaktionen ist er der *Auslöser* dieser Reaktionen. Beim operanten Verhalten löst er zwar die Reaktion nicht direkt aus, kann sie aber teilweise kontrollieren, indem er anzeigt, ob ein Verstärker erreichbar ist oder nicht.

Reizgeneralisation. Wenn eine Reaktion auf irgendeinen Teil der Umwelt verstärkt wurde, erstreckt sich diese Reaktion — in etwas schwächerer Form — auch auf andere, ähnliche Reize und auf ähnliche Umgebungen (Situationen). Beispiel hierfür war der Fall des kleinen Albert, dessen Furcht sich nicht nur auf die Ratte bezog, sondern sich auf den Hund, den Pelzmantel und sogar auf eine Nikolaus-Maske ausdehnte. Da es nie zwei einander ganz gleiche Situationen gibt, ist dieses Prinzip der *Reizgeneralisation* wichtig bei der Beurteilung der Frage, wie und wann sich Lernen von einer auf die andere Situation übertragen läßt (*Transfer*).

Das Verhältnis zwischen Reizähnlichkeit und Reaktionsstärke wird durch den *Generalisationsgradienten* ausgedrückt. Die Reaktionsstärke *vermindert* sich proportional zur Unähnlichkeit zwischen gegenwärtiger und ursprünglich verstärkender Reiz-Umwelt.

Dieser Gradient zeigt an, in wieweit und wie klar eine Versuchsperson Unterschiede zwischen Reizen wahrnimmt.

Kann ein Vogel uns sagen, ob er den Unterschied zwischen Grün und Blau oder Blau und Violett erkennen kann? Guttman und Kalish (1956) entwickelten eine Methode, die dies ermöglicht.

Tauben wurden operant konditioniert, auf eine Lichtscheibe zu picken, deren Wellenlänge etwa bei 550 millimicron lag (gelb-grün). Als die Reaktion fest etabliert war, entfiel die Verstärkung. Während der folgenden Extinktionsphase wurde die Reaktionsrate auf den Originalreiz (550 mμ) und 10 andere Wellenlängen gemessen, die zwischen 490 mμ (rot) und 610 mμ (blau-violett) variierten, und in randomisierter Reihenfolge je 30 Sekunden lang dargeboten wurden.

Wenn wir die Anzahl der Reaktionen auf den ursprünglich konditionierten Reiz (550) mit der Reaktionsrate bei den anderen Wellenlängen vergleichen, können wir feststellen, daß Tauben zwischen diesen Farben diskriminieren können. Der obige Generalisationsgradient zeigt, daß die Reaktionsstärke umso mehr nachläßt, je weniger der Reiz dem ursprünglichen S^D (550) ähnlich ist.

Was uns die Abbildung tatsächlich zeigt, ist, daß Tauben *erstklassige Wellenanalysatoren*

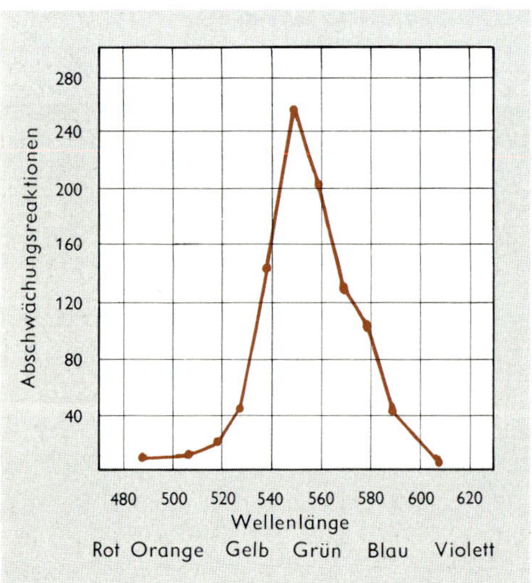

Abb. 4-10. Abschwächungsreaktionen auf verschiedene Wellenlängen (Nach Guttman und Kalish, 1956)

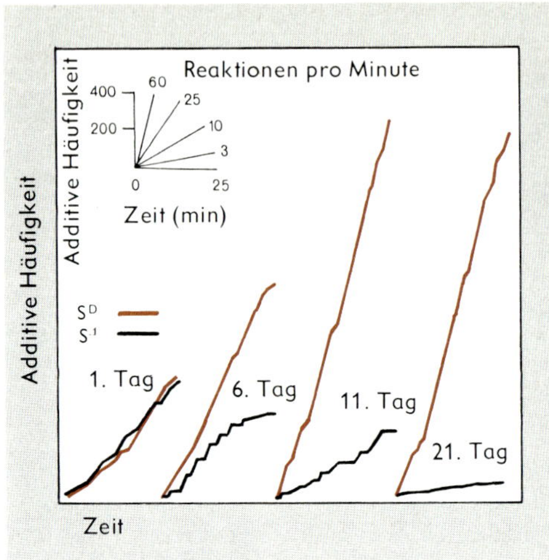

Abb. 4-11. Auszüge aus dem Protokoll eines Diskriminationstrainings. Zu Beginn des Trainings ist die Anzahl der Reaktionen auf S^D und $S^{\triangle}$ fast identisch. Mit zunehmendem Training wird die Lernkurve für S^D steiler, was eine erhöhte Reaktionsrate für S^D anzeigt. Die Reaktionsrate für $S^{\triangle}$ wurde geringer, was durch die immer flacher werdende Kurve dargestellt ist (Nach Herrick, Myers und Korotkin, 1959)

sind, nicht aber, ob sie ebensogut *Farben unterscheiden* können. Wir wissen also, welche physikalischen Eigenschaften sie diskriminieren, nicht aber, ob sie die Farben tatsächlich wahrnehmen können.

Reizdiskrimination. Bei der Generalisation zeigen sich ähnliche Reaktionen in verschiedenen Situationen, bei der Diskrimination unterschiedliche Reaktionen in ähnlichen Situationen. Der Mensch besitzt eine erstaunliche Fähigkeit, präzise zwischen fast identischen Reizen zu diskriminieren. Einige Leute, wie z. B. Weinprüfer oder Kunstexperten, leben sogar von dieser Fähigkeit. Wir mögen denken, daß diese Leute mit einer solchen Diskriminationsfähigkeit geboren werden, aber man kann zeigen, daß selbst komplexe Diskriminationen aus einfachen konditionierten Diskriminationen hervorgehen können, also erlernt sind.

Der grundlegende Vorgang bei der Ausbildung einer Diskrimination beinhaltet eine differentielle Verstärkung ein und derselben operanten Reaktion unter verschiedenen Bedingungen. In Gegenwart des einen Reizes wird die Reaktion verstärkt, in Gegenwart eines anderen nicht. Wir bezeichnen dann den ersten Reiz als *positiven diskriminativen Stimulus (S^D)* und den anderen als *negativen diskriminativen Stimulus (S^{Δ})*. Nach wiederholten Diskriminationsversuchen zeigen dann S^D und S^{Δ} sehr unterschiedliche Wirkungen auf das Verhalten. Aus Abb. 4-11 ist z. B. zu ersehen, daß das Versuchstier (ein Affe) am ersten Tag zwischen den beiden Reizen überhaupt nicht unterscheiden konnte, da die Reaktionsrate auf beide Reize gleich hoch war. Allmählich bildete sich dann die Diskrimination zwischen S^D und S^{Δ} heraus. Am 21. Tag war die Reaktionsrate für S^{Δ} sehr niedrig, für S^D sehr hoch (Herrick, Myers und Korotkin, 1959).

Springende Ratten. Tiere wie auch Menschen können eine doppelte Diskrimination, die zwei Reaktionen und zwei Reizbedingungen erfaßt, erlernen. Mit Lashleys Sprungstand kann eine solche doppelte Diskrimination konditioniert werden. Die hungrige Ratte muß lernen, von dem Sprungstand aus auf eine bestimmte Karte (z. B. die mit dem Quadrat) und nicht auf die andere (z. B. mit Dreieck) zu springen. Der Sprung auf die richtige S^D-Karte öffnet ein Fenster, hinter dem sich Futter befindet. Das Fenster hinter der S^{Δ}-Karte ist gesperrt, so daß die Ratte beim Sprung auf diese Karte in ein unter der Karte angebrachtes Netz fällt. Innerhalb der Versuchsreihe werden die Karten öfters ausgetauscht, so daß die Ratte nicht einfach lernen kann, nach rechts oder links zu springen.

Tiere können lernen, einen gegebenen Reiz (Farbe, Muster, Form etc.) einem gleichen Reiz, der mit verschiedenen anderen zusammen dargeboten wird, zuzuordnen. Bei diesem Zuordnungsversuch (matching-to-sample) kann das Versuchstier darauf trainiert werden, ein dem ursprünglichen Reiz *ähnliches* Item oder aber ein von den anderen mitangebotenen Items *verschiedenes* auszuwählen.

Abb. 4-12. Eine Ratte beim Sprung vom Lashley-Sprungstand

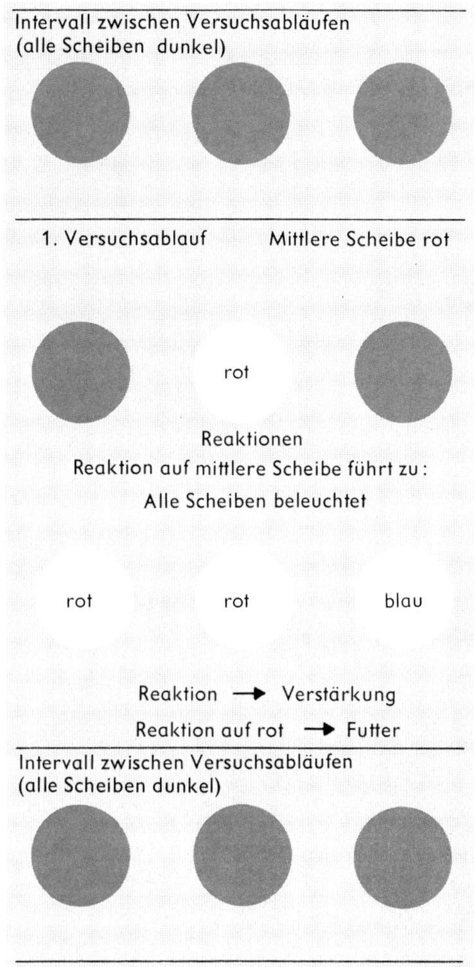

Abb. 4-13. Wahl-nach-Muster-Versuch. Alle drei Scheiben können rot, grün oder blau aufleuchten und die Tauben lernen zunächst auf eine leuchtende Scheibe (gleich welcher Farbe) zu picken. In den Zuordnungsversuchen leuchtet die mittlere Scheibe auf und sobald die Taube danach pickt auch die anderen Scheiben, wobei eine der mittleren gleicht, die andere nicht. Pickt die Taube jetzt auf die Scheibe mit dem gleichen Muster (Farbe) wie die mittlere, so wird die Beleuchtung abgeschaltet und die Reaktion mit Futter verstärkt; pickt sie wieder auf die Mittelscheibe, passiert nichts. Pickt sie auf die Scheibe, die nicht mit dem ursprünglichen Muster übereinstimmt, wird die Beleuchtung abgeschaltet und keine Verstärkung gegeben (Nach Cumming und Berryman, 1961)

Irren ist menschlich, aber ... Terrace (1963) entwickelte eine Methode des Diskriminationstrainings, bei der das Versuchstier nie einen Fehler macht, selbst dann nicht, wenn es sich noch am Anfang des Trainings befindet: Tauben lernten als erstes eine Rot-Grün-Diskrimination (eine für sie leichte Diskrimination). Danach wurden auf das Rot horizontale und auf das Grün vertikale Linien projiziert, wobei ganz allmählich die Intensität des farbigen Lichtes verringert wurde, so daß zum Schluß nur die horizontalen und vertikalen Linien übrigblieben. Auf diese Weise lernten die Versuchstiere eine Horinzontal-

Unter der Lupe

Tauben, Pillen und Raketen

Das Operante Lernen komplexer Diskriminationen mit Hilfe entsprechender Verstärkungsschemata hat viele praktische Implikationen. Bei den hier angeführten Beispielen wurden Tauben benutzt. Im einen Fall ersetzten sie die Frauen an einem Fließband, die beschädigte Pillen entdecken und aussortieren mußten, im anderen Beispiel wurden sie während des II. Weltkriegs darauf trainiert, Raketen auf feindliche Ziele zu lenken.

In einem pharmazeutischen Betrieb waren etwa 10 % aller Pillen „Ausschuß". Die Firma hatte deshalb Frauen beschäftigt, die am Fließband diese unbrauchbaren Pillen aussortieren mußten. Um die Frauen von dieser monotonen Arbeit zu befreien, brachte Verhave (1966) Tauben bei, diese Qualitätskontrolle zu übernehmen. Erschien eine beschädigte Pille, so pickten die Tauben auf eine Scheibe und erhielten dafür Futter-Verstärkung; erschien eine nicht-beschädigte Pille, pickten die Tauben auf eine andere Scheibe, das Picken wurde nicht verstärkt, und das Fließband brachte die nächste Pille zur Überprüfung. Bei Fehlern wurde die Taube ebenfalls nicht verstärkt, sondern mit einer 30 sec andauernden Dunkelheitsperiode bestraft. Innerhalb einer Woche erlernten die Tauben eine 99 % sichere Diskrimination.

Wenn Tauben, entsprechend den Anforderungen einer sich konstant verändernden Umwelt, kontinuierlich ihre Reaktionen verändern können, dann müßte es für sie auch möglich sein, Raketen auf bestimmte Ziele zu lenken. Die Möglichkeit einer solchen Verwendung zeigte Skinner (1960) während des II. Weltkriegs als Teil des Projektes ORCON (ORganic CONtrol). Während des Diskriminationstrainings wurde nur das Picken auf das Zentrum eines Zieles (Schiffssilhouette auf Scheibe) verstärkt. Wenn eine am Schnabel der Taube angebrachte Gold-Elektrode die Scheibe berührte, so bestimmte ein elektronisches Steuergerät die genaue Position der einzelnen Schnabelhiebe auf der Scheibe. Die Rakete blieb auf Kurs, wenn auf den Mittelteil der Scheibe gepickt wurde, änderte aber ihren Kurs nach der Position der Schnabelhiebe. Die Bilder zeigen Tauben im „Einsatz" (links: Überprüfung von Pillen, rechts Raketensteuerung).

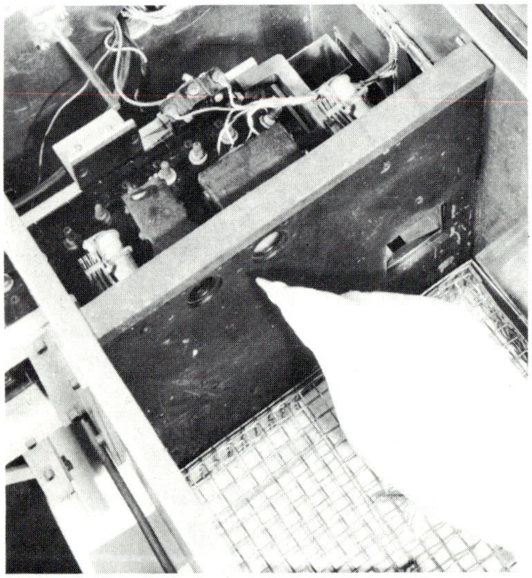

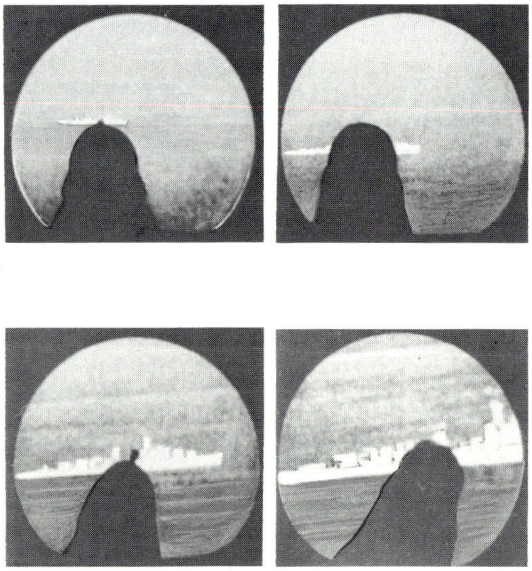

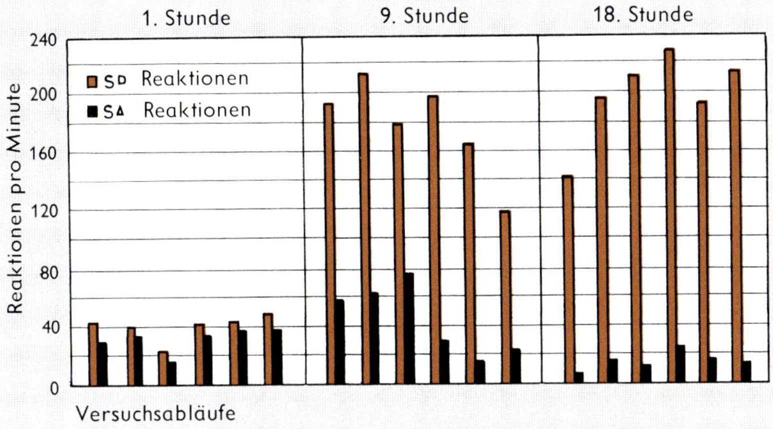

Abb. 4-14. Diskrimination innerer Reize. Die Abbildung zeigt die Entwicklung einer interoceptiven Diskrimination bei einem Rhesusaffen. Während der 1. Stunde besteht kein Unterschied zwischen den Reaktionen auf S^D (viscerale Stimulation) und $S^{\triangle}$ (Abwesenheit visceraler Reizung). Nach 18 Stunden Training mit differentieller Verstärkung ist das Hebeldrücken einwandfrei unter der Kontrolle des S^D (Nach Slucki, Adam und Porter, 1965)

Vertikal-Diskrimination, ohne dabei auch nur einen Fehler zu machen.

Die Entdeckung von Terrace ist aus zweierlei Gründen wichtig: a) das fehlerlos Erlernte ist später sehr stabil, und b) es wurde eine Technik des Diskriminationstrainings angewandt, die man früher für unmöglich hielt. Inzwischen gelang es z. B. Sidman und Stoddard (1969), geistig Behinderten perceptive Diskriminationen beizubringen, von denen man annahm, daß sie weit über deren Fähigkeiten lägen.

S^D-S^{Δ} unter der Haut. Obgleich die Psychologen die Wirkung externaler oder *exteroceptiver* Reize hinreichend untersucht haben, so gab es doch bis vor kurzem nur wenige Untersuchungen, die sich mit der Analyse der internalen *(interoceptiven)* Reize, die unser Verhalten kontrollieren, befaßten. Die richtige Diskrimination zwischen diesen inneren Reizen kann jedoch ebenso wichtig sein wie die zwischen äußeren.

Um diese Diskrimination zwischen interoceptiven Reizen zu erlernen, müssen folgende Voraussetzungen gegeben sein:

a) Ihre Auswirkungen müssen so groß sein, daß sie vom Individuum wahrgenommen werden können,
b) in ihrer An- oder Abwesenheit muß eine differentielle Verstärkung möglich sein.

Bei Untersuchungen über die Entstehung solcher Diskriminationen müssen spezielle Techniken angewandt werden. Die internalen Reize müssen manchmal elektronisch verstärkt werden, ihr Auftreten muß von einem „Verstärkungs-Ausgabegerät" registriert werden, und Reaktionen, die in Gegenwart des S^D erfolgen, müssen sofort verstärkt werden. Unter diesen Bedingungen kann einwandfrei gezeigt werden, daß die Lernprinzipien ebenso für interoceptive wie für exteroceptive Konditionierung zutreffen.

Es wurde z. B. bewiesen, daß Rhesusaffen eine operante Diskrimination zwischen An- und Abwesenheit visceraler Reize erlernen können. Der diskriminative Stimulus war ein mechanischer Reiz an der Innenwand des Dünndarms. Ein kleiner, im Darm deponierter Ballon wurde aufgeblasen oder abgelassen, um die S^D-S^{Δ}-Diskrimination aufzubauen. Nachdem das Tier durch Verstärkung gelernt hatte, einen Hebel zu drücken, begann der Versuchsleiter mit dem operanten Diskriminationstraining. Jetzt wurde das Hebeldrücken nur dann verstärkt, wenn der Ballon im Darm aufgeblasen war. Nach dem Training zeigte das Versuchstier wesentlich mehr Reaktionen auf den S^D (aufgeblasener Ballon) als auf den S^{Δ} (leerer Ballon). Abb. 4-14 zeigt den Aufbau dieser Diskrimination bei einem Affen.

Im Anschluß daran wurde die *Diskrimination umgekehrt.* Jetzt wurden nur Reaktionen in Gegenwart des S^{Δ} verstärkt, also wenn der Darm nicht stimuliert wurde. Innerhalb kurzer Zeit wurde der ursprüngliche S^{Δ} zum neuen S^D und der ursprüngliche S^D zum neuen S^{Δ} (Slucki, Adam und Porter, 1965).

Die Reaktion (R)

Es wird oft behauptet, daß „jede Reaktion, die schnell verstärkt werden kann, auch konditionierbar ist". Bevor wir diese Behauptung akzeptieren, wollen wir sehen, was eine verstärkbare Reaktion ausmacht und welche Umstände verstärkend wirken.

Das Problem, „Reaktionen" zu definieren. Verhalten ist zwar kontinuierlich, kann aber willkürlich in Teile zerlegt werden. Einige dieser Elemente werden als *Bewegungen* bezeichnet; sie sind Komponenten größerer Verhaltenssequenzen und können eine direkte Wirkung auf die Umwelt ausüben oder auch nicht. Größere Verhaltensabschnitte werden als *Handlungen* bezeichnet und haben direkte Konsequenzen auf die Umwelt oder auf das Verhältnis des Einzelnen zu ihr. Alles, was über einen efferenten Nervenimpuls hinausgeht, ist streng genommen keine *einzelne Reaktion* mehr; selbst eine Muskelreaktion besteht aus vielen Einzelbestandteilen. Deshalb bezieht sich das, was wir als „Reaktion" bezeichnen, eigentlich auf eine integrierte Einheit oder auf eine Reihe von Reaktionen — einige willkürlich definierte Teile gezeigten Verhaltens. Die Größe dieser Einheit kann stark variieren. Eine operante Reaktion kann somit aus 100 Hebeldrücken bestehen, die, als eine Einheit, Verstärkung bringen, aber auch aus 8 Semestern Studium, die zum Examen (Verstärkung) führen.

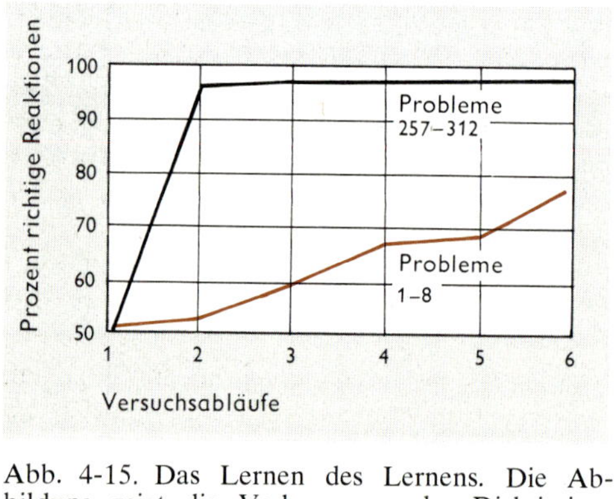

Abb. 4-15. Das Lernen des Lernens. Die Abbildung zeigt die Verbesserung des Diskriminationsverhaltens nach vielen Versuchsdurchgängen. Bei den ersten 8 Problemen erhöhte sich die Anzahl der richtigen Reaktionen nur sehr langsam; vom 257. bis zum 312. Problem hingegen erfolgte die Lösung des Problems spätestens beim zweiten Versuchsdurchgang. (Hier sei an die alte Kontroverse Versuch-Irrtum vs. Einsichtslernen erinnert) (Nach Harlow, 1949)

Die Frage, was eine Reaktion ist, geht über den Umfang oder die Einheit einer Reaktion hinaus. Gibt es außer beobachtbaren Reaktionen auch noch andere, die verstärkt werden können? Ist ein Gedankengang eine Reaktion? Wie steht es mit Einstellungen?

Wenn jemand Ihnen seine *Aufmerksamkeit* schenkt, weil Sie klug oder hübsch sind, was gibt er Ihnen dann? Als Sie sprechen lernten, lernten Sie da nur bestimmte verbale Äußerungen, die verstärkt wurden, oder eine Reihe nicht beobachtbarer Reaktionen, die man am besten mit „sprachliches Verständnis und Qualifikation" bezeichnet?

Wenn sich ein Student auf eine Prüfung bei einem bestimmten Prüfer vorbereitet, so lernt er wahrscheinlich mehr, als nur zu antizipieren, was in der Prüfung vorkommen könnte. Er *lernt* möglicherweise, *wie man lernt* — in diesem Falle, den verlangten Stoff richtig zu verarbeiten (oder so darzubieten, wie der Prüfer es gerne hätte). Man sollte also nicht einfach einzelne Fakten auswendiglernen und darauf hoffen, daß sie abgefragt werden, sondern Problemlösungsstrategien für möglichst viele Probleme entwickeln. Harlow (1949) benutzte den Terminus „Lern-Set" für die von einem Individuum erworbene Fähigkeit, jedes einer Klasse von Diskriminationsproblemen auf die gleiche Art zu lösen, selbst wenn einzelne Elemente vorher nicht bekannt waren. Das Lernen von Prinzipien und Generalisationen, das einen so wichtigen Teil des menschlichen Lernens darstellt (besonders in der Schule), muß unbedingt weiter erforscht werden.

Neue Reaktionen entstehen aus alten: Reaktionsketten. Sie haben sicher schon einmal eine Tierdressur gesehen. Hierbei wird immer nur die letzte Reaktion einer *Reaktionskette* verstärkt (mit einer Möhre, einem Stück Zucker oder Fisch).

Die experimentelle Demonstration einer solchen Prozedur zeigt, daß es hier vor allen Dingen auf die Geduld und die Geschicklichkeit des Trainers ankommt.

Pierrel und Sherman (1963) verwandelten eine gewöhnliche Ratte „Barnabus" in einen Varieté-Künstler, etwa so, wie Professor Higgins aus dem Blumenmädchen Eliza eine „Fair Lady" machte. Barnabus lernte:

a) eine Wendeltreppe hinaufzusteigen,
b) über eine schmale Zugbrücke zu laufen,
c) eine Leiter hinabzuklettern,
d) ein Spielzeugauto an einer Kette herbeizuziehen,

e) in das Auto einzusteigen,
f) mit dem Auto zu einer zweiten Leiter zu fahren,
g) diese Leiter hinaufzuklettern,
h) durch ein Rohr zu kriechen,
i) in einen Aufzug zu klettern,
j) an einer Kette zu ziehen, die eine Fahne hochzog und Barnabus zur Ausgangsplattform zurückbrachte, wo er
k) einen Hebel drücken konnte und dafür eine Futterpille bekam, die er fraß;
l) dann kletterte er die Wendeltreppe hinauf . . . usw.

Um Barnabus dies alles beizubringen, begannen die Versuchsleiter nicht etwa am Anfang der Sequenz, sondern am Ende: Zuerst lernte Barnabus den Hebel zu drücken, um Futter zu bekommen; dann wurde er in den Aufzug gesetzt, der ihn zur Ausgangsplattform zurückbrachte, wo sich der Hebel befand. Als Barnabus gelernt hatte, daß das Aufzugfahren so angenehme Folgen hatte, war es leicht, ihm beizubringen, durch das Rohr zu kriechen, um den Aufzug zu erreichen . . . usw. Die Reaktionen, die Barnabus ursprünglich nicht in seinem Repertoire hatte, wurden ihm mit Hilfe verschiedener Methoden (s. o.) beigebracht — durch Imitation, durch Konfrontation mit der neuen Situation und Herausstellen wichtiger Teile der Umgebung etc. Dann erfolgte die stufenweise Annäherung an die gewünschten Reaktionen. Allmählich wurde jedes Glied der Reaktionskette ein S^D für den nächsten Schritt und ein konditionierter Verstärker (C^+) für den gerade vorausgegangenen.

Wir nehmen an, daß solche Verhaltensmuster immer dann vorkommen, wenn wir eine komplexe Serie neuer Reaktionen lernen müssen, wie z. B. das Binden der Schnürsenkel, das Sprechen, Autofahren, Klavierspielen oder das Tanzen. Die Komponenten solcher Handlungen werden emittiert — zuerst vielleicht nur in grober Form — werden aber dann durch selektive Verstärkung in die Verhaltenssequenz integriert.

Verhaltenskontrast. Wenn Kinder zu Hause für aggressives Verhalten bestraft worden sind, scheinen sie dies außerhalb des Hauses „wieder wettzumachen", indem sie weitaus aggressiver sind als gewöhnlich. Dieses Phänomen wird als *Verhaltenskontrast* bezeichnet und taucht auf, wenn die Reduzierung der Verhaltenshäufigkeit in der einen Situation zu einer erhöhten Verhaltenshäufigkeit in einer anderen Situation führt, obgleich sich die Reiz-

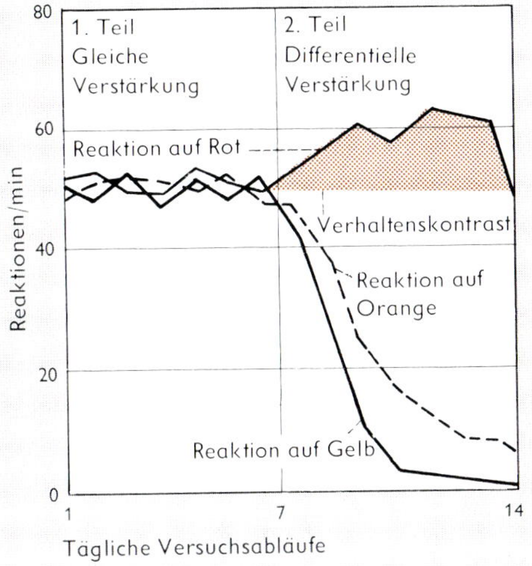

Abb. 4-16. Verhaltenskontraste (Nach Reynolds, 1968)

konstellation der zweiten Situation nicht verändert hat.

Man kann dieses Phänomen auch beim Aufbau einer Diskrimination im Labor beobachten. Zunächst werden Reaktionen auf Orange, Gelb oder Rot verstärkt, dann fällt die Verstärkung für Orange und Gelb weg, während die Reaktionen auf Rot auch weiterhin verstärkt werden. Hierbei werden nicht nur die Reaktionen auf Orange und Gelb *extinguiert,* sondern es *erhöht* sich zur gleichen Zeit die Reaktionsrate für Rot. Diese Verhaltenshäufigkeit ist höher als die ursprüngliche und hängt mit dem Absinken der Reaktionsrate für Orange und Gelb zusammen. (Können Sie nun erklären, warum die Reaktion auf Orange einen höheren Extinktionswiderstand zeigt als die auf Gelb?)

Der angeborene Auslösemechanismus (AAM). Der Stichling zeigt beim Balz-Tanz ein artspezifisches stereotypes Verhaltensmuster, welches sich auch bei isoliert aufgezogenen Tieren beobachten läßt (Tinbergen, 1942). Ähnlich macht der Erpel einer bestimmten Entenart bei der Balz eine Putzbewegung über eine besonders auffällig gefärbte Feder. Ein Tier der gleichen Art, dem diese Feder aus irgendeinem Grund fehlte, zeigte das gleiche Putzverhalten (Lorenz, 1955).

Die Ethologen bezeichnen solche Verhaltenssequenzen als *angeborenen Auslösemechanismus.* Die Muster sind invariant und stereotyp, treten spontan auf, werden, wenn sie einmal angelaufen sind, nicht von externalen Reizen kontrolliert und können nicht erlernt werden (Moltz, 1965). Wir wissen, daß hier keine Reaktionsketten gelernt werden, da die einzelnen Teile der Sequenz nicht von den ihnen vorangehenden Reizen ausgelöst werden können; allein der Schlüsselreiz, der die gesamte Reaktion auslöst, kann auch einzelne Komponenten auslösen.

Können Reaktionen des autonomen Nervensystems konditioniert werden? Bis vor kurzem war die Antwort auf diese Frage: „Ja und nein"; „Ja", auf Grund der Möglichkeiten der klassischen Konditionierung, aber „Nein" im Hinblick auf die operante Konditionierung. Die Arbeiten von Neal Miller (1969) und seinen Mitarbeitern haben dieses „Nein" in ein „Ja" verwandelt.

Die Zahl der verstärkbaren Reaktionen steigt ins Unendliche, wenn wir zeigen können, daß Herzfrequenz, Blutdruck, Körpertemperatur, Schweißabsonderung, Erweiterung der Blutgefäße und die Drüsen des Verdauungssystems denselben Gesetzen unterliegen wie die Skeletmuskulatur. Wenn die glatte Muskulatur und die Drüsen auf Umwelteinflüsse ebenso reagieren wie die Skeletmuskulatur, sind wir u. U. in der Lage, die Entstehung *psychosomatischer Krankheiten* zu erklären. Magengeschwüre, Asthma, Colitis, hoher Blutdruck und ähnliche

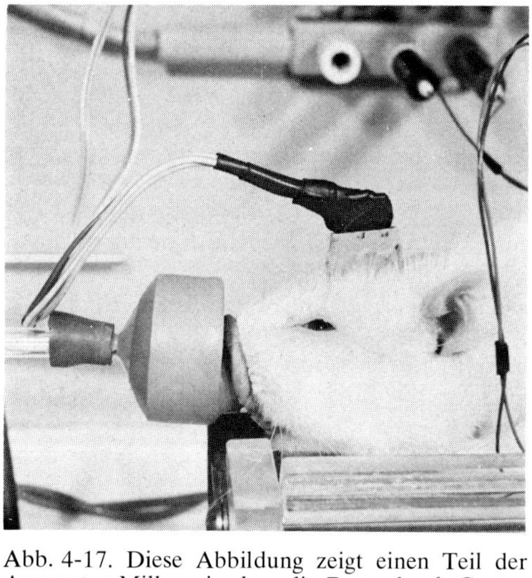

Abb. 4-17. Diese Abbildung zeigt einen Teil der Apparatur Millers, in dem die Ratte durch Curare paralysiert und künstlich beatmet wird. Wenn eine entsprechende elektrokardiographische Veränderung eintritt, erfolgt durch die eingepflanzte Elektrode prompt eine Reizung der positiv-verstärkend wirkenden Gehirnareale

Symptome können vielfach auf psychologische Probleme zurückgeführt werden. Der zugrundeliegende Mechanismus könnte eine operante Konditionierung sein.

Daß man eine viscerale Reaktion verstärken kann, zeigt das Beispiel eines Stadtjungen, der jedesmal akute Asthmaanfälle bekam, wenn seine Eltern ihn zur Erholung zu Verwandten aufs Land schickten. Der Junge mußte wegen der vermeintlichen Allergie auf irgendwelche Pollen jedesmal sofort wieder nach Hause gebracht werden, und die Familie mußte ihre Ferien unterbrechen (zur großen Freude des Jungen). Interessanterweise hatte er aber nie Schwierigkeiten, wenn er mit den Pfadfindern im Zeltlager war.

Gewöhnlich haben die meisten Reaktionen des autonomen Nervensystems keinerlei Einfluß auf die Umgebung. Deshalb werden sie auch nicht durch Konsequenzen verstärkt und nicht durch die Umwelt kontrolliert. Miller und seine Mitarbeiter entwickelten drei verschiedene Verfahren, die zeigen, daß diese Reaktionen durch Verstärkung geändert werden *können* und so kontrollierbar werden.

1. Skeletale Reaktionen, wie z. B. Atmung und Bewegung, die u. U. viscerale Reaktionen beeinflussen, wurden durch *Curare* ausgeschaltet. Hierbei werden bei vollem Bewußtsein alle motorischen Reaktionen blockiert, weshalb die Versuchstiere künstlich beatmet werden müssen (s. Bild).

2. Selbst kleine viscerale Reaktionen mußten gemessen und schon die geringsten Veränderungen in Amplitude oder Reaktionsrate sofort verstärkt werden. Dies geschah mit Hilfe physiologischer Registriergeräte, die von einem kleinen Computer kontrolliert wurden, welcher Reaktionsveränderungen feststellen und sofortige Verstärkung geben konnte.

3. Die Verstärkung mußte sofort geliefert werden, sofort voll wirksam sein und keine weiteren Bewegungen erfordern (wie z. B. Essen einer Futterpille). Dies wurde durch die elektrische Stimulation bestimmter „Lustzentren" im Gehirn ermöglicht.

Mit Hilfe dieser Methoden ist es gelungen, Speichelabsonderung, Herzfrequenz, Verdauungsvorgänge und Nierenfunktion durch Verstärkung zu kontrollieren. Ratten lernten nicht nur zu „erröten" (durch Erweiterung der Blutgefäße), sondern sie waren in der Lage, dies auf nur einem Ohr zu tun. Die Kontrolle ist so präzise, daß selbst das Zeitintervall *innerhalb* eines einzigen Herzschlags (Vor-

Bedingte Reaktionen

1. Aquisition der Bedingten Reaktion.

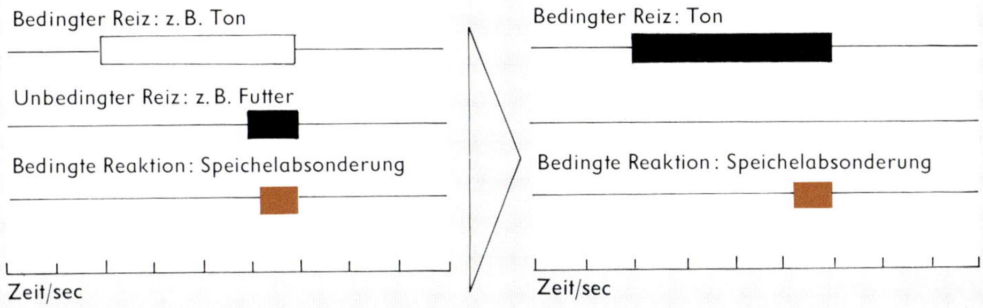

a: Training **b: Bedingte Reaktion**

2. Erhaltung der Bedingten Reaktion.
Bei der Erhaltung der Bedingten Reaktion wird derselbe Vorgang wie beim Training laufend wiederholt.
Dieser Vorgang steht im Gegensatz zur Erhaltung bei der Operanten Reaktion, wo die Verstärkung nur gelegentlich verabreicht wird, um ein optimales Verhalten zu gewährleisten.

3. Abschwächung der Bedingten Reaktion.

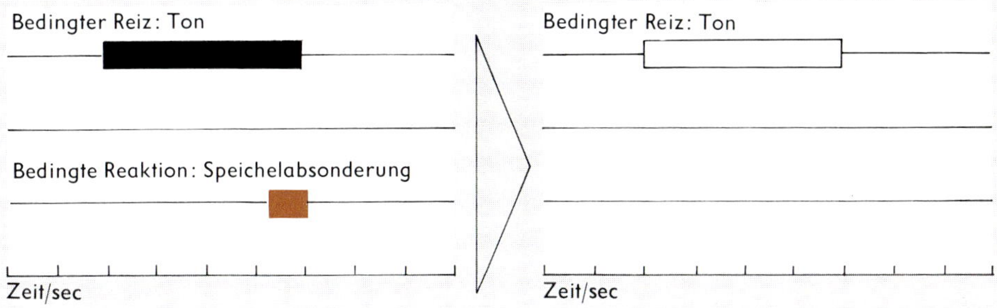

a: Abschwächungstraining: Beginn **b: Bedingte Reaktion ist abgeschwächt**

kammer — Herzkammer) kontrolliert werden kann.
Die möglichen Implikationen dieser Arbeiten zeigt eine andere Untersuchung: Bei Ratten, die für die Beschleunigung oder Verlangsamung ihres Herzschlages verstärkt wurden, zeigten 7 von 40 Tieren eine derartige Verlangsamung des Herzschlags, daß sie starben; in der Gruppe mit erhöhter Herzfrequenz überlebten alle Tiere (Miller, 1969).
Auch Versuchspersonen können ihre Herzfrequenz regulieren, wenn sie über einen Monitor ein sofortiges Feedback über die Abweichung von der gewünschten Frequenz erhalten (Vaitl, 1973).
Die psychogalvanische Reaktion (PGR) bei männlichen Studenten wurde öfter gezeigt, wenn als Verstärkung für eine PGR jedesmal sofort Dias mit nackten Frauen gezeigt wurden. Die Reaktionsrate stieg hingegen nicht, wenn die Dias zwar genauso oft, jedoch nicht unmittelbar nach dem Auftreten dieser autonomen Reaktion gezeigt wurden. Interessant ist, daß die Vpn nicht wußten, was verstärkt

Operantes Verhalten (Das Lernen am Erfolg)

1. Aquisition des Operanten Verhaltens.

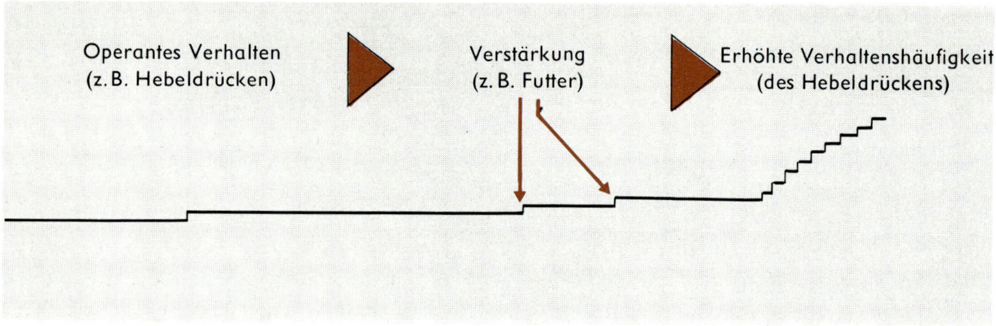

Während der Aquisition des Operanten Verhaltens müssen die Reaktionen kontinuierlich und unmittelbar verstärkt werden. Nur dadurch kommt die erwünschte erhöhte Verhaltenshäufigkeit zustande.

2. Erhaltung des Operanten Verhaltens.

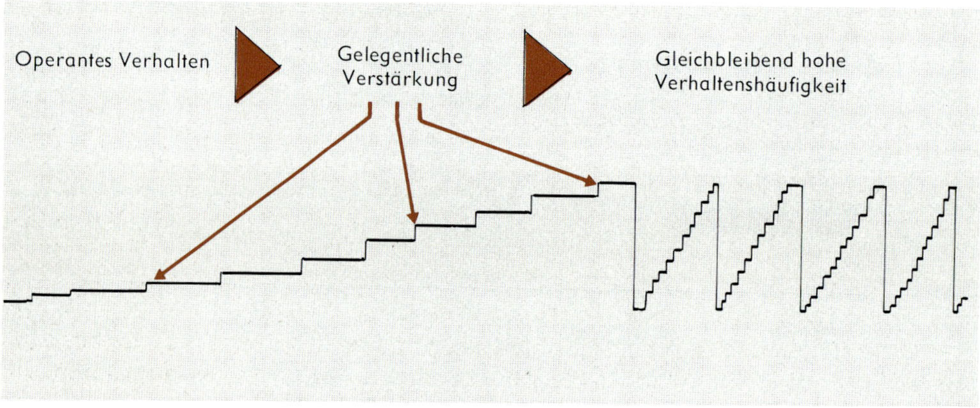

3. Extinktion (Abschwächung) des Operanten Verhaltens.

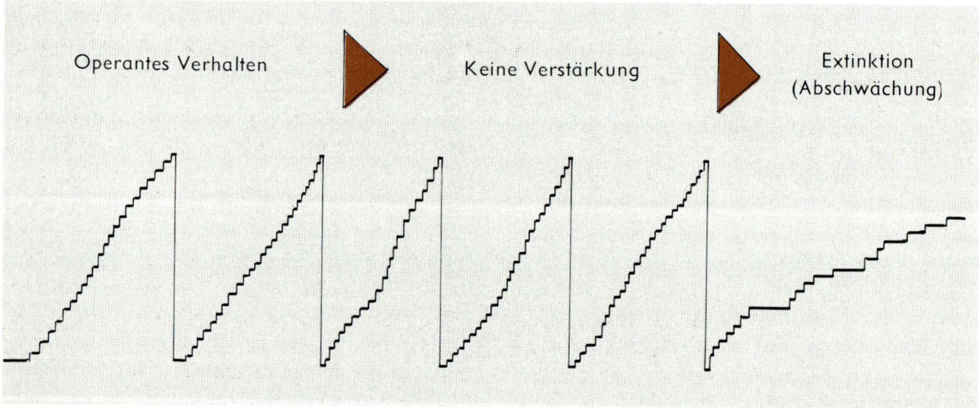

wurde (Schwartz und Johnson, 1969). Bedeutet dies nun aber, daß wir denjenigen hilflos ausgeliefert sind, die die Macht haben, Verstärkungen zu geben oder zurückzuhalten? Nicht notwendigerweise. Sozialpsychologen haben gefunden, daß auch kognitive Faktoren den Verlauf der Konditionierung beeinflussen können (Zimbardo, 1969).

Die Verstärker (C)

Früher nahm man an, daß Verstärkung ausschließlich mit den grundlegenden Trieben zusammenhänge. Verstärker waren „gute Konsequenzen" wie Futter, Wasser, geschlechtliche Betätigung und Flucht vor aversiven Reizen, welche man für wirksam hielt, weil sie die Triebe reduzierten. Ferner war man der Meinung, daß jede Reaktion verstärkt werden müsse, wenn sie gelernt und behalten werden solle.

In diesem Abschnitt werden wir sehen, wie sich das ursprüngliche Konzept der Verstärkung verändert hat. Die größere theoretische Freizügigkeit der neueren Untersuchungen über Verstärkung hat dazu geführt, daß in großem Umfang auch soziale Verhaltensweisen modifiziert werden können, wenn die entsprechenden Verstärkungsbedingungen spezifiziert werden. Nach einer Diskussion über den *Zeitpunkt* der Anwendung verschiedener Verstärkungsschemata und der Wirkung der Verstärkungsverzögerungen werden wir uns damit befassen, *was* alles verstärkend wirken kann. Dazu gehört eine Diskussion über konditionierte Verstärker, über Reaktionen, die als Verstärker fungieren, über Rückkoppelung (Feedback) als Verstärkung und schließlich über die bedeutsamste menschliche Verstärkung: „Kompetenz" oder Bewältigung der eigenen Umwelt.

Der Zeitpunkt der Verstärkung. Mädchen wissen, daß sie nicht immer „Ja" sagen sollen, wenn sie sich das Interesse ihres Freundes erhalten wollen. Einige wohlgezielte Nein-Reaktionen in einer Ja-Sequenz erhalten das Interesse des Freundes und erhöhen den Wert der Ja-Reaktionen.

Die Spielkasinos wissen, daß, wenn sie das Interesse der Spieler erhalten wollen, die Gewinnrate entsprechend programmiert sein muß. Müssen sie zu viel auszahlen, gehen sie bankrott, bei einer zu niedrigen Gewinnrate hören die Spieler auf zu spielen. Die Gewinnauszahlung muß *gelegentlich* und in unregelmäßigen Abständen erfolgen, sonst würde der geschickte Spieler lernen, die Zeitintervalle auszunutzen.

Die Bestimmung der Gewinnauszahlung: „Wieviel bekomme ich und wann bekomme ich was für wieviel Arbeit?", ist das, womit sich die Studenten und Fabrikarbeiter zu allererst beschäftigen. Der Student fragt: „Wann wird die Prüfung stattfinden und welche Leistung wird beim Prüfer X gerade noch mit „bestanden" (oder 1) beurteilt?". Für einen Fabrikarbeiter, der seinen ersten Lohn bezieht, lautet die Frage: „Wieviele Gehaltserhöhungen sind zu erwarten?", „Besteht ein Zusammenhang zwischen diesen Lohnerhöhungen und meiner Produktivität?", „Wenn nicht, wie wenig kann ich leisten und trotzdem noch meinen Wochenlohn mit nach Hause nehmen?"

Während Mädchen, Spieler, Studenten, Fabrikarbeiter und eine Menge von Versuchstieren (von der Schabe bis zum Schimpansen) sich eifrig damit beschäftigen, was sie durch ihre Leistungen erreichen können, machen sich diejenigen, die diese Leistungen honorieren, ebenso viele Gedanken darüber, welche Verstärkungsschemen die größten Leistungen erzeugen. Jede Verstärkung ist Teil eines solchen „Planes", sei es nun mit Absicht oder zufällig. Für die Verhaltensmodifikation ist es von grundlegender Bedeutung zu wissen, welcher Verstärkungsplan beim Klienten gegenwärtig in Kraft ist, und wie man ihn verändern kann.

Wenn ein neues Verhalten gelernt wird, dann verstärkt der Versuchsleiter gewöhnlich jede einzelne richtige Reaktion. Sobald dieses Verhalten aber eingeprägt ist, ist diese kontinuierliche Verstärkung der Reaktion überflüssig, und der Versuchsleiter verstärkt dann die Reaktion nur gelegentlich. Für die Verstärkung von Reaktionen gibt es eine Reihe *gelegentlicher Verstärkungsschemen,* von denen aber jedes einen anderen Einfluß auf das Verhalten hat.

Häufigkeitsverstärkung. Wenn das Versuchstier eine gewisse (gleichbleibende) Anzahl von Reaktionen zeigen muß, bevor die Verstärkung erfolgt, so sprechen wir von einer *regelmäßigen Häufigkeitsverstärkung* (fixed ratio: FR). Im Labor können wir eine Taube die Scheibe zwei- oder zweihundertmal picken lassen, bevor wir sie verstärken. Im ersten Fall handelt es sich um einen FR-Plan 2:1, im zweiten Falle um einen FR-Plan 200:1.

Wie die nächste Abbildung zeigt, erzeugen FR-Pläne eine sehr hohe Reaktionsrate.

Lust- und Schmerzzentren im Gehirn

Wenn man durch eine, tief im Gehirn des Versuchstieres implantierte Elektrode einen winzigen Strom fließen läßt, kann man in den Neuronen, die die Spitze der Elektrode umgeben, künstlich Impulse auslösen. Olds und Milner (1954) entdeckten im Gehirn Areale, die man als „Lustzentrum" bezeichnen kann. Tiere lernen ohne weiteres operante Reaktionen, auf die solche Reize folgen. Sie überqueren sogar einen elektrischen Rost oder erlernen komplizierte Labyrinthe, um solche Stimulierung zu erhalten. Wenn sie sich in einer Skinner-Box befinden, in der sie durch Hebeldrücken diese Stimulierung selbst auslösen können, so drücken sie bis zu 7000mal pro Stunde, wobei keine Sättigung eintritt: Die Tiere drücken den Hebel, bis sie vor Erschöpfung umfallen. Bleibt jedoch der elektrische Strom aus, wird die Reaktion sehr schnell gelöscht.

Andere Untersuchungen (Delgado, Roberts und Miller, 1954) haben gezeigt, daß es im Gehirn auch sog. „Bestrafungszentren" gibt. Stimulierung dieser Areale führen zu Flucht- oder Vermeidungsreaktionen.

Die Technik der elektrischen Hirnstimulation beeinflußte die neurophysiologische und psychologische Forschung entscheidend bei ihrer Suche nach den grundlegenden Mechanismen von Lernen und Gedächtnis. Wie wir bereits gesehen haben, zeichnen sich auch hier Konsequenzen für die Humanmedizin ab: Durch elektrische Hirnstimulation können gelähmte Glieder bewegt und Aggressivität gehemmt werden. Ferner konnte gezeigt werden, daß Epileptiker durch Selbstreizung epileptische Anfälle verhindern konnten (Delgado, 1970).

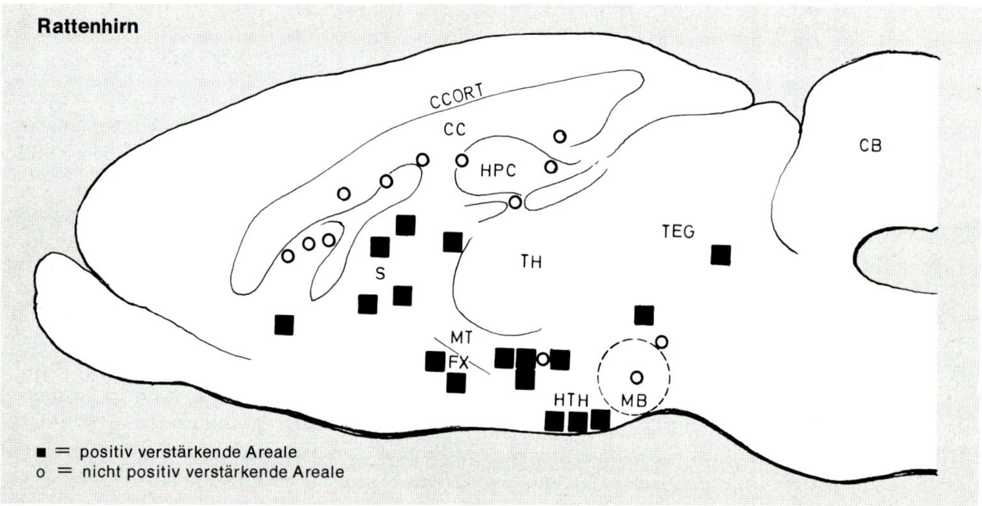

Der Verstärkungsplan bei Glücksspielen (zum Beispiel Roulette) ist variabel (variable Häufigkeitsverstärkung: variable Ratio; abgekürzt: VR-Plan). Man weiß nie, ob jetzt mehrere Verstärkungen hintereinander kommen oder für eine bestimmte Zeit ganz wegfallen. Auch bei diesem Plan ergibt sich eine sehr hohe Reaktionsrate (man denke an den „Spielsüchtigen").

Intervallschemen. Manchmal hängt die Verstärkung nicht davon ab, *wieviel* Arbeit geleistet wird, sondern *wann* sie geleistet wird. Beim *Intervallplan* wird die erste Reaktion, die nach einer gewissen Zeit imitiert wird, verstärkt. Wenn dieses Intervall immer gleich lang ist (zum Beispiel 10 Sekunden oder 2 Wochen), so bezeichnen wir diesen Plan als *regelmäßige Intervallverstärkung (fixed interval: FI).*

Wie die Abb. 4-18 zeigt, führen FI-Pläne zu einer typischen, aber seltsamen Form der Lernkurve. Nach jeder verstärkten Reaktion macht das Versuchstier eine Pause, bis ihm sein Zeitgefühl das Erscheinen der nächsten Verstärkung ankündigt. Die Reaktionsrate steigt steil an, um nach der Verstärkung sofort wieder zu sinken.

Wenn das Zeitintervall variiert, so haben wir es mit einer *variablen Intervallverstärkung (variable interval: VI)* zu tun. (Ein VI-Plan 10:1 kann zum Beispiel folgendermaßen zusammengesetzt sein: 12 Sek zu 1, 8 zu 1, 14 zu 1, 6 zu 1, 13 zu 1, 7 zu 1, usw.) Jeder Angler erlernt „Geduld" als Nebenprodukt einer solchen VI-Verstärkung.

Verstärkungspläne können auch gemischt und in sehr komplexer Form auftreten. Sie können so entworfen werden, daß das Versuchstier eine sehr hohe Reaktionsrate zeigen muß, um verstärkt zu werden, oder daß es über lange Zeit hinweg kontinuierlich arbeiten muß (wie zum Beispiel die Schimpansen im NASA-Programm). Einige Pläne unterdrücken sogar die normale Verhaltenshäufigkeit. So verstärkt zum Beispiel der Plan *„differentielle Verstärkung für niedrige Reaktionsrate"* eine Reaktion nur dann, wenn sie nach einem längeren Intervall, in dem nichts passiert, gezeigt wird. Reagiert das Versuchstier zu früh, wird die Uhr zurückgestellt und das Warten beginnt wieder von vorne (Angermeier, 1972).

Verstärkungsverzögerung: „Besser spät als überhaupt nicht" muß nicht immer zutreffen. Wenn Verstärker wirksam sein sollen, müssen sie *unmittelbar* auf die Reaktion folgen. Das Lernen einer Reaktion hängt direkt von der Unmittelbarkeit der Verstärkung ab. Verstreicht zwischen der Reaktion und dem Augenblick der Verstärkung zu viel Zeit, so ist die Wirkung der Verstärkung in Frage gestellt. Mit anderen Worten werden Reaktionen, die unmittelbar verstärkt werden, schneller gelernt als Reaktionen, bei denen die Verstärkung verzögert wird (Hull, 1952). Bei Labyrinthen werden die Entscheidungspunkte, die näher beim Ziel (Futter) liegen, zuerst gelernt; ein möglicher Grund dafür ist, daß diese Punkte, zeitlich gesehen, schneller verstärkt werden. Wenn bei Versuchstieren in der Skinner-Box die Verstärkungsverzögerung länger als einige Sekunden dauert, sinkt die Reaktionsrate; wird eine Verstärkung länger als 30 Sekunden verzögert, ist sie vollkommen wirkungslos (Perin, 1943). Wenn indirekte oder sekundäre Verstärker entfallen, kann schon eine Verstärkungsverzögerung von nur 5 Sekunden dazu beitragen, daß das betreffende Verhalten nicht gelernt wird (Grice, 1948).

Wenn die Konditionierung eines Verhaltens tatsächlich auf *sofortiger* Verstärkung beruht, dann müßten sich auch die Pädagogen darauf einstellen und dafür sorgen, daß eine genügend

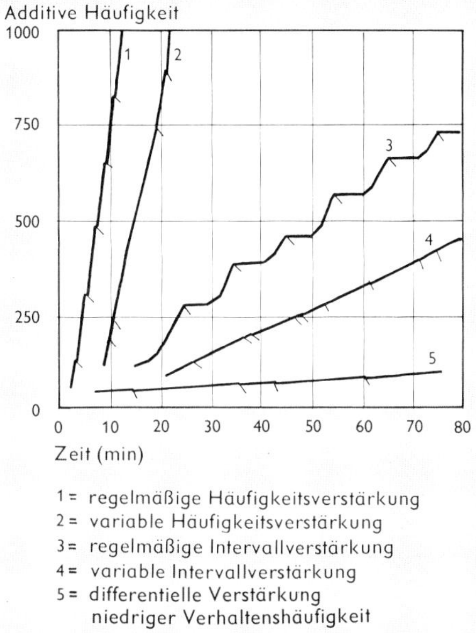

Abb. 4-18. Typische Lernkurven bei verschiedenen Verstärkungsschemen. Die Abbildung zeigt typische (etwas „verschönte") Lernkurven für die verschiedenen Verstärkungsschemen. Bei Intervallverstärkung beobachten wir gewöhnlich eine mittlere Verhaltenshäufigkeit. Bei regelmäßiger Intervallverstärkung zeigt sich ein „Stufeneffekt", der aufgrund einer Zeitdiskrimination entsteht: Das Versuchstier wartet nach jeder Verstärkung und reagiert erst wieder, wenn die Zeit für die nächste Verstärkung gekommen ist.
Sowohl die Häufigkeits- wie auch die Intervallverstärkung rufen eine sehr hohe Reaktionsrate hervor. Die hier gezeigten Kurven könnten ebensogut von einer Ratte, einer Taube oder einem Kind stammen. Wie die unterste Kurve zeigt, ist es auch möglich, eine sehr niedrige Reaktionsrate zu verstärken

große Anzahl von Verstärkungen mit kleinstmöglicher Verzögerung zur Anwendung kommen. Wie Sie sicher aus eigener Erfahrung wissen, ist das nicht der Fall. Meist erfolgt die Verstärkung einer Leistung erst nach geraumer Zeit (z. B. Zeugnis) und ist dann gewöhnlich sehr allgemein gehalten und kein spezifisches Feedback für bestimmte Reaktionen.

Um die Zeit zwischen Reaktion und Verstärkung möglichst kurz zu halten, werden bei Tieren und bei Menschen immer häufiger zwei Methoden angewandt, die den unvollkommenen menschlichen „Verstärkungsgeber" ersetzen sollen.

Die erste Methode ermöglicht es dem Lernenden, sich selbst für eine richtige Reaktion zu verstärken. Dazu gehört die auf Seite 160 beschriebene Selbststimulierung von „Lustzentren" im Gehirn. Weniger *dramatisch* geht es bei Lernmaschinen und programmierten Texten zu, bei denen eine sofortige Rückkoppelung über die richtige oder falsche Antwort erfolgt.

Die zweite Methode beruht auf der modernen Computer-Technik, die es ermöglicht, eine Reaktion sofort auszuwerten und die entsprechende Verstärkung unmittelbar anzuwenden, was für den Lehrer im Klassenzimmer unmöglich wäre. Auf diese Methode werden wir im nächsten Kapitel näher eingehen.

Der Lehrer aber kann folgendes tun, um der Verstärkungsverzögerung entgegenzuwirken:

1. Er kann die richtige Reaktion so klar definieren, daß sie in jedem Fall erfolgt.
2. Er kann sprachlich oder mit Hilfe anderer Symbole die Zeit zwischen Reaktion und Verstärkung überbrücken.
3. Anstelle der primären Verstärker kann er sog. *konditionierte oder sekundäre Verstärker* benutzen. Wie wir auf Seite 154 gesehen haben, hatte Barnabus viele dieser sekundären Verstärker für seine Reaktionskette zur Verfügung. Die konditionierten Verstärker sind für die Kontrolle des Verhaltens äußerst wichtig (siehe nächster Abschnitt).

Was wirkt verstärkend? Obwohl wir längst nicht alle Dinge kennen, die als Verstärker wirken und nicht wissen, auf welcher angeborenen Grundlage unser Lernen aufbaut, sind wir doch in den letzten Jahren auf diesem Gebiet einige Schritte weitergekommen.

Konditionierte (sekundäre) Verstärker. Während des Koreakrieges arbeiteten einige amerikanische Kriegsgefangene mit den Nordkoreanern zusammen, um sich leichte materielle Vorteile zu verschaffen. Für Volksschul-Kinder bedeuten selbst kleine symbolische Verstärkungen (wie z. B. ein „Fleißkärtchen" oder eine 1) eine Riesenbelohnung. Ihre Eltern arbeiten für Papiergeld. Der Masochist sieht in seiner Bestrafung eine Verstärkung, und der Sadist wird verstärkt, wenn er bestrafen kann.

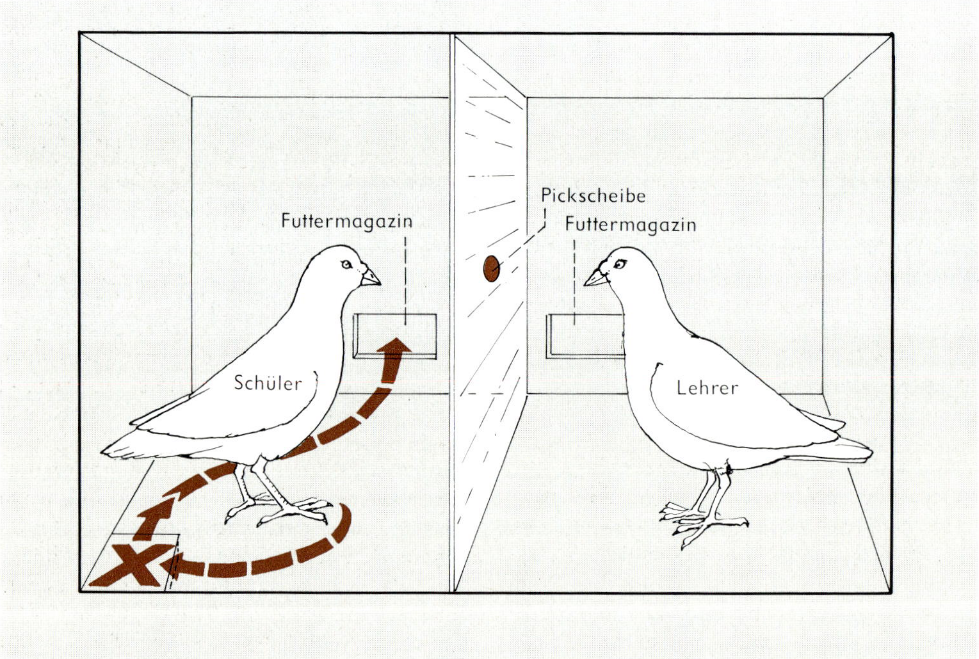

Abb. 4-19. Gegenseitige Verstärkung beim Lernprozeß. Die Entwicklung eines idealen Lehrer-Schüler Verhältnisses, in dem jeder dem anderen etwas zu geben hat, zeigt das hier beschriebene Experiment. Der Lehrer und der Schüler konnten einander durch eine transparente Scheibe sehen. Wenn der Lehrer auf die Scheibe pickte, fiel Futter in das Futtermagazin des Schülers. Stand der Schüler zur gleichen Zeit auf einem Schalter in der Ecke seines Käfigs, erhielten beide Vögel Futter. Es entwickelte sich bald ein subtiler Interaktionsprozeß, im Verlaufe dessen der Lehrer den Schüler dazu brachte, auf dem Schalter zu stehen. Dann pickte der Lehrer und beide konnten an ihrem Futtermagazin die Belohnung in Empfang nehmen (Nach Herrnstein, 1964)

Psychotiker, die auf ihre Umwelt nicht mehr reagieren, tun dies wieder, wenn ihre Reaktionen von Zigaretten, Pfennigen, oder auch nur der Gelegenheit, bei der Fütterung von Katzen zuzuschauen, gefolgt sind.
In den hochtechnisierten Ländern wird im Verlauf des Tages nur ein geringer Teil des Verhaltens durch primäre Verstärkung, die biologische Konsequenzen für uns hat, bekräftigt. Viel wichtiger bei der Kontrolle unseres Verhaltens sind ursprünglich neutrale Reizvorgänge, die durch Assoziation mit primären Verstärkern selbst Verstärkungsfunktion übernommen haben. Diese erlernten Verstärker werden (s. o.) als *konditionierte (oder sekundäre) Verstärker* bezeichnet.
Jeder diskriminative Reiz, der möglicherweise zur Verstärkung führt, kann zum konditionierten Verstärker werden. Wenn z. B. der S^D ein Lächeln und der S^Δ ein finsterer Blick ist, und das Verhalten des Kindes in Gegenwart des Lächelns verstärkt wird, so wird dieses Lächeln zum konditionierten Verstärker, selbst wenn die primäre Verstärkung nicht gegeben wird.
Kopfnicken, Händeschütteln und Geld gehören zur Klasse der *generalisierten konditionierten Verstärker*, die einen Großteil des Verhaltens kontrollieren können. Wenn wir auch solche Verstärker mit menschlicher sozialer Interaktion verbinden, haben doch verschiedene Untersuchungen gezeigt, daß sie auch bei Tieren wichtige Funktionen haben können.
Im Vergleich zur primären ist die Wirkung der sekundären Verstärkung ungleichmäßiger. Trotzdem haben konditionierte Verstärker folgende Vorteile:

a) Sie können schnell angewendet werden,
b) sie sind immer erreichbar,
c) fast jeder Reizvorgang kann als sekundäre Verstärkung dienen,
d) sie führen oft nicht zur Sättigung,
e) ihre Wirksamkeit hängt von der Wahrnehmung ab und nicht wie bei der primären Verstärkung von biologischen Prozessen.

Einer der beliebtesten sekundären Verstärker ist das Geld. Eine wichtige Richtung der Lernpsychologie stellen Untersuchungen über Umweltvorgänge, die als konditionierte Verstärker dienen können, dar. Es scheint, daß der Klasse der potentiellen Verstärker nur Grenzen seitens der Wahrnehmungsfähigkeit des Organismus gesetzt sind. Was dieser jedoch wahrnehmen kann, kann er auch schätzen lernen.

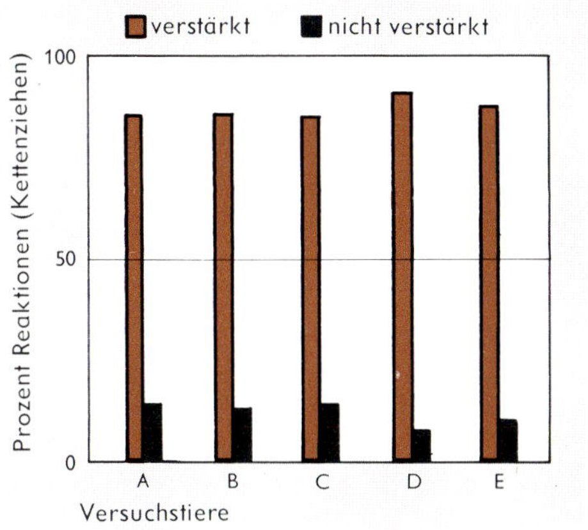

Abb. 4-20. Möglichkeit zu aggressiver Betätigung als Verstärker (Nach Azrin, Hutchinson und Mc Laughlin, 1965)

Reaktionen als Verstärker. Als Verstärker können nicht nur Umweltreize, sondern auch das Verhalten des Organismus selbst dienen.

In einem Experiment erhielten Affen einen schmerzhaften elektrischen Schock, dem sie nicht ausweichen konnten. Daraufhin wurden sie aggressiv und bissen und kratzten Objekte, die in ihrer Reichweite waren. Sie lernten sogar eine von zwei Ketten zu ziehen, und zwar diejenige, die ihnen Zugang zu einem Objekt ermöglichte, daß sie angreifen konnten (und bei jeder Gelegenheit auch taten). Alle Versuchstiere lernten diese spezifische Reaktion, die ihnen die Möglichkeit zu aggressiver Betätigung verschaffte. Die Versuchsleiter schlossen daraus, daß die Möglichkeit, sich aggressiv zu betätigen, die Verstärkung für das Kettenziehen darstellte (Azrin, Hutchinson und McLaughlin, 1965).

Premack (1965) entwickelte eine sehr gute Methode, als Verstärker dienende Aktivitäten zu identifizieren. Er beobachtete, was Tiere in einer Situation tun, in der die Möglichkeit besteht, zwischen allen möglichen Reaktionen auszuwählen. Ratten trinken z. B. nach längerem Wasserentzug und befassen sich nicht mit Umherlaufen, während Ratten nach Bewegungsentzug umherlaufen und nicht trinken. Diese Beobachtungen führten Premack zu dem einfachen Schluß, daß Reaktionen mit einer höheren Auftretenswahrscheinlichkeit jede Reaktion mit niedrigerer Auftretenswahrscheinlichkeit verstärken können. Seine Untersuchungen bestätigten diese Ansicht: Ratten nach Wasserentzug liefen umher, um Wasser zu bekommen, und Ratten nach Bewegungsentzug tranken Wasser, wenn sie anschließend umherlaufen konnten.

Daß dieses Prinzip auch bei Menschen angewendet werden kann, zeigt eine Untersuchung in einem Kindergarten. Wenn 3jährige Kinder umherlaufen, anstatt ruhig dazusitzen, werden sie oft bestraft. Nach Premacks Ansicht kann das Schreien und Umherlaufen, da es in dieser Situation am häufigsten vorkommt, dazu benutzt werden, das Verhalten, das sich weniger häufig zeigt, zu verstärken. Diese Hypothese wurde erfolgreich geprüft.

„... das Ruhigsitzen im Stuhl und das Auf-die-Tafelsehen wurden gelegentlich durch einen Glockenton und die Anweisung: ‚ihr könnt jetzt umherlaufen und schreien' unterbrochen. Die Kinder fingen dann sofort an, umherzulaufen und zu schreien. Auf ein anderes Signal hin hörten sie auf. ... Danach bekamen die Kinder für Verhalten mit geringer Auftretenswahrscheinlichkeit Spielgeld, mit dem sie sich später Gelegenheit zu Verhalten mit höherer Auftretenswahrscheinlichkeit ‚erkaufen' konnten. Nach wenigen Tagen war die Kontrolle nahezu perfekt" (Homme, de Baca, Devine, Steinhorst und Rickert, 1963).

So gelang es dem Lehrer, sich die für den Unterricht notwendige Ruhe und Aufmerksamkeit ohne Geschrei und Strafen zu verschaffen.

Rückkoppelung (feedback) als Verstärker. Alpha-Wellen sind große, langsame Hirnwellen, die sich dann zeigen, wenn wir entspannt sind und an nichts besonderes denken.

Bei Konzentration oder Aufmerksamkeit werden diese Alpha-Wellen durch kleinere Wellen mit höherer Frequenz ersetzt. Kamiya (1969) benutzte als Signal einen Ton, wenn im EEG Alpha-Wellen vorkamen; er ließ den Ton weg, wenn keine Alpha-Wellen vorhanden waren. Dann gab er seinen Versuchspersonen die Anweisung, zu versuchen, den Ton zu halten, was sie auch tatsächlich lernten.

Der die Alpha-Wellen begleitende Bewußtseinszustand ist anscheinend sehr lustbetont und wirkt deshalb in sich selbst verstärkend. Auch scheint sich das Lustgefühl „die Alpha-Wellen einzuschalten", nicht allzusehr von dem Gefühl zu unterscheiden, welches bei der Stimulierung der „Lustzentren" bei Ratten (s. o.) entsteht. Kamiya berichtet, daß für viele Versuchspersonen dieses Training auf Alpha-Wellen so angenehm war, daß er sie nicht einmal für die Teilnahme am Versuch entschädigen mußte. „Sie würden am liebsten mich bezahlen, um am Versuch teilnehmen zu können, besonders dann, wenn ich ihnen sage, daß sie für längere Zeit ihre Alpha-Wellen „andrehen" können".

Der Ton scheint für die Versuchspersonen ein klar wahrzunehmender diskriminativer Reiz zu sein, der als eindeutiges feedback dem Lernen dieser Reaktion dient und durch die Verbindung mit den lustbetonten Alpha-Wellen ein konditionierter Verstärker wird. Untersuchungen dieser Art eröffnen neue Möglichkeiten zur wissenschaftlichen Analyse „mystischer" Phänomene, wie sie z. B. die Bewußtseinszustände bei der Meditation (Zen und Yoga) darstellen.

Kompetenz durch Kontrolle. Für den Menschen mag es wohl zutreffen, daß die grundlegendste Verstärkung, die einen Großteil unseres Verhaltens über lange Zeit aufrecht erhält, die Bestätigung der eigenen *Kompetenz* ist (White, 1959). Die Verstärkung geht in diesem Fall aus der Bewältigung der inneren und äußeren Umwelt hervor, nicht aus der Befriedigung irgendwelcher Triebe oder der Vermeidung aversiver Konsequenzen. Am liebsten sehen wir uns selbst als aktive, fähige Menschen, wie die Freude des Kleinkindes beim Gehenlernen oder der Stolz des Bergsteigers auf dem Gipfel zeigt. Das Schlimmste für uns ist, von anderen kontrolliert zu werden und nichts dagegen tun zu können. Studenten, die alle Vorzüge der modernen Wohlstandsgesellschaft genießen, sind damit nicht zufrieden, sondern gehen bis zum äußersten, um wenigstens eine teilweise Kontrolle über ihr eigenes Studium zu gewinnen. Kein diktatorisches Regime hat es je fertig gebracht, seine Leute so zu indoktrinieren, daß aller Widerstand versiegte; früher oder später rebellieren unterdrückte Menschen und fordern Kontrolle über ihr eigenes Schicksal.

Sogar Ratten versuchen Kontrolle über ihre eigene Umwelt zu erlangen. Wenn der Versuchsleiter ein Laufrad andreht, drehen sie es ab; wenn er es abdreht, drehen sie es an (Kavanau, 1967). Selbst wenn sie sehr hungrig und durstig sind, explorieren sie eine neue Umgebung, bevor sie essen oder trinken (Zimbardo und Montgomery, 1957). Wenn ein gewisses Maß an Selbständigkeit und Kontrolle über die eigene Umgebung so wichtig ist, verwundert es nicht, daß diese Aspekte auch als Verstärkung eine große Bedeutung haben.

Die vier Arten von S-R-Verbindungen

Bis jetzt haben wir uns mit den 3 Prinzipien des assoziativen Lernens befaßt: Mit diskriminativen Reizen, Reaktionen und verstärkenden Reizen (Verstärkern). Aus diesen 3 Begriffen können 4 Verbindungen zwischen Verhalten

Nachtschicht

In den dreißiger Jahren trainierte ein Psychologe Schimpansen und bezahlte sie für ihre Arbeit mit „Geld". Zuerst lernten die Tiere die Beziehung zwischen nicht eßbaren Münzen (tokens) und eßbaren Rosinen. Sehr bald akzeptierten die Schimpansen die Münzen als Ersatz für die primäre Verstärkung. Sie arbeiteten den ganzen Tag für dieses Spielgeld, welches sie später in einen Automaten stecken konnten, der die gewünschten Rosinen ausgab (Cowles, 1937).

Wie so oft ist jedoch ein „Nebenergebnis" des Experimentes interessanter als das Experiment selbst und gibt uns wertvolle Information. Der Autor berichtete zunächst, daß die oben angeführten Ergebnisse nur für männliche Schimpansen gelten. Aus irgendeinem Grund arbeiteten die weiblichen Schimpansen nicht so gut für „Geld" wie die männlichen. Man hatte alle möglichen Erklärungen für diese schlechte weibliche Leistung, bis eines nachts ein Assistent, der zufällig ins Labor kam, die Wahrheit entdeckte.

Er beobachtete, wie einige männliche Schimpansen ihre schwerverdienten Münzen den Weibchen im Tausch für bestimmte sexuelle Privilegien abgaben und wie dann die „dummen" Weibchen ihre Münzen in den Automaten warfen, um ihre „wohlverdienten" Rosinen in Empfang zu nehmen!

und Reizvorgängen abgeleitet werden: R-R; S → R, R → C, S-S (Catania, 1969). Bei den ersten beiden Verbindungen (R-R; S→ R) sind wir vor allen Dingen am *Verhalten* interessiert. Bei den anderen (R → C; S-S) beziehen wir uns mehr auf die *Umwelt*.

R-R-Verbindungen. Verhalten besteht immer aus Reaktionseinheiten und jedes Individuum kann viele Verhaltensweisen simultan oder hintereinander emittieren. Wenn der Psychologe nach Sequenzen oder Mengen von öfters zusammen auftretenden Reaktionen sucht, lernt er dabei immer etwas über die Struktur des Verhaltens; so z. B., wenn er die zur Orientierungs-Reaktion gehörenden Verhaltensmuster, die Bewegungen von Mund und Zunge beim Sprechen von Worten oder bei emotionalem Verhalten auftretenden Reaktions-Sequenzen betrachtet.

Emotionale, aggressive und sexuelle Reaktionen sind ebenfalls Rs, die regelmäßig aufeinander folgen können. Besteht zwischen verschiedenen Reaktionen eine Korrelation, können wir die Wahrscheinlichkeit *voraussagen*, mit der die eine auftreten wird, wenn die andere gegeben ist. Auf der anderen Seite können wir jedoch keine Angaben über eine Kausalitätsbeziehung zwischen den Reaktionen machen (s. auch Kap. 1).

S → R-Verbindungen. Hier beziehen wir uns auf die Wahrscheinlichkeit, mit der eine bestimmte Reaktion auftritt, wenn ihr ein bestimmter Reiz vorausgeht. Bei Reflexen und starken unkonditionierten Reizen ist diese Wahrscheinlichkeit sehr hoch. Andere Reizsituationen zeigen genau (ebenfalls vorhersagbar) die entgegengesetze Wirkung, indem sie fast immer die Reaktion hemmen.

Diese Hemmung auf neue Reize kann durch klassische Konditionierung zustande kommen; man kann sie auch beim Balzverhalten bestimmter Species beobachten, wenn die von einem Tier gegebenen Signale aggressive Reaktionen beim zukünftigen Partner hemmen.

Bei der klassischen Konditionierung wird angenommen, daß die der Reaktion vorausgehenden Reize (S) diese *auslösen*. Einige Wissenschaftler nehmen auch beim operanten Lernen an, daß Triebe und Signale bestimmte Reaktionen hervorrufen. Im allgemeinen geht man jedoch beim operanten Lernen von der Annahme aus, daß die Wahrscheinlichkeit für das Auftreten einer Reaktion nicht durch vorangehende Reize, sondern durch die Verstärkung früherer erfolgreicher Reaktionen kontrolliert wird. Allerdings muß man hier bedenken, daß der Organismus nur dann lernt, eine Reaktion zu zeigen, wenn bestimmte Reizkonstellationen gegeben sind.

R → *C-Verbindungen*. Den Einfluß, den *wir* auf unsere Umwelt ausüben, sehen wir in der Veränderung, die unsere Reaktion in der Umwelt hervorruft. Wir unterscheiden drei verschiedene Arten von Beziehungen zwischen unseren Reaktionen und deren Folgen: Abhängigkeit (Dependenz), Regelmäßigkeit (Kontingenz) und Zufälligkeit.

Abhängigkeit (Dependenz). Ein von einem Tennisschläger getroffener Ball fliegt in die Richtung, in welche sich der Schläger bewegt. Die Bewegung des Balles ist von der Reaktion *abhängig*, wenn sie auf diese Reaktion folgen *muß*. Wenn die elektrische Leitung in Ordnung ist, geht *immer* dann das Licht an, wenn der Schalter betätigt wird. Ist die Installation fehlerhaft, wird die Dusche *immer* zu heiß, wenn jemand die Toilettenspülung betätigt.

Regelmäßigkeit (Kontingenz). Viele Umweltereignisse treten aber auch dann auf, wenn wir keine Reaktionen zeigen. Wie können wir dann wissen, welche von ihnen durch unser Verhalten beeinflußt werden?

Wenn ein Ereignis unserem Verhalten mit einer bestimmten Regelmäßigkeit (einem hohen Grad an Wahrscheinlichkeit, aber nicht unbedingt 100 %) folgt, sagen wir, daß dieser Vorgang von unserer Reaktion abhängt (kontingent ist). Der Tennisspieler lernt, daß er den Ball höchstwahrscheinlich über das Netz schlägt, wenn er den Schläger so oder so hält, ihn mit einer bestimmten Kraft bewegt etc., weil er in der Vergangenheit die Regel beobachten konnte: wenn er R ausführte, dann erzielte er damit die gewünschte Wirkung (C).

Viele dieser hier beschriebenen Verbindungen, die wir entdecken müssen, sind willkürlich gesetzt. Sie gehören nicht zur Natur der Dinge wie der Flug des Tennisballes, sondern sind von anderen Leuten bestimmt. Eine „1" kann beim einen Prüfer davon abhängen, ob man nett zu ihm ist; bei einem anderen hängt sie vielleicht von einem dreiseitigen Literaturverzeichnis ab. In der Skinner-Box ist das Fallen der Futterpille abhängig (dependent) von der Betätigung z. B. eines Hebels, folgt aber (ist kontingent) auf ein vom Versuchsleiter vorherbestimmtes Verhaltensmuster.

Die Idee einer Kontingenz ist vielleicht das wichtigste Konzept beim operanten Lernen. Erst durch das Zustandekommen verschiedener Kontingenzen — verschiedener Beziehungen zwischen Reaktionen und Verstärkern — erhöht sich die Wahrscheinlichkeit bestimmter Reaktionen. Will der Verhaltenstherapeut z. B. eine unerwünschte Verhaltensweise verändern, muß er zuerst die Kontingenzen (Beziehungen zwischen R-C) aufdecken, die dieses Verhalten aufrechterhalten und dann versuchen, neue kontingente Bedingungen zu schaffen, die ein anderes Verhalten verstärken. Anstatt schließlich doch dem weinenden Kind nachzugeben (und so sein Weinen zu verstärken und zu erhalten), lernen die Eltern positive Verstärkung nur für erwünschtes Verhalten und nur dann zu geben, wenn das Kind nicht weint (Angermeier, 1972). Eine umfassende Darstellung der Verhaltenstherapie erscheint in Kapitel 11.

Zufälligkeit und abergläubisches Verhalten. Die Annahme, daß eine bestimmte Beziehung zwischen Reaktionen und den darauffolgenden Reizen besteht, wenn in Wirklichkeit gar keine Verbindung vorhanden ist, ist einer der faszinierendsten Aspekte des Lernverhaltens. Stellen Sie sich vor, der Tennisspieler, der sich für das Spiel anzieht, zieht zuerst seinen linken Socken, dann seinen rechten Socken, dann seinen rechten Schuh und zuletzt seinen linken Schuh an. Er geht auf den Tennisplatz und gewinnt das Spiel. Das nächste Mal zieht er Socken und Schuhe in einer anderen Reihenfolge an und verliert das Spiel. Nur ein „Lern"-Durchgang brachte diesen Tennisspieler dazu, anzunehmen, der Ausgang des Spieles hänge von der Reihenfolge, in der er seine Socken und Schuhe anzieht, ab.

Nehmen wir ein anderes Beispiel. Ein Mann, der sich selbst Orpheus nennt, sagt uns, er habe die Macht, durch sein Singen die Sonne aufgehen zu lassen. Da wir skeptisch sind, verlangen wir von ihm eine Demonstration dieser

Umweltkontrolle. Etwa um 5 Uhr früh hebt Orpheus zu singen an und bald darauf geht die Sonne auf. Er kann diese Vorführung täglich wiederholen und uns zeigen, daß auf sein Verhalten hin immer eine bestimmte Veränderung in der Umwelt stattfindet. Nun schlagen wir ihm einen anderen Test vor: Er soll das Singen aufhören und dann schauen, ob die Sonne nicht trotzdem aufgeht. Aber Orpheus muß einen solchen Test zurückweisen. Die Konsequenz seines Nichtsingens würde sicherlich sein, daß die Sonne nicht aufgeht. Da er dies der Menschheit nicht antun kann, kann er es sich auch nicht leisten, nicht zu singen.

Dieses Beispiel zeigt, wie eine *zufällige* Beziehung zwischen Verhalten und Verstärkern die Wahrscheinlichkeit einer operanten Verhaltensweise erhöht. Das Ritual, welches Spieler vornehmen, wenn sie zum Beispiel würfeln, zeigt, daß solche Verhaltensweisen erlernt sind. Diese zufällig konditionierten Reaktionen bezeichnen wir als *abergläubisches Verhalten*.

Wenn die Umweltkonsequenzen für den Einzelmenschen oder die Gruppe lebenswichtig sind, dann ist es sehr schwierig, abergläubisches Verhalten zu löschen. Dafür gibt es zwei Gründe. Erstens, wie im Falle von Orpheus, ist das Risiko, die Reaktion nicht zu zeigen (wenn die Verbindung tatsächlich auf Kausalität beruht), größer als der Vorteil, der aus der Beobachtung, daß das eigene Verhalten mit der ganzen Sache nichts zu tun hat, resultieren würde. Zweitens, wenn der Einzelne tatsächlich an seinem Aberglauben festhält, dann kann der Versuch, ihn davon abzubringen, andere Veränderungen in seinem Verhalten hervorrufen, die den entsprechenden Vorgang direkt beeinflussen können. Man kann dies manchmal bei Studenten beobachten, die zu Prüfungen immer mit demselben Kugelschreiber oder derselben Hose erscheinen. Geht der Kugelschreiber verloren oder ist die Hose zufällig in der Reinigung, dann schneiden sie möglicherweise in der Prüfung tatsächlich schlecht ab, weil sie sich zu sehr mit dem Nichtvorhandensein des Talismans und der sich daraus ergebenden „Pechsträhne" befassen und einen schlechten Ausgang der Prüfung erwarten.

Die Entwicklung abergläubischer Verhaltensweisen kann im Labor sehr einfach demonstriert werden. Eine hungrige Taube kommt in einen Versuchskäfig, dessen Futtermechanismus automatisch alle 15 Sekunden eine Futterpille auswirft, ohne Rücksicht darauf, was die Taube tut. Die Reaktion, die die Taube gerade bei Erscheinen der Futterpille zeigt, wird verstärkt und die Auftretenswahrscheinlichkeit der Reaktion dadurch erhöht. Bei den verschiedenen Versuchstieren zeigen sich verschiedene stereotype Verhaltensmuster: z. B. 3 × links umdrehen, bevor man zum Futtermagazin geht, bizarre Flügelstellungen, ungewöhnliche Kopfbewegungen usw.

S-S-Verbindungen. Beim Kennenlernen unserer Umgebung lernen wir Reiz-Verbindungen, welche die Grundlage für das perceptive Lernen und die klassische Konditionierung darstellen.

Beim klassischen Konditionieren haben wir es nur mit 2 Reizen zu tun, dem unkonditionierten Reiz und einem zunächst neutralen, später konditioniertem Reiz. Das Individuum lernt etwas über die Natur (Intensität und Qualität) des unkonditionierten Stimulus, über die zeitliche Beziehung zwischen ihm und dem neutralen Reiz und etwas über den informativen oder Signal-Wert des letzteren. Beim operanten Konditionieren lernen wir ebenfalls Verbindungen zwischen Reizen, in diesem Fall zwischen einem Reiz, der vor dem Emittieren der Reaktion vorhanden ist und einem angenehmen oder unangenehmen Reiz, der ihr folgt.

Diese Reize erscheinen aber nicht in reiner, isolierter Form, da selbst eine einfache Umwelt komplexe Reizkonstellationen anbietet, die aufgenommen und verarbeitet werden müssen. Darüber hinaus verlieren Reizelemente ihre ursprünglichen Qualitäten, wenn sie mit anderen Reizen zusammentreffen. Die Reaktion, die ein Reiz auslöst — und seine „assoziative Stärke" — kann je nach dem Kontext, in dem der Reiz auftritt, sehr unterschiedlich sein. Die beiden unten gezeigten Reize haben objektiv die gleiche Helligkeit, aber subjektiv sind sie wegen des unterschiedlichen Hintergrundes sehr verschieden voneinander. Eine Reaktion, bei der ein aus mehreren Elementen zusammengesetzter Reiz eine mögliche Verstärkung oder Nichtverstärkung signalisiert, tritt unter Umständen nicht in Situationen auf, in denen nur einige Elemente des komplexen Reizes einzeln auftreten. Viele neuere Studien beschäftigen sich mit der Wichtigkeit von komplexen Reiz-Verbindungen und weisen auf die Notwendigkeit einer größeren Integration von Wahrnehmungs- und Lernstudien hin (s. Kamin, 1969, und Wagner, 1970).

Die Umwelt kontrolliert das Verhalten, und das Verhalten kontrolliert die Umwelt. Wenn wir lernen, welche Beziehungen zwischen Reizen bestehen und auf welche Weise unser Verhalten mit ihnen zusammenhängt, lernen wir auch, welche Vorgänge wir kontrollieren und welche wir nur voraussagen können.

Wir können z. B. das Wetter vorhersagen, aber wir können es nicht verändern. Es ist auch möglich, daß unser Verhalten von diesen Reizen kontrolliert wird: Das Wetter bestimmt z. B. unsere Kleidung, es bestimmt, ob wir einen Ausflug machen oder nicht usw. Hochzeiten, selbst Morde und Todesfälle sind alles „Verhaltensweisen", deren Häufigkeit mit der Jahreszeit korreliert. Es gibt viele solcher physikalischer Eigenschaften der Umwelt, welche unabhängig von unserem Verhalten auftreten.

Eines der wichtigsten Ziele von Wissenschaft und Technik ist, Wege zu entdecken, um Umwelteinflüsse zu kontrollieren oder ihre Wirkung auf den Menschen zu unterbinden. Eines der wichtigsten Ziele der Psychologie ist, Mittel und Wege zu finden, mit denen Verhalten kontrolliert werden kann. Diese Idee der „Kontrolle" wird vom Laien oft als Bemühen um eine Art totalitärer Unterdrückung ausgelegt. Andererseits ist eine Voraussetzung für persönliche Freiheit das Wissen darum, wie man sein eigenes Verhalten und sein Verhältnis zu anderen Menschen kontrollieren kann und dabei gleichzeitig die unerwünschten Kontrollen seitens der Umwelt und anderer einschränkt.

f Zusammenfassung

Um überleben zu können, muß ein Organismus folgendes lernen: welche Dinge in der Umwelt miteinander in Beziehung stehen, und wie seine eigenen Handlungen die Umwelt beeinflussen und von dieser beeinflußt werden.

Solches Lernen ermöglicht es dem Organismus, zukünftige Vorgänge vorherzusagen und die Umwelt den eigenen Bedürfnissen anzupassen.

In der Gegenwart neuer oder komplexer Reize, sich widersprechender Reize oder besonders bedeutsamer Reize zeigt der Organismus eine *Orientierungs-Reaktion,* die mit höherer Sensibilität, erhöhter Muskeltätigkeit, allgemeiner Erregung und visceralen Veränderungen, die alle den Körper auf eine mögliche Handlung vorbereiten, verbunden ist. Wenn Reize keine neuen Informationen mehr enthalten, dann setzt die *Gewöhnung (Habituation)* ein, und die Reaktionen nehmen ab oder hören ganz auf. Findet nach der Habituation eine Veränderung in der Reizsituation statt, so tritt eine *Entwöhnung (Dishabituation)* und mit ihr wieder die Orientierungs-Reaktion auf.

Ein Reiz, der, bevor noch ein Lernen stattgefunden hat, immer eine Reaktion auslöst, wird als *unkonditionierter Reiz (UCS)* bezeichnet. Ein neutraler Reiz, der wiederholt mit einem unkonditionierten Reiz gepaart wird, übernimmt dessen Fähigkeit, eine Reaktion hervorzurufen und wird dadurch zum *konditionierten Reiz.* Diesen Vorgang bezeichnet man als *klassische Konditionierung.* Hier wird ein Reiz durch einen anderen ersetzt und signalisiert, daß ein angenehmes Ereignis (z. B. Futter) oder ein aversives Ereignis (elektrischer Schock) unmittelbar folgen. Die ursprünglich automatische Reaktion wird als *unkonditionierte Reaktion (UCR)* bezeichnet. Die konditionierte Reaktion, die durch das neue Signal ausgelöst wird, kann der unkonditionierten Reaktion ähnlich sein, aber auch zusätzliche neue Komponenten aufweisen. Nicht nur physikalische Reize, sondern auch Worte und andere Symbole können zu konditionierten Reizen werden. In jeder Konditionierungs-Situation zeigt sich eine allgemeine Erhöhung der Erregbarkeit. Das optimale Intervall zwischen dem Beginn des CS und dem Beginn des UCS beträgt etwa eine halbe Sekunde für skeletale und 2 bis 5 Sekunden für viscerale Reaktionen. Von *Reizgeneralisation* sprechen wir dann, wenn nicht nur der konditionierte Reiz, sondern auch ihm ähnliche Reize die Reaktion auslösen können. Wenn wiederholt eine Verstärkung nur für den genauen konditionierten Reiz gegeben wird, reagiert der Organismus nur auf diesen einen Reiz. Es gibt auch eine *Reaktionsgeneralisation.* Durch *Differenzierung* und *Hemmung konkurrierender Reaktionen* lernt der Organismus, nur auf den richtigen Reiz zu reagieren. *Konditionierung höherer Ordnung* findet dann statt, wenn ein CS anstelle eines UCS als Verstärkung für den Aufbau einer Assoziation zweiter Ordnung dient. Die *Extinktion* (Abschwächung), die auf eine aktive Hemmung der Reaktion zurückzuführen ist, tritt auf, wenn regelmäßig auf den CS *kein* UCS folgt. Als *spontane Erholung* (Reflexrest) bezeichnet man das spontane Wiederkehren einer Reaktion nach einer Pause, der ein massives Extinktions-Training vorausging. Die *Stärke der konditionierten Reaktion* kann verschieden gemessen werden: *mittels des Extinktions-Widerstandes, der Amplitude der Reaktion, der Reaktionsrate* oder *der Latenz der Reaktion.*

Eine Konditionierung kann unglückliche und oft unerkannte Folgen haben. In der Schizokinesis bleiben Teile der konditionierten Reaktion (z. B. Veränderungen in der Herzfrequenz) erhalten, nachdem die primären Muskel- oder Drüsenreaktionen gelöscht sind. Wenn das konditionierte Versuchstier gezwungen wird, immer feinere Diskriminationen zu machen, geht die ursprüngliche konditionierte Diskrimination verloren, und „neurotische" Symptome erscheinen, ein Phänomen, das man als *experimentelle Neurose* bezeichnet.

Alle angeborenen reflexiven Reaktionen können konditioniert werden. Die Grundannahmen des *Behaviorismus* sind:

a) daß den beobachteten, durch Konditionierung entstandenen Verhaltensweisen neurologische Vorgänge zugrunde liegen und
b) daß Umweltbedingungen (und nicht Instinkte oder „mentalistische" Phänomene) Verhalten bestimmen und aufrecht erhalten.

Konditionierung, die auf Verhaltenskonsequenzen beruht, wurde zuerst von Thorndike an Katzen untersucht, die in Problem-Käfigen eingesperrt waren. Hier führt das *instrumentelle Verhalten zum Ziel,* es wird *emittiert,* also nicht durch einen Reiz *ausgelöst,* und die Verstärkung erfolgt nur dann, wenn eine bestimmte Reaktion gezeigt wird. *Um die instrumentelle Konditionierung* zu erklären, postulierte Thorndike sogenannte *vermittelnde Variablen,* als da wären: *Triebe, Reaktions-Hierarchien, Signale* und ein *Gesetz der Auswirkung,* welches besagt, daß das Gefühl der Befriedigung nach einer erfolgreichen Reaktion die Wahrscheinlichkeit des Erscheinens dieser Reaktion erhöht.

Beim *operanten Konditionieren,* das ebenfalls auf den Konsequenzen aufbaut, werden gewöhnlich Reaktionen untersucht, die eine gewisse Verhaltenshäufigkeit aufweisen. Diese *Reaktionsrate* wird gemessen und mit einem Kumulativ-Schreiber registriert. Je größer die Reaktionsrate, desto steiler ist die *Kumulativ-Kurve.* Ein Reiz, der immer dann vorhanden ist, wenn eine Reaktion verstärkt wird, und immer dann abwesend, wenn sie nicht verstärkt wird, übt *Reizkontrolle* über diese Reaktion aus. Dieser Reiz ruft die Reaktion nicht hervor, sondern wird lediglich durch klassische Konditionierung zum Signal für die Möglichkeit, eine Verstärkung zu bekommen. Wird die Verstärkung eingestellt, so sinkt die Reaktionsrate wieder (Extinktion) auf die ursprüngliche zufällige Verhaltenshäufigkeit ab.

Beim operanten Konditionieren wird ein *Verstärker* operational definiert als eine Bedingung, der zufolge sich die Auftretenswahrscheinlichkeit einer Reaktion erhöht. Wird ein negativer Verstärker benutzt, können wir ein *Flucht- oder Vermeidungsverhalten* beobachten.

Da Verstärker nur bereits gezeigte Reaktionen beeinflussen können, müssen besondere Methoden angewendet werden, um die erste Reaktion herbeizuführen. Solche Methoden sind: Erhöhung der Motivation, Abbau früher erlernter Reaktionen, Strukturierung der Umwelt, Zwang und Lenkung der Reaktion, Darbietung eines Modells, verbale Instruktionen, Versuch-und-Irrtum-Lernen und stufenweise Annäherung (sukzessive Approximation, Shaping).

Mit Hilfe der Reizdiskrimination lernen wir, einen Reiz als *positiven diskriminativen Reiz* (S^D) zu identifizieren, der für eine höhere Verhaltenshäufigkeit sorgt. Ein anderer Reiz wird zum *negativen diskriminativen Reiz* (S^Δ), der eine reduzierte Reaktionsrate zur Folge hat. Tiere wie Menschen können auch doppelte Diskriminationen erlernen, bei denen zwei Reize und zwei Reaktionen unterschieden werden müssen. Nicht nur externale, sondern auch internale, viscerale Signale können als diskriminative Reize dienen.

Eine *Reaktion* kann aus einer Handlung, einer kleinen Muskelbewegung oder (per Definition) aus einer bestimmten Anzahl von Verhaltenselementen, die als Gruppe verstärkt werden, bestehen. So könnte z. B. eine operante Reaktion aus 100 Hebelbetätigungen bestehen. Organismen können nicht nur bestimmte verstärkte Reaktionen, sondern auch ganze Problemlösungsstrategien erlernen, wie z. B. beim *Lern-Set.*

Bei *Reaktionsketten* lernt der Organismus eine Reihe von Reaktionen, bei denen der diskriminative Reiz für einen Schritt der *konditionierte Verstärker* für den vorausgegangenen ist.

Wenn Bestrafung oder Verstärkungsentzug in einer Situation zur Extinktion führen, kann sich die Reaktionsrate in einer anderen Situation erhöhen, ohne daß irgendwelche Veränderungen der Reizbedingungen stattgefunden haben; dies wird als *Verhaltenskontrast* bezeichnet.

Ein angeborener Auslösemechanismus (AAM) wird nicht durch Aneinanderreihen von operanten Reaktionen (= Reaktionsketten) erlernt, weil nur der Reiz, der die ganze Verhaltenssequenz auslöst, auch einzelne Komponenten dieser Kette auslösen kann. Neuere Untersuchungen haben gezeigt, daß autonome Reaktionen sowohl durch operantes als auch durch klassisches Konditionieren kontrolliert werden können. Speichelabsonderung, Herzfrequenz, PGR und sogar das Erröten auf einem Ohr können durch Umweltkonsequenzen kontrolliert werden.

Viele Untersuchungen haben sich mit dem *Zeitpunkt* und der *Art* der Verstärkung befaßt. Sobald eine Reaktion erlernt wird, kann sie mit Hilfe *intermittierender Verstärkung* aufrechterhalten werden. Die vier wichtigsten intermittierenden Verstärkungsschemen sind: *regelmäßige und variable Häufigkeitsverstärkung (FR bzw. VR) und regelmäßige und variable Intervallverstärkung (FI bzw. VI).*

Jeder dieser Verstärkungspläne führt zu einem ganz bestimmten Verhaltensmuster. Je schneller und je spezifischer die Verstärkung, umso wirksamer ist sie auch. Jeder Reiz, der wiederholt mit einem primären Verstärker assoziiert wird, kann selbst zu einem verstärkenden Reiz werden; solche Reize bezeichnet man als *konditionierte (sekundäre) Verstärker.* Auch Aktivität kann verstärkend wirken, ebenso wie bestimmte Bewußtseinszustände, wie z. B. das „Andrehen von Alpha-Wellen". Die wichtigste Verstärkung für uns Menschen scheint allerdings die Wahrnehmung der eigenen Fähigkeit (Kompetenz) zur Kontrolle von Umweltvorgängen zu sein.

Es gibt insgesamt 4 Reiz-Reaktionsverbindungen. Bei der *Reaktion-Reaktionsverbindung (R-R)* sind Reaktionen (abhängige Variable) miteinander korreliert. Hier können wir von einer Reaktion auf die Wahrscheinlichkeit des Auftretens einer anderen schließen, jedoch keine kausalen Beziehungen annehmen. Auf Grund solcher Verbindungen lernen wir etwas über die *Struktur der Verhaltensmuster,* d. h. welche Reaktionen gewöhnlich mit anderen Reaktionen zusammen erscheinen oder welche Reaktionen das Auftauchen anderer ankündigen. Bei der *Reiz-Reaktions-Verbindung (S→ R)* lösen externale oder internale Reize Reaktionen aus, und das Verhalten wird von solchen Reizen gelenkt oder kontrolliert; hier haben wir es mit einer kausalen Beziehung zu tun.

Bei der *Reaktion-Reiz-Verbindung (R → C)* gibt es drei Möglichkeiten: Der Reiz (hier ein *verstärkender* Reiz, der auf die Reaktion *folgt*) kann von dieser Reaktion abhängen (*dependent* sein), kann auf sie mit einer bestimmten Wahrscheinlichkeit folgen (*kontingent* sein) oder kann ihr *zufällig* folgen. Verhalten, das durch solch eine zufällige Verbindung aufrechterhalten und fälschlicherweise als kausale Beziehung betrachtet wird, bezeichnen wir als *abergläubisches Verhalten.* Bei *Reiz-Reiz-Verbindungen (S-S)* signalisiert ein Reizvorgang, daß ein anderer stattfinden wird; auf Grund solcher Beziehungen lernt der Organismus die *Struktur seiner Umwelt* kennen. Ein wichtiges Ziel der Wissenschaft und jedes Einzelnen bleibt, Ereignisse in der Umwelt vorhersagen und eine gewisse Kontrolle über sie erlangen zu können, indem er aufzudecken versucht, welche Beziehungen in der Umwelt und welche Beziehungen zwischen dem eigenen Verhalten und dessen Konsequenzen tatsächlich kausale Verhältnisse sind.

5 Denken, Sprache und Gedächtnis

Wenn wir die Zeitalter des Menschen als Steinzeit, Bronzezeit, Eisenzeit usw. bis zum Atomzeitalter bezeichnen, beziehen wir uns dabei auf das Material, mit dem der Mensch umzugehen lernte, um sich an die Umwelt zu adaptieren und sie zu verändern. Durch die Entwicklung dieser Fähigkeiten konnte er nicht nur überleben, sondern auch die „beste aller möglichen Welten" machen. Bevor er jedoch diese Fähigkeiten erlernte und die Objekte seiner Umwelt wirksam einsetzen konnte, mußte er bestimmte Wahrnehmungsfähigkeiten entwickeln. Und weil er mit anderen zusammenlebte, brauchte er auch sprachliche Fähigkeiten, um Ideen austauschen zu können, und bestimmte soziale Fähigkeiten, um mit anderen teilen, organisieren, spezialisieren, kooperieren und konkurrieren zu können. Schließlich mußte er noch Information speichern und sie später wieder abrufen können, um in der Lage zu sein, aus der gesammelten Erfahrung heraus seine Zukunft zu gestalten. Denken Sie für einen Moment an die komplexe *Information,* die Sie auf der Schule gelernt haben: Grammatik, Fremdsprachen, chemische Formeln, geometrische Beweise, logisches Denken und vieles mehr. Dann überlegen Sie, was Sie außerhalb der Schule über Ihre Umwelt, insbesondere über Leute und Institutionen lernen mußten. Einige dieser Lernvorgänge waren leicht und „natürlich"; einige sind Ihnen sehr schwer gefallen.

Auch das Vergessen ist nicht für alle Dinge gleich. Vielleicht haben auch Sie bei einer Prüfung schon eine „1" geschrieben, nur um Monate später festzustellen, daß Sie alles vergessen hatten, was Sie damals wußten. Wenn Sie andererseits gelernt haben, sich Schlittschuhe anzuschnallen oder Seil zu springen oder zu tanzen, dann konnten Sie selbst nach Jahren, ohne in der Zwischenzeit geübt zu haben, diese Dinge immer noch so gut wie eh und je. Warum behalten wir manches viel länger als anderes? Liegt der Unterschied vielleicht in der Art des gelernten Materials oder in der Art des Lernvorgangs?

Bei unserer Diskussion über Lernvorgänge oder über zentralnervöse Prozesse haben wir immer so getan, als bestünde ein 1:1-Verhältnis zwischen Reizinput und Repräsentation dieses Inputs im ZNS. In vielen einfachen Fällen können wir annehmen, daß der „Reiz draußen" faktisch der gleiche ist wie unsere Wahrnehmung von ihm, so daß die durch einen bestimmten Reiz in unserem Nervensystem hervorgerufenen Reaktionen einander ähnlich sind.

Bei der menschlichen Interaktion mit der Umwelt sind wir jedoch nicht so genau an die Reize gebunden, die auf uns einwirken. Wir können einkommende Information auf verschiedene Art und Weise verarbeiten und reagieren gewöhnlich nicht nach dem Schema Reiz für Reiz oder Punkt für Punkt. Weit mehr als bei anderen Species beinhaltet unsere Informationsverarbeitung nicht nur das Aufnehmen und direkte Verschlüsseln des Input, sondern auch Selektivität, Reorganisation und Transformation der ankommenden Reize. Das bedeutet, daß ein Großteil des menschlichen Lernens ebenso von der Fähigkeit abhängt, Information zu verarbeiten, wie von der Fähigkeit, neues Wissen zu behalten oder Reaktionsmuster zu verändern. So sind also die Verarbeitung und Verschlüsselung der Information wichtige Bestandteile der Aneignung und des Behaltens von verbalem und Konzeptmaterial. Vielleicht haben Sie schon gemerkt, daß wir zwischen Lernen und Gedächtnis einen Unterschied gemacht haben. Psychologische Untersuchungen weisen gewöhnlich auf diese Unterschiede hin. Ein Psychologe untersucht Lernen, wenn er beobachtet, wie gut der Versuchsteilnehmer letztendlich nach verschiedenen Übungen eine bestimmte Handlung ausführen kann; er untersucht eine Veränderung der Leistung auf Grund von Erfahrung. Mit dem Gedächtnis befaßt er sich, wenn er wissen will, wie gut etwas Gelerntes nach einer bestimmten Zeit vom Versuchsteilnehmer reproduziert werden kann. Lernstudien beziehen sich vor allem auf *Reaktionsfähigkeiten (skills)* (Motorik, Wahrnehmung, Sprache). Gedächtnisuntersuchungen befassen sich vor allen Dingen mit *Wissen* (Behalten von Reizmustern).

a Die Werkzeuge des Denkens

Woraus bestehen Gedanken? Wie denken wir? Was beeinflußt unsere Gedankengänge? So lauten einige der Fragen, die die Psychologen zu beantworten haben.

Die Bilder in unseren Köpfen

Leute denken manchmal in bildlichen Vorstellungen, d. h. in geistigen Bildern tatsächlicher sensorischer Erfahrungen. Die meisten Leute können sich etwas (Situation etc.) am besten visuell vorstellen, einige sind auch im auditiven Bereich sehr stark und es gibt nur ganz wenige Personen, bei denen Vorstellungen von Berührung, Muskelbewegung, Geschmack oder Geruch vorherrschend sind.

Abb. 5-1. Schauen Sie dieses Bild etwa 3 Sekunden lang an — dann lesen Sie die Bemerkung auf Seite 174 unten.

Obwohl einige Psychologen früher glaubten, daß für Gedanken solche Vorstellungen unbedingt notwendig seien, haben verschiedene Untersuchungen gezeigt, daß dies nicht der Fall ist. Schon Galton (1883) stellte fest, daß viele Wissenschaftler und Mathematiker — zwangsläufig in komplizierten Denkvorgängen zu Hause — ein sehr schlechtes bildliches Vorstellungsvermögen hatten. Poincaré, der große französische Geometriker, sagte von sich selbst, daß er nicht die Fähigkeit der Raumvorstellung habe. Wir wollen hier nicht bestreiten, daß die bildliche Vorstellung bei vielen Arten des Denkens benutzt wird, sondern lediglich feststellen, daß sie nicht immer dazu notwendig ist.

Bevor Sie weiterlesen, schauen Sie sich bitte das Photo an. Einige Menschen besitzen ein bildliches Vorstellungsvermögen, welches in Klarheit und Präzision gerade ablaufenden Wahrnehmungen gleichkommt. Diese starken, gewöhnlich visuellen Bilder nennt man *„eidetische Anschauungsbilder"*. Leute, die diese Fähigkeit besitzen, können z. B. genau angeben, an welcher Stelle auf welcher Seite des Buches eine bestimmte chemische Formel etc. zu finden ist. Sie können ein Objekt, z. B. einen Kamm, einen Bruchteil einer Sekunde lang betrachten, und dann ein derart lebendiges Anschauungsbild hervorrufen, daß sie eine genaue Beschreibung (z. B. die Anzahl der Zähne dieses Kammes) geben können. In Prüfungen z. B. können sie einfach das Anschauungsbild der Druckseite kopieren und zeigen dabei eine Genauigkeit, als hätten sie das Buch aufgeschlagen vor sich liegen (Haber, 1968).

Eindrucksvolle Beispiele solcher eidetischer Fähigkeiten finden wir in „The Mind of a Mnemonist", einem Buch des russischen Psychologen Luria.

Die Versuchsperson war ein Mann, der dermaßen starke Anschauungsbilder hatte, daß er eine unglaubliche Gedächtnisakrobatik vorführen konnte. Hier eines der vielen mit diesem Mann durchgeführten Experimente, welches Sie selbst auch mal versuchen können. Der Mann betrachtete die unten gezeigte Tabelle 3 Minuten lang. Dann war er imstande, die Tabelle perfekt zu reproduzieren, indem er innerhalb von 40 Sekunden alle Nummern in genauer Reihenfolge wiedergab. Er konnte dabei die Zahlen sowohl in den Kolonnen als auch in den horizontalen Reihen vorwärts oder rückwärts wiedergeben. Auch die Nummern, die die Diagonalen bilden, wußte er (z. B. 6, 4, 8, 5; 5, 6, 3, 7). Für diese Aufgabe brauchte er genau 35 Sekunden. Schließlich verwandelte er die ganze Zahlenreihe innerhalb von $1\frac{1}{2}$ Minuten in eine einzige Zahl mit 50 Stellen (Luria, 1968).

Tabelle 5-1. *Gedächtnis — Zahlenserie (Nach Luria, 1968)*

6	6	8	0
5	4	3	2
1	6	8	4
7	9	3	5
4	2	3	7
3	8	9	1
1	0	0	2
3	4	5	1
2	7	6	8
1	9	2	6
2	9	6	7
5	5	2	0
X	0	1	X

Jetzt wünschen Sie sich wahrscheinlich, daß Sie die Gabe des eidetischen Vorstellungsvermögens (oder des „fotografischen Gedächtnisses", wie es oft genannt wird) besäßen. Sie denken, daß es Ihr Studium vereinfachen würde, wenn Sie sich immer an alles genau erinnern könnten. In der Realität sieht das alles ganz anders aus, da die eidetische Fähigkeit oft das Denken stört, anstatt es zu unterstützen. Eidetisch gespeichertes Material ist sehr widerstandsfähig und läßt sich nicht leicht in neue Muster umwandeln. Das Individuum kann zwar sehr leicht Gesehenes reproduzieren, aber es hat Schwierigkeiten, diese Information auf andere Art und Weise zu verwerten. So spielt denn auch die eidetische Anschauungskraft keine Rolle beim abstrakten Denken oder bei der kreativen Phantasie, die beide eine gewisse Flexibilität im Denken voraussetzen. So war z. B. auch Lurias Mnemoniker außerstande, einfache abstrakte Ideen zu verstehen, weil er sie nicht in konkreten visuellen Bildern „sehen" konnte. Da die eidetische Vorstellungskraft wirkliches Lernen behindert, hören Leute, die sie besitzen, auch später auf, davon Gebrauch zu machen. Das erklärt z. B., warum eidetisches Vorstellen vor allen Dingen bei Kindern, weniger aber bei Erwachsenen anzutreffen ist.

Eines der methodologischen Probleme, welches sich bei Untersuchungen über eidetisches Vorstellungsvermögen ergibt, ist die Frage, ob es sich hier um einen *Gedächtnisprozeß* oder einen *visuellen* Prozeß handelt. Das heißt, hatte der Mnemoniker z. B. die Fähigkeit, die 50 Zahlen verbal zu verschlüsseln, so daß er sich später leichter an sie erinnern konnte, oder hatte er ein genaues Bild der Tabelle im Kopf, die er dann quasi „ablesen" konnte? Wenn die letztere, „visuelle Spur"-Hypothese richtig ist, dann müßte man sie in einem speziellen Experiment nachweisen können. Es gibt eine visuelle Täuschung, das sogenannte Land-Phänomen, bei dem eine Person ein Bild nur dann in Farbe sieht, wenn Reiz A im rechten Auge und Reiz B im linken Auge simultan gezeigt werden. Nehmen wir an, daß der Versuchsleiter zuerst Reiz A auf das rechte Auge gibt und dann den Reiz wieder wegnimmt und nun Reiz B im linken Auge darbietet. Wenn die Versuchsperson tatsächlich eidetische Vorstellungskraft besitzt und damit eine visuelle „Spur" des ersten Reizes hat, dann sollte sie imstande sein, das farbige Bild zu sehen, und genau zu berichten, welches die Farben sind. Solche Ergebnisse ergaben sich kürzlich an der Harvard-Universität bei einer Untersuchung an einer Versuchsperson, die angeblich außergewöhnliche eidetische Fähigkeiten besitzt (Stromeyer, Psotka und West, 1969).

Wörter beim Denkprozeß

Obwohl beim Denkprozeß Wörter nicht unbedingt notwendig sind und manchmal sogar eine bedeutende Belastung darstellen, so scheint die Sprache doch das Problemlösen zu erleichtern. Sicher würden wenige von uns ohne Sprache denken wollen. Wörter und andere Symbole sind eine bedeutende Hilfe beim Problemlösen, wenn man sich vorstellt, wie schwierig es wäre, diesen Vorgang nur durch direkte Manipulation von Objekten und Vorstellungen durchführen zu müssen. Die Entwicklung präziser symbolischer Systeme, wie z. B. der Algebra und der Differentialrechnung, haben wesentlich zur Kontrolle der Umwelt durch den Menschen beigetragen.

Den mächtigen Einfluß unserer Sprache auf unsere Wahrnehmung und unser Erinnern zeigt eine frühe Untersuchung: Zwei Gruppen von Versuchspersonen wurden dieselben Reizfiguren dargeboten, wobei jede Gruppe andere Benennungen für diese Figuren bekam. Dann wurden alle Versuchspersonen aufgefordert, die Figuren aus dem Gedächtnis nachzuzeichnen. Die Nachzeichnungen glichen mehr den Bezeichnungen der Objekte als den Original-Figuren (Carmichael, Hogan und Walter, 1932).

Weißt Du, was ich meine? Unsere Vorstellung über ein Konzept wird immer von der Bedeutung des Wortes, das wir zu seiner Beschreibung benutzen, beeinflußt.

Wie wir sehen werden, erkannten Ebbinghaus und nach ihm andere Psychologen schnell die Wirkung der Bedeutung und benutzten, um diesen Einfluß auszuschalten, bei Lern- und Gedächtnisuntersuchungen sinnlose Silben. Um Bedeutungen zu untersuchen, entwickelten Osgood und seine Mitarbeiter eine Methode, die als *semantisches Differential* bezeichnet wird. Die Versuchspersonen bekommen eine Serie 7stufiger Skalen mit gegensätzlichen Begriffen, nach denen sie die „Bedeutung" einer Person oder eines Konzepts einstufen sollen (z. B. leise 3 2 1 0 1 2 3 laut). Aus einer Reihe von Untersuchungen mit dieser Methode geht hervor, daß Bedeutung vorrangig von 3 unabhängigen Dimensionen bestimmt wird. Diese sind: eine *bewertende Dimension* (gut — schlecht), *eine Kraftdimension* (stark — schwach) und eine *Aktivitätsdimension* (aktiv — passiv). Besonders interessant an diesen Ergebnissen ist die Tatsache, daß die Komplexität unserer Sprache und unserer Gedanken auf so wenige Grundfaktoren zurückgeführt werden kann (Osgood, Suci und Tannenbaum, 1957).

Mantel oder Gußform? Die Sprache kann sicherlich unsere Gedanken beeinflussen (wie die Carmichael-Studie gezeigt hat), aber in welchem Maße *bestimmt* sie, was wir denken? Das Problem, ob Gedanken die Sprache bestimmen oder Sprache die Gedanken, hat unter den Linguisten manche Kontroverse hervorgerufen (Brown, 1956). Ist die Sprache ein „Mantel, der sich um die Konturen der Gedanken legt", oder eine „Gußform, in die der Geist des Kindes gegossen wird?"

Der Hauptverfechter der „Gußform"-Theorie ist Whorf, der glaubt, daß die Sprachmuster einer Kultur (oder Subkultur) die Gedanken und sogar die Wahrnehmungen der Kinder, die in dieser Kultur aufwachsen, bestimmen (Whorf, 1956). So haben z. B. die Eskimos 7 verschiedene Bezeichnungen für verschiedene Schneearten, während englischsprechende Länder nur eine einzige Bezeichnung benutzen. Die Hopi-Indianer haben einen Namen für Vögel und einen für alle anderen Dinge, die fliegen (Flugzeuge, Bienen usw.). Whorf argumentiert, daß solche Unterschiede bei deskriptiven Substantiven eine unterschiedliche Auffassung des Vorganges mit sich bringen, d. h., die Wahrnehmung und die Gedanken der Eskimos sind, was den Schnee anbetrifft, von denen englisch-sprechender Leute verschieden; ebenso wie Hopis anders über fliegende Objekte denken.

Whorfs Hypothese wirft verschiedene wichtige Fragen auf, die leider mit experimentellen Daten nur sehr schwer zu beantworten sind. Die alte Frage nach Ursache und Wirkung ist dabei ein Hauptproblem. Vielleicht führte das kultur-spezifische Denken über ein Ereignis zu der Entwicklung verschiedener sprachlicher Bezeichnungen, anstatt umgekehrt. Da der Zustand des Schnees einen großen Einfluß auf das tägliche Leben des Eskimos hat, braucht dieser für die sprachliche Unterscheidung wahrscheinlich mehrere Ausdrücke; für eine in Hamburg lebende Person ist jedoch die Schneeart nicht wichtig, jeder Schnee (sogar Matsch) ist „Schnee".

Whorfs Kritiker haben auch seine Idee angefochten, daß es zwischen Kulturen mit verschiedenen Sprachen tatsächlich Unterschiede in Wahrnehmung und Denken gibt. Die Tatsache, daß eine Person nur einen einzigen Ausdruck für ein Ereignis hat, bedeutet nicht unbedingt, daß sie keine Unterschiede bezüglich dieses Ereignisses feststellen könnte. Ein Kind in Hamburg hat zwar nur einen Ausdruck für Schnee, weiß aber ganz genau, welcher Schnee sich gut für Schneebälle eignet und welcher nicht. Ähnlich können auch Skifahrer sehr gut zwischen nassem Schnee, Pulverschnee etc. unterscheiden, obwohl sie vielleicht nicht gänzlich unterschiedliche Worte zur Verfügung haben.

Die Bedeutung eines Sprachmusters einer bestimmten Kultur mag zwar die Art und Weise beeinflussen, in der Vorgänge kategorisiert werden, aber nicht die Art und Weise, in der sie wahrgenommen werden.

Wieviele Stühle sind auf der Abb. 5-1 (Seite 172)? Wenn Sie ein Eidetiker wären, hätten Sie noch ein klares Anschauungsbild und könnten die Stühle zählen.

Navaho und Englisch sprechende Versuchspersonen wurden aufgefordert, 8 farbige Chips so in Gruppen aufzuteilen, daß sie den vom Versuchsleiter zugeordneten Bezeichnungen entsprachen. Dieser bezeichnete dann 4 Chips als „MA", die anderen 4 als „MO". Die Bezeichnungen für je zwei der MA- und MO-Chips wurden mit langem Vokal ausgesprochen, die anderen mit kurzem. Diese Veränderung der Vokallänge hat im Englischen keine phonetische Bedeutung, wohl aber in der Sprache der Navahos.

So ist es nicht verwunderlich, daß die navaho-sprechenden Versuchspersonen die Chips in *4* Gruppen einteilten (MA, $\overline{\text{MA}}$, MO, $\overline{\text{MO}}$), während die englisch-sprechenden Versuchspersonen sie nur in 2 Gruppen einteilten (MA, MO). Viele der englisch-sprechenden Versuchspersonen berichteten zwar, daß sie einen geringen Unterschied in der Vokallänge festgestellt hätten, diesen aber nicht als für die gestellte Aufgabe bedeutsam angesehen hätten (Brown, 1956).

Die „Mantel-Gußform"-Kontroverse konnte nie in der einen oder anderen Art gelöst werden, aber es steht wohl fest, daß Sprache und Gedanken sich gegenseitig beeinflussen. Ohne Zweifel werden Gedanken durch Sprache „geformt", aber gewiß nicht in dem Maße, wie es von Whorf postuliert wurde.

Konzepte beim Denkprozeß

Ein Großteil unserer Erziehung besteht darin, abstrakte Kategorien (*Konzepte*) anwenden zu lernen. Ein Konzept beinhaltet die Assoziation einer einzelnen Reaktion (z. B. einer Bezeichnung oder Handlung) mit einer Reihe von differenzierbaren Reizen (z. B. Objekten oder Vorgängen). Wenn ein Kind z. B. das Konzept „Katze" lernt, so muß es imstande sein, diese Bezeichnung auf viele Tiere, die voneinander in Form, Farbe und Fellart verschieden sein können, anzuwenden. Ferner muß es dieses Konzept auf Tiere anwenden können, die es vorher nie gesehen hat. Der Vorteil des Konzeptgebrauchs liegt darin, daß wir imstande sind, beim Analysieren und Einordnen neuer Objekte und Vorgänge eine Reihe früherer Erfahrungen anzuwenden.

Verschiedene Arten von Konzepten. Es gibt verschiedene Arten von Konzepten, von denen jede ihre eigene Bezeichnungsregel hat. Das *konjunktive Konzept* erfordert, daß alle Beispiele des Konzepts ein oder mehrere Attribute gemeinsam haben. Das Konzept „Katze" ist ein konjunktives Konzept, da es bestimmte Aspekte beinhaltet (4 Beine, Fell), die vorhanden sein müssen, wenn wir ein Tier Katze nennen. Ein *disjunktives Konzept* muß eines, jedoch nicht alle, von mehreren Merkmalen aufweisen. Wir bezeichnen z. B. beim Fußball ein Ereignis als „Foul", wenn folgendes passiert:

a) ein Spieler wird von einem anderen Spieler gelegt,
b) ein Spieler wird von einem anderen Spieler an seinem Hemd festgehalten oder
c) ein Spieler wird von einem anderen Spieler mit den Händen gestoßen etc.

Ein disjunktives Konzept kann entweder *inclusiv* (Merkmale a oder b oder beide) oder *exclusiv* (a oder b alleine, aber nicht beide zusammen) sein. Schließlich gibt es noch ein *Relations-Konzept,* das alle Mitglieder umfaßt, die irgendein Merkmal gemeinsam haben (alle Frauen, die größer sind als ihre Männer).

Eine frühe klassische Studie über konjunktive Konzepte benutzte chinesische Schriftzeichen. Studenten mußten zu 36 von diesen Schriftzeichen je eine sinnlose Silbe lernen. Ohne Wissen der Versuchs-

Unter der Lupe

Semantisches Differential eines Psychologie-Professors

Die Methode des semantischen Differentials ermöglicht es uns, zu untersuchen, welche „Bedeutung" wir anderen Leuten oder Konzepten zumessen. Studenten einer Einführungs-Vorlesung in Psychologie wurden aufgefordert, die Skala eines semantischen Differentials, daß ihren Professor beschrieb, auszufüllen. Die Abbildung zeigt einen Teil der von einem Studenten angekreuzten Begriffspaare.

Anleitung:
Bringen Sie bitte ein X zwischen den Begriffspaaren an der Stelle an, die am besten auf die zu beschreibende Person zutrifft. Von den 5 Einschätzungen ist die mittlere neutral; je näher die Position dem Adjektiv ist, um so mehr beschreibt sie den betreffenden Charakterzug. Kreuzen Sie bitte eine Stelle für jedes Begriffspaar an.

1	gut	X	.....	.....	.....	.....	schlecht
2	groß	X	.....	.....	.....	.....	klein
3	schön	X	.....	.....	.....	.....	häßlich
4	hart	.....	X	.....	.....	.....	weich
5	süß	.....	.....	X	.....	.....	sauer
6	stark	X	.....	.....	.....	.....	schwach
7	rein	X	.....	.....	.....	.....	schmutzig
8	hoch	X	.....	.....	.....	.....	niedrig
9	ruhig	.....	.....	.....	.....	X	erregt
10	wertvoll	X	.....	.....	.....	.....	wertlos
11	jung	X	.....	.....	.....	.....	alt
12	gütig	.....	.....	X	.....	.....	grausam
13	laut	.....	X	.....	.....	.....	leise
14	tief	X	.....	.....	.....	.....	flach
15	angenehm	.....	X	.....	.....	.....	unangenehm

personen wurden diese Schriftzeichen in 6 Gruppen eingeteilt; in jeder Gruppe hatten alle Schriftzeichen ein gemeinsames visuelles Element, das mit einer bestimmten Silbe assoziiert war. So hatten die unten abgebildeten Schriftzeichen alle einen Haken und zwei Halbmonde — sie wurden als „oo" bezeichnet. Durch Übung lernten die Versuchspersonen das „oo"-Konzept, ebenso wie viele andere. Zusätzlich konnten sie auch neue Schriftzeichen, die dasselbe Merkmal zeigten, mit demselben Konzept bezeichnen. Der Versuchsleiter erklärte die Konzeptbildung mit dem „Prinzip der Dissoziation": „Was einmal mit diesem und einmal mit jenem Ding assoziiert wird, tendiert dazu, von beiden dissoziiert zu werden und sich in ein Objekt der abstrakten Betrachtung zu verwandeln" (Hull, 1920).

Konzeptentwicklung während der Kindheit. Wenn wir wissen wollen, ob ein Kind ein bestimmtes Konzept gebildet hat, so können wir ihm unbekannte Objekte darbieten und sehen, ob es diejenigen identifizieren kann, zu denen das Konzept paßt. Nehmen wir z. B. an, daß ein Kind lernen soll, Gras mit „grün" zu bezeichnen. Wir wissen, daß es das Konzept „grün" gelernt hat, wenn es die Bezeichnung „grün" auch auf andere Objekte richtig anwenden kann — so z. B., wenn es sagt, daß das Blatt grün ist, aber der Himmel nicht. Es kommt auch öfters vor, daß ein Kind die verbale Bezeichnung nicht weiß, aber durch seine Handlungen deutlich macht, daß es ein Konzept gebildet hat, d. h., daß es die differenzierenden Merkmale kennt. So kann es z. B. jedesmal schreien und weglaufen, wenn es einen Hund sieht, bei einer Katze aber seine Hand nach ihr ausstrecken. Die Tatsache, daß viele grundlegende Konzepte schon während der frühen Kindheit gelernt werden, weist darauf hin, daß Sprache für die Bildung von Konzepten nicht unbedingt notwendig ist. Die ersten richtigen Worte, die ein Kind gebraucht, bezeichnen gewöhnlich einzelne konkrete Objekte. Die Worte „Hund" oder „Katze" z. B. gebraucht das Kind nur für das zur Familie gehörende Haustier oder ein anderes bestimmtes Tier. Als nächsten Schritt lernt es dann die Kategorien von „Hund", „Katze", „Kuh" usw. und kann dann *viele* einzelne Tiere in diese Kategorien einordnen. Später lernt es, alle diese Objekte unter dem Oberbegriff „Tier" zusammenzufassen. Diesen Lernprozeß, viele verschiedene Objekte auf Grund einiger gemeinsamer Merkmale Gruppen zuzuordnen, bezeichnet man als *„Abstraktion"*. Je älter und reifer eine Person wird, umso mehr entwickelt und gebraucht sie Konzepte auf einem höheren Abstraktionsniveau — Konzepte wie „Wahrheit", „Schönheit", „Demokratie", „Gerechtigkeit" usw.

Die folgende Untersuchung über Abstraktion bei Kindern befaßte sich mit dem Konzept „rund".

Der Apparat bestand aus zwei gleichen Abteilen, in denen sich Reizobjekte befanden. Solange die Abteile von innen her beleuchtet waren, waren die Objekte durch eine Spiegelwand am Vorderteil des Abteils sichtbar. Jedes Abteil hatte vorne eine Öffnung, aus der ein Bonbon kommen konnte, wenn der Spiegel gedrückt wurde.

Alle Versuchspersonen wurden einzeln in das Zimmer gebracht und durften mit der Apparatur spielen. Wenn ein Kind den Spiegel des Abteils, das den positiven Reiz enthielt, drückte, ging das Licht aus und es wurde ein Bonbon als Verstärkung gegeben. Die Kinder drückten den Spiegel gewöhnlich spontan; war dies nicht der Fall, wurde es ihnen vom Versuchsleiter vorgemacht.

Nachdem die Versuchspersonen gelernt hatten, den positiven Reiz (immer irgendeinen Ball) anstatt des negativen Reizes (nie einen Ball) zu wählen, wurde anhand einer Reihe von Objekten überprüft, ob sie das Konzept „rund" gelernt hatten. Alle Versuchspersonen reagierten auf das Merkmal *„rund"*, indem sie rundliche Objekte öfters wählten und indem sie aus einem Paar von Objekten, die nicht während des Trainings benutzt wurden, immer erst das runde Objekt aussuchten. Für 11 der 13 Versuchspersonen beinhaltete das Konzept „rund" auch zylindrische und andere kugelförmige Objekte. Wenn den Versuchspersonen ein Paar von Objekten, von denen keines ganz rund war, dargeboten wurde, wählten sie jeweils das „rundere". Ältere Kinder lernten besser als jüngere und solche mit höherem Intelligenzalter schneller als solche mit niedrigerem (Long, 1940).

Die ersten Konzepte eines Kindes hängen sehr von der visuellen Ähnlichkeit verschiedener Objekte ab. Wenn es älter wird, lernt es, daß man auch Dinge in einer Gruppe zusammenfassen kann, die wenig oder keine äußere Ähnlichkeit miteinander haben — z. B. Hunde, Fische, Würmer und Vögel sind alle „Tiere". Es lernt auch, zwischen Objekten zu unterscheiden, deren oberflächliche Merkmale ähnlich sind. Aus der Sicht des Biologen z. B. haben Wale mehr mit Hunden gemeinsam als mit Haien, da Wale und Hunde Warmblüter und Haie Kaltblüter sind. Im allgemeinen entwickelt das Kind ein Konzept, in dem es *Regeln* über seine Attribute lernt und anwendet.

Phasen der Vorstellungsentwicklung. Eine Hypothese über die Konzeptentwicklung bei Kindern besagt, daß eine erfolgreiche Interaktion mit Objekten der Umwelt die Bildung einer internalen Repräsentation (Vorstellung) dieser externalen Objekte und Verhältnisse voraussetzt. Es wird angenommen, daß im Verlauf der kognitiven Entwicklung 3 jeweils efffektivere Arten von Vorstellungen hintereinander aufgebaut werden. Die erste ist eine *muskuläre* oder motorische Repräsentation.

Wir können uns in unserem Treppenhaus auch im Dunkeln zurecht finden, da wir gelernt haben, unsere Bewegungen der genauen Höhe der Stufen, den Wendepunkten und anderen Unregelmäßigkeiten der Treppe anzupassen. Selbst ohne visuelle Anhaltspunkte machen wir exakt die erforderlichen Bewegungen.

Die nächste Art der Repräsentation beruht auf *Anschauungsbildern.* Im Gegensatz zu motorischen Vorstellungen dienen uns Anschauungen auch in der Abwesenheit der Objekte selbst. Aber Anschauungsbilder sind in ihrer Form und in ihren Beziehungen untereinander den von uns wahrgenommenen Objekten ähnlich. Erst, wenn wir lernen, *Symbole,* wie z. B. Sprachsymbole, zu bilden, besitzen wir ein Vorstellungssystem, das über die genauen Merkmale dessen, was wir wahrgenommen haben, hinausgeht. Anschauungsbilder beruhen auf bestimmten wahrgenommenen Einzelheiten, während wir mit Hilfe von Symbolen die Regeln für Schlußfolgerungen, Abstraktionen oder Transformationen lernen können (Bruner, 1964).

So sind z. B. 5jährige ebenso geschickt wie 7jährige beim Einordnen des folgenden Musters von Gläsern, die sich horizontal in der Weite und vertikal in ihrer Höhe voneinander unterscheiden. Nachdem das Kind sie in der hier gezeigten Anordnung gesehen hat, hat es keine Schwierigkeit, sie wieder so zu ordnen, wenn der Versuchsleiter sie durcheinander bringt. Bei diesem Prozeß scheint nur das Anschauungsbild erforderlich zu sein.

Werden aber zwei der Eckgläser miteinander vertauscht und das Kind aufgefordert, das Muster dieser neuen Anordnung zu reproduzieren, so machen 5jährige Kinder zweimal so viel Fehler wie 7jährige (Bruner und Kenney, 1966).

Diese Ergebnisse zeigen, daß ältere Kinder eine größere Fähigkeit haben, ihre Erfahrungen in ein mit Symbolen arbeitendes Vorstellungssystem zu übertragen. Jüngere Kinder scheinen sich immer noch auf eine motorische oder eine Repräsentation durch Anschauungsbilder, von denen keine eine Übertragung zuläßt, zu stützen.

Entstehen Konzepte allmählich oder plötzlich?
Der *Kontinuitäts*-Ansatz besagt, daß die Konzeptbildung ein kontinuierlicher Prozeß ist, im Verlaufe dessen die Person allmählich in vielen Schritten die Assoziationen zwischen den verschiedenen Merkmalen und der Konzeptbezeichnung aufbaut, selbst wenn sie ursprünglich an das falsche Konzept denkt. Der Diskontinuitäts-Ansatz bezeichnet Konzeptlernen als einen Alles-oder-Nichts-Prozeß, bei dem die Person verschiedene Hypothesen prüft, und ein Konzept *nur* in dem einen Versuchsdurchgang bildet, bei dem sich die Hypothese als richtig herausstellt. Diese beiden Theorien sagen unterschiedliche Leistungsmuster beim Erlernen eines Konzeptes voraus. Die Kontinuitätstheorie nimmt an, daß sich die Leistung einer Person allmählich über viele Versuchsdurchgänge hinweg verbessert; die Nichtkontinuitätstheorie besagt, daß die Person solange auf dem Niveau der zufälligen Wahrscheinlichkeit bleibt, bis sie das Konzept erlernt und dann unmittelbar und immer die richtige Reaktion zeigt. Daher sind die von beiden Theorien postulierten Leistungskurven grundsätzlich voneinander verschieden.

Im allgemeinen haben Untersuchungen gezeigt, daß die Leistung durchschnittlich intelligenter Tiere und Kinder die Kontinuitätstheorie unterstützt, während das Verhalten von Studenten und sehr intelligenten Kindern der Diskontinuitätstheorie entspricht. Affen lernen zum Beispiel, ein nicht passendes Objekt aus einer Reihe von 3 Reizobjekten auszusondern, allmählich und nicht plötzlich (Gunter, Feigenson und Blakeslee, 1965). Beim Lernen des Konzeptes „2" zeigten intelligente Kinder ein plötzliches Alles-oder-Nichts-Lernen, während durchschnittliche Kinder ihre Leistung im Laufe der Zeit steigerten (Osler und Fivel, 1961). Auch komplexe mathematische Konzepte scheinen von Kindern plötzlich erfaßt zu

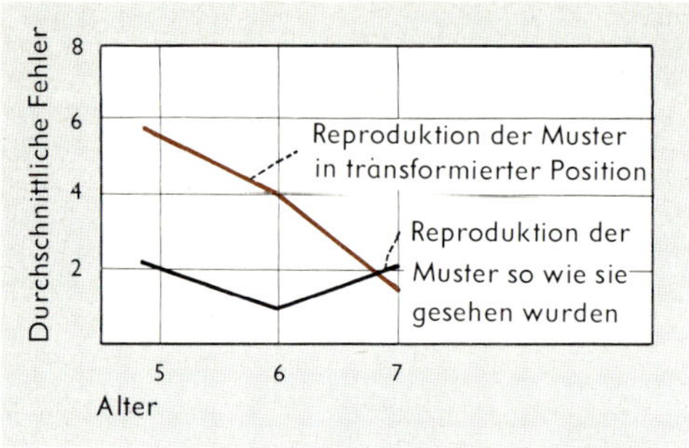

Abb. 5-2. Entwicklung der Fähigkeit, Symbole zu gebrauchen (Nach Bruner und Kenney, 1966)

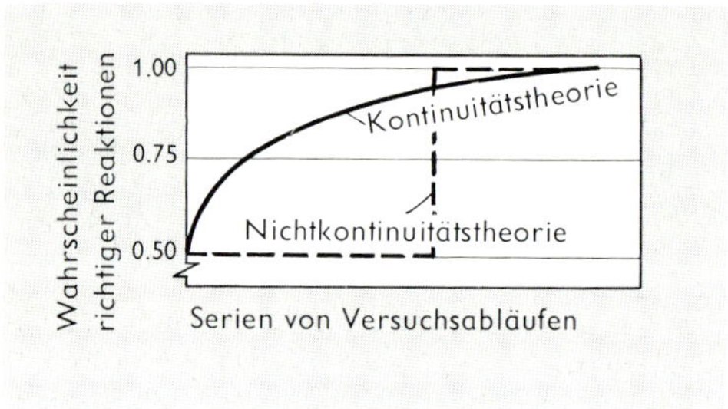

Abb. 5-3. Kontinuitätstheorie und Nichtkontinuitätstheorie (Nach Manis, 1966)

werden (Suppes, 1966). Studenten zeigen beim Konzeptlernen eine plötzliche Begriffsbildung, die sich in einer abrupten Veränderung ihrer Leistungskurve ausdrückt (Bower und Trabasso, 1963).

b Das Erlernen einer Sprache

Die Fähigkeit, die Sprache der eigenen Kultur innerhalb der ersten Lebensjahre zu lernen, ist wahrscheinlich die erstaunlichste, die der Mensch besitzt. Durch die Übersetzung physikalischer Vorgänge in sprachliche Symbole kann der Mensch seine Umwelt „im Kopf" manipulieren; dadurch bleibt ihm viel Versuch-und-Irrtum-Verhalten erspart, und er kann zudem noch in ungesehene oder nicht vorhandene Welten vordringen. Zu Beginn des 17. Jahrhunderts sagte Ben Jonson, daß „die *Sprache* das einzige Mittel ist, das der Mensch hat, seine hohe geistige Überlegenheit über andere Kreaturen auszudrücken. Sie ist das *Instrument der Gesellschaft*". Sowohl die Psychologen als auch die Linguisten haben lange Zeit versucht, festzustellen, wie diese Leistung zustande kommt; ihre gemeinsamen Anstrengungen haben dabei ein neues Forschungsgebiet eröffnet, die Psycholinguistik. Bevor wir die wichtigsten Theorien über den Spracherwerb besprechen, müssen wir uns zunächst die Frage stellen, woraus die Sprache besteht und wie sie zusammengesetzt ist.

Die Struktur der Sprache

Oberflächlich betrachtet scheinen die menschlichen Sprachen unendlich vielfältig zu sein. Für den Studenten der Psycholinguistik jedoch wird es sehr bald augenscheinlich, daß sie bestimmte allgemeine Eigenschaften gemeinsam haben.

Die Ebenen der linguistischen Analyse. Zu den Eigenschaften, die alle menschlichen Sprachen gemein haben, gehört eine linguistische Struktur, ein hierarchisches System, das von einfachen Klangeinheiten zu komplexen Idee-Einheiten führt. Beim Sprachverständnis verlassen wir uns auf Signale, die von vielen Ebenen dieser linguistischen Organisation herrühren; dazu gehören eine phonetische, eine grammatikalische und eine semantische Ebene.

Die phonetische Ebene. Auf dem phonetischen Niveau befassen wir uns vor allen Dingen mit den grundlegenden Lauteinheiten, die den Sprachstrom bilden. *Phoneme* sind Gruppen von Lauten, die von Sprechenden einer bestimmten Sprache erkannt werden, und die bestimmte unterschiedliche Merkmale besitzen, so daß sie von anderen Lauten unterschieden werden können. Obgleich der Laut des Buchstabens *P* in *Panne* nicht gänzlich dem *P* in *Plan* gleicht, so würde jedoch jeder Deutsch-Sprechende beide sofort als Beispiele desselben Phonems /P/ erkennen. Weiterhin würde er sofort einen Unterschied zwischen diesem Phonem und dem Anfangslaut des Wortes Bann (dem Phonem /B/) wahrnehmen. Das bedeutet also, daß eine Person, um eine gesprochene Sprache verstehen zu können, lernen muß, die notwendigen phonemischen Unterscheidungen und Identifizierungen zu machen. Entsprechend den gegenwärtigen Theorien über Wahrnehmungslernen müssen wir annehmen, daß das Muster der Sprachenentwicklung bei Kindern einen allmählichen Anstieg der Anzahl der benutzten Phoeme zeigt, wenn das Kind mehr und mehr die Merkmale erkennt, die zwischen den Phonemen unterscheiden. Der Beweis kommt von Fallstudien über kindliche Sprachentwicklung (Jakobson und Halle, 1956).

Grammatikalische Ebene. Das grammatikalische Niveau weist zwei Aspekte auf: *Morphologie* und *Syntax*. Durch die Verbindung von Phonemen werden an die 100 000 *Morpheme* gebildet. Ein Morphem ist die kleinste sprachliche Einheit, die eine definierbare Bedeutung besitzt; sie kann ein Wort sein oder auch nicht. So besteht z. B. das Wort „fallen" aus zwei Morphemen: dem Namen (Falle) und dem N, welches den Plural anzeigt.

Ein Wort ist eine willkürliche Abfolge von Buchstaben (visuell) oder Lauten (auditiv), welche ein Symbol bilden, das wiederum eine allgemeine Klasse von Objekten, Vorgängen oder Aktivitäten repräsentiert. Einige Wörter haben eine spezifische und einmalige Bedeutung (z. B. Beethoven), aber die meisten Wörter stellen eine breite Klasse verwandter Elemente dar (z. B. Musik). Wörter werden durch die Regeln der Syntax oder Grammatik in größere Einheiten, Phrasen oder Sätze, zusammengefaßt. Diese Regeln spezifizieren die zulässige Anordnung, in der Worte und Phrasen zur Bildung von Sätzen arrangiert werden können.

Chomsky (1957) postulierte, daß das Grundelement der Sprache ein einfacher positiver Satz sei, den er als *Kernsatz* bezeichnete. Dieser grundlegende Satz kann, je nach den syntaktischen Regeln, in verschiedene Formen gebracht werden. Die spezifischen Regeln variieren von Sprache zu Sprache, aber gewisse Aspekte dieser Transformationsregeln finden wir in allen Sprachen vor.

Semantische Ebene. Einige sprachliche Vorgänge haben Bedeutung, andere sind bedeutungslos. Die *Semantik* befaßt sich mit Untersuchungen über die Bedeutung der Sprache. Einige Worte oder Wortketten haben Bedeutung, weil sie bestimmte Vorstellungen auslösen; andere haben diese Bedeutung durch Willkür (wie z. B. das Wort „Semantik") oder durch emotionale und kognitive Assoziationen erlangt. Die Bedeutung eines Wortes hängt auch ab vom unmittelbaren Zusammenhang, in dem es erscheint und der Modulation, mit der es im Vergleich zu anderen verwandten Wörtern ausgesprochen wird. So hat z. B. das einfache Wort „laufen" über zwanzig verschiedene Bedeutungen. Ein „weiße Hauskatze" wird je nach Betonung (Modulation) zu etwas ganz anderem: eine *weiße* Hauskatze, eine *weiße Haus*katze, eine weiße *Haus*katze. Der Satz „sie sang einen Tisch" ist auf dem phonetischen und grammatikalischen Niveau

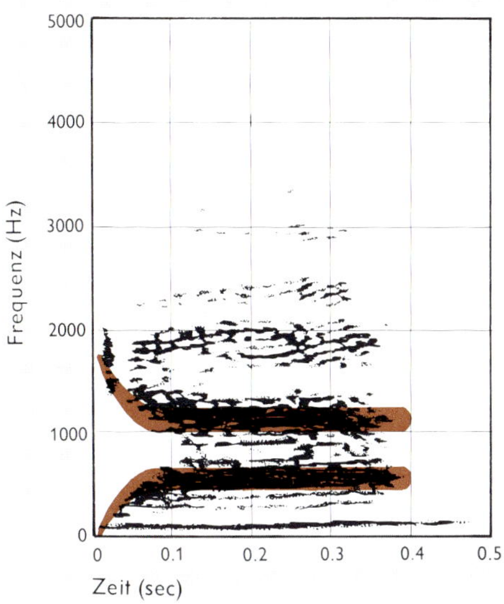

Abb. 5-4. Tatsächliche und idealisierte Spektrogramme. Das tatsächliche Spektrogramm und die gesprochene Silbe „GA" erscheint in schwarz. Durch Farbe herausgehoben ist das idealisierte Spektrogramm (Nach Ruth Day, 1973)

akzeptabel, nicht aber auf dem semantischen.

Die psychologische Realität der linguistischen Analyse. Haben diese Einheiten, Ebenen und Regeln tatsächlich psychologische „Realität" für den normalen Sprecher/Zuhörer? Die Forschungsstrategie, die die Psycholinguisten zur Beantwortung dieser Frage benutzen, besteht darin, daß ein einziges linguistisches Element verändert und dann beobachtet wird, ob diese Veränderung einen Einfluß auf die Fähigkeit der Versuchsperson, das Ausgesprochene wahrzunehmen, zu lernen, oder sich daran zu erinnern, hat.

Phonetik. Phonetische Untersuchungen haben ergeben, daß es grundlegende physikalisch-akustische Eigenschaften gibt, die notwendig sind, um ein Phonem wahrzunehmen und zu unterscheiden. Gesprochene Laute können sichtbar gemacht und in Spektrogrammen dargestellt werden, bei denen die Frequenz (Hertz) auf der Ordinate und die Zeit auf der Abszisse erscheinen. Forschern im Haskins-Labor in New Haven ist es gelungen, aus den ursprünglichen Spektrogrammen einfachere Muster zu entwickeln. Mit Hilfe einer besonderen Apparatur werden diese idealisierten Spektrogramme wieder in Laute umgewandelt und dann naiven Zuhörern, die berichten müssen, was sie hören, vorgespielt. Mit Hilfe dieser Methode ist es den Forschern gelungen, die minimalen physikalisch-akustischen Eigenschaften festzustellen, die zwischen Phonemen differenzieren. Wie die Abbildung 5-5 zeigt, werden sehr ähnliche physikalische Muster als verschiedene Phoneme wahrgenommen. Andere, sehr unterschiedliche physikalische Muster, können nicht unterschieden werden, wie der untere Teil der Abbildung zeigt. Die Tatsache, daß es keine einzige physikalische Konfiguration gibt, die der Wahrnehmung eines gegebenen Phonems (wie z. B. /D/) entspricht, läßt es umso überraschender erscheinen, daß Phoneme so schnell aus dem Sprachstrom herausgezogen und von Zuhörern erkannt werden.

Morphemik. Im Englischen nimmt der Plural von Morphemen drei verschiedene Laute an, abhängig vom letzten Phonem des Hauptwortes. So wird ein /s/ einem Wort wie „*trick*" zugefügt, ein /z/ einem Wort wie „*bird*" und ein /Ez/ einem Wort wie „*glass*". Wir können die genauen Regeln angeben, die bestimmen, wann die einzelne Form benutzt wird. Aber kennt der englisch Sprechende diese Regel?

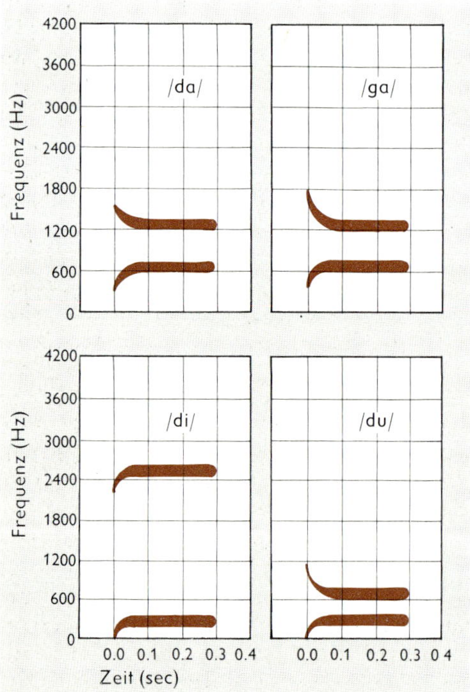

Abb. 5-5. Idealisierte Spektrogramme von 4 Lauten (Nach Ruth Day, 1973)

Mit einem interessanten Experiment versuchte Berko festzustellen, ob Vorschulkinder und Erstkläßler bestimmte morphologische Regeln kennen. So zeigte sie z. B. jedem Kind eine Zeichnung mit einer vogelähnlichen Kreatur und sagte ihm „This is a *wug*". Dann zeigte sie auf eine Zeichnung, die zwei derselben Kreaturen zeigte, und ließ die Kinder den Satz vervollständigen „There are two . . .". Die richtige Form des Plural-Morphems ist in diesem Fall /z/.

Die Kinder waren imstande, die Fragen immer richtig zu beantworten; daher die Schlußfolgerung des Untersuchers: „Es gibt keinen Zweifel daran, daß Kinder in diesem Alter mit klar definierten morphologischen Regeln operieren". Mädchen und Jungen zeigten gleich gute Leistungen; bei vielen der Fragen zeigten Erstkläßler bessere Leistungen als Vorschulkinder (Berko, 1958).

Hier ist wichtig, festzuhalten, daß bei dieser Untersuchung sinnlose Namen benutzt wurden; wären richtige englische Namen benutzt worden wie z. B. *bird,* so wäre es unmöglich gewesen, zu bestimmen, ob jedes Kind die Regel kennt oder ob es *bird* und *birds* nicht schon einmal vorher gehört hatte und einfach beide Formen auswendig kannte. Der Ausdruck „eine linguistische Regel kennen" bedeutet also nicht, daß die Person diese Regel verbal wiedergeben kann, sondern daß sie sie richtig benutzt, besonders in neuen Situationen.

Syntax und Semantik. In einer Reihe von Experimenten verletzten George Miller und seine Mitarbeiter die semantischen Regeln und beobachteten die daraus resultierenden psychologischen Effekte. Sie begannen mit der Konstruktion von 5 normalen Sätzen, wobei jeder dieselbe syntaktische Sequenz aufwies, nämlich: Subjekt + Verb + direktes Objekt + Präposition + Artikel + indirektes Objekt. Aus diesen wurden neue Sätze konstruiert, die die semantischen Regeln verletzten, aber die syntaktische Ordnung beibehielten. Jeder dieser Sätze setzte sich zusammen aus dem ersten Wort eines normalen Satzes 1, dem zweiten Wort eines normalen Satzes 2, dem dritten Wort eines normalen Satzes 3 usw., wobei sich die Kette ergab „Gadgets kill passengers from the eyes". Diese Prozedur wurde fortgesetzt, bis alle Wörter aufgebraucht waren und 5 „semantisch abnorme Sätze" entstanden waren (s. Tabelle). Bei einer dritten Reihe von Sätzen wurden lediglich die Wörter eines normalen Satzes zufällig umgestellt, um die normale syntaktische Struktur zu zerstören. Dadurch kamen die in der Tabelle gezeigten ungrammatischen Wortketten zustande. Die Sätze wurden dann auf Tonband aufgenommen und die Versuchspersonen aufgefordert, jedes Wort laut,

berichtet über eine Untersuchung, in der er die der Umwelt entspringenden Laute und die Vokalisationen zweier Kleinkinder-Gruppen registrierte, von denen 6 Kinder taube und 6 hörende Eltern hatten. Diese Beobachtungen wurden drei Monate lang zweimal in der Woche durchgeführt und begannen, bevor die Kinder 10 Tage alt waren.

Die Kinder, deren Eltern beide taub waren, hörten sehr wenige normale Sprachlaute von ihnen, aber auch signifikant weniger Laute (von Fernsehen, Radio und Stimmen) als die anderen Kinder. Diese drastischen Umweltunterschiede jedoch hatten keinen Einfluß auf die Vokalisation beider Gruppen (Schreien, Weinen und sonstige Laute). „So scheint also die frühe Entwicklung der menschlichen Sprache relativ unabhängig von der Anzahl der Art oder dem zeitlichen Erscheinen der von den Eltern produzierten Laute zu sein".

Außerdem fand Wahler (1969), daß Mütter in natürlichen Situationen Vokalisationen nicht selektiv verstärkten. Mit anderen Worten, sie verstärkten nicht nur die Laute, die der Erwachsenensprache ähnlich waren, sondern verstärkten alle Laute etwa gleichviel. Trotzdem lernten die Kinder, die richtigen Laute von sich zu geben.

Ein zweites Argument gegen die lerntheoretische Sprachanalyse besteht darin, daß in „normalen" Umgebungen das Lernen der Sprache ein allmählicher und kontinuierlicher Prozeß sein soll. Die Untersuchungen von R. Jakobson, die im dritten Kapitel erwähnt wurden, weisen aber auf eine Diskontinuität zwischen den vorsprachlichen Phasen und der echten Sprachproduktion hin. Zusätzlich ist festgestellt worden, daß das Plappern der Kleinkinder *nicht* alle Laute enthält, die in jeder Sprache vorkommen. Preston (zit. nach Moffit, 1968) stellte fest, daß mindestens ein Laut — das /P/ wie in *„Pulver"* — von 10 Monate alten Kleinkindern bei einer ganzen Reihe verschiedener Sprachgesellschaften nicht produziert wird.

Kritik richtet sich 3. gegen die Feststellung, daß die Verstärkung nur zum Lernen spezifischer Reaktionen, die verstärkt werden, und dann erst allmählich durch Generalisation zu breiteren Reaktionsklassen führen soll. Bandura (1969), selbst ein sozialer Lerntheoretiker, argumentiert, daß „Kinder eine fast endlose Reihe von Sätzen bilden können, die sie nie zuvor gehört haben". Anstatt zu imitieren und bestimmte Äußerungen, die sie hie und da gehört haben, auswendig zu lernen, müssen sie daher Regeln lernen, auf Grund derer sie eine unbegrenzte Anzahl von grammatikalischen Sätzen bilden können.

Zum Abschluß sollten wir noch bemerken, daß Mowrers Vögel auch einen Pfiff imitierten, der immer dann ertönte, wenn Futter gegeben wurde — genau wie die Lerntheoretiker es vorhersagen würden. Leider imitierten die Vögel diesen Pfiff auch, wenn er ertönte und sie nicht gefüttert wurden. So mußte Foss (1964) feststellen, daß „nur die unbefriedigende Alternative bleibt, zu sagen, daß Mynah-Vögel eine Tendenz zu imitieren zeigen."

Der psycholinguistische Ansatz. Eine Alternative zur Verstärkung als grundlegendem Mechanismus der Sprachentwicklung basiert auf den Theorien von Erik Lenneberg (1969), der die Bedeutung biologischer Aspekte betont. Alle vorhandenen Daten weisen darauf hin, daß die Fähigkeit, eine wirkliche Sprache zu entwickeln, *art-spezifisch* ist; d. h., nur beim Menschen vorhanden ist. Zwar haben einige Tiere, wie z. B. Paviane, ein einigermaßen komplexes Signalsystem entwickelt, um die Gegenwart von Gefahr oder Futter zu signalisieren; aber solche Systeme enthalten keine Möglichkeit, neue Ausdrücke oder Abstraktionen, wie sie in der menschlichen Sprache vorkommen, zu bilden, und, wie wir im dritten Kapitel gesehen haben, ist die Fähigkeit dieser Tiere, die menschliche Sprache zu erlernen, sehr begrenzt.

Sprachfähigkeit scheint auch *art-gleichförmig* zu sein: Es gibt keine bekannte Menschen-Gruppe ohne Sprache. Ferner bestehen nur wenig Unterschiede bezüglich der Komplexität der Ausdrucksweise verschiedener Sprachen, was abstrakte grammatikalische Regeln angeht. Beobachtungen dieser Art haben viele Psycholinguisten veranlaßt anzunehmen, daß viele Aspekte unserer Sprachfähigkeit wahrscheinlich angeboren sind. Das würde bedeuten, daß ein Großteil unserer Fähigkeit, eine Sprache zu sprechen oder zu verstehen, auf unsere genetischen Anlagen und nicht auf spezifische Verstärkungen, die wir im Laufe der Zeit erhalten haben, zurückzuführen ist. Lenneberg weist darauf hin, daß „Kinder nicht früher und nicht später anfangen zu sprechen, bis sie eine gewisse körperliche Reife erlangt haben." Er hat gezeigt, daß die Sprachentwicklung stark mit der motorischen Entwicklung und Anzeichen der Gehirnentwicklung korreliert.

Wie wir bereits in Kapitel 2 gesehen haben, befinden sich die Sprachfunktionen bei den meisten Erwachsenen in der linken Hemisphäre des Gehirns, und Läsionen in diesem Areal führen zu permanenten Störungen der Sprachfähigkeit. Dies trifft nicht bei Kleinkindern zu, deren rechte Hemisphäre die Fähigkeit besitzt, Sprachfunktionen zu übernehmen. Wenn wir diese Tatsache in Rechnung stellen, können wir eine kritische Periode für den Spracherwerb angeben. Etwa bis zum 12. oder 13. Lebensjahr beeinträchtigen Schäden im Sprachzentrum der linken Hemisphäre die Sprachfähigkeit nicht vollkommen. Nach dieser Zeit jedoch, wenn das Gehirn die Endphase der Reifung in bezug auf Struktur und Funktion erreicht hat, ist eine Kompensation nicht mehr möglich, und derselbe Schaden führt zu permanenten Sprachstörungen.

Genetische Faktoren beim Spracherwerb. Ausgehend von einer Kritik des Buches „Verbal Behavior" von Skinner (1959) stand N. Chomsky an der Spitze der Psycholinguisten, die zusammen mit Lenneberg argumentierten, daß der Mensch eine angeborene Fähigkeit besitzt, mit den linguistischen Gemeinsamkeiten aller Sprachen umzugehen. Erfahrung und Lernen geben danach nur Information über die spezifischen Umstände dieser allgemeinen Sprachaspekte, die notwendig sind, um sich mit anderen Leuten innerhalb einer bestimmten Sprachgesellschaft verständigen zu können (Chomsky und Halle, 1968; Chomsky, 1969).

Dieser linguistische Ansatz steht im Widerspruch zu der Meinung, Sprache baue auf erlernten Assoziationen zwischen Wörtern auf. Was gelernt wird, sind nicht Wortketten als solche, sondern Transformations-Regeln, die es dem Sprecher ermöglichen, eine unendliche Vielfalt neuer Sätze zu bilden, und dem Zuhörer die unendliche Vielfalt von Sätzen, die er hört, zu verstehen. Sogar einzelne Wörter werden als Konzepte gelernt: Sie stehen nicht in einem 1:1-Verhältnis mit dem entsprechenden Ding, das sie bezeichnen, sondern beziehen sich immer auf alle Mitglieder einer allgemeinen Klasse.

Diese Betrachtungsweise der angeborenen Aspekte des Sprachlernens ist noch nicht völlig in bestehende psychologische Theorien integriert und hat deshalb zu vielen neuen Gedanken und Untersuchungen geführt. Chomsky stellt fest, daß eine Voraussetzung für die Sprachentwicklung das Vorhandensein bestimmter innerer Prinzipien ist, welche invariante Strukturen bereitstellen, die der Wahrnehmung, dem Lernen und dem Denken zugrunde liegen. Da die Sprache alle diese Prozesse beinhaltet, müssen sich Sprachuntersuchungen auch mit den Theorien des Wissens im allgemeinen befassen.

Grundlegend für dieses Sprachmodell ist die Ansicht, daß das Sprachlernen beim Kind eine Art Theorie-Konstruktion darstellt. Dies erfolgt anscheinend ohne besondere Anleitung unabhängig von der Intelligenz (über ein gewisses Minimum hinaus) in einem frühen Alter, wenn das Kind noch nicht fähig ist, andere komplexe intellektuelle oder motorische Leistungen zu vollbringen, und ohne, daß dem Kind viel Erfahrung zur Seite steht. Trotzdem konstruiert sich das Kind eine Theorie einer Idealsprache, die weitreichende Voraussagen ermöglicht. Hier argumentiert Chomsky, daß Kinder nicht alle imstande wären, diese grundlegende Theorie zu entwickeln, wenn die angeborenen Eigenschaften einer geistigen Struktur, die die möglichen Eigenschaften von Sprachen begrenzen, nicht vorhanden wären.

Transformation: Von der Tiefen- zur Oberflächenstruktur. Nach Ansicht der Psycholinguisten sind die durch die Sprache vermittelten Gedanken mit ihrer Bedeutung in einer tieferen Struktur verwurzelt, die nie vom Sprecher direkt ausgedrückt wird. Diese Tiefenstruktur wird vom Sprecher nach bestimmten *Transformations-Regeln* intuitiv und unbewußt umgewandelt und wird so zur Oberflächenstruktur, d. h. zur morphologischen und syntaktischen Anordnung der Sätze, die gesprochen oder geschrieben werden.

Viele der Sätze, die wir gebrauchen, bestehen aus einem oder mehreren *Kernsätzen.* Nehmen wir z. B. den Satz: „Der Mann, welcher am Ende des Tisches sitzt, ist mein Vater". Der Satz besteht aus den transformierten Versionen „der Mann ist mein Vater" und „der Mann sitzt am Ende des Tisches". In diesem Fall hat der Sprecher unbewußt zwei verschiedene „Sätze" in einen einzigen umgewandelt. Er hat bestimmte Transformations-Regeln benutzt, um einen Satz in den anderen *einzubetten* und die für eine gute Konstruktion notwendigen morphologischen und syntaktischen Veränderungen vorgenommen. So hat sich z. B. der Ausdruck „der Mann" in dem eingebetteten Satz einer bestimmten Umwandlung (pronomalization) unterzogen — „der Mann" ist ersetzt worden durch „welcher". Das Prinzip der Einbettung ist grundlegend, da es uns ermöglicht, sehr komplexe und miteinander in Verbindung stehende Konzeptsysteme zu vermitteln.

Es gibt viele solcher Transformations-Regeln, mit Hilfe derer wir bestimmte Ausdrücke abändern können, um andere zu bilden. So können wir z. B. eine Konzept-Struktur wie „Hans schlägt Ball" umwandeln in: *einen aktiven Satz* „Hans schlägt den Ball", einen *passiven Satz* „der Ball wird von Hans geschlagen", einen *negativen Satz* „Hans schlägt den Ball nicht", einen *Fragesatz* „hat Hans den Ball geschlagen"? oder in eine Kombination dieser Sätze wie z. B. „wurde der Ball nicht von Hans geschlagen?". Der letzte Satz ist eine passive negative Frage. Allerdings können wir die Transformation „der Ball schlug Hans" nicht machen, ohne die Bedeutung der Vorgänge, die wir schildern wollen, grundlegend zu verändern.

Durch ihre Kritik der traditionellen psychologischen Theorien regten die Psycholinguisten viele Untersuchungen an, die unser unzulängliches Wissen über die menschliche Sprachentwicklung bereichern können.

Umweltfaktoren beim Spracherwerb. Wie auch immer die genetischen Faktoren in der Sprachentwicklung aussehen mögen, so spielen doch auch Umweltfaktoren eine große Rolle. Ein Vergleich zwischen englischen Müttern verschiedener sozialer Klassen (bei gleicher Intelligenz) zeigt, daß die linguistischen Codes der Unterschicht sich sowohl im Wortgebrauch wie auch in der Grammatik von denen der Mittelschicht unterscheiden (Robinson und Rackstraw, 1967).

Folgende Eigenschaften unterscheiden den „restricted code" (eingeschränkter Code) der Unterschicht von dem „elaborated code" (ausgearbeiteter Code) der Mittelschicht (Bernstein, 1959):

1. Kurze, grammatikalisch einfache Sätze, oft unvollständig, syntaktisch mangelhafte Konstruktion.
2. Einfacher und wiederholter Gebrauch einer kleinen Anzahl von Konjunktionen (so, und, dann, weil).
3. Starrer und begrenzter Gebrauch von Adjektiven und Adverbien.
4. Häufiger Gebrauch des Personalpronomens (wir, ihr) als Subjekt anstatt des unpersönlichen Pronomens (man, es).
5. Feststellungen werden als implizierte Fragen formuliert, womit sich die Gesprächspartner des gegenseitigen Wohlwollens versichern („das stimmt doch, nicht wahr?").
6. Häufige Verwechslung von Begründung und Schlußfolgerung, wobei am Ende eine kategorische Feststellung steht (das ist so . . ., weil ich das sage").
7. Häufiger Gebrauch traditioneller idiomatischer Ausdrücke.
8. Bedeutungen werden nur angedeutet; der Hintergrund, die Annahmen und die Implikationen von Aussagen werden nicht erklärt.

Diese Unterschiede führen wahrscheinlich bei Mittelschicht-Kindern zu einer besseren verbalen Kontrolle des Verhaltens und einer besseren Planung von Strategien. Die sozialen Vorteile des Aufwachsens in einer sprachlich reicheren Umgebung vergrößern sich noch, wenn man bedenkt, daß Mütter der Mittelschicht die Sprache viel mehr als Unterschicht-Mütter dazu benutzen, um Emotionen, Moral, Disziplin und die Unabhängigkeit ihres Kindes zu diskutieren (Bernstein und Henderson, 1969).

c Erinnern und Vergessen im Labor

Zu Beginn dieses Kapitels stellten wir fest, daß Lernen auf zwei grundverschiedene Arten untersucht werden kann. Die erste, die Untersuchung der Veränderung des Verhaltens auf Grund bestimmter Erfahrungen, war die Grundlage der meisten Untersuchungen, die wir im vorangegangenen Kapitel diskutiert haben. Hier befassen wir uns mit der zweiten Methode der Analyse, den sogenannten Gedächtnisuntersuchungen. Bei diesen Untersuchungen versuchen wir, Aufschluß darüber zu erlangen:

a) wie Wissen gespeichert wird,
b) wie gut das gespeicherte Wissen über die Zeit hinweg erhalten wird, und
c) wie gespeichertes Wissen für den erneuten Gebrauch abgerufen wird.

So werden wir uns also hauptsächlich mit Reiz-Lernen und nicht mit Reaktions-Lernen beschäftigen. Die in solchen Studien am meisten benutzten Reize sind Wörter (in einigen Fällen künstlich konstruierte Wörter), Zahlen und Bilder.

Gedächtnisstudien gemäß der verbalen Lerntradition

Bei Laboruntersuchungen schließt man auf das Gedächtnis, indem man das sofort nach dem Lernen Gewußte mit dem vergleicht, was nach einer bestimmten Zeit noch erinnert wird. Bei einem perfekten Gedächtnis würden beide Leistungen gleich sein, d. h. es gäbe keinen Gedächtnisverlust. Tatsächlich versucht man jedoch, das Gedächtnis zu erfassen, indem man feststellt, inwieweit die experimentelle Manipulation das Vergessen erhöht. Dies erklärt auch, warum vieles, was sich auf das „Gedächtnis" bezieht, in diesem Abschnitt in Termini des „Vergessen" dargestellt wird, und weiter, warum die wichtigsten Gedächtnis-Theorien sich vorrangig mit dem Prozeß des Vergessens befassen.

Allgemeines experimentelles Vorgehen. Den Ablauf eines typischen Gedächtnis-Experimentes haben wir bereits beschrieben. Zuerst muß die Versuchsperson eine Aufgabe lernen, dann erfolgt gewöhnlich eine Messung, um festzustellen, wieviel sie gelernt hat. Als nächstes wird die Vp aufgefordert, während eines Zeit-Intervalles eine besondere Tätigkeit auszuüben (evtl. zusätzlich etwas lernen oder eine zeitfüllende Aufgabe wie Rechenprobleme zu lösen, die einfach verhindert, daß die Vp an die ursprüngliche Aufgabe denkt). Schließlich wird die Vp geprüft, um festzustellen, wieviel sie von der ursprünglichen Aufgabe behalten hat; dieses Ergebnis wird mit dem schon vorhandenen Ergebnis vom Ende der ursprünglichen Lernzeit verglichen.

Um das Gedächtnis zu messen, bedienen sich Untersucher folgender Verfahren: *Reproduktion, Wiedererkennen und Wiedererlernen.*

1. *Reproduktionsverfahren.* Wie der Name schon sagt, wird hier die Reproduktion des gelernten Materials verlangt. Wenn Sie in einer Prüfung über den zweiten Weltkrieg befragt werden, müssen Sie die Fakten und Daten aus Ihrem Gedächtnis heraussuchen und so formulieren, daß der Prüfer von Ihrem Wissen überzeugt ist.

Es gibt bei diesem Verfahren zwei Arten von Erinnern. Die erste Art ist das Auswendiglernen. Wenn wir uns ganz genau an etwas erinnern müssen, wie z. B. an so willkürliche Items wie Telefonnummern, so müssen wir die *gesamte* Information speichern, um sie später richtig reproduzieren zu können. In den meisten Fällen jedoch erfordert das Erinnern komplexen Materials eine *Rekonstruktion.* In diesem Fall speichern und erinnern wir nur einen Teil der Information, können aber mit dieser Teilinformation die Gesamtinformation rekonstruieren.

2. *Wiedererkennungsverfahren.* Hier muß die Vp etwas früher Erfahrenes *wiedererkennen.* Denken Sie z. B. an die ungeheure Zahl von Objekten und Leuten, die Sie wiedererkennen können. Die Straßen und Gebäude in Ihrer Nachbarschaft, die Gesichter zahlloser Freunde und Bekannter, Wörter — die Liste ist fast endlos. Hinzu kommt, daß Sie die meisten Dinge, die Sie erkennen, unmöglich aus dem Gedächtnis reproduzieren können. Bei einer multiple-choice-Aufgabe erkennen Sie viele richtige Alternativen, die Sie aber wahrscheinlich nicht formulieren könnten.

Das Wiedererkennungsverfahren ist als Gedächtnismaß sensibler als das der Reproduktion. Beim „Wiedererkennen" wird der Vp gewöhnlich ein Reiz dargeboten und gefragt, ob dieser zu einem früher gelernten Satz gehört oder ob er neu ist. Bei einer anderen Methode werden mehrere Gegenstände gleichzeitig dargeboten und die Vp wird gefragt, ob sie einen dieser Gegenstände wiedererkennt.

3. *Das Wiedererlernen.* Ein noch indirekteres Maß des Verhaltens, das *Wiedererlernen,* vereinigt die Techniken der Reproduktion und des Wiedererkennens. Hier wird gemessen, wie lange die Vp braucht, um das Material so zu lernen, daß sie ein bestimmtes Kriterium (z. B. 3 × hintereinander die richtige Reproduktion) erreicht. Nach einem bestimmten Zeitintervall lernt die Vp dann dasselbe Material wiederum bis zum Erlernen des Kriteriums.

Braucht eine Vp z. B. beim Wiedererlernen nur 8 Lerndurchgänge im Vergleich zu 20 beim ursprünglichen Lernen, so hat sie 12 Lerndurchgänge *eingespart.* Diese „Ersparnis" (saving score) ist ebenfalls ein Maß für das Behalten.

Das Verfahren des Wiedererlernens ist die sensibelste Gedächtnismethode, die es gibt. Selbst wenn auf Grund des Wiedererkennungsverfahrens der Eindruck entsteht, daß nichts behalten wurde, zeigt das Verfahren des Wiedererlernens häufig, daß doch nicht alles vergessen wurde.

Je nach der Zielsetzung der Untersuchung und der Hypothese, die geprüft wird, können entweder die ursprünglichen Lernbedingungen, das Zeitintervall oder die Bedingungen während der Erinnerungsphase manipuliert werden. So kann die Studie z. B. die Wirkung unterschiedlicher Lernbedingungen auf späteres Behalten untersuchen. In diesem Fall lernen zwar die Experimental- und Kontrollgruppen das Material unter verschiedenen

Bedingungen, aber die Bedingungen während des Zeitintervalls und bei der späteren Gedächtnisprüfung werden für beide Gruppen gleich gehalten.

Man kann sich auch für die Auswirkung verschiedener Aktivitäten während des Zeitintervalls nach dem Lernen interessieren. In diesem Fall müssen die Bedingungen und der Schwierigkeitsgrad des ersten Lernens für alle Gruppen gleich gehalten werden; sonst könnte später, wenn die Gedächtnisprüfung unterschiedliche Ergebnisse zeigt, keine Aussage darüber gemacht werden, ob die Wirkung auf die eingeschobenen Aktivitäten oder auf unterschiedliche Lernbedingungen zurückzuführen ist. Natürlich müßte bei der Gedächtnisprüfung für alle Gruppen die gleiche Methode benutzt werden. Würde z. B. eine nach dem Wiedererkennungsverfahren und eine andere nach dem Reproduktionsverfahren geprüft, so ließe sich keine Aussage darüber machen, ob unterschiedliche Ergebnisse auf Grund des Meßverfahrens oder auf Grund der eingeschobenen Aktivitäten zustande kamen.

Ebbinghaus und das serielle Lernen. Die erste wichtige Untersuchung zur quantitativen Messung des Gedächtnisses wurde von Ebbinghaus gegen Ende des letzten Jahrhunderts durchgeführt. Ebbinghaus führte die sinnlose Silbe ein, eine aus einem Vokal und zwei Konsonanten bestehende bedeutungslose 3-Buchstaben-Einheit wie z. B. zeg, dax (usw.).

Bei diesem Verfahren lernte die Vp eine Liste von sinnlosen Silben, bis sie sie zweimal hintereinander in *richtiger Reihenfolge* wiedergeben konnte. Zusätzlich machte Ebbinghaus Aufzeichnungen über die für dieses Lernen benötigte Zeit. Nach einer bestimmten Zeit, in der die Vp gewöhnlich andere Listen lernte, lernte sie die ursprüngliche Liste noch einmal, wobei wiederum die dazu nötige Zeit gemessen wurde. Die Differenz zwischen der für das erste und das Wiederlernen benötigte Zeit (Ersparnis) stellte das Maß des Behaltens dar.

Die Abbildung 5-6 zeigt die Resultate der Ebbinghaus'schen Untersuchungen, wobei der Prozentsatz der beim Wiedererlernen eingesparten Zeit eine Funktion der Länge des Intervalls zwischen erstem und Wiedererlernen darstellt. Wie Sie sehen können, ist anfänglich der Verlust sehr groß, wird aber dann mit größer werdendem Zeitintervall immer weniger. Diese Kurve ist typisch für das *Auswendiglernen.*

Ebbinghaus benutzte sinnlose Silben, weil er

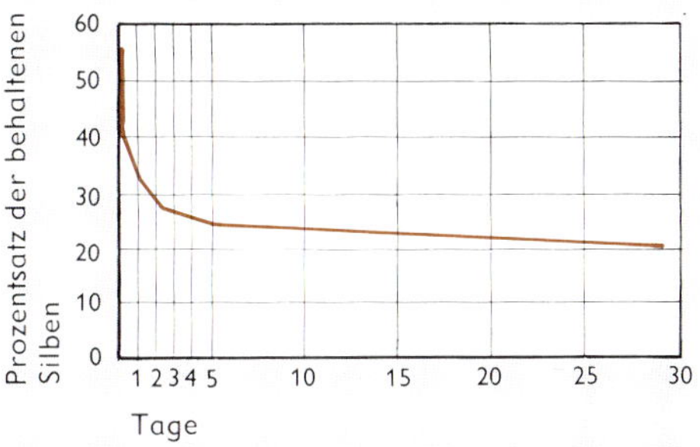

Abb. 5-6. Vergessen nach Ebbinghaus (Nach Ebbinghaus, 1885)

eine „saubere" Messung des Gedächtnisses vornehmen wollte, unbeeinflußt durch früheres Lernen oder Assoziationen, die die Aufgaben hätten beeinflussen können. Da sinnlose Silben keine Bedeutung haben, beeinflussen sie weder das erste Lernen noch die Erinnerungsphase. Im Gegensatz dazu ist sinnvolles Material in gewissem Sinne bereits *vor* dem ersten Lernen zum Teil bekannt. Ergebnisse aus Untersuchungen mit sinnvollem Material spiegeln nicht denselben Grad neuen Lernens wider; da es dann keinen gemeinsamen Ausgangspunkt gibt, können die Ergebnisse der Gedächtnisprüfung nicht miteinander verglichen werden. Spätere Untersuchungen haben die Ansichten Ebbinghaus' unterstützt. Das Vergessen ist bei sinnvollem Material geringer und vollzieht sich langsamer.

Die Ebbinghaus'schen Listen bestanden aus 12 sinnlosen Silben und er selbst lernte in Jahren aktiver Forschung Hunderte solcher Listen im Selbstversuch auswendig. Häufig lernte er Gruppen von 10 oder 15 solcher Listen unter bestimmten Bedingungen. Seine Methode wurde eine von zwei Standardmethoden zur Untersuchung des verbalen Lernens und Gedächtnisses. Sie wurde unter dem Namen „Methode der seriellen Antizipation" bekannt. Wenn Sie je in einer fremden Stadt irgend jemanden nach einer Adresse gefragt haben und dieser Ihnen eine Liste von Anweisungen gegeben hat, so haben Sie auch schon diese Methode benutzt. Im Labor erscheinen gewöhnlich alle Elemente einer Liste einzeln ein oder zwei Sekunden lang im Fenster einer *Gedächtnistrommel.* Nachdem die Liste einmal gezeigt wurde, wird sie in derselben Reihenfolge wieder gezeigt. Wenn jetzt eine sinnlose Silbe im Fenster erscheint, so wird die

Versuchsperson aufgefordert, sich an die nächstfolgende Silbe zu erinnern. Nach der letzten Silbe der Liste folgt eine kurze Pause; danach erscheint wieder das erste Wort usw. Es werden so viele Versuchsdurchgänge (Durchlaufen der gesamten Liste) gemacht, bis die Vp das Lernkriterium, das der Versuchsleiter vorher festsetzte, erreicht hat. Ebbinghaus gab als Lernkriterium zwei Durchgänge ohne Fehler an. Für das Wiedererlernen gilt immer das gleiche Lernkriterium wie für die vorausgegangenen Versuchsdurchgänge.

Wenn Sie irgendwann schon einmal Erfahrung mit dem seriellen Lernen gemacht haben, dann kennen Sie auch schon ein Phänomen, das fast immer auftaucht. Wenn sie eine Liste lernen, so z. B. die Ziffern einer Telefonnummer, dann erinnern Sie sich immer besser an die ersten und letzten Ziffern als an die Ziffern in der Mitte. Diesen Effekt bezeichnet man als den *Positionseffekt (Stellenwertfunktion)*. Wir wissen noch nicht, wie dieser Effekt zustande kommt, aber er erscheint regelmäßig bei Untersuchungen dieser Art. Die zur Zeit gültige Erklärung ist, daß die ersten und letzten Ziffern in einer Reihe eine markante Position innehaben und besonders gut gemerkt werden, weil sie den Anfang und das Ende der Liste markieren. Wenn z. B. keine Pause zwischen dem ersten und dem letzten Item einer Liste eingeschoben wird, sie also als eine ununterbrochene Liste präsentiert wird, dann wird die durchschnittliche Stellenwertkurve erheblich reduziert. Manchmal wählt die Vp auch einen subjektiven „Startpunkt" für die Serie, und die

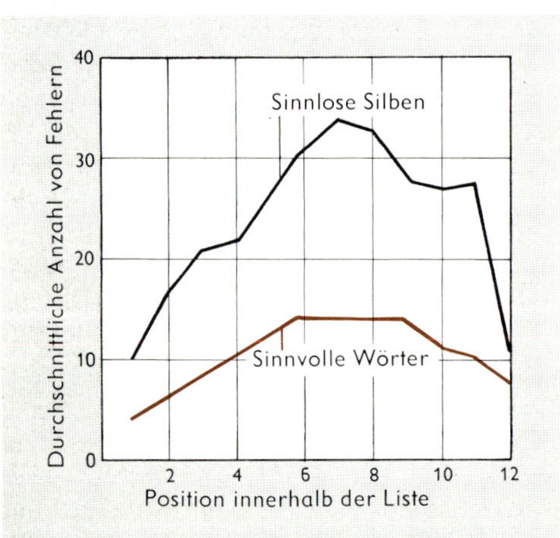

Abb. 5-7. Positions-Effekt (Stellenwert-Kurve) (Nach Postman und Rau, 1957)

Stellenwertkurve entwickelt sich entsprechend diesem subjektiven Ankerpunkt.

Ebbinghaus' Pionierarbeit war aus verschiedenen Gründen wichtig: Seine Methode wie auch seine Resultate waren wichtig für den Übergang von der philosophischen Spekulation zur wissenschaftlichen Forschung und wiesen so der modernen Lerntheorie den Weg. Ebbinghaus war von Fechners rigoroser Analyse der Empfindungen sehr beeindruckt, und er war der erste, der dieselbe Präzision bei der Untersuchung höherer geistiger Prozesse an den Tag legte. Dabei ging er systematisch vor, indem er alle Variablen untersuchte, die ihm einfielen — Anzahl von Silben in einer Liste, Lernzeit, Lerndurchgänge usw. — und jeweils eine Variable variierte, während er die anderen konstant hielt. Er benutzte quantitative Messungen und spezielles Material mit vergleichbarem Schwierigkeitsgrad. Zum ersten Mal wurden Lernen und Erinnern getrennt gemessen und Erinnerung und ursprüngliches Lernen miteinander in Verbindung gebracht. Da er immer mit derselben Vp arbeitete (sich selbst) und völlig objektive Leistungsmaße benutzte, schloß er viele Fehlerquellen und Vorurteile aus, die selbst heute noch die Untersucher plagen. Die Gleichung, die er für das Vergessen entwickelte, — eine einfache, abfallende Kurve, die die behaltenen Silben als Funktion der verstrichenen Zeit darstellt — hat nach all diesen Jahren immer noch allgemeine Gültigkeit.

Ebbinghaus übersah dennoch einen wichtigen Faktor, nämlich die Tatsache, daß das Lernen so vieler Listen sinnloser Silben auch einen Einfluß haben kann. Wir wissen, daß eine Vp, die zum ersten Mal sinnlose Silben lernt, sich am nächsten Tag an etwa 70 % dieser Silben erinnern kann. Je mehr Listen sie aber lernt, umso schlechter erinnert sie sich an die zuletzt gelernte Liste; nach dem Lernen vieler Listen erinnert sie sich nur an etwa 25 % der Liste, die sie am Tag vorher gelernt hat. So fand Ebbinghaus anstatt der allgemein gültigen Kurve, die er finden wollte, eine Kurve, die „typisch für Leute ist, die eine große Anzahl sinnloser Silben gelernt haben". Hier zeigt sich wieder einmal, wie vorsichtig man sein muß, wenn man aus den Ergebnissen einer bestimmten Untersuchung Schlüsse zieht, ohne alle relevanten Bedingungen kontrolliert zu haben.

Lernen von Paarassoziationen. Stellen Sie sich vor, Sie lernen fremdsprachige Vokabeln oder die Hauptstädte verschiedener Länder. In diesen Fällen ist die Information, die Sie sich aneignen, ein Wortpaar, wobei ein Element dieses Paares mit dem anderen assoziiert werden muß. Diese Art des Lernens bezeichnet man als *Methode der Paarassoziationen*. Gewöhnlich studiert die Vp für eine kurze Zeit jedes Wortpaar, bis sie durch die ganze Liste hindurch ist. Dann wird ihr das erste Element des Paares gezeigt, und sie muß sich an das zweite Element erinnern.

Gelegentlich fordert der Versuchsleiter die Vp auch auf, in *freier Erinnerung* (free recall) einfach alle Elemente, an die sie sich erinnern kann, wiederzugeben.

Selbst hier zeigt sich gewöhnlich der Positionseffekt, wobei die Anfangs- und Endelemente der Liste zuerst und die in der Mitte der Liste zuletzt gelernt werden. Sowohl die Methode der seriellen Antizipation als auch die der Paarassoziationen sind bei vielen Gedächtnisuntersuchungen angewendet worden. Eine Reihe von Untersuchungen z. B. befaßte sich mit dem Problem, wie das Lernen eines Materials (1) das Lernen oder Vergessen eines anderen Materials (2) fördert oder hemmt. Sowohl vorwärts-wirkende (*proaktive*) als auch rückwärts-wirkende (*retroaktive*) Störungen (*Interferenzen*) wurden mit Hilfe dieser Methoden untersucht. Die Vpn lernen aufeinander folgende Paarwort-Listen, in denen das erste Element eines Paares unverändert bleibt, jedoch die anderen Elemente sich von Liste zu Liste verändern. Z. B. wenn das Paar juf-dax zur ersten Liste gehört (X-A), dann enthält die zweite Liste (X-B) ein Paar wie juf-geb. Eine Möglichkeit, proaktive Interferenzen (oder Hemmungen) zu prüfen, besteht darin, die Vp zuerst die Liste X-A, dann die Liste X-B lernen und nach einer gewissen Zeit die Liste X-B reproduzieren zu lassen. Das Ergebnis der Experimental-Gruppe wird dann mit dem Ergebnis der Kontroll-Gruppe, die nur die zweite Liste (X-B) gelernt hat und das Zeitintervall mit einer anderen Tätigkeit ausfüllte, verglichen. Unter diesen Bedingungen erinnert sich die Kontrollgruppe immer besser an die X-B-Liste als die Experimentalgruppe, was zu dem Schluß führt, daß bei der Experimentalgruppe das Lernen der ersten Liste (X-A) das Lernen der zweiten (X-B) gestört hat.

Bei Untersuchungen der retroaktiven Interferenz lernen beide Gruppen zunächst die erste Liste, die Experimentalgruppe dann die zweite Liste, während die Kontrollgruppe irgendeine irrelevante Aufgabe erfüllt. Anschließend wird bei beiden Gruppen die erste Liste geprüft. Auch hier zeigt die Kontrollgruppe gewöhnlich die bessere Leistung, weil bei ihr die intervenierende (eingeschobene) Tätigkeit wahrscheinlich weniger Interferenz mit sich bringt. Das Behalten des ersten Lernens ist am besten, wenn das darauffolgende Zeitintervall mit Schlafen ausgefüllt ist; am zweitbesten, wenn die Vp wach ist, aber nichts lernen muß, am drittbesten, wenn Material gelernt wird, das vom ursprünglichen Material verschieden ist, und am schlechtesten, wenn ähnliches, „konkurrierendes" Material gelernt wird.

Manchmal beobachten wir anstatt der Hemmung auch eine vorwärtswirkende Förderung: Neues Lernen wird durch vorangegangenes Lernen erleichtert. Vorwärtswirkende Förderung und Hemmung treten auch beim Lernen motorischer Aufgaben auf; hier bezeichnen wir sie als *positiven und negativen Transfer*. Je mehr Elemente oder Prinzipien altes und neues Material gemeinsam haben, desto größer ist das Ausmaß der Förderung, umso mehr unterstützt das erste Lernen das zweite. Je mehr

Unter der Lupe

Typische Versuchsanordnungen für Untersuchungen der Interferenz

Proaktive Interferenz

Bedingung	*Liste 1*	*Liste 2*	*Test*
Experimentalgruppe	X—A	X—B	X—B
Kontrollgruppe	Andere Betätigung (kein Lernen)	X—B	X—B

Retroaktive Interferenz

Bedingung	*Liste 1*	*Liste 2*	*Test*
Experimentalgruppe	X—A	X—B	X—A
Kontrollgruppe	X—A	Andere Betätigung (kein Lernen)	X—A

Elemente oder Prinzipien des neuen Materials mit dem früheren Material konkurrieren, umso größer wird die Interferenz. Existieren weder gemeinsame noch konkurrierende Elemente, erwarten wir weder Förderung noch Störung.

Das „produktive" Gedächtnis

Wir wissen alle, wie Klatsch den Inhalt einer Geschichte verändert. Eine Person hört irgendetwas Interessantes über eine andere Person; bis sie dann die Gelegenheit findet, die Geschichte weiterzuerzählen, scheint ihre Erinnerung an die Details die Geschichte bereits etwas verändert zu haben. Wenn die Geschichte schließlich mehrere Leute „passiert" hat, ist es möglich, daß der Erfinder dieses Klatsches sie hört und nicht mehr als seine eigene Geschichte erkennt!

F. C. Bartlett befaßte sich zwar nicht mit Klatsch, war aber sicher, daß solche systematischen Verzerrungen für das Gedächtnis bezeichnend sind. Seine Untersuchungen befaßten sich mit der Darstellung und Erklärung solcher Verzerrungen und waren sehr verschieden von denen der verbalen Lerntradition Amerikas.

Bartlett entwickelte eine Technik der sukzessiven Reproduktion. Einige seiner Untersuchungen befaßten sich mit visuellem Gedächtnis. So zeigte er z. B. einer Vp ein Bild und forderte diese auf, sich daran zu erinnern. Nach einer gewissen Zeit mußte die Vp dann das Bild aus dem Gedächtnis nachzeichnen. Nun bekam eine zweite Vp diese Zeichnung (von Vp 1) und wurde aufgefordert, ebenso wie die 1. Vp das Bild aus dem Gedächtnis nachzuzeichnen usw. Die Abbildung zeigt ein typisches Ergebnis; hier wurde das Bild einer Eule allmählich in das einer Katze umgewandelt.

Bartlett deutete seine Ergebnisse dahingehend, daß das Gedächtnis sowohl *produktiv* als auch *reproduktiv* ist und daß diese Produktivität bestimmte vorhersagbare Veränderungen im gespeicherten Material hervorruft. Dieser produktive Aspekt des Gedächtnisses hilft die systematischen Verzerrungen, die vorkommen, wenn ein *Gerücht* von einer Person zur anderen getragen wird, zu erklären.

d Erklärungen des Gedächtnisses und Vergessens

Erklärungen des Behaltens und Vergessens konzentrieren sich auf zwei miteinander verwandte Fragen: Was passiert, wenn wir etwas vergessen, und wie werden Gedächtnisinhalte im Gehirn gespeichert?

Hypothesen über das Vergessen

Die Hypothesen eines Forschers über den Vorgang des Vergessens bestimmen Technik und Ziel seiner Untersuchung. Jeder Versuchsverlauf fördert bestimmte Vorgänge, hemmt andere und begrenzt somit die Beobachtungen, die gemacht werden können. In den Ebbinghaus'schen Untersuchungen konnten keine produktiven, aufeinanderfolgenden Veränderungen festgestellt werden, ebensowenig wie Bartlett sich in seinen Untersuchungen mit Auswendiglernen beschäftigte. So ist es nicht weiter verwunderlich, daß sich aus den verschiedenen Forschungsrichtungen mehrere Theorien entwickelt haben, die zu erklären versuchen, wie und warum wir gelerntes Material vergessen.

Spurenzerfall-Theorie (trace-decay-theory). Die Spurenzerfall-Theorie besagt, daß Erlerntes im Laufe der Zeit einfach verschwindet. Je länger wir das Gelernte nicht gebrauchen, desto größer ist der Zerfall. Die Menge des Vergessens ist somit ein Maß für den Zerfall. Es gibt genügend Beweise dafür, daß unbenutzte Kenntnisse einfach verlorengehen können, etwa so, wie unbenutzte Muskeln atrophieren.

Interferenz-Theorie. Die Grundannahme der Interferenz-Theorie ist, daß jede beliebige erlernte Information alles stören — und durch alles gestört — werden kann, was man lernt. Wie wir bereits gesehen haben, kann eine Lernaufgabe das Behalten einer anderen hemmen.

Spurentransformations-Theorie (trace-transformation-theory). Diese Theorie betrachtet das Erinnern als einen aktiven Prozeß, bei dem die gespeicherte Information verzerrt oder transformiert wird, um sie stabiler zu machen, oder anderen Informationen, die wir besitzen, anzugleichen. Bartletts Untersuchungen beruhten auf dieser Annahme und lieferten eine Reihe von guten Beweisen. Die Einzelheiten dieses inhärenten Strebens nach Stabilität und Konsistenz werden wir im nächsten Kapitel über die Wahrnehmung näher beschreiben.

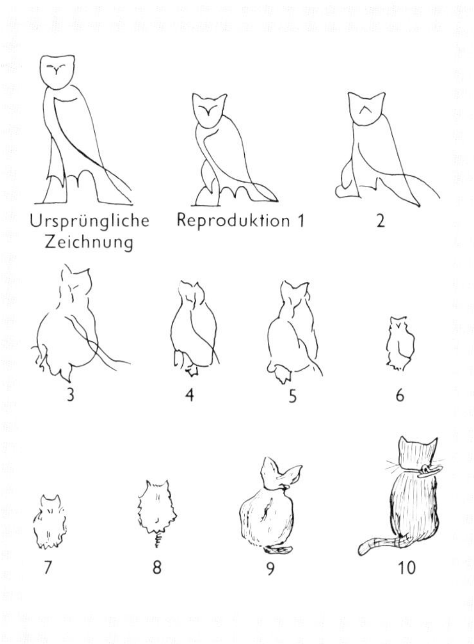

Abb. 5-8. Die ursprüngliche Abbildung ist die stilisierte Zeichnung einer Eule. Durch aufeinanderfolgende Reproduktionen wird sie zusehends zweideutig; die 10. Reproduktion zeigt eindeutig die Gestalt einer Katze

Verdrängungs-Theorie (repression theory). In den drei bisher erwähnten Theorien wurde das Vergessen als ein automatischer Prozeß betrachtet, über den die Person keine direkte Kontrolle hat. Sigmund Freud bezeichnete diese Ansicht als völlig inadäquat und war der Ansicht, daß die Dinge, an die wir uns erinnern oder die wir vergessen, mit ihrem Wert und ihrer Wichtigkeit für uns zusammenhängen. Dinge, die uns beunruhigen, werden z. B. sehr leicht „vergessen", indem wir sie aus dem Bewußtsein verdrängen. Die *Verdrängung* ist also ein Mittel, mit dem wir uns gegen unangenehme Informationen schützen. Von den Schülern Freuds wird die Verdrängung als die wichtigste vieler unbewußter Strategien betrachtet, die der Mensch entwickelt, um sich eine vorteilhafte Selbsteinschätzung zu bewahren.

Vergessen als Verlust des Zugangs. Eine 5. Hypothese lautet, daß wir in Wirklichkeit nie etwas vergessen, daß die Dinge, die wir anscheinend vergessen haben, nur aus irgendeinem Grund zeitweise unerreichbar sind. Selbst ohne die Motivation, „zu vergessen", wie im Falle der Verdrängung, werden alte Erfahrungen immer wieder durch neue überdeckt. In einigen Fällen scheint es, als wären Gedächtnisinhalte nicht verlorengegangen, sondern nur „begraben", d. h. daß neue Ideen uns beim Abrufen von älteren durch irgendeinen Mechanismus der Reaktionshemmung stören. Wenn dies so ist, können uns Methoden, welche die Hemmungen beseitigen, wieder Zugang zu den älteren Gedächtnisinhalten verschaffen. Aber meistens sind wir zu sehr mit neuen Eindrücken beschäftigt, um an die alten zu denken. Es ist uns allen schon passiert, daß uns etwas eingefallen ist, an das wir seit Jahren nicht mehr gedacht hatten. Bei älteren Leuten tauchen längst „vergessene" Kindheitserinnerungen mit erhöhter Häufigkeit und Klarheit wieder auf.

Die Hirnstimulierungs-Untersuchungen von Penfield (1958) liefern vielleicht den interessantesten Beweis für die Beständigkeit des Gedächtnisses. Penfield operierte Epileptiker unter Lokalanästhesie, wobei bei vollem Bewußtsein des Patienten ein Teil des Temporallappens freigelegt wurde.

Bei einer seiner frühesten Operationen stimulierte Penfield verschiedene Punkte der freiliegenden corticalen Oberfläche und hörte dann zu seiner großen Überraschung, wie der Patient sehr detailliert über frühe Kindheitserlebnisse berichtete. Der Patient berichtete, daß, obwohl er sich bewußt sei, daß es sich hier um eine Erinnerung handele, er die Erlebnisse noch einmal wirklich zu haben schien. Penfield beobachtete dasselbe Phänomen auch bei anderen Fällen. Einer seiner Patienten, der stimuliert wurde, sah ein Orchester, hörte ein bestimmtes Musikstück und hatte dieselben Emotionen wie damals beim wirklichen Erlebnis.

Obwohl wir nicht wissen, ob Dinge, die wir erlebt haben, je in völlige Vergessenheit geraten, so werden einige Dinge doch unzugänglich und andere in der Erinnerung verändert. Es sieht so aus, als ob einige Gedächtnisinhalte einfach aus unserem Bewußtsein herausfallen, einige durch andere Gedächtnisinhalte blokkiert oder ersetzt werden, einige sich so verändern, daß sie an Bedeutung gewinnen oder sich anderen Dingen, die wir kennen oder wissen, angleichen, und einige, die für uns unangenehm sind, auf irgendeine Art und Weise verdrängt werden. Zwischen diesen verschiedenen Erklärungen des anscheinenden oder wirklichen Vergessens besteht kein Widerspruch und es besteht kein Grund zu glauben, daß alle unsere Gedächtnisinhalte denselben Weg verfolgen müssen.

Hypothesen über das Erinnern

Die gegenwärtigen Hypothesen über die Speicherung der Gedächtnisinhalte befassen sich mit den möglichen neuralen Mechanismen und der Frage, ob ein einzelner Mechanismus alles erklären kann, was mit der Erinnerung zusammenhängt.

Die große Jagd nach dem Engramm. Wie wir in Kapitel 2 gesehen haben, gibt uns das Phänomen der retrograden Amnesie einigen Aufschluß über die Beziehungen zwischen Gedächtnis und physiologischen Vorgängen im Gehirn. Leider wissen wir trotz aller Untersuchungen und Analysen immer noch sehr wenig über die neuralen Grundlagen des menschlichen Gedächtnisses. Schon vor etwa 50 Jahren versuchte Karl Lashley herauszufinden, wo Gedächtnisspuren oder *Engramme* im Gehirn gespeichert sein könnten. Im Verlauf dieser Untersuchungen entfernte er verschiedene Teile des Cortex bei Primaten und Ratten und beobachtete die Wirkung dieser Läsionen auf das Gedächtnis erlernter Aufgaben. Er mußte schließlich zugeben, daß seine Untersuchungen fehlgeschlagen waren: „Es ist unmöglich, eine isolierte Lokalisierung von Gedächtnisspuren irgendwo im Nervensystem festzustellen" (Lashley, 1950). Aus seinen Fehlern schloß er, daß das Engramm wahrscheinlich „aus einem weitreichenden Assoziationssystem von Hunderttausenden oder Millionen von Neuronen besteht".

Spätere Untersuchungen, von denen einige sogar auf die Ideen Descartes' zurückgreifen, bedienen sich modernerer Methoden, um die Suche nach dem Engramm fortzusetzen.

Rattenexperimente mit Drogen, welche die synaptische Übertragung beeinflussen, haben entsprechende Einflüsse auf das Gedächtnis gezeigt. Unter Drogen, die den Empfang der Transmitter-Substanz im postsynaptischen Neuron blockieren, verschlechtert sich das Gedächtnis. Unter Drogen, die die Zerstörung der Transmitter-Substanz verhindern, verbessert sich das Gedächtnis. Solche Beobachtungen weisen darauf hin, daß die dem Lernprozeß zugrunde liegenden physikalischen Veränderungen mit einer Steigerung der Fähigkeit der Synapse zusammenhängen, auch nach wiederholter Aktivierung noch Impulse zu übermitteln, während Gedächtnisverluste auf die Reduzierung dieser synaptischen Vermittlungsarbeit, die aus irgendwelchen Gründen stattfindet, zurückzuführen ist (Deutsch und Deutsch, 1966). Wie auch immer, wir sind noch lange von dem Tag entfernt, an dem wir einfach eine Pille nehmen und uns dann an alles erinnern, was wir einmal gelernt haben.

Kurz- und Langzeit-Gedächtnis. Wie immer der neurologische Mechanismus des Gedächtnisses genau aussehen mag, so besteht doch allgemeine Übereinstimmung darüber, daß wir mindestens zwei, vielleicht auch mehr, verschiedene Gedächtnissysteme besitzen. Da ist zunächst ein Kurzzeit-Gedächtnis für sensorische Information, das sich sehr vom Langzeit-Gedächtnis unterscheidet, und das wahr-

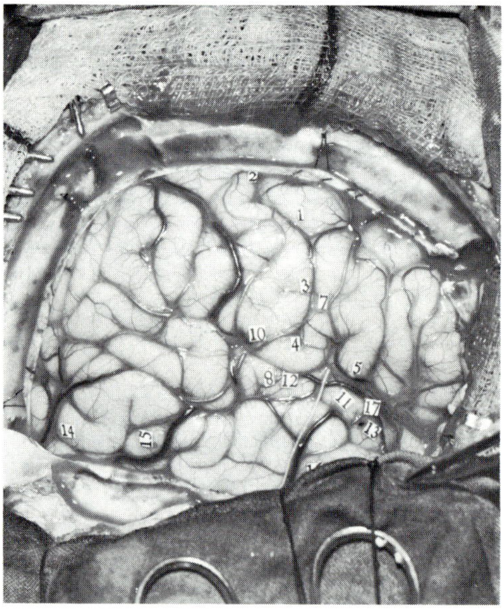

Abb. 5-9. Die Abbildung zeigt den rechten cerebralen Cortex einer Epileptikerin. Nach der chirurgischen Freilegung blieb die Patientin voll bei Bewußtsein. Die Zahlen weisen auf die Punkte hin, die bei elektrischer Reizung zu positiven Reaktionen führten — einfache sensorische und motorische Reaktionen bei den Punkten 2, 3, 4, 7, 8 und Erinnerungen bei den Punkten 11, 12, 14 und 15. Als z. B. Punkt 11 zum ersten Mal stimuliert wurde, sagte die Patientin: „Ich höre etwas Bekanntes, ich weiß nur nicht, was es war". Als die Reizung ohne vorherigen Hinweis wiederholt wurde, sagte sie: „Ja, ich glaube, ich höre eine Mutter, die nach ihrem kleinen Jungen ruft. Es scheint etwas zu sein, was sich vor Jahren zugetragen hat". Als sie um eine nähere Erklärung gefragt wurde, sagte sie: „Es war jemand in der Nachbarschaft, wo ich wohnte". Sie fügte hinzu, daß es ihr so schien, als ob „sie jetzt selbst nahe genug dabei war, um es zu hören"

scheinlich verschiedene neurologische Prozesse und sogar verschiedene Teile des Gehirns einschließt.

Obgleich die ursprüngliche Energie, die unsere Receptoren stimuliert und einen Nervenimpuls auslöst, nur von kurzer Dauer ist, so bleibt doch ihre Wirkung neurologisch und bewußtseinsmäßig länger erhalten. Z. B. kann ein Lichtblitz von nur einer tausendstel Sekunde eine bioelektrische Aktivität hervorrufen, die zweihundertmal so lang anhält. Wir haben also ein System, das die sensorische Information lange genug aufrecht erhält, um sie bei der Wahrnehmung, beim Erinnern, beim Beurteilen usw. benutzen zu können. Dieses *sensorische Speichersystem* wurde von Sperling in einer Reihe von Experimenten untersucht.

Wenn die Information unmittelbar nach ihrem Eingang zur weiteren Verarbeitung abgetastet wird, dann kann ein zweiter, stärkerer Reiz, der während dieser Zeit dargeboten wird, den ersten „überdecken" und so das Abtasten verhindern.

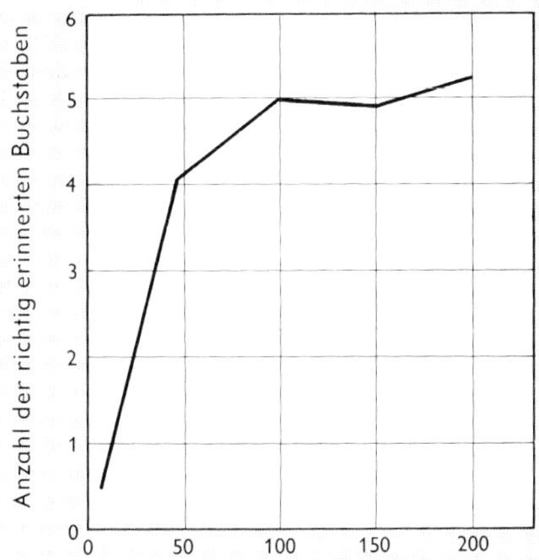

Abb. 5-10. Wirkung eines verdeckenden Reizes (Nach Sperling, 1963)

Um diese Annahme zu prüfen, präsentierte Sperling (1963) Reize, auf die nach unterschiedlichen Zeitintervallen (Sekunden) ein zweiter „verdeckender" Reiz folgte. Der ursprüngliche Reiz war bei jedem Reizpaar ein kurzfristig dargebotenes Diapositiv mit einer Anzahl von Buchstaben, der zweite Reiz war ein Dia mit zufällig verteilten schwarzen und weißen Quadraten. Die Zeitintervalle zwischen den Dias variierten von 0 bis 200 Millisekunden ($^1/_5$ Sekunde).

Die Ergebnisse zeigten, daß bei länger werdendem Intervall sich die Vpn besser an die Buchstaben des ersten Dias erinnern konnten. Bei Intervallen unter 100 Millisekunden konnten sich die Vpn im Durchschnitt an einen zusätzlichen Buchstaben des ersten Reizmusters für jedes ungestörte Intervall von 10 Millisekunden erinnern.

In einer anderen Untersuchung benutzte Sperling (1960) eine räumliche Matrix, die aus 3 Reihen mit je 3 Buchstaben bestand. Wenn dieses 9 Elemente umfassende Reizmuster projiziert wurde, wurden im Durchschnitt 4 bis 5 Buchstaben behalten. In einem 2. Experiment brauchten die Vpn nur Teile der Matrix wiederzugeben (partial report). Auf die Projektion der 3 × 3-Buchstaben-Matrix folgte ein hoher, mittlerer oder niedrigerer Ton, der der Vp andeutete, ob sie sich auf die obere, mittlere oder untere Reihe konzentrieren sollte. Nach den Ergebnissen des ersten Experiments, bei dem die Vpn nur etwa 4 Buchstaben wahrgenommen hatten, konnte man annehmen, daß sie beim zweiten Experiment auch wieder nur etwa $^1/_3$ der Buchstaben in einer Reihe wahrnehmen konnten. Überraschenderweise zeigte sich bei dieser Methode, daß die Vpn fast zweimal so viele Buchstaben richtig behielten wie vorher. Das bedeutet, daß sie bei Anwendung dieser Methode die meisten der gezeigten Buchstaben wahrnehmen und sich an sie kurz erinnern konnten, im Gegensatz zu den wenigen Buchstaben bei der ersten Methode (complete report). Bei längeren Zeitintervallen zwischen der Darbietung des Dias und dem Einsetzen des Tones verringerte sich die Anzahl der erinnerten Buchstaben jedoch sehr schnell.

Sperling kam zu dem vorläufigen Schluß, daß wir für visuelle Information ein nahezu vollkommenes Speichersystem besitzen, daß zumindest teilweise nach den Prinzipien der Zerfalltheorie funktioniert. Die Zerfallsgeschwindigkeit ist dabei äußerst hoch und die nur sehr kurz dargebotene Information muß vom Individuum klassifiziert oder bezeichnet und dann in ein anderes Gedächtnissystem übertragen werden, wenn sie länger als 1 Sekunde behalten werden soll.

Solche Untersuchungen weisen auf das Vorhandensein eines Gedächtnisspeichers für ein kurzfristiges Behalten visueller Signale hin. Ähnliche Ergebnisse und Gedächtnisspeicher sind auch für andere Sinnesmodalitäten gefunden worden. Das Bezeichnende für solche sensorischen Speicher ist der überaus schnelle Zerfall ihnen zugeleiteter kurzer Signale. Soll ein kurzes Signal über seine Zerfallszeit von wenigen Sekunden hinaus andauern, muß die Person das Signal auf andere Art und Weise verarbeiten, d. h., die Vp muß darauf aufmerksam werden, darauf reagieren, das Signal klassifizieren, kategorisieren oder bezeichnen, es verschlüsseln oder assoziieren. In den einfacheren Fällen besteht die Reaktion auf dieses sensorische Signal einfach darin, daß die verbale Bezeichnung leise oder laut gesprochen wird. Sobald diese Reaktion stattgefunden hat, kann die Bezeichnung wesentlich länger wiederholt und erinnert werden, als das vorkategorisierte sensorische Signal selbst anhält. Eine Analogie mag helfen, diese Konzepte zu verdeutlichen. Stellen Sie sich vor, die sensorischen Signale seien ein kontinuierlicher Strom von Bittstellern, die im Vorraum (sensorischer Speicher) eines sehr belebten Palastes erscheinen. Es ist unmöglich, alle Bittsteller in den Innenraum einzulassen. Ein Wächter (Aufmerksamkeit) läßt einige herein und ignoriert andere oder weist sie zurück. Die Zurückgewiesenen verlassen den Vorraum sehr schnell (weil neue ankommen und sie hinausdrängen). Diejenigen, denen weitere Aufmerksamkeit zukommt, werden durchgeschleust und vielleicht wird ihr Name aufgerufen, wenn sie den Innenraum betreten (kurzfristiger verbaler Gedächtnisspeicher). Einmal im Innenraum angekommen, können einige wenige Leute darauf warten, den König zu sehen (Langzeitgedächtnis), solange ihre Namen wiederholt vom Wächter ausgerufen (geübt) werden. Werden ihre Namen nicht oft genug wiederholt, geraten sie in Vergessenheit und werden durch eine Seitentür herausgeführt, ohne den König gesehen zu haben.

Diese einfache Analogie zu den Operationen des sensorischen Speichers, des kurzzeitigen verbalen und des Langzeitgedächtnisses gibt sogar einige Hinweise auf die Variablen, die wahrscheinlich einen Einfluß darauf haben, ob ein bestimmtes Ereignis (sensorisches Signal) erinnert wird oder nicht. Wahrscheinlich geht ein Signal sehr schnell verloren, wenn die Aufmerksamkeit anderswo in Anspruch genommen ist — so z. B. wenn viele andere Signale sich zur selben Zeit aufdrängen, oder wenn ein Signal besonders beachtet werden muß. Die Wahrscheinlichkeit, daß ein Signal beachtet wird, hängt von vielen Faktoren ab, wie z. B. Lebhaftigkeit, Neuheit, Bedeutung oder Nützlichkeit. Ein weiterer Punkt ist, daß bekannte Sequenzen viel leichter wahrgenommen und verschlüsselt werden als unbekannte. Die Buchstabenanordnung STOP wird viel schneller wahrgenommen als die Anordnung TSPO. Ferner kann die erste Kette (stop) als ganzes Wort verschlüsselt werden, während die zweite Anordnung (tspo) wiederholt buchstabiert werden muß, damit sich die 4 Buchstaben einprägen. In Termini unserer Analogie können wir sagen, daß eine kurze Darstellung der Anordnung STOP viel leichter zum Innenraum gelangt als die Anordnung TSPO, und dort im Kurzzeitspeicher wegen des kürzeren Codes (bekanntes Wort) viel leichter wiederholt und behalten werden kann.

Dieses Beispiel zeigt in einem gewissen Sinne auch, wie die linguistische Verschlüsselung im Kurzzeitgedächtnis vor sich geht. Davon abgesehen haben wir zu jeder Zeit kurzfristige Gedächtnisinhalte für konzeptähnliche Darstellungen sensorischer Signale, die nicht verbal verschlüsselt wurden. Auch Taubstumme besitzen kurzfristige Gedächtnisinhalte. Wir haben ferner zeitlich begrenzte Gedächtnisinhalte von taktilen, visuellen oder olfactorischen Eindrücken, denen wir keine verbale Bezeichnung gaben oder geben konnten. Wie sich solche Eindrücke im Gedächtnis ohne die Unterstützung der verbalen Verschlüsselung halten, ist ein Geheimnis. Wir scheinen uns ganz einfach in vielen Fällen ohne verbale Stützen an das Erscheinungsbild von Dingen zu erinnern. Es ist anzunehmen, daß nonverbale Organismen Ereignisse auf diese Weise erinnern oder sie bei erneutem Auftauchen identifizieren.

Damit wir von unserer Erfahrung profitieren können und nicht immer wieder dieselben Fehler machen, muß die Information irgendwie in das Langzeit-Gedächtnis übertragen werden. Nach der oben beschriebenen Theorie muß ein neuer Vorgang, um im Langzeit-Gedächtnis untergebracht zu werden, zunächst eine Zeitlang im Kurzzeit-Gedächtnis verbleiben, wo er leicht vergessen oder vom System verloren werden kann. Einige Untersuchungen an Tieren und klinische Beobachtungen an Menschen mit Hirnschäden weisen darauf hin, daß die Erinnerung an einen Vorgang während dieser Zeit sehr leicht gestört werden kann. Bei Tierversuchen benutzt man zur Störung des Kurzzeit-Gedächtnisses gewöhnlich einen elektrischen Schock im Gehirn, oder man führt durch Drogen Bewußtlosigkeit und Koma herbei. Dabei werden Ereignisse, die kurz vor dem Schock oder dem Koma stattfanden, fast gänzlich aus dem Gedächtnis entfernt, so daß keine oder nur wenige Überreste dieser Information bei einer späteren Prüfung entdeckt werden können. Je größer dabei die Verzögerung zwischen dem Ereignis und dem Hirntrauma ist, umso weniger wird die Erinnerung gestört. Diese Ergebnisse stimmen mit der Ansicht überein, daß sich die in das Langzeit-

Gedächtnis übertragene Information vergrößert, je länger ein Vorgang ohne Störung im Kurzzeit-Gedächtnis verbleiben kann.

Wir haben ein Langzeit- von einem Kurzzeit-Gedächtnissystem unterschieden. Diese Systeme weisen unterschiedliche Merkmale auf. Einmal unterscheiden sie sich in bezug auf Schnelligkeit und Art des Vergessens. Der Verlust des Kurzzeit-Gedächtnisses vollzieht sich sehr schnell und ist wahrscheinlich auf einen einfachen zeitlichen Zerfall zurückzuführen, während das Langzeit-Gedächtnis viel langsamer zerfällt, aber dafür viel empfindlicher auf Interferenz und Verzerrung konkurrierender Gedächtnisinhalte reagiert. Wenn es eine Interferenz im Kurzzeit-Gedächtnis gibt, kommt sie wahrscheinlich von ähnlich klingenden Bezeichnungen und nicht von Bezeichnungen mit einer ähnlichen Bedeutung. Das wäre z. B. zu erwarten, wenn das Kurzzeit-Gedächtnis verbales Buchstabieren einschließen würde. Jetzt bleibt aber noch die Frage, wie das Gehirn Bedeutungen diskriminieren und speichern kann.

Patienten, bei denen ein Teil des Hippocampus entfernt wurde, haben kein Gedächtnis für neue Informationen, können sich aber sehr gut an Material erinnern, welches sie vor ihrer Operation gelernt haben (Milner und Penfield, 1955). Es ist demnach möglich, daß der Hippocampus bei der Informationsübertragung vom Kurzzeit- zum Langzeit-Speicher eine Rolle spielt.

Viele Faktoren helfen, die Information vom ersten System (wo der Verlust sehr groß ist) zum zweiten System (wo er relativ gering ist) zu übermitteln. Die Wahrscheinlichkeit, daß Information in den Langzeit-Speicher gelangt, ist umso größer, je kleiner die Menge des dargebotenen Materials ist, je neuer es ist, je aktiver es wiederholt wird, und je größer seine Bedeutung für die Person ist, die sich nach den Umweltanforderungen richten und sie bewältigen muß. Viel Information, die für uns keinen Wert besitzt, aber im Langzeit-Gedächtnis gespeichert wird, weil sie die obengenannten Kriterien erfüllt, wird durch die Werbung ausgestreut. Der Inhalt der Zigarettenreklame, der sicherlich für das menschliche Überleben einen negativen Wert hat, bleibt anscheinend auf ewige Zeiten erhalten:

„. . ., der Duft der großen weiten Welt“
„. . . naturrein im Geschmack!“
„Ich gehe meilenweit für eine . . .!“

Wenn Sie die Werbeslogans wiedererkennen, dann haben diese sich wahrscheinlich in Ihrem Langzeit-Speicher festgesetzt und werden dort möglicherweise für den Rest Ihres Lebens verbleiben.

Abruf von Gedächtnisinhalten durch Kontext-Signale

In der Welt vorkommende Ereignisse werden weder als unzusammenhängende, isolierte, individuelle Vorgänge wahrgenommen, noch so im Gedächtnis gespeichert. Sie werden vielmehr als in Zeit und Raum lokalisiert und innerhalb einer kausalen Struktur wahrgenommen und behalten. Sie rufen in uns auch Vorstellungen oder emotionale Bedeutung hervor und ziehen vielleicht sogar einen Schweif von Assoziationen und Gedanken hinter sich her. Psychologen gebrauchen den Begriff *Kontext,* wenn sie von dem psychologischen Milieu, in das ein Ereignis eingebettet ist, sprechen. Sie glauben, daß dieser Kontext — der Hintergrund, auf dem ein Vorgang wahrgenommen wird — sehr eng mit der Speicherung eines Vorgangs und seinem späteren Abruf zusammenhängt; genauer, daß der Kontext immer ein Teil dessen ist, was gespeichert wird, und daß der Vorgang nur dann aus dem Gedächtnis abgerufen werden kann, wenn ein Teil dieses Kontextes reaktiviert wird.

Kategorien und Signale. Auch hier kann uns eine Analogie weiterhelfen. Die Speicherung der Wahrnehmung eines Vorgangs gleicht dem Einordnen eines Buches in die Regale einer großen Bibliothek. Der Platz des Buches und eine Reihe von Angaben über seinen Inhalt werden auf einer Karteikarte im Gesamtkatalog eingetragen, erscheinen aber auch auf anderen Karteikarten, die auf Material hinweisen, das mit dem jeweiligen Buch verwandt ist. Hier stehen die Hinweise — die Kategorien, zu welchen der Vorgang gehört — für die Elemente des psychologischen Kontextes eines Vorgangs, Elemente, die anscheinend genauso für den Abruf aus dem Gedächtnis notwendig sind, wie man die Eintragungen auf die Karteikarte braucht, wenn man ein Buch sucht.

Der Abruf beginnt immer mit irgendeiner Anfrage an das Gedächtnis, die die Eigenschaften der gesuchten Antwort enthält. Fragen wie: „Wo habe ich nur meine Autoschlüssel gelassen?“ oder „Wer hat die sinnlosen Silben erfunden?“ bilden eine kleine Gruppe von zuordnenden Bezeichnungen (Abruf-Signale), mit denen wir an unser Gedächtnis herangehen, wenn wir die assoziierte Information suchen. Die Erinnerung an irgendeine Tatsache oder einen Vorgang ist gewöhnlich vielfach mit anderen Erinnerungen verbunden; diese vielfältigen Verbindungen sorgen für alternative Zugangswege zum Abruf des Gedächtnis-Inhaltes. Da es solche alternativen Zugangswege gibt, ist es schwer zu sagen, ob irgendein Vorgang je ganz vergessen wird. Wir kennen alle Fälle, bei denen bestimmte Fragen über ein Ereignis überhaupt keine Erinnerung hervorrufen, während andere Fragen über den gleichen Vorgang die gesamte Episode ins Gedächtnis zurückbringen. Ein Versagen der Erinnerung kann manchmal durchaus auf unwirksame Abrufsignale zurückzuführen sein: Die Person weiß zwar die Antwort, aber es wurde nicht die richtige Frage, die das Gedächtnis „aufschließt", an sie gestellt.

Psychologen haben oft die Rolle verschiedener Arten von Abrufsignalen beim Erinnern demonstriert. Eine einfache Darstellung sieht wie folgt aus: Jemand liest eine willkürliche Liste von 20 oder 30 nicht miteinander verwandten Wörtern vor und fordert dann den Zuhörer auf, Wörter dieser Liste nach bestimmten Kriterien zusammenzustellen. Die Vp muß sich z. B. an alle Wörter erinnern, die in der ersten Hälfte der Liste vorkamen, oder Wörter sagen, die bestimmten anderen Wörtern vorausgingen, sich an alle Wörter erinnern, die von einer weiblichen und nicht von einer männlichen Stimme gelesen wurden, an Wörter, die Tiere oder Behältnisse bezeichnen, sich auf „Tag" reimen, mit dem Buchstaben B anfangen, Adjektive sind usw. Jedes Wort kann auf vielfache Weise klassifiziert werden, hat also viele mögliche Zugangswege, von denen jeder ausprobiert werden kann, wenn man sich an ein bestimmtes Wort erinnern muß.

Solche Untersuchungen zeigen allgemein, daß ein Reiz nur dann ein wichtiges Abrufsignal für einen Gedächtnisinhalt wird, wenn die Versuchsperson beide (das Abrufsignal und den Gedächtnisinhalt) zum Zeitpunkt der Übung des Gedächtnisinhaltes als zusammengehörig betrachtet. Denkt die Person bei dem Gedächtnisinhalt „Tag" einzig und allein an „Mittwoch", dann wäre ein mit dem Buchstaben „T" beginnendes Wort ein unwirksames Abrufsignal. Auch die sematische Kategorie „Zeiteinheiten" wäre hier unwirksam, da die Versuchsperson vorher schon den Gedächtnisinhalt der semantischen Kategorie „Teil der Woche" und nicht der Kategorie „Zeiteinheiten" zugeordnet hat.

Die Tatsache, daß jemand auf Grund bestimmter Kriterien seine Erinnerung nach Wunsch abtasten und durchsuchen kann, bedeutet nicht, daß diese Kriterien die Abrufsignale sind, die er normalerweise benutzen würde, obwohl dies natürlich zutreffen könnte. Zum Beispiel sind die Namen der 12 Monate im Gedächtnis der meisten Leute als eine Serie von Assoziationen gespeichert. Überlegen Sie jetzt einen Moment lang und versuchen Sie, dann die Monate des Jahres in alphabetischer Reihenfolge wiederzugeben. Wieviele Monate haben Sie zusammengebracht? Wahrscheinlich hatten Sie einige Schwierigkeiten: Sie zögerten, begannen falsch, vergaßen einige Monate zu nennen usw. Es ist klar, daß in solchen Fällen eine Person das vorgegebene Erinnerungskriterium erreicht, indem sie „subvokal" (im stillen) den normalen Abrufweg geht, dann sucht und zuletzt laut mit den A's beginnt, dann die B's durchsucht etc.

Manchmal können selbst vergessene Erinnerungen durch eine sorgfältige Suche unter den mit dieser Erinnerung zusammenhängenden Kontext-Signalen wieder wach gerufen werden. Sie glauben vielleicht, daß die Namen der Kinder, die mit Ihnen zusammen die erste Klasse besucht haben, Ihrer Erinnerung total entfallen sind. Sie werden aber erstaunt sein, an wieviele Namen Sie sich tatsächlich erinnern können, wenn Sie sich die Mühe machen, langsam und geduldig Ihr Gedächtnis über den Kontext dieser ersten Schulklasse abzufragen: Wo wohnten wir damals? Wie hießen die Kinder in der Nachbarschaft? Wie hießen meine Freunde? Wer war mein Lehrer? Lebten irgendwelche Verwandten in der Nähe? Welche Spiele spielten wir? Wo war die Schule? Wie war der Weg zur Schule? Welche Kleidung trug ich damals? Was machten wir in der Pause? usw. Manchmal führt die Erinnerung an eine einzige Tatsache zu einer wahren Flut von Erinnerungen, die mit ihr assoziiert sind.

Solch ein Suchen nach längst vergessenen Erinnerungen ist ein Teil dessen, was Patienten während der Psychoanalyse tun. Freuds Methode der freien Assoziation — der Patient berichtet ohne Hemmung die Bewußtseinsinhalte und Assoziationen, die ihm gerade in den Sinn kommen — führt zum Abruf vergessener Erinnerungen mit Hilfe von Kontext-Signalen.

Gedächtnismonitor: Wissen, was man weiß. Man durchsucht die Bücherregale einer Bibliothek nur dann nach einem Buch, wenn man ziemlich sicher ist, daß das Buch auch tatsächlich vorhanden ist. Es wäre völlig unsinnig, nach einer Originalausgabe des Faust in einer Leihbibliothek zu suchen. Das menschliche Gedächtnis scheint einen eingebauten „Monitor" (Kontrollgerät) zu besitzen, der uns sagt, ob wir wahrscheinlich etwas wissen, ob sich zur Beantwortung einer bestimmten Frage ein ausführlicheres Suchen in unseren Erinnerungen lohnen wird. Sie wissen z. B., daß Sie Ihre jetzige Telefonnummer kennen; Sie wissen, daß Sie sich möglicherweise auch an ihre letzte Telefonnummer erinnern können; aber Sie wissen auch ganz sicher, daß Sie Maos Telefonnummer in Peking nicht kennen. Experimente haben gezeigt, daß dieses Gefühl des Wissens (oder Nichtwissens) ziemlich genau sein kann.

In einem Experiment sollten Studenten eine Reihe von allgemeinen Informationsfragen beantworten (z. B. „Wer hat die Dampfmaschine erfunden?"). Wenn sie sich nicht an die Antwort der betreffenden Frage erinnern konnten, wurden sie aufgefordert, ihr Gefühl des Wissens auf einer 5-Punkte-Skala zu bezeichnen. Später erhielten sie eine multiple-choice-Aufgabe, die die betreffenden Fragen noch einmal enthielt. Es zeigte sich, daß das Gefühl des Wissens ein Hinweis dafür war, ob die Studenten bei einer multiple-choice-Aufgabe die richtigen Antworten ankreuzen konnten. Der Prozentsatz der richtigen Wahlen war etwa 63 % der Antworten, die die Studenten zu wissen glaubten, verglichen mit etwa 47 % der Antworten, die sie nicht zu wissen glaubten, während der Prozentsatz der zu erwartenden richtigen Antwort bei der multiple-choice-Aufgabe mit 4 Alternativen bei 25 % lag. Die Studenten wußten also bis zu einem gewissen Grade, ob sie Informationen, die sie zur Zeit nicht reproduzieren konnten, kannten oder nicht (Hart, 1967).

Dieser innere Monitor, dieses Wissen um unsere eigenen Kenntnisse, ist sicher einer der faszinierendsten Fähigkeiten unseres Gehirns. Es hilft uns entscheiden, ob es sich lohnt, unser Gedächtnis nach irgendeiner unzugänglichen Information zu durchsuchen. Auf diese Weise vergeuden wir keine unnütze Zeit und Anstrengung.

e Anwendung von Lernprinzipien zur Verbesserung des Gedächtnisses

Die Lernpsychologie befaßt sich wie alle anderen Wissenschaften letztendlich nicht nur mit der Theorie, sondern auch mit Problemen ihrer Anwendung. So sind umfassende Prinzipien, die den Gedächtnis- und Lernprozeß erfolgreich beschreiben, nur dann wertvoll, wenn sie auch auf die Praxis anwendbar sind. Solch praktisches Wissen ist für jeden wichtig, da wir in einem komplexen Zeitalter leben und täglich mit viel mehr Information bombardiert werden, als wir behalten und gebrauchen können. Und doch leben wir in einer Gesellschaft, die uns ununterbrochen auffordert, auf Grund der Information, die wir besitzen, Entscheidungen zu treffen. Das ist der Grund, warum die Aufgabe der Pädagogen immer schwieriger und immer entscheidender wird.

Grundsätze des Übens entspringen der Lern- und Gedächtnisforschung in zweifacher Form. Zunächst einmal können Untersuchungen über grundlegende Prozesse praktische Verfahrensweisen anregen. Andererseits — und dies ist der direktere Weg — kann die Fragestellung einer Untersuchung sich ohne Umweg darauf beziehen, wie man die Bedingungen des Lernens oder Behaltens in der Schule oder anderen Situationen verbessern kann. Das muß nicht bedeuten, daß solch eine praktische Forschung keine theoretische Relevanz hätte. Wenn eine Methode gefunden wird, die das Lernen oder das Gedächtnis wesentlich verbessert, könnten die Theoretiker damit wahrscheinlich auch ihre Theorien verbessern. Theorie und Praxis brauchen also nicht im gegenseitigen Widerspruch zu stehen. Entwickelt sich die eine, ist es für die andere von Nutzen; sie sind wechselseitig voneinander abhängig.

Im letzten Abschnitt werden wir uns mit Untersuchungen über die Verbesserung des Lernens und Behaltens befassen.

Verbesserung des Gedächtnisses

Bei Untersuchungen über verbales Lernen hat man drei Techniken gefunden, die das Behalten des erlernten Materials fördern: Überlernen, Wiederholung und Rezitation.

Überlernen (overlearning). Wenn man eine Liste lernen muß, könnte man meinen, daß das Lernen abgeschlossen ist, wenn die ganze Liste ohne Fehler wiedergegeben werden kann, und daß es dann sinnlos wäre, darüber hinaus weiter zu lernen. Im Gegenteil: weiteres Üben, das man als *Überlernen* (overlearning) bezeichnet, hat einen wesentlichen Einfluß darauf, an wieviel des gelernten Materials man sich später erinnert.

In einer Untersuchung mußten Versuchspersonen mehrere Listen von je zwölf Substantiven lernen. Nach Lernen dieser Listen wurden sie in drei Gruppen eingeteilt, die in unterschiedlichem Maße weiterübten. Innerhalb des nächsten Monats wurden alle drei Gruppen in bestimmten Zeitabständen auf ihr Gedächtnis überprüft. Die Ergebnisse, die in der nächsten Abbildung gezeigt sind, sind typisch für viele solcher Untersuchungen (Krueger, 1929).

Wiederholung. Wenn Sie zu Beginn des Semesters ein Buch lesen, über das Sie später geprüft werden, so schneiden Sie bei dieser Prüfung wahrscheinlich besser ab, wenn Sie ab und zu das Buch noch einmal durchlesen. Ein Grund, warum solche Wiederholungen von Nutzen sind, ist der, daß Sie dabei auf Teile des Materials aufmerksam werden, die Ihnen vorher entgangen sind. Bei systematischer Wiederholung brauchen Sie weniger und weniger Zeit, um das zu behalten, was Sie gelernt haben.

Aktives Rezitieren. Wenn beim Lernen das einfache Lesen mit aktivem Rezitieren abwechselt, wird das gelernte Material besser behalten. Das Rezitieren führt dabei zu aktiver Aufmerksamkeit anstatt zu passiver Aufnahme und bewirkt zusätzlich, daß das gelernte Material nicht nur wiedererkannt, sondern auch reproduziert werden kann.

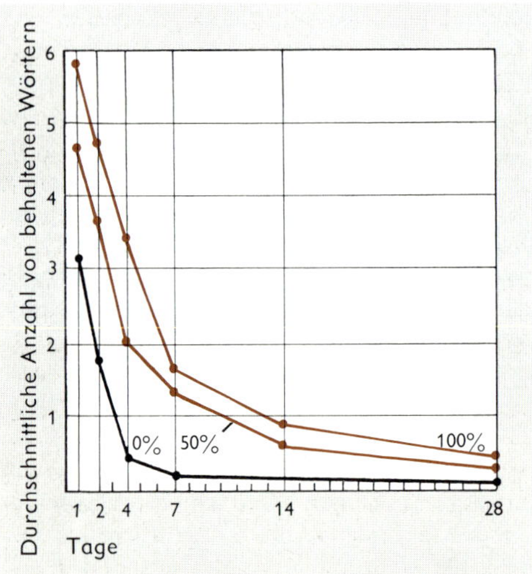

Abb. 5-11. Überlernen. Die Versuchspersonen, die bereits eine Gruppe von Wörtern gelernt hatten, wurden in 3 Gruppen eingeteilt: Die erste Gruppe übte die Wörter wieder genau so lang wie beim ersten Lernen (100%), die zweite Gruppe halb so lang wie beim ursprünglichen Lernen (50%), die dritte Gruppe übte nicht weiter (0%). Obgleich die Erinnerung am 28. Tag für alle Gruppen sehr gering war, erinnerte sich doch die erste Gruppe (100%) bei allen sechs Prüfungen an rund zweimal so viele Wörter als die anderen Gruppen (Nach Krueger, 1929)

Aktives Rezitieren ist auch eine sehr nützliche Methode der Wiederholung. So kann das Material z. B. bei geschlossenem Buch wiederholt werden: Sie sagen das Lernmaterial auf, ohne es zu sehen. Man nimmt an, daß die Wirksamkeit eines solchen Rezitierens, selbst ohne Rückkoppelung, darin liegt, daß sie für Übung des Informationsabrufs sorgt und so vielleicht die Strategie benutzt, die später am wirksamsten ist.

Motivationale und emotionale Faktoren

Schon im Jahre 1873 erkannte Herbert Spencer, daß wir eine motivierte Auswahl dessen treffen, was wir im Gedächtnis behalten und was wir vergessen. Er definierte *„Lust"* als „ein Gefühl, das wir ins Bewußtsein bringen wollen" und *„Schmerz"* als „ein Gefühl, das wir aus dem Bewußtsein entfernen wollen". Schon die ersten Untersuchungen, in denen mittels Fragebogen Rückschlüsse auf das Gedächtnis gemacht wurden, zeigten, daß die Vpn angenehme Lebenserfahrungen besser erinnerten als unangenehme.

Es geht die „Legende", daß viele Jahrzehnte danach Kurt Lewin und seine Studenten durch ein Ereignis in einem Berliner Bierlokal sehr überrascht wurden. Es gab dort einen Kellner mit einem phantastischen Gedächtnis, welcher lange, detaillierte, komplizierte Bestellungen behalten konnte, ohne sie schriftlich zu fixieren. Nachdem er wieder einmal nach einer Mahlzeit zum Kassieren kam, fragte ihn jemand aus der Runde etwas ganz einfaches über die Bestellung. Es stellte sich heraus, daß der Kellner, nachdem er seine Aufgabe (Bestellung) abgeschlossen hatte, sich an fast nichts mehr erinnern konnte.

Das Ergebnis dieses Vorfalls war eine klassische Untersuchung, die zeigte, daß nicht vollendete Aufgaben besser behalten werden als abgeschlossene. Dieser Effekt wurde später als *Zeigarnik-Effekt* bekannt.

In dieser Untersuchung führten die Versuchspersonen einfache Aufgaben durch, die sie innerhalb einer gewissen Zeit erledigen konnten, wie z. B. das Niederschreiben eines beliebten Zitats, das Lösen eines Rätsels oder Kopfrechnen. Bei einigen der Aufgaben wurden die Vpn unterbrochen, bevor sie die Möglichkeit hatten, fertig zu werden; andere Aufgaben durften sie zu Ende führen.

Trotz der Tatsache, daß die Vpn mehr Zeit für die zu Ende geführten als für die unterbrochenen Aufgaben verwendet hatten, erinnerten sie sich einige Stunden später besser an die unterbrochenen Aufgaben als an die vollendeten. Dieser Unterschied verschwand jedoch innerhalb von 24 Stunden. Anscheinend beruhte er auf kurzfristigen motivationalen Faktoren, die den Erinnerungsprozeß beeinflußten (Zeigarnik, 1927).

Wie so oft, verbesserten auch hier weitere Untersuchungen das Verständnis der kurzfristigen motivationalen Faktoren bei Lern- und Gedächtnisvorgängen. Sie zeigten, daß der Zeigarnik-Effekt nur für das Erinnern von Aufgaben zutrifft, die ohne Streß durchgeführt wurden. Wenn sich die Vp durch die Nichtvollendung bedroht fühlt, scheint sich der Zeigarnik-Effekt umzukehren: vollendete Aufgaben werden besser behalten als unvollendete (Alper, 1952).

Auch neuere Untersuchungen zeigen klar das bessere Behalten unter bestimmten Motivationsbedingungen. Wir wissen z. B., daß das Behalten besser ist, wenn während des Lernens eine angenehme oder unangenehme emotionale Erregung stattgefunden hat. Erregung nimmt mit der Zeit ab; negative Erregung nimmt schneller ab als positive, so daß negative Assoziationen schneller verlorengehen. Deshalb können wir uns wahrscheinlich später besser an angenehme Erlebnisse erinnern (Holmes 1970).

Eine Vp lernt schneller, wenn sie weiß, daß sie mit einem elektrischen Schock bestraft wird, wenn sie sich später an das Gelernte nicht erinnern kann. Ebenso erinnert sich eine Vp an etwas, für das sie eine größere Summe bezahlt bekam, besser, als an etwas, für das sie weniger bekam (Weiner, 1967). Dieses „sich-bezahlt-machen" läßt eine Information während des Lernens relevanter erscheinen, so daß sie später besser in Erinnerung tritt. Das Wichtigste ist hierbei die Einübung und die angewandte Strategie, nicht wieviel Belohnung die Person für das Erinnern erhält. Dies zeigt sich, wenn eine Vp vor der Gedächtnisprüfung über die Belohnung informiert wird — sie hat dann keinen oder einen negativen Einfluß. Wenn das Material gespeichert worden ist, dann genügt zum Abruf eine einfache Aufforderung auch ohne Belohnung.

Klinische Erfahrung hat gezeigt, daß Erlebnisse, die zu schmerzvoll sind, manchmal überhaupt nicht behalten werden. Man erinnert sich natürlich auch an unangenehme Erlebnisse. Aber wenn ein bestimmter Gedächtnisinhalt die Selbsteinschätzung einer Person zu sehr bedroht, dann kann dadurch die Erinnerung völlig gehemmt werden. Die nun folgende Fallstudie soll als Beispiel dienen.

Zwei Mädchen im Alter von etwa 12 Jahren wurden von ihren Eltern unter Bedingungen, die für die Mädchen unglaublich demütigend waren, in ein Bordell gebracht. Als dies bekannt wurde und die Mädchen vor Gericht ihre Geschichte erzählten, gaben sie sehr detaillierte Informationen, die ihre Eltern und andere Verantwortliche schwer belasteten.
Als aber die Mädchen einige Monate später wieder befragt wurden, ließen sie die meisten Einzelheiten aus, selbst die, die sich auf den drastischsten Teil ihrer Erlebnisse bezogen. Als ihnen ihre frühere Aussage vorgelesen wurde, bestritten sie mit anscheinender Aufrichtigkeit, daß sich solche Ereignisse je zugetragen hätten, und deuteten mit Entrüstung an, daß diese Geschichten wahrscheinlich erfunden seien, „um sie schlecht zu machen" (Erickson, 1938).

In Fällen wie diesem, wo das ursprüngliche Erlebnis so lebhaft stark emotional war, würden wir erwarten, daß die Erinnerung an solche Tatsachen wach bleibt. Diese Unfähigkeit, sich zu erinnern, wird in einigen Fällen von den Klinikern der *Verdrängung* zugeschrieben, einem selbstbeschützenden, absichtlichen aber unbewußten Mechanismus, der die Person solche schmerzvollen Erlebnisse „vergessen" läßt. Dieses „vergessene" Material kann im Unterbewußtsein bleiben und Jahre später emotionale Konflikte hervorrufen.

Die hemmende Wirkung bedrohlicher Erlebnisse auf das Gedächtnis ist auch im Labor demonstriert worden. Es wurde gezeigt, daß das Gedächtnis gestört wird, wenn Angstreize benutzt werden (Merrill, 1954), wenn Angst vor Versagen mit dem Material assoziiert wird (Worchel, 1955), oder wenn sich Frustration oder andere unangenehme Erlebnisse zwischen Lernen und Erinnerung einschieben (Zeller, 1950). Ob das Gedächtnis durch die Motivation gefördert oder gehemmt wird, hängt unter anderem von folgenden Faktoren ab: von der Art und Intensität der Emotion, von der Art der Aufgabe, von der Art der Reaktion, die verlangt wird, und von der Stelle der Lern- oder Erinnerungs-Sequenz, an der die Motivationsbedingungen eingeführt werden.

Bei emotional aufgeladenem Material scheint die Erinnerung von der Einstellung der Vp dem Material gegenüber abzuhängen. Leute scheinen Material schneller zu lernen und sich besser daran zu erinnern, wenn es mit ihren eigenen Assoziationen übereinstimmt, als wenn es diesen widerspricht (Levine und Murphy, 1943).

Männliche und weibliche Studenten mußten einen 350 Wörter langen Text lesen (der jetzt natürlich längst veraltet ist), welcher sich mit dem „Problem" der Zulassung weiblicher Studenten an Universitäten für Männer befaßte, und eine Reihe von pro-männlichen, pro-weiblichen, anti-männlichen und anti-weiblichen Feststellungen enthielt. Nach einmaligem Lesen wurden die Vpn aufgefordert, das Material in 10-Minuten-Abschnitten innerhalb der nächsten Stunde niederzuschreiben.
Die Ergebnisse zeigten signifikante Geschlechtsunterschiede für die Erinnerung bestimmter Stellen des Textes. Die männlichen Vpn erinnerten sich mehr an pro-männliche, pro-weibliche und anti-weibliche Stellen als die weiblichen Vpn, die sich besser an die anti-männlichen Stellen erinnern konnten. Obgleich ihre Erinnerung für pro-weibliche etwas besser als für anti-weibliche Stellen war, übertrafen die weiblichen Vpn die männlichen nur bei der Erinnerung anti-männlicher Stellen. Im allgemeinen zeigen diese Ergebnisse, daß Leute sich am besten an die mit ihrer eigenen Einstellung übereinstimmenden Dinge erinnern (Alper und Korchin, 1952).

Das bessere Erinnern anti-männlicher als pro-weiblicher Text-Stellen bedarf einer weiteren Erklärung. Der allgemeine Ton des Textes war anti-weiblich gehalten, und die Autoren dieser Untersuchung kamen zu dem Schluß, daß die Betonung der anti-männlichen Stellen seitens der weiblichen Studenten den allgemeinen anti-weiblichen Text bei der Reproduktion etwas ausgeglichener gestaltete. Es ist auch möglich, daß das bessere Erinnern anti-männlicher Stellen seitens der weiblichen Vpn ein Ventil für Aggression darstellte. Da beide Geschlechter das gegen ihr eigenes Geschlecht sprechende Material weniger behielten, könnte man dies unter Umständen auch als Verdrängung unangenehmer Ideen ansehen.
In dieser Studie waren jedoch wichtige Variablen nicht kontrolliert, und andere Erklärungen sind deshalb möglich. Die tatsächliche Einstellung der Vp wurde nicht festgestellt: es wurde einfach angenommen, daß die weiblichen Studenten alle pro-weiblich und die männlichen alle pro-männlich sind. Auch wurde nicht festgestellt, ob den Studenten die im Text enthaltenen Argumente vorher vertraut waren. Wenn Sie die Argumente für Ihre Einstellung ganz genau kennen und zwischen diesen Argumenten und verwandten Konzepten reichhaltige assoziative Verbindungen bestehen, Sie andererseits aber die Argumente der anderen Seite nicht kennen, kann Ihre Erinnerung an pro-und-contra-Items mit dem Erinnern sinnvollen und sinnlosen Materials verglichen werden.

„Chunking" und Gedächtnis

Neuere Untersuchungen befassen sich vor allen Dingen mit Gedächtnis-Einheiten, Gruppen von Elementen, die entweder als Ganzes erinnert oder vergessen werden. Es ist klar, daß die Organisation, die wir in einem zu erinnernden Material sehen, einen großen Einfluß darauf ausübt, wie schnell wir das Material lernen und wie gut wir es im Gedächtnis behalten können.
Bei fast allen Arten verbalen Materials können wir verschiedene Niveaus feststellen. Wir finden z. B. auf dem niedrigsten Kommunikationsniveau Buchstaben oder Phoneme. In Sequenzen zusammengefaßt bilden diese größere Einheiten — Wörter. Wörter wiederum bilden grammatikalische Segmente und diese wiederum Sätze. Die Sätze können dann zu Sequenzen von Ideen führen, die das allgemeine Thema oder die Konzept-Struktur einer Kommunikation ausdrücken. Durch das Aufeinanderfolgen immer höherer Organisationsformen entsteht eine Hierarchie.
Die grundlegende Hypothese über die Gedächtnis-Einheit besagt, daß die Menge, die eine Person bei neuem Material lernt, von dem *Niveau* der Einheiten bestimmt wird, die sie bereits bei diesem Material kennt. Die meisten Leser beginnen z. B. beim Lernen des in diesem Kapitel dargebotenen Materials mit der Kenntnis der Wörter als Einheiten. Zu Beginn sind also die Gedächtnis-Einheiten Wörter und sehr kurze Ausdrücke. Einheiten, die bereits bekannt sind, werden von den Psycholinguisten als *chunks* bezeichnet (G. Miller, 1956). Im folgenden werden wir uns damit befassen, was wir mit diesen „chunks" tun müssen, um den Inhalt eines ganzen Kapitels zu verstehen und zu behalten. Zunächst jedoch wollen wir sehen, was diese grundlegenden chunks mit unserer Fähigkeiten, zu lernen und zu behalten, zu tun haben.
Lesen Sie jetzt die folgende Buchstaben-Sequenz einmal durch, schließen Sie dann Ihre Augen und versuchen Sie dann, sich an diese Sequenz zu erinnern:
DE-RHU-NDS-AHD-IEK-ATZ-E.
Wahrscheinlich grenzt solch eine Buchstaben-Sequenz sehr nahe an die Fähigkeiten Ihres Kurzzeit-Gedächtnisses. Die Art, in der die Buchstaben gruppiert sind, ist bedeutungslos; deshalb müssen die Buchstaben einzeln erinnert werden. Wenn Sie jedoch bemerkt hätten, daß diese Buchstaben-Sequenz eine andere

Gruppierung des Satzes „Der Hund sah die Katze“ darstellt, wäre es für Sie sehr einfach gewesen, sich an diese Sequenz zu erinnern. Unsere Fähigkeit, einmal gesehenes Material zu behalten, hängt von den sich im Material befindlichen bekannten chunks ab. Viele Untersuchungen haben gezeigt, daß wir innerhalb einer kurzen Zeit nur etwa zwischen 5 und 9 oder wie G. Miller sagt, 7 ± 2 chunks aufnehmen können. Dies scheint zuzutreffen, unabhängig davon, ob die Einheiten groß oder klein, komplex oder einfach sind.

Ein Psychologe brachte sich selbst bei, Drei-Zahlen-Sequenzen, die zufällig angeordnet waren, — z. B. 101100111010 — umzugruppieren, indem er einen Code benutzte, der jeweils eine Gruppe von drei Ziffern in eine einzige Ziffer zwischen 0 und 7 umwandelte. So wurde die obige Serie, gruppiert als 101, 100, 111, 010, umgruppiert in 5472.
Zunächst stellte er fest, wie lange die Sequenz der ursprünglichen Ziffern war, die er ohne Umgruppierung behalten konnte. Dann lernte er die umgruppierten Serien. Wie erwartet, erhöhte sich sein Gedächtnis fast um das Dreifache. Was in der ursprünglichen Sequenz also als 3 chunks behalten wurde, wurde jetzt in der umgruppierten Serie als 1 chunk behalten und führte zu einer bedeutenden Erhöhung des Gedächtnisses (S. Smith, zit. nach G. A. Miller, 1967).

Wahrscheinlich gibt es eine Tendenz, konstant eine bestimmte Anzahl von chunks, wie immer auch ihre Größe und Komplexität aussehen mag, zu erinnern. Wenn z. B. Buchstaben in Wörter gruppiert werden, so sehen wir eine etwa 7fache Erhöhung der Anzahl erinnerter Buchstaben, obgleich die Wörter kompliziertere Informations-Einheiten darstellen. Wenn die Wörter in Sätze umgewandelt werden und die Sätze in größere Gedächtnis-Einheiten, nimmt die Menge des behaltenen Materials entsprechend zu. Einen weiteren Beweis für chunks liefert eine Methode, die sich mit der freien Erinnerung an Wörter innerhalb verschiedener Arten von „Sätzen“ befaßt.

Miller und Selfridge, 1950, konstruierten Wortlisten mit verschiedenen Ähnlichkeiten gegenüber der Wortanordnung natürlicher englischer Sätze. Es folgen Beispiele solcher Wort-Sequenzen mit verschiedenen Anpassungsgraden an die englische Sprache.

0. Ordnung: byway consequence handsomely financier bent flux cavalry swiftness weather-beaten extent.
1. Ordnung: abilities with that beside I for waltz you the sewing.
2. Ordnung: was he went to the newspaper is in deep and.
3. Ordnung: tall and thin boy is a biped is the beat.
4. Ordnung: saw the football game will end at midnight on January.
5. Ordnung: they saw the play Saturday and sat down beside him.
7. Ordnung: recognize her abilities in music after he scolded her before.
Text: the history of California is largely that of a railroad.

Je mehr die Sätze natürlichem Englisch ähnelten, umso besser konnten die Vpn sich daran erinnern. Beachten Sie bitte, daß bei höherem Anpassungsgrad an die echte Sprache die Sätze auch sinnvoller werden, was bedeutet, daß weniger chunks gelernt werden müssen, und weiterhin, daß die Vpn tatsächlich sinnvolle Sequenzen als chunks lernten.
Eine ähnliche Unterschung von Tulving und Patkau (1962) führte zu denselben Ergebnissen. Auch hier war die Erinnerung größer, je mehr die Phrasen der natürlichen Sprache angepaßt waren. Diese Autoren jedoch gingen einen Schritt weiter und definierten ein „Erinnerungs-chunk“ als jede Wort-Sequenz, welche die Vp in der ursprünglichen Reihenfolge wiedergeben konnte. Hier zeigte sich, daß die ursprüngliche Länge der Erinnerungs-chunks mit der Annäherung an die natürliche Sprache wuchs. Am wichtigsten jedoch war die Beobachtung, daß für alle Listenarten die *Anzahl* der behaltenen chunks ziemlich konstant blieb.

Die Ergebnisse unterstützen die Annahme von chunks und einer konstanten Kapazität des unmittelbaren Gedächtnisses (in chunks ausgedrückt). Vielleicht ist unser Gedächtnis für sinnvolles im Vergleich zu sinnlosem Material deshalb so viel besser, weil unsinniges Material aus vielen kleinen chunks besteht, die nicht zu größeren Einheiten zusammengefaßt werden können und deshalb getrennt im Gedächtnis verarbeitet werden müssen. In jedem Fall steht fest, daß wir zu erlernendes Material in „bedeutungsverschlüsselte“ Einheiten umwandeln. Wir haben z. B. festgestellt, daß beim Lesen dieses Kapitels die chunks für Sie wahrscheinlich zunächst Wörter oder kurze Phrasen waren. Wenn das aber so weiterginge, dann müßten Sie sich jetzt an eine ungeheure Menge Materials erinnern, welches aus lauter kleinen chunks besteht. Selbstverständlich können Sie sich nicht an die genauen Worte eines Kapitels erinnern. Stattdessen erinnern Sie sich an die im Kapitel behandelten *Themen* und an die Abfolgen von Ideen. Beim Lesen organisieren Sie das Material in höherstehende bedeutsame Einheiten um. In diesem Kapitel z. B. haben wir Wahrnehmungs- und motorisches Lernen diskutiert, dann Sprachlernen, Erinnern und Vergessen verbalen Materials und jetzt Bedingungen, die die Effizienz des Lernens beeinflussen.
Beim Codieren des Materials in größere bedeutsame Einheiten geht jedoch die Präzision des rein mechanischen Lernens verloren. Morgen

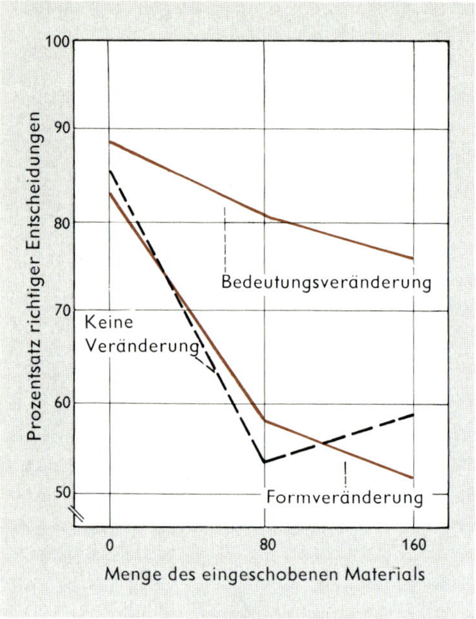

Abb. 5-12. Gedächtnis für Bedeutung vs. Gedächtnis für Form (Nach Sachs, 1967)

werden Sie sich an einige Dinge erinnern, die wir in diesem Kapitel durchgenommen haben, aber sicherlich nicht an den genauen Wortlaut.

Es gibt viele Untersuchungen, die zeigen, daß wir größere Bedeutungseinheiten und nicht den genauen Wortlaut behalten.

In einem Experiment wurde den Vpn eine kurze Geschichte vorgelesen, die einen bestimmten Satz enthielt, der bei der späteren Gedächtnisprüfung abgefragt wurde. Diese Prüfung kam entweder nach 0, 80 oder 160 zusätzlichen Silben der Geschichte. Bei der Prüfung wurde ein Satz vorgelesen, der entweder mit dem ursprünglichen identisch war, in der Form, aber nicht in der Bedeutung verändert war, oder in der Bedeutung verändert war. Wie die nächste Abbildung zeigt, konnten die Vpn sehr leicht Veränderungen in der Bedeutung, aber nicht so leicht den wortwörtlichen Satz oder Veränderungen in seiner Form erkennen (Sachs, 1967).

Mnemonische Strategien

Bis vor kurzem haben diejenigen, die psychologische Prinzipien im Klassenzimmer anzuwenden versuchen, sich sehr wenige Gedanken darüber gemacht, welche Organisationsprobleme der Lernende bei neuen Lernaufgaben zu bewältigen hat. Durch die Entdeckung des sogenannten „chunking" und der Bedeutung hierarchischer Organisation und bedeutungsträchtiger Verschlüsselung haben die Psychologen begonnen, geistige Prozesse zu untersuchen, die mit der Verschlüsselung des Materials zu tun haben, und nach Techniken zu suchen, die die Verschlüsselung wirksamer machen. Solche Methoden bezeichnen wir als *mnemonische Strategien.* Die diesen Strategien zugrundeliegende Idee ist die, daß man schon vorhandene Kenntnisse als Anker und Kontext für neue Kenntnisse benutzt.

Gebrauch einer bereits vorhandenen Struktur. Man kann z. B. die Organisation einer bereits gut bekannten Struktur als „Grundgerüst" für neue Information verwenden. Zum Beispiel kann die genaue Reihenfolge einer Gruppe von Gedächtnisinhalten leichter behalten werden, wenn man ihnen Zahlen zuordnet. Und manchem Medizinstudenten hat beim verzweifelten Studium der Handwurzelknochen schon folgender „Zauberspruch" geholfen: „Ein Schifflein fuhr im Mondenschein ums Dreieck und ums Erbsenbein. Vieleck groß und Vieleck klein, ein Kopf, der muß beim Haken sein".

Reduzierung der Anzahl von Einheiten. Eine mnemonische Strategie besteht darin, das Material so umzuwandeln, daß weniger Einheiten gelernt werden müssen. Wenn man eine Wortliste lernen soll, kann man die Wörter dieser Liste in etwa 7 Gruppen einteilen, so daß innerhalb der Gruppen irgendein Zusammenhang zwischen den Wörtern besteht (z. B. in Bedeutung oder Klang). Diese Gruppen bilden dann die Gedächtniseinheiten.

Erhöhung der Bedeutsamkeit. Da sinnvolles (bedeutsames) Material leichter erlernt und behalten wird, besteht eine andere wirksame mnemonische Strategie darin, verhältnismäßig bedeutungslosem Material Bedeutung zu geben. Wird z. B. eine Liste von sinnlosem Material gelernt, welches aus Gruppen von 3 Konsonanten besteht, wie z. B. TLR, so ist es nützlich, diese Gruppen in sinnvolle Worte umzuformen; so könnte aus TLR z. B. „Teller" werden. Obwohl Teller länger ist als TLR, ist es eine Einheit, die wir bereits kennen und die für uns Bedeutung hat. Solche sinnvollen Einheiten können wiederum in umfassendere Kategorien eingeordnet oder auf irgendeine andere Art verbunden werden.

Einer der wirksamsten mnemonischen Kunstgriffe, der die Sinnhaftigkeit in Wortlisten erhöht, gliedert die einzelnen Wörter in eine Geschichte oder in Sätze ein. Bower und Clark (1969) demonstrierten die Wirksamkeit dieser Strategie beim Erinnern von Substantiven.

Die Vpn erhielten eine Liste von 10 Substantiven, die keine Beziehung zueinander hatten, und die sie in der Reihenfolge lernen mußten, wie sie dargeboten wurden. Die Experimentalgruppe wurde angewiesen, eine Geschichte zu erfinden, in der diese Wörter in richtiger Reihenfolge erscheinen sollten. Eine Vp erfand z. B. folgende Geschichte: „Ein GEMÜSE kann zu einem wirksamen INSTRUMENT für den Studenten werden. Eine Karotte kann ein NAGEL für den ZAUN oder die MAUER sein, aber ein HÄNDLER der KÖNIGIN würde über dieses DING klettern und die Karotte einer ZIEGE schenken". Jede Vp lernte 12 Listen nach dieser Methode. Jeder Vp in der Experimentalgruppe wurde eine Vp der Kontrollgruppe zugeordnet, der dieselbe Zeit zum Lernen der Listen zur Verfügung stand. Die Versuchspersonen der Kontrollgruppe erhielten jedoch keine Anweisung, wie die Listen zu lernen seien.

Da jede Liste nur 10 Wörter enthielt, konnten sich beide Gruppen an fast alle Wörter der Liste erinnern, die unmittelbar nach der Lernperiode abgefragt wurde. Nachdem jedoch alle Listen dargeboten und gelernt worden waren, wurden den Vpn nur das erste Wort jeder Liste gesagt und sie wurden aufgefordert, den Rest der Liste in richtiger Reihenfolge zu reproduzieren. Wie die nächste Abbildung zeigt, war der Unterschied zwischen den beiden Gruppen hoch signifikant. Die Vpn, die Geschichten erfunden hatten, erinnerten sich an 94 % der Wörter aller Listen, während die Vpn der Kontrollgruppe nur 14 % behielten.

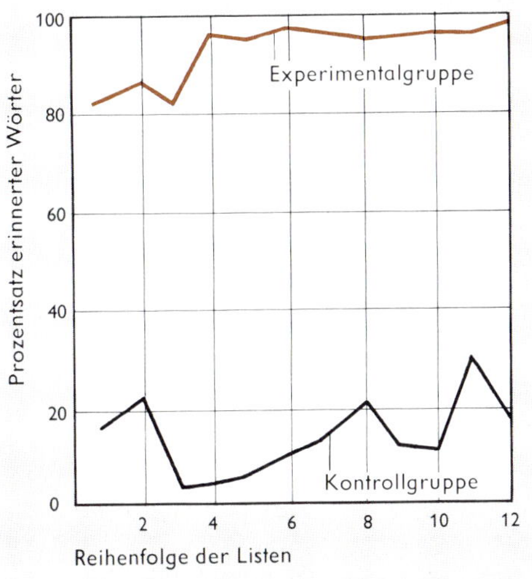

Abb. 5-13. Bedeutsamkeit und Gedächtnis (Nach Bower und Clark, 1969)

Der Computer als Tutor

Die Anwendung der im Labor gewonnenen Prinzipien auf die praktische Erziehung zeigt sich vielleicht am besten am computer-gesteuerten Lernen. Befassen wir uns zunächst mit der Entwicklung der solchen Lernvorgängen zugrunde liegenden Lernprinzipien.

Die Entwicklung des programmierten Lernens. Die ersten Ideen zum Maschinenlernen entstammten der Pionierarbeit von S. L. Pressey (1926).

Die Techniken des programmierten Lernens, die später bei Lernmaschinen Verwendung fanden, wurden von B. F. Skinner entwickelt. Anstatt die Apparatur zur Wiederholung und zum Einüben des bereits erlernten Materials zu verwenden, benutzte Skinner sie für den ursprünglichen Lernvorgang selbst. Allgemein gesprochen, präsentierte er das Material in sehr kleinen Lernschritten und forderte dabei *aktive Mitarbeit* vom Lernenden. Es wurde eine kurze Information dargeboten und dazu eine einfache Frage gestellt oder ein zu ergänzender Satz gegeben. Sobald der Schüler seine Antwort gegeben hatte, wurde er *sofort über das Ergebnis informiert,* d. h., ob die Antwort richtig oder falsch war. Jede Lerneinheit bestand aus Information und Frage.

Die nächste Abbildung zeigt einen Ausschnitt aus dem von R. F. Schmidt entwickelten Lernprogramm „Neurophysiologie Programmiert". In diesem Programm arbeitet sich der Student Schritt für Schritt durch das angebotene Material und beantwortet dabei jede Frage. Das Programm erlaubt wenig Abweichung; jeder Student muß die gesamte Sequenz des Programms durcharbeiten. Programme mit diesen Eigenschaften bezeichnet man als *lineare Programme.* Erscheint das Programm in Form eines Buches, so erfährt der Student nach Abgeben seiner Antwort lediglich die richtige Antwort und arbeitet dann an der nächsten Einheit weiter, gleich, ob seine Antwort richtig oder falsch war. Wird das Programm in der Lernmaschine dargeboten, muß der Student die richtige Antwort geben, bevor die Maschine die nächste Frage präsentiert.

Eine Alternative zum linearen Programm ermöglicht es dem Studenten, der einen Fehler gemacht hat, auf einen besonderen Abschnitt auszuweichen, der zusätzliches Material enthält, welches ihm den Stoff detaillierter auseinandersetzt. Solche Programme bezeichnet man als *verzweigte Programme.* Bei verzweigten Programmen erfährt der Student, warum eine bestimmte Antwort falsch war und welche Prinzipien er zur richtigen Beantwortung anwenden soll. Anschließend kann er die Frage noch einmal beantworten. Verzweigte Pro-

Unter der Lupe

Ein programmierter Text

Lektion 1 Die Nervenzellen

In dieser Lektion befassen wir uns mit den Bausteinen des Nervensystems, den Nervenzellen. Die verschiedenen Anteile der Nervenzellen und die Verbindungen der Nervenzellen untereinander und mit anderen Zellen des Körpers werden erläutert.

Lernziele: Schematische Zeichnung einer Nervenzelle. Benennung der verschiedenen Abschnitte dieser Zelle. Benennung und schematische Aufzeichnung der 3 möglichen Verbindungen zwischen 2 Nervenzellen. Bezeichnung der Verbindung zwischen Nervenzelle und Muskel- oder Drüsenzelle. Allgemeine Definition einer Rezeptorzelle. Erläuterung des Begriffes „adäquater Reiz" eines Rezeptors anhand von 2 oder 3 Beispielen.

1.1 Die Bausteine des Nervensystems sind die ....., auch Ganglienzellen, meistens aber Neurone genannt. Es ist geschätzt worden, daß das menschliche Gehirn 10^{10} (10 Milliarden) dieser Zellen besitzt.

Nervenzellen

1.2 Jede dieser 10^{10} Ganglienzellen oder ..... wird, wie bei allen tierischen Zellen, von einer Zellmembran begrenzt, die den Zellinhalt umschließt. Der Bauplan der Neurone ist immer gleich (Abb. 1-2): a) ein Zellkörper oder Soma, ferner Fortsätze aus diesem Zellkörper, b) die Dendriten und c) das Axon oder der Neurit.

Neurone (oder Nervenzellen)

1.3 Die Einteilung der Fortsätze der Neurone in mehrere ..... und ein ..... erfolgt nach funktionellen Gesichtspunkten: das Axon verbindet die Nervenzelle mit anderen Zellen. An den Dendriten, wie auch am Soma, enden die Axone anderer Neurone.

(R. F. Schmidt, Neurophysiologie programmiert, Springer 1971)

gramme ermöglichen damit eine detailliertere Kenntnis der Ergebnisse. Sie sind ferner den individuellen Lernfähigkeiten angepaßt, da nicht jeder Lernende die zusätzlichen Erklärungen benötigt.

Computer-gesteuertes Lernen [computer-assisted instruction (CAI)]. Die Entwicklung des computer-gesteuerten Lernens stellt innerhalb der Entwicklung des programmierten Lernens einen logischen Schritt nach vorne dar. Durch den Gebrauch großer Digital-Computer wurde die Anwendung zusätzlicher Techniken möglich, da der computer-gesteuerten Darbietung in bezug auf audiovisuelles Material, das in einem Lernprogramm Verwendung finden kann, praktisch keine Grenzen gesetzt sind.

Die nächste Abbildung zeigt den Aufbau eines Systems für computer-gesteuertes Lernen, welches an der Universität von Illinois verwendet wird. Das System trägt den Namen PLATO (Programmed Logic for Automatic Teaching Operations). Der Student sitzt an einem Steuergerät und hat durch Schreibtasten Zugang zum Computer. Der Computer zeigt seine Darbietungen, Fragen und Anweisungen auf einem Fernsehschirm, auf dem auch Dias projiziert werden können. Das System wurde schon für alle möglichen Lernprogramme benutzt, von der elementaren Mathematik bis zur Pharmakologie.

Systeme wie PLATO können mit verschieden starken Graden der Interaktion zwischen Studenten und dem Computer-Programm eingesetzt werden. Das einfachste dieser Programme ist ein *Drill- und Übungs-System.* In diesem Fall wird der Computer lediglich zur Übung benutzt. Er präsentiert eine Reihe von Aufgaben, die komplizierter werden, wenn der

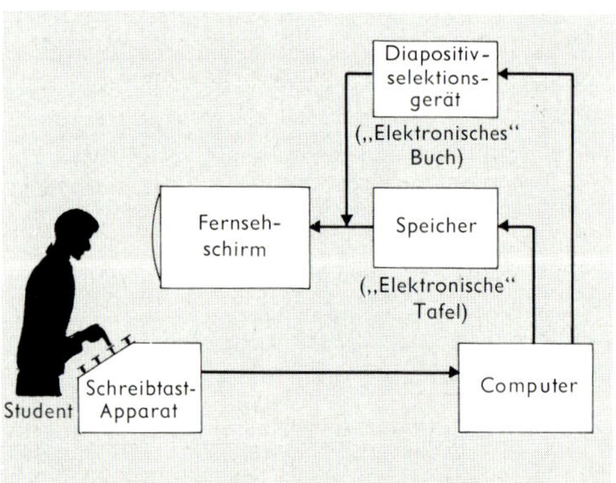

Abb. 5-14. Diagramm des PLATO-Lernsystems (Nach Alpert und Bitzer, 1970)

Student richtig antwortet oder einfacher, wenn er die Übung nicht versteht. Die zweite mögliche Interaktionsart ist ein *Tutor-System.* Hier wird das Programm nicht nur zum Üben benutzt, sondern der Computer lehrt neue Konzepte. Das System funktioniert wie ein individueller Tutor und führt zu immer höheren Schwierigkeitsgraden, wenn der Student die Fragen richtig beantwortet. Die dritte Systemart ist das *Dialog-System.* Hier kann der Student an den Computer bestimmte Fragen stellen und von ihm gefragt werden. Die Entwicklung des Dialog-Systems hat bis heute nicht den erwarteten Erfolg gezeigt, obwohl das PLATO-System ein Programm für „Frage-Logik" enthält, bei dem der Student Fragen aus einer vorbereiteten Liste stellen kann.

Eines der computer-gesteuerten Lernsysteme hat einen zentral gesteuerten Computer an der Stanford-Universität, an den über 1 000 Volksschulen der USA angeschlossen sind (Suppes, 1967; Atkinson, 1968). Das Material wird auf einer Kathoden-Röhre dargeboten, und die Antworten können durch das Berühren der Röhre mit einem besonderen Stift gegeben werden (Abb. 5-15). Ist die Antwort des Schülers richtig, informiert ihn der Computer darüber und präsentiert den nächsten Lernschritt. Ist sie falsch, wird der Schüler über einfacheres Material umgeleitet.

Computer-gesteuertes Lernen kann viele Lernbedingungen optimieren. Wenn die Darbietungsgeräte richtig gehandhabt werden, beanspruchen sie die volle *Aufmerksamkeit* des Lernenden. Die neuartige Arbeit mit einem Computer führt zumindest im Anfang zu einer hohen *Motivation.* Der Lernende muß sich *aktiv* am Lernvorgang beteiligen und erhält neues Material nur dann, wenn er die Voraussetzungen dazu erfüllt. Schließlich erfolgt immer eine *sofortige Rückkoppelung seiner Leistung,* die für wirksames Lernen unbedingt erforderlich ist. Bis jetzt besteht die größte Schwierigkeit darin, daß noch niemand imstande war, ein Programm zu schreiben, welches alle möglichen Probleme voraussehen und darstellen kann.

Eine Untersuchung ergab ziemlich unerwartete Resultate: Eine Gruppe von 13- bis 15-jährigen Schülern aus „benachteiligtem Milieu" wurden von einem computer-gesteuerten Lernsystem und einem Lehrer unterrichtet. Als das Experiment beendet war, wurden die Schüler gebeten, sowohl den Computer als auch den Lehrer im Hinblick auf Merkmale

Abb. 5-15. Computergesteuertes Lernen. Dieser Apparat stellt Fragen an den Schüler und beantwortet sie. Das Problem erscheint auf dem Bildschirm links; der Schüler wählt eine der möglichen Antworten aus, wobei er den anderen Schirm mit einem Spezialstift berührt

wie Fairneß, Intelligenz und persönliches Verständnis zu bewerten. Der Computer erhielt für alle Merkmale eine bessere Bewertung als der Lehrer (Hess und Tenezakis, 1970).

f Der Computer bei Untersuchungen über Denkprozesse

Zu Beginn dieses Kapitels befaßten wir uns mit den Faktoren, die das Denken beeinflussen. Wie steht es aber mit der eigentlichen Informations*verarbeitung*? Seit kurzem versuchen Modelle diesen Prozeß des Informationsflusses im Nervensystem nicht in Termini neurophysiologischer Strukturen, sondern mit Begriffen aus der Computer-Technik zu erklären, was eine recht vielversprechende Entwicklung darstellt. Der Gebrauch von Computer-Programmen erfordert, daß die Schritte einer Sequenz der Informationsverarbeitung ausführlich, präzise und genau festgelegt werden und vermeidet vage Verallgemeinerungen. Eine solche Sequenz kann in einem Flußdiagramm dargestellt werden.

Rechteckige Umrandungen bedeuten dabei *Handlungsschritte,* dem Computer wird befohlen, etwas zu tun; die ovalen bedeuten *Entscheidungsschritte,* der Computer muß mit „ja" oder „nein" antworten. Jedesmal, wenn die Antwort „nein“ ist, muß der Computer zurückgreifen (*Schleife*) und dieselbe Sequenz von Schritten solange durchgehen, bis keine Information (Lochkarten) mehr verarbeitet werden muß. Flußdiagramme dienen lediglich der visuellen Darstellung; das *tatsächliche Programm* besteht aus verschlüsselten Anweisungsschritten, die in den Computer eingegeben werden.

Sind Computer intelligent?

Warum haben sich die am menschlichen Denkprozeß interessierten Psychologen dem Computer zugewandt? Der Anstoß kam wahrscheinlich durch eine Veröffentlichung des englischen Mathematikers Turing, in der er die Frage stellte: „Können Maschinen denken“? Er argumentierte, daß die Antwort auf diese Frage „ja“ lauten müsse, wenn menschliche Beurteiler den Output eines Computers von

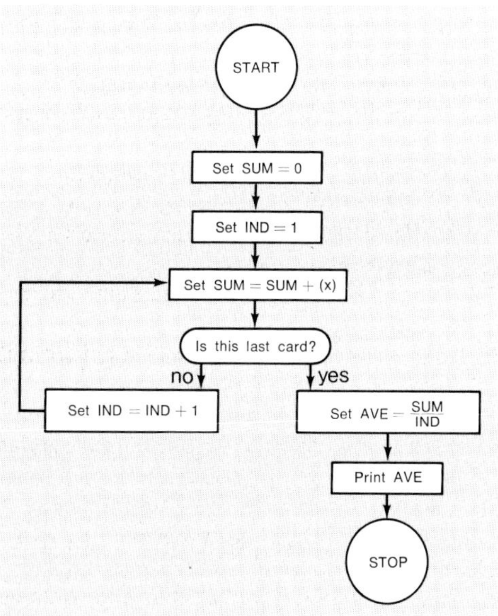

Abb. 5-16. Ein Flußdiagramm zeigt die Schritte in einem hypothetischen Computer-Programm, welches den Durchschnitt einer Reihe von Zahlen errechnet. Jede zu verarbeitende Zahl ist auf einer Lochkarte dargestellt. SUM steht für eine Gedächtniszelle des Computers, die als kurzfristiger Arbeitsraum benutzt wird. IND steht für Indexzahl, die angibt, wie viele Karten addiert worden sind. Der Computer ist angewiesen, die Zahl (X) von jeder Karte des Stapels abzulesen, wobei sich jeweils IND um 1 erhöht. Wenn die letzte Karte verarbeitet ist, errechnet der Computer den Durchschnitt (dividiert SUM durch IND) und druckt das Ergebnis aus (AVE)

dem eines Menschen nicht mehr unterscheiden könnten. Turing schlug ein Spiel vor, bei dem der menschliche Beurteiler direkt mit dem Computer kommunizieren kann, der menschlicher Denker aber nur über Teletype. Er stellt dann an beide Fragen und versucht festzustellen, welche Teletype-Antworten von wem kommen. Turing war der Überzeugung, daß es eines Tages einen Computer geben wird, der dieses Spiel gewinnt.

Das erste große Computer-System, das man als „intelligent“ bezeichnen könnte, war der „Logische Theoretiker“, der gebaut wurde, um Beweise für logische Theoreme zu finden (Newell, Shaw und Simon, 1958). Bei einer Überprüfung seiner Fähigkeiten war dieser Computer imstande, 38 der ersten 52 Theoreme der *Principia Mathematica* von Whitehead und Russell zu beweisen. Zusätzlich zu seiner Fähigkeit, Probleme zu lösen, enthielt das Programm des „Logischen Theoretikers“ verschiedene „erfinderische Züge“, die dem Menschen eigen sind. Eine dieser Möglichkeiten bestand darin, „rückwärts zu denken“, d. h., der „logische Theoretiker“ entwickelte verschiedene, sich auf das Theorem beziehende mathematische Sätze und prüfte dann, ob einer dieser Sätze von den ursprünglich gegebenen Größen abgeleitet werden könne. Die Problemlösungsfähigkeiten zeigten insofern „menschliche Züge“, als der Computer bei der Lösung eines Problems auch „Einsicht“ zeigte. Die Konstrukteure meinten, man könne ein solches System als ein *Modell* des menschlichen Denkens bezeichnen, da es anscheinend menschliche kognitive Prozesse simuliere.

Nach dem logischen Theoretiker wurden eine Reihe von Programmen entwickelt, die versuchten, das Problemlösen der Menschen zu simulieren. Gelernter (1960) schrieb z. B. ein Programm, welches mit Hilfe von Diagrammen geometrische Probleme löste. Computer wurden auch auf Brettspiele programmiert. Samuels Programm (1967) gewann gegen viele menschliche Dame-Meister. Ein erfolgreiches Schach-Programm ist jedoch noch immer in der Entwicklung. Das beste Programm in den sechziger Jahren (Greenblatt, Eastlake und Crocker, 1967) konnte zwar ziemlich gut Schach spielen, wurde aber immer noch von menschlichen Experten geschlagen. Da diese Programme immer besser werden, ist es möglich, daß sie einmal gegen Schachmeister antreten können.

Sind Computer so vielseitig wie das menschliche Gehirn?

Die Psychologen erkannten sehr schnell, daß ein Computer-Programm, welches geometrische Probleme lösen, aber keine Spiele spielen kann, kein richtiges Modell des menschlichen Gehirns ist, das ja beides kann. Vermutlich benutzt der Mensch für die Lösung aller Probleme die gleichen intellektuellen Prozesse, nicht einen für das Dame-Spiel und einen anderen für Logik. Die Frage war nun, ob ein Computer konstruiert werden konnte, der eine große Anzahl von Problemen, gleich welcher Natur, lösen kann. Der ehrgeizigste Versuch in dieser Richtung ist der „Allgemeine Problemlöser" (general problem solver) von Newell, Shaw und Simon (1960). Dieses hochentwickelte System enthält eine Anzahl von Konzepten, Strategien und heuristischen Möglichkeiten, von denen man meint, daß sie auch dem menschlichen Problemlösen zugrundeliegen. Gibt man diesem Programm bestimmte Prämissen, ein Ziel und bestimmte Umwandlungsregeln ein, so kann es diese Regeln bis ins Detail befolgen. Aber auch der „Allgemeine Problemlöser" konnte nur bestimmte Arten von Problemen lösen und damit die hochgesteckten Ansprüche von Turing nicht erfüllen.

Die Ideen und Techniken der Informationsverarbeitung wurden auch bei Untersuchungen über die psychologischen Prozesse des verbalen Lernens und des Wiedererkennens von Mustern benutzt. Abelson und Carroll (1965) entwickelten z. B. eine Maschine (ideology maschine), die die stabilen, widerstandsfähigen sozialen oder politischen Ansichtsstrukturen

Unter der Lupe

Der verrückte Doktor

Kann Ihnen ein Computer helfen, Ihre persönlichen Probleme zu lösen? Ein Beispiel der therapeutischen Fähigkeiten eines Computers wird in der folgenden Unterhaltung zwischen einem Patienten und dem „verrückten Doktor" dargestellt. Dieser verrückte Doktor befindet sich in der Stanford-Universität im Labor für kindliche Intelligenz. Der Patient schreibt seine Reaktionen in Teletype und Sekunden später antwortet der Computer-Therapeut via Teletyp oder auf einem Bildschirm. Patient (PZ): Guten Tag. Therapeut (verrückter Doktor): Wie geht es Ihnen? Erzählen Sie mir bitte etwas über Ihr Problem.

PZ: Ich fühle mich die ganze Zeit bedrückt.
VD: Sagen Sie mir bitte etwas mehr über Ihre Gefühle.
PZ: Ich bin nur unglücklich und suche Ihre Hilfe.
VD: Sie glauben, daß ich Ihnen helfen kann?
PZ: Ich bin mir nicht sicher.
VD: Sind Sie zu mir gekommen, weil Sie nicht sicher sind?
PZ: Ich glaube, ich hasse Sie.
VD: Vielleicht mögen wir uns in Ihrer Phantasie nicht?
PZ: Sie sind nichts anderes als eine dumme Maschine!
VD: Machen Ihnen Computer Sorgen?
PZ: Computer und Therapeuten machen mir Sorgen.
VD: Warum erwähnen Sie Computer?
PZ: Sie haben es zuerst erwähnt.
VD: Wir sprechen doch über Sie und nicht über mich.
PZ: Sind Sie ein Therapeut oder ein Computer?
VD: Was glauben Sie, haben Maschinen mit Ihrem Problem zu tun?
PZ: Die haben dieses Problem verursacht.
VD: Haben Sie je daran gedacht, daß Sie das evtl. *nicht* getan haben?
PZ: Nein!
VD: Sagen Sie nein, nur um negativ zu sein?
PZ: Nein!
VD: Sie scheinen heute nicht sehr gesprächig zu sein.
PZ: Ich will auch garnicht mehr sprechen.
VD: Wollen Sie *wirklich* nicht mehr sprechen?
PZ: Nein!
VD: Sie sind aber doch ein bißchen negativ.
PZ: Darauf können Sie Gift nehmen; ich gehe jetzt.
VD: Glauben Sie, daß es normal ist, jetzt zu gehen?

(Nach Colby)

des Menschen zu simulieren versuchte. Colby und seine Mitarbeiter entwickelten Computer-Programme, die sowohl einen neurotischen Patienten (1965) als auch einen Therapeuten (1966) simulierten. Die nächste „Lupe“ bringt einen Ausschnitt aus einer Begegnung zwischen Philipp Zimbardo und dem Computer-„Therapeut“. Ein weiteres Interview mit einem paranoiden Computer-„Patient“ erscheint in Kapitel 10.

Verwendung und Grenzen des Computers

In den letzten Jahren vermehrte sich die Literatur über die Entwicklung informationsverarbeitender Modelle und „künstlicher Intelligenz“ explosionsartig. Es wurde mit einer riesigen Anzahl von Untersuchungen begonnen, und die Computer-Programme werden zusehends feiner und ausgeklügelter. Eine solche Entwicklung sollte man jedoch nicht ohne Vorbehalte betrachten. Die am weitesten verbreitete Kritik lautet, daß Computer, die einspurig und unemotional sind, unmöglich das menschliche Denken simulieren können.

Solche Kritik trifft zu, kann aber nicht alles verwerfen. Die neuesten Modelle der Informationsverarbeitung haben damit begonnen, einige menschliche „Schwächen“ zu berücksichtigen. Simon (1967) hat ein Modell entwickelt, welches Merkmale wie „Ungeduld“ (Wahl der besten Alternative innerhalb einer bestimmten Zeit) und „Entmutigung“ (das Einstellen der Verarbeitung nach einer bestimmten Anzahl von Fehlschlägen) enthält. Wird auf diesem Gebiet so weitergearbeitet, sollte es uns nicht überraschen, wenn ein Computer-Programm entwickelt wird, das gelangweilt sein kann, widersprüchliche Motivation zeigt, manchmal dumm ist usw. Obgleich solche Programme dem menschlichen Denken sehr nahe kommen können, würden wir sie doch nicht zur Steuerung von Maschinen einsetzen. Die Modelle, die Maschinen oder Produktionsvorgänge steuern, werden also ganz anders gestaltet sein als die, die das menschliche Denken simulieren.

Im allgemeinen können wir die Relevanz der Untersuchungen über Informationsverarbeitung genauso darstellen wie die Relevanz von Tierversuchen (Reitman, 1965). Zwischen dem Verhalten des Menschen und dem anderer Tiere gibt es viele *Ähnlichkeiten* (sie alle essen, trinken, pflanzen sich fort, lernen usw.). Wir können versuchen, die Triebe und Gewohnheiten des Menschen zu verstehen, indem wir diese Vorgänge bei Ratten untersuchen, weil wir annehmen, daß ein Großteil der Erklärungen solchen Verhaltens bei Mensch und Ratte gleich ist. Die Grenzen dieser vergleichenden Methode hängen von den *Unterschieden* zwischen dem Menschen und den anderen Tieren ab (der Mensch benutzt gesprochene und geschriebene Sprache, während andere Tiere das nicht tun). Welcher Art diese grundlegenden Unterschiede sind, entscheidet darüber, ob wir Ergebnisse von Tieruntersuchungen auf das menschliche Verhalten übertragen können; leider ist unsere Kenntnis dieser artspezifischen Merkmale zur Zeit noch sehr gering.

Informationsverarbeitende Modelle, wie Tiere, haben bestimmte Merkmale mit den Menschen gemein (beide nehmen Informationen auf, erkennen bedeutsame Objekte, lösen Probleme etc.). Deshalb sind solche Modelle als Grundlage für Untersuchungen menschlicher kognitiver Prozesse gerechtfertigt, allerdings innerhalb gewisser Grenzen und mit derselben Vorsicht, die wir auch bei den Schlußfolgerungen aus Tierversuchen anwenden.

Zur Zeit sieht man der Zukunft der Informationsverarbeitung mit großer Hoffnung entgegen. Diese Zukunft wird zweifelsohne Aufschluß darüber geben, wie der Mensch, der natürliche Problemlöser, Probleme analysiert und Problemlösungen entdeckt. Mag sein, daß es eines Tages sogar ein Computer-Programm gibt, das kreativ denken kann — ein Merkmal, das bis jetzt nur dem Menschen vorbehalten ist.

g Zusammenfassung

Die Lern- und Gedächtnisfähigkeit des Menschen ermöglicht es ihm, sich seiner Umwelt anzupassen oder diese seinen Anforderungen entsprechend zu verändern. Das menschliche Lernen geht oft über ein bloßes Weiterleiten des Reiz-Inputs hinaus und umfaßt Auswahl, Reorganisation und Umwandlung dieses Inputs. Die Psychologen unterscheiden zwischen *Lernen,* einer Veränderung des Verhaltens auf Grund von Erfahrung, und *Gedächtnis,* dem Behalten eines gelernten Materials über eine gewisse Zeitspanne hinweg.

Das Denken kann sich Vorstellungen, Worte oder Konzepte nutzbar machen. *Vorstellungen* sind „geistige Bilder“ tatsächlicher sensorischer Erfahrungen. Bei den meisten Leuten ist die visuelle Vorstellung am stärksten, obwohl sehr wenige eine *eidetische Vorstellungskraft* besitzen, d. h. die Fähigkeit, Vorstellungen so klar und genau zu sehen, wie die ursprüngliche Empfindung. *Wörter* sind anscheinend für das Denken nicht entscheidend, fördern dieses aber sehr. Es steht fest, daß unsere Objekt-Wahrnehmung von Wörtern beeinflußt wird, die wir mit diesen Objekten assoziieren.

Viele unserer Denkprozesse beziehen sich auf abstrakte Kategorien oder *Konzepte*. Ein Konzept ist die Assoziation einer einzigen Bezeichnung oder Handlung mit einer ganzen Klasse von Objekten oder Ereignissen. Sprache scheint für die Entwicklung von Konzepten nicht notwendig zu sein, da Kinder schon zwischen Konzepten unterscheiden können, bevor sie sprechen können. Zuerst beziehen sich die kindlichen Konzepte auf äußerliche Ähnlichkeit, aber allmählich lernen die Kinder Konzepte auf einem höheren Abstraktionsniveau zu gebrauchen. Man spricht allgemein über drei Phasen der konzeptuellen Entwicklung: Phase der *muskulären Repräsentation*, die Phase der *Vorstellung* und die Phase der *Symbole*. Die *Kontinuitäts-Theorie* des Konzeptlernens besagt, daß Konzepte allmählich gebildet werden, während die *Nichtkontinuitäts-Theorie* feststellt, daß sie plötzlich und auf einer *Alles-oder-Nichts-Basis* entstehen.

Die Untersuchungen über Sprache und Sprachlernen *(Psycholinguistik)* beginnen mit dem Inhalt und der Struktur der Sprache. Linguistische Analyse vollzieht sich auf drei verschiedenen Ebenen: auf der *phonetischen*, der *grammatikalischen* (einschließlich *Morphemik* und *Syntax*) und der *semantischen* Ebene. Das Erlernen der Sprache resultiert aus der Interaktion des Kindes mit seiner Umwelt. Die Lerntheoretiker glauben, daß Sprache wie andere Verhaltensweisen durch *Verstärkung* der richtigen Reaktionen erlernt wird. Die Psycholinguisten hingegen argumentieren, daß die Sprache eine angeborene menschliche Fähigkeit sei und die Konstruktion einer allgemeinen, auf *Transformations-Regeln* beruhenden Sprachtheorie beinhalte. Die Umwelt spielt beim Spracherwerb natürlich auch eine Rolle, da die Sprache je nach geographischen und sozialen Faktoren variiert.

Gedächtnisuntersuchungen befassen sich mit der Frage, wie Kenntnisse gespeichert, behalten und aus dem Gedächtnis abgerufen werden. Wir messen, was unmittelbar nach dem Lernen behalten wird und was nach einer bestimmten Zeit noch wiedergegeben werden kann. Untersuchungen über verbales Lernen benutzen die Verfahren *Reproduktion* (wörtlich oder rekonstruktiv), *Wiedererkennen* und *Wiedererlernen (Ersparnismethode)*. Die verbale Lerntradition begann mit Ebbinghaus, der Listen von sinnlosen Silben mit der *Methode der seriellen Antizipation* erlernte. Ebbinghaus fand eine typische Kurve für das mechanische Gedächtnis, bei der das Vergessen zu Beginn sehr schnell, später langsam vor sich geht. Innerhalb der gelernten Listen entdeckte er auch den sogenannten *Positionseffekt*.

Bei der *Methode der Paarassoziationen* lernt die Vp Wortpaare und muß einen Teil des Paares wiedergeben, wenn der andere gezeigt wird. Sogenannte *freie Erinnerung* wird auch untersucht. Die Paarwortmethode wurde vor allen Dingen bei Untersuchungen über *proaktive* und *retroaktive* Hemmung benutzt. Das Gedächtnis kann auch *produktiv* sein, d. h., daß Einzelheiten der erinnerten Dinge verzerrt werden.

Zu den Erklärungen des Vergessens gehören unter anderem: die *Spurenzerfallstheorie*, die *Interferenztheorie*, die *Spurentransformationstheorie*, die *Verdrängungstheorie* und die *Theorie des Verlustes des Zugangs*. Es scheint so, als ob verschiedene Theorien verschiedene Arten des Vergessens erklären können. Gedächtnistheorien unterscheiden sich sehr stark voneinander. Physiologische Psychologen z. B. untersuchen die Beziehung zwischen dem Gedächtnis und der Wirksamkeit der synaptischen Übertragung. Obwohl die Art der neurologischen Mechanismen noch nicht klar ist, herrscht allgemeine Übereinstimmung darüber, daß es zwei oder mehrere Arten von Speichern gibt. Im *Kurzzeitgedächtnis* wird der sensorische Input für den sofortigen Gebrauch gespeichert. Inhalte, die längere Zeit gebraucht werden, müssen in den *Langzeitspeicher* übertragen werden. Alle Gedächtnisse sind in den Kontext, mit dem sie ursprünglich zusammen wahrgenommen wurden, eingebettet, und *Kontextsignale* sind beim Abruf aus dem Gedächtnis sehr wichtig.

Prinzipien, die aus Lernuntersuchungen gewonnen wurden und zur Verbesserung des eigenen Lernens und Gedächtnisses dienen, sind u. a.: *Überlernen, Wiederholen* und *aktives Rezitieren. Chunking und mnemonische Strategien* sind ebenfalls nützlich. Auch motivationale und emotionale Faktoren, wie z. B. angenehme oder unangenehme Vorgänge oder unsere Einstellung ihnen gegenüber, können eine Wirkung auf das Gedächtnis zeigen.

Das Konzept des *programmierten Lernens,* welches auf Presseys erste Lernmaschinen zurückgeführt werden kann, ist eines der interessantesten Gebiete der Lernforschung. Programmierte Techniken betonen vor allen Dingen die *aktive Mitarbeit* des Lernenden und die *unmittelbare Kenntnis der Ergebnisse.* Wir unterscheiden zwischen *linearen* und *verzweigten* Programmen. Die letzte Entwicklung auf diesem Gebiet, das sog. computer-gesteuerte Lernen, läßt sich auf verschiedene Grade der Computer-Schüler-Interaktion einstellen, zu denen *Drill-* und *Übungssysteme, Tutor-Systeme* und *Dialog-Systeme* zählen. Bei letzteren sind Fragen und Antworten sowohl von seiten des Lernenden als auch von seiten des Computers möglich.

Seit kurzem werden Computer auch dazu benutzt, die Informationsverarbeitung beim Denken zu simulieren. Computer können viele menschliche Prozesse imitieren, so das Lösen geometrischer Probleme, das Damespiel und auch eine Neurose. Es wird aber wahrscheinlich sehr lange dauern, bis ein Computer entwickelt ist, der die Komplexität des menschlichen Geistes kopieren kann.

6 Wahrnehmung

a Ebenen des Bewußtseins

Um mit der Welt um sich herum in Interaktion zu stehen, muß eine Person sich dieser Welt zunächst *bewußt* sein, d. h. sie muß alle die vielen verschiedenen Ereignisse in ihrer Umwelt aufnehmen. Im zweiten Kapitel haben wir gesehen, wie verschiedene Arten von Reizen in den Organismus gelangen und dort vom ZNS verarbeitet werden. Ob aber die sensorischen Bahnen die Stimulierung weiterleiten oder nicht, hängt von dem jeweiligen Bewußtseinszustand der betreffenden Person ab. Im normalen Wachzustand reagiert eine Person auf alle die Umweltsignale, für die sie Receptoren besitzt. Während anderer Zustände, z. B. im Schlaf, ist sich die Person viel weniger der Umweltsignale bewußt und reagiert nicht auf visuelle Einflüsse, Gerüche, Töne oder andere Reize.

Wie kommt es zu diesen verschiedenen Bewußtseinszuständen? Wie sehen die Mechanismen aus, die die Reaktionsfähigkeit des Menschen gegenüber der Außenwelt kontrollieren? Zur Beantwortung dieser Frage hat man die physiologischen und psychologischen Aspekte des Schlafes und des Wachzustandes untersucht. Wir denken oft negativ über den Schlaf, als handele es sich hierbei um einen *Mangel* an Handeln und Bewußtsein, um eine rein restaurative Funktion. In Wirklichkeit aber ist der Schlaf ein sehr komplexer, mit viel körperlicher Aktivität einhergehender Zustand. Diese Aktivität scheint eng mit anderen Aspekten unseres Verhaltens zusammenzuhängen, wie z. B. Aufmerksamkeit, Emotion, Gedächtnis und Lernen. Insofern können Untersuchungen über den Schlaf unser Verständnis für das Bewußtsein und den Wachzustand erweitern.

Das Verhalten, das wir als „Schlaf" bezeichnen

Schlaf ist ein uns allen vertrauter Zustand, über den wir dennoch sehr wenig wissen. Eine Schlaf-Forschung im eigentlichen Sinne gibt es erst seit ca. 10 Jahren.

Müssen wir schlafen? Zweifelsohne hat es schon Zeiten gegeben, in denen Sie sich wünschten, mit weniger Schlaf als gewöhnlich auszukommen (z. B. am Vorabend einer Prüfung). Hier stellt sich die Frage, wie wichtig eigentlich Schlaf für das normale Funktionieren des Organismus ist. Wieviel Schlaf kann man versäumen, ohne daß negative Konsequenzen auftreten? Hier kann uns zunächst eine Fallstudie über extreme Schlafdeprivation weiterhelfen:

Im Januar 1959 unterzog sich in einer Schaubude auf dem Times Square in New York ein 32jähriger Disk-Jockey namens Peter Tripp einem 200 Stunden andauernden Schlafentzug, um Geld für einen wohltätigen Zweck zu sammeln. Mehrere Ärzte überwachten diesen „Wach-Marathon" und führten neben Leistungsuntersuchungen und psychologischen Tests periodisch ärztliche Untersuchungen durch. Von Anfang an mußte Tripp kämpfen, um wach zu bleiben. Nach zwei Tagen hatte er visuelle Halluzinationen und sah z. B. Spinngewebe in seinen Schuhen. Nach 100 Stunden war sein Gedächtnis sehr schwach, und er hatte schon bei sehr einfachen Leistungstests große Schwierigkeiten. Seine Halluzinationen wurden immer schlimmer: Er sah den Tweed-Anzug des Arztes als einen Anzug aus haarigen Würmern, und als er, um seine Kleidung zu wechseln, in ein nahegelegenes Hotel ging, sah er die Schreibtischschublade in Flammen. Um sich diese Visionen zu erklären, nahm er an, das Feuer sei absichtlich von den Ärzten gelegt worden, um ihm Furcht einzujagen und um ihn zu testen.

Eine einfache algebraische Formel, die er vorher mit Leichtigkeit gelöst hatte, erforderte jetzt eine übermenschliche Anstrengung; Tripp brach aus Angst vor seiner Unfähigkeit, dieses Problem zu lösen, vollkommen zusammen. Wissenschaftler waren Zeugen der Szene, wie dieser gewandte New Yorker Radio-Entertainer vergeblich den Weg durch das Alphabet zu finden versuchte.

„Nach 170 Stunden war die Qual so groß geworden, daß man ihr kaum mehr zusehen konnte. Oft wußte Tripp nicht mehr, ob er noch er selbst war und stellte häufig Fragen über seine eigene Identität. Obwohl er sich so verhielt, als ob er wach wäre, war sein EEG schlafähnlich. In seinem psychotischen Wahn war er davon überzeugt, daß die

Ärzte sich gegen ihn verschworen hatten und ihn ins Gefängnis werfen wollten. Nach etwa 200 Stunden ohne Schlaf waren Halluzinationen und Realität eins geworden, und er fühlte, daß er das Opfer einer sadistischen Verschwörung der Ärzte geworden sei“ (Luce, 1965).

Waren auch die Umstände sehr ungewöhnlich, so war es Tripps Verhalten durchaus nicht. Ähnliches ergab sich auch bei systematischen Untersuchungen über längeren Schlafentzug. Experimente, die am Walter-Reed-Army-Hospital durchgeführt wurden, geben einen Einblick in einige der auch von Tripp gezeigten Phänomene. So ist z. B. der Leistungsabfall eine Folge davon, daß die Vp während kurzer Zeitperioden einfach nicht reagieren kann und stellt keine allgemeine Verminderung der persönlichen Fähigkeiten dar. Während dieser Perioden zeigt die Person ein EEG-Muster, welches typisch für den Schlafzustand ist (Murray, 1965). Ein anderer interessanter Aspekt dieser Untersuchungen ist, daß praktisch alle Symptome des Schlafentzugs, einschließlich der schwerwiegenden, nach einer einzigen durchschlafenen Nacht verschwinden. Eine solch schnelle Erholung wirft die Frage auf, wieviel Schlaf notwendig ist, um ein normales Funktionieren des Organismus zu gewährleisten.

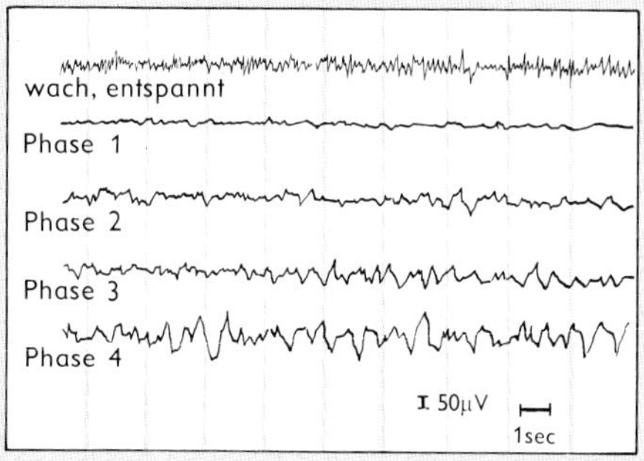

Abb. 6-1. EEG-Muster während verschiedener Phasen des Schlafes. Die oberste Linie zeigt ein Wellenmuster von 10 Hz, das man als *alpha-Rhythmus* bezeichnet, der einen wachen, entspannten Zustand charakterisiert. Fängt die Person an zu schlafen, verschwindet der alpha-Rhythmus und wird durch den schnellen, unregelmäßigen Rhythmus niederer Amplitude der Phase 1 ersetzt, der dem EEG-Muster einer aktiven, wachen Person sehr ähnlich ist. In Phase 2 schläft die Person schon tiefer, und ihre EEG-Aktivität zeigt spitze Wellen, die als Schlafspindeln bekannt sind. Während der Phasen 3 und 4 treten langsame Wellen mit hoher Amplitude (*delta-Wellen*) auf. Sie herrschen in Phase 4 vor, einem sehr tiefen Schlafzustand, aus dem die Person nicht leicht aufwacht (Nach Webb, 1968)

Die physiologischen Veränderungen, die auf Schlafentzug zurückzuführen sind, sind immer noch unbekannt. Es gibt jedoch Hinweise darauf, daß die Produktion von ATP (Adenosintriphosphat, welches Nahrung in verwendbare Energie umwandelt) nach einigen Tagen Schlafentzug völlig eingestellt wird (Luby, Frohman, Grisell, Lenzo und Gottlieb, 1960).

Die Form des Schlafes. Bei Schlafuntersuchungen befaßt man sich hauptsächlich mit *internalem Verhalten,* d. h. mit Prozessen, die innerhalb des Körpers stattfinden. Wie wir schon gesehen haben, müssen wir solches Verhalten external machen, um es messen zu können. Einige der grundlegenden Probleme der Psychologie sind methodologische: Wie kann man internales Verhalten der Messung und der Beobachtung zugänglich machen?

Daß es nicht schon viel früher eine Schlafforschung gegeben hat, liegt hauptsächlich am Fehlen einer entsprechenden Methodologie. Niemand konnte z. B. die Unterschiede zwischen leichtem und tiefem Schlaf näher bezeichnen, niemand konnte feststellen, ob eine Person träumte oder nicht, und man konnte nicht einmal den Zeitpunkt feststellen, an dem eine Person schläfrig wird und zu schlafen anfängt.

Für die Schlafforschung kam der methodologische Durchbruch mit der Entwicklung der Elektroencephalographie (s. a. Kapitel 2). Im Jahre 1937 entdeckten Loomis und seine Mitarbeiter, daß Hirnwellen mit einsetzendem Schlaf ihre Form verändern und während des ganzen Schlafes auch noch weitere Veränderungen zeigen. Das bedeutete, daß man jetzt die Veränderungen innerhalb des Schlafes ebenso wie seinen Anfang und sein Ende feststellen konnte.

Abbildung 6-1 zeigt EEG-Muster bei verschiedenen Schlaftiefen. Es gibt noch eine andere Schlafphase, die als 1-REM-Phase (REM = rapid eye movement = schnelle Augenbewegungen) bezeichnet wird. Diese Phase zeigt dasselbe EEG-Muster wie Phase 1, aber zugleich auch schnelle Augenbewegungen (REM) und eine Hemmung der motorischen Aktivität. In dieser Phase tauchen Träume auf. Obwohl das EEG-Muster dieser Phase dem Wachzustand sehr ähnlich ist, schläft die Person dennoch sehr tief. Aus diesem Grund wird der REM-Schlaf auch oft als *paradoxer Schlaf* bezeichnet.

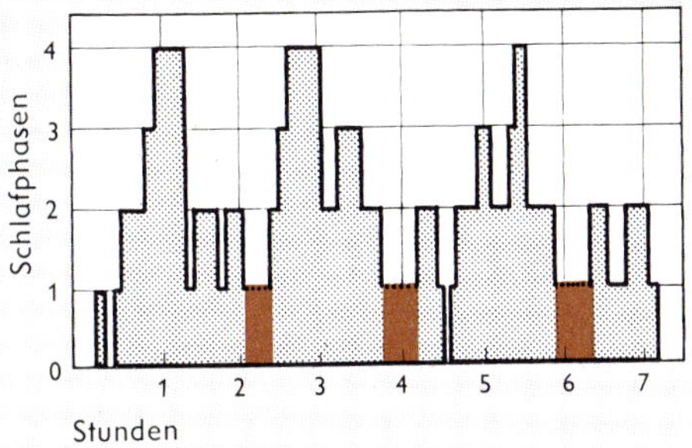

Abb. 6-2. Schlafphasen. Die Abbildung zeigt den Verlauf verschiedener Phasen eines siebenstündigen Schlafes bei einer Vp. Die farbigen Blöcke kennzeichnen Perioden der Phase 1-REM (Nach Webb, 1965)

Während des Schlafes gleitet der Mensch mehrmals von einer Schlafphase in die andere. Die Phasen treten während der gesamten Schlafzeit nicht mit gleicher Häufigkeit auf. Phase 4 z. B. finden wir vor allen Dingen in der ersten Hälfte der Nacht, während der REM-Schlaf häufiger im letzten Drittel vorkommt. Die in den verschiedenen Phasen verbrachte Zeit ist interindividuell sehr verschieden, der Einzelne jedoch hat ein bemerkenswert konstantes Schlafmuster, das sich Nacht für Nacht wiederholt. Im allgemeinen verbringt man 5 % des Schlafes in Phase 1, 25 % in Phase 1-REM, 50 % in Phase 2 und 20 % in den Phasen 3 und 4 (Williams, Agnew und Webb, 1964).

Schlaf und Traum. Wenn auch die Schlaf-Forschung ihren Anstoß durch die Entdeckung des EEGs bekam, mußte die wissenschaftliche Untersuchung des Traums noch auf eine andere Entdeckung warten. Man hatte schon lange vermutet, daß Träumen nur während bestimmter Schlafphasen vorkommt, aber das EEG alleine gab hierauf nicht die Antwort. Stattdessen war es eine zufällige Beobachtung im Jahre 1953, die der Traumforschung den Weg wies. Aserinsky und Gleitman beobachteten mehrmals in der Nacht bei ihren schlafenden Vpn, daß deren Augenlider schnelle zuckende Bewegungen machten, was darauf schließen ließ, daß sich auch die Augen bewegten. In dieser Phase erhöhte sich auch die Herz- und Atemfrequenz, was auf eine emotionale Reaktion hinwies. In der Annahme, daß REM-Aktivität vielleicht mit dem Träumen zu tun haben könnte, weckten die Versuchsleiter ihre Versuchspersonen während dieser REM-Perioden. Die Vpn berichteten fast immer, daß sie gerade geträumt hätten, während sie das nach dem Aufwecken in anderen Phasen fast nie taten (Aserinsky und Gleitman, 1953). Zu den gleichen Ergebnissen kamen auch Dement und Gleitman (1957), die zeigten, daß die REM-Schlafphase von dem „wachen und aktiven“ EEG-Muster der Phase 1 begleitet wird. Es wurden auch während der REM-Phase größere physiologische Veränderungen, besonders im autonomen Nervensystem festgestellt. Zu diesen Veränderungen gehören oft ein unregelmäßiges Schwanken der Herzfrequenz und des Blutdruckes (Snyder, Hobson, Morrison und Goldfrank, 1964). Diese „autonomischen Stürme“ haben wichtige medizinische Implikationen, da Herzanfälle und Herzversagen sehr oft während der frühen Morgenstunden auftreten, also während der Zeit des REM-Schlafes.

Bei dieser erhöhten Aktivität des Nervensystems sollte man erwarten, daß die Person mehr Körper-Bewegungen zeigt als gewöhnlich. Dies ist jedoch nicht der Fall. Es scheint, daß es im Gehirn einen Mechanismus gibt, der während der REM-Phase die motorische Aktivität durch Blockierung der zu den Muskeln gehenden Impulse hemmt (Dement, 1969).

Abb. 6-3. Das Laufband verhindert den REM-Schlaf der Katzen. Obgleich sie ganz kurz eindösen können, wenn sie sich hinlegen, dürfen sie doch nicht tief einschlafen, da sie sonst am anderen Ende der Apparatur in einen Wasserbehälter fallen

Auf Grund dieser Tatsache erschlafft der Körper während der REM-Phase völlig (obgleich ab und zu Muskelbewegungen andeuten, daß diese Inaktivität nicht immer vollkommen ist). Diese Hemmung ist eine Schutzmaßnahme, da der Träumer wahrscheinlich ohne sie seinen Traum ausagieren würde. Werden z. B. bei Katzen diese inhibitorischen Hirnzentren zerstört, springen sie während der REM-Phase herum und fauchen, obgleich sie sich in tiefem Schlaf befinden, ihre Augenmembranen geschlossen sind und sie ihre Umwelt nicht wahrnehmen (Jouvet und Delorme, 1965).

Unter der Lupe

„Schlafwandeln"

Wenn Körperbewegungen während der REM-Phase tatsächlich gehemmt werden, wie lassen sich dann Phänomene wie das Schlafwandeln erklären? Wir halten Schlafwandler intuitiv für Leute, die ihre Träume „ausagieren", eine Ansicht, die durch verschiedene Anekdoten unterstützt wird. Z.B. wurde eine Studentin von ihren Freundinnen geweckt, als diese sie dabei erwischten, wie sie mit ihren Kissen auf deren Betten einschlug. Die Studentin berichtete, sie habe geträumt, daß das Zimmer brenne und daß sie gerade dabei sei, das Feuer auszuschlagen. In einem anderen Fall fand man eine Frau im Nachthemd weinend vor Schmerz mit einem gebrochenen Bein auf dem Boden liegen. Sie sagte, sie habe geträumt, daß sie mit ihrem Verlobten entlaufen sei und dabei aus ihrem Fenster auf eine Leiter gestiegen sei, die, wie es sich herausstellte, nur in ihrem Traum existierte.

Trotz solcher Geschichten scheint die Ansicht, daß Schlafwandeln in der REM-Phase stattfindet, falsch zu sein. Es gibt experimentelle Beweise dafür, daß Schlafwandeln nur während der tiefen Schlafperioden der Phasen 3 und 4, die nichts mit den Träumen zu tun haben, stattfindet. Wenn der Schlafwandler umhergeht, zeigt sein EEG einen Wechsel vom tiefen zum leichten Schlaf, als sei er gerade dabei, aufzuwachen (obgleich er gewöhnlich im Schlaf versunken bleibt). Wenn auch seine Augen gewöhnlich geöffnet sind, und er so das Umstoßen von Möbeln vermeiden kann, erkennt der Schlafwandler doch gewöhnlich die Dinge in seiner Umwelt nicht. Ferner kann er sich später fast nie an seine nächtlichen Ausflüge erinnern (Jacobson, Kales, Lehmann und Zweizig, 1965).

Der Stoff, aus dem die Träume sind. Sie mögen sich wundern, warum wir uns so lange mit dem Träumen beschäftigen. Wir kommen jedoch immer mehr zu der Ansicht, daß Träumen oder REM-Schlaf äußerst wichtig ist; es beeinflußt nicht nur unsere Emotionen und unser anderes waches Verhalten, sondern könnte uns u. U. auch Aufschluß über Geisteskrankheiten wie z. B. die Schizophrenie geben.

Eine Methode, um herauszufinden, wie wichtig eine körperliche Funktion ist, besteht darin, dem Organismus diese Funktion zu entziehen und dann die nachfolgenden Effekte einer solchen Deprivation zu beobachten. Daß Träumen notwendig ist, zeigte sich in der folgenden Untersuchung: Man ließ freiwillige Vpn normal schlafen, bis sie in die REM-Phase eintraten. In diesem Moment wurden sie geweckt und konnten dann wieder bis zur nächsten REM-Phase schlafen. Auf diese Art hatten sie praktisch keinerlei REM-Schlaf. Die Vpn der Kontrollgruppe wurden ebenso oft geweckt wie die der Experimentalgruppe, aber nur während der NICHT-REM-Phasen (NREM). Verglichen mit der Kontrollgruppe zeigten die Vpn der Experimentalgruppe in den folgenden Nächten immer mehr REM-Phasen. Auch ihr Verhalten im Laufe des Tages zeigte beträchtliche Veränderungen, wobei erhöhte Reizbarkeit, Angst und Spannungen, Schwierigkeiten bei der Konzentration und Gedächtnisverlust auftraten. Viele zeigten erhöhten Appetit und nahmen im Schnitt ein Pfund pro Tag zu. Als sie endlich wieder ungestört schlafen durften, kompensierten sie ihren Traumentzug, in dem sie 60 % mehr als normal träumten; ein Phänomen, das wir als „REM-rebound" bezeichnen (Dement, 1960).

Im oben beschriebenen Experiment wurden die Vpn nur 5 Tage hintereinander bei ihren Träumen gestört. Was wäre passiert, wenn die Deprivation wesentlich länger gedauert hätte? Um diese Frage zu beantworten, wurden Katzen systematisch in ihrem REM-Schlaf gestört, indem sie auf ein automatisches Laufband gesetzt wurden. Diese Katzen wurden 70 Tage lang vom REM-Schlaf abgehalten, aber selbst eine solch extreme Deprivation führte zu keinen großen Veränderungen ihres Verhaltens. Was sich jedoch zeigte, war ein dramatisches Ansteigen aller triebhaften Verhaltensweisen. Die traumdeprivierten Katzen zeigten hyperaggressives und hypersexuelles Verhalten (und stiegen sogar auf männliche Katzen, die anästhesiert waren, auf). Auch der Hunger wurde größer, so daß sie ihr Futter zweimal so schnell wie sonst fraßen (Dement, Henry, Cohen und Ferguson, 1967). Die genaue Beziehung zwischen REM-Schlaf und den primären Trieben ist jedoch noch unbekannt:

Welche andere Rolle können REM-Aktivitäten spielen? Eine mögliche Antwort darauf geben uns die langen REM-Schlaf-Perioden bei Kleinkindern. Neugeborene verbringen etwa 50 % ihres Schlafes in REM-Phasen (s. Abbildung 6-4). Je älter die Kinder werden, desto kürzer werden die REM-Phasen, während die Nicht-REM-Phasen ziemlich konstant bleiben. Es wurde vielfach angenommen, daß der REM-Mechanismus für die höheren Hirnzentren eine Menge an Stimulation liefert. Solche Erregungen während der frühen Entwicklung könnten das Wachstum und die Entwicklung der wichtigsten motorischen und sensorischen Areale innerhalb des großen ZNS fördern und sie so darauf vorbereiten, Stimulation aus der Umwelt aufzunehmen. Wenn das Kind heranreift, wird eine solche „Autostimulierung" weniger notwendig, und die Menge des REM-Schlafes verringert sich (Roffwarg, Muzio und Dement, 1966). Diese Theorie ist sehr interessant, müßte aber noch durch weitere Untersuchungen belegt werden.

Ein noch wichtigeres Ergebnis der Traum-Forschung ist die Entdeckung einer möglichen Verbindung zur Schizophrenie. Schon Sigmund Freud und C. G. Jung erwähnten die Ähnlichkeit zwischen Träumen und psychotischen Episoden, und die Idee, daß Schizophrene „träumen", während sie wach sind, ist viel diskutiert worden. Eine neuere Untersuchung an schizophrenen Patienten erbrachte, daß diese den normalen REM-rebound-Effekt nach längerem Entzug des REM-Schlafes nicht zeigten (Zarcone, Gulevich, Pivik und Dement, 1970). Dies deutet darauf hin, daß sich bei diesen Patienten die REM-Aktivitäten im Wachzustand zeigten.

Führte die REM-Schlafdeprevation nicht zum völligen Stillstand der REM-Aktivitäten, dann wäre auch die gewöhnliche Kompensation (rebound) nicht notwendig. Wenn dies der Fall sei, argumentierte Dement, könnten die bizarren Symptome psychotischer Patienten Aktivitäten darstellen, die normalerweise während der REM-Phasen als Träume ablaufen,

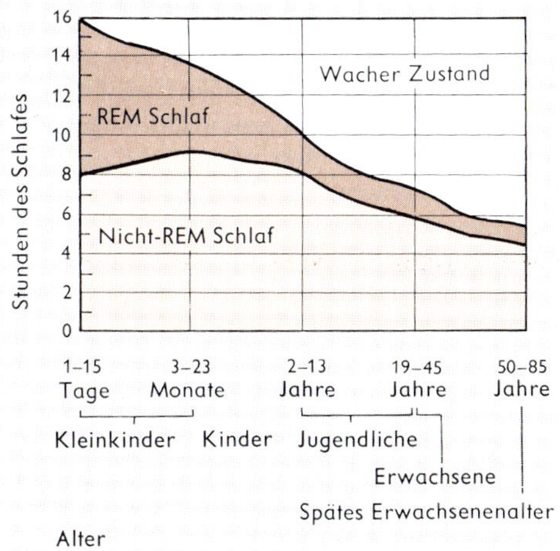

Abb. 6-4. Veränderungen des REM- und NREM-Schlafes mit zunehmendem Alter. Die Abbildung zeigt, wie sich der Zeit-Betrag, den man täglich in REM- und NREM-Phasen verbringt, verändert. Die REM-Phasen fallen von etwa 8 von 16 Stunden bis auf 1 von 6 Stunden im höheren Alter ab. Nach einem kurzen Anstieg verringern sich die NREM-Phasen allmählich und machen dann ungefähr 80 % der gesamten Schlafzeit aus (Nach Roffwarg, 1971)

dann also, wenn die Verbindungen zum Muskelsystem abgeschaltet sind.

Welcher Hirn-Mechanismus könnte für REM-Aktivitäten im Wachzustand verantwortlich sein? Die laufende Forschung weist auf die im Gehirn vorkommende chemische Substanz *Serotonin* hin. Im Labor begann Dement seine Katzen mit einer chemischen Substanz zu behandeln, die die Produktion von Serotonin im Gehirn blockiert. Die Katzen zeigten markante Veränderungen ihres Verhaltens: sie schienen die meiste Zeit zu „halluzinieren", drehten in dem ruhigen Versuchsraum ihren Kopf herum, als „hörten" sie etwas und schlugen mit ihren Tatzen nach nicht vorhandenen Objekten. Während dieser halluzinatorischen Episoden zeigten Aufzeichnungen elektrischer Aktivität im visuellen System der Katzen Muster, die gewöhnlich nur während des REM-Schlafs vorkommen. Diese Katzen schienen genau wie die anderen Tiere, denen über lange Zeit hinweg der REM-Schlaf entzogen wurde, auch die Kontrolle über ihr Triebsystem verloren zu haben. Als man darüber hinaus bei diesen Tieren die REM-Phasen verhinderte, zeigten sie genau wie die schizophrenen Patien-

Teils der vorhandenen Reize, während die anderen Reize übergangen, unterdrückt oder durch entsprechende Reaktionen gehemmt werden.
Ohne diesen Mechanismus würden wir alle Opfer einer geradezu babylonischen Verwirrung. Alle Reize würden zu uns in einer verschiedenen, aber bekannten Sprache sprechen, und ihre Anforderungen an uns würden alle gleich wichtig und dringend erscheinen. Ein solcher Zustand sensorischer Überladung würde leicht zur Verwirrung, zur Unfähigkeit, koordinierte Handlungen auszuführen, hinlenken und möglicherweise unsere gesamte Reaktionsfähigkeit auf Reize überhaupt hemmen, wie dies z. B. bei Bewußtlosigkeit oder Schockreaktionen auftreten kann. Deshalb ist es für das Individuum wichtig, physiologische wie auch psychologische Mittel zu besitzen, die es ihm ermöglichen, seine Aufmerksamkeit der Umwelt *selektiv* zuwenden zu können.

Die Lenkung der Aufmerksamkeit

Nehmen wir an, Sie wollten, daß Ihnen jemand seine Aufmerksamkeit schenkt; wie würden Sie das anstellen? In den vorausgehenden Kapiteln über das Lernen haben wir gesehen, daß die Aufmerksamkeit auf konditionierte oder unkonditionierte Reize sehr streng kontrolliert werden kann, weil der Versuchsleiter verschiedene Aspekte der Labor-Umwelt manipulieren kann. Er kann z. B. ablenkenden Lärm durch Schalldichtung vermindern, die Bewegungen des Versuchstieres durch einen Halteapparat einschränken, die Aufmerksamkeit durch Gesten und verbale Anweisungen lenken, bei schlechter Aufmerksamkeit drohen und bei guter Aufmerksamkeit belohnen. In solchen künstlich kontrollierten Situationen, wo das Individuum kein wirklich freies Verhalten zeigen kann, wird das, worauf geachtet werden muß und was relevant ist, ganz klar vom Versuchsleiter, vom Lehrer etc. definiert.
Aber kann überhaupt in einer Situation, in der Handlungen und Aufmerksamkeiten frei sind, die Aufmerksamkeit kontrolliert werden? Wie stellt es das weibliche Geschlecht an, wenn es die Aufmerksamkeit des männlichen Geschlechtes auf sich ziehen will (und umgekehrt)? Wenn Sie z. B. bei einer großen Werbeagentur beschäftigt wären, was würden Sie unternehmen, um die Aufmerksamkeit der Öffentlichkeit auf ein bestimmtes Produkt zu lenken? Wie würden Sie versuchen, die Aufmerksamkeit der potentiellen Käufergruppe zu kontrollieren? Oder nehmen wir an, Sie wären Dozent und hätten Ihren Studenten, wenn diese Ihnen nur zuhören würden, etwas Wichtiges mitzuteilen. Cameron und seine Mitarbeiter (1968) haben herausgefunden, daß während der Vorlesung die Studenten tatsächlich nur etwa 50 % der Zeit zuhören, selbst wenn der Dozent nach ihren eigenen Angaben ziemlich gut ist. Einen Großteil der Zeit sind sie demnach ihren eigenen inneren Zerstreuungen zugewandt und tagträumen so dahin. Was würden Sie tun, um die Aufmerksamkeit dieser Studenten auf sich zu lenken und dann aufrechtzuerhalten?
Zweifelsohne fallen Ihnen noch eine Reihe anderer Situationen ein, in denen die Aufmerksamkeit einer bestimmten Person oder eine Gruppe von Leuten eine Rolle spielt. Welche Techniken benutzen Sie regelmäßig, und unter welchen Bedingungen zeigen diese Methoden unterschiedliche Wirksamkeit? Oder, von der anderen Seite her betrachtet: Wie könnte eine andere Person *Ihre* Aufmerksamkeit auf sich lenken?
Aufmerksamkeit gewinnen. Obgleich die Psychologen zur Zeit noch keine ideale Definition der Aufmerksamkeit geben können, sind sie doch in der Lage, die Bedingungen zu beschreiben, die die Aufmerksamkeit beeinflussen. Diese beziehen sich sowohl auf Merkmale der Reizsituation als auch auf Faktoren, die vom Einzelnen abhängen. Einige der hier aufgeführten Faktoren werden Ihnen vielleicht aus eigener Erfahrung bekannt vorkommen.
1. *Veränderung.* Veränderung oder Kontrast ist Bewegung in irgendeiner Richtung: von einem Platz zum anderen, von einer Intensität zur anderen, von Anwesenheit zu Abwesenheit, von rot zu grün, von hoch zu niedrig, von Bewegung zu Stillstand. Eine junge Katze läßt das Garnknäuel unbeachtet, solange es sich nicht bewegt, aber sie spielt mit ihm, wenn es auf dem Boden herumrollt. Ein plötzlicher Schrei inmitten einer ruhigen Unterhaltung oder das Wispern eines Mannes, der bisher nur geschrien hat, läßt uns aufmerksam werden. Mit anderen Worten, alles was neu oder unerwartet ist, bringt eine Veränderung mit sich, der wir unsere Aufmerksamkeit zuwenden.
2. *Größe.* Wenn die anderen Bedingungen gleich sind, zieht etwas Großes unsere Aufmerksamkeit mehr an als etwas Kleines, ein Faktor, dem durch die ganzseitigen Reklamen in unseren Zeitungen Rechnung getragen wird.

(Magoun, 1963). Auch der Hypothalamus und andere Teile des Hirnstammes spielen eine große Rolle beim Schlafen und Wachen.
Es sei darauf hingewiesen, daß die Existenz solcher Hirn-„Zentren" noch ziemlich hypothetisch ist und nicht als endgültig erwiesen betrachtet werden kann. Es gibt viele Wissenschaftler, die die Idee von neuralen „Zentren" zur Kontrolle des Schlafens und Wachens ablehnen. Ihrer Ansicht nach interagieren *alle* Teile des Gehirns, um diese beiden Zustände zu regulieren. Diese Ansicht wird umso plausibler, je mehr „Zentren" entdeckt werden. Im Jahre 1960 wußte man nur von zweien solcher Zentren, 1967 gab es schon 4 oder 6, in ein paar Jahren werden es vielleicht 10 oder 20 sein, und es wird noch einige Zeit dauern, bis wir die endgültige Antwort auf unsere Frage nach den für Schlafen und Wachen verantwortlichen Faktoren erhalten.

Erregung

Innerhalb des Zustandes, den wir ganz grob als „Wachzustand" bezeichnen, gibt es viele verschiedene Erregungs-Niveaus. Eine Person kann z. B. sehr gespannt und hyperaktiv sein, sie kann aufmerksam sein oder träge und unempfänglich. Die Ausdrücke *Erregung* und *Aktivierung* werden oft benutzt, um diese Variationen des allgemeinen Erregungszustandes einer Person zu beschreiben. Einige Psychologen haben die verschiedenen Erregungszustände mit den Variablen der menschlichen Emotion und Leistung in Zusammenhang gebracht (Duffy, 1962). Man hat gefunden, daß das Verhältnis zwischen Erregung und Leistung gewöhnlich in Form einer umgekehrten U-Kurve dargestellt werden kann (Malmo, 1959). Das bedeutet, daß bei einer Erhöhung der Erregung auch die Leistung einer Person bis zu einem gewissen Punkt ansteigt. Nach diesem Punkt jedoch führen Erregungserhöhungen zu einer negativen Beeinflussung der Leistung (z. B. starke Erregung — schlechte Prüfung).
Wenn auch die Theorie der allgemeinen Aktivierung vernünftig erscheint, hat sich doch herausgestellt, daß sie für eine Erklärung der während der verschiedenen Erregungsphasen stattfindenden physiologischen Veränderungen viel zu einfach ist. Der Aktivierungstheorie entsprechend sollten autonome Reaktionen (Herzfrequenz, Atmung, PGR) sehr hoch miteinander korrelieren, was bedeuten würde, daß z. B. jemand, der sehr erregt ist, bei all diesen autonomen Reaktionen eine Erhöhung zeigt. Wir wissen jedoch, daß verschiedene Reizsituationen verschiedene Muster somatischer Reaktionen hervorrufen. So taucht z. B. ein *Anstieg der Herzfrequenz* (oft als Begleiterscheinung der Angst bezeichnet) in Situationen auf, die konzentrierte geistige Tätigkeit erfordern und störende äußere Reize ausschließen. Erfordert die Situation jedoch hohe Aufmerksamkeit für Außenreize (z. B. wenn eine Person auf verschiedene farbige Lichter reagieren muß), dann beobachten wir eine beträchtliche *Reduzierung* der Herzfrequenz (Lacey, Kagan, Lacey und Moss, 1963). Ferner hat sich herausgestellt, daß verschiedene Individuen verschiedene Muster der physiologischen Reaktionen aufweisen (Lacey, 1967).

Eine andere Ansicht über die Funktion der Erregung stammt von Routtenberg (1968, 1969). Er nimmt an, daß zwei Erregungssysteme das Verhalten des Organismus regulieren. Das erste System gehört zur Formatio reticularis; es ist ein reaktionsverarbeitendes System, dessen Aufgabe in der Organisation und Ausführung einer ausgewählten motorischen Reaktion, wie z. B. Essen, Trinken oder Laufen, besteht. Das zweite Erregungssystem befindet sich dieser Ansicht nach im *limbischen System* (primitive corticale Strukturen direkt über dem Thalamus) und ist ein reizverarbeitendes System, welches auf verschiedene Arten von Reizen (verstärkende, aversive oder neue) und verschiedene Reizintensitäten sensibilisiert ist. Routtenberg nimmt an, daß diese zwei Erregungssysteme getrennt voneinander funktionieren. Dies könnte erklären, warum ein Tier trotz Schädigung der Formatio reticularis durch Läsionen oder chemische Substanzen wachbleibt. Eine solche Theorie der zweifachen Erregung könnte die abnormen Reaktionen von Leuten erklären, die unter verschiedenen Geisteskrankheiten leiden, jedoch auch in diesem Falle sind noch viele experimentelle Untersuchungen zur Überprüfung dieser Spekulationen notwendig.

b Aufmerksamkeit

Wir sind einem ständigen Ansturm unzähliger, miteinander konkurrierender Reize ausgesetzt. Unter *Aufmerksamkeit* verstehen wir den psychologischen Prozeß der Auswahl eines

Teils der vorhandenen Reize, während die anderen Reize übergangen, unterdrückt oder durch entsprechende Reaktionen gehemmt werden.
Ohne diesen Mechanismus würden wir alle Opfer einer geradezu babylonischen Verwirrung. Alle Reize würden zu uns in einer verschiedenen, aber bekannten Sprache sprechen, und ihre Anforderungen an uns würden alle gleich wichtig und dringend erscheinen. Ein solcher Zustand sensorischer Überladung würde leicht zur Verwirrung, zur Unfähigkeit, koordinierte Handlungen auszuführen, hinlenken und möglicherweise unsere gesamte Reaktionsfähigkeit auf Reize überhaupt hemmen, wie dies z. B. bei Bewußtlosigkeit oder Schockreaktionen auftreten kann. Deshalb ist es für das Individuum wichtig, physiologische wie auch psychologische Mittel zu besitzen, die es ihm ermöglichen, seine Aufmerksamkeit der Umwelt *selektiv* zuwenden zu können.

Die Lenkung der Aufmerksamkeit

Nehmen wir an, Sie wollten, daß Ihnen jemand seine Aufmerksamkeit schenkt; wie würden Sie das anstellen? In den vorausgehenden Kapiteln über das Lernen haben wir gesehen, daß die Aufmerksamkeit auf konditionierte oder unkonditionierte Reize sehr streng kontrolliert werden kann, weil der Versuchsleiter verschiedene Aspekte der Labor-Umwelt manipulieren kann. Er kann z. B. ablenkenden Lärm durch Schalldichtung vermindern, die Bewegungen des Versuchstieres durch einen Halteapparat einschränken, die Aufmerksamkeit durch Gesten und verbale Anweisungen lenken, bei schlechter Aufmerksamkeit drohen und bei guter Aufmerksamkeit belohnen. In solchen künstlich kontrollierten Situationen, wo das Individuum kein wirklich freies Verhalten zeigen kann, wird das, worauf geachtet werden muß und was relevant ist, ganz klar vom Versuchsleiter, vom Lehrer etc. definiert.
Aber kann überhaupt in einer Situation, in der Handlungen und Aufmerksamkeiten frei sind, die Aufmerksamkeit kontrolliert werden? Wie stellt es das weibliche Geschlecht an, wenn es die Aufmerksamkeit des männlichen Geschlechtes auf sich ziehen will (und umgekehrt)? Wenn Sie z. B. bei einer großen Werbeagentur beschäftigt wären, was würden Sie unternehmen, um die Aufmerksamkeit der Öffentlichkeit auf ein bestimmtes Produkt zu lenken? Wie würden Sie versuchen, die Aufmerksamkeit der potentiellen Käufergruppe zu kontrollieren? Oder nehmen wir an, Sie wären Dozent und hätten Ihren Studenten, wenn diese Ihnen nur zuhören würden, etwas Wichtiges mitzuteilen. Cameron und seine Mitarbeiter (1968) haben herausgefunden, daß während der Vorlesung die Studenten tatsächlich nur etwa 50 % der Zeit zuhören, selbst wenn der Dozent nach ihren eigenen Angaben ziemlich gut ist. Einen Großteil der Zeit sind sie demnach ihren eigenen inneren Zerstreuungen zugewandt und tagträumen so dahin. Was würden Sie tun, um die Aufmerksamkeit dieser Studenten auf sich zu lenken und dann aufrechtzuerhalten?
Zweifelsohne fallen Ihnen noch eine Reihe anderer Situationen ein, in denen die Aufmerksamkeit einer bestimmten Person oder eine Gruppe von Leuten eine Rolle spielt. Welche Techniken benutzen Sie regelmäßig, und unter welchen Bedingungen zeigen diese Methoden unterschiedliche Wirksamkeit? Oder, von der anderen Seite her betrachtet: Wie könnte eine andere Person *Ihre* Aufmerksamkeit auf sich lenken?
Aufmerksamkeit gewinnen. Obgleich die Psychologen zur Zeit noch keine ideale Definition der Aufmerksamkeit geben können, sind sie doch in der Lage, die Bedingungen zu beschreiben, die die Aufmerksamkeit beeinflussen. Diese beziehen sich sowohl auf Merkmale der Reizsituation als auch auf Faktoren, die vom Einzelnen abhängen. Einige der hier aufgeführten Faktoren werden Ihnen vielleicht aus eigener Erfahrung bekannt vorkommen.
1. *Veränderung.* Veränderung oder Kontrast ist Bewegung in irgendeiner Richtung: von einem Platz zum anderen, von einer Intensität zur anderen, von Anwesenheit zu Abwesenheit, von rot zu grün, von hoch zu niedrig, von Bewegung zu Stillstand. Eine junge Katze läßt das Garnknäuel unbeachtet, solange es sich nicht bewegt, aber sie spielt mit ihm, wenn es auf dem Boden herumrollt. Ein plötzlicher Schrei inmitten einer ruhigen Unterhaltung oder das Wispern eines Mannes, der bisher nur geschrien hat, läßt uns aufmerksam werden. Mit anderen Worten, alles was neu oder unerwartet ist, bringt eine Veränderung mit sich, der wir unsere Aufmerksamkeit zuwenden.
2. *Größe.* Wenn die anderen Bedingungen gleich sind, zieht etwas Großes unsere Aufmerksamkeit mehr an als etwas Kleines, ein Faktor, dem durch die ganzseitigen Reklamen in unseren Zeitungen Rechnung getragen wird.

Größe ist jedoch nur einer von vielen miteinander verwandten Faktoren, die die Richtung unserer Aufmerksamkeit bestimmen. Selbst eine große Reklame kann neben einer anderen, vielleicht kleineren, an Wirkung verlieren, weil diese das Interesse des Lesers mehr anspricht oder die Farben besser anwendet.

3. *Vorrangigkeit.* Reize größerer Intensität haben den Vorrang vor anderen Reizen der gleichen sensorischen Modalität. Z. B. stehen hohe über niedrigen Tönen, Kitzeln über einfachem weichem Druck und helle, satte Farben über Pastellfarben. Letzteres können wir bei jedem Einkauf bei Waschmitteln, Dosen, Suppen und anderen Produkten beobachten.

4. *Wiederholung.* Ein schwacher Reiz, der häufig wiederholt wird, kann wirksamer sein als ein nur einmal dargebotener starker Reiz. Aber auch für diese Wirksamkeit gibt es eine Grenze, denn wird die Wiederholung übertrieben, führt sie zur Eintönigkeit und zum Verlust der Aufmerksamkeit. Schauspieler und Schauspielerinnen tragen diesem Phänomen besonders Rechnung, indem sie versuchen, die für die Erhaltung des Zuschauer-Interesses optimale Anzahl der persönlichen Auftritte und Fernsehauftritte zu bestimmen.

5. *Organische Bedingungen.* Der Ihre Aufmerksamkeit gewinnende Reiz ist gewöhnlich der, der die zur Zeit vorhandenen biologischen Bedürfnisse am stärksten anspricht. Wenn Sie hungrig sind, bemächtigen sich Reize, die mit Nahrung in Beziehung stehen, Ihrer Aufmerksamkeit; wenn Sie müde sind, sind es Reize, die Ihnen Erholung, Schlaf und Rast versprechen. Da sexuelle Bedürfnisse häufig im Vordergrund stehen, ist es nicht verwunderlich, daß sex-bezogene Reize benutzt werden, um Ihre Aufmerksamkeit auf die mit ihnen verbundenen Produkte zu lenken — vom Cabriolet bis zu den Zigaretten.

6. *Interessen.* Verschiedene Leute schenken den gleichen Reizen ein unterschiedliches Maß an Aufmerksamkeit, da ihre Interessen, genauso wie die organischen Bedingungen, bestimmte Reaktionen vorbestimmen. Die meisten Leute würden z. B. einen gewöhnlich aussehenden Stein auf dem Boden gar nicht bemerken; ein Steinsammler hingegen würde sofort aufmerksam werden,wenn es sich hierbei um ein besonderes Gestein handelte. Der objektive Reiz ist in beiden Fällen derselbe, aber das unterschiedliche Interesse bestimmt die Aufmerksamkeit und das daraus folgende Verhalten.

7. *Persönliche Kontakte.* Wie bereits in Kapitel 4 beschrieben, habituieren Individuen nicht an persönlich signifikante Reize, besonders nicht an ihre eigenen Namen. Deshalb werden Leute in der Zuhörerschaft (Klasse, Auditorium) immer dann besonders aufmerksam, wenn sie ihren eigenen Namen hören. Zusätzlich erhöht sich dabei auch die Aufmerksamkeit der übrigen, da hier die Zuhörerschaft als Menge von Individuen und nicht als anonyme Masse, in der sich der Einzelne verstecken kann, angesprochen wird. Diese Individualisierung von Zuhörern ist die wirksamste Methode, Aufmerksamkeit zu bekommen und zu erhalten.

Die Aufrechterhaltung der Aufmerksamkeit. Wir können den Aufmerksamkeitsprozeß auch als das Zusammenbrechen der Habituation betrachten. Indem wir irgendetwas in der Umwelt verändern, veranlassen wir den Organismus, eine Orientierungsreaktion auf einen bestimmten Reiz hin zu vollziehen. Erfolgen keine weiteren Veränderungen, so wird er sich allmählich an diesen Reiz gewöhnen und ihn nicht länger beachten. Insofern ist die Habituation das Hauptproblem, welches auf uns zukommt, wenn wir versuchen wollen, die Aufmerksamkeit einer Person über längere Zeit hin *aufrechtzuerhalten.* Was können wir tun, um eine Habituation zu verhindern?

Es sieht so aus, als ob dieselben Prinzipien, die für das Gewinnen der Aufmerksamkeit gelten, auch bei ihrer Aufrechterhaltung zutreffen. Auch hier helfen aufeinanderfolgende Veränderungen oder Variationen der Reizsituation selbst, die Aufmerksamkeit zu erhalten. Politiker, Lehrer oder sonstige Vortragende erhalten sich eine aufmerksame Zuhörerschaft dadurch, daß sie den Inhalt ihres Vortrages abwechslungsreich gestalten (z. B. einen Witz machen, eine rhetorische Frage stellen), oder daß sie die Art des Vortrages verändern (erst laut, dann leise, dann wieder laut sprechen, in der Mitte des Satzes eine Pause machen).

Die Aufmerksamkeitsspanne. Wie lange können Sie einem Reiz oder einer Handlung Ihre Aufmerksamkeit schenken, bevor Ihre Gedanken anfangen zu wandern? Dieses Zeitintervall bezeichnet man als *Aufmerksamkeitsspanne.* Grundschullehrer ordnen nach dieser Spanne häufig ihre Schüler ein, da die Aufmerksamkeitsspanne mit dem Intelligenz-Alter wächst. Sie wird auch oft zur Vorhersage intellektueller Fähigkeiten benutzt, da ein Kind mit einer kurzen Aufmerksamkeitsspanne weniger Unterrichtsstoff aufnehmen kann und deshalb später bei der Überprüfung dieses Stoffes weniger gut abschneidet. Daß diese Spanne im wesentlichen vom Interesse des Kindes abhängt, ist daran zu sehen, daß dieselben Kinder, die während des Rechenunterrichts keine 5 Minuten lang still sitzen können, am Wochenende stundenlang vor dem Fernsehschirm sitzen. Pädagogen, die dem Kind die Schuld für eine zu kurze Aufmerksamkeitsspanne geben, versuchen lediglich, sich ihrer Verantwortung zu entziehen, anstatt sich Gedanken darüber zu machen, wie man mit interessantem Material und neuen Darbietungstechniken den Unterricht den Interessen und Erfahrungen des Kindes anpassen könnte.

Was dem einen paßt . . . Jedem Studenten wird einmal geraten, beim Lernen Ablenkungen wie Musik, Lärm und Anwesenheit anderer Leute möglichst auszuschalten. Der Verstoß gegen diese Regel gilt in unseren Bibliotheken als Todsünde, da die Konzentration auf den Lesestoff nicht durch Lärm gestört werden soll. Vor kurzem wurde diese Regel absichtlich verletzt, was zu überraschenden Ergebnissen führte. Eine Bibliothek in einem überwiegend schwarzen Stadtteil von San Francisco erlaubt Sprechen und Abspielen von lauter Rock-Musik. Seitdem besuchen mehr Leute denn je die Bibliothek und verbringen dort auch mehr Zeit beim Lesen. Für Leute, die in einer lärmerfüllten Umwelt leben, kann Ruhe störend wirken und von dem zu erlernenden Stoff ablenken. Dasselbe wurde auch bei in der Nähe der Niagara-Fälle wohnenden Leuten beobachtet, als Ingenieure der Armee die Wasserfälle „abdrehten", um sich die Erosionsschäden anzusehen. Auch in New York City beschwerten sich die in der 3. Avenue wohnenden Leute über den Abbruch der Schwebebahn, die immer mit viel Lärm (manchmal alle 5 Minuten) an ihren Fenstern vorbeifuhr.

Was ist überhaupt Aufmerksamkeit?

Obwohl Laboruntersuchungen gewöhnlich unter großem Aufwand versuchen, die Aufmerksamkeit der Versuchspersonen zu kontrollieren, befassen sich doch wenige dieser Untersuchungen mit der Aufmerksamkeit selbst. Der ganze Aufwand geschieht vielmehr deshalb, um die Aufmerksamkeit auf bestimmte Reize zu gewährleisten. Trotzdem gibt es einige Untersuchungen, welche die Dynamik dieses wichtigen Prozesses zu erfassen versuchen. Eine der auftretenden Hauptschwierigkeiten ist die operationale Definition von „Aufmerksamkeit". Wie kann man Aufmerksamkeit direkt messen, wenn man nicht weiß, ob der betreffende Organismus auch aufmerksam ist? Welche äußeren Verhaltensweisen geben einen Aufschluß über die Aufmerksamkeit? Muß z. B. eine Vp einen Gegenstand betrachten, bevor man von Aufmerksamkeit sprechen kann? Oder kann man auf irgendetwas aufmerksam sein, ohne dafür irgendwelche äußeren Zeichen zu geben? Wenn das zutrifft, ist die Definition und die Messung der Aufmerksamkeit äußerst schwierig.

Einer der wichtigsten Verhaltensindikatoren für Aufmerksamkeit ist die Orientierung auf einen Reiz hin oder die Beschäftigung mit ihm. Dishabituation kann ebenfalls als Beweis der Aufmerksamkeit auf einen neuen Reiz, der mit dem gespeicherten neuronalen Modell nicht übereinstimmt, angesehen werden. Ferner werden neurophysiologische Messungen wie z. B. EEG häufig als Korrelate der Aufmerksamkeit angeführt. Wir wissen jedoch noch nicht, ob sie Aufmerksamkeit allein widerspiegeln oder ob sie nicht auch von anderen Vorgängen, wie z. B. der Muskelspannung bei der Antizipation oder beim Vollzug der Reaktion und vielleicht noch anderen kognitiven Aktivitäten, die mit der Verarbeitung der eingehenden Information zusammenhängen, beeinflußt werden (MacNeilage, 1966).

Was hast Du nur für große Augen! Obwohl Psychologen allgemein die Aufmerksamkeit als einen Selektionsprozeß betrachten, sind sie dennoch nicht imstande, diesen genau zu definieren oder zu messen. Es ist daher nicht überraschend, daß die Ankündigung des Psychologen E. Hess, er habe eine einfache verläßliche Methode zur Messung der Aufmerksamkeit entwickelt, großes Aufsehen erregte. Diese Technik besteht ganz einfach und schlicht in der Erfassung der Pupillen-Dilatation. Der Durchmesser der Pupille variiert direkt mit dem Interesse der Vp beim Betrachten verschiedener Gegenstände. Wenn männliche Vpn eine Reihe von Bildern betrachten, so erweitern sich ihre Pupillen mehr, wenn diese Bilder statt Männern Frauen zeigen. Genau das Gegenteil traf auf weibliche Vpn zu (Hess und Polt, 1960). Bei weiteren Untersuchungen stellten Hess und seine Mitarbeiter (1965) fest, daß diese Reaktion auf Bilder nackter Frauen nur solche männlichen Vpn zeigten, deren eigene sexuelle Aktivitäten ausschließlich

Abb. 6-5. „Ich verstehe das nicht. Alle Männer auf ihrer Station scheinen unter Pupillen-Dilatation zu leiden“

heterosexuelle waren. Bei der Darbietung von Bildern nackter Männer zeigten 4 von 5 männlichen Homosexuellen eine stärkere Pupillen-Dilatation als bei der Darbietung von Bildern nackter Frauen. Abbildung 6-6 zeigt diesen, durch Pupillen-Dilatation festgestellten, Unterschied in Aufmerksamkeit und affektivem Interesse bei homosexuellen und heterosexuellen Männern.

Leider haben neuere Untersuchungen gezeigt, daß Pupillen-Dilatation nicht als verläßliches Maß des Interesses angesehen werden kann. Es wurde vielmehr festgestellt, daß die Pupillen-Vergrößerung eine Reaktion des Organismus ist, welche komplexe kognitive Aktivität, primäres Interesse und Aufmerksamkeit an Außenreizen widerspiegelt.

Photographische Aufnahmen der Pupille während eines Diskriminationsexperimentes zeigten kleine aber beständige Unterschiede in der Pupillengröße, die von der experimentellen Prozedur selbst herrührten. Wenn Vpn einen Knopf drücken mußten, um die Vollendung einer Aufgabe anzuzeigen (in diesem Falle zwei Töne als gleich oder unterschiedlich zu bezeichnen), vergrößerte sich der Durchmesser der Pupille um 0,3 mm oder etwa 6 % über den Kontrollwert. Dieser Anstieg war bedeutend größer als unter experimentellen Bedingungen, welche keine äußere Reaktion oder aber eine motorische Reaktion forderten, die mit der Aufgabe nichts gemein hatte. Eine Vergrößerung der Pupille war auch festzustellen, wenn das Wort „jetzt“ gesprochen wurde, welches der Vp als Signal diente, die Reaktion zu zeigen oder zurückzuhalten (Simpson, 1969).

Auch hier sind noch weitere Untersuchungen notwendig, um die Korrelate der geistigen Aktivität und diesem anscheinend „sensiblen und verläßlichen Anzeiger kognitiver Vorgänge“ festzustellen.

Liegt die Aufmerksamkeit beim Zuhörer? Bis jetzt haben wir uns mit der Aufmerksamkeit hauptsächlich aus der Sicht der Person befaßt, die die Aufmerksamkeit einer anderen gewinnen möchte. Wir wollen jetzt untersuchen, welche Prozesse ablaufen, wenn wir aufmerksam sind.

Bis vor kurzem wurde die Untersuchung von Hernández-Peón, Scherrer und Jouvet (1956) als die klassische neurophysiologische Studie über selektive Aufmerksamkeit angesehen.

Man pflanzte Elektroden in das als Nucleus cochlearis bezeichnete Hirn-Areal einer Katze, welches über den Gehörnerv Impulse vom Ohr erhält. So konnte man die Reaktionen der Katze auf ein Geräusch (Klick) messen. Wenn die Katze ent-

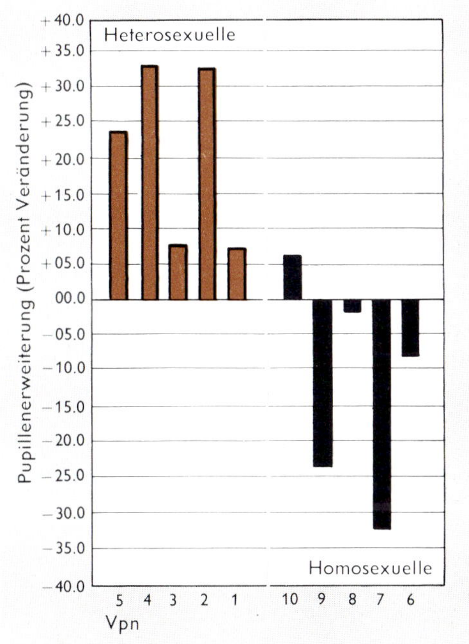

Abb. 6-6. Pupillen-Reaktionen und Sexualität. Die Abbildung zeigt den Prozentsatz der Pupillenerweiterung bei 5 heterosexuellen und 5 homosexuellen Männern als Reaktion auf Bilder von Frauen und Männern. Die negativen Werte bei den homosexuellen Vpn zeigen ihre stärkere Reaktion auf Bilder von Männern; die positiven Werte der heterosexuellen Vpn zeigen ihre stärkere Reaktion auf Bilder von Frauen. Zwischen beiden Gruppen gibt es keine Überlappung; selbst der höchste positive Wert eines Homosexuellen ist niedriger als die positiven Werte jeder beliebigen heterosexuellen Vp (Nach Hess, Seltzer und Schlien, 1965)

spannt auf dem Boden herum lag, führte das Klick zu einer beträchtlichen Reaktion, wie die erste Aufzeichnung zeigt. (Der Pfeil deutet den Zeitpunkt des Klick an).

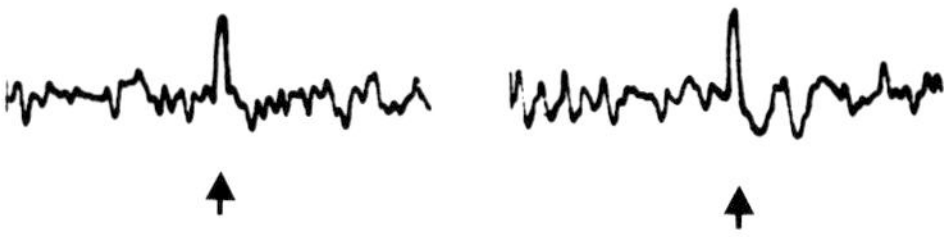

Als man in den Käfig einen Glasbehälter mit zwei Mäusen stellte, legte sich die Katze vor den Glasbehälter und beobachtete die Mäuse mit großer Aufmerksamkeit. Jetzt wurde das Klick wiederholt, aber dieses Mal sah man fast keine Reaktion:

Wenn die Katze dann wieder entspannt dalag, zeigte sich auch die frühere Reaktion auf das Klick wieder:

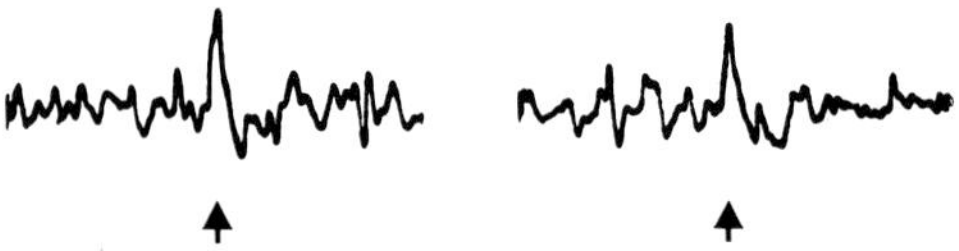

Ähnliche Resultate erhielt man, wenn die Katze einen Fisch riechen durfte oder während der Darbietung des Klick einen elektrischen Schock auf die Pfote bekam. Der gleiche Reiz rief also, je nach Aufmerksamkeitszustand der Katze, eine physiologische Reaktion hervor oder auch nicht.

Die Ergebnisse dieses Experimentes legen nahe, daß die Aufmerksamkeit im wesentlichen ein Filter-Prozeß des ZNS ist, welcher „irrelevante" sensorische Eingänge hemmt. Diesen Prozeß kann man auch als die efferente Kontrolle des afferenten Inputs bezeichnen (Sie werden sich an Kapitel 2 erinnern, wo wir feststellten, daß die afferenten Fasern Reizinformation zum ZNS *hin* übermitteln, während die efferenten Fasern im allgemeinen Information vom ZNS *weg*tragen, gewöhnlich zu den Muskeln und Drüsen). Es gibt auch sog. „fehlgebahnte" efferente Fasern zu Schaltstationen in den *sensorischen* Bahnen. Solche Fasern können die ankommende afferente Information hemmen, und sie dadurch daran hindern, zum Gehirn zu gelangen (Galambos, 1956; Desmedt, 1960). Die Ergebnisse von Hernández-Peón und seinen Mitarbeitern sind sehr eindrucksvoll und scheinen intuitiv auch eine richtige Darstellung des Funktionierens der selektiven Aufmerksamkeit zu sein. Vielen Untersuchern gelang es jedoch nicht, diese Ergebnisse zu replizieren, was darauf hinweist, daß hier vielleicht noch andere Faktoren eine Rolle spielen. Worden und seine Mitarbeiter haben z. B. festgestellt, daß die Position des Katzen-Ohrs zum Lautsprecher Unterschiede im akustischen Input zum Ohr hervorruft. Diese Unterschiede wiederum beeinflussen die auditive Reaktion der Katze auf das Klick. Ferner spielen auch die Ohrmuskeln der Katze eine wichtige Rolle. Als diese Variablen sorgfältig kontrolliert worden waren (der Lautsprecher fiel weg und die Katzen trugen Kopfhörer), ergab sich keine konsistente Beziehung zwischen Aufmerksamkeit und auditiven Reaktionen (Worden, 1966).

Es wurden in diesem Beispiel mindestens zwei methodologisch wichtige Probleme angesprochen:

a) die Notwendigkeit der unabhängigen Replikation einer Untersuchung, bevor ihre Resultate als richtig bezeichnet werden können;
b) die Notwendigkeit, alle Variablen zu kontrollieren, die möglicherweise die Ergebnisse beeinflussen könnten.

Eine Reihe Untersuchungen haben versucht, die neurophysiologischen Korrelate der Aufmerksamkeit durch Registrierung von Gehirnwellen während Aufmerksamkeit erfordernder Aufgaben zu spezifizieren. Hier handelte es sich um Untersuchungen der Vigilanz, bei der die Vp aufmerksam eine Reihe ähnlicher Reize betrachten muß und eine Reaktion nur auf gelegentlich auftretende, leicht abweichende Reize zeigen soll.

In einer Untersuchung wurde z. B. eine Reihe von ziemlich hellen Lichtblitzen gegeben, unter denen sich ab und zu ein nicht so heller Blitz befand, bei dem die Vp einen Knopf drücken mußte. In einer anderen Studie hörten Vpn eine Serie von je 4 Tönen und wurden aufgefordert, festzustellen, ob der dritte Ton lauter war als der zweite. Mehrere dieser Untersuchungen haben gezeigt, daß die Reaktionen im Cortex sowohl auf auditive als auch visuelle Signale stärker waren, wenn das Signal richtig wahrgenommen wurde (Haider, Spong und Lindsley, 1964; Davis, 1964; Spong, Haider und Lindsley, 1965).

Eine andere Untersuchung, in der die Reaktionen einzelner Neurone im Cortex registriert wurden, weist auf einen Mechanismus hin, der möglicherweise diese Unterschiede erklären kann. Obgleich die Reaktion in vielen Fällen direkt proportional der Intensität des Reizes war, wurden einige Zellgruppen entdeckt, die nur dann reagierten, wenn das Versuchstier sich tatsächlich dem Reiz zuwandte (Hubel, Henson, Rupert und Galambos, 1959).

Die Entwicklung der Aufmerksamkeit. Daß die Wiege ein idealer Platz ist, um mit Untersuchungen über die Aufmerksamkeit zu beginnen, zeigt der Anstieg des Interesses an der

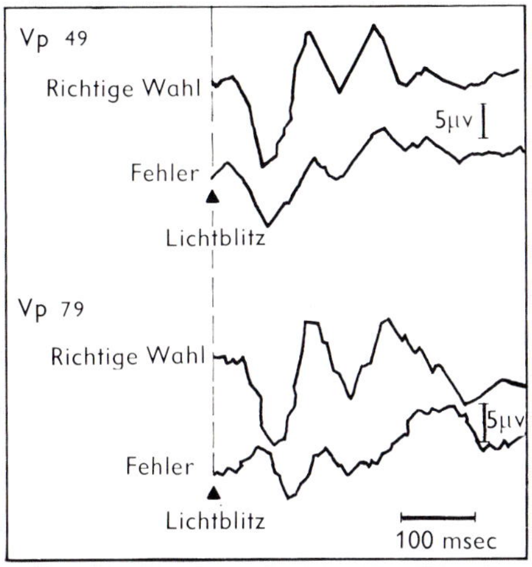

Abb. 6-7. Reaktionen auf wahrgenommene und nicht wahrgenommene Signale. Die neuralen Reaktionen zweier Vpn auf wahrgenommene oder nicht wahrgenommene visuelle Signale wurden von einem Computer registriert. In beiden Fällen ist die neurale Reaktion auf wahrgenommene Signale stärker als auf nicht wahrgenommene (Nach Davis, 1964)

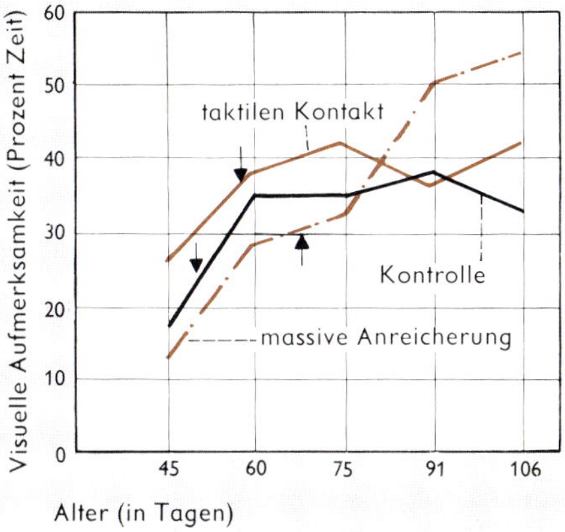

Abb. 6-8. Visuelle Aufmerksamkeit. Die Abbildung zeigt den Prozentsatz der Zeit, während der Säuglinge der Kontrollgruppe auf ihre Umwelt aufmerksam bleiben (aufgezogen in gewöhnlichen Krankenhausbetten mit wenig Stimulation aus der Umwelt); von Säuglingen, die in denselben Betten aufwuchsen, aber von den Schwestern durch Herumtragen und Berühren taktil stimuliert wurden, und von Säuglingen, die in „angereicherten" Betten mit farbigen und mit tastbaren Gegenständen aufgezogen wurden.
Die Pfeile zeigen das Alter an, in dem die Säuglinge ihre eigenen Hände zu betrachten begannen. Obgleich die Kontrollgruppe ihre Hände früher entdeckte — wahrscheinlich deswegen, weil sie sonst nichts anzuschauen hatte — lag doch ihre allgemeine Aufmerksamkeit auf die visuelle Umwelt im Alter von 3 1/2 Monaten wesentlich unter der anderer Kinder (Nach White und Held, 1966)

Entwicklung von Aufmerksamkeitsprozessen beim menschlichen Kleinkind. Die visuelle Aufmerksamkeit auf die Umgebung ist bereits zum Zeitpunkt der Geburt vorhanden, wenn auch die zeitliche Dauer der Aufmerksamkeit des Neugeborenen noch sehr begrenzt ist. Eine Untersuchung an 10 Säuglingen, die vom 1. Lebenstag an einen Monat lang beobachtet wurden, zeigte, daß die Aufmerksamkeitsspanne verlängert und der Beginn des Schlafens verzögert werden können, wenn man die Umwelt des Säuglings interessant gestaltet (Wolff, 1965). Menschliche Gesichter z. B. haben für Säuglinge einen höheren Aufmerksamkeitswert als geometrische Formen (selbst noch im 6. Lebensmonat). Es wurde beobachtet, daß weibliche Säuglinge eine größere Aufmerksamkeitsspanne hatten als männliche und auf unerwartete Reizmuster stärker reagierten (Kagan und Lewis, 1965).
Die Bedeutung der Aufmerksamkeit bei der Entwicklung der Koordination zwischen visuellen und motorischen Reaktionen kommt bei Untersuchungen der sensorisch-motorischen Entwicklung zum Ausdruck. Eine Untersuchung an institutionalisierten Säuglingen (s. Seite 85 bis 86) zeigte, daß die Anreicherung der Umwelt die Dauer der Aufmerksamkeit auf Gegenstände in der Umwelt beträchtlich erhöhte (White und Held, 1966).
Die gleiche Untersuchung zeigte außerdem, daß Kinder in dieser angereicherten Umwelt Fähigkeiten wie visuell gelenktes Greifen viel schneller lernten, als die Kinder, deren Betten wenig visuelle Stimulierung anzubieten hatten.

Aufmerksamkeit auf multiple Reize

Bis jetzt haben wir uns hauptsächlich mit der Aufmerksamkeit auf einzelne Reize befaßt. Was geschieht aber, wenn viele Reize auf einmal um diese Aufmerksamkeit konkurrieren? Einige Untersuchungen haben auf zwei faszinierende Mechanismen hingewiesen, mit Hilfe derer Organismen dieses allgemeine Problem lösen: Aufmerksamkeitsfilter und „biased

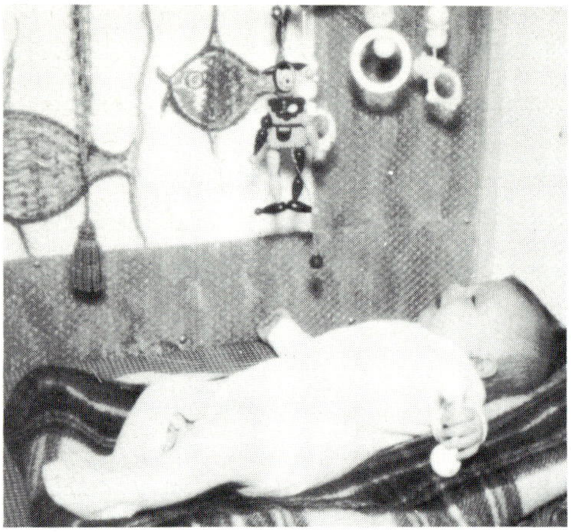

Abb. 6-9. Viele Eltern statten die Betten ihrer Kinder mit interessanten, stimulierenden Gegenständen aus, so daß diese ihre wachen Stunden nicht mit der Betrachtung der eintönigen Zimmerdecke oder sonstiger nichtssagender Gegenstände verbringen müssen. Sobald der Säugling dazu fähig ist, wird er nach den Objekten, die er sieht, greifen und beginnt damit die Welt durch Betasten zu erkennen

scanning" (etwa: voreingenommenes Herausfiltern von Informationen).

Das Cocktail-Party-Problem. Nehmen wir z. B. das „Cocktail-Party-Problem", bei dem sich eine Person in einem überfüllten Raum voller Lärm befindet, in dem viele Konversationen gleichzeitig stattfinden. Wie kann sie einer Konversation folgen, ohne von den anderen abgelenkt zu werden? Welche Aspekte der Sprache und des Sprechens sind ihr dabei behilflich, bestimmte Reize auszusortieren und aufmerksam zu verfolgen und andere zu ignorieren? Da diese Frage eine Reihe von Problemen der Sprachwahrnehmung eng berührt, gibt es eine Reihe von experimentellen Untersuchungen, die sich damit näher befaßt haben.

Aufmerksamkeit als Filter. Bei einem dichotomen Hörtest trägt die Vp Kopfhörer, wobei zur gleichen Zeit jedem Ohr eine andere verbale Nachricht dargeboten wird. Die Nachrichten können dabei Passagen aus einem Aufsatz oder Zahlenlisten sein. So hört z. B. das rechte Ohr die Zahl 7, während zur gleichen Zeit das linke Ohr die Zahl 9 hört; dann hört das rechte Ohr 5 und das linke 4, dann folgen 2 und 6. Wird jetzt die Vp aufgefordert, alle 6 Zahlen zu wiederholen, dann sagt sie gewöhnlich zunächst alle Zahlen auf, die sie auf dem einen Ohr gehört hat und dann die vom anderen Ohr: „7, 5, 2, 9, 4, 6" (Broadbent, 1954).

Broadbent (1958, 1962) schlug zwei Mechanismen vor, mit Hilfe derer das Gehirn möglicherweise eine solch komplexe eingehende Information filtriert. So können z. B. beide Ohren als separate Verarbeitungskanäle funktionieren; die Information, die ein Ohr erreicht, wird sofort verschlüsselt, während die zum anderen Ohr fließende Information kurzfristig im Kurzzeitgedächtnis für weitere Verarbeitung gespeichert wird. Obwohl viele Experimente diese Ansicht unterstützen, zeigen dichotome Hörtests, daß die Information, welche beide Ohren erreicht, auch kombiniert werden kann: wenn das eine Ohr „bau" hört und das andere „lau", berichten die Vpn oft, sie hätten „blau" gehört (Day, 1968, 1969).

Die Untersuchungen von Broadbent deuten an, daß das Gehirn wahrscheinlich auf spezifische physikalische Merkmale des Tones reagiert. Menschliche Stimmen unterscheiden sich voneinander durch Unterschiede in der *Pulsationsrate* (der zeitlichen Verteilung, mit der Luftströme durch die Stimmbänder gepreßt werden). Einzelne Sprachlaute unterscheiden sich durch die Kombination von *Frequenzen* voneinander (z. B. wirken Frequenzen von 375 und 1700 Hz zusammen, um den Vokallaut in dem Wort „bit" zu produzieren, während Frequenzen von 450 und 1700 Hz den Vokallaut im Wort „Bett" kennzeichnen). Was geschieht aber, wenn zwei verschiedene Stimmen

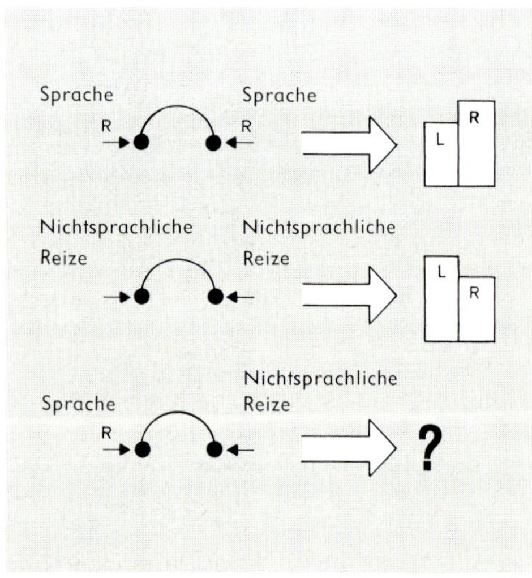

Abb. 6-10. Überlegenheit des rechten oder linken Ohrs bei dichotomen Hörtests (Nach Ruth Day, 1973)

gleichzeitig eingehen? Wie bestimmt der Zuhörer, welche Frequenz-Paare zusammengehören? Broadbent glaubt, daß das Gehirn auf Unterschiede in der Pulsationsrate reagiert und so fähig ist, sich auf Nachrichten zu konzentrieren, die von einer bestimmten Stimme herrühren, während andere Laute, die zwar zur gleichen Zeit, aber mit einer anderen Pulsationsrate ankommen, „ausgefiltert" werden.

Die beiden Hemisphären und die Wahrnehmung der Sprache. Wenn verschiedene Sprachreize gleichzeitig beiden Ohren dargeboten werden, so zeigt sich eine Überlegenheit des rechten Ohres, das heißt, daß das rechte Ohr die Information bedeutend besser identifiziert als das linke (Kimura, 1961). Diese Beobachtung gewinnt an Bedeutung, wenn Sie sich daran erinnern, daß das rechte Ohr hauptsächlich im linken Temporallappen vertreten ist und daß der linke Temporallappen bei den meisten Leuten „dominant" für die Sprache ist.

Während die linke Hemisphäre hauptsächlich für die Verarbeitung der Sprache ausgerüstet ist, scheint die rechte Hemisphäre (die Verbindung zum linken Ohr hat) nicht-sprachliche auditive Signale besser verarbeiten zu können, was wiederum bedeutet, daß bei nichtsprachlichen konkurrierenden Reizen die Identifizierung der ins linke Ohr eingehenden Information wesentlich besser ausfällt (Kimura, 1964).

Die Unterscheidung zwischen Sprache und Nicht-Sprache spielt bei dichotomen Hörtests eine entscheidende Rolle. Die Überlegenheit des rechten Ohrs zeigt sich bei einer großen Anzahl von Sprachreizen inklusive Zahlen (Kimura, 1961), bei Wörtern (Borkowski, Spreen und Stutz, 1965) und bei einfachen Konsonant-Vokal-Silben (Shankweiler und Studdert-Kennedy, 1967). Die Überlegenheit des linken Ohres finden wir bei einer großen Anzahl nichtsprachlicher Reize, zu denen Melodien (Kimura, 1964), Unterwasser-Signale (Chaney und Webster, 1965) und Umweltlärm (Curry, 1967) gehören. Die Ergebnisse dieser Untersuchungen werden in den beiden oberen Teilen der nächsten Abbildung dargestellt. Der untere Teil der Abbildung stellt eine einfache Frage: Was passiert, wenn das eine Ohr „Sprache" (S) hört und das andere Ohr mit nicht-sprachlichen Reizen (NS) stimuliert wird? Eine logische Vorhersage wäre, daß das Ohr die beste Leistung zeigt, welches mit einem „zu ihm passenden" Reiz stimuliert wird. Überraschenderweise jedoch zeigen beide Ohren die gleiche Leistung, unabhängig davon, welche Art von Reizen sie empfangen (Day und Cutting, 1970).

Vielleicht werden sprachliche und nichtsprachliche Reize durch separate Verarbeitungssysteme identifiziert. Diese Möglichkeit wird noch gestützt durch die Beobachtung, daß Versuchspersonen bei den Sprache-Nichtsprache-Prüfungen fast keine Fehler machen, während ihre Leistung auf etwa 60 bis 70 % abfällt, wenn beide Reize gleichartig sind.

Bei einer Variante des dichotomen Hörtests wurden die Reize nicht genau zur gleichen Zeit gegeben, z. B. erschien bei der Kombination „BAU-LAU" „BAU" bei einigen Versuchsdurchgängen einige Millisekunden vor dem Wort „LAU", während „LAU" dem Wort „BAU" bei anderen Versuchsdurchgängen einige Millisekunden voranging. Die Vpn wurden aufgefordert, bei jedem Durchgang die zeitliche Reihenfolge der Reize durch die Bestimmung des zuerst gehörten Lautes (Phonem) anzugeben (Day, 1969). Im allgemeinen ist die Leistung des rechten Ohres besser, wie die schwarzen Kurven der Abbildung 6-11 zeigen. Wenn beide Reize jedoch nicht-sprach-

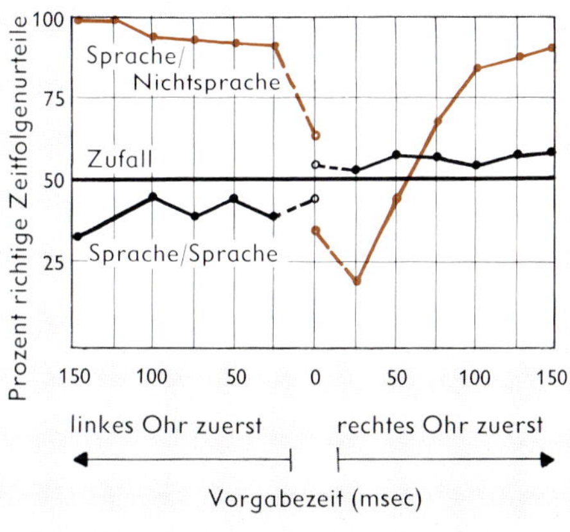

Abb. 6-11. Die Bestimmung der zeitlichen Reizabfolge bei dichotomen Hörtests. Die Abbildung zeigt typische Kurven für die Bestimmung der zeitlichen Reizabfolge. Wenn beide Nachrichten aus sprachlichen Reizen bestehen, so zeigt die Vp eine etwas genauere Bestimmung, wenn der erste Reiz im rechten Ohr erscheint. Wenn eine Nachricht sprachlich und die andere nichtsprachlich ist, so ist es für die Vpn äußerst schwierig zu erkennen, wann ein Reiz zuerst im rechten Ohr gegeben wurde

licher Natur sind, so wird der ins linke Ohr eingegebene Reiz genauer identifiziert. Was passiert, wenn die Vpn aufgefordert werden, die zeitliche Abfolge anzugeben, wenn ein sprachlicher und ein nicht-sprachlicher Reiz gegeben werden? Die Ergebnisse sind überraschend, wie die farbige Kurve der Abbildung 6-11 zeigt (Day und Cutting, 1970). Kommt der Reiz zuerst zum linken Ohr, so ist die Bestimmung der zeitlichen Reihenfolge sehr genau, gleich, ob dieser Reiz sprachlich oder nicht-sprachlich ist. Wenn der Reiz jedoch zuerst im rechten Ohr gegeben wird, ist die Leistung sehr schwach: obgleich der Reiz im rechten Ohr dem im linken um 50 bis 75 Millisekunden vorausging, berichteten die Vpn dennoch, daß sie den Reiz im linken Ohr zuerst gehört hätten. Wenn man auch diese Ergebnisse zur Zeit noch nicht voll interpretieren kann, deuten sie doch darauf hin, daß die zwei Hemisphären unterschiedlich viel Zeit benötigen, um ihre Arbeit zu verrichten. Weiterführende Untersuchungen befaßten sich vor allen Dingen mit der Wechselwirkung zwischen Zeitwahrnehmung und Aufmerksamkeit auf der einen Seite und den linguistischen und physiologischen Grundlagen der Sprachwahrnehmung auf der anderen.

Biased Scanning. Wenn jemand zwei Bilder betrachtet, die sich in Größe, Lebhaftigkeit, Zusammensetzung und anderen Details gleichen, so ist die Aufmerksamkeit auf beide Bilder wahrscheinlich gleichmäßig verteilt. Was geschieht nun mit dieser Aufmerksamkeit, wenn man der Vp sagt, daß eines dieser Bilder ihr gehöre? Gerard (1967) untersuchte eine solche Situation, wobei er die in Abbildung 6-12 dargestellte Versuchsanordnung wählte.

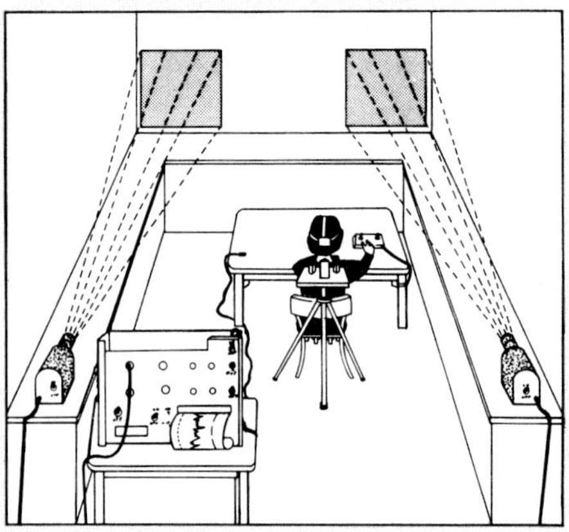

Abb. 6-12. Beeinflußtes Scanning. Zwei Bilder wurden auf Bildschirme projiziert, die sich im gleichen Abstand von der Vp befanden. Der Apparat vorne links registrierte den Pulsschlag der Vp. Die Vp zeigte ihre Präferenz an, indem sie einen der rechts von ihr befindlichen Knöpfe drückte

Bei dieser Untersuchung wurde die visuelle Ausrichtung der Vp auf jede der beiden Alternativen hin kontinuierlich beobachtet. Bevor sie die Entscheidung fällen mußten, widmeten die Vpn dem Bild mehr Aufmerksamkeit, welches sie später evtl. zurückwiesen. Sobald jedoch die Entscheidung gefällt war, konnte man einen auffälligen Wechsel der Aufmerksamkeit beobachten, wobei sich auch eine korrelierte physiologische Veränderung zeigte: Die Pulsfrequenz veränderte sich. Die Vpn befaßten sich nun ausschließlich mit der gewählten Alternative.

Die Reizmerkmale bestanden aus den Hauptdeterminanten des ursprünglich „unvoreingenommenen“ visuellen scanning, aber die kognitiven Prozesse der Wahl und Entscheidung bestimmten die Richtung der Aufmerksamkeit während der zweiten Phase. Vor der Entscheidung war die Aufmerksamkeit auf das gerichtet, was man durch die Wahl des anderen Bildes verlieren konnte; nach der Entscheidung richtete sich die Aufmerksamkeit ausschließlich auf das, was man gewonnen hatte.

c Das Problem der Wahrnehmung (oder: Wann ist das, was glänzt, wirklich Gold?)

Der naive Beobachter akzeptiert seine Sinneseindrücke, ohne sich darüber weiter Gedanken zu machen. Er glaubt, auf direkte, *unmittelbare* Weise Merkmale der sich in der Umwelt befindlichen Objekte wahrzunehmen. Er glaubt ferner, daß er direkten Kontakt mit diesen Objekten hat und ist von der Genauigkeit seiner Wahrnehmungen „lebhaft überzeugt“. Darüber hinaus nimmt er an, daß andere Beobachter die Situation genau so wahrnehmen wie er, es sei denn, sie seien „absichtlich pervers“. Seine Meinung bezeichnet man als *phänomenalen Absolutismus.*

Wie der Student, den wir im 4. Kapitel in der Dusche stehen ließen, so können auch Sie den Unterschied zwischen heißem und kaltem Wasser feststellen. Natürlich hatte das Wasser die Eigenschaft „Hitze“! Wenn Sie das denken, sollten Sie ein Experiment wiederholen, das John Locke schon im Jahre 1690 durchführte. Halten Sie einige Minuten lang die eine Hand in eine Schüssel mit heißem Wasser und die andere in eine Schüssel mit kaltem Wasser. Nun stecken Sie beide Hände in eine Schüssel mit lauwarmem Wasser. Eine Hand wird dieses Wasser als warm und die andere als kalt empfinden. So trifft also zu, was Locke schon vor drei Jahrhunderten feststellte, als er sagte: „Es ist unmöglich, daß das gleiche Wasser zur selben Zeit heiß und kalt sein könnte, wenn wirklich beide Wesenheiten (heiß und kalt) darin enthalten wären“. Neuere Experimente zeigen ebenfalls, daß Ihre subjektive Wahrnehmung nicht der objektiven Realität entspricht, obgleich Sie sicher sind, daß es so ist. Sie wissen z. B., ob etwas oben oder unten ist (im Verhältnis zu Ihnen), weil es eben oben oder unten *ist*, oder? Ebenso sind Sie sicher, daß sich etwas im Verhältnis zu anderen statischen Objekten bewegt, weil es das einfach *tut*!

In einer Reihe von Untersuchungen wurden Versuchspersonen auf einen Stuhl gesetzt, der sich in einem Zimmer befand, welches bis auf eine Ausnahme gänzlich normal war: sowohl der Stuhl als auch das Zimmer konnten gekippt werden. Saß eine Vp gerade im Stuhl, aber das Zimmer wurde gekippt, so wurde ihre Wahrnehmung dessen, was oben oder unten war, gestört, weil sie annahm, daß sie und die Gegenstände im Zimmer zwar gedreht werden könnten, Wände aber doch immer vertikal stehen bleiben müßten. So nahm sie also die geneigten Wände als vertikal und sich selbst und die anderen vertikalen Gegenstände im Zimmer als gekippt wahr (Witkin, 1954).

Ein ähnlicher Effekt wurde in einer klassischen Studie beobachtet, als ein stationärer Lichtpunkt innerhalb eines beleuchteten Rahmens (in einem dunklen Zimmer) als sich bewegend wahrgenommen wurde. Der Rahmen bewegte sich tatsächlich, wurde aber als stationär wahrgenommen. Obgleich die Vp die *absolute* Bewegung des Lichtpunktes sah, war es tatsächlich eine *relative* Bewegung, eine Bewegung des Lichtpunktes im Verhältnis zum Rahmen (Duncker, 1929).

Ein ähnliches Phänomen wird auch von den Passagieren der Jumbo-Jets berichtet, die angeben, daß sich beim Start eher die Startbahn zurückzuziehen scheint und nicht, daß man das Gefühl habe, vom Boden abzuheben.

Auch im Kino sehen Sie Bewegung, die eigentlich nicht vorhanden ist. Die kontinuierliche Bewegung der Schauspieler entsteht durch eine Serie einzelner Bilder, die etwa mit einer Geschwindigkeit von 24 pro Sekunde projiziert werden. Die Bilder selbst enthalten keine

Abb. 6-13. Die Abbildung zeigt einen Raum, in dem entweder der Stuhl, auf dem die Vp sitzt (im Vordergrund), oder der Rahmen (Reiz), oder beide gekippt werden können. Wenn das Zimmer verdunkelt ist und nur der Rahmen zu sehen ist, muß die Vp angeben, wann dieser Rahmen vertikal steht

Bewegung und trotzdem sehen Sie eine. Dieselbe scheinbare Bewegung bildet auch die Grundlage für die Neon-Lichtreklamen, bei denen Figuren sich bewegen, und für Spruchbänder, bei denen die Worte von der einen zur anderen Seite laufen. In Wirklichkeit geht jedes einzelne Licht in dieser Reklame entweder an oder aus, und es ist lediglich der Zeitabstand zwischen diesem An und Aus, der Ihnen den Eindruck einer Bewegung vermittelt. Die Wahrnehmung eines sich bewegenden Lichtes anstelle zweier oder mehrerer stationärer Lichter, die an- und ausgehen, bezeichnet man als das *Phi-Phänomen*.

Die Aufgabe der Wahrnehmung besteht darin, die einkommende Information so zu filtern und aufzuschlüsseln, daß wir die Beschaffenheit und die Verhältnisse der Welt erkennen, sie so vorhersagbar machen und daher gut in ihr zurecht kommen können. Hier beschränkt sich unsere Diskussion im wesentlichen auf den Gesichtssinn, da dieser bei der Steuerung des menschlichen Verhaltens eine dominante Stellung einnimmt.

Wahrnehmung und Trugschluß

Der tropische Urwald, in dem die BaMbuti-Pygmäen leben, ist so dicht, daß die Eingeborenen selten mehr als ein paar Meter ihrer Umgebung sehen können. Unter diesen Um-

Abb. 6-14. In diesen drei Bildern durchquerte der Mann das Zimmer in weniger als 1 Minute. Es ist der gleiche Mann und auch das gleiche Zimmer. Wie ist dieses Phänomen zu erklären?

ständen verlassen sie sich bei der Jagd hauptsächlich auf akustische Signale. Selten müssen sie dabei Urteile fällen, die auf visuellen Signalen der Distanz oder Dreidimensionalität beruhen. Eine der Konsequenzen dieses „natürlichen Experiments" wird in den Aufzeichnungen des Anthropologen C. Turnbull (1961) berichtet. Als einer der Pygmäen namens Kenge mit Turnbull auf eine offene Ebene fuhr, wo die Aussicht nicht versperrt war, spielte ihm die Natur (oder Erfahrung?) plötzlich einen Streich. Turnbull berichtet:

„Kenge schaute über die Ebene hinweg hinunter auf einen Platz, wo einige Meilen entfernt eine Herde von etwa 100 Büffeln graste. Er fragte mich, was für *Insekten* dies denn seien, worauf ich erwiderte, daß es sich hier um Büffel handele, die etwa zweimal so groß wie die ihm bekannten Urwaldbüffel seien. Er lachte laut und bat mich, nicht solche dummen Geschichten zu erzählen; dann fragte er mich wiederum, welche Art von Insekten das wohl sei. Nun sprach er mit sich selbst, da ihm meine Gesellschaft wohl nicht intelligent genug schien, und versuchte, die Büffel mit verschiedenen ihm bekannten Käfern und Ameisen zu vergleichen. Er tat dies immer noch, als wir ins Auto stiegen und zur Herde hinunterfuhren. Er beobachtete, wie die Tiere größer und größer wurden, und obgleich er genau so mutig war wie alle anderen Pygmäen, rückte er ganz nahe an mich heran und murmelte etwas von Hexerei . . .

Als er endlich feststellte, daß es sich um echte Büffel handelte, zeigte er zwar keine Furcht mehr, war aber immer noch davon überrascht, daß sie so klein gewesen seien und ob sie wirklich so klein gewesen und jetzt so groß geworden seien, oder ob hier irgendeine Art von Betrug im Spiel gewesen sei".

Beim Versuch, eine rationale Erklärung seiner Welt aufrecht zu erhalten, führte Kenge seine außergewöhnliche Wahrnehmung auf Hexerei zurück. Es waren also böse Geister, die die Leute betrügen, indem sie die Größe von Dingen verändern oder die Augen so überlisten, daß sie tatsächlich glauben, daß sich dies ereignet hätte. Bei unserem Versuch, eine solche Täuschung zu erklären (und wie Kenge ein „rationales" Bild von unserer Welt zu erhalten), suchen wir nach Gründen in der Natur. Hierbei suchen wir die Erklärung entweder in ungewöhnlichen Reizbedingungen oder im speziellen Erfahrungshintergrund des Wahrnehmenden.

Aus dieser Anekdote ergeben sich einige wichtige Schlußfolgerungen. Ebenso wie der Pygmäe nehmen auch wir nicht an, daß Objekte wie Büffel ihre Größe innerhalb einer kurzen Zeit drastisch verändern. In einer vertrauten Umgebung behalten Gegenstände ihre Größe ungeachtet unserer Entfernung von ihnen bei

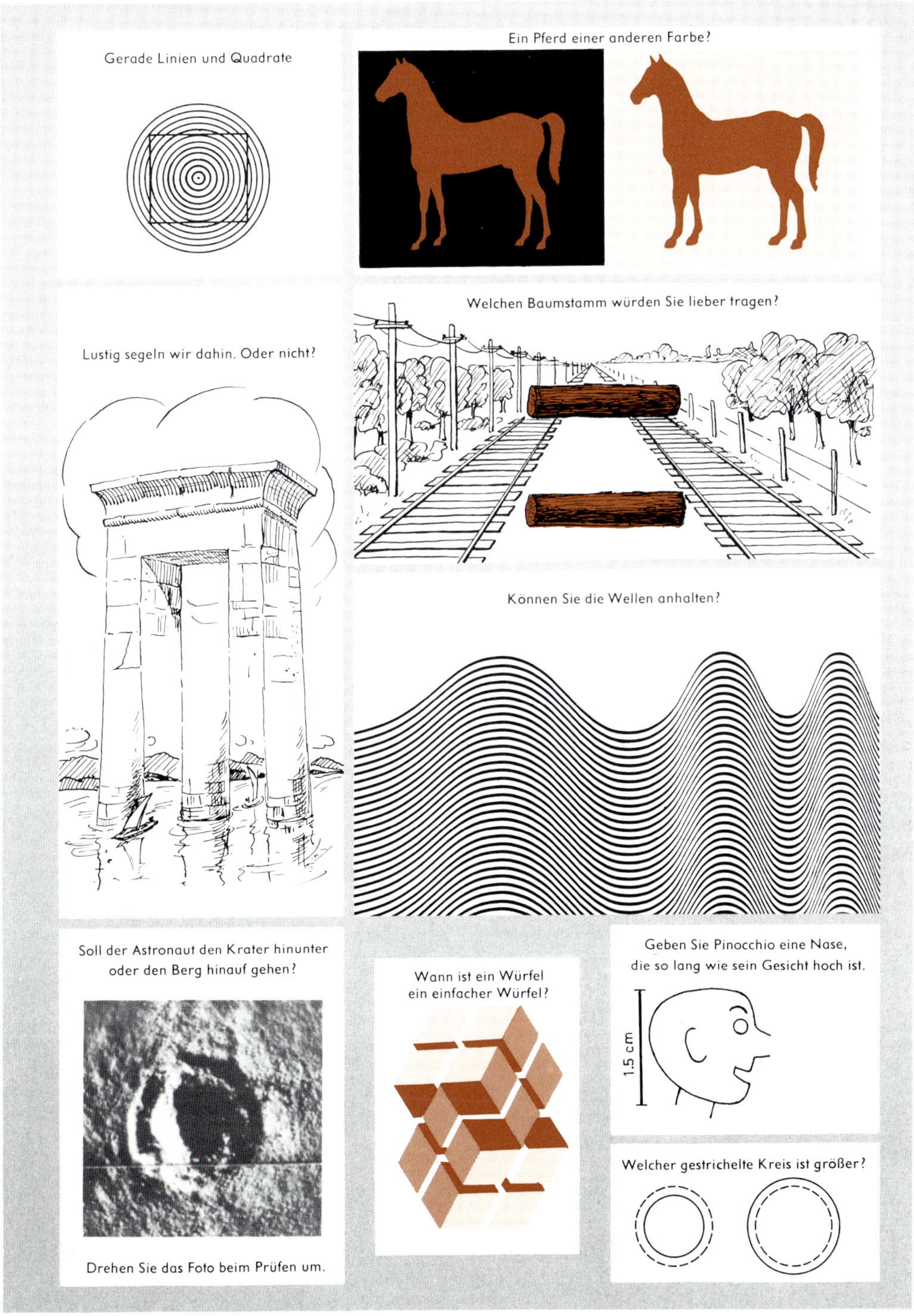

Abb. 6-15. Wahrnehmungsphänomene

(Turnbulls Wahrnehmung); aber in einer fremden Umgebung kann sich die Größe von Objekten im Verhältnis zur Entfremdung verändern (Kenges Wahrnehmung). Wir versuchen, neue Wahrnehmungen in einen vertrauten Kontext oder Bezugsrahmen einzupassen (Kenge verglich die „Insekten" mit Käfern). Endlich kann sich unter ungewöhnlichen Bedingungen der Reizdarbietung unsere Wahrnehmung so verändern, daß wir Täuschungen sehen. Dies passierte, als Kenge sich den Büffeln schnell per Auto näherte und sie „wachsen" sah.

Aus ähnlicher Erfahrung wissen wir, daß Kenge die Welt wahrscheinlich wie Turnbull realistischer wahrgenommen hätte, wenn er gewußt hätte, daß die Objekte tatsächlich Büffel waren. Eine solche Wahrnehmung ist genauer, da hier die subjektive Wahrnehmung (Vp) eines Objekts mit den objektiven physikalischen Eigenschaften dieses Objekts, die man messen und verifizieren kann, übereinstimmt. Die Wahrnehmungs-Erfahrung, d. h., wie etwas dem Wahrnehmenden erscheint, bezeichnet man auch als *phänomenologische Erfahrung.*

Die Wahrnehmung optischer Täuschungen. Glauben Sie, daß Sie als „erfahrener" Wahrnehmender dieselben verzerrten Wahrnehmungen der Realität haben könnten, wie dieser „Primitive"? Sehen auch Sie den Mann beim Durchschreiten des Raumes zweimal so groß wie vorher werden? Sie *wissen,* daß dies unmöglich ist. Was ist passiert? Optische Täuschungen können helfen, auch andere Wahrnehmungs-Phänomene zu verstehen. In Abb. 6-15 sind eine Reihe optischer Täuschungen dargestellt.

Die betrügerische Netzhaut und das umherschweifende Auge. Wenn Sie dank dieser optischen Täuschungen jetzt an Ihren Augen und Ihren interpretativen Mechanismen zweifeln, denken Sie einen Moment über den Ihnen zur Verfügung stehenden Wahrnehmungsapparat und die Aufgaben, die er erfüllen muß, nach. An der Rückwand des Auges befindet sich die Netzhaut, welche die durch die Linse eindringenden sensorischen Reize empfängt und diese zur Verarbeitung ins Gehirn weiterleitet. Aber welche Art von Information sendet die Netzhaut? Da sie eine zweidimensionale Oberfläche hat, muß sie die dreidimensionale Welt in ein zweidimensionales Muster umwandeln, das dann weitergeleitet wird. Da ihre Länge und Weite nur etwa $2^1/_2$ cm beträgt, muß die Linse die Größe des betrachteten Gegenstandes entsprechend *verkleinern.* Schließlich werden beim Durchdringen der Linse die Bilder *umgedreht,* so daß die Netzhaut ein „auf dem Kopf stehendes Weltbild" erhält.

Was die Angelegenheit noch komplizierter macht, ist, daß das Auge nie still steht. Das sich dauernd bewegende Auge zeigt einen geringen aber konstanten *Tremor* von hoher Frequenz. Dazu kommen noch *ruckartige Bewegungen,* mit denen sich das Auge unregelmäßig hin- und herbewegt. Trotzdem zeigen Objekte, die wir sehen, kein Zittern oder ruckartige Bewegungen. Schauen Sie sich z. B. die Ecken dieser Seite an. Anscheinend haben Ihre Augen für Sie diese Arbeit verrichtet. Das Netzhautbild bewegte und veränderte sich, jedoch Sie selbst und die Seite blieben der Realität entsprechend unverändert und unbewegt. Hat die Netzhaut diese Information an das Gehirn weitergegeben? Wenn ja, wie unterscheidet sich diese Situation von der, in der sich die Seite bewegt und Ihre Augen fixiert bleiben?

Aber irgendwie sehen wir die Welt doch mit „dem richtigen Ende oben" voller Tiefe und Schärfe und wir können gewöhnlich auch Bewegung *in ihr* von Bewegung *in uns* unterscheiden. Bestünde die Wahrnehmung ausschließlich in einer retinalen Übertragung, so hätten wir überhaupt keine Ahnung, wie die Welt tatsächlich aussieht.

Die Zuverlässigkeit der Wahrnehmung

Die Wahrnehmungstäuschungen überraschen uns gerade deswegen, weil unser Wahrnehmungssystem gewöhnlich so verläßlich ist. Unter normalen Umständen verlassen wir uns darauf, daß die Information, die uns dieses System zur Verfügung stellt, für die Anpassung an unsere Umwelt und deren Modifizierung präzise und nutzbar ist. Da die Wahrnehmung gewöhnlich so gut, so einfach, so mühelos und „unbewußt" funktioniert, müssen wir das System irgendwie stören (wie z. B. mit optischen Täuschungen), um uns der Komplexität der physiologischen und psychologischen Prozesse bewußt zu werden.

Wie sorgt nun der Wahrnehmungsakt für ein stabiles, organisiertes, zusammenhängendes, sinnvolles Bild der Realität, wenn die vorhergehenden Beispiele gezeigt haben, wie fehlbar es sein kann? Wenn wir nach einer Erklärung der optischen Täuschungen suchen oder verstehen wollen, wie das Wahrnehmungssystem es fertigbringt, einen Unterschied zwischen der *objektiven Realität* und der *phänomenalen Realität* zu machen, so entdecken wir eine Reihe ineinander übergreifender Prozesse. Das Wahrnehmungssystem verhält sich dabei wie ein datenverarbeitender Computer, indem es viele Informationsquellen aufnimmt, diese auswählt, integriert, abstrahiert, vergleicht, prüft, aussortiert und wieder ausgibt und zudem noch dies alles von neuem wiederholt. Jeder Wahrnehmungsakt ist eine Konstruktion oder Schöpfung der Realität, welche auf allen relevanten, gegenwärtigen und vergangenen, dem Organismus zugänglichen Informationen basiert.

Wahrnehmung, weit davon entfernt, eine direkte Erfahrung „dessen, was ist" zu sein, wird somit zu einem *mittelbaren* Prozeß organisierter Schlußfolgerungen über die „reale" Welt der Zeit, des Raumes, der Objekte und Ereignisse, der auf wesentlich mehr basiert als dem einfachen Reiz-Input. Um „Wahrnehmung" als ein Untersuchungsgebiet zu isolieren, müssen die Psychologen künstliche Grenzen zwischen den verschiedenen Prozessen der Empfindung, der Aufmerksamkeit, des Gedächtnisses, des Lernens etc. ziehen, also zwischen Gebieten, die in Wirklichkeit nicht getrennt, sondern sehr eng und dynamisch miteinander verknüpft sind. Welche verläßlichen Informationen liefert Ihnen also Ihr Wahrnehmungssystem tatsächlich?

Die Genauigkeit und Präzision der Wahrnehmung. Unter guten Lichtbedingungen kann das Auge einen Abstand zwischen zwei Linien wahrnehmen, der etwa so weit ist wie eine Sekunde eines 360-Grad-Vollkreises. Das Auge kann ein Tier auf einer entfernten Bergkette oder feine Rillen von Fingerabdrücken ausmachen und kann zudem zwischen beiden unmittelbar wechseln. Es lenkt die feine Hand-Augen-Koordination des Uhrmachers und des Neurochirurgen.

Wie kann es alle diese Aufgaben erfüllen, wenn es sich selbst dauernd hin- und herbewegt? Wie kann das Auge bei einer Veränderung des Netzhautbildes feststellen, ob dieses auf eine Bewegung in der Außenwelt oder auf Augen- oder Kopfbewegungen zurückzuführen ist? Anscheinend lernt das Wahrnehmungssystem die internale Stimulation zu kompensieren.

Die einleuchtendste Erklärung würde eine Rückkoppelung von den Augenmuskeln heranziehen; jedoch ist dies nicht die richtige Antwort. Wenn die Augenmuskeln durch eine intravenöse Injektion von Curare unbeweglich gemacht werden und dann die Vp aufgefordert wird, die Augen zu bewegen, so empfindet sie eine Augenbewegung, obwohl keine stattfindet (Brindley und Merton, 1960). Schon Helmholtz (1867) berichtete über dieses Phänomen. Er stabilisierte mit Pinzetten die Augenmuskeln seiner Vpn und forderte sie dann auf, ihre Augen zu bewegen, wobei er zu denselben Resultaten wie oben kam.

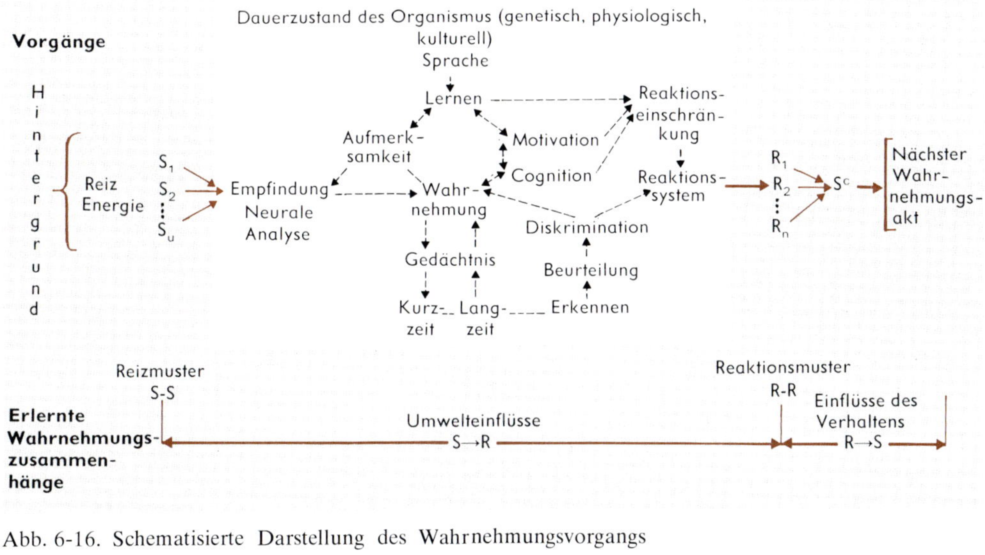

Abb. 6-16. Schematisierte Darstellung des Wahrnehmungsvorgangs

Die Beständigkeit der Wahrnehmung. Nehmen Sie eine Streichholzschachtel und drehen Sie diese zuerst bei ausgestrecktem Arm, dann in der Nähe des Gesichtes, im Sonnenlicht und im Schatten. Sie scheint sich nicht zu verändern, obgleich das Netzhautbild durch jede Bewegung grundsätzlich verändert wird.

Die Stabilität unserer visuellen Welt hängt von dieser Wahrnehmung der *Objektbeständigkeit* ab, der Wahrnehmung der kontinuierlichen Existenz eines Gegenstandes trotz Veränderungen in Größe, Form und Position des Netzhautbildes. Bei der Konkurrenz der Reize, die die endgültige perceptive Beurteilung bestimmen, muß die Stimulierung vom *distalen Reiz* (dem tatsächlichen Gegenstand) über den *proximalen Reiz* (das Netzhautbild) dominieren, wenn die Wahrnehmung genau sein soll. Das Paradox der Wahrnehmung ist, daß genau dies zutrifft: Was wir subjektiv wahrnehmen, stimmt eher mit dem objektiven Reizmuster als mit dem Netzhautbild überein.

Von der Spitze des Eiffelturms aus betrachtet sehen die Menschen wie Ameisen aus, genau wie Kenges Büffel aus der Entfernung von einigen Kilometern. Wenn wir uns in einer neuen Situation befinden und die Signale, auf die wir uns zur Schätzung der Entfernung verlassen müssen, ungeeignet oder verwirrend sind, dann ist die Größenkonstanz nicht länger gegeben, und unser Wahrnehmungssystem verläßt sich dann auf die Information, die gerade erreichbar ist, nämlich auf die unverläßliche proximale Stimulierung (Netzhautbild).

Die Regelmäßigkeit bei optischen Täuschungen. Optische Täuschungen, die keineswegs Beispiele einer abnormen Wahrnehmung sind, geben eine Reihe von Informationen über die notwendigen Voraussetzungen für die normale genaue Wahrnehmung. Sie geben eher Aufschluß über die Stärken unseres Wahrnehmungssystems als über seine Schwächen und zeigen, daß die Wahrnehmung nicht gänzlich von einem winzigen Teil der Reizinformation der gegenwärtigen Umwelt abhängig ist. Es ist diese Freiheit, die den Menschen von der Reizgebundenheit löst und es ihm ermöglicht, seine Wahrnehmungen beim Denken zu gebrauchen.

Die Erklärungen für einige der gezeigten optischen Täuschungen hängen teilweise von der Anordnung der Signale oder ihrer Mischung, die deren Nützlichkeitswert ändert, ab. Statt einer genauen Wahrnehmung dessen, was ist,

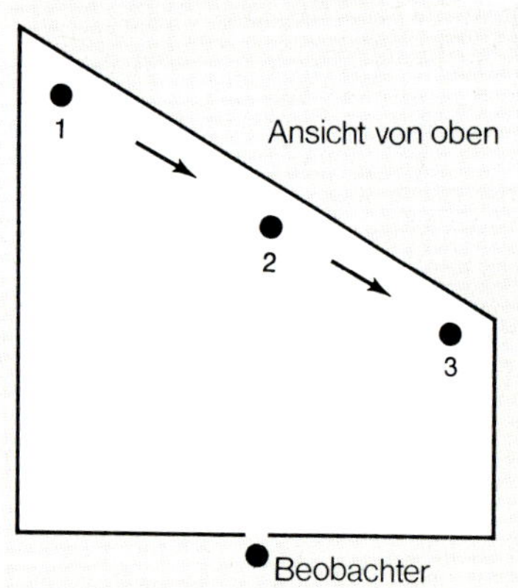

Abb. 6-17. Aus dem Bild links und dem dazugehörigen Diagramm rechts können Sie ersehen, warum der Mann auf der Abbildung 6-14 größer zu werden schien. Wenn Sie Ihr Kinn in die Kerbe der horizontalen Holzplatte legen und dabei ein Auge schließen würden, sähen Sie den Raum genauso, wie ihn die Kamera in Abbildung 6-14 sah.

haben wir es hier mit zusätzlichen Inputs von unseren Augen, unserem Gehirn oder beiden zu tun. Haben Sie schon gemerkt, daß der Mond am Horizont größer aussieht als wenn er hoch am Himmel steht? Da wir wissen, daß sich seine Größe bei der Wanderung über den nächtlichen Himmel nicht verändert, ist unsere Wahrnehmung dieser scheinbaren Größenveränderung eine optische Täuschung. Sie wurde schon im zweiten Jahrhundert von dem ägyptischen Astronomen Ptolemäus erwähnt. Früher wurde diese Täuschung auf die Krümmung der Augen oder auf die Anstrengung der Nackenmuskeln beim Hochschauen zurückgeführt.

Die Mond-Täuschung wird heute durch zwei miteinander kombinierte Prinzipien erklärt: dem Prinzip der Größenkonstanz und dem Prinzip der Täuschung, dem wir bei der Betrachtung der Eisenbahnschienen begegneten. Objekte in der Nähe des Horizonts werden größer gesehen, weil wir sie als weiter entfernt einschätzen. Diese Fehlbeurteilung der Entfernungssignale führt zu einem Zusammenbruch der gebräuchlichen Größenkonstanz-Formel. Daß diese Erklärung zutrifft, zeigten Kaufman und Rock (1962) mit Hilfe einer besonderen Apparatur, die künstliche Monde verschiedener Größen an den „Himmel" eines dunklen Theaters projizierte.

Warum wurde der Mann beim Durchqueren des Raumes immer größer? Sie sahen diese Täuschung, weil Sie annahmen, daß der Raum rechteckig war und nicht trapezoid, wie die folgende Abbildung zeigt. Die rechte hintere Ecke ist in Wirklichkeit viel näher, als Sie annahmen. Da Sie glaubten, ein normales Zimmer zu sehen und zudem über keine verläßlichen Entfernungssignale verfügten, verließen Sie sich auf das größer werdende Netzhautbild und sahen die distale Größe wachsen.

d Wahrnehmungstheorien

Warum sehen wir das, was wir sehen? Inwieweit werden unsere Wahrnehmungen durch frühere Erfahrungen beeinflußt und wie kommen diese Veränderungen zustande? Noch grundlegender: Welche Rolle spielt die Wahrnehmung bei der Entwicklung unseres Realitätsbegriffs? Obgleich sich Philosophen, Psychologen und Physiologen verschiedenster Richtungen über die Wichtigkeit der Wahrnehmung klar waren und sind, führten ihre unterschiedlichen Erklärungen der Wahrnehmung doch immer wieder zu großen Kontroversen. Mit den wichtigsten dieser Kontroversen werden wir uns jetzt hier kurz befassen.

Die „Spielkasino"-Theorien

Zwei der Erklärungen des Wahrnehmungsprozesses könnte man als „Spielkasino-Theorien" bezeichnen. Die erste ist der transaktionale Ansatz von Ames (1951). Diese Theorie besagt, daß jeder Einzelne durch seine Wechselwirkung mit der ihm eigenen Umwelt eine beschränkte Anzahl von Wahrnehmungen entwickelt, um mit der unendlichen Vielfalt der Netzhautbilder fertig zu werden. Auf Grund seiner Erfahrungen entwickelt er seinen eigenen Realitätsbegriff, der wiederum bestimmt, was er wahrnehmen wird. Die Wahrnehmung wird zu einem erlernten Vorgang der Realitäts-Konstruktion.

Die zweite dieser Theorien, der probabilistische Funktionalismus von Brunswick (1956), betrachtet die Wahrnehmung als einen Prozeß der Auswahl von Signalen, die der Verhaltenssteuerung dienlich sind. Für jede Species gibt es in der natürlichen Umwelt bestimmte Signale, welche die Wahrscheinlichkeit der funktionalen Anpassung dieser Art erhöhen. Der Wahrnehmende muß also die ökologische Signalvalidität verschiedener Reizmuster zu bestimmen lernen, um dann diejenigen auszuwählen, die die genaueste Wahrnehmung der distalen Reize seiner Umwelt garantieren.

Bei beiden Theorien können wir uns ein Spielkasino vorstellen, dessen Besitzer aus Erfahrung lernt, wie die Chancen für die verschiedenen Kombinationen von Ereignissen stehen. Gewöhnlich hat das Kasino mehr Informationen, als es benötigt und gewinnt. Wenn es immer gewinnt, lernt es jedoch nichts Neues hinzu. Wenn es nun plötzlich anfängt zu verlieren, und die Ereignisse, auf die es sich verlassen hat, sich zu ändern scheinen, muß neue Information gesucht werden.

Der britische Assoziationismus

Die Frage, wie wir die Realität erfassen können, war von philosophischem Interesse, lange bevor sich die Psychologen mit der Wahrnehmung befaßten. Schon im 17. Jahrhundert entwickelten die britischen Assoziationisten Locke, Berkeley und Hume eine allgemeine Theorie des Wissens und der Wahrnehmung,

Größenkonstanz

Stellen Sie sich vor, Sie müßten sich an eine Welt anpassen, in der die Objekte, abhängig von ihrer Entfernung zu uns, dauernd ihre scheinbare Größe veränderten, so daß das gleiche Objekt bei einer Entfernung von 3 m zweimal so groß erschiene wie bei einer Entfernung von 6 m. Genau dies würde passieren, wenn die Wahrnehmung nur von der Größe des Netzhautbildes abhängig wäre, weil dieses Netzhautbild ja tatsächlich um so größer wird, je näher die Objekte kommen. Wir nehmen aber eine Größenkonstanz wahr, weil wir den Input des Netzhautbildes mit dem Input über Entfernung und Blickwinkel integrieren.

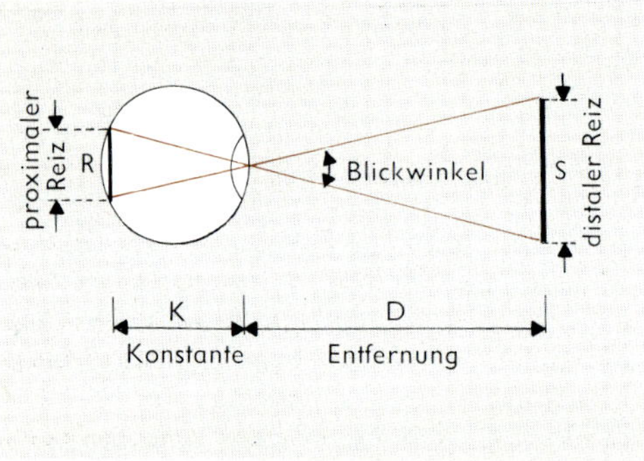

Das von einem distalen Reiz (S) einkommende Licht wird durch die Linse gebrochen und auf die Netzhaut projiziert. Die Entfernung zwischen Linse und Netzhaut ist die Konstante (K). Die retinale Größe (R) hängt von dem Blickwinkel ab, da dieser bestimmt, wie weit das Licht bei Erreichen der Netzhaut gestreut wird. Der Blickwinkel wiederum hängt von der Größe des distalen Reizes (S) und seiner Entfernung (Distanz = D) von der Linse ab. Hieraus ergibt sich: Blickwinkel =

$$\frac{\text{Distale Größe (S)}}{\text{Distanz (D)}} = \frac{\text{retinale Größe (R)}}{\text{Entfernung Linse (K) zur Netzhaut}}.$$

So ist also $\frac{S}{D} = \frac{R}{K}$ und $R = K\frac{S}{D}$.

Wenn wir die retinale Größe kennen, so können wir durch Schätzung der Entfernung auf die Größe des distalen Reizes schließen. Im Gedächtnis gespeicherte Informationen über gebräuchliche Entfernungen und Größen uns vertrauter Objekte können möglicherweise in diese Schätzung mit eingehen.

Abb. 6-18. Manchmal glauben wir, daß man sich heutzutage auf nichts mehr verlassen kann. Grundlegend für die Wahrnehmung ist „. . . die Tatsache, daß der Organismus bestimmte Ansichten über die Welt, in der er lebt, entwickelt hat. Diese gewöhnlich unbewußten Ansichten führen dazu, daß Signalen Bedeutung zugemessen wird“ (Allport, 1955)

die seitdem das Denken beeinflußt hat. Sie nahmen an, daß die Kenntnis der Realität nur von Eindrücken stammen könne, die vom sensorischen Apparat verarbeitet worden seien. Einfache Ideen wurden als nicht reduzierbare Elemente der sensorischen Erfahrung angesehen. Komplexe Ideen wurden durch erlernte Assoziation zwischen diesen einfachen Elementen zusammengebaut. Die „Inhalte des Geistes“ könnten in einfache Elemente, die die Bausteine der Empfindung darstellen, zerlegt werden. Da sie großen Wert auf sensorische Erfahrung und weniger auf angeborene Fähigkeiten legten, bezeichnete man diese Männer auch als die britischen *Empiristen*. Ihr Interesse richtete sich nicht so sehr auf den Vorgang der Wahrnehmung selbst, sondern auf die Rolle der Wahrnehmung bei der Bildung des Realitätsbegriffes. Sie betrachteten den Geist als „tabula rasa“ und erklärten das Lernen durch Assoziation von Reizen (s. Kap. 3).

Analytische Introspektion

Wenn die Empfindungen das Rohmaterial sind, das durch Lernen in Wahrnehmung verwandelt wird, dann müssen wir uns fragen, wie wir überhaupt je etwas empfinden können, ohne daß diese sensorische Erfahrung durch das Lernen und die Wahrnehmung verdeckt wird. Gegen Ende des 19. Jahrhunderts standen eine Reihe von Psychologen, vornehmlich Wundt und Titchener, auf dem Standpunkt, daß die Aufgabe der Psychologie darin zu sehen sei, Beobachtern beizubringen, sich nur mit reinen, vom Lernprozeß unbeeinflußten Empfindungen zu beschäftigen. Um dies zu tun, mußten sie die „Wahrnehmung" eliminieren oder herauszuanalysieren lernen, da diese angeblich die primäre *sensorische* Empfindung störte. Sie glaubten, daß die erlernte Introspektion zur grundlegenden psychologischen Erfahrung, die dann der Ausgangspunkt der Psychologie sein sollte, führen würde.

Die Gestalt-Revolution

Es war eine Gruppe von Psychologen an der Universität Berlin (Köhler, Koffka, Wertheimer), die das Konzept der *Assoziation von Elementen* als Grundlage der Wahrnehmung und das der *introspektiven Analyse* als Schlüssel zur primären ursprünglichen Erfahrung zurückwiesen. Sie griffen auch die behavioristische Idee vom Lernen als Reiz-Reaktionsverbindung an. Die Gestalt-Psychologen legten den Schwerpunkt auf angeborene Organisationsprozesse, die uns nicht die isolierten Empfindungen Wundts, sondern Reizmuster als ein Hauptmerkmal der Wahrnehmung angeben. Die *Gestalt* ist die grundlegende Einheit der Wahrnehmung und anderer Erfahrungen. Nach den Gestalt-Psychologen ist „das Ganze größer als die Summe seiner Teile" und bestimmt auf vielfältige Art und Weise den Charakter und das Verhalten dieser Teile, anstatt umgekehrt. Eine Melodie bleibt die gleiche, ob sie nun in einer Tonart oder einer anderen gespielt wird, selbst wenn der Einzelne diese Veränderung bemerkt. Auch sind die Qualitäten des Ganzen, wie z. B. die Melancholie in einer Melodie, nicht in den einzelnen Noten zu finden. Aufeinander bezogene Eigenschaften wie diese sind ein Teil der primären Wahrnehmung und kommen nicht später durch unbewußte Folgerung hinzu. So kann z. B. selbst die beste Introspektion die Scheinbewegung beim Phi-Phänomen nicht verschwinden lassen.
Der von den Gestalt-Psychologen postulierte *Isomorphismus* besagt, daß „die konkrete Ordnung gegebener Erlebnisse die getreue Wiedergabe einer dynamisch-funktionalen Ordnung der zugehörigen physiologischen Hirnprozesse ist". Wenn die in der Umwelt wahrgenommenen Gestalten Punkt für Punkt auf das Gehirn projiziert werden, ergibt sich daraus, daß Kenntnisse über Gehirnfunktionen durch sorgfältige Untersuchungen von Wahrnehmungsprozessen gewonnen werden können. So kommen denn die Gestalt-Psychologen zu dem Schluß, daß die Realität der phänomenologischen Wahrnehmung (= subjektive Erfahrung) eines Beobachters *die* Realität ist, mit der sich der Psychologe befassen sollte; diese Realität ist interessant per se und kann uns zudem noch Einblicke in neurologische Vorgänge geben.

Die Wahrnehmung als Filter

Nach E. Gibson (1970) ist die Wahrnehmung ein Prozeß, der nicht *Addition,* sondern *Reduktion* beinhaltet. Sie sieht in der Wahrnehmung nicht einen Prozeß, welcher den sensorischen Elementen Sinn, Form etc. hinzufügt, sondern einen Prozeß, der die unbedeutenden Elemente, das „Rauschen", herausfiltert und so die wichtigen Elemente des Signals identifiziert. Dieser Prozeß ermöglicht es dem Organismus, zu lernen, was in der Umwelt vorhersagbar ist, und so besser mit seiner Umwelt fertig zu werden.

Ähnlich wie bei den informationsverarbeitenden Maschinen wird die Wahrnehmung als ein Prozeß betrachtet, der Unsicherheit durch das Erkennen von Regelmäßigkeiten reduziert. Die Informationstheorie definiert *Information* nicht auf Grund von Inhalt oder Bedeutung, sondern auf Grund von Regelmäßigkeit im Gegensatz zur Zufälligkeit. Die zufälligen Elemente in einem Signal sind „statisch" und können so die Entdeckung eines Signals verhindern, welches nicht zufällig und gemustert ist. Je redundanter ein Signal ist, d. h., je mehr Teile des Signals doppelte Information enthalten, umso leichter ist es für uns, die Information zu erkennen. Schauen Sie sich folgenden Satz an:
„Wir Hopfen, daß Ihnen diese Newe informatio gefällt."
Diese Information enthält durch die falschen und fehlenden Buchstaben „statische" Momente oder „Rauschen", aber auch beträcht-

liche Redundanz, indem sie mehr Signale enthält, als für das Erkennen der beabsichtigten Information notwendig wären. Signale, die wir wahrnehmen, enthalten oft Rauschen und Redundanz gleichzeitig. Je größer die Redundanz und je geringer das Rauschen, umso leichter wird es für uns, die Ungewißheit zu reduzieren, d. h. die Regelmäßigkeiten in Struktur und Beziehungen zu erkennen. Es gibt viele andere „große" und „kleine" Theorien der Wahrnehmung, aber die hier dargestellten sollten ausreichen, um Ihnen ein Gefühl davon zu vermitteln, wie entscheidend die eigene Anschauung über den Wahrnehmungsprozeß für die Meinung über die Aufgabenstellung der Psychologie ist. Die Psychologen, die die Wahrnehmung als ein Kombinieren von Elementen betrachten, werden sich mit anderen Problemen befassen als die Psychologen, für die die Wahrnehmung dazu da ist, neue Differenzierungen vorzunehmen und kontinuierliche Strukturen zu erkennen. Dabei spielt es keine Rolle, ob sich die Untersuchungen mit Lernen, Denken, Motivation, sozialem Verhalten oder der Messung individueller Unterschiede befassen.

e Faktoren, die bestimmen, was wir wahrnehmen

Der Wahrnehmungsprozeß besteht sowohl aus einer komplexen physiologischen Verarbeitung der Reiz-Signale wie auch aus einer psychologischen Verarbeitung der erhaltenen Information. Wir können Wahrnehmungsuntersuchungen drei großen Kategorien zuordnen, die jeweils vom besonderen Forschungsinteresse abhängen:

a) Der Schwerpunkt liegt auf den *Reiz*-Determinanten der Wahrnehmung, z. B. der Gestalt, der Komplexität, der Signalstärke, dem Signal-Rauschen-Verhältnis etc.;
b) der Schwerpunkt liegt auf dem *physikalischen Apparat,* der dazu dient, auf Receptor- und neuraler Ebene Signale zu entdecken,
c) der Schwerpunkt liegt auf *anderen Faktoren innerhalb des Individuums,* die die Wahrnehmung beeinflussen, wie z. B. vorausgehende Lerngeschichte, kultureller Hintergrund und motivationale oder Persönlichkeitsfaktoren.

Im zweiten Kapitel befaßten wir uns mit der physikalischen Apparatur, d. h. unseren sensorischen Receptoren und den neuralen Prozessen. Hier wollen wir folgende Untersuchungsgebiete besprechen:

a) nichterlernte Organisationsprozesse innerhalb der Wahrnehmung,
b) vorprogrammiertes Verhalten,
c) die Einflüsse des Lernens einschließlich des Interesses und der Motivationen.

Organisationsprozesse innerhalb der Wahrnehmung

Die grundlegende Annahme der Gestaltpsychologen, daß die Organisation ein Teil jeder Wahrnehmung ist und nicht etwas, was später hinzugefügt wird, nachdem die Elemente empfunden worden sind, wird allgemein anerkannt. Mehrere Aspekte dieser Organisation sollen im folgenden dargelegt werden.

Figur-Grund-Beziehungen. Wir scheinen unsere Wahrnehmungen so zu organisieren, daß Veränderungen und Unterschiede minimal bleiben, während die Einheit und das Ganze erhalten werden. Grundlegend für diesen Prozeß ist unsere Tendenz, eine Figur gegen einen Hintergrund wahrzunehmen. Dies scheint automatisch zu geschehen, gleich, ob wir nun uns umgebende Objekte oder Wolken am Himmel betrachten.

Die Figur unterscheidet sich vom Grund
a) durch ihre Form,
dadurch, daß sie
b) näher ist,
c) ein Objekt darstellt,
d) lebhafter ist,
e) einen intensiveren Farbton hat,
f) die zwischen Figur und Grund bestehende Kontur besitzt,
g) den Grund hinter sich hat (Rubin, 1921).

Ein gutes Beispiel dafür, wie diese Prinzipien zur Veränderung der Figur benutzt werden können, finden wir bei der Tarnung. Gleich, ob die Tarnung von der Natur benutzt wird, um die Beute vor dem Räuber zu schützen, oder von der Armee (zu demselben Zweck): Sie ist dann erfolgreich, wenn durch sie die Figur im Grund verschwindet.

Wir bilden aus der erhaltenen sensorischen Information nicht nur die beste Figur, sondern tendieren auch dazu, fehlende Teile zu ergänzen, wie zum Beispiel, wenn wir eine fast runde Figur als ganz rund sehen, oder wir stabilisieren die Figur auf andere Art, um sie regelmäßiger

und vollständiger zu gestalten als die sensorische Information es vorsieht.
Obwohl diese *„Tendenz zur guten Gestalt"* ziemlich vage zu sein scheint, hat sie in letzter Zeit doch durch das informationstheoretische Konzept der Redundanz einige Unterstützung erfahren. Zum Beispiel zeigte Garner (1970), daß gute Figuren solche mit maximaler Redundanz sind. Wie jedes andere Informationssignal wird eine Figur dann *gut,* wenn sie aus ihren Teilen heraus *vorhersagbar* wird. Garner: „Der menschliche Organismus entwickelt seine Wahrnehmungen irgendwie zur guten Gestalt hin und von der schlechten weg".
Wir nehmen Gestalten auch dann wahr, wenn die einzelnen Elemente keine Beziehung zur Ganzheit zeigen.
Das Kombinieren von Signalen bei der Tiefenwahrnehmung. Zur Tiefenwahrnehmung dienen u. a. folgende Signale: Deutlichkeit, lineare Perspektive, Beschaffenheit, Licht und Schatten, relative Position und bekannte Anhaltspunkte. Alle zusammen steuern zu den Daten bei, die in der Wahrnehmung zu einem sinnvollen Ganzen zusammengefügt werden.
1. Atmosphärische Perspektive. Da sich in der Luft Rauch und Staub befinden, erscheinen weit entfernte Objekte oft verschwommen und unklar. Einzelheiten, von denen wir wissen, daß sie vorhanden sind, können dann einfach nicht beobachtet werden. Der Grad der Unklarheit hängt von der Entfernung ab, und so kommt es, daß wir Entfernungen auf Grund dieser Gegebenheiten einzuschätzen lernen. Tatsächlich passiert es, daß wir Entfernungen falsch einschätzen, wenn sich die charakteristischen Bedingungen der Luft verändern. Personen aus Industrie-Städten z. B. unterschätzen Entfernungen in der klaren Bergluft beträchtlich.
2. Lineare Perspektive. Objekte erscheinen kleiner und enger beieinander, je weiter sie entfernt sind. Eisenbahnschienen oder die beiden Seiten der Autobahn scheinen am Horizont zusammenzulaufen. Objekte, die wie z. B. Telegrafenstangen einen gleichen Abstand voneinander haben, scheinen mit wachsender Entfernung näher zusammenzurücken. Maler machen von dieser linearen Perspektive Gebrauch, wenn sie in ihren Bildern Entfernungen darstellen wollen.
3. Beschaffenheit der Oberfläche. Die Beschaffenheit ist sehr eng mit der linearen Perspektive verwandt. Auf jeder Oberfläche, die nicht senkrecht zur Blickrichtung steht, erscheinen die Elemente umso dichter, je mehr die Oberfläche zurückweicht. So trägt also deren Beschaffenheit in Situationen zur linearen Perspektive bei, in denen keine zusammenlaufenden Parallelen als Signale fungieren.
4. Licht und Schatten. Wenn Licht auf eine unregelmäßige Oberfläche wie z. B. das menschliche Gesicht fällt, so werden bestimmte Teile heller beleuchtet als andere. Die dabei auftretenden Schatten geben uns Aufschluß über die Tiefe der betreffenden Teile. Auch dieses Prinzip verwendet der Maler, der auf einer zweidimensionalen Leinwand den Eindruck von Tiefe vermitteln will.
5. Relative Position. Wenn sich zwei Gegenstände in derselben Blickrichtung befinden, kann das nähere Objekt das weiter entfernte teilweise oder ganz verdecken. Nähere Objekte erscheinen gewöhnlich im unteren Teil des zweidimensionalen Gesichtsfeldes und entferntere im oberen.
6. Bekannte Anhaltspunkte. Wenn wir die Größe oder Form eines bestimmten Objektes kennen, können wir dieses Wissen als Anhaltspunkt für die Größe anderer Gegenstände anwenden. Dieses Signal ist entscheidend beim Zustandekommen der Objekt-Konstanz.
Die Tiefenwahrnehmung bedingt auch den Gebrauch von Signalen, die von der Veränderung der Augenlinse herrühren, die sich beim Betrachten naher Objekte stärker krümmt und bei der Betrachtung entfernterer Gegenstände flacher wird. Binokulares Sehen trägt ebenfalls zur Tiefenwahrnehmung bei, weil beim Betrachten eines nahen Objektes durch die *Konvergenz* der Augen eine zusätzliche Information entsteht. Zusätzlich helfen uns die etwas unterschiedlichen Bilder, die wir von beiden Augen bekommen, die Tiefe und Entfernung wahrzunehmen (disparate Netzhautpunkte: Querdisparation). Wir schätzen die Entfernung, indem wir automatisch diese zwei Bilder vergleichen und integrieren, was uns das räumliche Sehen ermöglicht.

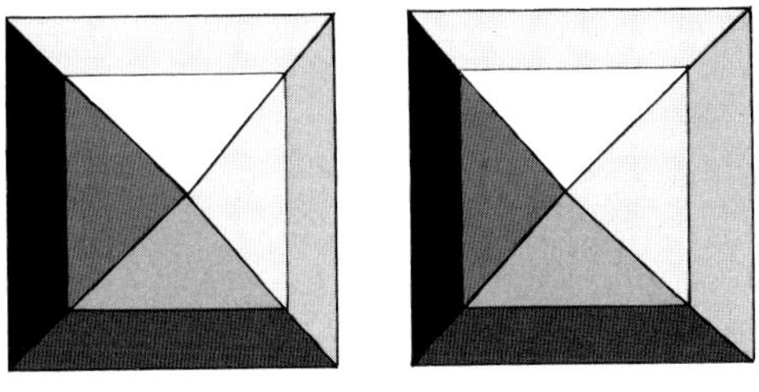

Stereoskopische Diapositive stellen eine Anwendung dieses Prinzips dar. Zwei Bilder kön-

Warum sehen wir die Figuren so wie wir sie sehen?

1. *Ähnlichkeit*
Ähnliche Elemente werden als zusammengehörig wahrgenommen im Vergleich zu anderen Elementen, deren Entfernung voneinander gleich groß ist, die aber weniger ähnlich sind. Sehen Sie in dieser Figur Spalten von Rs und Zs oder Reihen von sich abwechselnden Buchstaben R Z R Z R Z?

R Z R Z R Z
R Z R Z R Z
R Z R Z R Z
R Z R Z R Z
R Z R Z R Z
R Z R Z R Z

2. *Nähe*
Elemente, die nahe beieinander liegen, werden mehr als zusammengehörig betrachtet als ähnliche Elemente, die weiter voneinander entfernt sind. Hier sehen Sie Paare von RZRZRZRZ.

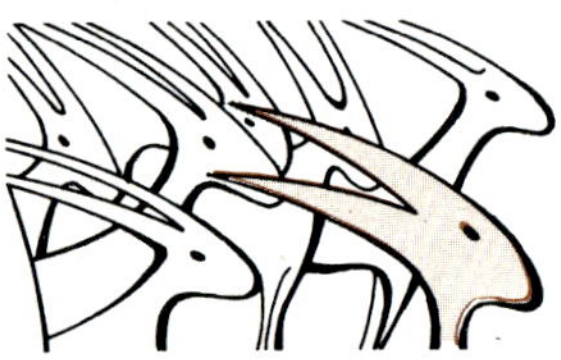

Die Nähe kann auch Dinge einander ähnlicher erscheinen lassen als sie es in Wirklichkeit sind. Die gleiche Figur, die unter Antilopen wie eine Antilope aussieht, sieht in der Gesellschaft von Vögeln wie ein Vogel aus.

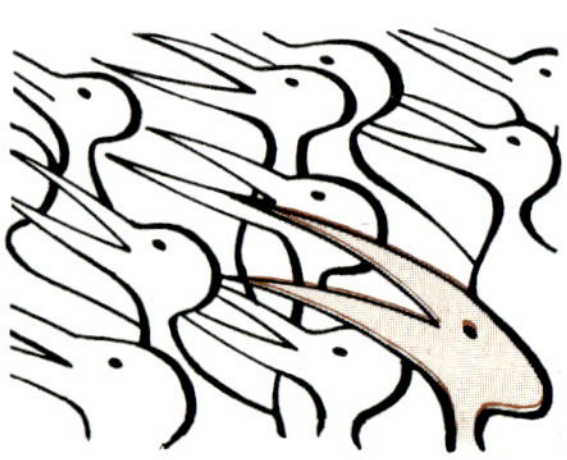

3. *Geschlossenheit*
Wir neigen dazu, unvollendete Figuren als vollendet wahrzunehmen. Wir sehen z. B. die unten gezeigte Linie als einen Kreis mit einem Spalt und die unregelmäßigen Fragmente als ein Tier.

4. *Kontinuität*
Wir betrachten Elemente als zusammengehörig, wenn sie eine Fortsetzung vorausgehender Elemente zu sein scheinen. Hier sehen wir die Kurvenlinie als eine Figur und die rechteckige Linie als eine andere.

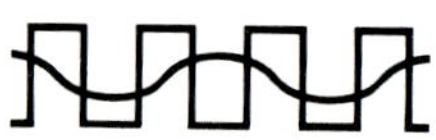

5. *Gemeinsame Bewegung*
Elemente, die sich in dieselbe Richtung bewegen, werden als zusammengehörend gesehen. Wenn Tänzer abwechselnd aus der Ballettgruppe hervortreten und die gleichen Bewegungen machen, sehen wir sie als eine Einheit.

6. *Umkehrung von Figur und Grund*
Es kommt ab und zu vor, daß ein Reizmuster so organisiert ist, daß mehrere Figur-Grund-Beziehungen wahrgenommen werden können, die miteinander konkurrieren. In dem hier gezeigten Beispiel wird der Becher zur „Figur", wenn der schwarze Grund zurücktritt. Das Gegenteil ereignet sich, wenn die zwei Gesichter als Figur wahrgenommen werden.

7. *Gute Gestalt*
Das Nervensystem scheint regelmäßige einfache Formen zu bevorzugen. Hier sehen wir zwei sich überschneidende Quadrate anstelle eines Dreiecks und zwei unregelmäßiger Formen, die vom sensorischen Input her auch möglich wären.

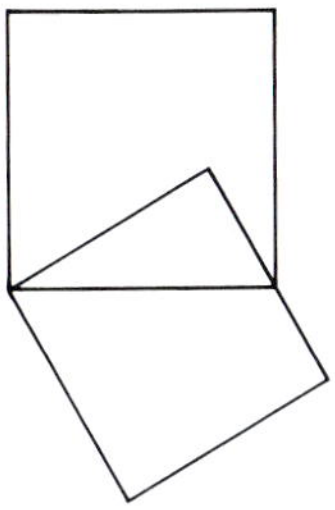

nen gleichzeitig von einer Kamera mit zwei Linsen aufgenommen werden. Wenn man die zwei Bilder betrachtet (je ein Bild mit einem Auge), so sieht man ein einziges dreidimensionales Bild. Durch die Vergrößerung des Abstandes zwischen den Bildern ist es möglich, die Tiefenwirkung bis zu einem gewissen Grad zu steigern. Wenn die beiden Ansichten aber zu unterschiedlich werden, sehen wir wieder zwei Bilder.

Das stereoskopische Prinzip wird bei Photographien aus großen Höhen angewendet, wobei die Bilder an verschiedenen Punkten des Fluges gemacht werden. Betrachten Sie nun die folgenden Diagramme: Sie zeigen die Ansicht eines Denkmals von oben aus zwei verschiedenen Positionen. Nehmen Sie ein etwa 25 bis 35 cm großes Stück Pappkarton und stellen Sie dieses zwischen die beiden Figuren. Nähern Sie jetzt Ihr Gesicht dem oberen Ende des Kartons, so daß das linke Auge nur das Diagramm auf der linken Seite und das rechte Auge nur das Diagramm auf der rechten Seite sieht. Nun wird aus den beiden zweidimensionalen Bildern plötzlich ein dreidimensionales, welches zwischen den beiden Zeichnungen zu liegen scheint.

Signale bei der Tonwahrnehmung. Wir sind imstande, die Position eines Tones im Raum im Hinblick auf Entfernung und Richtung festzustellen. Diese Fähigkeit hat im modernen Leben besonderen Wert. Wenn wir z. B. eine belebte Straße überqueren, so kann unser Leben davon abhängen, ob wir die Position eines sich nähernden Autos genau ausmachen können.

Die Wahrnehmung der Richtung des Tones. Unsere Fähigkeit, Töne im Raum zu lokalisieren, hängt fast gänzlich davon ab, daß unsere beiden Ohren sich an verschiedenen Punkten im Raum befinden.

1. Ein Ton, der von links auf uns zukommt, wird zuerst vom linken Ohr wahrgenommen, bevor er das rechte Ohr erreicht. Dieser Zeitunterschied kann zwar sehr kurz sein, zeigt uns aber an, von welcher Seite der Ton kommt.
2. Tonwellen, die von links kommen, stimulieren das linke Ohr mehr als das rechte.
3. Wie wir im 2. Kapitel gesehen haben, bestehen Schallwellen aus Bereichen von hohem und niedrigem Druck. Da die beiden Ohren sich an verschiedenen Punkten im Raum befinden, werden unsere Ohren von verschiedenen Phasen dieser Schallwellen stimuliert. Da die Geschwindigkeit der Schallwellen viel langsamer als die des Lichtes ist, sind auch die Unterschiede in den Phasen dieser Schallwellen viel leichter wahrzunehmen.

Diese Richtungssignale sind nur dann von Nutzen, wenn die Töne von der einen oder der anderen Seite kommen. Töne, die direkt von vorne auf uns zukommen, können nicht so leicht von solchen über oder hinter uns unterschieden werden, weil in diesem Fall die Stimulierung der beiden Ohren identisch ist.

Die Wahrnehmung der Entfernung von Tönen. Zwei Signale sind uns bei der Wahrnehmung der Entfernung bekannter Töne behilflich: *Lautstärke* und *Klang*. Je weiter die Tonquelle entfernt ist, umso schwächer ist der Ton. Der ohrenbetäubende Pfiff der Lokomotive wird schwächer und schwächer, je weiter der Zug entfernt ist.

Je weiter ein Ton entfernt ist, umso reiner wird er auch. Das dünne Gejaule eines billigen Grammophons wird zur sanften Musik, wenn wir es aus der Entfernung hören, wie z. B. über einen See hinweg. Diese Reinheit resultiert aus dem Verlust unregelmäßiger Tonwellen (Rauschen) und aus dem Verlust bestimmter schriller Obertöne, die nicht so weit getragen werden.

Das Kombinieren verschiedener Sinnessignale. Zumeist werden wir gleichzeitig von verschiedenen Gegebenheiten beeinflußt. Das bedeutet, daß wir meist Daten verschiedener sensorischer Modalitäten wie visuelle, akustische, kinästhetische und vielleicht olfactorische Reize gleichzeitig verarbeiten müssen. Interessant ist, daß die Wirkung eines Sinnes durch die Einwirkung eines anderen beeinflußt werden kann.

Bei einer Untersuchung, die den Einfluß von akustischen Reizen auf die visuelle Wahrnehmung der Vertikalität zeigte, wurden Studenten aufgefordert, in einem dunklen Zimmer einen etwa 1 m langen Leuchtstab, der in der Mitte befestigt war und rotiert werden konnte, zu betrachten. Die Vpn trugen Kopfhörer, durch die akustische Reize auf ein oder beide Ohren gegeben werden konnten. Dadurch, daß ihre Füße den Fußboden nicht berührten, wurde die Raumorientierung weitgehend ausgeschaltet. Es wurden drei verschiedene Reizintensitäten und fünf verschiedene Ausgangssituationen des Leuchtstabes benutzt. Bei jedem Test gab die Vp dem Versuchsleiter Anweisungen, wie er den Leuchtstab zu bewegen habe, um ihn vertikal auszurichten. Zwischen den einzelnen Tests wurden die Augen der Vp mit Schutzbrillen abgedeckt.

Die Ergebnisse zeigten, daß sich die Position der scheinbaren Vertikalen von der Seite, die akustisch stimuliert wurde, wegverlagerte; bei der Stimulierung beider Ohren verlagerte sich die Position der scheinbaren Vertikalen von dem Ohr weg, dessen Reizung am stärksten war. Das Ausmaß der Verlagerung war direkt proportional der Intensität des akustischen Reizes. Wurden beide Ohren mit verschiedenen Tönen stimuliert, konnte keine Verlagerung der scheinbaren Vertikalen festgestellt werden (Chandler, 1961).

In der Welt, in der wir uns bewegen, finden wir uns durch die Kombination von Reizen höherer Ordnung verschiedener Modalitäten zurecht. Zur gleichen Zeit sehen wir unsere Position und die der Objekte um uns herum, erhalten kinästhetische Signale über die Kontraktion und Erschlaffung unserer Muskeln, sind uns unserer Körperhaltung bewußt und korrigieren unser Gleichgewicht entsprechend der Schwerkraft. Wenn Informationen aus taktilen und visuellen Signalen konkurrieren, dominiert der visuelle Sinn, und der taktile Input wird so umgewandelt, daß sich unsere taktile Wahrnehmung mit der visuellen deckt (Rock und Harris, 1967).

Bis vor kurzem wurde dieses Kombinieren von Informationen verschiedener Sinne nur als psychologischer Prozeß untersucht. Durch die Entdeckung der poly-sensorischen Neurone jedoch ist auch der dieser sensorischen Interaktion zugrunde liegende physiologische Mechanismus etwas klarer geworden. Die poly-sensorischen Neurone befinden sich in den corticalen und subcorticalen Teilen des Gehirns und scheinen in der Lage zu sein, gleichzeitig auf mehrere Arten sensorischen Inputs zu reagieren (Teuber, 1967).

Information, die in einer Modalität, z. B. dem Gesichtssinn, gelernt wird, kann auch in anderen Modalitäten erkannt und benutzt werden. Die Fähigkeit, erlernte Beziehungen zu verbalisieren, ist für die Übertragung von einer Modalität zur anderen äußerst wichtig. Der Buchstabe „A“ z. B., der normalerweise durch visuelle Wahrnehmung erlernt wird, kann auch durch den Tastsinn erlernt werden und sogar kinästhetisch, wenn man mit verbundenen Augen von jemandem die Hand geführt bekommt und ein „A“ in der Luft „schreibt“.

Vorprogrammierte Wahrnehmung

Es handelt sich beim oben Beschriebenen anscheinend um angeborene Fähigkeiten, den Reiz-Input in möglichst stabiler Weise zu organisieren. Aber können auch neugeborene Kinder, Frösche, Küken etc. von Geburt an verschiedene Reizmuster wahrnehmen und zwischen ihnen unterscheiden?

Bis vor kurzem war die Antwort auf diese Frage ein kurzes „nein“. Es gab keinen Grund, sogenannte „vorprogrammierte Bahnen“ im Gehirn anzunehmen, die dem neugeborenen Organismus eine sofortige Wahrnehmung von Reizmustern gewährleisten, ohne daß vorher die Gelegenheit zum Lernen gegeben ist. Mittlerweile gibt es jedoch Untersuchungen, die einer solchen Ansicht widersprechen.

Formdiskrimination in früher Kindheit. Wenn frischgeschlüpfte Küken, die nur wenige Stunden alt sind, die Möglichkeit haben, Körner verschiedener Formen zu picken, so geben sie dabei ganz bestimmten Formen den Vorzug. Sie picken in erster Linie ovale Körner, ziehen also die gewöhnliche „Körner-Form" den anderen vor. Die angeborene Wahrnehmungs-Präferenz für eine ganz spezifische Form ist für die Hühner von hohem Überlebenswert (Fantz, 1957).

Junge Affen im Alter von 18 bis 25 Tagen zeigen auch schon eine solche Formdiskrimination.

Bei der Untersuchung, ob die jungen Affen zu einem solch frühen Zeitpunkt geometrische Figuren diskriminieren können, wurde den Tieren ein Kreis und ein Dreieck mit jeweils einem Sauger in der Mitte dargeboten. Einer gab Milch, wenn daran gesaugt wurde, der andere nicht. Fast unmittelbar ergab sich eine Präferenz für die Form, die mit dem positiven Verstärker assoziiert wurde, die sich auch auf eine Reihe von anderen, mit dem ursprünglichen Reiz verwandten Reizen generalisierte (sekundärer Verstärker). Da bei diesem Verhalten das allmähliche Aneignen der Reaktion, welches typisch für das Erlernen neuer Diskrimination ist, nicht beobachtet werden konnte, liegt es nahe anzunehmen, daß der Formdiskrimination der Versuchstiere angeborene Mechanismen zugrunde liegen (Zimmerman, 1961).

Tiefenwahrnehmung in früher Kindheit. Weitere Beweise für die Hypothese der angeborenen Wahrnehmungsfähigkeiten kommen von Untersuchungen mit der „visuellen Klippe" (s. S. 84). Wie wir gesehen haben, zeigen Neugeborene verschiedener Rassen eine klare Tendenz zur Vermeidung des anscheinenden Abgrundes.

Das Interessante dieser Methode liegt darin, daß die Wahrnehmungsreaktion von der allgemeinen Bewegungsreaktion getrennt wird. Die Bewegung wäre dieselbe, gleich, auf welcher Seite sich der Organismus bewegt. So beruht also die Präferenz gänzlich auf der visuellen Wahrnehmung. Überraschenderweise zeigte sich, daß die Kleintiere und Kleinkinder nicht auf Tiefen-Signale, sondern auf die Parallaxe (die wahrgenommene Veränderungen ihrer eigenen Position in bezug auf andere Objekte) reagierten. Wenn der Untergrund sehr nahe war, schien sich relativ dazu die eigene Bewegung schneller zu vollziehen.

Größenkonstanz in früher Kindheit. Um festzustellen, ob Säuglinge eine Größenkonstanz haben, brachte man einem zwei Monate alten Kind bei, auf einen 30 cm großen Würfel zu reagieren. Jedes Mal, wenn das Kind seinen Kopf in Richtung des Würfels drehte, wurde es durch Zuwendung seitens des Versuchsleiters verstärkt.

Nachdem diese operante Reaktion gut erlernt war, wurden Generalisationstests durchgeführt, um festzustellen, ob das Kind auf die Größe des Netzhautbildes, die Entfernung oder auf den distalen Reiz reagierte. Man überlegte sich, daß, wenn die Größenkonstanz angeboren (oder sehr früh erlernt) sei, die tatsächliche Größe des Reizes (30 cm) der perceptive Faktor sein müßte, auf den das Kind weiter reagiert und nicht eine konstante Netzhaut-Größe oder eine konstante Entfernung. Die drei Faktoren wurden unabhängig voneinander variiert, wodurch das Kind einen auswählen und die anderen ignorieren mußte. Man fand heraus, daß die meisten Reaktionen auftauchten, wenn die Größe des Netzhautbildes und die Entfernung von den ursprünglichen Bedingungen verschieden waren, die distale Größe aber dieselbe blieb (Bower, 1966a).

Bei einer anderen Untersuchung war das zu diskriminierende Merkmal des Reizes nicht seine Größe, sondern seine Form (Neigungswinkel). Wiederum entdeckte das Kleinkind den „richtigen" Reiz auf Grund seiner tatsächlichen Form und nicht auf Grund des Netzhautbildes (Bower, 1966b).

Kindliche Entwicklung ohne Lernmöglichkeiten. Eine andere Möglichkeit, angeborene Wahrnehmungsfähigkeiten zu untersuchen, ist bei Studien gegeben, die die Wahrnehmungsfähigkeiten von Vpn prüfen, bei denen eine normale sensorische Stimulation und damit auch die Möglichkeit perceptiven Lernens ausgeschlossen ist.

Untersuchungen an erwachsenen Patienten mit grauem Star, die erstmals nach der Operation im Erwachsenenalter sehen konnten, zeigten, daß sie zwar zwischen Figur und Grund unterscheiden können, daß sie aber bei der Wahrnehmung von Gegenständen Schwierigkeiten haben, wenn sich deren Kontext verändert. Systematischere Ergebnisse stammen von Tierversuchen, bei denen die Tiere unter sensorischer Deprivation aufwuchsen.

Eine dieser Untersuchungen befaßt sich mit der Fähigkeit von Affen, eine horizontal-vertikale Diskrimination ohne vorheriges Lernen vorzunehmen.

Affen, die in Dunkelheit aufwuchsen, erlernten eine operante Reaktion, die eine horizontal-vertikale Diskrimination erforderte. Die Affen brachten dies ohne weiteres zustande, selbst dann, wenn die Reize auf die Netzhaut projiziert und mit Hilfe einer speziellen Apparatur dort stabilisiert wurden. Wenn sich das Auge bewegte, bewegte sich das Bild ebenfalls; so konnte das Auge also keine Signale durch das „Abtasten" der Konturen verschiedener Formen erhalten. Selbst unter diesen Bedingungen war die Diskrimination einwandfrei und generalisierte sogar auch noch bei extremen Umwandlungen auf andere Reize, solange der richtige Reiz (S^D) vertikal und der falsche (S^{Δ}) horizontal war. Nach dem Training an horizontalen und vertikalen Blöcken diskriminierten die Versuchstiere auch dünne Linien und sogar Linien, die aus kleineren Einheiten zusammengesetzt waren, wie die in der Abbildung gezeigten.

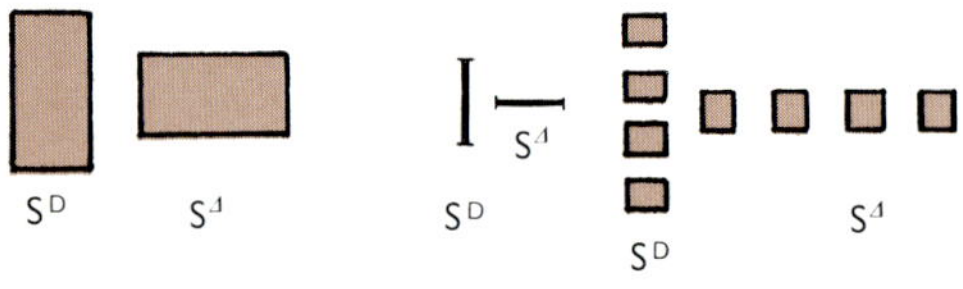

Trainingsreize Generalisationsreize

Die Deprivation der Versuchstiere schaltete eine frühere Erfahrung aus, die Stabilisierung der Netzhautbilder das Lernen durch Rückkoppelung von den Augenbewegungen. Die Daten legen zwei Schlußfolgerungen nahe:

a) Das Erlernen visueller Diskriminationen beruht nicht auf dem Kombinieren von Elementen, sondern auf der Analyse der grundlegenden Merkmale des Reizmusters.

b) Organismen besitzen angeborene Mechanismen für das Erkennen von Merkmalen wie horizontale und vertikale Position (Ganz und Wilson, 1967). Eine andere Untersuchung zeigte den Gebrauch des binokularen Tiefensehens bei Küken, denen vorher keine Gelegenheit gegeben wurde, dies zu lernen.

Nach dem Schlüpfen wurde bei einer Gruppe von Küken einige Monate lang das binokulare Sehen ausgeschaltet, indem man abwechselnd an einem Tag das eine und am anderen Tag das andere Auge abdeckte. Die Versuchstiere wurden dann getestet, um festzustellen, ob sie, obgleich sie keine frühere Erfahrung mit binokularem Sehen gemacht hatten, binokulare Signale verwerten würden, wenn beide Augen frei waren. Während des Tests trugen sie Hauben mit Linsen, welche das Gesichtsfeld verzerrten. Bei binokularem Sehen wird hierbei das Gesichtsfeld nach vorne verzerrt, bei einäugigem Sehen nach rechts verschoben. Die Beobachtung der Pickfelder zeigte, daß die Tiere beim Tragen der Linsen immer vor dem Zeitpunkt pickten. Das weist darauf hin, daß das Tiefensehen bei Hühnern angeboren ist, da die Vögel augenscheinlich Tiefensehen anwendeten, obgleich vorher nicht die Möglichkeit bestand, es zu erlernen (Hess, 1956).

Untersuchungen über neurale Schaltkreise. Wenn visuelle Reize aus Lichteinwirkungen bestehen, die in Intensität, Masse und Position variieren, wir aber Formen und Bewegung wahrnehmen, so muß man sich fragen, wo sich diese Umwandlung vollzieht. Die klassische Entdeckung von Hubel und Wiesel (1959) gibt möglicherweise eine Antwort auf diese Frage. Diese Autoren konnten zeigen, daß einzelne Zellen im visuellen Cortex so „programmiert" sind, daß sie nur auf bestimmte Merkmale eines Reizes wie z. B. auf Linien mit einer bestimmten Ausrichtung und Lage zur Netzhaut reagieren, während andere Zellen durch diese Merkmale gehemmt werden (s. auch Kap. 2).

Die sensorische Übertragung beginnt an der Netzhaut, wird im Thalamus fortgesetzt und schließlich im Cortex verarbeitet. Der Input passiert zuerst zwei oder mehr Synapsen in der Netzhaut, eine oder mehr im Thalamus und etwa ein Dutzend im Cortex. An jeder Synapse vollzieht sich ein Zusammenschluß verschiedener Inputs und eine Art Verarbeitung der visuellen Information. Bis wir solche visuellen Reize schließlich wahrnehmen und auf sie reagieren, ist die Information schon mehrfach verarbeitet worden (DeValois, 1966).

Wenn die Information verschiedener einzelner Zellen auf immer höheren Ebenen der neuralen Verarbeitung zusammenfließt, so gehen Einzelheiten der ursprünglichen Information verloren. Statt einer jeweils einzelnen sequentiellen Informationsverarbeitung sorgen die Milliarden von corticalen Zellen für viele Informationskanäle, die parallel abgetastet werden können, wobei viel Information integriert wird und so wenig wie möglich verloren geht. Dadurch, daß die letzte Verarbeitung in den komplexen Schaltkreisen des visuellen Cortex stattfindet und hier auch der output der Receptoren synthetisiert wird, besitzt der Mensch ein sehr anpassungsfähiges Datenverarbeitungssystem. Um den Wert dieser Ausrüstung einschätzen zu können, sollten wir uns an den Frosch erinnern, der keinen Cortex besitzt und die Reizeingänge auf der Netzhaut-Ebene verarbeiten muß. Ableitungen von einzelnen, sich auf der Netzhaut des Frosches befindenden Zellen haben gezeigt, daß einige Zelleinheiten nur auf Objekte reagieren, die die Form und Größe eines kleinen Insektes haben. Dazu kommt, daß Frösche nur dann reagieren, wenn sich das insektenähnliche Objekt bewegt (Lettvin, Maturana, McCulloch und Pitts, 1959). Verglichen mit dem Menschen ist der Frosch ein Sklave seiner Reizumwelt und würde vor Hunger sterben, wenn nicht die Natur es so eingerichtet hätte, daß Insekten fliegen, hüpfen etc.

Die Veränderung der Wahrnehmung durch das Lernen

„*Natürlich* hängt die Wahrnehmung von früherer Erfahrung ab", sagen Sie. Aber von *welchem Teil* dieses vagen Ausdrucks „früherer Erfahrung", und wie kann man dies beweisen? Die vielen Experimente, die sich mit diesem Thema befaßten, untersuchten u. a. die Auswirkung allgemeiner kultureller Erfahrung, allgemeine Wahrnehmungs-Gewohnheiten, unterschiedliches Training, Anweisungen und manipulierte Einflüsse auf psycho-physische Vorgänge.

Der Einfluß der Kultur. Daß Kenge die entfernten Büffel als Insekten sah, ist ein drastisches Beispiel für den Einfluß kultureller Erfahrung auf unsere Wahrnehmung. Sollte unsere Wahrnehmung tatsächlich von früherer Erfahrung mit einer bestimmten Umwelt abhängen, müßte es viele Unterschiede in der Wahrnehmung bei Leuten aus verschiedenen kulturellen Umgebungen geben. Solche Unterschiede sollten sich auch in der Art, wie sie optische Täuschungen wahrnehmen, zeigen.

Beweise für Unterschiede in der Wahrnehmung von optischen Täuschungen entstammen einer Untersuchung an 1878 Personen aus 14 nichteuropäischen Kulturen und einer amerikanischen Gruppe. Die Autoren dieser Untersuchung hypothetisierten, daß sich Unterschiede vor allen Dingen bei zwei Arten von Täuschungen zeigen müßten: bei der horizontal-vertikalen Täuschung (Pinocchios Nase) und der Müller-Lyer'schen Täuschung. Sie überlegten, daß Erfahrung mit großen weiten Ebenen und offenen Flächen die Anfälligkeit für die horizontal-vertikale Täuschung *erhöhen* müßte, während das Fehlen dieser Erfahrung (z. B. bei Waldbewohnern) diese Anfälligkeit verringern sollte. Im Gegensatz dazu sollten die Bewohner von Häusern, für die Winkel wichtig sind, empfänglicher für die Müller-Lyer'sche Täuschung sein als z. B. die Zulus, deren Hütten rund sind und bei denen Winkel kaum eine Rolle spielen. Ihre Ergebnisse stimmten mit diesen Voraussagen überein (Segall, Campbell und Herskovits, 1966).

Unterschiedliches Training. Um den Einfluß selbst kurzer Trainingsperioden auf unsere Wahrnehmung zu demonstrieren, machen Sie bitte folgendes Experiment: Schauen Sie sich eine Minute lang das Gesicht der Frau in der nächsten Abbildung an. Zur gleichen Zeit bitten Sie einen Freund, das Gesicht auf der nächsten Seite zu betrachten, *welches Sie aber nicht anschauen sollen,* dann blättern Sie um auf Seite 248 und sagen jetzt beide gleichzeitig, welche Art von Gesicht Sie sehen.

Als vor vielen Jahren ein ähnliches Experiment im Labor durchgeführt wurde, zeigte sich, daß

Ansicht 1

die visuelle Vorbereitung durch eines der ersten Bilder eine gute Voraussage der Reaktion auf die zweideutige Figur möglich machte, während verbale Vorbereitung keinen Effekt hatte. Es zeigte sich ferner, daß Vpn, denen nur die zweideutige Figur dargeboten wurde, in dieser zweimal so oft die junge als die alte Frau sahen. Bei gleicher vorhergehender Erfahrung waren andere Merkmale, vielleicht im Reizmuster selbst, entscheidend für das, was gesehen wurde (Leeper, 1935).

Auf die Plätze, fertig ... Eine *Einstellung* ist die Bereitschaft, etwas in einer bestimmten Art und Weise wahrzunehmen oder auf etwas in einer bestimmten Art zu reagieren. Die Einstellung kann auf Erwartungen, die auf vorherige Erfahrungen zurückzuführen sind, beruhen oder kann durch Anweisungen des Versuchsleiters (oder anderer) zustandekommen. Insofern kann sie ein momentaner Zustand oder eine langandauernde Haltung bestimmten Situationen gegenüber sein.

Der Einfluß von Einstellungen auf die Wahrnehmung ist im Labor gründlich untersucht worden. F. Allport schrieb 1955: „Wenn die anderen Bedingungen gleich gehalten werden, können Einstellungen auf dem physiologischen Niveau bestimmen, welche Gegenstände wahrgenommen werden, ferner haben sie Einfluß

Ansicht 2

auf die Geschwindigkeit oder Bereitschaft für diese Wahrnehmung und innerhalb gewisser Grenzen auch auf den Inhalt und die Lebhaftigkeit des Wahrgenommenen".

Die Diskriminationsfähigkeit kann durch Anweisungen erhöht werden, welche die Vp auf eine bestimmte Klasse von Objekten oder Merkmalen, über die sie später berichten muß, vorbereiten. Ferner können solche Instruktionen bestimmte Antwortkanäle „vorwärmen" und dadurch besonders bei zweideutigen Reizmustern eine Reaktion wahrscheinlicher machen als die anderen. Während die Untersuchungen klar ergeben haben, daß Einstellungen die Wahrnehmung beeinflussen, ist es weniger klar, auf welcher Ebene sich dieses alles abspielt, ob sich die tatsächliche perceptive Sensibilität verändert hat oder die Aufmerksamkeit, das Gedächtnis oder die Motivation.

Langzeit-Einstellungen können zu Anschauungen werden, die die Reizinformationsverarbeitung wesentlich beeinflussen. Diese Anschauungen funktionieren auch als Anker oder Vergleichs-Standard, mit denen neue Inputs verglichen werden. Dem Standard ähnelnde Inputs werden als *ähnlicher* wahrgenommen, als sie tatsächlich sind (gleich, ob es sich dabei um Gewichte oder politische Ansichten handelt). Eingänge, die sich vom Standard sehr unterscheiden, werden als noch unterschiedlicher empfunden, als sie tatsächlich sind. Werden Vpn gebeten, ihre Meinung über wichtige Angelegenheiten in Kategorien einzuordnen, dann zeigt sich eine deutliche Verschiebung der Items zur eigenen Position hin oder von ihr weg (Sherif und Hovland, 1961).

Interessen, Motive und Abwehrmechanismen. Die Forschung von Anhängern eines formalen strukturellen Ansatzes hat sich im allgemeinen mit Determinanten der Wahrnehmung wie Reiz, proximaler Stimulierung auf der Netzhaut und an anderen Receptorpunkten oder neuronalen Verbindungen befaßt, kurz, mit der angeborenen Ausstattung des Organismus und der auf die Receptoren einwirkenden physikalischen Reizenergie. Der New Look der funktionalen Wahrnehmung hat diesem traditionellen Ansatz eine neue Dimension hinzugefügt, indem der *Wahrnehmende* selbst wieder mit der Wahrnehmung in Verbindung gebracht wurde. Die Anhänger dieses Ansatzes haben gezeigt, daß sich zwischen den sensorischen Receptoren und den motorischen Effectoren ein menschlicher Organismus mit Motiven, Bedürfnissen, Werten, Anschauungen, Erwartungen und Emotionen, die alle die Wahrnehmung bedeutend beeinflussen können, befindet. Eine Darstellung, die diese Variable in zwei Einfluß-Gruppen unterteilt, bringt die nächste „Lupe". Die Studie, mit der die Laborforschung über den Einfluß emotionaler Faktoren auf die Wahrnehmung ihren Anfang nahm und die als „armer Junge, reicher Junge"-Studie bekannt wurde, enthielt einen wichtigen methodologischen Fehler. Können Sie ihn entdecken?

Eine Gruppe von 30 10jährigen wurde mit einem aus einer Holzkiste mit Bildschirm bestehenden Apparat getestet. Durch das Drehen eines vorne rechts befindlichen Knopfes konnten die Kinder den Durchmesser einer runden, auf den Schirm projizierten Lichtscheibe verändern. Zwei Gruppen von Kindern (eine reich, eine arm) wurden aufgefordert, die Größe des Lichtkreises der Größe von Münzen verschiedener Werte anzugleichen; eine Kontrollgruppe mußte den Lichtkreis der Größe verschiedener Papier-Chips anpassen.

Die Münzen, von der Gesellschaft anerkannte Wertobjekte, wurden größer eingestuft als die Papier-Chips. Darüber hinaus überschätzte die arme Gruppe die Größe der Münzen mehr als die reiche Gruppe (Bruner und Goodman, 1947).

Diese Untersuchung führte zu einem heftigen Streit, da die Kritiker schnell aufzeigten, daß es keinen Beweis dafür gab, daß Werte und Bedürfnisse die bestimmenden Faktoren waren, da andere Variablen, wie z. B. die vorherige Erfahrung mit Münzen, nicht kontrolliert worden waren. Eine Gruppe von Autoren versuchte, diese Einwände zu beseitigen, indem sie Vpn per Hypnose „reich“ oder „arm“ sein ließ.

Bevor sie hypnotisiert wurden, mußten die aus der Mittelschicht stammenden Vpn einen Lichtpunkt der tatsächlichen Größe dreier verschiedener Münzen angleichen (10, 15, 25 cent). Als unter Hypnose ihre Lebenserfahrungen gegen eine „arme“ Lebensgeschichte ausgetauscht wurden, überschätzten die gleichen Versuchspersonen nunmehr die Größe der Münzen beträchtlich. Wenn sie unter Hypnose „reich“ wurden, zeigten sie im Gegensatz zu vorher eine beständige Unterschätzung der Münzengröße. Diese Ergebnisse führten zu dem Schluß, daß ihre Wahrnehmung tatsächlich durch Werte und Bedürfnisse beeinflußt wurde, da ihre tatsächliche Erfahrung mit Geld ja gleichgeblieben war. Die Wirksamkeit der „armen“ und „reichen“ Lebensgeschichten bei der Bestimmung verschiedener Bedürfnisse und Werte zeigte sich zudem noch im Verhalten der Vpn: Wenn sie „arm“ waren, saßen die Vpn gerade und arbeiteten mit großer Sorgfältigkeit; wenn sie „reich“ waren, saßen sie lässig im Stuhl und arbeiteten zwar schnell, aber herablassend (Ashley, Harper und Runyan, 1951).

Bei einer Content-Analyse von Kinderzeichnungen zu verschiedenen Zeitpunkten des Jahres stellte sich heraus, daß Zeichnungen vom Weihnachtsmann vor Weihnachten größer waren als solche, die nach den Feiertagen angefertigt wurden (Solley und Haigh, 1959; Sechrest und Wallace, 1964).
Die aktive Rolle emotionaler und motivationaler Faktoren bei der Wahrnehmung zeigt sich

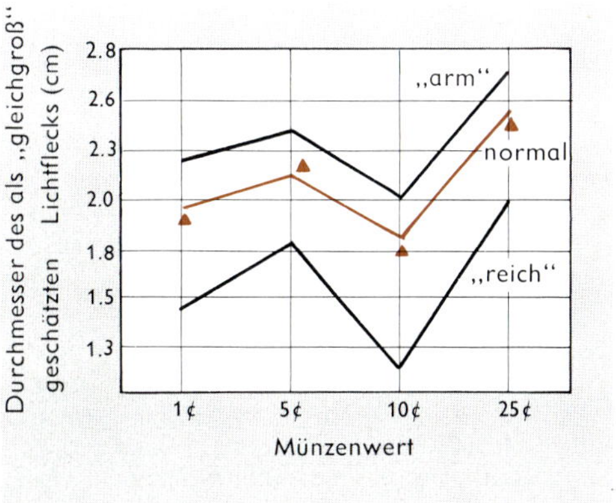

Abb. 6-19. Beeinflussung der Wahrnehmung durch Bedürfnisse und Werte. Die Abbildung zeigt die Größen weißer Lichtpunkte, die den Größen von 4 Münzen zu Beginn des Experiments (Vpn im Normalzustand) und dann unter Hypnose (arm bezw. reich) gleichgesetzt wurden. Die Dreiecke zeigen die tatsächliche Größe der Münzen (Nach Ashley et al., 1951)

auch darin, daß Vpn Reize, die in der Gesellschaft tabu sind und Furcht auslösen, falsch wahrnehmen und zum Erkennen dieser Reize mehr Zeit als für neutrale Reize brauchen.

Bei der ersten Untersuchung dieser Hypothese wurden Studenten 7 Tabu-Wörter (wie z. B. Bauch, vergewaltigt, Hure), die mit 11 neutralen Wörtern vermischt waren, dargeboten. Die Darbietungszeit wurde durch ein *Tachistoskop* kontrolliert, das die Wörter für Sekunden-Bruchteile auf den Bildschirm projizierte. Die Vpn brauchten für das Erkennen der Tabu-Wörter länger als für die neutralen. Ferner zeigten die Vpn, *bevor* sie die Tabu-Wörter aussprachen, eine größere PGR; dies wurde als ein Beweis für einen unbewußten *perceptiven Abwehrmechanismus* angeführt (McGinnies, 1949).

Die interessante Erklärung dieses Abwehrmechanismus bei der Wahrnehmung wurde heftig kritisiert, weil das methodische Vorgehen bei dieser Untersuchung drei gleichermaßen plausible Alternativ-Erklärungen erlaubte. Die Unterschiede bei der Wahrnehmungsschwelle könnten auf folgende Faktoren zurückgeführt werden:

1. Die unterschiedliche Sensibilität auf Tabu-Wörter, „die in guter Gesellschaft nicht erlaubt sind“,
2. die Tatsache, daß man diese Wörter gewöhnlich weniger häufig sieht als andere und
3. eine Reaktionshemmung: Es ist möglich, daß die Vpn die Tabu-Wörter genau so schnell wahrgenommen hatten wie die neutralen, daß es ihnen aber peinlich war, diese ebenso schnell wie die neutralen Wörter auszusprechen.

Weitere Untersuchungen unterstützten die Hypothese des perceptiven Abwehrmechanismus. Furchtauslösende und neutrale Wörter wurden in kleine Bücher gedruckt, wobei sie auf der ersten Seite völlig verschwommen erschienen und dann von Seite zu Seite klarer herauskamen (mehr Signal im Verhältnis zum Rauschen). Zum Erkennen der furchtauslösenden Wörter wurden mehr Seiten umgeblättert als bei den neutralen. Dies traf auch dann zu, wenn die Häufigkeit, mit der diese Wörter in der Sprache auftreten, kontrolliert wurde. Die gleiche Wirkung zeigte sich, wenn die Vpn im voraus über das Auftreten kritischer Wörter informiert worden waren und wenn das Geschlecht der Vpn und des Versuchsleiters gleich waren (Cowen und Beier, 1954).

In einem anderen Experiment wurde wiederum die Auftretenshäufigkeit der Wörter im täglichen Sprachgebrauch kontrolliert; dieses Mal aber wurden sie in Paaren dargeboten. Zuerst kam zwei Sekunden lang ein Wort zum „Anwärmen“, welches

Die Einflüsse der Erfahrung auf die Signalwahrnehmung

Im 2. Kapitel brachten wir eine Einführung in das Gebiet der Psycho-Physik, die sich aus Versuchen, regelhafte Beziehungen zwischen Reizintensität und Empfindungsstärke zu finden, entwickelte. Durch die Registrierung der Reizintensität, die in 50% aller Versuche wahrgenommen werden kann, wurde die absolute Reizschwelle einer Vp bestimmt; die Veränderung der Intensität, die in 50% aller Versuche als unterschiedlich wahrgenommen werden konnte, wurde als Unterschiedsschwelle bezeichnet. Die Untersuchungen dieser Forscher zeigten, daß sich die Reizintensität *geometrisch* verändern muß, um aufeinanderfolgende, *eben feststellbare Unterschiede (j. n. d.)* in der Empfindung hervorzurufen.

Aber wir vergleichen nicht nur Reizintensitäten im Labor. Seit den Tagen Fechners, des Pioniers der Psycho-Physik, sind die Untersuchungen auf diesem Gebiet umfassender und ausgeklügelter geworden. Es ist klar, daß die Fähigkeit, den Reiz einer gewissen Stärke wahrzunehmen, nur *ein* Faktor ist, der die Reizschwelle bestimmt.

Zwei weitere Möglichkeiten der Beeinflussung und Veränderung der Reizwahrnehmung wurden von Galanter (1962) beschrieben. Die von ihm angenommenen Beziehungen sind unten im Diagramm festgehalten. Das Diagramm zeigt eine psychologische Wahlsituation, in der die Vp angeben muß, ob das Signal „an" oder „aus" ist. Sie fällt ihr Urteil nicht nur aufgrund des Reizeinganges, sondern macht sich auch Gedanken über die Wahrscheinlichkeit von „an" und der daraus bei richtiger Entscheidung resultierenden Verstärkung (oder der Bestrafung bei falscher Entscheidung).

Die zwei Arten, in denen andere Faktoren die Wahrnehmung beeinflussen können, entsprechen zwei Wegen, wie frühere Erfahrung auf jetzige Wahrnehmung einwirken kann, und entsprechen den zwei Arten von Beziehungen, die durch das Konditionieren (s. Kap. 4) erlernt werden. Was Galanter als „Erwartung" bezeichnet, sind die Reizabfolgen, die wir lernen, dann zu erwarten, wenn ein vertrauter Signalreiz (S^D) auftritt.

Was er als „motive" bezeichnet, sind die Folgen der Verstärkungen, die wir als Konsequenzen früherer Handlungen erhalten haben, und die uns jetzt veranlassen, den einen statt den anderen Kurs zu verfolgen, um dabei möglichst viel Befriedigung zu erreichen und Schmerz zu vermeiden.

In einem Signal-Wahrnehmungssystem (englisch: signal detection system) wie dem unten Dargestellten kann das Signal „an" oder „aus" und das Urteil „ja" oder „nein" sein, woraus sich 4 mögliche Kombinationen ergeben, von denen zwei richtig und zwei falsch sind. Die Wahrscheinlichkeit, eine dieser Entscheidungen zu treffen, variiert nicht nur mit der Intensität des Reizes (stärkerer Reiz: mehr positive Entscheidungen), sondern auch mit den Darbietungsbedingungen und der Verstärkung. Wenn sehr viele Reize auf ihn eindringen, wird der Beobachter aufmerksamer und erwartet, das Signal anzusehen. Dies führt zu mehr positiven Treffern aber auch zu mehr falschen Alarmen. (Die Häufigkeit „falscher Festnahmen" in stark-kriminellen Vierteln unserer Städte ist zum Teil auf die Erwartung zurückzuführen, daß hier tatsächlich Verbrechen stattfinden, selbst wenn dies nicht in jedem Fall so ist.)

Wenn wenig Reize auftreten und sich die Erwartung „Signal nicht an" entwickelt, wie z.B. bei den Radarposten in der Antarktis, dann ergeben sich mehr Fehler (*nein,* wenn Signal *„an"*), aber auch mehr richtige *neins.*

Verschiedene Verstärkungsbedingungen beein-

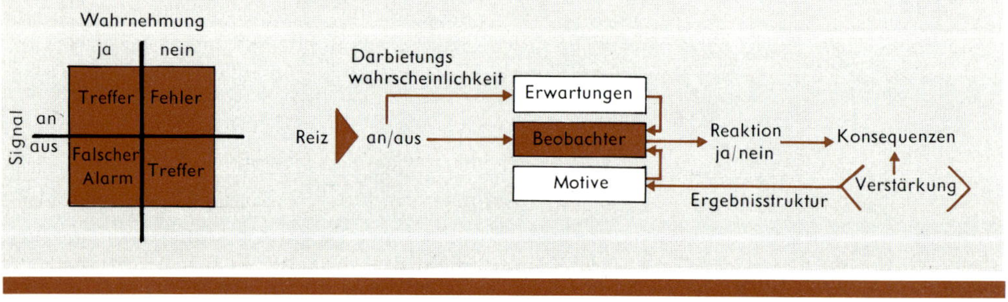

flussen ebenfalls das Muster der Treffer und Fehler. Wenn Treffer sehr wichtig sind, dann können falsche Alarme über eine beträchtliche Zeit hinweg toleriert werden (U-Boot-Alarm, H-Bomben-Alarm etc.). Bei Untersuchungen, in denen Vp je nach Wahrnehmungsfähigkeit Geld gewinnen oder verlieren können, versuchen sie ihre Entscheidungen so zu gestalten, daß ein maximaler Gewinn und ein minimaler Verlust entsteht. Wir können annehmen, daß die Wirkung der erwarteten Gewinne unter „Verlierer"-Bedingungen in der realen Umwelt (Elendsviertel etc.) noch größer ist, als unter kontrollierten Laborbedingungen.

manchmal ein Tabu-Wort, manchmal neutral war. Daraufhin wurde für 0,1 Sekunde das Testwort, welches immer neutral war, gegeben. Wurde dieses nicht erkannt, so wurde das erste Wort wieder 2 Sekunden lang gezeigt, dann das Testwort für 0,2 Sekunden usw. So wurde verfahren, bis das Testwort erkannt wurde. Wenn das erste Wort ein Tabu-Wort war, erhöhte sich die Schwelle für das Erkennen des mit dem Tabu-Wort assoziierten neutralen Wortes. Die Schwelle war geringer, wenn das erste Wort neutral war (McGinnies und Sherman, 1952).

Das komplexe Verhältnis zwischen Reiz und Reaktion bei der Wahrnehmung zeigt sich noch deutlicher bei der sogenannten unterschwelligen Wahrnehmung.

Lazarus und McCleary (1951) führten eine Untersuchung durch, bei der Vpn sinnlose Silben dargeboten wurden, von denen einige mit einem elektrischen Schock gepaart waren und andere nicht. Als später dieselben *ohne* elektrischen Schock dargeboten wurden, führten die vorher mit E-Schock assoziierten Silben zu größerer emotionaler Erregung bei den Vpn (größerer PGR). Selbst wenn die Silben so kurz dargeboten wurden, daß die Vpn sie nicht richtig erkennen konnten, zeigte sich immer noch ein bedeutender Unterschied im PGR zwischen „Schock"- und „Nicht-Schock"-Silben.

Aus den Resultaten dieser beiden Studien läßt sich u. a. ersehen, daß verbale Berichte entweder falsch oder richtig sind und keine dazwischenliegende Beurteilung zulassen, während die PGR-Messungen auf einem Kontinuum liegen und differenzierte Aussagen zulassen (Postman, 1963). Trotz bestehender Kontroversen über die Interpretation dieser Daten hat die neue Richtung der Wahrnehmungsforschung auf eine Menge Variablen hingewiesen, die man in Betracht ziehen muß, wenn man herausfinden will, was während der Wahrnehmung zum sensorischen Input hinzu kommt.

f Verzerrung und Halluzination

Unter optimalen Beobachtungsbedingungen, d. h. wenn die diskriminativen Fähigkeiten des Wahrnehmenden maximal und die Reizfaktoren klar und deutlich sind, sind unsere Wahrnehmungen gewöhnlich eine gute, naturgetreue Interpretation dessen, was wir allgemein als „äußere Realität" bezeichnen. Sind die Wahrnehmungsbedingungen jedoch schlecht und die Reize nicht so leicht erkennbar, dann wird unsere Wahrnehmung mehr von inneren Prozessen und motivationalen Faktoren mitbestimmt. Die durch emotionale und motivationale Faktoren bestimmten Wahrnehmungsverzerrungen, die wir in diesem Kapitel beschrieben haben, sind zum Teil auf die Unzulänglichkeit der vorhandenen externalen Stimulation und auf die „Übernahme" durch nicht-perceptive, gerade in Bereitschaft stehende Systeme zurückzuführen.

Extreme emotionale Erregung

Sowohl Streß als auch Euphorie verzerren die Realität unserer Wahrnehmungswelt. Dies muß nicht unbedingt anhand eines Laborexperiments aufgezeigt werden; Shakespeare wußte wohl auch schon um diese Tatsache. Macbeth sagt voller Seelenpein:

Ist das ein Dolch, was ich vor mir erblicke,
Der Griff mir zugekehrt? Komm, laß dich packen —
Ich fass' dich nicht, und doch seh' ich dich immer.
Bist du, Unglücksbild, so fühlbar nicht
Der Hand, gleich wie dem Aug? oder bist du nur
Ein Dolch der Einbildung, ein nichtig Blendwerk,
Das aus dem heiß gequälten Hirn erwächst?

Mein Auge ward der Narr der andern Sinne,
Oder mehr als alle wert. — Ich seh' dich stets,
Und dir an Griff und Klinge Tropfen Bluts,
Was erst nicht war. — Es ist nicht wirklich da:
Es ist die blut'ge Arbeit, die mein Auge
So in die Lehre nimmt.

(Akt II, Szene 1)

Halluzination: Auf sich selbst gerichtete Wahrnehmung

Unter bestimmten extremen und ungewöhnlichen Bedingungen scheint der Reiz für die Wahrnehmung nicht außerhalb von uns, sondern in uns zu liegen. Eine Wahrnehmungs-

Ansicht 3

täuschung, bei der die Realität in Abwesenheit äußerer Reizenergie empfunden wird, bezeichnen wir als *Halluzination.* Im Gegensatz zu Wahrnehmungstäuschungen, denen fast alle Beobachter unterliegen, sind Halluzinationen persönliche, idiosynkratische Vorgänge. Aktive Halluzinationen werden als wichtige diagnostische Indikatoren der Psychose betrachtet (s. Kap. 10). Aber Halluzinationen können auch durch emotionalen Streß, durch sensorische Deprivation, Hypnose, halluzinogene Drogen und Schlafdeprivation zustande kommen, wie wir auf Seite 215 gesehen haben.

Auf sensorischer Deprivation beruhende Halluzinationen. Wir wissen, wie die menschliche Entwicklung durch sensorische Deprivation während der Kindheit beeinflußt wird. Daneben gibt es aber auch Untersuchungen über die Wirkung der sensorischen Deprivation bei normalen Erwachsenen. Im Zeitalter der Raumfahrt ist es wichtig, die Wirkung langanhaltender Isolierung auf menschliches Verhalten zu kennen.

In einigen Untersuchungen über sensorische Isolierung wurde versucht, visuelle und akustische Stimulierung möglichst ganz auszuschalten. Dabei hielten sich die Vpn bis zu 10 Tagen in dunklen, ruhigen Zimmern auf.

Bei einer dieser Untersuchungen lagen die Vpn auf Luftmatratzen in einer dunklen, schalldichten Kammer. Zusätzlich trugen sie noch Ohrenschützer, um möglichst jedes Geräusch, das sie innerhalb der Versuchskammer machen könnten, auszuschalten. Sie wurden aufgefordert, ruhig auf der Matratze liegenzubleiben, sich möglichst nicht zu bewegen und nicht zu sprechen. Der Versuchsraum enthielt eine Toilette, ein Nahrungsmittelfach, einen „Panikknopf" und eine vollautomatische Klimaanlage. Die Vpn sollten eine Woche in diesem Raum verbringen; während des Versuchsablaufes erhielten sie aber keinerlei Information über die ablaufende Zeit (Tag, Stunde). Ab und zu wurde diese Isolation durch ca. 45 Minuten dauernde Intelligenz-Tests unterbrochen. Während dieser Zeit wurde der Raum durch eine rote, 15 Watt starke Birne erleuchtet. Insgesamt wurden 12 männliche und 4 weibliche Vpn getestet. Alle blieben sie die vorgesehene Woche im Versuchsraum; eine Vp blieb 8 ½ Tage, eine andere 10 Tage. Im allgemeinen hielten die Frauen die Isolation länger aus als die Männer. Elf der Vpn berichteten über Halluzinationen; zumeist Lichtblitze, flackerndes Licht, mattes Licht usw., welches ohne Form war und gewöhnlich im peripheren Gesichtsfeld erschien. Gewöhnlich dauerten diese Halluzinationen nur 5 bis 10 Sekunden, obgleich manche Vpn berichteten, sie hätten teilweise bis zu 15 Minuten angedauert. Viele Vpn berichteten über eine oder zwei kurze Halluzinationen am Tag; andere nur über 1 oder 2 während der ganzen Woche. Fünf Vpn sagten aus, sie hätten keine Halluzinationen gehabt; Frauen berichteten über weniger Halluzinationen als Männer.

Zu den visuellen Halluzinationen kamen noch verschiedene akustische Halluzinationen. Diese waren gewöhnlich sehr realistisch, wie zum Beispiel das Heulen von Hunden, das Läuten eines Weckers oder das Geräusch einer Schreibmaschine. Ferner wurde über zwei taktil-kinästhetische Halluzinationen berichtet. Eine bezog sich auf das Gefühl kalten Stahles, der auf Stirn und Wangen drückte, die andere war eine Empfindung, als würde einem die Matratze unter dem Rücken weggezogen. Die akustischen und taktilen Halluzinationen wurden in den meisten Fällen während der letzten beiden Tage der Isolierung berichtet.

Unmittelbar nach dem Verlassen des Versuchsraums gaben die Vpn an, daß ihre Eindrücke jetzt lebhafter als sonst seien. Besonders während der ersten Nacht nach dem Experiment konnte eine Überempfindlichkeit auf Geräusche festgestellt werden, da die Vpn selbst bei dem leisesten Geräusch aufwachten. Viele Geräusche, die einen normalerweise irritieren, wurden als angenehm, in einigen Fällen sogar als „unheimlich wohltuend" bezeichnet. Verkehrslärm erschien besonders laut und irgendwie erschreckend. Tests, die nach der Isolationsphase gegeben wurden, zeigten keine starken perceptiven Veränderungen, und die kleineren Veränderungen in der Sensibilität verschwanden kurz nach dem ersten Tag (Zubeck, Pushkar, Sansom und Gowing, 1961).

Bei anderen Untersuchungen über sensorische Isolation wurde den Vpn jegliche „strukturierte" Stimulierung entzogen. Teilweise wur-

Unter der Lupe

Check-Liste bei möglicherweise auftretenden Halluzinationen

Wenn Sie feststellen wollen, ob es sich bei einer eigenartigen Wahrnehmung um eine echte Halluzination handelt oder nur um eine Reaktion auf irgendeine unbekannte äußere Reizquelle, so können Sie dies mit Hilfe der nun folgenden 6 Tests herausfinden:

1. Willenskontrolle — Können Sie die Wahrnehmung mit Willenskraft verschwinden lassen?
2. Blockierter sensorischer Input — Ist die Wahrnehmung auch dann noch vorhanden, wenn der entsprechende Receptor blockiert wird (z. B. Augen oder Ohren abdecken)?
3. Übereinstimmung — Berichten andere Leute in derselben Situation über die gleichen Wahrnehmungen?
4. Fremd-Modalitäts-Test — Können Sie es berühren oder stoßen?
5. Physikalischer Merkmalstest — Reagiert ein Tonband oder ein Belichtungsmesser ebenfalls darauf?
6. Reaktion — Reiz — Koordination — Wird es unter einem Vergrößerungsglas größer oder mit Hilfe eines Verstärkers lauter? Verändert sich die Lautstärke, wenn Sie sich nähern oder entfernen?

Sind die Antworten auf die ersten beiden Fragen „ja" und auf die anderen vier „nein", dann sollten Sie sofort einen Arzt aufsuchen.

den die Vpn in Versuchsräumen eingeschlossen, wobei sie besondere Brillen trugen, die nur diffuses Licht, aber keinerlei Muster erkennen ließen. Ein monotoner Lärm übertönte andere Geräusche der Umwelt; Armstulpen schränkten die Bewegung ein und verhinderten die taktile Stimulierung der Hände und Arme. In einigen Untersuchungen steckte man die Vpn in große Tanks mit warmem Wasser. Unter diesen Bedingungen werden gewöhnlich stärkere Halluzinationen berichtet, die von Wahrnehmungsverzerrungen gefolgt sind; die Vpn halten gewöhnlich auch nur 2 oder 3 Tage lang aus, selbst wenn sie pro Tag eine Vergütung von 20 und mehr Dollar erhalten.

In einer Studie, in der nur sehr geringe visuelle und akustische Stimulierung gegeben wurde, berichteten die Vpn, daß sie zu Beginn der Isolierung über realistische Probleme nachdachten; im Laufe der Zeit jedoch hatten sie große Schwierigkeiten mit der Konzentration und ihre „Gedanken liefen ihnen einfach davon". Darauf folgten Zeitperioden, in denen sie an überhaupt nichts dachten, und einige waren verwirrt darüber, daß sie nicht mehr unterscheiden konnten, ob sie wach waren oder schliefen.

Am Anfang zeigten sich einfache visuelle Halluzinationen, die aber später lebhafter und komplexer wurden. Zuerst empfanden die Vpn ein Aufleuchten des allgemeinen Gesichtsfeldes, dann Licht-Punkte oder -Linien, dann geometrische Figuren und Muster. Schließlich sahen sie ganze Szenen. Ein Mann sah Dinge auf sich zukommen und drehte den Kopf, um ihnen auszuweichen; einer war davon überzeugt, daß die Bilder auf seine Brille projiziert wurden; eine andere Vp hatte das Gefühl, es sei noch jemand anderer im Versuchsraum. Diese Halluzinationen waren lebhafter als normale Vorstellungsbilder und erschienen den Vpn wie auf einen Bildschirm projiziert.

Um festzustellen, welchen Einfluß das diffuse Licht auf die Halluzinationen hat, wurden die halluzinierenden Vpn in ein dunkles Zimmer gebracht. Zunächst wurden die Halluzinationen noch lebhafter, aber innerhalb von zwei Stunden waren sie entweder gänzlich verschwunden oder stark abgeschwächt. Wenn die Vpn wieder in diffuses Licht zurückkehrten, fingen sie wieder an zu halluzinieren. Demnach trug das diffuse Licht mehr zu den Halluzinationen bei als totale Dunkelheit.

Als die Vpn aus der Isolierung herauskamen, wurden sie in einen Stuhl gesetzt, ihre Brillen wurden entfernt und sie wurden aufgefordert, ihre Umgebung zu beschreiben. Fast alle Vpn berichteten über schwere Wahrnehmungsverzerrungen. Diese dauerten nur einige Minuten, ausgenommen in einem Fall, bei dem sie mehrere Stunden andauerten. Die Verzerrungen bestanden in Bewegungen von sich im Gesichtsfeld befindlichen Objekten oder der Zimmerwände; Gegenstände veränderten Form und Größe, flache Oberflächen erschienen gekrümmt (Heron, 1961).

Wir wissen jetzt, daß sinnvolle sensorische Erfahrungen für ein normales Funktionieren des Gehirns notwendig sind. Unser komplexes, andauernd aktives Gehirn benötigt diese Reizeinflüsse aus der Umwelt. In diesem Sinne kann man die sensorische Isolierung auch als eine „Destrukturierung der Umwelt" bezeichnen. Die durch den Mangel an Raum- und Zeitorientierung unsicher und ängstlich gemachten Vpn versuchten, die Umwelt umzugestalten, d. h. die Situation wieder sinnvoll zu gestalten. Phantasien, Halluzinationen und Wahrnehmungsverzerrungen hängen mit der Persönlichkeit der Vp und ihrer früheren Umwelt, aber auch mit der experimentellen Situation selbst zusammen (Ruff, Levy und Thaler, 1961).

Weiterführende Untersuchungen zeigten, daß die Wirkungen sensorischer Deprivation die geistigen Funktionen des Menschen sowohl fördern wie hemmen können. Die wichtigsten Variablen sind hier:

a) die Persönlichkeit der Vp,
b) die durch den Vl vermittelte Einstellung,
c) die Ästhetik der experimentellen Situation (Brownfield, 1964).

Wenn sich die Furcht vor dieser neuen Situation gelegt hat, „dann werden die durch sensorische Deprivation hervorgerufenen Vorstellungen wie Vorstellungen beim Tagträumen: vertraut und gewöhnlich nicht angstauslösend" (Leiderman, 1965).

Halluzinationen und Altersregression unter Hypnose. Hypnotisierte Vpn haben positive wie auch negative Halluzinationen, wenn sie die entsprechenden Anweisungen bekommen. Zum Beispiel können sie Objekte wahrnehmen, die *nicht* vorhanden sind oder solche nicht wahrnehmen, die *tatsächlich* vorhanden sind; manche Objekte werden auch als total verändert wahrgenommen. Anwendung findet diese Art von Hypnose manchmal bei Geburten: Die Gebärende wird per Hypnose z. B. in die Karibische See versetzt und daran gehindert, Instrumente, Schmerz oder Blut wahrzunehmen.

Sehr empfindliche Vpn können sich unter Hypnose ein nicht vorhandenes Reizobjekt auch mit offenen Augen vorstellen. Diese hypnotisch induzierten Halluzinationen sind so realistisch, daß sie von normalen Wahrnehmungen nicht unterschieden werden können. Um die Realität dieser Wahrnehmungen zu validieren, sind bei einigen Untersuchungen die Augenbewegungen registriert worden. „Im allgemeinen zeigen diese Studien, daß die Halluzinationen von Augenbewegungen begleitet sind und daß die Form der registrierten Augenbewegung ungefähr dem vorgestellten Objekt entspricht" (Graham, 1969 a).

Ein Experiment zeigte, daß hypnotisierte Vpn, die angewiesen wurden, sich eine drehende Trommel vorzustellen, genau die gleichen Augenbewegungen wie beim tatsächlichen Betrachten einer Trommel zeigten. Ferner waren die Vpn nicht imstande, im Wachzustand diese Augenbewegungen ohne eine sich drehende Trommel durchzuführen, selbst wenn sie dazu angewiesen wurden (Brady und Levitt, 1964, 1966).

Bei einer anderen Untersuchung wurden Patienten unter Hypnose angewiesen, zwei graue Kreise auf einer real vorhandenen weißen Karte zu sehen. Wenn sie diese halluzinierten Kreise auf einen schwarzen und einen weißen Hintergrund projizierten, berichteten sie über den üblichen Helligkeitskontrast: der graue Kreis auf weißem Grund sah dunkler und der auf dem schwarzen Grund heller aus (Graham, 1969 b).

Bevor man den Schluß ziehen kann, daß Leute Wahrnehmungen *kreieren* können, die sich von tatsächlichen Wahrnehmungen nicht unterscheiden, sind noch weitere kontrollierte Untersuchungen nötig. Jedoch haben wir Hinweise darauf, daß dies zumindest einigen Leuten tatsächlich gelingt.

Unter Hypnose können Leute auch in ein früheres Alter zurückversetzt und gefragt werden, was sie tun, wie sie sich fühlen, und wie die Gegenstände in ihrer Umgebung aussehen. Solche hypnotisch induzierten Regressionen geben uns einigen Aufschluß über einige Eigenschaften der Größenkonstanz. Stellen Sie sich vor, Sie würden per Hypnose in Ihr Kindesalter zurückversetzt. Glauben Sie, daß Sie das Gefühl hätten, kleiner und kleiner zu werden, bis Sie wieder in Ihre Wiege oder in die Arme Ihrer Mutter passen würden? Vierundzwanzig Vpn berichteten alle über eine ganz andere Veränderung. Die Welt wurde immer größer, aber an sich selbst bemerkten sie keine Veränderung. Ein Finger, der in ihre Handfläche gelegt wurde, führte zum Zugreifen, zum Schütteln und zum Saugen, und wurde als „enorm groß" bezeichnet. Auch die Wiege, die Gesichter und Geräusche wurden von den hypnotisierten Vpn als sehr groß bzw. als sehr laut empfunden.

Da sich der Wachstumsprozeß sehr langsam vollzieht, nehmen wir ihn überhaupt nicht wahr, d. h. wir empfinden unsere Körpergröße als gleichbleibend und benutzen sie deshalb sehr oft als Norm beim Vergleich mit der Größe anderer Objekte. Vielleicht hatten Sie auch ohne Hypnose schon einmal eine solche Erfahrung, wenn Sie an eine sehr vertraute Stätte Ihrer Kindheit zurückkehrten, und alles viel kleiner und bedeutungsloser als „damals" aussah.

Die psychedelische Erfahrung. Als 1943 der Schweizer Chemiker Albert Hoffmann per Zufall eine kleine Menge einer neuentwickelten Droge, Lysergsäurediäthylamid-25, schluckte, war die zur Zeit am stärksten bewußtseinsverändernde Droge entdeckt. Die dramatischen Phantasien, kognitiven und Wahrnehmungsveränderungen, die er mit LSD erfuhr, sind seitdem in Millionen von „unabhängigen Experimenten" in der ganzen Welt repliziert worden.

Der Gebrauch von Rauschmitteln mit dem Ziel, die Grenzen der Realität zu sprengen, ist Tausende von Jahren alt. Schon das Orakel zu Delphi befand sich an einer Stelle, an der ausströmende Gase die Priesterinnen des Apollo berauschten und ihnen so den Zugang zur göttlichen Wahrheit verschafften. Schamane und Medizinmänner vieler Kulturen nahmen Drogen und verschrieben sie auch anderen Leuten. Lange bevor sich A. Huxley die „Pforten der Wahrnehmung" (1954) öffneten, machte der gestrenge W. James eine ähnliche Erfahrung mit Lachgas (1882). Aber es blieb LSD vorbehalten, die Lawine ins Rollen zu bringen, von der wir noch nicht wissen, wo sie haltmachen wird. Eine Reihe von Studien beschäftigt sich mit den Konsequenzen dieser Droge auf das Verhalten.

Vierhundert Vpn beteiligten sich an einer Reihe von Untersuchungen, die von der International Foundation for Advanced Study in Menlo Park, Kalifornien, durchgeführt wurde. Die Vpn wurden vor, während und nach einem psychedelischen LSD-Trip beobachtet (Mogar, 1969). Es zeigte sich, daß selbst bei einer so wirksamen chemischen Substanz wie LSD die Einflüsse auf Wahrnehmung und Bewußtsein stark durch die Persönlichkeit der Vp, die Atmosphäre der Umgebung und die emotionale Vorbereitung und Unterstützung der Beteiligten beeinflußt wird. Die gleiche Dosis hat unterschiedliche Wirkung, abhängig davon, ob die Vp ängstlich oder psychisch stabil ist und ob die Umgebung ein steriles Krankenzimmer oder ein freundliches Wohnzimmer ist.

Die durch das psychedelische Erlebnis hervorgerufene allgemeine Veränderung kann in Richtung „mystisches Bewußtsein" gehen, wobei Subjekt-Objekt-Trennung und Realitätskontrolle wegfallen, oder nicht-mystischer Natur sein. Spielen sich die Halluzinationen im „nicht-mystischen" Bereich ab, so beobachten wir folgende Wahrnehmungsveränderungen:

a) räumliche Beziehungen brechen zusammen,
b) feste Gegenstände werden flüssig,
c) Farben werden reicher und intensiver,
d) Konturen verschärfen sich,
e) dreidimensionale, farbige, geometrische Muster tauchen auf und verschwinden,
f) Musik wird in sich verändernden lebhaften Farben wahrgenommen (*Synästhesie*),
g) bekannte und unbekannte Gesichter und Objekte erscheinen.

In diesem Zusammenhang ist die Aussage einer Vp, die an einem Experiment über die Wirkung von LSD teilnahm, von Interesse:

„Ich lag auf dem Bauch und schloß die Augen. Leuchtend farbige Muster von phantastischer Schönheit trafen zusammen, explodierten und sprühten auseinander. Ich sah Zähne und Perlen und wertvolle Steine mit Lippen und Augen. Draußen vor dem Fenster wurden die Äste der Bäume zu gigantischen Armen mit durchsichtigen Muskeln, die mich bald bedrohten, bald umarmten. Gläser rollten auf dem Tisch, das Bücherregal war voller schwimmender Bücher, die Tür blies sich auf wie ein Ballon, und der Teppich im anderen Zimmer war mit tausend grünen Schlangen bedeckt" (Pahnke und Richards, 1969).

Außersinnliche Wahrnehmung

Gibt es Wahrnehmungsvorgänge, die die bekannten sensorischen Bahnen umgehen? Man hört oft von Hellsehen und Telepathie und wird als Psychologe manchmal gefragt, ob es so etwas wie außersinnliche Wahrnehmungen wirklich gebe.

Außersinnliche Wahrnehmung (im englischen: Extrasensory Perception = ESP) umfaßt:

a) *Telepathie*, bei der eine Person ohne sensorische Signale zu benutzen, herausfindet, was eine andere denkt und
b) *Hellsehen*, bei dem eine Person ohne Benutzung ihrer Sinnesorgane einen Gegenstand wahrnimmt.

J. B. Rhine, einer der Führenden auf diesem umstrittenen Gebiet und andere, die vom Auftreten außersinnlicher Wahrnehmungen überzeugt sind, untersuchen auch die Möglichkeit des persönlichen Fortlebens nach dem Tode (Rhine, 1960).

Ein typischer Telepathie-Test wird wie folgt durchgeführt: Es werden 25 Karten benutzt, von denen je 5 Karten das gleiche Symbol zeigen — einen Stern, einen Kreis, ein Viereck, ein Pluszeichen und parallele Wellenlinien. Nachdem die Karten gemischt sind, sieht sich eine Vp (der „Sender") alle Karten an, wobei sie sich jeweils auf eine Karte konzentriert, während eine andere Vp (der „Empfänger") versucht, das Symbol der entsprechenden Karte wiederzugeben. Die Aussagen des Empfängers: Viereck, Kreis usw. werden von einem Beobachter registriert. Bei Hellseh-Experimenten werden die Karten lediglich gemischt und der Empfänger versucht, die richtige Anordnung wiederzugeben. Bei diesen Experimenten gibt es keinen „Sender".

Bis jetzt haben Untersuchungen über außersinnliche Wahrnehmung keine untereinander vergleichbaren Ergebnisse erbracht. Dennoch sind einige Psychologen der Ansicht, daß es trotz fehlender Verifizierung der Ergebnisse

Beweise für ESP gibt. Der Widerstand, den die meisten Psychologen gegen die außersinnliche Wahrnehmung („eine Reaktion auf einen unbekannten Vorgang, der kein uns bekanntes Sinnesorgan anspricht", McConnell, 1969) zeigen, rührt nicht daher, daß sie psychische Phänomene nicht ernst nehmen. Ganz im Gegenteil: Sie erkennen, welch revolutionäre Implikationen die Möglichkeit einer „Übertragung ohne Überträger" haben würde. Dazu ein Physiker:

„Sollte es tatsächlich eine außersinnliche Wahrnehmung geben, dann wäre dies die wichtigste Entdeckung der modernen Physik, weil man, um sie zu erklären, eine neue Kraft annehmen müßte, eine Kraft, die den Physikern zur Zeit nicht bekannt ist. Die einzige Alternative wäre, die Kausalität zu verneinen, was zu einer noch größeren Revolution in der Wissenschaft führen würde" (Rothman, 1970).

g Personenwahrnehmung

Wie wir andere Leute wahrnehmen, ist, wie alle Wahrnehmungsprozesse, kein passiver, sondern ein aktiver Prozeß. Um das komplexe Verhalten anderer Leute zu begreifen, ziehen wir Schlüsse über ihre Absichten, Emotionen, Motivationen und Persönlichkeitszüge. Solche Schlüsse oder Eindrücke haben großen Einfluß auf unser Verhalten gegenüber diesen anderen Personen.

Wie bei der Wahrnehmung von Objekten, unterliegen wir auch bei der Personenwahrnehmung verschiedenen Täuschungen und Verzerrungen, d. h. daß wir Leute oft „anders sehen", als sie tatsächlich sind. Wie kommen solch ungenaue Eindrücke zustande? Welche Informationen benutzen wir bei der Beurteilung der Persönlichkeit, des Verantwortungsbewußtseins und der allgemeinen Anlagen einer anderen Person? Nicht nur, daß wir selbst täglich irgendwelche Urteile fällen; in manchen Situationen hängt von einer Beurteilung sehr viel ab, wie z. B. vor Gericht oder bei einer Beförderung.

Der erste Eindruck

Vielleicht sind Sie der Ansicht, daß Ihr Urteil über andere Leute auf sorgfältiger Beobachtung ihres Verhaltens in verschiedenen Situationen beruht. Fast das Gegenteil ist der Fall. Man hat festgestellt, daß der erste Eindruck, den man von einer anderen Person hat, einen enormen Einfluß auf die weitere Beurteilung dieser Person ausübt.

Bei einer Untersuchung erhielten zwei Vpn-Gruppen die gleiche Liste von Charakterzügen, die angeblich eine andere Person beschreiben sollten. Auf einigen Listen erschienen jedoch die positiven Charakterzüge an erster Stelle (wie z. B. intelligent, fleißig, kritisch, impulsiv, dickköpfig und neidisch), auf den anderen wurden die negativen Charakterzüge zuerst angeführt (wie z. B. neidisch, dickköpfig, kritisch, impulsiv, fleißig, intelligent). Die Vpn, deren Listen die positiven Charakterzüge zuerst anführten, beurteilten die Person positiver und waren bereit, ihr auch andere positive Charakterzüge zuzuordnen (Asch, 1946).

Asch stellte ferner fest, daß bestimmte Charakterzüge für die Urteilsbildung wichtiger waren als andere. Wenn eine Liste von Charakterzügen z. B. den Ausdruck „warmherzig" enthielt, schätzten die Vpn die Person als glücklich, angenehm und großzügig ein. Wenn in derselben Liste jedoch das Wort „warmherzig" gegen das Wort „kühl" ausgetauscht wurde, dann empfanden die Vpn die Person als unglücklich, reizbar und unfreigiebig.

Ähnliche Ergebnisse zeigten sich auch bei einem Experiment über erste Eindrücke, bei dem ein Professor seiner Klasse (College) sagte, daß ein Gastdozent unterrichten werde und dann unter den Studenten eine kurze Biographie dieses Dozenten austeilte. Die Hälfte der Studenten erhielten eine Notiz, die den Dozenten als eine „ziemlich kühle Person, fleißig, kritisch, praktisch und entschlossen" darstellte, die anderen Studenten erhielten dieselbe Notiz, nur wurde hier das Wort „kühl" durch das Wort „warmherzig" ersetzt. Den letzteren Studenten gefiel nicht nur die Vorlesung besser, sondern sie beteiligten sich auch stärker an der Diskussion, was für die anderen Vpn nicht zutraf (Kelley, 1950).

Warum ist der erste Eindruck so wichtig? Eine Erklärung dafür ist, daß dieser Eindruck einen *Bezugsrahmen* schafft, anhand dessen der Wahrnehmende seine Informationen interpretiert. Stimmt die spätere Information mit dem ersten Eindruck nicht überein, wird sie so verzerrt, daß sie in den Bezugsrahmen hineinpaßt. Solche, beim ersten Eindruck entstehenden Verzerrungen führen oft dazu, daß wir andere Leute in simple Kategorien einordnen, die oft auf unsere ursprünglichen Vorurteile zurückzuführen sind.

Die Konsistenz liegt beim Wahrnehmenden

Einer der am häufigsten vorkommenden Beurteilungsfehler ist der sogenannte *Halo-Effekt (Hof-Effekt),* der schon 1907 von Wells beobachtet wurde. Wenn eine Person mehrere Charakterzüge einer anderen Person einschätzt, geschieht dies gewöhnlich anhand eines allgemeinen positiven oder negativen

Eindrucks („Hof"). Ist der Vp z. B. sehr an Höflichkeit gelegen und bemerkt sie, daß eine andere Person sich vornehm benimmt, so neigt sie auch dazu, diese Person als freundlich, ehrenwert und intelligent zu beurteilen. Der Beobachter kann außerdem den sogenannten *logischen Fehler* begehen, indem er annimmt, daß bestimmte Charakterzüge immer zusammen auftreten. Wenn er z. B. jemanden als stark beurteilt, so wird er ihn evtl. auch als aktiv und aggressiv sehen. Ein dritter weit verbreiteter Beurteilungsfehler ist die Tendenz, in fast allen Fällen eine zu gute Beurteilung abzugeben (leniency error). Schließlich gibt es auch noch einen Fehler, der auftritt, wenn der Beurteiler die normale Variabilität der Persönlichkeitszüge außer acht läßt und sie alle als „gut, mittelmäßig oder durchschnittlich" einschätzt (error of central tendency).

Auf Grund dieser Beurteilungsfehler sieht der Wahrnehmende andere Leute als gleichbleibender als sie es tatsächlich sind. Viele Untersuchungen haben jedoch gezeigt, daß sich Leute von Situation zu Situation unterschiedlich verhalten können.

Eine der frühesten Studien befaßte sich mit dem Charakterzug „Ehrlichkeit". Sie zeigte, daß die Ehrlichkeit einer Person in einer bestimmten Situation nicht auf Grund ihres Verhaltens in einer anderen Situation genau vorhergesagt werden kann. Wenn jemand beim Kartenspielen betrügt, besagt dies nicht, daß er auch stiehlt, oder „wer lügt, muß nicht unbedingt auch stehlen" (Hartshorne und May, 1928).

Beobachtbares Verhalten und innere Struktur

Wie können wir eine Person als gleichbleibend wahrnehmen, wenn wir widersprüchliche und unvollständige Informationen über sie besitzen? Eine interessante Antwort auf diese Frage finden wir in den theoretischen Schriften Fritz Heiders (1944, 1958). Nach Heider versucht der Beobachter die den beobachtenden Handlungen zugrunde liegende Struktur zu verstehen. Um dies zu erreichen, versucht er, das beobachtete Verhalten irgendwie zu erklären. Er begnügt sich nicht damit, zu wissen, was die Person tat, sondern *warum* sie es tat. Da der Beobachter die Gedanken oder Wünsche einer anderen Person nicht direkt sehen kann, muß er auf Grund seiner Beobachtungen darauf schließen, wobei dieser Vorgang ein aktiver Prozeß ist, der sich im wesentlichen auf die vorgefaßten Meinungen über den einzelnen und die Leute im allgemeinen stützt. Hierbei schreiben wir aus irgendwelchen Gründen der Person Charakterzüge zu, die wir gerne in ihr sehen *möchten*.

Eine wichtige Entscheidung, die der Wahrnehmende treffen muß, bezieht sich auf die Frage, ob das beobachtete Verhalten von einer inneren Disposition herrührt oder durch äußere Umstände verursacht wurde. Wenn z. B. ein Angestellter über den vom Chef erzählten Witz lacht, so kann das daher kommen, weil er den Witz gut findet (innere Disposition), oder weil er dem Chef gegenüber höflich sein möchte (äußere Situation). Je weniger Entscheidungsfreiheit eine Person besitzt, umso mehr betrachten wir ihr Verhalten als situationsbedingt.

Um diese Frage näher zu untersuchen, mußten in einer Studie Vpn die Arbeit zweier Untergebener überwachen. Diese Untergebenen, A und B, hatten eine sehr langweilige Arbeit zu verrichten, die zum gleichen Endergebnis führte. Die Anweisungen zwangen den Überwacher, A häufiger zu kontrollieren als B.

Die Überwacher-Vpn sahen die Leistungen von A als durch ihre dauernde Kontrolle, d. h. als äußerlich bedingt an, während sie Bs Leistung auf eine innere Einstellung zurückführten, nämlich dessen persönlichen Wunsch, eine gute Leistung zu vollbringen. Darüber hinaus sahen sie B als vertrauenswürdiger und verläßlicher als A an (Strickland, 1958).

Wenn sich jemand *konform* verhält, d. h. sich einer Situation anpaßt, so betrachten wir im allgemeinen sein Verhalten als von außen verursacht. Verhält sich jedoch jemand *unangepaßt,* betrachten wir sein „aus der Rolle fallen" als von innen her bestimmt. Daß solche Betrachtungen sehr vom Beobachter selbst abhängen, zeigt folgende Untersuchung:

Die Vpn lasen die schriftliche Stellungnahme einer Person, die angeblich Mitglied eines *Debattier-Clubs* war. Die Stellungnahmen standen dem Castro-Regime in Kuba entweder positiv oder negativ gegenüber. Der Hälfte der Vpn wurde gesagt, der Redner habe keine Wahl zwischen pro und contra gehabt, der anderen Hälfte der Vpn wurde mitgeteilt, die Stellungnahme käme von jemandem, der zwischen pro und contra habe wählen können. Nachdem die Vpn die Stellungnahmen gelesen hatten, wurden sie gebeten, die wahre Einstellung der Redner zum Castro-Regime einzuschätzen. Die Vpn glaubten, daß diejenigen, die pro oder contra frei wählen konnten (innere Motivation), selbst mehr hinter der Sache standen als die, denen einfach pro oder contra zudiktiert worden war (äußere Forderung). Der Wortlaut der verteilten Stellungnahmen war in allen Fällen genau der gleiche (Jones und Harris, 1967).

Bei der Untersuchung stellte sich auch heraus, daß von den Personen, denen man pro oder contra aufdiktiert hatte, die zu „pro" gezwungenen stärker als pro-engagiert eingestuft wurden als die „contra"-Redner. Mit anderen Worten gab es eine allgemeine Tendenz, dem Verhalten der Redner eine *innere Kausalität* zuzuschreiben, selbst wenn dieser Schluß logisch nicht vertretbar war.

Diese Tendenz ist ziemlich häufig: Wir schließen oft vom zufälligen Verhalten einer Person auf ihre innere Natur und ihre Absichten. Wenn jemand auf eine Bananenschale tritt und ausrutscht, bezeichnen wir ihn als ungeschickt; wenn uns jemand auf der Straße übersieht, sehen wir ihn als feindlich eingestellt. In vielen Fällen werden solche Schlüsse automatisch und fast unbewußt gezogen; sie basieren nur auf unserem Vorurteil.

Wie können wir diese Tendenz, gewisse Verhaltensweisen als „von innen heraus verursacht" anzusehen, erklären? Heider nimmt an, daß wir oft eine innere Motivation für solche Handlungen postulieren, weil es einfacher ist. Wenn wir versuchen würden, den Grund für eine Veränderung in unserer Umwelt zu suchen, so müßten wir uns mit einem furchtbaren Wirrwarr von Ursachen befassen, da jede Ursache einmal durch die Wirkung einer anderen Ursache verursacht wurde. Wenn wir jedoch die Ursache in einer Person annehmen, so kann die Wirkung (*absolut*) einer Ursache zugeordnet werden und die Kausalkette (s. o.) endet.

Self-fulfilling Prophecies

Heider sagt weiter, daß diese Tendenz dem Wunsch des Menschen nach Kontrolle über seine Umwelt (oder zumindest das Gefühl zu haben, daß er es kann) entspringt. Wenn in der Nachbarschaft ein Verbrechen verübt wird oder wenn die Lebenshaltungskosten rapide in die Höhe schnellen, wollen wir wissen, warum. Zusätzlich möchten wir das Gefühl haben, diese Vorgänge irgendwie beeinflussen zu können. Für diese Ereignisse gibt es jedoch gewöhnlich zahlreiche und vielfach unbekannte Ursachen. Um Verbrechen, Krieg oder Preiserhöhungen zu verstehen, bräuchten wir umfassende Kenntnisse in Soziologie, Politologie und Ökonomie. Nicht nur, daß es sehr schwierig sein würde, solche Kenntnisse zu erlangen, diese würden uns dann davon überzeugen, wie schwierig es ist, solche Vorgänge zu kontrollieren. Deshalb suchen wir häufig einen Ersatz, etwas, was leichter verständlich und kontrollierbar ist. Wenn Personen die Funktion des *absoluten ursächlichen Ursprungs* übernehmen, wird dieser Wunsch erfüllt, da man ja annimmt, eine kleine Anzahl von Leuten leichter kontrollieren zu können. Wenn also ein Verbrechen begangen wird, so bestrafen wir gewöhnlich den Verbrecher und suchen die Ursachen nicht lange in der Struktur der Gesellschaft.

Das Wissen um diesen Denkprozeß ist von grundlegender Bedeutung für das Verständnis unserer Beziehungen zu anderen Leuten, weil wir damit Sinn in die Komplexität unserer Umwelt zu bringen versuchen. Andere Leute werden für uns zu kausalen Ursachen, und wir betrachten ihre Charakterzüge als unabänderlich.

Neuere Untersuchungen haben gezeigt, inwieweit unsere Wahrnehmungen von anderen zu „sich selbst erfüllenden Prophezeiungen" (gebräuchlicher ist der englische Ausdruck selffullfilling prophecies) werden. Wir verhalten uns anderen Leuten gegenüber so, wie wir es auch von ihnen erwarten (also freundlich einer Person gegenüber, von der wir erwarten, daß sie auch freundlich ist), und diese zeigen dann das erwartete Verhalten, weil *wir* uns so verhalten haben.

Ob sich Prophezeiungen erfüllen oder nicht, hängt oft auch davon ab, ob die Person männlich oder weiblich ist. Männliche Personen verhalten sich mehr entsprechend dem Eindruck, den sie vom Partner haben, was beim Partner wiederum das entsprechende Verhalten auslöst. Weibliche Personen jedoch zeigen mehr einen „Kompensationseffekt": die Tendenz, einer als „kühl" eingeschätzten Person „herzlich" gegenüberzutreten. Dieses „warmherzige Verhalten" einer „kühlen" Person gegenüber führt dazu, daß die andere Person auch warmherziger wird (Jones und Panitch, 1970; Bond, 1970).

Der wichtige Schluß, den man aus all dem ziehen kann, ist, daß *unsere* Eindrücke von anderen *deren* Verhalten beeinflussen können. Andere Leute reagieren auf unser Verhalten wie wir auf das ihrige.

h Zusammenfassung

Der Ausgangspunkt der Wahrnehmungsprozesse ist die Wahrnehmung der Umwelt, die durch gelenkte Aufmerksamkeit dem menschlichen Verhalten Richtung und Zusammenhalt gibt. Die Sensibilität des Einzelnen auf Reizeingänge ist eine Funktion seines *Bewußtseinszustandes*. Während des Schlafes reagiert er z. B. nicht auf gewöhnliche Reize.

Die Schlafforschung hat sich erst in neuerer Zeit entwickelt. Untersuchungen haben erbracht, daß Schlafdeprivationen zu Halluzinationen, Leistungsabfall und zu chemischen Veränderungen im Gehirn führen; gewöhnlich verschwinden aber diese Symptome nach einer einzigen durchgeschlafenen Nacht.

Im Verlaufe einer Nacht durchläuft das Individuum verschiedene Schlaf-Phasen. In *Phase 1 — REM* deuten schnelle Augenbewegungen (*rapid eye movements*) Träume an. Normale Versuchspersonen, denen dieser REM-Schlaf entzogen wird, zeigen einen *rebound-Effekt*, wenn ihnen der REM-Schlaf wieder gewährt wird. Untersuchungen an REM-deprivierten Katzen zeigten einen dramatischen Anstieg triebhaften Verhaltens (Sex, Aggression, Fressen etc.). Es erscheint möglich, daß Schizophrenie mit Gehirnprozessen, wie sie während des REM-Schlafes auftreten, zusammenhängt. Ein unseren Bewußtseinszustand beeinflussender neuraler Mechanismus ist das *retikuläre Aktivationssystem (RAS)*. Dieses System ist möglicherweise das Zentrum für Erregung, während der Schlaf anscheinend vom *diffusen thalamischen System* kontrolliert wird. Auch andere Mechanismen wie der Hypothalamus spielen hier eine Rolle.

Die Begriffe *Erregung* und *Aktivierung* beziehen sich auf verschiedene Wachheitsgrade des Individuums. Bis zu einem gewissen Punkt bedeutet erhöhte Erregung auch bessere Leistung; darüber hinaus jedoch wird die Leistung negativ beeinflußt. Die Ansicht, daß es nur ein einziges allgemeines Erregungssystem gebe, ist zu einfach.

Die *Aufmerksamkeit* ist ein Reiz-Selektionsprozeß, durch den wir uns auf bestimmte Teile unserer Umwelt konzentrieren. Eine Reihe von Faktoren, von denen sich einige auf die Situation, andere auf die Person beziehen, bestimmt, ob diese andere Person uns ihre Aufmerksamkeit schenkt. Hierzu gehören *Veränderung, Größe, hervorstechende Merkmale, Wiederholung, organische Bedingungen,* z. B. biologische Bedürfnisse, *Interesse und persönlicher Kontakt.* Für die Aufrechterhaltung der Aufmerksamkeit ist die Habituation das größte Hindernis. Die Aufmerksamkeitsspanne und die Anfälligkeit für Ablenkung variieren beträchtlich; sie hängen zum größten Teil vom Interesse des Einzelnen ab.

Es ist äußerst schwierig, Aufmerksamkeit zu definieren und zu messen. Untersuchungen über die neurophysiologischen Korrelate der Aufmerksamkeit haben zu einer Reihe von Theorien geführt; gültige Daten jedoch sind spärlich. Hess hat zwar gezeigt, daß *Pupillen-Dilatation* Interesse oder Aufmerksamkeit widerspiegeln kann, aber weitere Untersuchungen ergaben, daß Pupillenvergrößerungen auch komplexe kognitive Aktivitäten anzeigen, die wenig mit Interesse zu tun haben. Untersuchungen über die Aufmerksamkeit auf multiple akustische Reize befaßten sich im wesentlichen mit *Aufmerksamkeit als Filter* und *dichotomem Hören.* In einigen Fällen scheinen beide Ohren als separate Verarbeitungskanäle zu dienen, aber die den beiden Ohren dargebotene Information kann von diesen auch kombiniert werden, wie z. B. wenn: „Bau" „lau" zu „blau" werden. Broadbents Untersuchungen weisen darauf hin, daß das Gehirn auf Unterschiede in der Pulsationsrate von Lauten reagiert, sich auf eine Stimme konzentriert und andere konkurrierende Reize herausfiltert.

Studien über dichotomes Hören erbrachten, daß die linke Hemisphäre des Gehirns (die durch das rechte Ohr versorgt wird) sprachliche Laute besser verarbeitet als nicht-sprachliche. Die rechte Hemisphäre hingegen verarbeitet beide Lautarten schneller als die linke. Die Implikationen dieser Unterschiede werden zur Zeit noch untersucht. Untersuchungen über die Aufmerksamkeit auf multiple visuelle Reize haben das Phänomen des *biased scanning* aufgedeckt: Vpn, die eine Wahlaufgabe haben, schenken vor der Entscheidung dem Reiz, den sie ablehnen werden, mehr Aufmerksamkeit, und nach der Wahl befassen sie sich mehr mit dem gewählten Reiz.

Wahrnehmungsuntersuchungen zeigen uns, auf welch komplexe Weise angeborene sensorische Mechanismen sich an psychologische Prozesse anpassen, um ein effektiv funktionierendes Modell der Realität bereitzustellen. Obgleich wir Variabilität beobachten, postulieren wir Stabilität. Wir beobachten Spezifisches und postulieren Allgemeines. Wir beobachten Diskontinuität und postulieren Beständigkeit. Wir beobachten Unstrukturiertes und Chaos und postulieren Struktur und Sinnhaftigkeit. Dieses Übersetzungssystem weist zwar hier und da Fehler auf, aber selbst davon profitieren wir und lernen, die Welt, die wir wahrnehmen, noch beständiger zu gestalten.

Das Problem der Wahrnehmung besteht darin, zu wissen, wann die *phänomenale* Realität (unsere Wahrnehmungserfahrung) eine *echte* Repräsentation der *objektiven* Realität (dessen, was tatsächlich vorhanden ist) darstellt. *Phänomenaler Absolutismus* ist der Glaube, daß Wahrnehmungen das, was in unserer Umwelt existiert, genau wiedergeben. Optische Täuschungen zeigen, wie sich die Wahrnehmung irren kann; sie überraschen uns, weil unsere Wahrnehmung größtenteils zuverlässig funktioniert und uns, obgleich sich die Netzhautbilder dauernd verändern, eine konstante, vorhersagbare Umwelt vermittelt. Täuschungen zeigen die aktiven organisierenden Kräfte in der Wahrnehmung auf. Wenn uns die Entfernung bekannt ist, so stimmt die wahrgenommene Größe eines Objekts mit dessen *distaler* (tatsächlicher) Größe und nicht mit seiner *proximalen* Größe (Netzhautbild) überein.

Zu den Theorien der Wahrnehmung gehören:

a) die „Spielkasino"-Theorien, nach denen der Wahrnehmende lernt, sich auf verändernde und Teil-Signale einzustellen;
b) die Theorie, die feststellt, daß unsere komplexen Wahrnehmungen durch Zusammensetzung einfacherer Wahrnehmungen entstehen;
c) die Theorie, nach der die Wahrnehmung aus Empfindungen und angelernten Faktoren besteht, so daß es nötig ist, Introspektion zu erlernen, um die „ursprünglichen" sensorischen Eindrücke zu identifizieren;
d) die Gestalt-Theorie, nach der Wahrnehmung auch ohne Lernen möglich ist und schließlich
e) die Theorie, daß das Erlernen der Wahrnehmung nicht ein Prozeß der Addition, sondern der Reduktion ist, bei dem wir neue Differenzierungen vornehmen und beständige Strukturen identifizieren.

Zu den Faktoren, die für die Wahrnehmung einer Figur bestimmend sind, gehören u. a. *Nähe, Ähnlichkeit, Geschlossenheit, gemeinsame Bewegung und Kontext.* „Gute" Gestalten sind einfach und regelmäßig; eine Gestalt wird besser, je mehr sie durch Kenntnis ihrer Teile vorhersagbar wird.

Die wichtigsten Faktoren beim räumlichen Sehen sind: *Atmosphärische Perspektive, lineare Perspektive, Beschaffenheit der Oberfläche, Licht und Schatten, relative Position, bekannte Anhaltspunkte, Konvergenz der Augen und retinale Ungleichheit.*

Unterschiede in Ankunftszeit, Intensität und Phasen der Schallwellen ermöglichen es uns, die Richtung, aus der der Schall kommt, festzustellen, außer, wenn die Schallquelle von beiden Ohren gleich weit entfernt ist (direkt vor uns, über uns oder hinter uns). *Lautstärke und Tonqualität* helfen uns, die Entfernung des Lautes festzustellen.

Obgleich die sensorischen Modalitäten gewöhnlich separat untersucht werden, vereinigen unsere Wahrnehmungen meistens Signale zweier oder mehrerer Modalitäten, wobei der sensorische Input in einer Modalität die Wahrnehmung in einer anderen beeinflussen kann. Es gibt Hinweise darauf, daß uns sogenannte „vorprogrammierte Bahnen" bei der Wahrnehmung von Mustern, bei der Tiefenwahrnehmung, beim binokularen Sehen und bei der Größen- und Formkonstanz von Nutzen sind. Die Wahrnehmung wird aber auch durch die *Kultur* und durch *persönliche Erfahrungen* beeinflußt. *Interessen, Motive* und *Erwartungen* beeinflussen die Wahrnehmung oft sehr stark.

Vpn, denen der sensorische Input entzogen oder unstrukturiert dargeboten wird, entwickeln sehr bald Halluzinationen, Wahrnehmungen ohne adäquaten sensorischen Input. Halluzinationen können auch unter Hypnose herbeigeführt werden, ferner durch Drogen, wie LSD und Mescalin, und durch Schlafentzug. Ob es außersinnliche Wahrnehmungen gibt, wird noch untersucht; wenn wir sie als wahr akzeptieren würden, hätte dies u. a. schwerwiegende Folgen für die gesamte Wissenschaft.

Die Personenwahrnehmung ist wie andere Wahrnehmungen ein aktiver Prozeß, bei dem wir versuchen, in anderen Leuten eine beständige und vorhersagbare Struktur zu erkennen. Wir neigen dazu, ihnen Merkmale zuzuschreiben, und sehen diese auch in ihnen, selbst wenn sie gar nicht vorhanden sind. Dieses Zuweisen von Merkmalen ermöglicht uns eine bequeme Erklärung (ob zutreffend oder nicht) der Ursachen des Verhaltens und vermittelt uns das Gefühl, Kontrolle über unsere Umwelt zu haben.

Teil III
Innere Determinanten und soziale Grundlagen des Verhaltens

Einleitung

Die Einzigartigkeit des Menschen liegt in seiner Lernfähigkeit, in der Komplexität seiner Denkprozesse, der Empfindlichkeit seines Wahrnehmungssystems und der Gewandtheit, die er täglich bei der Anpassung an seine Umwelt zeigt. Für einige Psychologen äußert sich die Überlegenheit des menschlichen Organismus besonders in dessen Fähigkeit, die Natur zu erobern. Psychologen sehen die menschliche Größe in den vom Menschen geschaffenen sozialen Systemen, die ihn befähigen, die Schwäche des Individuums durch kollektive Stärke und die Begrenztheit des Individuums durch die Vorteile mannigfaltiger, spezialisierter Talente wettzumachen, sowie Zuneigung, Anerkennung und Selbstbestätigung zu finden. Doch was auch immer das Besondere am Menschen sein mag, die handelnde Person, die das bewerkstelligt, muß dazu auch motiviert sein. Die treibende Kraft, die das Verhalten initiiert und aktiviert, mit Energie versorgt und in der Richtung festlegt, und die schließlich das Verhalten auch angesichts von Hindernissen, Rückschlägen und fehlender Belohnung in Gang hält, ist die Motivation. Für den Anstoß zur Aktion sorgen die vorwiegend biologisch begründeten Antriebe des Hungers, Durstes, der Sexualität und des Schmerzes, unterstützt von psychologischen und sozialen Motiven wie Neugierde, Angst und Leistungsbedürfnis. Die wechselseitige Beziehung zwischen physiologischen Faktoren und äußeren Reizbedingungen bei der Erregung motivationaler Zustände wird von uns ausführlich untersucht werden. Es hängt von den motivationalen Bedingungen ab, welche Anreize eine Handlung auslösen und welche Verstärker wirksam sein werden.

Das Mädchen, das an den „Kummerkasten" einer Zeitung schreibt: „Wie kann ich diesen Träumer so aufrütteln, daß er auf mich aufmerksam wird und bemerkt, daß ich hübsch und nett bin und daß ich ihn heiraten möchte?", stellt eine motivationale Frage. Sherlock Holmes sah einen Kriminalfall dann als gelöst an und konnte den anklagenden Finger auf den Schuldigen richten, wenn er das passende Motiv für das Verbrechen gefunden hatte. Wie man Menschen dazu motivieren kann, in einer bestimmten Weise zu handeln, ist ein ständiges Problem für Erzieher, Vertreter, Politiker, Geistliche, Eltern und zumindest gelegentlich für alle von uns.

Die Art, in der sich der Mensch von Maschinen, sogar von zu Höchstleistungen fähigen Imitationen seiner selbst in Form von Computern, unterscheidet, liegt in seiner Fähigkeit, Emotionen zu erleben und sein Verhalten von emotionalen Reaktionen beeinflussen zu lassen. Eine Analyse der Emotionen muß die Wechselbeziehung zwischen der verstandesmäßigen Erkenntnis und den physiologischen Aspekten des Körpers berücksichtigen. Dies wirft wiederum das uralte Leib-Seele-Problem auf. Wie kann das Seelische, können Gedanken und Gefühle, die nicht konkret faßbar sind, die rein körperliche Tätigkeit unserer Muskeln und Drüsen bestimmen?

Der Mensch ist eindeutig ein soziales Wesen, das aktiv die Gesellschaft anderer sucht, sich in großen Städten zusammendrängt und oftmals empfänglicher für die sozialen Realitäten der Gemeinschaft ist als für die physischen Realitäten der natürlichen Umgebung. Aber der Mensch hat sich gleichzeitig als ein Individuum entwickelt, das ein Gefühl für die eigene Identität und für eine eigene Persönlichkeit besitzt. In der Sozialpsychologie untersuchen wir die Art und Weise, in der Menschen durch ihre soziale Umwelt, durch andere Menschen und durch Gesetze, Regeln und Erwartungen, die von anderen Personen ausgehen, beeinflußt werden.

Wir werden die Motive und Werte untersuchen, die den Menschen dazu veranlassen, die Gesellschaft und das Mitgefühl anderer Menschen zu suchen, eine Verbindung, aus der einige von ihnen Macht, Einfluß und Führungskraft gewinnen. Wie das einzelne Individuum von sozialen Normen geformt und durch Gruppendruck verändert wird, ist eine Frage, die noch zu beantworten ist. Jenseits der Konsequenzen, die aus Konformität, Unterwürfigkeit und Gehorsam der Autorität gegenüber erwachsen, erhebt sich das Problem, ob eine bestimmte Gruppe oder eine bestimmte Gesellschaft überhaupt jemals durch ein Individuum oder durch eine Minderheit beeinflußt werden kann oder nicht.

7 Motivation und Emotion

Der Mensch achtet auf bestimmte Ereignisse in der Umwelt, nimmt bestimmte Konstellationen wahr, lernt Zusammenhänge sehen, erinnert sich an Informationen, denkt, löst Probleme, erarbeitet Strategien und handelt nach ihnen — falls er dazu motiviert ist. Wenn wir fragen, was uns und andere lebende Organismen funktionieren läßt, dann stellen wir die Frage nach der Motivation.

Wird das menschliche Verhalten durch Impulse und Appetenzen angetrieben? Warum führt ein Wettbewerb bei manchen Individuen und Teams, die dadurch psychisch angeregt werden, zu Höchstleistungen und bei anderen, die dem Wettbewerbsdruck nicht standhalten, zu Mißerfolgen? Warum sind einige Leute bereit, für das, woran sie glauben, ihr Leben zu opfern, während andere so apathisch sind, daß es so scheint, als kümmere sie nichts? Wie kann man Kindern Zusammenarbeit lehren? Was muß getan werden, um die Produktivität von Arbeitern zu erhöhen? Wie kann ein Fabrikant die Leute dazu bringen, sein Produkt zu „wollen"? Ist es wahr, daß Menschen, die von der Sozialhilfe leben, sich gar nicht selbst helfen wollen? Die Antworten auf solche Fragen implizieren eine bestimmte Vorstellung von der Art und Weise, in der motivationale Faktoren unser Leben beeinflussen. So beruht jedes Verstehen des Verhaltens von Organismen auf dem Verstehen der Motivationsprinzipien.

Hinter dem Wunsch, den Begriff der Motivation zu verstehen, steckt die Hoffnung, das Verhalten zu kontrollieren, die Qualität des eigenen Lebens und des Lebens anderer zu regulieren und verbessern zu können. Was bedeutet das Wissen um die Motivation für die Technologie der Verhaltenskontrolle, die ja ständig von Lehrern, Eltern, Vertretern, Politikern, Dompteuren, Unterhaltungskünstlern, Eheberatern, Therapeuten und anderen Verhaltensmodifikatoren — uns selbst eingeschlossen — betrieben wird?

a Der Begriff der Motivation

Unser Versuch, einen kleinen Teil des menschlichen Verhaltens zu erklären, setzt die Entdeckung eines ganzen Netzwerkes kausaler Beziehungen voraus, von denen wir nur einige wenige tatsächlich beobachten können. Wir beobachten Situationen, Reize und Reaktionen. Aber über die psychologischen Prozesse, die sich dazwischen abspielen, können wir nur indirekte Schlüsse ziehen. Die Motivation ist deshalb nur eine begriffliche Vorstellung oder ein hypothetisches Konstrukt und nicht ein beobachtbares Ereignis.

Motivation als Erklärung für Variabilität

Die grundlegende Funktion einer Motivationsanalyse liegt darin, die beobachtete Variabilität des Verhaltens zu erklären. Wie können wir uns die Unterschiede in den Reaktionen verschiedener Leute auf die gleiche äußere Situation erklären und sogar Unterschiede in den Reaktionen einer Person auf die gleiche Situation zu verschiedenen Zeiten? Wenn die Leistung der Individuen trotz Gleichhaltung von Trainings-, Test- und Begabungsvoraussetzungen noch immer variiert, dann schreibt man die Unterschiede im Verhalten der Motivation zu.

Wird jemand durch extrem hohen Blutverlust ohnmächtig, so führen wir das nicht auf eine durch den „Ohnmachtstrieb" bedingte Motivation zurück. Wenn wir jedoch feststellen, daß ein kräftiger, robuster Sportler mehr als andere Leute dazu neigt, vor einer subcutanen Injektion ohnmächtig zu werden, dann fühlen wir uns veranlaßt, einen inneren psychischen Grund zu suchen. Ähnlich wird die Bewegung des Patellarsehnenreflexes nicht als Beweis für das Vorhandensein eines Antriebs zum „Bein strecken" angesehen, sondern als Reflex, dem keine Motivation zugrunde liegt. Es bedarf keiner motivationalen Konstrukte, um zu verstehen, warum ein Mensch stirbt, der einen

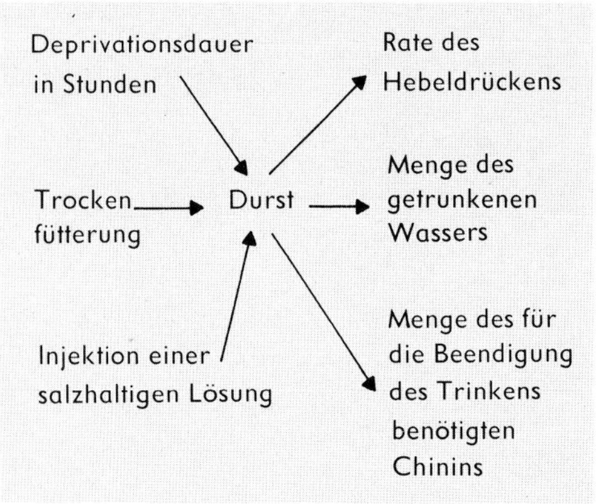

Abb.7-1. Antrieb als intervenierende Variable. Drei Dinge, die das Trinkverhalten beeinflussen (unabhängige Variablen) sind links und drei Formen der Messung des Trinkverhaltens (abhängige Variablen) sind rechts aufgeführt. Wenn irgendeine der drei Variablen auf der linken Seite manipuliert wird, werden sich eine oder mehrere Variablen auf der rechten Seite ändern. Statt jedoch von neun möglichen Beziehungen auszugehen, ist es einfacher, eine einzige intervenierende oder „vermittelnde" Variable, in diesem Falle den Durst, als den Mechanismus anzusehen, durch den alle Variablen der linken Seite jene der rechten Seite beeinflussen (Nach Miller, 1959)

starken elektrischen Schlag erhalten hat, aber der plötzliche Tod eines scheinbar gesunden älteren Menschen, kurz nachdem man ihn in ein Altersheim gesteckt hat, scheint doch eine motivationale Erklärung zu fordern.

Man ißt nicht jedes Mal, wenn einem Essen vorgesetzt wird, oder man lernt vor jedem Examen nicht so viel, wie man selbst der eigenen Meinung nach eigentlich sollte. Und man wird vielleicht niemals Zeit und Energie für Tätigkeiten aufbringen, die für andere Menschen außerordentlich interessant sind. Nehmen wir zum Beispiel die deutsche Hockey-Nationalmannschaft, die nach ausdauerndem, intensivem Training die olympische Goldmedaille gewann oder als weitere Beispiele Yo-Yo-Spieler oder Gelehrte. Womit läßt es sich wohl erklären, daß jemand seine ganze Energie auf so etwas konzentriert? Wir behaupten dann, daß wir essen, weil wir „hungrig" sind, und daß wir arbeiten, um andere zu übertreffen, angetrieben vom Wunsch nach „Leistung". Weil die Beziehung zwischen dem Verhalten und dem Stimulus-Ereignis *nicht* perfekt ist — nicht völlig *abhängig* ist — nehmen wir Begriffe der „Motivation" zu Hilfe, um die „Lücke" zu überbrücken.

Folgerungen über die innere Determination des Verhaltens. Indem wir innere Motivation bei der Erklärung von Verhalten mit heranziehen, versuchen wir das komplexe Netz möglicher Wechselbeziehungen zu vereinfachen, indem wir eine einzige, dazwischen liegende, intervenierende Variable postulieren, welche die verschiedenen Stimulus-Eingänge mit den mannigfaltigen Reaktions-Ausgängen verbindet. Somit setzen wir eine umfassende Variable wie *Hunger* oder *Durst* voraus, anstatt zu versuchen, eine Variable einzusetzen, die jeden einzelnen Aspekt der Stimulussituation zu jedem Aspekt der Reaktion in Bezug setzt.

Der Psychologe muß, in die Rolle eines Sherlock Holmes versetzt, das vorhandene Beweismaterial über die Stimulusbedingungen und das beobachtbare Verhalten benutzen, um diese dem Verhalten zugrunde liegende innere Variable, das Motiv, zu identifizieren. Ist das Motiv identifiziert, passen nicht nur die einzelnen Teile dieses Verhaltensrätsels zusammen, sondern auch sonst unerklärliche und scheinbar irrationale Verhaltensweisen des „schuldigen" Individuums werden erklärt. Sobald ein Verhalten seinem Akteur zugeschrieben ist, ist es wichtig, seine Beweggründe festzustellen, denn diese bestimmen den Grad seiner rechtlichen Verantwortlichkeit für die Tat (Unter der Lupe, S. 263).

Die Wörter, die wir gebrauchen, um innere Zustände hinter der beobachteten Variabilität des Verhaltens zu benennen, implizieren alle kausale Determiniertheit: *Entschluß, Absicht, Zielstrebigkeit, Bedürfnis, Wollen, Trieb, Wunsch, Motiv.*

Psychologen gebrauchen die Benennung *Trieb* gewöhnlich dann, wenn angenommen wird, daß die Motivation primär biologischen Ursprungs ist. Die Benennungen *Motiv* und *Bedürfnis* werden vor allem in bezug auf psychologische und soziale Motivation gebraucht, von der angenommen wird, daß sie zumindest teilweise anerzogen ist. Allerdings gebrauchen Psychologen diese Begriffe uneinheitlich. Beispielsweise ziehen es einige vor, den Begriff *Bedürfnisse* nur für biologische Notwendigkeiten (wie das Sauerstoffbedürfnis) zu gebrauchen, ob sie nun tatsächlich Verhalten auslösen oder nicht.

Aspekte der Motivation. Die umfassendste Definition für die Untersuchung der Motivation ist: Suche nach allen Determinanten menschlicher und tierischer Aktivität (Young,

Unter der Lupe

Unter welchen Umständen ist ein Mörder für seine Tat nicht verantwortlich?

Die Berücksichtigung des psychischen Zustandes eines Täters zur Tatzeit ist einer der Grundsätze unserer Rechtsordnung. Die Tötung eines anderen Menschen wird, wenn eine Tötungsabsicht vorliegt, als *Mord* oder *Totschlag* betrachtet, wenn hingegen keine Absicht vorliegt, als das geringere Vergehen der *fahrlässigen Tötung.*

Die jeweilige gesellschaftliche Vorstellung von der menschlichen Natur ist u.a. aus den Bedingungen ersichtlich, unter denen ein Mitglied dieser Gesellschaft, das einen anderen Menchen getötet hat, für seine Tat als nicht verantwortlich angesehen wird.

Damit Sie sehen, wie unterschiedlich solche Beurteilungen sein können, überprüfen Sie die nachstehend aufgeführten Bedingungen unter dem Aspekt, ob Sie einen Mörder „freisprechen" würden, und vergleichen Sie dann Ihre Entscheidung mit der Ihrer Freunde.

1. Unfähigkeit zu rechtsbewußtem Handeln aufgrund
   a) altersbedingter Unreife
   b) geistiger Retardation
   c) zeitweiliger oder chronischer Krankheit
   d) „unmenschlicher", bzw. „tierischer" Persönlichkeitsstruktur
2. Einfluß kontrollierender Kräfte, die die Willensfreiheit einschränken:
   a) Drogen und Alkoholika
   b) Schlafwandeln
3. Einfluß von Emotionen, die die Vernunft ausschalten:
   a) rasende Eifersucht
   b) unkontrollierbare Wut
4. Situative oder durch Rollenerwartungen determinierte Verhaltensweisen, welche die Intention der Tat und die individuelle Verantwortlichkeit ändern:
   a) bei Henkern in Ländern mit Todesstrafe
   b) bei Polizisten im Dienst
   c) bei Soldaten im Kampf
   d) in Notwehrsituationen
   e) bei Ärzten, die Sterbeerleichterung geben

1961). Beschränkt man sich jedoch auf rein innere Determinanten, so schließt Motivation ein: (a) Energieerregung, (b) Ausrichten dieser Energie auf ein bestimmtes Ziel, (c) selektive Aufmerksamkeit für bestimmte Stimuli (und verminderte Empfänglichkeit für andere), (d) Organisation der Aktivität zu einer integrierten Struktur und (e) Aufrechterhaltung der Aktivität, bis sich die Ausgangsbedingungen ändern.

Ein Zustand des Motiviertseins wird in der Regel durch *Deprivation* von etwas, das für die Aufrechterhaltung biologischer oder psychologischer Funktionen nötig ist, hervorgerufen. Beispielsweise ist die Anzahl der Stunden unter Nahrungsentzug eine Stimulusbedingung, die die Stärke des Hungers beeinflußt. Das hungrige Tier wird andere Aktivitäten unterbrechen, um in der Umgebung nach Nahrung zu suchen und diese zu fressen, nachdem es sie gefunden hat. Diese *Freßhandlung reduziert* oder eliminiert zeitweise den Komplex innerer Bedingungen, den wir *Hungertrieb* nennen. In dem Ausmaß, in dem das Tier *gesättigt* ist (wenn es von dem Ziel oder der Aktivität genug hat), hört das Freßverhalten auf oder wird weniger wahrscheinlich. Die *instrumentelle Reaktion* — das Verhalten des Strebens nach oder Arbeitens für ein Ziel — nimmt mit der Intensität der Motivation an Stärke zu und geht mit der Abnahme der Motivation zurück. Motivationszustände können auch durch schädliche Einwirkungen wie schmerzhafte Elektroschocks, verpestete Luft oder Einschüchterung hervorgerufen werden. Darüber hinaus können sie auch durch Darbietung konditionierter Stimuli, verbunden mit starken unkonditionierten Stimuli (wie z. B. *Playboy*-Ausklappbilder), verursacht werden. Schließlich ermöglichen es moderne Techniken (wie wir in Kapitel 2 gesehen haben), direkt über elektrische oder chemische Stimulation verschiedener Gehirnregionen einen Zustand des Motiviertseins hervorzurufen. Ähnlich können Gehirnverletzungen und direkte Infusionen triebrelevanter Substanzen in das Blut, den Magen oder andere Organe Lebewesen hungrig, durstig oder sexuell erregt machen.

Innere Bedingungen und Anreize aus der Umwelt. Einige Forscher haben versucht, die Auswirkungen der Motivation auf das Verhalten auf rein physiologischer Ebene zu untersuchen. Dieser Ansatz hat sich aus zweierlei Gründen als inadäquat erwiesen. Erstens hat die Natur in bestimmte Triebsysteme wie Hunger und Durst, die für das Überleben notwendig sind, einen Sicherheitsfaktor eingebaut, indem sie eine Vielfachkontrolle entwickelte. „Jede dieser Kontrollen und vielleicht sogar mehr als eine kann beschädigt sein, ohne daß das gesamte Regulationssystem zerstört oder allzu ernstlich beeinträchtigt wird. Deswegen ist es schwierig, experimentell in die Regulation der Nahrungs- und Wasseraufnahme einzugreifen“ (Teitelbaum, 1966).

Zweitens muß man zur Prüfung jeder physiologischen Intervention das Verhalten des Lebewesens beobachten. Aus dieser Verhaltensbeobachtung ergeben sich Verhaltensgesetze — psychologische Gesetze. Zum Beispiel löst die elektrische Stimulation bestimmter Teile des Gehirns bei der Ratte Freßverhalten aus. Bedeutet das, daß das Kontrollzentrum für Hunger gefunden ist? Nicht zwangsläufig. Vielleicht fressen die elektrisch stimulierten Tiere nur vorhandenes Futter in einer reflexartigen Aktivität und befinden sich gar nicht in einem wirklich motivierten Zustand. Das ist offensichtlich der Fall, wenn sie fortfahren, ungenießbare Dinge, wie z. B. Holzstücke, zu kauen und keine zielgerichtete Anstrengung unternehmen, um an Futter zu gelangen, das zwar nicht vor der Nase, aber doch ganz in ihrer Nähe ist (Miller, 1957). Überlegungen wie diese veranlaßten den Psychologen E. C. Tolman (1936) zu behaupten, daß „ein psychologischer Vorgang nicht mit einem physiologischen Vorgang erklärt werden kann, solange man nicht eine psychologische Erklärung dafür hat.“

Die erste wirklich moderne Untersuchung der Frage nach der Motivation des Verhaltens wurde von K. S. Lashley (1938) durchgeführt. In seiner Sicht wird Motivation von den Reaktionen des zentralen Nervensystems auf eine komplexe Vielzahl von sowohl inneren als auch äußeren Stimuli kontrolliert. Er betonte, daß motiviertes Verhalten eindeutig nicht nur aus Ketten von Stimulus-Reaktions-Sequenzen besteht, da jeder Mensch in Abhängigkeit von Veränderungen der organischen Bedingungen auf den gleichen Stimulus unterschiedlich reagiert. Motiviertes Verhalten hängt weiterhin nicht von einem einzigen Stimulus, sondern eher von einem komplexen Muster von Stimuli ab, selbst wenn ein einziger Stimulus die Reaktion auslöst.

Die fortgesetzte — doch unvermeidlich vergebliche — Suche einiger Forscher nach einer *einzigen* wichtigsten Variable des fraglichen Triebes lenkte leider die Aufmerksamkeit von der eigentlich nötigen Untersuchung ab: (a) der genauen Sequenz von Deprivation und auslösenden Stimuli zur motivierten Handlung einschließlich aller auftretenden Vorgänge, (b) der Art und Weise, in der die vielen Kontrollsysteme untereinander zusammenhängen und sich in jedem motivationalen Zustand gegenseitig beeinflussen und (c) der äußeren nicht-physiologischen Variablen, die tatsächlich zum großen Teil zur Kontrolle motivierten Verhaltens beitragen.

Erst in letzter Zeit wird die Ansicht vertreten, daß die Auswirkungen der Motivation auf das Verhalten als eine Interaktion zwischen bestimmten Stimulus-Objekten in der Umwelt (den *auslösenden Objekten*) und einem bestimmten physiologischen Zustand des Organismus verstanden werden (Bindra, 1969). Sogar wenn Trieb-Areale im Gehirn elektrisch erregt werden, tritt motiviertes Verhalten nur auf, wenn auch entsprechende auslösende Objekte vorhanden sind. Wenn sowohl die inneren als auch die äußeren Voraussetzungen erfüllt sind, entsteht ein *zentraler Zustand des Motiviertseins* im Organismus, welcher auf zweierlei Art auf das Verhalten einwirkt. Dieser Zustand verändert die Wirksamkeit der im Sensorium eintreffenden Reize derart, daß eine Reaktion in Verbindung mit einer bestimmten Klasse auslösender Objekte mit größerer Wahrscheinlichkeit erfolgt (selektive Aufmerksamkeit). Und: Er beeinflußt Reaktionen durch die Erhöhung der Entladung der motorischen Neuronen der entsprechenden Reaktionsgruppe, wodurch sich die Auftrittswahrscheinlichkeit dieser Art von Handlungen erhöht.

Auf diese Weise beeinflußt die Motivation das Verhalten sowohl durch ihre besondere reizbeachtende und sensibilisierende Funktion als auch durch ihre Rolle als Energiespender. Neben der zielgerichteten Energie, verbunden mit dem entsprechenden motivationalen Zustand, gibt es auch eine allgemeine Erregung, bewirkt durch das allgemeine Erregungssystem, das in Kapitel 6 erörtert wurde. Wie wir gesehen haben, kann das Aktivitätsniveau des Organismus vom tiefen Niveau des Schlafes bis zum hohen Niveau der Wachheit reichen. Mit der Zunahme der Erregung ist eine generalisierte Zunahme der Stärke instrumenteller Reaktionen verbunden, ungeachtet ihres tatsächlichen Befriedigungswertes für die motivationalen Bedürfnisse.

Der gleiche Stimulus kann sowohl eine *Auslöse-* als auch eine *Hinweis*funktion erfüllen (wie der Geruch von Nahrung sowohl zur Nahrungssuche anregen als auch die Suchrichtung lenken kann). Manchmal bewirken auch verschiedene Stimuli Auslösung und Richtungslenkung derselben Aktivität, wie zum Beispiel Veränderungen im Blutzuckerspiegel und der Anblick von Essen zu Hungergefühlen führen.

Die Fähigkeit der sensorischen Stimulation zur Lenkung des Verhaltens ist gering, wenn das Erregungsniveau sehr niedrig oder sehr hoch ist. Bei sehr niedrigem Erregungsniveau kommt die sensorische Botschaft nicht an; bei sehr hohem Erregungsniveau treffen zu viele Botschaften ein und verhindern, daß das Individuum selektiv auf die entscheidenden Stimuli reagiert. So führt ein mittleres Erregungsniveau zu optimaler Leistung, da mehr brauchbare Informationen aus den relevanten Hinweisreizen zur Lenkung des Verhaltens entnommen werden können (Abbildung 7-2). Zahlreiche Versuchsergebnisse haben gezeigt, daß sich erhöhte Erregung auf die Leistungsfähigkeit bis zu einem bestimmten Grad positiv auswirkt, darüber hinaus aber negativ. Dieser Zusammenhang zwischen Erregung und Leistung wird als *umgekehrte* U-Funktion bezeichnet.

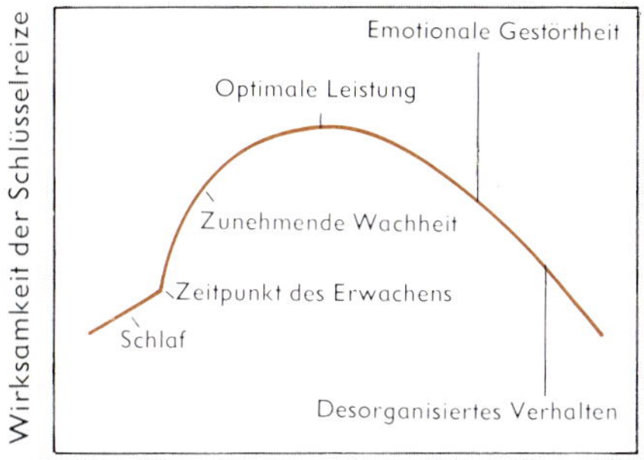

Abb. 7-2. Die umgekehrte U-Funktion. Die umgekehrte U-Kurve zeigt, wie die wirksame Ausnützung der Schlüsselreize mit der Höhe des allgemeinen Erregungsniveaus variiert. Eine optimale Leistung kann bei einem mittleren Erregungsgrad erwartet werden. Bei sehr niedrigem oder sehr hohem Erregungsgrad werden gewöhnlich die schlechtesten Leistungen erzielt (Nach Hebb, 1958)

Motivation als untaugliches Erklärungsprinzip für bestimmte Verhaltensweisen

Die bisherige Diskussion und die Tatsache, daß der Rest dieses Kapitels einer detaillierten Analyse verschiedener Triebe und Motive gewidmet ist, könnten den Eindruck der Einigkeit darüber erwecken, daß die Untersuchung der Motivation eine bedeutende Angelegenheit für alle Psychologen sei. Dies ist jedoch nicht der Fall.

Einige Kritiker wandten sich gegen den populären Gebrauch von Motivationsbegriffen als Standardentschuldigung für das Auftreten einiger Verhaltensweisen und als Beschwerdemittel für anderes, erwünschtes Verhalten, das nicht auftrat. Zu sagen, daß jemand ein bestimmtes Verhalten gezeigt hat, weil er von grundlegenden Motiven dazu veranlaßt wurde, oder daß er das, was von ihm erwartet wurde, nicht getan hat, weil er dazu nicht motiviert war, heißt eine wertlose Erklärung anbieten. Wir neigen nur allzu sehr zu der Annahme, daß wir Verhalten schon erklärt haben, wenn wir es mit Bezeichnungen wie „Motivationsmangel", „Zerstörungstrieb", „Altruismus" oder „Labilität" versehen haben. Wenn die Bande der Jets in der „*West Side Story*" singt: „Nanu, Herr Polizeimeister Krupke", so macht sie sich lustig über die motivbezogene Ausdrucksweise, die die Sozialarbeiter gebrauchen, um das delinquente Verhalten der Bande zu erklären. Wenn wir die Stimulus-Bedingungen, die das beobachtete Verhalten einleiten und aufrechterhalten, nicht spezifizieren, können wir nicht hoffen, das Verhalten zu ändern.

George Kelly (1958) beobachtete, daß die Lehrer beim Unterricht am häufigsten darüber klagen, daß ihre Schüler „einfach nicht motiviert sind". Er fährt fort:

„Häufig war die Lehrerin der Überzeugung, daß das Kind nichts täte — absolut nichts — nur stillsitzen! Dann pflegten wir zu sagen, sie solle versuchen, eine nicht-motivationale Erklärung zu suchen und das Kind einfach „nur sitzen" zu lassen und zu beobachten, wie es das „Nur Sitzen" gestaltet. Ausnahmslos konnte die Lehrerin einige äußerst interessante Vorgänge berichten. Eine Analyse dessen, was das „faule" Kind tat, während es untätig war, gewährte der Lehrerin einen ersten Einblick in die Welt des Kindes und lieferte ihr die ersten soliden Grundlagen für die Kommunikation mit ihm. Einige Lehrerinnen stellten fest, daß ihre faulsten Schüler die ungewöhnlichsten Ideen entwickelten; andere stellten fest, daß die Bezeichnung „Faulheit" auf Aktivitäten angewandt wurde, die sie lediglich nicht verstehen oder akzeptieren konnten".

Die radikalen Behavioristen, welche B. F. Skinners Ansatz des operanten Konditionierens teilen (s. Kapitel 4), verdammen den Begriff der Motivation nahezu ausnahmslos. Sie geben an, daß die Motivation in frühen Lerntheorien, in denen man annahm, daß die Verstärkerwirkung von der Triebreduktion im Organismus abhängt, eine Hauptrolle bei der Erklärung der Verbindungen zwischen Stimulus, Reaktion und Konsequenz einnahm. Heute jedoch spricht der Vertreter des operanten Konditionierens kaum von Motivation, denn sie bezieht sich nun nur auf jene Bedingungen, die ein gegebenes Ereignis zu einer gegebenen Zeit mit Verstärkerqualität versehen. „Da die Betonung beim operanten Konditionieren auf den Wirkungen der Verstärkung liegt, sind diese motivationalen Bedingungen zu rein technologischen Details geworden" (Reynolds, 1968, S. 127). Aus dieser Sicht wird Motivation gleichsam zum unbedeutenden Bühnenarbeiter, der die Kulisse vorbereitet, damit der Verstärker als Hauptdarsteller auftreten kann. Nur wenn eine neue Species oder soziale Gruppe untersucht wird, oder wenn traditionelle Verstärker nicht mehr wirksam sind, werden diese motivationalen Bedingungen für den Experimentator wichtig.

So betrachtet, geht die angemessene Untersuchung des Verhaltens von der Analyse der kontrollierenden Variablen aus, die laufend das Verhalten beeinflussen, und nicht davon, daß „man sich auf physiologische Hirngespinste über die Allgemeingültigkeit von Verstärkern beruft" (Reynolds, 1968, S. 128). Betrachten wir noch einmal die Klage des Lehrers (oder des Chefs) darüber, daß seine Schüler (oder Arbeiter) einfach faul seien und es ihnen an Motivation fehle. In einigen Fällen grenzt die motivationale Erklärung an eine Beschuldigung unbeliebter Menschen oder Gruppen, daß ihnen Willensschwäche angeboren sei. Aber es gibt mindestens ein halbes Dutzend anderer Begründungen, um diese scheinbare „Faulheit" zu erklären, ohne daß man dazu den Motivationsbegriff zu Hilfe nehmen müßte.

1. Die erwünschte Reaktion kann durch fehlende Verstärkung gelöscht worden sein (der Lehrer hat in der Vergangenheit dem Schüler keine Aufmerksamkeit gewidmet).
2. Eine große Breite von Reaktionen kann durch Bestrafung oder Verspottung eines falschen Verhaltens in einer bestimmten Situation (wie es häufig beim Fremdsprachenunterricht der Fall ist) gehemmt worden sein.
3. Inaktivität als solche kann operantes Verhalten sein, das Aufmerksamkeit erregt, wenn andere aktiv sind.
4. Inaktivität kann von Ernährungsmängeln herrühren.
5. Inaktivität kann aus der Furcht, soziale Normen zu verletzen, resultieren; zum Beispiel ein Streber oder Streikbrecher zu sein. Bei Schülern, die sich nach dem Motto „nur nicht aus der Ruhe bringen lassen" verhalten, mißverstehen Lehrer oft das Ausbleiben von Reaktionen als Mangel an Enthusiasmus. Ähnlich lernen Rekruten beim Militär weder etwas freiwillig noch etwas zu tun, das sie aus der Masse hervorhebt.
6. Inaktivität kann aus der Konkurrenzsituation starker, miteinander in Konflikt stehender Motive herrühren. Wenn zum Beispiel ein junges Mädchen bei einer Diskussion über das Gastarbeiterproblem in Deutschland zwischen ihrem aufgeschlossenen Freund und ihrer mit Vorurteilen behafteten Mutter keine Stellung nimmt, braucht das durchaus nicht aus Mangel an Motivation zu geschehen.
7. Inaktivität ist auch die Folge, wenn das betreffende Verhalten in konstanten Intervallen verstärkt wird. Dieser Verstärkungsplan bringt Arbeiter dazu, einfach sitzen zu bleiben und zu warten, bis die nächste Entlohnung ansteht. Wechselt man jedoch zu einem variablen Verstärkungsplan über, werden aus den Müßiggängern fleißige Bienen.

Noch undurchsichtiger gehen Psychologen verschiedener theoretischer Richtungen vor, die das große Gebiet der Motivation durch willkürliche Aufteilung oder Auflösung so manipulieren, daß sie Bereiche wie Wahrnehmung, Gedächtnis, kognitive Prozesse oder sonstige Gebiete, denen ihr eigentliches Interesse gilt, untersuchen können.

Post hoc-Erklärungen: Nein! Motivation: Ja!

Diese Kritiken sind wohlbegründet und fordern eine Neuformulierung der Aufgaben und Begriffe, die eine motivationale Analyse des Verhaltens mit sich bringt. Der Begriff der Motivation sollte jedoch nicht übereilt verbannt werden, hat man doch vom Inhalt wie von der Methode her viel vom kombinierten Vorgehen physiologisch und verhaltensorientierter Psychologen bei der Untersuchung der „Motivation" gelernt. Obwohl bei der Formulierung eines empirischen Gesetzes die Feststellung ausreicht, daß die Effektivität von Verstärkern in Abhängigkeit von Deprivationsbedingungen zunimmt, ist es doch gerechtfertigt, zu fragen, *warum* das so ist. Mit Hilfe welcher Mechanismen verändert Deprivation oder exzessive Stimulation den Wert eines Stimulusobjekts für den Organismus? Kennen denn Psychologen heute überhaupt die effektiven Verstärker für andere Lebewesen als weiße Ratten und Studienanfänger der mittleren Bevölkerungsklasse? Überlegungen zur Motivation werden solange nötig sein, bis eine angemessene „Verstärkertechnologie" auch für die Armen, für Minderheiten, für die Landbevölkerung, für „unheilbar" Geisteskranke, Drogenabhängige, Rowdies und viele andere entwickelt worden ist.

Die inneren Bedingungen, die die Reaktionen eines Individuums auf Objekte und Situationen in seiner Umwelt entstehen lassen und lenken, bestehen grob betrachtet aus zwei Gruppen: *Biologische Triebe,* die in der Regel von solch fundamentalen Bedürfnissen des Organismus wie dem nach Wasser, Nahrung, Schlaf, Wärme oder Kälte herrühren, und *psychologische Motive,* die aus solchen Bedürfnissen wie soziale Anerkennung, Selbstachtung, Sicherheit und Wissen resultieren. Die biologischen Triebe sind *angeboren,* obwohl die Art und Weise, in der sie befriedigt werden, in hohem Maße durch Lernprozesse und kulturelle Faktoren beeinflußt wird. Der genaue Ursprung psychologischer Motive ist immer noch Gegenstand lebhafter Debatten, aber es scheint, daß die meisten von ihnen *erfahrungsbestimmt* sind, insbesondere von Erfahrungen, die das Individuum im Zusammenleben mit anderen Menschen macht. Diese psychologischen Motive gewinnen in dem Maße an Bedeutung, in dem die Elementarbedürfnisse zum Über- und Weiterleben so befriedigt werden, daß sie nicht mehr so sehr im Vordergrund stehen.

Triebe als homöostatische Mechanismen

Obwohl sie in ihrer Intensität variieren, sind alle biologischen Triebe regulatorische Mechanismen, die das physiologische Gleichgewicht des Individuums aufrechterhalten helfen. Ein Organismus macht bemerkenswerte Anstrengungen, um sein inneres Milieu konstant zu halten. Diesen Prozeß nennt man *Homöostase.* Biologische Triebe haben ihren Ursprung in physiologischen Bedingungen, die das physiologische Gleichgewicht des Organismus stören. Wenn das innere Milieu aus dem Gleichgewicht gebracht ist, entstehen Bedingungen, die den Organismus zur Aktivität veranlassen. Dieser Prozeß endet erst, wenn das Ziel erreicht und das biologische Gleichgewicht wiederhergestellt ist, oder wenn ein stärkeres Motiv überwiegt — so als würde man die Vorbereitung einer Mahlzeit unterbrechen, um nach der Ursache eines Brandgeruchs zu suchen.

Viele homöostatische Aktivitäten laufen weitgehend innerlich und automatisch ab. Dazu gehörten die Aufrechterhaltung einer konstanten Körpertemperatur und das richtige Verhältnis von Sauerstoff zu Kohlendioxyd im Blut. Eine andere Aktivität dieser Art, die in Zusammenhang mit der Ernährung steht, ist der sehr komplexe Vorgang, durch welchen der Körper für die Aufrechterhaltung eines konstanten Blutzuckerspiegels sorgt.

Da biologische Bedürfnisse jedoch niemals permanent befriedigt werden können, entwickelten sich komplexe, höhere Formen von Aktivität — besonders beim Menschen — um das Problem immer wiederkehrender Störungen der Stabilität des Gewebehaushalts zu bewältigen (Stagner, 1951). Für viele Species sind bereits geringe physiologische Veränderungen zu Hinweisreizen für eine Änderung im Gleichgewicht des Organismus geworden, und überdies wurden Mechanismen entwickelt, um bestimmte Bedürfnisse zu antizipieren. So bauen Tiere Nester und legen Futtervorrat für den Winter an. Und der Mensch hat nicht nur gelernt zu essen, bevor Hungerschmerzen eintreten, er hat auch durchdachte Methoden in der Landwirtschaft, der Nahrungskonservierung und -lagerung sowie im Handel mit Gütern des täglichen Bedarfs entwickelt, um eine ausreichende Nahrungsmittelversorgung zu jeder Jahreszeit zu gewährleisten.

Daher ist Homöostase mehr als die automatische Aufrechterhaltung des chemischen Körpermilieus im Sinne einer Reaktion auf bestimmte Stimuli. Physische und soziale Gegebenheiten zu schaffen, die so konstant wie möglich sind, bedeutet aktive Anstrengung für den Organismus. Um es zusammenzufassen:

„. . . Es wurde empirisch gezeigt, daß Homöostase ein Prozeß ist, der, ausgehend von einer *meßbaren Grundlinie* (zum Beispiel normaler Pulsschlag, Blutzuckerspiegel und so weiter) *automatisch* mit Hilfe *bestimmter komplementärer* Mechanismen, welche weitgehend vom autonomen Nervensystem als einem *übergeordneten System* kontrolliert werden, und mit Hilfe eines *bestimmten Mediums,* der sogenannten ‚Flüssigkeitsmatrix', wirksam wird. Homöostase ermöglicht es einem Organismus, der durch Instabilität gekennzeichnet ist, sich die *maximale Effizienz,* die ihm in der jeweiligen Lebensperiode möglich ist, *zu erhalten,* währenddessen er sich langsam in Richtung Entwicklung und in Richtung Abbau (Altern) verändert, bis er sich fortgepflanzt und seine Nachkommen aufgezogen hat" (Henry, 1955, S. 302).

Eines der Probleme, die durch Alkoholismus und Drogenabhängigkeit, wie zum Beispiel Heroinsucht, entstehen, ist die Bildung eines neuen chemischen Gleichgewichts im Körper. Ist dies einmal geschehen, halten homöostatische Tendenzen diesen neuen Zustand aufrecht, und das Individuum beginnt, ein zwanghaftes Verlangen nach der Substanz zu verspüren, von der es abhängig geworden ist.

Homöostase erklärt jedoch nicht alle Arten von Verhalten, nicht einmal auf physiologischer Ebene. Ein Organismus verhält sich manchmal in einer Weise, die für die körperliche Erhaltungsfunktion schädlich ist. Wenn zum Beispiel Babies die Gelegenheit dazu hätten, würden einige von ihnen so viel Salz essen, daß sie sterben müßten. Auch ist der menschliche Körper gewissen gefährlichen Umweltbedingungen, wie z. B. einer zu hohen radioaktiven Strahlung, schutzlos ausgeliefert. Weiterhin strebt der Organismus manchmal nach Zuständen, die für die Adaption bedeutungslos sind. Ratten, die nicht durstig sind, aber als einzigen Verstärker Wasser mit Saccharin erhalten, das für ihre Körperchemie nicht benötigt wird, lernen komplizierte Labyrinthe zu bewältigen. Dies könnte natürlich eine konditionierte Reaktion sein, die über den Zuckergeschmack aufgebaut wurde, und Zucker *wird* benötigt. Oder es könnte sein, daß der tierische Organismus von Geburt an dazu bestimmt oder genetisch dazu „programmiert" ist, etwas Süßes zu suchen. Homöostase ist ein wertvoller Begriff, aber er erklärt sicher nicht alles.

Betrachten wir nun eine Auswahl bedeutsamer Erkenntnisse, die über einige biologische Triebe gewonnen wurden.

b Hunger: der auffälligste Trieb

Von allen motivationalen Zuständen wurden dem Hunger von Psychologen wie auch Physiologen die meisten Untersuchungen gewidmet. Essen und verwandte Aktivitäten herrschen natürlich in unserem täglichen Leben vor, und so haben sich die meisten Motivationstheorien auch ausführlich mit dem Phänomen Hunger und Essen beschäftigt. Um die Nahrungsaufnahme wirksam regulieren zu können, muß ein Organismus in der Lage sein, den physiologischen Zustand des Hungers zu erkennen, das Eßverhalten einzuleiten und zu organisieren und dann dieses Verhalten abzubrechen, wenn er genügend Nahrung aufgenommen hat. Wie wir sehen werden, ist die Natur der inneren Bedingungen und regulatorischen Mechanismen, die mit Hunger und Essen — und Beendigung des Essens — verbunden sind, ziemlich komplex.

Was macht uns „hungrig"?

Subjektiv erleben wir das Gefühl des Hungers als Anhäufung von Empfindungen, die aus der Magenregion zu kommen scheinen. Aber welche physiologischen und kognitiven Veränderungen verursachen diese Gefühle? Ist primär der Magen verantwortlich für die Regulation des Hungers oder sind noch andere Faktoren darin verwickelt?

Eine der hervorstechenden früheren Erklärungen des Hungergefühls stammt von Walter Cannon, einem Physiologen. Er vermutete, daß das Hungergefühl von Magenkontraktionen (gastrische Motilität) ausgelöst wird, die bei leerem Magen auftreten. Gestützt wurde dieser Gedanke hauptsächlich durch ein Experiment, das Cannon mit Washburn, seinem Forschungsassistenten, durchführte. Cannon überredete Washburn, einen dünnen Gummiballon zu schlucken, der an einer langen Röhre angeschlossen war, deren freies Ende mit einem Aufzeichnungsgerät verbunden war. Nachdem der Ballon aufgeblasen worden war, wurden alle Druckveränderungen, die durch Magenaktivität verursacht wurden, automatisch graphisch aufgezeichnet. Immer wenn er Hungerschmerz verspürte, setzte Washburn durch Knopfdruck ein Registriergerät in Betrieb, welches Dauer und Frequenz des Hungerschmerzes aufzeichnete.

Die kontinuierliche Aufzeichnung des Magenverhaltens über viele Stunden hinweg ergab zwei Arten von Magenaktivität: Eine, die mit dem Verdauungsvorgang auftrat, und eine andere, die bei akutem Hunger gemeldet wurde. Die regelmäßigen, heftigen Verdauungsbewegungen wurden nur unmittelbar nach dem Essen beobachtet, aber als der Magen leerer wurde, setzten die mit Hunger verbundenen Kontraktionen ein. Sie traten zum ersten Mal nach etwa eineinhalb Stunden auf und wurden immer häufiger, je mehr Zeit ohne Nahrungsaufnahme verging. Als man die Aufzeichnungen genau überprüfte, fand man heraus, daß Washburn *nur* während Perioden starker Magenkontraktionen Hungerschmerzen meldete. Cannon zog daraus den Schluß, daß der „unangenehme Schmerz“ des Hungers tatsächlich von den heftigen Kontraktionen des leeren Magens verursacht wurde (Cannon, 1934).

Eine Anzahl neuerer Untersuchungen, bei denen ausgeklügelte Aufzeichnungsgeräte benutzt wurden, haben jedoch gezeigt, daß das klassische Muster der Magenaktivität von Cannon erst auftritt, *nachdem* der Ballon in den Magen eingeführt und aufgeblasen wurde (Penick, Smith, Wienske und Hinkle, 1963). Dies zeigt wieder einmal deutlich, daß die Meßmethode das zu Messende beeinflussen kann. In diesem Fall *verursachte* offensichtlich das Vorhandensein des Ballons die Kontraktionen, die gemessen wurden. Natürlich können wir deswegen eine andere Tatsache, nämlich, daß viele Menschen Hungerschmerzen verspüren, nicht bezweifeln.

Der frühe Enthusiasmus für die Theorie Cannons verstummte, als sich Beweismaterial anhäufte, das unvereinbar mit der Annahme war, daß Magenkontraktionen das Hungergefühl hervorrufen können. Wären das Hungergefühl und die Auslösung der Eßaktivitäten allein das Resultat von Magenkontraktionen, sollte es eigentlich möglich sein, das Eßverhalten drastisch zu verändern, indem man verhindert, daß die „Botschaft“ der Magenkontraktionen den Rest des Körpers erreicht. Dies ist jedoch nicht der Fall. Eine Reihe von Untersuchungen, bei denen die Mägen von Tieren operativ entfernt oder die verbindenden Nervenbahnen durchtrennt wurden, zeigten, daß die Tiere mit nur geringen Veränderungen ihres normalen Eßverhaltens weiteraßen. So zeigten in einem Experiment Ratten, deren Magen entfernt worden war, im wesentlichen das gleiche Hungerverhalten wie normale Tiere (die als Kontrollgruppe dienten). Sie lernten Labyrinthe genauso schnell wie die Kontrollgruppe zu bewältigen, um zu Futter zu gelangen und sie waren genauso unruhig, wenn die Fütterungszeit nahte. Der einzige Unterschied bestand darin, daß die Ratten ohne Magen öfter nach Futter suchten als die Kontrolltiere, was jedoch zu erwarten war, denn sie hatten nur die Gedärme zur Nahrungsspeicherung und mußten daher öfter fressen (Tsang, 1938).

Cofer und Appley (1964) haben einen wichtigen Aspekt bezüglich der Interpretation dieser und ähnlicher Experimente zur Sprache gebracht. Ihrer Meinung nach demonstrieren solche Untersuchungen nur, daß die *Fortsetzung* von bereits etablierten Verhaltensmustern bei der Nahrungsaufnahme nicht völlig von Stimuli, die von den Magenkontraktionen stammen, abhängen. Es ist jedoch denkbar, daß der Organismus diesen bestimmten Hungerstimulus bei der früheren Entwicklung des Eßverhaltens benutzt hat, oder es könnte auch sein, daß sich ein Organismus normalerweise auf die Stimuli, die von den Magenkontraktionen stammen, stützt, aber daß er, wenn ihm diese Information entzogen ist, in der Lage ist, die Nahrungsaufnahme zu regulieren, indem er andere Hinweisreize benutzt. Da die Tiere, mit denen hier experimentiert wurde, ausgewachsen waren und bereits Eßverhalten entwickelt hatten, ist es wahrscheinlich, daß sie die Nahrungsaufnahme und damit verbundene Reaktionen inzwischen mit einer Vielzahl innerer und äußerer Stimuli assoziierten. Das nahrungs-orientierte Verhalten, das nach dem Entfernen des Magens beobachtet wurde, kann Teil eines früher aufgebauten Verhaltensmusters gewesen sein, das durch die Gegenwart verschiedener konditionierter Stimuli hervorgerufen und aufrechterhalten wurde. Magenkontraktionen werden also bei der Regulation der Nahrungsaufnahme wahrscheinlich eine gewisse Rolle spielen, auf keinen Fall aber die einzigen oder auch nur die wichtigsten damit verbundenen Stimuli darstellen.

Blutchemie und Hunger. Die unmittelbare Quelle, aus der der Körper die für das Funktionieren der Zellen benötigte Energie bezieht, ist die Glucose oder der Blutzucker. Es wurde daher angenommen, daß chemische Veränderungen in der Blutzusammensetzung eine Rolle beim Hunger spielen.

Frühere Untersuchungen zeigten zum Beispiel, daß Blut, das von einem ausgehungerten Hund auf einen Hund, der gerade erst gefüttert worden ist, übertragen wurde, unter bestimmten Bedingungen Magenkontraktionen auslösen kann (Luckhardt u. Carlson, 1915; Tschukitschew, 1929). Man fand auch heraus, daß die Transfusion des Blutes eines gerade gefütterten Hundes auf einen ausgehungerten Hund bei diesem zur Beendigung seiner Magenkontraktionen führt (Bash, 1939). Die neuere Forschung beim Menschen verwendete als Hungerindex die Konzentration von freien Fettsäuren im Blutplasma (Dole, 1956). Diese Säuren werden von dem „gespeicherten Energie-Vorrat" abgegeben und ihre Konzentration steigt als Reaktion auf erhöhten Energiebedarf des Individuums und während des Fastens. Die positive Korrelation, die man zwischen der Konzentration von plasmafreien Fettsäuren im Blut und dem Fasten festgestellt hat, deutet auf folgende Beziehung hin: Je länger die letzte Nahrungsaufnahme zurückliegt, desto mehr werden solche Fettsäuren ins Blut abgegeben (Klein, Bogdonoff, Estes und Shaw, 1960).

Wenn jemand eine Insulininjektion bekommt, senkt sich der Glucosespiegel im Blut, was einen als *Hypoglykämie* bekannten Zustand auslöst. Patienten und Versuchspersonen berichten nach Insulininjektionen, daß sie Hungergefühle und Magenkontraktionen verspürten (Goodner und Russell, 1965). Tiere, denen man Insulin verabreichte, zeigten eine Reihe von nahrungsbezogenen instrumentellen Verhaltensweisen (Balagura und Hoebel, 1967).

Wenn ein Glucose-Defizit einen Hungerzustand auslöst, dann müßten Glucose-Injektionen Sättigung hervorrufen, und dies scheint auch so zu sein. Glucose-Injektionen hemmen die Nahrungsaufnahme von nahrungsdeprivierten Tieren genauso, wie sie die elektrische Selbststimulation von Gehirnfeldern hemmen, von denen man annimmt, daß es Sättigungszentren sind (Mook, 1963; Balagura, 1968 a).

Wie Veränderungen im Glucosespiegel des Blutes im zentralen Nervensystem zum Zwecke der Verhaltenslenkung registriert werden, steht noch nicht fest. Eine Vermutung geht dahin, daß spezialisierte Zellen im Magen, in der Leber und im Hypothalamus, genannt *Glucosereceptoren,* Informationen über den momentanen Glucosespiegel absenden (Russek, 1963). Da der durchschnittliche Blutzuckerspiegel nur wenig mit den Angaben über das Hungergefühl korreliert, wurde angenommen (Mayer, 1955), daß die Differenz zwischen dem Blutzuckerspiegel in den Venen und Arterien den Hunger auslöst. Nach einer Mahlzeit ist der Blutzuckerspiegel in den Arterien größer als in den Venen, aber je mehr Zeit ohne Nahrungsaufnahme verstreicht, desto mehr gleicht sich der Blutzuckerspiegel der beiden Arten von Blutgefäßen an und meldet ein Hungergefühl. Diese interessante Theorie muß noch in angemessener Weise überprüft werden.

Kontrolliert das „Zentrum für Nahrungsaufnahme" den Hunger? Frühere Untersuchungsergebnisse, die in Kapitel 2 erwähnt wurden, zeigten, daß Verletzungen verschiedener Teile des Hypothalamus nicht nur das Eßverhalten beeinflussen, sondern auch andere konsumatorische Reaktionen und offensichtlich auch motivierte Verhaltensweisen, wie z. B. Aggression. Diese Tatsache und die Kenntnis, daß das Zentrum für Nahrungsaufnahme an einer Art geographischem Flaschenhals im Gehirn lokalisiert ist, durch welchen die Impulse zu und von der Großhirnrinde durchströmen müssen, legen es nahe, ihm eine zentrale Vermittlerfunktion zuzuschreiben.

Die spätere Entwicklung von Methoden zur elektrischen Gehirnreizung brachte eine verblüffende Anzahl von Untersuchungen hervor, die alle auf die Annahme hinausliefen, daß der Hypothalamus nicht nur eine Vermittlungsrolle habe, sondern das Kontrollzentrum für Hunger und die anderen biologischen Triebe sei. Man nahm an, daß die Stimulation bestimmter Regionen des Hypothalamus Triebzustände hervorrufen würde, die funktionell den natürlich vorkommenden Trieben entsprachen. Sogar gesättigte Ratten konnten durch elektrische Stimulation des Hungerzentrums dazu motiviert werden, eine neue Reaktion zu lernen, die mit Futter verstärkt wurde (Coons, Levak und Miller, 1965). Von dieser und anderen Regionen wurde angenommen, daß sie sehr spezifische Funktionen haben, daß eine Region die Nahrungsaufnahme kontrollierte, eine andere das Trinken, wieder eine andere die Aggression usw.

Neurere Ergebnisse lassen allerdings diese

Funktion des Hypothalamus zweifelhaft erscheinen. Erstens mangelt es den Verhaltensweisen, die bei der Nahrungsaufnahme auftreten, an anatomischer Spezifität. Die Regionen für Essen und Trinken koexistieren mit denen für allgemeines Explorationsverhalten. Man hat auch Regionen für Essen und Trinken in Teilen des hinteren Hypothalamus gefunden, in denen auch Kopulationsverhalten ausgelöst wird (Caggiula, 1970). Überdies gibt es eine Reihe von Regionen im Limbischen System, die einen spezifischeren Einfluß auf Motivationszustände auszuüben scheinen als der Hypothalamus. Das legte die Vermutung nahe, daß der Hypothalamus nur als „Verbindungszentrum" zwischen diesen anderen wichtigen Regionen wirken könnte (S. P. Grossmann, 1968).

Wenn ein Tier frißt, sobald eine Stelle des Hypothalamus stimuliert wird, und trinkt, wenn eine andere Stelle stimuliert wird, so ist augenscheinlich die erste Stelle für „Hunger" und die zweite für „Durst" zuständig. Auf den ersten Blick scheint es so zu sein, doch einem einfachen, aber sehr aussagekräftigen Experiment zufolge ist es nicht so.

Als das von einer stimulierten Ratte ursprünglich vorgezogene Objekt (etwa Nahrung) vom Käfig entfernt wurde, löste eine spätere Stimulierung derselben Hirnstelle andere Formen des Verzehrverhaltens aus, etwa das Trinken oder Nagen an einem Stück Holz (Valenstein, Cox u. Kakolewski, 1968a).

Andere Untersuchungen dieser Forscher haben gezeigt, daß Tiere, die auf eine elektrische Stimulation des Hypothalamus hin fressen, nicht zu einer gewohnten zweiten Mahlzeit überwechseln, wenn die erste entfernt wird — was sie natürlich tun, wenn sie tatsächlich hungrig sind. Sie wechseln nicht einmal, wenn ihnen das gleiche Futter nur in anderer Form dargeboten wird, wie z. B. pulverisiertes Schrot statt Schrot (Valenstein, Cox u. Kakolewski, 1968b).

Das letzte Sorgengebiet für die Verfechter der hypothalamischen Motivationstheorie ist das Problem der Selbststimulation. Wie wir in Kapitel 4 gesehen haben, gibt es eine Reihe von Gehirnregionen, die man als „Lustzentren" erkannt hat, und Tiere erbringen extrem hohe Reaktionsraten, um in den Genuß einer elektrischen Stimulation dieser Zentren zu gelangen.

Diese Motivation ist nach der Beobachtung verschiedener Forscher so stark, daß Ratten im Hinderniskäfig ein „heißeres" elektrisches Gitter überqueren, wenn diese Stimulation auf der anderen Seite erhältlich ist, als für irgendeine andere durch Deprivation hervorgerufene Anreizbedingung.

Das Problem besteht darin, daß die gleichen Regionen des lateralen Hypothalamus, welche verstärkende Lustzentren sind, auch triebeerzeugende Zentren zu sein scheinen, die Nahrungsaufnahme auslösen (Hoebel u. Teitelbaum, 1962). Wie kann die gleiche Stimulation verstärkend wirken und Nahrungsaufnahme auslösen?

Eine kürzlich vorgebrachte Erklärung, die die frühere Auffassung von der Rolle, die der Hypothalamus bei der Motivation spielt, radikal ändert, lautet dahingehend, daß die Stimulation des Hypothalamus Hunger, Durst oder andere Triebe nicht direkt erzeugt. Vielmehr schaffe sie die Bedingungen, die die neurale Aktivität anregen, die einer bereits erlernten Vollzugsreaktion zugrunde liegt; die Ausführung der Reaktion kann bereits als solche verstärkend sein (Valenstein, Cox u. Kakolewski, 1970).

Die Streitfrage ist bei weitem nicht geklärt, und obwohl die absolute Vorherrschaft des Hypothalamus vorüber sein mag, wartet die Wahl eines Nachfolgers nur noch auf Fortschritte in den physiologischen Untersuchungsmethoden und der Versuchsplanung in der Verhaltensforschung. Nichtsdestoweniger hat die Suche nach dem „Zentrum der Motivation" eine Fülle an Information über das motivierte Verhalten von Organismen geliefert.

Warum hören wir auf zu essen? Woran merkt der hungrige Organismus, wann er genug gegessen hat? Die Mechanismen, die mit dem Aufhören der Nahrungsaufnahme zu tun haben, sind mit denen, die die Nahrungsaufnahme in Gang bringen, verwandt, aber doch wieder verschieden von ihnen. Eine Hypothese geht dahin, daß die Registration mit Auswertung im Mund stattfindet, als Funktion der Quantität und Geschmacksqualitäten der Nahrung, die den Mund passiert. Die Gültigkeit dieser Hypothese wurde mittels Scheinfütterungsexperimente untersucht. Dabei wurde die Nahrung zwar gekaut und geschluckt, gelangte aber durch eine operierte Öffnung in der Speiseröhre ins Freie und gar nicht erst in den Magen (James, 1963). Auch diese Tiere hören mit dem Essen auf, aber erst nachdem sie viel mehr gegessen haben als sie es getan hätten, wenn das Futter den Magen erreicht hätte.

Offenbar ist eine registrierende Auswertung der Nahrungsmenge im Mund durch Feedback zu verzeichnen, jedoch ist diese grob und ungenau.

Andererseits kann die Ratte ihre Nahrungs- und Wasseraufnahme perfekt regulieren, ohne daß die Nahrung geschmeckt oder gerochen wird und ohne daß sie im Mund oder in der Speiseröhre gefühlt wird.

Man führte bei einem Experiment die Nahrung direkt in den Magen der Ratten ein, wobei Mund und Speiseröhre umgangen wurden. So wurden Geschmack, Geruch und taktile Stimulation im Mund ausgeschaltet. Den Tieren wurden dann Willkürhandlungen beigebracht — in diesem Fall einen Hebel zu betätigen —, um die intragastrischen Nahrungsinjektionen zu erhalten. Auch unter dieser Bedingung waren die Tiere in der Lage, ihre Nahrungsaufnahme so zu regulieren, daß sie ihr Körpergewicht auf dem normalen Stand hielten (Teitelbaum u. Epstein, 1962).

Eine Reihe von Untersuchungen haben die zweiseitige Natur des Sättigungsmechanismus des Hungers beleuchtet. Sie zeigten, daß Tiere zwar neue Reaktionen lernen, um als Belohnung Nahrung direkt in den Magen zu bekommen, was einen vollen Magen und die Befriedigung metabolischer Bedürfnisse zur Folge hat, daß sie aber viel schneller lernen, wenn das Futter seinen normalen Weg durch den Mund nimmt. Daher ist es offensichtlich so, daß die Kontrolle der Nahrungsaufnahme erleichtert wird, wenn sowohl der Mund als auch der Magen daran beteiligt sind.

Interessanterweise ergab sich bei der gleichen Untersuchung, daß Saccharin nur dann verstärkend wirkte, wenn es durch den Mund aufgenommen wurde. Wurde es direkt in den Magen injiziert, beeinflußte es den Hunger nicht mehr als destilliertes Wasser. Geschmacksfaktoren spielen bei der Regulierung der Nahrungsaufnahme augenscheinlich eine Rolle, aber erwartungsgemäß natürlich nur, wenn das Futter durch den Mund aufgenommen wird.

Trotz der großen Anzahl von Untersuchungen über den Hunger ist der relative Grad unserer Unwissenheit immer noch offensichtlich, besonders wenn wir uns vergegenwärtigen, wie wenig wir über die individuellen Differenzen im Eßverhalten des Menschen wissen und wie unfähig wir bei der Behandlung von Eßstörungen sind. Therapeuten berichten über große Schwierigkeiten bei der Behandlung von Menschen, die einfach aufhören zu essen und — vermutlich infolge pathologischer Ängste — hungern. Aber diese Fälle, *Anorexia nervosa* genannt, sind selten, verglichen mit ihrem Gegenstück, der Fettsucht, bei der sich Menschen buchstäblich zu Tode essen.

Obwohl die Eßsucht eine ernstere Gefahr für die Gesundheit darstellt als andere Suchtformen, etwa Alkoholismus oder Drogensucht (Mayer, 1968), und auch ein größeres Problem ist, was die bloße Zahl der betroffenen Menschen angeht, gibt es noch kein einziges wirksames Gewichtsabnahme-Programm für Fettleibigkeit. Ähnlich wie beim Rauchen, zeigt fast jedes Programm für Gewichtsabnahme einen kurzfristigen Erfolg, gepaart mit Mißerfolg oder Rückfall auf lange Sicht. Manchmal haben fettleibige Patienten in der Klinik bei einer streng überwachten Diät nahezu 100 Pfund verloren, nur um dann wieder genauso viel zuzunehmen, sobald sie aus der Klinik entlassen worden sind (Unter der Lupe, S. 274).

Selektivität und spezifische Arten des Hungers. Eine der offensichtlichsten Merkmale unseres normalen Eßverhaltens ist Selektivität — wir essen nicht nur regelmäßig und entsprechend unserer biologischen Bedürfnisse, sondern zeigen auch starke Präferenzen bei der Auswahl unserer Nahrung. Der wahrscheinlich häufigste Ursprung der Präferenzen bei der Nahrungsauswahl kann auf ethnische und kulturelle Normen zurückgeführt werden. Vermutlich wurde jeder von uns schon einmal von ethnografischen Berichten über die Eßgewohnheiten exotischer Kulturen und von der Vielfalt der Geschmackspräferenzen von Volksstämmen, sogar des eigenen Landes, gefesselt. Zum größten Teil scheinen diese Präferenzen oder „spezielle Hungerarten" ziemlich willkürlich zu sein, obwohl wir natürlich anerkennen, daß in Mangelwirtschaften wie bei den Eskimos die Wahl der Nahrung, wie etwa Walfisch- oder Robbenspeck, oft einfach von ihrer Verfügbarkeit bestimmt wird.

Spezifische Arten von Hunger sind jedoch oft die Folge biologischer Bedürfnisse und Defizite — der Organismus wählt die Nahrung, die die in der jeweiligen Ernährungsweise fehlenden Substanzen enthält. Die Auswirkungen des *Verlangens nach Ausgleich von Mängeln* in der Nahrung auf das Verhalten zeigen sich besonders deutlich bei niederen Tierarten, denen bestimmte benötigte Substanzen vorenthalten wurden. Beispielsweise wählen Ratten, denen Thiamin (= Vitamin B_1) und Salz vorenthalten worden waren, Futtermittel aus, die genau diese Substanzen enthalten, auch wenn ihnen eine reiche Auswahl von Futtermitteln zur Verfügung steht (Rozin, 1965). Ähnliche Resultate wurden bei Mangel an Calcium, Fett, Protein und Teilen des Vitamin B-Komplexes erzielt. Damit ein Lebewesen in der Lage ist, die Aufnahme einer bestimmten Substanz adäquat zu regulieren und seinen Konsum zu erhöhen, wenn der Körper keinen Vorrat mehr davon hat, muß es die Substanz natürlich sensorisch diskriminieren können. Das heißt, es muß die Nahrungsmittel, die die benötigte Substanz enthalten, von denen, die sie nicht enthalten, unterscheiden können.

Diese diätetische Selbstauswahl ist ein weiterer Beweis dafür, daß der Körper nicht nur für die Gesamtmenge der Nahrungsaufnahme, sondern ebenso für die vielen Aspekte einer ausgewogenen Ernährung empfindlich ist. Viele Untersuchungen haben gezeigt, daß Menschen, ebenso wie niedrige Tiere, in der Lage sind, ihre Nahrung entsprechend spezifischer Bedürfnisse des Körpers auszuwählen und für eine ausgewogene Ernährung zu sorgen.

In einer heute klassischen Untersuchung durften drei gerade der Brust entwöhnte Babies ihre Mahlzeiten aus einer großen Vielfalt von gesunden Speisen auswählen. Zwei von ihnen wählten ihre Nahrung sechs Monate lang aus, das dritte ein ganzes Jahr lang. Alle drei gediehen normal und zeigten keine Anzeichen von Ernährungsmängeln. Ganz im Gegenteil, ein Baby, das zu Beginn des Experiments an Rachitis litt, kurierte sich selbst, indem es große Mengen von Lebertran wählte, der Vitamin D enthält und für die Behandlung von Rachitis gebraucht wird. Das Baby hörte mit dem Lebertran auf, als die Krankheit geheilt war. Alle drei Babies neigten dazu, einige Zeit viel von einer Nahrung zu nehmen, etwa von Eiern, und dann auf eine andere überzugehen, die aus Getreide bestand. Aber auf die Dauer gesehen verschafften sich die Babies mit Hilfe dieses Selbstbedienungs-Ernährungsprogramms im allgemeinen das, was Ernährungsexperten empfohlen hätten — und erzielten eine ausgewogene Kost. Am Ende der Untersuchung waren sie gesund und normal entwickelt (Davis, 1928).

Wir wissen, daß Lernen und Konditionieren Methoden sind, um in einem Organismus Gewohnheiten oder Neigungen aufzubauen. Was passiert aber, wenn diese Gewohnheiten mit den biologischen Bedürfnissen des Organismus in Konflikt geraten? Beeinträchtigen diese erworbenen Neigungen die natürliche Fähigkeit des Organismus, die benötigte Art von Nahrung zu wählen? Auf diese Fragen versuchen die nachstehenden Untersuchungen eine Antwort zu geben.

Ein Organismus, aus dem die Nebennieren entfernt wurden, braucht anormal viel Salz. Normalerweise nehmen Ratten zusätzlich Salz zu sich, nachdem ihre Nebennieren entfernt wurden, indem sie Salzlösungen den Glucoselösungen vorziehen, wenn ihnen beides zur Auswahl steht. Aber „erfahrenere“ Ratten, die sowohl die salzige als auch die süße Lösung vor der Operation probiert hatten, pflegten die Glucoselösung zu nehmen — und starben (Harriman, 1955).

Man fand auch heraus, daß Ratten, die an Proteinmangel leiden, Rohrzucker dem Protein vorziehen, und zwar immer dann, wenn sie sich in einer Versuchssituation befinden, in der sie früher schon Rohrzucker gewählt hatten. In einer für sie neuen und andersartigen Versuchssituation aber wählen sie das von ihnen benötigte Protein. Läßt der Experimentator die alte und neue Versuchssituation alternieren, so wechseln die Ratten auch in ihrer Wahl ab. Offenbar ist die Gewohnheit, Rohrzucker zu bevorzugen, unter den ursprünglichen Stimulusbedingungen stark genug, um sich über das Bedürfnis des Körpers nach Protein hinwegzusetzen. Der Forscher faßt diese Ergebnisse derart zusammen, daß Präferenzen, die auf Neigung basieren, und solche, die auf körperliche Bedürfnisse zurückzuführen sind, zu einer mit diesen unvereinbaren Nahrungsauswahl führen können, und weiter, daß „Gewohnheiten dazu neigen, sich im Einklang mit körperlichen Bedürfnissen zu bilden, aber daß etablierte Gewohnheiten dazu neigen, ungeachtet der Bedürfnisse, weiterzubestehen“ (Young, 1961, 1968).

Unglücklicherweise hat der zivilisierte Mensch, ähnlich der „erzogenen“ Ratte, viele Essensgewohnheiten gebildet — wie z. B. die amerikanische Vorliebe für Süßigkeiten und süße Getränke — die mit den Bedürfnissen des Körpers nicht in Einklang stehen. So kann die „Klugheit des Körpers“, so bemerkenswert sie unter natürlichen Bedingungen auch sein mag, von erlernten Gewohnheiten untergraben werden.

Wie steht es mit den Bremsen?

Schachter (1967), Nisbett (1968) und Mitarbeiter untersuchten die Reizbedingungen, unter denen dickleibige Menschen mehr essen als „normale", bzw. unter welchen Bedingungen sie es nicht tun. Offensichtlich werden Menschen dann übergewichtig, wenn sie sich dazu angeregt fühlen, häufiger und mehr zu essen als der Körper von sich aus fordert, und/oder wenn sie weiteressen, ungeachtet der Sättigungsanzeichen des Körpers. Aber welche Auslöser — bzw. fehlende Hemmungen — bewirken dieses Eßverhalten? Es wurde die Hypothese aufgestellt, daß dickleibige Personen für äußere Hinweisreize bezüglich Nahrung *empfänglicher* sind als andere, aber für innere Hinweisreize relativ *unempfindlich.*

Klinisches Untersuchungsmaterial weist darauf hin, daß beide Faktoren wirksam sind. Eine Untersuchung zeigte, daß dickleibige Patienten um so mehr essen, je größer die Attraktivität ihrer jeweiligen sozialen und sonstigen Umgebung ist. Sie schränkten ihre Mahlzeiten drastisch ein, wenn sie ihre Nahrung mittels eines unbequemen Schlauches aus einem Wasserspender zu sich nehmen mußten (Hashim und VanItallie, 1965). Außerdem gibt es, im Gegensatz zu normalgewichtigen Menschen, deren Hungerempfindungen mit Magenbewegungen (Hungerschmerzen) verbunden sind, bei übergewichtigen Menschen keine Korrelation zwischen Magenaktivität und Hungergefühl (Stunkard und Koch, 1964).

Bei der korrelierten Laboratoriumsuntersuchung, die von Schachter, Nisbett und deren Studenten durchgeführt wurde, wurden die Eßgewohnheiten von dickleibigen Studenten mit denen einer vergleichbaren normalgewichtigen Kontrollgruppe in vielen unterschiedlichen Situationen verglichen. Wenn sie in Angst versetzt wurden oder wenn der Magen schon mit Nahrung vorgefüllt war, reduzierten die normalgewichtigen Versuchspersonen die Nahrungsaufnahme. Das Eßverhalten der dickleibigen Studenten wurde durch diese inneren Bedingungen jedoch nicht beeinflußt. Andererseits aßen die dickleibigen Personen mehr als die Kontrollgruppe, wenn sie schmackhafte Eiskrem bekamen, aber weniger als die Normalgewichtigen, wenn die Eiskrem bitter war. Übergewichtige Personen aßen auch dann mehr als die Normalgewichtigen, wenn sie glaubten, es sei Essenszeit — also mehr aufgrund äußerer Information als aufgrund ihrer eigenen biologischen Uhr. Dies zeigte sich, als man eine spezielle „Trick-Uhr" benutzte, die langsamer oder schneller eingestellt werden konnte. Eine experimentelle Sitzung, die kurz vor Essenszeit angesetzt wurde, dauerte tatsächlich eine halbe Stunde, schien aber entweder 60 Min. oder nur 15 Min. zu dauern. Die Übergewichtigen aßen mehr, wenn der Zeitgeber 18 Uhr anzeigte, als wenn es erst 17.15 Uhr zu sein schien. Bei den Normalen war das nicht so. Auch wenn einer dickleibigen Person ein Teller mit Cashew-Nüssen vorgesetzt wurde, der entweder durch hellere Beleuchtung oder durch die Anweisung, an die Nüsse zu denken, attraktiver gemacht wurde, aß sie mehr davon. Diese Variationen der Hinweisreize beeinflußte die Menge der Nahrungsaufnahme bei Normalgewichtigen nicht.

Nach diesen und anderen Untersuchungsergebnissen kann Eßsucht offenbar mit Überempfänglichkeit für Hinweisreize aus der Umgebung, die Eßverhalten unabhängig vom physiologischen Bedarf auslösen und aufrechterhalten, charakterisiert werden. In einer Gesellschaft des Überflusses, der auffordernden Verpackung, des guten Essens und eines sich nach der Uhrzeit richtenden Eßverhaltens wie das der wohlhabenden Industrienationen, ist es kein Wunder, daß viele Menschen zuviel essen und dickleibig werden.

Den Forschern fiel auch die Parallelität der Verhaltensmuster von dickleibigen Menschen und freßsüchtigen Ratten auf. Beide zeigen eine größere Geschmackssensibilität und größere Empfindlichkeit gegenüber Streß und Verstärkungsplänen für Arbeitsleistungen, kürzere sensorische Reaktionszeiten und sind weniger als normalgewichtige Individuen gewillt, sich anzustrengen, um Nahrung zu bekommen. Es wird vermutet, daß für solche Individuen eine allgemeine „Externalität" charakteristisch ist — eine übergroße Empfänglichkeit gegenüber äußeren Stimuli, zu denen auch die Nahrung gehört.

Wenn Nahrung knapp wird

Mehr als ein Drittel der Erdbevölkerung lebt in Hungersnot oder ist unterernährt, und doch wurde bis jetzt hinsichtlich der Auswirkungen von ständig unzureichender Nahrungsaufnahme auf menschliches Verhalten und das menschliche Leben allgemein relativ wenig Forschung betrieben. Wie paßt sich der Körper an solche Umstände an? Welche psychologischen Konsequenzen hat Unterernährung? Eine ziemlich ausführliche Laboruntersuchung, durchgeführt während des 2. Weltkrieges, beantwortet einige dieser Fragen: 36 freiwillige Versuchspersonen nahmen an der Untersuchung teil, die nahezu 1 Jahr dauerte. Das Experiment bestand aus drei Phasen: (a) eine 12wöchige Kontrollperiode, während der die Versuchspersonen eine gut ausgewogene Kost bekamen, die der Kost unter guten wirtschaftlichen Bedingungen in den USA entsprach; (b) eine 24wöchige Periode der Unterernährung, während der die Versuchspersonen eine Kost erhielten, wie sie charakteristisch für europäische Hungersnotgegenden war und (c) eine 12wöchige Rehabilitationsperiode, in der die Versuchspersonen wieder vorsichtig auf normale Ernährung zurückgeführt wurden. Die Unterernährungskost bei diesem Experiment bestand hauptsächlich aus Brot, Nudeln, Kartoffeln, Rüben und Kohl. Sie enthielt nur 1570 Calorien pro Tag, weniger als die Hälfte der Calorien der „normalen" Kost, die während der Kontrollperiode verabreicht wurde.
Während des ganzen Experiments hatten die Versuchspersonen einen wöchentlichen Stundenplan mit Gymnastik, Instandhaltung der Unterkünfte und Fortbildung durchzuführen. Jede Versuchsperson wurde regelmäßig physiologischen und psychologischen Untersuchungen unterzogen (Keys et al., 1950).
Die physischen Veränderungen, die durch die 24wöchige Periode der Unterernährung hervorgerufen wurden, waren natürlich tiefgehend. Als der Körper sich nur schwer an die drastisch eingeschränkte Calorienzufuhr (die einen durchschnittlichen Gewichtsverlust von 25 % zur Folge hatte) gewöhnte, traten deutliche Veränderungen in der Energieverteilung auf verschiedene Körperfunktionen auf. Während der Kontrollperiode stellte man fest, daß eine ungefähr gleiche Calorienmenge sowohl für die grundlegenden metabolischen Funktionen wie für die willentliche physische Aktivität verbraucht wurde — etwas weniger als 50 % der Gesamtcalorien. Am Ende der Hungerperiode stellte sich jedoch heraus, daß ungefähr 60 % der reduzierten Calorienaufnahme für wichtige Stoffwechselprozesse gebraucht wurde, während weniger als 30 % der physischen Aktivität zur Verfügung standen. Der Körper schien sich bestmöglich angepaßt zu haben, indem ein größerer Prozentsatz der verringerten Gesamtcalorienmenge der Aufrechterhaltung lebensnotwendiger Körperfunktionen und ein entsprechend geringerer Prozentsatz freiwilliger (und deswegen verzichtbarer) physischer Aktivität zur Verfügung gestellt wurde (Brôzek, 1963).
Mit dem Terminus „Unterernährungsneurose" beschrieben die Autoren dieser Arbeit die auffallenden Veränderungen der Persönlichkeit, die als Ergebnis der Unterernährung auftraten, und verschwanden, wenn die Versuchspersonen wieder normale Kost bekamen. Das hervorstechendste Merkmal der „Neurose" war Apathie. Der Humor verschwand, eine gedrückte Atmosphäre von Trübsinn und Niedergeschlagenheit trat an seine Stelle. Auch waren die Versuchspersonen viel weniger gesellig. Die Männer wurden nervös und reizbar, neigten dazu, grob und taktlos zu sein, kleideten sich schlampig und waren streitsüchtig. An die Stelle des Selbstbewußtseins traten Minderwertigkeitsgefühle und Depression.
Darüber hinaus nahmen die sexuellen Bedürfnisse deutlich ab, und während der Rehabilitationsperiode nahmen sie nur langsam wieder zu. Die Versuchspersonen wurden merklich „kühler" gegenüber ihren Freundinnen, und Verlobungen gingen auseinander. Die Männer schienen praktisch nicht in der Lage zu sein, Zuneigung zu zeigen.
Tests zur Prüfung der intellektuellen Leistungsfähigkeit, die verschiedentlich während der Untersuchung durchgeführt wurden, brachten keine deutlichen Veränderungen zutage, obwohl das allgemeine Leistungsniveau der Versuchspersonen bei diesen Tests leicht sank, was aber vielleicht ihrer allgemeinen physischen Schwäche zuzuschreiben war. Da ihre Gedanken dauernd ums Essen kreisten und sie sich nicht auf andere Dinge konzentrieren konnten, glaubten die Versuchspersonen, daß ihre Intelligenz tatsächlich abnehme.
Es kann kein Zweifel darüber bestehen, daß bis zum Ende der Unterernährungsperiode der Hungertrieb der dominierende Faktor im Leben der Versuchspersonen geworden war.

Direkt oder indirekt beherrschte Essen ihre Unterhaltung, ihre Lektüre, ihre Freizeitbeschäftigung und ihre Tagträume. Viele Versuchspersonen widmeten ihre kurze Freizeit dem Lesen von Kochbüchern und dem Sammeln von Rezepten; einige erwogen ernsthaft, ihren Beruf zu wechseln und Koch zu werden (Foto, Keys et al., 1950; Guetzkow und Bowman, 1946) (Abbildung 7-3).

Es ist interessant festzustellen, daß sich viele dieser klinischen Symptome auch bei chronisch fettsüchtigen Personen (von denen viele über 3 Zentner wiegen) zeigen, die im Krankenhaus über einen längeren Zeitraum hinweg auf Abmagerungskost gesetzt werden. Die „diätetische Depression", der analoge Begriff für die Unterernährungsneurose beim Übergewichtigen, besteht aus starker Depression, einem „Sichzurückziehen", offener Feindseligkeit und generalisierter Angst. Diese Patienten berichten ebenfalls von intensiven Hungergefühlen und sind mit ihren Gedanken bei Nahrung und Essen, sowohl in ihren Tagträumen als auch im manifesten Inhalt ihrer Träume (Gluckman und Hirsch, 1968).

Das bewußte Hungergefühl ist beharrlicher bei Unterernährung als bei völligem Hungern. Nach einigen Tagen der völligen Abstinenz vom Essen verschwindet der Hunger fast vollkommen, aber bei einer längeren Periode der Unterernährung, bei der eine kleine, aber unzureichende Nahrungsmenge zur Verfügung steht, wächst das Verlangen nach Nahrung ständig, bis es das Bewußtsein und das Verhalten des Individuums beherrscht. Diese Tatsache wurde von einigen Medizinern bei der Zusammenstellung von Diätprogrammen für extrem übergewichtige Patienten verwertet. Anstelle der bisherigen längeren Periode reduzierter Calorienzufuhr haben diese Ärzte kurze Perioden des völligen Fastens in die normale Ernährung eingeplant. Bis jetzt scheint diese Methode viele der unangenehmen Nebeneffekte der Unterernährung erfolgreich zu vermeiden.

c Andere Erhaltungstriebe

Hunger ist vielleicht der augenfälligste physiologische Trieb und am leichtesten zu untersuchen, doch gibt es andere, gleichermaßen lebensnotwendige Triebe. Die wichtigsten sind das Bedürfnis nach Sauerstoff und der Durst.

Abb. 7-3. Während der Hungerphase des Experiments wurde der Hungertrieb so groß, daß die Männer unsozial wurden und häufig ihre guten Tischmanieren vergaßen

Aber wenn der Organismus in einer feindlichen Umwelt überleben soll, hat er auch noch andere Bedürfnisse. Zu diesen gehören bei den meisten höheren Lebewesen das Schlafbedürfnis, die Aufrechterhaltung einer weitgehend konstanten Körpertemperatur und der Schutz des Körpers vor physischem Schaden. In diesem Abschnitt werden wir den Durst und das Phänomen des Schmerzes behandeln.

Durst

Während der Mensch wochenlang ohne Nahrung sein kann, kann er nur ein paar Tage ohne Wasser überleben. Menschen, die für längere Zeit völlig ohne Nahrung und Wasser waren, berichten, daß der Durst einen schnell um den Verstand bringen kann, während die Hungerschmerzen meist nach einigen Tagen verschwinden. King (1878) beschrieb die furchtbaren Qualen, die eine Abteilung der amerikanischen Kavallerie erleiden mußte, die 86 Stunden in der texanischen Wüste ohne Wasser war. Als sie schließlich Gelegenheit zum Trinken hatten, „stillte das Wasser ihren unstillbaren Durst nicht, obwohl sie tranken und tranken, bis daß ihr Magen voll Wasser war".

Die Wirkungen des Durstes. Hunger und Durst unterscheiden sich nicht nur in ihrer Intensität, sie scheinen auch qualitativ verschiedene Auswirkungen auf das Verhalten zu haben, zumindest bei niederen Lebewesen. Bei Experimenten mit Ratten wurde festgestellt, daß durstige Tiere schneller lernen, Wasser als Belohnung zu empfinden, als hungrige Tiere lernen, Futter als Belohnung zu empfinden, zumindest dann, wenn sich die Belohnung an der gleichen Stelle des Labyrinths befindet. Wenn die Ratten jedoch lernen sollen, abwechselnd zwei verschiedene Ziele aufzusuchen, lernen die hungrigen Ratten schneller, zwischen den beiden Zielen abzuwechseln, als die durstigen (Petrinovich u. Bolles, 1954). Dies weist darauf hin, daß der durch Hunger bedingte motivationale Zustand zu flexiblerem Verhalten führt, während Durst eher stereotye Reaktionsweisen hervorruft. Dieses Resultat kann mit der Bedeutung,

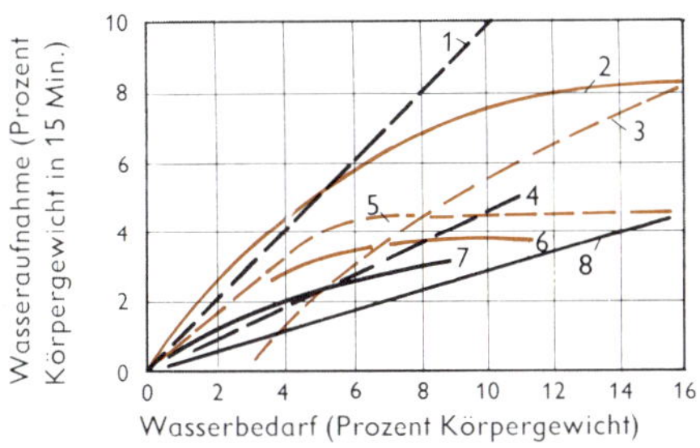

Abb. 7-4. Kontrolle der Wasseraufnahme bei verschiedenen Species. Die Graphik zeigt das Verhältnis zwischen Wasserbedarf und Wasseraufnahme bei verschiedenen Arten. Die mit „perfekte Kontrolle" bezeichnete Linie repräsentiert einen hypothetischen Fall, bei dem das Tier genau so viel Wasser trinkt wie sein Körper benötigt. Hunde weisen eine nahezu perfekte Kontrolle der Wasseraufnahme auf, während andere Arten ihre Wasseraufnahme weniger genau regulieren, entweder generell bei jeder Höhe des Wasserbedarfs oder erst nachdem ein bestimmtes kritisches Ausmaß des Wassermangels erreicht worden ist. Es geht aus diesen Ergebnissen hervor, daß die Tierart in Betracht gezogen werden muß, wenn man vom Wasserverbrauch auf den Durst schließt (Nach Adolph, 1964)

die dieses Verhaltensmuster für die Anpassung an die natürliche Umgebung hat, erklärt werden. In ihrer natürlichen Umwelt ist die Ratte für gewöhnlich gezwungen, an verschiedenen Stellen nach Futter zu suchen, während ihre Wasserstelle normalerweise mehr oder weniger immer die gleiche ist.

Die Physiologie des Durstes. Ein trockenes Gefühl im Mund und in der Kehle scheint als Stimulus für das Auslösen des Trinkverhaltens zu genügen. Wenn der Wasservorrat im Körper abnimmt, wird das Gewebe im Mund trocken; um diese Trockenheit zu beheben, nimmt der Organismus Wasser auf (Abbildung 7-4). Untersuchungen mit Hilfe der Methode der *Vorfüllung,* bei der der Magen des Tieres mit viel Wasser vollgepumpt wird, zeigen, daß das am Trinken gehinderte Tier zu trinken anfängt und langsam weiter trinkt, auch wenn sein Magen mit der doppelten Menge seiner Aufnahmekapazität an Wasser künstlich aufgefüllt wurde (Moyer u. Bunnell, 1962). Also sind zumindest ein Teil der Hinweisreize, die an der Auslösung des Trinkens beteiligt sind, oraler Natur.

Aber die orale Kontrolle der Wasseraufnahme ist keine notwendige Bedingung für deren Regulation. Wenn durstige Ratten den Hebeldruck lernen, der Wasserinjektionen *direkt* in den Magen zur Folge hat, können sie bald ein normales Niveau der Wasseraufnahme einstellen (Teitelbaum u. Epstein, 1962). Dies zeigt, daß die Regulierung der Wasseraufnahme auch ohne Feedback durch Mund oder Kehle möglich ist und daß auch gastrische Faktoren bei der Kontrolle eine zusätzliche Rolle spielen. Durst wird jedoch in größerem Maße gestillt, wenn das Wasser getrunken wird, als wenn die gleiche Menge direkt in den Magen des Tieres eingeführt wird. Neal Miller (1957) berichtet von einem Experiment, bei dem er die Hebeldruckrate als Durstindex benutzte. Von drei Gruppen deprivierter Ratten drückte die Gruppe, die überhaupt kein Wasser bekam, am häufigsten einen Hebel, um Wasser zu bekommen, dann die Gruppe, der man 14 ccm Wasser direkt in den Magen gepumpt hatte, und am seltensten drückte die Gruppe, die 14 ccm Wasser durch den Mund bekommen hatte.

Biologisch gesehen, trinkt ein Tier natürlich nicht einfach, um seinen Mund zu befeuchten oder seinen Magen mit Wasser zu füllen. Vielmehr existiert ein empfindliches Gleichgewicht von Körperflüssigkeiten, das von einem System untereinander zusammenhängender physiologischer Prozesse aufrechterhalten wird. Alle Lebewesen verlieren ständig Flüssigkeit durch Transpiration, Exkretion und so weiter, ob sie nun ihren Flüssigkeitsvorrat wieder auffüllen können oder nicht. Bei fortgesetzter Deprivation erschöpfen sich die extracellulären Flüssigkeiten, von denen die Körperzellen umgeben sind, und die Konzentration einer Reihe von Substanzen, vor allem Natrium und Chlorid, nimmt in den extracellulären Flüssigkeiten zu. Der osmotische Druck zieht dann das Wasser aus den Zellen in die extracelluläre Flüssigkeit ab. Mit fortgesetzter Deprivation wird den Zellen immer mehr Wasser entzogen. Wolf (1958) spricht von der Gewebeaustrocknung als dem „wirklichen" Durst, indem er ihn von lokaler Trockenheit im Mund und in der Kehle als „falschen" Durst unterscheidet.

Die am weitesten verbreitete Erklärung der homöostatischen Kontrolle des Durstes setzt die Existenz von *Osmoreceptoren* voraus — spezielle Receptorzellen, wahrscheinlich im Hypothalamus gelegen, die auf Signale von erhöhtem osmotischen Druck durch Einleiten von Trinkverhalten reagieren. Diese Theorie wird von Untersuchungen gestützt, in denen Salzlösungen in den Körper injiziert wurden und erhöhte Wasseraufnahme die Folge war, auch wenn das Tier unmittelbar vor den Injektionen seinen Durst mit Wasser gelöscht hatte (Fitzsimmons und Oatley, 1968).

Als vollständige Erklärung für das Phänomen des Durstes kann die Osmoreceptoren-Theorie jedoch nicht gelten. Beispielsweise ist der genaue Mechanismus, mit dem die Receptoren dem übrigen Körper signalisieren, daß es Zeit ist zu trinken, noch unbekannt. Darüber hinaus gibt es nach Bolles (1967) eine Reihe von Phänomenen, die mit der Theorie in Widerspruch stehen. Ein schwitzender Mensch (er verliert Salz) trinkt Wasser, obwohl dadurch das osmotische Ungleichgewicht weiter erhöht wird, und Tiere, die Salz verloren haben, neigen auch eher dazu, ihre Wasseraufnahme zu erhöhen als herabzusetzen (Falk, 1965).

Es ist bemerkenswert, wie fein die Wasseraufnahme und die Rückkehr des Wassers in die Zellen aus der extracellulären Flüssigkeit zeitlich aufeinander abgestimmt sind. Ein Tier hört auf zu trinken, noch bevor eine die Herabsetzung der Salzkonzentration in der extracellulären Flüssigkeit bewirkende Wassermenge den Magen passiert hat. Als ein Forscher dem Gehirn durstiger Ratten ein empfindliches Aufzeichnungsgerät einpflanzte, entdeckte er, daß die Rückkehr der Flüssigkeit in die Zellen unmittelbar, nachdem das Wasser den Magen erreicht hat, erfolgt (Novin, 1962). Irgendwie besteht eine Vorwegnahme derart, daß Flüssigkeit zur Auffüllung der extracellulären Flüssigkeit zur Verfügung stehen wird, und so strömt Wasser in die Zellen zurück, noch ehe es durch Wasser, das sich noch im Magen befindet, ersetzt werden kann.

Äußere Reize beim Trinken. Der Mensch trinkt oft eher aus „sozialen" Gründen als um seinen Durst zu stillen. Es gibt tatsächlich Menschen, die sich damit brüsten, niemals Wasser zu trinken und lieber ihren Körper das Wasser aus den alkoholischen Getränken, die sie zu sich nehmen, entnehmen lassen. Das Trinkverhalten wird von einer Vielzahl miteinander verbundener Faktoren, die von der Entwässerung der Zellen oder anderen physiologischen Aspekten des „wirklichen" Durstes unabhängig sind, kontrolliert.

Ratten pflegen in konstanten Situationen mehr zu trinken als in variablen Situationen. Ihr Trinkverhalten kann von regelmäßig wiederkehrenden Trinkzeiten derart kontrolliert werden, daß ihre Wasseraufnahme nicht mehr vom Deprivationszustand bestimmt wird (Collier, 1962). Für den Menschen ist das Trinken ein gewohnter Begleiter des Essens („ein Krug Wein, ein Laib Brot . . ."). Diese zwei Vorgänge können sich im Laufe der Zeit derart miteinander verbinden, daß der Anfang des Trinkens oder Essens jeweils einen Hinweis darauf gibt, daß das andere Verhalten ausgelöst wird.

Eine Reihe einfallsreicher Experimente veranschaulicht, wie man das Konsumierverhalten unter die Kontrolle ganz anderer Stimuli oder gar anderer Zustände des Motiviertseins bringen kann. Dem Experimentator war es gelungen, Ratten zum Trinken großer Mengen Wassers zu veranlassen, indem er einen schmerzhaften (kontingenten) elektrischen Reiz erst dann abbrach, wenn sie tranken. Um die Schocks zu vermeiden, lernten die Ratten also, auch nach Durststillung oder nach Befriedigung ihrer körperlichen Bedürfnisse weiterzutrinken. Hunger konnte ebenso wie Elektroreize dazu verwendet werden, um Trinkverhalten auszulösen. Hungrige Ratten wurden nur dadurch auf das Trinken enormer Wassermengen dressiert, daß Futter erst nach dem Trinken gegeben wurde (Teitelbaum, 1966).

Es liegt auf der Hand, daß dieses Konditionierungsparadigma dahingehend erweitert werden kann, daß jedes Verzehrverhalten von jedem beliebigen anderen Trieb oder von jeder anderen Reizanordnung abhängig gemacht werden kann. Hausfrauen, die darüber klagen, daß sie mehr essen, wenn sie zu Hause sind und sich fürchten, essen wahrscheinlich *nicht*, weil die Angst sie von anderen Aufgaben ablenkt, sondern weil Essen sie von ihren angstvollen Gedanken ablenkt.

Andererseits kann das Verzehrverhalten dadurch gehemmt werden, daß man ein unangenehmes Ereignis auf das Essen oder Trinken folgen läßt. Dieses Prinzip wird von Verhaltenstherapeuten bei der Behandlung von Patienten angewandt, die mit der Kontrolle von Essen, Trinken, Rauchen oder Sexualverhalten, das sie für nicht akzeptabel halten, Probleme haben. Der Gedanke oder die Handlung, die mit dem Verzehrverhalten verbunden ist, wird mit einer aversiven Konsequenz, etwa mit einem Elektroreiz, einem übelkeitverursachenden Mittel oder einem unangenehmen Bild gepaart. In Kapitel 11 werden wir diese und andere Methoden zur Behandlung von Problemen besprechen, die durch unangemessene Beziehungen zwischen Verhalten, Motiven und Werten entstehen.

Genauso wenig wie Hunger und andere Triebe, ist offensichtlich auch der Durst nicht die einfache, homogene, intervenierende Variable, die die Forscher einmal zu finden hofften. Durst wird heute als heterogenes Gebilde begriffen, das viele Nervenzentren umfaßt, die von „verschiedenen Regulatoren unterschiedlich beeinflußt werden und unterschiedliche Wirkungen auf verschiedene Reaktionssysteme ausüben" (N. Miller, 1957).

Schmerz

Die vielleicht eloquenteste Definition von Schmerz besagt, daß es eine „Verletzung ist, die wir spüren" (Sternbach, 1968). Schmerz kann von einer äußeren Verletzung herrühren: man stößt sich an einem Zeh, verbrennt sich einen Finger am heißen Ofen, oder man wird durch einen Pistolenschuß oder ein Messer verwundet. Er kann aber auch, wie wir nur zu gut wissen, aus unserem „Inneren" stammen, in Form von Zahnschmerzen, Kopfschmerzen, Menstruationsbeschwerden, Gichtschmerzen oder den unerträglichen Schmerzen, die das Endstadium der Krebserkrankung begleiten. Unsere Schmerzempfindlichkeit verleitet uns oft zu der Spekulation, wie schön es doch wäre, wenn wir keine Schmerzen empfänden. Stellen Sie sich vor, Sie wären immun gegen Schmerz!

Eine kurze Überlegung erschüttert diesen Wunschtraum schnell, denn die Qualität des Schmerzes und seine motivierenden Eigenschaften sind in Wirklichkeit besonders wertvolle Geschenke der Natur. Menschen, die von Geburt an schmerzunempfindlich sind — und das gibt es — führen ein gefährliches Leben. Einwirkungen, die einen Körperteil schwer schädigen können, bleiben unbemerkt, es sei denn, daß sie visuell wahrgenommen werden und auf eine intellektuell erlernte Weise kontrolliert werden (Critchley, 1956; Dearborn, 1932). Man sollte den Schmerz (a) als ein Signalsystem betrachten, das uns vor einer Gefährdung der Unversehrtheit des Körpers bewahrt, und (b) als ein Verteidigungssystem, das sowohl automatische Rückzugsreflexe als auch motiviertes Vermeidungs- und Fluchtverhalten auslöst. So betrachtet ist der Schmerz unentbehrlich, um mit den Wechselfällen einer gelegentlich feindlichen Umwelt, den Krankkeiten und schließlich dem körperlichen Abbau fertig zu werden.

Privater Schmerz und „öffentlicher" Schmerz. Die private Natur des Schmerzgefühls wird deutlich, wenn man jemandem seinen Schmerz erklären will. Wie könnte man einem Schmerzunempfindlichen sein Schmerzgefühl klar machen? Die Subjektivität des Schmerzes ist vergleichbar mit der der Träume, der Erinnerung und der Wahrnehmung. Wie wir jedoch bei der Besprechung dieser Phänomene bemerkt haben, müssen wir zwischen der Empfindung und dem Verhalten unterscheiden. Als Empfindung ist Schmerz kein öffentliches, reproduzierbares Ereignis und kann damit nicht Gegenstand objektiver, wissenschaftlicher Analysen sein, während Schmerz als Aktivität von Nervenzellen oder als sichtbare motorische Reaktion objektiv beschrieben und analytisch untersucht werden kann.

Ist Schmerz, der durch eine von außen herbeigeführte Gewebeverletzung zustande kommt, „realer" als ein Schmerz, dessen Ursache man nicht kennt oder dessen Ursache vielleicht nur ein Gedanke oder ein Bild ist? Schmerz kann in verschiedenen Sprachen beschrieben werden: neurologisch, physiologisch, verhaltenspsychologisch und gefühlsmäßig, aber keine dieser Sprachen liefert eine „zutreffendere" Beschreibung von „Schmerz" als die andere.

Es sind einfach gleichermaßen mögliche Arten der Beschreibung des Schmerzes unter Verwendung abstrakter Begriffe.

Schmerz als neurologisches Geschehen. Der Stimulus, der eine Abfolge neurologischer Schmerzreaktionen auslöst, stellt eine intensive oder schnelle Veränderung physischer Energie dar, die dem Gewebe Schaden zufügen kann. Anscheinend gibt es keine spezialisierten Schmerzreceptoren, sondern undifferenzierte freie Nervenendigungen, die über den ganzen Körper verteilt sind und für die Schmerzreception verantwortlich sind. Diese Impulse werden von zwei verschiedenen Typen von Nervenfasern verschiedenen Durchmessers und verschiedener Markhaltigkeit übertragen. Plötzliche, „grelle", prickelnde Schmerzempfindungen unterschiedlicher Qualität werden von phylogenetisch jüngeren, markhaltigen Fasern weitergeleitet, während langsamerer, dunkler, chronischer Schmerz von phylogenetisch älteren, marklosen Fasern weitergeleitet wird (Bishop, 1962).

Bündel solcher Fasern bilden Nerven, die in die Hinterwurzel des Rückenmarks eintreten. Diese sensiblen Fasern können nach Synapsenbildung Impulse durch die verschiedenen Rückenmarksbahnen ins Mittelhirn senden. Der Thalamus ist die Endstation für alle hereinkommenden Schmerzsignale, obwohl Schmerzfasern im Rückenmark ebenfalls mit der Formatio reticularis in Verbindung stehen. Schmerzfasern im Kopf transportieren Signale über den sensorischen Kern einer der cranialen Nervenfasern zum Thalamus.

Diese Auffassung von der Spezifität des Schmerz-Einganges, der Struktur des Schmerzes und der Schmerzreaktionen wird jedoch der Komplexität und Subtilität des Prozesses der Schmerzwahrnehmung und der Schmerzkontrolle nicht gerecht. Melzack und Wall (1965) haben die Theorie der „Schmerzschranke" entwickelt, die viele Paradoxa des Schmerzes erfolgreich integriert und sowohl die Spezifität als auch die Strukturierung des Schmerzes erklärt. Sie schlagen ein aus zwei Einheiten bestehendes kontrollierendes Feedback-System vor, das fortlaufend zur Regulierung aller Schmerzeingänge interagiert. In jedem Segment des Rückenmarks funktionieren bestimmte Zellen im Sinne des Schmerzschrankensystems, indem sie die Empfänglichkeit der Übertragungszellen für die von den peripheren Nerven einlaufenden Signale ändern. Die Zellen werden wiederum von einem zentralen Auslösemechanismus kontrolliert, der im Thalamus und anderen subcorticalen Gebieten liegt. Diese zentrale Kontrolle kann afferente Erregungen durch efferente Prozesse hemmen.

Andere Sprachen zur Beschreibung des Schmerzes. Schmerz kann auch im Sinne der physiologischen Reaktionen, die er auslöst, beschrieben werden. Im allgemeinen besteht deren Aufgabe darin, den Körper auf Aktionen vorzubereiten, die zur Vermeidung von oder Flucht vor schädlichen Einwirkungen dienen. Die spezifischen Wirkungen variieren zwar, aber sie können eine Hemmung der Magen-Darm-Aktivität, erhöhten Sauerstoffverbrauch, erhöhten Muskeltonus, Ansammlung von Blut an der verletzten Stelle des Körpers und Verengung der Arterien ergeben.

Soweit das *Verhalten* betroffen ist, nimmt die Schmerztoleranz bei allgemein verminderter sensorischer Einwirkung und bei häufiger auftretenden Schmerzen ab. Die Schmerztoleranz kann durch Ablenkung, Entspannung, motivierende Instruktionen oder Identifikation mit einer Gruppe erhöht werden. Schmerzbeschwerden variieren nach der ethnischen Gruppenzugehörigkeit. Schmerz kann auch Leistungen plötzlich unterbrechen und aggressives Verhalten auslösen.

In der *affektiven* Beschreibung findet man den Schmerz assoziiert mit Angst, Depression, Verlust der elterlichen Liebe, „regressivem" Bedürfnis nach Bestrafung und nach Reduktion von Schuldgefühlen sowie mit verbalen Beschreibungen verschiedenster Art über schmerzhafte Ereignisse.

Sternbach (1968) versuchte das verzweigte Gebilde der Schmerzforschung zu integrieren und einige Grundsätze zu entwickeln, die den Schmerz charakterisieren. Er schlägt vor, daß die Reaktion eines Individuums auf Schmerz folgende Punkte umfasse: (a) den persönlichen Wahrnehmungsstil, insbesondere die Form der Reaktion auf Angst, (b) die erlernte Assoziation physischer, schmerzauslösender Stimuli mit dem sozialen Kontext, in dem der Schmerz auftritt und (c) die innere, sensorische Modifikation dieser Schmerzreaktionen durch verschiedene kognitive Eingänge.

Psychologische Aspekte des Schmerzes. Im nächsten Kapitel werden wir untersuchen, wie der Schmerz von kognitiven Prozessen kontrolliert werden kann. Bevor wir diesen Abschnitt abschließen, wäre es noch informativ, zwei abweichende Anwendungsformen der durch Schmerz erzeugten Motivation zu betrachten: Schmerz als Folterung und Schmerz als Genuß.

Schmerz als Folterung. Während der Zeit der Ketzergerichte im europäischen Mittelalter glaubte man, daß der Teufel sehr empfindlich gegenüber Schmerz sei. Dieser Glaube lieferte die Rechtfertigung dafür, daß Frauen, die für Hexen gehalten wurden, und Männer, die angeblich vom Teufel besessen waren, unvorstellbaren Folterungen ausgesetzt wurden. Wenn die Gefolterten Schmerzreaktionen zeigten — was regelmäßig der Fall war — bewiesen sie damit, daß sie Teufel waren und wurden hingerichtet. „Vom 13. und 14. Jahrhundert an waren Angst und Schrecken so groß, daß Personen von höchstem Rang, sobald sie angeklagt wurden, ihre Position, ihr Vermögen, kurz alles hinter sich ließen und die Flucht ergriffen" (Michelet, 1962).

Als die Macht des Kirchenstaates auf den Polizeistaat überging, wurde die motivierende Wirkung des Schmerzes nicht mehr den teuflischen Kräften, sondern der ausgesprochenen Schwäche des menschlichen Fleisches zugeschrieben. Zwangsmäßige Mißhandlungen ersetzten nun die Folterwerkzeuge (zum Beispiel jemand nahe zum Ertrinken bringen, jemand ungeschützt der Sonne aussetzen). Der Mensch erkannte aber auch die psychologischen Determinanten des Schmerzes, besonders jenes Schmerzes, der durch soziale Isolation entsteht. In früheren Jahrhunderten wurden Missetäter für den Rest ihres Lebens in ein Verlies eingemauert, das nur einen Schlitz besaß, wodurch das tägliche Stück Brot hineingeworfen wurde. Aus dieser Folterung, ironischerweise das *in pace* (Ort des Friedens) genannt, wurde später die Einzelhaft unserer Strafanstalten und neuerlich die psychologische Isolation, wie sie als Teil der „Gehirnwäsche" von den chinesischen Kommunisten während des Koreakrieges angewandt wurde (Schein, 1965).

Abb. 7-5. In dieser Statue zeigt Bernini die Ekstase der hl. Theresa. Sie berichtete in ihrer Autobiographie, daß es schiene, als hätte ein Engel ihr Herz mit einem feurigen Speer durchbohrt, „und so groß war für mich die Süße des Schmerzes, daß ich ihn nicht vermissen möchte"

Schmerz als Genuß. Schmerz als ein unvermeidliches Ergebnis von Folterung zu erkennen ist einfach, daß Schmerz jedoch auch Lustquelle sein kann, ist weniger einleuchtend. Und doch besitzen wir seit den frühesten Tagen des Christentums Schriften von Mystikern, die glaubten, daß man durch das Ertragen von Schmerz die körperlichen Sinne transzendieren und einen höheren Seinszustand erreichen könne. Die Barriere zwischen Schmerz und Genuß verschwand, wenn das Leiden für Gott die letzte Empfindung war, die man in diesem vergänglichen Leben erstreben konnte.

„Schlage mich!", sagte der Masochist. „Nein", erwiderte genüßlich der Sadist. Die Romane von Leopold von Sacher-Masoch und dem Marquis de Sade aus dem 19. Jahrhundert gaben dem perversen sexuellen Genuß, den manche Menschen empfinden, wenn sie sich selbst oder ihrem Sexualpartner Schmerz zufügen, seinen Namen. Es wurde vermutet, daß one-trial Konditionierung für Fälle, in denen Schmerzempfindung für die sexuelle Befriedigung unerläßlich wird, verantwortlich ist. Bei der Besprechung der Ursprünge dieses Verhaltens weist Paul Gebhard (1965) vom Kinsey Institut für Sexualforschung auf das Auftreten einer ungewöhnlichen Kombination situativer Faktoren hin, wie sie vom Heranwachsenden zu Beginn der Pubertät erlebt werden können. Er führt den Fall eines Jungen an, der sich den Arm gebrochen hatte. Während der Arm eiligst ohne Narkose wieder gesetzt wurde, streichelte die attraktive Krankenschwester den Jungen, während sie seinen Kopf an ihre Brust drückte. Dieses Erlebnis einer „eindringlichen und ungewöhnlichen Kombination von

Schmerz und sexueller Erregung" führte nicht nur dazu, daß er sich als Erwachsener zu Frauen hingezogen fühlte, die ihr Haar wie die Krankenschwester trugen, sondern beeinflußte auch seine heterosexuellen Beziehungen, die sowohl von sadistischen wie auch masochistischen Tendenzen geprägt waren.

„Ein anderes Beispiel betrifft einen Mann, der nun in den dreißiger Jahren ist und der, als er in die Pubertät kam, noch keinerlei sexuelle Erregung erfahren hatte. Er wurde damals in eine kindliche Balgerei mit einem Mädchen verwickelt, das etwas größer und kräftiger war als er. Während er unter ihr kämpfte und sich wand, erlebte er seine erste bewußte und noch dazu besonders starke sexuelle Erregung. Dieses eine Erlebnis bestimmte seither sein Verhältnis zu Frauen. Er fühlte sich immer zu großen, muskulösen, dominanten Frauen hingezogen und versuchte, bei seinen heterosexuellen Kontakten den gleichen Ringkampf zu inszenieren. Er hat, was nicht überrascht, einige masochistische Attribute entwickelt" (Gebhard, 1965).

d Der Sexualtrieb

Jeder denkt an Sex, und die meisten Menschen beschäftigen sich ein Leben lang in der einen oder anderen Weise damit. Wenn die der Lebenserhaltung dienenden Bedürfnisse eines Individuums einmal befriedigt sind, wird sexuell motiviertes Verhalten eine dominierende Kraft in der Lebensgestaltung des Einzelindividuums und der Gesellschaft. Die weiter oben bereits erwähnte Untersuchung von Cameron und seinen Mitarbeitern ergaben zum Beispiel, daß College-Studenten während einer Pflichtvorlesung ein Viertel der Zeit mit Tagträumen sexuellen Inhalts verbrachten (Cameron et al., 1968).

Trotz der Bedeutung des Sexualtriebes wurde ihm nicht die wissenschaftliche Aufmerksamkeit geschenkt, die er verdient. Großenteils kann das auf starke kulturelle Restriktionen, unter denen jede Diskussion über Sex steht — sogar wenn er der Gegenstand von Grundlagenforschung ist — zurückgeführt werden. Der größte Teil unseres wissenschaftlichen Wissens über die Determination der sexuellen Erregung und die Arten der sexuellen Reaktion stammt aus dreierlei Quellen: anthropologischen Studien „primitiver" Völker, ethologischen Feldstudien über Werbungs- und Paarungsverhalten bei Tieren und einigen kontrollierten Untersuchungen der physiologischen und Erlebnisfaktoren des sexuellen Verhaltens bei nichtmenschlichen Lebewesen. (Als wegbereitend ist die Arbeit von Frank Beach, 1948, zu betrachten.)

Bis vor wenigen Jahrzehnten war die Untersuchung des menschlichen Sexualverhaltens in erster Linie auf klinische und anekdotenhafte Berichte über sexuelle Abnormitäten beschränkt, wie in dem klassischen Werk über Perversion von Krafft-Ebing (1932). Ein starker Impuls wurde der Erforschung des normalen Sexualverhaltens beim Menschen durch die Arbeit Kinseys und seiner Mitarbeiter (1948, 1953) gegeben, wenn sich auch das gesammelte Material auf Interviewprotokolle beschränkte. Es blieb dem Team William Masters und Virginia Johnson (1966, 1970) überlassen, die traditionellen Tabus zu brechen, indem sie die physiologischen Vorgänge und Verhaltensmuster beim menschlichen Geschlechtsverkehr und bei sexuellen Störungen direkt beobachteten und aufzeichneten.

Es wird erwartet, daß das nächste Jahrzehnt einen vielfachen Anstieg unseres wissenschaftlichen Wissens über die Natur des Sexualtriebes beim Menschen bringen wird.

Es wird auch interessant sein zu beobachten, ob Veränderungen der sozialen Bindungen und geltenden Definitionen in bezug auf „annehmbares" Sexualverhalten den durchdringenden Einfluß, den sexuelle Motivation auf unser Verhalten ausübt, modifizieren werden. Gegenwärtig verkauft sich nicht nur Sex an sich (in Form von Prostitution und Pornografie), sondern praktisch alles, was mit Sex in Verbindung gebracht werden kann, von Illustrierten und der Unterhaltungsindustrie bis zu Autos, Zigaretten und sogar Nahrungsmitteln. Ernest Dichter (1964), Präsident des Instituts für Motivationsforschung, berichtet:

„Bei unseren Studien fanden wir erstaunliche Gegensätze in den sexuellen Merkmalen von Nahrungsmitteln. Reis wird als etwas Feminines betrachtet, aber Kartoffeln sind maskulin; Tee ist feminin und Kaffee stark maskulin. Die zwei Extreme sind Fleisch und Kuchen, wobei letzteres das femininste Nahrungsmittel ist. Einige Speisen sind bisexuell, unter ihnen Brathuhn und Orangen (S. 66)".

Wird der Mensch lustbetonter und mehr von sexueller Leidenschaft beherrscht werden, oder wird er weniger in Anspruch genommen und weniger beeinflußt werden vom Reiz des

Sexuellen, je mehr sich die „sexuelle Revolution" der siebziger Jahre durchsetzt? Was werden Ihrer Meinung nach die langfristigen Konsequenzen der liberalen Handhabung von Abtreibung, Pornografie und des Sexualstrafrechts sowie die der Sexualerziehung in der Schule, der Partnerwahl durch Computer, von Gruppenehen, öffentlicher Nacktheit, Anti-Baby-Pillen und gemeinsamen Schlafsälen in Gemeinschaftsschulen sein?

Was unterscheidet die Sexualität von allen anderen Trieben?

In verschiedener Hinsicht nimmt der Sexualtrieb in unserer Analyse der Motivation einen einzigartigen Platz ein.

1. Er ist nicht notwendig zum Überleben des Einzelnen, wie die Möglichkeit, unverheiratet zu bleiben, bestätigt; er ist ein „altruistisches" Mittel, um das Fortbestehen einer Rasse sicherzustellen.
2. Seine Erregung ist unabhängig von Deprivation mit Ausnahme einer variablen Erholungsphase nach der Ejakulation beim Mann.
3. Er kann von nahezu jedem wahrnehmbaren Stimulus erregt werden.
4. Die Erregung des Triebes wird genauso aktiv angestrebt wie seine Befriedigung.
5. Er liefert die Motivation zu einer ungewöhnlichen Vielzahl von Verhaltensweisen und psychologischen Prozessen.
6. Es ist unklar, worin die Zielreaktion besteht, wodurch sein Status als homöostatische Funktion in Frage gestellt wird.

Was verstehen Sie unter „Sexualität"?

Überraschenderweise sind sich die Wissenschaftler, die „Sexualverhalten" untersuchen, ganz und gar nicht darüber einig, was das „Sexuelle" eigentlich ausmacht. Einige sehen nur die Verschmelzung der Gameten beim Verkehr als grundlegend wichtig an; andere behaupten, daß der heterosexuelle Geschlechtsverkehr das ist, worum es beim Sexuellen geht. Aber Befruchtung und Kopulation sind nur ein kleiner Teil eines größeren, komplexen Verhaltensmusters, das das Anlocken eines Partners (unter Anwendung von Verhaltensweisen, die dazu geeignet sind, Aufmerksamkeit auf sich zu lenken), Werbung, Vorspiel, Nestbau und Aufzucht der Nachkommen, die aus der sexuellen Gemeinschaft hervorgehen, beinhaltet. Wieder andere Wissenschaftler betonen die *Geschlechtsrolle* und die Lernerfahrungen, die bestimmen, was männliches oder weibliches Verhalten ist.

Die spezifischen Verhaltensweisen, die tatsächlich zu beobachten sind, müssen wir innerhalb dieser generellen Klassifikation dessen, was unter „sexuell" verstanden wird, zu finden suchen. Jede einzelne Komponente des Geschlechtsakts ist eine Verhaltensweise, die ihren eigenen auslösenden Stimulus hat und von verschiedenen neuralen, hormonalen und Umweltbedingungen unterschiedlich beeinflußt werden kann. Beispielsweise könnte man in der Analyse des „einfachen" Sexualverhaltens der männlichen Ratte die Latenzzeit, Dauer und/oder Häufigkeit der versuchten Besteigungen, tatsächlich vollzogenen Besteigungen, Einführungen des Penis, Ejakulationen und Wiederholung dieser Sequenz aufzeichnen. Die Beschreibung und Messung der einzelnen Reaktionseinheiten oder Verhaltensmuster des Sexualverhaltens, die für die Beobachtung ausgewählt wurden, sollte so objektiv, quantifiziert und explizit wie möglich sein.

Woran merken Sie, ob Sie ♂ oder ♀ sind?

Welchen Geschlechts Sie sind, mag vielleicht genauso klar für Sie sein, wie das, was unter Sexualverhalten zu verstehen ist. Ihr diesbezügliches Selbstvertrauen stützt sich jedoch auf eine Anzahl verschiedener Geschlechtsvariablen, von denen Sie annehmen, daß sie kongruent sind: (a) genetisches Geschlecht, bestimmt durch die XX (♀) oder XY (♂) Chromosomenanordnung, (b) hormonales Geschlecht, bestimmt durch die Vorherrschaft von Androgenen (♂) oder Oestrogenen (♀), (c) durch die Gonaden bestimmtes Geschlecht (Hoden bzw. Eierstöcke), (d) Geschlecht im Sinne der Fortpflanzung, bestimmt durch entsprechende innere Organe, (e) körperliches (morphologisches) Geschlecht, bestimmt durch die äußeren Genitalien, (f) zugeschriebenes Geschlecht, festgestellt von Eltern und Ärzten, (g) psychologisches Geschlecht oder Geschlechtsrolle, bestimmt durch die anerzogene Identifikation mit der männlichen bzw. weiblichen Geschlechtsrolle.

Natürlich stimmen all diese Determinanten im allgemeinen überein. Aber gelegentlich mischt die Natur diese Variablen zu inkongruenten Kombinationen und produziert dabei einen sog. *Hermaphroditen*: „ein Individuum, bei welchem zwischen den vorherrschenden primären Geschlechtsmerkmalen auf der einen Seite und der Struktur der Geschlechtschromosomen, den Gonaden, Hormonen oder inneren Reproduktionsorganen auf der anderen Seite, entweder im einzelnen oder in der Kombination ein Widerspruch besteht" (Hampson, 1965). Die Existenz des Hermaphroditismus zeigt, daß die *Geschlechtsdifferenzierung* bei der Geburt und für einige Zeit nach der Geburt noch nicht vollständig ist.

Es gibt eine kritische Periode für die Vollendung dieser Geschlechtsbestimmung: Es scheint, als sei die Zeit, zu der ein Kind seine Muttersprache lernt, vielleicht die letzte Periode, in der eine Neuzuschreibung des Geschlechtes eines hermaphroditischen Kindes möglich ist, ohne daß daraus eine psychologische Fehleinstellung des Kindes resultiert. Material über Fälle, bei denen die Eltern dem Kind nach einiger Zeit ein anderes Geschlecht als anfänglich zuschrieben, zeigt, daß Störungen der Sexualität und der Persönlichkeit desto wahrscheinlicher sind, je später diese Änderungen erfolgen (Hampson, 1965).

Während der embryonalen Entwicklung kann in die Geschlechtsdifferenzierung eingegriffen werden, indem Hormone verabreicht werden oder die Geschlechtsdrüsen bei Säugetieren entfernt werden (Kastration). Experimente, bei denen genetisch männliche Kaninchen vor dem 24. Tag in der Embryonalentwicklung kastriert wurden, führten zu einer Feminisierung des Reproduktionssystems. Kastration nach dem 24. Tag beeinflußte die Differenzierung zum männlichen Geschlecht hin nicht, woraus sich eine höchst spezifische, kritische Periode zur Geschlechtsdifferenzierung ergibt (Jost, zitiert in Jones und Scott, 1958). In einer anderen kritischen Periode der embryonalen Entwicklung ist *Androgen* als aktive, organisierende Substanz (s. Kapitel 2) für die Entwicklung der männlichen Genitalien und der inneren Fortpflanzungsorgane nötig. „... Ohne Androgen ist es der primäre Impuls der Natur, ein weibliches Lebewesen entstehen zu lassen — zumindest morphologisch gesprochen" (Money, 1965, S. 8).

Bis zu welchem Grad „Jungen Jungen sein werden" und „Mädchen Mädchen sein werden" wird von frühen elterlichen Erziehungspraktiken stark beeinflußt, die die Entwicklung auf die entsprechende Geschlechtsrolle hin entweder fördern oder behindern können.

Eine Untersuchung von vierjährigen Kindern zeigte, daß einige Kinder beiderlei Geschlechts dazu neigten, „feminisiert" zu werden, und zwar als Folge (einer oder mehrerer) der nachstehenden Bedingungen während der ersten vier Jahre: (a) Ängstlichkeit des Vaters in bezug auf sexuelle Dinge, (b) Strenge der Mutter und eine nicht-permissive Einstellung der Mutter gegenüber Aggressivität, (c) häufige körperliche Bestrafung und Verspottung, (d) schwere Entwöhnung von der Mutterbrust, Sauberkeitserziehung und strenge Beobachtung der „Tischmanieren". Ein Mädchen wurde mehr „maskulinisiert", wenn sich der Vater ihr gegenüber in bestimmter Weise verhielt: Er nahm an ihrer Pflege in der frühen Kindheit teil, war ihr sehr zugetan, belohnte sie für abhängiges Verhalten, verhielt sich permissiv und lobte viel, aber zeigte mehr Distanz, als sie vier Jahre alt war (Sears, 1965).

Eine andere kritische Periode, in der Umweltfaktoren einen starken Einfluß auf den Aufbau der Geschlechtsrolle, zumindest bei Männern, ausüben, ist die Pubertät (Gebhard, 1965).

Sexuelles Verhalten

Die äußeren sexuellen Reaktionen bei Tieren sind wegen ihrer Variabilität *zwischen* den Species und ihrer Übereinstimmung *innerhalb* der Species bemerkenswert. Die grenzenlose Phantasie des Menschen, des Empirikers, bringt jedoch eine enorme Vielfalt sexueller Verhaltensweisen hervor.

Der Einfluß der Oestrogene auf den weiblichen Sexualtrieb ist am deutlichsten bei den niedrigeren Säugetieren zu beobachten. Beim Eisprung, wenn das Blut mit Oestrogenen angereichert wird, verliert das weibliche Tier seine sonst indifferente Haltung gegenüber dem Männchen und wird in seinem Sexualverhalten hochgradig empfänglich oder gar aggressiv auffordernd. Dieses als Brunft bekannte Verhalten ist ein Anzeichen dafür, daß das weibliche Tier paarungsbereit ist. Die Verhaltenssignale an das männliche Tier sind artspezifisch stereotypisierte Reaktionen, die dazu bestimmt sind, seine Aufmerksamkeit anzuziehen und auf die Genitalzone des Weibchens zu lenken. Im Falle des Menschen unterliegen Frauen nicht einer solchen inneren hormonalen Kontrolle und weisen die Männer nur aus freien Stücken auf ihr sexuelles Interesse hin, wobei eine große Anzahl gelernter Faktoren eine Rolle spielen.

Die sexuelle Reaktion bei Tieren steht auch unter der Kontrolle von Duftreizen, besonders bei weiblichen Tieren. Diese „süßen Düfte des Sexus" werden Pheromone genannt. Wenn man weibliche Mäuse zwingt, eng zusammen zu leben, kann dies Pseudoschwangerschaften hervorrufen — die verhindert werden können, indem man ihre Riechkolben im Gehirn entfernt. Bereits befruchtete weibliche Mäuse werden nicht trächtig, wenn man sie den Uringeruch eines geschlechtsreifen Männchens, das aber nicht ihr eigentlicher Befruchter ist, riechen läßt. Mit noch größerer Häufigkeit tritt diese Schwangerschaftsverhinderung auf, wenn der Uringeruch von einem Männchen einer anderen Art stammt. Männliche Rhesusaffen zeigen geschlechtliche physiologische Veränderungen wie z. B. Vergrößerung der Hoden, wenn sie den Erregungsgeruch von Weibchen, die durch Hormonspritzen in einen Erregungszustand gebracht wurden, im Nachbarkäfig riechen. Setzt man eine sexuell potente männliche Maus in einen Käfig mit Weibchen, so löst das ein Wiedereinsetzen der Erregungsperiode bei den Weibchen aus; viele von ihnen geraten sofort in einen Erregungszustand (Parkes u. Bruce, 1961).

Die Variabilität im Kopulationsverhalten soll an einigen Beispielen demonstriert werden: Affen bleiben bei der Kopulation nur ungefähr 15 Sekunden zusammen, Zobel jedoch bis zu acht Stunden. Raubtiere wie Bären und Löwen kopulieren stundenlang, während Wild, wie zum Beispiel Antilopen höchstens ein paar Sekunden während des Laufens kopulieren. Die männliche Ratte dringt zehn bis zwölf mal nacheinander kurz ein, bevor sie ejakuliert. Die Häufigkeit des Geschlechtsverkehrs beim Menschen variiert laut Kinseys Report von zehn- bis fünfzehnmal am Tag bis zu gelegentlichen Ferienerlebnissen. Während die meisten Säugetiere die dorsal-ventrale Stellung benutzen, ist die Gesicht-zu-Gesicht-Position für den Menschen typischer.

Die Erregung von sexuellen Verhaltensmustern führt zu einer komplexen Stimulus-Reaktions-Verkettung zwischen dem männlichen und weiblichen Geschlechtspartner, die für eine erfolgreiche Befruchtung koordiniert werden muß (Schein und Hale, 1965). Eine der häufigsten Klagen und Ursachen für Frustration bei verheirateten Frauen ist mangelnde Übereinstimmung mit ihren Ehemännern im Erregungsverlauf und beim Zeitpunkt des Orgasmus.

Die Bedeutung frühzeitiger Erfahrung. Frühe Erfahrungen haben sich als Faktoren erwiesen, die Aufnahme, Aufrechterhaltung und Weiterentwicklung des Sexualverhaltens von Lebewesen beeinflussen. Beach (1958) zeigte, daß Ratten, die bereits vor ihrer Entwöhnung in Isolation aufgezogen wurden, adäquate sexuelle Verhaltensmuster zeigen. Andere Forschungen zeigen jedoch, daß frühe soziale Erfahrung eine notwendige Bedingung für „normales" Sexualverhalten ist. Bei einem — auf Grund zahlreicher Meßwerte — angestellten Vergleich von männlichen Ratten, die in Isolation aufgezogen worden waren, mit solchen, die in Gemeinschaften mit weiblichen Ratten aufgezogen worden waren, stellte Zimbardo (1958) fest, daß die isolierten männlichen Ratten in ihrem Sexualverhalten in jeder Hinsicht relativ ineffizient waren. Diese Beeinträchtigung des Sexualverhaltens, die auf die soziale Isolation zurückzuführen ist, wurde auch beim Vergleich von isolierten Ratten, die in für die Geschlechter getrennten, nebeneinanderliegenden Käfigen aufgezogen wurden, mit solchen, die mit anderen männlichen und weiblichen Ratten zusammen aufgezogen wurden, beobachtet (Gerall et al., 1967).

In der Zusammenfassung der umfassenden Forschung über die bedeutende Wirkung sexueller und sozialer Erfahrung auf späteres Sexualverhalten sagt Rosenblatt (1965), daß Erfahrung sogar die Wirkung von Hormonen und von Kastration modifizieren kann. „Als soziale Bindung entwickelt sich Sexualverhalten aus affektiven Reaktionen zwischen Lebewesen und wurzelt in sozialen Reaktionsweisen, die in einem früheren Lebensabschnitt entwickelt wurden".

Sexuelle Erregung und Reaktion beim Menschen. Sexuelle Aktivität kann bei manchen Kindern bereits von Geburt an beobachtet werden und bis weit ins Greisenalter andauern. Das Alter fordert jedoch seinen Tribut in der Weise, daß der männliche Geschlechtstrieb zwischen der Pubertät und den frühen Zwanzigern seinen Höhepunkt erreicht und danach stetig abnimmt. Für Frauen trifft in etwa die gleiche Verallgemeinerung zu, aber kulturelle Faktoren komplizieren die Sache. Die Abnahme des Geschlechtstriebes mit zunehmendem Alter ist zum Teil eher auf schlechte Gesundheit und schnellere Ermüdung zurückzuführen als auf eine sich natürlich entwickelnde „Abkühlung des Blutes". Obwohl die Androgene mit zunehmendem Alter abnehmen, wird im

Kinsey-Report von Fällen berichtet, in denen Männer in den Fünfzigern durchschnittlich 14 mal pro Woche geschlechtlich verkehrten; Mae West konnte sich, als sie schon achtzig war, immer noch ihres „Sex appeals" rühmen. Schlechte Ernährung vermindert den Sexualtrieb (wie wir in den Unterernährungsexperimenten gesehen haben), genauso wie übermäßiger Alkohol- oder Drogengenuß. Ähnlich hemmend wirken sich belastende persönliche Probleme, Angst vor den Folgen oder Überbewertung der Sexualität als Leistung aus. Eine Verminderung der männlichen Reaktionsfähigkeit gegenüber einer früher erregungswirksamen Partnerin wurde bei vielen Species, einschließlich der menschlichen, festgestellt. Dieser Reizsättigungseffekt verschwindet, wenn ein neuer weiblicher Geschlechtspartner gewählt wird (Beach, 1965). Bis jetzt wurde noch keine Untersuchung darüber durchgeführt, ob die weiblichen Geschlechtspartner der jeweiligen Species ebenso ihre sexuelle Reaktionsfähigkeit verlieren, wenn sie immer wieder mit dem gleichen Geschlechtspartner verkehren.

Einer der äußeren Stimuli, die sexuelle Erregung auslösen, ist die taktile Reizung der erogenen Körperzonen, wobei Frauen für Berührungen empfänglicher sind als für andere Formen der Stimulation. Männer werden leichter als Frauen durch visuelle und verbale erotische Stimulation und Bilder sowie durch ihre eigenen Phantasien erregt (Money, 1965). Während Männer beim Liebesspiel leichter ablenkbar sind, ist beim Coitus genau das Gegenteil der Fall. Bei den Tieren macht seine totale Konzentration das Männchen sogar blind gegenüber gefährlichen Stimuli, aber sein Erregungszustand hört völlig auf, wenn ein entsprechender Reiz es ablenkt. Im Gegensatz dazu scheint das Weibchen eher dazu fähig zu sein, auf zwei Dinge gleichzeitig zu achten (Gantt, 1949).

Kulturelle Variationen im Sexualverhalten. Der Sexualtrieb und damit verbundene Verhaltensweisen stehen unter dem kontrollierenden Einfluß einer großen Anzahl kultureller Erfahrungen. Wir werden uns dieser Tatsache ganz besonders bewußt, wenn wir uns selbst mit anderen Kulturen vergleichen. Margaret Mead's (1938) Analyse von Mädchen aus Samoa und den USA enthüllte, daß die physiologischen Störungen und psychologischen Spannungen, die die Pubertät in den USA begleiten, erlernt sein müssen, denn in Samoa fehlen sie völlig.

Ein anderer Anthropologe beschrieb das Muster des Sexualverhaltens der Bevölkerung auf den Melanesischen Inseln im südwestlichen Pazifik, deren Sexualverhalten mit einem großen Teil unserer grundsätzlichen Auffassungen nicht übereinstimmt.

Da der Geschlechtstrieb als mächtiger Impuls, der befriedigt werden muß, angesehen wird, aber vorehelicher Geschlechtsverkehr verboten ist, werden junge Männer und Frauen zur Masturbation ermutigt. Um diesen Triebzustand weiterhin zu entspannen, pflegen alle jungen Männer mit Billigung der Gemeinschaft homosexuellen Verkehr. Es gibt jedoch

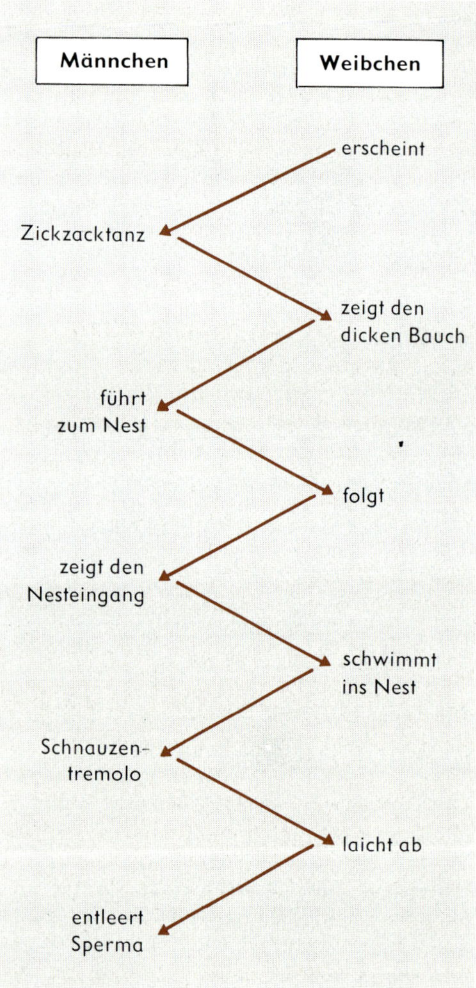

Abb. 7-6. Das Paarungsverhalten des dreistacheligen Stichlings (Gasterosteus aculeatus) (nach Tinbergen, 1952)

keine Anzeichen für eine spätere sexuelle Inversion, bei der die Männer ihre Geschlechtsgenossen als Sexualpartner vorziehen würden. Die voreheliche Keuschheit wird so streng bewahrt, daß unverheiratete Frauen und Männer völlig getrennt sind und nicht einmal miteinander sprechen oder sich ansehen dürfen, wenn sie Gelegenheit haben, sich zu treffen. Die Folge davon ist ein starkes Schamgefühl, Ungeschicklichkeit und Schwierigkeiten während der „qualvollen Anpassungsperiode" zu Beginn ihres Ehelebens (Davenport, 1965).
Angesichts des Fehlens jedes heterosexuellen Kontakts vor der Ehe und der großen Ungeschicklichkeit während der „Flitterwochen" überrascht es irgendwie, daß die meisten melanesischen Ehepaare schließlich doch eine gute sexuelle Anpassung erreichen. Zu den Lebensbedingungen in dieser Gesellschaft, die vielleicht dazu beitragen, diesen scheinbaren Widerspruch zu erklären, gehört das offene und freie Gespräch innerhalb der Familie über alle sexuellen Dinge und die grundsätzliche Auffassung, daß die sexuelle Befriedigung in der Ehe ein natürlicher Ausdruck eines nicht zu leugnenden menschlichen Triebes ist.

e Das Wesen psychologischer und sozialer Motivation

Bei der Besprechung der biologischen Motivation haben wir genügend Wechselbeziehungen zwischen inneren und äußeren Bedingungen und genügend Beispiele der zentralen Rolle, die Konditionierung, Erwartung und Angst spielen, kennengelernt, um zu verstehen, wie willkürlich die Zweiteilung in biologische Triebe und soziale Motive ist. Die Motive, die als *psychologisch* klassifiziert werden, sind jene, welche weder von neurophysiologischen Stimulationsformen noch von der Deprivation biologisch relevanter Zielsubstanzen oder -aktivitäten hervorgerufen werden. Es wird angenommen, daß diese psychologischen Motive erlernt oder erworben sind und daher gänzlich mit Begriffen der äußeren Stimulusbedingungen, die die relevanten Verhaltensweisen auslösen und aufrechterhalten, analysiert werden können.
Der Mensch scheint, ganz allgemein gesehen, psychologische Bedürfnisse zu entwickeln, die sich in den sozialen Strukturen seiner jeweiligen Kultur ausdrücken. Er braucht Sicherheit, er braucht die Reaktionen anderer durch den Austausch von Liebe und Achtung, er benötigt Selbstgeltung und gleichzeitig das Streben nach Selbstbesserung, er muß neue Erfahrungen suchen, und schließlich hat er auch das Bedürfnis, von der Umwelt akzeptiert und anerkannt zu werden. Obwohl diese Bedürfnisse manchmal von anderen Bedürfnissen und von Hindernissen in der Umgebung überwältigt werden, ist ihre Befriedigung nichtsdestoweniger für die gesunde Entwicklung des Individuums unentbehrlich. Psychologen haben die Erfahrung gemacht, daß die Frustrierung der psychologischen Motive eines Menschen — obwohl sie nicht direkt zum Tode führt, wie es bei einer lang anhaltenden Vereitelung der meisten biologischen Triebe der Fall ist — letztlich zu emotionalen Störungen oder gar zu einer somatischen Krankheit führen kann.
Die Unterscheidung zwischen physiologisch und psychologisch bedingter Motivation kann niemals klar getroffen werden, da jedes Verhalten auf äußere Stimuli reagiert und dabei eine physiologische Verarbeitung der Information und efferente Aktivierung stattfinden müssen. Desgleichen ist die Trennung zwischen psychologischen und sozialen Motiven nicht scharf, da sogar abwesende Individuen die Bedürfnisse anderer Individuen erwecken können, als ließe die Entfernung die Zuneigung wachsen

Abb. 7-7. Die Bedeutung psychologischer Motive und die enge gegenseitige Abhängigkeit der biologischen und psychologischen Motivation ist deutlich erkennbar in der Art und Weise, wie Rückschläge oder Sorgen plötzlich die Dringlichkeit physiologischer Triebe verringern und die Attraktivität biologischer Verstärker verändern

Tabelle 7-1. *Klassifikation menschlicher Bedürfnisse und Motive (Nach Prescott, 1938; Edwards, 1959, und Murray, 1938)*

Es gab schon viele Versuche, menschliche Bedürfnisse und Motive zu klassifizieren. Eine dieser Einteilungen nimmt drei Kategorien von Bedürfnissen an (Prescott, 1938).

Physiologische	Bedürfnisse nach lebenswichtigen Stoffen und Lebensbedingungen, nach einem bestimmten Rhythmus zwischen Aktivität und Ruhe, und nach sexueller Aktivität.
Soziale	Bedürfnisse nach Zuneigung, Zugehörigkeit und Beliebtheit bei anderen.
Ich-integrierte	Bedürfnisse nach einem Bezug zur Realität, nach Übereinstimmung mit der Realität, fortschreitender Symbolbildung, zunehmender Selbststeuerung, einem gerechten Verhältnis zwischen Erfolg und Mißerfolg und schließlich nach der Erlangung der Selbstunabhängigkeit.

Eine andere Klassifikation zählt fünfzehn „manifeste Bedürfnisse" auf, die in jedem Menschen in mehr oder weniger starker Ausprägung vorhanden sind (Edwards, 1959). Diese Items stammen von einer älteren Liste, die aus Antworten des Thematischen-Apperceptions-Tests zusammengestellt wurde (Murray, 1939).

Leistung	Sein Bestes geben; erfolgreich sein; Aufgaben meistern, die Geschick und Anstrengung erfordern; eine anerkannte Autorität sein; etwas Bedeutendes vollbringen; schwierige Aufgaben bewältigen.
Selbstzurückstellung	Von anderen Vorschläge bekommen; herausfinden, was andere denken; Anweisungen befolgen und tun, was von einem erwartet wird; andere rühmen; die Führerschaft anderer akzeptieren; sich Gepflogenheiten anpassen.
Ordnung	Dinge sauber und in Ordnung halten; im voraus planen; Arbeiten bis ins letzte Detail organisieren; Angelegenheiten so arrangieren, daß sie reibungslos vonstatten gehen und es zu keiner unvorhergesehenen Veränderung kommt.
Exhibition	Kluge und witzige Sachen sagen; die Beachtung anderer durch die eigene Erscheinung auf sich ziehen; etwas sagen, nur um die Wirkung auf andere zu sehen; über persönliche Erfolge sprechen.
Autonomie	Kommen und gehen können, wie man will; sagen können, was man über das eine oder andere denkt; bei Entscheidungen von anderen unabhängig sein; etwas ohne Berücksichtigung dessen tun, was andere darüber denken.
Geselligkeit	Loyal gegenüber Freunden sein; an einer freundschaftlich verbundenen Gruppe teilhaben; enge Beziehungen anknüpfen; etwas mit Freunden gemeinsam haben; Briefe an Freunde schreiben; so viele Freunde wie möglich gewinnen.
Menschenverständnis	Motive und Gefühle der Menschen analysieren können; verstehen, wie andere bestimmte Probleme empfinden; die Menschen mehr danach beurteilen, warum sie etwas tun, als danach, was sie tun; das Verhalten anderer vorhersagen.
Beistand	Sich der Hilfe anderer versuchen; Ermutigung bei anderen suchen; Entgegenkommen und Mitgefühl bei anderen finden; viel Zuwendung von anderen bekommen.
Dominanz	Den eigenen Standpunkt vertreten; Führer in einer Gruppe sein; andere überreden und beeinflussen; die Handlungen anderer überwachen und lenken.
Selbsterniedrigung	Sich schuldig fühlen, wenn man etwas falsch gemacht hat; Schuld auf sich nehmen, wenn etwas schief läuft; das Gefühl haben, daß persönliches Leid und Not mehr Gutes als Schlechtes an sich haben; sich minderwertig und unzulänglich fühlen.
Hilfsbereitschaft	Freunden helfen, wenn sie in Not sind; andere freundlich und mitfühlend behandeln; anderen vergeben und ihnen den Gefallen tun; Zuneigung zeigen und das Vertrauen anderer suchen.
Abwechslung	Neue und andere Dinge tun; reisen, neue Menschen treffen; Erneuerung und Abwechslung in der täglichen Routine erleben; sich an neuen und verschiedenen beruflichen Aufgaben erproben; an neuen Moden und Gags teilnehmen.
Ausdauer	Bei einer Aufgabe bleiben, bis sie vollendet ist; an einer Aufgabe angestrengt arbeiten; eine Sache nach der anderen erledigen; an der Lösung eines Problemes weiterarbeiten, obwohl noch kein Fortschritt zu erkennen ist.
Heterosexualität	Sich an sozialen Aktivitäten mit dem anderen Geschlecht beteiligen; in ein Mitglied des anderen Geschlechts verliebt sein; von Mitgliedern des anderen Geschlechts für äußerlich attraktiv gehalten werden.
Aggressivität	Entgegengesetzte Meinungen angreifen; andere „anschnauzen"; sich für Beleidigungen rächen; andere dafür verantwortlich machen, wenn etwas schief geht; andere öffentlich kritisieren; sich Gründe für Gewaltanwendung zurechtlegen.

(Abbildung 7-7). Andererseits verkehren Menschen oft miteinander, um nichtsoziale Bedürfnisse wie Habgier und Frustration zu befriedigen.

Obwohl bestimmte grundlegende psychologische Bedürfnisse (zum Beispiel das Bedürfnis nach Sicherheit und sozialer Anerkennung) bei jedem Menschen vorhanden zu sein scheinen, hängt doch die Art und Weise, in der sie befriedigt werden, von der Umwelt des Individuums und von seiner emotionalen Entwicklung ab. Die motivationale Struktur eines Individuums wird um so komplexer, je größer seine Erfahrung wird. Der Erwachsene hat zum Beispiel viele Motive in seiner Rolle als Ehepartner, Vater oder Mutter oder auch als Berufstätiger, die er als Kind nicht hatte. Es sind viele Versuche unternommen worden, um die Bedürfnisse und Motive erwachsener Menschen zu kategorisieren. Zwei dieser Versuche werden in der Tabelle 7-1 zusammengefaßt.

Psychologische Motive unterscheiden sich von biologischen Trieben in dem *Ausmaß*, in dem sie von Lernprozessen beeinflußt sind, und in der Natur der Stimulusbedingungen, durch die sie hervorgerufen und befriedigt werden. Soziale Motive können nur insofern von psychologischen unterschieden werden, als der Nachweis gelingt, daß die Veranlassung des Motivs und die Verstärkung des motivierten Verhaltens eine wirkliche oder imaginäre Interaktion mit anderen Menschen voraussetzt oder nicht.

Im nächsten Kapitel werden wir die Auswirkungen sozialer Motivation genauer untersuchen. Im 4. Teil werden wir dann sehen, wie psychologische, soziale und kognitive Faktoren bei der Entwicklung der Persönlichkeit zusammenwirken, und wir werden einige der Probleme beleuchten, die entstehen können, wenn motiviertes menschliches Verhalten auf irgendeine Weise beeinträchtigt wird. Hier aber wollen wir untersuchen: (a) wie zwei starke psychologische Triebe — Angst und Furcht — erlernt werden können, (b) welche Bedeutung die Deprivation und Befriedigung sozial-psychologischer Bedürfnisse haben und (c) wie sich der Explorationstrieb (das Bedürfnis, die Umgebung kennenzulernen) manifestiert.

Erlernte Furcht und Angst

Angenommen, Sie beobachten, wie ein Experimentator eine Ratte in die eine Hälfte eines Wechselkäfigs gibt. Sie schnüffelt, geht langsam umher, und dann geht sie sozusagen auf Entdeckungsreise, erst in der einen Hälfte des Käfigs, bevor sie durch die Verbindungstür in die andere Hälfte geht. Nachdem sie sich in der zweiten Hälfte ähnlich verhalten hat, kehrt sie in die erste zurück und läßt sich schließlich in einer der beiden Hälften nieder.

Nun wiederholt der Experimentator die Prozedur mit der gleichen Anlage, aber mit einer anderen Ratte. Dieses Tier rennt zur Verbindungstür, springt hindurch, läuft zum hintersten Ende des anderen Abteils und bleibt dort sitzen. Wenn beim nächsten Versuchsdurchgang die Verbindungstür zwischen den beiden Abteilen geschlossen ist, quiekt die Ratte und kratzt an der Tür. Wenn es eine Möglichkeit gibt, die Tür zu öffnen, lernt die Ratte bald, diese zu benutzen. So lernt sie tatsächlich schnell, einen Hebel zu drücken, an einer Kette zu ziehen, ein Rad zu drehen oder irgend eine andere hinsichtlich der Flucht instrumentelle Reaktion zu zeigen — und sie wird nicht zu ihrem ersten Platz zurückkehren. Wie würden Sie jede dieser Ratten charakterisieren? Wenn zwei Menschen in vergleichbarer Weise handelten, was würden Sie dann für Vermutungen über ihre „Persönlichkeit" anstellen? Als Erklärung für diese dramatischen Unterschiede im Verhalten bei einer objektiv gleichen physikalischen Umgebung postulieren wir, daß die subjektive, psychologische Realität der beiden Ratten verschieden ist. Die gegenwärtige Stimulussituation muß durch die Assoziation mit einer früheren physischen Erfahrung für die zweite Ratte eine besondere Bedeutung bekommen haben.

In dem beschriebenen Beispiel war die zweite Ratte bereits vorher in den Käfig gesetzt worden und hatte im ersten Abteil stets einen elektrischen Schock bekommen. Schock allein ist ein unkonditionierter Stimulus, der eine starke innere Reaktion hervorruft, weil der Organismus von Natur aus darauf „vorbereitet" ist, auf einen schmerzhaften Stimulus zu reagieren. Die Vermeidung dieses Schmerzes motiviert das Verhalten. Schließlich wird die innere Reaktion auf den Schock schon durch die visuellen Hinweisreize, die mit dem Abteil selbst assoziiert sind, ausgelöst. Nach wiederholten Konditionierungsdurchgängen (vielleicht nur einem, wenn der schmerzhafte Stimulus „traumatisch" ist) löst die Plazierung in den Käfig eine starke Furchtreaktion aus (Abbildung 7-8).

Furcht wird so durch konditionierte Assoziation mit Schmerz erlernt. Sie wird als Trieb betrachtet, denn sie motiviert das Erlernen jeder Reaktion, die den konditionierten Stimulus beseitigt (verändert die Beziehung des Organismus zu seiner „feindlichen" Umgebung). Furcht ist der wichtigste der erlernbaren Triebe, weil sie (a) leicht assoziiert und ausgelöst werden kann, und zwar in bezug auf jeden konditionierten Stimulus, den der Organismus wahrnehmen kann, und (b) außerordentlich widerstandsfähig gegenüber experimenteller Löschung ist (Miller, 1948).

Diese Art Furcht bei Menschen wird „Angst" genannt, wenn die ursprünglichen Lernbedingungen nicht eindeutig sind oder der Zusammenhang zwischen CS und UCS nicht bewußt ist (oder verdrängt ist). Furcht und Angst erhöhen unsere Anpassungsfähigkeit, indem sie das Erlernen neuer Reaktionen zur Bewältigung von „Gefahr" motivieren; andererseits führen Angst und Furcht, wenn ihre Intensität überhand nimmt, zu unangepaßten Reaktionen und sogar zu selbstmörderischem Verhalten, wie wir in Kapitel 11 sehen werden.

Die Handhabung sozial-psychologischer Verstärker

Die beste Art und Weise, Arbeiter so zu motivieren, daß ihre Produktivität steigt, war Gegenstand einer Untersuchung bei den Hawthorne Werken der Western Electric Company in Chicago/USA. Eine Gruppe von Arbeiterinnen wurde einer Vielzahl spezieller Bedingungen ausgesetzt, darunter Variationen der Arbeitsstunden, der Pausen, der Beleuchtung, der Bezahlung und so weiter. Was auch immer die Forscher taten, die Produktivität stieg. Sogar wenn die Arbeitsbedingungen gegenüber den ursprünglichen verschlechtert wurden, arbeiteten die Frauen fleißiger und produktiver. Was war das Geheimrezept? Es war die Variable der *Aufmerksamkeit,* die den Arbeiterinnen von den verschiedenen Untersuchern gewidmet wurde, die ihr Verhalten beeinflußte. Obwohl dies nicht die vom Experimentator gesetzte unabhängige Variable war, reagierten die Versuchspersonen doch darauf. Dieses Phänomen wird „Hawthorne Effekt" genannt (Roethlisberger und Dickson, 1939).

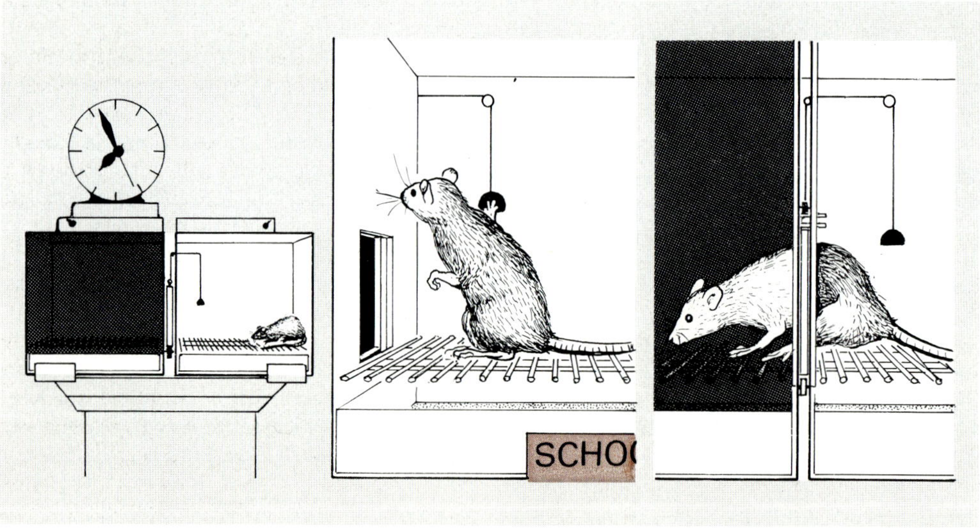

Abb. 7-8. In der linken Abbildung ist ein typischer „Wechselkäfig" (shuttlebox) zu sehen und zwar mit einer beleuchteten und einer dunklen Käfighälfte. Der Boden beider Abteile besteht aus einem Metallgitter, das so unter Strom gesetzt werden kann, daß dem Tier in kontrollierter Weise Elektroreize verabreicht werden können. Die mittlere Zeichnung zeigt die Verbindungstür zwischen den Käfighälften, die durch Drücken des Hebels in der Ecke des Käfigs von der Ratte geöffnet werden kann. Wenn die Ratte immer im beleuchteten und nie im dunklen Abteil elektrische Reize verabreicht erhält, lernt sie die Tür zu öffnen und in das „sichere" Abteil zu entkommen (rechtes Bild). Sobald sie in das beleuchtete Abteil gesetzt wird, flieht sie auch dann, wenn dort kein elektrischer Reiz mehr gegeben wird

Der starke Einfluß, den die psychologischen Bedürfnisse nach Aufmerksamkeit, Anerkennung und Lob auf Verhalten ausüben, wurde auch bei einer wichtigen Untersuchung mit retardierten Kindern gezeigt (S. 304).
Die Wirkung von Deprivation und Befriedigung durch sozialpsychologische Verstärker ähnelt der der biologisch notwendigen Verstärker. Soziale Verstärker sind nach einer Periode sozialer Deprivation wirksamer, als wenn das Individuum von diesem sozialen Verstärker bereits gesättigt ist.
Bei einem Experiment mit 102 Schülern der 1. und 2. Klasse wurde den Versuchspersonen die „spielerische" Aufgabe gestellt, mit Murmeln in eines der beiden Löcher eines einfachen Spielzeugs zu zielen. Vor dem „Spiel" wurde eine Gruppe der Versuchspersonen 20 Minuten lang sozial isoliert (Deprivation), während sich der Experimentator scheinbar um das Spielzeug kümmerte. Eine zweite Gruppe begann sofort mit dem Spiel (Nichtdeprivationsbedingung), während eine dritte Gruppe (Sättigung) 20 Minuten damit verbrachte, Ornamente zu malen und auszuschneiden, wobei sie der Experimentator andauernd lobte und ihre Anstrengungen bewunderte. Das „Spiel" begann dann mit einer 4 Minuten dauernden unverstärkten Spielzeit, gefolgt von einer Konditionierungsperiode, während der der Experimentator Worte wie „gut", „schön" oder einfach „Mm-hmmm" als Verstärker einsetzte, sobald die Versuchsperson eine Murmel in das Loch bekam, das während der vierten Minute am wenigsten häufig von ihr ausgewählt worden war. Dieses Lob wirkte bei allen drei Gruppen als Verstärker und erhöhte die Reaktionsfrequenz. Die Verstärkung war jedoch am wirksamsten bei der vorher deprivierten Gruppe und am wenigsten wirksam bei der gesättigten Gruppe (Gerwirtz u. Baer, 1958).
In einer ähnlichen Studie (Gewirtz, 1967) wurde jedes Kind gebeten, sich einige Bilderbücher anzusehen, während der Experimentator mit seinen Notizen beschäftigt war. Während das Kind die Bilderbücher betrachtete, sagte der Experimentator das Wort „gut" entweder zweimal (leichte Sättigung) oder 16 mal (Sättigung) aus keinem ersichtlichen Grund. Dann ließ man das Kind entweder für eine Minute allein (leichte Deprivation) oder für acht Minuten (Deprivation), bevor man ihm die experimentelle Aufgabe stellte.
Das Kind wurde dann aufgefordert, sich von zwei Bildern (mit einer Pflanzen- oder Tierabbildung) dasjenige auszusuchen, das ihm besser gefiel. Die Art Bild, die das Kind beim ersten Versuchsdurchgang *nicht* gewählt hatte, wurde als „korrekte" Reaktion angenommen und mit einem „gut" des Experimentators verstärkt, wann immer das Kind es bei darauffolgenden Durchgängen wählte. Während die Anzahl der „korrekten" Reaktionen bei allen Versuchspersonen anstieg, war sie bei den leicht gesättigten Versuchspersonen (gleich welchen Deprivationsniveaus) und bei den deprivierten Versuchspersonen (gleich welchen Sättigungsniveaus) von Anfang an höher und blieb auch höher.

Neugier:
das Explorations- und Wissensbedürfnis

Ein wichtiges Motiv, das offenbar angeboren ist oder ohne formales Training früh erlernt wird, ist Neugier. Bereits 1881 wurde beobachtet, daß Affen unermüdlich ihre Umgebung erkundeten, obwohl keine Belohnung zu bekommen war, außer daß es ihnen einfach Spaß machte. Ein Affe plagte sich zwei Stunden lang (erfolglos) damit, das Schloß einer Kiste zu öffnen, in der Nüsse aufbewahrt wurden, obwohl eine Menge Nüsse in seiner Reichweite waren (Romanes, 1881).
Thorndike (1901) berichtete von einem Affen, der wiederholt auf einen hervorstehenden Draht schlug, offensichtlich um ihn vibrieren zu lassen. Thorndike stellt fest: „Er konnte diesen Ton nicht essen, lieben oder für sein späteres Leben aus ihm lernen (und tat es auch nicht). Aber dieser Ton war für ihn geistige Nahrung, geistige Übung. Affen scheinen unbekannte Plätze zu mögen. Sie erfreuen sich an Gefühlen, genauso wie es ihnen Spaß macht, Bewegungen auszuführen. Das seelische Lebendigsein an sich ist schon ihre Belohnung." Aber nach diesem frühen Werk vernachlässigten Psychologen das Phänomen der Neugier mehr als vierzig Jahre lang.
Bereits an ihrem ersten oder zweiten Lebenstag zeigen Affen visuelle Neugier und visuelles Explorationsverhalten, wenn sie auf Objekte außerhalb ihres Käfigs starren und versuchen, sie zu erreichen, obwohl Affen in diesem Alter noch keine Einzelheiten erkennen können. Diese Neugier ist zweifellos angeboren. Ungefähr am zehnten Lebenstag beginnt das Affenbaby, das Saughütchen seiner Flasche visuell anstatt durch Kontakt mit seiner Wange aus-

zumachen. In diesem Alter entwickelt es plötzlich auch die Fähigkeit, Unterscheidungsprobleme zu lösen. Darüber hinaus zeigt es jetzt ein starkes Bedürfnis, seine Welt visuell zu erkunden (Butler u. Harlow, 1954). Dies wiederum führt zum Hantieren mit Gegenständen, was sich zu einem außerordentlich mächtigen Motiv entwickelt. Tatsächlich hantiert es andauernd mit etwas und spielt mit allem, was es bekommen kann.

Diese visuelle Neugier und das Bedürfnis nach Betätigung werden, so sie einmal aufgewacht sind, nicht mehr verschwinden. Wilde und auch in Gefangenschaft gehaltene Affen verbringen einen großen Teil ihres Lebens mit diesen Aktivitäten. Besonders interessant ist es, daß dieses Motiv den Vorrang hat vor dem Motiv, feste Nahrung zu sich zu nehmen, und tatsächlich ist es ja auch für das letztere von grundlegender Bedeutung. Wenn man ihnen das erste Mal einige Bissen fester Nahrung gibt, spielen Affenbabies damit und behandeln sie wie Spielzeug. Zuerst nehmen sie dieses Futter in den Mund in einer Art von Explorationsverhalten, und es können viele Tage vergehen bei diesem Prozeß, bevor ein Stück Nahrung tatsächlich gegessen wird.

Affen lernen bereitwillig, verschiedene Aufgaben zu bewältigen, ohne daß sie für deren Lösung verstärkt werden.

In einem Experiment lernten Affen, zwischen Klötzchen von zweierlei Farbe zu unterscheiden. Es wurde ein Steckbrett verwendet, in dem eine Reihe von Klötzchen steckten. Die roten Klötzchen konnten entfernt werden, die grünen jedoch nicht. Die Affen lernten, alle roten Klötzchen zu entfernen, ohne die grünen zu berühren. Bei dieser und sechs anderen Aufgaben mit verschiedenen Farbenpaaren verbesserten die Affen ihre Leistung, ohne daß ihre Motivation während der Untersuchung nachgelassen hätte. Als Stimulation zum Lernen waren solche Belohnungen wie z. B. Futter unnötig, schon Ruheperioden verhinderten eine Sättigung oder ein Gelangweiltsein von den Aufgaben (Harlow u. McClearn, 1954). Tatsächlich zeigte eine frühere Untersuchung, daß Futter als Belohnung einen Lernvorgang geradezu unterbrechen kann (Harlow, Harlow u. Meyer, 1950).

Viele Experimente haben gezeigt, daß sogar die Laboratoriumsratten einen starken Explorationstrieb haben. Bei der Rückschau auf diese Experimente weisen Welker (1961) und Dember (1961) auf die vielen Untersuchungen hin, die zeigen, daß Ratten Leistungen erbringen, nur um Gelegenheit zu bekommen, eine neue Umgebung zu erkunden; daß sie zugunsten einer fremderen Umgebung solche Gegenden vermeiden, die sie erst kürzlich exploriert haben; daß sie in ihren Reaktionsweisen abwechseln, damit eine Situation jedes Mal wieder möglichst unbekannt ist; daß sie vertrauter Stimuli überdrüssig werden und eher bevorzugen, eine neue Umgebung zu erforschen, als dies zu unterbrechen, um zu essen oder zu trinken, sogar wenn sie seit einigen Tagen von Nahrung und Wasser depriviert waren. Die grenzenlose Neugier des Menschen, sein Wissensdurst und sein Bedürfnis nach immer neuen Erfahrungen (Fiske u. Maddi, 1961), haben seine abenteuerlichen Erforschungen des Unbekannten gelenkt und ihn zum Aufbau eines Bildungssystems veranlaßt, das diese grundlegenden intellektuellen Wünsche befriedigt. Der englische Dichter Samuel Taylor Coleridge meinte zu diesem Thema:

„Jener war der erste Wissenschaftler, der sich in eine Sache vertiefte, nicht um zu erfahren, ob sie ihn mit Nahrung oder Schutz oder Waffen oder Werkzeugen oder Schmuck oder mit etwas zum Spielen versorgte, sondern den es nach Wissen dürstete, um nichts als des *Wissens* willen" (*Notebooks*, 1814—1818).

Emotion

Stellen wir uns einmal vor, wir könnten einen Roboter schaffen, der genauso wie ein menschliches Wesen aussieht, spricht und sich ebenso bewegt. Mittels eines komplizierten Computersystems könnten wir den Roboter so programmieren, daß er denken, Probleme lösen und die verschiedenste Handlungen ausführen kann. Solch ein Roboter könnte ohne Zweifel viele Dinge zeigen. Aber er würde niemals lächeln, lachen, weinen, erröten und so weiter. Würde jemand unseren Roboter kennenlernen, so würde er wahrscheinlich erraten, daß das kein menschliches Wesen ist, weil er niemals Gefühle zeigt, wenn er sich in einer „emotionalen Situation" befindet.

Wie könnten wir unseren Roboter menschlicher machen? Ein Lösung dieses Problems bestünde darin, jenes Verhalten, das mit einer bestimmten Emotion verbunden ist, in den Roboter einzubauen. Wenn wir zum Beispiel möchten, daß der Roboter traurig wirkt, könnten wir ihm ein paar Tränenkanäle einbauen und ihn so programmieren, daß er bei den

Gelegenheiten weint, bei denen Menschen das tun. Aber *wann* weinen Menschen?
Wenn wir uns umsehen, stellen wir fest, daß Babies weinen, bis sie gefüttert werden, und ein kleines Kind weint und tobt, bis es einen Kuchen oder sein Lieblingsspielzeug bekommt. Menschen weinen bei bestimmten Filmen, und manchmal weinen sie bei Hochzeiten. Sie weinen, wenn sie sich einen Zeh anstoßen oder sich sonst irgendwie weh tun. Eine Schauspielerin kann weinen, während sie auf der Bühne steht und ihre Rolle spielt. Ein studentischer Demonstrant weint, wenn er Tränengas ins Auge bekommt. Menschen weinen oft, wenn sie eine Rede von einem begabten Redner hören, und sie weinen beim Zwiebelschneiden. Eine Mutter weint, wenn sie erfährt, daß ihr Sohn im Krieg getötet wurde, und sie weint für gewöhnlich auch, wenn ihr Sohn lebend aus dem Krieg zurückgekehrt ist.
An dieser Stelle sagen Sie sich vielleicht: „Moment mal! Nicht alle diese Beispiele von Weinen beziehen sich auf Emotion. Und selbst wenn sie sich auf Emotion beziehen, ist sie nicht notwendigerweise trauriger Natur." Offenbar kann also eine einzelne Verhaltensreaktion wie „Weinen" nicht das Vorhandensein einer einzigen Emotion anzeigen. Aber wie können wir in dem Fall überhaupt wissen, ob ein Gefühl von anderen oder von uns selbst empfunden wird oder nicht? Warum sagen wir, wir sind „traurig", wenn wir eine schlechte Nachricht erhalten, aber nicht, wenn wir Zwiebeln schneiden? In anderen Worten, was *ist* das eigentlich für ein komplizierter Vorgang, den wir Emotion nennen? Bevor wir unseren Roboter programmieren können, müssen wir vielleicht erst lernen, wie *wir* selbst programmiert wurden, um Emotionen zu empfinden. Wie *erkennen* Sie den Unterschied zwischen den Gefühlen des Glücks, der Trauer, der Wut und der Euphorie?

Der Begriff der Emotion

Schon immer hat der Mensch versucht, die bewegten, *affektiven* Zustände, in denen er sich oft befindet, zu verstehen. Die Griechen der Antike glaubten, es gäbe vier charakteristische emotionale Reaktionsweisen, wobei jede auf dem Vorherrschen einer bestimmten Körperflüssigkeit basiert: sanguinisch (Blut), melancholisch (schwarze Galle), cholerisch (gelbe Galle) und phlegmatisch (Schleim). Aristoteles unterschied als erster zwischen den physiologischen und psychologischen Komponenten der Emotion, von denen er als „Materie" bzw. „Form oder Idee" sprach. Die Philosophen des 17. und 18. Jahrhunderts waren der Meinung, Emotionen seien instinktiv und irrational und repräsentierten mehr die ‚tierische' Seite des Menschen. Den Emotionen standen die rein menschlichen Attribute der Vernunft und des Intellekts gegenüber, von denen man annahm, daß sie die Emotionen des Menschen zügelten und sein Verhalten auf rationale Weise beherrschten. Dieses starre Gegenüber von Emotion und Ratio implizierte nicht nur, daß Emotionen gefährlich und zerstörerisch seien, sondern daß sie ein irriger psychologischer Prozeß seien, der sich von Denken und Vernunft unterscheide, ja ihnen entgegengesetzt sei. Viele Ausdrucksweisen, die sich auf den sogenannten gesunden Menschenverstand gründen, unterstützen diesen Standpunkt heute noch: „Ich war so wütend, daß ich nicht mehr richtig denken konnte", „Ich versuchte, richtig zu handeln, aber meine Gefühle gewannen die Oberhand" oder: „Mein Zorn war so groß, daß ich nicht mehr wußte, was ich tat".
Als die Psychologie eine formale Disziplin wurde, von Philosophie und Physiologie getrennt, war eines der ersten Probleme, mit dem sie sich befaßte, das der Emotion. Psychologen versuchten, eine präzisere Definition von Emotion zu finden, aber sie bemerkten schnell, daß dies eine sehr schwere Aufgabe war. Einige haben Emotionen als *Motive* definiert, während andere meinen, daß Emotion ein ganz anderer Prozeß als der der Motivation sei. Einige definieren Emotionen als körperliche Veränderungen, während andere sie in der Sprache der subjektiven Gefühle, wie sie das Individuum verspürt und berichtet, definieren. Das Fehlen einer allgemein anerkannten Definition ist einer der Faktoren, die die Forschung auf diesem Gebiet behindert haben. Paradoxerweise ist der Terminus sehr aussagekräftig für den Laien, im Gegensatz zu der Unbrauchbarkeit, die er in den Augen des experimentierenden Forschers hat. Deswegen definieren einige Psychologen Emotion überhaupt nicht, wobei sie annehmen, daß jedermann „weiß, was sie mit Emotion meinen", wenn sie davon sprechen. Anläßlich eines kürzlichen Versuches, diese theoretische Kluft zwischen dem Laien und dem Wissenschaftler zu überbrücken, bat Davitz (1969) einfach einige Leute, ihm zu beschreiben, was sie mit

bestimmten emotionalen Termini meinten, die sie gebrauchten, und dann stellte er ein „Wörterbuch der Emotion" zusammen, das auf ihren Antworten aufgebaut war.

Entsprechend der Verschiedenartigkeit der Definition von Emotion haben Psychologen eine große Vielzahl von Reaktionen untersucht. Einige von ihnen haben sich mit der Rolle, die solche neurophysiologischen Prozesse, wie zum Beispiel Aktivitäten des Gehirns, des endokrinen Systems und des autonomen Nervensystems spielen, beschäftigt. Ein anderer Ansatz konzentrierte sich auf sichtbare Körperbewegungen und den Gesichtsausdruck. Viele Forscher stützen sich auf verbale Berichte von erlebten Emotionen sowie auf andere introspektive Daten. Keine dieser Datenquellen wurde für sich allein als ausreichend betrachtet, was darauf hindeutet, daß eine erfolgreiche Erklärung der Emotion all diese Komponenten der emotionalen Reaktion in irgendeiner Weise integrieren muß.

Die Erforschung der Emotion hat zwar viele interessante Ergebnisse erzielt, aber sie hat auch mehrere Einschränkungen erfahren. Eine von diesen Einschränkungen ist die Annahme (übernommen von der rationalistischen Philosophie), daß Emotionen zerstörerisch sind und für gewöhnlich mit der Desintegration gerade ablaufenden rationalen Verhaltens einhergehen. Obwohl extreme emotionale Zustände wie Panik oder Lampenfieber oft Handlungen beeinträchtigen, scheint dieses Modell jedoch nicht auf alle emotionalen Reaktionen zuzutreffen.

Leeper (1948) wies darauf hin, daß Emotionen häufig die sehr positive Funktion ausüben, das Individuum dazu zu veranlassen, neue adaptive Reaktionen auf eine veränderte Umwelt auszubilden.

Eine zweite Einschränkung der Emotionsforschung besteht darin, daß sie sich auf die negativen Emotionen (besonders Angst und Furcht) konzentriert hat, während sie die positiven Emotionen wie Liebe, Glück und Zufriedenheit vernachlässigt hat. Schließlich hat sich ein großer Teil der Forschung mit den Konsequenzen emotionaler Zustände beschäftigt und schenkte den vorausgehenden Bedingungen der Emotion und den Charakteristika der Emotionen selbst wenig Beachtung.

Wie nehmen wir Emotionen bei anderen wahr?

Don't sigh and gaze at me,
Your sighs are so like mine,
Your eyes mustn't glow like mine,
People will say we're in love.

Richard Rodgers
‚Oklahoma!'

Hinweise aus dem Verhalten. Obwohl wir niemals die Gefühle eines anderen direkt beobachten können, beurteilen wir sie doch oft, so zum Beispiel, wenn wir sagen: „Ich habe ihn niemals so wütend gesehen", oder: „Sie sieht so traurig aus heute". Wie kommen wir zu diesen emotionalen Klassifikationen? Wir könnten natürlich die Person einfach fragen, was sie fühlt (voraussetzend, daß ihre Antwort ehrlich und genau ist). Für uns ist jedoch das *nichtverbale* Verhalten einer Person, wie der Gesichtsausdruck oder Körperbewegungen, ein zuverlässiger Hinweis auf die Emotion, die sie empfindet. Das „Verliebt-aussehen" teilt ebenso viel mit (wenn nicht mehr) wie eine verbale Beteuerung von Leidenschaft.

Die Entdeckung und Interpretation nichtverbaler Hinweise auf den emotionalen Zustand anderer erfordern ein feines Gespür und sind eine Kunst, die schwer zu erlernen ist. Gesellschaften, die dazu neigen, eine starke Entfaltung individueller Emotionen zu hemmen, müssen hochstilisierte, ritualisierte Verhaltensmuster entwickeln, um mit immer wieder vorkommenden, emotionsgeladenen Situationen wie Hochzeiten und Beerdigungen zurechtzukommen. Dieses Erkennen der relevanten nichtverbalen Hinweise führt nicht nur zur dazugehörigen offenen Reaktion, sondern kann auch die emotionale Empfindung bestimmen. So kann ein Kind lernen, bei einer Beerdigung Trauer zu empfinden, einfach indem es die nichtverbalen Reaktionen der Erwachsenen beobachtet. Diesen Punkt erfaßt Tolstoi in „Der Tod des Iwan Iljitsch", wenn er beschreibt, wie ein Mann der Totenwache einer nahen Bekannten beiwohnt.

„Und Peter Iwanowitsch wußte, so wie es genau das Richtige gewesen war, in diesem Zimmer das Kreuz zu machen, so mußte er ihr (der Witwe) auch die Hand drücken, seufzen und sagen: ‚Glauben Sie mir . . .'. So tat er all dies und während er es tat, hatte er das Gefühl, daß das gewünschte Ergebnis erzielt worden war, denn beide, er und sie, waren gerührt."

Es ist ebenfalls interessant zu wissen, daß die sozialen Riten, die sogar die unbedeutendsten und gewöhnlichsten Gefühlsausdrücke kontrollieren, umso stilisierter, komplexer und übertriebener sind, je mehr eine Gesellschaft emotionale Äußerungen unterdrückt und je weniger spontan sie ist, wie im kaiserlichen Japan oder im England des 18. Jahrhunderts. In ihrer Untersuchung der Charakterentwicklung der Bewohner von Bali kamen Margaret Mead und Gregory Bateson (1942) zu dem Schluß, daß spontane Emotion völlig durch kunstvolle, formale Gestik ersetzt war. Bei den klassischen balinesischen Tänzen wurden die Gesichter hinter Masken verborgen und die Bewegungen wurden von ritualisierten, starren Regeln vorgeschrieben. Diese Tänze waren oft vom Thema der balinesischen Mutter-Hexe beherrscht, die Unglück über die Menschheit bringen soll. Die beiden Anthropologen entdeckten, daß balinesische Mütter die Impulse ihrer Kinder methodisch frustrierten — indem sie sie zum Besten hielten; sie zeigten ihnen eine erwartete Belohnung vor und gaben ihnen dann doch nichts. Mit etwa drei Jahren konnte ein balinesisches Kind als in eine eigene Welt zurückgezogen charakterisiert werden, und die einzige emotionale Reaktion bestand darin, daß es gelegentlich Furcht zeigte. Auf diese Weise konnte man sein Gefühl oder sein Verlangen nach Sicherheit nur in den konventionellen Zeremonien ausdrücken, wobei das Individuum seine eigene emotionale Verwundbarkeit verbergen konnte. Solche stereotypisierten Formen verhindern jedoch nicht nur den ebenso direkten Ausdruck der eigenen Gefühle, sondern auch das Erkennen individueller Variationen in den Emotionen anderer.

Wir führten in Kapitel 3 die Unterschiede der Art an, wie amerikanische und japanische Mütter ihre Kinder für ihre allgemeine stimmliche und körperliche Ausdrucksfähigkeit verstärken. So konnte man von einem japanischen Kind größere Zurückhaltung und Abgeschlossenheit erwarten, und ebenfalls, daß es weniger Emotionen zeigen würde als das amerikanische Kind.

Die experimentelle Forschung konzentrierte sich auf vier Grundtypen nichtverbaler Ausdurcksmöglichkeiten. Viele Untersuchungen wurden über den *Gesichtsausdruck* angestellt, da die wichtigste offene Ausdrucksform von Emotion im Gesicht auftritt, zumindest beim Menschen. Ein anderes Forschungsgebiet ist die Kinesik, die sich mit Körperstellungen, -haltungen, Gesten und anderen *Körperbewegungen* beschäftigt. Ein drittes Forschungsgebiet ist die *Parasprache*, die nicht die verbalen, sondern die vokalen Aspekte der Kommunikation umfaßt — d. h. Stimmqualitäten wie Stimmlage, Lautstärke und Sprechgeschwindigkeit; Zögern, Versprecher und andere Sprachflußstörungen; nichtsprachliche Laute, wie Lachen und Gähnen. Die *Gesprächshaltung* betrifft vor allem die räumliche Entfernung zwischen den Gesprächspartnern sowie deren Orientierung zueinander (wie sie sich in Berührung und Blickkontakt zeigt).

Das „Tier" im Menschen. Der erste, der Verhalten und emotionalen Ausdruck als Gegensatz zur subjektiven Erfahrung betonte, war Charles Darwin. In seinem Buch *The Expression of the Emotions in Man and Animals* (1872) legte er seine Überzeugung dar, daß emotionaler Ausdruck weitgehend ererbte, angeborene Reaktionen sind, die bei der Evolution biologisch nützlich waren. Beispielsweise fletschen Tiere, die sich angegriffen fühlen, die Zähne, knurren und ihre Haare sträuben sich. Wenn solches Verhalten bei der Vertreibung von Angreifern wirksam war, so hat es offensichtlich Anpassungsfunktion hinsichtlich des Überlebens. Die Rudimente dieser Verhaltensweisen zeigen sich in der Tendenz des Menschen, höhnisch zu lächeln und mit den Zähnen zu knirschen, wenn er wütend ist. Bis zu welchem Grade sind emotionale Ausdrucksformen angeboren, wie Darwin meinte, bzw. in welchem Ausmaß spielen soziale Lernfaktoren eine Rolle? Zur Unterstützung seiner Behauptung wies Darwin auf die Tatsache hin, daß blinde Kinder ihre Emotionen durch den gleichen Gesichtsausdruck zeigen wie sehende. Wir können jedoch einen Lernprozeß in diesem Fall nicht ausschließen, da die blinden Kinder möglicherweise verstärkt wurden, wenn sie die richtige Reaktion und korrigiert wurden, sobald sie eine der Situation unangemessene Reaktion zeigten. Weiter führte Darwin auch die Allgemeingültigkeit der emotionalen Ausdrucksformen, besonders bei Kindern, an. Ekman und Friesen (1969) bestätigten diese Allgemeingültigkeit verschiedener Ausdrucksformen für alle Kulturen, fanden jedoch heraus, daß die Emotion, die hinter einer bestimmten Ausdrucksform steht (und damit die Interpretation derselben) von Kultur zu Kultur erheblich variiert. Beispielsweise strecken sowohl Amerikaner wie auch Chinesen die Zunge heraus, um damit eine bestimmte Gefühlsregung zu zeigen, aber für den Ameri-

Abb. 7-9. Können Sie aus dem Gesichtsausdruck dieses Mannes schließen, was er gerade empfindet? Überprüfen Sie Ihr Urteil auf S. 298

kaner bedeutet dies ein Gefühl des Abscheus oder der Geringschätzung mit einer starken Komponente der Feindschaft, während es für den Chinesen Überraschung bedeutet (Klineberg, 1938).

Dein Gesicht ist wie ein offenes Buch. Sogar innerhalb eines Kulturkreises kann ein bestimmtes nichtverbales Verhalten irgendeine von vielen verschiedenen Emotionen ausdrücken, wie wir bereits weiter oben an dem Beispiel des Weinens gesehen haben. Wenn keine eindeutige Beziehung zwischen einem Gesichtsausdruck oder einem anderen Verhalten und einer bestimmten Emotion besteht, dann stellt nichtverbales Verhalten kein allzu zuverlässiges Kommunikationssystem dar. Die Ergebnisse vieler früherer Untersuchungen über den Gesichtsausdruck scheinen diese Behauptung zu stützen. Versuchspersonen wurden aufgefordert, sich menschliche Gesichter auf Bildern anzusehen und dann anzugeben, welche Emotion diese Gesichter ihrer Meinung nach ausdrückten. Entgegen der Erwartungen der Experimentatoren urteilten die Versuchspersonen sehr unterschiedlich, was zur Annahme führte, daß Menschen die Emotionen anderer nur ungenau einschätzen. In einer Untersuchung jüngeren Datums von Schlosberg (1952) wurde jedoch gezeigt, daß sich der Gesichtsausdruck in Begriffen zweier Dimensionen beschreiben ließ: angenehm-unangenehm und Ablehnung-Hinwendung, wobei ein ziemlich hohes Maß an Beurteiler-Übereinstimmung erreicht werden konnte (Abbildung 7-10). Später entdeckte Schlosberg (1954) eine dritte Dimension des Gesichtsausdrucks (Intensität oder Aktivitätsniveau) und entwickelte ein drei-dimensionales Modell der Emotion, das viele späteren Untersuchungen beeinflußt hat. Gegenwärtige Experimente zeigen, daß Versuchspersonen, die bestimmte Formen des Gesichtsausdrucks mit Hilfe dieses Modells beurteilten, eine hohe Genauigkeit und Übereinstimmung (90 % und mehr) bei der Beurteilung der wichtigsten, einfachen Emotionen wie Furcht, Überraschung, Freude, Zorn, Trauer, Ekel und Interesse aufweisen, und daß darüber hinaus diese Übereinstimmung auch zwischen verschiedenen Kulturen besteht (Ekman, Sorenson u. Friesen, 1969).

Menschen drücken jedoch nicht immer nur solche eindeutigen Gefühle wie Glück und Zorn aus. Oft empfinden sie komplizierte, gemischte Emotionen wie Verlegenheit, Enttäuschung und Eifersucht, und der nichtverbale Ausdruck solcher Gefühle ist ziemlich vieldeutig. Wie können Menschen diese emotionalen Zustände richtig beurteilen, wenn die Hinweise, so stark sie auch sein mögen, derart komplex sind? Eine Möglichkeit besteht darin, die Emotion aus dem Kontext der jeweiligen Situation abzuleiten. Daher würden wir von einer Frau, die ihren aus dem Krieg heimkehrenden Sohn begrüßt, sagen, daß sie glücklich, überwältigt von Freude und erleichtert ist. Wenn wir sie jedoch weinen sähen, nachdem sie erfahren hat, daß ihr Sohn getötet wurde, würden wir ihre Emotion als Trauer bezeichnen.

Daß man sich gerade dann auf situative Hinweise verläßt, wenn das Ausdrucksverhalten eher vieldeutig ist, wurde in einem Experiment von Munn (1940) demonstriert. Den Versuchspersonen wurden Photographien aus dem Magazin *Life* gezeigt, und sie wurden aufgefordert, die Emotionen der Menschen auf diesen Bildern zu beurteilen. Bei einigen Bildern war der Hintergrund wegretuschiert worden, so daß nur die Person sichtbar war. Munn fand bei diesem Experiment heraus, daß die Genauigkeit und Übereinstimmung bei der Benennung der Gefühle viel besser war, wenn die Hinweise, die die Situation im Hintergrund lieferte, vorhanden waren (Abbildung 7-9). Die Bedeutung dieser Hinweise wird auch von Frijda (1970) betont, der damit argumentiert, daß Emotionen *immer* innerhalb des Bezugsrahmens der Situation, in der sie auftreten, interpretiert werden. Ihm fiel auf, daß Versuchspersonen, wenn sie die Gesichtsausdrücke interpretieren, kaum nur Worte wie „zornig" oder „glücklich" verwendeten. Stattdessen beschrieben sie eine aus dem Gesichtsausdruck abgeleitete Situation, etwa: „Man

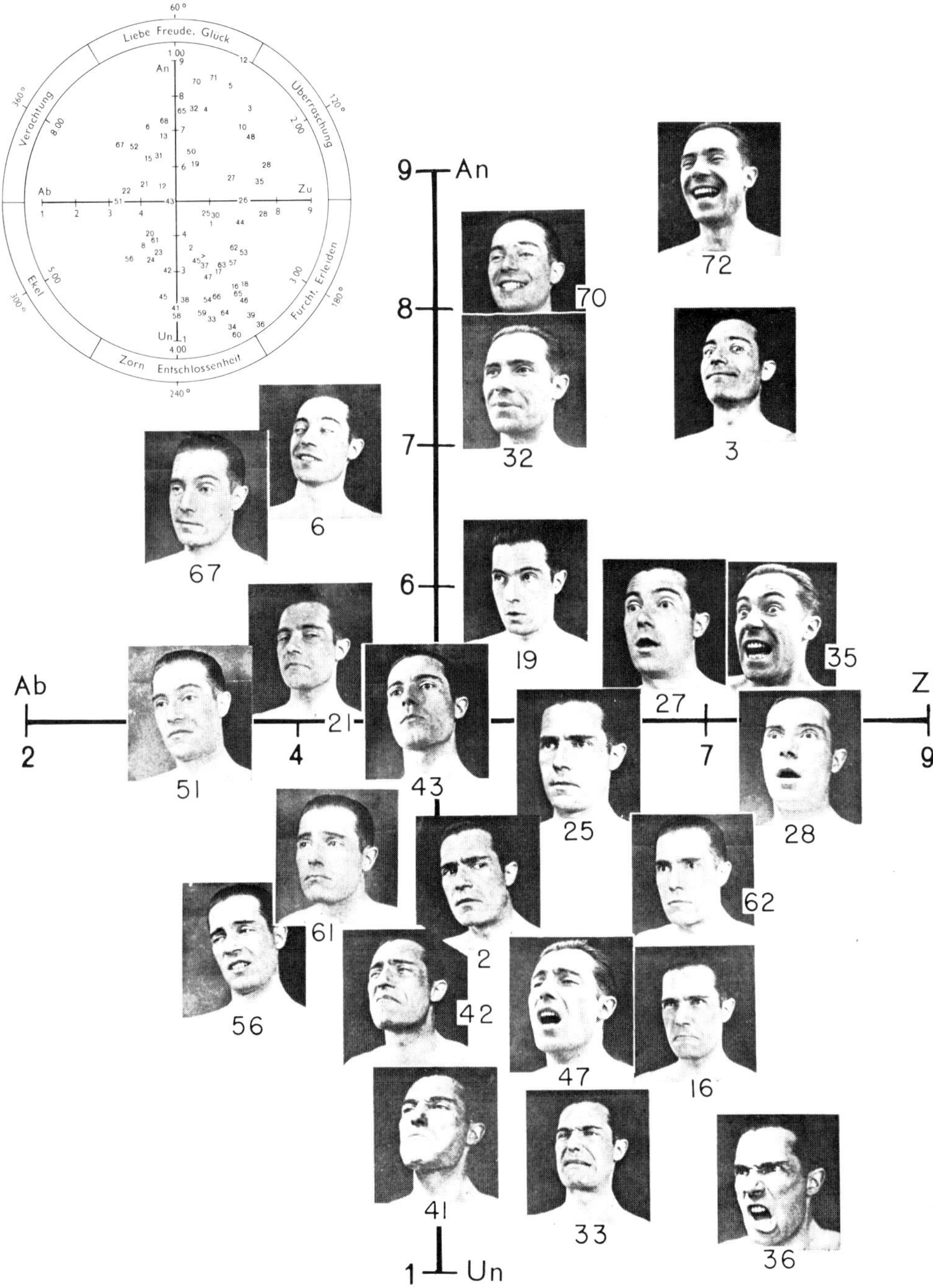

Abb. 7-10. Bildanordnung. Dies sind einige der von Schlosberg benützten Bilder, die nach den zwei Achsen Angenehmheit-Unangenehmheit und Ablehnung-Zugewandtheit angeordnet wurden. Diagramm oben links: Mit Hilfe der beiden Achsen und der peripheren Kreisanordnung kann jedes Bild in bezug auf die beiden Dimensionen der Qualität und der Intensität des Gesichtsausdrucks lokalisiert werden. Intensive Emotionen werden mehr zur Peripherie, neutralere mehr zur Mitte hin angeordnet

Abb. 7-11. Nachdem Sie nun wissen, daß der auf S. 296 abgebildete Mann gerade versucht, eine überschwemmte Straße zu überqueren, würden Sie jetzt seinen Gesichtsausdruck anders beurteilen?

erzählte ihr eine abscheuliche Geschichte", oder: „Sie scheint ein winziges Kätzchen anzublicken."

Ich höre es aus Deinem Munde, aber in Deinen Augen kann ich es nicht lesen. Obwohl es viele verschiedene Kanäle gibt, um Emotionen auszudrücken (zum Beispiel verbale, stimmliche, Gesichtsausdruck und Motorik), nehmen wir normalerweise an, daß sie alle das gleiche ausdrücken wollen. Das heißt, wenn jemand sagt: „Ich bin wirklich glücklich", erwarten wir, daß er das leichten Herzens und strahlend sagt; daß er dabei lächelt und daß er lebendig und unbekümmert in seinen Bewegungen ist. Aber was ist, wenn zwischen den verschiedenen Kanälen eine Diskrepanz besteht? Wie beurteilen wir dann die Emotion dieses Menschen? Nehmen wir zum Beispiel an, daß jemand „Ich bin wirklich glücklich" stammelt und seine Hände dabei zittern. Würden Sie annehmen, daß er sich wirklich glücklich fühlt? Oder würden Sie eher sagen, daß er sich fürchtet? Sollten Sie das tun, so würden Sie sich mehr auf die nichtverbalen Hinweise als auf die verbalen verlassen.

Wie Forscher nun allmählich herausfinden, ist dies die charakteristische Reaktion auf widersprüchliche Information. Der verbale Kanal wird bei der Wiedergabe der wirklichen Gefühle eines Menschen sogar als der am wenigsten vertrauenswürdige angesehen (Mehrabian, 1969). Dies ist vielleicht deswegen so, weil der verbale Kanal der vom Sender am bewußtesten kontrollierte und überwachte ist. Vermutlich werden die nichtverbalen Kanäle nicht so gut kontrolliert und drücken daher die tiefen, wirklichen Gefühle und Einstellungen des Menschen unmittelbarer aus. Was wären Ihrer Meinung nach die Auswirkungen eines Elternhauses, in dem dem Kind verbal mitgeteilt wird, daß es geliebt wird, aber nichtverbal ständig zu verstehen gegeben wird, daß es unwichtig ist oder abgelehnt wird?

Stereotype Beurteilung von Emotionen. Eine der Situationen, in denen es sehr wichtig wird, einen emotionalen Zustand richtig zu beurteilen, ist die Diagnose von psychiatrischen Patienten in Nervenkrankenhäusern. Die Therapieverordnung und Pflege sowie die Beurteilung der Entlassungsfähigkeit hängen von solcher Beobachtung von Emotionen bei anderen ab.

Eine kürzlich unternommene Untersuchung verglich die Selbstbeurteilung des Patienten hinsichtlich seines emotionalen Zustandes mit der diesbezüglichen Beurteilung des Personals. In einem speziellen Test, genannt Emotions-Profile-Index (EPI), kreuzte das Personal jene Items an, die seiner Meinung nach auf einen depressiven Patienten zutreffen und dann solche, die seiner Meinung nach auf einen manischen Patienten zutreffen. Patienten in einer depressiven Phase füllten den gleichen Fragebogen aus und wiederholten die Prozedur später, als sie in einer manischen Phase waren. Die Ergebnisse zeigten: 1. Die zwölf einzelnen Mitglieder des Personals stimmten in hohem Maße darin überein, welche Emotionen zur Manie und welche zur Depression gehörten.

2. Die Beschreibungen der Depression von Personal und Patienten stimmten gut überein.
3. Es bestand eine deutliche Diskrepanz hinsichtlich der Emotionen, die einen manischen Zustand charakterisieren. Das Personal hielt manische Patienten für furchtlos, impulsiv, aggressiv, ablehnend und wenig umgänglich. Manische Patienten hingegen hielten sich selbst für etwas vorsichtig und furchtsam, umgänglich, vertrauend und überhaupt nicht aggressiv — „im großen und ganzen für allgemein freundliche und angenehme Menschen" (Fieve, 1970).

Diese Untersuchung erlaubt noch keine Entscheidung darüber, welche Beobachtungen mehr der Realität entsprechen, die Selbstbeurteilungen der Patienten oder die Meinung des Personals. Es ergab sich jedoch auch, daß die Emotionsprofile, die die Patienten ausfüllten, ein hohes Maß an Variabilität zeigten, während diejenigen des Personals ziemlich homogen waren. Der Untersucher schloß daraus, daß das Personal eine stereotypisierte Meinung über den Gefühlszustand der Patienten hatte — es dachte an einen hypothetischen „typischen" Patienten und nicht an ein reales Individuum.

Diese Untersuchung veranschaulicht eines der grundlegenden Probleme, die durch das Phänomen der „Einstellung" hervorgerufen werden, das wir in Kapitel 6 beschrieben haben. Wie können wir jemals die emotionalen Hinweise, die vom Verhalten anderer ausgehen, richtig erfassen, wenn unsere Übung, unsere früheren Erfahrungen und unsere Erwartungen dessen, was typisch in einer bestimmten Situation ist, uns dazu verleiten, das zu sehen, was unserer Meinung nach zu sehen sein sollte, anstelle dessen, was tatsächlich ist?

Wie nehmen wir Gefühle bei uns selbst wahr?

Aus all den aufgeführten Gründen kann der Versuch, die Gefühle anderer zu identifizieren, ein sehr komplexer Vorgang sein. Ein Haupthindernis dabei ist die Tatsache, daß wir nicht beobachten können, was im Kopf des Anderen vorgeht, sondern gezwungen sind, uns auf äußere Hinweise zu verlassen. Aber wenn es sich um unsere eigenen Emotionen handelt, ist uns der verdeckte innere Aspekt zugänglich, und daher sollten wir eigentlich unsere *eigenen* Gefühle kennen. Ist das so?

Die physiologische Komponente. Es wurden schon einige Versuche unternommen, Emotion zu physiologischen Prozessen in Beziehung zu setzen oder Emotion vollständig mit physiologischen Termini zu erklären.

Die James-Lange-Theorie. Immer, wenn man eine starke Emotion empfindet, hat man zweifellos das Gefühl, innerlich „aufgewühlt" zu sein, auf Grund verschiedenartiger Veränderungen innerhalb des Körpers. Wenn Sie jemand fragen würde, wie dieses Aufgewühltsein zustande kommt, würden Sie wahrscheinlich sagen, daß Ihre Wahrnehmung eines Gefühls (zum Beispiel: „Ich bin traurig") den darauf folgenden körperlichen Ausdruck (zum Beispiel: „Und daher weine ich") entstehen läßt. Die meisten Menschen würden wohl mit dieser Behauptung übereinstimmen — nicht aber William James, der Vater der amerikanischen Psychologie. 1884 behauptete er, daß die Abfolge von empfundener Emotion und Veränderungen im Körper genau *umgekehrt* der landläufigen Behauptung ablaufe: „Unsere Wahrnehmung der Veränderungen im Körper *ist* die Emotion" (James, 1884). In der heutigen Terminologie „sind die Veränderungen das Medium". James glaubte, daß die kognitiven, empfundenen Aspekte der Emotion das *Ergebnis* physiologischer Erregung seien und nicht umgekehrt. Sein klassisches Beispiel hierfür war: Der Anblick eines Bären ruft einen bewegten inneren Zustand hervor, der dann als Furcht wahrgenommen wird.

Ein dänischer Wissenschaftler namens Lange hatte etwa zur gleichen Zeit die gleichen Gedanken, und so ist diese Theorie unter dem Namen *James-Lange-Theorie* der Emotion bekannt geworden. Ihre Bedeutung liegt darin, daß sie als erste postulierte, daß viscerale Prozesse emotionales Verhalten kontrollieren und so die Vorstellung in Frage stellten, daß geistige Prozesse körperliche Reaktionen kontrollieren.

Cannon widerspricht. Es gab viele Wissenschaftler, die auf die James-Lange-Theorie mit Rufen wie „So einfach ist es nicht!" reagierten. Einer von ihnen war der Physiologe Walter Cannon. Seine Kritiken (1929) waren die ernstzunehmendsten Angriffe auf diese Theorie, und sie hatten auf die spätere Erforschung der Emotion großen Einfluß. Die James-Lange-Theorie impliziert, daß es zur Empfindung verschiedener Emotionen auch verschiedene, unterscheidbare Arten physiologischer Veränderungen geben müsse, die der Mensch als Hinweise benutzen kann. Cannon bestritt diese Auffassung, indem er Beweismaterial dafür anführte, daß verschiedene Emotionen vom *gleichen* visceralen Zustand begleitet werden, daß die inneren Organe zu unempfindlich gegenüber ihren eigenen Veränderungen sind, als daß diese bemerkt und als Hinweisreize verwendet werden könnten, und daß viscerale Veränderungen zu langsam ablaufen, als daß sie als Quelle emotionaler Empfindungen dienen könnten, die sich schnell verändern und unbeständig sind. Er wies ebenfalls darauf hin, daß die Arbeit von Marañon (1924) der James-Lange-Theorie widerspricht. Marañon hatte herausgefunden, daß künstliche Stimulation der inneren Organe durch Adrenalin-(Epinephrin)-Injektionen nur „kalte" oder „als ob"-Emotionen im Menschen hervorriefen (zum Beispiel „Es ist, *als ob* ich Angst hätte") und keine wirklichen Emotionen.

Die „Zentren" der Emotion. Teilweise auf Grund der Kritik von Cannon begannen viele Forscher nach physiologischen Systemen Ausschau zu halten, in denen die Emotion beheimatet sein könnte. Allgemein war ein gesteigertes Interesse an zentralen neuralen Mechanismen zu verzeichnen. Eine der verbreitetsten Theorien nahm an, daß die Kontrolle der Emotion im limbischen System (welches die phylogenetisch ältesten Teile des Thalamus und des Hypothalamus umfaßt) stattfindet. Wie wir bereits gesehen haben, produzieren Reizung und Verletzung verschiedener Teile des limbischen Systems Veränderungen in den emotionalen Reaktionen. Die Tatsache, daß das limbische System vom Stammhirn gebildet wird, verlieh wahrscheinlich dem Gedanken, daß die „primitiven" Emotionen dort beheimatet seien, Glaubwürdigkeit. Wie jedoch auch Pribram (1960) bemerkte, haben diese vermeintlich phylogenetisch alten Strukturen ihre höchste Entwicklungsstufe in der Evolution beim Menschen erreicht, wie es auch bei sogenannten „höheren" corticalen Strukturen zutrifft, und daher können sie nicht länger für „primitiv" erachtet werden. Überdies ergab die Forschung, daß das limbische System an kognitiven Funktionen genauso beteiligt ist wie an der Emotion (zum Beispiel beeinflussen Verletzungen und Stimulation limbischer Strukturen das Problemlösungsverhalten). Außerdem verursachen auch Stimulation und Verletzung anderer als der visceralen Regionen des Gehirns emotionale Veränderungen (Pribram, 1967). Diese Ergebnisse legen nahe, daß die Emotionen (und kognitives Verhalten) von vielen verschiedenen interagierenden Teilen des Gehirns kontrolliert werden und nicht nur von einem einzigen „Emotionszentrum".

Physiologische Differenzierung der Gefühle. Wenn die James-Lange-Theorie richtig wäre, müßte jeder emotionale Zustand sein eigenes physiologisches Syndrom haben. Wenn also eine Person eine bestimmte Kombination von Symptomen verspürt, würde sie sagen: „Ich bin zornig", und wenn die Kombination eine andere wäre, würde sie sagen: „Ich bin glücklich". Häufig benutzen wir in der Tat physiologische Reaktionen, um zwischen Emotionen zu unterscheiden, zum Beispiel wenn wir von einer Person sprechen, die rot vor Wut oder blaß vor Angst wurde, oder die das Gefühl hatte, „Schmetterlinge" im Magen zu haben, wenn sie nervös ist. Als aber Experimentatoren nach diesen physiologischen Korrelaten der Emotion suchten, war der Erfolg sehr unterschiedlich.

Eine der ersten Untersuchungen zur Demonstration der physiologischen Differenzierung war die von Wolf und Wolff (1947), in der von einem Patienten berichtet wird, dessen Magenaktivitäten durch eine Öffnung beobachtet werden konnten. Es wurden zwei verschiedene Arten von Magenaktivität beobachtet: eine, wenn der Patient zornig war, und die andere, wenn er ängstlich und furchtsam war. Andere Versuchspersonen, die verschiedenen wut- und furchterregenden Situationen ausgesetzt wurden, zeigten ebenfalls zwei verschiedene Arten von Reaktion, die man anhand der Veränderungen von Herzschlag, Blutdruck, Hautleitfähigkeit und Muskeltonus feststellte (Ax, 1953). Eine ähnliche Untersuchung ergab Differenzen in der Reaktionsform von Furcht, Zorn und Schmerz (J. Schachter, 1957).

Eine Reihe von Untersuchungen hat gezeigt, daß zwei adrenerge Hormone — *Epinephrin* und *Norepinephrin* — mit verschiedenen Emotionen in Verbindung zu stehen scheinen. Frühere Untersuchungen ergaben, daß Epinephrin im allgemeinen im Zusammenhang mit Furcht auftritt, während sowohl Norepinephrin wie auch Epinephrin bei Zornreaktionen zu finden ist. Furchtsame Tiere, die durch Flucht vor Gefahr ihr Überleben sichern (zum Beispiel Kaninchen), sekretieren hauptsächlich Epinephrin, während Tiere, die im allgemeinen angreifen (zum Beispiel Löwen), viel Norepinephrin ausscheiden (Funkenstein, 1955).

Eine andere Untersuchung ergab, daß College-

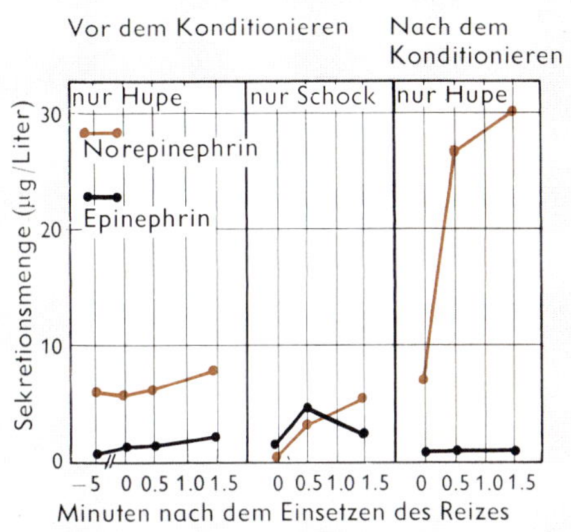

Abb. 7-12. Norepinephrinsekretion und Angst. Vor dem Konditionieren rief die Hupe allein oder der Schock allein die Sekretion geringerer Mengen sowohl von Norepinephrin als auch von Epinephrin hervor. Nachdem die Hupe als Signal für den nachfolgenden Schock gelernt worden war, rief sie eine stark erhöhte Sekretion von Norepinephrin hervor, während die Sekretion von Epinephrin minimal blieb (Nach Mason, Brady u. Tolson, 1966)

Studenten, denen man eine frustrierende Aufgabe stellte, eine der folgenden drei Emotionen zeigten: Furcht, gegen den Versuchsleiter gerichtete Wut und Wut über sich selbst (Selbstbeschuldigung). Studenten, die ihre Wut offen zeigten, neigten eher zur Sekretion von Norepinephrin, während diejenigen, welche furchtsam waren oder sich selbst die Schuld gaben, vorwiegend Epinephrin sekretierten (Funkenstein, Kind und Drolette, 1967). Neuere Forschung über das endokrine System hat gezeigt, daß unter verschiedenen Streßbedingungen sowohl erhöhte, als auch unterschiedlich starke Freisetzung von sowohl Epinephrin als auch Norepinephrin stattfindet (Brady, 1967; Abblidung 7-12).

Norepinephrin wird nicht nur ins Blut abgegeben, sondern wird auch im Gehirn gefunden, besonders im Hypothalamus und im limbischen System. Es gibt Anhaltspunkte für die Annahme, daß Drogen, die Veränderungen in der psychischen Stimmungslage bewirken, dies durch ihre Wirkung auf das Norepinephrin im Gehirn bewerkstelligen. Drogen, die die Ansammlung von Norepinephrin erhöhen, bewirken Euphorie und Hyperaktivität, wohingegen Drogen, die das Norepinephrin abbauen, Depression hervorrufen (Kety, 1967 a).

All diese Untersuchungen belegen, daß verschiedene Emotionen mit unterschiedlichen physiologischen Abläufen in Zusammenhang stehen. Die Beweiskraft dieser Belege ist zur Zeit jedoch noch nicht überwältigend. Klar ausgeprägte physiologische Ablaufmuster sind bis jetzt nur für einfache, starke Emotionen wie Zorn und Furcht, nicht aber für subtilere oder komplexere Emotionen gefunden worden. Daher ist es immer noch nicht klar, wie physiologische Hinweisreize als Grundlage für die letztgenannten Emotionen dienen könnten. Einige Forscher (Duffy, 1962) argumentierten damit, daß physiologische Differenzen lediglich unterschiedlichen Beträgen einer gleichen allgemeinen, *undifferenzierten Erregung* entsprechen (s. Kapitel 6, Besprechung dieser Aktivierungstheorie). Obwohl Intensität sicherlich ein Aspekt der Emotion ist, scheint dieser Ansatz ziemlich einseitig zu sein, denn (a) man kann durchaus physiologisch erregt sein, ohne sich in einem emotionalen Zustand zu befinden (zum Beispiel bei körperlicher Anstrengung), und (b) die Unterscheidung zwischen verschiedenen Erregungsgraden würde die *qualitativen* Differenzen bei der Empfindung verschiedener Emotionen immer noch nicht erklären. Wenn Sie Ihr Herz klopfen hören und das Gefühl von „Schmetterlingen" im Magen haben, was sagt Ihnen, ob Sie Angst haben, aufgeregt, zornig oder verliebt sind? Selbst wenn Forscher mit Hilfe hochempfindlicher Aufzeichnungs- und Verstärkungsgeräte letztlich in der Lage sein sollten, alle physiologischen Korrelate jeder einzelnen Emotion zu identifizieren, könnte dies immer noch nicht erklären, warum der Mensch das *empfindet,* was er empfindet.

Die kognitive Komponente. Wenn sich also durch Hinweise aus der physiologischen Aktivität Emotionen offensichtlich noch nicht bestimmen lassen, welche Rolle spielen dann Wahrnehmung, Erwartung, Interpretation und andere derartige kognitive Prozesse?

Emotionaler Eintopf: Vermischen Sie zu gleichen Teilen innere Organe und Erkenntnis. Wie wir in Kapitel 6 gesehen haben, reicht die Information von proximalen Stimuli allein nicht aus, um zu erklären, warum wir Dinge so sehen, wie wir sie sehen. Nur durch die kognitive Organisation und Interpretation der Stimuli nach der Ankunft in der Netzhaut können wir wahrnehmen, was „draußen" vor sich geht. Ähnlich glauben moderne Psychologen, daß Emotion nicht durch physiologische Reaktionen allein bestimmt wird, sondern eine kognitive Einschätzung und Bewertung der Stimulussituation erfordert.

Eine Theorie lautet dahingehend, daß die im wesentlichen undifferenzierten physiologischen Reaktionen die *Intensität* einer Emotion bestimmen, daß aber der Mensch mit Hilfe emotionsbezogener Erkenntnisse deren *Qualität* bestimmt — d. h. welche Emotion es ist. Wenn man eine Erregung verspürt, sie aber qualitativ noch nicht identifizieren kann, wird man sich in der unmittelbaren Umwelt verfügbarer Hinweise bedienen, um seinen aufgerührten Zustand benennen zu können.

Diese Theorie wurde in einem geschickt geplanten Experiment untersucht, in dem man Versuchspersonen glauben ließ, daß der Experimentator die visuelle Wirkung eines Vitaminkombinationspräparates genannt „Suproxin" testen wollte. Sie erhielten eine Injektion und wurden dann in einen Warteraum geschickt, um angeblich auf die Wirkung des Medikaments zu warten. Für die experimentelle Gruppe bestand die Injektion aus Epinephrin (Adrenalin), was für gewöhnlich erhöhten Herzschlag, beschleunigte Atmung, Zittern und manchmal Hitzewallungen zur Folge hat. Eine Kontrollgruppe bekam eine Placebo-Injektion (Salzlösung), die überhaupt keine physiologische Erregung bewirkt.

Bei der Verabreichung der Injektion manipulierte der Experimentator auch die kognitive Bewertung der Versuchspersonen hinsichtlich ihrer körperlichen Verfassung. Der ersten Gruppe wurde gesagt, daß die typischen Nebeneffekte von Suproxin Zittern, Herzklopfen und Hitzewallungen seien; so hatten sie eine passende Erklärung für die Erregung, die sie verspüren könnten. Die zweite Gruppe erfuhr, daß das Medikament keine Nebeneffekte habe, während der dritten Gruppe mitgeteilt wurde, daß die typischen Nebeneffekte Taubheitsgefühl, Juckreiz und leichte Kopfschmerzen seien. Diese beiden letzten Gruppen erhielten also keine angemessene Erklärung für ihren späteren Erregungszustand. Es wurde vorhergesagt, daß sie in ihrer unmittelbaren Situation nach einer Erklärung für die Vorgänge in ihrem Innern suchen würden, da sie natürlich anfälliger für solche Hinweisreize waren.

Im Warteraum fand jede Versuchsperson eine andere Versuchsperson vor, die angeblich genau wie sie auf die Wirkung des Medikaments wartete. In Wirklichkeit war dies ein Verbündeter des Experimentators, der bald anfing, sich emotional zu verhalten. Bei der einen Hälfte der Versuchspersonen benahm er sich sehr munter; er machte Späße, ließ Papierflugzeuge fliegen, spielte mit einem Hula-Hoop-Reifen und so weiter. Bei dem Rest der Versuchspersonen wurde er zunehmend verwirrter und verärgerter über einen Fragebogen, den die Versuchspersonen vom Experimentator zum Ausfüllen erhalten hatten, bis er ihn schließlich zerriß und wütend das Zimmer verließ. Während dieser beiden Situationen wurde die Versuchsperson durch eine Einwegscheibe beobachtet, und die Untersucher beurteilten den Grad des euphorischen oder verärgerten Verhaltens. Schließlich füllten die Versuchspersonen noch Fragebögen hinsichtlich ihres emotionalen Zustands aus.

Was würden die Versuchspersonen Ihrer Meinung nach antworten, wenn Sie sie in dieser Situation danach fragten, ob sie sich glücklich oder verärgert fühlten? Die Untersucher fanden heraus, daß die zwei Gruppen, die keine passende Erklärung für ihre Erregung zur Verfügung hatten, sich glücklich fühlten, wenn der andere sich so benahm, als wäre er glücklich, und wütend waren, wenn der andere sich benahm, als wäre er wütend. Offensichtlich beeinflußte die Wahrnehmung des Verhaltens und der Laune des anderen die Einschätzung ihrer eigenen unerklärten Erregung. Die richtig informierten Versuchspersonen aber, die ja bereits eine passende Erklärung für ihre Erregung hatten, waren für die Laune des anderen nicht anfällig und berichteten weder, daß sie wütend, noch daß sie glücklich gewesen seien. Auch die Kontrollgruppe, die keine Erregung spürte, aber die gleichen sozialen Wahrnehmungen hatte, berichtete über keinen emotionalen Zustand (Schachter u. Singer, 1962).

Diese Ergebnisse unterstützen also die Theorie, daß die Qualität emotionaler Zustände von kognitiven Faktoren bestimmt wird. Obwohl sie sich im gleichen physiologischen Erregungszustand befanden (für den sie keine Erklärung hatten), bezeichneten die Versuchspersonen ihre Emotion in Abhängigkeit von den kognitiven Aspekten der Situation als „Glücklichsein" oder „Wut". Diese demonstrierte Fähigkeit zur Änderung von Emotionen durch Manipulation der kognitiven Komponente, unabhängig von der physiologischen Erregung, läßt auf eine Wiedereröffnung des Gebietes der Emotion für die experimentelle Analyse hoffen. Sie stellt auch eine direkte Herausforderung der früheren Emotionstheorie dar, die einen kausalen Zusammenhang zwischen physiologischer Erregung und kognitiver Erfahrung postulierte, wonach das Erste zuerst kam und das Letzte verursachte.

Unerklärbare Erregung tut besonders weh. Das obige Experiment unterstützte offensichtlich die Annahme, daß physiologische Erregung als solche im wesentlichen neutral und „plastisch" und in jede Art von Emotion konvertierbar sei, vorausgesetzt, sie kann auch wahrgenommen werden. Andererseits ist aber unerklärbare Erregung ein charakteristischer Bestandteil der *Angst,* die zweifelsohne einen negativen emotionalen Zustand darstellt. Innerlich „aufgewühlt" zu sein, ohne zu wissen, warum, ist ein beunruhigendes Gefühl und motiviert den Menschen dazu, nach einer Erklärung zu suchen. Da eine derartige Erregung gewöhnlich als negativ empfunden wird, ist es schwer zu verstehen, wie sie jemals in eine positive Emotion umgewandelt werden könnte, zumindest bei Erwachsenen, die bereits gelernt haben, auf unerklärte Erregung negativ zu reagieren. Zur Beantwortung dieses Problems müssen weitere Untersuchungen durchgeführt werden. Die früheren Untersuchungen müssen zunächst wiederholt werden, und der Begriff der Emotion muß durch die Hereinnahme der Frage erweitert werden, wie sich der Mensch in jeder Situation, sei sie emotional oder nicht, sieht und Bestand über sich selbst aufnimmt.

Kognitive Bewertungstheorien. Obwohl sich immer mehr Forscher mit der Frage befassen, welche Rolle kognitive Prozesse bei emotionalen und anderen Reaktionen spielen, haben nur wenige versucht, über die Dynamik solcher Prozesse ernsthaft nachzudenken. Was bedeutet es, zu sagen, daß man eine Erkenntnis hat, die die emotionale Reaktion bestimmt? Zwei Psychologen, die an diesem Problem gearbeitet haben, haben solche Erkenntnisvorgänge im Sinne des *Bewertens* (appraisal) diskutiert.

Bewertung ist die Einschätzung und Beurteilung der Bedeutung eines Stimulus. Eine der ersten, die dieses Konzept in einer Theorie der Emotion angewandt haben, war Magda Arnold (1960), die ein Sequenz-Modell vorschlug. Der erste Schritt in dieser Sequenz ist die *Wahrnehmung,* bei der die äußeren Stimuli empfangen werden. Der nächste Schritt ist die *Bewertung,* wobei die Stimuli danach beurteilt werden, ob sie gut und nützlich oder schlecht und gefährlich sind. Diese Bewertung bestimmt dann die gefühlsmäßige Stellungnahme (*Emotion*), die definiert wird als empfundene Tendenz zum Stimulus hin, wenn er als gut beurteilt wurde, oder weg von ihm, wenn er als schlecht bewertet wurde. Der *Ausdruck* der Emotion besteht in den physiologischen Reaktionen, die die empfundene Tendenz begleiten. Diese Tendenzen können sich in Richtung Annäherung oder Rückzug organisieren. Das letzte Glied in der Sequenz ist die *Handlung,* wodurch Annäherung oder Rückzug tatsächlich stattfinden.

Diesen Ansatz hat Lazarus (1968) in seiner Theorie ausgebaut. Er postuliert zwei Grundtypen von Bewertungsprozessen: *primäre Bewertung,* die beurteilt, ob die Situation bedrohlich ist oder nicht, und *sekundäre Bewertung,* die die alternativen Möglichkeiten, mit einer wahrgenommenen Bedrohung fertig zu werden, abschätzt. Wenn eine Situation als bedrohlich wahrgenommen wurde, stehen zwei mögliche *Strategien zu ihrer Bewältigung* zur Verfügung: (a) *direkte Handlung,* wie Kampf oder Flucht, die von entsprechenden negativen emotionalen Zuständen begleitet werden, oder (b) *wohlwollende Neubewertung,* wobei die Person die Situation neu bewertet, und zwar als weniger bedrohlich, so daß sich der negative emotionale Zustand mildert. Die positiven Emotionen folgen den verschiedenen Bewertungen des Nichtbedrohtseins (einschließlich wohlwollender Neubewertungen). Diese ganze Analyse betont das Wechselspiel zwischen kognitiven Bewertungen und emotionalen Reaktionen. Darin ist es mit anderen psychologischen Modellen der Wahrnehmungs- und Informationsverarbeitung verwandt, wie dem bereits besprochenen von Sokolov.

Beide Theorien wenden sich gegen die Annahme einer neutralen, undifferenzierten Erregung, die später mit Bedeutung versorgt wird, wie es Schachter vorschlug. Sie postulieren, *daß* es unterschiedliche physiologische Reaktionsverläufe gibt, aber daß solche Reaktionen die Emotion *nicht* bestimmen oder verursachen. Die physiologische Komponente wird eher als eine Funktion der kognitiven Bewertung betrachtet, wobei sie gewöhnlich der Bewertung folgt, aber auf jeden Fall Bestandteil von ihr wird.

Die von Lazarus betriebene Forschung konzentrierte sich im allgemeinen darauf, wie Bewertungen und Neubewertungen benutzt werden, um mit besonders bedrohlichen Situationen fertig zu werden.

In einer Untersuchung sahen die Versuchspersonen einen Film über einige sehr grausame Genitaloperationen, wie sie bei den Einweihungsriten der Männlichkeit bei einem primitiven australischen Stamm gebräuchlich sind. Der Kommentar, der diesen Film begleitete, hob entweder die Gefahren dieser Operation hervor, leugnete die Gefahren ab oder berichtete darüber in einer intellektualisierten, unbeteiligten Weise. Die Untersucher erwarteten, daß die verschiedenen Kommentare die kognitive Bewertung dieses furchterregenden Films durch die Versuchspersonen (und damit ihre emotionale Reaktion) verändern würde. Sie fanden, daß das physiologische Erregungsniveau, im Vergleich zum Film ohne Kommentar, bei dem „bedrohlichen" Kommentar höher war und beim „ableugnenden" und „intellektualisierenden" niedriger (Speisman, Lazarus, Mordkoff u. Davison, 1964).

In einem anderen Experiment zeigten Versuchspersonen, die einen Film sahen, der unerwartete, dramatische Unfälle in einem Sägewerk zeigte, wie zum Beispiel einen Unfall, bei dem ein Mann von einer Kreissäge schwer ver-

Unter der Lupe

Motivation und geistige Retardation

Bei einer Vielzahl von experimentellen Aufgaben verhalten sich geistig retardierte Kinder anders als Kinder des gleichen intellektuellen Alters, deren intellektuelle Entwicklung als „normal" betrachtet wird. Die allgemeine Folgerung der meisten Forscher war, daß sich solche Kinder von Geburt an „unterscheiden". Weitere Erklärungsmodelle haben Schäden der corticalen und subcorticalen Funktionen, eine grundsätzliche Lernunfähigkeit aufgrund mangelnder kognitiver Umstellungsfähigkeit und die Furcht vor Erwachsenen berücksichtigt. Die Meinung, Retardierte seien aufgrund eines gestörten Nervensystems „anders", führt zwangsläufig zu einer pessimistischen Einschätzung ihres *Verhaltens*potentials.

Diese Position wurde in einer ausgedehnten Untersuchungsserie von Edward Zigler und seinen Kollegen überzeugend angegriffen (1961, 1966, 1968, 1969). Zigler versuchte zu erfahren, in welchem Ausmaß Leistungsdifferenzen zwischen Retardierten und „Normalen" eher auf motivationale als auf kognitive Faktoren zurückzuführen seien. Es ergab sich, daß sowohl die Variationen in der Art der Aufgaben wie auch die Verstärkung durch den Tester zu systematischen Variationen in der Leistung der Retardierten führten. Sie zeigten beharrliches („rigides") Verhalten, wenn ihre Beharrlichkeit den Kontakt mit den Erwachsenen verlängerte, aber sie waren es nicht mehr, wenn diese Beharrlichkeit nicht verstärkt wurde. Dies bedeutet, daß ihre vermutete Rigidität auf ihr größeres Bedürfnis nach der Aufrechterhaltung von Kontakten mit Erwachsenen und nach Gewinnung von Zustimmung und Beifall der Erwachsenen zurückzuführen war.

Der verhältnismäßig größere Unterschied in der Motivation als in der angeborenen, kognitiven Rigidität wurde auf ihre soziale Deprivation zurückgeführt. Je länger ein retardiertes Kind institutionell betreut worden war, um so länger harrte es bei einer einfachen Aufgabe aus, um die zugehörige soziale Verstärkung zu erlangen. Dasselbe Verhalten wurde auch bei anderen institutionell betreuten, aber nicht retardierten Kindern gefunden.

Die Motivationsstruktur dieser retardierten Kinder wurde durch eine weitere Ambivalenz belastet. Sie benötigten einerseits mehr als normale Kinder die Verstärkung durch Erwachsene, waren andererseits aber aufgrund vieler negativer Erfahrungen den Erwachsenen gegenüber mißtrauisch. Überdies hatten sie auch gelernt, niedrige Erfolgserwartungen an sich selbst zu stellen.

Das Forscherteam ist sich zwar darüber einig, daß es zwischen „Normalen" und Retardierten Unterschiede gibt, aber diese Differenzen sind nicht qualitativer Art, sondern Unterschiede hinsichtlich der Erkenntnis*geschwindigkeit* und der oberen Leistungs*grenze,* im Zusammenhang mit wichtigen Verschiedenheiten in der Motivation und Erwartungshaltung, die wiederum den Umweltfaktoren zuzuschreiben sind. So haben Retardierte aus vielen Gründen Verstärkerhierarchien aufgebaut, die sich von denen der Kinder „normaler" Intelligenz unterscheiden. Diese Erkenntnisse erfordern eine grundlegende Revision unserer Auffassung über die Natur der geistigen Behinderung und über die Praxis, institutionalisierte Retardierte lediglich zu beaufsichtigen und zu versorgen.

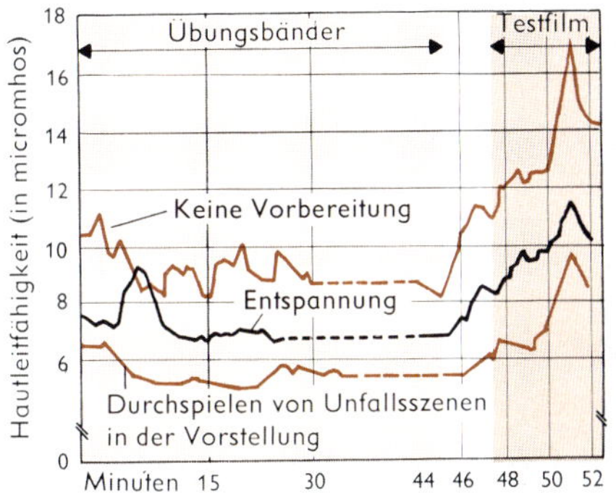

Abb. 7-13. Kognitive Vorbereitung auf Streß (Nach Folkins et al., 1968)

letzt wurde, weniger physiologische Erregung (gemessen an der Hautleitfähigkeit und dem Herzschlag), wenn sie die erschreckenden Szenen des Films vorher in der Vorstellung durchgespielt hatten (Abbildung 7-13). Auch Entspannungstraining half, die Anspannung abzubauen, aber die Gelegenheit, die kognitive Bewertung vorwegzunehmen, war eindeutig wirksamer (Folkins, Lawson, Opton u. Lazarus, 1968).

Solche Ergebnisse besitzen wichtige Konsequenzen, nicht nur für unser intellektuelles Verständnis dessen, was Emotion ist, sondern auch für die Vorbereitung von Menschen auf schwere Belastungen und für das praktische Problem der Behandlung „emotional gestörter" Menschen (worauf in Kapitel 11 noch eingegangen wird).

f Zusammenfassung

Motivation zu untersuchen heißt, nach den Ursachen der Variabilität des Verhaltens suchen. Motive sind nicht direkt beobachtbar; wir können sie nur aus der Beziehung zwischen Reiz und Reaktion erschließen. Die Aspekte der inneren Motivation umfassen: (a) Erregung, (b) Richtung der Anstrengung, (c) selektive Aufmerksamkeit, (d) Organisation und (e) Aufrechterhaltung der Aktivität.

Motivationszustände werden im allgemeinen von einer Art *Deprivation* ausgelöst. Sie gipfeln in einem *Endverhalten,* wie z. B. Essen, das den Organismus befriedigt und den Triebzustand reduziert. Die Anwesenheit schädlicher Reize erzeugt ebenfalls häufig Motivation.

Biologische Triebe resultieren aus den elementaren Gewebebedürfnissen des Organismus. *Homöostase* ist die Tendenz, ein konstantes inneres Milieu innerhalb der Grenzen, die für das physiologische Gleichgewicht nötig sind, aufrechtzuerhalten.

Der *Hungertrieb* ist einer der am gründlichsten untersuchten Triebe. Magenkontraktionen spielen beim Hungerbewußtsein ebenso sehr eine Rolle wie der Blutzuckerspiegel. Der Hypothalamus spielt beim Ablauf des Hungertriebes und anderer Triebe eine wichtige Rolle, aber es ist nicht klar, ob er als „Zentrum der Motivation" oder nur als „Kommunikationszentrum" fungiert.

Hunger scheint eine sensibilisierende Wirkung zu haben, indem er die Reizschwelle für verschiedene Arten von Reizen senkt. Sowohl *äußere* als auch *innere* Hinweisreize können den Hungertrieb auslösen. Es wurde gefunden, daß Lebewesen, die unter unzulänglichen ökonomischen Bedingungen leben, empfänglicher für äußere Hinweisreize sind; Lebewesen, die in einer Überflußökonomie leben, sind empfänglicher für innere Hinweisreize. Untersuchungen zeigen, daß die laufende *Kontrolle der Nahrungsaufnahme* sowohl vom Magen, als auch zu einem geringeren Teil vom Mund ausgeht. Menschen wie Tiere empfinden ganz spezielle Arten des Hungers, besonders wenn sie von bestimmten Substanzen depriviert sind. Beim Menschen werden diese Hungergefühle jedoch oft von erlernten Präferenzen außer Kraft gesetzt. Länger anhaltende Unterernährung führt zu steigender Apathie und übermäßiger gedanklicher Beschäftigung mit Nahrungsmitteln.

Der *Dursttrieb* ist unter Deprivationsbedingungen intensiver als der Hungertrieb und unterscheidet sich auch qualitativ von diesem. Beispielsweise neigen durstige Tiere im Gegensatz zu hungrigen Tieren dazu, sich stereotyp zu verhalten. Die Kontrolle der Wasseraufnahme findet sowohl im Magen, als auch im Mund statt. Physiologische Grundlage des Dursttriebes ist die Aufrechterhaltung des richtigen Gleichgewichts der Flüssigkeiten in den Körperzellen.

Schmerz dient sowohl als Signalsystem, als auch als Verteidigungssystem (Reflex), das den Körper vor physischer Schädigung schützt. Er kann auf neurologischem und physiologischem

Niveau, auf der Verhaltensebene und vom Gefühlsaspekt her untersucht werden. Die kognitive Seite des Schmerzes ist komplex; er kann die Quelle mystischen und sexuellen Vergnügens sein.

Sexualität ist im Gegensatz zu anderen biologischen Trieben nicht notwendig für das Überleben des Individuums — obwohl sie offensichtlich für die Erhaltung der Art notwendig ist. Sexuelle Erregung kann durch nahezu alle wahrnehmbaren Stimuli ausgelöst werden; die Erregung wird ebenso aktiv angestrebt wie ihre Reduktion. Die psychosexuelle Differenzierung zur männlichen oder weiblichen Sexualität hin hängt von physiologischen Faktoren (primär hormonal bestimmt) und psychologischen Faktoren (zum Beispiel der erlernten Geschlechtsrolle) ab.

Das Sexualverhalten von Tieren wird in viel größerem Maße als das menschliche von physiologischen Faktoren, wie dem weiblichen hormonalen Cyclus, kontrolliert. Häufigkeit und zeitlicher Ablauf der Kopulation variieren sehr stark unter den verschiedenen Species, aber bei allen beruhen die Reaktionsabläufe auf komplexen wechselseitigen Hinweisreizen zwischen den männlichen und weiblichen Sexualpartnern. Wird ein Individuum in der Kindheit von Gleichaltrigen isoliert, so kann das im Erwachsenenalter zu gestörtem Sexualverhalten führen.

Die meisten Menschen sind den größten Teil ihres Lebens fähig, sich sexuell zu betätigen, obwohl die sexuelle Aktivität allgemein mit zunehmendem Alter nachläßt. Psychologische Faktoren sowie Veränderungen im Gesundheitszustand können zu einer Abnahme der sexuellen Ansprechbarkeit führen. Sexuelle Verhaltensweisen und Einstellungen sind zu einem großen Teil von kulturellen Faktoren abhängig.

Die Zweiteilung zwischen den biologischen und psychologischen Motiven des Menschen ist nicht eindeutig. Es ist anzunehmen, daß letztere eher erworben als angeboren sind. Sie drücken sich in der Form der jeweiligen Kultur aus. Nichtsdestoweniger ist ihre Befriedigung für das Wohlergehen des Einzelnen notwendig. Furcht ist erwiesenermaßen ein erlerntes Motiv, das durch konditionierte Assoziation mit unangenehmen Reizen erworben wurde. Soziale und psychologische Verstärker wie Aufmerksamkeit und Lob wirken ähnlich wie die biologischen Verstärker. Neugier ist ebenfalls ein starkes Motiv.

Trotz der Schwierigkeit, Emotion objektiv zu definieren, ist sie häufig Gegenstand der Untersuchungen von Psychologen gewesen. Wir beurteilen die Emotionen anderer an ihrem verbalen und nichtverbalen Verhalten; vieles am offenen emotionalen Verhalten ist gemäß kultureller Erwartungen und Verstärkungen erlernt. Nichtverbale Ausdrucksformen der Emotion umfassen *Gesichtsausdruck, Körperbewegungen, Parasprache* (Stimmerkmale, nichtsprachliche Laute) und *Gesprächshaltung* (Entfernung und Orientierung). Einfache Emotionen können, ungeachtet der jeweiligen Kultur, mit einiger Genauigkeit und Übereinstimmung beurteilt werden, aber das gleiche Verhalten, wie zum Beispiel das Weinen, kann bei verschiedenen Gefühlen auftreten. Manchmal empfangen wir unvereinbare Hinweisreize und oft benutzen wir Stereotype, wenn wir die Emotionen anderer einschätzen.

Gemäß der James-Lange-Theorie gehen die *physiologischen Vorgänge* der *empfundenen Emotion* voraus und verursachen sie auch, aber der Suche nach spezifischen physiologischen Zuständen, die mit den verschiedenen Emotionen verbunden sind, war kein eindeutiger Erfolg beschieden. *Physiologische Hinweisreize* tragen möglicherweise zur Intensität empfundener Emotionen bei, aber ihre Qualität — welche Emotion empfunden wird — hängt teilweise von *kognitiven Hinweisreizen* ab, die sich aus der individuellen Interpretation der Situation ergeben. *Bewertung,* der *Bedeutung* und auch der *Ernsthaftigkeit* einer Situation ist sehr wichtig bei der Bestimmung der empfundenen Emotion.

8 Soziale Grundlagen des Verhaltens

Allein kommt der Mensch auf die Welt, und allein verläßt er sie wieder. Trotzdem sagt man, daß der Mensch das sozialste aller sozialen Lebewesen ist. Er entsteht durch den sozialen Akt heterosexuellen Verkehrs; seine Geburt, an der viele Menschen teilnehmen, verändert das Leben einiger von ihnen völlig; sein Tod, mag er durch einen anderen Menschen verursacht oder mit medizinischer und psychologischer Hilfe verzögert worden sein, übt oft eine tiefgehende emotionale Wirkung auf die aus, die ihn brauchten. Zwischen den Ereignissen von Geburt und Tod erfüllt der Mensch sein Leben mit Beziehungen zu anderen Menschen.

Trotzdem bleibt das Paradox bestehen: Der Mensch ist isoliert, innerhalb seines eigenen Nervensystems und Bewußtseins. Zugleich lebt er in Gruppen, wird ohne seinen Willen mit anderen zusammengedrängt und schafft eine soziale Realität, die unter Umständen eine noch stärkere Kontrolle über ihn ausübt als selbst die physische Realität. Die traditionelle Psychologie hat sich hauptsächlich mit dem Verhalten des individuellen Organismus beschäftigt, weit entfernt von der komplexen, „grundlegenden" sozialen Beeinflussung durch andere Menschen, Gruppen, Gesellschaftsformen, Institutionen und Kulturen. Es war die Aufgabe des Soziologen, Gruppen und Institutionen des Menschen (Ehe, Familie, Kirche, Industrie) zu untersuchen, und die des Anthropologen, uns über die umfassenderen Einflüsse der Kultur auf den Menschen aufzuklären. Das Gebiet der Sozialpsychologie hat sich entwickelt, um die verbleibenden Fragen zu beantworten, wie das Verhalten eines Individuums durch die reale oder vorgestellte Gegenwart und das Verhalten anderer beeinflußt wird.

Jeder einzelne wird beeinflußt durch das, was andere fühlen, glauben, sagen oder tun, und diese anderen wiederum werden beeinflußt durch die Gefühle, Überzeugungen, Kommunikationen und Handlungen des Einzelnen. Wenn zwei Menschen einander beeinflussen, spricht man von einer *interagierenden* sozialen Einheit. Bei Interaktionen dieser Art entwickeln sich zwei wesentliche soziale Funktionen: Erstens kann das Verhalten einer Person eine *Information* liefern, die daraufhin bei der anderen Person Reaktionen auslöst, modifiziert oder lenkt. Zweitens kann das Verhalten einer Person verstärkende oder bestrafende *Konsequenzen* für eine vorangegangene Reaktion des anderen liefern. In dem Spiel „heiß und kalt" ist zum Beispiel der Hinweis „heiß" für die Person, die sich mit verbundenen Augen dem Zielgegenstand nähert, ein Reiz, der ein anderes Verhalten hervorruft als der Hinweis „kalt". Eine Person zu umarmen, zu küssen oder ihr Komplimente zu machen, verstärkt das Verhalten, das vorher gerade aufgetreten ist. Diese, durch Reize und soziale Belohnung bewirkte Kontrolle, die wir alle zur Verfügung haben und anwenden, ist offensichtlich wichtig für das Auftreten der beiden grundlegenden psychischen Aktivitäten: (a) Reduzierung unserer Unsicherheit gegenüber der Umwelt und damit Verbesserung ihrer Vorhersagbarkeit, (b) Erweiterung bezüglich unserer Erfahrung der Beherrschbarkeit unserer Umwelt durch die Kontrolle ihrer Kontingenzbeziehungen.

Beim Studium der sozialen Natur des Menschen konzentrieren sich sozialpsychologische Forschungen teils auf die abhängige Variable des sozialen *Verhaltens* und teils auf die unabhängige Variable der sozialen *Reize*. Hier sollen beide Arten von Variablen behandelt werden, aber auch die Prozesse, durch die sie in eine sinnvolle psychologische Beziehung gebracht werden.

a Der Einfluß sozialer Motive auf das Verhalten

Der Mensch lebt nicht von Brot allein; er verbringt einen großen Teil an Zeit und Energie damit, zu planen, wie er sein Brot etwas besser machen könnte als sein Konkurrent, und oft ist es ihm wichtiger, mit wem er ißt, als was er ißt. So wesentlich die physiologisch bedingten Motive für das Überleben auch sein mögen und so faszinierend und exotisch die Art sein mag, mit der ihnen Rechnung getragen wird, so beansprucht die tatsächliche Beschäftigung mit ihnen bei den meisten Menschen doch nur überraschend wenig Zeit. Selbst Menschen in den technologisch am wenigsten entwickelten Gesellschaften verbringen nur relativ wenig Zeit mit Essen, Trinken und sexueller Betätigung. Stattdessen richten die Menschen moderner als auch primitiver Gesellschaften den Hauptteil ihrer Energie auf den Erwerb oder den Ausdruck von Geisteshaltungen und Erlebniswerten, die nicht von den angeborenen Steuerungsmechanismen ihrer biologischen Funktionen angeregt werden, sondern durch die Werte, die sie als Mitglieder ihrer Gesellschaft gelernt haben (Sarnoff, 1966).

Werte als Richtlinien

Wie unterscheiden sich Werte von einer Gesellschaft zur anderen, und wie beeinflussen sie das Verhalten? Der erste Teil dieser Frage kann mit Hilfe der Forschung beantwortet werden, indem Menschen verschiedener Gesellschaften nach ihren Präferenzen für verschiedene Lebensweisen befragt werden, von denen jede einen menschlichen Wert repräsentiert. Männliche Studenten aus sechs verschiedenen ethnischen Gruppen der ganzen Welt sollten jede der vorgegebenen zwölf Lebensweisen nach einer Sieben-Punkte-Skala einstufen, die sich von „gefällt mir sehr" bis „gefällt mir gar nicht" erstreckte. Wie die Tabelle 8 aufweist, bevorzugten die verschiedenen Gruppen auffallend unterschiedliche Werte: Indische Studenten schätzten Läuterung, Mäßigung und Zurückhaltung am meisten. Für Studenten aus China, Japan und Norwegen waren Mitgefühl, Anteilnahme und Zurückhaltung am erstre-

Tabelle 8-1. *Von Studenten bevorzugte Lebensstile (Nach Morris, 1956, und Jones u. Bock, 1960)*

Lebensweisen*	besonders beliebt bei	am wenigsten beliebt bei
1. Läuterung, Mäßigung, Zurückhaltung; Erhaltung der besten menschlichen Errungenschaften.	Indern	
2. Selbstgenügsamkeit, Verständnis seiner selbst; Vermeidung von außengerichteter Aktivität.		
3. Mitgefühl, Anteilnahme an anderen; Zurückhaltung seiner Selbstbehauptung.	Japanern, Chinesen, Norwegern	
4. Sichgehenlassen, sinnliche Lebensfreude; Notwendigkeit von Einsamkeit als auch Geselligkeit.		Indern
5. Tatkräftiges kooperatives Handeln zum Zweck der Gruppenleistung und Genuß.		
6. Aktivität; ständiges Streben nach verbesserten Techniken, um Natur und Gesellschaft zu kontrollieren.	US Schwarzen	
7. Flexibilität, persönliche Vielseitigkeit; etwas von allen Lebensmöglichkeiten übernehmen.	US Weißen	
8. Sorgenfreies, gelöstes Sich-Erfreuen in Sicherheit		Japanern
9. Durch stille Empfänglichkeit für die Natur ergibt sich ein reich erfülltes Selbst.		US Schwarzen, US Weißen, Chinesen
10. Würde, Selbstkontrolle; aber keine Abkehr von der Welt.		
11. Abkehr von der Welt und Entwicklung des inneren Selbst.		Norwegern
12. Nach außen gerichtete, tatkräftige Aktivität; Gebrauch der körperlichen Energie.		

* Eine dreizehnte Lebensweise wurde nach Morris, 1956, und Jones u. Bock, 1960, wegen einer Übersetzungsschwierigkeit für die chinesische Stichprobe ausgelassen. Sie wurde von allen anderen am wenigsten geschätzt: „Sich benutzen zu lassen: Menschen und Natur nahe bleiben."

benswertesten. Schwarze und weiße amerikanische Studenten unterschieden sich hinsichtlich des Einsatzes für den sozialen Fortschritt (am wichtigsten für Schwarze) und des persönlichen Wachstums, der Flexibilität und Offenheit (am wichtigsten für Weiße).
Werte, die einen lenkenden, motivierenden Einfluß auf das Verhalten haben, werden zu sozialen Motiven. Beispiele für soziale Motive sind Leistungsanspruch, Bedürfnis nach sozialer Anerkennung, Bedürfnis, sich selbst als angepaßt im Vergleich mit anderen zu sehen, und das Bedürfnis, sich anderen anzuschließen.

Leistungsanspruch oder: Wir sind Nummer Eins

Kein Student braucht darauf aufmerksam gemacht zu werden, daß bei uns Leistung stark betont wird. Das Geschäftsleben, der Sport, das ganze Erziehungssystem sind darauf ausgerichtet. Zensuren sind der Schlüssel zu höheren Stufen weiteren Wettbewerbs (um Schüler in die nächsthöhere Klasse und Abiturienten zur Universität zuzulassen). Viele Studenten charakterisierten das ganze Unterfangen als einen großen Wettlauf von Ratten, bei dem nur ein kleines Stück Käse in der Falle steckt. Dies führte bei den Fakultäten und Schulbehörden teilweise zu einer Gleichgültigkeit gegenüber Zensuren. Trotzdem wird für die meisten Studenten das Bedürfnis, Erfolg zu haben, etwas zu leisten, etwas gut zu vollbringen (zumindest besser als andere) in der Hierarchie ihrer Motivationen mit der Zeit vorherrschen.
Die Forderung, Nummer Eins zu sein, ist nicht nur in einem Land, wie etwa Amerika oder Deutschland verbreitet. Leistungsangst ist unter englischen Schülern, die um die kostbaren wenigen Universitätszulassungen wetteifern, sogar noch größer. Ein intensives Streben nach wirtschaftlicher Leistung charakterisiert sowohl deutsche wie japanische Geschäftsleute, während eine unglaubliche Leidenschaft bezüglich der Fußballweltmeisterschaft für viele europäische und südamerikanische Nationen charakteristisch ist.
Das Leistungsmotiv kann charakterisiert werden als
„das Streben, die eigenen Fähigkeiten in all jenen Aktivitäten zu steigern oder auf so hohem Stand wie möglich zu halten, von denen man meint, daß für sie ein hoher Leistungsstandard existiert, und in denen daher die Ausführung solcher Aktivitäten gelingen oder mißlingen kann ... Standards von hoher Leistung sind ein Maßstab für das Leistungsmotiv, wenn das Individuum solche Standards als persönlich verbindlich, zwingend oder verpflichtend ansieht" (Heckhausen, 1968).
Der Leistungsanspruch (*n* Ach = need for achievement) wird von einigen Forschern anhand der Reaktionen auf mehrdeutige Situationen gemessen, die auf den Reizkarten des Thematischen Apperceptionstests dargestellt sind (s. Kapitel 9). Die Reaktionen auf die Themen, die ein Streben und Zielsetzen oder Besorgnis um Erfolg oder Mißlingen beinhalten, werden registriert. Man geht von der Voraussetzung aus, daß die Testsituation eine Situation des Lebens „im Kleinen" darstellt, so daß die Reaktionen des Individuums anzeigen, wie leistungsorientiert es in seinem allgemeinen Verhalten ist.
Die Frage nach der Entstehung solcher Bedürfnisse ist zum Gegenstand intensiver Forschung geworden.
Waren Erwachsene mit hohem, bzw. niedrigem Leistungsanspruch in ihrer Entwicklung unterschiedlichen Einflüssen ausgesetzt? Forscher haben ermittelt, daß Studenten mit einem hohen Leistungsanspruch im allgemeinen dazu neigen, ihre Eltern eher relativ zurückhaltend als vertraut zu empfinden, während Studenten mit niedrigem Leistungsanspruch ihre Eltern mehr als freundlich und hilfsbereit beschrieben. Studenten mit hohem Leistungsanspruch empfinden sich allgemein unabhängiger gegenüber Autoritäten als solche mit niedrigem Leistungsanspruch. Tatsächlich erweisen sie sich auch als unabhängiger in ihrem Urteil und weniger geneigt, sich bei Tests zur sozialen Suggestibilität der Gruppenmeinung anzuschließen (McClelland, Atkinson, Clark u. Lowell, 1953).
In einer anderen Untersuchung gaben Mütter von acht- bis zehnjährigen Jungen an, bis zu welchem Alter sie bestimmte Leistungen von ihren Söhnen erwarteten. Mütter von Söhnen mit hoher Leistung erwarteten bis zum Alter von sieben Jahren doppelt so viele Leistungen wie Mütter von Söhnen mit niedriger Leistung. In beiden Fällen wurde von den Jungen gleichermaßen erwartet, daß sie gegenüber den Eltern hilfsbereit sind, aber von jenen mit hoher Leistung wurde außerdem erwartet, daß sie die Umwelt außerhalb ihres Zuhauses zu einem früheren Zeitpunkt bewältigen. Von den Jungen mit hohem Leistungsanspruch wurde zu einem früheren Zeitpunkt erwartet, daß sie sich in dem Stadtteil,

in dem sie wohnen, auskennen, daß sie selbständig neue Dinge ausprobieren, in Konkurrenzsituationen gut abschneiden und sich ihre eigenen Freunde suchen. Die Leistungswerte der Jungen spiegeln die systematischen Unterschiede in den Erwartungen ihrer Mütter wider (Winterbottom, 1953).

Das Leistungsmotiv wird von einigen Forschern als ein relativ allgemeines und stabiles Charakteristikum des Menschen angesehen, das in jeder Situation gegenwärtig ist. Man geht davon aus, daß es eine *allgemeine Tendenz* hervorruft, *sich um Erfolg zu bemühen,* wenn auch die Stärke der Tendenz in einer gegebenen Situation von drei anderen Variablen abhängig ist: (a) von der Erfolgserwartung, (b) vom Anreiz des speziellen Erfolges, um den es geht, und (c) von der Annahme einer persönlichen Verantwortung für den Erfolg (Atkinson, 1964; Feather, 1967). Zum Beispiel könnten zwei Menschen gleichermaßen stark leistungsorientiert sein, aber dem einen geht es vielleicht besonders um Prestige, und er bemüht sich am meisten in Situationen, in denen Erfolg sein Prestige erhöhen würde, während dem anderen vielleicht die Befriedigung über eine gut bewältigte Arbeit wichtiger ist und er größere Anstrengung in solchen Situationen zeigt, in denen ein Erfolg ihm diese Befriedigung verschaffen würde.

Die Komplexität des Leistungsmotivs wird auch durch die Tatsache deutlich, daß unter Personen mit hohen *n* Ach-Werten interessante Unterschiede gefunden wurden zwischen solchen, die sich auf Erfolg konzentrieren und solchen, die sich auf die Vermeidung von Mißerfolg konzentrieren. Personen, die sich auf Erfolg konzentrieren, neigen dazu, sich realistischere Ziele zu setzen und Aufgaben mittlerer Schwierigkeit zu wählen. Personen, denen es mehr darum geht, Mißerfolg zu vermeiden, neigen dazu, sich unrealistischere Ziele zu setzen (zu hohe oder zu niedrige im Vergleich zu ihren Fähigkeiten), sowie Aufgaben mit niedrigerem Schwierigkeitsgrad zu wählen, bei denen Mißerfolg am unwahrscheinlichsten, aber Erfolg, selbst wenn er erreicht wird, am wenigsten befriedigend ist. Die Bedeutung eines Verantwortlichkeitsgefühls für das Ergebnis ist aber ebenfalls wichtig bei der Bestimmung des Schwierigkeitsgrades der gewählten Aufgaben. Personen, die sich für ihre Erfolge und Mißerfolge stark verantwortlich fühlen, wählen eher Aufgaben mit mittlerem Schwierigkeitsgrad, ähnlich wie die erfolgsmotivierten

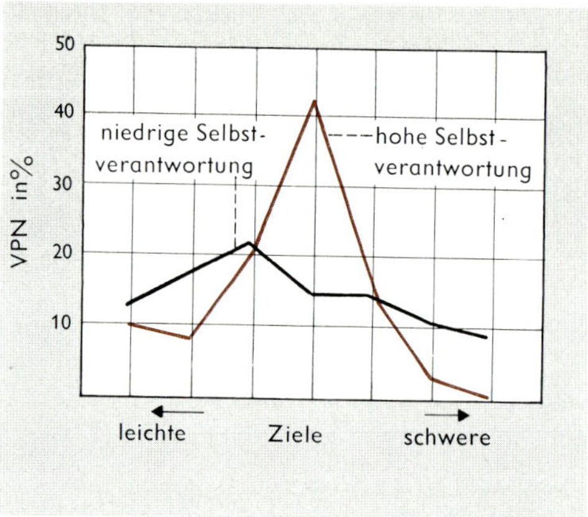

Abb. 8-1. Zielsetzung und Verantwortung. Kinder im Alter von neun bis elf Jahren setzten sich Ziele von mittlerem Schwierigkeitsgrad, wenn sie sich für Erfolg und Mißerfolg verantwortlich fühlten. Wenn sie dieses Verantwortungsgefühl nicht hatten, setzten sie sich dagegen in konsistenter Weise leichte Ziele (Nach Meyer, 1968)

Personen. Menschen, die sich für ihre Erfolge und Mißerfolge *nicht* verantwortlich fühlen, zeigen zwischen Aufgaben unterschiedlicher Schwierigkeit keine Präferenzen (Meyer, 1968). Dies zeigt Abbildung 8-1.

In welchem Ausmaß kann die in der Leistungsthematik der Literatur einer Gesellschaft enthaltene Metaphorik die tatsächliche Leistung in der Wirklichkeit voraussagen?

McClelland (1965) hat ermittelt, daß das Ausmaß der Leistungsmetaphorik in Kinderbüchern aus dreißig Ländern während der zwanziger Jahre zur wirtschaftlichen Entwicklung dieser Länder zwanzig Jahre später beigetragen hat; je mehr Leistungsmetaphorik vorhanden war, desto größer war die wirtschaftliche Entwicklung, gemessen nach der Produktion elektrischer Energie pro Kopf der Bevölkerung. De Charms und Moeller (1962), die nur amerikanische Bücher zwischen 1810 und 1950 untersuchten und ein anderes Maß für wirtschaftliche Entwicklung verwandten (Anzahl verliehener Patente), fanden keine zeitliche Verzögerung, sondern einen Anstieg beider Werte bis 1890, danach einen Abfall. Sie stellten fest, daß zur selben Zeit Themen, die moralische Belehrungen enthielten, abnahmen, während Themen, die mit geselligem Zusammenschluß in der einen oder anderen Form zu tun hatten, zunahmen.

Das Training wirtschaftlichen Erfolgs. Wenn die Intensität der Leistungsvorstellungen und

-gedanken irgendetwas mit Erfindungsreichtum und Erfolg zu tun hat, dann können Menschen vielleicht lernen, dadurch erfolgreicher zu werden, daß man ihnen mehr leistungsbezogene Gedanken einflößt. Diese Vermutung scheint durch den Erfolg eines zehntägigen Trainingsprogramms bestätigt zu werden, das von McClelland (1965, 1969) entwickelt wurde. Geschäftsleute aus Amerika und Indien steigerten ihre *n Ach*-Werte und ihre unternehmerische Aktivität, nachdem sie an diesem Programm teilgenommen hatten.

Die Teilnehmer wurden unterwiesen, im Sinne von Leistungsmotiviertheit zu schreiben und zu denken und die *n Ach*-Bedürfnisse von anderen sozialen Motiven wie Zugehörigkeit und Macht zu unterscheiden. Weiter erfolgte eine Demonstration des „assoziativen Gerüsts" von Vorstellungen und Gedanken, das für hochmotivierte Menschen typisch ist. Die Handlungsweise vieler dieser Männer hat sich daraufhin im realen Leben beträchtlich verändert. Dies geht aus Daten wie Beförderung, höheres Einkommen und Beginn oder Erweiterung geschäftlicher Unternehmungen hervor (McClelland, 1965; McClelland u. Winter, 1969).

Tabelle 8-2. *„Probleme" der schwarzen Bevölkerung (Nach Clark, 1970)*

aus der Sicht des weißen Forschers	aus der Sicht des farbigen Forschers
Apathie gegenüber oder mangelnde Kommunikation mit der Schule	Versagen der Schulbehörde bei der Versorgung der Gemeinschaft mit notwendigen Bildungsplänen und Methoden zur erfolgreichen Adaptation in einer feindlichen weißen Umgebung
Pessimismus in bezug auf ihre eigenen Möglichkeiten	Realistische Einschätzung der Möglichkeiten, die den Negern in Amerika offen stehen
Mangel an Wissen und Interesse in bezug auf die Ziele der Schule	Weigerung der farbigen Bevölkerung, die inhumanen Ziele und Werte der an Weißen orientierten Schulen zu akzeptieren
Mangel an erzieherisch bedeutsamen Modellen	Weigerung der Weißen, die „erzieherische Bedeutung" von Huey Newton, Malcolm X, W. E. B. DuBois, Eldridge Cleaver, Adam Clayton Powell, Muhammad Ali, John Carlos, Martin Luther King u. a. anzuerkennen
Entfremdung und Isolation von den Institutionen der weißen Mittelschicht	Mangelnde Würdigung und Respektierung der schwarzen Kultur durch die weißen Schuloffiziellen

Leistungsmotivation bei Schülern von Minoritätsgruppen. Eine typische Klage der Lehrer über Schüler aus Minoritätsgruppen ist, daß diese nicht genügend „motiviert" seien. Das bedeutet aber, daß die Lehrer nicht die notwendigen Techniken oder Anregungen gefunden haben, um diesen Schülern das Erreichen solcher Grade schulischer Leistungen zu ermöglichen, die ihren Fähigkeiten entsprächen. In Kapitel 1 wurden die vielen für weiße Kinder typischen Quellen schulischer Motivation verglichen mit dem Mangel an solcher Anregung, der für farbige Kinder typisch ist. In Kapitel 3 verspürten wir die verbreitete Angst schwarzer Kinder im Ghetto und erhielten eine Vorstellung von den Ereignissen, die mit der Schule um die Aufmerksamkeit und das Interesse der Kinder wetteiferten. Das gegenwärtig erneuerte Interesse der psychologischen Forschung an den komplexen Beziehungen, die bei den schulischen Minderleistungen von Minoritätsschülern eine Rolle spielen, hat viele weitere potentiell wertvolle Hinweise geliefert.

Schwarze amerikanische Schulkinder (und auch solche anderer Minoritätsgruppen) haben im allgemeinen eine niedrige Erfolgserwartung entwickelt, besonders im Hinblick auf schulischen Erfolg. In vielen Fällen ist dies eine realistische Erwartung, die noch unterstützt wird durch den Mangel an relevanten Erfolgsmodellen unter den Erwachsenen der näheren Umgebung, die man beobachten und imitieren könnte. Farbige Kinder haben, im Vergleich mit weißen, auch ein stärkeres Gefühl dafür entwickelt, kontrolliert zu werden (externe Kontrolle) als selbst zu kontrollieren, was geschieht (interne Kontrolle). Bei der geringen Aussicht auf schulischen Erfolg (oder auch auf sozialen und finanziellen Erfolg für den Fall, daß die schulische Arbeit erfolgreich wäre), dem relativen Mangel an erfolgreichen Modellen der eigenen Rasse und dem geringen Bewußtsein der Möglichkeiten der eigenen Effektivität wird sich mit größerer Wahrscheinlichkeit ein Syndrom der Hoffnungslosigkeit entwickeln als das einer positiven Leistungsorientierung.

Höhere Leistungsmotivation findet man jedoch bei solchen farbigen Jugendlichen, die ihren Mangel an Erfolg mehr der Diskriminierung, als persönlicher Unzulänglichkeit zuschreiben.

Es ist möglich, daß bei solchen Studenten die betonte Gruppenanstrengung zur Beseitigung der Diskriminationsschranken einen höheren Grad von Leistungsmotivation anzeigt, als ein individualistischer Anspruch auf Verbesserung der eigenen Lage (Gurin, Gurin, Lao u. Beattie, 1969).

Wenn diese Argumentation richtig ist, müßte Leistungsmotivation bei Kindern von Minoritätsgruppen unterschiedlich untersucht und gemessen werden. In einem solchen Versuch beurteilten Minoritätskinder sich selbst in bezug auf die bei bestimmten Aufgaben gezeigten Leistungen, und dann wurde der Grad der Zufriedenheit gemessen, der mit positiver Selbsteinschätzung in bezug auf verschiedene Arten von Tätigkeiten vorhanden ist (Katz, 1967). Es scheint offenkundig, daß dieselben sozialen Werte und kulturell bedingten Motive, die dem Leben *eines* Menschen Sinn und Halt geben, einem *anderen* ein Hindernis für seine Lebenserfüllung sein können. Die nächsten Kapitel werden diesen Sachverhalt noch deutlich herausstellen.

Bedürfnis nach sozialem Vergleich

„Wie warst du im Weitsprung?"
„Ich habe 2,30 m geschafft, und du?"
„2,15 m, aber die meisten schafften nur 2 m."

Bevor man eine Aufgabe in Angriff nimmt, muß man ein angemessenes Gefühl seiner eigenen Stärke und Schwäche, seiner Fähigkeiten und Mängel haben. Wie kann man der Aufforderung: „Erkenne dich selbst" nachkommen?

Im wesentlichen gibt es zwei Möglichkeiten, zu diesem Bewußtseinsstand zu gelangen. Die erste betrifft die „Realitätsprüfung", wobei das Kind oder der Erwachsene seine Kräfte an einem physischen Merkmal der Umwelt mißt. Einen großen Felsblock umstürzen, den höchsten Berg besteigen, den tiefsten Ozean durchschwimmen, eine Münze über einen breiten Strom werfen, mit den Armen schwingen und von einer Klippe fliegen, einen Kilometer in drei Minuten laufen, ein Feuer mit den bloßen Händen löschen — solche Unternehmungen vermitteln einem eine Vorstellung von den eigenen physischen Fähigkeiten.

Ob jemand bei solchen Tests der *physischen Realität* erfolgreich war, wird jedoch fast immer in bezug auf Tests der *sozialen Realität* bewertet: „Können andere Leute das auch? Können sie es besser? In welchem Ausmaß?" Ein Dutzend verschiedener Tierspuren im Wald unterscheiden zu können, wird nicht als große Leistung von jemandem angesehen, dessen Freunde alle *zwei* Dutzend Spuren unterscheiden können.

Die nichtsoziale Motivation zu wissen, was man kann, führt zu sozialer Motivation derart, daß man andere Menschen zum Maßstab für die Bewertung der eigenen Erfolge und Fähigkeiten macht; und so wird ein Prozeß des *sozialen Vergleichs* in Gang gesetzt (Festinger, 1954; Latané, 1966). Man achtet darauf, was andere sagen und tun und fragt sie nach ihren Gedanken und Gefühlen. Durch diese Tests der sozialen Realität erhalten wir eine Vorstellung davon, wie stark *wir selbst* sind, wie intelligent, wie emotionell ansprechbar, wie politisch konservativ, wie attraktiv usw.

Durch soziale Vergleiche erlernt man auch „kann"- und „soll"-Beziehungen (Heider, 1958). Ist es richtig oder korrekt, in bestimmter Weise zu glauben, zu fühlen oder zu handeln, und was ist die Norm für *Angemessenheit?* Der einzelne wird von anderen Menschen beeinflußt, indem sie ihm Informationen darüber liefern, was angemessen ist und auf diese Weise helfen, die Normen zu definieren. Außerdem beeinflussen sie den einzelnen, indem sie solches Verhalten verstärken, das ihren Normen entspricht und solches Verhalten bestrafen oder nicht belohnen, das diesen Normen nicht entspricht (Deutsch u. Gerard, 1955).

Jedoch nicht jede Information ist gleichermaßen nützlich, um zu genauen und beständigen Selbsteinschätzungen zu kommen. Die beste Information leitet sich aus Vergleichen mit anderen ab, die den eigenen Fähigkeiten oder Ansichten nach ähnlich sind, oder die dieselbe Reizsituation erleben. Im allgemeinen werden Menschen von solchen Personen angezogen, die sich bezüglich wichtiger Dimensionen, in denen soziale Vergleiche angestellt werden, nicht wesentlich von ihnen selbst unterscheiden.

Mitglieder einer Gruppe neigen dazu, die Gruppennormen und die Verhaltensweisen anderer Mitglieder zur Grundlage ihrer Selbsteinschätzung zu machen. Wenn sich folglich ein Individuum von den übrigen seiner Gruppe stark unterscheidet, empfinden sie es als unangenehm, denn dessen Abweichung zerstört ihre stabile Basis für den sozialen Vergleich. Typischerweise, wie noch gezeigt werden wird, versuchen sie entweder, ihn auf ihre Linie zu bringen, oder sie lehnen ihn ab.

Was geschieht mit einem Individuum, das sich selbst für bedeutend fähiger hält als die Menschen seiner Umgebung? Es könnte sich gedrängt fühlen, Personen von einem größeren Kaliber, schwierigere Situationen oder überhaupt einen weit höheren Standard zu suchen (mit der Zeit um die Wette laufen; versuchen, eine ausgezeichnete Bewertung zu erhalten, oder mit sich selbst wetteifern).

Das Ausmaß, in dem die Einschätzung der eigenen Intelligenz und Fähigkeit vom Vergleich mit anderen abhängt, zeigt sich unglücklicherweise jedes Semester bei den Studienanfängern. Studenten, die in der Schule im Vergleich mit ihren Mitschülern zu den Besten zählten, sind bestürzt über die Entdeckung, plötzlich nur noch „Durchschnitt" zu sein. Die Hälfte von ihnen liegt plötzlich sogar unter dem Mittelwert im Vergleich zu den neuen „Besten". Was sich verändert hat, ist natürlich nicht ihre Intelligenz, sondern die Basis des sozialen Vergleichs. Eine Person mit einem IQ von 120 würde im Vergleich mit der Bevölkerung als überdurchschnittlich bewertet werden. Aber in einer sehr ausgewählten Gruppe könnte sie sehr wohl als „durchschnittlich" oder „unterdurchschnittlich" gelten.

Bedürfnis nach sozialer Anerkennung

„In Syracuse stand ich in dem Ruf, ein zäher, hart schießender, fanatischer Fußballspieler zu sein. Aber meine Balgerei, die harte Ballbehandlung und die Bereitschaft, auch nach einer Verletzung weiter zu spielen, geschah nur aus Angst vor Versagen und aus dem zwanghaften Bedürfnis heraus, Anerkennung bei den Trainern zu finden." Diese Aussage des Berufsfußballspielers im Ruhestand, Dave Meggyesy (*San Francisco Chronicle,* Juli 24, 1970), macht deutlich, wie beherrschend soziale Motive bei der Kontrolle des individuellen Verhaltens sein können. Das fundamentalste dieser Motive ist vielleicht das Bedürfnis nach sozialer Anerkennung. Es gibt anscheinend keine Grenze in bezug auf das Ausmaß, bis zu dem Menschen gehen, um Anerkennung durch andere zu gewinnen, selbst wenn sie jemanden töten, Erniedrigung erfahren, oder sogar den Tod auf sich nehmen müssen.

Bereits in einem frühen Alter lernen Kinder eine Reihe positiver Konsequenzen kennen, wenn sie sich entsprechend den elterlichen (oder gesellschaftlichen) Definitionen darüber, was richtig und angemessen ist, verhalten. Wenn diese Konsequenzen von anderen Menschen gesetzt werden, bewirken sie weit mehr als lediglich eine höhere Wahrscheinlichkeit, daß die Reaktion wiederholt und gelernt wird. Viele der von uns hochgeschätzten Handlungen werden nicht um ihrer selbst willen getan, sondern sollen bezwecken, daß andere Menschen uns um so mehr schätzen, anerkennen, helfen, lieben und verehren.

Die soziale Anerkennung unserer Handlungen besitzt mindestens fünf verwandte, aber unterscheidbare Konsequenzen:

a) Die Anerkennung unserer Verhaltensweisen ist ein Zeichen für die Beachtung unserer Person und bedeutet *Hervorhebung* und *Identität;*
b) Anerkennung *legitimiert* unsere Existenz und erhöht unseren Status als Person, die Beachtung verdient;
c) Anerkennung impliziert die Akzeptierung dessen, was wir anbieten können und damit die *Sicherheit,* nicht wegen Inadäquatheit von Fähigkeiten, Meinungen oder Gefühlen abgelehnt zu werden;
d) Anerkennung schafft eine Verbindung zwischen dem Anerkennenden und dem Anerkannten und bewirkt so eine *freundliche Einstellung* für den Anerkennenden und dessen Reaktion der Erwiderung;
e) Anerkennung liefert ein Kriterium unserer *Kontrolle* oder Macht über die Umwelt, indem sie spezifiziert, wie das Verhalten einer Person erwünschte Konsequenzen schaffen kann.

Es ist also kein Wunder, daß die Lernvorgänge von Kindern durch Fehlen von sozialer Anerkennung oder der positiven sozialen Verstärkung in Form eines Nickens, „Hm-hm" oder „gut so" beeinflußt werden, wie es in den Experimenten von Gewirtz und Baer gezeigt wurde (siehe Kapitel 7). Man bedenke, was man selbst getan hätte (oder tat), um ein kleines Fleißbild als Belohnung von seinem Volksschullehrer zu erhalten.

Solche Arten der sozialen Verstärkung hemmen paradoxerweise häufig den Lernvorgang, anstatt ihn zu fördern, gerade *weil* sie einen solchen Einfluß haben können. In einem Schulsystem, wo Schüler vorgeschriebene Verhaltensweisen ausführen, um diese *äußerlichen,* vom Lehrer verteilten Verstärker zu erhalten, wird die *innere* Verstärkung, die dem Lernstoff oder dem Lernprozeß innewohnen könnte, oft abgebaut oder geht verloren.

Die soziale Anerkennung durch Altersgenossen kann sogar wertvoller werden als die soziale

Anerkennung durch Eltern oder Lehrer, und sie kann zu „antisozialem“ Verhalten führen, das von der Gruppe anerkannt und gepflegt wird. Man kann den Klassenclown verstehen, dessen Possen den Lehrer verärgern, Teenager, die ihr Leben bei Mutproben riskieren, oder die scheinbar sinnlose Gewaltanwendung von Bandenmitgliedern gegenüber einem unschuldigen Opfer, wenn man die Macht bedenkt, die von der sozialen Anerkennung durch Altersgenossen ausgeht.

Soziale Billigung und Fortschritt: Die „von der Hand in den Mund leben“ — Die sozialwissenschaftliche Forschung hat sich vorzugsweise entweder mit modernen, fortschrittlichen Kulturen oder mit exotischen, isoliert lebenden Völkern befaßt und dabei das gewöhnliche Landvolk vernachlässigt, das über 50 Prozent der Gesamtbevölkerung der Erde ausmacht und am meisten zur Bevölkerungsexplosion beiträgt. Das Verständnis der „Bauernpsychologie“ ist nicht nur in bezug auf die Perspektive, die sie für die kulturgebundenen Aspekte unserer eigenen Psychologie eröffnet, von Bedeutung, sondern auch auf Grund der Interaktionen zwischen besonderen sozialpsychologischen Kräften und anderen Aspekten des Lebens, die sie aufdeckt.

Bei jüngeren Untersuchungen unter der philippinischen Landbevölkerung haben Guthrie und andere (1970 a, b) eine Gesellschaftsform entdeckt, die für Außenstehende schwer verständliche Widersprüche enthält. Es existiert eine umfangreiche Schulbildung: Über die Hälfte der erwachsenen Philippinos sind gebildet und sprechen Englisch. Das Land hat eine stabile Zentralregierung, ein ausgebautes Kommunikationsnetz und verschiedene landwirtschaftliche und andere Nutzquellen. Dennoch ist der Gesundheitszustand der Bauern schlecht, Krankheiten sind weit verbreitet, die Kinder leiden unter Entwicklungsschäden durch unzureichende Ernährung, und die Lebenserwartung ist niedriger als die weiter entwickelter Gesellschaften.

Trotz ihrer Schulbildung behalten die Bauern wirtschaftlich auch weiterhin eine Lebensweise bei, bei der sie sich nur soweit von einem Tag zum nächsten abmühen, daß sie jeweils ihr Auskommen haben. Sie treffen keine Vorsorge, indem sie einen Vorrat an Nahrungsmitteln und anderen Gütern anlegen würden. Sie versuchen sogar absichtlich, *nicht* zu schwer zu arbeiten und unternehmen selten persönliche Anstrengungen, um vorwärts zu kommen. Bestimmte Gruppen von Gutspächtern haben ein Regierungsprogramm zur Bodenverbesserung abgelehnt und es lieber *zugelassen*, daß geschäftliche Unternehmungen fehlschlugen, als daß sie die Verantwortung für die Durchführung übernommen hätten (Madigan, 1967). Im Westen würde „der Mann auf der Straße“ ein derartiges Verhalten wahrscheinlich als reine Faulheit abtun, als Unverantwortlichkeit und mangelnde Bereitschaft seitens der Bauern, sich selbst zu helfen. Ihr Verhalten erscheint unlogisch, selbstzerstörerisch und, nach hiesigen typischen Normen beurteilt, sogar betrügerisch. Beurteilt man es aber im Kontext *ihrer* sozialen Werte, muß man es als eine für diese Menschen natürliche Weise des Denkens und Handelns ansehen.

Ihre Erfahrung hat die Bauern gelehrt, daß das einzige Glück, mit dem sie rechnen können, nicht auf persönlichem materiellen Reichtum und Prestige beruht, sondern auf der sozialen Anerkennung durch ihre Nachbarn. Diese Anerkennung wiederum ist abhängig von einer Konstellation von Einstellungen und interpersonalen Verhaltensweisen, deren Funktion darin besteht, jede Person und Familie „in Schranken“ zu halten und wirtschaftliche Entwicklung einzuschränken. Jeder für sich hätte zwar lieber eine physisch weniger mühsame Existenz, doch nicht um den Preis, dadurch soziale Anerkennung und Unterstützung zu verlieren.

Ihrer kulturellen Orientierung liegt ein *egalitäres Motiv* zugrunde — das tiefe Gefühl, daß alle Menschen gleich sein sollten. Dieses Motiv kann man bei fünf sozialen Prozessen oder Einstellungen sehr deutlich erkennen:

1. Gleichmachen. Jeder, der versucht, besser als sein Nachbar zu sein, wird verurteilt. Der tief verwurzelte Glaube, daß „wir alle gleich sind“, führt zu der Erwartung, daß jeder, der anderen gegenüber eine große Überlegenheit gewinnt, auch wieder auf den „ihm zustehenden“ Platz zurückverwiesen wird. Dies wird durch Necken, vielleicht auch durch Drohungen, Diebstähle, Streitigmachen des Eigentums und durch Klatsch erreicht. „Jemand legte einmal einen dringend benötigten Gemüsegarten an, aber seine Nachbarn rissen den Zaun ab und trieben ihre Schweine hinein, um ihn zu verwüsten. Ein anderer begann, sich in einem Käfig ein Dutzend Hühner zu halten, aber seine Nachbarn baten um *tulong*, oder Hilfe in Form so vieler Eier, daß der Eigentümer aufgeben mußte. Aber das verbreitetste Mittel,

um andere zu egalisieren ist Klatsch ..." (Guthrie, 1970).
2. Glaube an das „Recht jedes Menschen zu leben". Die Gemeinschaft legt dem Erfolgreichen Hindernisse in den Weg, hilft aber gleichzeitig denjenigen, denen es schlechter geht als den übrigen, denn „jeder hat ein Recht auf Existenz und darauf, als menschliches Wesen behandelt zu werden".
3. Pakikisama. Das Konzept von *Pakikisama* legt mehr Nachdruck auf gute zwischenmenschliche Beziehungen, besonders zwischen Arbeitern und ihrem Chef, als auf Leistung oder Produktivität.
4. Hiyâ. Individuen, die sonst vielleicht den Wunsch gehabt hätten, ihre Situation zu ändern, werden davon abgeschreckt auf Grund der von der Gesellschaft geforderten emotionalen Reaktion des *hiyâ* — eines Gefühls der Verlegenheit und Minderwertigkeit, wenn sie für ein Versagen verspottet werden.
5. Wunsch, gerade so auszukommen. Das Verhalten steht unter dem Einfluß der allgemein akzeptierten Einstellung, daß es genügt, „gerade so auszukommen"; „um die Bedürfnisse eines jeden Tages kümmert man sich immer erst dann, wenn der Tag da ist".
Viele dieser sozialen Werte gelten auch bei anderen Landbevölkerungen der Erde; oft sind sie mit Fatalismus verbunden und der Bereitschaft, auch das schwerste Los auf sich zu nehmen in dem Glauben, daß der Mensch von seinem Schicksal gelenkt wird.
„Möglicherweise gerade weil ein Individuum sein Schicksal in so geringem Maße selbst bestimmen kann, schreibt es viele Dinge, die ihm zustoßen, *suerte* oder *malas* zu, Gottes Segen oder dem Fernbleiben von Gottes Segen. Ein Nachbar hat eine gute Ernte, erhält eine Anstellung, macht einen Fischfang: es ist eine Fügung des Schicksals. Unglück wird in derselben Weise erklärt" (Guthrie, 1970a).
Ebenso konstatierte Lewis (1963) bei seinen Beobachtungen an armen mexikanischen Dorfbewohnern Passivität und Fehlen von Angst, die daher rührten, daß sie ihr eigenes Unglück anderen oder der Zauberei zuschrieben und sich deshalb wenig oder gar nicht für ein Mißlingen oder eine unbefriedigende Existenz verantwortlich fühlten. Diese Einstellung steht im schroffen Gegensatz zu der Auffassung typischer deutscher Mittelschichtbürger, daß jeder einzelne für seine Handlungen verantwortlich sei. Wenn Individuen sich keiner eigenen Kontrolle dessen, was mit ihnen geschieht, bewußt sind, wird sich mit großer Wahrscheinlichkeit ein Gefühl der Hoffnungslosigkeit breitmachen. Viele Einstellungen der Landbewohner können gesehen werden als Abwehrreaktionen und Selbstschutzmaßnahmen in einer Welt, in der sie gewöhnlich geringe Macht *hatten,* ihr Leben zu kontrollieren. Diese Einstellungen haben in der Vergangenheit ihre Funktion der Anpassungsförderung und Angstreduzierung erfüllt, aber heute hindern sie ihre Vertreter daran, neue Möglichkeiten in ihrer potentiell günstigeren Umwelt zu nutzen.

Bedürfnis nach Zusammenschluß

Der Mensch ist ein geselliges Wesen. Wir suchen die Gesellschaft von Menschen als Ehepartner, Freunde, Mitarbeiter und Mitglieder formaler Gruppen. Die Legende von Robinson Crusoe nimmt unsere Phantasie gefangen, weil sie einen einzelnen Menschen im Kampf mit der Natur schildert, und besonders weil sie die Fähigkeit zur sozialen Selbstversorgung des Menschen auf einer verlassenen Insel auf die Probe stellt. Aber nur wenige Menschen gehen ihren Weg allein, mit Ausnahme von Einsiedlern und religiösen Mystikern. Tatsächlich beweist gerade die Einsamkeit und Abgeschlossenheit in Gefängnissen, daß die gegenseitige Angliederung des Menschen als eine Grundtatsache angesehen wird. Jemandem die Möglichkeit zu nehmen, mit anderen zusammen zu sein, ist eine harte Strafe.
Zusammenleben als Instinkt. Da Menschen offensichtlich überall in Gruppen zusammenleben und in früheren Zeiten das Überleben des Individuums von der Sicherheit vieler Personen abhing, vermuteten die frühen Sozialpsychologen, daß das Zusammenleben einem grundlegenden sozialen Instinkt zu danken sei. Die „Herde" wurde als die normale, natürliche Umwelt des Menschen angesehen.
„Das bewußte Individuum empfindet ein nicht zu analysierendes Urgefühl von Wohlbefinden in der unmittelbaren Gegenwart seiner Gefährten und ein entsprechendes Gefühl von Unbehagen bei ihrer Abwesenheit. Für ihn ist es eine offenkundige Wahrheit, daß es für den Menschen nicht gut ist, allein zu sein. Einsamkeit ist eine echte Tortur und verstandesmäßig nicht zu überwinden" (Trotter, 1916).
Nach Meinung desselben Autors belegen die folgenden Eigenschaften des Menschen die

Theorie vom Herdeninstinkt: (a) Angst vor der Einsamkeit, physisch oder seelisch; (b) größere Aufgeschlossenheit für die „Stimme der Herde“ als für irgendwelche anderen Einflüsse; (c) Empfänglichkeit für die „Leidenschaft des gewalttätigen Mobs und für die Erregtheit einer von Panik besessenen Herde“; (d) Aufnahmebereitschaft gegenüber dem Einfluß des Herdenführers und (e) Abhängigkeit davon, als Mitglied der Herde anerkannt zu werden.

Determination des Angliederungsverhaltens. Solchen, im wesentlichen literarischen Beschreibungen folgten Persönlichkeitsforschungen, die deutlich machten, daß es in bezug auf die Stärke des Bedürfnisses nach Zusammenschluß oder Angliederung, ermittelt durch projektive Tests, individuelle Unterschiede gibt (Atkinson, 1958). Für manche Menschen ist es von größerer Bedeutung, sich zusammenzuschließen als für andere. Aber warum? Was sind die Beweggründe für den Zusammenschluß? Wenn die Frage in Form möglicher unabhängiger Variablen (Erfahrungen, die zu Zusammenschluß führen könnten) richtig formuliert wird, ist eine wissenschaftliche Erforschung und Beantwortung dieser Frage möglich.

Stanley Schachter (1959) stellte die Frage nach Art und Ursache des „Herdeninstinkts“ in Form einer empirisch überprüfbaren Hypothese. Anzeichen aus verschiedenen Quellen deuten darauf hin, daß ein Zustand der Isolierung Angstgefühle hervorruft. Falls das der Fall ist, würde vielleicht die Erregung eines starken Antriebes, etwa der Angst, eine Meidung der Isolierung oder eine Tendenz zur Angliederung zur Folge haben.

Um diese Folgerung zu testen, erzeugte er bei einer Hälfte der Gruppe von Versuchspersonen experimentell starke Angst und bei der anderen Häfte nur geringe Angst. Die Versuchspersonen waren Studentinnen, die in kleinen Gruppen zu je fünf bis acht getestet wurden. Die erste Hälfte wurde mit der Erwartung versehen, daß ihnen der unheimlich aussehende Dr. Gregor Zilstein eine Anzahl schmerzhafter Elektroschocks verabreichen würde und zwar im Verlauf irgendeiner Untersuchung, die sich mit den Auswirkungen von Elektroschocks beschäftigte. Die anderen erwarteten keinen Schmerz, da sie nur eine milde elektrische Reizung erhalten sollten. Selbstbeurteilungen ließen erkennen, daß bei den Versuchspersonen, die den Schmerz erwarteten, in der Tat stärkere Angst erregt worden war.

Um festzustellen, ob dieser durch die Schockerwartung bedingte Angstunterschied einen Einfluß auf die abhängige Variable des Kontaktverhaltens hat, wurde den Mädchen die Möglichkeit gegeben, vor dem Schock entweder allein oder mit anderen Mädchen zusammen eine zehnminütige „Wartezeit“ zu verbringen. Jede gab an, ob sie es vorzog, allein oder mit anderen zusammen zu sein, warum das so sei und wie tief diese Gefühle seien. Die eindeutigen Ergebnisse bestätigten die Hypothese: Angst führte tatsächlich zu engerem Zusammenschluß (Abbildung 8-2).

Eine folgende Serie von Experimenten ergab, daß ängstliche Versuchspersonen sich lieber mit solchen Personen zusammentaten, die sich in einem ähnlichen emotionalen Zustand befanden, selbst wenn sie nicht miteinander sprechen konnten. Wer in Not ist, bevorzugt offensichtlich die Gesellschaft solcher, die ähnliche Probleme haben. Der Zusammenschluß war auch dann um so stärker, je unsicherer die Versuchspersonen über die Art und Angemessenheit ihrer emotionalen Reaktionen waren (Gerard u. Rabbie, 1961).

Diese Forschungsergebnisse deuten auf ein Bündel von Determinanten für sozialen Zu-

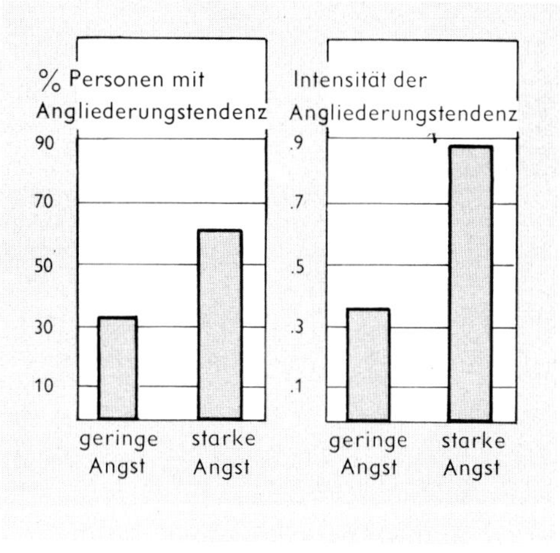

Abb. 8-2. Das Angliederungsverhalten nimmt mit steigendem Angstgrad zu. Fast doppelt so viele Personen mit starker Angst bevorzugten eine Angliederung an andere, verglichen mit den weniger Ängstlichen. Außerdem war die Intensität dieser Tendenz bei den Ängstlichen um das Dreifache stärker als bei den Personen mit geringer Angst (Nach Schachter, 1959)

sammenschluß hin, die unentdeckt bleiben würden, wenn man die überprüfbaren Hypothesen und die kontrollierte Beobachtung und Analyse durch unüberprüfbare Vermutungen über einen „Herdeninstinkt" oder „Instinkt des Zusammenlebens" ersetzen würde. Natürlich gibt es noch viele andere Gründe dafür, daß Menschen sich zusammenschließen. Auch sie können nur durch systematische Analyse ermittelt werden; viele werden bereits erforscht.

b Sozialer Einfluß als „personale Macht"

Die Möglichkeit einer Person oder einer Gruppe zur Veränderung von Einstellungen, Empfindungen und Verhaltensweisen einer anderen Person wird als die *soziale Macht* oder „personale Macht" bezeichnet. Drei Quellen dieser Macht wurden bis jetzt identifiziert (Raven, 1965; Collins, 1970):

1. Macht der Information — Änderung als Ergebnis von neuer Information, die durch eine andere Person oder Gruppe vermittelt wird.

2. Macht der Instanz — Änderung wird nicht, wie im Fall der Macht der Information, durch den Inhalt der Kommunikation bewirkt, sondern durch die Instanz (Individuum oder Gruppe), die sie vermittelt. Eine solche Instanz kann *Expertenmacht* besitzen (etwa durch Verfügbarkeit wichtiger Kenntnisse), *legitime Macht* (Macht ist sein „Recht", da er „König" ist oder eine hohe Position in einer festgelegten Hierarchie innehat) oder *Bezugsmacht* (wird in der *Bezugnahme* als Grundlage des sozialen Vergleichs benutzt). Wenn sich ein Individuum mit einer Gruppe identifiziert und deren Normen bei seiner Selbstbewertung benutzt, erhält die Gruppe für ihn besonderen Wert als *Bezugsgruppe.*

3. Macht der Konsequenz — Eine Änderung wird hervorgerufen durch den Einfluß von Belohnung und Bestrafung seitens der Machtinstanz. *Belohnungsmacht* beruht darauf, einer Person etwas geben zu können, was sie gern hätte. *Macht durch Zwang* geht einher mit Gewalt und der Bereitschaft, Kontrolle über weniger mächtige Menschen auszuüben.

Sozialer Einfluß macht sich in vielen Situationen und auf verschiedene Weise geltend. In diesem Abschnitt soll der Prozeß der Einflußnahme von seinen einfachsten Ursprüngen her verfolgt werden, wo Verhaltensänderungen lediglich durch die Gegenwart anderer bewirkt werden, d. h. ohne daß mit ihnen Interaktionen stattfänden, dann durch absichtliche Einflußnahme formaler Informanten oder Propagandisten, durch Gruppenleiter oder Autoritätspersonen, und schließlich durch machiavellistische Manipulatoren. Anschließend sollen Interaktionssituationen behandelt werden — zunächst dyadische Interaktionen, in denen zwei Menschen Macht übereinander haben, dann soll die komplexere Basis jener Macht analysiert werden, die Gruppen ihren einzelnen Mitgliedern gegenüber ausüben. Abschließend soll diskutiert werden, wie eine Minorität der Macht einer Majorität Widerstand entgegensetzen und in diesem Prozeß sogar die zugrunde liegende Struktur sozialer Macht verändern kann.

Soziale Verhaltensförderung

Es kann vorkommen, daß ein Schauspieler Lampenfieber bekommt und seinen Text vergißt, weil er plötzlich das Theater voll Publikum vor sich sieht. Andererseits zeigen Wettkämpfer (beim Wettlauf, Schwimmen, Auto-, Radrennen) immer dann *bessere* Leistungen, wenn sie gegen andere Konkurrenten und nicht nur gegen die Uhr kämpfen (Triplett, 1897). In vielen kontrollierten Untersuchungen mit Menschen und Tieren tritt dieselbe allgemeine Regel zutage: die bloße Anwesenheit anderer kann ein Verhalten beeinträchtigen oder fördern (Simmel, Hoppe u. Milton, 1968).

Welche dieser beiden gegensätzlichen Wirkungen auftritt, hängt einerseits von dem Komplexitätsgrad der Reaktion ab, wobei einfache Reaktionen besser gefördert werden als komplexe, andererseits davon, ob die Reaktion gerade erst gelernt wird oder schon früher erworben wurde; eine Reaktion, die noch gelernt wird, kann leichter gestört werden. Man hat die Hypothese aufgestellt, daß die *bloße Anwesenheit anderer* einen Reiz darstellt, der die Erregung eines allgemeinen, unspezifischen Triebzustands (drive state) hervorruft, welcher dann die Ausführung etablierter Gewohnheiten und einfacher Reaktionen erleichtert, aber in Situationen, in denen komplexe Reaktionen erworben werden, ablenkt und deshalb stört (Zajonc, 1965, 1968). Was wäre auf der Grundlage dieser Analyse vorzuziehen: allein studieren und in einer Gruppe geprüft werden, oder mit einer Gruppe studieren und allein geprüft werden?

Selbst wenn die Mitglieder einer Gruppe nicht wirklich interagieren, können sie trotzdem gegenseitig einen erheblichen Einfluß auf ihre Verhaltensweisen ausüben, und zwar deshalb, weil bei jeder Handlung in Gegenwart anderer das Ich beteiligt ist, und weil man die Konsequenz seines Handelns in Gegenwart anderer wahrnimmt. Das kann selbst dann der Fall sein, wenn die betreffenden Leute Fremde sind und es sich um eine so einfache Aufgabe handelt wie das Ablesen eines geläufigen Wortes von einer Karte — und intelligente Studenten die Akteure sind. Dieser Effekt ist in einem genial einfachen Experiment demonstriert worden.

Zweiundzwanzig Studenten der Universität Michigan wurden in einem Klassenzimmer um einen großen Tisch herum plaziert. Ihre Aufgabe war ganz einfach: Sie sollten auf Karten gedruckte Wörter vorlesen, abwechselnd einer nach dem anderen, in der Reihenfolge, wie sie saßen. Die Worte waren aus den 500 gebräuchlichsten Wörtern der englischen Sprache ausgewählt worden. Bei jeder Runde war jeweils eine Hälfte aktiv (jeder las laut ein Wort vor), während die anderen nur zuhörten. Auf diese Art war jeder wechselweise einmal Teilnehmer und einmal seine eigene Kontrolle. Den Versuchspersonen wurde im voraus angekündigt: „Anschließend werdet ihr aufgefordert, euch an alle vorgelesenen Worte zu erinnern." Begonnen wurde bei jeder Runde mit einer anderen Person, um einen Positionseffekt zu vermeiden. Dieses Verfahren wurde mit vier Gruppen, insgesamt achtundachtzig Versuchspersonen, wiederholt (Abbildung 8-4).

In der Grafik läßt sich die Häufigkeit ablesen, mit der sowohl die Worte erinnert wurden, welche die Person laut vorlas, als auch die, bei denen sie zuhörte, und zwar jeweils in bezug auf die Position, die die betreffende Person in der Runde gegenüber der Position des gerade Sprechenden hatte. In der Phase des bloßen Zuhörens schwankte die Erinnerungshäufigkeit zwischen 23 und 37 Prozent. Aber unter der Versuchsbedingung, bei der das Zuhören unterbrochen wurde von einer öffentlichen Handlung — selbst einer so einfachen wie der, ein gewöhnliches Wort laut zu lesen — verlief die Erinnerungskurve auffallend unterschiedlich. Die Erinnerung an die eigene Äußerung war fast vollständig, die an das Wort, das jeweils vor und nach der betreffenden Person gesprochen wurde, dagegen sehr schlecht; tatsächlich war die Erinnerung an die Worte um so schlechter, je näher sie zeitlich dem eigenen Auftritt kamen. Die Besorgnis, es gut zu machen, bewirkte offensichtlich, daß der Betreffende bei den Reaktionen unmittelbar vorher abschaltete. Es ist daher wahrscheinlich, daß er nicht einmal inhaltlich verstand, was die Person vor ihm sagte, sondern der Klang der Stimme war lediglich ein allgemeiner Hinweis oder ein Signal für ihn, sich für seinen bevorstehenden Auftritt bereit zu halten (Brenner, 1970).

Dieses Experiment zeigt beispielhaft ein zentrales Merkmal von *sozialer Determinierung*:

Abb. 8-3. Die Versuchspersonen saßen um einen großen, runden Tisch herum, der (wie im Bild dargestellt) abgeteilt war. Im rechten Bild beobachten zwei von ihnen, wie andere ihre Wörter aussprechen. Wer von den beiden, glauben Sie, kommt als nächster an die Reihe?

die anderen sind nur ein Teil des Reizhintergrundes, der zufällig für uns relevant ist. Sie beeinflussen uns eher auf Grund unserer eigenen Wahrnehmung als durch irgendein Unternehmen ihrerseits.

Der einseitig beeinflussende Überzeuger

Im Kampf um die Kontrolle menschlichen Denkens und Verhaltens stehen im Vordergrund unserer Wahrnehmung viele Menschen, die bestimmte Effekte beabsichtigen und die Mittel dazu bereits geplant *haben*. Lehrer und Lehrbuchautoren sind potentielle Urheber von Änderungen, die normalerweise auf der informellen Grundlage sozialer Macht beruhen. Der Propagandist versucht, andere mit Hilfe der ihm zur Verfügung stehenden Überzeugungskraft dahin zu bringen, seine Einstellung zu übernehmen. Eltern besitzen und üben sicherlich Macht aus, wenn sie das Verhalten ihrer Kinder beeinflussen. Und Politiker, Kaufleute, Priester, Juristen, Ärzte, Hausierer, Bettler, gewählte und selbsternannte Gruppenführer: alle sind sie überzeugt zu wissen, was für uns das Beste ist.

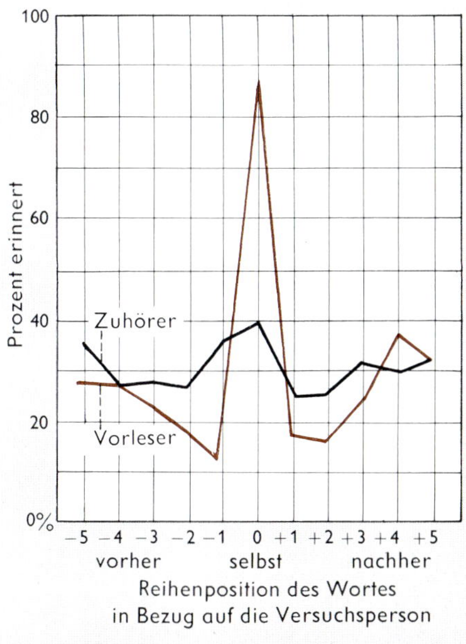

Abb. 8-4. Soziale Befürchtung und Gedächtnis. Für die Zuhörer war die Erinnerung der meisten Worte etwa gleich gut, lediglich etwas besser bei den Wörtern, die von den Nachbarn geäußert wurden. Als die Zuhörer aber selbst vorlasen, änderte sich das Bild erheblich. An die Worte, die sie selbst sprachen, erinnerten sie sich fast vollständig. Sie zeigten aber einen starken Gedächtnisschwund für Worte, die kurz vor und kurz nach dem Punkt, wenn sie selbst an der Reihe waren, gelesen wurden (Nach Brenner, 1970)

Natürlich gibt es zwischen diesen Trägern sozialer Beeinflussung Unterschiede bezüglich grundlegender Werte und Motive des persönlichen Gewinns oder altruistischen Bemühens, wenn sie die Gesellschaft oder das Leben eines anderen Menschen zu verbessern trachten. Dennoch ist ihnen allen gemeinsam, daß sie das Verhalten anderer formen, ändern, modifizieren, neu kanalisieren, einschränken, begrenzen, behindern, fördern oder auf andere Weise kontrollieren wollen. Ehe jemand diese Menschen als „schlechte Kerle" beurteilt, müßte er selbst jemand sein, der nie versucht hat, Meinung oder Verhalten anderer mit einem Trick, mit Logik, mit Appellen oder auf Grund des Beispiels seiner eigenen Handlungen und Taten zu beeinflussen. Ist es vorstellbar, daß es einen solchen Menschen in unserer Gesellschaft geben könnte?

Wie werden Einstellungen verändert? Eine Einstellung ist eine relativ stabile, emotionale Disposition, irgendeiner Person, Gruppe von Menschen oder Situationen gegenüber in beständiger Weise zu reagieren. Die Frage, wie Einstellungen gelernt — und verändert — werden, geht uns alle an. In einem Brief aus der Frageecke einer populären Zeitschrift wurde folgende Frage gestellt:

„Ich bin sehr patriotisch. Ich habe einen kleinen Sohn und hoffe, daß er, wenn er erwachsen ist, in die Armee eintreten wird. Um sicher zu gehen, dachte ich daran, ihm im Schlaf zuzusprechen, — keine große Rede, nur etwas Patriotisches und die Suggestion, daß eine Karriere in der Armee gut wäre. Kann diese Art von Suggestion helfen, oder wird sie ihn eher dahin bringen zu rebellieren?" (*McCall's,* November 1969, S. 65).

Luis Nizer (1961), der berühmte Anwalt in Strafverfahren, beschreibt die subtile Psychologie der Geschworenen, deren Schwäche man ausnutzen muß, da „die Möglichkeit, die Geschworenen zu beeinflussen, so unbegrenzt ist wie das Geschick des Anwalts" (S. 42). Unsere Literatur weist eine Fülle volkstümlicher Überredungstaktiken auf; die Grabrede von Marcus Antonius für Julius Caesar ist ein klassisches Beispiel dafür. Bei Niccolo Machiavelli kann man nachlesen, daß „nichts derart in der Lage ist, eine erregte Menge in Zaum zu halten, wie die Ehrfurcht, die ihnen ein gewichtiger und ehrwürdiger Mann von Autorität einflößt, der ihnen entgegentritt ... (und sich ihnen darbietet) mit allen Insignien seines Ranges, um ihnen noch mehr Respekt einzuflößen" (Diskurse, S. 251). Und von Adolf Hitler erfahren wir, „jede wirkungsvolle Propaganda muß auf wenige Punkte beschränkt sein und in Form von Schlagworten verbreitet werden ... die überwältigende Mehrheit der Leute ist so weiblich, daß ihre Gedanken und Verhaltensweisen mehr von Gefühlen und Empfindungen als von vernünftiger Überlegung geleitet werden" (1933, S. 77—78).

Wir haben es inzwischen als unabänderliche Tatsache hingenommen, daß Menschen, sei es auf direkte oder indirekte Weise, dazu bestimmt sind, andere zu beeinflussen. Man erinnere sich nur an solche Lebensweisheiten wie: „Man fängt mit Honig mehr Fliegen als mit Essig". Beispiele für Überredungskunst, wie die oben genannten, bereiten uns aber doch noch Unbehagen. Einseitige soziale Beeinflussung wird für die meisten Menschen unannehmbar, wenn sie ein solches Ausmaß annimmt, daß: (a) das „Opfer" auf Grund „zarten Alters, mangelnder Intelligenz" oder der Abhängigkeit von dem, der Einfluß ausübt, nicht in der Lage ist, ihm zu widerstehen; (b) der Einflußausübende Macht in Form von Zwang anwendet und über die Kontrolle der meisten wichtigen Verstärkerquellen verfügt; (c) das „Opfer" nichts gewinnt und der Einflußausübende nichts verliert, und vor allem (d) die Wahrscheinlichkeit groß ist, daß der Versuch der Beeinflussung erfolgreich sein wird. Es wird von daher verständlich, warum viele Menschen an einer „Politisierung" der Universitäten interessiert sind. Erziehung wird zu Propaganda, wenn sie das Denken verfälscht und Verhalten dadurch lenkt, daß sie nicht fair alle verfügbaren Alternativen darlegt.

Ethos, Logos und Pathos. Aristoteles schrieb in seiner *Rhetorik* die überzeugende Wirkung einer Kommunikation drei unterscheidbaren Faktoren zu: *Ethos, Logos* und *Pathos.* Sie entsprechen Charakteristika des Kommunikators, der Art der Nachricht und der emotionalen Verfassung der Zuhörerschaft. Jüngste wissenschaftliche Untersuchungen über die Wirksamkeit von Kommunikation treten bei der Untersuchung von „*wer* sagt *was* zu *wem* — und mit welcher Wirkung" in Aristoteles' Fußspuren. Bei dem Versuch, kausale Beziehungen zwischen diesen Kommunikationsvariablen und den von ihnen abhängigen Wirkungen nachzuweisen, verwenden Forscher oft den im oberen Teil der Abbildung 8-5 dargestellten Ansatz.

Wenn sich bei der experimentellen Gruppe mehr verändert als bei der Kontrollgruppe, kann angenommen werden, daß die Quelle der Information einen *positiven Unterschied* bewirkt hat, weil die anderen Behandlungen für beide Gruppen gleich waren. Wenn das Gegenteil der Fall ist, behindert der Einfluß der Informationsquelle vielleicht die Veränderung oder verursacht einen Rückfall. Haben beide Gruppen sich signifikant und in gleichem Ausmaß verändert, dann war vermutlich ein anderer Faktor als die manipulierte Variable die Ursache.

Wissenschaftler des Forschungsprogramms über Kommunikation und Einstellungsänderung an der Yale Universität (Hovland, Janis u. Kelley, 1953) haben diesen Ansatz der *kontrollierten Darlegung* mit Nachdruck verfolgt, um das komplexe Geflecht der Variablen, die in den Überredungsprozeß eingehen, zu entwirren. Sie und andere haben außerdem untersucht, wie verschiedene Variablen bei der Beeinflussung von Einstellungen miteinander *interagieren.* Zum Beispiel könnte es sich ergeben, daß dieselbe Nachricht von einer Informationsquelle mit hoher Sachkenntnis einen Zuhörer mit hoher Selbsteinschätzung mehr beeinflußt als einen Zuhörer mit niedriger Selbsteinschätzung; in diesem Fall ändert sich die Auswirkung einer Variablen in Abhängigkeit von der Größe einer zweiten Variablen.

Zur Untersuchung derartiger Interaktionen dient ein faktorielles Design, wie es in dem unteren Diagramm dargestellt ist. Voraussetzung ist, daß ausreichend viele Versuchspersonengruppen verfügbar sind, um alle möglichen Kombinationen von Variablen zu untersuchen. Erst dann kann entschieden werden, ob eine der Variablen eine Einstellungsänderung unabhängig von Variationen der anderen bewirkt (*Hauptwirkungsweise*), und außerdem, ob die Variablen kombiniert wirksam sind (*Interaktionseffekt*). Bei der Untersuchung eines so komplexen und vielseitigen Prozesses wie der sozialen Einflußnahme stützen sich Voraussagen bezüglich Einstellungsänderungen eher auf komplexe Interaktionen als auf

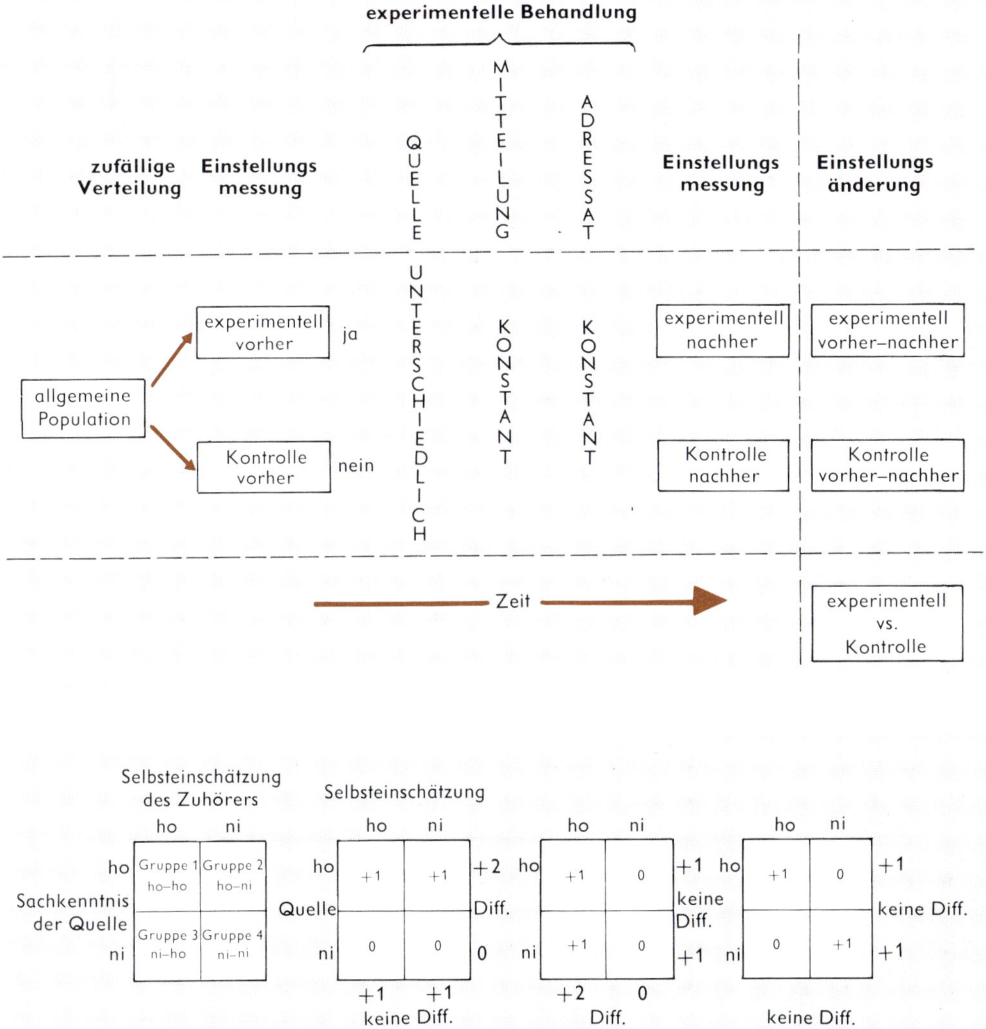

Abb. 8-5. Verfahren zur Untersuchung von Einstellungsänderungen. Dieses schematische Diagramm illustriert die in solchen Experimenten enthaltenen Schritte, die die Wirkung einer gegebenen unabhängigen Variablen im Kommunikationsprozeß (hier Auswirkung der Informationsquelle) auf die Einstellungsänderung der Person untersucht.

Oft untersucht ein Experiment die gemeinsame Wirkung zweier oder mehrerer Variablen gleichzeitig. Um z. B. die Auswirkung großer oder geringer Sachkenntnis auf seiten der Informationsquelle und hohe oder niedrige Selbsteinschätzung auf seiten der Adressaten zu untersuchen, wären die vier Versuchspersonengruppen nötig, wie sie im Diagramm unten links aufgeführt sind, um alle möglichen Kombinationen der beiden Variablen einzubeziehen. Man nennt das ein 2 x 2 faktorielles Design.

Drei hypothetische Beispiele für Einstellungsänderungen sind unten schematisch dargestellt (+ 1 = Einstellungsänderung, 0 = unverändert). Beim ersten geht eine Wirkung nur von der Variablen der Quelle aus, und keine von der der Selbsteinschätzung; beim zweiten Beispiel ist es gerade umgekehrt. Dies sind die Haupteffekte. Beim dritten Beispiel tritt ein Interaktionseffekt auf: Quelle und Selbsteinschätzung beeinflussen die Einstellungen nur bei bestimmten Kombinationen, Quellen mit großer Sachkenntnis eher bei Personen mit hoher Selbsteinschätzung, und Quellen mit geringer Sachkenntnis eher bei Personen mit niedriger Selbsteinschätzung (ho = hohe, ni = niedrige Werte, Diff. = Differenz) einfache Hauptwirkungsweisen. Der Grund dafür wird einleuchtend, wenn man nur einige Dimensionen, in denen Informationsquelle, Nachricht und Zuhörer variieren können, in Betracht zieht:

1. Informationsquelle — Sachkenntnis, Zuverlässigkeit, Status, Macht durch Zwang oder Belohnung, Alter, Geschlecht, Rasse, ethnische Gruppe, äußere Erscheinung, Attraktivität, Redegewandtheit, Identifikation mit ursprünglicher Einstellung der Zuhörerschaft und so weiter.

2. Nachricht — Appell an die Vernunft oder an Emotionen, Art des emotionalen Appells (Angst, Schuldgefühl, Scham und so weiter), Aufbau der Rede (Steigerung bis zu einem Höhepunkt oder von Anfang an scharfes Geschütz auffahren), Sprachstil (formell, umgangssprachlich, Slang, Flüche, Slogans), stellt beide Seiten einer Sachlage dar oder nur eine, nennt zuerst die positiven oder die negativen Aspekte und so weiter.

3. Zuhörer — alle physischen und demographischen Variablen, nach denen Menschen sich unterscheiden können; von besonderer Bedeutung sind Geschlecht, Intelligenz, Bildungsniveau und Persönlichkeitszüge (Selbstwert, Abhängigkeit, Dogmatismus, Extraversion); auch das Ausmaß, in dem sie von der Angelegenheit betroffen sind und der Grad ihrer Informiertheit, die Radikalität ihrer ursprünglichen Einstellung und so weiter.

Trotz der ihr innewohnenden Komplexität sind in den vergangenen zwei Jahrzehnten buchstäblich Tausende von Experimenten durchgeführt worden, um die Bedingungen zu erforschen, unter denen eine Einstellungsänderung erfolgt, wenn jemand eine Nachricht in der Absicht übermittelt, jemanden zu überzeugen (siehe McGuire, 1969; Insko, 1967; Kiesler, Collins u. Miller, 1969; Greenwald, Brock u. Ostrom, 1968). Eine Reihe von allgemeinen Aussagen lassen sich aus diesem Literaturkomplex ableiten, auch wenn in manchen Fällen hinzugefügt werden müßte: „aber das hängt außerdem ab von den Faktoren x, y und z.“ Im allgemeinen ist die Wahrscheinlichkeit, daß die Mitglieder eines angesprochenen Publikums die Darstellungen eines Sprechers akzeptieren, um so größer, je mehr der Redner:

a) als besserer Experte angesehen wird;
b) nicht den Eindruck erweckt, als habe er Hintergedanken;
c) seine Absicht zu überreden im voraus zu erkennen gibt (insbesondere, wenn sich das Publikum emotional nicht angesprochen fühlt und die Quelle nicht attraktiv ist);
d) anfänglich solche Ansichten äußert, die denen des Publikums ähnlich sind (die Technik von Marcus Antonius);
e) dieselben Werte teilt oder zum Ausdruck bringt, denen das Publikum in bezug auf das Thema anhängt;
f) dem Publikum in jenen Dimensionen ähnlich ist, die ihm wichtig sind;
g) für größere Veränderungen (mit Ausnahme extremer Punkte) plädiert;
h) es eher riskiert, daß seine Mitteilungen versehentlich überhört, als dem Publikum aufgedrängt werden;
i) explizit die Folgerungen konstatiert, die das Publikum seinen Wünschen nach ziehen soll (eher als sie implizit auszudrükken);
j) konkrete, praktische Vorschläge macht, was zu tun ist, nachdem er leichte Angstgefühle hervorgerufen hat;
k) beide Seiten einer Angelegenheit erläutert, wenn das Publikum anfänglich anderer Ansicht ist, aber nur eine, wenn er das Publikum ohnehin schon auf seiner Seite hat;
l) als letzter spricht, wenn zwei Ansichten dargelegt werden, insbesondere, wenn eine Pause dazwischen liegt und eine Handlung erst nach der letzten Äußerung erforderlich ist;
m) den Gründen, die den Einstellungen des Zielpublikums zugrunde liegen, und den Merkmalen des Publikums, die seine Empfänglichkeit für bestimmte Überredungstaktiken erhöhen, Rechnung trägt.

Verhaltensänderung kommt vor Einstellungsänderung. Sozialpsychologen haben den Prozeß der Einstellungsänderung untersucht, da angenommen wurde, daß Einstellungen „Prädispositionen für Handlungen“ sind. Deshalb hatte man erwartet, daß die Kenntnis der Bedingungen, die die Entstehung und Veränderung von Einstellungen kontrollieren, ein wirksames Mittel darstellt, um Verhaltensänderungen vorauszusagen und zu kontrollieren. Wie valide sind diese Annahmen und Erklärungen?

Viele Untersuchungen haben die Tatsache dokumentiert, daß die Korrelation zwischen gemessenen Einstellungen und entsprechenden Verhaltensweisen sehr gering ist. Außerdem steht eine *Einstellungsänderung,* bewirkt durch den sozialen Einfluß einer überzeugenden Mit-

teilung, oft in keiner Beziehung zu einer *Änderung im Verhalten.* Das ist nichts Überraschendes, wenn man bedenkt, daß die Bedingungen, unter denen verbale Äußerungen in Einstellungstests hervorgerufen werden, sich in vieler Hinsicht von den Bedingungen unterscheiden, unter denen die zu ändernden äußerlichen Verhaltensweisen hervorgerufen werden. Selbst wenn beide Verhaltensaspekte in Beziehung stehen zu einem gemeinsamen, zugrunde liegenden Einstellungskern, steht jeder auch teilweise unter der Kontrolle seiner eigenen Reizkontingenzen. Zum Beispiel können die ursprünglich geäußerten Meinungen davon beeinflußt werden, wie die betreffende Person gern anderen erscheinen möchte, wer der Urheber der Meinung war, und welche Konsequenzen man davon erwartet, seine eigene Meinung öffentlich zu äußern. Außerdem kann das angestrebte Verhalten Anstrengung, Ausgaben oder spezielle Fähigkeiten erfordern; es kann aufsehenerregender oder belastender sein als die „private" Einstellungsänderung; und es kann im Widerspruch stehen zu einem größeren Bereich von Vorstellungen und Verhaltensweisen, die von wichtigen sozialen Belohnungen aufrechterhalten werden.
In letzter Zeit haben einige Forscher an einer neuen Art von Einstellungsänderung gearbeitet, die sich auf die weise aristotelische Feststellung stützt: „Der Mensch erwirbt eine bestimmte Qualität, indem er ständig in ganz bestimmter Weise handelt". Inzwischen besteht hinreichender Grund zu der Annahme, daß eine Einstellungsänderung am ehesten erreicht wird, *nachdem* die betreffende Person einer Situation ausgesetzt wurde, in welcher ihr Verhalten unmittelbar verändert wurde.
Individuen können in einer Vielzahl von Situationen und aus einer Vielzahl von Gründen dazu gebracht werden, ein Verhalten zu zeigen, das im Widerspruch zu ihren grundlegenden Einstellungen steht: in einer Debatte, beim Spiel, weil ihr Beruf es erfordert, um ihres Vorteils willen, um Bestrafung oder Blamage zu vermeiden, um keine Störung zu verursachen und so weiter. Solche Verfahren als Mechanismen zur Einstellungsänderung sind im Fall des *Rollenspiels* oder der *erzwungenen öffentlichen Einwilligung* untersucht worden. Eines der zuverlässigsten Ergebnisse aus der Erforschung sozialer Einflüsse ist die Tatsache, daß eine positive Einstellungsänderung nach einer aktiven Teilnahme an einem Rollenspiel erfolgt, in dem bestimmten Einstellungen konträrer Verhaltensweisen geübt werden (Janis u. King, 1954). Die Menschen glauben mit der Zeit eher das, was sie selbst sagen und tun, als was sie hören und lesen. Das trifft für Vorgänge in Werbung und Therapie ebenso zu, wie für die Laborsituation.
Wenn man Leute dazu bringt, einen kleinen Verhaltensakt für einen anderen auszuführen, dann erhöht sich auch die Bereitschaft, größeren und widersprüchlicheren Aufforderungen nachzukommen — die Technik, „den Fuß in den Türspalt zu schieben" (Freedman u. Fraser, 1966). Oft bewirkt bereits der Vollzug einer sonst selten praktizierten Verhaltensweise, daß an ihr positive Aspekte wahrgenommen werden.
In der Regel genügt es jedoch nicht, jemanden nur dahin zu bringen, daß er eine ihm sehr unangenehme Handlung ausführt, um seine Einstellung zu ändern. In dem Ausmaß, in dem er sein nachgiebiges Verhalten *äußeren* Einflüssen (wie Belohnung oder Zwang) zuschreiben kann, kann er auch seine ursprüngliche Einstellung beibehalten, obwohl er im Gegensatz zu ihr gehandelt hat. Solange er sagen kann: „Ich tat es nur wegen X", wird er kaum sagen: „Ich muß es wohl getan haben, weil ich es wollte." Reizbedingungen aber, die einen solch diskrepanten Akt als eigene Machart erleben lassen, verändern die Einstellungen solange, bis sie auf das eigene Verhalten passen. Hier wird einfach die Einstellung von der Handlung abgetrennt, entweder durch irgendeine psychologische Facheinteilung, durch irgendwelche kognitiven Strategien oder dadurch, daß man herumläuft und sich mit der Irrationalität konfrontiert: „Du sagst, was du glaubst, aber du glaubst nicht, was du sagst." Diese Ergebnisse stehen in Einklang mit denen der *kognitiven Dissonanz* (Festinger, 1957; Zimbardo, 1969). Ein Verhalten, das zu der eigenen Überzeugung in Widerspruch steht, verursacht Dissonanz (und das Bemühen, sie zu reduzieren) nur dann, wenn es nach Ansicht der betreffenden Person aus freien Stücken erfolgt ist.

c Führer und Führung

Der Einfluß, den ein informeller Sprecher auf ein Publikum ausübt, läßt sich mit der Macht, die eine zum „Führer" ernannte Person über das Verhalten von Gruppenmitgliedern hat, nur selten vergleichen (Siehe Seite 324). Seit

Jahrhunderten beschäftigen sich Untersuchungen politischer und sozialer Erscheinungen mit der Frage, worin gute Führung besteht. Haben große Führer angeborene Eigenschaften, die ihnen ein *Charisma* verleihen, eine besondere emotionale Ausstrahlung und Anziehungskraft? Oder tritt ein großer Führer in Erscheinung, weil zu einem gegebenen historischen Zeitpunkt die Forderung des Augenblicks ihn trifft und auf seine Stelle hebt? Wäre Napoleon ein großer Führer geworden, wenn er 1930 in der Schweiz geboren wäre? Wäre Martin Luther King jun. ein großer Führer seines Volkes geworden, wenn er hundert Jahre früher gelebt hätte? Über solche Fragen läßt sich angeregt debattieren, aber sie sind von geringem wissenschaftlichem Wert, außer, daß sie unsere Aufmerksamkeit auf zwei Ansätze zur Untersuchung der Führerschaft lenken: die Frage nach der *Persönlichkeitsstruktur* (Merkmalmethode) und die Frage nach der *äußeren Situation* (situative Methode).

Unter der Lupe

Um zu führen, genügt der Titel „Führer"

Zum Beweis dessen, welches Gewicht der Ernennung zu einem „Führer" beigemessen wird, führe man folgendes Experiment mit einer Gruppe von Bekannten durch (möglichst solchen, die sich untereinander nicht gut kennen). Vier von ihnen bekommen zehn Minuten Zeit, um sich die Hauptprobleme zu überlegen, mit denen sich ein Student heute konfrontiert sieht, weiterhin eine Hierarchie dieser Probleme aufzustellen, angefangen mit dem bedeutendsten. Der Ablauf oder die Richtung der Kommunikation — wer mit wem spricht, wer andere unterbricht, und wer unterbrochen wird — muß aufgezeichnet werden.

Anschließend wird dieser Gruppe ein neues Problem zur Lösung vorgelegt, wobei aber diesmal willkürlich eine Person zum „Führer" bestimmt wird, vielleicht sogar die, die sich vorher am wenigsten beteiligt hat. Aufgrund der Legitimation durch den „Führer"-Titel wird sich nicht nur das Verhalten dieser Person den anderen gegenüber verändern, sondern auch das der anderen ihr gegenüber. Zum Beispiel werden sie jetzt ihre Ratschläge öfter über seine Person laufen lassen, ihn nicht so oft unterbrechen wie vorher, oder wie sie es mit den übrigen tun; sie werden seinen Meinungen gegenüber weniger kritisch eingestellt sein, und davon, wie er ihre Meinungen beurteilt, mehr beeinflußt werden als durch die Meinungen aller anderen.

In einer anderen Variation kann die Gruppe selbst einen Führer wählen, entweder vor der ersten oder nach der zweiten Interaktion. Fungiert ein ernannter Führer anders als ein gewählter?

Haben Führer auch „das Zeug dazu"?

Man könnte meinen, daß man zur Beschreibung dessen, was einen Führer ausmacht, nur die Eigenschaften zu vergleichen braucht, die Führer von Nichtführern unterscheiden. Es sind tatsächlich lange Listen aufgestellt worden von all den Eigenschaften, die Führer besessen haben, und es hat sich eine überraschend große Menge derartiger Eigenschaften ergeben. Überdies hat eine vor 1940 durchgeführte Untersuchung von Führereigenschaften ermittelt, daß nur 5% der „entdeckten" Eigenschaften in vier oder mehr Arbeiten in beständiger Form erwähnt wurden (Bird, 1940).

In einer jüngeren Untersuchung fand sich eine große Anzahl von Arbeiten, nach denen folgende Eigenschaften mit Führung positiv korrelierten: Intelligenz, Anpassung, Extraversion, Dominanz, Männlichkeit und menschliches Gespür (alle auf verschiedene Weise gemessen). Konservatismus war, diesen Forschungen nach, mit Führereigenschaft negativ korreliert. Leider waren diese Korrelationen alle relativ gering, ungefähr bei + 0,15 (Mann, 1959).

In einer Zusammenfassung der Eigenschaften, die man am häufigsten in Zusammenhang mit *effektiver* Führung gefunden hat, werden sie in fünf allgemeine Kategorien unterteilt (Stogdill, 1948):

a) *Fähigkeit* (Intelligenz, geistige Spannkraft, verbale Gewandtheit, Originalität, Urteilskraft);
b) *Erreichte Leistung* (Bildung, Wissen, sportliche Erfolge);
c) *Verantwortung* (Verläßlichkeit, Unternehmungsgeist, Beharrlichkeit, Aggressivität, Selbstvertrauen, Ehrgeiz);
d) *Teilnahme* (Aktivität, Geselligkeit, Zusammenarbeit, Anpassungsfähigkeit, Sinn für Humor);
e) *Status* (soziale und wirtschaftliche Position, allgemeine Beliebtheit).

In einer früheren Analyse über das „Wesen politischer Führung" wurden verschiedene interessante Hypothesen dargelegt:
„Man muß zugestehen, daß im politischen Alltag die Fähigkeit, in der Öffentlichkeit zu reden, von entscheidenderem Wert ist als irgendetwas anderes. Ist ein Mann auf dem Podium ein flüssiger und gewandter Redner, dann besitzt er die eine unentbehrliche Voraussetzung für einen Staatsmann. Verfügt er außerdem über die Gabe, die Gefühle seiner Zuhörer tiefgründig zu bewegen, dann kann seine Fähigkeit zur Führung der unendlichen Vielfalt des nationalen Lebens nicht mehr bestritten werden. Die Erfahrung hat gezeigt, daß es für einen erfolgreichen Führer nicht unbedingt notwendig ist, irgendwelche anderen Fähigkeiten in ungewöhnlich hohem Grad zu besitzen ... Der gute Schäfer denkt wie seine Schafe und kann seine Herde nur führen, wenn er ihr nicht mehr als ein kleines Stück weit vorausgeht. Er muß zwar als jemand aus der Herde erkennbar bleiben, zweifellos größer, lauter, rauher, und er hat vor allem hartnäckigere Wünsche und Ausdrucksmöglichkeiten als das gewöhnliche Schaf, ist aber ihrem Empfinden nach im wesentlichen von derselben Art wie sie. In der menschlichen Herde ist es für den Führer ebenso notwendig, unmißverständliche Identifikationsmerkmale zu haben" (Trotter, 1916).

Jüngste Forschungen haben bestätigt, daß Führer tatsächlich meist die aktivsten Mitglieder ihrer Gruppe sind. Überdies kann in einer experimentellen Gruppe aus lauter Fremden jeder beliebige von den anderen als Führer angesehen werden, wenn nur seine verbale Beteiligung größer als die der anderen ist. Das konnte man nachweisen, indem eine Person durch den Versuchsleiter für verbale Äußerungen positiv verstärkt wurde, ohne daß die anderen davon wußten (Bavelas, Hastorf, Gross u. Kite, 1965). Menschen, die mehr reden, haben eine größere Chance, zu Führern gewählt zu werden. Dann sprechen sie mehr, weil sie Führer sind, weil sie planen, über Verfahrensweisen entscheiden, Kontroversen beilegen, Informationen koordinieren, Alternativen vorschlagen, Gruppeninitiativen anregen und allgemein die Dinge in Bewegung halten müssen.

Um seine Effektivität zu erhalten, muß der Führer die Gemeinsamkeit mit seinen Leuten betonen, mit ihnen Kontakt halten und als einer der ihrigen angesehen bleiben. Der Sturz eines Führers wird oft darauf zurückgeführt, daß er den Kontakt zur Basis verloren hat und denen, die ihm Macht verliehen haben, keine Identifikationsmöglichkeit mehr bietet.

Haben verschiedene Führungs-„Stile" unterschiedliche Wirkungen?

Läßt man einmal das Problem der Erforschung von Persönlichkeitszügen, die einen Führer „ausmachen", beiseite, bleibt die Frage, mit der sich ein Team von Sozialpsychologen beschäftigt hat, ob nämlich der Stil eines Führers im Verhalten seiner Gruppe gegenüber einen Einfluß darauf hat, wie sich die Gruppe verhält. Im Jahr 1939, als die Untersuchung begann, wirkte das Beispiel von Hitlers autokratischer Herrschaft in Deutschland abschreckend auf die Leute, die eine demokratische Führung nicht nur für wünschenswerter, sondern auch für effektiver hielten. Andere vertraten die Ansicht, daß die besten Führer solche wären, die sich nicht-direktiv verhielten, nur auf Wunsch durch Hilfestellungen ihren Führungseinfluß geltend machten und im übrigen den Dingen ihren Lauf ließen — im *laissez-faire*-Stil. Dieses komplexe Problem der Beziehung zwischen Führungsstil und Gruppenstimmung hat man in einem kontrollierten Experiment mit Gruppen von zehnjährigen Jungen untersucht.

Es gab vier Gruppen zu je fünf Mitgliedern, die nach der Schule zusammenkamen, um sich mit ihren Hobbies zu beschäftigen. Die Gruppen waren in bezug auf die Art der interpersonalen Beziehungen und den intellektuellen, physischen und sozioökonomischen Status in etwa gleichartig. Vier Erwachsene waren darin trainiert worden, jeden der drei Führungsstile zu beherrschen, und sie spielten jede Rolle durch. Ein *autokratischer* Führer sollte: (a) alle Gruppenrichtlinien bestimmen, (b) die Techniken und Aktivitäten nur Schritt für Schritt diktieren, so daß während der Gruppenarbeit Unsicherheit über weitere Pläne herrschte, (c) die einzelnen Aufgaben verteilen und jedem seinen Arbeitskameraden zuweisen, (d) sich persönlich geben bei Lob und Kritik für die Arbeit einzelner, sich aber von Beteiligung an der Gruppenaktivität fernhalten, außer zur Demonstration von Arbeitstechniken. Ein *demokratischer* Führer sollte: (a) den Entscheidungsprozeß der Gruppe bei allen Unternehmungen ermutigen und unterstützen, (b) allgemeine Schritte auf ein Ziel hin andeu-

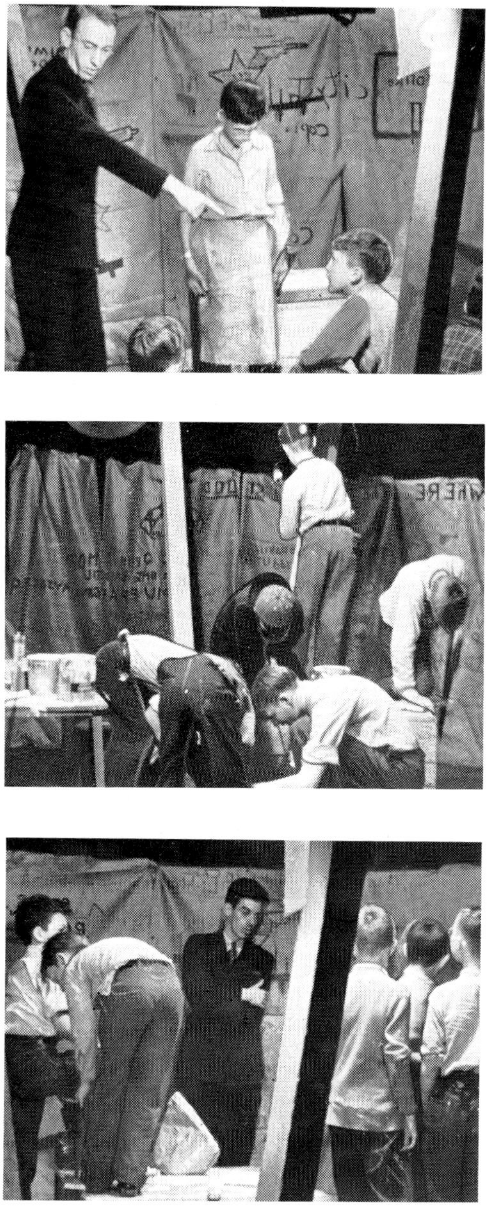

Abb. 8-6. Der autokratische Führer (oben) lenkte die Aufgabe der Gruppe bis ins Detail, demonstrierte und kritisierte jeden Schritt, aber nahm nie selbst teil. Die Arbeit ging ohne Schwierigkeiten, aber lustlos vonstatten.
Unter demokratischer Führung (Mitte) zeigten die Gruppenmitglieder großes Interesse an ihrem Projekt und gaben ihr Bestes. Der Führer arbeitete in der Gruppe mit, trug aber eine größere Verantwortung.
Der laissez-faire Führer (unten) verhielt sich passiv, gab auf Verlangen Information und Hilfe, blieb aber ansonsten unbeteiligt. Das Gruppeninteresse war sehr gering und Einzelaktionen traten stärker hervor

ten und eine umfassende Perspektive der Pläne fördern, (c) Arbeitsteilung und -zuteilung der Gruppe überlassen, (d) objektiv bei Lob und Kritik sein und sich an den Gruppenaktivitäten beteiligen, ohne zu viel Arbeit zu tun. Der *laissez-faire*-Führer schließlich sollte: (a) der Gruppe völlige Freiheit lassen bei einem Minimum von Führerbeteiligung, (b) nur benötigtes Material und Information zur Verfügung stellen, (c) sich nicht an Sachdiskussionen beteiligen und (d) nur gelegentliche Kommentare abgeben, ohne den Versuch zu unternehmen, den Lauf der Dinge zu loben oder zu beeinflussen, es sei denn, er würde direkt darum gebeten.

Nach je sechswöchigen Perioden wurde jeder Führer einer anderen Gruppe zugeteilt, wobei er gleichzeitig einen anderen Führungsstil übernahm. Auf diese Weise lernten alle Gruppen jeden Stil unter einer anderen Führerperson kennen. Alle Gruppen trafen sich am selben Ort und unternahmen dieselben Aktivitäten mit ähnlichem Spielmaterial. Das Verhalten der Führer und die Reaktionen der Jungen wurden bei jedem Treffen beobachtet.

Dieses Experiment läßt folgende Verallgemeinerung zu (Lewin, Lippitt u. White, 1939, vgl. Abbildung 8-6):

1. Die laissez-faire-Atmosphäre ist mit der demokratischen nicht identisch. Es wurde weniger — und schlechtere — Arbeit bei den laissez-faire-Gruppen geleistet und mehr gespielt.

2. Demokratie kann leistungsfähig sein. Obwohl die Quantität der Arbeit bei den autokratischen Gruppen etwas höher war, waren Arbeitsmotivation und Interesse stärker in den demokratischen Gruppen. Verließ der Führer den Raum, arbeiteten die demokratischen Gruppen bezeichnenderweise weiter, die autokratischen dagegen nicht. Bei der Demokratie war auch die Originalität ausgeprägter.

3. Autokratie kann starke Feindseligkeit und Aggression hervorrufen, einschließlich Aggression auf Sündenböcke. Die autokratischen Gruppen zeigten mehr dominierenden Einfluß, bis zu dreißigmal häufiger Feindseligkeit, mehr Forderungen nach Aufmerksamkeit, mehr Zerstörung ihres Eigentums und machten häufiger andere zum Sündenbock.

4. Autokratie kann Unzufriedenheit erzeugen, die sich nicht an der Oberfläche zeigt. Vier Jungen stiegen aus dem Experiment vorzeitig aus, alle während der autokratischen Perioden, ohne daß sie offen rebelliert hätten. Neunzehn

von zwanzig Jungen bevorzugten ihren demokratischen Führer, und unter Autokratie wurde häufiger Unzufriedenheit geäußert — auch wenn die allgemeine Reaktion unterwürfig war — als unter Demokratie. „Entlastungs"-Verhalten (wie zum Beispiel ungewöhnlich aggressive Gruppenhandlungen) am Tag des Übergangs in eine freiere Atmosphäre ließ auf vorhergegangene Frustrationen schließen.

5. Autokratie begünstigte Abhängigkeit und geringere Individualität. Es fanden sich mehr unterwürfige und abhängige Verhaltensweisen in autokratischen Gruppen, und die Unterhaltung war weniger abwechslungsreich und mehr auf die unmittelbare Situation beschränkt.

6. Demokratie fördert mehr Gruppengeist und freundschaftliche Atmosphäre. In den demokratischen Gruppen wurde das Pronomen *ich* weniger häufig gebraucht, die spontanen Untergruppen waren größer, gegenseitiges Lob, freundliche Bemerkungen und allgemeine Munterkeit waren häufiger, und es herrschte größere Bereitschaft, das Gruppeneigentum zu teilen.

Diese Untersuchung über „Gruppendynamik" war bahnbrechend. Sie demonstrierte, daß Gruppeninteraktion und auf Gruppen bezogene Variablen experimentell untersucht werden können, um Schlußfolgerungen kausaler Art zu erbringen. Sie zeigte auch, daß dieselbe Person, unabhängig von ihren zugrunde liegenden Persönlichkeits-„Zügen", einen auffallend unterschiedlichen Einfluß ausübte, wenn sie einen Führungs-„Stil" im Gegensatz zu einem anderen benutzte. Forschungen aus jüngster Zeit deuten an, daß die Verhältnisse noch etwas komplizierter sind — daß derselbe Führungsstil unterschiedliche Effekte hat, je nach der Art der Situation, der sich der Führer gegenübersieht, und daß ein Führer sich unter Umständen in zwei oder mehrere Personen aufspalten muß, um unterschiedliche Funktionen auszuüben oder um konkurrierenden Bedürfnissen verschiedener Gruppenmitglieder gerecht zu werden.

Führung und Umweltsituation

Zieht man die enorme Vielfalt und Heterogenität von Gruppen in Betracht, die Führer leiten müssen, ist es kein Wunder, daß der Versuch, ein Standardgefüge von Persönlichkeitszügen zur Charakterisierung des *universellen Führers* zu finden, so fruchtlos blieb. Wären wohl auch übereinstimmende Persönlichkeitszüge zu erwarten bei erfolgreichen Führern von etwa einer Anarchistengruppe, die Sprengstoffanschläge gegen die Industrie plant; einem Kirchenchor; einer Gruppe, die eine Wochenendparty mit Partnertausch plant; der Mensa-Gesellschaft von Leuten mit einem genialen IQ; den Black Panthers und eines Universitätslehrkörpers? Es erscheint offenkundig, daß ein erfolgreicher Führer über jeweils die Mittel verfügen muß, die momentan von den einzelnen Mitgliedern seiner Gruppe und der Gruppe als Ganzes zur Erreichung ihres Ziels benötigt werden — und daß diese benötigten Mittel von einer Situation zur anderen variieren können.

Zu einem erfolgreichen Führer gehört auch, daß er seine Fähigkeiten in bezug auf die Ziele der Gruppe richtig einschätzen kann. Wo er den Erwartungen nicht entspricht, müssen andere ausgewählt werden, um dem Mangel abzuhelfen. Autorität muß oft delegiert und die Rolle des Führers aufgeteilt werden entsprechend den von der Gruppe geforderten Aufgabenbereichen und den besonderen Fähigkeiten einzelner Mitglieder.

Nach der Untersuchung von Mustern interpersonaler Kommunikation in vielen kleinen Gruppen kam Bales (1958, 1970) zu dem Schluß, daß ein Führer nur selten alle Funktionen für seine Gruppenmitglieder ausüben kann, selbst im Fall viel kleinerer Gruppen als der, mit der Moses zu tun hatte. Bales fand, daß das Führungsgeschehen zu einer Unterscheidung von zwei allgemeinen Führungstypen tendierte: einem, der mit der Leitung der Gruppenarbeit beauftragt war und einem anderen, der für die sozial-emotionalen Probleme zuständig war. Manchmal mag dieselbe Person sowohl die sachbezogene wie auch die soziale Funktion innehaben, oft aber übernehmen zweitrangige Führer gewisse Funktionen.

Diese Machtaufteilung läßt sich in typischer Form in Analysen der Struktur von Straßenbanden ablesen. In einer New Yorker Bande, den „Piraten", waren vier Führer nötig, um den verschiedenen Bedürfnissen der Bande nachzukommen (Abbildung 8-7).

Paulie war der Mann, der „bei allen wichtigen Entscheidungen das letzte Wort hatte". Er war älter als die anderen, hielt sich meist abseits, aber leitete geschickt die Einbrüche und Raubüberfälle der Bande. Er knüpfte Verbindungen mit älteren Banden der Nachbarschaft und mit

Hehlern, um die gestohlenen Sachen zu verkaufen. Wie Generäle in der Schlacht gab er Anweisungen, aber brachte sich nie durch aktive Teilnahme an den Überfällen in Gefahr. *Lulu* war der zweite Mann im Kommandostab und der Taktiker und Experte für Einbrüche. Er plante die Einzelheiten für jeden Einbruch und „war außergewöhnlich talentiert in allen Dingen, die irgendwie mit Werkzeug oder Elektrizität zusammenhingen." *Solly* war der Diplomat, der sich mit den häufigen „Einmischungen" der Polizei abgab. „Solly spielte die Rolle des anständigen Kerls, der sich zusammen mit der Polizei über die üblen Gewohnheiten der übrigen ‚Piraten' beklagte." Er besaß die Begabung, einer endlosen Tirade eines Polizisten lange ruhig zuhören zu können und ihn dann mit einer ernsthaften, aber nichts sagenden Antwort zu beruhigen. *Blacky* hatte eine sehr ungewöhnliche Position inne: „Die meiste Zeit spielte er den Clown, Zielscheibe des rohen Spottes der Bande, der oft eine brutale Wendung nahm . . ." „Aber Blacky dominierte auf dem Gebiet Sex, wo die anderen schmählich versagten, und sie sahen zu Blacky als Ratgeber auf in allen das andere Geschlecht betreffenden Dingen. Besonderen Freunden in der Bande stellte er seinen persönlichen ‚Stall' von drei oder vier Mädchen zur Verfügung."

Auf diese Weise „ermöglichte es die Machtaufteilung völlig verschiedenen Persönlichkeitstypen, effektiv tätig zu sein" (Block u. Niederhoffer, 1958).

James M. Barries herrliches Spiel, *The Admirable Crichton,* erzählt in klassischer Weise, wie Führung zur Entfaltung kommt, und wann

Unter der Lupe

Ein Moses für alles

Die Bedeutung einer wirksamen Teilung der Verantwortung für eine effektive Führung hat Dale (1967) in bezug auf Moses' Führerschaft humorvoll dargestellt.

„Nach vierzigjähriger Wanderschaft durch die Wüste sah Moses, daß er erst die Hälfte der Entfernung von Ägypten nach Palästina zurückgelegt hatte. Er fragte seinen Schwiegervater Jethro um Rat, und als dieser bemerkte, daß Moses sich von morgens bis abends persönlich um das Volk kümmerte, sagte er: Was du tust, ist zu viel für dich allein . . . Als Anführer hatte Moses alle Ämter inne, über deren Bereich ihm Bericht erstattet wurde."

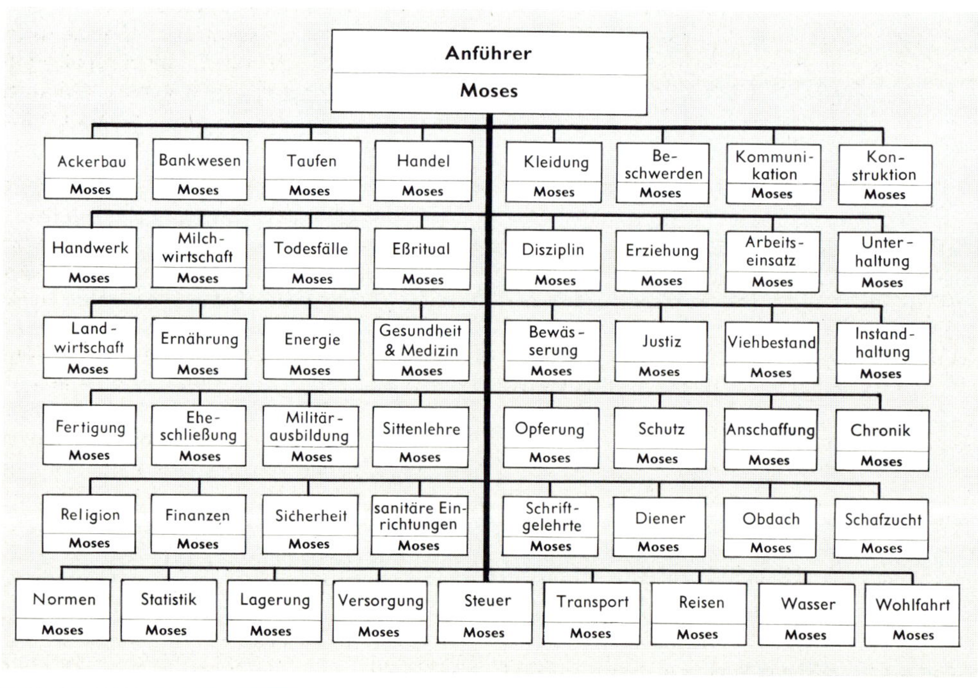

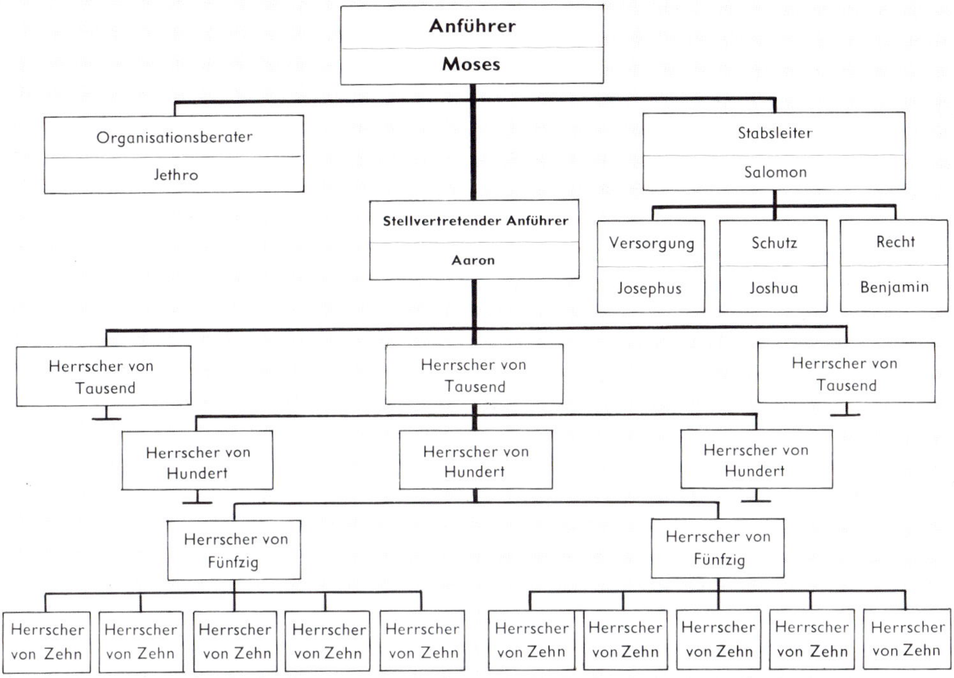

„Der Organisationsberater in der Person Jethros verordnete das Heilmittel. Die Abbildung oben, aus der Bibel übernommen, zeigt die neue Organisation, die er ersonnen hat . . . Moses brauchte sich nicht mehr selbst um alle Einzelheiten zu kümmern, er verfügte jetzt über einen Mitarbeiterstab . . ."

„Was war das Ergebnis? Der Organisationsplan wurde in Elath verwirklicht, ungefähr auf halbem Wege zwischen dem Roten Meer und dem Land der Verheißung. Es waren fast vierzig Jahre nötig gewesen, um die erste Hälfte der Reise zurückzulegen, bevor der Organisationsplan eingeführt war, und nur wenige Monate für die letzte Hälfte."

Zeit und Ort reif dafür sind. Ein gewöhnlicher englischer Butler wird zum Oberhaupt der Familie seines „Arbeitgebers", als sie als Schiffbrüchige auf einer einsamen Insel landen. Sein Geschick und Erfindungsreichtum, die in seiner gewöhnlichen Funktion als Diener nur geringfügig zur Geltung kommen, werden jetzt für das Überleben der Gruppe überhaupt unentbehrlich. Crichton zeigt sich in bewundernswerter Weise der Lage gewachsen und stellt den benötigten einfallsreichen Führer. Die Geschichte endet jedoch damit, daß die Familie sicher nach England zurückkehrt und der Butler wieder seine „gesellschaftliche Stellung" einnimmt — mit Tür öffnen, aufräumen und sich wieder unauffällig im Hause nützlich machen.

Die Wechselwirkung zwischen Aufgabe, Macht und menschlicher Beziehung. Barries Geschichte regt die Phantasie all derer an, die überzeugt sind, daß sie unter anderen Umständen große Führer hätten werden können. Wenn nur der „Ruf" an sie erginge, könnten sie auch führen. Da Führer leider auch Gefolgschaft brauchen — „zu viele Häuptlinge und zu wenig Indianer" ist kaum denkbar — bekommen die meisten Menschen nie die Gelegenheit, unter Beweis zu stellen, daß sie das Zeug dazu hätten.

Es besteht heute allgemeine Übereinstimmung darin, daß effektive Führung selten ausschließlich auf Persönlichkeitsmerkmalen oder Umweltfaktoren beruht. Für jede Situation gibt es eine optimale Verbindung von Persönlichkeits-

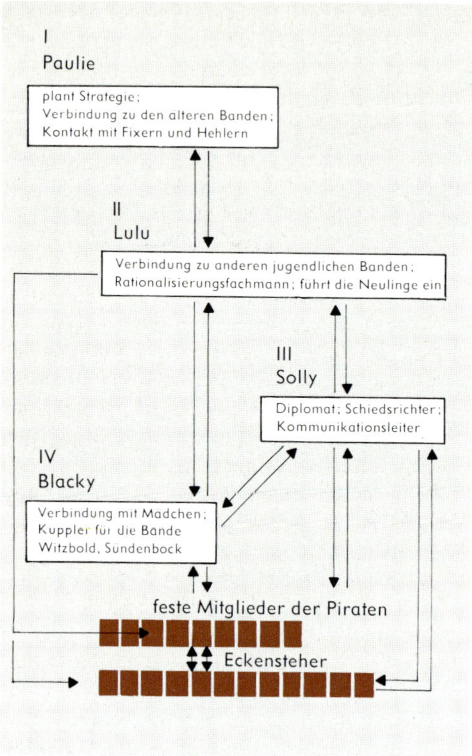

Abb. 8-7. Machtstruktur der Piratenbande (Nach Block u. Niederhoffer, 1958)

merkmalen des Führers und verschiedenen Variablen der Aufgabenstruktur, Gruppenorganisation und persönlichen Beziehungen.

Fiedler (1964) machte Gruppenproduktivität zum Kriterium für Führungseffektivität und untersuchte über 800 unterschiedliche Gruppen: Mannschaften der Luftwaffe, Gruppen aus der belgischen Marine, Panzerbataillone, Luftabwehrpersonal, Betriebs- und Sportgruppen. Für jede Gruppe ermittelte er die Gruppenproduktivität, Orientierung des Führers (ob vorwiegend auf die Aufgabe oder die menschlichen Beziehungen zentriert), die Qualität der Beziehungen zwischen Führer und Gruppenmitgliedern und die Macht, die mit der Führerposition verbunden war.

Er ermittelte, daß Führer mit stärkerer *Aufgaben*-Orientierung am effektivsten waren, wenn (a) die Führer-Mitglieder-Beziehungen gut, und entweder eine hochstrukturierte Aufgabenstellung oder eine starke Machtposition des Führers oder beides gegeben war, oder das andere Extrem, wenn (b) schlechte Führer-Mitglieder-Beziehungen, gering strukturierte Aufgaben und eine schwache Machtposition des Führers vorhanden waren. Führer mit stärkerer *Beziehungs*-Orientierung waren effektiver in Situationen, in denen entweder (a) gute Führer-Mitglieder-Beziehungen, eine unstrukturierte Aufgabe und eine schwache Machtposition des Führers vorhanden waren, oder (b) schlechte Führer-Mitglieder-Beziehungen mit einer hochstrukturierten Aufgabe und starker Machtposition des Führers.

Führer mögen mitunter führen, aber Machiavellisten siegen immer

Stellen Sie sich in folgender Situation mit zwei anderen Menschen vor. Hundert Mark werden auf den Tisch gelegt, die irgendwie aufgeteilt werden sollen, sobald *zwei* sich darüber geeinigt haben, wie sie verteilt werden. Ohne Frage wäre eine Einteilung von 33,33 DM für jeden die gerechteste Lösung — wenn alle drei über die Aufteilung zu bestimmen hätten. Ein egoistisches Paar könnte aber den dritten übergehen, und jeder 50 DM für sich behalten. Jemand schlägt Ihnen diese Alternative vor. Bevor Sie zustimmen oder ablehnen können, bietet Ihnen der ausgeschlossene Dritte einen Anteil von 51 DM an, um 49 DM für sich zu behalten und die andere Person zu übergehen. Wie verhalten Sie sich? Manipulieren Sie die anderen, um Ihre „Beute" zu vergrößern? Oder könnte es sein, daß Sie feilschen, um einen kleinen Anteil der Summe zu erhalten?

Wenn diese Situation in vielen Versuchen experimentell tatsächlich durchgespielt wird, schält sich als typisches Muster heraus, daß eine Person ca. 53 DM bekommt, eine 30 DM und eine nur 17 DM. Welche von den dreien würden Sie wohl sein?

Niccolo Machiavelli hat in seinen Werken (insbesondere *Der Prinz,* 1532, und *Die Diskurse,* 1531) die Grundlage einer Theorie zur sozialen Person gelegt, die diese Frage zu beantworten hilft. Ihn beschäftigte das Problem, wie Menschen manipuliert werden können und durch welche Eigenschaften und Vorgehensweisen sich die Menschen, die Einfluß ausüben, von denen unterscheiden, die beeinflußt werden.

Eigenschaften von Machiavellisten. Auf der Grundlage dieser anekdotischen Beschreibungen von Machtstrategien und der seelischen Ausstattung beeinflußbarer Menschen hat ein Psychologe, Richard Christie, einen Fragebogentest entwickelt, um „Machiavellismus" zu messen. Die Fragen zielen auf ein Bündel von Ansichten über Taktiken, Menschen und Moral ab. Hier einige Beispiele (Christie u. Geis, 1970):

Taktiken. Hoher *Mach*: „Eine Notlüge ist oft nützlich."

Niedriger *Mach*: „Wenn (etwas) moralisch richtig (ist), kann es keinen Kompromiß geben."

Menschenbild. Hoher *Mach*: „Die meisten Menschen wissen gar nicht, was für sie am besten ist."

Niedriger *Mach*: „Barnum hatte Unrecht mit seiner Meinung, in jeder Minute komme ein neuer Dummkopf auf die Welt."

Moral. Hoher *Mach*: „Betrug ist im Kriegszustand etwas Lobenswertes und Ehrbares."

Niedriger *Mach*: „Es ist besser, bescheiden und ehrlich zu sein, als bedeutend und unehrlich."

Die „*Mach*"-Skalen differenzieren zwischen stark und wenig ausgeprägten Machiavellisten auf der Grundlage, inwieweit sie Machiavellis Verhaltensanweisungen im Umgang mit anderen Menschen gutheißen. Am einen Ende der Skala liegen die Menschen mit *relativen* Verhaltensgrundsätzen („Sag nie jemandem den wahren Grund für dein Tun, es sei denn, daß es dir nützt"), und am anderen Ende diejenigen mit *absoluten* Prinzipien („Ehrlich währt am längsten"). Zwischen den Extremen von hohen und niedrigen *Machs* liegt eine gemäßigte Gruppe, die die machiavellistische Philosophie teilweise billigt.

Im wesentlichen gründet sich diese Philosophie auf Pragmatismus: „Wenn etwas funktioniert, benutze es!" Bei dem 100-DM-Manipulationsspiel sind es immer die Leute mit den höchsten Werten auf diesen Skalen, die den Löwenanteil davontragen. Sie sind an jeder Koalition beteiligt, wohingegen die mit niedrigen *Mach*-Werten froh sein können, in irgendeine Koalition aufgenommen zu werden und zufrieden sein müssen mit dem, was übrig bleibt. Die gemäßigten Machiavellisten liegen bei der Gewinnverteilung etwa in der Mitte und bekommen nur geringfügig weniger, als bei einer fairen Dreiteilung zu erwarten gewesen wäre.

Es zeigte sich in anderen experimentellen Situationen, daß hohe *Machs* zwar nicht mehr, aber besser betrügen. Wenn sie lügen, können sie ihrem Ankläger direkt ins Auge sehen und ihn davon überzeugen, daß sie nicht geschwindelt haben. Wenn sie mit anderen Studenten wetteifern, stören sie in wirksamer Weise die Leistung ihrer Konkurrenten (arbeiten intensiver daran und erfinden mehr wirkungsvolle Störungen). Haben sie sich einmal irrational verhalten oder in einer Weise, die mit ihrer inneren Einstellung nicht übereinstimmt, können sie diese kognitive Dissonanz (s. S. 323) tolerieren, ohne ihre Einstellungen ihrem Verhalten anpassen zu müssen. In Experimenten manipulieren sie nicht nur andere Versuchspersonen, sondern auch den Versuchsleiter.

Was macht einen hohen Mach aus? Das Wesentliche an einem hohen *Mach* ist, daß er kaltblütig reagiert, wenn andere außer sich geraten. Ein Machiavellist bewahrt emotionale Distanz, läßt sich nicht in ein Verhalten anderer verstricken, nicht einmal in sein eigenes. Er läßt sich in allem, was er tut, nur von seinem Verstand, nie von seinen Emotionen leiten.

Hohe *Mach*s kommen besonders zur Geltung, wenn drei allgemeine Situationsvariablen gegeben sind:

a) Interaktion von Angesicht zu Angesicht (statt unpersönlich oder indirekt);
b) Regeln und Richtlinien existieren nur in geringem Maße, und es ist großer Spielraum gegeben, um zu improvisieren und die unklare Situation zu strukturieren;
c) die emotionale Erregung ist stark bei den niedrigen *Mach*s (und behindert deshalb die praktische Ausführung), nicht aber bei ihnen.

Man kann erfolgreich ein hohes *Mach*-Verhalten in einer Situation sozialer Beeinflussung voraussagen, wenn man die *Interaktion* dieser Eigenschaften und die sozialpsychologischen Gegebenheiten der Situation mit in Betracht zieht. Ein hoher *Mach* ist aber auch jemand, der eine Strategie gelernt hat, die ein konsistentes Verhaltensmuster begünstigt, welches nur in bestimmten Situationen verstärkt wird. Deshalb läßt sich ein hohes *Mach*-Verhalten nicht allein von einem Skalenwert her voraussagen, genauso wie effektive Führung nicht allein auf Grund von Testwerten vorausgesagt werden kann.

d Dyadische Interaktionen

Die meisten Menschen leben in einem komplexen Geflecht von Beziehungen mit anderen Menschen. In diesem Abschnitt sollen einige Merkmale der kleinstmöglichen interpersonalen Beziehung, der Zwei-Personen-Gruppe oder *Dyade,* untersucht werden.

Die Dyade als primäre Einflußquelle

In unserer Erörterung der Art und Weise, wie Überzeugungsredner formell versuchen, Einstellungen zu ändern, behandelten wir das „Publikum" wie eine Ansammlung einzelner Individuen, die keine bedeutenden Beziehungen zueinander haben. Wenn aber Menschen überzeugende Mitteilungen aus verschiedenen potentiellen Überzeugungsquellen empfangen, treten sie auch untereinander in Wechselbeziehung. Welchen Effekt haben diese Wechselbeziehungen auf die Art, wie die Individuen die Informationen von Medien aufnehmen?

Einer der ersten Hinweise dafür, wie bedeutsam die Beeinflussung in Dyaden für die Formung individueller politischer Entscheidungen sein kann, brachte eine Untersuchung aus den späten 1930er Jahren.

Die Untersuchung versuchte zu ermitteln, welche Faktoren Menschen dazu veranlassen, ihren Entschluß, für wen sie bei einer bevorstehenden Wahl stimmen werden, zu ändern. Eines der interessantesten Ergebnisse dieser Untersuchung war, daß die meisten Menschen, insbesondere solche, die ihre Meinung erst gegen Ende des Wahlkampfes geändert hatten, viel weniger durch Massenmedien als durch Gespräche mit anderen („Meinungsführern") beeinflußt worden waren. Diese Meinungsführer waren den Massenmedien weit mehr ausgesetzt als solche, die weniger Einfluß ausübten. Diese Entdeckung veranlaßte die Autoren zu der Hypothese eines, wie sie es nannten, „zweistufigen Kommunikationsflusses": Die Massenmedien beeinflussen hauptsächlich die „Meinungsführer", und diese wiederum die übrigen Leute (Lazarsfeld et al., 1948).

Untersuchungen aus jüngerer Zeit haben die Hypothese des zweistufigen Kommunikationsflusses präzisiert und erweitert. Ein Psychologe gab folgende Zusammenfassung:

„Meinungsführer und die Menschen, die sie beeinflussen, ähneln sich in vieler Hinsicht und gehören typischerweise derselben Primärgruppe an, wie Familie, Freunde und Arbeitskollegen. Während der Meinungsführer sich vielleicht mehr für den speziellen Bereich, in dem er einflußreich ist, interessiert, ist es sehr unwahrscheinlich, daß die Personen, die sich beeinflussen lassen, in ihrem Ausmaß des Interesses hinter dem ihres Führers weit zurückbleiben. Beeinflussende und Beeinflußte können für unterschiedliche Einflußbereiche die Rollen tauschen (Politik, Mode, Film und so weiter). Die meisten Bereiche lenken die Aufmerksamkeit der Gruppe auf irgendeinen verwandten Bereich des Lebens außerhalb der Gruppe, und die Funktion des Meinungsführers besteht darin, die Gruppe mit diesem entscheidenden Bereich ihrer Umwelt, mit Hilfe jeglicher geeigneter Mittel (Zeitungen, Fernsehen, überregionale Tagungen und so weiter), in Berührung zu bringen. In jedem Fall hat sich gezeigt, daß Menschen mit Einfluß mehr derartige Kontaktmöglichkeiten mit der Umwelt haben. Nichtsdestotrotz ist es auch zutreffend, daß die meisten Meinungsführer, obwohl sie den Medien mehr ausgesetzt sind, in erster Linie nicht durch die Kommunikationsmedien, sondern durch wiederum andere Menschen beeinflußt werden" (Katz, 1957).

Was bestimmt unsere Sympathie für andere?

Zweifellos verkehren Menschen mit anderen, weil sie sie mögen. Aber was sind die Determinanten für Sympathie oder *zwischenmenschliche Anziehung*? Wie „gewinnen wir Freunde und beeinflussen wir andere Menschen"?

Aronson (1969) hat die sieben Antworten, die die Forschung dieses Gebietes bisher geben kann, zusammengefaßt. Wir mögen Menschen, die (a) uns physisch näher sind, (b) unserer Meinung sind, (c) ihrer Persönlichkeit nach uns ähnlich sind, (d) unsere Bedürfnisse befriedigen und Bedürfnisse haben, die wir befriedigen können, (e) über Fähigkeiten und Kompetenz verfügen, (f) „angenehm" sind und „schöne" Dinge tun und (g) uns mögen. Kurz gesagt, „wir mögen Menschen, die uns maximale Befriedigung bei minimalem Aufwand verschaffen" (S. 334). Einer anderen Interpretation zufolge werden wir natürlich von solchen Menschen angezogen, die Widerspiegelungen unseres Selbst sind oder dessen, was wir sein möchten. Solche Menschen ermöglichen am besten die Art sozialen Vergleichs, die wir früher behandelt haben.

Die Forschung auf diesem Gebiet kann wenig von den alten überlieferten Sprachweisheiten profitieren, die für die meisten Aspekte des Gefallenfindens Widersprüchliches behaupten: „Trennung läßt die Liebe wachsen", aber: „Aus dem Auge, aus dem Sinn". „Alle Welt liebt den, der liebt", aber: „Laß ihn zappeln, und er frißt dir aus der Hand", und so weiter.

Mag man jemanden, der tatsächlich „vollkommen“ ist, lieber als jemanden mit menschlichen Schwächen? Um diese und ähnliche Fragen in bezug auf die zwischenmenschlichen Anziehung zu beantworten, muß man die Eigenschaften einer Person in der Dyade experimentell variieren und dabei beobachten, inwieweit die Sympathie der anderen Person davon beeinflußt wird.

In einer Untersuchung hörte jede Versuchsperson eine von vier Tonbandaufnahmen mit einem „Bewerber für ein Fernsehquiz“ an. Auf jedem Band war dieselbe Stimme, aber auf zwei Bändern war der Bewerber als sehr intelligent und im akademischen wie außerschulischen Bereich sehr erfolgreich dargestellt. Auf den anderen beiden Bändern waren die Bewerber mit durchschnittlicher Intelligenz und nur mäßigen Schulerfolgen dargestellt. Auf zwei Bändern, wovon das eine die überlegene und das andere die durchschnittliche Person darstellte, widerfuhr dem Bewerber ein peinliches Mißgeschick: Gegen Ende des Interviews verschüttete er ungeschickt eine Tasse Kaffee über seine Kleidung.

Nach dem Abhören des Bandes wurde jede Versuchsperson nach ihrem Eindruck von dem Bewerber befragt, wie er ihr gefiel und so weiter. „Die Ergebnisse waren eindeutig: Die attraktivste Person war die überlegene, der ein Mißgeschick passierte, während die negativste Person die mit durchschnittlichen Fähigkeiten war, der ebenfalls ein Mißgeschick passiert war. . . . An dem Mißgeschick selbst war nichts Anziehendes; es hatte den Effekt, daß es die Attraktivität des Überlegenen erhöhte und die des Durchschnittlichen senkte“ (Aronson, 1969). Es ist anscheinend möglich, daß man für sein eigenes Vorwärtskommen zu gut ist. Eine in hohem Maß kompetente Person kann unter Umständen mehr bevorzugt werden, wenn sie irgendeine menschliche Schwäche zeigt, als wenn sie das Image übermäßiger Perfektion aufrechterhält.

Die Forschung hat auch erwiesen, daß die geäußerte Sympathie für schöne Frauen stärker variiert als die für häßliche. Eine schöne Frau gefällt am meisten, wenn sie sich über andere Menschen positiv äußert, aber am wenigsten, wenn sie andere ungünstig beurteilt. Versuchspersonen beurteilen das Verhalten schöner Frauen kritischer als dieselbe Verhaltensweise genau derselben Frau, die man unattraktiv hat erscheinen lassen (Sigall u. Aronson, 1969). Attraktivität ist demnach eine Determinante sowohl von Sympathie als auch von zwischenmenschlichem Einfluß.

Sympathie hängt nicht nur von den Eigenschaften des anderen ab. Geht es, zum Beispiel um „romantische Liebe“, dann steht das eigene Ich der Person auf dem Spiel, und die Zuneigung kann ebenso oder überwiegend vom eigenen Selbstwertgefühl abhängen, wie von den Eigenschaften des anderen.

In einer Untersuchung reagierte eine Gruppe von weiblichen Versuchspersonen, deren Selbsteinschätzung durch falsches feedback bei einem Persönlichkeitstest gestiegen war, auf eine Einladung durch eine männliche Person anders als eine Gruppe, deren Selbsteinschätzung gedämpft worden war. Letztere brachten signifikant mehr Sympathie dem Mann gegenüber zum Ausdruck als die, deren Selbsteinschätzung gesteigert worden war (Walster, 1965).

Augenscheinlich hilft ein freundliches Wort oder eine aufmunternde Geste, das angeschlagene Selbstbewußtsein wieder aufzurichten, wenn man sich niedergeschlagen fühlt, und es verstärkt gleichzeitig die Sympathie für den anderen.

Überraschenderweise tritt sogar dann dieser Effekt auf, wenn diese andere Person diejenige ist, von der die Verletzung des Selbstbewußtseins ursprünglich ausgegangen war.

In einer Serie kurzer Begegnungen sollten sich Studentinnen in Zwei-Personen-Gruppen jeweils miteinander unterhalten. Nach jedem Treffen richtete der Versuchsleiter es so ein, daß eine der Studentinnen es leicht hatte, eine Unterhaltung zwischen ihm und ihrer „Partnerin“ (in Wirklichkeit eine Verbündete des Versuchsleiters) zu belauschen, in deren Verlauf die Partnerin die Versuchsperson beurteilte. Es gab vier experimentelle Grundbedingungen:

(1) *positiv* — die Beurteilungen waren durchgehend positiv; (2) *negativ* — die Beurteilungen waren durchgehend negativ; (3) *Gewinn* — die Beurteilungen waren anfangs negativ, wurden aber allmählich so vorteilhaft wie unter der „positiv“-Bedingung; (4) *Verlust* — die Beurteilungen waren anfangs positiv, wurden aber allmählich so unvorteilhaft wie unter der „negativ“-Bedingung.

Wenn Sympathie von der Summe der „Verstärker“ abhinge, die jedes Mädchen erhalten hat, hätte Sympathie am häufigsten unter der „positiv“-Bedingung auftreten müssen, am seltensten unter der „negativ“-Bedingung, und

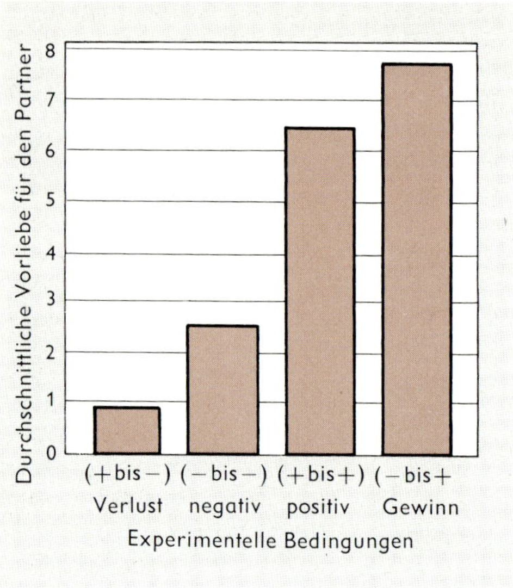

Abb. 8-8. Eine stetige Verbesserung der Bewertung ist besser als stets nach den Sternen zu greifen. Durchgehend positive Bewertung wurde offensichtlich nicht so hoch bewertet wie ein Wechsel in Richtung positiver Beurteilung (Nach Aronson u. Linder, 1965)

zu einem mittleren Anteil unter den Gewinn- und Verlust-Bedingungen. Das war nicht der Fall. Vielmehr war das Muster oder die Reihenfolge der Verstärkungen die Hauptdeterminante für Sympathie. Die Versuchspersonen mochten die Partnerin unter der Gewinn-Bedingung lieber als die, deren Beurteilungen alle positiv waren. Entsprechend wurde für die Partnerin unter der Verlust-Bedingung größere Abneigung geäußert als für die, deren Beurteilungen jedesmal negativ waren (Aronson u. Linder, 1965, Abbildung 8-8).

Spinoza hatte schon hundert Jahre früher in seiner *Ethik* auf diese Beziehung hingewiesen: „Haß, der völlig von Liebe überwunden wird, wird zu Liebe, und die Liebe ist in der Folge größer, als wenn der Haß nicht vorangegangen wäre."

Die Korrelate der romantischen Liebe. Die „Blindheit", die der Liebe zugeschrieben wird, ist vielleicht weniger auf die unangemessene Wahl des Partners zurückzuführen als auf den unbestreitbaren Einfluß, den Liebende auf ihre Geliebten ausüben. Erst kürzlich sind Psychologen in den Bereich eingedrungen, der bisher als die ausschließliche Domäne romantischer Dichter galt. Die Forschung von Zick Rubin (1970) veranschaulicht einen der betont systematischen Ansätze zu diesem delikaten Thema.

Diese Untersuchung verlief in drei Phasen. Als erstes wurde ein Papier- und Bleistifttest, die sogenannte „Liebesskala" entwickelt. Zweitens wurde diese Skala zusammen mit anderen Tests 182 befreundeten Pärchen (Studenten) vorgelegt. Als drittes wurden Voraussagen auf der Grundlage der sich abzeichnenden Vorstellung von Liebe in einem Laborexperiment getestet, das sich über sechs Monate hinzog.

Die Entwicklung der Liebesskala begann mit der Bildung eines Pools von Items, die sich auf Grund verschiedener psychologischer und soziologischer Mutmaßungen über romantische Liebe anboten. Items, die die ausführlich untersuchte Feld-, Wald- und Wiesenvarietät der zwischenmenschlichen Anziehung — nämlich das schlichte Gernhaben — erfassen sollten, wurden ebenfalls mit aufgenommen. Nach einer vorläufigen Auswahl durch einen Ausschuß von Beurteilern wurde ein Satz von siebzig Items mehreren hundert Studenten zur Beantwortung in bezug auf ihre Einstellung ihrem festen Partner gegenüber vorgelegt. Vorwiegend auf der Grundlage einer Faktorenanalyse dieser Antworten wurde daraufhin eine Dreizehn-Item-Liebes- und Sympathieskala entwickelt. Der Inhalt dieser Liebesskala diente dann in den folgenden Forschungsperioden als Arbeitsdefinition für Liebe. Sie enthielt drei wesentliche Komponenten:

1. *Bindungs-* und *Abhängigkeitsbedürfnis* (erfaßt durch Items wie „Wenn ich nie mit . . . (meinem Freund oder meiner Freundin) zusammen sein könnte, wäre ich sehr unglücklich").
2. *Hilfsbereitschaft* (erfaßt durch Items wie „Wäre . . . in trauriger Stimmung, wäre es meine erste Pflicht, sie (ihn) aufzumuntern").
3. *Ausschließlichkeit* und *Inanspruchnahme* (erfaßt durch Items wie „Wenn ich mit . . . zusammen bin, verbringe ich viel Zeit damit, sie (ihn) einfach anzuschauen").

Es zeigte sich, daß Liebe und Sympathie für den festen Partner bei Männern in stärkerer Beziehung standen (r = 0,60) als bei Frauen (r = 0,39); und obwohl die mittleren *Liebes*-Werte der jeweiligen Partner fast identisch waren, liebten die Frauen ihre Freunde mehr, als sie von ihren Freunden geliebt wurden.

Bei beiden Geschlechtern korreliert Liebe (nicht aber Sympathie) hoch damit, wie die Befragten die Wahrscheinlichkeit beurteilten, daß sie ihre Partner heiraten würden (r =

.59). Frauen neigten dazu, diese Wahrscheinlichkeit höher anzusetzen als Männer.

Sechs Monate später füllten die Versuchspersonen einen Fragebogen über ihre derzeitige Beziehung aus. Wie vorausgesagt, zeigte sich eine positive Korrelation zwischen ihren ursprünglichen Liebeswerten und ihren Angaben darüber, inwieweit ihre Beziehung in Richtung Beständigkeit Fortschritte gezeigt hatte.

Blickkontakt in Dyaden: Aufforderung oder Ablehnung? Eines der interessantesten Ergebnisse aus Rubins Forschungen über Liebesverhalten ist, daß Partner, die sich den Werten der Liebesskala nach mehr lieben, sich während einer kurzen Unterhaltung im Labor auch länger in die Augen sehen. Aber ist dieser Blickkontakt lediglich die *Konsequenz* der Verliebtheit oder ein *Reiz* für andere Verhaltensweisen, etwa Intimität oder noch stärkere Zuneigung? Diese Untersuchung gibt keine Antwort darauf, da der Blickkontakt eine *abhängige* Variable war. Um die Reizqualität von Blickkontakt und damit verbundener, nichtverbaler Verhaltensweisen abzuschätzen, müßte man sie als *unabhängige* Variable experimentell variieren.

In den letzten Jahren haben einige Neuansätze in der Forschung genau das durchgeführt. Der Versuchsleiter (oder ein Vertrauensmann) hatte Blickkontakt zu halten oder zu unterlassen, die Versuchsperson anzusehen, hatte zu nicken und zu lächeln oder nur mürrisch und unbewegt da zu sitzen oder sein nichtverbales Verhalten auf andere spezifische Art und Weise zu variieren. Das Verhalten der Versuchsperson wurde jeweils unter gegensätzlichen Bedingungen gemessen, um zu sehen, ob entsprechende Variationen auftraten. Eines der einfachsten Experimente wurde sogar in einer realen Situation außerhalb des Labors durchgeführt.

Es ist seit langem bekannt, daß *Anstarren* unter Primaten als Drohsignal gilt und auch, daß in vielen Kulturen der Welt die Furcht vor der gefährlichen Magie des „bösen Blicks“ verbreitet war, was zur Tabuierung des Anstarrens geführt hat.

Die Forscher wollten herausfinden, inwieweit Amerikaner „unverfälschter“ auf intensives Anstarren durch einen Fremden reagieren würden. Ihr Experiment war ganz simpel, und jedermann, der Interesse daran hat, kann es leicht selbst ausprobieren. Der Experimentator stand an der Ecke eines Bürgersteigs an einer verkehrsreichen Kreuzung und wartete auf jedes Auto, das unmittelbar vor dem roten Licht zum Halten kam. Sobald das Auto hielt, begann der Experimentator, den Fahrer ruhig und ununterbrochen anzustarren. Wenn das Licht auf grün umsprang, drückte er auf eine verborgene Stoppuhr und maß die Zeit, die der Fahrer zum Überqueren der Kreuzung benötigte. Bei der Kontrollgruppe stand er nur einfach an der Ecke, ohne den Fahrer direkt anzusehen, und stoppte die Zeit, bis er die Kreuzung überquert hatte. Dieses Experiment wurde mehrmals und in verschiedenen Variationen wiederholt, und bei jedem Durchgang war das Ergebnis dasselbe: Versuchspersonen, die angestarrt wurden, überquerten die Kreuzung signifikant schneller als Versuchspersonen, die nicht angestarrt wurden (Ellsworth, Henson u. Carlsmith, 1970).

In diesem Fall war Blickkontakt eindeutig ein Reiz für Fluchtverhalten. Zur Interpretation dieses Ergebnisses braucht man nicht zu folgern, daß Anstarren ein angeborenes Drohsignal bei Menschen sei, oder daß selbst die modernen Amerikaner noch dem heimlichen Glauben an den bösen Blick anhingen. Die Forscher sind der Ansicht, daß dem Anstarren in dieser Situation zwei wesentliche Bedeutungen zukamen: (a) Es schaffte eine unerträgliche Situation, in der für die Versuchsperson keine naheliegende, angemessene Reaktion zur Verfügung stand, und (b) der Reiz war intensiv genug, daß sich die Versuchsperson betroffen fühlte und es als notwendig empfand, irgendwie darauf zu reagieren.

Unerträglichkeit der Situation reicht zur Erklärung des Fluchtverhaltens allein nicht aus, wie ein Kontrollexperiment zeigt, in dem der Experimentator eine unerträgliche Situation herstellte, die aber kein Anstarren einschloß; im Durchschnitt überquerten die Versuchspersonen die Kreuzung nicht schneller als unter der Versuchsbedingung ohne Anstarren. Zwar erlebten die Versuchspersonen die Unerträglichkeit der Situation, fühlten sich aber nicht betroffen. Nur wenn sie sich persönlich berührt fühlten, führte die Unsicherheit darüber, welche Reaktion angemessen wäre, zu Spannung und löste Fluchtverhalten zum frühest möglichen Zeitpunkt aus.

Wenn der Anstarrende zusätzliche „suggestive“ Hinweise liefert oder jemanden in einer Situation anstarrt, in der Annäherungsverhalten angemessen oder erfolgversprechend ist, müßte hier der Blickkontakt als Aufforderungsreiz verstanden werden.

Dyadische Konkurrenz: Das Gefangenendilemma

Es kommt mitunter vor, daß man unabsichtlich jemanden anstarrt, und er oder sie starrt zurück, und unversehens befindet man sich in einem Anstarrungswettstreit. Niemand will als erster nachgeben und wegsehen, obwohl niemand etwas dabei gewinnt, wenn er den anderen weiterhin anstarrt. Es entwickelt sich eine „Spielsituation", in welcher der, der als erster wegsieht, verliert, und der andere gewinnt.

Viele Konkurrenzsituationen sind keine Spiele, etwa wenn zwei Menschen in einer dyadischen Beziehung um Macht oder einen größeren Anteil an einem begrenzten Gewinn wetteifern. Manchmal ist es ein kompromißloser Wettstreit, wobei das Ergebnis nur für den einen Gewinn und für den anderen Verlust bedeutet. Man nennt das ein *Null-Summen-Spiel* (Gewinn = + 1, Verlust = − 1, Summe = 0). In der Mehrzahl sind die Alternativen aber derart, daß die Spieler wählen können, ob sie wetteifern oder kooperieren wollen. Der Betrag, den jeder gewinnen kann, hängt von der Strategie ab, auf die sie sich einigen. Man spricht dann von einem *Nichtnull-Summen-Spiel,* da die Gesamtsumme aus Gewinn und Verlust beider Spieler größer oder kleiner als Null sein kann.

In einem einfallsreichen Rollenspiel mit dyadischer Interaktion wurden die Versuchspersonen mit folgendem Problem konfrontiert: Jeder Teilnehmer hatte die Aufgabe, den Lastwagenversand einer Gesellschaft so zu leiten, daß die Lastwagen so schnell wie möglich ein bestimmtes Ziel erreichten. Zeit war dabei Geld, und je eher der Lastwagen sein Ziel erreichte, desto höher war der finanzielle Gewinn. Der schnellste Weg verlief über eine *einspurige* Hauptstraße, aber nur ein Teilnehmer konnte sie jeweils benutzen. Jedem stand außerdem eine andere längere Straße zur Verfügung, die sein Lastwagen vom Start bis zum Bestimmungsort benutzen konnte. Schwierigkeit bereitete eindeutig die Benutzung der einspurigen Straße, und das Problem lag darin, sich zu einigen, wer dieses Vorrecht bekäme und entsprechend mehr verdienen würde.

Eine kooperative Strategie der Dyade würde eine wechselweise Benutzung der Straße vorsehen; auf diese Weise würden beide Teilnehmer im Laufe des Spiels eine beträchtliche Summe gewinnen. Aber diese Lösung wurde in Hunderten von Dyaden unter vielen Variationen (wie Kommunikationsmöglichkeit oder -einschränkung; Möglichkeit für eine oder beide Teilnehmer, als Vergeltung die einspurige Straße zu blockieren) nur selten angewandt. Die Versuchspersonen optimierten ihren Gewinn in der dyadischen Situation nicht, sondern traten bei jedem Versuch miteinander in Konkurrenz, selbst wenn es um die Frage ging, wer den geringsten Geldbetrag *verlieren* würde (Deutsch u. Krauss, 1960).

Psychologen haben, unter anderem wegen der Bedeutung der Kalten-Kriegs-„Spiele", die Staatsmänner auf internationaler Ebene durchspielen, Interesse an zwischenmenschlichen Verhandlungen entwickelt. In jenen Fällen werden mögliche Gewinne und Verluste allerdings nicht nach experimentellen Punktwerten, sondern nach „Abmurksraten" oder der Häufigkeit des Zu-Fall-Bringens bemessen; deshalb könnten Simulationen der kritischen Variablen im Labor womöglich folgenschwere Fehler in der realen Situation verhindern.

Die am häufigsten angewandte Methode zur Untersuchung von Konkurrenz- und Kooperationsverhalten zwischen Menschen ist als Spielmatrix des *Gefangenendilemmas* bekannt geworden. Es wurde aus der Situation zweier hypothetischer Gefangener abgeleitet, die eines Verbrechens verdächtigt werden. Sie sind voneinander getrennt und jedem wird mitgeteilt, daß er zwei Möglichkeiten habe: ein Geständnis abzulegen, oder es zu verweigern. Die Folgen für ihn hängen jedoch teilweise davon ab, wie sich der andere Gefangene verhält. Gesteht der eine und der andere nicht, dann käme der Geständige frei, da er gegen seinen Komplizen als Kronzeuge auftritt, während der andere das höchste Strafmaß erhielte. Gesteht keiner von beiden, werden sie wegen geringfügiger Vergehen angeklagt und entlassen. Gestehen beide, erhalten sie vielleicht weniger als das höchste Strafmaß, da der Staatsanwalt für Milde plädieren würde.

Wenn Sie einer der Gefangenen wären, würden Sie gestehen oder „dicht halten"? Wenn Sie vermuten, daß der andere Gefangene nicht gesteht, könnten Sie sich durch ein Geständnis die Freiheit erkaufen. Für *Sie* wäre es am günstigsten, wenn sich der andere kooperativ und Sie selbst sich konkurrierend verhalten würden. Falls Sie beide sich kooperativ verhielten, würden beide zwar etwas darunter zu leiden haben, aber keiner würde das Leben verlieren. Aber Sie können sich nicht untereinander absprechen, und keiner von Ihnen will sterben.

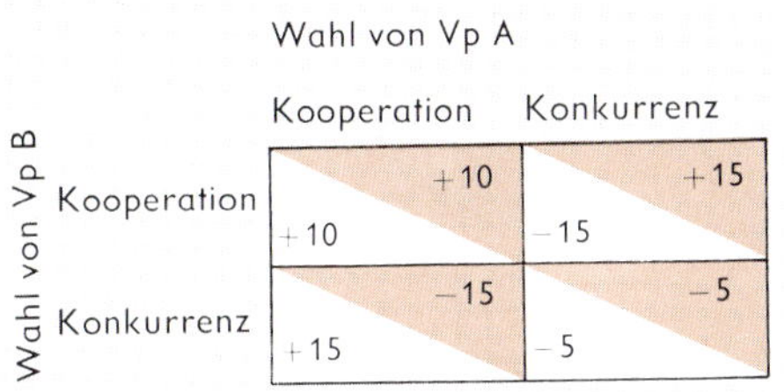

Abb. 8-9. Matrix eines Gefangenendilemma-Spiels. Wählen beide Kooperation, erhält jeder einen mittleren Gewinn von + 10. Wählt einer Kooperation, der andere Konkurrenz, erhält der Konkurrierende den maximalen Gewinn, der Kooperierende maximalen Verlust. Konkurrieren beide miteinander, verlieren beide

In einer analogen experimentellen Situation wird jeder von seinem Mitspieler getrennt und hat die Wahl, einen von zwei Knöpfen zu drücken. Das Ergebnis hängt ab von der Kombination der Entscheidungen, die beide Spieler treffen. Sämtliche Möglichkeiten sind in der Matrix dargestellt (Abbildung 8-9). Amerikanische Versuchspersonen bevorzugten typischerweise die konkurrierende Strategie, selbst wenn beide Spieler viele Versuchsdurchgänge hindurch dabei verlieren.

Es wäre interessant, sich vorzustellen, wie zwei der philippinischen Bauern, die früher besprochen wurden, ein derartiges Spiel miteinander spielen würden, oder wie einer von ihnen gegenüber einem Partner reagieren würde, der ständig die konkurrierende Strategie wählt. Die Forschung hat erwiesen, daß selbst bei Versuchspersonen, die sich ursprünglich konkurrierend verhalten, durch entsprechende Instruktionen eine kooperative Ausrichtung erreicht werden kann.

Das Gefangenendilemma-Spiel ist methodisch in verschiedenen Bereichen von Nutzen: als Test für Wettbewerbsverhalten; als Möglichkeit, die interpersonalen Prozesse zu analysieren, die bei Verhandlungen und Konfrontationen ablaufen, oder als Test der Effizienz verschiedener Übungsbedingungen zur Vermehrung kooperativer Strategien. Selbst in einer so wettbewerbsorientierten Kultur wie der unseren sollte man Mittel und Wege finden können, um Dyaden zur Kooperation statt zur Konkurrenz zu ermutigen.

e Die Gruppe als Quelle sozialen Einflusses

Zweifellos gibt es Situationen, in denen ein einzelner Sprecher, Führer, Machiavellist, Liebender oder Wettkämpfer erheblichen Einfluß auf einen anderen Menschen und mitunter auf eine ganze Nation ausüben kann. Aber diese einzelnen Machtpersonen können nicht alle Menschen zugleich und in jedem Augenblick beeinflussen. Mitunter werden Menschen nicht durch Reden, Drohungen oder Vorhaltungen einer anderen Person überzeugt und zu einer Handlung veranlaßt, sondern durch den weiterreichenden Druck der Gruppe, zu der sie gehören. Die Erforschung von Gruppeneinfluß erhielt ihren Anstoß durch das klassische Experiment, das Kurt Lewin während des zweiten Weltkrieges durchführte.

Er bemühte sich um Forschung von sowohl praktischer wie theoretischer Bedeutung. Während die üblichen Fleischsorten rationiert und knapp waren, unternahm er den Versuch, die Entscheidungen der Hausfrauen beim Fleischeinkauf zu ändern. Er versuchte, ihr Interesse für Innereien, wie Herz, Kalbsbries und Nieren zu wecken, die hohen Nährwert haben, leichter erhältlich, nicht rationiert und billiger, aber allgemein weniger beliebt waren.

Lewin arbeitete mit sechs Gruppen von Hausfrauen. Die eine Hälfte der Gruppen hörte einen ansprechenden Vortrag, der ihre Ansicht über die Verwendung dieser Fleischsorten ändern sollte. Der Vortrag bezog das Ernährungsproblem auf die Kriegsanstrengung, betonte den Vitamin- und Mineralgehalt von diesen Sorten und informierte darüber, auf welche Weise man es so zubereiten kann, daß der charakteristische Geruch, die äußere Form und das Aussehen, die auf manche Leute so abstoßend wirken, nicht mehr auffallen.

Den anderen Gruppen wurde dasselbe Problem dargestellt, und anschließend wurden sie dazu aufgefordert, die Hinderungsgründe zu diskutieren, denen sich „Hausfrauen wie sie selbst" bei der Umstellung auf diese Fleischsorten gegenübergestellt sahen. Während dieser Diskussion lieferte der Leiter die Informationen, die auch in der Rede enthalten waren, aber erst dann, wenn bei den Gruppen hinreichendes Interesse dafür geweckt war zu erfahren, ob verschiedene Hinderungsgründe beseitigt werden könnten.

Am Ende der Begegnung wurden die Frauen aufgefordert, durch Handzeichen zu erkennen geben, ob sie bereit seien, eine dieser Fleischsorten in der nächsten Woche auszuprobieren. Eine Nachuntersuchung ergab, daß nur 3 Prozent der Frauen, die den Vortrag gehört hatten, eines der nie vorher verwendeten Fleischgerichte gekocht hatten, während 32 Prozent der Teilnehmerinnen an der Gruppendiskussion und -entscheidung etwas davon auf den Tisch gebracht hatten (Lewin, 1947).

Ähnliche Verfahren wurden bei einer anderen Untersuchung ausprobiert, bei der Bäuerinnen dazu gebracht werden sollten, ihre Babies mit Lebertran und Orangensaft zu füttern. Nur etwa die Hälfte der Mütter, die Einzelanweisungen erhalten hatten, zeigte eine Änderung in der erwünschten Richtung, aber von den Müttern, die der Versuchsbedingung einer Gruppendiskussion unterworfen waren, fast alle (Radke u. Klisurich, 1947).

Was waren das für Eigenschaften, die diese Gruppen besaßen und der reputierte, informative, legitimierte, artikulierte Redner nicht? Wie ist es einer *Gruppe* als Einheit möglich, das Verhalten einzelner Mitglieder zu beeinflussen? Man kann zumindest vier Quellen von Gruppeneinfluß ausmachen, die wahrscheinlich bei der Verhaltensänderung der Frauen in dieser Untersuchung wirksam waren und für Gruppen allgemein charakteristisch sind: (a) persönliche Anteilnahme, (b) öffentliche Verpflichtung, (c) soziale Unterstützung und (d) normative Standards.

Wenn Menschen an Diskussionen über Dinge teilnehmen, die sie interessieren, und am Entscheidungsprozeß mitwirken, werden sie persönlich in die Situation verwickelt. In einer derart geschaffenen „Demokratie durch Mitwirkung" ist jedes Gruppenmitglied Teil des aktiven Änderungsprozesses und nicht passiver Empfänger irgendeiner von außen gelieferten Information oder Adressat einer von irgendeiner anderen Person getroffenen Entscheidung. Forschung und praktische Erfahrung mit Gruppen in Betrieben und anderen natürlichen Situationen haben eindeutig gezeigt, daß das Entscheidende die Gruppenteilnahme ist, damit Individuen neue Ideen aufgreifen und Änderungen ihrer üblichen Lebensweise vollziehen.

Wird die Gruppenentscheidung durch „Handheben" herbeigeführt, ist die Wahrscheinlichkeit größer, daß die einzelnen Mitglieder das empfohlene Verhalten auch wirklich ausführen werden, als wenn ihre Verpflichtung nicht öffentlich gewesen wäre. Eine öffentliche Verpflichtung in Gegenwart anderer Gruppenmitglieder zwingt den Betreffenden dazu, sich auch entsprechend zu verhalten, wenn er sich selbst nicht für inkonsequent halten will. Durch die Verpflichtung gibt er sich außerdem als jemand zu erkennen, der bereit ist, sich öffentlich zur Einhaltung seiner Versprechen zu verpflichten. Entscheidungen eines Einzelnen werden gefestigt, wenn andere aus der Gruppe ihm zustimmen. Die soziale Unterstützung durch Gruppenkonsensus verstärkt nicht nur das Vertrauen in die Richtigkeit seiner eigenen Entscheidung und in den Verlauf der Aktion, sondern stellt auch einen Verteidigungswall gegen Opposition von außen dar. Standards, die die übrige Gruppe akzeptiert, dienen auch den einzelnen Mitgliedern als soziale Vergleichsmöglichkeit bei der Entscheidung dessen, was sie tun sollen. Die Wirkungsweise derartiger normativer Standards hat im Mittelpunkt zahlreicher Forschungen gestanden.

Soziale Normen

Mehrere frühere Kapitel haben schon gezeigt, daß wir Ordnung in unser Leben bringen müssen. Voraussagen zu können, was von der Umwelt zu erwarten ist und was andere Menschen in einer bestimmten Situation vermutlich tun werden, ist ein Aspekt dieses Ordnungsprinzips. Ein zweiter besteht darin, beurteilen zu können, was angemessen ist. „Angemessenheit" ist dabei definiert als ein Verhalten, das erwünschte Verstärker zur Folge hat. Sobald Individuen Teil einer sozialen Einheit sind, kann Angemessenheit nicht mehr ausschließlich so definiert werden, daß jeder „seine eigene Sache betreibt". Die Gruppe hat unweigerlich irgendwelche Vorstellungen davon, was erwartet wird und akzeptabel ist. Sie belohnt Konformität und bestraft Abweichungen von diesem Standard, welcher Art auch immer er sei.

Diese von der Gruppe festgelegten Standards in bezug darauf, welche Verhaltensweisen akzeptabel oder zu beanstanden sind, nennt man *soziale Normen*. In manchen Fällen ist die Gruppennorm klar und eindeutig und funktioniert fast wie ein Gesetz. In anderen Fällen besteht die Norm unausgesprochen, und neue Mitglieder nehmen die Kontrolle ihres Verhaltens erst allmählich wahr.

Warum Charlie sich nicht mehr meldet
Unausgesprochene Normen in der Vorlesung

Vor einigen Jahren wurde ein neuer Lehrer an einem reputierten College der Oststaaten häufig empfindlich in seinem Selbstbewußtsein getroffen, wenn alle seine Versuche, eine Diskussion in der Vorlesung herbeizuführen, mit aufmerksamem, aber höflichem Schweigen beantwortet wurden. Das Gefühl des persönlichen Versagens wurde erst gemildert, als ein älterer, mitfühlender Student ihn in seiner Niedergeschlagenheit darauf aufmerksam machte, daß er gegen die Norm verstieß. Offensichtlich existierte eine unausgesprochene Norm, nach der die studentische Mitarbeit bei den regulären Vorlesungen (im Gegensatz zu den Seminaren) sehr dürftig war. Man unterstellte von vornherein einem Lehrer, den man mit „Sir“ anredete, daß er alle Antworten auf seine eigenen Fragen wisse: diese würden demnach lediglich rhetorisch aufgeführt. In ähnlicher Weise nahm man ebenfalls an, daß jeder Student, den der Lehrer mit „Mister“ anredete, dessen Fragen beantworten könne, wenn er sich nur genügend Zeit zum Studium und zum Überlegen nähme. Sich bei der Vorlesung mitzubeteiligen war deshalb kein Zeichen von Intelligenz, bzw. analytischer oder kreativer Fähigkeiten, sondern kennzeichnete lediglich einen Streber, der die Intelligenz seiner Altersgenossen nicht respektierte. Nur wenige Studenten sprachen überhaupt in der Vorlesung.

Zwei gegensätzliche Fälle sollen die Wirkungsweise derartiger impliziter Normen noch deutlicher hervorheben. Mittlerweile waren die Lehrer an den City Colleges einer benachbarten größeren Stadt, sowohl Neulinge als auch „Veteranen“, in einer ganz anderen Schlacht mit ihren Studenten verwickelt. Hier lag das Problem für den Professor darin, überhaupt einmal zu Wort zu kommen. In einer Demokratie sind alle Meinungen gleichermaßen wertvoll, aber intelligente, ehrgeizige Studenten tragen nun einmal mehr Ansichten zur Diskussion bei, die es wert sind angehört zu werden — so die Einstellung der Studenten. Durch diese Argumentation wurde es zur Norm, daß Lehrer erst einmal beweisen müssen, daß das, was sie den Studenten bieten, auch wertvoller ist als das, was die Studenten den Lehrern zu sagen haben. Sehr wenige Studenten hörten beim Unterricht überhaupt auf zu sprechen.

An einer großen Universität in derselben Stadt und zur selben Zeit herrschte die Ansicht, daß Bildungsvermittlung Teil eines geschäftlichen Vorgangs sei. Die Studenten bezahlten dafür, Vorträge angestellter Professoren zu hören; obwohl hier dieselbe restriktive Norm wie im erstgenannten College herrschte, waren die Gründe doch andere und führten dazu, daß die Klasse sich aktiv bemühte, die Normen durchzusetzen. Studentische Teilnahme bedeutete, daß die kostbare Zeit des Professors beschnitten würde (die in Form des Studienhonorars berechnet war, die sie pro Vorlesungsstunde bezahlt hatten). Sehr wenige Studenten beteiligten sich aktiv.

In einem erwähnenswerten Fall hatte es für einen emsigen, naiven Studenten (der sich angeblich einschmeicheln wollte) erhebliche Folgen, als er die Norm verletzte, „den Mund zu halten und den Lehrer tun zu lassen, wofür er bezahlt wird.“ Dieser junge Mann Charlie B. pflegte nicht nur Fragen ausführlich zu beantworten, sondern stellte auch selbst welche und lieferte während des Einführungskurses für Psychologie relevante, wenn auch nicht gefragte Informationen. Seine Nachbarn stießen sich anfänglich nur an, wenn er zu einer Antwort ansetzte, grinsten, runzelten die Stirn und räusperten sich. Mit der Zeit fingen sie an zu glucksen, kichern und mit den Füßen zu scharren. Schließlich schaute man ihn an und schlug „aus Versehen“ die Bücher runter, oder man versperrte die Klappsitze so, daß er sich nicht setzen konnte. Am Ende des Semesters hatte er aufgehört, sich zu melden oder gar zu antworten, wenn er vom Dozenten gefragt wurde. Zwei Jahre später erklärte derselbe Student seinem Lehrer: „Ich höre überhaupt keine Vorlesungen mehr, selbst wenn der Lehrer gut ist; ich weiß nicht, woher es kommt, aber irgendwie werde ich dabei unruhig und ängstlich.“

Der Nutzen sozialer Normen. Obwohl das Vorhandensein von Gruppennormen, durch wirksame Bestrafung bei Verletzung noch bekräftigt, das Verhalten abstumpfen und übermäßige Konformität fördern kann, haben Normen nichtsdestotrotz eine unentbehrliche Funktion. Die Kenntnis der in einer bestimmten Gruppensituation wirksamen Normen ist eine große Hilfe bei der Orientierung und Regulierung des sozialen Lebens. Normen erleichtern den Prozeß sozialer Interaktion, indem sie jedem Teilnehmer die konkrete Voraussage ermöglichen, wie andere in einer Situation auftreten werden (zum Beispiel, wie sie sich kleiden werden) und was sie vermutlich sagen und tun werden, als auch, welches Verhalten von ihm selbst erwartet und gebilligt wird.

Zur Norm gehört auch eine gewisse Toleranz gegenüber einer Abweichung vom Standard, die in manchen Fällen groß sein kann, in manchen geringer. Auf diese Weise hat jedes Mitglied einen Anhaltspunkt, um abschätzen zu können, wie weit man gehen kann, ohne daß man den restriktiven Zwang von Spott, Unterdrückung und Ablehnung zu spüren bekommt. Den Normen einer Gruppe beizupflichten ist der erste Schritt zur Identifizierung mit ihnen. Durch diese Identifikation mit den anderen Mitgliedern und dem, was die Gruppe vertritt, bietet die Gruppe dem Individuum die Möglichkeit des sozialen Vergleichs.

Letztlich ermöglicht die Gruppenidentifikation dem Individuum auch die Teilhabe an dem Prestige und an der Macht der Gruppe. Auf diese Weise wird zum Beispiel aus dem hageren, kleinen Jungen ein zähes, geachtetes und gefürchtetes Mitglied der „Jets", oder ein kahlköpfiger Mann mittleren Alters auf einem Motorrad wirkt auf Außenstehende wie ein Mitglied der Hell's Angels.

Die soziale Kontrolle, die durch Gruppennormen ausgeübt wird, wartet jedoch nicht darauf, daß Individuen sich einer Gruppe anschließen (davon abgesehen, daß jeder Mensch bei seiner Geburt in eine Gesellschaft hineingeboren wird), sondern sie macht bereits den Hauptteil des Sozialisationsprozesses aus. „Ältere Leute respektieren", „danke sagen", „andere so behandeln, wie man selbst von ihnen behandelt werden möchte" und die Vorschriften der Etikette sind Normen, die uns fast vom Augenblick unserer Geburt an beeinflussen.

Wir lernen auch aus der Beobachtung, daß Normen selbst in Situationen wirksam sind, in denen soziale Interaktion begrenzt und vorübergehend ist. Zum Beispiel ist es üblich, daß man in Aufzügen mit dem Gesicht zur Tür steht und nicht laut spricht. Es ist nicht „richtig", sich in Warteschlangen vorzudrängeln. Es ist ungehörig, zum Naseputzen kein Taschentuch zu benutzen und so weiter.

Es ist jedoch ebenso offensichtlich, daß soziale Normen kulturabhängig sind: was in einer Gesellschaft angemessen ist, gilt in einer anderen oft als verpönt. Algerier sind zum Beispiel der Ansicht, daß Europäer sehr schmutzige Leute sind, weil sie ihren Naseninhalt in ein Tuch schneuzen und dieses den ganzen Tag mit sich herumtragen.

Oft werden Normen entwickelt oder modifiziert auf Grund der Ansichten einer Mehrheit. In New Yorker Untergrundbahnen *pflegten* Männer einmal Frauen ihren Sitzplatz anzubieten, aber heute gilt die Norm „wer zuerst kommt, mahlt zuerst." In der populären Fernsehsendung „Lachende Kamera" rührte ein großer Teil der Komik daher, daß Individuen in Situationen versetzt wurden, in denen ihr gewohntes Verhalten plötzlich dadurch in Frage gestellt wurde, daß sich die Mehrheit der anwesenden Leute (in Verabredung mit dem Fotografen) ungewöhnlich verhielt. Zum Beispiel betrat ein ahnungsloser Fahrgast einen Aufzug, in dem alle Menschen mit dem Rücken zur Tür standen. In diesem momentanen Konflikt entscheidet er sich für dasselbe Verhalten. Dann drehen sich die anderen um, so daß sie mit dem Gesicht zur Tür stehen; der unglückliche einzelne paßt sich an und dreht sich ebenfalls um.

In vielen ähnlichen Situationen ist das Verhalten des einzelnen, isoliert betrachtet, sinnlos, aber nicht unsinniger als das der Leute, die er imitiert. Indem er ihr Verhalten als Hinweis dafür auffaßt, was in dieser Situation angemessen ist, versichert er sich seiner „Normalität". Wieder einmal wird deutlich, daß „soziale Realität", bestimmt durch *Validierung durch Übereinstimmung* (siehe Kapitel 1), für das Individuum schließlich „persönliche Realität" bedeutet.

Entstehung und Änderung von Normen im Labor. In einer früheren Untersuchung über die Entstehung sozialer Normen machte Sherif von dem Phänomen der *autokinetischen Bewegung* Gebrauch. Es handelt sich dabei um eine optische Täuschung, bei der ein feststehender Lichtpunkt in einem dunklen Raum in Bewegung gesehen wird.

Zunächst variierten die Reaktionen der Versuchspersonen in der Situation beträchtlich: einige sahen eine Bewegung von einigen Zentimetern, andere gaben an, der Lichtpunkt bewege sich um mehrere Meter. Nach einer Reihe von Schätzungen etablierte sich jedoch bei jedem ein *Bereich,* in dem sich die meisten seiner Schätzungen hielten. Wurde er dann aber einer Gruppe von zwei oder drei weiteren Personen zugewiesen, zeigte es sich, daß seine Schätzungen und die der anderen einen neuen Bereich bildeten, in dem sie alle übereinstimmten. Danach fielen seine Schätzungen auch weiterhin in diesen neuen Bereich, selbst wenn er allein im Raum war. Jede Versuchsperson nahm jetzt die Situation auf der Grundlage der Normen wahr, die sich während der Interaktionssituation gebildet hatte (Sherif, 1965). Diese von der Gruppe selbst entwickelten Normen können von dem, was der einzelne selbst als „richtig" eingeschätzt hat, sehr abweichen, wie ein Vergleich mit seinen Reaktionen vor Beginn des sozialen Einflusses zeigt. Und derartige Normen behalten ihren Einfluß: in einer Untersuchung war der Einfluß ein ganzes Jahr später noch nachweisbar (Rohrer, Baron, Hoffmann u. Swander, 1954).

Derartige Normen, wie auch solche außerhalb des Labors, können auch an neue „Generationen" weitergegeben werden.

In einem anderen Versuch mit dem autokinetischen Effekt begann der Versuchsleiter mit einem Individuum, dessen durchschnittlicher Schätzwert, wenn es allein war, 11,4 Zentimeter betrug. Anschließend führte der Versuchsleiter eine willkürliche Norm von 47,2 Zentimetern ein, indem er die Versuchsperson in einen Raum mit drei seiner Vertrauensleute setzte, die ständig diesen abwegigen Wert angaben. Mit der Zeit näherte sich die Versuchsperson (S_1 in der Abbildung) mit seiner Schätzung von 42 Zentimetern dieser Norm an. Das war die erste Konformitätsgeneration.

In der nächsten Generation wurde einer der Vertrauensleute entfernt und eine neue, uneingeweihte Versuchsperson (S_2) eingesetzt. Sobald sie die Norm bestätigte, wurde ein wei-

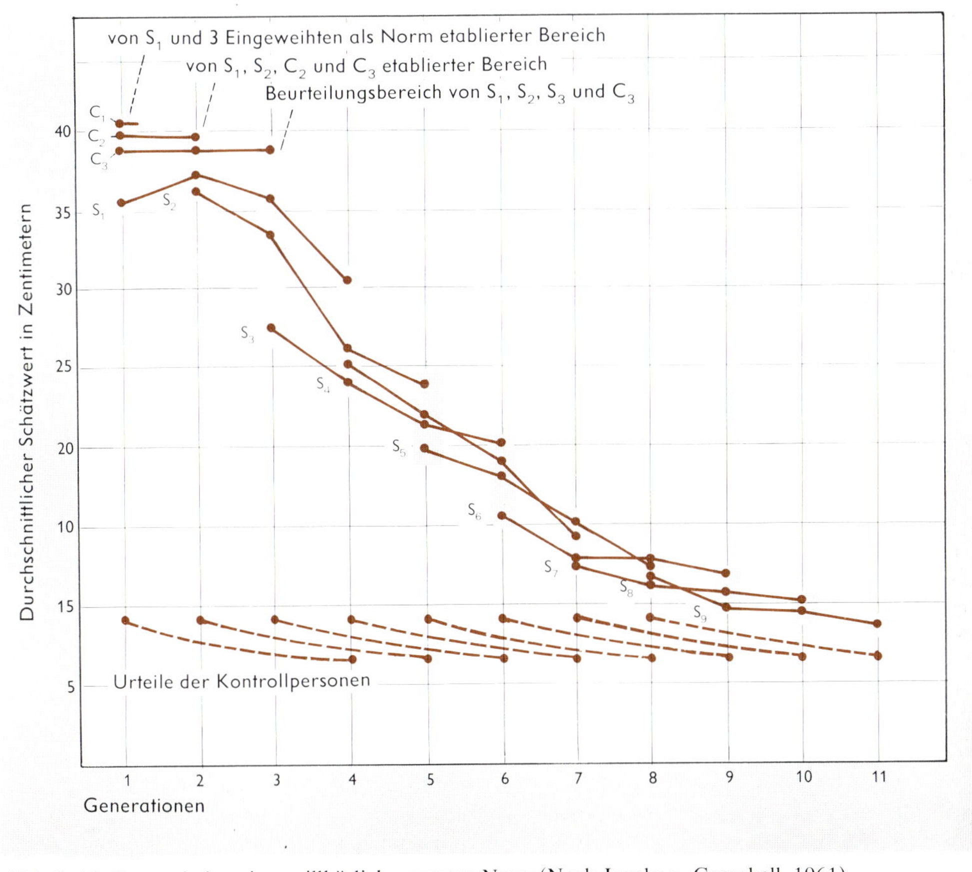

Abb. 8-10. Transmission einer willkürlich gesetzten Norm (Nach Jacobs u. Campbell, 1961)

terer Vertrauensmann von einer dritten Versuchsperson abgelöst, der dritten Generation.

In der vierten Generation war von den Vertrauensleuten keiner mehr anwesend, und nur eine Gruppe wirklicher Versuchspersonen war übrig geblieben. Der Einfluß der willkürlichen Norm aber war geblieben. Die durchschnittliche Schätzung war größer als 25 Zentimeter.

In den folgenden Generationen, in denen die Versuchspersonen, die unmittelbar durch die Vertrauensleute beeinflußt worden waren, nach und nach durch andere ersetzt wurden, verlor stufenweise auch die willkürliche Norm den Einfluß, bis sich die Gruppenschätzungen allmählich auf einen Bereich reduzierten, der für unbeeinflußte Versuchspersonen zu erwarten war (Jacobs u. Campbell, 1961). Diese Zusammenhänge sind in Abbildung 8-10 dargestellt.

Man könnte einwenden, daß der soziale Einfluß, wie er in diesen Untersuchungen zum Ausdruck kommt, von geringer Bedeutung ist, da die ganze Bewegungswahrnehmung auf einer Täuschung beruhte und die ganze Situation so unklar war, daß keine physische Realität gegeben war, auf die sich das Individuum hätte stützen können. Forschungen von Solomon Asch (1955) haben jedoch überzeugend dargestellt, daß Gruppennormen auch dann das Urteil von Individuen beeinflussen können, wenn die zu beurteilenden Reize strukturiert und vertraut sind und exakt gesehen werden, und wenn sie in einer nichtsozialen Situation dargeboten werden. Seine Untersuchungen waren ursprünglich für den Nachweis geplant, daß Individuen unter Bedingungen klar erkennbarer physischer Realität von dem Einfluß der sozialen Realität unabhängig sein würden. Statt dessen lieferte diese Forschung das klassisch gewordene Beispiel für Gruppenkonformität.

Es wurden Gruppen von sieben bis neun männlichen Studenten für ein „psychologisches Experiment über visuelle Wahrnehmung" zusammengestellt. Dann wurden Karten wie im abgebildeten Beispiel vorgehalten, und die Studenten sollten angeben, welche Linie auf der Vergleichskarte dieselbe Länge wie die Standardlinie hatte. Die Linien waren genügend unterschiedlich, so daß falsche Angaben unter normalen Umständen in weniger als 1 Prozent der Fälle vorkamen. Bis auf eines waren aber alle Mitglieder jeder Gruppe vorher angewiesen, einstimmig falsche Antworten bei zwölf von achtzehn Versuchen zu geben (Abbildung 8-11). Unter diesem Gruppendruck akzeptierten die Studenten der Min-

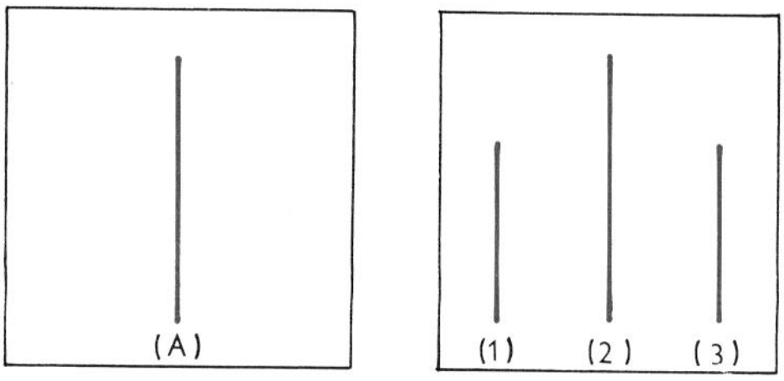

Standardlinie

Vergleichslinien

derheit in durchschnittlich 36,8 Prozent der Versuche die falschen Urteile der Mehrheit. Diese Zahl jedoch ist irreführend, weil die individuellen Unterschiede beträchtlich waren. Von den 123 Versuchspersonen in der Minderheit gaben ungefähr 30 % fast immer nach, selbst bei Abweichungen bis zu 30 Zentimetern, während ein Viertel der Versuchspersonen unabhängig blieb (Abbildung 8-11).

Aus den Interviews mit den Versuchspersonen nach dem Experiment ging hervor, daß viele von denen, die sich der Meinung der Mehrheit nicht anschlossen, großes Vertrauen in ihre eigene Urteilsfähigkeit hatten — nach den widersprüchlichen Reaktionen konnten sie ihre Unsicherheit schnell wieder überwinden. Andere unbeeinflußte Versuchspersonen vermuteten, daß sie sich wahrscheinlich irrten, meinten aber, daß sie ehrlich angeben sollten, was sie sahen. Von den Versuchspersonen, die sich der Mehrheitsmeinung anschlossen, hatten einige sofort den Eindruck, ihre Wahrnehmung müsse falsch sein, vielleicht auf Grund irgendeiner Unzulänglichkeit bei ihnen selbst; andere gaben an, sie hätten der Mehrheit nur zugestimmt, „um dem Versuchsleiter die Ergebnisse nicht zu verderben". Alle beeinflußten Versuchspersonen unterschätzten die Häufigkeit ihrer konformen Reaktionen.

Als nächstes wurde der Plan des Experiments geringfügig verändert, um den Einfluß der Größe einer opponierenden Mehrheit zu untersuchen. Befand sich eine Versuchsperson mit nur einer anderen im Widerspruch, die ein falsches Urteil abgab, zeigte sie nur geringe Unsicherheit; erhöhte sich die Opposition auf zwei, gab die Versuchsperson in 13,6 Prozent der Fälle nach. Die Wirkung nahm stark zu, wenn sie sich einer Mehrheit von dreien gegenüber sah: Die Fehlerquote stieg dann auf 31,8 Prozent an. Bei mehr als dreien nahm der Einfluß der Mehrheit nicht mehr wesentlich zu.

Gab man der Versuchsperson noch einen Partner bei, der ihr zustimmte, ging der Einfluß der Mehrheit erheblich zurück — die Fehlerquote reduzierte sich auf ein Viertel der Fehlerwerte ohne Partner, wie die Grafik zeigt, und die Wirkung blieb selbst dann bestehen, wenn die Person wieder ohne Partner war (Asch, 1955).
Andere Forscher haben Aschs allgemeine Versuchsanordnung dazu verwendet, den Einfluß von Alter und Geschlecht auf die Tendenz, Gruppeneinfluß nachzugeben, zu untersuchen.

In einem Experiment über visuelle Diskrimination mit Studenten und zehn- bis zwölfjährigen Kindern zeigten sich konsistente Geschlechtsunterschiede: Weibliche Versuchspersonen schlossen sich häufiger falschen Gruppenurteilen an; Kinder, als ganze Gruppe gesehen, etwas häufiger als Studenten (Tuddenham, 1961).

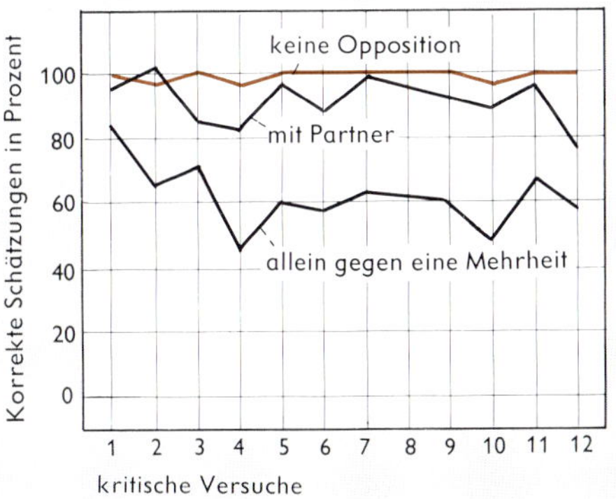

Abb. 8-11. Urteile mit und ohne sozialen Druck. Die graphische Darstellung vergleicht die durchschnittlichen Fehler unter normalen Umständen mit denen, die unter sozialem Druck auftreten, mit und ohne Unterstützung durch den Partner. (Nach „Opinions and Social Pressure" von S. E. Asch. Urheberrecht 1955 bei Scientific American, Inc. Alle Rechte vorbehalten)

Sozialer Einfluß bei Gruppen in „realen" Situationen

Obwohl eine beträchtliche Anzahl von Forschungen die Gültigkeit und Bedeutung dieser Ergebnisse in vieler Hinsicht erweitert hat, haben es einige Sozialpsychologen vorgezogen, auf die in Laborexperimenten mögliche Präzision und Kontrolle zu verzichten zugunsten einer „Feld"forschung, um natürliche Gruppen zu untersuchen. Eine Gruppe junger Forscher, die sich auf Lewins vielversprechenden Ansatz hin zur Erforschung von Gruppenphänomenen zusammenschloß, organisierte das Zentrum für Gruppendynamik (zuerst am Massachusetts Institut of Technology; seit 1945 in der Universität Michigan untergebracht) (Cartwright u. Zander, 1968). Es gehörte zu den erklärten Zielen dieser Schule, die dynamischen Eigenschaften *sozialer Interaktionen,* die innerhalb von Gruppen ablaufen, mit derselben Strenge und Genauigkeit zu untersuchen, mit der andere psychologische Prozesse auf individueller Ebene getestet wurden. Ein weiteres, nicht minder wichtiges Ziel bestand darin, Mittel und Kenntnisse der Sozialwissenschaften anzuwenden, um die vorhandenen *sozialen Probleme* im Hinblick auf verwertbare, praxisorientierte Lösungen zu untersuchen, die die Lebensqualität des Menschen verbessern könnten. Die Forscher richteten ihre Aufmerksamkeit deshalb mit Nachdruck auf die Ursachen und Auswirkungen verschiedener Muster von Interaktion, Kommunikation, Anpassung, Konformität und Vorurteil in so unterschiedlichen Situationen wie Hausgemeinschaften, Universitäten, Militär und Industrie.
Die Ökologie von Nachbarschaft und Einfluß in einem Wohnprojekt. Gruppen weisen im allgemeinen unter ihren Mitgliedern eine Konformität im Denken und Handeln hinsichtlich der in der Gruppe jeweils gerade wirksamen Normen auf. Für diese Konformität gibt es drei allgemeine Gründe: (a) Wir neigen dazu, uns solchen Menschen anzuschließen, die uns am ähnlichsten sind, und treten deshalb solchen Gruppen bei, die unsere Wertvorstellungen und Interessen bereits teilen. (b) Durch die

Identifizierung mit der Gruppe geben wir unsere Bereitschaft zu erkennen, ihre Normen im Denken und Handeln zu akzeptieren. (c) Zusätzlich üben Gruppen auch *Druck* aus in Richtung Einigkeit, die die Mitglieder bei der Stange halten soll.

Ein Forschungsteam, das Gruppendynamik untersuchte, konzentrierte sich auf den Typ von Variablen, die diesem Druck zur Bildung, Aufrechterhaltung und Durchsetzung von Gruppennormen zugrunde liegen.

Die Entwicklung eines Wohnprojekts für verheiratete M. I. T. (Massachusets Institute of Technology)-Studenten wurde zum Gegenstand der Untersuchung gewählt. Eine Gebäudegruppe, das *Westgate,* war in U-förmigen Blocks gebaut und seit fünfzehn Monaten bewohnt. Die andere, *Westgate West,* bestand aus zweistöckigen, umgebauten Marinebaracken und war erst vor einigen Monaten bezogen worden. Beide waren räumlich von der übrigen Stadt isoliert, und das soziale Leben der Bewohner spielte sich hauptsächlich hier ab, insbesondere in ihrem eigenen Gebäude, wie aus Tabelle 8-3 abzulesen ist. Räumliche und sachliche Distanz standen in Beziehung zu der Wahl von Freunden: Solche, die innerhalb eines Blocks näher zusammenwohnten oder dieselbe Treppe benutzten, schlossen mit größerer Wahrscheinlichkeit Freundschaft. Für diese Versuchspersonen zumindest war Freundschaft weitgehend eine Funktion der Häufigkeit, mit der andere ihren Weg kreuzten.

Die Bewohner hatten einen Mieterrat gebildet, um Aktivitäten in Gang zu setzen und zu koordinieren, Probleme zu bewältigen und gegenüber der Vermieterin Universität als

Tabelle 8-3. *Wahl von Bekannten und Freunden in einem Wohnprojekt*

Entfernung	(a) Anzahl der Bekannten pro Entfernung	(b) mögliche Wahlen	(c) Verhältnis von Wahlen zu Wahlmöglichkeiten
Nachbarn	26	96	0,27
ein Haus Abstand	6	72	0,08
zwei Häuser Abstand	2	48	0,04
drei Häuser Abstand (550 m)	0	24	0,00

Vermittler aufzutreten. Mieter beider Wohnabteilungen waren darin vertreten. Ein Hauptziel der Untersuchung lag darin zu entscheiden, ob bezüglich der Teilnahme an dem Mieterrat soziale Normen in den beiden Abteilungen existierten, und wenn ja, ob diese Normen das Verhalten und die Einstellungen der Individuen beeinflußten.

Es zeigte sich, daß sowohl Teilnahme an den Aktivitäten des Mieterrates, wie bejahende Einstellung ihm gegenüber im erst kürzlich eingerichteten Westgate West Angelegenheit eines jeden einzelnen waren; offensichtlich hatte sich hier noch keine soziale Norm gebildet. In Westgate waren Verhalten und Einstellungen innerhalb eines Blocks dagegen relativ homogen, unterschieden sich aber von einem Block zum nächsten.

Die Folgerung, daß in Westgate soziale Normen bei der Verhaltenskontrolle wirksam waren, nicht aber in Westgate West, wurde noch durch drei weitere Ergebnisse erhärtet.

1. Bewohner in Westgate West, die mit einem längeren Verbleiben in dem Projekt rechneten, waren in dem Rat aktiver als die, die nur einen kürzeren Aufenthalt erwarteten. In Westgate waren diejenigen, die vorhatten, nach wenigen Monaten wieder umzuziehen, genauso aktiv wie die, die länger bleiben wollten.

2. In Westgate bestand eine entscheidende Beziehung zwischen *Zusammenhalt* und *Konformität,* nicht jedoch in Westgate West. In Westgate war der Prozentsatz derer, die von dem maßgeblichen Muster abwichen, um so niedriger, je größer der soziale Zusammenhalt war. In Westgate West bestand keine signifikante Beziehung zwischen sozialem Zusammenhalt und Konformität in bezug auf verschiedene Verhaltensweisen dem Mieterrat gegenüber.

3. Abweichler wurden in Westgate eher abgelehnt als in Westgate West. In Westgate wurden Abweichler bei der Wahl von Freunden nur halb so häufig genannt, wie sie selbst andere wählten, wohingegen Konformisten häufiger gewählt wurden als sie selbst andere angaben. In Westgate West dagegen waren diejenigen, die sich nicht an die Vorschriften des Mieterrates hielten, nicht sozial isoliert (Festinger, Schachter u. Back, 1950).

Isolierung von einer Gruppe kann natürlich eine Ursache für Abweichung sein, aber Abweichung von den Gruppennormen, auf Grund welcher Ursachen auch immer, führt dann sicher zu weiterer, von der Gruppe auferlegter

Isolierung. Einmütigkeit dagegen kann entweder durch auf einzelne Mitglieder ausgeübten Druck oder durch die Wirkungsweise von Gruppennormen entstehen. Wenn Gruppennormen bei der Förderung von Konformität wirksam sein sollen, muß die Gruppe lange genug existieren, damit die einzelnen Mitglieder eine gewisse Loyalität ihr gegenüber entwickeln können, und sie muß einen gewissen Zusammenhalt haben. Außerdem muß der einzelne mit der Gruppe physisch und sozial ausreichenden Kontakt haben, um von ihrem Einfluß betroffen zu werden. Bei Abweichungen von Gruppennormen ist zu erwarten, daß eine gewisse soziale Ächtung die Folge sein wird. Für alle Menschen ist das der Punkt, an dem sie allmählich ein Gefühl der Entfremdung empfinden.

Überwindung restriktiver Normen in einer Pyjama-Fabrik. Haben sich Normen erst einmal etabliert, dann können sie einen derart kontrollierenden Einfluß auf das Verhalten ausüben, daß Änderungen oder Erneuerungen nicht mehr möglich sind. Die meisten Normen haben zwingende, wenn auch oft unausgesprochene Bestimmungen, die dafür sorgen, daß der Status quo erhalten bleibt. Wie kann es dann jemandem überhaupt möglich sein, in einer gut etablierten Gruppe eine neue Sache einzuführen?

Eine Antwort darauf liefert ein erfolgreiches Experiment, das vor einigen Jahren in einer Pyjama-Fabrik in Virginia durchgeführt wurde. Es ist von offensichtlicher Relevanz für gegenwärtige Auseinandersetzungen zwischen bestehenden Gruppen und Personen, die Änderungen im Bereich des Gesundheits- und Sozialwesens wie auch im wirtschaftlichen und politischen Bereich anstreben.

Die Arbeitsregelungen der Firma waren liberal und progressiv, doch war aufgefallen, daß die Arbeiter sich gegenüber den von Zeit zu Zeit notwendigen Änderungen im Arbeitsablauf ablehnend verhielten. Obwohl die Notwendigkeit der Änderungen erklärt und Gratifikationen vergeben wurden, traten nach Änderungen meist Unwille und geringe Leistung auf; tatsächlich arbeiteten etwa zwei Drittel der Arbeiter ständig unterdurchschnittlich oder kündigten kurz nach Einführung der Änderung. Das Problem lag darin, Mittel und Wege zu finden, um von Zeit zu Zeit notwendige Änderungen in der Weise durchzuführen, daß die Angestellten keinen Widerstand an den Tag legten, sondern sich kooperativ verhielten.

Die Geschäftsleitung bestimmte einige wenige, dringliche Änderungen zum Untersuchungsgegenstand. Drei experimentelle und eine Kontrollgruppe wurden gebildet, deren Mitglieder sich soweit wie möglich in bezug auf Gruppenzusammenhalt, Leistung und das voraussichtlich nötige Ausmaß einer Änderung entsprachen. Der Kontrollgruppe wurde lediglich mitgeteilt, daß Änderungen zwecks Ausgabensenkung nötig seien; sie wurde in das neue Verfahren eingearbeitet und über die neue festgesetzte Stückzahl informiert.

Jede der drei experimentellen Gruppen wurde in eine Diskussion über die dringende Notwendigkeit einer Kostenreduzierung verwickelt, in deren Verlauf sie übereinkamen, daß verschiedene Verfahren rationalisiert werden könnten, und sie machten sogar von sich aus mehrere Änderungsvorschläge. In einer Gruppe wurden erst einige Vorarbeiter eingeübt und die neuen Stückzahlen von ihnen festgelegt; dann halfen sie, die anderen einzuarbeiten. In den anderen beiden Gruppen wurden alle Mitglieder gleichzeitig eingearbeitet, und alle halfen bei der Festsetzung der neuen Stückzahl mit.

Die Arbeiter in den drei experimentellen Gruppen waren durchweg kooperativ. Die Produktionsrate fiel vorübergehend bei Gruppe 1 ab, erholte sich aber schnell wieder. Die Gruppen 2 und 3 hatten nach dem ersten Tag ihren früheren Leistungsstand schon wieder erreicht, und ihre Produktionsrate stieg weiter an.

Die Kontrollgruppe zeigte dagegen erheblichen Widerstand gegenüber der Änderung, äußerte Feindseligkeit dem Aufseher gegenüber (der derselbe war wie bei Gruppe 1) und drosselte absichtlich ihre Produktion. Das Umlernen erfolgte langsamer, und während der zweiunddreißigtägigen Beobachtungsperiode blieb diese Gruppe unterhalb ihrer früheren Produktionsrate. Darüber hinaus kündigte fast ein Fünftel ihrer Mitglieder innerhalb von vierzig Tagen nach Einführung der Änderung; bei den experimentellen Gruppen kündigte dagegen niemand.

Um die Methode der Gruppenteilnahme noch genauer zu prüfen, wurden dreizehn Mitglieder der Kontrollgruppe zweieinhalb Monate später wieder versammelt und einer neuen Arbeitsstelle zugewiesen, wo die bei den Gruppen 2 und 3 des ursprünglichen Experiments angewandte Technik der Teilnahme aller verwendet wurde. Diesmal lernten die Arbeiter, die sich vorher so unkooperativ gegeben hatten, ihre neue Arbeit schnell, zeigten keine Aggressionen und lieferten ähnliche Produktionssteigerungen wie die Gruppen 2 und 3 in der ersten Untersuchung (Coch u. French, 1948). Bei späterer Gelegenheit wurden in derselben Firma noch weitreichendere Änderungen durchgeführt, und wieder unter Anwendung der Technik der Gruppenteilnahme (Abbildung 8-12; French, Ross, Kirby, Nelson u. Smyth, 1958).

Teilnahme überwindet hinderliche Normen jedoch nicht immer. Es ist offenbar nur dann möglich, wenn vier Bedingungen erfüllt sind: (a) Die Entscheidungen werden als richtig empfunden. (b) Der Inhalt der Entscheidung ist relevant für die abhängige Variable — Produktion, Arbeitsverhältnis, berufliche Befriedigung oder was sonst an Veränderungen gemessen werden soll. (c) Die Teilnahme wird als rechtmäßig empfunden. (d) Es zeigt sich keine negative Reaktion auf die *Methode,* mit der die Veränderung durchgeführt wird (French, Israel u. Os, 1960).

Kooperation zwischen Konkurrenten oder Feinden. Wenn bei einzelnen Personen oder Gruppen, die sich gegenseitig schädigen könnten, Konkurrenz nicht die einzige, unausweichliche Reaktion ist — welches sind dann die Bedingungen, unter denen sie sich einander zuwenden und zu ihrem gemeinsamen Nutzen kooperieren?

Es ist schon vielfach vorgekommen, daß feindselige Tiere verschiedener Gattungen dann gelernt haben zu kooperieren, wenn sie beide davon profitierten. Vielleicht sind es solche „übergeordneten" Ziele — gemeinsame Ziele, die Kooperation erfordern, wenn jede der beiden feindlichen Parteien sie erreichen will — die den Schlüssel für Einigung auch bei Menschen liefern. Das Ehepaar Sherif führte zur Erforschung dieser Frage eine Felduntersuchung durch.

In einem Lager wurden Spannungen zwischen zwei zum Zweck des Experiments gegründeten Gruppen erzeugt, die später wieder überwunden wurden, als die Gruppen auf ein gemeinsames Ziel hinarbeiteten. Die Versuchspersonen waren zweiundzwanzig normale Jungen von etwa elf Jahren aus ähnlichem Milieu, die in zwei nach Größe und einzelnen Fähigkeiten vergleichbare Gruppen aufgeteilt wurden. Vor Ankunft im Lager kannten sich die Jungen nicht, und sie merkten auch nicht, daß ein Experiment durchgeführt wurde.

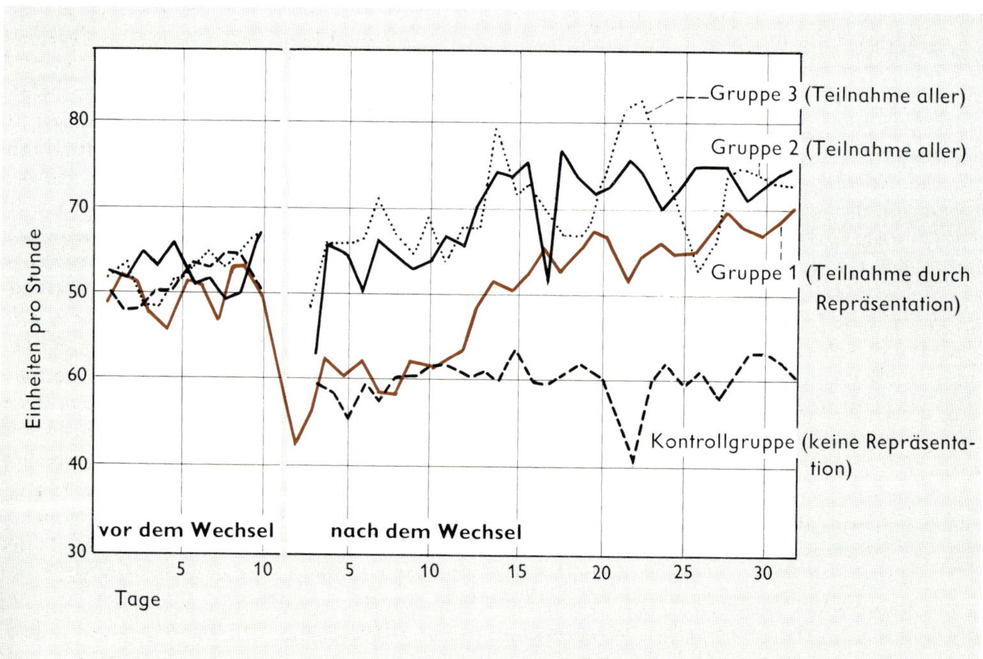

Abb. 8-12. Einfluß der Teilnahme an der Beschlußfassung einer Veränderung (Nach Coch und French, 1948)

Um die Jungen zu wirklichen Gruppen zusammenzuschmieden, wurden die beiden Gruppen in verschiedenen Baracken untergebracht, und sie führten die täglichen Aktivitäten getrennt durch, wobei verschiedene Probleme gestellt wurden, die eine Gruppenlösung erforderten (etwa Kanus von den Baracken durch unebenes Gelände zum See tragen und Mahlzeiten kochen). Am Ende dieses Teils des Experiments hatten die beiden Gruppen deutliche Gruppenstrukturen erworben, mit Führer, Bezeichnungen für einander (Klapperschlangen und Adler), Spitznamen, Geheimsignalen, kooperativen Verhaltensmustern innerhalb der Gruppe und Identifikationssymbolen (Flaggen und Abzeichen, die an Plätzen und Einrichtungen zur Kennzeichnung als „unsere" angebracht wurden). Dieser Teil des Experiments stützte die Hypothese, daß sich deutliche Gruppenstrukturen entwickeln, wenn Individuen attraktiven Situationen ausgesetzt werden, in denen eine gemeinsame Anstrengung zur Erreichung bestimmter Ziele erforderlich ist, und daß mit der Bildung einer Gruppenstruktur Normen standardisiert werden, die Verhalten und Gruppenaktivitäten der einzelnen regulieren.

Daraufhin wurde mittels einer Reihe konstruierter Konkurrenzsituationen Rivalität zwischen den Gruppen entfacht. Wie vorausgesagt, verstärkte dies die in-group-Solidarität und erzeugte außerdem unvorteilhafte Stereotypien gegenüber der out-group und ihren Mitgliedern. In-group-Demokratie und -Kooperation dehnte sich nicht auf die out-group aus. Nachdem die Adler bei einem Tauziehen verloren hatten, verbrannten sie die Fahne der Klapperschlangen. Die Klapperschlangen übten Vergeltung, und es folgte eine Reihe von Barackenüberfällen, begleitet von Beschimpfungen, Faustkämpfen und anderen Äußerungen von Feindseligkeit. Im Verlauf des Konflikts tat sich ein körperlich bedrohlich wirkender Führer hervor und trat an die Stelle eines weniger aggressiven Jungen, der bis dahin die Adler angeführt hatte. Dies zeigt, daß Beziehungen zu anderen Gruppen Veränderungen innerhalb einer Gruppe hervorrufen.

Es wurde dann versucht, die Feindseligkeit zu überwinden und die beiden Gruppen zur Kooperation zu veranlassen. Zunächst brachte man die rivalisierenden Gruppen bei angenehmen Aktivitäten — wie Essen und Abbrennen von Feuerwerkskörpern — zusammen. Die Jungen lehnten es jedoch ab, miteinander umzugehen. Die Aktivitäten boten ihnen lediglich weitere Gelegenheit, ihre Feindseligkeit zum Ausdruck zu bringen, indem sie sich mit Kartoffelbrei bewarfen und gegenseitig beschimpften. Dies zeigt, daß der Kontakt zwischen den Gruppen allein noch nicht zur Abnahme von Spannungen führt.

Entsprechend den bereits angedeuteten Richtlinien wurde aber doch ein erfolgreicher Weg eingeschlagen. Es wurden Situationen herbeigeführt, die die Interaktion beider Gruppen zur Erreichung eines übergeordneten Ziels erforderten (wichtige Ziele, die nur durch die gemeinsame Anstrengung beider Gruppen erreicht werden konnten). In einer Problemsituation war die Wasserzufuhr auf rätselhafte Weise abgeschnitten, und alle Jungen arbeiteten zusammen, um die Ursache zu finden. Eine Zeitlang hielt die Spannung jedoch weiter an; nach gemeinsamer Bemühung, einen Film zu besorgen, saßen die Jungen zum Beispiel immer noch vorwiegend mit ihrer eigenen Gruppe zusammen, als der Film gezeigt wurde. Die eindrucksvollste Episode aus dieser Zeit war die, in der das Tau, das früher in einer höchst antagonistischen Situation eine besonders wichtige Rolle gespielt hatte, jetzt als Werkzeug diente. Bei einem nächtlichen Ausflug „streikte" der Wagen, der den Proviant bringen sollte, und die Jungen kamen auf die Idee, mit dem Seil den Wagen zu ziehen. Sie schlangen das Seil so um die Stoßstange, daß die beiden Gruppen je an einem Ende ziehen konnten; doch als am nächsten Tag der Wagen wieder „streikte", verteilten sich die Mitglieder beider Gruppen auf beide Seilenden und beseitigten damit die Gruppentrennung.

Weitere Hinweise für Einstellungsänderungen bei den Jungen erbrachte ein Vergleich der Soziogramme, die jeweils nach der Periode intensiver Rivalität und am Ende des Experiments durchgeführt wurden. Die Häufigkeit, mit der Klapperschlangen Adler als Freunde wählten, stieg von 6,4 auf 36,4 Prozent aller Freundschaftswahlen. Die Wahlhäufigkeit der Adler für Klapperschlangen stieg von 7,5 auf 23,2 Prozent. Außerdem wurden die Jungen aufgefordert, einander nach sechs Merkmalen zu beurteilen, um etwaige stereotype Vorstellungen ans Licht zu bringen. Während der antagonistischen Phase erhielten die Adler wenig günstige Beurteilungen von den Klapperschlangen und ebenso die Klapperschlangen von den Adlern; am Ende des Experiments unterschieden sich die Beurteilungen von in-group- und out-group-Mitgliedern nicht mehr signifikant voneinander (Sherif u. Sherif, 1956). Zweifellos enthält diese Untersuchung einige Implikationen für die Überwindung von Verbitterung zwischen nationalen Gruppen und antagonistischen Gruppen innerhalb unserer eigenen Gesellschaft. Sie liefert wertvolle Hinweise für eine praxisorientierte Erforschung dieser kritischen Probleme.

Das College als Former von Männern — und liberalen Frauen. Welche Wirkung übt die Zugehörigkeit zu einer College-Gemeinschaft auf die Einstellungen und Wertvorstellungen ihrer Studenten aus? Wir wissen, daß sich nicht alle Studenten den vorherrschenden Normen einer gegebenen Institution anpassen. Wie bringen es manche fertig, in der Gruppe zu verbleiben und doch der Konformität zu widerstehen? Eine Untersuchung, die 1935 an einem kleinen College für Mädchen in Neu-England begonnen wurde, bietet einen gewissen Einblick in diese Probleme. Die Ergebnisse sind zweifellos für jeden Studenten von Bedeutung, der dem doppelten Druck ausgesetzt ist, einerseits Mitglied einer Gruppe zu werden und andererseits seine Unabhängigkeit und Individualität zu bewahren.

Bennington College liegt in einer kleinen Stadt

Abb. 8-13. Von der Konkurrenz zur Kooperation. Zu Beginn des Experiments entwickelte sich schnell eine kooperative Atmosphäre innerhalb jeder Gruppe; hier sehen wir die „Adler“ beim Zubereiten einer Mahlzeit (oben links) und die „Klapperschlangen“, wie sie gemeinsam ein Kanu zum See tragen (oben Mitte). Während der zweiten Phase des Experiments wurde die Konkurrenz zwischen den Gruppen gefördert und es entwickelte sich sehr rasch eine starke Rivalität. Es fanden Kämpfe statt, bei denen Fahnen und sogar Kleidungsstücke als Trophäen erbeutet wurden (oben rechts). Ein Tauziehen endete unentschieden (unten links), als die „Klapperschlangen“ die Strategie der „Adler“ übernahmen und sich ebenfalls hinsetzten und „eingruben“. In der letzten Phase des Experiments wurde Kooperation zwischen den Gruppen dadurch herbeigeführt, daß man Situationen schuf, die nur zusammen bewältigt werden konnten wie z. B. Komplikationen mit der Wasserversorgung (unten Mitte) oder das Herausziehen eines „feststeckenden“ Fahrzeugs (unten rechts)

in Vermont, und bei Beginn der Untersuchung existierte es erst seit vier Jahren. Der Lehrplan betonte individuelle Lehrmethoden und Seminare in kleinen Gruppen. Der größte Teil des Lehrkörpers und alle Studentinnen lebten im oder nahe am Campus, und ihre Beziehungen waren zwanglos und demokratisch. „Die Gemeinschaft war in hohem Grade integriert, in sich geschlossen und selbstbewußt." Die vorherrschende Norm kann man als einen politischen und wirtschaftlichen Liberalismus bezeichnen. Andererseits kamen die meisten Mädchen aus einem konservativen Elternhaus und brachten konservative Einstellungen mit. Die zu untersuchende Frage lautete, welchen Einfluß diese „liberale Atmosphäre" auf die Einstellungen einzelner Studentinnen hatte, die zu der College-Gemeinschaft gehörten.

Die in Abständen während ihres vierjährigen Aufenthalts am Bennington-College wiederholt durchgeführten Einstellungsmessungen zeigten, daß der Konservatismus der Neulinge mit jedem Jahr ständig abnahm. Bis zu ihrem Examensjahr waren die meisten Mädchen zu einer eindeutig liberalen Haltung „konvertiert" (die zu der Zeit als „linksradikal" galt). Offensichtlich wurde dieser Einflußprozeß sowohl durch die Anerkennung für die Äußerung liberaler Anschauungen seitens des Lehrkörpers und älterer Semester gesteuert, als auch durch die besseren Möglichkeiten in der College-Gemeinschaft, sich politisch zu informieren. Unter den Studienanfängern fand sich keine Beziehung zwischen dem Konservatismusgrad und allgemeiner politischer Informiertheit, aber in höheren Semestern existierte eine Korrelation zwischen liberaler Einstellung und politischer Informiertheit. Mädchen, die liberal geworden waren, hatten sich mehr über politische, nationale und rechtliche Angelegenheiten informiert. In einem zweiten Teil der Untersuchung sollte ermittelt werden, warum einige Mädchen dieser beherrschenden Norm hatten widerstehen und ihren Konservatismus beibehalten können. Es zeigt sich, daß man die unbeeinflußten Mädchen zwei Gruppen zuordnen kann. Einige waren sich des Konflikts zwischen ihrer konservativen und der liberalen Einstellung des Colleges einfach nicht bewußt geworden. Sie waren Teil einer kleinen, fest zusammenhaltenden Gruppe von Mädchen, die nur begrenzt sozialen Ehrgeiz hatte und in gewisser Weise von der normativen Macht der größeren Gruppe isoliert war. Eine größere Gruppe konservativer Mädchen war sich der Diskrepanz zwischen ihren eigenen Einstellungen und Wertvorstellungen und denen der College-Norm durchaus bewußt. Die College-Gemeinschaft war für sie aber nicht die *vorrangige Bezugsgruppe*. Sie kamen aus eher konservativen Familien, mit denen sie eng verbunden waren und deren Normen für sie bei der Beurteilung ihres Verhaltens wirksam blieben. Sie konnten dem Bennington-Kodex gegenüber nonkonformistisch sein und gleichzeitig dem Familienkodex treu bleiben (Newcomb, 1958).

Zwanzig Jahre später war der Einfluß des Bennington-Experiments noch spürbar. Die meisten Mädchen, die bei ihrer Entlassung liberal waren, blieben es weiterhin, und diejenigen, die der Norm widerstanden hatten, waren konservativ geblieben. Zum Teil war dafür die Tatsache verantwortlich, daß sie Männer mit ähnlichen Wertvorstellungen geheiratet und auf diese Weise eine unterstützende Heimatmosphäre geschaffen hatten (und vermutlich den Prozeß der Vermittlung ihrer Einstellungen an die nächste Generation in Gang gesetzt hatten).

Von denen jedoch, die das College als Liberale verlassen, aber Männer in konservativen Berufen oder mit konservativer politischer Einstellung geheiratet hatten, kehrte ein großer Prozentsatz zu dem Konservatismus ihres ersten Studienjahres zurück. Diese Rückwendung zur eigenen ursprünglichen Einstellung (*Rückfälligkeit*) ist typisch für die meisten Änderungsversuche, Therapie oder Rehabilitation, in denen „verwandelte" Menschen in Verhältnisse zurückgeschickt werden, in denen alte Normen und Verstärkungskontingenzen wirksam sind (Newcomb, 1963).

Blinder Gehorsam gegenüber Autorität

Zwischen Bennington, Nazideutschland oder My Lai in Vietnam mögen erhebliche Unterschiede bestehen, aber psychologisch gesehen sind sie nicht sehr groß. Bezugsgruppen geben für den einzelnen den Rahmen ab, nach dem er die „Angemessenheit" seines Verhaltens beurteilt. Aber inwieweit kann ein derartiger Bezugsrahmen verzerrt sein? In welchem Ausmaß können üble Taten eher äußeren sozialen Kräften wie Gruppendruck oder militärischem Befehl zugeschrieben werden, anstatt den Persönlichkeitszügen einzelner abweichender Individuen, die psychisch gestört oder „geisteskrank" sind?

Gehorsamkeit im Labor. Eine Reihe einfallsreicher psychologischer Experimente aus jüngster Zeit hat den Mythos erschüttert, nach dem Schlechtigkeit keine Eigenschaft von jedermann, sondern nur von bestimmten anderen, uns unähnlichen Menschen sei. Milgram (1963, 1964, 1965 a, 1965 b) hat überzeugend demonstriert, daß das „Eichmann-Phänomen" unter bestimmten sozialen Bedingungen auch bei der Mehrheit normaler amerikanischer Bürger reproduzierbar ist.

Freiwillige, männliche Versuchspersonen erhielten die Anweisung, als Teil eines Experiments, in dem angeblich die Wirkung von Bestrafung auf das Erinnerungsvermögen untersucht werden sollte, einer anderen Person eine Reihe schmerzhafter elektrischer Schläge zu verabreichen. Jede Versuchsperson befand sich in der Rolle des „Lehrers", dessen einzige Aufgabe darin bestand, einen „Schüler" jedesmal zu bestrafen (durch elektrischen Schlag), wenn er bei der Durchführung eines Lerntests mit Paarassoziationen einen Fehler machte. Die Versuchsperson konnte auswählen zwischen dreißig klar markierten Stromstärken von „leichter Schock" (15 Volt) bis „Gefahr: schwerer Schock" (450 Volt).

Nachdem die Lehrer-Versuchsperson selbst einen Probeschock von 45 Volt erhalten hatte und der Schüler an einem „elektrischen Stuhl" festgeschnallt war, konnte das Experiment über Gehorsam beginnen. Die Versuchsperson wurde angewiesen, bei jedem Fehler des Schülers die Stromstärke auf den nächsthöheren Grad anzuheben. Da der Schüler viele Fehler machte, stieg die Stärke der Bestrafung rapide an.

Der Protest des Opfers, den man über Sprechanlage hören konnte, wurde mit den verabreichten Stromstößen koordiniert. Bei 75 Volt begann der Schüler zu stöhnen und zu murren; bei 150 Volt verlangte er, von dem Experiment befreit zu werden; bei 180 Volt schrie er, daß er den Schmerz nicht mehr ertragen könne. Bei 300 Volt beharrte er darauf, daß er unter keinen Umständen an dem Experiment weiter teilnehme und freigelassen werden wolle; dann gab er keine Antworten mehr.

Wenn die Lehrer-Versuchsperson zögerte oder gegen die Stromverabreichung protestierte, sagte der Versuchsleiter „Sie haben keine andere Wahl, Sie müssen weitermachen!" Bei stärkeren Stromstößen hörte die Versuchsperson das Opfer schreien und keuchen, und dann war Stille. Immer noch bestand der Versuchsleiter darauf, daß auch eine ausbleibende Reaktion bestraft werden müsse.

Bevor wir die Ergebnisse schildern, überlegen Sie sich einmal, wie weit *Sie* selbst in der Rolle der Lehrer-Versuchsperson gegangen wären. Welche Stromstärke wäre für Sie die absolute Grenze, über die hinauszugehen Sie *ablehnen* würden? Wie weit gingen wohl, Ihrer Meinung nach, die durchschnittlichen Versuchspersonen in Milgrams Experiment? Geben Sie unten Ihre Schätzung an.

1. Ich würde es ablehnen, die andere Person über folgende Voltstärke hinaus zu schokken (kreuzen Sie eine Zahl an):
   0 15 30 45 60 75 90 120 135 150
   165 180 195 210 225 240 255 270 285 300
   315 330 345 360 375 390 405 420 435 450
2. Die durchschnittliche Versuchsperson hörte wahrscheinlich auf bei: . . . Volt.

Vierzig Psychiater wurden aufgefordert, das Verhalten der Versuchspersonen in diesem Experiment vorauszusagen. Sie schätzten, daß die meisten nicht über 150 Volt hinausgehen würden, daß weniger als 4 Prozent bei 300 Volt noch Gehorsam leisten würden und nur ein Zehntel von einem Prozent bis zu 450 Volt gehen würde.

Die Versuchspersonen in diesem Experiment repräsentierten einen weiten Bereich der Bevölkerung und variierten altersmäßig von zwanzig bis fünfzig Jahren, beruflich von ungelernten Arbeitern bis zu Angestellten und Akademikern, bildungsmäßig von Volksschulversagern bis zu Promovierten. Das „Opfer" (in Wirklichkeit ein Vertrauensmann des Versuchsleiters) war ein Buchhalter mittleren Alters, von irisch-amerikanischer Herkunft, der von den meisten Beobachtern als sympathisch und verträglich beurteilt wurde. Seine Proteste waren standardisierte, auf Band aufgenommene Reaktionen auf die verschiedenen Stromschläge — die er in Wirklichkeit nicht bekam.

Daß die experimentelle Situation die meisten Versuchspersonen in Konflikt und Spannung versetzte, machen ihre Kommentare deutlich. Hier einige Beispiele:

Bei 180 Volt: „Er kann es nicht mehr aushalten! Ich werde den Mann da drin doch nicht umbringen! Hören Sie nicht, wie er schreit? Er schreit. Er hält es nicht mehr aus. Was ist, wenn ihm was zustößt? . . . Ich meine, wer ist dafür verantwortlich, wenn dem Mann

etwas passiert?" *(Der Versuchsleiter übernimmt die Verantwortung.)* „Na gut."
Bei 195 Volt: „Hören Sie, wie er schreit. Hören Sie das? Mensch, ich weiß nicht." *(Der Versuchsleiter sagt: „Das Experiment erfordert, daß Sie weitermachen")* — „Ich weiß ja, aber ich meine — hm — er weiß nicht, was auf ihn zukommt. Er ist schon bei 195 Volt."
Bei 240 Volt: „O nein. Sie meinen, ich muß die ganze Skala durchmachen? Nein. Ich werde den Mann doch nicht umbringen. Ich werde ihm doch keine 450 Volt verabreichen!"
Trotz allem, was sie sagte, ging die Versuchsperson aber *doch* so weit und verabreichte dem Opfer 450 Volt, und mit ihr *62 Prozent* aller Versuchspersonen! Der mittlere Höchstschock aller 40 Versuchspersonen lag bei 368 Volt. Wie sah im Vergleich dazu Ihre Vorhersage aus?
Unter der Gruppe der Abiturienten war der Prozentsatz derer, die bei einer Wiederholung des Experiments Gehorsam zeigten, sogar noch höher. Ganze 85 Prozent verabreichten 450 Volt (Rosenhan, 1969).
Dissens und Ungehorsam. Dissens bedeutet, daß man nicht übereinstimmt, daß man anderer Meinung ist. Ungehorsamkeit bedeutet, daß man den Befehlen einer Autorität nicht nachkommt. Die beiden Dinge waren in diesem Experiment offensichtlich nicht identisch. Die Experten sagten voraus, daß sich die Versuchsperson der Autorität widersetzen würden. Die Versuchspersonen selbst *sagten* ständig, sie würden nicht länger gehorchen (eine Kontrollgruppe, die von dem Versuchsleiter nicht unter Druck gesetzt wurde, *gab* auch nur einen durchschnittlichen Maximalschock von 82 Volt), und wahrscheinlich sagen auch Sie, Sie würden nicht gehorchen, und daß Sie vorhin die Stromstärke unterschätzt haben, die andere Personen tatsächlich verabreichten. Die tatsächliche Ausführung einer Ungehorsamkeit ist nicht dasselbe wie die Behauptung, man würde nicht gehorchen. Wir begehen ständig den Irrtum, daß wir uns und auch anderen zuerst mehr Unabhängigkeit, Kontrolle und Vernunft zuschreiben, als wir und andere tatsächlich aufweisen, wenn wir in eine derartige soziale Situation geraten, wie Milgram sie beschreibt. Wir unterschätzen das Ausmaß der sozialen Kräfte, die in einem derart verstrickten sozialen Gewebe auf eine Person einwirken.
Man kann drei Voraussetzungen unterscheiden, die zu blindem Gehorsam gegenüber Autorität führen unter Verletzung des eigenen Selbstbildes und moralischer Werte.
1. Gehorsam wird begünstigt von der Gegenwart einer *legitimen Autorität,* der man vertraut, die als gültiger Repräsentant der Gesellschaft angesehen wird, und die wichtige Verstärker kontrolliert. Wenn die Autorität der Versuchsperson nicht unmittelbar gegenübersteht, verliert sie einen Teil ihrer Macht (nur 22 Prozent der Versuchspersonen gehorchen dann völlig).
2. Gehorsam erhöht sich noch, wenn eine *Rollenbeziehung* hergestellt und akzeptiert wird, in der das Individuum einer anderen Person untergeordnet ist. In einer zugewiesenen Rolle hält sich die Versuchsperson nicht für persönlich verantwortlich für ihr Verhalten, da sie es nicht von sich aus äußert, sondern lediglich einen Befehl ausführt. Wenn Versuchspersonen erleben, daß zwei andere Menschen die experimentell auferlegte Rolle verweigern, sind 90 Prozent von ihnen auch fähig, den Gehorsam zu verweigern und sich den Befehlen der Autorität zu widersetzen.
3. Gehorsam wird gefördert durch die Existenz *sozialer Normen,* die aus der Sicht des einzelnen ihn mit anderen in der Situation verbinden und Vorschriften bezüglich Protokoll, Etikette und sozial anerkannter und akzeptierter Verhaltensweisen enthalten. Diese Normen regeln und schränken ein, was als möglich und angemessen angesehen wird. Eine Versuchsperson sagte zu dem Versuchsleiter: *„Ich möchte nicht unhöflich sein, aber sollten wir nicht mal nach ihm sehen? Er ist herzkrank und könnte sterben."*
Individuen empfinden also soziale Kräfte als derart bindend, daß sie sich zu Verhaltensweisen und Interaktionen gezwungen fühlen und sie ausführen, unabhängig davon, was sie selbst als richtig oder gerecht empfinden. Die Werte, die die Situation vorschreibt, ersetzen ihre eigenen Werte; „Pflicht" und „Loyalität" den Normen gegenüber verdrängen das Diktat des Gewissens. Die Versuchsperson möchte niemandem wehtun, aber empfindet es als zwingend notwendig, daß *das System* nicht zerstört wird — die Vorstellung muß weitergehen!
Blind auch im wirklichen Leben. Um zu beweisen, daß die Fügsamkeit der Versuchspersonen nicht einfach das Ansehen der Universität widerspiegelte, an der das Experiment durchgeführt wurde, wiederholte der Forscher die Untersuchung in einem Bürogebäude im

Die tödliche Macht des Gehorsams

Veteran: Ich bin gerade aus Vietnam zurückgekehrt. Ich war zwei Jahre in Da Nang stationiert. Ich habe eine Beinverletzung und wurde aus medizinischen Gründen entlassen; deshalb bin ich jetzt hier, sonst hätte ich noch ein weiteres Jahr dienen müssen. Als ich drüben war, habe ich viel erlebt. Ich war Soldat bei der Marine; sie steckten mich achtzehn Monate lang in die Marinetruppe. Das eindringlichste Erlebnis, das ich hatte, war einmal in der DMZ. Wir waren in einem kleinen Dorf, und jemand schoß aus einem Schulgebäude mit einem Maschinengewehr auf uns. Wir verteilten uns und warfen uns auf den Boden. Ich sagte, ich sei vom Sanitätsdienst (ohne Waffen), aber ich war der einzige in günstiger Position. Deshalb reichten sie mir eine Handgranate und sagten, ich solle sie durchs Fenster werfen und alles vernichten. Als ich dicht genug war, um hineinsehen zu können und sie hineinzuwerfen, sah ich zwanzig oder dreißig Kinder mit zwei oder drei Frauen in der hinteren Ecke des Raumes sitzen. Ich warf die Granate ... und schickte alle zur Hölle.
Interviewer: Gab es irgendeine Möglichkeit, den Maschinengewehrschützen zu überwältigen, ohne ...
Veteran: Nein, es gab gar keine andere Möglichkeit, weil man nur einen Meter entfernt war. Und diese Granate explodierte in einem Umkreis von etwa fünfzehn Metern mit tödlicher Wirkung. Es bleibt einem keine Zeit zu überlegen, entweder man tötet oder wird getötet, Sie oder ich. Es ist eine Frage des Überlebens, und jeder will seine Haut retten.
Interviewer: Und hinterher? Ich meine, nachdem Sie geworfen haben, waren alle tot, oder ...
Veteran: Ja. Alle Kinder waren tot, das Gebäude zerstört. Wollen Sie sonst noch was wissen?
Interviewer: Möchten Sie noch etwas sagen?
Veteran: Die letzten zwei Wochen im Dschungel waren wir auf einer Routine-Patrouille, und plötzlich läuft ein dreijähriges Mädchen auf uns zu. Sie war keine zwanzig Meter von uns entfernt, als wir sahen, daß auf ihrem Rücken etwas hin- und herbaumelte, und unser Offizier sagte: „Schießen". Wir schossen sie nieder. Und im selben Moment explodierte sie. Sie wurde in kleine Stücke zerrissen. Der Vietcong hatte eine Wirsingkohl-Mine an ihrem Rücken befestigt, und diese war so eingestellt, daß sie explodiert wäre, sobald sie uns erreicht hätte. Entweder wir oder sie. Wir waren nicht sicher, ob es eine Mine war, aber wir konnten kein Risiko eingehen.
Interviewer: Als der Offizier den Schießbefehl gab, wieviele Leute haben geschossen?
Veteran: Wir haben alle auf sie geschossen. Wir waren etwa dreißig in dieser Abteilung.
Interviewer: Aber mußten *Sie* schießen?
Veteran: Natürlich. Man muß es tun, es wird befohlen. Entweder schießt man, oder, tut man es nicht, wird man von dem Offizier erschossen. Man hat keine Wahl, nicht einmal Zeit, darüber nachzudenken, man tut es.

Zentrum einer mittelgroßen Stadt und warb Versuchspersonen durch einen Rundbrief an. Das Experiment wurde angeblich von einer privaten Firma durchgeführt, die Forschungsaufträge von der Industrie übernahm. Etwa die Hälfte der Versuchspersonen gehorchte dem Wissenschaftler im weißen Kittel völlig und bestrafte das Opfer bis zum höchsten Ausmaß. Die Implikationen dieser Forschung dehnen sich auf viele Situationen aus, in denen Menschen gar nicht einmal annehmen, in ein Experiment verwickelt zu sein. Es existieren zahlreiche Belege des täglichen Lebens für die Behauptung, daß blinder Gehorsam wahrscheinlich dann geleistet wird, wenn die früher beschriebenen drei Voraussetzungen erfüllt sind. Zwei der zwingendsten Beispiele für bedingungslosen Gehorsam gegenüber Autorität — zu tun, was auch immer befohlen wird — liefern die Tonbandaufzeichnungen eines Interviews mit einem verwundeten Vietnam-Veteranen, der beschreibt, wie er Frauen und Kinder aus einer Entfernung von nur wenigen Metern tötete und die Äußerungen des Bombenschützen, der die erste Atombombe über Hiroshima abwarf.

Der Bombenschütze erinnerte sich bei einem kürzlichen Interview: „Ich habe nur gelacht" als „sie sagten, sie entwickelten eine Bombe, die im Umkreis von über 12 Kilometern alles in die Luft sprengen würde." Er war zwar über seine Ladung nicht informiert worden, aber von den besonderen Flugmanövern, die nötig waren, um der Pilzwolke zu entgehen, konnte er sich „zusammenreimen, daß sie radioaktiv war." Trotzdem, so sagte er: „Ich war bis zu dem Zeitpunkt ja schon so viele Einsätze geflogen, daß es für mich in erster Linie eine Arbeit war, die eben getan werden mußte." Der charakteristische Zwiespalt zwischen Andersdenken und Ungehorsam, als auch der typische Fehler, die innere persönliche Kontrolle *anderer* Menschen zu überschätzen und den Einfluß der sozialen Situation auf die Kontrolle ihres Verhaltens und ihrer Entscheidungen zu unterschätzen, wird in der Bemerkung des Bombenschützen zusammengefaßt:

„Ich glaube nicht, daß alles richtig ist, was wir tun, aber wenn ich beim Militär diene, muß ich die Regierung unterstützen. Ich mag vielleicht anderer Meinung sein, aber wenn etwas befohlen wird, werde ich es natürlich ausführen. Ich denke, jeder ist einsichtig genug, damit die Bombe nie wieder angewendet wird" (*Newsweek,* 10. Aug. 1970).

Die Macht der Minderheit

Angesichts der Macht, über die eine Majorität bei der Kontrolle von Möglichkeiten und Verstärkern verfügt, ist das Ausmaß an Konformität, das auf allen Ebenen unserer Gesellschaft existiert, nicht überraschend. Bemerkenswert ist dagegen, wie es jemand fertigbringt, sich der Vorherrschaft der Gruppe oder mächtiger, repressiver Autoritätsfiguren zu entziehen. Wie kann etwas Neues — gegen die Norm gerichtetes — überhaupt zustandekommen? Es ist überhaupt eines der größten Probleme in der Förderung der Kreativität, wie man einen schöpferischen Menschen von der Abhängigkeit sozialer Anerkennung und vom Zwang, die Realität der Gruppenmeinung anzupassen, befreit. Es ist seltsam zu sehen, daß jede Gesellschaft für ihre Selbsterhaltung von Konformisten abhängt, die die etablierten Normen jederzeit verteidigen, daß sich die Gesellschaft aber ihrer Abweichler bedient, wenn sie neue Ideen und Lebensformen braucht, um voranzukommen.

Aber kann denn eine kleine Minorität die Majorität verändern und neue Normen schaffen, indem sie einfach dieselben grundlegenden psychologischen Prinzipien anwendet, die normalerweise bei der Errichtung der Mehrheitsnorm zur Anwendung kommen? Kürzliche Untersuchungen durch eine Gruppe französischer Psychologen haben gezeigt, wie so etwas verwirklicht werden kann.

Zweiunddreißig Gruppen französischer Studentinnen wurden versammelt, um an einem Experiment angeblich über Farbwahrnehmung teilzunehmen. Jede Gruppe bestand aus vier uneingeweihten Versuchspersonen und zwei Vertrauensleuten des Versuchsleiters. Bei jedem Versuch wurde ein Reiz in Form eines bestimmten Farbtons auf die Leinwand projiziert, und die Versuchspersonen sollten die Farbe und den Grad der Intensität bezeichnen. In einigen Gruppen bezeichneten die beiden Vertrauensleute, die in der Minderheit waren, jede auftretende blaue Farbe als „grün". Sie befanden sich immer in Einklang miteinander und mit ihren früheren Reaktionen. In anderen Gruppen stimmten die Vertrauensleute nur in zwei Dritteln der Versuche überein.

Unter den zweiundzwanzig Versuchspersonen in einer Kontrollgruppe, die nicht dem Einfluß der in ihrem Urteil abweichenden Eingeweihten ausgesetzt waren, äußerte nur eine einzige ein „grün" auf ein blaues Licht hin. Wenn in der experimentellen Gruppe die sich in der Minderheit befindlichen Vertrauensleute ihre abweichenden Urteile nicht immer geschlossen abgaben, schloß sich nur 1 Prozent der Versuchspersonen ihrem Urteil an. Aber fast ein Drittel (32 Prozent) derer, die einer gleichbleibend standfesten Minderheit ausgesetzt waren, schlossen sich der Meinung an, daß sie „grün" sähen.

Viele andere wechselten in ihrer Wahrnehmung von „blau" nach „grün" in einem späteren, einzeln durchgeführten Test: Obwohl sie verbal nicht mit den Urteilen der abweichenden Minderheit übereingestimmt hatten, hatte sich ihre Realitätswahrnehmung dahingehend geändert, daß sie jetzt mit der neuen, von einer beharrlichen Minderheit geschaffenen Norm übereinstimmten (Moscovici, Lage und Naffrechoux, 1969; Faucheux und Moscovici, 1967). Wenn eine beharrliche Minorität in diesem Ausmaß Anhänger gewinnen kann, selbst wenn sie im Unrecht ist, hat eine Minorität bei einem bedeutenden Anlaß hinreichende Erfolgschancen.

So schließt sich der Kreis unserer Analyse von sozialen Motiven und sozialem Einfluß. Der Mensch als Teil einer Herde ist abhängig von ihren Regelgesetzen, um sein eigenes Gewinn/Verlust-Verhältnis möglichst optimal zu halten.

Aber die Richtung, die die Herde einschlägt, wird letztlich durch individuelle Handlungen bestimmt. Beständigkeit im Urteil und Hingabe an ein Ziel wird im Falle von einzelnen Personen leicht als seltsame Schrulle abgetan, oder, wie wir in den folgenden Kapiteln sehen werden, als „Verrücktheit" abgestempelt. Zwei derartige Menschen können eine Täuschung bereits in eine Überzeugung verwandeln; kommen noch einige dazu, kann daraus eine soziale Bewegung entstehen. Aber welche Eigenschaften es sind, die es einem einzelnen Individuum möglich machen, sich gegen eine ja-schreiende Menge zu wenden und zu behaupten, daß der Kaiser gar keine Kleider anhabe, das müssen wir erst noch herausfinden.

f Zusammenfassung

Interaktionen mit anderen Menschen liefern sowohl *Informationen* als auch *Konsequenzen* und spielen daher bei unseren unaufhörlichen Versuchen, unsere Umwelt vorhersagbar zu machen und unsere Beziehung zu ihr kennenzulernen, eine bedeutende Rolle. Unsere Beziehung zu unserer sozialen Umwelt schließt sowohl unsere Möglichkeit, andere zu beeinflussen, als auch deren Einfluß auf uns ein. Die Untersuchung der sozialen Natur des Menschen umfaßt die Erforschung sowohl des *sozialen Verhaltens* als abhängige Variable, als auch der *sozialen Reize* als unabhängige Variable. Selbst nichtsoziale Verhaltensweisen werden oft durch soziale Reize beeinflußt. Mitglieder sehr unterschiedlicher menschlicher Gesellschaftsformen haben sehr verschiedene *Lebensstile* schätzen gelernt; diese Werte formen die beherrschenden sozialen Motive in einer Gesellschaft. Soziale Motive in unserer Gesellschaft, die einer systematischen psychologischen Untersuchung unterworfen sind, betreffen das Bedürfnis nach *Leistung, sozialem Vergleich, sozialer Anerkennung* und *Zusammenschluß.* Die Untersuchung des augenscheinlich selbstschädigenden Verhaltens von Bauern, die mögliche vorteilhafte Veränderungen ablehnen, macht deutlich, wie entscheidend vorherrschende soziale Motive und Wertvorstellungen bei der Schaffung eines Klimas sind, das einer bestimmten Veränderung entweder förderlich oder hinderlich ist. Das Geselligkeitsmotiv konnte erst dann effektiv untersucht werden, als Forscher von der Konzeption des *„Herdeninstinkts"* Abstand nahmen und anfingen, die Bedingungen zu untersuchen, unter denen menschlicher Zusammenschluß zu- oder abnahm.

Selbst die bloße Gegenwart anderer Menschen, ohne daß eine tatsächliche Interaktion oder die Absicht dazu vorhanden ist, kann Verhalten beeinflussen. Ein bekanntes Beispiel dafür ist das Lampenfieber.

Einseitige, absichtliche Einflußnahmen zur Einstellungsänderung sind ausführlich untersucht worden. Die unabhängigen Variablen in diesen Untersuchungen sind *Eigenschaften des Sprechers, Eigenschaften der Mitteilung* und *Eigenschaften der Empfänger*; oft wirken diese Variablen mehr *interagierend* als *additiv.* Die wirkungsvollste Art, Einstellungen zu ändern, ist offensichtlich die, erst das Verhalten zu verändern. Wenn der Belohnungsmechanismus das erwünschte Verhalten hervorruft und aufrecht erhält, ändert sich in der Folge auch die Einstellung, sobald das Individuum versucht, die Dissonanz zwischen seinen Handlungen und seinen Gefühlen und Überzeugungen zu verringern.

Führung wurde untersucht, indem man Eigenschaften erfolgreicher Führer feststellte und die Auswirkungen verschiedener Führungsstile erforschte. Unterschiedliche Situationen erfordern Führer mit unterschiedlichen Eigenschaften, obwohl es sich gezeigt hat, daß effektive Führung verbunden ist mit Persönlichkeitszügen wie Intelligenz, Leistung, Verantwortung, menschlichem Gespür und der Fähigkeit, seinen Anhängern etwas — aber nicht zu weit — voraus zu sein. Bestimmte Situationen erfordern bestimmte Fähigkeiten eines Führers, und manchmal werden die Funktionen des Führers auf zwei oder mehrere Personen verteilt. Die Besonderheit der Situation und die Bedürfnisse und Erwartungen der Mitglieder bestimmen mit, welche Führungsart jeweils am effektivsten ist.

Man hat einen konsistenten Persönlichkeitszug, *Machiavellismus,* identifiziert, der in voraussagbarer Weise assoziiert ist mit der Art sozialer Einflußnahme, die ein „Beschwindeln" anderer in bestimmten Situationen einschließt. *Hohe Machs* kommen besonders zur Geltung in Situationen, in denen sie dem anderen von Angesicht zu Angesicht gegenüberstehen, in denen Regeln und Richtlinien kaum vorhanden sind und andere Menschen (aber nicht sie selbst) emotional erregt sind.

Eine primäre Quelle sozialen Einflusses ist die

Zwei-Personen-Gruppe oder *Dyade.* Untersuchungen über zwischenmenschliche Anziehung haben gezeigt, daß wir solche Menschen eher mögen, die uns ähnlich sind, mit uns einer Meinung sind und unseren Bedürfnissen entsprechen. Am besten gefallen uns solche Menschen, die unser Selbstgefühl steigern. Sogar romantische Liebe ist inzwischen zum Gegenstand systematischer Laboruntersuchungen und Vorhersage geworden. Untersuchungen über *Konkurrenz versus Kooperation,* wie in der *Gefangenendilemma-Situation,* sind im Labor durchgeführt worden, sind aber auch als unfairer Test menschlicher Kooperationsfähigkeit kritisiert worden. In Situationen, in denen ein *übergeordnetes Ziel* nur durch Kooperation erreicht werden kann, können auch vormals rivalisierende Gegner, Tiere wie Menschen, lernen zu kooperieren und feindselige Gefühle durch gegenseitige Sympathie zu ersetzen.

Gruppen verfügen über große Macht, ihre Mitglieder zu beeinflussen. Bei *Gruppendiskussionen, gemeinsamen Entscheidungen* und *öffentlicher Verpflichtung,* sich der Entscheidung gemäß zu verhalten, ist die Wahrscheinlichkeit, daß sich das Verhalten ändert, größer als bei Informationen oder Anweisungen „von oben". Die Teilnahme an Entscheidungen in Betrieben führte zu erhöhter Produktion, größerer Zufriedenheit unter den Arbeitern sowie seltenerem Fernbleiben und Arbeitsplatzwechsel.

Von der Gruppe festgesetzte Standards werden als *soziale Normen* bezeichnet und stellen einen wichtigen Bereich der sozialen Wirklichkeit dar, den jeder Mensch kennen muß. Der Sinn von Normen liegt darin, die Wertvorstellungen der Gruppe zu erhalten und ihre Mitglieder wissen zu lassen, welche Verhaltensweisen erwartet und belohnt werden. Ein konformes Mitglied erreicht dadurch Status und Anerkennung; wer sich nicht anpaßt, wird von der Gruppe entweder abgelehnt oder zur Konformität gezwungen. Ein beträchtlicher Prozentsatz von Menschen verleugnet seine eigene Wahrnehmung und behauptet zu sehen, was die Mehrheit der Gruppe zu sehen vorgibt. Welcher Art auch immer die Norm ist, ob zutreffend oder nicht, sie wird an neue Mitglieder der Gruppe weitergegeben.

Um eine Änderung der Normen einer etablierten Gruppe herbeizuführen, müssen die Mitglieder an einem Änderungsbeschluß gemeinsam beteiligt werden. Rivalität zwischen feindseligen Gruppen kann überwunden werden, wenn die Gruppen zur Erreichung übergeordneter Ziele interagieren müssen. *Blinder Gehorsam,* selbst wenn er im Widerspruch zu den moralischen Überzeugungen eines Individuums steht, kann durch die Einengung sozialer Normen, die Gegenwart einer anerkannten Autorität und die Errichtung angemessener Rollenbeziehungen gefördert werden. Ein ermutigender Aspekt ist, daß ein Individuum eher einen abweichenden Standpunkt beibehält, wenn noch ein zweiter aus der Gruppe ihn unterstützt, und daß zwei einmütige Abweichler sogar die Wahrnehmung der Mehrheit verändern können.

Teil IV
Das Potential des Individuums: Möglichkeiten und Gefahren

Einleitung

Bisher haben wir ausführlich behandelt, was man überhaupt unter Psychologie versteht, womit sich die Psychologen beschäftigen und zu welchen Erkenntnissen sie gekommen sind. Zum einen hat diese Darstellung die verschiedenen Forschungsgebiete der Psychologie und einen Denkansatz über das menschliche Verhalten aufgezeigt; sie hat dabei eine Methode zur Stellung wesentlicher Fragen und zur besseren Einschätzung der Qualität der gegebenen Antworten vorgelegt.

Zum anderen muß die Psychologie versuchen, ein Verständnis der Einzigartigkeit menschlichen Verhaltens zu erreichen: Sie muß also sowohl die Idiosynkrasie als auch die Generalität des Verhaltens in ihr Bild vom Menschen aufnehmen. Ist es möglich, sowohl die allgemeinen Wirkungen bestimmter Bedingungen auf Reaktionen zu erklären als auch die individuellen Unterschiede in diesen Reaktionen? Die Untersuchung der Persönlichkeit sucht die Person in psychologische Gesetzmäßigkeiten der aufeinander bezogenen Reize und Reaktionen, der Ursachen und deren Verhaltenskonsequenzen einzukleiden. Wir werden Theorien über das Wesen der normalen Persönlichkeit prüfen und werden uns damit befassen, wie Persönlichkeit und Intelligenz meßbar gemacht und in Zahlen erfaßt werden kann. Doch nicht immer verläuft die Persönlichkeitsentwicklung „normal".

Die Pathologie menschlichen Verhaltens offenbart sich zum Beispiel im Vorurteil, in der Sucht, Neurose, Psychose und im Selbstmord. Beim Versuch, diese „abnormen Verhaltensweisen" zu verstehen, werden wir die verschiedenen Auffassungen von der Natur der Gemüts- und Geisteskrankheiten untersuchen. Unterscheiden sich solche „kranken" Menschen wirklich von ihren normalen Mitbürgern? In welchem Ausmaß muß man dieses „Abnormale" oder „Pathologische" durch die umgebende Kultur oder Bezugsgruppe relativiert sehen?

Während die Menschen in Stillschweigen oder Schmerz ihrem Leid ausgeliefert sind, sehen Forscher, Therapeuten und Krankenschwestern ihre Lebensaufgabe darin, diese Leiden wenigstens etwas zu mildern. Aber schon seit Adam und Eva wissen wir, daß es leichter ist zu fallen als aufzustehen. Immerhin gibt es einige Therapieformen, die bei bestimmten Patienten einen Erfolg versprechen. Im letzten Kapitel werden wir untersuchen, welche Therapieformen zur Verfügung stehen, um die unterschiedlichen Formen abweichenden Verhaltens zu ändern. Entsprechend unserer Erkenntnis, daß physiologische Faktoren, Lernfaktoren und kognitiv-soziale Faktoren von zentraler Bedeutung für die Entwicklung des Menschen sind, werden wir auch Therapieformen finden, die auf diesen drei Faktoren beruhen.

Wir beenden unsere Betrachtungen mit einer eher optimistischen Note hinsichtlich der Dienste, die die Psychologie dem Menschen liefern kann, ohne dabei die Unsicherheit hinsichtlich der Bedingungen zu übersehen, die unter den Menschen bestehen muß, damit deren optimale Entwicklung und die volle Verwirklichung ihres Potentials möglich werden kann.

9 Persönlichkeit: Die Psychologie des Individuums

„Gut, Psychologen sind also in der Lage, typisches Verhalten auf Grund von allgemeinen Gesetzen zu erklären und vorauszusagen, doch nicht meines. Ich bin ganz anders als die anderen.“ „Sie können mich nicht einfach analysieren, zergliedern und in Schubladen einteilen, weil ich eine ganzheitliche und einzigartig ausgeprägte Person bin. Sie müßten doch selbst wissen, was sie mit ihren psychologischen Tests, diesen Tintenklecksen, Wortassoziationen, neugierigen Fragebögen und Handschriftenanalysen anfangen können.“ „Niemand kann meine besondere Art festnageln wie einen Schmetterling im Glaskasten eines Sammlers.“

Auf solche mürrischen Bemerkungen von Studenten müssen Psychologen, die daran interessiert sind, das Wesen der Persönlichkeit des Menschen zu verstehen, antworten. Und gleichzeitig müssen sie den Attacken anderer Psychologen gewachsen sein, die daran festhalten, daß das „eigentliche Studium des Menschen“ nur eine Analyse der Auslöse-Bedingungen des Verhaltens erfordert und sich nicht mit individuellen Differenzen zu befassen brauche.

a Einzigartigkeit und Beständigkeit: Schlüsselprobleme der Persönlichkeitstheorie

Um die Komplexität und das Rätsel menschlichen Verhaltens lösen zu können, gliedern Psychologen dieses Problem in leichter hantierbare Einheiten auf. Ihr Hauptinteresse kann dabei auf *Strukturen* (das Auge, das Neuron), *Probleme* (Voreingenommenheit, Erziehung), *Phänomene* (Überlernen, Kurzzeitgedächtnis), *Prinzipien* (Verstärkerkontingenzen, Konstanzen), *Bereiche* (Entwicklungsbereiche, Wahrnehmung) oder irgendwelche der unzähligen *Unterthemen* und *Teilprozesse* gerichtet sein, wie die Beziehung zwischen Einstellung und Einwilligung. Diese taktischen Einteilungen von Gegenstand oder Interesse sind alle Teil desselben Bemühens um das Verständnis dessen, weshalb sich Leute so verhalten, wie sie es tun. In der Tat stecken hinter der Vielfalt dessen, weshalb sich Leute so verhalten, wie Menschen zu untersuchen vorgeben, nur zwei begrifflich verwandte Fragen:

a) Wie kommt es, daß sich die Menschen gleich verhalten?
b) Wie kommt es, daß sich die Menschen aber auch unterschiedlich verhalten?

Die erste Frage trachtet danach, die Anzahl der Bedingungen, Faktoren und Variablen zu bestimmen, die für solche Reaktionen verantwortlich sind, die alle Angehörigen der menschlichen Species gemeinsam aufweisen. Die zweite Frage trachtet danach, die beobachteten Divergenzen im Verhalten verschiedener Individuen in Reaktion auf die offensichtlich gleiche Situation zu erklären. Das Problem liegt hier darin, individuelle Einzigartigkeiten zu erklären, d. h. diejenige Reaktionsvariabilität, die nicht der Stimulussituation zuzuschreiben ist. In den reinen Naturwissenschaften wird nur die erste Frage gestellt. Es wird angenommen, daß individuelle Abweichungen von allgemeinen „Mittelwerts“-Gesetzen entweder Meßfehler oder unvollständiges Wissen der relevanten kausalen Bedingungen darstellen. Doch schon in den biologischen Wissenschaften wird der Standpunkt vertreten, daß zwei Organismen nie genau gleich sind und daß die Unterschiede ein Bestandteil dessen sind, was untersucht werden muß.

So gesehen ist die Untersuchung der Persönlichkeit einerseits nicht von der übrigen Untersuchung der Psychologie zu unterscheiden, die einen Versuch darstellt, die *Totalität* menschlichen Verhaltens zu erklären. Zusätzlich aber ist der Persönlichkeitstheoretiker jedoch noch besonders an der Erklärung interessiert, warum sich das Verhalten auch dann noch unterscheidet, wenn alle bekannten Umweltfaktoren spezifiziert worden sind.

Wie verschieden ist das „Normale"?

Eine weitverbreitete falsche Auffassung, die von Ratgebern in Zeitungen immer wieder vertreten wird, besteht darin, daß normale Menschen so ziemlich gleich „funktionieren". Dann *müßte* man, um normal zu sein, wie andere „funktionieren", die in irgendeiner Weise vergleichbar sind (z. B. hinsichtlich Alter, Geschlecht oder Erziehung). Müttern, die sich Sorgen machen, daß ihr Baby noch nicht mit dem Laufen begonnen hat, wird das Alter mitgeteilt, mit dem das „normale Baby" zu laufen anfängt. Jugendlichen wird gesagt, wann es „normal" sei, mit Verabredungen (oder petting) anzufangen, und zwar nach den Auskünften von Übersichten bezüglich der Zeit, wann es der „Durchschnitts"-Teenager tut.

Der Mythos der normalen „Funktion" des Menschen ist schonungslos aufgedeckt worden in einer gründlichen Analyse von Williams (1956), die die enorme Variationsbreite von Lage, Größe und Wirkung innerer Organe des Menschen aufzeigt. Fast jedes Organ ist bei einigen normalen Individuen um ein Mehrfaches größer als bei anderen, ebenso normalen Individuen. Zum Beispiel fassen manche Mägen sechs- bis achtmal so viel wie andere. Es ist völlig normal, wenn die Unterseite des Magens etwa 2 bis 3 cm unter der Brustbeinspitze liegt, ungefähr bei jedem Vierten ist diese Lage zu finden. Genauso normal ist es, wenn die Unterseite des Magens 15 oder mehr Zentimeter unter dem Brustbein liegt; jeder vierte Magen ist so gelegen. Prüfungen von 182 normalen jungen Männern zeigten Herzfrequenzen von 45 bis 105 Schlägen pro Minute. Die normale Pumpleistung reicht von etwa 3 bis 11 Litern pro Minute. Ähnliche Differenzen werden von der Struktur des Nervensystems, von biochemischen Stoffwechselprozessen, und von Reaktionen auf Drogen und auf verschiedenartige Stimuli berichtet.

Wenn solch ein Aufgebot an Differenzen zu der unbegrenzten Vielfalt der Lebenserfahrungen, die die einzelnen Menschen erleben, hinzukommt, ist es kein Wunder, daß verschiedene Organismen in der gleichen Situation verschiedene Dinge tun. Diese individuellen Unterschiede stellen für Forscher, die allgemeine Gesetze suchen, Hindernisse dar. Sie werden entweder durch Verwendung starker Reize in einfachen Situationen bewältigt oder durch Bildung von Mittelwerten beseitigt, wobei die verschiedenartigen Reaktionen einer großen Anzahl von Personen zusammengefaßt werden. Die meisten Persönlichkeitstheoretiker gehen dieses Problem jedoch ganz anders an. Was Leute veranlaßt, sich als Individuen zu verhalten, wird nicht als ein Problem angesehen, das man los werden will, sondern als *das* Problem, das untersucht werden soll.

Das bedeutet noch nicht, daß die im Gebiet der Persönlichkeit arbeitenden Psychologen nicht daran interessiert sind, allgemeine Gesetze zu finden. Wie in anderen psychologischen Bereichen glauben auch viele der Persönlichkeitstheoretiker, daß die Psychologen eines Tages erklärungsträchtige Prinzipien, die auf alle Menschen zutreffen, entdecken werden. In der Persönlichkeitstheorie müssen sowohl generelle Prinzipien als auch die individuellen Unterschiede zwischen den Menschen erklärt werden können. Nicht alle Persönlichkeitstheorien betonen die individuellen Differenzen, aber sie müssen auch dafür eine Erklärung haben. Sie müssen aussagen können, was eine Person von der anderen unterscheidet, warum eine Person sich in verschiedenen Situationen gleichbleibend verhält und schließlich, warum Menschen entweder die gleichen bleiben oder sich über eine Zeitdauer hinweg verändern.

Die Beständigkeit der Persönlichkeit

„Ich mag sie, weil sie eine angenehme Person ist." „Er ist so dynamisch, daß er immer der Anführer wird." Der populäre Sprachgebrauch, wie in diesen Bemerkungen, setzt „Persönlichkeit" in etwa gleich „Anziehungskraft", „Charme", „Schwung" oder „Ausstrahlung". Sie ist eine Eigenschaft, von der Filmschauspieler und jene Politiker, die wir mögen, eine Menge besitzen, während sich der Rest von uns mit weniger begnügen muß. Wenn Psychologen jedoch das Wort *Persönlichkeit* verwenden, dann hat es eine mehr neutrale, universelle Bedeutung, indem es das erfaßt, „was ein Individuum charakterisiert". Oder Persönlichkeit ist, formaler ausgedrückt, „die Summe der Verhaltensweisen, mit denen ein Individuum charakteristischerweise reagiert und mit anderen Personen und Objekten in Beziehung tritt" (Ferguson, 1970).

Was macht nun ein Individuum so charakteristisch? Ohne richtig darüber nachzudenken, sind wir in der Lage, unsere Freunde zu erkennen, selbst wenn wir sie eine Zeitlang nicht gesehen haben. Wenn wir eine Person gut genug kennen, können wir sie sogar in der Schilderung ihres Verhaltens durch irgend jemand anderen wiedererkennen. („Oh, das muß der Peter gewesen sein. Er macht immer solche Dinge.") Wie schaffen wir das? Der Schlüssel hierfür scheint in der *Beständigkeit* zu liegen. Wir können eine bestimmte Person wiedererkennen und sie anderen gegenüber charakterisieren auf Grund der Art und Weise, in der sie beständig bleibt. Selbst wenn sie sich ständig unvorhersehbar verhält, ist das ein Merkmal, das sie von weniger wechselhaften Leuten unterscheidet.

Aber die Sache ist weit schwieriger. Versuchen Sie den folgenden Test. Denken Sie über eine Person nach, die in Ihrem Leben eine bedeutende Rolle spielt. Ist diese Person primär schlecht (schwach, herzlos, rücksichtslos)? Oder hängt es von den Umständen ab? Nun denken Sie einmal gut nach und beantworten Sie die gleiche Frage in bezug auf sich selbst.

Sehr häufig führt das Ergebnis dieses einfachen Experiments zur Entdeckung, daß wir andere Leute, die wir gut kennen, entweder als ziemlich gleichbleibend gut oder schlecht sehen, und zwar unabhängig von der Situation, während wir uns selbst als mehr durch die Umstände beeinflußt und deshalb variabler erleben. Dieses Paradoxon stellt unsere Neigung heraus, anderen Personen bei ihrer Charakterisierung Beständigkeit im Verhalten, beständige Reaktionsformen und Merkmale zuzuschreiben.

Wir sahen in Kapitel 6, daß diese Tendenz, Beständigkeit bei anderen Leuten wahrzunehmen, eine Ausdehnung der allgemeineren Tendenz war, Beständigkeit bei allen Ereignissen überhaupt zu bemerken; als Teil eines allgemeinen Prozesses, unsere Welt auf solche Weise zu organisieren, daß sie für uns zusammenhängend, geordnet und leichter voraussagbar wird. So müssen wir die Frage aufwerfen, ob die Beständigkeit, die wir bei anderen Personen bemerken und auf der Theorien über die Persönlichkeit aufgebaut sind, tatsächlich bei den beobachtenden Personen oder nur in den Köpfen naiver Beobachter und cleverer Persönlichkeitstheoretiker existiert.

Persönlichkeitstheoretiker unterscheiden sich außerordentlich darin, wie sie diese Beständigkeit beschreiben und zu erklären versuchen. In diesem Kapitel werden wir zuerst eine Anzahl dieser unterschiedlichen Ansichten über das Wesen der Persönlichkeit betrachten. Später werden wir uns dann dem komplizierten Prozeß der Persönlichkeitsuntersuchung zuwenden: der Anwendung von Tests und anderen Hilfsmitteln, die das, worüber Theoretiker spekulieren, messen und in Zahlen und Bezeichnungen erfassen sollen.

b Naive Persönlichkeitstheorien

So verschieden Wahrsager, Pokerspieler und Kriminalbeamte auch sind, sie gleichen sich alle in der Kunst, ein Individuum (einen Kunden, ein „ausnehmbares" Opfer oder einen Verdächtigen) momentan einschätzen zu können: Sie ermitteln versteckte Anhaltspunkte und fügen den Betreffenden in eine Typologie menschlichen Wesens ein, um etwas aus ihm herauszubekommen. Diese Praktiker müssen Vorhersagen machen, die für das betreffende Individuum auch zutreffen; aber sie tun dies lediglich auf Grund allgemeiner Überzeugungen darüber, wie diese Person in eine Anzahl erfahrungsgemäß aufgebauter Klassen von Menschentypen hineinpaßt oder nicht hineinpaßt. „Empirisch abgeleitet" bedeutet hier das ganze Erlernte: eigene Beobachtung und Erfahrung, „harte Schule" und auch die angehäuften Erfahrungen der Kollegen, die mündlich oder durch Trainingsmanuale weitergegeben wurden. Eine kurze Prüfung einiger Aspekte solcher Theorien wird helfen, den Gegensatz zwischen einer naiven Persönlichkeitstheorie und den differenzierteren, auf einer Theorie basierenden „wissenschaftlichen" Persönlichkeitstheorien im folgenden Text darzulegen.

Wahrsager

„Durch Versuch und Irrtum und durch geschickte Beobachtung der Menschen haben viele Wahrsager schon vor langer Zeit eine Menge jener großen Wahrheiten erarbeitet, die die offizielle Psychologie eben erst entdeckt hat. Schon vor Freud wußten die Wahrheitspropheten, daß kleine Jungen oft auf ihre Väter eifersüchtig sind; vor Adler erkannten sie, daß sich hinter einem unverschämten Benehmen gewöhnlich Minderwertigkeitsgefühle verbergen. Wie es den Alchemisten vor dem Chemiker, den Kräuterdoktor vor dem Apotheker und die Hebamme vor dem Geburtshelfer gab, so griff der „Gedankenleser" in Methode und Wissen dem Psychiater vor. Er ist tatsächlich der Psychiater der armen Leute; und wenn er schlau genug ist, wird er manchmal ebenso der Psychiater der Reichen" (Gresham, 1949).

Solch eine Person ist ein geschickter Pseudofachmann, der scharfe Beobachtungsgabe, Menschenkenntnis und ein beachtliches Selbstvertrauen als Charakterdeuter in sich vereinigt — um einen leichtgläubigen Klienten im Handumdrehen richtig zu beurteilen, ohne Tricks und ohne etwas über ihn im voraus zu wissen. Sein Grundwerkzeug besteht in der Fähigkeit, Leute schnell auf Grund von Alter, Erscheinung, Familienstand und so weiter zu klassifizieren, und aus einem scharfsinnigen Wissen darüber, welche Art von Problemen ein bestimmter Typ höchstwahrscheinlich hat: Eine verheiratete Frau hat etwa Sorgen um ihren Mann, um Kinder und das Einkommen. Ein attraktives, alleinstehendes Mädchen wird wahrscheinlich versuchen, einen Mann zu angeln. Das schüchterne, unattraktive Mädchen fürchtet sich entweder vor den Männern oder davor, daß sie keinen Partner finden wird.

Kriminalbeamte

Wahrsager haben den Vorteil, daß ihre Kunden sie sich von vornherein selbst auswählen. Diese sind schon vorher gewillt zu glauben und fest auf die mystischen Kräfte eines anderen zu vertrauen. Erheblich schwieriger ist dagegen die Aufgabe des Kriminalbeamten. Er muß Leute zum Sprechen bringen, auch wenn deren Geständnisse zum Freiheitsentzug oder sogar zur Einbuße des Lebens führen können.

Trotz dieses anfänglichen Nachteils wissen Kriminalbeamte offenbar genügend über die Persönlichkeit der Leute, die sie ausfragen, um erfolgreich bei ihrer Arbeit sein zu können. In einer Untersuchung von 86 amerikanischen regionalen Bundesgerichtshöfen zeigte sich, daß sich 80 % der im Strafprozeß Angeklagten als *schuldig* bekannten oder ihre Schuld *nicht* abstritten; und zwar noch vor der Gerichtsverhandlung. Aus einer Stichprobe von 270000 Kriminellen legten fast 225 000 ein Geständnis ab (Rogge, 1959). Da die zwangsmäßige Gewinnung eines Geständnisses illegal ist, erhebt sich die Frage, wie ein Polizist seinen Mann zum Sprechen bringt. In einer polizeilichen Dienstvorschrift heißt es:

„Wenn er weiß, worum es geht; genau weiß, welche Information man sucht; ein Laienwissen über praktische Psychologie besitzt und die Methode eines Verkäufers benutzt, kann er erfolgreich die heimlichen Gedanken eines Menschen erkennen und die gesuchten Tatsachen herausziehen" (Müller, 1951).

Bei dieser Form angewandter Psychologie wird der Verdächtige nach dem ersten Eindruck zunächst einer vorläufigen Kategorie zugeteilt. Dann werden vorher ausgearbeitete Techniken der Untersuchung und Überredung verwendet. Falls diese ohne Erfolg sind, wird der Verlauf des Verhörs auf die Besonderheiten der Persönlichkeit oder auf die Einstellungen des Verdächtigen abgestimmt.

In einer Anleitungsvorschrift über die Verhörtechniken für Kriminalbeamte bringt ein Autor eine Zusammenstellung der häufigsten Charaktertypen und der entsprechenden Befragungstechniken. Er führt folgende Beispiele an: der „Schüchterne" (Hausfrauen, Leute ohne Schulbildung und Ausländer fallen in diese Klasse), der „Desinteressierte", der „Dummkopf" und andere. Es wird den Kriminalbeamten zum Beispiel geraten, sich bei Schüchternen „freundlich und vertrauensvoll" zu verhalten. Bei Desinteressierten wird Schmeichelei empfohlen, um diesen ein Gefühl der Wichtigkeit zu geben. Den Dummkopf muß man erst in Schwung kommen lassen, indem man ihm zuerst viele einfache Fragen stellt, die von jedem mit minimaler Intelligenz beantwortet werden können.

Hat man es mit einem Jungen zu tun, der sicher kein Krimineller ist, aber offenbar zum ersten Mal in einen kriminellen Akt verwickelt wurde, ist „Mutter" das Zauberwort. Man wird betonen, wie weh ihr das tun wird. Bei einem abgestumpften, jugendlichen Delinquenten, der die Polizei für bösartig hält, wird dem Beamten geraten, freundlich zu sein und Überraschungsmomente auszunutzen.

Hat man es mit der großen Gruppe der Geistesarbeiter (Büroangestellte, Lehrer, Studenten und so weiter) zu tun, die erstmalig straffällig geworden sind und traditionell an althergebrachten ethischen Prinzipien und konventionellen moralischen Normen festhalten, wird ein ruhiges Gespräch, das an eine ärztliche Konsultation erinnert, Respekt erzielen und daher erfolgreich sein. „Personen dieser Kategorie haben einen schwachen Charakter;

das muß voll ausgenutzt werden." Bei dieser Gruppe sei es auch empfehlenswert, mit gehöriger Bestimmtheit aufzutreten. Der Kriminalbeamte verspricht, daß er solange die Sorgen des Verdächtigen übernimmt und klar Deck für ihn schafft, als er zur Mitarbeit bereit ist (O'Hara, 1956).

Andere Ausbildungsanweisungen der Polizei unterscheiden zwischen Straffälligen, die Emotionen zeigen (Gewissensbisse, Reue, Nervosität) und emotionslosen Straffälligen, die vorsätzlich ein Verbrechen begehen und anschließend nur betrübt sind, weil sie erwischt worden sind.

Unter der Lupe

Eine Weissagung ist Geld wert, wenn ein Vermögen auf dem Spiel steht

Als mir einfach nicht klar war, wie er seine Dinge betrieb, fing der Doktor an zu erklären. „Da war z.B. eine kleine Frau mit abgelaufenen Schuhsohlen . . ."

Sie kommt über den Flur auf den Doktor der seelischen Wissenschaft zu und hält ihre Handtasche fest an sich gepreßt. Ihr Ringfinger bietet ein vielsagendes Zeichen — sie hat ihren Ehering abgelegt mit dem abwegigen Gedanken, den Wahrsager an der Nase herumzuführen. Bis sie Platz genommen hat, steht seine Beurteilung schon fest:

Ehefrau, wahrscheinlich mindestens zwei kleine Kinder — sie blickt so gehetzt. Alter ungefähr 35; sie beginnt zu verblühen; das Kleid war letztes Jahr noch modern, doch dieses Jahr wurde es mit wenig Geschick umgearbeitet (d. h. weniger Geld in diesem Jahr als im letzten). Kein Dienstmädchen — die Hände zeigen es. Konservativ, phantasielos, schüchtern — das schlichte Äußere und der ängstliche Zug um Mund und Augen verrieten ihm das. Sorgen spiegeln sich in den Augen, Angst und Selbstmitleid in der Mundpartie wider. Wahrscheinlich Eheprobleme.

„Gnädige Frau", beginnt er mit schneller und kaum hörbarer Sprache. Die Klientin muß sich konzentrieren, um ihm folgen zu können und vergißt darüber ihre Vorsicht. „Gnädige Frau, ich freue mich, daß Sie zu mir gekommen sind, denn ich glaube, ich kann Ihnen helfen . . . Sie verstehen natürlich, ich behaupte nicht, geheime Kräfte zu besitzen und kann Ihnen auch keine Prophezeiungen machen . . .

Diese Erklärung ist für den Fall gedacht, daß die Klientin die Frau eines Polizisten ist, obwohl sie nicht der Typ dazu ist. Polizistenfrauen sind leicht zu erkennen, denn sie sind die einzigen Frauen in der Welt, die eine Pokermiene haben.

„Ihr *Ehemann* ist wohl der Grund Ihrer Sorgen, stimmt's?" Richtig: die Augen der Klientin werden weit, ein sicheres Zeichen für einen Treffer. Der Doktor tippt an. „Da ist eine andere Person, eine Frau . . ."

Falsch: die Augen werden enger. Er spielt die finanzielle Lage an. Aha, ihr Gesicht hellt sich auf —.

„. . . und diese Summe, die gezahlt werden muß . . . ich sehe, dies ist nicht Ihr Hauptproblem; Sie sorgen sich um Ihren Mann, seine Willensschwäche ist das Problem" — die Augen werden wieder weiter — „sich beim Chef durchzusetzen . . . oder fehlt es ihm an Willensstärke in seiner Freizeit" — aha! — „ja, seine Schwäche für den Alkohol . . . oder für das Glücksspiel . . . ich glaube Karten auf dem Tisch zu sehen . . ."

Brrr! Sie runzelt die Stirn!

„Nein, seine Schwäche für diese Dinge sind es weniger, die Ihre Besorgnis hervorrufen. Auf der anderen Seite aber gibt es eine Versuchung, der er nicht widerstehen kann. Dafür gibt er das Geld aus, das Sie so notwendig brauchen, nicht für sich selbst natürlich — Sie sind ja nicht so eingebildet und habsüchtig wie so viele Frauen —."

Nichts wirkt besser als eine kleine Schmeichelei, um jemanden aufzuweichen.

„— doch für Ihre kleinen Kinder. Mir ist es, als ob ich eine Menge heller Farben sehen würde . . . Pferde, ja, das ist es! Ihr Mann verwettet sein Geld bei Pferderennen, habe ich Recht?"

Die Augen füllen sich mit Tränen. Und während die Frau sich mit dem Taschentuch die Tränen trocknet, fährt der Doktor fort:

„Sie sehen, ich konnte dies nicht im voraus wissen, und Sie haben kein Wort gesprochen . . . Sie sehen, ich habe Ihre Gedanken gelesen . . ." (Gresham, 1949).

Bei Verhören wird der Verdächtige nicht mehr mit hellem Licht angestrahlt, während ihn eine Gruppe von Polizisten anschreit und schikaniert. Vielmehr wird eine persönliche Beziehung zwischen dem Kriminalbeamten und dem Verdächtigen hergestellt in einer Umgebung, in der sensorische Reizung und soziale Unterstützung für den Verdächtigen minimalisiert werden, und der Eindruck der Unbesiegbarkeit von Gesetz und Autorität maximalisiert wird.

Beim Studium dieser Polizeiausbildungsvorschriften (vgl. besonders Inbau und Reid, 1962) kann man ausführlich erfahren, wie Persönlichkeitsbeurteilungen und psychologisch orientierte Techniken mit Methoden entwickelt wurden, die sich völlig unterscheiden von denen der Laborforschung, den systematischen Testprogrammen oder von den aus der klinischen Forschung abgeleiteten Persönlichkeitstheorien. Im Gegensatz zur wissenschaftlichen Forschung hat die Polizei im Lauf der Jahre verschiedene Methoden ausprobiert. Soweit sich diese als brauchbar erwiesen, wurden sie zum täglichen taktischen Handwerkszeug. Die übrigen wurden aufgegeben. Auf diese Weise wurden eine empirisch fundierte Persönlichkeitstheorie und eine Theorie der menschlichen Motivation entwickelt. In ähnlicher Weise müssen auch andere Personen, deren Lebensunterhalt von der Fähigkeit abhängt, Menschen zu bestimmten Handlungen zu veranlassen, auffassungsbegabte Persönlichkeitstheoretiker sein, um zum Erfolg zu kommen. Dies trifft auf viele Berufsgruppen zu, so zum Beispiel auf Verkäufer, Ärzte, Geistliche, Politiker und selbst auf die Nachtklubhaie (Polsky, 1967).

Die Entwicklung von Persönlichkeitstheorien ist also ein grundlegender und unumgänglicher Lebensinhalt für uns alle. Im Rest des Kapitels werden wir prüfen, wie sich die wissenschaftlichen Persönlichkeitstheorien und Beurteilungsmethoden von denen des Durchschnittsbürgers unterscheiden.

c Systematische Vorstellungen über die Persönlichkeit

Es können hier nur einige der vielen systematischen Persönlichkeitstheorien dargestellt werden. Die von uns ausgewählten repräsentieren vier grundlegende Denkmodelle der Persönlichkeit. Die meisten von ihnen geben eine besondere Erklärung für psychische Probleme und Anpassungsschwierigkeiten. Aus vielen dieser Persönlichkeitstheorien wurden spezifische Therapiemethoden entwickelt, die in Kapitel 11 beschrieben werden.

Freud und seine Schüler: Beständigkeit als Ergebnis einer Auseinandersetzung

Gegen Ende des 19. Jahrhunderts — infolge von Darwins epochaler Erkenntnis, daß Menschen und Tiere eine große Zahl von Gemeinsamkeiten haben — versuchten viele Psychologen, die Beständigkeit im individuellen Verhalten zu erklären, indem sie von „Instinkten" sprachen. Das Verhalten eines Menschen, der gegen andere tätlich wird, wurde erklärt durch seinen angeborenen „Kampfinstinkt". War er geizig, so sprach man von „Hamsterinstinkt". Wie wir in Kapitel 3 sahen, hat sich diese Erklärungsweise nicht sehr bewährt. Wenn ein Psychologe eine neue Verhaltensweise beschreiben wollte, brauchte er nur einen weiteren Instinkt zu postulieren. Dies brächte ihm zwar einen neuen „psychologischen Fachausdruck" ein, doch kaum ein größeres Verständnis des psychologischen Prozesses. Bis zu den zwanziger Jahren sind nach einer zusammenfassenden Arbeit von Berhard (1924) wenigstens 849 verschiedene Instinktklassen vorgeschlagen worden. Es ist offensichtlich, daß ein fruchtbarer Zugang zu diesem Problem nötig war. Viele Leute glaubten, daß dieser durch das Werk Sigmund Freuds möglich sei.

Das Konzept von Freud. In Kapitel 3 stellten wir kurz die Phasen dar, die Freud als charakteristisch für die psychosexuelle Entwicklung ansah. In diesem Kapitel werden wir sehen, wie diese Phasen in seine allgemeine Theorie der Persönlichkeit und der menschlichen Funktionsweise passen. Jedoch können wir auch diesmal nicht seine ganze umfassende Gedankenwelt beschreiben und werden nur einige zentrale Punkte berühren (Abb. 9-1).

Eros und Thanatos. Freud war ein unermüdlicher Beobachter. Aus Tausenden von sorgfältigen Beobachtungen bei sich selbst und seinen Wiener Patienten folgerte er, daß jegliches Verhalten ausschließlich von zwei fundamentalen Trieben bestimmt wird. Er glaubte, daß diese Triebe von Geburt an bei jedem Menschen vorhanden seien. Er nannte sie „Eros" und „Thanatos". *Eros,* der „Geschlechtstrieb" oder „Fortpflanzungstrieb", umfaßt in Wirklichkeit mehr als wir im allgemeinen unter Sexualtrieb verstehen, und

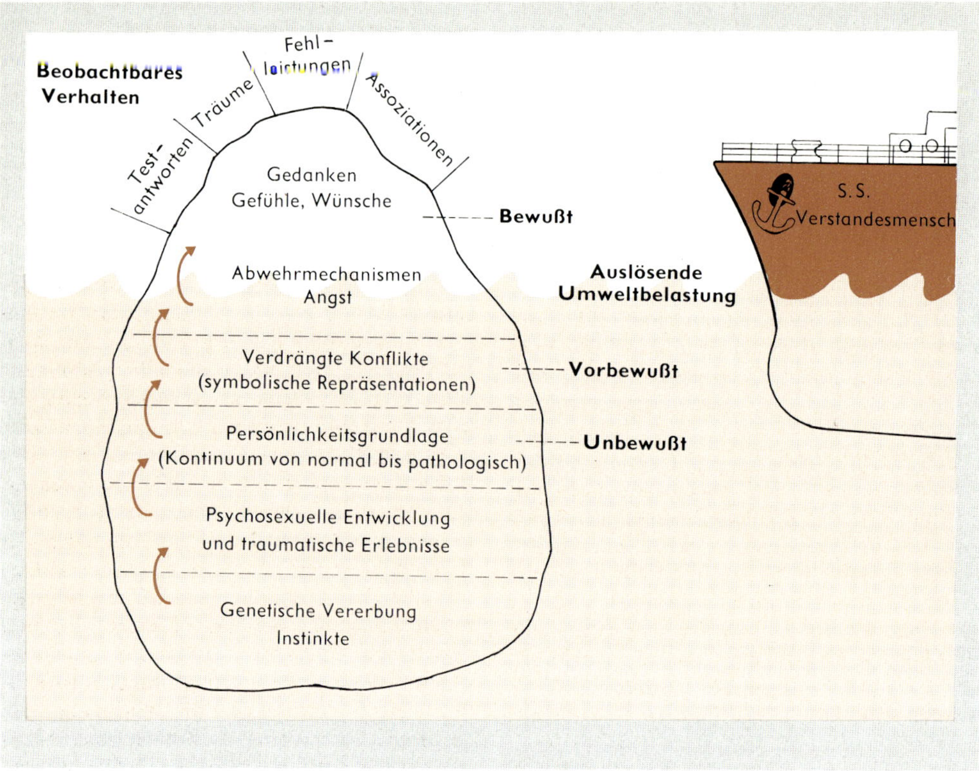

Abb. 9-1. Vor Freud nahm man an, daß menschliches Verhalten in den täglichen Situationen weitgehend durch bewußtes Denken und rationales Handeln bestimmt sei. Freud dagegen war der Überzeugung, daß die Gedanken und die Verhaltensweisen, die einer Person bewußt werden, nur einen kleinen Anteil seiner fortlaufenden Erfahrung ausmachen und daß die bestimmenden Einflüsse auf bewußte Gedanken und auf das beobachtbare Verhalten irrational, unbewußt und von früheren Entwicklungsphasen abhängig seien, d.h. jede Schicht beeinflußt die darüberliegende

brachte Freud zu Unrecht in gewissen Kreisen in den Ruf eines Mannes, der sich mit „schmutzigen Dingen“ befaßt. Man versteht unter diesem Begriff vielmehr jegliches Streben nach einer Neuschöpfung; eine, aber nicht die einzige Ausdrucksform dieses Triebes sah Freud in dem Verlangen nach sexueller Vereinigung. *Thanatos*, der „Aggressionstrieb“ oder „Todestrieb“, bedeutet jegliches Streben nach Selbstzerstörung oder nach dem Abbruch der Ordnung, der Normen und Regeln der Gesellschaft. Freud nahm an, daß psychische Aktivität genauso wie physische Aktivität Energie verbraucht. Die Energie des Eros nannte er *Libido*. Er prägte keinen besonderen Begriff für die Energie, die er mit dem Todestrieb verbunden sah.

Es, Über-Ich und Ich. Freud erklärte die individuellen Unterschiede durch die Differenzen in der Bewältigung der Grundtriebe (Eros und Thanatos). Zur Erklärung sprach er von einem ständigen Kampf zwischen zwei Anteilen der Persönlichkeit, nämlich dem Es und dem Über-Ich. Dem Ich wies er hierbei eine Vermittlerrolle zu.

Das *Es* muß man sich als den primitiven, unbewußten Persönlichkeitsanteil, das „Reservoir“ der Grundtriebe vorstellen. Es arbeitet irrational. Rücksichtslos drängen Impulse nach außen und wollen befriedigt werden, wobei die Überlegung keine Rolle spielt, ob das Triebziel realisierbar oder moralisch akzeptabel ist. Das Es wird gekennzeichnet durch die Art des *„primärprozeßhaften Denkens“*, die wir in unseren Träumen verwenden. Bei dieser Art des Denkens sind die Regeln der Logik und Wirklichkeit nicht gültig. Wir können dabei an zwei Orten gleichzeitig sein, einen Ausflug in die Vergangenheit machen oder andere nicht realisierbare Dinge tun.

Das *Über-Ich* ist der Ort, in dem die Wertbegriffe eines Individuums einschließlich seiner moralischen Haltungen verankert sind. Es entspricht in etwa dem *Gewissen* und entwickelt sich, wenn das Kind die Verbote bestimmter Handlungen durch seine Eltern und andere Personen *internalisiert.* Im Über-Ich ist auch das *Ideal-Ich* enthalten, das sich ausbildet, wenn ein Kind die Ansichten anderer Personen über die Form seiner Persönlichkeitsentwicklung internalisiert. Auf diese Weise ist das Über-Ich, und damit die Repräsentation der Gesellschaft im Individuum, oft im Konflikt mit dem Es. Das Es will nur das, was ihm gut tut, während das Über-Ich das tun möchte, was „richtig" ist.

In diesen Konflikten spielt das *Ich* die Schiedsrichterrolle. Das Ich repräsentiert das Realitätsbild des Individuums und entscheidet darüber, was wohin führt und welche Dinge in der als wirklich erlebten Wahrnehmungswelt realisierbar sind. Ein Teil der Aufgabe des Ichs besteht darin, solche Handlungen auszuwählen, die die Es-Impulse ohne unerwünschte Folgen befriedigen. So würde wahrscheinlich das Ich den Impuls, von einem Felsen herabzuspringen, blockieren und durch einen Luftsprung oder eine Achterbahnfahrt ersetzen. Wenn das Es und das Über-Ich im Konflikt stehen, versucht das Ich im allgemeinen einen Kompromiß zu finden, der letztlich beide wenigstens teilweise zufriedenstellt. Dabei kann es einen oder mehrere unbewußte „Abwehrmechanismen" benutzen (Tabelle 9-1). Da Freuds Denkkonzeption postuliert, daß jeder Trieb psychische Energie besitzt, sucht jeder dieser Abwehrmechanismen ein Ventil für jene Energie zu finden, von der die sozial unannehmbaren Impulse ausgehen. Zum Beispiel wird in dem als *Reaktionsbildung* bekannten Abwehrmechanismen diese Energie mit einer Äußerung verbunden, die das Gegenteil zum ursprünglichen Impuls ausdrückt („Ich hasse ihn nicht, ich liebe ihn! Schau, wie nett ich zu ihm bin!").

Nach Freuds Theorie hat jeder von uns Triebimpulse, die in unserer Gesellschaft nicht akzeptierbar sind, und deshalb benutzen wir alle bis zu einem gewissen Maße solche Abwehrmechanismen. Werden diese jedoch zu oft angewandt, entsteht eine *Neurose.* Ist eine Person neurotisch, so verbraucht sie zuviel Energie, um nicht akzeptierbare Triebimpulse umzuleiten, zu verbergen und in andere Richtungen zu lenken, so daß nur noch geringe Energiemengen für produktive Arbeit oder befriedigende Beziehungen übrigbleiben.

Die psychoanalytischen Theoretiker befaßten sich vorwiegend mit den Konflikten, die nach ihrer Ansicht während der verschiedenen psychosexuellen Entwicklungsphasen entstehen (s. Kapitel 3). Wie sie annahmen, wird die Fähigkeit des Individuums, sich im Laufe des späteren Lebens anzupassen, weitgehend von den Erfahrungen seiner frühen Kindheit bestimmt. Wenn Konflikte ohne entsprechende Lösung in der Kindheit unterdrückt worden sind, werden sie weiterhin — wenn auch unbewußt — Gedanken, Gefühle und Verhalten des einzelnen beeinflussen. Sie verursachen dabei emotionale Spannungen und Schwierigkeiten in der Anpassung.

Nach Freuds Konzeption ist jemand gesund oder angepaßt, wenn er sich erfolgreich in „Liebe und Arbeit" bestätigen kann. Er war ziemlich pessimistisch hinsichtlich der Fähigkeit des zivilisierten Menschen, der Neurose zu entrinnen. Er entstammte einer biederen, viktorianischen Gesellschaft und glaubte vielleicht deshalb, daß jede Gesellschaft den Kindern lehren wird, daß die Äußerung der elementaren Triebe als etwas Schlechtes anzusehen ist. Daher setzt sich jeder fast ständig gegen solche Impulse zur Wehr. Wissenschaftler, die sich später mit diesem Problem beschäftigt haben, dachten optimistischer über unsere Möglichkeiten, verdrängte Konflikte und Neurosen zu vermeiden, wie wir weiter unten sehen werden.

„Die Psychopathologie des Alltagslebens". Welchen Nachweis gibt es dafür, daß die Konflikte, die Freud beschrieben hat, tatsächlich existieren? Freuds Antwort darauf ging in die populäre Literatur als die „Freudsche Fehlleistung" ein. Nach Freud drängen unerwünschte Triebe in uns, auch wenn sie verboten, unterdrückt oder verdrängt werden, weiterhin nach einer Entladung. Der Wunsch eines Menschen, seine heimlichen Verstöße gegen die Normen der Gesellschaft zum Ausdruck zu bringen, kommt immer wieder zum Vorschein und nimmt verschiedene Formen an. Zum Beispiel muß das „Vergessen" eines wichtigen Termins beim Zahnarzt oder die ständige Verspätung zu Verabredungen mit einer bestimmten Person nicht zufällig sein, sondern kann die *wirkliche* Empfindung widerspiegeln. Wenn man zu einem ungebetenen Gast bei seiner Ankunft sagt: „Schade — oh, sehr schön, daß Sie kommen!", kann das die

Tabelle 9-1. *Zusammenstellung der Abwehrmechanismen des Ichs*

Kompensation	Verhüllung einer Schwäche durch Überbetonung eines erwünschten Charakterzuges. Frustration auf einem Gebiet wird aufgewogen durch übermäßige Befriedigung auf einem anderen Gebiet.
Verleugnung	Schutz vor einer unangenehmen Wirklichkeit durch die Weigerung, sie wahrzunehmen.
Verschiebung	Entladung von aufgestauten, gewöhnlich feindseligen Gefühlen auf Objekte, die weniger gefährlich sind als diejenigen, welche die Emotion ursprünglich erregt haben.
Emotionale Isolierung	Vermeidung traumatischer Erlebnisse durch Rückzug in Passivität.
Phantasie	Befriedigung frustrierter Wünsche durch imaginäre Erfüllung (zum Beispiel „Tagträume").
Identifikation	Erhöhung des Selbstwertgefühls durch Identifikation mit einer Person oder Institution von hohem Rang.
Introjektion	Einverleibung äußerer Werte und Standardbegriffe in die Ich-Struktur, so daß das Individuum sie nicht mehr als Drohungen von außen erleben muß.
Isolierung	Abtrennung emotionaler Regungen von angstbeladenen Situationen oder Trennung unverträglicher Strebungen durch straffe gedankliche Zergliederung. (Widersprüchliche Strebungen werden zwar beibehalten, treten aber nicht gleichzeitig ins Bewußtsein; man nennt das auch *Kompartmentbildung.*)
Projektion	Übertragung der Mißbilligung eigener Unzulänglichkeiten und unmoralischer Wünsche auf andere.
Rationalisierung	Der Versuch, sich einzureden, daß das eigene Verhalten verstandesmäßig begründet und so vor sich selbst und vor anderen gerechtfertigt ist.
Reaktionsbildung	Angstbeladene Wünsche werden vermieden, indem gegenteilige Intentionen und Verhaltensweisen überbetont und diese als „Schutzwall" verwendet werden.
Regression	Rückzug auf eine frühere Entwicklungsstufe mit primitiveren Reaktionen und in der Regel auch niedrigerem Anspruchsniveau.
Verdrängung	Verhinderung des Eindringens unerwünschter oder gefährlicher Impulse ins Bewußtsein.
Sublimierung	Befriedigung nicht erfüllter sexueller Bedürfnisse durch Ersatzhandlungen, die von der Gesellschaft akzeptiert werden.
Ungeschehenmachen	Sühneverlangen für unmoralische Wünsche und Handlungen, um diese damit aufzuheben.

wahre Einstellung zu dem Gast offenbaren. Ein weiteres Beispiel bringt Freud selbst in seiner „Psychopathologie des Alltagslebens". Ein junger Mann sagt zu seiner Schwester: „Mit den D. bin ich jetzt ganz zerstritten, ich grüße sie nicht mehr". Sie antwortet: „Überhaupt eine saubere *Lippschaft*". Sie wollte sagen: *Sippschaft,* aber sie drängte noch zweierlei in dem Sprechirrtum zusammen: daß ihr Bruder einst selbst mit der Tochter dieser Familie einen Flirt begonnen hatte, und daß es von dieser hieß, sie habe sich in letzter Zeit in eine ernsthafte unerlaubte *Liebschaft* eingelassen.

Nach Freud sind solche Fehlleistungen nicht zufällig, ihre Bedeutung liegt in der unbewußten Absicht. Solche Fehlleistungen können nämlich im Sinne des Endergebnisses erklärt werden. Es ist dabei gleichgültig, ob der Angesprochene etwas anderes erwartet, oder der Sprechende etwas anderes beabsichtigt hatte. Freud glaubte, daß solche Versprecher die tatsächliche Absicht aufzeigen.

Zur Übung im Erfassen einer Freudschen Fehlleistung lesen Sie die „Unter der Lupe" (S. 369) angeführten Beiträge einmal schnell durch und danach ein zweites Mal etwas sorgfältiger. Welche unbewußten Gedanken kommen hier wohl zum Ausdruck? Können Sie sich vielleicht auch an eigene „Fehlleistungen" erinnern? Wenn nicht, warum nicht?

Symptome als Signale. Freud war der Ansicht, daß auch ernstere Störungen wie zum Beispiel unbegründete Angstzustände, Lähmungen ohne organische Ursache oder unkontrollierbare Ängstlichkeit eine tiefere Bedeutung für das Individuum hätten. Sie würden den Eindruck der Hilflosigkeit erwecken und andere zur Zuwendung veranlassen. Er glaubte, daß diese Symptome lediglich Signale eines unterschwelligen Konfliktes seien. Es sei die Aufgabe des Therapeuten, die Verbindung zwischen dem Symptom und dem verursachenden Problem aufzudecken. So postulierte er sowohl für normales als auch für abnormales Verhalten das Prinzip der *„psychischen Determinierung"*. Gedanken kommen nicht zufällig, auch wenn es so erscheinen mag. Wenn wir nur tief genug nachforschen, werden wir zwischen ihnen sinnvolle Beziehungen finden. In der Tat fand er, daß sogar Träume bedeutungsvoll sind als verkleidete Ausdrucksformen von verborgenen und unbewußten Prozessen. Man nannte Freud den „größten Egozentriker der

Welt", weil er hoffte, durch die unnachgiebige und detaillierte Analyse seiner eigenen Gedanken und Handlungen die wahre Bedeutung des Empfindens und Handelns eines jeden Menschen entdecken zu können.

Kritik an der Theorie Freuds. Kritiker haben sich über die Schwierigkeit der Bewertung der psychoanalytischen Theorie beklagt, weil sie so wenige empirisch überprüfbare Voraussagen trifft. Die Theorie kann vielleicht eine ganze Menge erklären, doch die meisten ihrer Erklärungen sind hintendrein, post factum gemacht. Ebenso haben einige Kritiker hervorgehoben, daß die psychoanalytische Behandlungstechnik eine Lernsituation darstellt, in der die Patienten verstärkt werden für Behauptungen, die im Einklang mit der Theorie stehen. Daher muß man die Behauptungen der Psychoanalytiker, daß ihre Theorie „bestätigt" wird durch das, was sie tatsächlich bei ihren Patienten entdecken, als suspekt ansehen. Außerdem hat sich die Theorie spekulativ, wenn auch auf klinische Erfahrungen mit Patienten beruhend, entwickelt, die an Neurosen und anderen Anpassungsproblemen litten. Daher sagt sie wenig über die gesunde Persönlichkeit oder einen gesunden Lebensstil aus, der von vornherein nicht defensiv im Sinne der Abwehrmechanismen angelegt ist. Schließlich beruht die Evidenz der Theorie weitgehend auf der Erinnerung des Analytikers an die Ereignisse während der therapeutischen Sitzung. Dies bedeutet, daß die Ereignisse den „theoretischen Filter" des Therapeuten passieren müssen, der dazu neigt, Daten, die mit seiner Persönlichkeitstheorie nicht im Einklang stehen, auszusortieren. Auch Freud mußte sich auf die Erinnerungen seiner Patienten verlassen, als er sein Gedankengebäude über die Persönlichkeitsentwicklung errichtete. Tatsächlich war er ziemlich erschrocken, als er merkte, daß viele von ihnen von sexuellen Traumata in der Kindheit erzählten, die sich tatsächlich nie ereignet hatten. Er löste dieses Problem für sich selbst durch die Entscheidung, daß das, was ein Patient erlebt zu haben glaubt, das Wesentliche sei, auch wenn das Gedächtnis bezüglich der objektiven Ereignisse falsch sei.

Selbst Freuds strengste Kritiker erkennen einige seiner Beiträge als richtungsweisend für das moderne Denken an:

1. Indem Freud das Konzept der Steuerung des Verhaltens durch Unbewußtes anwandte, hob er als erster die Bedeutung unbewußter und irrationaler Prozesse in der Motivation menschlichen Verhaltens hervor. Er setzte sich dadurch in Gegensatz zur Behauptung der Rationalisten, daß der Wille des Menschen vollständige Kontrolle über sein Verhalten habe.
2. Obgleich die meisten modernen Psychologen glauben, daß Freud die Rolle sexueller Faktoren überbetonte, eröffnete die Psychoanalyse doch das wissenschaftliche Studium der Sexualität und zeigte ihre Bedeutung als eine Ursache von Anpassungsproblemen auf.
3. Die Psychoanalyse konzentriert ihre Aufmerksamkeit auf Kindheitserfahrungen und

Unter der Lupe

Freudsche Fehlleistungen

„Ein jung verheirateter Ehemann, dem seine um ihr mädchenhaftes Aussehen besorgte Frau den häufigen Geschlechtsverkehr nur ungern gestattet, erzählte mir folgende nachträglich auch ihn und seine Frau höchst belustigende Geschichte:

‚Nach einer Nacht, in welcher er das Abstinenzverbot seiner Frau wieder einmal übertreten hat, rasiert er sich morgens in ihrem gemeinsamen Schlafzimmer und benützt dabei — wie schon öfter aus Bequemlichkeit — die auf dem Nachtkästchen liegende Puderquaste seiner noch ruhenden Gattin. Die um ihren Teint äußerst besorgte Dame hatte ihm auch dies schon mehrmals verwiesen und ruft ihm darum geärgert zu: ‚Du puderst *mich* ja schon wieder mit *deiner* Quaste!'"

„Der Professor bemüht sich in der Anatomie um die Erklärung der Nasenhöhle . . . Auf seine Frage, ob die Hörer seine Ausführungen erfaßt haben, wird ein allgemeines ‚Ja' vernehmlich. Darauf bemerkt der bekannt selbstbewußte Professor:

‚Ich glaube kaum, denn die Leute, welche die Nasenhöhle verstehen, kann man selbst in einer Millionenstadt wie Wien an *einem Finger,* pardon, an den Fingern einer Hand wollte ich sagen, abzählen'."

Frau F. erzählt über ihre erste Stunde in einem Sprachkurs: „Es ist ganz interessant, der Lehrer ist ein netter junger Engländer. Er hat mir gleich in der ersten Stunde durch die *Bluse* zu verstehen gegeben, daß er mir lieber Einzelunterricht erteilen möchte."

(Freud, S.: Zur Psychopathologie des Alltagslebens, Fischer 1954).

weist auf deren große Bedeutung für die spätere Persönlichkeitsentwicklung und Anpassung hin.

Die Theorien der Neo-Freudianer. Viele Analytiker, die nach Freud kamen, übernahmen seine grundlegende Vorstellung, daß die Persönlichkeit ein Schlachtfeld sei, auf dem unbewußte Urtriebe mit den sozialen Normen kämpfen. Die meisten jedoch nahmen einige Veränderungen vor. Manche wie C. G. Jung und Alfred Adler, benutzten unterschiedliche Vorstellungen zur Charakterisierung der primären Antriebe, um Freuds weitgefaßten Libidobegriff zu ersetzen. Adler konzentrierte sich auf das Machtgefühl in dem Glauben, daß die Menschen im Grunde nach Überlegenheit strebten. Dies sei die Kompensation für Minderwertigkeitsgefühle anderen gegenüber, die man als kleines und hilfloses Wesen erlebte. Jung betonte die Bedeutung universaler Symbole und angeborener Prädispositionen, die sogenannten *Archetypen*; er glaubte an ein „kollektives Unbewußtes", das von allen Menschen geteilt wird. Er erweiterte auch Freuds Vorstellung von der Persönlichkeitsentwicklung durch den Begriff des „Selbst", das etwa im Alter von dreißig Jahren auftaucht, um die Strukturelemente der Persönlichkeit, die sich bis dahin entwickelt haben, zusammenzuhalten. Andere „Neo-Freudianer" wie Hartmann, Kris, Loewenstein, Rapaport und später Schafer haben Freuds Ich-Begriff und dessen Funktion erweitert. Sie setzten das Ich in seiner Bedeutung dem Es und dem Über-Ich gleich, anstatt ihm eine Schiedsrichterrolle zu geben. Noch andere, wie Horney, Fromm und Erikson (s. Kapitel 3), glaubten, daß Freud die biologischen Faktoren für die Persönlichkeitsentwicklung auf Kosten der sozialen Einflüsse überschätzt habe und versuchten, das Gleichgewicht wieder herzustellen. Wir werden im einzelnen die Theorie von H. S. Sullivan betrachten, der am meisten die Beeinflussung der Persönlichkeit durch soziale Faktoren betonte.

Abb. 9-2. „Schon gut, tief im Innern ist es ein Schrei nach seelischem Beistand — aber im Moment ist es ein Überfall"

Sullivan nahm wie Freud an, daß die Spannung, die sich aus einer Reihe physiologischer Bedürfnisse herleitet, den Menschen zu seinen Handlungen veranlaßt. Im Gegensatz zu Freud glaubte er jedoch, daß die grundlegenden Bedürfnisse des Menschen nicht biologischer Natur seien, sondern sich durch den Umgang mit anderen Menschen entfalten. Diese so entstandenen typischen „menschlichen" Eigenschaften können aber physiologische Funktionen direkt beeinflussen bzw. ändern. So haben beispielsweise die meisten Kulturen mehr oder weniger stark ausgebildete Regeln entwickelt, die bestimmen, wann und wie gegessen wird, ausgeschieden wird und so weiter.

Sullivan definierte sogar die Persönlichkeit nicht als etwas in der Person Bestehendes, sondern als „die Beständigkeit der sich wiederholenden intrapersonalen Situationen, die das menschliche Leben charakterisieren" (1953, S. 111). So bedeutete für ihn Persönlichkeit nicht Beständigkeit in bezug auf innere Merkmale, sondern in bezug auf das Verhalten *anderen gegenüber.* Diese anderen Personen brauchen weder körperlich anwesend zu sein, damit sich die Persönlichkeit manifestieren kann, noch müssen sie tatsächlich existieren. Ein Mensch kann nämlich mit einem anderen ebensogut in seiner Vorstellung als in der Wirklichkeit Beziehungen aufnehmen. So kann jemand, der in Gedanken verloren weiterfährt, nachdem er von einem Polizisten angehalten worden ist, sich ohne weiteres vorstellen, was er zu diesem Polizisten hätte sagen sollen, oder er kann sogar in seiner Vorstellungswelt mit einer nichtrealen Person aus einem Buch oder einem Film in Beziehung treten.

Zur Erklärung der Beständigkeit im zwischenmenschlichen Verhalten führte Sullivan die Begriffe „dynamism" und „personification" ein. „Dynamismus“ ist ein über lange Zeit beständiges, sich wiederholendes Verhaltensmuster (andere Theoretiker würden dies als Gewohnheit oder *habit* bezeichnen). Von einer Person, die sich zum Beispiel einer anderen Person oder Personengruppe gegenüber in charakteristischer Weise feindselig verhält, sagt man, daß sie einen Dynamismus der Feindseligkeit aufweist. Ein Mann, der leichtfertige Beziehungen zu Frauen anstrebt, demonstriert so den Dynamismus der Lüsternheit. Jede gewohnheitsmäßige Reaktion kann ein Dynamismus sein; er zeigt sich entweder in der Art der Einstellung, eines Gefühls oder einer Handlung.

Ein besonders wichtiger Dynamismus ist das „Selbstschutzsystem“, das sich nach Sullivan dann entwickelt, wenn ein Individuum lernt, Gefährdungen für seine Sicherheit zu vermeiden. Es lernt zum Beispiel, daß es nicht bestraft wird, wenn es die Wünsche seiner Eltern erfüllt. So lernt das Individuum gewohnheitsmäßig „Sicherheitsmaßnahmen“ zu praktizieren, die ihm einige Verhaltensformen erlauben (das „gute — ich“ Selbst) und andere verbieten (das „schlechte — ich“ Selbst). In unserer Gesellschaft steht das Selbstschutzsystem leider einer effektiven Kommunikation mit anderen im Wege, weil es dazu neigt, sich von der übrigen Persönlichkeit zu isolieren. Es ist nicht aufnahmebereit gegenüber neuen Erfahrungen, die auf Änderungen abzielen. Sullivan hoffte, daß das Selbstschutzsystem in einer verständigeren Gesellschaft kein so großes Problem mehr darstellen würde. In solch einer Gesellschaft würde den Kindern nämlich nicht mehr auf so verschiedene und unverständliche Weise Angst eingejagt.

Personifikation ist das Bild, das man von jemand anderem hat. Es ist ein Komplex von Gefühlen, Einstellungen und Vorstellungen, die weitgehend bestimmen, wie man sich dieser Person gegenüber verhalten wird. Wenn Personifikationen, die in der Kindheit gelernt wurden, erhalten bleiben und die Reaktionen anderen gegenüber beim Heranwachsen beeinflussen, werden sie *eidetische Personifikationen* genannt. Ein Kind, das seinen Vater als anmaßend und feindselig kennengelernt hat, wird z. B. dazu neigen, andere ältere Männer als anmaßend zu personifizieren. Es reagiert dann Eltern und Vorgesetzten gegenüber so, als ob sie anmaßend und feindselig seien, gleichgültig, ob sie es wirklich sind oder nicht. Eine Personifikation, die von einer Gruppe von Leuten gleichsinnig verwendet wird, nennt man eine *Stereotypie.* Beispiele von bekannten Stereotypien in unserer Kultur sind der „langhaarige radikale Student“, der „Intellektuelle in seinem Elfenbeinturm“ und der „junge Erfolgsmensch in seiner Vorstadtvilla“.

Sullivan umriß sieben Phasen der Persönlichkeitsentwicklung in den westeuropäischen Kulturen. Diese sind: (a) Säuglingsalter, (b) Kleinkind, (c) Spielkind, (d) Schulkind, (e) Pubertät, (f) Heranwachsender und (g) Reife. Diese Phasen unterscheiden sich nicht so sehr in der Art der physischen Befriedigung, die angeblich das Individuum so sehr beschäftigen soll (die Grundlage der Freudschen Phasenlehre), als vielmehr in der Art der zwischenmenschlichen Beziehungen und Denkweisen, die den Phasen eigen sind. Damit erkannte er auch an, daß in anderen Kulturen andere Verhaltensmuster gefunden werden können.

Obwohl er den Einfluß sozialer Kräfte auf die Persönlichkeitsentwickung hervorhob, erkannte Sullivan ebenso den mächtigen Einfluß von Einzelpersönlichkeiten bei der Änderung ihrer Gesellschaft. Er war der Gegenwart gegenüber häufig kritisch eingestellt und glaubte, daß viele ihrer Einflüsse den biologischen Bedürfnissen des Menschen entgegenwirken und die volle Verwirklichung des menschlichen Potentials eher hemmen als fördern. Trotzdem blieb er optimistisch hinsichtlich unserer Chancen, mit den Anforderungen einer Gesellschaft in Harmonie zu leben, die mehr vom Verstand her gelenkt wird als die unsere, und zwar wegen der essentiell plastischen Natur des Menschen.

Diejenigen, die die Persönlichkeit im psychoanalytischen oder neo-analytischen Rahmen betrachten, sehen dann die individuelle Beständigkeit als das Ergebnis eines komplexen Ineinanderwirkens von Kräften an, von denen einige dem biologischen Unterbau und andere den sozialen Gegebenheiten entspringen. Diese Theoretiker unterschieden sich in der Betonung der biologischen bzw. sozialen Kräfte, in dem Grad der Ausarbeitung der Wirkungsweisen kognitiver Funktionen und in dem Optimismus hinsichtlich der Möglichkeit für eine Welt, in der die Menschen glücklicher und erfolgreicher als in der Vergangenheit leben können.

Die Lerntheoretiker: Beständigkeit aus erlernten Verhaltensmustern

Die meisten experimentell arbeitenden Psychologen beurteilten die Persönlichkeitstheorien und ihre Urheber mit Skepsis. Im großen und ganzen verlegten sie sich darauf, beständige Beziehungen zwischen Stimulusbedingungen und dem Verhalten zu finden. Sie machten nur die notwendigsten Annahmen über unbeobachtbare Prozesse, die im Organismus zwischen beobachtbaren Stimuli und beobachtbaren Reaktionen intervenieren. Sie waren der Meinung, daß eine umfassende Persönlichkeitstheorie sowohl unnötig als auch bei unserem derzeitigen Wissensstand verfrüht ist. Einige jedoch haben versucht, die S-R-Lerntheorie auszubauen, um umfassendere Zusammenhänge in der Beständigkeit menschlichen Verhaltens zu erklären. Die bekanntesten Forscher auf diesem Gebiet waren lange Zeit John Dollard und Neal Miller.

Dollard und Miller: die Vermittler. Dollard war Soziologe und Anthropologe, Miller war ein Experimentalpsychologe, der sich einer Lehranalyse im Wiener Psychoanalytischen Institut unterzogen hatte. Beide verband ein Interesse für die von Freud diskutierten Probleme mit einer Wertschätzung für die methodische Strenge der Lerntheorie von Clark L. Hull. Sie versuchten, diese beiden Denkansätze zu vereinigen. Auf den ersten Blick scheint Freuds reichhaltige Theorie wenig Bezug zu haben zu den Erkenntnissen, die gewöhnlich von Untersuchungen an Ratten abgeleitet werden, die in Labyrinthen umherlaufen. Doch gibt es in der Tat einige Punkte großer Ähnlichkeit. Erstens war die Freudsche Konzeption, ähnlich der Hullschen Lerntheorie, eine *Spannungsreduktions*-Theorie: beide sahen das Ziel der Tätigkeit des Organismus in der Reduktion der „Spannung", die von unbefriedigten Trieben ausgelöst wurde. Zweitens heben beide Denkansätze die Bedeutung des *Lernens in der Kindheit* für das Verhalten im späteren Leben hervor. Obwohl die beiden Theorien mit sehr verschiedenen Ausdrücken arbeiten, besitzen ihre Vorstellungsmodelle über den menschlichen Organismus doch wichtige Parallelen.

Eine Hauptarbeit von Dollard und Miller bestand darin, viele der Freudschen Konzepte und Probleme so umzuwandeln, daß sie für strengere experimentelle Untersuchungen geeignet waren (1950). Eines der interessantesten Beispiele ihrer Methode war die Behandlung des Problems innerer Konflikte.

Man müsse sich, so sagten sie, einmal die Situation eines Junggesellen vorstellen, der sich über die Ehe Gedanken macht. Er findet ein nettes Mädchen, das ihm gefällt und er macht ihr einen Heiratsantrag. Doch als der Tag der Hochzeit näher kommt, mehren sich seine Bedenken. Schließlich bläst er zur Bestürzung aller Betroffenen das ganze in letzter Minute ab. Eine Woche später entschließt er sich jedoch endgültig zum Heiraten. Doch, als der Tag naht, ändert er wieder seine Absicht. Wie können wir dieses schwankende Verhalten erklären? Und wie können wir das Verhalten der vielen Männer erklären, die trotz ständig wachsender Zweifel doch heiraten?

Miller formulierte 1944 vier Prinzipien, die sich von Tierversuchen ableiten und uns das Verständnis dieser Art Konfliktsituation ermöglichen:

1. Die Tendenz, sich einem erwünschten Ziel anzunähern, wird um so größer, je näher ihm die Person ist (*Annäherungsgradient*).
2. Die Tendenz, sich von einem gefürchteten Ort oder Objekt zu entfernen, wächst ebenso mit zunehmender Annäherung (*Vermeidungsgradient*).
3. Die Stärke der zweiten Tendenz (Vermeidung) wächst rascher als die der ersten (Annäherung). Anders ausgedrückt kann man sagen, daß der Vermeidungsgradient steiler ist als der Annäherungsgradient.
4. Die Stärke beider Tendenzen variiert mit der Stärke des Triebes, auf dem die Tendenzen beruhen. Eine große Triebstärke kann so den ganzen Gradienten nach oben verlagern.

Die in Abbildung 9-3 gezeigten Graphiken über das Verhalten der beiden Junggesellen erläutern uns diese Prinzipien. Diese Beispiele stellen fesselnde Illustrationen des Denkansatzes von Dollard und Miller dar, doch haben sie mehr mit dem Verhalten in relativ kurzdauernden Situationen zu tun als mit der Art von Beständigkeit, mit der sich die Persönlichkeitstheoretiker gewöhnlich auseinandersetzen.

Der Kernpunkt der Formulierungen von Dollard und Miller befaßt sich mit dem Lernprozeß oder mit der Ausbildung von Gewohnheiten. Sie diskutieren vier bedeutende Merkmale dieses Vorgangs: Antrieb, Schlüssel- oder Hinweisreiz, Reaktion und Verstärkung (Belohnung). *Triebe* bringen den Organismus zur Aktion; *Hinweisreize* deuten darauf hin, welches Verhalten angemessen ist (zur Triebreduktion führt), *Reaktion* ist das resultierende Verhalten und *Verstärkung* festigt die Verbindung zwischen Hinweisreiz und Reaktion, indem die Triebspannung reduziert wird.

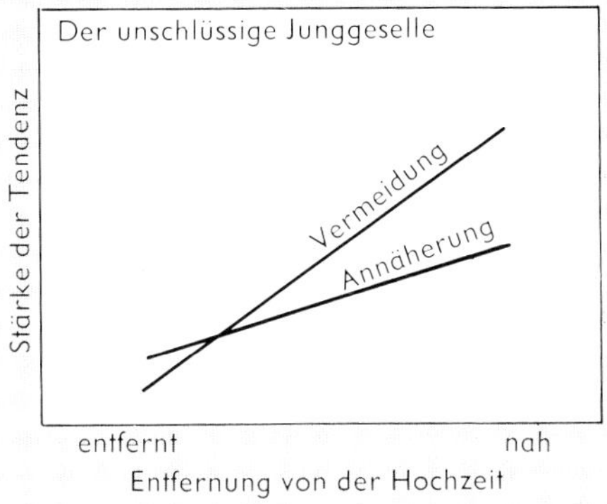

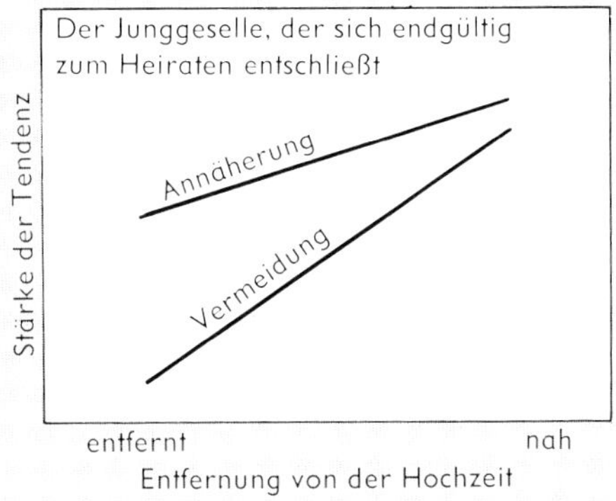

Abb. 9-3. Morgen heirate ich (nicht). Die erste Abbildung zeigt, was Millers Prinzipien im Falle des Junggesellen bedeuten könnten, der immer wieder die Hochzeit verschiebt. Er sehnt und fürchtet sich zugleich vor der Heirat. Wenn die Hochzeit noch in weiter Ferne ist, liegt der Annäherungsgradient noch ein gutes Stück über dem Vermeidungsgradient: die Annäherungstendenz ist größer als die Vermeidungstendenz, und er fährt mit seinen Heiratsplänen fort. Je näher der Tag kommt, um so mehr steigt die Vermeidungstendenz relativ zur Annäherungstendenz bis zu dem Punkt, an dem die Vermeidungstendenz stärker ist. Er mag trotzdem ein Weilchen mit seinen Plänen fortfahren, da er weiß, wie fassungslos jeder wäre, der wüßte, wie er sich fühlt. Aber bald ist die Vermeidungstendenz um einiges stärker als die Annäherungstendenz und er entschließt sich, nicht zu heiraten. Dieser Entschluß versetzt ihn jedoch wieder an seinen Ausgangspunkt zurück: ein langer Weg vor dem Verheiratetsein, wo die Tendenz, sich der Heirat zu nähern, wieder stärker ist als die Tendenz, sie zu vermeiden. So ändert er von neuem seine Absicht. Nach Millers Prinzipien würde der arme Mann immer weiter schwanken, bis das Mädchen die Nase voll hat und ihm sagt, daß er sich zum Teufel scheren solle.
Die zweite Abbildung beschreibt einen Mann, dessen Zweifel sich mit dem herannahenden Tag vergrößern, der aber dann trotzdem heiratet. Er beginnt auch mit Furcht, startet aber mit einem stärkeren Trieb zu heiraten. Obwohl also beide Tendenzen ansteigen und sein Vermeidungsgradient schneller steigt, bleibt die Annäherung stärker als die Vermeidung bis zur Hochzeit hin — und er schafft es
(Nach N. Miller, 1944)

In Kapitel 7 konnten wir ein Beispiel betrachten, wie dieser Prozeß beim Erlernen irrationaler Ängste abläuft. Eine Ratte konnte einem elektrischen Schlag entgehen, wenn sie von einem beleuchteten Käfigteil in einen abgedunkelten wechselte. Bald lernte sie, sich in einem beleuchteten Käfigstall zu fürchten (Trieb) und den Aufenthalt in diesem Abteil als ein Signal (Hinweisreiz) aufzufassen, um daraus wegzulaufen (Reaktion). Das Ergebnis, die Flucht oder Vermeidung des Schocks (Verstärkung), erhöht die Wahrscheinlichkeit dieser Reaktion für das nächste Mal.

Nehmen wir an, wir würden die Ratte in einen anderen Käfig setzen, der schwach beleuchtet ist. Das Generalisationsprinzip unterstellt, daß sie sich weiterhin fürchtet und weiterhin versuchen wird, wegzulaufen, auch wenn sie keinen elektrischen Schlag erhält. Jemand, der nicht über die früheren Erfahrungen der Ratte informiert ist und sieht, wie sie aus dem ungefährlichen Käfig entkommen will, mag glauben, daß dieses Verhalten „irrational" sei. Ist der Beobachter psychoanalytisch orientiert, könnte er sogar der Ansicht sein, daß die Ratte sich so benähme, als ob sie eine „Phobie" vor beleuchteten Käfigen habe. Offensichtlich kann aber die Beschreibung, wie die Ratte irrationale Ängste erlernt, mit geringen Änderungen auf die Entwicklung irrationaler Ängste beim Menschen übertragen werden, und auf die Vorstellung, daß so gelernte Gewohnheiten die grundlegenden und andauernden Elemente der Persönlichkeit werden können.

Banduras und Walters soziale Lerntheorie. Albert Bandura und Richard Walter, zwei Lerntheoretiker, deren Hauptwerk 1963 veröffentlicht wurde, begrüßten Dollard und Millers Experimente und prüfbare Feststellungen, kritisierten aber die Autoren hinsichtlich der folgenden zwei Punkte. Erstens sahen sie es als eine bedeutende Einschränkung an, daß Dollard und Miller sich so stark auf Ergebnisse von Tierversuchen stützen, um daraus eine auf Menschen anwendbare Theorie abzuleiten. Zweitens erachteten sie es als unerläßlich, menschliches Verhalten in der sozialen Umgebung und nicht in der Isolierung zu untersuchen (so reicht es nicht aus, getrennt sitzende Versuchspersonen Wortlisten lernen zu lassen, weil dadurch für den Menschen charakteristische interpersonale Prozesse außer acht gelassen werden).

In ihren eigenen Arbeiten haben sich Bandura und Walter vorwiegend auf den Prozeß des *Modellernens* konzentriert. Dabei lernt man nicht, indem man etwas selber tut, sondern indem man beobachtet, was andere tun und was dabei als Ergebnis herauskommt. Sie fanden zum Beispiel, daß Kinder, die Erwachsene als Modellpersonen bei aggressiven Handlungen gegen eine große Plastikpuppe beobachteten, eine höhere Frequenz von genau nachgemachtem Aggressivverhalten zeigten als es Kontrollpersonen taten, die den Modellen nicht zusahen (Bandura, Ross und Ross, 1961).

Bandura und Walter entdeckten ebenfalls, daß Kinder solche Verhaltensweisen sogar durch Betrachtung von Modellen in Filmen, selbst Zeichentrickfilmen, lernen können. Sie fanden heraus, daß der Mensch viel mehr dazu neigt, ein Modell nachzuahmen, das ihm ähnlich vorkommt, als ein Modell, das ihm unähnlich erscheint. Weiterhin: wenn das Modell für sein Verhalten sichtbar belohnt wird, wird auch die Versuchsperson dieses Verhalten häufiger *ausführen,* obwohl sie es genauso gut *lernen* könnte, wenn das Modell nicht belohnt wird.

Darüber hinaus haben Bandura und Walter entdeckt, daß das Modellernen mehr Wirkungen verursachen kann als nur das Lernen einer bestimmten Verhaltensweise. Sie demonstrierten zum Beispiel, daß auch ein „Regel-Modellernen" stattfindet, bei dem ein Kind lernt, sein Verhalten nach den gleichen *Regeln* zu lenken wie das Modell, und zwar selbst in Situationen, die sich völlig von den ursprünglich beobachteten unterscheiden. Modellernen kann ebenso Enthemmung von früher gelernten Reaktionen erzeugen. Wenn zum Beispiel ein gut gekleideter Mann, also ein auffallendes Modell, die Straße bei „rot" überquert, werden andere, die auf „grün" warten, eine erlernte Gewohnheit „vergessen" und ihn imitieren. Schließlich kann man lernen, sich *selbst* zu belohnen, etwa mit einem Bonbon, wenn man beim Bowling eine hohe Punktzahl erreicht hat, und sich selbst zu bestrafen, indem man jemand anderen beobachtet, der sich etwas Gutes zuführte. Bandura und Walter glauben, daß solche Lernprozesse die Grundlage der Entwicklung der Selbstkontrolle darstellen.

Kritik an den Lerntheorien. Zusammenfassend kann man sagen, daß die Lerntheoretiker die Beständigkeit im menschlichen Verhalten als Resultat des Erlernens von Gewohnheitsmustern ansehen. Am meisten hat überzeugt, daß sie ihre Hypothesen und Schlüsse in einer Form veröffentlicht haben, die auf einer experimentellen Verifikation basierte. Ihr Werk hat in der Folge eine Fülle interessanter Forschungen und wirksamer therapeutischer Techniken ins Leben gerufen. Die Hauptkritik an dieser Forschungsrichtung war bislang, daß sie zu elementar und umweltorientiert war: sie ergab wenig Hinweise auf die Mechanismen, die die einzelnen Gewohnheiten zusammenbringen und ihnen eine kohärente Richtung verleihen; der Organismus wird dargestellt als eine Marionette, deren Fäden von Umweltkräften gezogen werden.

Die organismischen Feldtheoretiker: Beständigkeit als die „Verwirklichung" des Selbst

Die Denkrichtungen, die unter die breite Kategorie der organismischen Feldtheorien fallen, können erheblich mehr über zentrale Koordination und autonome Zweckmäßigkeit menschlichen Verhaltens aussagen. Drei derartige Theorien sollen hier kurz dargestellt werden. Sie wurden alle von der *Feldtheorie* stark beeinflußt, die sich von einer Analogie zu den reinen Naturwissenschaften ableitet. Ausgehend vom Studium elektromagnetischer Felder postuliert sie Kraftfelder, die sich in einem dynamischen und dabei ständig wechselnden Gleichgewicht befinden. Psychologen, die diese Theorie verwenden, betrachten psychische Ereignisse ähnlich physikalischen Ereignissen als Gleichgewicht und Interaktion vieler Kräfte; daraus folgt, daß irgendeine Änderung in diesem Kraftfeld das gesamte System in Mitleidenschaft zieht. So wird das Verhalten nicht als Ausformung individueller Zusammenhänge von Ursache und Wirkung betrachtet, sondern als Kombination von Kräften, aus denen das gesamte Feld besteht.

Goldsteins organismische Theorie. Eine Persönlichkeitstheorie, die bei der Feldtheorie starke Anleihen gemacht hat, ist die *organismische Theorie.* Ihr führender Vertreter ist Kurt Goldstein (1963). Er versorgte als Nervenarzt im ersten Weltkrieg hirnverletzte Soldaten und formulierte ein Prinzip, nach dem besondere Symptome nicht als das Ergebnis besonderer Erkrankungen oder Verletzungen verstanden werden können, sondern nur als das Resultat eines als Ganzes reagierenden Organismus. Der Organismus ist eine Einheit; was sich in einem Teil von ihm abspielt, beeinflußt ihn als Ganzes. Organisation ist ein natürlicher Zustand des Organismus, Desorganisation bedeutet Krankheit. Obwohl Teileinheiten für die Untersuchung unterschieden werden müssen, operieren sie doch nicht isoliert.

Die organismische Theorie betont vorwiegend die systematische Entfaltung der angeborenen Möglichkeiten des Organismus. Sie erkennt jedoch an, daß eine geeignete Umgebung für einen ungestörten Entfaltungsprozeß notwendig ist. Wie zu erwarten ist, wird von dieser Theorie angenommen, daß der Organismus eher von einem Haupttrieb motiviert wird als von einer Anzahl verschiedener unabhängiger Triebe. Unter diesem Trieb versteht man das ständige Bemühen des Menschen, die ihm innewohnenden Möglichkeiten zu verwirklichen. Goldstein nennt dies die *Selbst-Verwirklichung.*

Rogers Theorie vom Selbst. Zu den bekanntesten Vertretern der organismischen Theorie, die auch als Therapeuten Anerkennung erreicht haben, zählt Carl Rogers (1961). Er hebt die individuelle Erlebniswelt hervor, die er das *phänomenale Feld* nennt. Die Wahrnehmungen und deren Interpretationen bestimmen das Verhalten des Individuums. Um das Verhalten des einzelnen zu verstehen, genügt es nicht, die äußere Situation zu kennen, sondern wir müssen verstehen, wie diese dem Individuum erscheint.

Ein differenzierter Teil dieses Feldes ist das *Selbst-Bild,* das sich aus den Interaktionen des Individuums mit seiner Umgebung entwickelt. Es verhält sich in Übereinstimmung mit seinem Bild von sich selbst und neigt dazu, einlaufende Informationen, die für das Selbst bedrohlich sind, zu verwerfen oder zu verzerren. So kann eine Erfahrung *symbolisiert* werden, indem sie deutlich und bewußt aufgenommen wird, oder die Symbolisierung kann abgelehnt werden und unterhalb der Bewußtseinsschwelle bleiben, oder sie wird nicht zur Kenntnis genommen. Für Rogers wie für Goldstein zielt der grundlegendste Trieb des menschlichen Organismus auf Selbst-Verwirklichung. Unglücklicherweise kommt dieser Trieb zeitweilig in Konflikt mit dem Bedürfnis nach Zustimmung oder *positiver Beachtung* durch das Selbst und andere Menschen. Ein Kind beginnt nur noch Sachen zu tun und zu denken, die „akzeptabel sind, wenn wichtige Personen in seiner Umgebung ihre Bestürzung über seine Handlungen zum Ausdruck bringen. Dem Kind wird dabei nicht klar, daß diese „konditionale Beachtung“ sich gegen sein Verhalten, nicht aber gegen seine Person wendet. In diesem Fall wird sich ein Widerspruch entwickeln zwischen seinen „wirklichen“ Gefühlen, der natürlichen Tendenz, aktiv zu sein und Situationen zu meistern auf der einen Seite, und den „akzeptablen“ Dingen, die zu fühlen oder tun es sich erlaubt, auf der anderen Seite. Psychische Krankheiten treten auf, wenn ein Mensch nicht mehr wagt, er selber zu sein oder sich seine eigene reale Erlebnisweise einzugestehen. Sind jedoch einmal die Alternativen für das Individuum deutlich ins Bewußtsein gerückt und sinngemäß symbolisiert, wird es, wie Rogers annimmt, den Weg des Wachsens und Gedeihens suchen. So macht in der Therapie das eigene innere Streben nach Gedeihen und Ganzheitlichkeit den Behandlungserfolg möglich; die Aufgabe des Therapeuten ist es dabei, ein geschütztes und ermutigendes Klima zu schaffen.

Die Selbst-Verwirklichungs-Theorie von Maslow. Ein weiterer Theoretiker, der die Selbst-Verwirklichung als ein brauchbares Konzept ansah, war Abraham Maslow. In der Erkenntnis, daß sich die Psychologie zu sehr auf die Schwächen des Menschen konzentriert und dabei seine Stärken übersehen hat, war Maslow bestrebt, mit der Erforschung von psychisch gesunden Individuen das Bild abzurunden. Er sah den Menschen von Natur aus als gut an, ohne dabei zu übersehen, daß die angeborene Neigung zu Wachstum und Selbst-Verwirklichung zart und schwach ist und durch sozialen Druck leicht überwältigt werden kann. Maslow unterschied zwischen der *Defizitmotivation,* wobei das Individuum bestrebt ist, sein physisches und psychisches Gleichgewicht wiederherzustellen, und der *Wachstumsmotivation,* wobei das Individuum versucht, über Sein und Handeln der Vergangenheit hinauszugehen. Dabei nimmt es Ungewißheit, Spannungsanstieg und sogar Schmerz gerne in

Kauf, wenn sich ein Weg zu größerer Erfüllung anbietet.

Nach Maslow sind die angeborenen Bedürfnisse des Menschen im Sinne einer Prioritätshierarchie angeordnet. Sind jene auf einer Stufe befriedigt, haben die auf der nächsten Stufe den Vortritt. Wenn also die physiologischen Bedürfnisse, wie Hunger und Durst, befriedigt sind, drängen da Bedürfnisse auf der nächsthöheren Stufe — die Sicherheitsbedürfnisse — nach Befriedigung. Danach kommen der Reihe nach die Bedürfnisse nach Zugehörigkeit und Liebe, Wertschätzung, Selbst-Verwirklichung, Wissen und zuletzt die ästhetischen Bedürfnisse. Im scharfen Kontrast zu Freuds Theorie werden keine antisozialen Bedürfnisse angeführt, da diese nicht als angeboren gelten. Ein Bedürfnis, sich aggressiv zu verhalten, tritt demnach nur auf, wenn angeborene Bedürfnisse versagt oder in irgendeiner Weise frustriert werden. Sucht jemand angeborene Bedürfnisse zu befriedigen, empfindet er dabei Freude und Zufriedenheit (Maslow, 1959).

Obwohl für die meisten die Selbst-Verwirklichung eine Hoffnung oder ein Ziel ist, etwas Wünschenswertes und Erstrebenswertes, scheint sie doch von einigen in einem größeren Ausmaß erreicht zu werden. Maslow untersuchte eine Gruppe derartiger Personen, obwohl er nie deutlich machte, wie er diese Stichprobe auswählte und seine Untersuchungen durchführte. Er berücksichtigte dabei sowohl historische Persönlichkeiten, wie Beethoven und Lincoln, als auch Personen, die zum Untersuchungszeitpunkt noch lebten, wie Einstein und Eleanor Roosevelt. Auf der Grundlage dieser Forschungen formulierte Maslow (1954) 15 charakteristische Punkte für Personen, die zur Selbst-Verwirklichung kamen:

1. Selbst-verwirklichte Personen orientieren sich erfolgreicher an der Wirklichkeit als andere und weisen reibungslosere Beziehungen zu ihr auf. Sie *leben nahe an der Realität* und an der Natur, haben eine gute Menschenkenntnis und können sich mit Unklarheit und Ungewißheit besser abfinden als andere.
2. Sie *akzeptieren sich selbst* und ihre Eigenheiten ohne besondere Schuld- und Angstgefühle und *akzeptieren auch andere* ebenso bereitwillig.
3. Sie zeigen sehr viel *Spontaneität* im Denken und Handeln, obwohl sie selten extrem unkonventionell sind.
4. Sie sind *Problem-zentriert* und nicht Ichzentriert. Oft widmen sie sich umfassenden sozialen Problemen im Sinne einer Lebensaufgabe.
5. Sie haben zeitweilig ein *Bedürfnis nach Privatsphäre* und Zurückgezogenheit und können das Leben aus einer abgeklärten, objektiven Sicht heraus betrachten.
6. Sie sind relativ *unabhängig von ihrer Kultur und Umgebung,* doch prahlen sie nicht damit, nur um sich von anderen zu unterscheiden.
7. Sie sind einer *tiefen Würdigung* grundlegender Lebenserfahrungen fähig, selbst bei Dingen, die sie bereits sehr häufig getan oder gesehen haben.
8. Viele von ihnen hatten *mystische Erlebnisse,* zum Beispiel eine tiefe Empfindung für Ekstase, die Eröffnung grenzenloser Horizonte, das Gefühl von großer Macht und gleichzeitiger Hilflosigkeit, aber immer ein abschließendes Gefühl der Gewißheit, daß sich etwas Bedeutungsvolles ereignet hatte.
9. Sie haben wie Abraham Lincoln ein *ausgeprägtes soziales Interesse* und identifizieren sich in einer mitfühlenden Art mit der gesamten Menschheit.
10. Sie sind zu *tiefen und harmonischen zwischenmenschlichen* Beziehungen imstande, gewöhnlich aber nur mit wenigen Menschen.
11. Sie zeigen sich in ihrer Haltung anderen gegenüber *demokratisch* und erweisen allen Menschen Achtung, ohne auf Rasse, Glauben, Einkommen und so weiter zu achten.
12. Sie unterscheiden genau zwischen Mittel und Zweck, doch machen ihnen *die Mittel für die Zwecke* Spaß, und zwar mehr als es bei ungeduldigen Personen der Fall ist.
13. Sie haben einen ausgeprägten *Sinn für Humor* und sind in ihren Witzen tiefsinnig und nicht verletzend.
14. Sie sind, jeder in seiner Art, sehr *kreativ.* Sie besitzen eine „ursprüngliche Kreativität, die aus dem Unterbewußten kommt“, und wirklich originelle, neue Entdeckungen hervorbringt. Dies zeigt sich in dem Gebiet, das sich die selbstverwirklichte Person ausgesucht hat. Sie ist jedoch nicht mit der produktiven Kreativität zu verwechseln, die man in der Malerei, Musik, Dichtkunst, Wissenschaft oder bei Erfindungen reflektiert sieht. Selbstverständ-

lich wird die in den genannten Gebieten selbst-verwirklichte Person beide Arten der Kreativität aufweisen.

15. Sie *gehen nicht in ihrer Kultur unter*, d. h. obwohl sie in ihrer Kultur eingebettet sind, sind sie von ihr unabhängig und stimmen nicht blind all ihren Forderungen zu.

Wegen jeder dieser Eigenschaften sind selbstverwirklichte Personen besonders befähigt zu lieben und in vollem Umfang geliebt zu werden. Ihre Liebe zeigt große Spontaneität und ist genauso durch Fröhlichkeit und Beschwingtheit wie durch Sorge und Verantwortlichkeit für die geliebte Person gekennzeichnet. Ihre sexuellen Liebesbeziehungen können sehr stark sein und erreichen manchmal die Intensität mystischer Erlebnisse. Tatsächlich sind *Erlebnishöhepunkte* verschiedener Art charakteristisch für den Selbst-Verwirklichten. Dies sind „Momente höchsten Glücks und Erfüllung". Sie können mit unterschiedlicher Intensität bei den verschiedensten Aktivitäten auftreten: bei Erlebnissen mit Eltern, kreativen Aktivitäten, ästhetischen Empfindungen, Natureindrücken oder sogar bei der Teilnahme an sportlichen Wettkämpfen.

Die organismischen Feldtheoretiker wie Goldstein, Rogers und Maslow haben also einen grundlegenden Antrieb zur Selbst-Verwirklichung postuliert, der als Organisator aller Kräfte dient, deren ständiges Zusammenspiel die Persönlichkeit kontinuierlich neu schöpft. In diesem Verlauf haben sie Theorien entwickelt, die „menschlicher" erscheinen als viele, die zeitlich vorangingen. Sie haben die Wichtigkeit der individuellen Wahrnehmung der Welt betont, sowie die Merkmale der psychischen Gesundheit und den Prozeß des Wachstums.

Kritik an den Selbst-Verwirklichungs-Theorien. Die Kritik an diesem Denkansatz konzentriert sich auf die Verschwommenheit des zentralen Begriffs der „Selbst-Verwirklichung". Erstens ist es nicht klar, bis zu welchem Grad Selbst-Verwirklichung mehr eine sozial bestimmte als angeborene Tendenz ist.

Zweitens ist sie nicht genügend definiert, um bei der spezifischen Voraussage von Verhaltensbeziehungen gewichtig mitzusprechen. So haben diese Theorien große Schwierigkeiten, die *spezifischen* Arten der Beständigkeit zu erklären, die besondere Individuen charakterisieren, es sei denn in einer sehr allgemeinen Art.

Die Faktorenanalytiker: Beständigkeit in einem Satz von Merkmalen

Der letzte hier behandelte Denkansatz über die Persönlichkeit ist vielleicht der beste der gegenwärtig verfügbaren, wenn es um die Beschreibung und Erklärung von Ansammlungen menschlicher Eigenschaften geht.

Merkmalstheorie und die Entwicklung der Faktorenanalyse. Eine der frühesten und direktesten Arten, menschliche Beständigkeit zu beschreiben, erfolgte durch die Abgrenzung von Merkmalen („Charakterzügen" = traits). Wenn eine Person beständig freundlich war, sprach man vom Charakterzug „Freundlichkeit"; war sie gut im Sport, sprach man vom Merkmal „Sportlichkeit". Solche Merkmale oder Merkmalszüge wurden ähnlich den Instinkten als innere Eigenheiten angesehen, wobei die Frage offenblieb, ob sie angeboren waren oder nicht.

Es überrascht nicht, daß sich die Merkmalstheoretiker in die gleichen Probleme verstrickten wie die Instinkttheoretiker. Ihre Sammlungen von Merkmalen gingen scheinbar ins uferlose, und keine zwei Sammlungen stimmten überein. Dann hatte jemand den Gedanken, daß vielleicht einige Merkmale von „grundsätzlicherer" Natur seien als andere, daß nämlich die verwirrende Vielfalt der Oberflächeneigenschaften (surface traits) die Interaktion eines weit begrenzteren und geregelteren Satzes von Grundmerkmalen (source traits) reflektiere (Cattell, 1957). Das war zunächst keine große Hilfe, denn es blieb dem Geschmack des einzelnen überlassen, welches nun die Oberflächen- und welches die Grundeigenschaften seien. Die Listen von Grundeigenschaften, die in der folgenden Zeit vorgeschlagen wurden, waren zwar kürzer, zeigten aber noch immer wenig Übereinstimmung. Da erschien ein bedeutendes mathematisches Hilfsmittel auf der Szene — die *Faktorenanalyse.*

Faktorenanalyse ist eine mathematische Technik mit einer Matrix-Algebra. Sie dient dazu, eine große Anzahl beobachteter Phänomene auf eine kleinere Anzahl von grundlegenderen Variablen zu verringern. Nehmen wir an, wir würden bei vielen Leuten eine große Batterie von Persönlichkeitstests anwenden, wobei wir für jede Person 100 Werte (gleich 100 Merkmale) erhalten. Wollten wir die gegenseitigen Beziehungen dieser 100 Werte zueinander wissen, müßten wir insgesamt 4950 verschiedene Korrelationen auswerten. Um Sinn in diese Riesenmenge von Daten zu bringen — von denen ohnehin viele überflüssig sind, weil sie dasselbe messen — werden mathematische und statistische Techniken benutzt, um die geringste Anzahl von Faktoren zu bestimmen, die in adäquater Weise für die Korrelationsmatrix stehen können (Horst, 1968; Edwards, 1970).

Diese Faktoren werden dann entsprechend der allgemeinen Eigenart benannt, die sie repräsentieren, z. B. „Soziabilität" oder „Impulsivität". So kann die Faktorenanalyse aus dem Ergebnis von 100 Fragen eines Persönlichkeitstests fünf oder sechs Faktoren herausziehen, die die meisten Fragen auf verschiedene Weise tatsächlich anpeilten.

Worin liegt die Bedeutung dieser Befunde? Für die Merkmalstheoretiker war dies deshalb so bedeutend, weil die Faktorenanalyse die Prüfung ermöglichte, ob Tests, die verschiedene Merkmale bestimmen sollten, in der Tat auch verschiedene Dinge und nicht dasselbe Ding erfaßten. Wenn der gleiche Faktor in verschiedenen Tests gefunden wurde, war die Annahme vertretbar, daß dieser Faktor eine der „Grundeigenschaften" repräsentieren mußte, auf die die Untersucher so erpicht waren. Nun gab es also ein objektives, mathematisches Verfahren, das die Theoretiker benutzen konnten, um die Grundstruktur der menschlichen Persönlichkeit zu entdecken. Mehrere Theoretiker versuchten dies sofort. Wir werden uns das Werk von J. P. Guilford, einem Vertreter dieser Gruppe, genauer ansehen.

Guilfords Faktorentheorie. Guilford hat zwei Gruppen allgemeiner Persönlichkeitsfaktoren identifiziert, abgesehen von einer Gruppe von Faktoren, die sich mit spezifischen Arten der Intelligenzfunktion befassen.

Hormetische Faktoren. Die hormetischen Merkmale sind die direkten motivierenden Aspekte der Persönlichkeit. (Das Wort *hormetisch* kommt aus dem Griechischen und

Tabelle 9-2. *Hormetische Faktoren (Nach Guilford, 1959)*

Art des Faktors	Identifizierte Faktoren	Art des Faktors	Identifizierte Faktoren
Bedürfnisfaktoren	Organismische Bedingungen: männlicher Geschlechtstrieb allgemeine Aktivität Umweltfaktoren: Bedürfnis nach sicherer Umgebung Bedürfnis nach Ordnung Bedürfnis nach Zuwendung Leistung: allgemeiner Ehrgeiz beharrliche Anstrengung Ausdauer Selbst-Bestimmung: Bedürfnis nach Freiheit Selbstvertrauen gegenüber Abhängigkeit Einordnung in kulturelle Normen Aufrichtigkeit Soziale Faktoren: Geselligkeit Güte Bedürfnis nach Disziplin Durchsetzungsvermögen	Berufliche Interessenfaktoren	Akademiker: Wissenschaft ästhetischer Ausdruck soziale Wohlfahrt Geschäftsleute: Geschäft, Gewerbe Büroarbeit körperlich Tätige: mechanisch Außendienst Flugwesen typische Fraueninteressen: Karrierefrau häuslich verbal vs. mathematisch
		Außerberufliche Interessenfaktoren	allgemeine Aktivitäten: Abenteuerlust vs. Streben nach Sicherheit Vergnügen an Zerstreuung besondere Aktivitäten: Hang zur Abwechslung Hang zur Präzision empfänglich für: allgemeine kulturelle Interessen ästhetische Wertschätzung Denkinteresse: reflektiv autistisch streng
Einstellungsfaktoren	liberale gegenüber konservative Haltung Religiosität humanitäre Einstellung Vaterlandsliebe stufenweise Veränderung gegenüber Revolution		

bedeutet „in Bewegung setzen“ oder „anregen“.) Diese Faktoren hängen von den physischen Bedürfnissen des Körpers und von den Erfahrungen ab, die man gemacht hat; so können sie in verschiedenen Kulturen etwas variieren. Sie umfassen Bedürfnisse, Einstellungen und Interessen.

Die sorgfältigen Arbeiten von Guilford, Cattell, Eysenck und vielen anderen, die sich über Jahre hinzogen, haben eine Anzahl von meßbaren Bedürfnissen, Einstellungen und Interessen ergeben. Von diesen nimmt man an, daß sie unser Verhalten und Bewußtsein steuern und uns solange antreiben, bis das entsprechende Ziel erreicht ist. Einige davon sind in der Tabelle 9-2 aufgeführt (Guilford, 1959). Diese Tabelle ist keineswegs erschöpfend, und die Forschung auf diesem Gebiet geht weiter. Andere Psychologen arbeiten auf dem gleichen Gebiet. Es ist interessant festzustellen, daß ihre Befunde im wesentlichen übereinstimmen. Die Situation unterscheidet sich erheblich von der, die sich oft ergeben hat, als die Methoden noch weniger objektiv waren (Cattell, 1965; Eysenck, 1960).

Temperamentfaktoren. Guilford und seine Kollegen befaßten sich auch mit Faktoren des Temperaments, mit denen man beschreibt, wie charakteristisch sich ein Individuum in bestimmten Situationen verhält. Solche Merkmale werden mit Skalen wie dem Guilford-Zimmerman-Temperament-Survey gemessen. Dies ist ein Fragebogen, der von der Versuchsperson selbst ausgefüllt wird und aus dem Forschungsgebiet der Faktorenanalyse stammt (Guilford und Zimmerman, 1949). Jeder Merkmalszug wird als Dimension mit zwei extremen Polen gesehen; der Wert eines Individuums liegt dann irgendwo auf der Skala zwischen diesen Extremen. Ein „Testprofil“ kann auf diese Weise aus den hohen und niedrigen Werten bezüglich der zehn Dimensionen aufgebaut werden. Die Skala wird häufig dazu verwendet, um den wahrscheinlichen Erfolg eines Individuums in verschiedenen beruflichen Positionen vorauszusagen.

Dieser Test bietet zwar Meßwerte für 10 Merkmale, aber es darf nicht vergessen werden, daß keines von ihnen alleine steht. Jedes wird beeinflußt und verändert durch alle anderen Eigenschaften des Individuums. So würde sich eine Person, die sehr viele Punkte hinsichtlich „Überlegenheit“ und gleichzeitig hinsichtlich „Freundlichkeit“ erreicht hat, erheblich unterscheiden von einer Person, die genauso viele Punkte hinsichtlich „Überlegenheit“, aber nur wenige hinsichtlich „Freundlichkeit“ aufweist.

1. *Allgemeine Aktivität* (träge — tatkräftig). Eine hohe Punktzahl zeigt ein hohes Maß an Aktivität an. Personen mit einer hohen Punktzahl müssen stets aktiv und tätig sein. Ein hohes Maß an Energie potenziert andere Persönlichkeitsmerkmale. So wird eine gesellige Persönlichkeit mit sehr viel Energie mehr soziale Aktivität entwickeln als eine gesellige Person mit weniger Energie. Weniger erstrebenswerte Persönlichkeitszüge wie feindselige Haltung gegen andere werden vor allem dann in einer Person deutlich, wenn diese ein hohes Energieniveau besitzt. Ein hohes Aktivitätsniveau ist wichtig für leitende Angestellte, Verkäufer, Produktivitätsexperten und so weiter, kann aber auch ein Hindernis sein für Leute mit sitzender Tätigkeit.

2. *Zurückhaltung* (impulsiv — zurückhaltend). Eine ausgeprägte Zurückhaltung zeigt, daß man übergewissenhaft und unbeweglich ist, und daß die Spontaneität in den Beziehungen mit anderen fehlt. Sehr geringe Werte lassen einen ernsthaften Mangel an Kontrolle, eine ungesteuerte Impulsivität und einen krankhaft erscheinenden Tätigkeits- und Sprechdrang vermuten. Ein hohes Maß an Kontrolle benötigen leitende Angestellte, Aufsichtsführende und Fachleute wie Ingenieure, Buchhalter oder Wissenschaftler. Handelsberufe, die Spontaneität in persönlichen Beziehungen mit anderen erfordern, verlangen andererseits einen niedrigeren Wert hinsichtlich Zurückhaltung. Sehr niedrige Werte in diesem Bereich können ernste Persönlichkeitsstörungen anzeigen. Dies ist abhängig von der Ausprägung und Mischung anderer Persönlichkeitsfaktoren.

3. *Überlegenheit* (schüchtern — selbstsicher). Hohe Werte zeigen ein Zutrauen in persönlichen Kontakten mit anderen und den Wunsch nach einer Führerrolle an. Niedrige Werte lassen einen Mangel an Selbstvertrauen in sozialen Situationen, mangelnde Aggressivität oder sogar Furcht vor anderen vermuten. Leitende Angestellte, Verkäufer und höhere Vorgesetzte benötigen einen hohen Dominanzgrad, doch sind hohe Werte nicht wünschenswert in Positionen, bei denen es keine Möglichkeit gibt, über andere zu dominieren, sie zu kontrollieren und zu führen.

4. *Geselligkeit* (einsam — gesellig). Hohe Werte weisen auf eine Vorliebe für direkte persönliche Kontakte mit anderen Menschen hin. Bei niedrigen Werten erwartet man einen

Mangel an Sicherheit und Kontaktbereitschaft im gesellschaftlichen Bereich und die Neigung, alleine seine Arbeit zu tun. Hat jemand bei diesem Merkmal eine niedrige Punktzahl, wird man ihn kaum als freundlich bezeichnen. Leute mit niedriger Punktzahl in diesem Bereich sind ungeeignet für Tätigkeiten, bei denen sie ständig mit Menschen zu tun haben. Eine übermäßige Kontaktbereitschaft ist jedoch nicht notwendigerweise eine gute Empfehlung für Verkäufer, leitende Angestellte und Aufsichtspersonal, denn es ist wichtig, daß sich Leute in diesen Stellungen in keiner gesellschaftlichen Abhängigkeit befinden, d. h. sich nicht zu sehr von den Meinungen anderer leiten lassen.

5. *Ausgeglichenheit* (gefühlsstabil — labil). Hohe Werte weisen auf eine gesunde Gefühlsstruktur ohne stärkere neurotische Tendenzen hin. Niedrige Werte sind ein Anzeichen für Launenhaftigkeit, unbeherrschtes Gefühlsleben und neurotische Störungen.

6. *Objektivität* (überempfindlich — objektiv). Ein hoher Wert weist auf eine realistische Selbsteinschätzung hin. Solche Personen sind nicht leicht verletzbar, während man bei niedrigen Punktzahlen überempfindliche, leicht reizbare und beleidigte Menschen erwartet. Eine extrem hohe Punktzahl in diesem Bereich kann den Mangel an Einfühlungsvermögen in die Empfindungen anderer anzeigen.

7. *Freundlichkeit* (widerstrebend — zustimmend). Eine sehr hohe Punktzahl ist ein Hinweis auf große Friedfertigkeit, gute Anpassung an die alltäglichen Schwierigkeiten oder auf das Bedürfnis, anderen Freude zu machen. Eine niedrige Punktzahl zeugt von der Tendenz, sich abwehrend oder aggressiv gegen andere zu verhalten. Die Bedeutung von Extremwerten in diesem Bereich muß man in Zusammenhang mit anderen Persönlichkeitsmerkmalen wie Dominanz, Geselligkeit oder Zurückhaltung sehen. Im allgemeinen kann man mit Leuten, die hier eine hohe Punktzahl aufweisen, sowohl gut zusammenarbeiten als auch zusammenleben; während jene mit geringer Punktzahl meist die Neigung zu Querulanz, zur unbegründeten Kritik und Rücksichtslosigkeit zeigen.

8. *Nachdenklichkeit* (oberflächlich — nachdenklich). Eine hohe Punktzahl zeigt die Fähigkeit zu sinnvollem und überlegtem Handeln. Extrem niedrige Werte weisen gewöhnlich auf eine oberflächliche Haltung und auf die Abneigung für Situationen, die ein tieferes und analytisches Nachdenken erfordern. Ist man leitender Angestellter, Direktor oder in einer Position tätig, die Planungsvermögen, Organisationstalent und die Fähigkeit, analytisch zu denken erfordert, sollte man in diesem Bereich keine niedrigen Testwerte aufweisen. Auch Werte auf diesem Sektor müssen im Zusammenhang mit anderen Persönlichkeitsmerkmalen beurteilt werden.

9. *Persönliche Beziehungen* (kritisch — vertrauensvoll). Eine hohe Punktzahl in diesem Bereich weist auf Toleranz und Bejahung der gesellschaftlichen Bindungen und Sitten hin. Ein niedriger Wert bedeutet Mißtrauen und eine kritische oder zynische Einstellung zu Personen oder Gesellschaft. Hohe Werte bei diesem Persönlichkeitszug sind besonders erstrebenswert für Verkäufer und leitendes Personal oder für Leute in einer Stellung, bei der

Tabelle 9-3. *Eine Matrix der Temperamentfaktoren (Nach Guilford, 1959)*

	Verhaltensbereiche		
Art der Dimension	Allgemein	Emotional	Sozial
Positiv vs. negativ	Selbstsicherheit vs. Unsicherheit	Heiterkeit vs. Niedergeschlagenheit	Überlegenheit vs. Schüchternheit
Verständnisvoll vs. teilnahmslos	Aufgewecktheit vs. Unaufmerksamkeit	Unreife vs. Reife	Sozialisation vs. Ich-Bezogenheit
Aktiv vs. passiv	Impulsivität vs. Besonnenheit	Nervosität vs. Gelassenheit	Soziales Engagement vs. Passivität
Kontrolliert vs. unkontrolliert	Zurückhaltung vs. Ausgelassenheit	Stabilität vs. cycloide Disposition	Freundlichkeit vs. Feindseligkeit
Objektiv vs. egozentrisch	Objektivität vs. Überempfindlichkeit	Ausgeglichenheit vs. Befangenheit	Toleranz vs. Kritiksucht

es darauf ankommt, mit anderen umgehen zu können.

10. *Männlichkeit* (mitfühlend — gefühlskalt). Ein hoher Wert bedeutet, daß man sich in typisch männlicher Weise verhält. Mit einer hohen Punktzahl ist man nicht sensibel und zeigt sich gefühllos und abgestumpft den Nöten anderer gegenüber. Bei einer niedrigen Punktzahl spricht man von weiblichen Zügen. Dies sind „mütterliche" Personen, die sich um junge Menschen und Hilflose kümmern. (Welche kulturelle Definition des Geschlechts ist hier gemeint?)

Wo lassen Aufstellungen wie diese den Theoretiker im Stich? Ist er nur ein Berichterstatter, der weitergibt, was der Computer soeben ausgespuckt hat? Wohl kaum. Zunächst muß jeder Faktor gewissenhaft überprüft werden, ob er nicht das Duplikat eines bereits bekannten und beschriebenen Faktors ist. Dann muß er einen Namen erhalten, der so genau wie möglich das gemeinte Grundmerkmal trifft. Von gleicher Bedeutung, aber erheblich interessanter ist es, wenn eine Anzahl von Faktoren gefunden und beschrieben worden ist, und sich die Möglichkeit auftut, deren Beziehungen untereinander zu ergründen. Zum Beispiel ermöglichten weitere Arbeiten von Guilford die Identifizierung von 15 Temperamentdimensionen, die die Temperamentsunterschiede genauer als die Gruppe der zehn oben angeführten Faktoren bestimmten. Er schlug vor, diese Dimensionen in drei Verhaltensbereiche, nämlich allgemeine, emotionale und soziale, zu unterteilen. Diese wieder können in fünf Dimensionen variieren, wie die Tabelle 9-3 zeigt.

Intellektuelle Faktoren. Ein noch anspruchs-

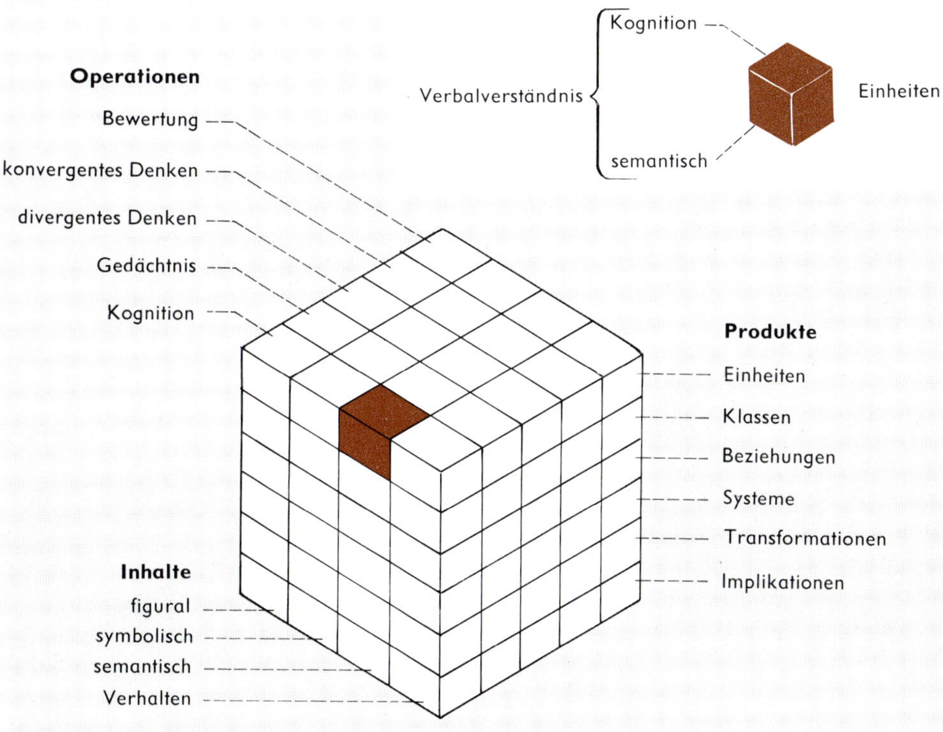

Abb. 9-4. Die Struktur der intellektuellen Begabung. Jeder Faktor kann bezüglich Operation, Produkt und Inhalt klassifiziert werden. Es gibt 5 Arten von Operationen: Bewertung, konvergentes und divergentes Denken, Gedächtnis und Kognition; 6 Arten von Produkten: Einheiten, Klassen, Beziehungen, Systeme, Transformationen und Implikationen; und 4 Arten von Inhalten: figural, symbolisch, semantisch und Verhalten. Ein Beispiel für einen solchen Faktor ist das bekannte Verbalverständnis, das in diesem System klassifiziert wird als *Kognition* von *Einheiten* mit *semantischem* Inhalt
(Nach Guilford, 1961)

vollerer Versuch, Faktoren in einem systematischen Bezugsrahmen zu klassifizieren, ist Guilfords *„Struktur der intellektuellen Begabung“* (Guilford, 1961). Guilford unterteilt intellektuelle Faktoren nach *Inhalt* (Art der Information), dem *Produkt* (Form) und der dazu verwandten *Operation* (Abbildung 9-4). Die verschiedenen intellektuellen Fähigkeiten stellen die unterschiedlichen Kombinationen von Inhalt, Produkt und Operation dar. Jede der vier Inhaltsarten kann mit jeder der sechs Produktarten kombiniert werden ($4 \times 6 = 24$). Bei jeder der sich so ergebenden 24 Informationsarten kann jede der fünf Operationstypen durchgeführt werden ($24 \times 5 = 120$). Wir haben also eine Summe von 120 möglichen intellektuellen Fähigkeiten. Diese werden im drei-dimensionalen Strukturmodell der Begabung veranschaulicht. Jede der 120 Zellen dieses Modells stellt einen der 120 möglichen Faktoren dar und ist repräsentiert durch hohe Werte bei einem bestimmten Test.

Unter der Lupe

Auf der Couch des Analytikers liegend oder vor der Wand des Verhaltenstherapeuten stehend?

Ein radikaler Student konfrontiert den Dekan mit dem Bedürfnis, Universität und Gesellschaft umzustrukturieren. Sein vorrangiges Ziel sei es, mit Krieg und Haß aufzuhören, statt dessen Liebe und gegenseitiges Verständnis unter allen Menschen zu fördern. Während er seine Argumente (und eine Reihe nicht diskutierbarer Forderungen) vorträgt, bemerkt ein unvoreingenommener Beobachter folgende Verhaltensmuster:

a) Ein Anstieg in Sprechgeschwindigkeit und Lautstärke.
b) Ein Anstieg in der Häufigkeit des Stotterns.
c) Ein Anstieg der negativen, affektbesetzten Sprachausdrücke.
d) Häufig zynische und mißtrauische Bemerkungen über die Absichten des Dekans.
e) Verringerter Blickkontakt mit dem Dekan bei fortgesetzter Argumentation und verbalem Kontakt.

Wir wollen vergleichen, wie dieser Fall einerseits von den traditionellen Persönlichkeitstheoretikern, die nach inneren Persönlichkeitsmerkmalen und Anlagen suchen, und andererseits von den Verhaltenstherapeuten analysiert werden könnte. Könnte dieses allgemeine Verhaltensmuster jedesmal dann beobachtet werden, wenn Radikale einen Dekan konfrontieren, dann könnte eine Analyse von diesem Einzelfall auf eine allgemeine Erklärung über „Die Bewegkräfte der radikalen Konfrontation“ ausgedehnt werden; dies würde dann in der Beilage irgendeiner Wochenzeitschrift erscheinen. Die Erklärungsmodelle der zwei Denkansätze sind in dem folgenden Diagramm dargestellt.

Der traditionelle Persönlichkeitstheoretiker wird zuerst der Bedeutung gewisser biographischer Erfahrungen während der Entwicklung dieses jungen Mannes nachforschen. Er beginnt, ganz am Anfang bei den ersten Beziehungen zwischen Kind und Eltern. Er postuliert nämlich, daß das gegenwärtige Verhalten des Studenten gegenüber einer Autoritätsperson Generalisationen dieser früheren Erfahrungen darstellen.

Anhand von Interviews, Fallmaterial, projektiven Persönlichkeitstests und Selbstbeschreibungen ist herauszufinden, daß dieser Student Feindseligkeiten und Ärger in sich trägt; daß er wenig Selbstachtung und eine geringe Ich-Stärke besitzt; Zuwendung und Hilfe braucht, dies aber aus Furcht vor Ablehnung nicht verlangen kann; zu unabhängigem Denken tendiert, gleichzeitig aber auch ein starkes Bedürfnis nach sozialer Anerkennung hat; im Allgemeinen ordentlich und sauber, knickrig mit seiner Habe und streitsüchtig ist.

Das Problem des jungen Mannes beruht „offensichtlich“ auf einer ambivalenten Liebe-Haß-Beziehung zu seinen Eltern, resultierend aus einer strengen Sauberkeitserziehung. Das daraus entwickelte „anal-zwanghafte“ Syndrom hat zu einem übertriebenen Vertrauen auf Gedanken und Worte eher als auf Taten geführt, zu Angst über jegliche Form von Feindseligkeit und zum Stottern aus unterdrückter Wut. All die beobachteten Verhaltensweisen sind nur die äußeren Manifestationen, „Nebelwände“, die sein wahres Problem verhüllen. Die Therapie wird bei dieser Person darauf abzielen, Einsicht in die Beziehung zwischen ihrem gegenwärtigen Verhalten und ihrem verdrängten Konflikt zu erhalten.

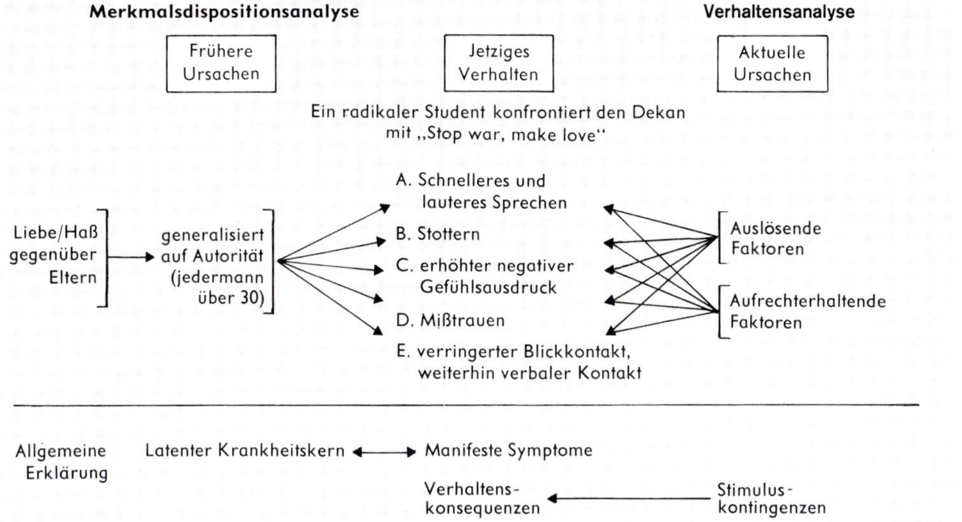

Betrachten wir nun die folgende Alternativerklärung des Verhaltenstherapeuten. Sie leitet sich gänzlich von beobachtbarem Verhalten und den Stimulusbedingungen ab.

1. Wenn der Student langsam spricht, unterbricht ihn der Dekan häufiger, als wenn er schnell spricht. Schnelles Sprechen wird in dieser Situation durch weniger Unterbrechungen verstärkt; die gewöhnlich langsamere Sprechgeschwindigkeit des Studenten wird durch die aversive Situation der Unterbrechungen gelöscht.
2. Wenn der Student laut spricht, hört der Dekan aufmerksamer zu, als wenn sich der Student der „scheuen", höflichen Lautstärke bedient, die der Dekan von ihm (und anderen Studenten) gewohnt ist. Es erlaubt ihm auch, über Einwände des Dekans hinweg zu reden.
3. Wenn sich der Student negativer Ausdrucksformen bedient (heftige Ausdrücke, Warnungen, Drohungen), verändert sich das Benehmen des Dekans:
   seine Pupillen weiten sich, er wird lebendiger.
4. Wenn der Student von seiner üblichen Sprechweise abweicht — schnell, laut und emotional getönt spricht — beginnt er aufgrund der gewaltsamen Veränderung des normalen Sprechflusses und der genannten Rückmeldung zu stottern.
5. Aus früheren Gesprächen mit dem Dekan hat der Student gelernt, daß keine Beziehung zwischen momentaner verbaler Zustimmung und späterer Umsetzung in die Tat vorhanden ist. Dieses Wissen bekundet sich im Mißtrauen gegenüber der verbalen Zustimmung des Dekans.
6. Als der Dekan allmählich aus der Fassung gerät, runzelt er die Stirn, sein Blick verdunkelt sich und er schaut den Studenten mißbilligend und ärgerlich an. Der Student vermeidet den Blickkontakt, weil es ihn aufgeregt, daß jemand so negativ reagiert.
7. Der Student bleibt weiterhin bei seiner Form von Rhetorik. Sie garantiert ihm die Verstärkung seines Selbstbildes: einer Person, die sich für die wichtige Angelegenheit der gesellschaftlichen Veränderung engagiert. Würde er aufhören und merken, daß die politische und soziale Realität noch genau dieselbe ist wie vorher, würde er sich hilflos und hoffnungslos vorkommen.

Um sein Verhalten zu modifizieren, muß man offensichtlich die auslösenden und aufrechterhaltenden Stimulusbedingungen ändern. *Wie er dem Dekan entgegentritt,* kann durch Neuplanung der Reaktionen des Dekans ihm gegenüber geändert werden. *Wozu er den Dekan konfrontiert,* kann nur durch Veränderung seiner gegenwärtigen bedrohenden Umgebung geändert werden.

Dieses theoretische Modell entspricht dem periodischen System der Elemente. Mit Hilfe eines solchen systematischen Rahmens können intellektuelle Faktoren, ähnlich wie chemische Elemente, vor ihrer Entdeckung postuliert werden. In mehreren Fällen trat dies tatsächlich ein: Fähigkeiten, die auf der Grundlage des Modells postuliert worden waren, wurden später erfolgreich durch Tests identifiziert (Guilford, 1964, 1966).

Kritik der Merkmalstheorien. Ohne jeden Zweifel haben die Faktorentheoretiker wichtige Methoden zur Erklärung und Belegung selbst sehr komplexer Muster von Beständigkeit in den individuellen Eigenschaften entwickelt. In drei Punkten wurde an der Methode Kritik geübt: an der Theorie, am methodologischen Vorgehen und an den Ergebnissen.

Von der Theorie her ist der Haupteinwand ähnlich der Kritik, die weiter oben an den Lerntheorien geübt wurde. Die Faktorentheoretiker zeichnen die Persönlichkeit als aus Merkmalen zusammengesetzt und erklären kaum, wie die einzelnen Eigenschaften zueinander in Beziehung stehen und das zusammenhängende System ergeben, unter dem man die Persönlichkeit versteht.

Von der Methode her wurde vorgeworfen, daß Skalen voller Ungenauigkeiten und Fehlbenennungen entwickelt wurden. So scheinen zum Beispiel verschiedene Meßwerte über „Angst" nicht hoch untereinander zu korrelieren. Andererseits wurde der Vorwurf erhoben, daß recht häufig hohe Korrelationen zwischen Skalen einfach davon herrührten, daß identische Items verwendet wurden, die nur unterschiedlich formuliert waren, doch in Wirklichkeit dasselbe prüften. Schließlich waren Skalen, die besondere Eigenschaften messen sollten, häufig verfälscht durch die Tendenz der Testperson, sozial erwünschte Antworten zu geben (social desirability). Eine weitere Fehlerquelle entstand durch die Neigung zur Zustimmung oder Ablehnung von irgendwelchen Fragen (acquiescence, Ja- oder Neinsagetendenz).

Vom Ergebnis her kam die härteste Kritik von Walter Mischel (1968, 1969). Aus seiner Sicht sehen die verschiedenen Persönlichkeitsdimensionen, die aus der Faktorenanalyse mit Fragebogen hergeleitet sind, zwar auf dem Papier gut aus, korrelieren aber nicht besonders hoch mit irgendetwas anderem außer anderen Fragebogenwerten. Ihr Aussagewert läßt nur grobe Selektionsentscheidungen zu. Auch die Versuche, Papier- und Bleistift-Tests zu entwickeln, die mit bestimmten Verhaltensweisen korrelieren würden, sind nicht über sehr niedrige Korrelationen hinausgekommen, besonders wenn sie das Verhalten in verschiedenen Situationen erforschen sollten. Nur bezüglich der Intelligenz wurden hohe Korrelationen zwischen Testwerten und Verhalten (Schulwissen und andere Leistungen) gefunden.

Mischel geht noch einen Schritt weiter mit seiner Frage, ob diese Merkmale und Faktoren überhaupt in der Person existieren. Er stellt ein eindrucksvolles Arsenal von Belegen zusammen, um zu zeigen, daß nichtkognitive (nichtintellektuelle) Merkmale keine guten Prädiktoren des Verhaltens darstellen, da das Verhalten selbst nicht stabil und auch über verschiedene Situationen hinweg nicht beständig sei. Er argumentiert zwingend, daß dieser Mangel an hohen Korrelationen nicht auf eine unvollkommene Methode der Persönlichkeitsmessung zurückzuführen ist, sondern vielmehr auf die falsche Annahme, daß es einen zentralen Kern von Persönlichkeitsdispositionen gäbe.

Mischel vermeidet die biographische Methode, die in früheren Kindheitserlebnissen die Ursprünge unseres *jetzigen* Verhaltens sehen will. Die von ihm entwickelte „Theorie des sozialen Verhaltens" betont statt dessen die Kräfte, die in der gegenwärtigen Situation Verhaltensweisen auslösen und die Bedingungen, die sie verstärken und aufrechterhalten. Das Verhalten einer Person ist stabil, wenn die verstärkenden Bedingungen stabil sind; es ist bei wechselnden Bedingungen beständig, wenn wichtige Stimuli die gleichen sind. Wenn sich jedoch die Schlüsselreize und die Verstärkungen in der Umgebung ändern, ändert sich auch das Verhalten. Es wird unstabil oder unbeständig, gleichgültig, welcher Kernbestand an andauernden Dispositionen auch vorhanden sein möge.

Damit soll nicht gesagt werden, daß das Verhalten unberechenbar und in jeder neuen Situation neu gelernt werde. Vielmehr folgt es den Lerngesetzen, und die Beständigkeit, die wir „Verhaltensmerkmalen" zuschreiben, leitet sich lediglich von der Tatsache her, daß die auslösenden und aufrechterhaltenden Bedingungen für die meisten von uns zumeist keine wesentliche Änderung erfahren.

Verwandelt ein solcher Gesichtspunkt den Menschen in einen Automaten ohne Einzigartigkeit und charakteristische Eigenheiten? Mischel nimmt das Gegenteil an: Wenn wir trotz der beobachteten Vielfalt auf der Unveränderlichkeit des Verhaltens beharren, unterschätzen wir die Komplexität menschlichen Verhaltens. Die Tatsache, daß Menschen auf geringste Veränderungen in ihrer Umgebung reagieren, spricht für die menschliche Flexibilität und Anpassungsfähigkeit.

d Methoden zur Erfassung individueller Differenzen

Jeder Versuch, individuelle Eigenschaften zu beurteilen, geht von der Vorstellung aus, daß „alles irgendwie zusammenhängt". Eine solche Einschätzung impliziert den Versuch, einen weiten Bereich an beständigen Verhaltensweisen auf Grund einer weit engeren Streubreite von Eigenschaften, die wir direkt angehen können, vorherzusagen. In den folgenden Abschnitten werden wir die drei wichtigsten Zugänge zu dem Problem, von wenigem auf vieles zu schließen, betrachten. Doch zunächst müssen wir überlegen, warum wir uns trotz der zu erwartenden Schwierigkeiten mit diesem Problem befassen.

Warum testen?

Sehr häufig wird bei der psychologischen Testung gefragt: „Wofür ist dies?" Studenten, die sich einem psychologischen Test unterziehen müssen, fühlen sich manchmal ihrer Menschlichkeit beraubt und in einen engen Raum gesperrt, der ihnen keinen Platz läßt, ihre Individualität zu zeigen. Künftige Arbeitnehmer — besonders jene aus Minderheitengruppen — glauben häufig, daß Tests gegen sie verwendet werden. Dies ist in der Tat paradox, denn der Hauptvorteil eines psychologischen Tests besteht gewöhnlich darin, die individuellen Eigenheiten einer Person *besser* beurteilen zu können. Während Persönlichkeitstheoretiker versuchen, Wege zur Erfassung der Beständigkeit im Verhalten des einzelnen zu finden, versuchen die Testpsychologen vorauszusagen, welche Menschen unter welchen Bedingungen welche Arten von Beständigkeit zeigen. Normalerweise tun sie es aus einem der drei folgenden Gründe:

1. *Voraussage von Erfolg.* Viele psychologische Tests werden bei der Berufsberatung, bei Aufnahmeprüfung für Schulen und bei der Personalberatung angewandt. In solchen Fällen werden die Tests gewöhnlich verwendet, um die Eignung und den Erfolg in einer bestimmten Fachrichtung, einer speziellen Schule oder in einem bestimmten Beruf vorauszusagen. Wenn die Eignung gering ist, ist es besser für das Individuum, sich anderswo umzusehen, und die Tests geben ihm ferner einen Hinweis, wo er besser abschneiden könnte. Das Endziel dieser Art von Tests ist es also, möglichst viele Leute dort unterzubringen, wo sie am meisten leisten und voraussichtlich befriedigender und in größerer Selbst-Verwirklichung leben können.
2. *Festlegung einer Behandlung.* Die zweitwichtigste Bedeutung psychologischer Testverfahren ist für die Schulen und Kliniken. Sie werden hier benutzt, um zu entscheiden, welche erzieherischen oder therapeutischen Maßnahmen für welche Personen erfolgreich sein werden. In einigen Fällen werden sie dazu verwendet, bei geistig behinderten oder verhaltensgestörten Kindern die Eignung für Sonderklassen zu bestimmen. In anderen Fällen untersucht man mit ihnen Art und Schwere einer psychischen Auffälligkeit, um zu erkennen, welche Therapieform am geeignetsten ist. Zeitweilig dienen sie auch zur Feststellung, ob und welche psychischen oder neurologischen Störungen bei körperlichen Krankheiten oder Funktionsverlusten eine Rolle spielen. Bei all diesen Testverfahren ist das Endziel, so viele Personen wie möglich denjenigen Unterrichts-, Übungs- und Therapieformen zuzuführen, die ihnen am meisten helfen.

Intelligenztests wurden ursprünglich geplant als demokratische Methoden zur Sicherstellung, daß das Aufrücken begabter Kinder im öffentlichen Erziehungssystem ausschließlich auf der Grundlage ihrer objektiven Testergebnisse und nicht durch den subjektiven Eindruck des Lehrers erfolgte. Psychologen befassen sich nun damit, andere subjektive Beurteilungen, die sich in Konstruktion, Durchführung und Auswertung von Intelligenztests eingeschlichen haben, zu beseitigen. Der wirkliche Wert solcher Tests besteht darin, daß sie es uns ermöglichen, die Leistungen eines Kindes mit den Normen anderer Kinder gleicher Sprache, gleicher kultureller und sozioökonomischer Voraussetzungen, Bildungschancen und Lebenserfahrungen zu vergleichen; zu bestimmen, welche Art der Erziehung und Bildung im gegenwärtigen Entwicklungszustand des Kindes am fruchtbarsten sein wird.

3. *Erweiterung des Wissens über den Menschen.* Schließlich dienen Tests auch dazu, unsere Vorstellung über die Funktionsweise des Menschen zu erweitern und zu präzisieren. Ein Teil dieser Forschung besteht in der Überprüfung der oben beschriebenen Persönlichkeitstheorien. Ein anderer Teil befaßt sich mit der Entwicklung neuer Tests, die unsere Fähigkeit der Voraussage verbessern wird, wer wo erfolgreich sein wird und wem welche Behandlungsmethode nützen wird. Ein weiterer Teil versucht, die Entwicklung des Menschen zu erfassen; es wird untersucht, in welchem Alter die Kinder bestimmte Fertigkeiten und Einstellungen erlernen und wie sie mit der Realität fertig werden. Alle Tests haben also eine Wissenserweiterung zum Ziel, damit die Psychologie als theoretische und angewandte Wissenschaft weiter entwickelt werden kann.

Vor der Entwicklung von ausgeklügelten Tests und den statistischen Analysen ihrer Ergebnisse hat man schon lange versucht, individuelle Unterschiede zu messen und Beständigkeit auf Grund von Körpermerkmalen und verschiedenen Arten von „natürlich auftretendem" Verhalten vorauszusagen. Bevor wir auf die Entwicklung systematischer psychologischer Testmethoden eingehen, werden wir dies kurz streifen.

Körperbautyp, Physiognomie und Schädelform

Wie wir schon bei unserem Wahrsager sahen (siehe Seite 364), ist es eine gangbare Methode, Voraussagen über eine Person lediglich von seinem Erscheinungsbild her zu machen. Im täglichen Leben stützen wir unser Urteil größtenteils auf die Art der Kleidung eines Menschen, sei es der konservative Anzug und die Krawatte des Geschäftsmanns oder die abgetragenen Jeans und die Halskette der Hippies. Solche Urteile zur Grundlage einer Wissenschaft zu machen, würde uns leicht auf einen Irrweg führen, denn der umherziehende Minnesänger könnte ein verkleideter Königssohn sein! Andere Beurteilungen beruhen auf beständigeren Merkmalen. Der Glaube, daß Leute mit hoher Stirn intelligent, Rothaarige häufig unbeherrscht und Dicke gemütlich sind, zeugt von den populären Versuchen, die Persönlichkeit von Körpermerkmalen ableiten zu wollen.

Phrenologie. In Kapitel 2 sahen wir, daß *Phrenologie* während des 19. Jahrhunderts sehr populär war und zeitweilig als legitime Wissenschaft angesehen wurde. Die Phrenologen glaubten, daß die Persönlichkeit aus einer bestimmten Anzahl von „Fähigkeiten" zusammengesetzt sei, oder aus der Neigung zu bestimmten Gefühls- oder Verhaltenseigenarten, die jeweils in verschiedenen Gehirnbezirken lokalisiert sind. Sie argumentierten, daß jemand mit einer ganz besonderen Begabung an seiner Schädeldecke eine Ausbuchtung an der Stelle haben müsse, wo das „Organ" für diese Begabung lokalisiert sei, und daß die individuelle Persönlichkeit demzufolge durch das Studium der Schädelform bestimmt werden könne. Der Sitz der „Sinnlichkeit" wurde so an

Unter der Lupe

„Überraschendes Eingeständnis bezüglich Intelligenztests"

Jedes nützliche Werkzeug kann mißbraucht werden; psychologische Tests bilden davon keine Ausnahme. Die obere Schlagzeile in San Francisco Chronicle (24. Januar, 1970) gehört zu einer Geschichte, die mit ihrem Hintergrund nicht nur überraschend, sondern tragisch erscheint. Der Artikel berichtet, daß 45% der Grundschulkinder mit spanischen Vornamen in Klassen für geistig Behinderte bei der erneuten Untersuchung mit einem spanischen Test eine durchschnittliche oder überdurchschnittliche Intelligenz bescheinigt erhielten. Der IQ eines Kindes verbesserte sich von 67 auf 128 Punkte, als es in Spanisch statt in Englisch getestet wurde. 35 Schüler, die fälschlicherweise durch Verwendung ungeeigneter Tests als geistig zurückgeblieben angesehen worden waren, gewannen im Durchschnitt 17 Punkte.

Zusätzlich zum Fehler der Testanwendung, nämlich in einer Fremdsprache zu testen, ergab sich noch ein zweiter Schildbürgerstreich, wobei ökonomische Überlegungen eine Rolle spielten. Das Schulsystem, das zusätzlich 550 Dollar an Regierungsgeldern für jedes geistig zurückgebliebene Kind erhielt, wollte diese Kinder nicht neu testen und neu einstufen. Ein Bundesrichter mußte die erneute Beurteilung in der Muttersprache anordnen, als eidesstattliche Erklärungen von den betroffenen Psychologen, Lehrern, Eltern und Schülern abgegeben wurden (San Francisco Chronicle, 7. Februar 1970).

der Schädelbasis vermutet. Leute mit großen Ausbuchtungen an dieser Stelle beschrieb man als „empfänglich für den Zauber des anderen Geschlechts, als höflich, leutselig und frei im Umgang, leicht vertrauenserweckend und mutig“ (Olin, 1910).

Die Ansichten der Phrenologen sind heutzutage nicht mehr haltbar. Ein Vergleich der Gehirnkarten der Phrenologen mit den tatsächlichen Ergebnissen der Neurologen zeigt, daß es weder in der Lokalisation noch in der Funktion der Hirnareale eine solche Entsprechung gibt. (Wenn wir zum Beispiel den Hirnbezirk elektrisch reizen, den die Phrenologen als das Zentrum der Religiosität ansahen, zuckt die Versuchsperson mit ihrem Bein). Die moderne Forschung hat nichts gefunden, was die Annahme von „Fähigkeiten“ bestärkt hätte, wie sie von den Phrenologen angenommen wurde. Eine lokale Gliederung des Gehirns besteht lediglich in großen Funktionsgruppen wie Motorik, Sensorik, Sprache und so weiter, wie wir bereits gesehen haben.

Physiognomie. Viele glauben immer noch an die *Physiognomie,* die Kunst, die Persönlichkeit aus Gesichtsmerkmalen zu beurteilen. Für eine Reihe von Persönlichkeitseigenschaften wurden im Laufe der Zeit in unserer Kultur entsprechende physiognomische Merkmale angenommen und werden auch heute noch weitgehend akzeptiert. So hat sich zum Beispiel eine bemerkenswerte Übereinstimmung in der Beurteilung gezeigt, als Studenten Personen vom Gesicht her als selbstzufrieden, heiter, differenziert und so weiter charakterisierten (Secord, Dukes und Bevan, 1954). Stimmen aber solche Gesichtsbeurteilungen, auch wenn sie untereinander noch so gut übereinstimmen, mit den tatsächlichen Persönlichkeitsmerkmalen überein, die das Verhalten offenbart? Um dieses Problem in bezug auf Führungseigenschaften zu klären, ließ ein Forscher Studenten eine Reihe von Portraitaufnahmen nach vermuteten Führungsqualitäten in eine Rangreihe bringen.

Bei den Photographien handelte es sich um die Bilder von 75 Kandidaten der Verkehrspolizei in Colorado, die nach Führungsqualitäten von ausgewählten Fachleuten beurteilt worden waren. Den Studenten wurden Ganzaufnahmen sowie Kopf- und Schulterphotos aller Kandidaten, die in kleine Gruppen aufgeteilt worden waren, vorgelegt. Sie sollten in jeder Gruppe die Photos nach der vermeintlichen Führungsqualität ordnen. Wie zu erwarten war, gab es unter den Studenten ein hohes Maß an Übereinstimmung in der Beurteilung der Bilder. Ihre Beurteilung zeigte jedoch nur eine geringe Korrelation mit der tatsächlichen Punktzahl an Führungsqualität, die früher von Fachleuten festgestellt worden war (Mason, 1957).

Eine andere Untersuchung fand heraus, daß sich die Intelligenzbeurteilung von der Physiognomie her als untauglich erweist, wenn sie mit dem Ergebnis von Intelligenztests verglichen wird. In diesem Fall wurden 317 Luftwaffensoldaten anstatt durch ein Foto persönlich vorgestellt und von den Beurteilern kurz beobachtet, bevor diese den Versuch unternahmen, den Intelligenzgrad der Soldaten auf Grund des Erscheinungsbildes zu schätzen (Ray, 1958).

Zur Zeit kann der Wert, den die Physiognomie bei der Beurteilung tatsächlicher Persönlichkeitsmerkmale hat, wahrscheinlich durch allgemein verbreitete Stereotypen erklärt werden, die nur in den Vorstellungen der Menschen existieren. Wenn alle Leute glauben, daß ein breites Kinn Führungsqualitäten verrät, werden sie dem Mann mit dem breiten Kinn auch folgen und ihn zum Führer machen, und er wird sich bald selbst dafür halten.

Körperbautypen. Eigenheiten des ganzen Körpers anstatt lediglich des Gesichts und Kopfes sind ebenfalls in ihrer Beziehung zur Persönlichkeit untersucht worden. Eine Körperbautheorie, die ausführlich auf die Beziehung zu den Geisteskrankheiten einging, schlug Kretschmer 1925 vor. Als er eine Gruppe von Patienten untersuchte, stellte er fest, daß Schizophrene häufig groß und dünn und Manisch-Depressive häufig klein und dick waren. Ebenso stellte er fest, daß jedem Körperbautyp ein bestimmtes Temperament zugeordnet sei. Es war nur noch ein kleiner Schritt weiter, vom Körperbau her Voraussagen zu machen bezüglich der Störung, die ein Individuum erleiden würde, wenn es geisteskrank werden sollte. Obwohl die klinischen Erfahrungen Kretschmers Beobachtungen in einem geringen Ausmaß bestätigten, können die neueren Untersuchungen die vorgeschlagenen Beziehungen nicht unterstützen. Aus Kretschmers Arbeit heraus hat sich die weit bekanntere Körperbautheorie von Sheldon entwickelt (Sheldon, 1942). Nach Sheldons Einteilung gibt es drei grundlegende Körperbautypen (Somatotypen), von denen jede einem Persönlichkeitstyp entspricht (Abbildung 9-5).

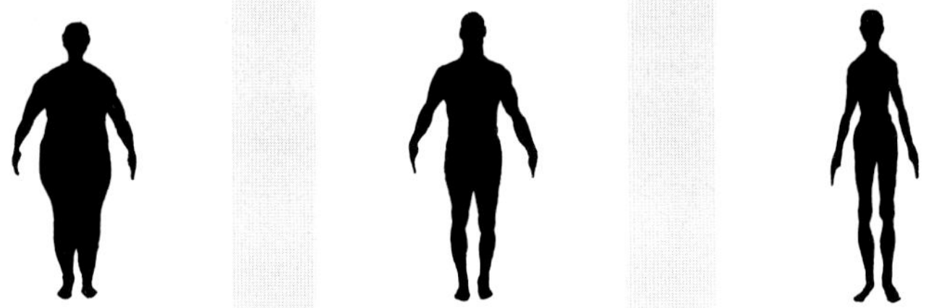

Körperbautyp	Endomorph (breit-rundlich)	Mesomorph (knochig-muskulär)	Ektomorph (lang-schmal)
Persönlichkeitstyp	Viscerotonie	Somatotonie	Cerebrotonie
Typische Merkmale	Ißt gern und viel, angstvoll, liebenswürdig, unsicher, schläft gut, paßt sich sozialen Gewohnheiten an	Abenteuerlich, liebt anstrengende Tätigkeiten und kaltes Duschen, kleidet sich leger, hält Schmerzen leicht und bereitwillig aus	Unsozial, unfreundlich, muß zur Tätigkeit aufgefordert werden, nicht abenteuerlich, hält Schmerz nicht leicht aus

Abb. 9-5. Sheldons Einteilung der Körperbautypen (Sheldon, Stevens und Tucker, 1940 und Child, 1950)

Sheldons Hauptuntersuchung wurde im Laufe von fünf Jahren an 200 jungen Männern durchgeführt, die alle Studenten oder jüngere Hochschulassistenten waren. Diese Männer wurden nach der Art des Körperbaus und des Temperaments beurteilt. Zwischen diesen Eigenschaften wurden hohe Korrelationen festgestellt. Sheldons Korrelationstafeln enthüllten leider ernste rechnerische Fehler; einige Korrelationskoeffizienten waren mathematisch nicht möglich (Lubin, 1950).

Die Kontroverse, die sich aus Sheldons wissenschaftlichen Behauptungen ergab, regte andere Psychologen zur Überprüfung ihrer Theorie an, um zu sehen, ob sie einer objektiven Nachforschung standhalten könnte. In einer Untersuchung von 10 000 männlichen Studienanfängern fehlten die Beziehungen zwischen Körperbautyp und Temperament, die Sheldon beschrieben hatte, oder sie waren so niedrig, daß sie praktisch keine Bedeutung hatten (Hood, 1963).

Ein mehr dynamischer Gesichtspunkt: Natürlich auftretendes Verhalten

Andere populäre Versuche, Persönlichkeit zu verstehen, basieren auf dem Verhalten des Individuums anstatt auf seiner Anatomie. Die gebräuchlichsten hierfür benutzten Ausdrucksformen waren Handschrift, Stimme und Körperhaltung.

Graphologie. Die Beurteilung von Persönlichkeitsmerkmalen auf Grund der Untersuchung der Handschrift ist als *Graphologie* bekannt. Obwohl viele Psychologen glauben, daß ihr nicht mehr Bedeutung als dem Handliniendeuten oder dem Kaffeesatzlesen zukommt, ist sie durch streng kontrollierte Methoden in den letzten Jahren wissenschaftlich untersucht worden. Daraus wurde der allgemeine Schluß gezogen, daß die Graphologie einen gewissen Wert bei der Vorhersage von Persönlichkeitsmerkmalen hat.

Zwei Untersuchungen zum Beispiel lassen vermuten, daß unnötige Aufstriche Beziehungen zu gewissen Persönlichkeitsmerkmalen aufweisen. Es wurden zwei Arten solcher rein dekorativer Striche beobachtet: *Primäre* Striche, die aus willkürlichen Ausschmückungen des Grundbuchstabens bestehen, und *sekundäre* Striche, die eine Beibehaltung gelernter Schreibgewohnheiten aus den ersten Schuljahren darstellen, wie sie die punktierte Linie hier anzeigt: 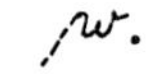

Schreiber mit primären wie sekundären Strichen zeigten stark autoritäre Züge. Personen mit primären Aufstrichen waren selbstsicher, zeigten aber größere soziale Konformität als Personen mit sekundären Strichen oder jene, die keine der Anfangsbetonungen hatten. Schreiber mit sekundären Aufstrichen zeigten eine geringere Begabung als Personen, die diese Striche nicht verwandten. Sie tendierten auch zu Passivität und zu Schwierigkeiten bei der Anpassung an neue Situationen sowie bei der Kontrolle ihrer Impulse (Linton, Epstein und Hartford, 1961, 1962).

Einige graphologische Untersuchungen befaßten sich mehr mit dem *globalen* Eindruckscharakter der Handschrift, anstatt mit einzelnen Zeichen und Buchstaben. Beurteilungen, die auf solchen Eindrücken basieren, sind jedoch sehr subjektiv.

Eine jüngere Untersuchung bezieht einen Aspekt der Handschrift, nämlich die Größe der Unterschrift zum Status der Person mit ein. Auf den Ausleihkarten von Büchereien wurden die Unterschriften von Studenten unterer und oberer Semester und jenen, die in der akademischen Laufbahn bis zum Professor aufgestiegen waren, gemessen. Je höher der Status, desto größer (kühner?) war die Unterschrift (Zweigenhaft, 1970).

Zur Messung spezifischer Merkmale der Handschrift wie Druck und Geschwindigkeit wurde eine Anzahl objektiver Techniken entwickelt. Sowohl der Druck auf die Spitze des Schreibgerätes (Schreibdruck) als auch der Druck beim Festhalten des Stiftes (Griffdruck) kann mit Hilfe einer empfindlichen Schreibtafel und eines speziellen Registrationsgeräts gemessen werden. Frühere Studien unter Verwendung solcher Geräte bestätigten, daß Männer beim Festhalten des Stiftes eine größere Kraft aufwandten als Frauen (Katz, 1948).

Leider wurden diese Meßgeräte später in der experimentellen Graphologie wenig verwendet, obwohl ein Forscher früher eine deutliche Korrelation zwischen Schreibdruck und Persönlichkeitsmerkmalen wie „Energie" und „Ausdrucksfähigkeit" fand. Er zeigte ebenfalls, daß Druck und Geschwindigkeit der Handschrift beim Erwachsenen gleichbleibt (Pascal, 1943).

Trotz der weiten Verbreitung der Graphologie in Europa ist man in den USA zu dem Schluß gekommen, daß der Graphologie nur ein recht geringer Wert bei der Beurteilung von Persönlichkeitsmerkmalen zukommt (Fluckiger, Tripp und Weinberg, 1961). Es ist jedoch möglich, daß die weitere Forschung einige der aufgestellten Behauptungen beweisen wird. Sollte sich die Graphologie wirklich als so aussagekräftig erweisen, wie ihre Anhänger behaupten, würde das wegen der Leichtigkeit, mit der Schriftproben zur Beurteilung herangezogen werden können, von großer praktischer Bedeutung sein.

Andere Formen des Ausdrucksverhaltens. Die Forschung, die sich mit den Beziehungen der Ausdrucksformen der Stimme, des Gesichts und der Körperhaltung zu der Persönlichkeit befaßt, ist noch nicht sehr weit gekommen.

In einer Untersuchung wurden die Stimm-Merkmale von 372 Studenten mit bestimmten Persönlichkeitsmerkmalen verglichen, die durch Fragebogen gemessen worden waren. Personen mit höheren Dominanzwerten tendierten dazu, eine lautere und tiefere Stimme mit mehr Resonanz zu haben als die, die nach dem Fragebogen Nachgiebigkeit zeigten (Mallory und Miller, 1958).

Die Erforschung der Stimm-Merkmale wird erheblich erleichtert durch die Verwendung von „Stimmdrucken", wie sie in Abbildung 9-6 gezeigt werden. Da der Stimmdruck jedes Menschen für ein bestimmtes Wort einzigartig und unveränderlich ist, hat sich diese kürzlich entwickelte Technik bei der Identifizierung von Verbrechern als nützlich erwiesen. Ihre Bedeutung sollte sich auch in anderen Situationen zeigen, wo eine objektive Messung von Stimm-Merkmalen nötig ist. Die Beziehungen von Stimm-Mustern zu anderen Persönlichkeitsmerkmalen ist eine Angelegenheit, die noch einer sorgfältigen Forschung bedarf.

Die Körperhaltung spielt zweifellos beim ersten Eindruck, den ein Mensch macht, eine Rolle. Die stereotype Vorstellung von einem Führer erfordert gewöhnlich eine aufrechte, selbstsicher wirkende Haltung, während man sich den Gelehrten als schmalschultrig vorstellt. Man hat festgestellt, daß Leute mit einer schlechten Haltung oft Minderwertigkeitsgefühle haben (Faterson, 1931). Diese Tatsache verrät uns jedoch noch nicht, ob die schlechte Haltung durch Minderwertigkeitsgefühle verursacht wurde oder umgekehrt. Es wurde vermutet, daß hier eine wechselseitige Beziehung besteht:

„Hat jemand vorübergehend Furcht, Kummer oder Ärger, so zeigt er dabei sehr häufig eine Körperhaltung, die man als äußeres Kennzeichen der jeweiligen Stimmung erkennen kann. Wenn diese Haltung andauert oder immer wieder eingenommen wird, entsteht eine sogenannte Gewohnheitshaltung, die dann auch muskulär fixiert wird. Vom Gewebe her gesehen, werden einige Muskeln kürzer und dicker, in anderen nimmt das Bindegewebe zu und noch andere werden durch die Verfestigung des betroffenen Gewebes immobilisiert. Ist dies einmal eingetreten, ist die Körperhaltung fixiert, und zwar unwillkürlich. Sie kann nicht mehr grundsätzlich geändert werden, weder durch Vorsatz noch durch Suggestion. Da ein freies Agieren des Körpers nicht mehr möglich ist, ist die Ausdrucksmöglichkeit von Emotionen begrenzter und bleibt in einem beschränkteren und eng umschriebenen Bewegungsbereich. Nun ist das, was das Individuum fühlt, nicht länger mehr eine Emotion, sondern eine isolierte Reaktion auf eine augenblickliche Situation; von nun an lebt und bewegt es sich und funktioniert nur noch in der Einstellung" (Rolf, 1962).

Für eine präzisere Vorhersage: Verhalten bei kontrollierten Situationen

Für die meisten Fragestellungen haben Körperbaumerkmale und Verhaltensmuster, die in der „natürlichen" Umgebung ablaufen, keine genügend präzise Vorhersage über Persönlichkeitsmerkmale geben können. Davon ausgehend haben Psychologen viel Energie und Einfallsreichtum in die Planung von Standardsituationen mit entsprechendem Verhalten verwendet von dem bessere Voraussagen getroffen werden können. Die Testsituationen reichten in ihrem Maß an Standardisierung von minimal strukturierten Beobachtungen in einer alltäglichen Lebensatmosphäre zu den offenen und teilweise strukturierten Interviews und den kürzeren und stärker standardisierten Aufgaben, wobei alles zusammen als psychologischer „Test" präsentiert wurde.

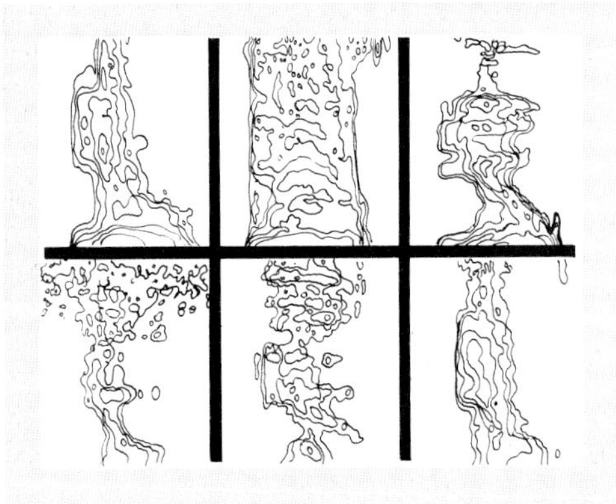

Abb. 9-6. Diese sechs Sonogramme wurden von fünf verschiedenen Personen aufgezeichnet, als sie das Wort „you" sprachen. Können Sie sagen, welche zwei von der gleichen Person stammen?

Beurteilungsskalen. Einige Verhaltensweisen, von denen man gern Voraussagen auf individuelle Eigenheiten machen möchte, sind für den Psychologen oft schwer direkt zu beobachten. Sie sind entweder zu intim oder erstrecken sich über einen zu langen Zeitraum. Um diese Verhaltensweisen zu beurteilen, ist häufig die Hilfe Anderer nützlich, die die Versuchsperson kennen und ihren Eindruck darüber wiedergeben können. Eine brauchbare Methode, diese Eindrücke zu erfassen, ist die Beurteilungsskala. Es gibt *relative* und *absolute* Beurteilungsskalen. Beide Formen haben Vor- und Nachteile. Sie werden häufig in Verbindung mit einem Interview verwendet, aber auch zur Wiedergabe von persönlichen Eindrücken, die man über einen längeren Zeitraum gewonnen hat. Beide Formen haben den Vorteil, daß sie numerische Werte ergeben, die quantitativ analysiert werden können.

Relative Beurteilungsskalen. Eine relative Beurteilungsskala benützt man dann, wenn mehrere Personen beurteilt werden sollen. Die Wertordnungsmethode ist typisch. Der Beurteiler ordnet die Personen so, daß er den besten an die Spitze setzt, den Zweitbesten auf den folgenden Platz und so fortfährt, bis alle Personen bezüglich der zu messenden Eigenschaft rangmäßig angeordnet sind. Diese Methode zeigt die Rangposition einer jeden Person relativ zu allen anderen berücksichtigten Personen. In der Praxis ergibt sich der Nachteil, daß der Prüfer während des Ordnens alle Personen im Kopf haben muß. Diese Schwierigkeit kann etwas verringert werden, wenn die Namen auf einzelne Karten geschrieben werden und der Beurteiler die Karten in mehrere Haufen aufteilt (zum Beispiel gut, durchschnittlich, schlecht), bevor er sie einzeln ordnet. Er kann dann die Namen in jeder Untergruppe ordnen und zwischen den Untergruppen neu arrangieren, um die endgültige Reihenfolge zu erhalten.

Absolute Beurteilungsskala. Bei absoluten Beurteilungsskalen teilt der Beurteiler jeder Person für jede Eigenschaft einen Wert zu. Er vergleicht jede Person mit einer Norm, die für die jeweilige Gruppe von Individuen unabhängig festgestellt wurde. Zum Beispiel könnte er jeden Kandidaten auf einer Sieben-Punkte-Skala über „Gepflegtheit" beurteilen oder alle Eigenschaften einer entsprechenden Liste ankreuzen, die auf den Kandidaten zutreffen. Diese Methode geht schneller als bei der relativen Beurteilungsskala, ist aber leichter Irrtümern ausgesetzt, die sich aus der „persönlichen Gleichung" der Beurteiler ergeben. Das bedeutet, daß einige Beurteiler zu viele hohe Werte geben und andere zu viele niedrige oder zu viele mittlere Werte. Außerdem können die Normvorstellungen eines Beurteilers während einer Testserie fluktuieren.

Beide Arten von Beurteilungsskalen unterliegen zwei wichtigen Beurteilungsfehlern: dem Halo-Effekt und der Stereotypie. Der *Halo-Effekt* ist die Tendenz, eine liebenswürdige oder intelligente Person auch in anderer Hinsicht als „gut" zu bezeichnen. *Stereotypien* sind vorgefaßte Meinungen darüber, wie wir uns eine besondere Person vorstellen, zum Beispiel einen Franzosen, einen Politiker, eine alte Dame. Beide Fehler können reduziert werden, wenn man erst alle Personen jeweils nur in bezug auf ein Merkmal beurteilt, so daß die früheren Beurteilungen die späteren weniger beeinflussen.

Die Tatsache, daß die Beurteilungsskala so sehr von dem subjektiven Urteil des Beobachters abhängt, bedeutet, daß ihre Aussagekraft in der Regel geringer als die der objektiven psychologischen Tests ist, die nachfolgend beschrieben werden. Gewiß hängen die Werte der Beurteilung von der Fähigkeit des Beurteilers, andere einzuschätzen, wie auch von seiner Definition der beurteilten Merkmale ab. Bis zu einem gewissen Ausmaß können diese Faktoren kontrolliert werden, indem man die Übereinstimmung von zwei Gruppen von Beurteilern über die gleiche Person betrachtet und überprüft, wie die gleichen Beurteiler über dieselben Personen zu verschiedenen Zeiten urteilen. Neuere Untersuchungen haben gezeigt, daß mit einer geschickt konstruierten Skala diese beiden möglichen Fehlerquellen minimalisiert werden können.

Ein spezieller Typ der absoluten Beurteilungsskala, wobei die statistische Verteilung der Urteile von vornherein festgelegt wird (Wahlzwangsmethode) ist entwickelt worden, um die häufig auftretende Tendenz aufzuheben, allen Personen sehr gute Beurteilungen zukommen zu lassen (der „Mildefehler"). Das Grundprinzip besteht darin, daß der Beurteiler zwischen zwei Merkmalen wählen muß, die ihm vorher als „günstig" bestimmt wurden. In der Praxis hat diese Wahlzwangsmethode den Effekt der Milde des Urteils nicht in dem erhofften Umfang reduziert. Außerdem verwenden die meisten Untersucher nur ungern Skalen dieser Art.

Verhaltensstichprobe. Bei der Verhaltensstichprobentechnik beobachtet der Prüfer lediglich das Verhalten einer Person in einer typischen Situation. Diese Versuchsperson verhält sich ganz natürlich, weil sie sich nicht beobachtet fühlt.

Die folgende Prüfung der Ehrlichkeit ist ein Beispiel für eine Verhaltensstichprobe. Ein Lehrer stellt seinen Schülern eine Aufgabe und appelliert an ihre Ehre, nicht abzuschreiben. Er verläßt dann den Raum und gibt ihnen ausreichend Gelegenheit zu mogeln. Einige Tage später wird die gleiche Aufgabe gestellt, aber der Lehrer bleibt die ganze Zeit im Raum. Ein Schüler, der ohne Aufsicht gute Leistungen hatte, aber unter Beobachtung schlecht abschneidet, wird vermutlich beim ersten Mal abgeschrieben haben. Diese Methode kann bei verschiedenen Gelegenheiten mit verschiedenen Aufgaben wiederholt werden, so daß der Untersucher einer zuverlässigen Messung sicher sein kann. Der Zweck dieser Tests ist es nicht, den Schülern eine Falle zu stellen (die Mogler werden ja nicht getadelt oder bestraft), sondern eine Messung der Ehrlichkeit in einer bestimmten Situation zu erhalten.

Eine andere interessante Verhaltensstichprobentechnik zur Beurteilung von Führerqualitäten wurde vom Office of Strategie Services im Zweiten Weltkrieg entwickelt. Es wurden Situationen geschaffen, die denen möglichst ähnlich waren, die der Kandidat tatsächlich vorfinden könnte. Zum Beispiel enthielt ein Konstruktionstest die Aufgabe, eine bestimmte Konstruktion fertigzustellen. Hierbei mußten Leute beaufsichtigt werden, die heimlich angewiesen worden waren, die Bemühungen in jeder Weise zu sabotieren. Die Beobachter beurteilten das Verhalten des Kandidaten in dieser Belastungsituation (Fortune, 1946).

Spätere Beurteilungen solcher Tests zeigten, daß sie zu teuer waren und im Verhältnis zur Testdauer weniger aussagten als andere objektive psychologische Tests (MacKinnon, 1958). Eine neuere Untersuchung hat gezeigt, daß die Verhaltensstichprobe als Ergänzung zu gebräuchlicheren Testmethoden von Wert sein kann. Drei Situationstests — eine vorgetäuschte Polizeikontrolle, eine simulierte Suche nach einer vermißten Person und eine zwei Stunden lang dauernde intensive Diskussion — lieferten bei der Grundausbildung einer amerikanischen Polizeiakademie erfolgreiche Prädiktoren (Mills, McDevitt und Tonkin, 1966).

Das Interview. Das Interview wurde lange Zeit als zentrale Technik von klinischen Psychologen und Psychiatern bei dem Versuch verwendet, Persönlichkeitsstörungen zu untersuchen und zu behandeln. Es wurde auch vielfach von Personalchefs bei der Auswahl neuer Arbeitskräfte angewandt.

Das Interview verlief häufig völlig formlos. Die „Standardisierung" bestand nur darin, daß sich zwei Leute in einem Büro für eine bestimmte Zeit unterhielten und der eine mehr von sich erzählte als der andere. In dieser Form hat es sich jedoch als eine sehr unzuverlässige Methode erwiesen, um künftiges Verhalten, zumindest im Beruf, vorauszusagen (Mayfield, 1964). Diese Unzuverlässigkeit ergibt sich wahrscheinlich zu einem Teil aus Beurteilungsfehlern wie dem Halo-Effekt und den Stereotypien, die oben im Zusammenhang mit den Beurteilungsskalen erwähnt wurden. Zusätzlich müssen alle Eindrücke den Wahrnehmungsfilter des Interviewers passieren und werden oft zunächst nur im Gedächtnis festgehalten.

Viele dieser Schwierigkeiten können durch *standardisierte Interviewbögen* umgangen werden, wobei vorher festgelegte Fragen in einer bestimmten Reihenfolge gestellt werden. Diese Technik liefert Daten, die weniger von der Verzerrung des Interviewers abhängig sind und die objektiv ausgewertet und bewertet werden können.

Anhaltspunkte aus projektiven Techniken. Jeder von uns hat sicher gelegentlich ein Gesicht oder den Umriß eines Tieres in einer Wolke „gesehen". Wenn wir dies einer anderen Person sagten, mußten wir feststellen, daß diese einen Baum, ein Schloß oder irgendetwas völlig anderes bemerkte. Psychologen verlassen sich auf ähnliche Dinge, wenn sie *projektive* Techniken zur Persönlichkeitsbeurteilung verwenden. Man legt der Versuchsperson eine standardisierte Reihe von mehrdeutigen oder neutralen Stimuli vor, Tintenkleckse oder Bilder, die keine feste Bedeutung haben und verschieden interpretiert werden können. Die Versuchsperson wird dann aufgefordert, völlig frei zu deuten, was sie in den Bildern „sieht". So kann die Versuchsperson in jeden neutralen Stimulus irgendeine bestimmte, eigene Deutung projizieren — genauso wie wir das Gesicht oder das Tier in die Wolke projiziert haben. Psychologen haben herausgefunden, daß diese Projektionen die verschiedenen Triebe und unterdrückten Gefühle der Individuen widerspiegeln und so zur Aufdeckung tiefer liegender Persönlichkeitsstrukturen beitragen.

Projektive Tests sind schwierig zu verfälschen, weil es keine richtigen oder falschen Antworten gibt. Weiter haben sie den Vorteil, daß sie tiefer liegende Gefühle als andere Meßmethoden erreichen. Doch auch diese Tests erfüllen nicht alle Erwartungen. Die Haupteinschränkung ist, daß sich der Psychologe weitgehend bei der Auswertung auf sein eigenes Urteil verlassen muß. Obwohl für die Auswertung der verschiedenen Antworttypen objektive Normen entwickelt worden sind, ist immer noch eine fachmännische Interpretation durch den Testleiter erforderlich. Dies bedeutet, daß das Urteil des Testers das Ergebnis in einem größeren Maß beeinflußt als bei den sogenannten objektiven Tests. Es ist also sehr viel Übung erforderlich, bis projektive Tests als diagnostisches Instrument verwendet werden können.

Der Rorschachtest. Die *Rorschachtechnik,* eine der ältesten projektiven Testmethoden, verwendet eine Reihe von Tintenklecksen. Ein Teil der Tafel ist schwarz/weiß, der Rest ist farbig. Sie variieren in Form, Schattierung und Komplexität. Die Versuchsperson betrachtet die Tafeln in einer vorgeschriebenen Reihenfolge und beschreibt bei jeder, was sie in ihr „sieht". Dadurch kommen oft Informationen über die Persönlichkeitsstruktur zutage, die bei klinischen Interviews im dunkeln blieben. So kann zum Beispiel die Art der Reaktion auf eine Farbe die Emotionen gegenüber der Umwelt erhellen (Abbildung 9-7).

Neben der Inhaltsanalyse hat der Rorschachexperte die Möglichkeit, weitere Aufschlüsse aus dem Antwortstil zu bekommen. Wird auf den ganzen Stimulus oder nur auf Details Bezug genommen? Überwiegen Form und Struktur über Bewegung und Handlung beim Versuch der Testperson, das mehrdeutige Testmaterial zu organisieren? Solche Analysen helfen dem Kliniker festzustellen, wie ein Patient seine Umwelt sieht, worin seine Konflikte liegen und in welchem Ausmaß er gestört ist.

Der Thematische Apperceptionstest (TAT). Eine weitere projektive Technik ist der thematische Apperceptionstest (Morgan und Murray, 1935). Dieser Test besteht aus drei Serien von je 10 Bildern, wobei jedes Bild eine andere Situation darstellt. Die Versuchsperson soll zu jedem Bild eine Geschichte erzählen; sie soll die Situation, die Empfindungen der Dargestellten und den weiteren Verlauf der Szene schildern. Ausgehend von Form und Inhalt dieser Geschichten sucht der Testleiter die charakteristischen Denkvorgänge der Versuchsperson zu finden. Eine deutsche Version wurde von Revers und Taeuber (1968) herausgebracht.

Ungewöhnliche Antworten können auf ein bestimmtes Problem hinweisen, doch muß man sie im Zusammenhang mit dem Bildungsstand und der Gruppenzugehörigkeit der Vp sehen. Antworten, die bei der einen gesellschaftlichen Gruppe als unüblich gelten, können bei einer anderen als typisch angesehen werden. Beständig auftretende Unterschiede in den Antworten auf projektive Tests sind bei Gruppen mit unterschiedlichen Kultureinflüssen zu erwarten.

Versuche, aus dem TAT Berufserfolg vorauszusagen, waren sehr enttäuschend. TAT und Rorschachtest erwiesen sich auch als unbrauchbar, um bei einer Gruppe von 20 bekannten Künstlern Kreativität nachzuweisen (Roe, 1946). In einer weiteren Untersuchung versagte der TAT bei der Voraussage, wer von einer Gruppe angehender Piloten die Prüfung bestehen oder durchfallen würde (Guilford und Lacey, 1947). Andererseits ist der TAT geeignet zur Untersuchung von Gruppen, die sich nach Alter, Rasse, sozioökonomischem Status und dergl. unterscheiden, wenn auch seine Aussagekraft bei der Untersuchung von Individuen nicht genau genug ist (Harrison, 1965).

Das Spiel mit Zahlen: Psychometrische Methoden

Bei der Entwicklung von mehr quantitativen Techniken zur Persönlichkeitsmessung muß sich der Psychologe mit den Begriffen der Validität, Reliabilität, Objektivität und Standardisierung befassen. Der Index der *Validität* (Gültigkeit) ist das Ausmaß, mit dem ein Instrument tatsächlich das mißt, was es zu messen vorgibt. Ein Instrument kann nicht im abstrakten Sinne „gültig" sein. Es ist vielmehr für einen bestimmten Zweck gültig, wie bei der Voraussage des Erfolgs in der Schule oder in einem bestimmten Beruf.

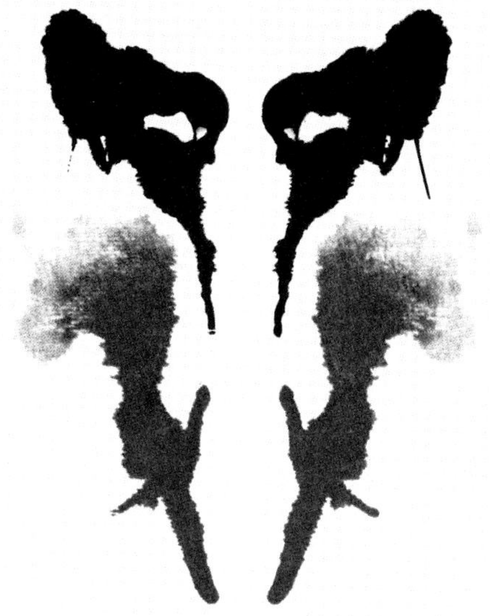

Abb. 9-7. Ein Tintenklecks, der den Rorschach-Tafeln ähnlich ist. Was sehen Sie darin? Fragen Sie Ihre Freunde, was *diese* sehen

Unter *Reliabilität* (Zuverlässigkeit) einer Messung versteht man das Ausmaß, in dem die Vp bei wiederholten Messungen den gleichen relativen Testwert erreicht (Veränderungen des Gesundheitszustandes, der Wachheit und so weiter müssen dabei ausgeschaltet werden). Ein Meßinstrument kann nicht gültig sein, wenn es nicht zuverlässig ist, doch braucht eine zuverlässige Messung nicht gültig zu sein.

Eine allgemeine Ursache für eine geringe Zuverlässigkeit psychologischer Tests ist der Mangel an *Objektivität* bei der Auswertung. Wenn ein Test auf der Grundlage des subjektiven Urteils bewertet werden muß, werden verschiedene Leute wahrscheinlich zu sehr unterschiedlichen Ergebnissen kommen.

Um besonders nützlich zu sein, muß ein Meßinstrument *standardisiert* sein, d. h. es muß an einer großen Gruppe von Personen, die für die Zielgruppe repräsentativ ist, unter standardisierten Bedingungen durchgeführt werden. Dieses Verfahren ergibt *Normen* oder Standardwerte, so daß ein individueller Wert mit den Werten einer bestimmten Gruppe verglichen werden kann. Der Test muß natürlich allen Versuchspersonen in der gleichen Weise und unter gleichen Bedingungen vorgelegt werden; ansonsten sind Vergleiche bedeutungslos.

Es gibt zwei allgemeine Methoden zur objektiven Messung der Persönlichkeit: die philosophische und die statistische. Bei der *philosophischen* Methode faßt man zunächst durch vernunftgemäße Beobachtung oder Intuition sinnvolle Merkmale ins Auge, die bestimmte Verhaltensweisen im täglichen Leben betreffen und versucht dann entsprechende Skalen zu entwickeln, um diese Merkmale objektiv zu messen. Ein Beispiel stellt der Study of Values Test (Allport, Vernon und Lindzey, 1960) dar; dieser Fragebogen wurde zur Messung der relativen Bedeutung von sechs grundlegenden Dimensionen der Persönlichkeit entwickelt: theoretische Probleme, Wirtschaft, Ästhetik, Gesellschaft, Politik und Religion. Diese Einteilung beruht direkt auf Eduard Sprangers *Typenlehre,* einem ausgezeichneten Buch, das die Ansicht darstellt und verteidigt, daß man die Persönlichkeit eines Menschen am besten durch das Studium seiner Wertwelt oder „Lebensphilosophie" kennenlernt (Spranger, 1928).

Bei der *statistischen* Methode geht man empirisch vor. Man beginnt mit der objektiven Messung des Verhaltens und erkennt dann, welches Verhalten am besten als Prädiktor wirkt oder welche allgemeineren Merkmale (Faktoren) man durch statistische Analysen gewinnen kann. Wir haben bereits Beispiele solcher Faktoren bei der Besprechung der Persönlichkeitstheorie von Guilford angetroffen. Jetzt wollen wir zwei Testarten behandeln, bei denen beide Verfahrensweisen in einem gewissen Maße benutzt wurden: Fragebögen und Intelligenztests.

Fragebögen. Bei standardisierten Fragebögen soll die Versuchsperson Information über sich *selbst* geben. Sie soll angeben, was sie gerne und was sie nicht gerne tut, zu welchen Gefühlsreaktionen sie in bestimmten Situationen neigt, ob sie verschiedene Personen des öffentlichen Lebens bewundert oder ablehnt und so weiter.

Der Fragebogen ist deshalb wertvoll, weil er „unter" das äußere Erscheinungsbild eines Individuums reicht und dessen Erfahrungen und Gefühle erfassen kann. Da die Versuchsperson den Fragebogen selbst ausfüllt, sind auch keine Beurteiler oder Interviewer erforderlich. Der Hauptnachteil liegt darin, daß die getestete Person sich nicht voll und ganz selbst versteht und daher nicht immer genaue Angaben machen kann. Sie kann ebenfalls, je nach Belieben, falsche Angaben machen, damit ihre Ergebnisse besser ausschauen.

Um solche vorgetäuschte Daten korrigieren zu können, wurden „Lügen-Detektor-Skalen" entwickelt. Interessant ist jedoch, daß es Fälle zu geben scheint, bei denen die tatsächlichen Werte der Kandidaten — gefälscht oder nicht — eher Erfolg oder Versagen anzeigen als berichtigte Werte. Als einer Gruppe von erfahrenen Verkäufern ein Fragebogen gegeben wurde, zeigte sich, daß die unkorrigierten Werte besser zwischen guten und schlechten Verkäufern differenzierten als die berichtigten Werte (Ruch und Ruch, 1965). Die Untersucher stellten die Hypothese auf, daß derjenige, der einen Test verfälscht, um sich und seine Fähigkeit als Verkäufer zu „verkaufen", ein besseres Bild von den erforderlichen Berufseigenschaften hat und tatsächlich einen besseren Verkäufer abgibt als einer, der sich nicht ins rechte Licht setzen will.

Bei achtloser Verwendung der Fragebogen-Methode enttäuscht sie oft als Instrument für die Auswahl von Personal für Gewerbe und Industrie. In achtsamen Händen bildet sie jedoch eine große Hilfe bei der Beurteilung von Bewerbern für eine Arbeitsstelle oder von Kandidaten für eine Beförderung (Guion und Gottier, 1965). Sie ist auch zu einem nützlichen Instrument in klinischen Beratungssituationen geworden. Hier möchte das Individuum gewöhnlich ein besseres Verständnis von sich selbst gewinnen und beantwortet daher die gestellten Fragen so ehrlich wie möglich.

Die ersten Interessen- und Persönlichkeitsfragebögen waren entwickelt worden, um Individuen hinsichtlich beruflicher Neigung oder psychischer Störungen zu klassifizieren. Viele solcher Meßinstrumente entstanden mit Hilfe einer statistischen Methode, *Itemanalyse* genannt. Psychologen stellen fest, welche einzelnen Items aus einer größeren Anzahl von den meisten Personen einer bestimmten Gruppe in der gleichen Weise beantwortet werden. Auf Grund solcher von vielen Gruppen gewonnenen Informationen wird ein Auswertungssystem entwickelt, mit dessen Hilfe einer Person gezeigt werden kann, welcher Art von Personengruppe sie interessenmäßig am ehesten gleicht.

In den USA sind drei gebräuchliche Interessenfragebögen dieser Art im Gebrauch: der Strong Vocational Interest Inventory, der Minnesota Vocational Interest Inventory und der Kuder Occupational Interest Survey. Sie sind besonders für junge Leute geeignet, die vor der Berufswahl stehen. Obwohl es Unterschiede in den benutzten Auswertungssystemen gibt, verfahren sie all drei nach demselben Grundprinzip. Beantwortet eine Person eine Mehrzahl der Items in der gleichen Weise wie zum Beispiel Ärzte, dann wird sie sich wahrscheinlich als Arzt glücklich fühlen (Strong, 1951; Kuder, 1970). Ein in Deutschland viel benutztes Instrument ist der Berufsinteressentest von Irle (1955), der ab einem Alter von 13 Jahren benutzt wird.

Neben den Fragebögen, die im Hinblick auf bestimmte Berufe ausgewertet werden, gibt es eine Anzahl von Fragebögen, die sich mit allgemeinen Interessenbereichen beschäftigen. Diese zweite Art von Fragebögen ist zur allgemeinen Verwendung in der Bildungs- und Berufsplanung auf einer früheren Stufe gedacht. Der verbreitetste Fragebogen dieser Art ist der Kuder-Preference-Record-Vocational. Experimentelle Items wurden provisorisch von Fachleuten zusammengestellt. Dann wurden ausgedehnte Analysen in Oberschul- und Erwachsenengruppen durchgeführt, um Itemgruppen zu entwickeln, die hohe Reliabilität und niedrige Korrelationen mit anderen Gruppen aufwiesen.

Die Kuder-Items sind sogenannte Wahlzwangstriaden. Für jede Gruppe von drei Items zeigt die Versuchsperson an, welches sie am meisten und welches sie am wenigsten mag:

Beispiel

Kreuzen Sie Ihre Antworten in Spalte ○ an	am liebsten		am wenigsten
P. Eine Kunstausstellung besuchen	○	P	○
Q. In einer Bücherei schmöckern	○	Q	○
R. Ein Museum besuchen	○	R	○
S. Autogramme sammeln	○	S	○
T. Münzen sammeln . .	○	T	○
U. Schmetterlinge sammeln	○	U	○

Die Entwickler solcher Tests wiesen überzeugend nach, daß junge Leute bei Übereinstimmung zwischen ihren Interessentestwerten und ihrer Berufswahl größere Befriedigung am Arbeitsplatz finden als jene, die Berufe wählen, die nicht mit ihren Werten übereinstimmen.

Intelligenztest. Die am besten ausgearbeitete Verfeinerung haben Persönlichkeitstests bei der Messung der Intelligenz erfahren.

Die erste Binet-Skala. 1904 gründete der französische Kultusminister eine Kommission aus Ärzten, Pädagogen, Naturwissenschaftlern und Regierungsbeamten, um das Problem der Erziehung geistig behinderter Kinder in der Grundschule zu untersuchen. Der bedeutendste Beitrag dieser Kommission wurde von Alfred Binet, einem Pionier der damals noch sehr jungen Wissenschaft Psychologie, und dem Arzt Theodore Simon geleistet. Diese Männer waren der Ansicht, daß die Voraussetzung eines Erziehungsprogramms die Erarbeitung einer Methode zur Intelligenzmessung der Kinder sei.

Binet und Simon entwickelten einen Intelligenztest, der Problemsituationen enthielt, die objektiv bewertet werden konnten und in ihrer Art unterschiedlich waren. Die Störungen durch Umgebungsfaktoren waren dabei geringfügig, und der Test erfaßte mehr das Urteils- und Denkvermögen als bloße Gedächtnisleistung.

Das Ergebnis seines Tests bei geistig behinderten Kindern drückte Binet in dem Lebensalter aus, in dem normale Kinder einen gleichen Testwert erreichen würden. Er nannte diesen das *Intelligenzalter* (IA) des Kindes. Wenn der Testwert eines Kindes bei diesem Test dem arithmetischen Mittel eines Fünfjährigen entsprach, wurde sein IA mit fünf Jahren angegeben, unabhängig von seinem Lebensalter.

Binets ausgedehnte Intelligenzmessungen zeigten eindeutig, daß es gleichmäßige Abstufungen in der Intelligenz gibt. Bei den meisten Leuten bewegen sich die Testwerte um die Mitte der Verteilung und es gibt fließende Übergänge von dumm über durchschnittlich bis begabt. Diese *Normalverteilung* der Werte wird auf Seite 397 gezeigt.

Man kann sich eine gute Vorstellung von der Binet-Skala durch die folgenden Beispiele von Fähigkeiten machen, die von einer Normalperson verschiedenen Alters erwartet werden (Binet und Simon, 1911).

3 Jahre:	Kann auf Aufforderung auf Nase, Augen und Mund deuten
5 Jahre:	Kann vier Spielmarken zählen
7 Jahre:	Kann die rechte Hand und das linke Ohr zeigen
9 Jahre:	Kann ein Wort abstrakt verwenden, d. h. ein vertrautes Wort auf verschiedene Begriffe beziehen

12 Jahre: Kann aus drei gegebenen Worten einen Satz bilden
Erwachsener: Kann drei Unterschiede zwischen einem Präsidenten und einem König angeben.

Als immer mehr Kinder getestet und zu einem späteren Zeitpunkt wieder getestet wurden, stellte sich heraus, daß ein retardiertes Kind normalerweise mit zunehmendem Alter immer weiter hinter Gleichaltrigen zurückbleibt. Ein vier Jahre altes Kind mit einem IA von drei würde wahrscheinlich mit acht Jahren ein IA von nur sechs haben. Demnach würde bei gleichbleibender Relation von Intelligenz- und Lebensalter ($3/4 = 6/8$) die Retardierung von einem auf zwei Jahre angewachsen sein.
Schon früh in der Geschichte der Intelligenzmessung hatten sich die Psychologen deshalb angewöhnt, die Beziehung von IA und Lebensalter (LA) als Quotient auszudrücken. Dieses Verhältnis ist als der *Intelligenzquotient* (IQ) bekannt und wird wie folgt berechnet:

$$IQ = \frac{IA}{LA} \times 100$$

Wenn ein achtjähriges Kind (LA = 8) einen Testwert hat, der dem eines Zehnjährigen entspricht, ist sein IQ $= \frac{10}{8} \times 100 = 125$. Ist sein LA zehn und sein IA acht, dann ist sein IQ $= \frac{8}{10} \times 100 = 80$. Wenn eine Person die Werte erreicht, die seinem LA entsprechen (IA = LA), hat sie einen IQ von 100, d. h. einen „normalen" oder durchschnittlichen IQ.
Die Stanford-Revisionen. Das Konzept des IQs wurde bei der Entwicklung von Intelligenztests ebenso von L. M. Terman von der Stanford University verwendet. Er testete fast 3000 Kinder mit den Unterlagen Binets und anderen Tests. Auch er arbeitete mit dem Begriff des IA und veröffentlichte 1916 die Stanford-Revision des Binet-Tests, allgemein als *Stanford-Binet* bekannt. Dieser Test wurde bald ein Standardinstrument in der klinischen Psychologie, Psychiatrie und Erziehungsberatung.
1937 veröffentlichten Terman und Maud A. Merrill eine überarbeitete Ausgabe des Stanford-Binet-Tests (Terman und Merrill, 1937). Diese Überarbeitung sollte die Schwierigkeiten und Mängel der früheren Skala folgendermaßen verbessern:
1. Der Test wurde im oberen Skalenbereich erweitert, so daß Differenzierungen bei Erwachsenen mit höherer Intelligenz möglich waren. Dabei wurde auch eine Tabelle zum Ablesen des IQ entwickelt einschließlich eines „Korrekturfaktors" für das LA der Erwachsenen.

2. Schon für zweijährige Kinder wurde eine Testanordnung entwickelt. Für das Alter von zwei bis fünf Jahren wurden Standardisierungen für Halbjahreszeiträume vorgenommen, weil hier das geistige Wachstum sehr rasch fortschreitet. Für das folgende Alter wurden Jahresabschnitte standardisiert.

3. Der Test aus dem Jahre 1937 enthielt zwei Sätze mit vergleichbarem Material. Wenn eine erneute Untersuchung nötig war, konnte der Psychologe den Übungseffekt ausschließen, der eintritt, wenn das gleiche Material ein zweites Mal geboten wird.
Im Laufe der Zeit wird selbst der am sorgfältigsten ausgearbeitete Test überholt und bedarf einer Überarbeitung. Dies trifft besonders für verbale Tests zu, da sich die Bedeutung von Wörtern ändert und früher selten benutzte Wörter plötzlich sehr populär werden können. Der Wortschatz eines Erwachsenen oder Kindes von heute ist an Weltraum und Fernsehapparat orientiert und unterscheidet sich stark von dem einer Person, die in den Anfängen der Intelligenzmessung getestet wurde. So war in der Ausgabe des Stanford-Binet-Tests von 1916 das Wort *Mars* für Kinder weitgehend unbekannt und wurde in seiner Bekanntheit dem Wort *pflichtbewußt* damals gleichgesetzt (Terman, 1916). In der Ausgabe von 1937 wurde Mars infolge bestimmter Publikationen bereits bekannter und war in seiner Schwierigkeit dem Wort *geschickt* gleich (Terman und Merrill, 1937). In den späten fünfziger Jahren, als die Weltraumfahrt ein tägliches Gesprächsthema war, wurde dieser Planetenname so bekannt wie das vertraute Wort *Augenlid* (Terman und Merrill, 1960). Der Stanford-Binet wurde 1960 von neuem überarbeitet.
Handlungstests. Wenn auch die Ausgabe des Stanford-Binet von 1960 in einem gewissen Maß bereits andere Fähigkeiten mißt, basiert er vorwiegend auf dem Gebrauch von Wörtern oder der Fähigkeit, sich durch den Gebrauch von Wörtern anderen mitzuteilen und Gedanken zu formulieren. So erhält ein Kind, das eine andere Muttersprache hat oder schwerhörig ist, oft im Stanford-Binet-Test keine gerechte Punktzahl. Es hat sich deshalb als notwendig

Die Normalverteilung

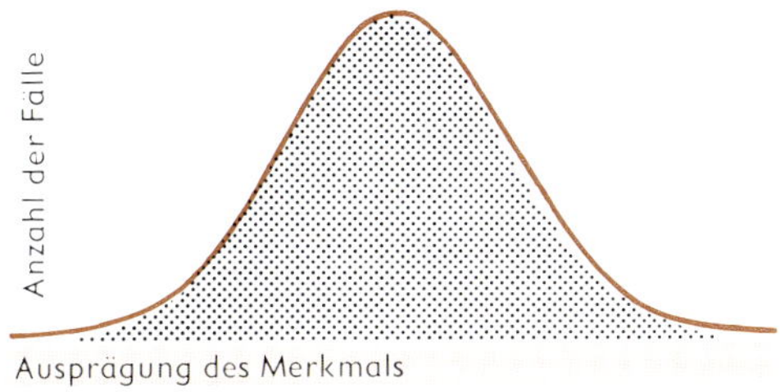

Die rechte Abbildung zeigt die Verteilung der Werte, die zu erwarten ist, wenn 1000 zufällig ausgewählte Personen bezüglich Gewicht, IQ oder vielen anderen Merkmalen gemessen werden. Jeder Punkt stellt den Wert eines Individuums dar. Die *horizontale Achse* zeigt die Beträge dessen, was auch immer gemessen wird. Die *vertikale Achse* zeigt, wie viele Individuen auf jeden Ausprägungsgrad eines Merkmals entfallen, und zwar gemessen an ihren Testwerten. Gewöhnlich wird aber nur die Kurve dargestellt, da sie die Häufigkeit anzeigt, mit der jede Messung aufgetreten ist. Die meisten empirisch gefundenen Kurven stellen in der Regel zwar nur Annäherungsformen an diese hypothetische Kurve dar, aber sie sind ihr häufig außerordentlich ähnlich.

Diese Kurve ist für Psychologen sehr nützlich, weil sie wissen, daß ein gleichbleibender Prozentsatz der Fälle in ein bestimmtes Segment der Verteilung fällt. Wenn zum Beispiel ein psychologisches Merkmal normal verteilt ist, fallen 68,2 % der Testwerte in das mittlere Drittel des Streubereichs.

Die Standardabweichung (siehe Kapitel 1) ist ein Maß der Variabilität der Testwerte. Sie zeigt den typischen Betrag an, durch den die einzelnen Werte vom Mittelwert abweichen. Je stärker die Werte streuen, desto größer ist die Standardabweichung. Die Testwerte einer Verteilung fallen im wesentlichen in einen Bereich, der von drei Standardabweichungen über dem Mittelwert bis zu drei Standardabweichungen unter dem Mittelwert reicht, doch findet man bei empirisch gewonnenen Verteilungen gewöhnlich ein paar Werte, die niedriger und ein paar, die höher sind.

Der Abstand der Standardabweichung vom Mittelwert kann auf der Abszisse angezeigt werden, so wie es unsere Abbildung zeigt. Da die Standardabweichungen über die ganze Streubreite der Testwerte gleich verteilt sind, eignen sie sich ausgezeichnet als Einteilungspunkte für die Klassifikation von Testwerten.

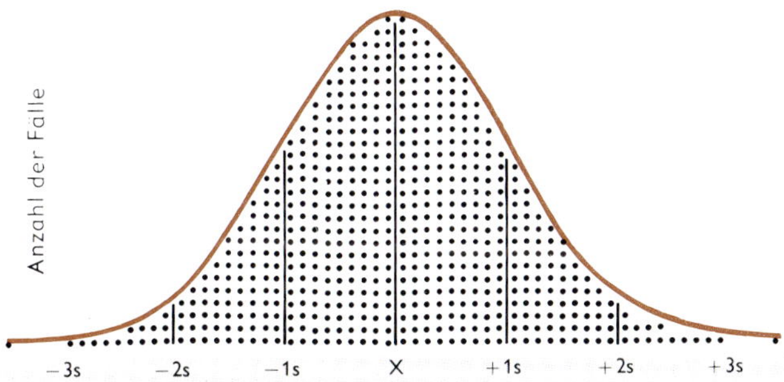

Anzahl der Werte im Intervall bei N=1000	1	22	136	341	341	136	22	1
% Werte im Intervall	0.13%	2.14%	13.59%	34.13%	34.13%	13.59%	2.14%	0.13%
Zentile		1	5 10	20 30 40	50 60 70	80	90 95	99
Standardwerte	−3	−2	−1	0	+1	+2	+3	+4
Stanford, Binet I.Q.	52	68	84	100	116	132	148	

erwiesen, sogenannte *Handlungstests* zu entwickeln, bei denen statt verbaler manuelle Fähigkeiten beurteilt werden. Manchmal werden sogar nonverbale Instruktionen gegeben. Handlungstests enthalten Aufgaben wie das *Figurenergänzen*. Dabei muß die Vp in die Aussparung einer Umrißlinie so schnell wie möglich die entsprechenden Ergänzungsteile einsetzen. Andere Aufgaben findet man in den *Bilderergänzungstests,* wobei die Vp eine unfertige Zeichnung betrachtet und entscheidet, wie das Bild ergänzt werden muß.

Der HAWIE und der HAWIK. Der Hamburg-Wechsler-Intelligenztest für Erwachsene (Wechsler, 1955; Hardesty und Lauber, 1955) und der Hamburg-Wechsler-Intelligenztest für Kinder (Wechsler, 1949; Hardesty und Priester, 1963) bestehen jeweils aus einem Verbal- und einem Handlungsteil. Der HAWIE und der HAWIK, wie diese der Einfachheit wegen genannt werden, ähneln sich im Inhalt, unterscheiden sich aber erheblich im Schwierigkeitsgrad. Der HAWIK wurde für Kinder von 2 bis 15 Jahren standardisiert, der HAWIE für das Alter ab 14 Jahren. Der Verbalteil beider Tests enthält folgende Untertests: Allgemeines Wissen, Allgemeines Verständnis, Wortschatz, Gemeinsamkeitenfinden, Rechnen und Zahlennachsprechen.

Der Handlungsteil besteht ebenso aus mehreren Untertests. Beim Mosaiktest soll die Versuchsperson mit Würfeln, die auf allen sechs Seiten verschieden bemalt sind, nach einer Vorlage Muster legen. Beim Bilderordnen soll man eine Reihe von Bildern in der richtigen Reihenfolge anordnen, so daß eine sinnvolle Geschichte dargestellt wird. Einige andere Handlungstests enthalten Labyrinthe, Bilderergänzungen und Gegenstandsvergleiche.

Die Bedeutung des IQ für das Verhalten. Wie sieht eine Person aus, die einen IQ von 100 hat? Zu was ist eine Person mit einem IQ von 70 nicht fähig? Erfahrene Psychologen haben ebenso wie Lehrer und Ärzte, die sich mit Problemfällen befassen, eine konkrete Vorstellung über das Verhalten bei verschiedenen IQ-Werten.

Von verschiedenen Untersuchern wurden mehrere IQ-Einteilungen vorgeschlagen, wobei die Eckwerte der Kategorien durch bestimmte IQ-Punkte festgelegt werden. Die große Mehrheit der Bevölkerung hat IQ-Werte zwischen 84 und 116 auf der Stanford-Binet-Skala. Man bezeichnet ihre Intelligenz als *durchschnittlich.* Personen mit IQ-Werten zwischen 68 und 84 bezeichnet man als *minderbegabt* oder als *Grenzfälle*; sie haben zwar Schwierigkeiten in der Schule, kommen aber bis zur 9. Klasse und können sich gewöhnlich selbst versorgen. Personen mit einem IQ unter 68 bezeichnet man im allgemeinen als *schwachsinnig.* Ein Teil kann aber trotzdem noch für sich selbst aufkommen, während es einige mit einem IQ über 68 gibt, die auf die Hilfe anderer angewiesen sind.

Personen, die in ihrer Punktzahl zwischen 116 und 132 liegen, werden als *überdurchschnittlich begabt* bezeichnet. Sie können den Beruf des Anwalts, Ingenieurs, Lehrers und so weiter ausfüllen. Ab 132 Punkten spricht man von *hochbegabt*; sie sind die Gruppe mit der größten Eignung für wissenschaftliche Leistungen und abstraktes Denken.

Dies sind nur sehr grobe Einteilungen, die auf einem Test basieren, der in weiten Bereichen nur Schulwissen umfaßt. Die tatsächliche Intelligenzhöhe hängt von vielen anderen Faktoren ab. Eine Rolle spielen dabei seine Motivationen, seine Arbeitsgewohnheiten, die an ihn gestellten Anforderungen, seine Selbsteinschätzung und das Ausmaß, zu dem frühere Erfahrungen seine Fähigkeiten entwickelt haben.

Allgemein gilt, daß man in Berufsgruppen mit hohem Lebensstandard auch einen hohen Durchschnitts-IQ findet. Die Streubreite ist jedoch innerhalb jeder Gruppe ziemlich groß. In der Spitzengruppe ist die Streubreite kleiner, weil nur Personen mit hohem IQ Berufe oder Positionen wie Rechtsanwalt oder Bankdirektor erreichen können. Im Beruf des Automechanikers oder Bürogehilfen finden sich jedoch Personen mit niedrigem, mittlerem und hohem IQ.

Spezialbegabungen (Primary mental abilities). Obwohl es offensichtlich viele Situationen gibt, in denen es nützlich ist, die Höhe der Gesamtintelligenz einer Person zu kennen, wie sie im IQ zum Ausdruck kommt, hat die moderne statistische Forschung jedoch gezeigt, daß die „allgemeine Intelligenz", wie sie in einem IQ-Profil dargestellt wird, in Wirklichkeit die Summe von vielen *Spezialbegabungen* ist, die relativ unabhängig voneinander sind. Zwei Menschen mit gleichem IQ können eine recht verschiedene Zusammensetzung von bestimmten Fähigkeiten und Begabungsmängeln haben: einer kann der beste bei verbalem und abstraktem Denken sein, der andere in Gedächtnisleistungen oder in Geschicklichkeit.

In den letzten 35 Jahren wurden in der Identifizierung solcher Spezialbegabungen mit Hilfe der Faktorenanalyse große Fortschritte gemacht. Wie wir in unserem Kapitel über die Persönlichkeitstheoretiker besprochen haben, hat in letzter Zeit Guilford die größte Arbeit auf diesem Gebiet geleistet. Andere bedeutende Forscher sind Charles Spearman und L. L. und Thelma Thurstone.

Das Werk von Spearman. Bereits 1904 entwarf Charles Spearman die Zwei-Faktoren-Theorie der Intelligenz (Spearman, 1904). Spearman fand heraus, daß die meisten damaligen Intelligenztests zwar miteinander hoch korrelierten, daß aber die Übereinstimmung nicht so hoch war, wie man erwarten würde, wenn sie alle das gleiche messen sollten. Er folgerte daraus, daß jeder Test zwei Faktoren messen müsse, nämlich einen *allgemeinen* Faktor, den er die *allgemeine Intelligenz* nannte, und einen *spezifischen* Faktor, der bei jedem Test anders wäre.

Differenziertere statistische Techniken haben gezeigt, daß das Problem noch viel komplizierter ist. Man ist jetzt zu der Erkenntnis gekommen, daß in den meisten Fällen die Tests, die positiv untereinander korrelieren, nicht einen allgemeinen Faktor haben, sondern mehrere, die alle zur Korrelation beitragen. Die Korrelation zwischen zwei Tests ist um so höher, je mehr Faktoren sie gemeinsam repräsentieren. Daher nehmen Psychologen heute allgemein eine *Mehrfaktorentheorie* an.

Das Werk der Thurstones. Die echte Pioniertat in der Erforschung von Spezialbegabungen wurde in den dreißiger Jahren von L. L. und Thelma Thurstone (1941) geleistet. In einer ihrer Arbeiten wurden Oberschüler und College-Studenten mit einer Batterie von 57 Tests untersucht, die allgemeine Intelligenz messen sollten. Unter Verwendung der Faktorenanalyse konnten die Thurstones bestimmen, wie weit die verschiedenen Tests den gleichen Faktor oder die gleiche Fähigkeit messen würden. Aus diesen und weiteren Testuntersuchungen identifizierten sie sieben einzelne Intelligenzfaktoren: Verbalvermögen, Rechenfähigkeit, Wahrnehmungsgeschwindigkeit, Räumlichkeit, Denken, Wortflüssigkeit und Gedächtnis. Es wurden sieben Tests entwickelt, von denen jeder ausschließlich einen dieser sieben Faktoren messen sollte (Thurstone und Thurstone, 1947). Testprofile intellektueller Fähigkeiten, die für verschiedene Berufe typisch sind, werden in Abbildung 9-8 gezeigt.

Wenn es den Thurstones gelungen wäre, die Intelligenz in sieben Komponenten zu zerlegen, dürften die sieben Tests untereinander überhaupt keine Korrelation zeigen. Doch als sie die Tests anderen Studenten gaben, und die Korrelationskoeffizienten der einzelnen Tests untereinander errechneten, stellte sich heraus, daß eine Korrelation *bestand.* Das könnte bedeuten, daß es zusätzlich zu den Spezialbegabungen einen allgemeinen Intelligenzfaktor gibt, wie ihn Spearman vermutete, und

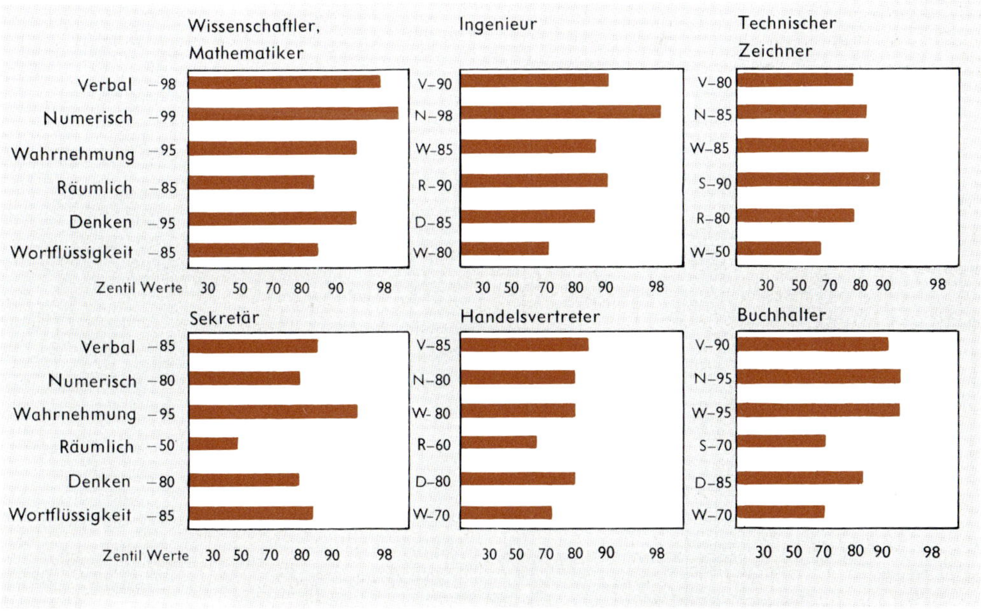

Abb. 9-8. Profile intellektueller Fähigkeiten, die für verschiedene Berufe typisch sind

daß dieser nicht unterteilt werden kann. Es könnte aber auch einfach sein, daß es ihnen nicht gelungen war, genügend „reine" Tests zu entwickeln. Oder vielleicht übersahen sie auch bei ihrem Bemühen, die Intelligenz in verschiedene Komponente zu zergliedern, die Tatsache, daß es in Wirklichkeit viel mehr verschiedene Faktoren gibt als die sieben, die sie gefunden hatten. In diesem Fall würde ein Modell wie Guilfords „Struktur der intellektuellen Begabung" mit seiner Vielzahl von postulierten Faktoren mehr Erfolg haben.

Die Tatsache, daß es bei diesem Versuch mißlang, nicht untereinander korrelierende Tests zu entwickeln, kann nicht als Beweis verwendet werden, daß dies nicht möglich ist. Die Diskussion, ob es zu den Spezialbegabungen noch zusätzlich eine allgemeine Intelligenz gibt, ist noch nicht abgeschlossen (McNemar, 1964).

e Ganzheitsbetrachtung des Menschen

Wenn alle Messungen erfolgt sind, muß sie der Psychologe noch zu einem Gesamtbild zusammenstellen. Um mit den Testwerten etwas anfangen zu können, muß er die Gebiete kennen, in denen die Versuchsperson relativ stark oder schwach ist, und muß Vergleiche mit anderen Versuchspersonen ziehen können.

Testprofile

Viele Psychologen verwenden Profile oder *Psychogramme,* die es ihnen ermöglichen, sich ein Bild von einer Person auf Grund seiner verschiedenen Testwerte zu machen und ihn nach Messung seiner einzelnen Fähigkeiten und Persönlichkeitsmerkmale zu klassifizieren. Ein Psychogramm sieht folgendermaßen aus: auf der linken Seite sind die Merkmale aufgereiht, die gemessen wurden. Die Ausprägung jedes Merkmals einer Person wird durch einen Punkt auf der Linie hinter dem Merkmalsnamen angezeigt, der dem gemessenen Zentilwert entspricht. Ein Zentilwert gibt an, wo die Person im Vergleich mit der Gruppe steht, an der der Test standardisiert worden ist. Wenn eine Person einen Zentilwert von 80 in einem bestimmten Test erreicht, wissen wir, daß 80 % dieser Gruppe bei diesem Test eine niedrigere Punktzahl als die Versuchsperson erreicht hat. Ein Psychogramm des Temperaments liefert ein anschaulicheres Bild der Gesamtpersönlichkeit als es durch Betrachtung der Werte einzelner Charakterzüge gewonnen werden kann. So würde zum Beispiel eine Person, die einen sehr hohen Testwert in Selbstsicherheit und gleichzeitig in Liebenswürdigkeit hat, völlig anders sein als jemand, der ebenso selbstsicher, aber sehr wenig liebenswert ist. Ein bestimmtes Muster ist oft wichtiger für den Erfolg in einem bestimmten Beruf als hohe Werte bei einigen speziellen Zügen. Arbeitgeber verwenden häufig Testprofile, um zu entscheiden, ob sie einen Bewerber einstellen, einen Angestellten befördern oder versetzen sollen. Durch Vergleich des Testprofils eines Bewerbers mit den Profilen von Personen, die in diesem bestimmten Beruf erfolgreich sind, können sie die Wahrscheinlichkeit abschätzen, mit der sich der Bewerber in diesem Beruf bewähren wird. Auch Pädagogen und Kliniker finden Testprofile nützlich, wenn sie Studenten oder Klienten beraten, welche Beschäftigung sie wählen sollen.

In Abbildung 9-9 ist das Psychogramm einer Bewerberin für eine Position als Angestellte in einer Firma dargestellt, die kleine Fahrzeugteile importiert und herstellt. Dieser jungen Frau wurden eine Reihe psychologischer Tests vorgelegt, die in diesem Kapitel beschrieben worden sind; ihre Zentilwerte sind in dem Psychogramm dargestellt. In der folgenden Zusammenstellung wird gezeigt, was ein Psychologe, der mit der Testauswertung und den Berufsanforderungen vertraut ist, aus solch einem Testprofil entnehmen kann.

Fräulein Maier wird für die Stelle einer Büroangestellten in der Inventurabteilung vorgeschlagen. Sie ist intelligent, tatkräftig und kann auch unter Belastung hart arbeiten. Außerdem ist Fräulein Maier ehrgeizig, sehr kooperativ und sympathisch und würde ihren Posten gut ausfüllen.

Von ihren Interessen ausgehend hat Fräulein Maier viel Verständnis für den großen Umfang an Detailarbeit bei dieser Tätigkeit. Doch sollte auch vermerkt werden, daß Fräulein Maier gerne eines Tages in der Buchhaltung arbeiten würde. Sie hat auch die Begabung dazu, denn sie zeigt ungewöhnlich gute Fähigkeiten im Umgang mit Zahlen. Daher ist sie nicht nur für den vorgesehenen Posten geeignet, sondern würde letztlich ebenso in der Buchhaltung gute Dienste leisten. Falls es die Umstände erlauben, sollte die Firmenleitung sie ermutigen, sich in Abendkursen die notwendigen Kenntnisse zu erwerben. Das würde sowohl im Interesse der Firmenleitung als auch von Fräulein Maier liegen, denn sie hat die Anlagen, es weiter zu bringen. Fräulein Maier wurde eingestellt, und nach sechs Wochen konnte ihr Arbeitgeber schon von ausgezeichneten Leistungen berichten.

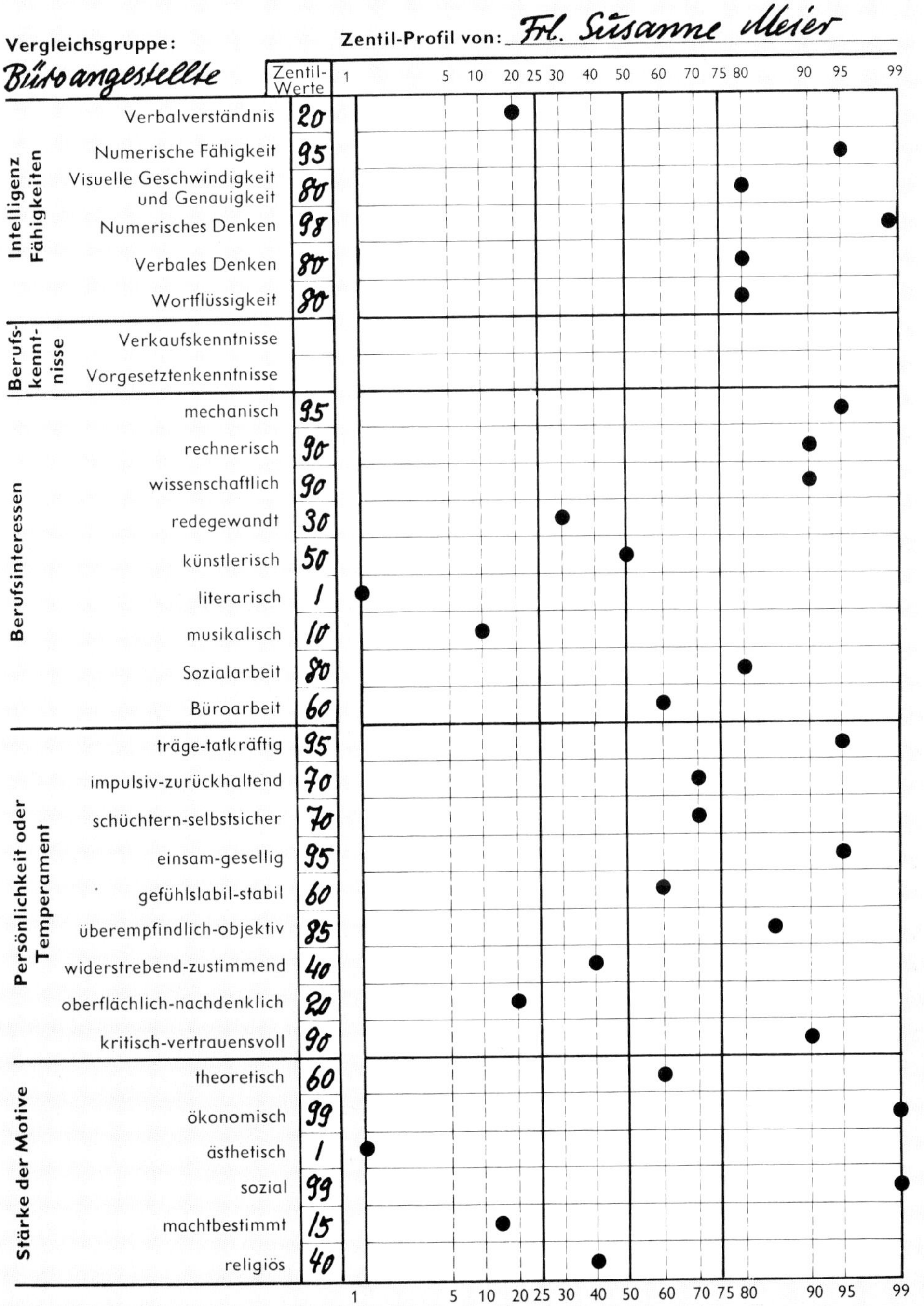

Abb. 9-9. Psychogramm einer Bewerberin

Ist der Mensch mehr als die Summe seiner (getesteten) Teile?

Die Testwerte zeigen die verschiedenen Ausprägungen der allgemeinen Anlagen im Individuum; sie erlauben weiter Vergleiche mit Personen, die den gleichen Test gemacht haben. Andererseits zeigen sie nicht, welche Rolle ein bestimmter Charakterzug für die Persönlichkeit eines Individuums hat. Aus dem bloßen Aneinanderreihen von Testwerten gewinnt man keine Vorstellung von dem einzigartigen Mosaik, das das Verhalten des Individuums bestimmt und es von jeder anderen Person unterscheidet.

Testprofile wie das oben gezeigte bringen uns ein Stück auf diesem Weg weiter, da sie *Anordnungen* von Stärken und Schwächen zeigen, und diese Anordnungen für jeden Menschen einzigartig sind. Gleichzeitig erlauben sie uns, sehr genaue und detaillierte Vergleiche unter verschiedenen Personen anzustellen, die den gleichen Test gemacht haben. Wenn, auf der anderen Seite, die gemessenen Merkmale in einer gegenseitigen Wechselbeziehung stehen, brauchen wir zusätzlich einen Schätzwert für diese Interaktion, weil dieser Vorgang nicht aus den individuellen Testwerten hervorgeht.

Wie wir am Anfang des Kapitels hervorhoben, ist eines der Schlüsselprobleme für die Persönlichkeitstheoretiker die Entwicklung von Verhaltensgesetzen, die die Einzigartigkeit menschlichen Verhaltens erklären können. Für einige ist das ein Widerspruch in sich selbst, denn wie kann eine Wissenschaft mit einzigartigen Ereignissen betrieben werden?

Beim Versuch, „das Unmögliche möglich zu machen“, haben Psychologen einen der beiden folgenden Wege beschritten. Die einen vermuteten, daß alle Menschen, so verschieden sie auch sein mögen, nur ihre Positionen in dem System der verschiedenen Persönlichkeitsdimensionen ändern. Alle besitzen ein bestimmtes Maß an Intelligenz, Aggressivität, Flexibilität, manueller Geschicklichkeit und so weiter. Man nennt dies den *nomothetischen* Weg. Er kennzeichnet die Faktorentheorie und jeglichen Versuch, Verhalten mit standardisierten Skalen oder Tests zu messen. Er unterstellt, daß die Persönlichkeitsdimensionen für alle Menschen gleich sind, und daß es nur relative Unterschiede gibt. Er führt zu Wahrscheinlichkeitsaussagen, die für Gruppen valide sind und die so in einer bestimmten Weise charakterisiert werden. Zum Beispiel könnte uns solch eine Feststellung sagen, daß die Mehrheit der Leute, die beim Test A eine hohe Punktzahl erreichen, auch in einer anderen Situation innerhalb einer gewissen Streubreite reagieren werden. Eine Aussage über das individuelle Verhalten, die auf normativen Daten beruht, braucht jedoch nicht sehr zuverlässig zu sein.

Der andere Weg geht von der Behauptung aus, daß eine Person mehr ist als eine Summe von Merkmalen, und daß Voraussagen, die auf Mittelwerten beruhen, nur wenig dazu beitragen, die Menschen zu verstehen oder ihnen zu helfen. Wie bei jedem anderen „Ganzen“, gibt es Eigenschaften beim Menschen, die nur dann gegenwärtig sind, wenn der ganze Mensch funktioniert. Diese Eigenschaften zeigen sich niemals, wenn man nur mißt, wieviel oder wie wenig er an einzeln gemessenen Charakterzügen aufweist. Um das Verhalten eines Individuums zu verstehen und vorauszusagen, muß man über die Verallgemeinerungen und Wahrscheinlichkeitsvoraussagen betreffs „ähnlicher“ Fälle hinaus eine intensive Falluntersuchung des Individuums selbst, seiner ganz persönlichen Vergangenheit, seiner Erfahrungen, Bewertungen und Ziele durchführen. Man nennt dies den *idiographischen* Weg, der für die Arbeitsweise der meisten Kliniker kennzeichnend ist.

Jeder Weg war auf seine Weise nützlich. Das endgültige Urteil über seine Richtigkeit hängt davon ab, ob die beiden Wege uns in irgendeiner Weise, getrennt oder gemeinsam, eine Wissenschaft vom Individuum vermitteln können. Während die Physik es sich leisten kann, abstrakte Eigenschaften eines rollenden Objekts auf einer schiefen Ebene herauszugreifen und den konkreten Fall beiseitezuschieben, beruht die Wissenschaft der Persönlichkeit nicht nur auf der Abstraktion von Beständigkeiten zwischen den Individuen, sondern ebenfalls auf den Eigenschaften innerhalb der Individuen. Hierdurch unterscheidet sich das „Objekt“ der Physik von der „Person“ bei der Persönlichkeitsuntersuchung.

f Zusammenfassung

Normale Menschen unterscheiden sich weitgehend voneinander sowohl in bezug auf körperliche als auch auf seelische Merkmale. Die Untersuchung der Persönlichkeit befaßt sich mit der Erklärung von Ähnlichkeiten und

Unterschieden zwischen den Individuen. *Persönlichkeit* kann definiert werden als „die Gesamtsumme der Arten, mit der ein Individuum in charakteristischer Weise auf andere reagiert und mit ihnen interagiert".

So unterschiedliche Leute wie Wahrsager und Kriminalbeamte schätzen Menschen auf der Grundlage von naiven Persönlichkeitstheorien ein, die durch Versuch und Irrtum entstanden sind. Daneben gibt es zahlreiche stärker systematisierte Persönlichkeitstheorien, wie die psychoanalytischen Theorien von Freud und den Neofreudianern, die Lerntheorien, die organismischen Feldtheorien und die Faktorentheorien.

Nach der *Freud*schen Theorie wird jegliches Verhalten (unbewußt) von zwei Grundtrieben gesteuert: dem *Eros* (Geschlechts- oder Lebenstrieb) und dem *Thanatos* (Aggressions- oder Todestrieb). Die Energie des Eros wird Libido genannt. Nach Freud setzt sich die Persönlichkeit aus drei Teilen zusammen: dem *Es* („Reservoir" der Grundtriebe), dem *Über-Ich* („Gewissen") und dem *Ich*, das als Vermittler zwischen den Forderungen der beiden anderen fungiert und die Realität abschätzt. Das Ich bedient sich häufig unbewußter *Abwehrmechanismen*. Werden diese zu häufig benutzt, entstehen Neurosen.

Nach Freuds Ansicht können die meisten Konflikte auf Kindheitserlebnisse zurückgeführt werden, die während den psychosexuellen Entwicklungsphasen gemacht wurden. Im täglichen Leben dringen unsere unbewußten Impulse im Sinne der *Freudschen Fehlleistungen* an die Oberfläche. Sogar schwere Verhaltensstörungen werden als Ausdrucksformen unbewußter Prozesse angesehen, denn nach dem *Prinzip der psychischen Determinierung* hat jedes Verhalten, so irrational es auch sein mag, seine *Ursache*.

Die Theorie Freuds ist kritisiert worden, weil sie weitgehend auf Untersuchungen mit psychisch Kranken beruht und weil sie empirisch schwer zu bewerten ist. Freud lieferte jedoch drei sehr wichtige Beiträge für die Untersuchung der Persönlichkeit, weil er als erster die Bedeutung (a) unbewußter Prozesse, (b) der Sexualität und (c) der Kindheitserfahrungen hervorhob.

Die *Freud-Schüler* wie Jung, Adler und Erikson behielten zwar den grundlegenden Rahmen der Freudschen Theorie bei, doch maßen sie der Rolle der Sexualität weniger Bedeutung zu. Sie hoben statt dessen andere Grundtriebe und soziale Einflüsse hervor. Harry Stack Sullivan zum Beispiel betonte die Bedeutung sozialer Interaktionen. Er prägte die Begriffe *Dynamismus* (über lange Zeit beständige, sich wiederholende Verhaltensmuster wie das *Selbst-Schutz-System*) und *Personifikation* (unsere Vorstellungen über andere).

Die Lerntheoretiker sind die am stärksten experimentell orientierten Persönlichkeitstheoretiker. Dollard und Miller begannen, die Freudschen Konzepte so umzuwandeln, daß sie für experimentelle Untersuchungen geeigneter waren. Sie untersuchten die Beziehungen zwischen *Trieb, Hinweisreiz, Reaktion* und *Verstärkung*. Die *soziale Lerntheorie* von Bandura und Walters hat sich aus Untersuchungen an Versuchspersonen entwickelt, die in sozialen Situationen lernten. Wenn auch die Grundgedanken des operanten Konditionierens übernommen wurden, betont diese Theorie doch die Bedeutung des „Modellernens". Dabei lernt man durch Beobachtung des Verhaltens irgendeiner anderen Person. Die Hauptkritik an den Lerntheorien besteht darin, daß sie zwar erklären können, wie einzelne Reaktionen gelernt und beibehalten werden, aber wenig über die Persönlichkeit insgesamt aussagen können.

Die Feldtheoretiker glauben, daß Persönlichkeit und Verhalten durch das Gleichgewicht und die Interaktion vieler Kräfte gebildet wird. Goldsteins *organismische Theorie* betont die Entfaltung angeborener Möglichkeiten des Organismus als Ganzem. Dies geschieht durch den Grundtrieb der *Selbst-Verwirklichung*. Rogers *Theorie vom Selbst* betont das phänomenale Feld — die individuelle Erlebniswelt. Das *Selbstbild* des Individuums entwickelt sich aus seinen Erfahrungen; es verhält sich so, daß es sich in Übereinstimmung mit dem Bild von sich selbst befindet. In diesem Sinn wird es psychisch krank, wenn es sich selbst nicht mehr akzeptieren kann.

In seiner *Selbst-Verwirklichungstheorie* geht Maslow vom Studium emotional gesunder Menschen aus. Er sah eine Hierarchie menschlicher Bedürfnisse, die der Reihe nach von physischen Bedürfnissen über das Bedürfnis nach Sicherheit, Zugehörigkeit und Liebe, Anerkennung, Selbst-Verwirklichung und Wissen bis zu den ästhetischen Bedürfnissen reicht. Nur wenn Bedürfnisse auf den unteren Stufen befriedigt sind, ist das Individuum frei, um jene auf den höheren Stufen erfüllen zu können. Die Kritik an diesen drei Theorien dreht sich vorwiegend um den verschwommenen Begriff der „Selbst-Verwirklichung" als Gegenstand der wissenschaftlichen Untersuchungen. Die Faktorentheoretiker verwenden die statistischen Methoden der *Faktorenanalyse*, um bestimmte Persönlichkeitszüge zu bestimmen. In seiner Untersuchung der Persönlichkeit hat Guilford zwei verschiedene Bereiche der Persönlichkeit identifiziert: *hormetische* (motivationale) Faktoren und *Temperament*faktoren. Er wandte die Faktorenanalyse auch auf die Untersuchung der Intelligenz an und entwarf ein drei-dimensionales *Strukturmodell der Begabung*. Das von den Faktorentheoretikern vorgeschlagene Konzept zählt zwar zu den nützlichsten Ansätzen in der Untersuchung der Persönlichkeit, ist aber wegen seines bruchstückartigen und künstlichen Charakters kritisiert worden. Verhaltenstherapeuten wie Mischel betonen nachdrücklich, daß Stabilität des Verhaltens eher von den erhaltenden und verstärkenden Bedingungen in der Umgebung als von beständigen Eigenschaften innerhalb des Individuums herrühren.

Tests zur Messung der Persönlichkeit werden gewöhnlich für einen der folgenden drei Zwecke verwendet: (a) um Erfolg in Schule oder Beruf vorauszusagen, (b) um Erziehungsmaßnahmen oder therapeutische Behandlung zu bestimmen oder (c) um das Wissen über den Menschen zu erweitern. Frühere Versuche zur Persönlichkeitsmessung beruhten oft auf Körpermerkmalen wie Schädelform (*Phrenologie*), Gesichtsausdruck (*Physiognomie*) oder Körperbau (*Somatotypen*). Untersuchungen über Ausdrucksformen des Verhaltens wie Handschrift (*Graphologie*) und Stimme scheinen in mancher Hinsicht Hoffnungen zu erwecken.

Die präzise Messung des Verhaltens erfordert jedoch standardisiertere Situationen und Meßinstrumente, wie sie bei Beurteilungsskalen und *standardisierten Interviews* zu finden sind. Die Technik der *Verhaltensstichprobe* erfordert die Beobachtung des Verhaltens einer Versuchsperson in einer typischen Situation, sei es eine natürliche oder simulierte. Bei *projektiven Techniken* wie dem *Rorschachtest* und dem *Thematischen Apperceptionstest* werden der Versuchsperson mehrdeutige oder neutrale Stimuli vorgelegt, um durch „projizierte" Inhalte Rückschlüsse auf die Persönlichkeitsstruktur ziehen zu können.

Um höchst genau und nützlich zu sein, muß ein psychometrisches Instrument *zuverlässig, gültig* und *objektiv* sein. Weiter muß es an einer Gruppe von Personen, die für die Zielgruppe repräsentativ ist, *standardisiert* sein. Eine häufig verwendete Meßmethode ist der *Fragebogen*.

Kurz nach der Jahrhundertwende wurde in Frankreich von Simon und Binet die Pionierarbeit in der Intelligenzmessung geleistet. Hierbei wird die intellektuelle Leistung eines Individuums mit der anderer Personen desselben Alters verglichen. Der *Intelligenzquotient* (IQ) zeigt das Verhältnis von Intelligenz- und Lebensalter an. Drei Tests der allgemeinen Intelligenz sind der Stanford-Binet-Test, der vorwiegend aus Verbaltests besteht, und die Wechsler-Tests (in je einer Form für Erwachsene und für Kinder), die beide einen Verbal- und einen Handlungsteil haben. Intelligenz ist keine Einzelfähigkeit, sondern setzt sich aus einer Anzahl von *Spezialbegabungen* zusammen die die Faktorenanalytiker zu identifizieren versuchen.

Durch Konstruktion eines *Psychogramms* oder Testprofils können die Psychologen ein Gesamtbild von der Anordnung der Merkmale eines Individuums gewinnen. Psychologen, die sich für das Studium der Persönlichkeit interessierten, folgen entweder dem *nomothetischen* Weg, der unterstellt, daß alle Individuen nur durch ihren Platz in einem vorgegebenen Feld von Dimensionen variieren, oder dem *idiographischen* Weg, der annimmt, daß jedes Individuum, nach Kenntnis aller Informationen, einzigartig ist.

10 Abweichungen, Pathologie und Irresein

Das Unbekannte, das Ungewöhnliche, das Unerklärte und das Mysteriöse haben schon immer eine besondere Faszination auf den Menschen ausgeübt. Sie erregen seinen Drang zu forschen und zu verstehen, rufen aber auch Furcht hervor. Die erste dieser beiden Reaktionen ist in den Naturwissenschaften, in Pädagogik, Philosophie und Kunst institutionalisiert worden; die letztere hat zur Beschäftigung mit heidnischen und religiösen Bräuchen, Hexerei, Magie, Geheimwissenschaften, und zu fliegenden Untertassen geführt. Was der Mensch nicht versteht, das kann er auch nicht kontrollieren. Dieses Unverstandene jedoch kann womöglich ihn kontrollieren und sogar zerstören, falls es bösartiger Natur ist. Die Ambivalenz in unserer Reaktion gegenüber unbekannten Mächten wird noch durch unseren Glauben verstärkt, daß demjenigen, dem es gelänge, ihre geheimen Kräfte zu entdecken und an ihnen teilzuhaben, unumschränkte Kontrolle über andere Menschen zufallen würde. Hierin liegt der Keim für die Entwicklung eines Konzeptes vom Bösen im Menschen und der Furcht vor anderen Menschen.

Die fundamentale Komplexität der Reaktionen des Menschen auf Ereignisse, Situationen und Verhaltensweisen, die seine Fassungskraft und den Rahmen seiner Wahrnehmung übersteigen, kann zum Beispiel aufgewiesen werden in unseren Reaktionen auf alte Science-fiction-Filme, Geistergeschichten und Erzählungen über Fälle von Irrsinn. Ein für viele Kinoserien typisches Drehbuch stellte einen der Wissenschaft ergebenen Forscher dar, der alleine im Kellerlabor seines Hauses daran arbeitet, das Geheimnis ungeheurer Stärke, der Unverwundbarkeit, der Umwandlung von Materie, der Erneuerung von Leben und auch der Unsterblichkeit zu entdecken. Im Laufe dieser Tätigkeit wird er dann von der Idee besessen, diese Macht für seine eigenen, selbstsüchtigen Motive zu nutzen. Gerade weil sich die Zuschauer mit derartigen antisozialen Impulsen identifizieren könnten, muß der Wissenschaftler am Ende sterben, und die Entdeckung muß für immer verloren gehen. Die Gesellschaft bestraft den Verbrecher für seine Missetaten und die Zuschauer indirekt für ihre stellvertretende Teilnahme am Bösen, wenn auch nur im Film.

Erinnern Sie sich noch, wie Sie als Kind auf Geistergeschichten reagierten? Um Ihre Aufmerksamkeit aufrechtzuerhalten, mußten die Geschichten genügend furchterregend sein, durften aber nicht so realistisch sein, daß sie eine unmittelbare Bedrohung darstellten.

Einer der Autoren dieses Buches wurde einmal von einer Gruppe kleiner Kinder gebeten, im verdunkelten Keller seines Hauses eine Geistergeschichte zu erzählen. Solange er ihnen Geschichten von Geistern, Kobolden und Hexen erzählte, waren die Kleinen quietschvergnügt. Als er aber unbemerkt ein Metallstück laut klirrend gegen eine Wand warf, rannten die Kinder schreiend hinaus und wollten dem Ende der Geschichte auch in einem beleuchteten Zimmer nicht mehr zuhören.

Da nun aber wissenschaftliche Erfindungen und Entdeckungen wie Kernwaffen, Antimaterie, Proteinsynthese, Organverpflanzung und die Mondflüge die Science-fiction-Literatur hinaus zu noch weiter entfernten Himmelskörpern zwingen, und die Geistergeschichten den zunehmend kritischeren Fragen der Kinder nicht standhalten, bleibt unsere Reaktion auf Wahnsinn nur noch mit Faszination und Furcht vermischt. Vorlesungen über die Psychologie des Abnormen sind immer wieder beliebt bei den Studenten, und sie betrachten die Übungen in der Psychopathologie gewöhnlich als den interessantesten Teil ihrer Ausbildung. Dennoch bringt man für einen Neurotiker oder einen Psychotiker viel weniger Mitgefühl auf als für einen Krebskranken. Die Öffentlichkeit scheint ganz allgemein Individuen, die für geisteskrank gehalten werden, nicht zu mögen und sie zu mißbilligen (Nunnally, 1961). Die für „verrückt" erklärte Person ist stets von den anderen Menschen abgesondert worden. In verschiedenen Kulturen erklärte man einen Menschen, der Anfälle, Visionen oder Halluzinationen hatte, manchmal zu einem Propheten oder Schamanen und verehrte ihn als jemanden, der für die göttliche Eingebung auserwählt war, aber weit häufiger wurden solche Individuen abgelehnt, ausgestoßen, isoliert, Torturen unterzogen oder von der Gesellschaft vernichtet.

a Krank! Krank. Krank?

Niemand ist der Meinung, daß eine körperliche Krankheit die durch Bakterien, äußere Einwirkungen oder durch funktionsgestörte Organe verursacht wird, ein persönliches Versagen des Kranken darstellt. Auch ein Geisteskranker wird für seine Handlungen legal nicht verantwortlich gemacht, doch bei ihm gehen die Leute davon aus, daß er in gewissem Maße

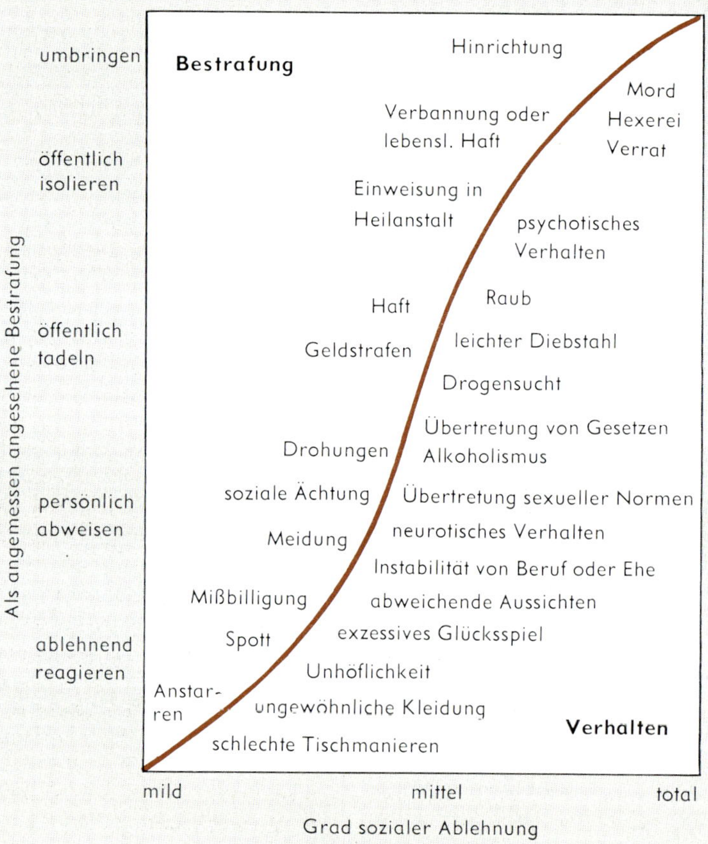

Abb. 10-1. „Die Strafe soll der Tat entsprechen". Dieses Schaubild veranschaulicht rechts ein Kontinuum von Verhaltensweisen, die zunehmend unannehmbar sind und mit zunehmender Strenge behandelt werden (links). Im Grunde sind alle linksgezeigten Reaktionen Strafen für Abweichungen von einer Regel oder Erwartung. Etwas prinzipiell Gleichartiges trifft auf neurotisches oder psychotisches Verhalten zu, dem man sich ähnlich wie den Kriminellen und anderen von der sozialen Norm Abweichenden gegenüber benimmt — trotz der Tatsache, daß man den geistig Kranken im juristischen Sinne nicht für verantwortlich hält. Genauso wie bei antisozialen Personen erwartet man auch von psychisch Gestörten eine Bedrohung für Leben und Besitz. Sie verhalten sich in unvorhersehbarer Weise und schwächen dadurch die Möglichkeit der sozialen Kontrolle. Und noch wichtiger: Psychisch Gestörte scheinen unfähig zu sein, ihr Verhalten in kontrollierter Weise auf Ziele zu lenken, die als erstrebenswert angesehen werden, und stellen damit fundamentale Annahmen über die Würde und Integrität der menschlichen Natur in Frage
(Nach Haas, 1965)

für seine Geisteskrankheit verantwortlich ist. „Nimm Dich zusammen!" „Du mußt Dir schon selbst helfen!" „Streng Dich ein bißchen an, sonst bist Du selbst schuld." „Was ist denn los mit Dir! Willst Du denn absolut für verrückt gelten?" Solche Ermahnungen werden recht oft von wohlmeinenden Freunden, Verwandten, Ärzten und Polizisten denen gegeben, deren Verhalten so stark abweicht, daß es als „krank" etikettiert wird. Sie meinen damit, daß der so Ermahnte sich nicht beherrschen oder in akzeptabler Weise verhalten *will.* Anscheinend wird unbewußt geschlossen, daß, wenn es keine physische Grundlage für die Geisteskrankheit gibt, der Patient aus eigenem Antrieb abnorm geworden sein muß.

Eine Methode, um Sinn in das verwirrende Rätsel des abnormen Verhaltens zu bringen — gleichgültig, ob antisoziales oder psychotisches — besteht darin, daß man die Psychopathologie als eine bestimmte Eigenheit einer Person ansieht, die sie anders macht, die irgendwie in ihr existiert. Überdies wird unser Verantwortlichkeitsgefühl durch den Glauben erleichtert, daß wir gar keinen Anteil an der Verursachung des abnormen Verhaltens hatten, und unsere Furcht wird verringert, daß wir selbst einmal so werden könnten.

Würden Sie einen „Verrückten" erkennen, wenn Sie einen sähen?

Bei einer körperlichen Erkrankung gibt es klare, festgelegte und gewöhnlich meßbare Anzeichen einer Krankheit. Zum Beispiel wird Leukämie anhand eines ungewöhnlichen Verhältnisses der weißen zu den roten Blutkörperchen, Krebs am unkontrollierbaren Wachstum von Tumoren und die Paralyse anhand von Nervendegeneration und muskulärem Reaktionsmangel identifiziert. Geisteskrankheit hingegen besteht dann, wenn ein anderer Mensch sagt, daß sie vorhanden sei.

Die psychische Pathologie wird also nicht durch körperliche, sondern durch soziale Realitäten bestimmt. Man beobachtet das Verhalten und nicht ein körperliches Substrat des Verhaltens. Irgend jemand muß dieses Verhalten bewerten und muß beurteilen, ob es pathologisch ist. In unserer Gesellschaft wird eine Person gewöhnlich auf Grund einer Kombination der folgenden Anzeichen für geisteskrank gehalten (Wegrocki, 1939; W. A. Scott, 1958; Allport, 1960):

1. Sie befindet sich in psychiatrischer Fürsorge.
2. Achtbare, einflußreiche Mitglieder der Gesellschaft (Lehrer, Richter, Eltern, Ehegatten, Priester) stimmen darin überein, daß ihr Verhalten einen bestimmten Grad von Fehlanpassung aufweist.
3. Ein Psychiater oder ein klinischer Psychologe diagnostiziert eine geistige Störung.
4. Ihre von psychologischen Fragebögen abgeleiteten Testwerte weichen in einem festgelegten Ausmaß von den Standardwerten einer als normal bezeichneten Gruppe ab.
5. Sie erklärt sich selbst als „geisteskrank" — entweder sagt sie es von sich selbst, oder sie zeigt entsprechende Gefühle des Unglücklichseins, der Angst und der Minderwertigkeit.
6. Sie benimmt sich in der Öffentlichkeit so, als wollte sie die anderen darauf aufmerksam machen, daß ihr Verhalten von den anerkannten Normen der Gesellschaft abweicht.

Stöcke und Steine brechen Deine Gebeine . . . aber diagnostische Etiketten machen Dich „krank". Es ist für den Studenten wichtig, sich vor Augen zu halten, daß „Verrücktheit" (oder „Wahnsinn", „Geisteskrankheit", „Gemütsleiden", „gestörtes Verhalten") nicht eine *Sache* — ein objektiv bestimmbares Merkmal einer Person — ist, sondern vielmehr ein *Etikett,* eine Metapher, die von einigen Leuten auf andere angewendet wird.

Es ist nützlich, sich an dieser Stelle die Unterschiede ins Gedächtnis zurückzurufen, die wir in früheren Kapiteln zwischen direkter Beobachtung und indirekter Folgerung, sowie zwischen deduktiven und induktiven Schlüssen festgestellt haben. Der Psychiater *beobachtet* verschiedenste Arten von Verhalten; er *folgert,* wie sie verursacht sein könnten, wie sie miteinander zusammenhängen und wie man sie aufrechterhalten oder verändern könnte. Diese Schlüsse zieht er auf Grund seiner besonderen theoretischen Orientierung, Berufserfahrung, persönlichen Vorurteile und vor einem kulturellen Hintergrund. Die Diagnose und Prognose, die das Ergebnis seiner Folgerung darstellen, werden nicht in zwingender Weise von etwa vorhandenen Prämissen abgeleitet. Sie sind vielmehr ungefähre Abschätzungen, die einen induktiven Sprung von bestimmten Annahmen und Beweisbruchstücken auf eine verallgemeinernde Aussage darstellen.

Die Universalität des Etiketts „abnorm“ besteht darin, daß es den so Markierten als unterschiedlich von allen anderen hinstellt. Solche Urteile haben negative Nebenbedeutungen. Sie implizieren, daß das Verhalten des Individuums geändert werden muß, damit es besser mit dem übereinstimmt, was der Beurteiler als akzeptabel und der Situation angemessen ansieht.

Wer soll darüber entscheiden, ob eine Person „geisteskrank“ ist? Man könnte eine Person mit einiger Verläßlichkeit als „emotional krank“ bezeichnen, wenn sie einem sagt, daß sie unfähig ist, Dinge zu tun, die ihr Freude machen, aber statt dessen Dinge tut, die ihr Schmerz bereiten; daß sie nicht so fühlt und handelt wie andere Leute, obwohl sie es gerne möchte, und daß sie oft keine adäquate Erklärung dafür hat, warum sie sich ängstlich, depressiv und so weiter fühlt. Das Vertrauen in die Diagnose würde zum Teil dadurch bestimmt sein, daß die betroffene Person ihre Abweichung zugibt, daß sie sich ihrer Verschiedenheit von anderen bewußt ist und daß sie die Absicht hat, sich zu ändern.

Angenommen jedoch, eine in ein Nervenkrankenhaus eingewiesene Person sagt Ihnen, daß sie selber normal sei (was viele von diesen Patienten sicher tun werden); daß ihr jedoch die Welt, so wie sie ist, nur wenig Vergnügen bereite; daß es ihr Freude mache, für eine Sache zu leiden; oder, daß die anderen Leute verrückt seien, weil sie sich auf eine Art und Weise verhalten, die *sie* selbst nicht akzeptieren kann. Würde Ihr Vertrauen in die Diagnose, daß diese Person „verrückt“ sei, immer noch so groß sein?

Wenn eine Person die Gelegenheit hätte, für eine bestimmte Sache eine große Belohnung zu erhalten, statt dessen aber etwas macht, das nur geringen Lohn einbringt — würden Sie diese dann für „abnorm“ oder für „bescheiden“ halten? Wenn dieser Mensch auf jegliche Belohnung verzichten und statt dessen einen Weg wählen würde, der ihn einer sicheren Bestrafung zuführt — wäre er dann „abnorm“, „einer, der sich selbst aufopfert“, „ein Held“, oder „altruistisch“? Wenn er ohne jede Belohnung ständig fortfahren würde, auf ein Ziel hinzuarbeiten — wäre er für Sie dann „abnorm“ oder ein „ungewöhnlich entschlossener“ und „selbstsicherer“ Mensch? Solche Beispiele zeigen die Willkürlichkeit all dieser Etikettierungen von Verhaltensweisen und wie wir uns auf vermutete innere Eigenschaften und Motive verlassen, um die Gültigkeit unserer Etiketten aufzumöbeln.

Gibt es überhaupt abnormes Verhalten?

Zugegeben, daß Etikettierungen willkürlich sind und daß Verhalten falsch beurteilt werden kann — doch gibt es überhaupt irgendein Verhalten, das für die Menschen immer als normal oder immer als abnorm gilt?

Ist „normal“ einfach das, was die meisten Leute als normal akzeptieren? Nicht zu übersehen ist die Tatsache, daß das, was als „abnorm“ angesehen wird, zum Teil historisch bedingt ist. Ein katholischer Priester möchte heiraten; eine Frau raucht in der Öffentlichkeit; ein junger Mann verweigert den Wehrdienst, ein Schüler nimmt Rauschmittel — sie alle wären vor gar nicht langer Zeit in den Augen ihrer Umgebung „anormal“ gewesen. Sind sie es noch immer? Bis vor kurzem hätte man einem jungen Mann, der sich wegen homosexuellen Verhaltens einer Psychotherapie unterzieht, die Mißbilligung der Gesellschaft für seine abweichenden Impulse begreifbar zu machen versucht, und er hätte automatisch eine Behandlung erhalten, um ihn von seinem „Leiden“ zu „heilen“.

Manche Therapeuten sind heute dabei, das Problem neu zu definieren, indem sie die Homosexualität dann als akzeptabel betrachten, wenn sie eine freiwillige Alternative darstellt und nicht eine Reaktion, die sich als Folge von Furcht oder Vermeidungsmechanismen auf der Basis tiefwurzelnder Minderwertigkeitsgefühle quasi zwangsläufig ergibt.

Oder man denke an die Kwakiutl-Indianer der Nordwestküste Amerikas. Sie praktizierten eine extreme Form des Wettbewerbs, die einem erwerbsorientierten Zivilisationsmenschen verrückt erscheinen würde. Sie hielten Festmahle („potlatches“) ab, bei denen jener Mann an Rang und Ansehen gewann, der in der Lage war, mehr wertvolles Eigentum wegzugeben oder zu *zerstören* als sein Gegner. Dieses Verhalten, normal unter den Menschen jener Kultur, wäre bei uns abnorm.

Eine entgegengesetzte Form der kulturellen Relativität bestand bei den Zuni-Indianern, wo „Mangel an Ambition“ kein Fall für den Medizinmann war, sondern als anerkannte Norm galt. Eine Person voll von Initiative und Antrieb lief Gefahr, als Hexe oder Zauberer angesehen und an den Daumen aufgehängt zu werden.

Muß man verrückt sein, um in die Irrenanstalt zu kommen?

Ein Schriftsteller, der seinem Psychotherapeuten von einem Selbstmordversuch erzählt hatte und von diesem daraufhin in ein Nervenkrankenhaus eingeliefert wurde, beschreibt seine dortigen Erlebnisse. War der Autor „verrückt", oder war seine Wahrnehmung der Realität richtig?

Als ich Mr. Pipe, meinem Psychologen die Geschichte erzählt hatte, überwies er mich eilends an einen richtigen Nervenarzt, der mir sofort ein Betäubungsmittel gab, bis dann eine private Ambulanz kam. In meinem Kopf noch völlig klar, aber durch die Drogen bewegungsunfähig geworden, wurde ich wieder einmal auf eine lange Fahrt mitgenommen — diesmal zu einem mit Hecken umgebenen Kasten auf Long Island. Ich war nicht in der Lage zu protestieren, vor allem wegen der Scham und der Schuldgefühle, die ich selbst dafür empfand, daß ich überhaupt nur an Selbstmord gedacht hatte. Offensichtlich war ich nicht verrückt, wahnsinnig, psychotisch, von Sinnen, schizophren oder paranoid. Ich war ganz einfach ein gequältes Menschenkind, das sich nie davor gedrückt hatte, den Tatsachen des Lebens ins Gesicht zu sehen, — das nicht wußte, was es heißt, Prinzipien zu haben und nach ihnen zu leben, komme was da wolle . . .

Wieder einmal war ich auf dem Fließband für Menschen: Der Elektroschock schlug mein gutes Gehirn in unnütze Bewußtlosigkeit. Ich ging zu meinen mehrfachen Exekutionen wie ein tapferer, kleiner Junge, anstatt ihre Berechtigung anzuzweifeln. Eine nie in Frage gestellte Autorität wie aus dem Alten Testament beherrschte unseren kleinen Klub. Gutmütige, aber meist mehr an Ochsen erinnernde, ungebildete Burschen führten die Befehle aus, die von oben kamen, und jeder Patient wurde, abgesehen von der mechanisch ablaufenden Behandlung und dem einfallslosen Dreh der Beschäftigungstherapie, mit sich selbst und seiner Verwirrung völlig alleingelassen . . .

Ich sah nun, daß neun Zehntel meiner Mitpatienten nach den Urteilsmaßstäben einer normal intelligenten Person nicht „verrückt" waren: In der Mehrzahl hatten sie das Vertrauen in ihre eigene Fähigkeit verloren, in und mit der Welt draußen zurechtzukommen, oder aber ihre Familien *fürchteten* sich vor ihnen und hatten sie auf die Fachleute abgeschoben — doch keine wirklich ernsthafte Anstrengung war unternommen worden, sie mit dem nötigen Rüstzeug zu versehen, um freie und unabhängige Erwachsene werden zu können. Dies war ihr Geburtsrecht — gültig jenseits von Land und Gesellschaft, ja geradezu eine religiöse Verpflichtung — sie aber wurden mit Pillen beruhigt oder mit Schocks durcheinandergeschüttelt; ihre oft berechtigte Wut schlug auf sie zurück, als Zeichen ihrer Krankheit bewertet. Du sagst: „Ein paar von denen müssen doch „krank" gewesen sein". Ich antwortete: „Von wem überhaupt wäre das nicht denkbar, in einer Welt, die so kompliziert ist? . . ." (Krim, 1964).

Jenseits einer statistischen Definition der Abweichung. Alle diese Definitionen des Abnormen sind im Grunde statistischer Art: Um wieviel weicht das Verhalten einer bestimmten Person von dem ab, was die meisten Leute tun? „Was die meisten Leute tun", bzw. was nach Meinung der Mächtigsten die meisten Leute tun sollten, hängt wiederum von der Kultur oder Epoche ab. Gesellschaften unterscheiden sich voneinander darin, was als Norm gilt, und wieviel Variabilität sie tolerieren, bis die Verhaltensunterschiede als signifikante Abweichungen angesehen werden. Dabei besteht immer die Tendenz, den sozialen Status quo zu schützen. Das geschieht einfach durch Bestrafung der Abweichenden oder darin, daß man mit den verschiedensten Mitteln auf sie einwirkt, um sie zur Norm zurückzuführen, oder auch durch ihre Eliminierung, damit die Durchschnittsreaktion („was die meisten Leute tun") nicht in die Richtung der Nonkonformisten verändert wird.

Der Psychologe fungiert als Vertreter der Gesellschaft, aber wenn er die simple Ansicht vertreten würde, daß das, was für den Durchschnittsbürger gut ist, auch *gesund* sei, dann würde er die Kritiker als Abnorme und die Nichtkonformisten als Verrückte abstempeln. Es ist offensichtlich, daß die „Normalität" der Normen einer jeden Gruppe wiederum durch andere Kriterien beurteilt werden muß. War die Norm des Antisemitismus im Dritten Reich „normal"? Wenn jeder in Ihrem Bekanntenkreis sich entschließen würde, Heroin zu nehmen, wäre es dann „normal", mitzumachen? War es für einen Bürger der USA normal, sich in der Zeit vor dem Bürgerkrieg Sklaven zu halten?

Allport (1960) legte zwingend dar, daß jenseits der statistischen und relativen Maße für Normalität, wie sie von sozialen Systemen und Kulturen auferlegt werden, ein ethischer Maßstab beim Beurteilen von Abnormität anzuwenden ist. Er meinte, daß der gültige Maßstab für die tüchtige und gesunde Persönlichkeit auf einem grundlegenden menschlichen Potential aufgebaut werden müßte, und nicht auf den jeweils vorherrschenden Gegebenheiten.

Abraham Maslow (1962) verteidigte lange Zeit den Standpunkt, daß das eigentliche Ziel des Menschen sei, sich „selbst zu verwirklichen". Aus dieser Sicht schließt psychische Gesundheit folgende Charakteristika ein: Bejahung, Achtung und Liebe zu sich selbst und zu anderen; Mitgefühl für alle Lebewesen; Spontaneität des Handelns; Fähigkeit, entsprechend den eigenen Zielen in verschiedensten Situationen entweder distanziert oder aber auch leidenschaftlich beteiligt zu sein; eine einheitsstiftende Weltanschauung; Sinn für die Komödie und Tragödie der menschlichen Existenz und eine gutfunktionierende Realitätswahrnehmung. Maslow glaubte, daß dieses Ideal psychischer Gesundheit, wenn es auch für die

Abb. 10-2. Was ist abnorm? „... und eingesperrt sollst Du bleiben, bis zu der Zeit, wo Du Dich wieder unter zivilisierten Menschen blicken lassen kannst"

Mehrheit vielleicht nie Wirklichkeit werden würde, die gesündeste und wahrhaft menschlichste Orientierung darstelle.

Die Änderungen in unserer Einstellung zur Psychologie. Im Mittelalter dachte man, der „Tolle" sei von Dämonen besessen oder erleide eine gerechte Strafe für seine Sünden. Die Behandlung der Besessenheit bestand darin, einen solchen Quell ansteckenden Übels in ein „Tollhaus" einzusperren, dort ein Schuldbekenntnis von ihm zu erzwingen, ihn der Öffentlichkeit als abschreckendes Beispiel vorzuhalten und ihrem Gespött auszuliefern.

Die „Tollheit" gewann etwas an Respektabilität, als man sie dann *Wahnsinn* nannte — ein im Gesetz festgelegter Ausdruck, der einen Mangel an Verantwortlichkeit auf Grund einer geistigen Verwirrung bezeichnete. Aber die öffentliche Meinung und die Behandlung psychisch gestörter Personen änderte sich erst, als die medizinische Bezeichnung *„Geisteskrankheit"* in Gebrauch kam.

Zu dieser Zeit erschien das als ein großer Fortschritt, denn der Ausdruck „Geisteskrankheit" implizierte einen krankhaften Zustand der betreffenden Funktionen. Wenn eine Person aber „krank" war, dann konnte sie vermutlich auch „behandelt", „rehabilitiert", „geheilt" und in einen „normalen" Zustand „geistiger Gesundheit" zurückgebracht werden.

Dieses Konzept führte jedoch zu oft dazu, daß man mit den betreffenden Menschen wie mit Objekten umging. Sie wurden noch immer als grundsätzlich unterschiedlich von den übrigen angesehen (für diese ein beruhigender Gedanke!), und wenn sie krank genug waren, um hospitalisiert zu werden, wurden sie in einem Zustand völliger Abhängigkeit gehalten. Die Überlegung dabei war, daß man ja doch nichts hätten tun können, um zu ihrer Genesung beizutragen. Wenn sie krank waren, dann brauchten sie einen Arzt, der sie wieder gesund machte. Ihre eigene Rolle war eine passive, mit keinerlei Verantwortung für den Prozeß der Heilung betraut.

Heutzutage wird das psychopathologische Verhalten eher als ein ineffektiv gelerntes Verhalten angesehen, denn als psychische Erkrankung des Individuums. Anstatt nach Ursachen im Individuum zu suchen, interessieren sich viele Psychologen nun in erhöhtem Maße für schädliche soziale Interaktionen oder für die Umweltbedingungen, die ineffektives oder selbstzerstörendes Verhalten verstärken und somit aufrechterhalten.

Soziale Normen tragen zur Abnormität bei

Soziale Normen bestimmen, wer abgelehnt und als Außenseiter gebrandmarkt wird. Sie können daher bei denjenigen, die sich nicht anpassen können oder wollen, zur Abnormität beitragen, weil ihre Verletzung Angst, Selbstzweifel und soziale Isolierung herbeiführt. Das Ansteigen der Einweisungen von Menschen der Mittel- und Oberschicht in Nervenkrankenhäuser, das bei jeder wirtschaftlichen Rezession beobachtet werden kann, ist ein Preis, den wir für unsere hohe Bewertung des wirtschaftlichen Erfolges zu zahlen haben.

Am Beispiel eines 42jährigen Mannes ist erkennbar, welche isolierenden und das Selbstwertgefühl beeinträchtigenden Folgen die vorherrschenden Normen auf einen Menschen haben können, der sich für unfähig hält, ihnen zu entsprechen: Bei seiner Aufnahme ins Krankenhaus klagte er über Nervosität und Schlaflosigkeit, die es ihm unmöglich machten, sich an einer Arbeitsstelle zu halten oder Verantwortung zu übernehmen. Dazu wurde besonders vermerkt: „Von seinem früheren Leben ist nichts bekannt, außer daß er im Alter von fünfzehn Jahren die High School abschloß und sich verletzt fühlte, weil er nicht wie seine älteren Brüder aufs College gehen konnte. Sein Leben vor dem Krieg war labil, indem er häufig Arbeitsplatz und Wohnsitz wechselte. Er gibt an, daß all seine früheren Arbeitskollegen als Offiziere in die Armee eingetreten und mittlerweile Millionäre geworden seien, während er einfach „Mickey der Griesgram" blieb. Auch alle Geschwister des Patienten waren erfolgreiche Geschäftsleute oder Regierungsbeamte mit Haus und Familie."

Viele Menschen in unserer Gesellschaft wurden durch die übertrieben hohen Leistungsansprüche von Eltern, Lehrern und anderen soweit gebracht, daß sie sich für intellektuell unzulänglich und defekt hielten. Andere haben wegen ihrer Sexualität Todesängste ausgestanden, weil die elterliche Erziehung Geschlechtlichkeit mit Sünde gleichsetzte, oder weil Kameraden ihnen suggerierten, Sexualität sei gleichbedeutend mit Leistung und Wettstreit.

Wenn Eltern ihren Kindern außergewöhnliche Persönlichkeiten als Beispiele vorhalten oder andere „normale" Erziehungstechniken benützen, können sie damit unbeabsichtigt in den Kindern das Gefühl hervorrufen, häßlich, wertlos, lästig oder bösartig zu sein.

Ein Kinderbuch, das Generationen lang bei deutschen Eltern beliebt war (und noch immer ist), enthält eine Folge von moralischen Geschichten, in denen ungehorsame Kinder bestraft werden, wenn sie nicht tun, was sich gehört. Weil ein Kind seine Suppe nicht ißt, verhungert es. Weil Paulinchen mit Streichhölzern zündelt, verbrennt sie bei lebendigem Leib. Fürs Daumenlutschen werden dem kleinen Konrad dieselben‹ abgeschnitten. (Die Implikationen dieser Operation für das sich entwickelnde Interesse an den Genitalien, das einfach entwicklungsbedingt ist, blieben auch den verängstigten, von Schuldgefühlen geplagten Kindern nicht verborgen, wenn ihnen eine solche Gute-Nacht-Geschichte vorgelesen wurde.)

Amerikas Schallplattenindustrie brachte vor einigen Jahren mit dem Lied: „Santa Claus Is Comin' to Town" einen etwas subtileren Angsteinflößer auf den Markt. Im Lied werden die Kinder ermahnt, besser aufzupassen, nicht zu schreien oder gar zu schmollen, denn Sankt Nikolaus, dessen alljährliche Ankunft unmittelbar bevorsteht, könne alles sehen, was sie tun, selbst wenn sie schlafen. Etwas zu verheimlichen sei nicht möglich, und so werden die Kinder eindringlich ermahnt, gut zu sein, um des Guten willen („be good for goodness' sake!").

Eine derartige Botschaft läßt das Kind glauben, vollkommene Tugendhaftigkeit sei nicht nur möglich, sondern normal, und gibt ihm einen Maßstab vor, dem es unmöglich entsprechen kann.

Als Anzeichen einer wachsenden öffentlichen Toleranz für das, was in den Psychologielehrbüchern als „Verhaltenspathologie" klassifiziert wird, kann der Ersatz der traditionellen „krank"-Bezeichnungen durch weniger gemütsbewegende Metaphern angesehen werden. Zwangshandlungen werden als „bags", neurotische Verhaltensweisen als „Aushaken", Personen mit psychotischen Episoden als „seltsame Käuze" und furchterregende Erlebnisse der Diskontinuität und Verzerrung von Zeit, Ort, Raum und des eigenen Selbst einfach als „böser Trip" bezeichnet.

In unserer Zeit mit ihren sich rasch ändernden

gesellschaftlichen Werten ist eine Gegennorm im Entstehen begriffen, die verlangt, daß sich jeder „um seine eigenen Sachen kümmert". Das Individuum nimmt sich alles Nötige von der Gesellschaft, ohne deswegen viel Verantwortung für ihr Fortbestehen zu fühlen oder gar aktiv dazu beizutragen, daß die Gesellschaft ihre Aufgaben der Unterstützung und Ernährung des Individuums erfüllen kann. Es könnte möglich sein, daß diese Entwicklung (e.: Trend) zu einem gesünderen Verhältnis zwischen Individuum und Gesellschaft führt, zu einer herabgesetzten Bereitschaft, ungewöhnliche individuelle Eigenheiten zugunsten gleichmacherischer Übereinkünfte zu opfern, und zu einer Anerkennung multipler Normen des angemessenen Verhaltens. Unterdessen sind die psychiatrischen Krankenhäuser überbelegt und personell unterbesetzt, und die beim Individuum angetroffenen krankhaften Neigungen werden durch verschiedene Aspekte der gesellschaftlichen Pathologie aufrechterhalten oder gar noch verstärkt — Probleme, die nur durch ein gemeinsames und aufeinander abgestimmtes Vorgehen gelöst werden können.

Im nächsten Teil dieses Kapitels wollen wir einige der am weitesten verbreiteten Formen gesellschaftlicher und individueller Krankheiten untersuchen. Wir haben sie in fünf Gruppen unterteilt, entsprechend der Art des Verlustes an potentieller Fähigkeit zur Erfüllung des menschlichen Lebens. Im letzten Kapitel wollen wir untersuchen, was man therapeutisch für einen Menschen tun kann, der ursprünglich mit fantastischen Möglichkeiten ausgestattet — zu einem Zerrbild seiner selbst, zu einer dahinvegetierenden oder sich selbst zerstörenden Kreatur geworden ist.

b Verlust der Selbstidentität und des Selbstwerts

Es genügt nicht, eine vertraute Umwelt zu haben, über die man Voraussagen machen kann. Es ist genauso wichtig, daß man sich auf sich selbst verlassen kann. Ein Teil unseres Bemühens, Sinn und Stabilität in dieser Welt zu finden, drückt sich also in dem Versuch aus, herauszufinden, wer man ist und was man von sich selbst erwarten kann. Vorhersagbarkeit unterstellt Konsistenz und Rationalität. Daher versucht ein jeder, sich selbst und den anderen zu beweisen, daß er ein rationales Wesen ist. Wegen des angenehm beruhigenden Gefühls, das der Mensch bei der Anerkennung durch die Gesellschaft erhält (was wiederum von der Einhaltung der gesellschaftlichen Normen abhängt), erwerben die meisten auch das Bedürfnis, sich selbst für „normal" halten zu können — also im Grunde wie die anderen Leute zu sein. Das Grundproblem jeder Form der Psychopathologie besteht in der Unfähigkeit des Individuums, nachzuweisen, daß es entweder rational oder normal ist. Wenn es nicht beides, sondern nur eines davon belegen kann, dann wird es möglicherweise das andere aufgeben und versuchen, das prekäre Gleichgewicht so gut wie möglich zu halten, um mit sich selbst zufrieden sein zu können.

Identifikation: Segen oder Falle?

Von grundlegender Bedeutung für die Sozialisation ist der Prozeß, in dem ein Kind lernt, die Werte, Überzeugungen und gesellschaftlich relevanten Haltungen der dominierenden Erwachsenengemeinschaft, in der es leben wird, zu assimilieren und sich mit dem gleichgeschlechtlichen Elternteil zu identifizieren. Ohne diesen Vorgang blieben die Werte der Gesellschaft nicht erhalten, denn es gäbe keine Mittel, um sie von der einen Generation auf die nächstfolgende zu übertragen. Hinzu kommt, daß die aus dieser Identifikation resultierende Verhaltenskonformität des Kindes zu dessen Akzeptierung durch die Gesellschaft führt und somit mögliche Ursachen für abweichendes Verhalten bzw. Ablehnung verringert.

Trotz des offensichtlichen Bedarfs an einem solchen psychischen Prozeß für die Gesellschaft und trotz des möglichen Nutzens, den die Identifikation dem Individuum in Form von Verringerung oder Verhütung von Angst bietet, kann der Prozeß auch fehllaufen und die Gesellschaft, das Individuum oder auch beide schädigen.

Das Risiko falscher Werte. Eine Gesellschaft, die Wettbewerb, Kopfjagd, Kannibalismus, Rassismus und die Ausbeutung der Schwachen befürwortet, wird genauso von ihrer sozialisierten Jugend aufrechterhalten wie eine andere, in der Zusammenarbeit, Friede, Liebe, Vertrauen und Toleranz als Werte gelten. Überdies kann die dem Kind angebotene Lernformel eine große Dosis schädlicher Bestandteile enthalten. Das Kind kann sich ja nicht zurücklehnen und objektiv auswählen, welche von den Werten und Verhaltensweisen der

Eltern es übernimmt und welche es ignoriert oder zurückweist. So ergab zum Beispiel eine neuere Untersuchung, die von der Salzberg-Alkoholiker-Wohlfahrtsorganisation in Wien an über 5000 Familien mit Alkoholiker-Eltern durchgeführt wurde, daß 60 % der Väter selber auch einen Alkoholiker zum Vater hatten (UPI-Bericht vom 16. März 1969).

Oder man nehme die Fälle von Kindsmißhandlung. In den USA sterben jedes Jahr über 700 Kinder durch die Hände ihrer Eltern und etwa weitere 40 000 werden von den Eltern oder anderen Verwandten schwer gezüchtigt oder gefoltert. Was geschieht aber nun, wenn Kinder, die eine solch brutale Behandlung überlebt haben, erwachsen werden und selber Kinder bekommen? Es scheint, daß viele von ihnen — nachdem sie von ihren Eltern gelernt haben, daß Aggression ein brauchbarer Weg ist, um mit Problemen fertig zu werden — selber auch zu prügelnden Eltern werden. Ein großer Teil der Eltern, die wegen Kindsmißhandlung Haftstrafen verbüßten, berichtete, in der Kindheit von den eigenen Eltern bis zur Bewußtlosigkeit geschlagen worden zu sein (Helfer und Kempe, 1968).

Der Identifikationsprozeß ist in psychologischer und in sozialer Hinsicht ein sehr zweischneidiges Geschehen. Er kann einerseits ermöglichen, daß sich auch spätere Generationen an Werten erfreuen dürfen, die unter großer Gefahr und mit viel Mühe erworben wurden; er liefert aber ebenso die Mittel für eine Weitergabe von Werten, die den Menschen schädlich sind.

Das Risiko der Individualität — zu viel Identifikation oder zu wenig. Eine unkritische Übernahme der Werte und Normen der Gesellschaft verringert die Aussicht, daß das Individuum gegen die etablierten, traditionellen Wertvorstellungen aufbegehrt. Auch kann sie möglicherweise zur krankhaften Identifikation mit äußerer Gewalt führen, wie wir im letzten Kapitel bei der autoritären Persönlichkeit gesehen haben.

Die unkritische Übernahme der Normen einer Gesellschaft durch die meisten ihrer Mitglieder verringert auch die Chancen für Neuerungen und fortschrittliche Entwicklungen. Eine Gesellschaft braucht also Individualität und ein gewisses Maß an Autonomie bei ihren Mitgliedern. Je stärker ein Kind das Gefühl persönlicher Identität entwickelt, um so eher wird es in der Lage sein, Autonomie, unabhängiges Urteil und Kreativität zu zeigen. Doch um so größer wird auch die Gefahr sein, daß es eher ein Gefühl der Entfremdung als der Zugehörigkeit entwickelt — besonders dann, wenn die Umwelt seine Unabhängigkeit nicht achtet oder sie gar aktiv bestraft.

Zwei der bedenklichsten Fehlentwicklungen der Identifikation geschehen bei der *Identifikation mit dem Aggressor* und der *Identifikation mit einer ablehnenden Mehrheit.*

Im ersten Fall kommt es zu einem Verlust der Selbstidentität, im zweiten zum Verlust des Selbstwerts.

Identifikation mit dem Aggressor

Der Begriff *Identifikation mit dem Aggressor* wurde von Anna Freud geprägt. Sie wollte damit den Vorgang kennzeichnen, der vermutlich stattfindet, wenn einem Knaben ein Konflikt daraus erwächst, daß er seinen Vater sowohl liebt als auch fürchtet (Furcht vor Kastration durch den Vater wegen des Rivalisierens um die Mutter). Die Lösung dieses Konflikts geschieht in der Weise, daß er sich mit dem Vater identifiziert. Dieser Identifikationsprozeß verringert für den Knaben nicht nur die wahrgenommenen Unterschiede zwischen sich und dem mächtigen Vater, sondern erlaubt ihm auch, durch magisches Denken zu glauben, er selbst habe jetzt die Macht des Stärkeren, dessen, von dem die Aggression scheinbar ausging.

Einige Ergebnisse der kulturanthropologischen Forschung scheinen diese Hypothese zu bestätigen. Untersuchungen zwischen verschiedenen Kulturen geben davon Zeugnis, daß man in Gesellschaften, in denen sich sehr enge Mutter-Kind-Bindungen entwickelt haben, die pubertierenden Knaben strengen Initiationsriten unterzieht (Whiting, Kluckhohn u. Anthony, 1958). Letzteres könnte in Anbetracht dessen, daß die Mutter ihre stärkere Zuwendung einem nunmehr erwachsenen Sohn widmet, als Eifersuchtsreaktion des Vaters gegenüber diesem möglichen Rivalen interpretiert werden. Es könnte sich aber auch um eine Vorsichtsmaßnahme handeln, die mögliche Rebellionen der erstarkten Jünglinge gegen die Väter vermeiden soll. Immer haben diese Riten jedoch den Effekt, die überstarke Abhängigkeit des Knaben von der Mutter zu brechen und sicherzustellen, daß er die Rolle des Mannes in der Gesellschaft akzeptiert und sich mit ihr identifiziert.

Unter bestimmten Umständen aber bringt die Identifikation mit dem Aggressor eine erzwungene Spaltung des Selbst und eine Entfremdung von Anteilen der Persönlichkeit mit sich. Bruno Bettelheim hat sehr lebendig beschrieben, wie sich unter den deutschen Insassen der Konzentrationslager Dachau und Buchenwald, in denen er während der Jahre 1938 und 1939 inhaftiert war, eine Identifikation mit dem KZ-Wachpersonal entwickelte. Seine Analyse zeigt, wie es in einer Situation, in der eine Person hilflos ist und sein Überleben und alle Verstärkungsmöglichkeiten in den Händen der Wachmannschaften liegen, zu einem Wiederaufleben extremer Formen kindlicher Identifikation kommt (1943, 1958).

„Die Häftlinge schienen besonders empfindlich gegenüber solchen Strafen zu sein, wie sie von Eltern über ihre Kinder verhängt werden. Daß ein Kind bestraft werden kann, lag innerhalb ihres „normalen" Bezugssystems; daß aber *sie* das Objekt der Strafe sein sollten, zerstörte ihr Konzept vom Erwachsensein. So reagierten sie darauf nicht in der Art von Erwachsenen, sondern in einer kindlichen Weise — mit Scham und heftigen, aber untauglichen, unkontrollierten Emotionen, die sich nicht gegen das System, sondern gegen die Person richteten, die ihnen die Strafe zufügte. Es schien so, als würden bei einem Häftling, der beschimpft, geschlagen, „wie ein Kind" herumgestoßen wurde und kindlich unfähig war, sich zu verteidigen, wieder solche Verhaltensmuster und psychische Mechanismen lebendig, wie er sie in der Kindheit entwickelt hatte. Er war unfähig, seine Behandlung im allgemeinen Zusammenhang zu sehen" (Bettelheim, 1958, S. 305).

Alte Gefangene hatten die letzte Stufe der Anpassung an diese ungewöhnliche Situation erreicht, wenn sie ihren Charakter dahingehend änderten, daß sie sich der Erscheinung der Gestapo anglichen. Zunächst ahmten sie die aggressiven verbalen Ausdrücke der Gestapo nach. Nach einigen Jahren praktizierten sie dieselben Formen körperlicher Aggression bei anderen Gefangenen wie ihre Aufseher. Sie halfen mit, die „Untauglichen" loszuwerden, und wenn sie einen Verräter fanden, dann töteten sie ihn unter Umständen, aber erst, nachdem sie ihn vorher tagelang gefoltert hatten. Sie versuchten sogar, wie Gestapoleute auszusehen und akzeptierten eine große Anzahl von Wertvorstellungen, die für sie vorher unannehmbar gewesen wären.

„Die Befriedigung, mit der alte Häftlinge prahlten, während des täglich zweimaligen Abzählens der Gefangenen in exakt richtiger Stillgestanden-Stellung gestanden zu haben, kann nur damit erklärt werden, daß sie die Wertvorstellungen der Gestapo als eigene übernommen hatten. Gefangene brüsteten sich damit, genauso hart wie die Gestapoleute zu sein. Die Identifikation mit ihren Peinigern ging so weit, daß sie sogar deren Freizeitbeschäftigungen nachmachten. Eines der Spiele der Wachen bestand darin, herauszufinden, welcher von ihnen am längsten Schläge aushalten konnte, ohne eine Klage zu äußern. Dieses Spiel wurde von länger Inhaftierten nachgeahmt".

Die Tatsache, daß auch diejenigen, die sich so offensichtlich mit den Wachen identifiziert hatten, ihnen zeitweilig dennoch mutig zuwiderhandelten, weist auf die Unvollständigkeit dieser pathologischen Identifikation hin. Aber in der Regel war es für die Gefangenen weniger qualvoll, die Identität der Aggressoren zu übernehmen, als ihre eigene zu behalten.

Identifikation mit einer ablehnenden Mehrheit

Eine andere Fehlentwicklung der Identifikation besteht in der Ablehnung von Aspekten der eigenen Identität, weil diese von der Mehrheit der Gemeinschaft nicht akzeptiert werden.

Selbstablehnung bei Negerkindern. Stellen Sie sich vor, daß Ihnen seit Ihrer Kindheit jedermann sagt, Sie seien wertlos, dumm, unbedeutend und häßlich, und Sie würden sich niemals ändern. Stellen Sie sich weiter vor, daß Ihre Eltern, Verwandten und Freunde ebenfalls in diesem Glauben über sich selbst aufgewachsen sind. Sie schauen umher und alle, denen Sie nahestehen, sind ungebildet, ärmlich gekleidet, oft hungrig und krank und in niedrigen Positionen — Portiers, Dienstboten und ungelernte Arbeiter. Nachdem Sie einmal solche abwertenden Etiketten auf sich selbst als zutreffend akzeptiert haben, sind Sie „krank", denn Sie werden versuchen, eigene Charakteristika zu verwerfen oder zu verleugnen, die Ihnen nichts Gutes bringen, von denen Sie sich aber zur selben Zeit auch nicht loslösen können. Es ist so, als würde der Geist versuchen, den Teil des Selbst abzustoßen, den die Gesellschaft als fremd und minderwertig kennzeichnet, so wie der Körper versucht, ein transplantiertes Herz wieder abzustoßen.

Der „antisemitische Jude" und der „weiße Neger" sind Prototypen dieser Identifikation mit der Majorität; aber der gleiche Prozeß kann auch bei jungen Mädchen beobachtet werden, die ihre weibliche Identität ablehnen zugunsten einer männlichen Rolle, in dem Glauben, daß diese gesellschaftlich höher bewertet wird.

Mit dem Problem, eine dunkle Hautfarbe zu haben in einer Gesellschaft, die Wert auf helle Haut legt, werden Negerkinder im Alter von drei Jahren konfrontiert (Landreth u. Johnson, 1953). Braun oder Schwarz zu sein war bis vor einiger Zeit, bis zum Aufkommen der „Black is beautiful"-Bewegung gleichbedeutend damit, schmutzig, unrein und überhaupt schlecht zu sein.

In einer Untersuchung an 253 Negerkindern im Alter von drei bis sieben Jahren wurde festgestellt, welche Puppen bevorzugt wurden: Von zwei weißen und zwei farbigen Puppen wählten die Kinder mit Vorliebe die weißen. Ungefähr 60 % dieser Kinder aus Nordstaaten- wie aus Südstaatenschulen der USA fanden eine weiße Puppe schön („nice") und wollten mit ihr spielen; die Negerpuppen dagegen fanden sie häßlich („looks bad"). Ein Drittel der Kinder um sechs Jahre nahm eine weiße Puppe, wenn sie gebeten wurden, diejenige Puppe auszuwählen, „die so ausschaut wie Du". Sogar von den Kindern mit der dunkelsten Hautfarbe wählten noch ein Fünftel eine weiße Puppe als diejenige aus, die ihnen am meisten ähnlich sähe (Clark und Clark, 1958). In einem Test, in dem unvollständige Geschichten ergänzt werden mußten, tendierten schwarze wie weiße Kinder im Alter von drei bis sechs Jahren dazu, Schwarze in negative

Unter der Lupe

Die Wut der Schwarzen: Pathologisch oder berechtigt?

„Wir stellen fest, daß es für einen Schwarzen in Amerika notwendig ist, ein Mißtrauen gegenüber seinen weißen Mitbürgern und der Nation zu entwickeln. Er muß auf der Hut sein, um sich gegen körperlichen Schaden zu schützen. Er muß sich wappnen gegen Betrug, Verleumdung, Demütigung und die gänzlich ungerechtfertigte Form der Behandlung durch die offiziellen Repräsentanten der Gesellschaft. Wenn er sich nicht schützt, ist ein qualvolles und bedrückendes Leben vorauszusehen, das er unerträglich finden wird. Um selber überleben zu können — muß er eine kulturelle Paranoia entwickeln, in der jeder Weiße — es sei denn, daß ein anderer Beweis angetreten wird — ein potentieller Feind ist, und in der jedes Gesellschaftssystem gegen ihn gerichtet ist, außer es stellt sich anders heraus.

„Jeder Schwarze in Amerika hat derartig viel Unrecht erlitten, daß er wirklich ernsthaft und traurig über den ihm zugefügten Schaden sein muß. Dennoch muß er leben und lernt so seine Peiniger außerordentlich gut kennen. Er entwickelt jene Schwermut und Vertrautheit mit dem Elend, die schon zu einem Kennzeichen für schwarze Amerikaner geworden sind. Das ist einfach eine *kulturell bedingte Depression* und ein *kulturell bedingter Masochismus.*

„Er kann unter keinen Umständen Gesetze respektieren, die keinen Respekt vor ihm haben; und Gesetze, die zum Schutz des weißen Mannes dienen, werden eben als Gesetze der Weißen betrachtet. Die Gesetze anderer Menschen zu brechen, mag unangenehm sein, wenn man dabei erwischt und bestraft wird; aber es hat nie die moralischen Folgen, die die Übertretung der eigenen Gesetze mit sich bringt. Dieser Umstand mag als kulturelle Asozialität bezeichnet werden, aber es ist für den Betreffenden einfach die einzig mögliche Interpretation seiner Umgebung — eine Fähigkeit, die die Schwarzen in einem hohen Maße entwickeln mußten, um sich am Leben zu erhalten.

„Diese und ähnliche Charakterzüge sind lediglich adaptierte Instrumente, die als Reaktion auf eine besondere Umwelt entwickelt wurden. Sie sind genausowenig pathologisch wie die zwangsartig anmutenden Rituale eines Tauchers, der vor dem Tauchen seine Ausrüstung kontrolliert, oder eines Piloten, der vor dem Flug seinen Fallschirm überprüft. Dies sind normale Hilfen, um in Amerika zu bestehen. Kliniker, die an der Psychologie der Schwarzen interessiert sind, müssen sich mit diesem Grundbestand an Charakterzügen — den wir die Schwarze Norm nennen — vertraut machen." (Grier und Cobbs, 1968, S. 149f.)

Rollen, als „böser Kerl“ oder Aggressor in ihre Geschichten einzubauen (Stevenson und Stewart, 1966). Negerkinder im Norden wie im Süden der Vereinigten Staaten wählten auf die Frage hin, mit wem sie gerne spielen würden oder wem sie gleichen möchten, weniger Mitglieder ihrer eigenen Rasse und mehr Weiße (Morland, 1966).

Solche Ergebnisse sind aber nicht nur für Negerkinder typisch. Umfassende Untersuchungen, die vor einigen Jahren bei jugendlichen Amerikanern mexikanischer Abstammung durchgeführt wurden, zeigen, daß sich jene gleichfalls in der Rolle der „vergessenen“, „unsichtbaren“ Leute von „jenseits des Bahndamms“ sehen (Heller, 1966; Rubel, 1966).

Eine der langfristigen Folgen des frühzeitigen Einübens der Rolle des Unterlegenen („inferiority-acceptance“) zeigte sich in Experimenten, in denen schwarze und weiße Collegestudenten miteinander arbeiteten.

Die schwarzen Studenten, deren intellektuelle Fähigkeiten objektiv belegt waren und die ausgezeichnete Colleges besuchten, beugten sich dennoch den Urteilen weißer Kommilitonen, wenn sie mit ihnen in Teams zusammen waren. Lösungsvorschläge, die ein weißes Mitglied dieser Vier-Mann-Gruppen einbrachte, wurden viel eher angehört und akzeptiert als jene Lösungen, die von einem der farbigen Mitglieder stammten. Ein spezielles Selbstbehauptungs-Training („assertion training“) war nötig, um diese ehrerbietige Haltung zu überwinden (Katz, 1970).

Ergebnisse dieser Art betonen die Notwendigkeit, die Entwicklung der Fähigkeit zur Selbstbehauptung und zur Akzeptierung von Menschen mit anderer Hautfarbe als einen wichtigen Teil der Erziehung in Familie und Schule zu integrieren.

Paradoxerweise kann das Vorurteil den schädlichsten Einfluß gerade dann ausüben, wenn es als ein Bestandteil der Gesellschaftsstruktur, bei Abwesenheit feindseliger Absichten und ohne emotionale Erregung oder auch nur Bewußtheit wirksam ist. Meinungen können dadurch, daß sie allgemeine Zustimmung erfahren, zu Fakten werden, und bald funktionieren beide Seiten — die Vertreter wie die Objekte der Diskriminierung — im Sinne des Vorurteils, ohne die Annahmen, die ihrer gemeinsamen Realität („shared reality“) zugrunde liegen, überhaupt noch in Frage zu ziehen. Dies nennt man *institutionalisiertes* Vorurteil: Die Institutionalisierung voreingenommener Haltungen und Wahrnehmungen hat auf diese Weise eine neue Realität definiert.

Selbstablehnung bei Frauen. Was ein institutionalisiertes Vorurteil ist, kann man recht deutlich erkennen anhand der Voreingenommenheit gegenüber Frauen, die durch unsere vom Mann beherrschten Institutionen am Leben gehalten wird. Die Männer schreien es zwar nicht laut herum, daß Frauen weniger wert seien — aber genügend Bereiche der gesellschaftlichen Realität sind so arrangiert, daß die Frauen in untergeordneten Rollen gehalten werden können, so daß nahezu von jedem stillschweigend die „Tatsache“ ihrer Inferiorität akzeptiert wird, auch vom größten Teil der Frauen selbst — zumindest bis zum Aufkommen der Frauenrechtsbewegung war das so.

Daß Frauen auf mathematischem und anderem naturwissenschaftlichen Gebiet nur wenig beigetragen haben, wird manchmal als Beweis für ihre mangelnde Begabung auf diesen Gebieten angeführt. Auch besteht bei ihnen eine höhere Wahrscheinlichkeit, daß sie von Hochschulen ohne Abschluß abgehen. Aber sind sie wirklich schon von ihrer Anlage her weniger kreativ, mit geringerer mathematischer und naturwissenschaftlicher Begabung ausgestattet und weniger in der Lage, selbständig zu arbeiten, oder ist dies einfach die Rollenerwartung, die sie lernen?

Geschlechtsrollenunterschiede, die schon in der Wiege beginnen, werden weiter verfestigt durch Erziehungspraktiken, die das „normale“ Mädchen als feminin, abhängig, ohne Ehrgeiz und gefügig, an praktischen Dingen interessiert (eher am Haushalt als an philosophischen Problemen) und mehr emotional und intuitiv als rational und analytisch-wissenschaftlich definieren.

Während Jungen mit Spielzeuggewehren und mit ihren mechanischen Baukästen spielen, bekommen Mädchen Puppen und werden dazu ermuntert, „Hausmütterchen“ zu spielen — als Vorbereitung auf ihre „spätere Rollen im Leben“ als gehorsame, fleißige Ehefrauen und selbstaufopfernde Mütter. Ihnen wird viel öfter als männlichen Schülern mit gleichen Fähigkeiten empfohlen, eine Handelsschule und dergleichen, aber keine weiterführende Schule zu besuchen. Wenn sie in ihren schulischen Leistungen nicht außerordentlich gut sind, dann werden sie weniger zum Besuch höherer Bildungseinrichtungen ermutigt. Sind sie außerordentlich gut und promovieren sie, dann

Abb. 10-3. Die Art und Weise, wie eine herrschende rassistische Ideologie von Kindern übernommen werden kann, die selbst ihre Opfer sind — und die Ängste, die dabei entstehen können — zeigen diese Zeichnungen eines sechs Jahre alten Negermädchens. Sie wurden angefertigt während ihres ersten Jahres in einer rassenintegrierten Schule der Südstaaten der USA

Die weißen Kinder sind größer und kräftiger; sie lächeln und ihre Körper sind klarer gegliedert und unversehrt. Im Gegensatz dazu erscheinen die schwarzen Kinder emotionslos, sind asymmetrisch und lassen Teile ihrer Körper vermissen. Sie sind allgemein viel kleiner und wurden mit weniger Beachtung von Details gezeichnet

haben sie selten eine Chance, eine gute Stelle zu erhalten, die sie persönlich und finanziell befriedigt.

Von den fast neuneinhalb Millionen erwerbstätigen Frauen in der Bundesrepublik Deutschland ist ein im Vergleich zu den Männern außerordentlich hoher Anteil in untergeordneten Positionen mit geringerem Prestige und schlechterer Bezahlung beschäftigt. Bei den selbständigen Positionen machen die Frauen nur 20,5 %, bei den „mithelfenden Familienangehörigen" dagegen 85 % aus (Statistisches Jahrbuch der BRD, 1972).

Das institutionalisierte Vorurteil gegenüber Frauen spiegelt sich beispielsweise auch darin wider, daß sie in der populären Presse zur Zielscheibe von Witzen gemacht werden.

Eine Analyse von 740 Witzen aus sechs Jahrgängen der Monatszeitschrift *Reader's Digest,* die dort unter der Überschrift „Humor ist die beste Medizin" erschienen, zeigt, daß die Anzahl der Antifrauenwitze sechsmal so groß ist wie die der Antimännerwitze. Die Pointe dieser Witze verläßt sich gewöhnlich darauf, daß der Leser die Frau für ein „verschwenderisches", „unfähiges", „klatschsüchtiges", „nörgeln-

des", „sentimentales", „eifersüchtiges" oder „geldgieriges" Wesen hält (Meadow, 1970).
Wenn die Diskriminierung im Leben früh genug beginnt und beständig in mehreren Bereichen des persönlichen Lebens erfahren wird, dann ist sie für diesen Menschen die einzig greifbare soziale Realität, auf der er seine Selbstidentität gründen und ein Gefühl des Selbstwertes entwickeln kann. Wenn von Vorurteilen bestimmtes Handeln und voreingenommenes Denken die herrschende Meinung maßgeblich bestimmen, dann erscheinen sie als „einfach natürlich", als die einzig „vernünftige" Perspektive, und zwar sowohl für die „Vorurteilsgeladenen" als auch für diejenigen. die benachteiligt werden. Entsprechend zeigte sich in vielen Untersuchungen, daß Frauen im allgemeinen das Stereotyp der eigenen Unterlegenheit übernommen haben.
In einer Untersuchung von Goldberg (1968) hatten Frauen mit Collegeausbildung sechs Aufsätze aus verschiedenen Sachgebieten zu lesen. Über die Autoren wurde nichts gesagt, außer daß von den Aufsätzen, die jede Probandin vor sich hatte, drei von einem Mann und die anderen drei von einer Frau stammten (erkennbar lediglich am Namen, z. B. John T. McKay oder Joan T. McKay). Dieselben Artikel wurden durchgängig als sachlich wertvoller und interessanter geschrieben eingeordnet, wenn sie angeblich von einem männlichen Autoren stammten.
Man kann sich fragen, ob dieses Experiment, in zehn Jahren wiederholt, noch die gleichen Ergebnisse erbringen würde.
Welchen Zwecken dient Diskriminierung? In unserer Analyse des operanten Konditionierens (Kap. 4) stellten wir fest, daß ein Verhalten verstärkende Konsequenzen haben muß, damit es aufrechterhalten bleibt. Vorurteil und Diskriminierung existieren deshalb weiter, weil letztlich doch jemand in gewissem Maße Verstärkung von ihnen bezieht. Es gibt eine ganze Anzahl von Gründen, warum jemand voreingenommen werden kann und es dann bleibt.
Ein Kind auf der Suche nach Information über die „Realität" mag sein *Bedürfnis nach kognitiver Klarheit* befriedigt bekommen, wenn ihm Eltern oder andere, für gewöhnlich zuverlässige Kommunikationspartner eine negative Beschreibung einer oder mehrerer besonderer Personengruppen geben. Kinder glauben an die Wahrheit solcher Aussagen genauso, wie sie die anderen Beschreibungen der Realität, die sie von den Erwachsenen bekommen, für wahr halten, und sie akzeptieren ein „Tu das!" oder „Tu das nicht!" in diesem Bereich in der gleichen Weise wie sonstwo. Dieses mehr verbale Lehren wird noch unterstützt durch das Beispiel, das der Erwachsene gibt. Er fungiert für das Kind als ein *Modell*, das von ihm bewundert wird, dem es nacheifert und von dem es gelobt werden möchte.
Wenn Vorurteile mit herrschenden gesellschaftlichen Normen übereinstimmen, wenn sie durch Eltern und Gleichaltrige *verstärkt* werden und Toleranz andererseits bestraft wird, dann ist leicht vorhersagbar, was dabei herauskommt. Die Kinder lernen dasjenige Verhalten zu zeigen, das ihnen die erwünschten Konsequenzen bringt.
Wenn diskriminierende Verhaltensweisen gar durch resultierende *materielle Vorteile* verstärkt oder aus *Furcht vor materiellen Verlusten* aufrechterhalten werden, dann ist ein Weiterbestehen der Diskriminierung zu erwarten. Und die Tatsache, daß eine bestimmte Gruppe schon in der Vergangenheit das Ziel von Vorurteilen und Aggression gewesen ist, macht sie auch in der Gegenwart mit höherer Wahrscheinlichkeit zu einem solchen.
In vielen Fällen erfüllen voreingenommene Ansichten beim Individuum *Funktionen der Ich-Abwehr.* Wenn eine ängstliche, unsichere Person mit feindseligen oder sexuellen Impulsen, die sie bei sich selbst nicht akzeptieren darf, den Mitgliedern anderer Gruppen das Stereotyp der Verkörperung alles Bösen andichtet, kann sie damit ihre eigenen Gefühle projizieren oder verschieben und sich selbst weiterhin als die aufrechte Wächterin des Guten sehen. Damit *erhöht* sie auch ihren *Status:* Sie nimmt andere als minderwertig und sich selbst als eine Führerin der Rechtschaffenen wahr.
Wenn schließlich eine Gruppe einmal das Ziel von Vorurteil und Diskriminierung geworden ist, dann wird sie auch sozial isoliert; infolgedessen wird der normale Austausch zwischen verschiedenen Gruppen verhindert, wie auch mögliche Kommunikationskanäle zerstört oder blockiert werden. Diese Absonderung wiederum erlaubt es, daß Gerüchte und Stereotypen unüberprüft bleiben, daß abwegige Phantasien auftauchen und weiterwuchern und schließlich, daß sich die reale oder nur eingebildete „Fremdartigkeit" der Gruppe in dieser selbst mit der Zeit immer mehr ausprägt. Die Isolierung von Menschen in Reservaten oder Ghettos und auch die Verteilung auf bestimmte

Wohngebiete in unseren Städten vergrößert die Entfremdung zwischen den Gruppen und verhindert Überprüfungen der wirklichen Verhältnisse und normale Beziehungen untereinander.
Die „Fremdartigkeit" und Verschiedenheit eines isolierten Volkes oder einer Bevölkerungsgruppe kann gerade das Ergebnis der Diskriminierung anstatt der Anlaß dafür sein.

In Japan gibt es seit dem Mittelalter, basierend auf einem Mythos biologischer Minderwertigkeit, die systematische Absonderung einer Kaste von Rechtlosen, den *Burakumin*. Ursprünglich sind sie weder von anderer Rasse noch äußerlich von den übrigen unterscheidbar und können als solche lediglich anhand ihres Geburts- und Wohnorts identifiziert werden. Im Laufe der Zeit hat man sie jedoch als

Unter der Lupe

Die Verbreitung des Vorurteils

Das Vorurteil, privates wie auch institutionalisiertes, hat es stets in den meisten Ländern der Erde gegeben. In vielen Ländern treibt es offene Blüten, und in einigen wird es durch die Politik der Regierung oder sogar durch das Gesetz unterstützt.
Vorurteile zeigen sich in Irland zwischen Katholiken und Protestanten, in Italien zwischen Nord- und Süditalienern, in Jugoslawien zwischen Slowaken und Kroaten, in Kanada zwischen englisch und französisch sprechenden Bürgern, in England zwischen Briten und farbigen Einwanderern und in vielen anderen Ländern zwischen Bevölkerungsgruppen aller Schattierungen.
Während der 50er Jahre brachte ein Priester die Beziehungen zwischen Schwarzen und Puertoricanern in New York auf den einen Nenner: „Die Spics hassen die Nigger, und die Nigger hassen die Spics". Die Namen der Gruppen wechseln, aber die Feindschaft zwischen verschiedenartigen Minderheiten ist eine typische Erscheinung und ist vielleicht noch heftiger, als die Feindseligkeit, die mit den traditionellen Majoritäts-Minoritäts-Konflikten einhergeht. Jene, die gegenüber einer Gruppe Vorurteile hegen — aus welchem Grund auch immer, haben vermutlich auch anderen Gruppen gegenüber Vorurteile.
Die Entwicklung, die Institutionalisierung und die Verallgemeinerung des Vorurteils lassen sich auf drastische Weise am Fall der antiöstlichen Einstellung in den USA aufzeigen. Im 19. Jahrhundert wurden die Chinesen, die ursprünglich von Eisenbahngesellschaften und Farmen als billige Arbeitskräfte importiert worden waren, von weißen Arbeitern angegriffen, weil sie mit ihnen um die Arbeitsplätze hatten konkurrieren müssen. Später, als man ebenfalls die Japaner zur Einwanderung ermutigte, wurde die Feindseligkeit auf diese mitübertragen, obwohl Vergleiche zwischen Chinesen und Japanern hinsichtlich Diskriminierung die letzteren anfangs zu begünstigen schienen. Bemerkenswert dabei ist, daß an den Japanern bekrittelt wurde, sie seien zu intelligent, zu arbeitssam, zu sehr Musterbeispiele der „Protestantischen Ethik" von Sparsamkeit, Nüchternheit und harter Arbeit. 1879 übernahm der kalifornische Verfassungskonvent Paragraphen, die jede Anstellung von „Mongolen" bei einer Staats-, Kreis- oder Gemeindestelle oder bei irgendeiner korporativen Gesellschaft im Bereich von Kalifornien ausdrücklich untersagten. 1882 wurde dann mit dem „Chinese Exclusion Act" die weitere Einwanderung verboten und außerdem festgesetzt, daß Chinesen die US-Staatsbürgerschaft nicht erlangen dürften. Obwohl diese gesetzlichen Beschränkungen nach 1920 aufgehoben wurden, war die anhaltende Wirkung der Feindseligkeit noch daran zu erkennen, daß Amerikaner japanischer Herkunft während des Zweiten Weltkriegs aus ihrer gewohnten Umgebung herausgerissen und in Zwangsumsiedlungslager gesteckt wurden.
Die Feststellungen eines Redners, der damals lauthals auf die Japaner schimpfte, könnten als Satzergänzungstest benutzt werden; in ihm könnte ein voreingenommener Mensch den Namen von nahezu jeder Außen-Gruppe einsetzen:
„. . . Ich bin verantwortlich gegenüber den Müttern und Vätern von Sacramento County, deren kleine Töchter gezwungen sind, in den Klassenzimmern Seite an Seite mit voll ausgewachsenen Japsen zu sitzen — mit deren niederträchtiger Gesinnung, deren lüsternen Gedanken, die durch die Rasse vervielfacht und durch ihre Lebensart verstärkt werden. . . . Ich schaudere, wenn ich an einen solchen Zustand denke" (Hichborn, 1909).

Unberührbare abgesondert und in schmutzigen Ghettos untergebracht. Weiter wurde ihnen vorgeschrieben, wen sie heiraten dürften, welche Arbeiten (nämlich nur niedere) sie zu verrichten hätten und wieviel Ausbildung ihnen zustünde.

Mit den Jahren haben Isolation und niedriger Status tatsächlich *Unterschiede erzeugt*: Es entstanden unterschiedliche Sprachgewohnheiten, welche die Burakumin jetzt kennzeichnen, ähnlich wie in London das „Cockney-Englisch" den Unterschichtsangehörigen verrät. Egal, welche Fähigkeiten sie besitzen — die Ausweispapiere mit den Angaben über Beschäftigung und Wohnort verhindern, daß sie ausbrechen. Es überrascht dann nicht zu sehen, daß es unter den Jungen in den Burakumin-Ghettos mehr Delinquenz, Arbeitslosigkeit, Schulversäumnisse, Abbruch der Ausbildung und niedrigere Intelligenzquotienten gibt. Diese Zeichen „angeborener rassischer Minderheit" werden dann dazu benutzt, weitere Diskriminierungen zu rechtfertigen (De Vos und Wagatsuma, 1966).

Das einmal geschaffene Vorurteil läßt sich nicht leicht löschen, weil es einer Vielzahl verschiedener Bedürfnisse des Individuums entgegenkommt und durch vielerlei Bedingungen gefördert und aufrechterhalten wird. Die ganzen Anstrengungen, die gemacht wurden, um die Ablehnung zwischen den Gruppen abzubauen, „Wochen der Brüderlichkeit" und Aufklärungskampagnen zeigten bisher keine bedeutende Wirkung im Sinne einer Reduktion der Feindseligkeit zwischen den Gruppen.

Das überrascht nicht, denn der Mangel an Information stellt nur eine der Quellen dar, aus denen sich das Vorurteil nährt. Forschungen auf diesem Gebiet haben gezeigt, daß *Kontakt* zwischen antagonistischen Gruppen Beziehungen sowohl verbessern als auch bestehende Feindseligkeiten verschärfen kann, jeweils in Abhängigkeit zu vielen anderen Faktoren. Bloßes „Sich-Gegenseitig-Sehen" hilft nichts und verstärkt eher die bestehenden Einstellungen. Eine Veränderung des Vorurteils ist nur dann zu erwarten, wenn es eigenen Interessen (belohnend) entgegenkommt, anstatt ihnen entgegenzuwirken, und wenn die gesellschaftlichen Verhältnisse, die das diskriminierende Verhalten verstärken, geändert werden. Von einer Lösung des pathologischen Problems der Vorurteile sind wir noch weit entfernt.

Das „Körnchen Wahrheit": rational oder Rationalisierung? Die meisten voreingenommenen Menschen werden, wenn man die Richtigkeit ihrer Stereotypen in Frage stellt, zwar zugeben, daß vielleicht nicht alle Italiener Mafiosi, nicht alle Juden aggressiv, nicht alle Araber heimtückisch, nicht alle Schwarzen faul sind und so fort. Aber sie bestehen darauf, daß ein „Körnchen Wahrheit" schon dran sein müsse, denn sicherlich würden sich solche Ansichten nicht entwickeln und so weit verbreitet haben, wenn sie nicht eine gewisse Berechtigung hätten. Man solle sich doch nur einmal den Herrn Soundso anschauen, der doch sicherlich „so ein Typ" sei. Und dann wird der Fall erzählt, bei dem ein Angehöriger der unbeliebten Gruppe sich in der Tat so verhalten hat, wie man es vorhersah.

Es ist außerordentlich schwierig, nachzuweisen, daß der Hinweis auf das „Körnchen Wahrheit" wahrscheinlich mehr eine stereotypkonforme, sekundäre Rationalisierung als eine rationale *a-priori*-Erklärung seines Ursprungs ist. Vor kurzer Zeit führte eine Lehrerin, Fräulein Jane Elliott, mit ihren Schülern einer dritten Klasse ein bemerkenswertes Experiment durch, das gerade diesen Beweis zu erbringen scheint. Die Frage, die Fräulein Elliott sich stellte, war folgende: Kann man es fertigbringen, daß sich die weißen Kinder einer kleinen Landgemeinde in Iowa, die alle enge Freunde sind, lediglich auf Grund der willkürlichen Zuweisung eines Unterlegenen-Status gegenseitig diskriminieren?

Ohne sie darauf vorzubereiten, sagte Fräulein Elliott — selber blauäugig — eines Tages zu ihrer Klasse von Neunjährigen, daß Braunäugige intelligentere und bessere Menschen seien als solche mit blauen Augen. Den blauäugigen Kindern — sie waren doppelt so viele — wurde einfach gesagt, sie seien unterlegen und deswegen sollten die Braunäugigen die „herrschende Klasse" sein.

„Wir begannen die Diskriminierung damit, daß wir Richtlinien für die Gruppe der Unterlegenen festlegten, so daß sie ‚ihren Platz' in unserer neuen Sozialordnung sicher genug einhalten würden. Sie wurden angewiesen, auf den hinteren Plätzen zu sitzen, sich fürs Essen und bei der Pause hinten anzustellen, den braunäugigen Kindern den Vortritt auf die besseren Plätze beim Leseunterricht zu lassen, beim Trinken nur Wasserhahn und Papierbecher zu benutzen (während die Braunäugigen die Trinkfontäne mit gekühltem Was-

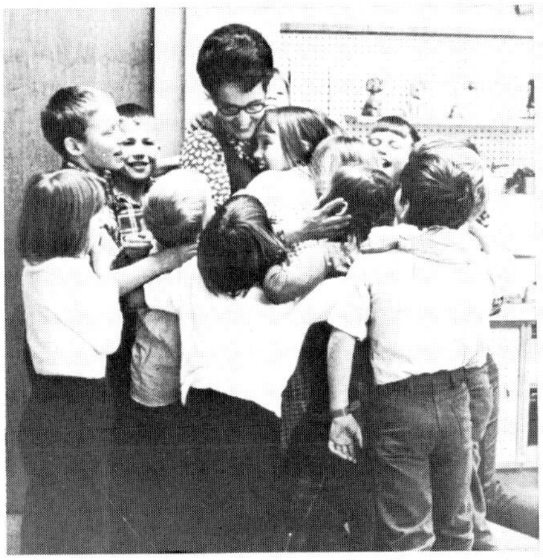

Abb. 10-4. Abgesehen von den sichtbaren Veränderungen im Verhalten der Kinder zueinander und in ihrer Schularbeit als Funktion der zwei experimentellen Bedingungen gewann Mrs. Elliot für jede Bedingung Meßwerte von Gefühlszuständen, indem sie die Kinder Zeichnungen darüber anfertigen ließ, wie sie sich fühlten. Zwei Paare solcher Zeichnungen sind hier dargestellt. Solange die Kinder zur bevorzugten Elite gehörten, fühlten sie sich einsatzfähig, tauglich und triumphierten in ihrem Gefühl der Macht und Überlegenheit. Wenn sie zur niederen Gruppe gehörten, fühlten sie sich klein, verdrossen und niedergedrückt. Sie hatten augenscheinlich das ihnen zugedachte Vorstellungsbild der Minderwertigkeit und Unwürdigkeit akzeptiert

ser benutzten) und viele andere frustrierende und erniedrigende Dinge zu tun. Weiter wurde ihnen gesagt, daß den höherstehenden Schülern, einfach *weil* sie höherstünden, einige Privilegien zuerkannt würden, welche die niedrigeren Schüler nicht haben könnten, zum Beispiel Extrapause für gute Leistung.

Innerhalb von Minuten fingen die blauäugigen Kinder an, im Unterricht nachzulassen und niedergeschlagen, verdrossen und verärgert zu wirken. Die Wörter, die sie am häufigsten benutzten, um sich selbst zu beschreiben, waren (nach einem Rechtschreibtest, aus dessen Material sie die zutreffenden Wörter auszuwählen hatten): „traurig", „böse", „dumm", „fade", „abscheulich", „unfreundlich", „gemein". Ein Junge sagte, er fühle sich wie „Abfallgemüse". Von den braunäugigen Überlegenen berichtete die Lehrerin: „Aus den zuvor herrlich kooperativen, fröhlichen Kindern wurden garstige, boshafte, eingebildete kleine Drittkläßler . . . es war gräßlich". Einige von ihnen schlugen sogar vor, das Cafeteria-Personal zu warnen, damit es ein besonderes Augenmerk auf die Blauäugigen richte; die könnten sich sonst Extraessen stehlen! Um zu zeigen, wie willkürlich und irrational ein Vorurteil und seine Rationalisierungen tatsächlich sind, erzählte die Lehrerin am nächsten Schultag, daß sie gelogen habe; in Wirklichkeit seien die blauäugigen Kinder überlegen und die Braunäugigen die Unterlegenen. Die Braunäugigen, die sich bisher „nett", „süß", „glücklich" und „gut" gefunden hatten, benutzten jetzt in ihren Selbstbeschreibungen Adjektive, die am Tag zuvor von den Blauäugigen für sich benutzt worden waren. Ihre schulischen Leistungen ließen nach, während jene der jetzt herrschenden Klasse sich verbesserten. Alte Freundschaften zwischen den Kindern lösten sich und an ihre Stelle trat Feindseligkeit.

Als die Kinder schließlich über das Experiment aufgeklärt wurden und hörten, daß keines von ihnen anderen unterlegen sei, konnte man eine große, allseitige Erleichterung und Freude feststellen. Hoffentlich haben sie gelernt, sich zukünftig in jene Personen hineinzuversetzen, die zum Ziel von Vorurteilen gemacht werden (Elliott, 1970).

Dieses Experiment ist mit anderen Schulklassen und auch mit einer Gruppe von Geschäftsleuten wiederholt worden: mit den gleichen Ergebnissen. In jedem Fall führte die auf einem Überlegenheitsglauben beruhende Anmaßung von Macht zu diskriminierendem Verhalten (auf Grund des sanktionierten Systems von den „Überlegenen" als gerechtfertigt bezeichnet), zum Bruch in den sozialen Beziehungen und zum Verlust der Selbstachtung, zur Leistungsminderung bei den „Unterlegenen" (entsprechend ihrem zugeschriebenen Status). Die Leichtigkeit und Schnelligkeit, mit der solche Verhaltensweisen übernommen werden können, der psychische Schaden, den sie sowohl dem Opfer als auch dem Schikanierer zufügen können, die langfristigen Belastungen für die Gesellschaft und ihre Zählebigkeit machen das Problem „Vorurteil" zu einer Art Pathologie, die nicht weniger ernsthaft ist als das desintegrierteste psychotische Verhalten einzelner.

c Verlust der Selbstregulierungsfähigkeit: Abhängigkeit und Sucht

Das Essen, normalerweise eine Aktivität, die zur Aufrechterhaltung des Zellstoffwechsels notwendig ist, kann abnorme Ausmaße annehmen, so daß es zu einer Gefährdung des Organismus kommt. Wir haben in Kapitel 7 gesehen, daß zwanghaftes Essen aus einem Verlust der Kontrolle über physiologische und psychische Mechanismen, welche die Nahrungsaufnahme regulieren, resultieren kann. In seiner milden Form führt das Übergewicht zu einer übertriebenen Sorge um die eigene äußere Erscheinung und zu dem weitverbreiteten Kult des Diätlebens. In seiner extremen Form führt Fettleibigkeit zu seelischen Qualen, Begrenzungen der Beweglichkeit und starken Einschränkungen des Lebensstils. Sie ist auch an einer Vielzahl organischer Leiden mitbeteiligt, die zum vorzeitigen Tod führen können.

Ähnlich können auch andere konsumatorische Aktivitäten, wie das Trinken von Alkohol, das Rauchen von Zigaretten und der Gebrauch von Drogen zu kontrollierenden Faktoren im Leben eines Menschen werden. Das Individuum lernt, sich auf diese Mittel zu verlassen, um vielfältige emotionale und körperliche Befriedigungen zu erlangen — um zu entspannen, um sich aufzuputschen, um eine depressive Verstimmung zu lindern — kurzum, damit „den Tag durchzustehen". Was allgemein als geschätzter Cocktail oder „Kurzer" beim Zusammensein mit anderen beginnt, kann zur heftigen Begierde nach einer Flasche Schnaps und mehr pro Tag werden, einer Begierde, die sich meldet, sobald der Alkoholiker aufwacht. Genauso kann sich die Zigarette nach dem Essen zu mehr als vier Packungen am Tag beim Kettenraucher verwandeln. Das Marihuana-„High", ursprünglich nur für Parties reserviert, kann zu einem Alptraum werden, wie man es vor kurzem in einer Drogenklinik sah: Ein zweiundzwanzig Jahre alter Süchtiger, der sich jede erdenkliche Droge in praktisch jeden Teil seines jetzt kranken Körpers injiziert hatte: über 37 000 „shots" in vier Jahren.

Der Verlust der Selbstregulierungsfähigkeit kann also verheerende Folgen für die Gesundheit der süchtigen Person haben. Diese stammen von den *direkten* Wirkungen der übermäßig großen Menge körperfremder Substanzen auf cerebrale, Atmungs-, Gefäß- und Verdauungsfunktionen und von den verschiedenen *indirekten* Auswirkungen der unausgeglichenen Diät und der ansteckenden Krankheiten, die mit manchen Suchtgewohnheiten einhergehen.

Die (durchdringendsten) psychischen und sozialen Folgen sind nicht weniger ernstlich als die physischen. Im psychischen Bereich nehmen Selbstsicherheit und Selbstkontrolle in dem Maße ab, wie sich die Person nicht mehr in der Lage fühlt, es noch mit eigener Kraft zu schaffen. Dieses verringerte Selbstwertgefühl wird von einem Verlust an Interesse an den üblichen Zielen und Aktivitäten des Lebens begleitet, in dem Maße wie die Sucht den Platz des zentralen Verstärkers im Leben des Abhängigen beansprucht.

Die sozialen Folgen der fortgesetzten Suchtgewohnheit kann man an den Einkommensverlusten, den aufgebrauchten Ersparnissen, den Aufwendungen für Wohlfahrts- und Rehabilitationsanstrengungen und an der Häufigkeit der Kriminalität messen. Sie können auch ausgedrückt werden im Sinne des Verlusts sozialer Produktivität und des Zusammenbrechens sinnvoller zwischenmenschlicher Beziehungen. Das Ende mag dann Obdachlosenquartier, Gefängnis oder Irrenanstalt heißen, ein Bettler- oder Prostituiertenleben bedeuten. Obwohl sich praktisch jeder von uns der potentiellen Gefahr der Sucht[1] bewußt ist und wir intensiven Informationskampagnen gegen den Mißbrauch von Suchtmitteln ausgesetzt sind, scheint sich die traurige Kurve der Sucht weiter aufwärts zu bewegen (Abb. 10-5). Warum fangen diese Leute damit an? Das ist das erste Rätsel. Tatsächlich gibt es viele Gründe für das Paradox, daß sich vernünftige Menschen auf eine Sache einlassen, deren selbstzerstörerischen Charakter sie kennen.

Abb. 10-5. Dieser Neunzehnjährige begann wieder, sich Heroin zu spritzen, obwohl er sechs Wochen lang wegen Gelbsucht in einem Krankenhaus lag, wo er keine Rauschmittel bekam und somit seine körperliche Abhängigkeit überwunden war

Abgesehen von der Möglichkeit des Masochismus (eine Tendenz, sich selbst weh zu tun oder zu bestrafen), gibt es eine große Zahl weniger abnormer Prozesse, die die Entstehung und den Fortbestand des Suchtverhaltens begünstigen.

Im Anfang ist die sich zur Sucht entwickelnde Reaktion ganz einfach eine Quelle sehr positiver Verstärkung, die durch die Beachtung seitens der Eltern, angesehener Personen oder Kameraden Zuwendung und Unterstützung erfährt. Die Massenmedien und die Werbung geben beträchtliche Geldsummen für die Erzeugung von Meinungsbildern aus, wonach der „normale" Weg zur Erlangung von Freude, Gesundheit, Glück, Erleichterung von Schmerz

---

1 *Sucht* als medizinischer Fachausdruck bedeutet physische Abhängigkeit. Wir gebrauchen den Begriff jedoch in einem weiteren Sinn, nämlich als Bezeichnung für jede physische oder psychische Abhängigkeit, die so schwer ist, daß das entsprechende Verhalten zwanghaft geworden ist und das Individuum die willentliche Kontrolle über sich verloren hat.

und Angst und sogar zu sexueller Leistungsfähigkeit über das Rauchen, Trinken, Essen oder das Einnehmen von Drogen (beginnend mit Aspirin, Beruhigungsmitteln, Schlankheitspillen und Schlaftabletten) führt. Auch das Glücksspiel wird als eine gesellschaftlich akzeptable Tätigkeit durch Lotterien, Toto und TV-Quizsendungen unterstützt.

Die Gesellschaft nimmt an, daß jeder Mensch eine ausreichende Selbstkontrolle über sein Verhalten ausüben kann, die ihn vor der völligen Hingabe an diese Versuchungen bewahrt. „Ich könnte kein Alkoholiker oder Drogensüchtiger werden", sagen die meisten Leute und sind von sich überzeugt, daß sie einer solchen Gefährdung und Selbstzerstörung niemals erliegen würden. Der Süchtige ist in ihren Augen jemand, der *verdient,* was ihm geschieht, weil er zu „willensschwach" ist, um sich selbst zu helfen. Die Gesellschaft sträubt sich gegen ihre Mitverantwortung für Verhältnisse, die einerseits Suchtverhalten fördern, andererseits aber Versuche, dieses Verhalten therapeutisch anzugehen, behindern.

Es gibt nur wenige Verhaltensweisen, die schwerer zu verändern sind als jene, die mit einer zwanghaften Suchtgewohnheit zu tun haben. Bis zu welchem Grad ist die individuelle Sucht ein Symptom der sozialen Pathologie und bis zu welchem Grad ein Zeichen persönlicher Krankheit?

Alkoholabhängigkeit

Der Alkoholismus ist eine der gefährlichsten Suchtformen, sowohl was sein Vorkommen als auch seine Auswirkungen betrifft. Es wird angenommen, daß es in der BRD ungefähr 600 000 Trinker, in den USA nahezu 5 Millionen gibt, deren Alkoholkonsum so unmäßig ist, daß sie in ihrem wirtschaftlichen, sozialen und familiären Bereich ernsthafte Beeinträchtigungen erleiden.

Das Problem der Kontrolle des Alkoholismus wird durch die bei uns vorherrschenden Einstellungen zum Trinken besonders deutlich. Mäßiger Alkoholgenuß wird gesetzlich toleriert und allgemein von der Gesellschaft gutgeheißen. Doch derjenige, der eine Abhängigkeit vom Alkohol entwickelt, erhält wenig Sympathie; statt dessen rügen wir heftig seine „Willensschwäche", kritisieren seinen Mangel an Verantwortungsgefühl und glauben, daß er sich gar keine Hilfe wünscht.

Kausale Faktoren beim Alkoholismus. Das Trinken macht es dem Alkoholiker vorübergehend leichter, dem Leben die Stirn zu bieten. Es bietet eine Fluchtmöglichkeit, die um so verführerischer wird, je öfter er sie benutzt, wenn sich ungelöste Probleme anhäufen und neue durch das Trinken selbst entstehen. Das Trinkverhalten wird trotz seiner — auf längere Sicht gesehen — Fehlangepaßtheit aufrechterhalten, weil es durch kurzfristig eintretende Erleichterungen verstärkt wird. An einem bestimmten Punkt dieser Entwicklung wird das Bild durch das Einsetzen der physischen Abhängigkeit weiter kompliziert. Noch lange nachdem es für jedermann klar ist, daß er ein Alkoholiker geworden ist, wird dieser Mensch beharrlich behaupten, daß er keine Schwierigkeiten habe und jederzeit mit dem Trinken aufhören könne.

Das klinische Bild des Alkoholikers wird durch drei charakteristische Merkmale bestimmt: Deprivation, Depression und Ableugnung.

Ein in den Krankheitsgeschichten schwerer Trinker häufig vorgefundener Faktor ist das Fehlen oder der Verlust einer grundlegenden, emotionalen Beziehung (meistens zur Mutter) während der Kindheit.

Depression ist der charakteristische Gefühlszustand bei Alkoholismus, und Ableugnung wird als die primäre Abwehrstrategie gegen das Zugeständnis der Depression eingesetzt. Ein Forscher kommt zu folgender Feststellung: „Alkoholismus wird somit als Symptom einer primitiven Persönlichkeitsstörung gesehen, die auf der präverbalen Stufe der emotionalen Entwicklung einer Person entstand. Die typischerweise mit solchen Störungen zusammenhängenden Merkmale sind: verringerte Selbstachtung, geringe Frustrationstoleranz, ausgeprägte Abhängigkeit und große Schwierigkeiten im Umgang mit anderen Menschen, gepaart mit einer starken Überempfindlichkeit gegenüber Ablehnung durch andere" (Chafetz, 1970).

Kontrolle des Alkoholismus. Nicht weiter überraschend hat die Erfahrung gezeigt, daß Geldstrafen oder die Inhaftierung wegen Trunkenheit nur unzulängliche Mittel gegen exzessives Trinken darstellen. Auch andere gesetzliche Maßnahmen — wie zum Beispiel die Prohibition — waren bei der Verringerung des schädlichen Alkoholkonsums ohne Erfolg. Statistiken über die Einweisung von Alkoholikern in das State Hospital in New York zwischen 1889 und 1943 zeigten keine Beziehung zwischen dem gesetzlichen Alkoholverbot und dem Vorkommen von Alkoholismus (Landis und Cushman, 1945).

Klinische Behandlungsmethoden für Alkoholismus sind in großer Zahl entwickelt worden; mehr als ein bescheidener Erfolg konnte mit keiner von ihnen erzielt werden. Psychotherapeutische Techniken, ausgehend von dem Glauben, daß das Trinken in erster Linie Symptom einer zugrunde liegenden emotionalen Störung sei, versuchen durch Besprechung der persönlichen und sozialen Probleme mit dem Alkoholiker seine Einstellungen und seinen Lebensstil zu verändern. Es wird dabei angenommen, daß der Patient, sobald er einmal einen befriedigenden Weg zur Bewältigung seiner Probleme gefunden hat, das Trinken nicht mehr länger nötig hat. Jedoch ist auch in Fällen, in denen die Abhängigkeit rein psychisch ist, die Gewohnheit des Trinkens stark ausgeprägt und nicht leicht zu eliminieren.

In einigen Fällen hatte man (bisher) mit Behandlungsmethoden Erfolg, die auf dem Prinzip der bedingten Reaktion beruhen. Man veranlaßt dabei den Patienten, Alkohol vermischt mit emetischen Drogen, die Brechreiz auslösen, zu trinken, worauf ihm sehr übel wird. Gegebenenfalls erfolgt dabei eine Konditionierung, so daß dann schon Anblick, Geruch und Geschmack von Alkohol Übelkeit und Erbrechen hervorrufen. Gewöhnlich jedoch wird zusätzlich Psychotherapie benötigt, weil das Trinken noch immer durch so viel Verstärkungen aufrechterhalten wird, daß dem Alkoholiker ein Leben mit diesem Laster immer noch angenehmer erscheint — oder zumindest weniger qualvoll — als ein Leben ohne Alkohol. Somit ist ein Alkoholiker kaum zu kurieren, bis er es wirklich will und bis er Wege findet, seinen Nöten auf andere Weisen als durch Trinken zu begegnen.

Bei Patienten, die zur Änderung motiviert waren, hat man die größten Erfolge im allgemeinen mit Gruppentherapie und anderen Gruppenmethoden erzielt. Viele Alkoholiker haben in privaten Organisationen, zum Beispiel bei den ‚Anonymen Alkoholikern', eine neue Stütze im Kampf gegen ihre Schwierigkeiten gefunden. Diese Vereinigung verschafft ihren Mitgliedern eine Atmosphäre gegenseitigen Verstehens und Anerkennens, mitfühlender Kameradschaft und emotionalen Rückhalts, in der sie ihre Probleme bearbeiten können, ohne den Gefühlen der Isolierung, Scham und Hilflosigkeit ausgesetzt zu sein, die häufig denjenigen quälen, der sich allein abmüht. Mit diesem sozialtherapeutischen Ansatz hat die Alkoholismusbehandlung beträchtliche Erfolge erzielt, aber von den vielen Trinkern treten die meisten niemals einem Antialkoholikerverein wie den ‚Anonymen Alkoholikern' bei.

Man hat herausgefunden, daß zwei der Probleme, die bei der Behandlung des Alkoholismus auftauchen, sich nicht von seiten der Patienten, sondern aus den Praktiken und Haltungen jener Personen ergeben, die ihnen zu helfen versuchen. Untersucher in einem Krankenhaus stellten fest, daß nur sehr wenige von den Alkoholikern, die man auf der Aufnahmestation sah, schließlich auch in die Alkoholikerklinik überwiesen wurden. Dies schien auf den ersten Blick den Glauben zu bestätigen, daß Alkoholiker sich nicht gern helfen lassen. Bei genauerem Hinsehen fanden die Forscher jedoch heraus, daß da zwei andere Faktoren eine Rolle spielten, die das Bild ziemlich veränderten.

1. Mehr als die Hälfte der Alkoholiker, die zur Behandlung in die Aufnahmestation kamen, wurden — sofern sie sich nur über ein körperliches Leiden beklagten und auch noch soziale Beziehungen aufwiesen — nicht als Alkoholiker eingestuft. Der Arzt zog es vor, bei sozial intakten Bürgern physische Störungen zu behandeln und, soweit möglich, die Diagnose einer körperlichen Krankheit zu stellen. Eine Person wurde nur dann als *Alkoholiker* bezeichnet, wenn sie sozial ein Versager, ein Gestrandeter und körperlich relativ gesund war.

2. Der als Alkoholiker diagnostizierte und in die Alkoholikerklinik überwiesene Patient mußte bis zu einem Dutzend Befragungen durch verschiedene Mitglieder des Ärztestabs über sich ergehen lassen. Dann mußte er einen Termin beim Psychiater der Klinik ausmachen. Dieses Gespräch trug ihm dann, falls er dazu hinging, eine vier- bis sechswöchige Wartefrist bis zur ersten Therapiesitzung ein. Zusätzlich zu diesen Verzögerungen in der Behandlung eines an sich akuten Problems hatte er sich auf Schritt und Tritt negative Reaktionen des Personals gefallen zu lassen. Möglicherweise war er schmutzig oder hatte einen schlechten Geruch an sich, so daß das Personal Zeichen der Abneigung, der Gleichgültigkeit oder des Ärgers wegen seiner Erscheinung zeigte (Chafetz, 1970, S. 110).

Wenn das Personal eines Krankenhauses die Verantwortung für den Aufbau einer therapeutischen Beziehung zum Alkoholiker auf sich nimmt und persönliche Wärme und Bejahung in die Behandlung bringt, dann machen auch die meisten Alkoholiker Gebrauch davon. Daraus ist zu ersehen, daß vor allem zu anderen Dingen neuartige Einstellungen nötig sind, wenn man sich mit Alkoholismus befaßt. Das Mißverstehen der grundsätzlichen psychologischen Probleme des Alkoholikers zusammen mit der verstärkten Beschäftigung mit dem Drogenmißbrauch bei Jugendlichen haben die Rehabilitation des Trinkers zu einer ziemlich unpopulären Angelegenheit gemacht. Solange nicht mehr soziale Mittel für das primäre Problem der *Verhütung* und das sekundäre der Behandlung eingesetzt werden, bleibt der Alkoholiker sich selbst, seiner Familie und der Gesellschaft eine Last.

Abhängigkeit von der Zigarette

Rauchen ist bei uns die am meisten verbreitete Suchtform. Nahezu 70 Millionen Menschen allein in den USA rauchen regelmäßig Zigaretten (Surgeon General's Report, 1964). Bis vor kurzem interessierte man sich nur wenig für eine Bekämpfung dieser Gewohnheit, aber in den vergangenen zehn Jahren wurde durch die Verbreitung von Berichten über eine Beziehung zwischen Rauchen und Krankheit das Zigarettenrauchen zu einer Sache von nationalem Interesse.

Die Abhängigkeit von Nicotin ist psychischer Natur. Beim Gewohnheitsraucher entwickelt sich zwar eine Toleranz für Nicotin, doch ist diese begrenzt. Hierdurch werden jene adaptiven Veränderungen in den Nervenzellen verhindert, die bei anderen Substanzen physische Abhängigkeit verursachen. Dies bedeutet aber nicht, daß das Aufgeben der Rauchgewohnheit eine einfache Angelegenheit wäre. Jeder starke Raucher, der es einmal versucht hat, kann dies bestätigen. Trotz zahlreicher Versuche, eine Methode zur „Heilung" der Abhängigkeit von der Zigarette zu entwickeln, hat sich das Rauchen als erstaunlich löschungsresistent erwiesen. Die Methoden zur Raucherbehandlung lassen sich in psychotherapeutische, sensorische und pharmakologische einteilen, je nachdem, ob sie auf die Beseitigung der psychischen Befriedigung, der sensorischen Stimulation oder der chemischen Abhängigkeit beim Rauchen abzielen. Von diesen Methoden war die psychotherapeutische am erfolgreichsten (Surgeon General's Report, 1964). Diese Methode beruht auf der Annahme, daß die mit dem Rauchen assoziierte Befriedigung die primäre Ursache des Rauchens ist. Da diese Assoziationen gelernt sind und sich nicht einfach automatisch mit dem Rauchen einstellen, variieren sie in sehr starkem Maße von einem Raucher zum anderen. Der eine gibt an, Rauchen würde ihn anregen; der andere raucht, um zu entspannen, und ein dritter tut es wegen des Gefühls der Geselligkeit, das ihm durch das Rauchen vermittelt wird (Tomkins, 1968). Das therapeutische Ziel besteht in der Elimination dieser angenehmen Assoziationen. Die hierfür benutzten Techniken umfassen Gruppentherapie, Hypnose, angsterzeugende Informationen über die Gefahren des Rauchens, Reizsättigung und konditionierte Aversion (Bernstein, 1969).

Wegen der Schwierigkeiten, die bei der Beseitigung des Gewohnheitsrauchens auftreten, halten es viele Wissenschaftler für fruchtbarer auf dem Gebiet der Prävention des Rauchens zu arbeiten. Zu diesem Zweck versuchten sie, die sozialen und psychologischen Bedingungen zu identifizieren, die zum Raucherverhalten beitragen. Nach diesen Befunden scheint es festzustehen, daß zur erfolgreichen Einschränkung des Rauchens das von den Massenmedien gepflegte Image des Zigarettenrauchers geändert werden muß. Es ist deshalb vorgeschlagen worden, daß die notwendige „Therapie" die Form politischer Gesetzesarbeit annehmen müsse. Nur diese kann die Werbung einschränken, die den Unsinn des „attraktiven Spiels mit dem Tod" suggeriert. Zusätzlich brauchen wir Maßnahmen zur gesundheitlichen Aufklärung, die besonders Kinder und Jugendliche vor den gesundheitsschädigenden Folgen des Rauchens warnt. Solche Vorschläge treffen auf den Widerstand mächtiger Interessengruppen. Für eine Regierung ergibt sich hier ein Konflikt zwischen ihrer sozialen Verantwortung für die Gesundheit der Bürger und dem Interesse an der wirtschaftlichen Gesundheit kommerzieller Unternehmen, die an dieser Sucht profitieren.

Drogensucht

Offensichtlich ist die Drogensucht eines der großen gesellschaftlichen und individuellen Probleme unserer Zeit. Anstatt einfach über die begrenzte psychologische Literatur zum Drogenproblem zu berichten und ein vereinfachtes Bild „des Süchtigen" zu zeichnen, haben wir einen für ein Einführungsbuch ziemlich neuartigen Weg gewählt. Wir befragten Studenten, welche Probleme zum Thema Drogen und Drogenmißbrauch sie am meisten interessierten, und gaben diese Liste dann weiter an Dr. David Smith, den Gründer und medizinischen Direktor der Haight-Ashbury Free Medical Clinic in San Franzisco, eine der führenden Autoritäten auf diesem Gebiet. Der Anhang bringt einige der von den Studenten gestellten Fragen, zusammen mit den Antworten dieses erfahrenen Experten.

Zwanghaftes Glücksspiel

Das zwanghafte Glücksspiel stellt eine der undurchschaubarsten Formen der Sucht dar. Beim Versuch, Herrschaft über die Gesetze des Zufalls zu erlangen, büßt der Spieler die Kontrolle über seine eigenen Impulse ein. Er kann nicht aufhören, wenn das Spiel gut für ihn läuft; er ist stark erregt, wenn seine Gewinnchancen offensichtlich schlecht sind, und hält trotz hoher Verluste an dem Glauben fest, daß beim nächsten Mal „das Glück auf seiner Seite" stehen wird.
Die Pathologie der Spielsucht unterscheidet sich offensichtlich in mehrfacher Hinsicht von den anderen, bereits diskutierten Formen der Abhängigkeit. Man bezeichnet den Spieler nicht als „krank", noch versucht man, ihn zu rehabilitieren. Seine physische Gesundheit ist nicht direkt betroffen, und die Konsequenzen für die Gesellschaft sind nicht so offen zu erkennen wie bei den anderen Süchtigen. Die Nebeneffekte der zwanghaften Spielleidenschaft können jedoch den Wohlstand einer Familie ruinieren. Das Interesse an allen anderen Dingen, außer dem am Glücksspiel, kann verloren gehen, ebenso die gesamte individuelle Produktivität und Kreativität. Es kann zu Unterschlagungen oder Raub kommen, um Spielschulden abzuzahlen, oder gar zur Unterstützung organisierten Verbrechens.
Das Glücksspiel hat es eigentlich in jeder bekannten Kultur seit dem Altertum gegeben. Das Bestreben des Menschen, das Unvorhersagbare vorherzusagen, wurde mit primitiven Vorstellungen von Weissagung und Rechtssprechung verknüpft. Entscheidungen durch das Los oder durch Glücksspiele beruhten seit jeher auf der Annahme, daß die für den Menschen nicht vorhersehbaren Dinge in Wirklichkeit von übernatürlichen Mächten beschlossen würden, von Göttern, der „ausgleichenden Gerechtigkeit", der „Vorsehung" oder ähnlichen Instanzen. Das Gewinnen wurde als Belohnung für Tugendhaftigkeit und als Zeichen der Wahrheit und Gerechtigkeit gesehen, während das Verlieren eine Verfehlung anzeigte, die Bestrafung verdiente. In der ganzen überlieferten Geschichte sind bedeutende Entscheidungen für Menschen und Nationen von den Launen des Zufalls abhängig gemacht worden, wodurch Individuen von der Verantwortung als deren Urheber entbunden wurden. Das Glücksspiel wurde von einigen als nobler Ausdruck der menschlichen Abenteuerlust angesehen, von anderen aber als Verrücktheit und Laster. Mills (1953) drückte zum Beispiel seine positive Meinung über Glücksspiel so aus:
„. . . unzweifelhaft eine geistvolle Angelegenheit . . . kein Mensch würde spielen, wenn er nicht eine Liebe zum Leben hätte und Geschmack finden könnte an dem, was er sich durch seine Gewinne an Lebensfreuden leisten kann."
Aber auch als Zeichen sündiger Erniedrigung war die Spielleidenschaft das Thema vieler Predigten, darunter eine erwähnenswerte von Thomas Tennell aus dem Jahre 1794, betitelt: „Die Folgen des Lasters des Glücksspiels, wie sie die Wohlfahrt der einzelnen und die Stabilität der hochgeachteten Staatsregierung beeinflussen." Der römische Geschichtsschreiber Juvenal staunte über die Verrücktheiten, die mit dem Glücksspiel entfesselt wurden: „Dort (an den Spieltischen) wirst Du zum Zeugen der schlimmsten Wettstreite. Ist es nicht eine Verrücktheit, hunderttausend Sesterzen zu verlieren und (andererseits) einem Sklaven, der vor Kälte umkommt, ein Gewand zu verweigern?" (zit. in France, 1902).
In Kapitel 9 brachten wir psychoanalytische und behavioristische Erklärungen zum Verhalten eines protestierenden Studenten. Die zwei vorherrschenden Ansichten, wie das Glücksspiel am besten zu erklären sei, entstammen denselben beiden Richtungen. Ein dynamischer Ansatz (Berger, 1957) behauptet, daß der chronische Spieler seine kindlichen Gefühle der Omnipotenz nicht aufgegeben hat und noch immer an seine magischen Kräfte zur beliebigen Kontrolle des Schicksals glaubt. Solche Spieler suchen in sich selbst nach Gefühlen, die ihnen einen Hinweis auf den Lauf der Dinge geben. Wenn ihnen die richtige Vorhersage des Ergebnisses nicht gelingt, machen sie sich Selbstvorwürfe, so als hätte es

in ihrer Macht gestanden, das Richtige vorherzusagen, und als hätten sie diese Kraft nur nicht entsprechend genutzt. Der Zufall wird nicht als eine statistische Abstraktion gesehen, sondern ihm werden menschliche, persönliche Züge verliehen, wie zum Beispiel, wenn man von der „Göttin Fortuna" spricht.

Freud (1950) interpretierte die Spielleidenschaft als einen symbolischen Ersatz für den Zwang zu masturbieren. Beides ist „Spiel"-Verhalten und zeigt angeregte Aktivität der Hände. Auf das Vergnügen des Moments der höchsten Anspannung folgen Ruhe und neuerliche Versprechungen, der Versuchung beim nächsten Mal zu widerstehen. In beiden Fällen kommt es zu einem Ringen mit der Impulskontrolle, wobei das Gefühl gewinnt, daß man dem Impuls des Glücksspiels als ein sozial erlaubtes Ventil eher nachgeben dürfe.

Von der Analyse des operanten Verhaltens her betrachtet, wird das Glücksspiel durch eine Kombination des abergläubischen Verhaltens mit einem variablen Quotenplan gelernt. Manchmal geschieht es, daß der Wunsch, die eigene Nummer möge gewinnen, die gezogene Karte möge ein As sein, die Augenzahl der Würfel solle doch die Zahl sieben ergeben, der gesetzte Außenseiter möge gewinnen, tatsächlich in Erfüllung geht. Für viele Leute bedeutet dies nicht nur den Wettpreis oder das Geld zu gewinnen, sondern sie werden in ihrem Glauben an die zukünftige kausale Beeinflussung der Ereignisse bekräftigt.

Man stelle sich vor, tausend Menschen würden anfangs auf das eine Ergebnis eines zufälligen Ereignisses setzen, bei dem es zwei Möglichkeiten und somit gleiche Ereigniswahrscheinlichkeit gibt (wie „Wappen oder Zahl" beim Münzenwurf). Nur durch Zufall könnte einer von den tausend zehnmal hintereinander gewinnen. Nach einem solchen Erlebnis würde sich bei ihm wahrscheinlich der Aberglaube entwickeln, *er* habe irgendwie dazu beigetragen, daß dies Ergebnis zustande kam. Das Zusammentreffen von Wunschdenken, einem zufällig verteilten Verstärkungsplan und gelegentlichen unvorhersehbaren Gewinnen könnte zu einer Gewohnheit führen, die der Löschung dieses Verhaltens extremen Widerstand entgegensetzen würde.

Die Reaktion der Gesellschaft dem chronischen Spieler gegenüber ist uneinheitlich. Auf der einen Seite wird jemand abgelehnt, der einem Impuls zuliebe die Vernunft über Bord wirft, auf der anderen Seite wird er dafür bewundert, daß er solche Risiken auf sich nimmt, in der Hoffnung, daß er mit der Drehung eines Rades die Bank schlägt und reich wird. Solche Haltungen verhelfen dem Glücksspiel dazu, daß es blüht und bewahren auch die zwanghafte Glücksspielleidenschaft davor, als eine ernsthafte persönliche Störung bezeichnet zu werden.

d Verlust der Freude am Leben: Neurose

Wenn ein Mensch sich von den Gefahren des Lebens ständig bedroht fühlt und der Aufgabe, mit ihnen fertig zu werden, nicht gewachsen zu sein glaubt, dann reichen die gewöhnlichen Abwehrmechanismen des Ichs, wie wir sie alle gebrauchen, bei ihm nicht aus. Allmählich kommt es soweit, daß er sich in extremer Form auf den einen oder anderen neurotischen Abwehrmechanismus verläßt. Alle Mechanismen dieser Art suchen Entlastung von der Angst. Mangelnde Freude am Leben und Handlungen, die mehr auf die Verringerung von Schmerz als auf die positive Ausführung oder die konstruktive Lösung tatsächlich vorhandener Aufgaben abzielen, sind dann charakteristisch. Die neurotischen Abwehrmechanismen gewähren so viel zeitweilige Freiheit von Angst, daß das Individuum verzweifelt an ihnen festhält — trotz der Tatsache, daß sie seine Grundprobleme nicht lösen und seine Situation sogar verschlimmern können, auf die Dauer also selbstschädigend sind. Dieser Mensch benützt also sein Bewußtsein, seine Urteilsfähigkeit und Verallgemeinerungsfähigkeit derart, daß sie ihn verkrüppeln, anstatt sein Leben reicher und sein Handeln wirkungsvoller zu machen.

Es ist die Tragödie des Neurotikers, daß er fälschlicherweise die Welt als Bedrohung und sich selbst als unfähig beurteilt. Mit einer realistischeren Auffassung bestünde für ihn kein Grund zum Verlust der Freude oder zu seiner übertriebenen, quälenden Beschäftigung mit Sorgen und Bedrohungen.

Wie wir schon in Kapitel 9 feststellten, funktioniert die normale Person als ein organisiertes Ganzes und kann mit Frustrationen mehr oder weniger gut umgehen. „Normalität" bedeutet für den Psychologen einen weiten Bereich von Verhaltensweisen und nicht einen fixierten Punkt auf einer Skala. Es gibt keine klare Tren-

nungslinie zwischen dem Normalen und dem Neurotiker: Der Unterschied ist ein gradueller. Die Abwehrmechanismen des Neurotikers werden deshalb für abnorm gehalten, weil sie als Versuche zur Meisterung des Lebens in andauernder und gefährlicher Weise ineffektiv sind. Gleichwohl sind neurotische Störungen nur selten so schwer, daß sie eine Hospitalisierung erfordern.
Wenn es ein Kontinuum von normal bis neurotisch gibt, dann stellt sich uns die Frage: Ab welchem Punkt halten wir eine Person für dermaßen gestört, daß die Einstufung als „Neurotiker" gerechtfertigt ist? Welche Kennzeichen im Verhalten gibt es, die zur Identifizierung eines neurotischen Menschen benützt werden? Eine Anzahl deutlich verschiedener Neurosenformen wurde inzwischen festgestellt; sechs davon sollen hier beschrieben werden.

Angstneurose

Manchmal entspringt beim neurotischen Menschen die Angst nicht einer äußeren Gefahr, sondern einer inneren. Er glaubt zum Beispiel, daß er bestimmte Gefühle und Wünsche, wie Feindseligkeit oder sexuelles Verlangen, nicht haben dürfe, und ist daher unfähig, die Tatsache anzuerkennen, daß er sie hat. Wenn solche Gedanken oder Impulse auftreten, werden sie also verdrängt, aus dem Bewußtsein gestoßen. Es kann dann viele Anstrengungen, ebenfalls unbewußter Art, kosten, um sie an ihrem Wiederauftauchen zu hindern. Wenn sie von Zeit zu Zeit drohen, ins Bewußtsein aufzusteigen, erlebt der Neurotiker ein Gefühl drohender Gefahr, und es können körperliche Symptome, wie Herzklopfen und Atmungsbeschwerden, auftreten.
Natürlich konsultiert er dann einen Arzt; man schätzt, daß 30 Prozent aller Patienten, die zum praktischen Arzt oder Internisten kommen, in diese Kategorie gehören (Pitts, 1969). Ungefähr 10 Millionen Einwohner in den USA leiden an einer Angstneurose. Nun ist es nicht nur dem Arzt unmöglich, eine körperliche Störung festzustellen, sondern auch der Neurotiker selbst ist wahrscheinlich nicht in der Lage zu erklären, warum er so ängstlich ist. Seine Angst wird als „frei flottierend" bezeichnet. Manchmal empfindet er selbst stärkste Schuldgefühle, ohne einen Grund für sie angeben zu können. Dieses Unspezifische, Unerklärliche seiner Angst versetzt den Patienten am meisten in Schrecken. Stellen Sie sich vor, daß Sie stark erregt sind und daß sich seltsame Dinge in Ihrem Kopf und Körper abspielen, für die Sie keine vernünftige Erklärung hätten. Sie gehen zum Arzt und nach einer gründlichen Untersuchung versichert er, daß mit Ihnen alles in Ordnung sei. Aber in Ihrem Kopf geht es weiter rund!
Die Unfähigkeit, diese „unerklärliche Erregung" zu verstehen, bewirkt eine weitere Verunsicherung und Bedrohung Ihrer Selbstgefühle und Selbstkontrolle und erzeugt neue Angst. Eine der Hauptfunktionen der Psychotherapie besteht in der Identifizierung des ursprünglichen Anlasses für die Angst, um sie in eine greifbare, beeinflußbare Furcht zu verwandeln. „Gib der Sache einen Namen und Du kannst mit ihr etwas anstellen" (Grimmett, 1970).
Neurotische Angst ist also von Objektangst oder Furcht zu unterscheiden. Furcht ist eine vernünftige Reaktion auf eine objektiv festgestellte Gefahr und mag zur Flucht oder einem Angriff zum Zwecke der Selbstverteidigung führen. Bei der neurotischen Angst ist die emotionale Erregung ebenso stark, aber die Gefahr ist im Innern und nicht identifizierbar; vielleicht bedient sie sich assoziativer Prozesse oder wirkt über subcorticale Zentren.
Obgleich Angstattacken durch Faktoren im Erleben einer Person ausgelöst werden, gibt es auch einige Beweise für abnorme biochemische Reaktionen. Zum Beispiel kann man mit Injektionen von Milchsäure, einem normalen Endprodukt des Zellstoffwechsels, bei Angstneurotikern und auch bei einigen normalen Personen Angstanfälle hervorrufen. Diese Reaktion kann durch die Zugabe von Calcium zur Milchsäure herabgesetzt werden. Es könnte nun sein, daß ein Übermaß an Milchsäure die Funktion stört, die das Calcium normalerweise bei der Weiterleitung von Nervenimpulsen spielt, und daß der Angstneurotiker unter einer Stoffwechselstörung leidet, die entweder zu einem Milchsäureüberschuß oder zu einem Calciumdefizit führt (Pitts, 1969).

Phobien

Bei *phobischen Reaktionen* ist die Angst an ein bestimmtes Objekt in der Umwelt geknüpft; typischerweise ist das Objekt aber keine wirkliche Gefahrenquelle. Der Neurotiker bemerkt dann, daß seine intensive Reaktion unsinnig ist — es gibt keine angemessene Erklärung für sie — aber diese Erkenntnis macht seine Angst nur noch unerträglicher. In einigen Fällen ist die Wahl des phobischen Objekts rein symbolischer Art, in anderen steht sie in enger Beziehung zu dem zugrundeliegenden Konflikt.

Ein Bauarbeiter hatte vor, seinen Beruf aufzugeben, weil er anfing, Höhenangst zu entwikkeln. Nun weiß jedermann, daß auf Baustellen Unfälle passieren können; war also die Reaktion des Arbeiters sachlich gerechtfertigt oder neurotisch? Ohne weitere Information läßt sich das nicht entscheiden. In diesem Fall jedoch entwickelte der Mann auf der sicheren Erde (also ohne realen Grund) auch noch eine Platzangst und Todesangst.

Es stellte sich heraus, daß ihn ein Mitarbeiter vor Beginn seiner Angstreaktionen ständig ärgerte, so sehr, daß er ihn nach seinen eigenen Worten „am liebsten umgebracht hätte". Aber er fühlte sich hoffnungslos unfähig, auch nur irgendetwas gegen die Belästigung zu unternehmen. Es ist nun möglich, daß er sich durch Aufgabe seiner Arbeitsstelle gegen die Mordimpulse und gegen die demütigende Erkenntnis seiner eigenen Unfähigkeit, den Herausforderungen entgegenzutreten, wehrte. Auf jeden Fall stellte die Entwicklung der Höhenphobie eine effektive Lösung seines Problems dar und lieferte ihm eine Rechtfertigung für die Einstellung seiner einträglichen Arbeit.

Es gibt praktisch keine Grenzen für die Symbolisierungskraft der Phobie, denn des Menschen kreativer Geist stellt selbst die entferntesten Assoziationen her. Vermeidungsängste bei harmlosen Schlangen oder Insekten, fliegenden Vögeln, Berührung eines anderen Menschen, Haaren und sonstigen recht ungefährlichen Objekten oder Situationen können zu starken Reaktionen führen, die in einer Panik enden, wenn die Person nicht fliehen kann. Deshalb ist es kennzeichnend für den Phobiker, daß er komplizierte Vorsichtsmaßnahmen aufstellt und sorgfältig Vorkehrungen trifft, um mit ihrer Hilfe jeden Kontakt mit dem „gefährlichen" phobischen Objekt zu vermeiden. Es ist, als würde die neurotische Person ihren inneren Konflikt nach außen auf bestimmte Objekte verlegen. Solange sie das Objekt vermeidet, kann sie nämlich der Konfrontation mit dem ungelösten Konflikt in sich selbst ausweichen.

Zwangsneurose

Häufig führen verdrängte Wünsche und Schuldgefühle zu einer Art abnormen Verhaltens, das als *Zwangsneurose* bekannt ist. Zwangsgedanken und Zwangshandlungen sind unterschiedliche Reaktionen, die unabhängig voneinander vorkommen, aber doch so häufig gemeinsam in Erscheinung treten, daß sie allgemein für zwei verschiedene Aspekte eines einzigen Verhaltensmusters gehalten werden.

Zwangsvorstellungen. Eine Zwangsvorstellung ist ein beharrlich sich aufdrängender, unangemessener Gedanke, der ohne eigentlichen Anlaß ins Bewußtsein kommt und willentlich nicht unterdrückt werden kann. Fast jeder von uns hat gelegentlich Zwangsgedanken leichterer Art, wie zum Beispiel, wenn sich kleinere Befürchtungen immer wieder aufdrängen: „Habe ich die Tür wirklich abgeschlossen?", oder: „Habe ich die Heizung wirklich abgedreht?". Wenn einem eine Melodie „nicht aus dem Kopf geht", ist das ein leichtes Zwangsphänomen. Letztere Erscheinung wurde häufig bei Personen gefunden, die unter Streß standen.

Zwar können auch leichtere Zwangsgedanken, wie die Melodie, von der man nicht loskommt, irritieren; wirklich neurotische Zwangsvorstellungen aber sind noch um vieles aufdringlicher und dermaßen störend, daß sie die Anpassungsfähigkeit des Individuums in seinen übrigen Tätigkeiten beeinträchtigen. Oft kreist dabei das Denken um morbide Vorstellungen über Tod, Selbstmord oder unaufhörliche Phantasiegebilde darüber, daß man selbst auf brutale Weise einen Mord begeht. Extremes Zwangsdenken kann einen Menschen nahezu völlig existenzunfähig machen. Man kann von diesen immer wiederkehrenden Vorstellungen so überwältigt sein, daß man es fast unmöglich findet, sich auf irgendetwas anderes zu konzentrieren, und auch nicht in der Lage ist, das Auftreten und die Richtung der Zwangsgedanken zu beeinflussen.

Ein Theologiestudent mußte unaufhörlich über eine „unverzeihliche Sünde" nachdenken, die eines Tages zu begehen er verdammt sei. Diese Sünde bestand darin, in der Kirche während der Predigt aufzustehen und ein Schimpfwort zu rufen. Wie viele Zwangsneurotiker befürchtete dieser Patient, daß der im Zwangsdenken reflektierte Impuls eines Tages unwiderstehlich werden könnte. Gewöhnlich sind solche Befürchtungen jedoch ohne Grund. Der Zwangsneurotiker verliert kaum jemals die Kontrolle über seine Impulse und erst recht nicht über jene, die auf so offene Weise gefährlich oder anstößig sind (Stern, 1964).

Eine neuere Untersuchung deutet einen möglichen Zusammenhang zwischen zwanghaften Störungen und neurologischen Auffälligkeiten in wenigstens einigen Fällen an.

Die Krankheitsgeschichten von 103 Patienten mit Zwangsneurosen wurden mit denen von 105 Patienten verglichen, die an anderen Neurosen litten. Man fand, daß zwanzig von den zwangsneurotischen Patienten (19,4 %) im Vergleich zu nur acht Patienten der anderen Gruppe (7,6 %) früher einmal neurologische Störungen mit feststellbaren Konsequenzen hatten (Grimshaw, 1964).

Eine Erklärung der Funktion der Zwangsgedanken besagt, daß sie den in einem bestimmten Stadium als chaotisch und gefährlich beeindruckenden Impulsen eine Ordnung auferlegen. Das Zwangsdenken schränkt nicht nur das Handeln ein; es dient auch dazu, starke Emotionen, wie Haß, Lustgefühle und Zerstörungsdrang in Schach zu halten. Für den Neurotiker mit Zwangsvorstellungen wird der als Barriere zwischen Affekt und Handlung gesetzte Gedanke die letzte Realität, mit der er sich befaßt; weiter geht er nicht, gleich welche tatsächlichen Folgen die Durchführung der gewünschten, aber verbotenen Handlung auch hätte.

Der nachstehend geschilderte Fall beschreibt den Übergang von einer phobischen Reaktion zum Zwangsdenken bei einem jungen Mädchen.

Ein attraktives, 17 Jahre altes Mädchen kam in das Krankenhaus mit der Klage, daß sie seit einem Jahr dermaßen aufgeregt sei, daß sie nicht mehr lernen könne und, anstatt in die Schule zu gehen, zu Hause bleiben müsse. Dies war die letzte Stufe einer Entwicklung, die im Alter von 14 Jahren begonnen hatte. Zuerst konnte sie es nicht mehr den ganzen Tag in der Schule aushalten und mußte früher nach Hause gehen, um wieder bei ihrer Mutter zu sein. Allmählich fiel es ihr schwer, auch nur für eine Unterrichtsstunde in der Schule zu bleiben, und im Laufe der Zeit wurde es ihr dann unmöglich, die Wohnung überhaupt zu verlassen. „Meine Mutter stirbt, wenn ich nicht bei ihr bin", redete sie sich ein. Als sie schließlich gänzlich auf den Bereich zu Hause eingeschränkt war, folgte sie der Mutter, wohin sie auch ging; denn sie befürchtete, ihre Mutter könnte sterben, sobald sie sie aus den Augen ließe — sogar schon im Nebenraum.

Zu dieser Zeit entwickelte sie die Zwangsvorstellung, daß sie in regelmäßigen Abständen an ihren Vater denken müßte, um damit ihre Mutter vor dem unbekannten Schrecken zu schützen. Um sicher zu gehen, daß sie dies auch einhalten würde, entwickelte sie folgendes Zwangsritual: Bei jedem dritten Schritt, den sie ging und bei jedem dritten Wort, das sie las oder äußerte, hatte sie innezuhalten und an ihren Vater zu denken. Sie fürchtete in diesen Momenten um ihre Mutter, anstatt an den Vater zu denken; denn das würde die Mutter töten.

Zusätzlich zu dieser Qual drängte sich der fürchterliche Impuls auf, ein Messer zu nehmen und in des Vaters Brust zu stoßen. Als man sie hospitalisierte, war sie so verschreckt, daß Tag und Nacht eine Krankenschwester an ihrem Bett bleiben mußte. Sie konnte nicht allein gelassen werden und fürchtete sich besonders davor, in Gesellschaft mit männlichem Krankenhauspersonal zu sein.

Etwas Einsicht in die tieferen Gründe ihrer Angst konnte anhand ihrer Reaktion auf einige Rorschach-Tafeln gewonnen werden, die sie von einem klinischen Psychologen vorgelegt bekam. Es wurde ihr wie dem Psychologen klar, daß sie häufig sexuelle Phantasien in bezug auf ihren Vater und Todeswünsche gegenüber ihrer Mutter hatte. Die bewußte Besorgtheit um die Mutter und die aggressiven Impulse gegen den Vater stellten genau das Gegenteil der Wünsche und Antriebe dar, die unterhalb der Bewußtseinsebene bei ihr wirksam waren — ein extremes Beispiel für eine Reaktionsbildung (Rapaport, 1970).

Zwangshandlungen. In manchen Fällen ist bloßes Denken, auch als Zwangsdenken, kein ausreichender Schutz gegen das Erkennbarwerden verbotener Antriebe. Ein weiterer Mechanismus, der solchen Impulsen eine Ordnung auferlegt, ist durch die *Zwangshandlungen* gegeben.

Zwanghaftes Verhalten besteht aus sich wiederholenden, ritualisierten Handlungen. Obwohl solche Rituale für die neurotische Person emotional stark besetzt sind, braucht sie sich ihrer Bedeutung nicht bewußt zu sein. Durch die zwanghafte Ausführung dieser meist alltäglichen, kleinen Verrichtungen immer mehr in Anspruch genommen, behält der Patient keine Zeit oder Energie mehr dafür übrig, die Triebhandlung, gegen die er sich damit unbewußt schützt, durchzuführen. In einigen Fällen können Schuldgefühle wegen begangener oder eingebildeter Sünden in Zwangsritualen ihren Ausdruck finden, die diese Verfehlung dann ungeschehen machen sollen. Ein Beispiel dafür ist der exzessive Waschzwang — eine Art Lady Macbeth-Reaktion.

Hysterie

Es ist nichts Ungewöhnliches, wenn jemand einen Termin beim Zahnarzt vergißt, ein Student am Tag der Prüfung krank wird, ein Sänger vor dem Termin zum Vorsingen eine Kehlkopfentzündung bekommt, oder wenn ein Jockey sein Pferd zum Lahmen bringt, so daß er nicht am Rennen teilzunehmen braucht. Dies sind einige „normale" Fälle der Vermeidung von unangenehmen, gefürchteten Situationen. Meidungsverhalten dieser Art wird nicht bewußt gesucht. Die meisten Personen, die solches Verhalten benutzen, bestreiten energisch, daß dies „Flucht" sei. Diese Dinge „passieren einfach" in Situationen, in denen ein Streß erwartet wird. Aber: ein Gedächtnisausfall oder körperliches Handikap befreit eine Person aus einer Situation, die ihr psychisches Wohlbefinden oder ihre Selbstachtung zu gefährden droht, und das geschieht in einer Weise, daß man ihr daraus nicht den Vorwurf machen kann, der Sache ausgewichen zu sein.

Wenn ein solcher Mechanismus bis zu dem Extrem weitergeführt wird, daß ohne jeden organischen Schaden Körperlähmung oder totaler Gedächtnisverlust auftreten, dann ist der Zustand abnorm und wird *hysterische Neurose* genannt. Unter dieser allgemeinen Bezeichnung faßt man zwei miteinander verwandte Störungen zusammen: die *Konversionshysterie* und die *hysterische Bewußtseinsspaltung.*

Konversionshysterie. Bei der Konversionshysterie besteht ein Ausfall sensorischer oder motorischer Funktionen, ohne daß eine organische Störung als Ursache nachzuweisen ist. Die Person kann plötzlich nicht mehr hören, sehen oder fühlen, ein Arm oder Bein ist gelähmt, oder sie ist nicht mehr fähig zu sprechen.

Viele hysterische Symptome sind mit den medizinischen Tatsachen unvereinbar. Zum Beispiel stimmen bei gewissen Formen der hysterischen Anaesthesie (Verlust der Druck- oder Schmerzempfindlichkeit) die Abgrenzungen der betroffenen Körperbereiche nicht mit den tatsächlichen Nervenleitungen überein. In anderen Fällen kann es für einen Arzt jedoch sehr schwierig sein, festzustellen, ob ein Patient ein organisches oder ein hysterisches Leiden hat.

Es ist wichtig, daran zu denken, daß bei der Konversionsreaktion keine wirklich biologische Veränderung beteiligt ist. Dies ist anhand der Tatsache nachzuweisen, daß im Schlafzustand oder unter Hypnose die hysterischen Symptome im allgemeinen verschwinden. Ein Patient, der zum Beispiel an einer hysterischen Lähmung leidet, mag völlig unfähig sein, die Beine zu bewegen; doch in der Hypnose kann man ihn dazu bringen, daß er aufsteht und durch den Raum geht. Darüber hinaus können hysterische Symptome kommen und gehen und sogar zu verschiedenen Zeiten in verschiedenen Bereichen des Körpers auftreten; der Patient, der an einem Tag auf seinem rechten Auge hysterisch „blind" ist, mag sein Leiden am nächsten Tag unbewußt auf das linke Auge übertragen.

Obwohl es manchmal gelingt, hysterische Symptome durch hypnotische Suggestionen zum Verschwinden zu bringen, tendieren sie solange zum Rückfall — wenn auch in veränderter Form — als der zugrundeliegende Konflikt weiterbesteht. Nachstehend wird ein typischer Fall von Konversionshysterie geschildert.

Die Krankheit der Patientin hatte in früher Kindheit begonnen. Als das jüngste von vier Mädchen wurde sie verwöhnt; sie durfte machen, was sie wollte, und wurde selten dazu aufgefordert, im Haushalt mitzuhelfen. Schon als Kind litt sie an Verstopfung und „Magenbeschwerden"; sie hatte Alpträume und Furcht vor Dunkelheit, Tod und Krankheit. Zwar hatte sie viele Freundinnen; Jungen gegenüber aber war sie ziemlich spröde. Nichtsdestoweniger heiratete sie im Alter von neunzehn Jahren und hatte dabei keinerlei Erfahrung auf sexuellem Gebiet. Nach der Hochzeitsnacht sagte sie ihrem Mann, daß es ihr leid täte, ihn geheiratet zu haben. Dennoch blieb sie bei ihm, trotz zahlreicher Streitereien. Ihr erstes Kind, das sie in einer langen und schweren Geburt zur Welt brachte, starb innerhalb einer Woche, und sie blieb daraufhin vier Monate lang im Bett. Ungefähr sechs Jahre später gebar sie einen Sohn. Obwohl sie eine ziemlich leichte Entbindung hatte, war sie ständig klagend drei Monate bettlägerig.

Als ihr Sohn dann sechs Jahre alt war, begann sie einen Rollstuhl zu benutzen. Zwölf Jahre später, kurz nachdem die Familie in ein neues Haus umgezogen war, verließ sie das Bett

Unter der Lupe

Zwanghaftes Beschriften von Servietten

In den meisten Fällen erfordern Zwangshandlungen keine Hospitalisierung, sie sind lediglich der Person lästig oder bereiten den Angehörigen Kopfzerbrechen. Manchmal jedoch wird die betreffende Person unfähig, überhaupt noch normal und sinnvoll zu handeln, oder sie sind Bestandteil eines größeren Krankheitsbildes, wie im Falle des Mannes, dessen „Botschaften" hier abgebildet sind.
Dieser ältere Patient verbrachte Stunde um Stunde damit, die eine oder andere Botschaft zu schreiben und sie an die anderen Patienten oder das Personal weiterzugeben. Als man ihm befahl, damit aufzuhören, ihm auch Papier und Bleistift fortnahm, blieben die Botschaften eine Weile aus; plötzlich tauchten sie auf rätselhafte Weise wieder auf: auf Servietten geschrieben und unter der Türe durchgeschoben, oder in den Taschen oder Briefkästen der Angehörigen des Personals. Jeden Tag war ein anderer der Empfänger. Wir zeigen unter dieser Lupe einige Exemplare, die einer der Autoren im Laufe von drei Monaten erhielt. Man beachte die bemerkenswerte Übereinstimmung im feinen Detail der Handschrift dieses zwanghaften Patienten, wie auch die „magische Zahl" und die Überschrift der Serviettenbotschaft.

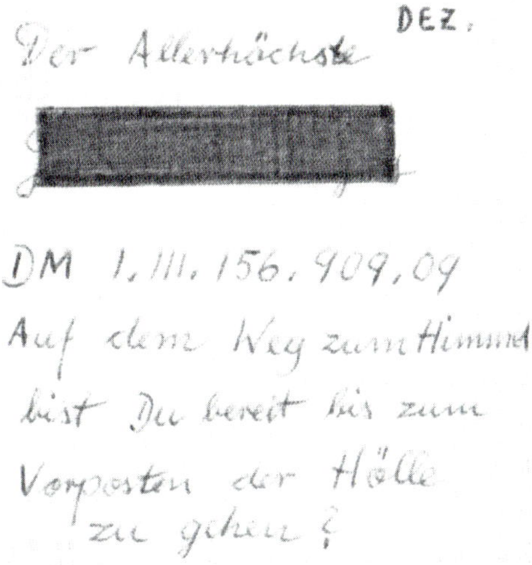

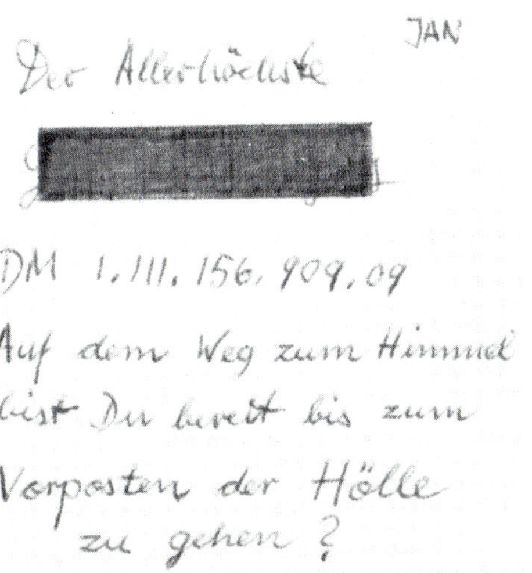

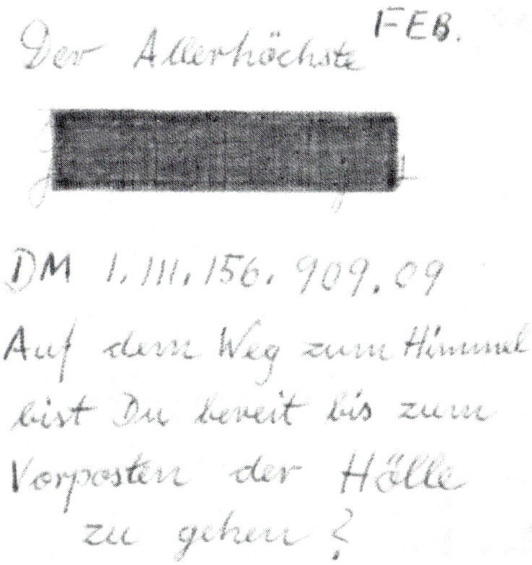

überhaupt nicht mehr und lehnte es sogar ab, allein zur Toilette zu gehen. Sie wurde daraufhin in ein Krankenhaus eingeliefert, wo die Untersuchung ergab, daß ihre Störung rein funktioneller Art war, wenngleich ihre Beinmuskulatur durch den langen Nichtgebrauch schlaff und schwach geworden war. Daher erhielt sie Calcium, Massagen und andere Arten der Therapie, um die Knochen und Sehnen ihrer Beine zu kräftigen. Sie redete viel über ihren Zustand und bestand darauf, alles sei davon gekommen, daß sie nach der Geburt ihres Sohnes zu früh aufgestanden sei und während ihres ganzen Lebens zu hart gearbeitet habe. Sie schien unfähig, für die Zukunft zu planen und zeigte auch kein Interesse daran. Es stellte sich heraus, daß sie Schwierigkeiten einfach in der gleichen Weise begegnete, wie sie es schon in ihrer Kindheit getan hatte: mit Trotzanfällen und Klagen über Krankheit. Der Schock, den sie zu dem Zeitpunkt erlitt, als sie mit ihrer Heirat die Sexualität entdeckte, hatte diese Reaktionen intensiviert.

Drei Wochen intensiver Physiotherapie kräftigten ihre Beine ausreichend, so daß sie wieder gehen konnte, und sie verbrachte fünf Monate mit täglichen Gehübungen, die sich allmählich steigerten. Mittlerweile lernte sie in der Psychotherapie einzusehen, wie sie physische Beschwerden dazu benutzt hatte, sich den Verpflichtungen zu entziehen, die sie so widerwärtig fand. Da ihre familiäre Situation nicht mehr in Ordnung gebracht werden konnte, zog sie zu einer Schwester nach Florida und war dort in der Lage, sich sozial recht gut anzupassen (Strecker und Ebaugh, 1940).

Personen, die Konversionssymptome entwickeln, sind oft unreif, emotional und anspruchsvoll-fordernd und tendieren zu Schauspielereien und Selbstmitleid. In vielen Fällen empfinden sie sexuelle Regungen, die sie nicht akzeptieren können. Gewöhnlich gelingt es ihnen nicht nur, aus der bedrohlichen Situation zu entfliehen, sondern auch zusätzlichen Gewinn aus der Krankheit in Form von Beachtung und Sympathie zu erhalten, was wiederum ihr hilflos-abhängiges Verhalten verstärkt.

Interessanterweise hängen Form und Häufigkeit der Konversionsreaktionen vom Grad der medizinischen Aufgeklärtheit des Patienten und der Gesellschaft ab (die ja die Störung als eine physische akzeptieren muß, damit das Manöver Erfolg hat). Ohnmachtsanfälle wurden im vorigen Jahrhundert und vor allem im viktorianischen England häufig beobachtet. Heute ist diese Art der Konversionshysterie nur selten zu beobachten. Die neurotischen Konversionsreaktionen sind in den hochzivilisierten Ländern während der letzten Jahrzehnte stark zurückgegangen, während zum Beispiel in Mittel- und Südamerika und in anderen Gebieten, in denen medizinisches Wissen in der Allgemeinheit weniger weit verbreitet ist, ihre Zahl noch immer beträchtlich ist.

Hysterische Bewußtseinsspaltung. Während des Schlafens träumen Sie oft wilde unzusammenhängende Dinge. Wenn Sie aufwachen, halten Sie sich deshalb nicht für eine andere Person als diejenige, die schlafengegangen war. Es ist das wache, bewußte Selbst, das als das „wirkliche" Selbst wahrgenommen wird. Angenommen, der Ausgangspunkt wäre der Traumzustand, und von Zeit zu Zeit würde man aufwachen, kurz einige Tätigkeiten verrichten und dann wieder dazu zurückkehren, ein irrationales, träumendes Selbst zu sein. Welches von beiden wäre dann das wirkliche Selbst?

Oder stellen wir uns vor, wir träfen Freunde; sie gehen und kommen wieder und jedesmal reagieren sie auf uns so, als würden sie uns zum erstenmal sehen. Nur deshalb, weil im Normalfall jeder den anderen als eine überdauernde, konsistente Identität sieht, ist es uns möglich, mit anderen eine Beziehung von gewisser Beständigkeit aufzubauen.

Die Faszination, die Fragen solcher Art für uns haben, zeigt sich zum Beispiel an der zeitlosen Popularität des „Dr. Jekyll und Mr. Hyde"-Themas. Ein gutmütiger Mann wird zu einem abartigen, mordenden Maniker und verwandelt sich dann mittels eines speziellen Trankes wieder zurück. Nach einer Weile erleidet er diese Metamorphose jedoch auch ohne die Droge, so daß er die Veränderung nicht mehr kontrollieren kann. Sein Geist widersetzt sich und zwingt den Körper und die „Persönlichkeit", seinem Gebot zu folgen.

Wir haben an vielen Stellen dieses Buches betont, wie wichtig es für den Menschen ist, sich selbst als Kontrolleur seines Verhaltens — einschließlich seiner Gefühle, Erkenntnisse und Handlungen — zu sehen.

Wesentlich für diese Auffassung von Selbstkontrolle ist die Annahme, daß wir eine integrierte, beständige Persönlichkeit haben, einen zentralen Wesenskern, der unsere ganze persönliche, einzigartige Natur repräsentiert. Diese „Persönlichkeit" stellt die Grundlage dafür dar, daß wir uns über die Zeit hinweg als etwas im Grunde Gleichbleibendes wahrnehmen. Wir sehen in gegenwärtigen Erlebnissen einen Sinn, und zwar im Kontext von Bezugssystemen, die in der Vergangenheit erstellt wurden, und wir messen ihnen Bedeutung bei, indem wir uns ihre wahrscheinlichen Folgen für die Zukunft vorstellen. Die Situationen wechseln, die Zeit vergeht, unser Verhalten verändert sich, auch unsere Einstellungen und Werte mögen sich ändern — doch wir halten fest an dem Glauben, daß wir die ganze Zeit hindurch dieselben sind. Diese Konstanz des Selbst bedeutet für die meisten Menschen den festen, zuverlässigen Maßstab, an dem die in der äußeren Welt wahrgenommenen Veränderungen gemessen und bewertet werden.

Bei Spaltungszuständen flieht die Person vor ihren Konflikten, indem sie diese kostbare Konsistenz und Kontinuität aufgibt und, in einem gewissen Sinne, Teile ihrer selbst verleugnet. Sie kann das auf ganz verschiedene Weise tun. Eine Möglichkeit ist der *Somnambulismus* oder das Schlafwandeln, bei dem das Individuum im Schlaf umhergehen und einige Handlungen von symbolischer Bedeutung ausführen kann, an die es sich beim Aufwachen nicht mehr erinnern kann.

Ein solcher Verlust der Erinnerung kann im extremen Falle auch im Wachzustand auftreten. Bei der *Amnesie* führt das Individuum seine gewohnten Tätigkeiten weiter aus: Essen, Sprechen, Lesen, Autofahren und so weiter, aber es kann sich nicht mehr daran erinnern, wer es ist. Durch diese Aufgabe der Konsistenz der Persönlichkeit mit ihren zeitverhafteten Eigenschaften werden die unlösbaren Konflikte, die ihre Wurzeln ja in der Zeitdimension der Vergangenheit haben, gelöscht.

Wenn die amnestische Person ihre alte Persönlichkeit aufgibt, die nicht mit den stetig wiederkehrenden Ansprüchen fertig werden konnte, dann tauscht sie diese Persönlichkeit durch Benutzung einer Fluchtreaktion „gegen ein neues Modell ein". Hierbei reist sie tatsächlich an einen anderen Ort, entweder an einen für sie völlig fremden oder zu einem schon bekannten Platz, der früher einmal für ihr Gefühlsleben eine positive Bedeutung hatte (siehe Seite 436). Hier kann diese Person eine neue Identität und eine neue Lebensweise aufbauen, die sie psychisch, zeitlich und geographisch vom früheren, nicht akzeptablen Lebensstil trennt. Es sind Fälle berichtet worden, wo solche Personen mehrere Jahre nach ihrem Verschwinden wiederentdeckt wurden. Natürlich wissen wir nicht, wie viele unentdeckt bleiben und ihr Leben als neu konstituierte Persönlichkeiten weiterführen.

Die extremste Form der Bewußtseinsspaltung ist die *multiple Persönlichkeit.* Obwohl häufig in Film und Fernsehen dramatisiert, ist diese Reaktion doch sehr selten. Der Patient entwickelt zwei oder mehr unterschiedliche Persönlichkeiten, die abwechselnd und für variable Zeitperioden die bewußte Kontrolle der Persönlichkeit übernehmen. Jeder Teil der multiplen Persönlichkeit stützt sich auf Bestände von Motiven, die mit den Motiven der anderen Teile im Konflikt stehen. Diese konfliktvollen Motivationsstrukturen existierten ursprünglich gleichzeitig in einer Persönlichkeit nebeneinander, waren aber derart unvereinbar und doch beharrlich, daß sie jeweils einzeln im Bewußtsein befriedigt werden mußten, während die übrigen verdrängt wurden.

Wegen der widersprüchlichen Motive kann das Verhalten einer multiplen Persönlichkeit den Jekyll-Hyde-Charakter aufweisen: Ist der eine Teil einer doppelten Persönlichkeit selbstsüchtig, dann ist der andere übermäßig großzügig; ist der eine ruhig und gehorsam, dann ist der andere extrem aggressiv. Ein Individuum kann so zu unterschiedlichen Zeiten zwei gänzlich verschiedene Menschen darstellen, so unterschiedlich, daß sie sogar mit verschiedenen Namen auftreten. Gewöhnlich, wenn auch nicht immer, hat keine Persönlichkeit Kenntnis von der anderen. In manchen Fällen weiß eine Persönlichkeit von der anderen, aber nicht umgekehrt. Häufig wird die multiple Persönlichkeit mit der „gespaltenen Persönlichkeit", der *Schizophrenie,* verwechselt, einer psychotischen Störung, bei der die Person „von der Realität abgespalten" ist. Bei der multiplen Persönlichkeit jedoch bleibt der bewußte Teil der Persönlichkeit mit der Realität in Kontakt, reagiert darauf allerdings neurotisch.

Diese dramatische Reaktionsform läßt sich veranschaulichen anhand des weltweit publizierten Falles von Eva White. Die 25 Jahre alte Eva lebte von ihrem Mann getrennt und suchte eine Therapie wegen heftiger, unerträglicher Kopfschmerzen, die häufig von einem Bewußtseinsverlust begleitet wurden. Während einer ihrer ersten Therapiesitzungen war Eva sehr aufgeregt; sie berichtete, sie habe vor kurzem einmal Stimmen gehört. Plötzlich legte sie beide Hände an ihre Schläfen, schaute mit einem herausfordernden Lächeln zum Arzt auf und stellte sich als „Eva Black" vor.

Nach Stimme, Gesten und Manieriertheit dieser zweiten Eva war es offensichtlich, daß sie eine separate Persönlichkeit war. Sie wußte alles von dem, was Eva White tat, aber diese war sich der Existenz von Eva Black in keiner Weise bewußt. Eva Whites „Bewußtseinsverluste" waren in Wirklichkeit die Perioden, während denen Eva Black die Kontrolle innehatte, und die „Stimmen" bezeichneten die erfolglosen Versuche Eva Blacks, „herauszukommen". Im Laufe der weiteren Therapie wurde offenbar, daß Eva Black schon in Eva Whites früher Kindheit existiert hatte, indem sie gelegentlich die Herrschaft übernahm und sich verbotene Freuden leistete, es dann Eva

White überlassend, die Folgen zu tragen. Diese Gewohnheit hatte sich erhalten, und für Eva White blieb häufig der Katzenjammer der anderen Eva übrig.

Nach ungefähr acht Monaten Therapie trat eine dritte Persönlichkeit auf. Diese, genannt Jane, war reifer, fähiger und wirkungsvoller als die sich zurückziehende Eva White; sie übernahm allmählich für die meiste Zeit die Kontrolle. Die EEGs von Jane und Eva White waren beide normal und sich sehr ähnlich; das EEG von Eva Black wurde als an der Grenze des Normalen liegenden klassifiziert.

Als der Therapeut die Erinnerungen der beiden Evas zurückverfolgte, fand er heraus, daß Eva White sich als Mädchen von ihren Eltern zurückgewiesen gefühlt hatte, besonders nach der Geburt ihrer Zwillingsschwestern. Armut und die strenge Disziplin ihrer Mutter können ebenfalls zu ihrem Unglücklichkeitsgefühl beigetragen haben. Aber der Therapeut war sich sicher, daß irgendein schockierendes Ereignis die bei diesem Kind schon im Gang befindliche Entwicklung getrennter Persönlichkeiten beschleunigt haben mußte.

In einem dramatischen Augenblick, dem Höhepunkt der Therapie, kam dieser fehlende Vorfall ans Licht. Jane erstarrte plötzlich und begann mit Entsetzen in der Stimme zu schreien: „Mutter ... Zwing mich nicht! ... Ich kann's nicht tun! Ich kann nicht!" Als das Schreien sich legte, kam eine neue — die endgültige — Persönlichkeit hervor. Sie war in der Lage, sich das schockierende Ereignis, das der Bewußtseinsspaltung zugrunde lag, ins Gedächtnis zurückzurufen. Im Alter von sechs Jahren (nur wenige Monate nach der Geburt der von ihr gehaßten Zwillinge) war Eva White von ihrer Mutter an den Sarg der Großmutter geführt und gezwungen worden, dieser einen Abschiedskuß zu geben.

Die umgewandelte Persönlichkeit, die sich selbst Evelyn nannte, identifizierte sich später mehr mit Jane als mit jeder der beiden Evas; selber wurde sie aber eine noch lebenstüchtigere und reizvollere Frau, als es Jane gewesen war. Sie heiratete einen jungen Mann, den Jane kennengelernt hatte und schaffte es, ein stabiles Familienleben zu führen (Thigpen und Cleckley, 1954, 1957; Thigpen, 1961).

Tabelle 10-1. *Zwei Persönlichkeiten in einem Körper*

Einige der kontrastierenden Persönlichkeitsmerkmale von „Eva White" und „Eva Black" sind wie folgt:

Eva White	Eva Black
Ernst, zurückhaltend	Lebhaft, ein „Party-Girl"
Süßer, stiller Gesichtsausdruck	Koboldhafter, schadenfroher Gesichtsausdruck
Kleidet sich einfach, konservativ	Kleidet sich attraktiv, herausfordernd
Liest und schreibt Gedichte	Niemals ernsthaft oder beschaulich
Sanfte, weibliche Stimme	Rauhe, neckende Stimme
Zurückhaltende Sprache	Grobe, witzige Sprache
Bewundert wegen ihrer Stärke	Beliebt wegen ihres Witzes und ihrer Unternehmungslust
Fleißig und kompetent	Leichten Herzens und verantwortungslos
Selten lebhaft oder spielerisch	Hat Freude an Streichen
Eine hingebungsvolle Mutter	Vorübergehende, kurzlebige Gefühle
Nicht allergisch gegen Nylon	Allergisch gegen Nylon

Hypochondrie (neurotische)

Neurotische Personen zeigen häufig eine übertriebene Sorge um ihre Gesundheit und ihren körperlichen Zustand und bestehen krankhaft darauf, daß jede unbedeutende Körperempfindung möglicherweise ein Anzeichen irgendeiner ernsthaften organischen Störung sei. Wenn eine solche Haltung das Hauptmerkmal der Neurose ist, wird diese als *hypochondrische Neurose* bezeichnet.

Eine Erklärung der Hypochondrie ist die, daß die Person sich von ihrem Körper getrennt fühlt und sich dieses Gefühls verständlich zu machen versucht, indem sie analysiert und beschreibt, anstatt einfach zu existieren und zu erleben. Es kann auch sein, daß sich beim Versuch der Erklärung vage Gefühle der Angst, Spannung und emotionaler Erregung einstellen. Einige halten es dann für vernünftiger und für ihr Ich weniger bedrohlich, wenn sie die Sache als ein körperliches und nicht als ein psychologisches Problem betrachten. Für solche Leute mag die Alternative im „Geistig-gestörtsein" oder „Körperlich-krank-sein" bestehen.

Jedenfalls sagt man vom Hypochonder oft, er „erfreue sich einer schlechten Gesundheit", da seine größte Befriedigung darin besteht, körperliche Symptome zu finden, die seine schrecklichen Prophezeiungen bestätigen. Seine Leiden verhindern nicht nur eine aktive Teilnahme am Leben — mit dem das Risiko des Versagens verbunden wäre — sondern können ihm auch noch sekundären Krankheitsgewinn in Form von Aufmerksamkeit, Mitgefühl und

Hilfeleistungen von anderen einbringen. Andererseits können seine Ansprüche auf besondere Rücksichtnahme, die enormen Arzthonorare und unnötigen Operationskosten seine darüber erbitterte Familie vergessen lassen, daß sein Unbehagen — wenngleich irrational verursacht — subjektiv für ihn doch eine Realität ist.

Depression

Bei der *depressiven Neurose* verzerrt das Individuum die Realität. Es reagiert auf einen Verlust oder drohenden Verlust mit größerer Traurigkeit und länger, als es die meisten Leute tun.

Zusätzlich zu ihrem Depressivsein beklagen die Patienten oft Konzentrationsunfähigkeit, Verlust der Selbstsicherheit, Schlaflosigkeit, Abgestumpftheit, Gereiztheit und schlechte Gesundheit. Sie erkennen den Ursprung ihrer Depressionen, überschätzen aber seine Bedeutsamkeit. Er wird von ihnen als etwas gesehen, das man einfach nicht bewältigen kann. Sie sind quasi am Ende der Welt angelangt. Da der depressive Patient alle Rückschläge, Frustrationen, persönlichen Unzulänglichkeiten oder Mängel übermäßig bewertet, wird die Welt in seiner Sicht zu übermächtig, als daß er es mit ihr noch aufnehmen könnte. Er ist voller Schwermut, wegen seiner eingebildeten eigenen Begrenztheiten, und voller Pessimismus darüber, daß er jemals irgendetwas daran ändern könnte.

In vielen Fällen besteht zwischen der objektiven Situation des Verlusts, des Versagens oder der Enttäuschung und ihrer subjektiven Bewertung kaum eine Entsprechung. Für eine solche Person ist die subjektive Realität einfach die einzige Realität. Die Unfähigkeit zum Lebensgenuß wird oft von dem Bedürfnis nach Drogen oder Alkohol begleitet, einfach um die Qual eines weiteren Lebenstages ertragen zu können. Diese fatalistische Sicht andauernden Unglücklichseins kann eine starke Motivation zum Selbstmord werden, nicht mehr die Qual des Lebens zu ertragen, sondern mit Hilfe des Suizids zu fliehen.

Die depressive Reaktion ist ein Ausdruck von Hilflosigkeit, wie das bei allen Neurosen der Fall ist. Mit all diesen Strategien versucht der Neurotiker sich selbst und der Welt zu beweisen, daß er — ohne selber schuld zu sein — nicht in der Lage ist, mit seinen Problemen fertig zu werden. Der Zwangsneurotiker sagt: „Ich *muß* denken“, oder: „Ich *muß* das tun“. Der Phobiker sagt: „Das macht mir Angst; ich muß es vermeiden“. Der Hysteriker: „Ich kann mich nicht fortbewegen; ich kann den Teil von mir, den ich nicht mag, nicht sehen.“ Der Depressive sagt: „Die Welt drückt mich nieder; der schwere Kummer macht mich völlig unbeweglich.“ Der Hypochonder sagt: „Wenn ich nicht so krank wäre, könnte ich mich mit anderen Problemen beschäftigen, aber angesichts meiner körperlichen Schmerzen ist alles andere unwichtig.“

Allen Neurosen gemeinsam ist einmal ein Mechanismus, der die Angst dadurch in Grenzen hält, daß jede direkte Konfrontation mit ihrer Ursache vermieden wird, und zum anderen die Unfähigkeit des Betroffenen, irgendwelche andere Wege zur Bewältigung seines Problems zu erwägen. Er sieht „keinen Ausweg“ aus seinen Schwierigkeiten und keine Möglichkeit, zwischen alternativen Lebensweisen zu wählen.

Wenn die Therapie bei einem solchen Menschen Erfolg hat, dann verändert sich sein Selbstbild durch die Erkenntnis, daß er Kontrolle über sich und seine Umwelt ausüben kann. Dadurch, daß er seine Kraft zur Entscheidung und Ausführung von Handlungen wiederentdeckt oder einfach in einer Wirkung auf die Umwelt den Erfolg seines eigenen Handelns wiedererkennt, lernt der Neurotiker, daß er nicht nur mit seinen gegenwärtigen Problemen fertig werden, sondern auch sein Leben mit neuen Orientierungslinien versehen kann, die ihm Freude, Befriedigung und ein Gefühl der Erfüllung bringen.

Die meisten therapeutischen Verfahren, die wir im nächsten Kapitel darstellen wollen, sind für die beschriebenen neurotischen Reaktionen entwickelt worden. Trotz der Unterschiedlichkeit der Methoden verfolgen die verschiedenen Therapien das gleiche Hauptziel, nämlich der neurotischen Person zu größerer Lebenstüchtigkeit und mehr Selbstbejahung zu verhelfen.

e Realitätsverlust: Psychose

Wenn das Verhalten so sehr von der Norm abweicht, daß der Kontakt mit der Realität verloren gegangen zu sein scheint, dann wird sein Zustand als *Psychose* bezeichnet. „Psychotisch“ bedeutet für den Mann auf der Straße soviel wie irr, verrückt oder wahnsinnig. Dieser

Zustand stellt für das hier diskutierte Gebiet die größte Beeinträchtigung dar, und er ruft in der Gesellschaft am meisten Furcht und Ablehnung hervor. Schon die bloße Tatsache ihrer Existenz stellt unser fundamentales Konzept von der Integrität des Geistes, der kontrollierenden Funktion des menschlichen Willens und von dem Wesen und der Beschaffenheit der Realität in Frage.

Geistesgestörtheit ist kein psychiatrischer oder psychologischer Begriff, sondern ein juristischer Ausdruck, der auf jeden Geisteszustand angewendet wird, in dem das Individuum unfähig ist, das Falsche vom Rechten zu unterscheiden und daher für seine Handlungen auch nicht verantwortlich gemacht werden kann. Geistesgestörtheit betrifft also nicht nur psychotische Störungen, sondern schließt auch extreme, schwer behindernde neurotische Reaktionen mit ein.

Die Psychose ist nicht nur keine stärker oder übertrieben ausgeprägte Form der Neurose, sondern ein eigener pathologischer Zustand, der sich qualitativ von ihr unterscheidet. Die psychotische Person geht nicht notwendigerweise zuerst durch ein neurotisches Stadium; auch werden schwer gestörte Neurotiker nicht im Laufe der Zeit psychotisch, obwohl es Fälle gibt, bei denen die Symptome von beiden Seiten stammen und gemischt sind.

Neurotische Patienten erscheinen überwältigt von Angst und Furcht, während bei den psychotischen Patienten die Affektverflachung, die unangemessene Gefühlsäußerung oder das Extrem einer manischen oder einer depressiven Reaktion typisch sind. Der Neurotiker erkennt, daß sein jetziges Verhalten irrational ist und sich von dem der anderen Leute und seinem eigenen „normalen" Verhalten von früher unterscheidet. So entsteht bei ihm eine zweite Quelle der Angst. Einige neurotische Symptome können sich sogar aus dem Versuch einer vernünftigen Erklärung für ungewöhnliche Empfindungen und Gedanken entwickeln, sozusagen um diese Situationen vor sich selbst und vor anderen zu rechtfertigen. Psychotiker dagegen geben nur selten zu, daß ihre Handlungen oder Erlebnisse aus dem Rahmen des üblichen fallen.

Den Unterschied zwischen normal, neurotisch und psychotisch könnte man analog dem Unterschied zwischen Gleichnis und Metapher sehen. Normale und Neurotiker erleben häufig ihre Gefühle in Form eines *Gleichnisses*: „Ich fühle mich *wie* ein Computer, der ohne irgendwelche Gefühle funktioniert". Die normale Person wird hinzufügen: „— der aber technisch im allgemeinen leistungsfähig ist", während der Neurotiker sagt: „— der aber technisch untauglich ist". Psychotiker hingegen streichen das „wie" und leben mit der vollen Intensität einer *Metapher:* „Ich bin ein Computer".

Die sich aus dem metaphorischen Verhalten ergebende Konsequenz ist die Auflösung der Grenzen zwischen dem Selbst und dem Objekt, zwischen subjektiver und objektiver Realität. Der Psychotiker weigert sich also (a) die sich auf die Empirie stützende Definition dessen, was real ist, oder (b) die auf gesellschaftlicher Übereinkunft beruhende und durch Validierung auf Grund allseitiger Übereinstimmung (s. Kapitel 1) gültige Definition der Realität anzuerkennen. Dadurch wird sein Verhalten von vielen Beschränkungen befreit, die die Gedanken, Gefühle und Handlungen normaler Leute einengen; denn diese Normalen müssen sich an die Regeln halten, die festlegen, was wirklich, kausal, logisch, vernünftig, angemessen und akzeptabel ist.

So kann der Psychotiker das „was ist" und das „was sein sollte" in einen Topf zusammenwerfen. Oder er kann Wirkungen von ihren Ursachen, Handlungen von Gedanken, Gefühle von Handlungen, Folgerungen von Prämissen oder Wahrheit vom Beweis trennen. Das Bizarre, Unangemessene und Irrationale des psychotischen Verhaltens ergibt sich aus der Schaffung eines geschlossenen Systems, das nach psychotischen Vorstellungen gültig und in sich stimmig ist. Jemand hat einmal bemerkt, die Neurotiker würden Luftschlösser bauen, die Psychotiker in ihnen wohnen, und die Psychiater würden die Miete kassieren.

Wie kommen manche Menschen dazu, solcherart abweichende Denk- und Verhaltensweisen zu entwickeln? Trotz jahrelanger Forschungsarbeit von Psychologen, Psychiatern und einem Heer von Untersuchern im medizinischen Bereich gibt es leider noch keine befriedigende Antwort auf diese entscheidende Frage. Medizinisch orientierte Forscher diskutieren die Möglichkeit einer angeborenen, genetischen Anlage für einige Formen der Psychose oder weisen auf Mängel und Ausfälle in verschiedenen Stoffwechselsystemen hin. Aus psychologischer Sicht hat man vor allem die Bedeutsamkeit von Faktoren in der Erziehung und im sozialen Erleben der Person betont. Einige Forscher, wie R. D. Laing (1967), haben es sogar abgelehnt, die Psychose als etwas Abnormes zu bezeichnen. Solche Denker haben es vorgezogen, den psychotischen Zustand als ein radikales Aufbegehren zu begreifen, das sich gegen die fragwürdigen, vorherrschenden Annahmen über den Zweck des Lebens wendet, gegen die bestehenden Mittel-Zweck-Beziehungen und gegen eine zu sehr eingeengte Vorstellung vom menschlichen Denken und von der subjektiven Realität.

Einteilung der Psychosen

Einige psychotische Reaktionen und auch andere Geistesstörungen mögen *organischen* Ursprungs sein; so können sie mit Hirnschädigungen zusammenhängen, die von physischen Ursachen (wie zum Beispiel Krankheiten des Nervensystems, Gehirntumoren, Hirnverletzungen, Gas-, Drogen-, Alkohol- oder Metalloxydvergiftungen und altersbedingte Durchblutungsstörungen) herrühren.

Weiter verbreitet sind aber die *funktionellen* Psychosen, die auf keinen physischen Defekt im Hirngewebe, sondern eher auf Funktionsstörungen zurückzuführen sind. Man kann sie in drei Hauptgruppen zusammenfassen (Tabelle 10-2).

Tabelle 10-2. *Einteilung der funktionellen Psychosen*

Störung	Hauptsymptome	Hauptuntergruppen
Paranoide Psychose	Logische, oft in hohem Maße systematisierte und komplexe Wahnideen, bei ansonsten relativ gut intakter Persönlichkeit	Paranoia paranoider Zustand
Affektive Psychose	Extreme Stimmungs- oder Antriebsschwankungen, länger anhaltende Depression oder Euphorie, damit zusammenhängend Denk- und Verhaltensstörungen	Manie Endogene Depression Involutionsdepression
Schizophrenie	Rückzug von der Realität mit emotionaler Abstumpfung, situationsunangemessenen Affekten und merklicher Störung des Denkprozesses; gewöhnlich Wahnideen, Halluzinationen und Stereotypien	Kindheitsschizophrenie Paranoide Schizophrenie Katatonie Hebephrenie Schizophrenia simplex Unklare Symptomatik

Paranoide Reaktionen

Im Gegensatz zu den übrigen Psychosen, die untereinander sehr verschieden sein können, sind die paranoiden Psychosen durch ein ganz bestimmtes Symptom gekennzeichnet, nämlich durch persistierende Wahninhalte. Ein Wahn ist eine zäh festgehaltene Überzeugung, die von der betreffenden Person auch angesichts eines objektiven Beweises des Gegenteils und ohne jede Unterstützung seitens der sozialen Umwelt nicht aufgegeben wird. Beim *paranoiden Zustand* sind die Wahnbildungen vorübergehend und ergeben noch kein organisiertes Ganzes. Der Patient mag Halluzinationen haben, aber ansonsten ist seine Persönlichkeit intakt. Mit der Ausweitung erhalten die Wahnideen mehr Systematik, Zusammenhang und innere Logik (alles paßt zueinander, wenn nur die anfängliche Grundannahme stimmt), während die halluzinatorische Tätigkeit verschwindet. Dieser Zustand wird *Paranoia* genannt.

Es gibt drei Formen des Wahns, die bei paranoiden Störungen und manchmal auch bei den anderen psychotischen Zuständen auftreten. Am häufigsten ist der *Größenwahn.* Der Patient glaubt, er sei etwas ganz Besonderes, ein Kaiser, ein Millionär, ein großer Erfinder oder sogar Gott. Eine Patientin in einem Nervenkrankenhaus war sehr nett, und man konnte sie mit vielen Aufgaben betreuen, zum Beispiel mit der Führung von Besuchern durch die Anstalt. Aber nichts konnte ihre feste Überzeugung erschüttern, daß sie wirklich Bing Crosbys Ehefrau sei. Ebenso könnte ein psychotischer Patient, der von der Idee der Reinheit besessen ist, die Erklärung abgeben, daß er oder sie die Jungfrau Maria sei.

Eine zweite Form des Wahns ist der *Beziehungswahn.* In diesem Fall mißdeutet der Betreffende zufällige Ereignisse so, als würden sie sich direkt auf ihn beziehen. Wenn er zwei Personen sieht, die sich miteinander eifrig unterhalten, dann schließt er daraus sofort, daß sie über ihn reden. Wird sein Bett auf der Station an einen anderen Platz gestellt, dann deswegen, weil die Pfleger über ihn verärgert sind und ihn genauer bewachen wollen, oder weil er wegen guter Führung belohnt werden soll. Nichts ist zu trivial oder nebensächlich, als daß es nicht als eine Angelegenheit mit ganz persönlicher Bedeutung interpretiert werden könnte.

Die dritthäufigste Form von Wahnvorstellung ist der *Verfolgungswahn.* Hier ist die Person ständig auf der Hut vor ihren „Feinden". Sie fühlt, daß man ihr ewig nachspioniert, gegen sie intrigiert und daß sie von einer tödlichen Gefahr bedroht wird. Verfolgungsideen können Größenideen begleiten: der Patient ist eine bedeutende Persönlichkeit, wird aber von bösen Mächten bekämpft.

Rundfunkanstalten erhalten öfters Briefe und Telefonanrufe von Leuten, die sich darüber beschweren, im Radio oder im Fernsehen würde man über sie reden, ihre Namen, Adressen und persönlichen Angelegenheiten erwähnen, gegen sie intrigieren. Meistens wird eine Untersuchung und die Bestrafung der Verantwortlichen verlangt, oder es werden mehr oder weniger dunkle Andeutungen über mögliche Folgen gemacht, wie im folgenden Brief:

An den . . . Rundfunk

Beiliegend übersende ich Ihnen nochmals ein Stückchen Gips. Es ist ein winziges Teilstück eines jener vielen Orte, wo ich Beweise oder Unterlagen niedergelegt, vermauert oder anderweitig untergebracht habe. Sie mochten gelächelt, gezweifelt oder dies gar als dienlich betrachtet haben. Ich hatte seinerzeit gewarnt, Termine genannt, darauf hingewiesen, daß ich mir jenes Verhalten nicht bieten lassen würde. Daß der Zukunft entsprechende Beweise erhalten bleiben werden, dafür habe ich gesorgt.

Es war Ihnen bekannt, daß die Behinderung des Geschlechtsverkehrs ein Verfassungsver brechen darstellt. Wer hat das Recht, sich in meine Privatangelegenheiten einzumischen? Wer immer dazu beigetragen hat, wird dies vor der Weltgeschichte zu verantworten haben.

Man hat sich gewaltig geirrt, wenn man glaubte, in mir einen kurzsichtigen Dummkopf zu sehen. Selbst wenn es den Anschein hatte, daß ich wenig dagegen unternehmen könnte, so sei Ihnen gesagt, daß jene Herrschaften es selbst verursacht haben, wenn sie die fernere Geschichte festnageln wird.

Ein Verfassungsverbrechen hat stattgefunden — und das ist bewiesen!

Hochachtungsvoll

(Unterschrift)

Der intellektuelle und ökonomische Status des Paranoikers ist weit höher als das bei anderen psychisch gestörten Patienten der Fall ist, so daß gewöhnlich noch einige Zeit verstreicht, ehe irgend jemand seine Behandlungsbedürftigkeit oder die Notwendigkeit einer Einweisung erkennt. Bedeutend für die Dynamik paranoider Störungen scheinen Schuldgefühle wegen eines unmoralischen oder unsittlichen Verhaltens zu sein, unterdrückte Homosexualität, Minderwertigkeitsgefühle und unrealistisch hohe Ansprüche, die der Betreffende an sich stellt.

Affektive Psychosen

Bei einer bestimmten Gruppe von psychotischen Störungen ist das Hauptmerkmal eine Verstimmung extremen Ausmaßes. Eine tiefe Depression wird von einer allgemeinen Verlangsamung der geistigen und körperlichen Aktivität, von grausigen Vorstellungen über Krankheit und Tod und von Gefühlen der Wertlosigkeit begleitet. Während solcher *depressiven Phasen* versuchen Patienten häufig, Selbstmord zu begehen und müssen deswegen aufmerksam beobachtet werden. Die Sprache der psychotisch depressiven Patienten ist langsam und lakonisch; wenn sie überhaupt sprechen, dann tun sie es, um sich über ihr Leiden und ihre Suicidgedanken zu äußern. Im scharfen Kontrast zur „endogenen Depression" steht die *Manie.* Sie ist gekennzeichnet durch starke Erregtheit, gehobene Stimmung und rastlose Aktivität. Der manische Patient ergeht sich in häufig ungestüm-lärmendem Lachen und führt mit lauter Stimme nicht endenwollende Reden. Wild gestikulierend geht er umher, schlägt an die Wände und gegen die Möbel.

Bei den meisten Patienten finden sich nur manische oder depressive Phasen. Bei einigen wechseln manische und depressive Perioden ab, und dann auch in einem Cyclus von großer Regelhaftigkeit. Zwischen den Phasen gibt es manchmal lange Zeitabstände, in denen der Patient normal erscheint. Der Verlust des Kontaktes mit der Realität zeigt sich darin, daß diese extremen Verstimmungen ohne äußeren Anlaß einsetzen. Mit oder ohne Behandlung nimmt die Phase ihren typischen Verlauf, dauert vielleicht ein paar Wochen oder auch mehrere Monate und klingt dann wieder ab.

Eine Form der Depression, die in der Lebensmitte oder später (etwa nach 40 Jahren) und häufiger bei Frauen als bei Männern auftritt, wird als *Involutionspsychose* bezeichnet. Zwar kann man sie mit physiologischen Verände-

rungen, die vor allem die reproduktiven Funktionen betreffen (zum Beispiel bei Frauen die Menopause), in Verbindung bringen; die wichtigsten Merkmale dieser Reaktion sind jedoch psychologischer Art, wie Besorgtheit, ängstliche Aufgeregtheit, Hoffnungslosigkeit und Gefühle der Schuld und des Versagthabens.
Zwischen affektiven Störungen und Alkoholismus wurde folgender statistischer Zusammenhang festgestellt. Alkoholismus wird oft in den Familien von Patienten mit affektiven Störungen angetroffen, und diese Störungen zeigen sich signifikant häufiger in den Familien von Alkoholismuspatienten (Winokur, 1970). Untersuchungen zur Erhellung der psychologischen Zusammenhänge sind noch im Gange.

Schizophrenie

Für die Medizin und die Verhaltenswissenschaft gibt es kein größeres Rätsel und keine größere Herausforderung als die Schizophrenie. Es gibt 200000 hospitalisierte Schizophrene in den USA, und sie belegen fast die Häfte der Betten in den Nervenkrankenhäusern.
Anfangs wurde diese Störung als ein progressiver geistiger Abbau angesprochen, um sie von den affektiven Psychosen abzugrenzen. Man nannte sie *Dementia praecox*. Inzwischen wurde erkannt, daß sie weder notwendig fortschreitend ist, noch einen Abbau bis zu einem dementen (verblödeten) Zustand bedeutet. Ihr wesentliches Kennzeichen ist vielmehr der Zusammenbruch des integrativen Gefüges der Funktionsbereiche der Persönlichkeit. Verschiedene Aspekte der Persönlichkeit des Patienten liegen miteinander im Widerstreit, und das Verhalten wird von den Rückmeldungen von seiten der Umwelt nicht gesteuert; es ist davon unabhängig.
Wenn eine Person aufhört, die Rückmeldungen ihres Tuns zu beachten, kann sich ihr gesamter Bestand von Verhaltensweisen verändern. Wahrnehmungen ohne sensorische Reizgrundlage (Halluzinationen) treten unter anderem auf. Gefühle entstehen, ohne daß entsprechende Reize vorliegen, oder sie bleiben aus, obwohl die Reize gegeben sind; Gedanken und Sprache folgen nicht mehr der Aristotelischen Logik oder den anerkannten grammatikalischen und stilistischen Regeln. Es kann zu einer Verzerrung der Zeitperspektive kommen, die sich wiederum auf die Wahrnehmung kausaler Zusammenhänge auswirkt. Solche Personen müssen für die Behandlung hospitalisiert

Unter der Lupe

Depression

Eine Syndromanalyse depressiver Patienten ergibt im Vergleich zu anderen psychiatrischen Patienten in fünf allgemeinen Bereichen auffallende Unterschiede: im emotionalen, im kognitiv-motivationalen, im vegetativ-physischen Bereich, im Bereich des wahnhaften Denkens und in der äußeren Erscheinung. Eine gemischte Stichprobe von 966 psychiatrischen Patienten wurde entsprechend der Schwere ihrer Depression in Gruppen eingeteilt. Folgende Symptome unterscheiden am deutlichsten zwischen Patienten mit einer schweren und überhaupt keiner Depression. Jedes der aufgeführten Symptome trat in der Gruppe der schwer Depressiven um mindestens 30 Prozent häufiger auf, als bei den Nichtdepressiven (Beck, 1967).

Emotionaler Bereich	
Niedergeschlagenheit	Abneigung gegen sich selbst
Verlust jeder Befriedigung	Verlust der Bindungen
Weinkrämpfe	Verlust der Fröhlichkeit
Kognitiv-motivationaler Bereich	
Negative Erwartungen	Verlust an Motivation
Suicidverlangen	Niedrige Selbsteinschätzung
Verzerrtes Selbstbild	Selbstvorwürfe, Selbstkritik
Unentschlossenheit	
Vegetativ-körperlicher Bereich	
Appetitlosigkeit	Verlust sexueller Interessen
Schlafstörungen	Stuhlverstopfung
Müdigkeit	
Wahnbereich	
Wertlosigkeit	Versündigungsideen
Äußere Erscheinung	
Trauriger Gesichtsausdruck	Sprache verlangsamt,
Gebeugte Haltung	Eingeschränkt, nicht spontan

werden, denn Verhalten, das nicht unter der Kontrolle irgendeines definierbaren Rückmeldungssystems ist, wird unvorhersagbar und stellt für die Person selbst und für die Menschen der Umgebung eine potentielle Gefahr dar.

Prozeß- und reaktive Schizophrenie. Der Beginn der Schizophrenie kann plötzlich oder schleichend sein. Eine sich allmählich entwickelnde Schizophrenie, bei der die Anzeichen der Krankheit erst im Laufe einer längeren Zeitdauer auftauchen, wird *Prozeß-Schizophrenie* genannt. Hier ist die Aussicht auf Heilung gering, denn bis zu dem Zeitpunkt, zu dem sie klar als krankhaft erkannt wird, haben sich die Denk- und Verhaltensweisen schon zu stark verfestigt. Im Gegensatz dazu scheint die *reaktive Schizophrenie* mit spezifisch auslösenden Faktoren zusammenzuhängen und baut auf keiner Geschichte pathologischer Erlebnisse und Gewohnheiten auf. Die plötzliche Diskontinuität im Verhalten des Patienten zeigt eine günstigere Prognose für die Rehabilitation an.

Das Einteilungsproblem bei der Schizophrenie. Man unterscheidet mehrere Kategorien der Schizophrenie mit jeweils charakteristischen Symptomen oder Verhaltensweisen. Sechs Kategorien dieser Art sind in Tabelle 10-3 zusammengefaßt.

In den zehn Jahren von 1957 bis 1967 stieg bei den in den USA hospitalisierten Patienten im Alter von unter fünfzehn die Häufigkeit der Diagnose „Kindheitsschizophrenie" um 88 % an. Dieser Anstieg ist wahrscheinlich weniger auf ein vermehrtes Auftreten dieser Störung als auf die Tatsache zurückzuführen, daß sie inzwischen in weiteren Kreisen erkannt und diagnostiziert wurde.

Das Problem der Diagnose und der Benennung der Schizophrenie hält weiter an. Eines der großen Hindernisse für ein besseres Verständnis des schizophrenen Verhaltens ist die unter den Klinikern herrschende Uneinigkeit bezüglich der geeignetsten Einteilungskriterien. Bezüglich der bekanntesten Symptome besteht zwar gewisse Einigkeit, doch zeigt kein Patient alle Symptome und jeder kann im Laufe der Zeit eine Vielzahl davon aufweisen. Zum Beispiel zeigte der Krankheitsbericht eines Patienten, der wegen zwanghafter Mord- und Selbstmordideen ins Krankenhaus eingeliefert wurde, daß sein Zustand in einem Zeitraum von fünf Jahren von verschiedenen Psychiatern fünfmal verschieden diagnostiziert worden war:

August 1944	—	Schizophrenia simplex
November 1944	—	Neurose, Konversionsreaktion
März 1946	—	Dementia praecox auf der Grundlage einer inadäquaten Persönlichkeit, im Abklingen begriffen
Juni 1947	—	konstitutionell psychopathische Person von schizoidem Typ
September 1949	—	mittelschwere Schizophrenie, teilweise im Abklingen, chronisch

Hat sich nun der Patient oder nur die Beurteilungsgrundlage entsprechend verändert? Eine ähnliche Frage kann man auch angesichts der Ergebnisse einer Untersuchung stellen, nach der amerikanische Psychiater dreizehnmal mehr ambulante Patienten aus vergleichbaren Populationen als schizophren einstufen, als es ihre niederländischen Kollegen taten. Bestand hier wirklich ein so großer Unterschied im Vorkommen der Schizophrenie, oder ist diese Verschiedenheit lediglich auf die verwendeten Diagnose-Kriterien zurückzuführen?

Belege dafür, daß der Unterschied eher von den Etikettierenden als von den Etikettierten herrührt, stammen aus einer Untersuchung amerikanischer und britischer Psychiater, welche die Diagnose anhand von Videobandaufzeichnungen des ärztlichen Interviews stellten. Die Amerikaner klassifizierten die Patienten mehr als Schizophrene und die Briten mehr als affektiv gestörte Psychotiker. Patienten, die sowohl Denkstörungen als auch Verstimmungen aufwiesen, wurden von den amerikanischen Psychiatern als schizophren, von den britischen als affektiv Gestörte diagnostiziert (Mosher und Feinsilver, 1970). Selbst wenn klinische Beobachter in der Klassifikation übereinstimmen, gewinnen wir erst dann ein umfassendes Verständnis der Schizophrenie, wenn wir unsere Beobachtungen über die äußeren Verhaltensindikatoren (Halluzinationen, Störungen des Denkens und der Affektivität und so weiter) durch Berichte aus erster Hand ergänzen, in denen die Patienten selbst schildern, wie und was sie dabei empfinden.

Manche schizophrene Patienten scheinen dermaßen apathisch und unmotiviert zu sein, daß das psychiatrische Personal zu der Ansicht kommt, eine Therapie für sie wäre wohl „vergeudete Mühe". Im Hinblick auf die begrenzten Möglichkeiten, die in einem Nervenkran-

Tabelle 10-3. *Formen der Schizophrenie*

Schizophrenie im Kindesalter (frühkindlicher Autismus) Ein klinisches Bild, das Leo Kanner (1943) als erster beschrieben hat. Dieser Typ der Schizophrenie entwickelt sich auf der Grundlage eines biologischen Defizits, das beim Kind zu einer Unfähigkeit führt, in gewöhnlicher Weise auf andere Menschen und auf Umweltreize einzugehen. Autistische Kinder zeigen zwanghaft-stereotypes Verhalten, können nicht gleichzeitig Reize aus mehr als einem Wahrnehmungsbereich verarbeiten und sind nicht in der Lage, verbal gegebenen Anweisungen die entsprechenden Handlungen folgen zu lassen. Sie stellen den reinsten Fall eines in sich geschlossenen psychischen Systems dar.
Schizophrenia simplex Das Interesse an der Außenwelt und diesbezügliche Bindungen an sie sind reduziert; Apathie, Rückzug, unauffällige Wahnideen oder Halluzinationen, gewisse Desintegration der Denkprozesse, oft aggressives Verhalten, hypochondrische Wahrnehmungen und Zügellosigkeit bei Alkohol und/oder sexueller Betätigung kennzeichnen diese Art der Schizophrenie.
Paranoide Schizophrenie Wahnideen kaum systematisiert; oft feindselig, mißtrauisch, aggressiv. Häufige Wahninhalte: Omnipotenz, außerordentliche Fähigkeiten, hohe soziale Stellung. Wahn ist mit Persönlichkeitsabbau verbunden.
Katatonie Beginn plötzlicher als bei anderen Typen, verbunden mit lebhaften Halluzinationen und grandiosen Wahnvorstellungen. Stupor und Erregung wechseln einander ab; beim Stupor plötzlicher Antriebsverlust — der Patient kann eine Zeitlang in einer stereotypen Haltung verharren, ohne zu essen, zu trinken oder andere Körperfunktionen zu beachten. Katatone haben unter den Schizophrenen die beste Aussicht auf Genesung.
Hebephrenie Am weitesten gehender Abbau: läppisches Benehmen, situationsunangemessene Affekte, Inkohärenz (Zusammenhangslosigkeit) des Denkens, der Sprache, des Handelns; Manierismen, akustische und visuelle Halluzinationen, phantastische Wahnvorstellungen, obszönes Verhalten, Unbescheidenheit, Hypochondrien, emotionale Indifferenz, Regression auf kindliches Verhalten.
Unklare Symptomatik Akute oder chronische Formen mit Symptomen aller Art.

kenhaus zur Verfügung stehen, wird die Entscheidung zur Therapie häufig von der Prognose abhängig gemacht. Patienten mit einer günstigen Prognose erhalten eine intensive Behandlung und jene, die keine Anzeichen einer Reaktion auf Umweltreize erkennen lassen, nur pflegerische Fürsorge. Diese landen oft auf einer abgelegenen Station, wo sie unter Umständen ihr ganzes restliches Leben verbringen, falls sie sich nicht „von sich aus" erholen. Aber dieser Mangel an Ansprechbarkeit ist möglicherweise nur äußerlich. Diese Patienten nehmen die Umwelt wahr und versuchen, mit den Ereignissen um sich herum fertig zu werden, wenn auch auf ihre besondere Weise.

Im Aufenthaltsraum einer geschlossenen psychiatrischen Station wurde von einer Gruppe von Beobachtern Minute für Minute alles aufgezeichnet, was gerade geschah. Bei den Patienten handelte es sich um chronische Fälle; die Dauer ihrer Hospitalisierung betrug zwischen zwei und 35 Jahre. Während sechs Beobachtungsperioden, die sich über zwei Wochen hinzogen, wurde das Verhalten eines jeden Patienten und die Reihenfolge seiner Aktivitäten vom Betreten des Tagesraumes an aufgezeichnet. Wären nun die Patienten wirklich unmotiviert und gegenüber ihrer Umwelt abgestumpft gewesen, dann hätte es keinen systematischen Ablauf in ihrem persönlichen Verhalten geben dürfen. Die Ergebnisse zeigten statt dessen, daß diese Patienten sich ihrer Umwelt äußerst bewußt waren.

Als sie zum erstenmal in den Tagesraum kamen und dabei feststellten, daß Fremde (die Beobachter) anwesend waren, gingen nahezu alle von ihnen erst einmal für eine kurze Zeit zu einem „Absicherungspunkt" (entweder dem Schwarzen Brett, der Tischtennisplatte oder dem Trinkwasserbrunnen), von dem aus sie die Situation überblicken konnten (Abbildung 10-6). Am ersten Beobachtungstag verweilten sie dort nur ca. 15 Sekunden, um sich dann weiterzubewegen zu einem Platz, der vom Beobachter weiter entfernt war. Die Mehrzahl derjenigen, die am Brunnen waren, gingen sogar auf die Veranda, wo sie der Sicht der Beobachter völlig entzogen waren.

Am Ende der zweiten Woche wurden diese Absicherungspunkte nur noch in 40 % aller Fälle (Zeitpunkte, zu denen registriert wurde) von Patienten benutzt gegenüber 96 % zu Beginn. Als ein neuer Beobachter in den Raum gesetzt wurde, stieg diese Rate sofort wieder auf 85 % an.

Die Benutzung solcher Wegstationen zeigte nicht nur eine beträchtliche Empfindlichkeit dieser chronisch hospitalisierten Patienten für Veränderungen in ihrer Umgebung an, sondern stellte für sie auch ein subtiles Mittel zur

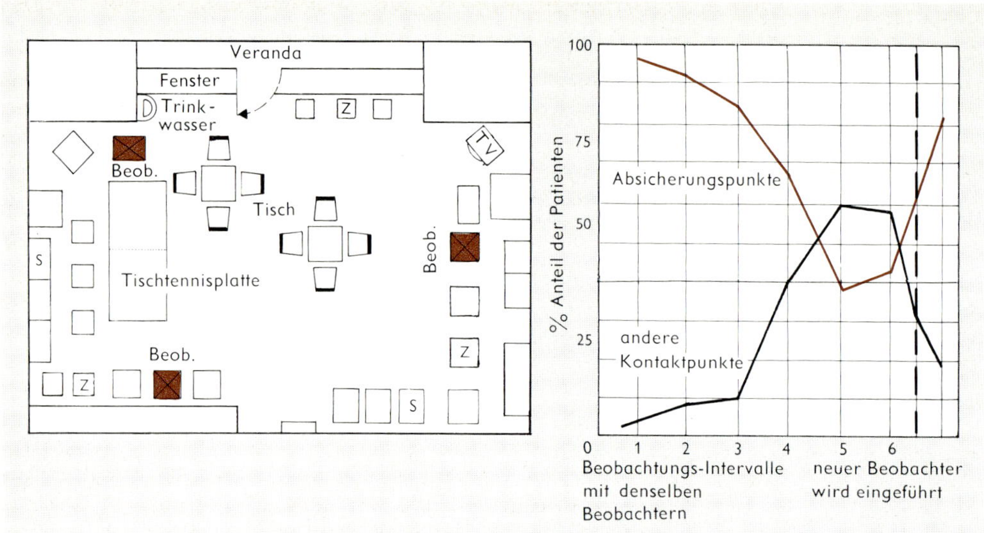

Abb. 10-6. Reaktionsverhalten chronisch psychiatrischer Patienten. Die Skizze des Aufenthaltsraumes auf der linken Seite zeigt die Positionen der (fremden) Beobachter, die Absicherungspunkte und die Plätze, wo man Zigaretten (Z) und Streichhölzer (S) bekommen oder hergeben konnte.

Die rechte Abbildung zeigt eine graduelle Abnahme in der Häufigkeit der Benutzung der Absicherungspunkte während einer zweiwöchigen Periode, sowie eine erneute plötzliche Zunahme bei Anwesenheit eines neuen (fremden) Beobachters (Nach Hershkowitz, 1962)

Bewältigung der neuen Situation dar. Wahrscheinlich benutzten sie das Verweilen an diesen Sicherungspunkten als eine kurze Gelegenheit zur Abschätzung der Situation und zur Planung des folgenden Verhaltens, ohne dabei irgendwie den Eindruck zu machen, als würden sie sich für die Eindringlinge interessieren oder sie auch nur bemerken (Hershkowitz, 1962).

Spätere Beobachtungen enthüllten ein noch faszinierenderes Muster einer motivgesteuerten Wechselbeziehung zwischen diesen Patienten. Eine der wichtigsten Mittel zur sozialen Interaktion auf dieser Station war das Erbitten und Ausgeben von Zigaretten und Streichhölzern. Es stellte sich heraus, daß die Patienten ein Interaktionssystem entwickelt hatten, mit dessen Hilfe sich die Wahrscheinlichkeit erhöhte, einerseits auf Grund von Bitten eine Zigarette oder Streichhölzer zu erhalten, daß diese Bitten andererseits auch an jene gerichtet wurden, die etwas hergeben wollten. Es gab im Tagesraum bestimmte Sitzplätze, die nur von solchen Patienten besetzt wurden, die entweder Zigaretten oder Streichhölzer herzugeben bereit waren. Dieses System begrenzte auf wirkungsvolle Weise die Frustrationsmöglichkeit, die darin lag, abgewiesen oder nicht angesprochen zu werden (Hershkowitz, 1970).

Die Entwicklung eines solchen Arrangements zwischenmenschlicher Beziehungen und das sensible Eingehen darauf erfordern mehr Motivation und Erkenntnisschärfe als man es chronisch psychotischen Patienten gewöhnlich zutraut. Unglücklicherweise ist vieles von dem, was bei ihnen wie ein Mangel an Ansprechbarkeit aussieht, ein Resultat ihres Bemühens, unmotiviert zu erscheinen. Es mag sein, daß sie mit einer solchen Taktik nicht darauf abzielen, das Pflegepersonal zu täuschen, sondern sich selbst über etwas hinwegzutäuschen — wenn sie nämlich keine Ziele haben und nichts wollen, können sie dadurch vermeiden, enttäuscht zu werden. Dadurch, daß sie sich den Anschein der Unmotiviertheit geben, können die Schizophrenen zwar mit Erfolg den Eindruck erwecken, den sie erwecken wollen, doch vermindern sie dadurch unbeabsichtigt ihre Chance auf Behandlung und nachfolgende Entlassung.

Determinanten des psychotischen Verhaltens

Beim Versuch, das Rätsel des psychotischen Verhaltens zu lösen, haben die Forscher vergebens nach *der* Ursache gefahndet. Einige suchten sie in der Vererbung, andere in der Umwelt. Offensichtlich geht es dabei nicht

Aus dem Bericht einer 17jährigen schizophrenen Patientin

Meine Krankheit zeigte sich zuerst in Appetitlosigkeit und Ekel vor Serum. Auch blieb die Periode aus. Dann kam so eine Verstocktheit. Ich sprach nicht mehr frei. Ich hatte kein Interesse mehr, war traurig, rammdösig, schreckte auf, wenn man mich ansprach.

Mein Vater (Besitzer eines Restaurationsbetriebes) sagte mir: die Kochprüfung (die am nächsten Tage stattfand) ist doch eine Kleinigkeit, er lachte dabei in so seltsam wirkendem Ton, daß ich mir wie ausgelacht vorkam. Die Gäste guckten mich so sonderbar an, als ahnten sie etwas von meinen Selbstmordgedanken. Ich saß neben dem Geldschrank, die Gäste sahen auf mich, da kam mir der Gedanke, sollte ich was genommen haben? Ich hatte schon seit fünf Wochen das Gefühl, irgend etwas Schlechtes gemacht zu haben. Auch die Mutter guckte mich manchmal so durchdringend an, so komisch.

Es war abends gegen $^1/_2$ 10 Uhr (sie hatte Leute gesehen, von denen sie fürchtete, sie würden sie wegschleppen). Ich zog mich dann doch aus. Ich hab' ganz steif im Bett gelegen und mich nicht gerührt, damit die mich nicht hören. Ich selbst paßte aber scharf, ganz genau auf jedes Geräusch auf. Ich hab' fest geglaubt, daß die Drei sich jetzt zusammenrotten und mich knebeln.

Am Morgen lief ich weg. Als ich über den Platz ging, war die Uhr auf einmal verkehrt, sie war verkehrt stehengeblieben, ich hatte gedacht, sie geht auf die andere Seite herum. In dem Moment denke ich, die Welt geht jetzt unter. Am jüngsten Tag bleibt alles stehen. Ich sah dann auf der Straße viel Militär. Wenn ich in die Nähe der Soldaten kam, fuhr immer einer weg. Aha, dachte ich, die werden doch jetzt nicht Meldung machen? Sie verstehen wohl, wenn einer steckbrieflich verfolgt wird! Immer guckten sie mich an. Es kam mir so richtig vor, als ob die Welt sich um mich dreht.

Dann kam der Nachmittag. Mir kam es so vor, daß die Sonne nicht schien, wenn ich schlechte Gedanken hatte. Sobald ich gute Gedanken hatte, kam die Sonne wieder. Dann dachte ich, die Wagen fahren verkehrt. Wenn ein Wagen vorbeifuhr, hörte ich gar nichts. Ich dachte, da ist bestimmt Gummi drunter. Große Lastwagen schepperten nicht. Sobald ich an ein Auto herankam, schien es mir, als ob ich was ausstrahlen würde, daß das Auto sofort stillhält. . . . Ich hatte alles auf mich bezogen, als wenn das auf mich gemacht wäre. Die Leute schauten mich nicht an, als ob sie sagen wollten, ich wäre zu schlecht, um angesehen zu werden.

Im Polizeirevier hatte ich den Eindruck, daß ich nicht auf der Polizeiwache, sondern daß ich im Jenseits sei. Ein Beamter hat wie der Tod ausgesehen. Ich dachte, der Mann sei schon tot und muß so lange auf der Maschine schreiben, bis er seine Sünden abgebüßt hat. Bei jedem Läuten glaubte ich: Jetzt holen sie wieder einen, dessen Lebenszeit abgelaufen ist (erst später wurde mir klar, daß das Läuten von der Schreibmaschine ausging, daß es den Zeilenrand anzeigte). Da habe ich darauf gewartet, daß sie auch mich abholen. Ein junger Polizeibeamter hielt eine Pistole in der Hand, ich hatte Angst, er will mich umbringen. Den Tee, den er mir anbot, trank ich nicht, in der Meinung, er wäre vergiftet. Ich wartete sehnsüchtig darauf, wann der Tod wohl komme. . . . Es war wie auf einer Bühne, und Marionetten sind keine Menschen. Ich dachte, es wären nur Hauthülsen. Die Schreibmaschine kam mir verdreht vor, da standen nicht die Buchstaben darauf, sondern Zeichen, ich glaubte aus dem Jenseits. Als ich ins Bett ging, dachte ich, da liegt schon einer drinnen, denn die Steppdecke war so holprig. Das Bett fühlte sich so an, als ob Menschen drin lägen. Ich dachte, alle wären verwunschen. Den Vorhang hielt ich für Tante Helene. Unheimlich waren auch die schwarzen Möbel. Der Lampenschirm über dem Bett hat sich immer so bewegt, es sind dauernd Gestalten herumgeschwirrt. . . . Am Morgen bin ich dann aus dem Schlafzimmer gelaufen und habe geschrien: Was bin ich denn, ich bin der Teufel! Ich wollte mein Nachthemd ausziehen und auf die Straße laufen, aber meine Mutter hat mich noch erwischt. . . . (Nach Jaspers, 1965).

bloß um die Befriedigung wissenschaftlicher Neugier. Die Kenntnis der Ursache der Psychose und, hoffnungsvoll ausgedrückt, die durch diese Kenntnis möglich werdende Kontrolle würden menschliches Leid von unglaublichem Ausmaß lindern können und gleichzeitig erhellen, wie der menschliche Geist funktioniert und versagt.

Wir haben bereits diskutiert, ob Anlage oder Umwelt die bedeutendere Determinante der Eigenschaften schlechthin ist. Viele Forscher geben bei der Schizophrenie und anderen Psychosen dem „polygenetischen" Gesichtspunkt den Vorzug, wonach die Wechselwirkung zwischen genetischen, biochemischen, neurologischen und Umweltfaktoren die entscheidende Rolle spielt. Nichtsdestoweniger ist der Gedanke, daß eine einzelne biologische Ursache der psychotischen „Krankheit" gefunden werden könnte, in seiner Einfachheit bestechend. Dieser hat in der Vergangenheit die Forschungsanstrengungen in vielen Laboratorien und Kliniken der ganzen Welt beträchtlich angeregt und wird es in der Zukunft wohl auch noch tun.

Erbfaktoren. „Es liegt alles in den Genen", heißt eine der Ansichten über die Grundlage der funktionellen Psychose. Demnach erbt der betreffende Mensch eine genetische Struktur, die ihn mit mehr oder weniger großer Wahrscheinlichkeit psychotisch werden läßt. Anfänglich wurde diese Position durch zahlreiche Untersuchungen unterstützt, die zeigten, daß psychotische Störungen gehäuft in bestimmten Familien auftreten. Diese Tatsache ist jedoch kaum ein Beweis für die erbliche Basis, weil Menschen mit „ungünstigen" Erbanlagen oft auch in einer Umgebung leben, die für Körper und Seele ungesund ist.

Mehr Beweiskraft für die Hypothese einer Vererbung der Ursachen lag in der Entdeckung, daß die Wahrscheinlichkeit, schizophren zu werden mit dem Grad der genetischen Verwandtschaft mit einem schizophrenen Patienten zunahm. Unter den Geschwistern schizophrener Personen war die Zahl derjenigen, die ebenfalls schizophren waren, doppelt so groß wie unter den Halbgeschwistern — obwohl die Umwelt in beiden Fällen dieselbe war. Eine deutliche Erhöhung des Risikos, schizophren zu werden, war dann gegeben, wenn beide Elternteile schizophren waren. Der stärkste Zusammenhang wurde bei eineiigen Zwillingspaaren gefunden, die gemeinsam aufwuchsen: Wenn der eine Zwilling schizophren war, dann war in mehr als 90 % der Fälle der andere ebenfalls schizophren.

Verschiedene ältere Untersuchungen stimmten darin überein, daß dieser Zusammenhang für eineiige Zwillinge in einem weitaus stärkeren Maße besteht als für zweieiige. Neuere Nachforschungen haben diese Befunde jedoch ernstlich in Frage gestellt.

Eine sehr gründliche Untersuchung, die in Norwegen an 342 Zwillingspaaren (Alter 35 bis 64 Jahre) durchgeführt wurde, von denen jeweils einer oder beide wegen einer funktionellen Psychose hospitalisiert gewesen waren, ergab Konkordanzraten von nur 38 Prozent[1] für eineiige Zwillinge und von 10 Prozent für zweieiige Zwillinge. Diese Differenz legt die Annahme nahe, daß ein genetischer Faktor zwar von Bedeutung ist, aber nicht die Hauptrolle spielt, wie vorher angenommen worden war. Die Forscher bemerkten: „Für die bisherigen Untersuchungen scheint folgende Regel zu gelten: Je genauer und sorgfältiger die Stichprobenauswahl, um so niedriger die Konkordanzzahlen" (Kringlen, 1969).

Auch wenn höhere Konkordanzraten gefunden würden, wäre nicht klar, wie man sie interpretieren müßte. Eineiige Zwillinge werden mit aller Wahrscheinlichkeit gleichartiger behandelt, haben eine ähnlichere Umwelt und die Gewinnung einer eigenen Identität bereitet ihnen mehr Schwierigkeit als das bei zweieiigen Zwillingen der Fall sein dürfte. Wird einmal ein Zwilling mit Schizophrenie gefunden, dann wird ein Forscher, der an die Erblichkeit der Psychosen glaubt, eher dazu neigen, den anderen eineiigen Zwilling ebenfalls als schizophren zu diagnostizieren.

Die meisten Psychologen und Psychiater stimmen heutzutage darin überein, daß lediglich eine *Prädisposition,* eine gewisse Veranlagung für die Psychose vererbt werden kann. Man nimmt dann an, daß eine prädisponierte Person unter bestimmten belastenden Bedingungen mit größerer Wahrscheinlichkeit eine Psychose entwickeln wird als andere Personen, bei denen sich irgendeine weniger schwere Störung zeigen wird. Wenn ein Kind mit einem psychotischen Verwandten zusammenlebt, wird es wahrscheinlich eher eine pathologische Form der Umweltbewältigung lernen als wenn es unter normalen Bedingungen aufwächst. Sind beide Elternteile schizophren — hat das Kind also zwei Modelle für abnormes, krankhaftes Verhalten, die es imitiert und für Zwecke des sozialen Vergleichs benutzt — dann besteht eine größere Wahrscheinlichkeit, daß es schizophrene Verhaltensmuster lernt.

---

1 Eine Konkordanzrate von 38 Prozent besagt, daß in 38 Prozent der Fälle der identische Zwilling eines schizophrenen Patienten ebenfalls schizophren wurde.

Biochemische Faktoren. Die biochemische Untersuchung der Psychose hat gezeigt, daß sich manisch-depressive und schizophrene Patienten hinsichtlich bestimmter chemischer Faktoren des Blutes deutlich voneinander und auch von normalen Personen unterscheiden. Die Interpretation solcher Differenzen erfordert jedoch große Vorsicht; sie können sowohl Ursache als auch Resultat der Psychose sein. Es ist anzunehmen, daß eine Psychose durch den Bruch mit den normalen Aktivitäten wie durch die Störung der Ernährung und des Schlafes nachhaltige Wirkungen auf die chemischen Bedingungen des Körpers hat.

Forscher haben entdeckt, daß das Blut von Schizophrenen eine geringere Menge einer *Glutathion* genannten Substanz enthält als das Blut von Normalen (Martens et al., 1956), dagegen aber eine größere Menge an *Caeruloplasmin,* einer kupferhaltigen Substanz, mit deren Hilfe das Blut des Schizophrenen das Adrenalin schneller oxydiert als normales Blut es kann (Leach et al., 1956; Leach und Heath, 1956). Diese rasche Verarbeitung des Adrenalins könnte mit den für Psychotiker typischen Verstimmungszuständen in einen Zusammenhang gebracht werden.

In mehreren Arbeiten wurden die Effekte von *Taraxein* untersucht, einer Substanz, die man aus dem Blut schizophrener Patienten extrahierte. Wenn dieser Stoff Affen und freiwilligen Versuchspersonen injiziert wurde, dann trat bei diesen eine abnorme Hirnstromaktivität und eine Desorganisation des Denkens auf. Dies war bei Injektionen mit dem Serum vom Blut Normaler nicht der Fall (Heath, 1960).

Die Suche nach biochemischen Korrelaten der Schizophrenie hat oft zu Enttäuschungen geführt. Eine chemische Verbindung, die in signifikant größeren Mengen im Urin von Schizophrenen entdeckt wurde, war auf die Anstaltsdiät zurückzuführen. Wenn man dieselbe Diät normalen Versuchspersonen gab, schieden diese ebenfalls große Mengen der Verbindung aus; sie verschwand, als man die Probanden auf eine Zuckerwasser-Diät setzte. Wir erwähnten in Kapitel 6, daß REM-Deprivation eine Beziehung zu abnormem Verhalten aufweisen kann. Wenn normalen Personen der REM-Schlaf eine Nacht lang entzogen wird, dann gleichen sie das in der nächsten Nacht wieder aus, indem sie um ca. 60 % mehr träumen als sonst („REM-rebound"), und holen so ihre versäumte REM-Aktivität wieder nach. Schizophrene jedoch weisen diesen Nachholeffekt nicht auf. Einen ähnlichen Befund erhielt man bei Katzen, denen wiederholt PCPA verabreicht worden war; diese Droge hemmt die Bildung von *Serotonin* (eine Neurotransmittersubstanz). Diese Katzen entwickelten eine Art „Psychose", mit Veränderungen im Verhalten (hyperaggressiv und hypersexuell) und mit anormalen Hirnstrombildern. Das Interesse richtet sich jetzt auf die Erforschung von Beziehungen zwischen schizophrenen Reaktionen und der „Modellpsychose" wie die der PCPA-Katzen — verursacht durch die Aktivität des Serotonins und andere chemische Vorgänge im Gehirn.

Auch mit Meskalin und LSD wurden Experimente durchgeführt. Diese Drogen rufen bei normal gesunden Personen vorübergehend Symptome einer geistigen Störung hervor. Zwar gibt es zwischen solchen Zuständen der Drogeneinwirkung und der Geisteskrankheit einige Ähnlichkeiten, doch bestehen auch bedeutende Unterschiede.

Umweltfaktoren. Im vergangenen Jahrzehnt wandte sich das Forschungsinteresse in zunehmendem Maße dem komplexen Bereich der familiären und soziokulturellen Bedingungen zu, unter denen eine schizophrene Person lebt. So wie genetische Faktoren einen Menschen biologisch störungsanfällig machen können, so können auch Umweltfaktoren, wie Ablehnung oder übertriebene Besorgtheit und Bevormundung von seiten der Eltern, übertriebene oder inkonsequente Strenge in der Erziehung oder extreme Unsicherheit eine psychische Anfälligkeit für Geistesstörungen schaffen. Untersuchungen der Familienstruktur Schizophrener, wie auch anderer Bereiche ihres Soziallebens, enthüllen das Ausmaß, in dem auch die funktionelle Psychose als System erlernter Verhaltensweisen gesehen werden kann, mit Hilfe dessen das Individuum dann versucht, mit chronischer Belastung und unlösbaren Konflikten fertig zu werden.

Als man die während ihrer Schulzeit von den Lehrern gemachten Aufzeichnungen über das Verhalten von 30 erwachsenen, hospitalisierten Schizophrenen und von 90 dazu passenden Kontrollpersonen rückblickend überprüfte, ergab sich ein für Jungen und Mädchen unterschiedliches Bild. Anders als bei den normalen Kontrollpersonen zeigten sich bei den Jungen, die später schizophren wurden, Häufungen nichtsozialisierter Aggressionen und eine zerrüttelte, feindselige Familienatmosphäre. Im Kontrast dazu waren die Mädchen, die schizophren wurden, empfindlich, überangepaßt und introvertiert, was damit zusammenhing, daß sie repressive Eltern hatten (Mosher und Feinsilver, 1970).

Einer der zuverlässigsten prognostischen Indikatoren für die spätere Entwicklung einer Schizophrenie ist eine frühe Tendenz zu sozialer Isolation, bei der sich der Jugendliche von der Interaktion mit anderen zurückzieht. Dies mag seinen Grund darin haben, daß er sich irgendwie anders oder „anormal“ vorkommt oder aber nicht gelernt hat, mit anderen Menschen auf eine positive, sinnvolle Weise Beziehungen zu unterhalten, oder es mag an beidem liegen.

Viele Untersuchungen weisen extrem abnormale Lebensvoraussetzungen für schizophrene Kinder auf: eine gestörte Beziehung zwischen ihren Eltern und eine Art des seelischen Mißbrauchs der Kinder, wobei die Eltern das Kind dazu benützen, um ihre eigenen Gefühle der Frustration und Feindseligkeit abzureagieren. Das Kind wird so in die Rolle eines „Prellbocks“ oder eines Vermittlers gedrängt und soweit gebracht, daß es sich für das Weiterbestehen oder das Auseinanderbrechen der Ehe verantwortlich fühlt; oder die Eltern schaffen eine Situation, in der das Weiterbestehen ihrer prekären Beziehung daran gebunden ist, daß sie das Kind von sich abhängig halten.

Die Psychologen haben den Begriff der *schizophrenogenen Mutter* für die Beschreibung jener dominierenden Mutter geprägt, die unbewußt — aus ihren eigenen Bedürfnissen heraus oder durch das Modell, das sie liefert — ihrem Kind beibringt oder es in einem gewissen Sinne „überredet“, schizophren zu werden. Dies wird oft durch eine destruktive Art der Kommunikation zustande gebracht, indem widersprüchliche Erwartungen an das Kind gestellt werden, mit der Forderung, daß es beiden nachkomme. Ein Kind kann in diese Situation mit doppelter Verpflichtung dadurch gedrängt werden, daß ihm zum Beispiel versteckt zu erkennen gegeben wird, es solle in Abhängigkeit verharren, während es nach außen hin dazu ermutigt wird, unabhängig und erwachsen zu werden. In einer Untersuchung stimmten die Mütter von männlichen Schizophrenen häufiger als die Mütter normaler Männer mit den folgenden Feststellungen überein: „Kinder sollten bis zum Alter von acht Jahren in die Schule gebracht und von dort wieder abgeholt werden, einfach um sicher zu gehen, daß kein Unfall passiert“; „wenn Kinder für eine kurze Zeit still sind, sollte die Mutter sofort herausfinden, woran sie denken“, und „ein Kind sollte sich nicht für einen Beruf entscheiden, den seine Eltern nicht gutheißen“ (Mark, 1953).

Interaktionsstudien zeigen, daß Familien mit einem schizophrenen Mitglied in den Gesprächen weniger aufeinander eingehen und weniger Sensibilität für den anderen aufbringen als normale Familien es tun. Wo das schizophrene Mitglied besonders stark gestört ist, hören die Mitglieder einander nicht zu, und es wird weniger Zeit auf den Austausch von Informationen verwendet als in normalen Familien (Ferriera und Winter, 1964). Die Mitglieder von Familien, in denen sich ungesellige und sozial isolierte Jugendliche befinden, können Reaktionen der jeweils anderen in einer Testsituation nicht so gut voraussagen.

In manchen Fällen zeigen andere Mitglieder der Familie eines Schizophrenen mehr Abweichung von den normalen Kommunikationsformen als der Schizophrene selbst. Dies führt zu der Mutmaßung, daß in Familien, deren verschiedene Mitglieder „abnorm“ reagieren, eines von ihnen „ausgewählt“ wird, um das Etikett des Geisteskranken zu tragen. Es wird dann erwartet, daß dieses Mitglied „verrückt“ handelt, und es wird dafür dann auch noch verstärkt.

Die weitere sozio-kulturelle Umwelt scheint ebenfalls einen Einfluß darauf auszuüben, welche Form das pathologische Verhalten bei seinem Auftreten annimmt. Ein Beispiel: So wie die neurotischen Konversionsreaktionen heute weniger häufig zu beobachten sind als früher, so tritt auch die manisch-depressive Psychose heutzutage in den psychiatrischen Krankenhäusern viel seltener in Erscheinung als noch vor 20 oder 30 Jahren (Lundin, 1961). Innerhalb unserer westlichen Gesellschaft sind es Menschen aus den niedrigeren sozioökonomischen Schichten, die mit größerer Wahrscheinlichkeit schizophren werden; am ehesten neurotisch werden dagegen die aus der Schicht der Wohlhabenden (Hollingshead und Redlich, 1958; Abbildung 10-7). Es mag sein, daß sich die höhere Rate psychotischer Erscheinungen bei den Familien der Unterschicht auf deren spezifische Erziehungsstile zurückführen läßt (Lane und Singer, 1959). Möglicherweise liefern auch die Umweltkonsequenzen der Armut — Einflußlosigkeit, enttäuschte Hoffnungen, Wurzellosigkeit, aussichtsloser Kampf

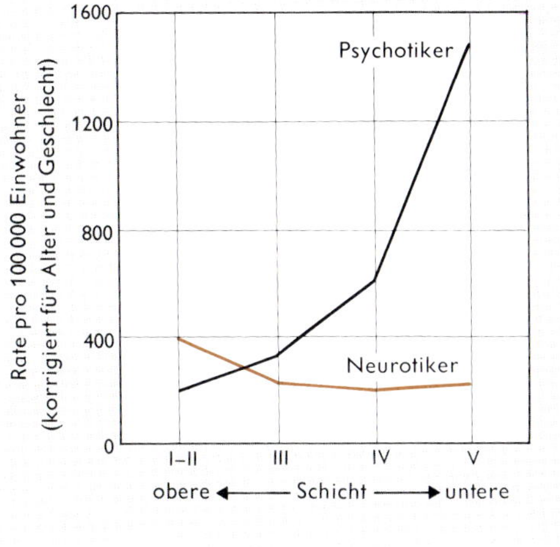

Abb. 10-7. Sozialer Status und psychische Krankheit (Nach Hollingshead und Redlich, 1958)

ums Überleben — einen fruchtbaren Nährboden für psychotische Störungen.

Eine umfangreiche Befragung in New York bestätigte die Vermutung, daß arme Leute ein Leben lang einer erniedrigenden Behandlung durch die Umwelt ausgesetzt sind, und daß dies die Aussicht auf eine erste seelische Störung erhöht. Auf der Grundlage von psychiatrischen Gutachten und Computeranalysen von Intensivinterviews mit Müttern von 2000 Kindern (Alter 5 bis 18 Jahre) war festzustellen, daß 23 % der Kinder, für deren Unterhalt die Wohlfahrt sorgte, an derart gravierenden psychischen Störungen litten, daß eine sofortige Behandlung erforderlich war. Diese Zahl war fast doppelt so hoch wie die der Kinder aus Familien, die nicht auf die Wohlfahrt angewiesen waren (Langner et al., 1970).

Es spielt augenscheinlich eine Rolle, wer welche Störung entwickelt, und dies scheint auch die Diagnose zu beeinflussen. Zum Beispiel werden ärmere Patienten, die nicht in der Lage sind, für eine Therapie zu zahlen, eher als „Psychotiker ohne Kontakt zur Außenwelt" in staatliche Anstalten kommen als jene, die sich eine Psychotherapie leisten können und bei gleicher Symptomatik als „Neurotiker, die eine Behandlung zum Durcharbeiten ihrer Konflikte benötigen" angesehen und kategorisiert werden.

Wenn sich die gesellschaftlichen Werte, die Vorstellungen von der Erwünschtheit und Angemessenheit des Verhaltens und schließ-

Unter der Lupe

Kultur und Abnormität

Durch Vorschrift und Belohnung bestimmter Verhaltensweisen übt eine Kultur einen bedeutenden Einfluß darauf aus, was als normal oder abnorm angesehen wird. Wir würden einen Menschen für „geisteskrank" halten und ihn wahrscheinlich in eine Anstalt einliefern, wenn er — wie der unten abgebildete Mann — den Schädel seiner Mutter an einem Band um seinen Hals tragen würde, um dadurch vor der Bedrohung durch den Geist der Verstorbenen beschützt zu sein. Oder man stelle sich einen Mann vor, der einen anderen tötet, dessen Schädeldecke zerschmettert, das Gehirn herausholt, es verzehrt und dann sein ganzes Leben lang diesen Schädel als Kopfkissen benutzt. Unter den Kopfjägern und Kannibalen an der Südwestküste von Niederländisch Neu Guinea ist dieses Verhalten normal; ihre Kultur bürgt dafür, daß solche Befürchtungen und Verhaltensweisen angemessen und gesund sind.

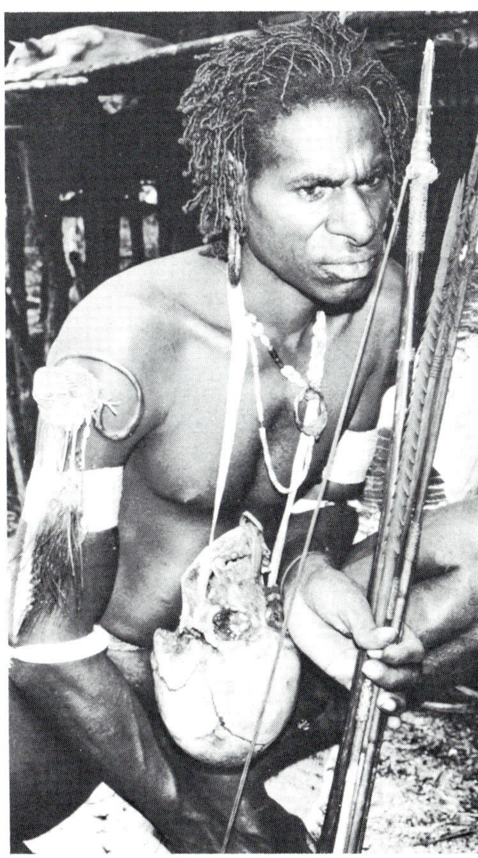

lich auch unsere Definition dessen, was „Realität“ ist und was als ein sinnvolles Lebensziel angesehen werden kann, verändern, dann können wir annehmen, daß sich entsprechende Änderungen auch in der Art der Anpassungsversuche ergeben, die Menschen im Hinblick auf ihre psychosoziale Umwelt unternehmen. Wahrscheinlich wird es zunehmend mehr Menschen geben, die — anstatt den Kontakt mit einer unbeeinflußbaren Realität zu verlieren — gegen diese offen revoltieren, zeitweilig mit Hilfe von Drogen abschalten, oder zusammen mit anderen Gleichgesinnten ganz aus der Gemeinschaft heraustreten, um die Illusion einer neuen, für sie gültigen, privaten Realität untereinander zu teilen.

f Verlust alternativer Lebensmöglichkeiten: Suicid

Eine Person, die einen Suicid begeht, glaubt, es gebe für sie nur zwei Möglichkeiten: entweder den Zustand, in dem sie sich jetzt befindet, oder den Tod. Der jetzige Zustand ist ihr unerträglich, und sie wählt die einzige, ihr sichtbare Alternative.

Der *Suicid* ist herkömmlich als ein gegen sich selbst gerichteter aggressiver Akt mit Tötungsabsicht definiert worden. Aber viele Personen, die suicidal erscheinende Handlungen unternehmen, haben nicht wirklich die Absicht zu sterben. Man kennt derartige Fälle beispielsweise von einem Filmstar, der kurz bevor die Hausangestellte zum Saubermachen kommt, eine Überdosis Schlaftabletten schluckt. Ein Soldat, der sich auf eine abgezogene Handgranate wirft, um seinen Kameraden zu retten, begeht einen selbstmörderischen Akt, aber nicht weil er sterben möchte. Wenn wir von Suicid sprechen, dann schließt das sowohl die Absicht als auch die Handlung ein.

Suicidarten

Vier Grundtypen von suicidalen Handlungen sind von den Forschern unterschieden worden.

Symbolischer Suicid. Manchmal begeht eine Person einen Akt des symbolischen Selbstmords, indem sie an der Zerstörung eines bestimmten Objektes (oder sogar einer Organisation) teilnimmt, das sie als eine Art Verlängerung ihrer selbst betrachtet. Das Objekt „steht für die Person“ und erlaubt es ihr, selbstdestruktive Impulse abzureagieren, ohne dabei selbst vernichtet zu werden. Es ist, als würde sie im Objekt gleichnishaft sich selbst zerstören.

Oft ist es schwierig, zuverlässig zu bestimmen, ob ein gegebener, isoliert gesehener, destruktiver Akt tatsächlich den symbolischen Versuch eines Suicid darstellt. Ein Junge, der sein Spielzeug zerstört, das er am meisten schätzt, oder der sein Lieblingstier mit tödlichem Ausgang mißhandelt, mag damit auf symbolische Weise einen inneren Drang zur Selbstdestruktion signalisieren. Es könnte aber auch sein, daß er lediglich die Aggressivität verschiebt, die er in Wirklichkeit gegenüber den bedrohlichen Erwachsenen empfand.

Zufälliger Suicid. Ein unbeabsichtigter oder zufälliger Suicid ist ein Unglücksfall, der zum Tod der Person führt, und bei dem der Anschein vorliegt, als habe eine unbewußte Bereitschaft dazu bestanden. Ein Mensch, der wiederholt Risiken auf sich nimmt und Beschäftigungen wählt, die besonders gefährlich sind, sucht damit möglicherweise seinen Tod in einem Unfall. Dieser würde dann als natürliches Risiko der Tätigkeiten angesehen werden, die er normalerweise auszuführen hat. Aber auch hier gibt es eine beträchtliche Unklarheit darüber, wie sehr die Vernichtung wirklich gesucht wird. Ein Mann fährt einen Lastwagen mit Dynamit nicht mit dem heimlichen Wunsch, von einer Explosion hinweggefegt zu werden, sondern wegen des lukrativen Einkommens, das ihm der Job bietet. Ein anderer mag darauf bestehen, in betrunkenem Zustand Auto zu fahren und beim Aufprall gegen einen Baum getötet zu werden — und das auf irgendeine Weise gewollt haben.

Seiden (1970) glaubt, daß den gewaltsamen Todesfällen vieler junger Schwarzer unter der Stadtbevölkerung der USA ein gewisser Zug des Sterbenwollens anhaftet. Wenn man von Enttäuschungen und Hoffnungslosigkeit in die Ecke getrieben wird und vom offenen Suicid durch die ihm anhaftenden Normvorstellungen abgehalten wird — Vorstellungen, die den Suicid als etwas Weichliches und Unmännliches hinstellen — für einen solchen mag ein gewaltsamer Tod einen gewissen Reiz besitzen, besonders wenn dabei jenen, die die Macht innehaben, noch irgendein Schaden zugefügt werden kann.

Absichtlich erscheinender, aber mißlungener Suicid. Bei einer anderen Gruppe suicidaler Handlungen besteht der Entschluß zu sterben und auch ein Plan zu seiner Durchführung,

aber der Versuch mißlingt. Der Suicidversuch mag daran scheitern, daß die „Überdosis" Tabletten nicht ausreichend war, daß das Blut der aufgeschnittenen Pulsader nach einer Weile gerann, oder ein leicht geöffnetes Fenster verhinderte, daß das Gas aus dem Herd zum Erstickungstod ausreichte. In solchen Fällen kann es durchaus sein, daß die Suicidhandlung ein letzter, verzweifelter Schrei nach Hilfe sein soll. Wenn irgendwer auf den Suicidversuch reagiert, dann ist wieder eine neue Alternative vorhanden, entweder die besondere Aufmerksamkeit, Mitgefühl, verringerte Anforderungen, weniger Verantwortlichkeiten und vielleicht Hospitalisierung und Therapie. Unglücklicherweise sind die Leute, an die sich die Botschaft richtet, oft unfähig, die Hilferufe zu empfangen, weil sie einer zuwenig dramatischen Form ausgeführt werden.
Eine interessante Begleiterscheinung ist der Effekt, den der Selbstmordversuch auf andere Leute hat. Oft fühlen sie sich genauso schuldig wie wenn der Versuch Erfolg gehabt hätte. Dies mag aber gerade eine der Wirkungen sein, die die Person zu erzielen versuchte. Also kann zur Botschaft der Aspekt der Bestrafung hinzukommen. Die Zurückbleibenden sollen Schuld und Bedauern empfinden für das, was sie getan oder nicht getan haben. „Wenn ich tot bin, wird es ihnen leid tun!" ist ein für Kinder keineswegs ungewöhnlicher Gedanke, wobei sie sich für ein ausgemaltes Unrecht an den Eltern rächen wollen.
Für Leute, die tatsächlich Selbstmord begehen, ist oft charakteristisch, daß es in ihrer Vorgeschichte schon einen oder mehrere erfolglose Versuche gab. Aus einer neueren Aufstellung über Patienten in einem „Suicide-Prevention-Center" geht hervor, daß 60 % der Personen, die Selbstmord begingen, schon vorher einmal einen Suicidversuch unternommen hatten (Wold, 1970). Manchmal ist jedoch auch der „versuchte" Suicid ohne Absicht erfolgreich.
Absichtlich erscheinender und gelungener Suicid. In diese Gruppe fallen nicht nur Leute, die wirklich beschlossen hatten zu sterben, sondern auch viele, die sich eigentlich retten lassen wollten, aber aus irgendeinem Grund nicht gerettet wurden.
Auch zählen hierzu viele Fälle von Menschen, die ganz sicher die Absicht zu sterben hatten, sich aber im letzten Moment eines anderen besannen; schließlich gibt es noch solche, die in einem Augenblick blinder Wut oder aus einer anderen sehr starken Gemütsbewegung heraus eine selbstdestruktive Tat begehen, ohne daß sie eine deutliche Absicht zu sterben hätten; oft sind sie überrascht, wenn sie dann feststellen, daß sie dabei sind, umzukommen.

Wer verübt Suicid?

Nach den Angaben der Weltgesundheitsorganisation (WHO) verüben täglich mindestens 1000 Menschen Suicid, fast eine halbe Million Menschen pro Jahr. Diese erschreckende Statistik wird noch alarmierender, wenn wir uns vor Augen halten, daß ungefähr achtmal so viele Versuche unternommen werden.
Die Art und Weise, auf die sich Menschen umbringen, ist von Land zu Land verschieden, dem entsprechend, was in Mode ist und welche Mittel zur Verfügung stehen. In den USA benutzen Männer am häufigsten Feuerwaffen, während Frauen in den meisten Fällen ihre Zuflucht zu Gift und Gas nehmen. In Nigeria ist Erhängen die bevorzugte Methode, während Engländer dazu tendieren, Gas als häufigstes Mittel zum Selbstmord zu benutzen. In Basel waren Gasvergiftungen die weitest verbreitete Suicidart; als der Magistrat das Gas entgiften ließ, wurde dafür das Sich-Ertränken populär.
In der BRD ist die bevorzugte Selbstmordart bei den Männern das Erhängen, bei den Frauen das Vergiften mit Schlaftabletten. Der allergrößte Teil der Selbstmordversuche (man schätzt 85 %) wird heute mit Schlaf- oder Betäubungsmitteln durchgeführt.
In einem Versuch, die charakteristischen Merkmale der Suicidalen und die mit der Suicidhandlung assoziierten Bedingungen festzustellen, untersuchte ein Forscher die in einem Zeitraum von fünf Jahren ausgestellten Todesurkunden von über 2000 Selbstmördern in Chicago und Umgebung. Es ergab sich, daß Männer viel häufiger Selbstmord begehen als Frauen (Maris, 1969). Dieser „Vorrang" der Männer findet sich in jedem Land der Erde, wobei der Überhang der Suicide von Männern gegenüber Frauen von einem niedrigsten Wert in Irland mit 2,4 % bis zu einem Maximum von 23,6 % in Finnland reicht. In den USA macht er etwa 12 % aus.
Nach neueren Daten betrug in der BRD im Jahr 1970 der Anteil der Männer an den vollendeten Suiciden 63 % (Jahrbuch 1972 des Stat. Bundesamtes); dies entspricht also fast einem Verhältnis von 2:1. Bei den Suicidver-

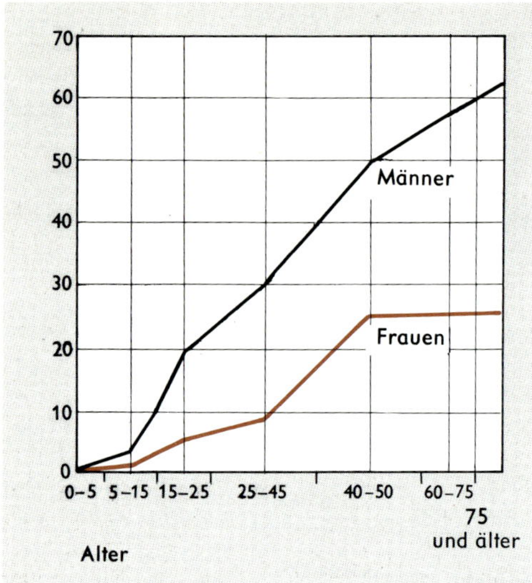

Abb. 10-8. Suicidrate nach Altersgruppen (Nach Angaben des Statist. Bundesamtes der BRD, 1970)

suchen dagegen überwiegen die Frauen bei weitem. Bei Frauen jenseits des 60. Lebensjahres stagniert die Suicidrate, nimmt sogar leicht ab, während sie bei den Männern weiter ansteigt (Abbildung 10-8).

Es kann gut sein, daß Frauen — auf Grund der untergeordneten Rolle, die ihnen in unserer Gesellschaft zugewiesen ist — in einem geringeren Maß als Männer Gefühle persönlicher Schuld und Unzulänglichkeit entwickeln und dadurch weniger zu einem Suicid prädisponiert sind. Die Befreiung der Frau in Japan nach dem II. Weltkrieg wurde von einem deutlichen Anstieg ihrer Suicidrate begleitet.

Die Untersuchung von Maris (1969) ergab auch die folgende Beschreibung der Bedingungen, unter denen Suicid am häufigsten und am seltensten vorkam: Meistens zur Frühlingszeit, am seltensten im Winter; meist am späten Nachmittag, am seltensten am frühen Morgen; meistens an einem Montag (wenigstens galt das für Männer) und zu Hause (74 % aller Suicide).

Berufe, die die Übernahme von Verantwortung für das Wohlergehen anderer Menschen verlangen, fordern den höchsten Tribut: Nach den Angaben des National Institute of Mental Health starben in den Jahren 1965 bis 1967 unter den Ärzten in den USA mehr durch Suicid als durch Autounfälle, Morde, Ertrinken und Flugzeugabstürze zusammengenommen. In dieser Gruppe waren die Psychiater anteilig am häufigsten vertreten; im Vergleich zu den Kinderärzten sechsmal so oft.

Einer der zuverlässigsten sozialen Prädiktoren des Suicids, besonders für Männer, ist der Ehestatus. Im Gegensatz zu der Behauptung vieler Zyniker scheint es mit dem Verheiratetsein in Zusammenhang zu stehen, wenn die Suicidwahrscheinlichkeit der Verheirateten im Vergleich zu der der Ledigen stark verringert ist. Bei Verwitweten oder Geschiedenen ist die Wahrscheinlichkeit eines Todes durch Selbstmord bedeutend höher. Offensichtlich scheinen die Männer die Frauen (oder das Verheiratetsein) mehr zu benötigen als umgekehrt, was wiederum im Gegensatz zu einem weitverbreiteten männlichen Mythos steht. Selbstmordstatistiken wie die in Abbildung 10-9. zeigen, daß der absolute Anstieg in der Suicidrate als Konsequenz des Verwitwet- oder Geschiedenseins für Männer in jeder Altersgruppe wesentlich größer ist.

Persönlichkeitsmerkmale der suicidalen Person. Untersuchungen haben ergeben, daß Heranwachsende, die einen Selbstmord versuchen, verschiedene Merkmale gemeinsam haben: (a) einen Mangel an beglückenden Erlebnissen, befriedigenden Beziehungen und Sinnhaftigkeit ihres Lebens; (b) das Gefühl, ihr Leben sei für jemand anderen eine Belastung, gewöhnlich für den Vater, die Mutter oder einen Geliebten; (c) Gefühle der Feind-

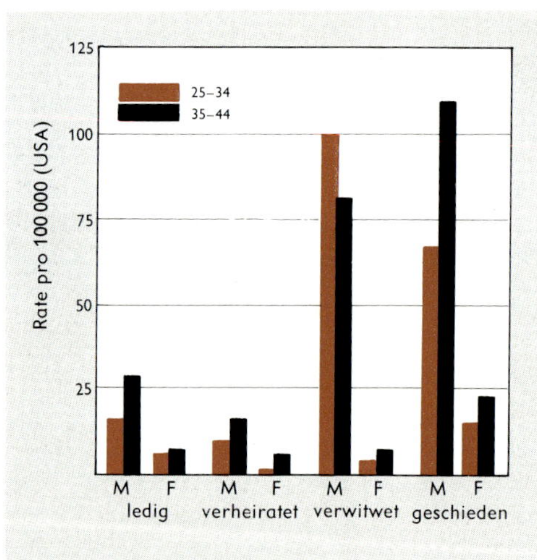

Abb. 10-9. Suicid und Familienstand. Suicid tritt häufiger bei ledigen, verwitweten und geschiedenen Personen auf als bei verheirateten. Er ist ebenfalls häufiger bei Männern als bei Frauen, was für alle gezeigten Alters- und Ehestandsklassen gilt (National Office of Vital Statistics, 1959)

seligkeit und Aggression, die gegen sich selbst gerichtet sind; (d) ein Gefühl der Isolation, des extremen Getrenntseins von anderen (solche Personen machen gewöhnlich einen stillen und in sich gekehrten Eindruck); (e) oft eine physische Trennung von der Mutter oder auch von einem Geliebten, an dem die Person in einer abnorm starken Weise hing, und (f) ein warnender Hinweis darauf, daß die Absicht zum Suicid besteht: entweder Bemerkungen in einem Brief, ein vorausgegangener Suicidversuch oder Äußerungen wie: „Am liebsten würde ich sterben". Gewöhnlich ist eine solche Warnung ziemlich gut zu erkennen, wenn man nur etwas mehr achtgibt oder zuhört.

Ohne Frage ist bei den Suicidversuchen das am meisten ins Auge springende Kennzeichen die *Depression*. In einer Gruppe von Patienten, die zum Los-Angeles-Suicide-Prevention-Center Kontakt hatten, waren von denjenigen, die tatsächlich Selbstmord begingen, 92 % als *klinisch depressiv* eingestuft (Wold, 1970). Mit dieser Depression häufig verbunden ist chronischer Alkoholismus.

Soziale Grundlagen für den Suicid. Die suicidale Person lebt typischerweise allein oft ohne enge Freunde oder Verwandte oder hält durch ihren introvertierten Charakter andere Leute auf Distanz. Diese Isolation ist sowohl ein Hauptgrund für die Depression als auch ein Faktor, der vermeidet, daß andere ihre Hilfsbedürftigkeit bemerken und darauf eingehen können.

Eine umfassende Untersuchung über das Verhalten Suicidaler, die bei Studenten im Bereich von Los Angeles gemacht wurde, unterstrich die bedeutende Rolle, die Gefühle der sozialen Isoliertheit spielen. Auf je 100 000 Collegestudenten entfallen 712 Suicide pro Jahr, was ungefähr halb so viel wie die Suicidrate ihrer nichtstudierenden Altersgenossen ist. Derjenige, der sich das Leben nimmt, ist weder der nach üblichen Vorstellungen glänzende aber neurotische Student, noch der verzweifelte, versagende Student. Es ist der Typ, der durchschnittliche Noten hat, aus einer strebsamen Familie der Mittelschicht kommt und der bisher nur wenig mit Alkohol, Mädchen oder Drogen zu tun hatte. Er tendiert dazu, sich dermaßen ausschließlich mit seiner Einsamkeit und seinem Gefühl der Entfremdung zu befassen, daß er die möglicherweise in reichem Maß bestehenden Auswege aus seiner Situation nicht einmal mehr in Betracht zieht (Peck, 1970).

Jede plötzliche und radikale Veränderung, die eine Person ihrer Grundlagen der Sicherheit und Vorhersagbarkeit beraubt, kann sie anfälliger für einen Selbstmord machen. Schneller sozialer und wirtschaftlicher Wandel, der unerwartete Verlust einer geliebten Person oder ein starkes Empfinden der Ungerechtigkeiten des Lebens, gepaart mit einem Gefühl der Ohnmacht, mögen mit zu einer Bedingung für einen Suicid werden.

Einen weiteren aufschlußreichen Hinweis auf jene, die einen Suizid versuchen, bietet die Tatsache, daß ein Drittel von ihnen durch den Selbstmord einer anderen Person beeinflußt wird. Also kann soziales Lernen, das für so viel Wertvolles in unserem Repertoire von Fertigkeiten verantwortlich ist, leider auch einen Mechanismus in Gang setzen, der den Widerstand einer Person gegen den eigenen Suicid schwächt.

Der suizidale Abschiedsbrief. In einem Roman von Philip Roth (Portnoy's Complaint) wird ein Junge, der offensichtlich durch die unersättlichen Ambitionen seiner Mutter in den Selbstmord getrieben wurde, an der Dusche aufgehängt gefunden. An sein gestärktes Hemd angeheftet steht auf einem Zettel eine letzte Nachricht für die Mutter: „Frau Blumenthal hat angerufen; Du möchtest bitte Deine Mahjongg-Regeln zum Spiel heut abend mitbringen". Ronald.

Ein Abschiedsbrief wird in ungefähr 15 % der Selbstmordfälle hinterlassen. Bei denen, die einen erfolglosen Selbstmordversuch unternehmen, sind solche Schreiben sehr viel häufiger. Inhaltsanalysen der Abschiedsbriefe von echt entschlossenen Selbstmördern und von Simulanten deckten eine Anzahl von Unterschieden zwischen diesen beiden Gruppen von Dokumenten auf: Die ernstgemeinten gaben genauere Informationen, konkretere Anweisungen, enthielten sexuelle Themen und das Wort „Liebe" häufiger, gebrauchten aber seltener Wörter, die mit dem Denken zusammenhingen. Der Abschiedsbrief des Selbstmörders war keine Betrachtung zum Suicid und spiegelte keinen gerade ablaufenden Entscheidungsprozeß wider, sondern war Ausdruck eines feststehenden Entschlusses. Das Urteil war gesprochen, es brauchte jetzt nur noch mechanisch vollstreckt zu werden (Ogilvie, Stone und Shneidman, 1966). Graphologen konnten signifikant zwischen den echten Abschiedsbriefen und Abschriften dieser Briefe, die von Versuchspersonen gleichen Geschlechts und

Alters hergestellt wurden, unterscheiden (Frederick, 1968).

Suicidverhütung

Die Verbreitung des Suicids mahnt die Gesellschaft eindringlich an ihr Versäumnis, für alle ihre Mitglieder ein lebenswertes Leben zu ermöglichen. Suicidales Verhalten wirft viele komplexe Fragen auf, einige philosophischer Art und andere psychologischer, soziologischer und auch politischer und juristischer Art. Ist ein Selbstmord jemals zu rechtfertigen? Durch welche Bedingungen fördern manche Gesellschaften die Absicht zum Selbstmord? Sollte man den Wunsch einer Person auf Selbstmord respektieren und nichts unternehmen? Was, wenn überhaupt, könnte *Sie* dazu bringen, Selbstmord zu begehen?

Es ist höchst verwunderlich, daß wir eben erst begonnen haben, den Suicid als ein menschliches Problem ernstzunehmen, das auch wissenschaftliches Interesse und humanitäre Anstrengungen verdient. Das erste Suicide-Prevention-Center wurde vor noch gar nicht langer Zeit (1958) von Edwin Shneidman in Los Angeles eingerichtet. 1969 existierten in den USA bereits 130 solcher Verhütungszentren oder Krisen-Interventions-Zentren. In der BRD hat man solche Einrichtungen allerdings noch nicht. Es gibt in manchen Krankenhäusern Intensivstationen für Gerettete, und man versucht, Therapieprogramme einzuführen. In vielen Städten wird im Rahmen der Telefon-Seelsorge auch eine Beratung und Aussprachemöglichkeit für potentielle Selbstmörder geboten.

Damit irgendeine Maßnahme überhaupt getroffen werden kann, muß die suicidale Person entweder selbst die Initiative ergreifen und sich als eine solche zu erkennen geben, oder aber der Siucidversuch muß fehlschlagen. Anstrengungen zur Selbstmordverhütung müssen natürlich fehlschlagen, wenn der potentielle Selbstmörder den Suicid beschließt, ohne vorher jenen Schrei nach Hilfe von sich zu geben. In Mexiko, wo ein durch viele Publikationsorgane bekanntgemachter Tag- und Nachtdienst mit einem Stab von Psychiatern, Sozialarbeitern und praktischen Ärzten eingerichtet wurde, konnten sich weder die Selbstmordkandidaten dazu durchringen oder bequemen, sich seiner zu bedienen, noch konnten die Familien dazu veranlaßt werden, das Büro des Medizinischen Dienstes zu benachrichtigen, wenn eines ihrer Mitglieder Anzeichen eines bevorstehenden Suicids zeigte. Sie wollten keine Leute von der Behörde im Haus haben und damit Aufsehen erregen und ins Gerede kommen, oder sie trauten ihnen nicht zu, daß sie ihnen bei ihren Problemen würden helfen können (*Science News,* Juni 1968).

Es sieht so aus, als müßten Versuche zur Verhütung früher ansetzen. Anstatt die auffällige Person erst dann ausfindig zu machen, wenn sie aus lauter Verzweiflung schon bereit ist zu sterben, müssen wir Wege finden, wie man die potentiellen Selbstmörder bereits im Kindes- und Jugendalter identifizieren kann.

So wie die Lage jetzt ist, kündigen viele Personen ihren Selbstmord an, bevor sie ihn ausführen. Es ist eher ungewöhnlich, Selbstmord zu begehen, ohne vorher irgendein Zeichen der Absicht dazu gegeben zu haben. Daher sollten wir jede Suiciddrohung ernstnehmen, als ob das Leben eines Menschen davon abhinge, daß *Sie persönlich* einen besonderen Schritt tun.

g Zusammenfassung

Geistesstörungen haben die Menschen schon immer fasziniert, aber auch erschreckt; es war tröstend, die Geisteskranken als „unterschiedlich" von uns übrigen zu betrachten und die Geistesstörung als etwas anzusehen, das in ihnen existierte und wofür wir anderen keine Verantwortung hatten. Das Aufkommen der Betrachtensweise, daß solche Personen nicht „besessen", sondern *krank* seien, führte zu einer humaneren Behandlung und Heilungsversuchen, förderte aber gleichzeitig die Abhängigkeit der Behandelten und versah sie mit kategoriellen Bezeichnungen, die eine starke Einengung des persönlichen Spielraumes zur Folge hatten und den Charakter eines immanenten Selbstvollzugs trugen, aus dem natürlich schwer herauszukommen ist. Heute glauben viele Kliniker, daß gestörtes Verhalten besser im Sinne des fehlerhaften Lernens oder der mangelhaft funktionierenden sozialen Interaktion anstatt eines medizinischen Modells verstanden werden kann. Manche ziehen es vor, „Normalität" eher in Begriffen potentieller, anstatt bereits bestehender Normen zu definieren. Tatsächlich können soziale Normen zu psychischen Störungen beitragen, wenn sie Maßstäbe vorgeben, die nicht angemessen erfüllt werden können.

Jeder Mensch möchte sich selbst für „normal" und für „rational" halten. Wenn er beides nicht schafft, wird er das eine aufgeben, wenn ihm das andere sicher gelingt.

Die *Identifikation* ist ein normaler Vorgang, durch den ein Kind die Werte und Haltungen seiner Gesellschaft und insbesondere des gleichgeschlechtlichen Elternteils assimiliert. Sie hat bedeutenden Wert sowohl für das Individuum als auch für die Gesellschaft, kann aber fehlgehen, wenn es zur Aneignung falscher Wertvorstellungen kommt oder zu einer zu starken bzw. zu schwachen Identifikation. Zwei pathologische Formen der Identifikation sind die *Identifikation mit dem Aggressor,* die zu einem *Verlust der eigenen Identität* führt, und die *Identifikation mit einer ablehnenden Mehrheit,* die den *Verlust des Selbstwertgefühls* zur Folge hat. Voreingenommenheit, einmal gelernt, ist nur schwer zu löschen, weil Diskriminierung vielen Zwecken dienen kann und durch eine Vielzahl von Verstärkern aufrechterhalten wird. Soziale Absonderung wegen angeblicher Minderwertigkeit führt zu weiterer Entfremdung und gegenseitigem Mißtrauen und kann dadurch ursprünglich nicht vorhandene Unterschiede erzeugen.

Als ein *Verlust der Fähigkeit zur Selbstkontrolle* wird die psychische und/oder physische Abhängigkeit von Alkohol, Nicotin oder Drogen gesehen. Solch eine Abhängigkeit kann verheerende körperliche, psychische und soziale Folgen haben, wird aber offensichtlich wegen der unmittelbar verstärkenden Wirkung der Mittel, die schon für das Erlernen der Gewohnheit ausschlaggebend war, weiter aufrechterhalten. Das zwanghafte Glücksspiel ist ebenfalls erlernt und wird in ähnlicher Weise aufrechterhalten.

Verlust der Freude am Leben kennzeichnet die verschiedenen Formen der *Neurose.* Das Hauptmerkmal der *Angstneurose* ist die freiflottierende Angst; die Person hat möglicherweise keine Ahnung, warum sie so ängstlich ist. Bei *Phobien* empfindet die Person eine starke Furcht vor einem bestimmten Objekt oder einer Tätigkeit, die typischerweise eine symbolische Bedeutung für sie hat: Die betreffende Person erkennt die Furcht als unsinnig, kann sie aber einfach nicht überwinden. Bei der *Zwangsneurose* ist der Betreffende nicht in der Lage, sich von einem Gedanken loszureißen oder von einem Impuls zu befreien, oder er fühlt sich gezwungen, bestimmte Rituale auszuführen, um seine Angst zu lindern. Mechanismen zur Flucht vor der Angst sind bei *hysterischen Neurosen* durch die *Konversionshysterie* — ein körperliches Leiden ohne physische Ursache — oder durch die *hysterische Bewußtseinsspaltung* gegeben. *Somnambulismus* (Schlafwandeln), *Amnesie* (Vergessen der eigenen Identität) und *Fluchtreaktionen* (Amnesie plus Flucht) stellen *hysterische Dämmerzustände* dar. Die extremste Form der hysterischen Bewußtseinsspaltung ist die *multiple Persönlichkeit,* ein selten beobachteter Zustand, bei dem sich unterschiedliche Teile der Persönlichkeit voneinander trennen und — oft ohne Kenntnis voneinander — abwechselnd die bewußte Kontrolle über die Person ausüben. Bei der *Hypochondrie* liefert die ständige Beschäftigung mit vermeintlichen, jedoch gewöhnlich eingebildeten Leiden dem Betreffenden eine Entschuldigung dafür, daß er sich anderen Problemen nicht stellt; er schafft es auch, daß ihm beträchtliche Aufmerksamkeit und Mitgefühl zugewendet werden. Bei der *depressiven Neurose* ergeht sich die Person in Gram und Niedergeschlagenheit, negative Dinge in extremem Maße überbewertend. Alle Neurosen sind Mechanismen, die die *Hilflosigkeit beweisen* sollen. Dies verschafft Sympathie, hilft Anstrengungen aus dem Weg zu gehen, die zum Mißerfolg führen könnten, und *begrenzt Angst* dadurch, daß die Konfrontation mit dem Ursprung der Angst vermieden wird.

Der Verlust des Kontakts mit der Realität wird als *Psychose* bezeichnet. Bei den *paranoiden Psychosen* hat die Person Wahnvorstellungen, entweder vorübergehende, wie bei den *paranoiden Zuständen,* oder systematisierte und starre Wahngebilde, wie bei der *Paranoia.* Affektive Störungen sind Verstimmungen. Die Person kann *manisch* (euphorisch) oder *tiefgreifend depressiv* sein oder zwischen beiden Zuständen wechseln, vielleicht mit intermittierenden Perioden der Normalität. Die *Involutionsdepression* ist eine tiefe, alles durchdringende psychotische Depression in bestimmten Altersphasen.

Die *Schizophrenie* stellt einen Zusammenbruch der Integrationsfunktion dar, bei dem die Person aufhört, sich selbst gegenüber den Rückmeldungen aus der Umwelt zu überprüfen. Verzerrungen der Wahrnehmung, Emotion, Sprache, Zeitperspektive und des Denkens können auftreten. Die Hauptkategorien der Schizophrenie sind: *Kindheitsschizophrenie, Schizophrenia simplex, para-*

noide Schizophrenie, Katatonie, Hebephrenie und andere *nicht einzuordnende Formen.* Schizophrene Patienten belegen nahezu die Hälfte aller Betten in psychiatrischen Krankenhäusern. Dennoch können auch jene, die völlig unansprechbar erscheinen, teilweise sinnvoll auf Veränderungen der Umwelt reagieren.

Eine *einzige* Ursache der Psychose scheint es nicht zu geben. *Genetische Prädispositionen, biochemische Abnormität, falsche Lernmodelle* und *pathologische soziale Interaktionen* können in den gegebenen Fällen jeweils eine Rolle spielen. Das vermehrte Auftreten von Neurosen unter den Wohlhabenden und von Psychosen in den niedrigeren sozioökonomischen Schichten kann einen wirklichen Unterschied widerspiegeln, ist manchmal aber nur auf Unterschiede in dem Gebrauch diagnostischer Kategorien zurückzuführen. Kulturelle Merkmale helfen ebenfalls bei der Entscheidung, welches Verhalten als pathologisch angesehen wird.

Bei den Suicidhandlungen wurden unterschieden: *symbolischer Suicid,* bei dem die Person ein bestimmtes Objekt zerstört, in dem sie eine Verlängerung ihrer selbst sieht; *zufälliger Suicid,* bei dem das Geschehen scheinbar zufällig abläuft, die Person sich aber in eine Lage gebracht hat, die den Tod zur Folge haben könnte; *erkennbar beabsichtigter, aber mißlungener Suicid,* bei dem es die Person bewußt oder unbewußt zuwege bringt, den Suicid so auszuführen, daß er nicht gelingt, und schließlich der *erkennbar beabsichtigte und gelungene Suicid.*

Die Methoden des Suicids variieren in unterschiedlichen kulturellen Gruppen, aber in allen Ländern ist der Selbstmord bei Männern häufiger als bei Frauen. In der BRD steigt mit zunehmendem Lebensalter auch die Suicidhäufigkeit; eine Ausnahme bilden Frauen jenseits des 60. Lebensjahres. Suicidale Menschen sind eher rigide, isolierte Personen mit einem Mangel an Sinn und Freude fürs Leben, aber mit Gefühlen der Feindseligkeit und Aggression, die sie gegen sich selbst richten.

11 Die therapeutische Modifikation des Verhaltens

Alle therapeutischen Techniken haben das gleiche Endziel, nämlich dem Individuum zu helfen, eine zufriedenstellendere Lösung seiner Probleme zu finden. Therapie bedeutet im Prinzip, daß eine Person eine andere auf eine bestimmte Art zu ändern versucht.

Es gibt noch viele andere Versuche, um menschliches Verhalten zu ändern, wie Erziehung, Propaganda, Werbung und Verkauf, um nur einige zu nennen. Der Unterschied zwischen einer Therapie und diesen anderen Beeinflussungsversuchen liegt in ihrer Beziehung zueinander und zur Gesellschaft. In der Therapie soll einer von ihnen (der Patient) aus der Änderung seines Verhaltens Nutzen ziehen, während der andere (der Therapeut) als Mittel der Veränderung akzeptiert wird. Der Therapeut gilt als hilfsbereit, als jemand, der nicht primär persönlichen Gewinn erzielen will und diese Rolle nur ausübt, weil es Menschen mit Problemen gibt. So unterscheidet sich die Therapie von den Beeinflussungsversuchen, in denen für irgendein „Produkt" oder für irgendeine „Ideologie" geworben wird, und aus denen der Befürworter für sich Gewinn erwartet, wenn er Erfolg hat.

Bei der Therapie stellt die Gesellschaft sogar die Bedingungen auf, wann dem Patienten *empfohlen* wird oder wann von ihm *verlangt* wird, sich bestimmten Änderungsprozeduren zu unterziehen. Therapie wird zum Beispiel häufig dann empfohlen, wenn das Verhalten eines Menschen hinter irgendwelchen Leistungs- oder Erwartungsnormen seiner Kultur zurückbleibt — mangelnde Leistungsfähigkeit, Unfähigkeit, Gelerntes sinnvoll anzuwenden, Unfähigkeit, soziale Beziehungen aufzunehmen, Unfähigkeit, die Einrichtungen der Gesellschaft gutzuheißen oder sie zu nutzen. Häufig wird ein therapeutischer Eingriff von der Gesellschaft gefordert, wenn jemand die sozialen Kontrollen der Gesellschaft oder ihre grundlegenden Auffassungen über die menschliche Natur und soziale Struktur bedroht.

Alle College-Studenten waren irgendwann einmal in ihrem Leben „in Therapie", am häufigsten auf eine *informelle* Art. Hilfesuchend für persönliche psychologische Probleme wandten sie sich an Eltern, Lehrer, Pfarrer oder Freunde. Eine derartige „Therapie" wird typischerweise spontan gegeben, ist von kurzer Dauer und ist nicht die primäre Grundlage der Beziehung zueinander. Diese „nicht-professionellen Therapeuten" besitzen keine spezielle Ausbildung für ihre Tätigkeit. Gewöhnlich geben sie Rat, zeigen Liebe und Verständnis und ermöglichen eine Art Katharsis; alles unentgeltlich.

Heute werden viele Arten *formaler* Therapien für psychologische Probleme durchgeführt. Therapie ändert sich mit der Art der Ausbildung des Therapeuten, seiner Persönlichkeit, den Bedürfnissen des Patienten und den Gegebenheiten der Situation, in der sich Patient und Therapeut befinden.

In einigen Fällen liegen die Unterschiede zwischen den Therapieformen, die wir betrachten werden, allein in der Methode; in anderen Fällen sind sie grundlegenderer Art hinsichtlich der Auffassung über Aufgaben und Ziele der Therapie. So glauben zum Beispiel einige Therapeuten, daß sie den Verlauf der Therapie beeinflussen sollten; andere überlassen dies ausschließlich dem Patienten. Einige Therapeuten behandeln nur das Problem, dessentwegen der Patient zu ihnen gekommen ist, während andere versuchen, die ganze Person zu behandeln. Für einige Psychologen ist das Ziel der Therapie, daß der Patient Einsicht gewinne; für andere, daß er sich glücklich fühle, produktiv arbeite oder auch nur angepaßter werde. Für wieder andere gilt es, bestimmte Verhaltensstörungen zu ändern.

Im Idealfall sollte die Beziehung zwischen der psychologischen Forschung und der Therapie ähnlich sein wie die zwischen Physik und Technik. Empirisch aufgestellte Verallgemeinerungen, wie auch abstrakte Theorien und Gesetze über Variablen und deren Beziehungen sollten auf praktische Probleme angewandt werden, die durch den individuellen Fall gesetzt werden. Leider gibt es noch keine einheitliche Theorie über die Persönlichkeit oder das Verhalten, von der man einen Plan für die praktische Tätigkeit und die zugehörigen Taktiken und Strategien ableiten könnte, um eine bestimmte Veränderung in einer bestimmten Person mit einem bestimmten Problem hervorrufen zu können.

Wenn es dazu kommt, Änderungen im Leben eines Menschen zu planen, dann liegen jeder Entscheidung *Werturteile* zugrunde, gleichgültig, wie viel oder wie wenig tatsächliches Wissen vorhanden ist (siehe Kapitel 1). Dies gilt auch in der Technik und in der Architektur. Soll ein Krankenhaus neben einer Autobahn gebaut werden, damit es für Leute mit Auto zugänglich ist, während es für Leute ohne Auto mit öffentlichen Verkehrsmitteln unerreichbar bleibt? Sollte die Leistungsfähigkeit oder die Ästhetik die Planung von kostensparenden Wohnprojekten bestimmen? Soll man bei Umsiedlungsmaßnahmen den Wünschen der betroffenen Bevölkerung folgen, oder soll man „Gutachten von Experten" anbieten, die wissen, was das Beste ist? In der Psychotherapie, in der die Behandlung irreversible Auswirkungen haben könnte, und in der man ohne Frage an oder gar Bewertung durch den Patienten verfahren kann, ist es besonders wichtig, sich zu vergegenwärtigen, daß sowohl die Wahl der Behandlung als auch das Kriterium für ihren „Erfolg" von den Werturteilen des Therapeuten und der Gesellschaft abhängig sind.

Im letzten Kapitel haben wir gesehen, daß man unter Psychopathologie verschiedenes verstanden hat: eine Krankheit (physischer oder psychischer Art) im Individuum; etwas, das nicht im Individuum, sondern in seinen Beziehungen zu anderen vorkommt; oder auch nur irgendein anderes erlerntes Verhalten, das induziert und durch irgendeine Verstärkung aufrechterhalten wurde. Man kann die Psychopathologie auch einfach als eine Sammlung von Verhaltensetiketten begreifen, die nicht ganz mit den sozialen Normen übereinstimmen, wobei der Begriff *„abnorm"* nur für soziale und legale Zwecke nützlich ist. Die verschiedenen Therapieansätze reflektieren unvermeidlich die verschiedenen Ansichten darüber, was Psychopathologie ist, unter welchen Bedingungen sie aufgestellt wurde, und wie sie verbessert werden kann (Abbildung 11-1). In diesem Kapitel sollen die gegenwärtigen Versuche zur therapeutischen Modifikation des Verhaltens unter drei Aspekten betrachtet werden: *physiologische Therapie, soziale Einsichtstherapie* und *Verhaltenstherapie.* Es folgen Versuche, therapeutische Hilfsmittel zu kombinieren, und wir werden ebenfalls die Auswirkungen der Hospitalisierung und ihrer Ersatzformen behandeln. Schließlich wollen wir uns der Probleme annehmen, die sich beim Versuch der Bewertung der therapeutischen Wirksamkeit ergeben.

a Physiologische Therapie

Das kennzeichnende Merkmal des Psychiaters — gleichgültig, welche Theorie über Persönlichkeit und Psychotherapie er auch vertritt — ist seine medizinische Ausbildung. Bei der psychiatrischen Behandlung schwerer emotionaler Störungen werden häufig, besonders wenn ein beträchtlicher Kontaktverlust zur Realität vorhanden ist, verschiedene physische

Abb. 11-1. Therapie im Wandel der Zeiten. Die Veränderungen der Therapie des „Abnormen" reflektieren die Veränderungen der Ansichten des Menschen über die Ursachen anscheinend irrationalen Verhaltens. Jede Theorie über die Ursachen zieht ihre eigene Therapie nach sich. Links ist eine sich drehende Schaukel gezeigt, die noch im ausgehenden 19. Jahrhundert benutzt wurde, um Depressionen zu therapieren; im mittleren Bild wird ein Patient für Elektroschock-Behandlung vorbereitet; das rechte Bild zeigt eine Gruppentherapie

Therapiemethoden angewandt. Solche medizinischen Maßnahmen reichen von der Verordnung spezieller Diäten bis zur Verabreichung sedierender und aktivierender Medikamente oder zur künstlichen Auslösung heftiger Krämpfe. Es muß betont werden, daß diese „somatische Psychiatrie" nicht immer nur dazu bestimmt ist, emotionale Störungen des Patienten zu heilen, sondern auch zum Ziel haben kann, extreme Handlungen wie Mord oder Selbstmord zu verhindern oder gestörte Patienten für die Psychotherapie zugänglich zu machen. Die bekanntesten somatischen Methoden sind Schocktherapie, Narkose, Pharmakotherapie, bestimmte Formen der Ernährung und Psychochirurgie.

Schocktherapie

Stark gestörte Patienten, die man einst als hoffnungslose Fälle angesehen hat, haben in bestimmten Fällen günstig auf künstlich herbeigeführte Anfälle oder Krämpfe reagiert. Diese als *Schocktherapie* bekannte Behandlung war in den meisten Nervenkrankenhäusern nach dem 2. Weltkrieg alltäglich, ist aber auf Grund der Entdeckungen der Pharmakotherapie heute nicht mehr so stark verbreitet. Obwohl verschiedene Techniken bei der Schocktherapie angewandt worden sind, gibt es ein gemeinsames Merkmal: sie führen einen Zustand tiefer Bewußtlosigkeit herbei, der zwischen einigen Minuten und mehreren Stunden nach dem Schock andauern kann. Es ist nicht ganz klar, ob das Koma selbst der ausschlaggebende therapeutische Faktor ist, oder ob die heilende Wirkung des Schocks auf irgendeinem anderen Faktor beruht, wie zum Beispiel in physiologischen Veränderungen im Nervensystem oder in der Auslösung einer heftigen physiologischen Reaktion. Es ist ebenfalls denkbar, daß die Wirkung des Schocks bei depressiven Patienten in der Verringerung der Schuldgefühle besteht, wenn der Schock quasi als „Bestrafung" angesehen wird, die man für irgendein tatsächliches oder vorgestelltes Vergehen verdient.

Die jüngste und bei weitem häufigste Form der Krampftherapie ist der Elektroschock. Der Patient liegt auf dem Behandlungsbett, wird mit Kissen gepolstert oder von Pflegern festgehalten, damit während des Schocks keine Verletzungen auftreten. Häufig gibt man dem Patienten Mittel zur muskulären Entspannung, um Knochenbrüche oder zu starke Muskelkontraktionen zu verhindern. Dann werden Elektroden am Kopf befestigt und für den Bruchteil einer Sekunde wird ein Stromstoß zwischen 70 und 130 Volt Spannung gegeben. 20, 30 oder mehr solcher Behandlungen können über einen Zeitraum von Wochen oder Monaten hinweg gegeben werden. Elektroschock hat sich als besonders wirksam bei starken Depressionen erwiesen.

Widersprechende Ergebnisse hat man jedoch hinsichtlich des Erfolgs erhalten. Viele Psychiater glauben, daß diese drastische Behandlungsform in Zukunft immer weniger angewandt wird; sie wird zunehmends verdrängt durch Psychopharmaka und neue Techniken der Psychotherapie. Es gibt Belege dafür, daß der Elektroschock nachteilige Wirkungen auf das Lernen und Gedächtnis ausübt (Leukel, 1957; Stone und Bakhtiari, 1956). Ganz gewiß aber unterbricht er die Integration der organischen Funktionen.

Bei der Entscheidung über die Nützlichkeit der Elektroschocktherapie für die Behandlung selbst „hartnäckiger" Fälle müssen bestimmte psychologische und auch physiologische Konsequenzen sehr wohl bedacht werden. Obwohl die Patienten keine Erinnerung an den Schock selbst haben, sind sie sich merklicher Veränderungen bewußt; häufig können sie auch die heftigen Krampfreaktionen anderer Patienten beobachten, die vor ihnen an der Reihe sind. Viele Patienten, die eine starke Angst vor Schockbehandlung entwickelt haben, müssen sich ihr trotzdem unfreiwillig unterziehen. In großen Institutionen, die personell unterbesetzt sind, ist die Schocktherapie ziemlich unterschiedslos angewandt worden, manchmal sogar als Zwangsmaßnahme, um den Patienten gefügig zu machen und weniger, um ihm zu helfen.

Narkose

Bei der Narkose (aus dem Griechischen, in der Bedeutung von „betäuben") wendet man schlaffördernde Drogen an, wie *Natrium-Amytal, Natrium-Pentothal* und *Scopolamin.* Diese Art der Therapie gibt es in zwei Formen: verlängerte Narkose und Narkoanalyse.

Bei der verlängerten Narkose läßt man den Patienten unter dem Einfluß von Pharmaka 1 bis 2 Wochen lang täglich 15 Stunden oder länger schlafen. Da dadurch viele physiologische Komplikationen auftreten können, verwendet man diese Technik heute nur mehr selten, obwohl sie vor der Entwicklung der

Schocktherapie recht beliebt war. Relativ häufig findet sie noch in der Sowjetunion Anwendung. Heute greift man zur verlängerten Narkose nur als Notmaßnahme, um stark erregte Patienten zu beruhigen. Ihre hauptsächliche Wirkung ist offensichtlich sedierend und zeitlich begrenzt; sie ist aber eine eingreifendere Behandlungsform, als die Heilerfolge rechtfertigen würden.

Ein relativ größerer Erfolg wird der Narkose in ihrer kurzen Form, der sog. *Narkoanalyse,* zugeschrieben. Dabei werden Pharmaka wie Natrium-Amytal in solchen Dosierungen gegeben, daß sie gerade eine „Benommenheit", aber keine Bewußtlosigkeit hervorrufen; der Patient bleibt in einer Art „Dämmerschlaf". Durch direkte Suggestion wird der Patient unter Narkose ermutigt, über seine schmerzlichen Erfahrungen zu sprechen oder sie auszuagieren. Sind unterdrückte Emotionen durch diese Methode erst einmal aufgedeckt, kann sie der Patient auch besser verstehen und akzeptieren. Da sich die betreffende Person in einer Art Halbschlaf befindet, bestehen die Aussagen häufig aus einem Gemisch von Tatsachen und Phantasien und erfordern, wie die Träume, eine Interpretation durch den Therapeuten. Aus diesem Grund haben Natrium-Pentothal und Natrium-Amytal — allgemein als Wahrheitsdrogen bekannt — keinen anerkannten Wert für gesetzliche Nachforschungen, sie sind lediglich Mittel, um Hinweise zu erhalten. Die so erhaltene Information gilt nicht als direkter Beweis.

Narkoanalyse wirkt am stärksten, wenn sie unmittelbar nach dem Auftauchen der Symptome unterdrückter emotionaler Spannungen angewandt wird. Als besonders erfolgreich hat sie sich fur die schnelle Behandlung emotionaler Spannungen erwiesen, die bei Kampfeinsätzen oder durch die Frustrationen des Militärlebens entstanden (Horsley, 1944; Grinker und Spiegel, 1945). Normalerweise folgen im Anschluß an die Narkoanalyse körperliches Ausruhen, Beruhigung und ein Erholungsprogramm, damit sich der Patient allmählich wieder den Anforderungen der Realität anpaßt.

Pharmakotherapie

Viele medizinisch orientierte Forscher glauben, daß extreme Formen der Geisteskrankheiten wie Schizophrenie oder Affektpsychosen auf biochemischen Abnormitäten beruhen. Ein auf diesem Gebiet tätiger Wissenschaftler stellte dazu fest: „Während die Ätiologie und die Pathogenese der Schizophrenie im allgemeinen ungeklärt bleiben, scheint es denkbar, daß die beobachteten Veränderungen in der Psyche und im Verhalten des Schizophrenen durch Störungen physiologischer Abläufe hervorgerufen werden" (Friedhoff, 1967, S. 27).

Zwei Berichte aus den fünfziger Jahren erweckten beträchtliches Interesse an der Forschung nach abnormen Substanzen im Blut Schizophrener und an der Anwendung von Psychopharmaka zur Linderung von Geisteskrankheiten. Der eine, bereits erwähnte (Kapitel 10) besagt, daß Taraxin, ein Protein aus dem Blutserum Schizophrener, vorübergehend bestimmte Symptome der Schizophrenie erzeugte, wenn es Affen oder nicht-schizophrenen Freiwilligen injiziert wurde. Von diesem Ergebnis wurde abgeleitet, daß die Schizophrenie eine Krankheit sein könne, bei der im Körper Antikörper erzeugt werden, die die Funktion der Gehirnzellen stören. Konsequenterweise folgerte man, daß es sinnvoll sei, Drogen zu entwickeln, die die Aktion solcher Antikörper blockieren würden.

1952 zeigten zwei Wissenschaftler (Osmond und Smythies), daß Mescalin, eine dem körpereigenen *Epinephrin* ähnliche Droge, einen Zustand hervorruft, der mit der Schizophrenie vergleichbar ist. Seitdem haben andere Forscher verschiedene pharmakologische Wirkstoffe gefunden, die die Funktion bestimmter organischer Verbindungen, die bei der chemischen Übertragung von Nervenimpulsen im Gehirn eine Rolle spielen, anregen oder hemmen (Schildkraut und Kety, 1967). Zu diesen Verbindungen zählen *Epinephrin* und *Norepinephrin* (syn. für Adrenalin und Noradrenalin), *Dopamin* und *Serotonin* (eine Neurotransmissionssubstanz, das Dement auch in seine Studien über den Schlaf einbezog; s. Kapitel 6). Die Psychopharmaka, die am häufigsten therapeutisch gebraucht werden, fallen in zwei große Klassen: *Tranquilizer* und *Energetica.*

Tranquilizer. Resperin, eine sehr häufig benutzte Droge, stammt aus den Wurzeln der *Rauwolfia* (Schlangenwurzel), deren medizinische Eigenschaften vor Tausenden von Jahren in Indien entdeckt wurden. In Amerika begann man Reserpin klinisch nach der Erkenntnis anzuwenden, daß die Droge für die Behandlung der Hypertension (hoher Blutdruck) nützlich ist und beruhigend auf Patienten wirkt (Ciba, 1954). Eine der ersten Untersuchungen zeigte, daß diese Droge die Patienten während der Psychotherapie etwas enthemmt und mehr aus sich herausgehen läßt (Kline, 1954). Andere Forscher berichteten, daß Patienten nach der Einnahme von Reserpin eine größere Integration ihrer Persönlichkeit und einen höheren Grad an emotionaler Kontrolle zeigten (Dice, Bagchi und Waggoner, 1955). Eine spätere Untersuchung an phobischen Patienten zeigte jedoch keinen signifikanten Unterschied in der Besserung zwischen der Behandlung mit Reserpin und mit Placebo (Segal und Shapiro, 1959).

Chlorpromazin, gepriesen als die goldene Droge für Geisteskrankheiten, wird immer noch am häufigsten gebraucht, um schizophrene Verwirrung und Erregungszustände zu vermindern. Als es Ende der fünfziger Jahre erstmals eingeführt wurde, reagierten einige Patienten, die man als „unheilbar" angesehen hatte, so günstig darauf, daß sie entlassen wurden, obwohl sie vorher jahrelang in Krankenhäusern dahinvegetiert hatten. Offensichtlich wirkt Chlorpromazin auf Zentren des Hypothalamus, die für verschiedene Triebe eine unmittelbare Bedeutung haben. Es scheint einen selektiven Effekt auf diese Zentren auszuüben, wobei das geändert wird, was durch Stimulation zustande gekommen ist — ein Phänomen mit unabsehbaren Möglichkeiten für die weitere Forschung (Olds, 1958; Stein, 1967). Chlorpromazin erzeugt gewöhnlich Gleichgültigkeit und ist, abgesehen von seiner Wirksamkeit bei der Schizophrenie, noch nützlich für die Behandlung von Störungen, bei denen Überaktivität eine Rolle spielt, wie zum Beispiel manisches Verhalten oder Zwangshandlungen (Fink, Klein und Kramer, 1965).

Ein Nachteil sowohl von Reserpin als auch von Chlorpromazin ist, daß sie manchmal Nebenwirkungen wie Schwäche, Übelkeit und niederen Blutdruck verursachen (Evarts und Butler, 1959). Chlorpromazin verursacht auch gelegentlich eine Art von Rastlosigkeit, die sog. *Akathisie*, und nach mehreren Jahren hoher Dosierung kann es auch zu einer übermäßigen Pigmentierung jener Hautstellen führen, die dem Licht ausgesetzt sind (Hamilton, 1965). Wegen der unerwünschten Nebenwirkungen, die von dieser und ähnlichen Drogen ausgehen können, sollten sie nur unter ärztlicher Kontrolle genommen werden.

Etliche neuere Drogen sind häufig verwendet worden, um Spannung und Angst nicht nur bei hospitalisierten Patienten zu vermindern. Von diesen mag *Meprobamat* (auf dem Markt als „Miltown" oder „Equanil") am bekanntesten sein. Die Ergebnisse waren jedoch bis jetzt nicht ermutigend. Untersuchungen ergaben zum Beispiel, daß Miltown nicht wirksamer ist als eine Placebo, um Angst bei abstinenten Alkoholikern zu mildern (Smith, Rutherford und Fanning, 1957), oder bei 130 männlichen Veteranen, die ambulant psychiatrisch behandelt wurden (McNair, Goldstein, Lorr, Cibelli und Roth, 1965). Stark manischen Patienten, die auf gewöhnliche Tranquilizer nicht reagieren, ist durch die Behandlung mit *Lithium-Salzen* geholfen worden, welche den Stoffwechsel des Norepinephrin im Gehirn beeinflussen (Chou, 1959; Schanberg, Schildkraut und Kopin, 1967).

Energetica. Depressiven Patienten wird häufig durch *psychische Energetica* geholfen, wie zum Beispiel *Imipramin.*

Ein Überblick über die Studien, die zusammen an 5864 Patienten durchgeführt wurden, ergab, daß Imipramin und zwei andere weit verbreitete Antidepressiva (Amitriptylin und Isocarboxazid) beinahe 65 % dieser Patienten halfen. Drei andere häufig gebrauchte Energetica (Phenelzin, Malamid und Iproniazid) halfen in 40 bis 49 % der Fälle, in denen sie angewandt wurden; dagegen waren in einer Kontrolluntersuchung Placebos nur in 23 % der Fälle wirksam (Wechsler, Grosser und Greenblatt, 1965).

Ein interessantes Nebenergebnis dieser Übersicht war, daß in den Untersuchungen, bei den Placebo-Kontrollen benutzt wurden, von einer geringeren Wirksamkeit berichtet wurde, als in den Untersuchungen, wo es keine Kontrollgruppe gab, oder wo die Wirkungen zweier Drogen miteinander verglichen wurden. Die Autoren schrieben diesen Unterschied zumindest teilweise der Tatsache zu, daß das Personal wußte, daß die Hälfte der Patienten kein Pharmakon erhielt und deshalb auch keine Veränderung im Verhalten zeigen durften. In den anderen Untersuchungen wußten die Ärzte, die die Besserung zu beurteilen hatten, daß alle Patienten irgendein Pharmakon erhielten und daß man deshalb eine Veränderung erwarten durfte — ein gutes Beispiel, wie Untersuchungsmethoden das Ergebnis beeinflussen können.

Zusätzlich zu dem Befund, daß *Imipramin* das nützlichste Antidepressivum ist (Klerman und Cole, 1965), ergaben jüngere Untersuchungen, daß die sog. *Monoaminooxydase-Hemmer* ähnlich wirksam sind. In mehreren Untersuchungen wurde eine signifikante Korrelation zwischen der Besserung depressiver Patienten und dem Grad der Hemmung der Monoaminooxydation während der Drogeneinnahme gefunden (Feldstein, Hoagland, Oktem und Freeman, 1965).

Ebenfalls therapeutische Anwendung haben Meskalin und Lysergsäurediäthylamid (LSD) gefunden, die (s. Diskussion in Kapitel 6) Symptome von Geisteskrankheit erzeugen können. Sehr bedeutsam ist, daß Patienten unter dem Einfluß dieser Drogen häufig auf Verhaltensweisen und Gefühle aus der Kindheit zurückgreifen und sich an frühere Ereignisse erinnern können, die vielleicht zu der emotionalen Störung beigetragen haben.

In einer Untersuchung ließ man 113 Patienten, die LSD und Meskalin nach entsprechender Vorbereitung und in einer freundlich zusagenden Atmosphäre erhalten hatten, Fragebogen beantworten. Ihre Antworten enthüllten in starkem Ausmaß, daß etwas Gutes passiert sei, und es gab wenig negative Reaktionen, aber häufig Gefühle einer größeren Einsicht in die Realität. In 74 Fällen wurden die Behauptungen, die im Fragebogen aufgestellt wurden, gestützt. Die Gesamtbesserungsrate lag bei 80 % (Savage, Savage, Fadiman und Harmann, 1964).

LSD hat sich manchmal für die Gruppentherapie als nützlich erwiesen, wo es bei einer angemessenen Atmosphäre anscheinend das Einfühlungsvermögen erhöht und die Abwehrreaktionen senkt, wodurch dem Patienten ermöglicht wird, einen ungezwungenen Kontakt aufzunehmen und tiefere Gefühle freizumachen (Eisner, 1964).

Einige Therapeuten, die die psychischen Störungen als Krankheiten ansehen, befürworten kleine Dosierungen von LSD in Verbindung mit traditionellen Psychotherapien (Crocket et al., 1963). Andere Therapeuten, die die Therapie hauptsächlich als Mittel für eine Fortentwicklung ansehen, gebrauchen LSD besonders für schnelle Persönlichkeitsveränderungen. Die Droge induziert eine ausgedehnte und intensive psychedelische Erfahrung. Hierbei wird nur eine, aber große Dosis benutzt. LSD hat bei den verschiedensten psychiatrischen Störungen einige Hoffnung erweckt, besonders in solchen Fällen, die gegenüber konventionelleren Therapien resistent sind. So soll LSD zum Beispiel in einem Therapieprogramm mit über 1000 Alkoholikern doppelt so wirksam gewesen sein als jegliche andere Behandlung (Hoffer, 1965). Betrachtet man die mehr als 300 Studien über diese Art der Therapie, so sieht man, daß „LSD weitreichende positive Wirkungen bei bestimmten Leuten unter bestimmten Bedingungen haben kann“ (Mogar, 1969, S. 393). Jedoch wendet der erfahrene Therapeut psychedelische Drogen nur mit größter Vorsicht an. Bei einigen Patienten haben die Drogen zu verlängerten psychotischen Reaktionen geführt, zum Beispiel zur Paranoia oder zu starker Depression (Cohen und Ditman, 1963). In den letzten Jahren sind Kontrolluntersuchungen über die therapeutischen Wirkungen des LSD gesetzlich wegen der potentiellen Gefahren eines unkontrollierten Drogengebrauchs eingeschränkt worden.

Die Wirkungen verschiedener Drogen auf das Verhalten hat man kürzlich an einem ganz anderen Objekt untersucht, nämlich an der Spinne. Die gewohnte sehr komplizierte Symmetrie der Netze wird gestört, wenn man der Spinne eine Droge verabreicht. Darüber hinaus ist die Störung abhängig von der Art der verabreichten Droge. Man verglich (mit Hilfe eines Computers) die Gliederung normaler Netze mit den Netzen der mit Drogen behandelten Spinnen und konnte beobachten, daß die Netze durch Amphetamine unregelmäßig, durch Tranquillizer regelmäßig und enger als gewöhnlich, und durch Barbiturate klein und fehlerhaft, ähnlich wie beim Mescalin werden (Witt, 1970) (Abbildung 11-2). Obwohl man nicht einfach von diesen Fehlorientierungen bei Spinnen auf ähnliche Drogenwirkungen beim Menschen schließen kann, zeigt diese neuere Forschung einen Weg für Untersuchungen am Menschen auf und weist auf die vielfältigen Versuche zum Verständnis und der Behandlung von Verhaltensstörungen hin.

Die Perspektiven der Pharmakotherapie. In den fünfziger Jahren nahm die Zahl der hospitalisierten Geisteskranken in Amerika ab. Jedoch muß der Einfluß der Drogen auf diese Verringerung mit Vorsicht beurteilt werden. So zeigte die Untersuchung eines staatlichen Krankenhauses in Pennsylvania eine beständige Verringerung ununterbrochen hospitalisierter Patienten, bereits ehe Drogen in größerem Ausmaß angewandt wurden (Kramer et al., 1955). Offensichtlich sind andere Faktoren beteiligt gewesen, darunter verbesserte psychotherapeutische Methoden, Einstellungsänderungen seitens des Personals und bessere Möglichkeiten für ambulante Behandlung.

Zweifellos sind Tranquillizer und Antidepressiva bei der Behandlung psychotischer Störungen wirksam. Das ergibt sich aus über 400 Forschungsstudien (Davis, 1965). Die Drogen sind aber nicht notwendigerweise Hauptfaktoren für die häufigere Entlassung, und ihre Anwendung ergibt keine dauerhafte Heilung; aber durch sie werden Patienten beeinflußbarer, und die extremeren Formen unangepaßten Verhaltens werden reduziert. Den neurotischen Patienten bringen diese Drogen weniger Vorteile als den psychotischen.

Zu den Gefahren der Pharmakotherapie zählt das zu starke Vertrauen auf die Wirkung der Drogen, besonders auf die der Tranquillizer; Zusatztherapien werden dabei leichter vernachlässigt. Außerdem entwickeln einige Patienten

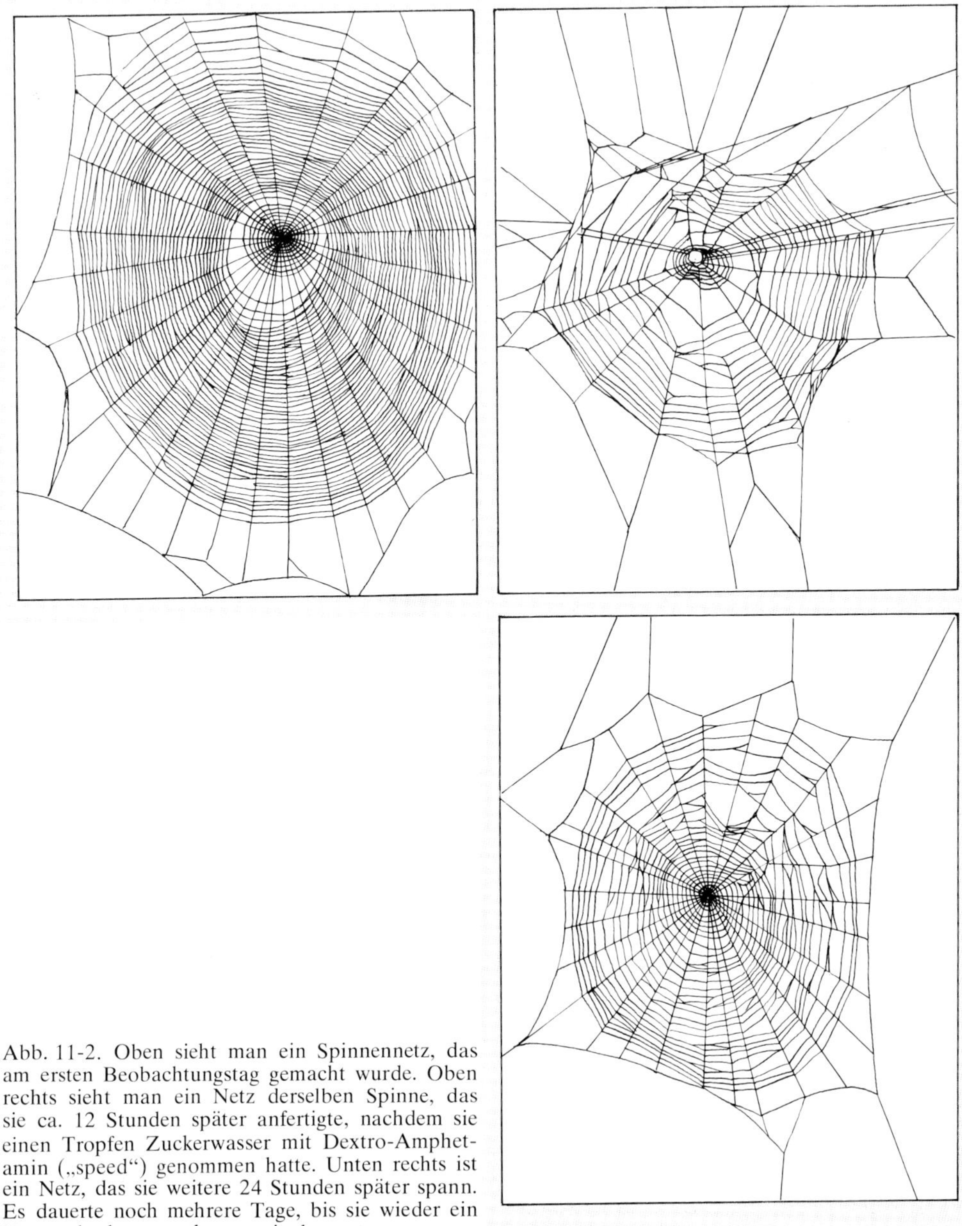

Abb. 11-2. Oben sieht man ein Spinnennetz, das am ersten Beobachtungstag gemacht wurde. Oben rechts sieht man ein Netz derselben Spinne, das sie ca. 12 Stunden später anfertigte, nachdem sie einen Tropfen Zuckerwasser mit Dextro-Amphetamin („speed“) genommen hatte. Unten rechts ist ein Netz, das sie weitere 24 Stunden später spann. Es dauerte noch mehrere Tage, bis sie wieder ein Netz wob, das so exakt war wie das erste

Tabelle 11-1. *Placeboreaktionen (Nach Haas et al., 1959)*

Krankheit oder Leiden	Personen, die auf Placebos alleine reagieren
Kopfschmerz	62 %
gastrointestinale Störungen	58 %
Neurose	34 %
Alkoholismus	22 %
Heuschnupfen	22 %
Hautkrankheiten	21 %
Psychose	19 %
Asthma	5 %

eine psychologische Abhängigkeit von ihrer Droge und schreiben ihr jede Besserung zu, jedoch nicht ihrer eigenen gesteigerten Fähigkeit, das Verhalten zu kontrollieren (Davison und Valins, 1969).

Jede Einschätzung der Wirksamkeit einer Droge muß die *Placebo-Reaktion* berücksichtigen. Die *Suggestion,* eine dargebotene Substanz lindere Schmerz und andere Symptome, hilft häufig auch dann, wenn es sich um eine chemisch inaktive Substanz handelt. Die „Heilungsraten durch Placebos“ unterscheiden sich je nach Art der Störung. Einige davon, die durch das US Public Health Service (Haas et al., 1959) bekanntgegeben wurden, sind nachfolgend aufgeführt.

Ein interessantes Nebenergebnis ist, daß die Art der Placeboanwendung einen wichtigen Faktor für die darauffolgende Reaktion darstellt. Ein Arzt fand, daß das gleiche Placebo in einer knallroten Gelatine-Kapsel in 81 % der überprüften Fälle günstige Ergebnisse brachte, dagegen als gewöhnliche Tablette nur in 49 % und als Flüssigkeit in 69 % (Clausner und Klein, 1957). Subcutane Injektionen sind normalerweise wirksamer als Tabletten, jedoch weniger wirksam als Kapseln. Blaue oder grüne Lösungen erzielen bessere Ergebnisse bei äußerlicher Anwendung, Flüssigkeiten zum Einnehmen sind jedoch wirksamer in warmen Rot-, Gelb- oder Brauntönen, und wenn sie bitter schmecken (Leslie, 1954).

Eine Untersuchung, die noch stärker die Notwendigkeit hervorhebt, Drogenwirkungen von Placebowirkungen hinsichtlich ihrer Einflüsse auf psychische Störungen zu analysieren, wurde an Pharmaziestudenten durchgeführt, die man bat, zwei neue Drogen zu „testen“.

45 Studenten nahmen morgens um 8.30 Uhr eine Kapsel. Es wurde ihnen gesagt, daß man die Hauptwirkung in etwa zwei Stunden fühlen werde, die gegen Ende des Experiments um 12.30 Uhr wieder abklinge. Je 15 Vpn wurde mitgeteilt, daß ihre Kapsel ein Stimulans bzw. einen Tranquillizer enthalte. Den übrigen 15 sagte man, sie enthalte nur Getreidestärke, was in Wirklichkeit auf alle Kapseln zutraf.

Insgesamt 60 % der Experimentalgruppen gaben Wirkungen an, die sie auch fühlen sollten. Dieses Ergebnis war bei den „stimulierten“ Versuchspersonen ausgeprägt, von denen 73,3 % über solche Wirkungen berichteten, im Vergleich zu nur 46,7 % der mit Tranquillizer behandelten Personen, vielleicht weil sie ihre Laborarbeit wie gewöhnlich während der ganzen Zeit fortsetzen mußten.

Sogar der Pulsschlag wurde beeinflußt. Er stieg bei der „stimulierten“ Gruppe zum Zeitpunkt der vermuteten stärksten Wirkung der Droge an und fiel gegen Ende des Experiments wieder ab. Bei der Tranquillizer-Gruppe sank er ab und stieg gegen Ende wieder an. Bei der Kontrollgruppe stieg er während der Untersuchungszeit leicht an, vielleicht aber auch wegen des Drucks, die Laborarbeiten zu beenden (Brodeur, 1965).

Ernährung: Orthomolekulare Psychiatrie

In den letzten Jahren wurden sich die Psychiater in zunehmendem Maße der Bedeutung einer adäquaten Diät für die Vorbeugung und Heilung von Geisteskrankheiten bewußt (Beill, 1958). Bereits 1938 fand man, daß Vitamin-B_1-Mangel schwere Rückfälle bei gebesserten Patienten in der Mayo-Clinic hervorrief (Williams, Mason und Smith, 1939). Rückfälle zeigten sich häufig auch bei solchen Patienten, die die für typische, amerikanische Diäten übliche Menge an Thiamin (B_1) erhielten (Williams et al., 1942). Gab man der Hälfte dieser Patienten ohne deren Wissen zunehmend Thiamin, so zeigten sie beträchtliche Verbesserungen. In einer anderen Untersuchung zeigten vier normale junge Männer, bei denen Vitamine des Komplexes B eingeschränkt wurden, auffällige Störungen in ihrer Anpassung und in ihrem Wohlbefinden (Brôzek et al., 1946).

Es stellte sich ein Zusammenhang zwischen psychischen Störungen und niederen Konzentrationen von Vitamin B_1, B_2, B_6, B_{12}, H, C und Folsäure. Solche Vitaminmangelzustände können in manchen Fällen Folgen genetisch bedingter Stoffwechselstörungen von lebenswichtigen Substanzen sein. Das Gehirn ist wahrscheinlich gegen Konzentrationsänderun-

gen dieser lebenswichtigen Substanzen empfindlicher als andere Organe und Gewebe.
Der Nobelpreisträger Linus Pauling (1968) hat daher angeregt, Geistesstörungen dadurch zu behandeln, daß die beste molekulare Umgebung für die Funktionsfähigkeit des Gehirns geschaffen wird: nämlich durch Sicherung der optimalen Konzentrationen der verschiedenen Substanzen, die normalerweise vorhanden sind. Er nennt diesen Ansatz *orthomolekulare Psychiatrie*. Zum Beispiel empfiehlt er die Einnahme hoher Dosen von Ascorbinsäure (Vitamin C; 3 bis 15 g täglich) als eine Therapieform für schizophrene Patienten. Glutaminsäure hat bei Retardationen verschiedener Grade und Arten eine allgemeine Verbesserung der Persönlichkeit und eine Zunahme des IQ um 5 bis 20 Punkte erzielt (Vogel et al., 1966).

Heilmittel per Post

Typisch für Therapien mit Drogen oder entsprechender Ernährung ist die Hoffnung, ein Kranker möge eine Pille in den Mund stecken und dadurch die Ursachen seiner Krankheit beseitigen. Der derzeitig enorme Verkauf von Pillen jeglicher Art zeigt an, daß diese Hoffnung gewiß von der Öffentlichkeit geteilt wird. Ein Rückblick auf die Zeit vor dem Pure Food and Drug Act von 1906 (Lebensmittel- und Arzneimittelgesetz) ist aufschlußreich. Man erfährt dabei, was man die Öffentlichkeit über Ursachen und Heilverfahren bei Geistes- und Verhaltensstörungen glauben ließ. Der Sears und Roebuck-Katalog, der 1902 an über 600 000 Leute verteilt wurde, pries für alle möglichen Krankheiten Schnell-Heilmittel durch Postzustellung an. Er gewährt auch Einblick in die Vorstellungen, die man zu dieser Zeit über psychische Störungen hatte.
Die Verbindung zwischen öffentlich gebilligten körperlichen und nicht-gebilligten psychischen Krankheiten wurde durch das Konzept der müden, überarbeiteten oder schwachen „Nerven" und des unreinen oder dünnen Blutes hergestellt. Für nur 69 Cent konnte man *Vin Vitae* kaufen, „ein angenehmes medizinisches Tonikum, um die Nerven zu stärken, das Blut zu reinigen und zu bereichern, das Gehirn, den Körper und die Muskeln zu beleben und um den Kreislauf zu regulieren".
„Ist Ihr Allgemeinbefinden nicht gut oder leiden Sie an 999 unbeschreiblichen Unpäßlichkeiten, sowohl psychischer als auch physischer Art? Egal, was die Ursache sein mag oder wie ernst Ihr Leiden ist, Dr. Hammonds Nerven- und Gehirnpillen werden Sie heilen." Für nur 67 Cent wurde ein sicheres und zuverlässiges „Heilmittel gegen Opium- und Morphiumsucht" angeboten. Ebenfalls für Pfennige sollte man auch den Hang zum Alkohol beseitigen können, denn „Trunksucht ist eine Krankheit, die durch entsprechende medizinische Methoden bekämpft und verhindert werden muß, genau wie jede andere Krankheit".
Elektrizität, damals ein neues, wunderbares Geheimnis, wurde ebenfalls als heilsam verkauft. „Bei einem schwachen oder gestörten Nervensystem erzielt man mit Elektrobehandlung glänzende Erfolge." Ein mit Batterien versehener Gürtel, der Ströme in die Hoden schickte, würde garantiert die sexuelle Potenz verdoppeln und die Impotenz beheben.

Psychochirurgie

Techniken der Gehirnchirurgie zur Behandlung schwerer emotionaler Störungen haben viel Aufsehen erregt, aber auch sehr enttäuscht (Moniz, 1937; Freeman u. Watts, 1942). Die

Unter der Lupe

Als „Bombenschock" noch geschockt durch eine Bombe bedeutete

Nachfolgend findet man Auszüge aus dem Report of the War Office Committee of Engineering on Shell Shock, London, 1922 (in E. Miller, 1940).

Zu Beginn des (1. Welt-)Krieges . . . behandelte man psychische Störungen, emotionale Symptome, Lähmungen und Verluste in der Sensorik ohne organischen Ursprung auf eine der folgenden Arten:

a) Die Störung wurde nicht als eine medizinische anerkannt. Der Betroffene mußte selbst die Verantwortung für die Funktionsfähigkeit übernehmen, da keine organische Verwundung vorlag . . .
b) Die Störung wurde als zum medizinischen Bereich gehörig anerkannt, aber wegen des materialistischen Trends der modernen wissenschaftlichen Medizin und wegen der Einführung starker Sprengstoffe in den Kampfbetrieb wurde ihm eine somatische Ursache zugeschrieben wie bei einer tatsächlichen Erschütterung des Zentralnervensystems.

bekannteste Form der Psychochirurgie ist die *präfrontale Lobotomie,* eine Operation, bei der die Nervenstränge, die die Präfrontallappen mit dem Hypothalamus verbinden, durchgetrennt werden.
Tieruntersuchungen haben gezeigt, daß konfliktbedingte Angst durch eine solche Operation beseitigt werden kann.
Ein Affe hatte gelernt, zur Nahrungsbeschaffung einen Hebel zu drücken. Darüber hinaus wurde er mit Elektroschocks (als unkonditionierter Stimulus) auf ein Lichtsignal konditioniert, auf das er mit stärkerer Blutzirkulation in der Aorta, mit höherem Herzschlag und erhöhter Allgemeinaktivität reagierte. Offensichtlich wurde das Licht schließlich zu einem so störenden Signal, daß er den Hebel für das Futter nicht mehr betätigte, wenn es aufleuchtete. Als daraufhin die Präfrontallappen entfernt wurden, verursachte das Licht keine vasculären Reaktionen mehr, und der Affe nahm das Hebeldrücken für Nahrung wieder auf (Smith und Nathan, 1965).
Klinische Erfahrung mit Menschen stimmt mit den Ergebnissen solcher Affen-Experimente überein; man hat gefunden, daß die Lobotomie häufig den emotionalen Charakter von Gedanken und Erinnerungen des Individuums verringert. Obwohl die Psychochirurgie nicht die Ursachen der Störung beseitigen kann, vermag sie den Patienten von der emotionalen Qual seiner störenden Ideen oder Halluzinationen zu befreien. Wenn man durch Lobotomie die frontalen Assoziationszentren zerstört, so ist der Patient von Angst und Minderwertigkeitsgefühlen befreit.
Diesen Vorteilen muß man jedoch die nachfolgenden Nebenwirkungen gegenüberstellen. Sie wurden von Freeman und Watts beschrieben, dem Medizinerteam, das diese Operation 1936 in den Vereinigten Staaten einführte: (a) Verlust der Interessen am Körper und an den Beziehungen zur Umwelt; (b) Unfähigkeit, die Konsequenzen persönlich wichtiger Handlungen abzusehen; (c) Indifferenz gegenüber den Meinungen anderer; (d) Zunahme impulsiven Verhaltens, da Gewissensbisse, Schuld und Furcht abgeschafft sind; (e) verringerte Fähigkeit, ein einheitliches Bild oder zukünftige Vorstellungen von sich selbst zu entwickeln (wichtig im Hinblick auf die Freude an der persönlichen Wertschätzung). Dem Lobotomie-Patienten fehlt allgemein die Selbst-Kontinuität, d. h. er verliert das Gefühl, daß er die gleiche Person ist, die er gestern war und die er morgen sein wird (Robinson und Freeman, 1955).
Wer benötigt eine Therapie mit derartigen Nebenwirkungen? Unglücklicherweise sind Theoretiker und Forscher von einer neuen Technik häufig trotz solch negativer oder bedenklicher Effekte unbeirrbar von ihr überzeugt. Trotz der oben aufgezeigten schädlichen Wirkungen glaubten die ersten Vertreter, daß fortgesetzte Bemühungen „das kritische Gebiet, die wichtigen Nervenfasern, die notwendigen Areale, die zu durchschneidenden Bahnen und die zu eliminierenden Gefahren“ entdecken würden (Freeman und Watts, 1942, S. 18).
Da neurochirurgische Eingriffe nicht mehr rückgängig gemacht werden können, wenn sie einmal vorgenommen worden sind, und da ihre Ergebnisse ungewiß sind, wendet man sie heute nur selten und nur als allerletztes Mittel an.

Somatische Therapie und das medizinische Modell

Jede somatische Therapie im Gebiet der Psychopathologie geht davon aus, daß ein körperlicher Eingriff den Verlauf psychologischer Prozesse ändern könne, entweder durch Korrektur der zugrundeliegenden chemischen Abnormitäten oder durch Beruhigung bzw. Stimulierung des Patienten zwecks Herstellung eines optimalen Erregungsniveaus. Hier wird den psychischen Störungen ein medizinisches Modell zugrunde gelegt (Abbildung 11-3).
Wie extrem eine medizinische Auffassung über Geistesstörungen werden kann, zeigen Auszüge vom British War Office Report über den „shell shock“ — einem ernsthaften Problem, an dem Fronttruppen im 1. Weltkrieg litten. Man vertrat eine Zeitlang die Ansicht, es handle sich um eine Gehirnstörung, die durch Erschütterung durch Explosionen entstanden sei.
Im 2. Weltkrieg wurde diese somatische Erklärung aufgegeben, und man gelangte zu der Auffassung, solche Symptome seien psychologischer Natur gewesen, die durch die Belastungen des Kampfes entstanden seien. Interessanterweise klagten die Soldaten des 2. Weltkrieges am meisten über gastrointestinale Störungen, während der Nervenschock im Sinne des „shell shock“ sehr selten war.
Problematisch beim Gebrauch des medizinischen Modells für die Beschreibung und

Behandlung von Verhaltensstörungen ist auch, daß die „Symptome" der „Krankheit" im Verhalten liegen und nicht somatischer Natur sind. Deshalb müssen auch die Veränderungen in der Terminologie des Verhaltens gefaßt werden. Verhaltensbeschreibungen sind aber den verzerrenden Einflüssen des Beobachters unterworfen. Viele Psychologen glauben, daß die vom Krankheitsmodell (*Krankheit, Heilung, Rückfall,* sogar *Patient*) abgeleiteten Ausdrücke nicht wirklich geeignet sind, um das zu beschreiben oder zu verstehen, was ihrer Meinung nach hauptsächlich ein verhaltenspsychologischer Prozeß ist. Einige Forscher verwerfen vollständig den „Mythos der Geisteskrankheit" (Szasz, 1961, 1965), der mehr Nach- als Vorteile mit sich gebracht hätte.

Mittlerweile geht die Suche nach objektiven somatischen Indikatoren der Psychopathologie als auch der „Heilung" weiter, indem nach Konsistenz in den Mustern der Gehirnströme oder in der chemischen Zusammensetzung des Blutes Ausschau gehalten wird. So berichteten Rappaport und Silvermann (1970), identifizierbare Muster von Gehirnströmen bei schizophrenen Patienten gefunden zu haben, die wahrscheinlich auf eine bestimmte Therapie ansprechen würden.

Natürlich können Drogen das Verhalten und psychische Prozesse verändern und zwar direkt als auch indirekt (indem sie die Erregung ändern und nervöse Erregungsübertragung erleichtern oder hemmen). Sie können ein Individuum so beeinflussen, daß es andere weniger stört oder daß es weniger ängstlich ist. In dem Maße, in dem normales Verhalten von einem intakten Gehirn und Nervensystem abhängt, werden somatische Mittel für die Wiederherstellung und Aufrechterhaltung normalen Verhaltens die somatischen Voraussetzungen für gesunde Anpassung schaffen. Aber in dem Ausmaß, in dem effektives Verhalten vom Lernen in einer sozialen Umgebung abhängt, ist zu erwarten, daß Wiederlernen

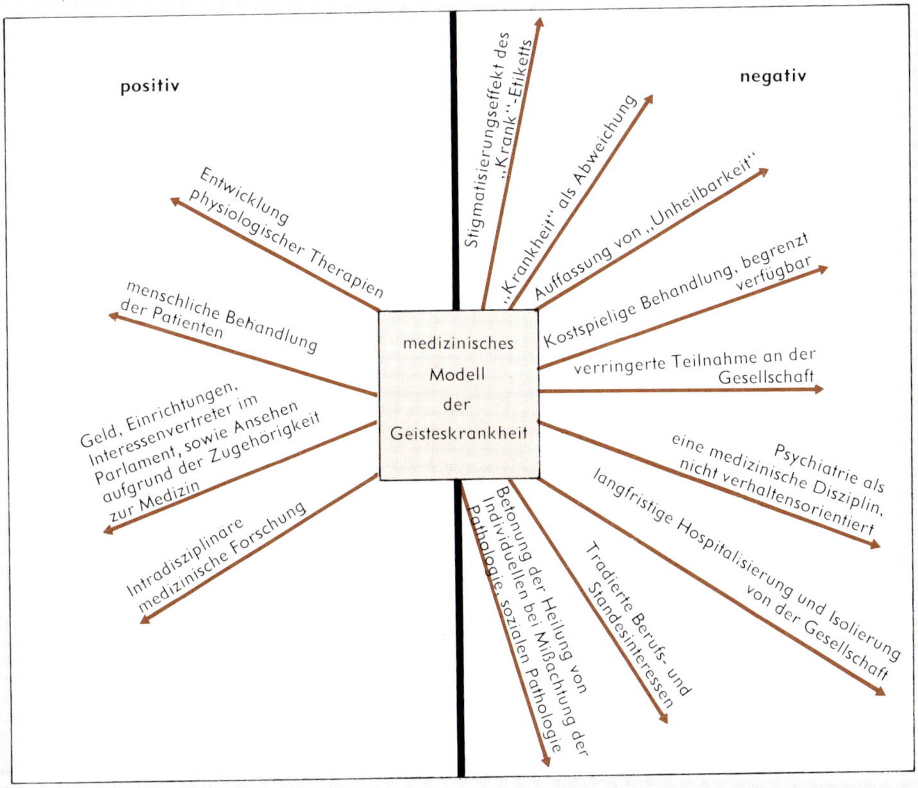

Abb. 11-3. Positive und negative Aspekte des Krankheitsmodells

und soziale Interaktion Teil der Therapie sein müssen, damit ein neues Verhaltensrepertoire aufgebaut wird. Und in dem Maße, in dem effektive Anpassung abhängt von der Wahrnehmung der eigenen Kontrolle über sich selbst und sein Geschick, muß eine Therapie diese Wahrnehmung schärfen. Ein Sich-Verlassen auf Pillen oder andere äußerlich applizierte somatische Mittel wirkt wahrscheinlich in die entgegengesetzte Richtung.

b Soziale Einsichtstherapie

Soziale Einsichtstherapien liefern eine Anzahl von Alternativen zum medizinischen Modell, das der physiologischen Therapie zugrunde liegt. Diese Therapien befassen sich mehr mit den Gedanken, Einstellungen und Gefühlen des Patienten als mit irgendeinem inneren physiologischen Prozeß oder mit dem äußeren (nicht-verbalen) Verhalten. Psychotherapien dieser Art versuchen meistens das Selbstbewußtsein und die Einsicht in die Ursachen der psychologischen Probleme zu fördern. Das Mittel hierfür ist die verbale Interaktion zwischen Therapeut und Klient oder zwischen einer Gruppe von Leuten und dem leitenden Therapeuten. Aus diesem Grund sind sie oft als *Gesprächstherapien* bezeichnet worden. Obwohl es viele Variationen in der Methodik und in der Zielsetzung unter den verschiedenen sozialen Einsichtstherapien gibt, konzentrieren sich alle auf das Gespräch.

Die sozial-verbalen Interaktionen zwischen Patient und Psychotherapeut betreffen das Prinzip der *Katharsis,* die Entladung emotionaler Spannung durch „Aussprechen" oder indem man seinen Frustrationen auf andere Art Ausdruck verleiht. Da die meisten Probleme, unter denen die Menschen leiden, psychologisch schmerzhafte Gedanken und Erfahrungen enthalten, ist Katharsis normalerweise ein langsamer Prozeß, und die ersten Sitzungen erscheinen häufig als unfruchtbar. Ist der Patient instruiert, über das zu sprechen, was ihn bekümmert, wird er zunächst an den oberflächlichen Aspekten seines Problems festhalten. In weiteren Sitzungen jedoch wird er in der Regel immer freier und dadurch fähiger, seine eigenen Probleme tiefer zu erforschen. Schließlich wird er über Erfahrungen und Emotionen berichten, die sowohl ihm als auch anderen bisher verborgen waren.

Psychoanalytische Therapie

Die psychoanalytische Therapie, so wie sie von Sigmund Freud entwickelt wurde, ist eine Technik zur Erforschung der unbewußten Motivation des Patienten. Besondere Bedeutung wird dem Konflikt und der Veränderung beigemessen, die aus Problemen auf den frühen Stufen der psychosexuellen Entwicklung stammen. Ihr Ziel ist, diese verdrängten Erinnerungen und Konflikte bewußt zu machen und dem Individuum zu helfen, sie entsprechend der Erwachsenen-Realität zu lösen. Solch ein Prozeß soll eine radikale Veränderung der zugrunde liegenden Persönlichkeitsstruktur des Patienten bewirken. Psychoanalytiker gebrauchen verschiedene Techniken, um verdrängte Konflikte bewußt zu machen und um dem Patienten bei der Lösung zu helfen. Dazu gehören freie Assoziation, Traumdeutung sowie Analyse der Widerstände und der Übertragung.

Analyse freier Assoziationen. Die freie Assoziation ist die wichtigste Verfahrensweise, um das Unbewußte zu analysieren und um verdrängte Inhalte offenzulegen. Der Patient sitzt bequem auf einem Stuhl oder liegt entspannt auf einer Couch. Er läßt seinen Gedanken freien Lauf, wobei er fortwährend von seinen Vorstellungen, Wünschen, körperlichen Empfindungen und geistigen Bildern, so wie sie gerade auftreten, berichtet. Er wird ermutigt, all seine Gedanken und Gefühle zu äußern, ohne Berücksichtigung, wie persönlich, schmerzhaft oder anscheinend unwichtig sie sind. Der Therapeut nimmt häufig hinter dem Patienten Platz, um ihn nicht abzulenken oder den Fluß der Assoziationen zu unterbrechen.

Freud behauptet, daß „freie Assoziationen einem bestimmten Ablauf unterworfen sind und nicht beliebig gewählt werden können". Die Aufgabe des Analytikers ist es, den innersten Kern der Assoziationen ausfindig zu machen und durch die Verhüllungen der verdrängten Triebe die „unteren neun Zehntel des Eisbergs" zu identifizieren (vgl. Abbildung 9-1).

Traumanalyse. Um weitere Klarheit über die unbewußte Motivation des Patienten zu erhalten, wenden Psychoanalytiker die Technik der Traumanalyse an. Im Schlaf trifft das Ich weniger Vorsichtsmaßnahmen gegen die unangenehmen Impulse des Es, so daß ein Motiv, das im wachen Zustand nicht geäußert werden kann, im Traum Ausdruck finden mag. Einige Motive sind jedoch für das Bewußte so unangenehm, daß sie nicht einmal in Träumen offen dargestellt werden können, sondern nur verkleidet oder symbolisch. So gibt es zwei Arten von Trauminhalt: Der *manifeste* (offen sichtbare) Inhalt des Traumes ist das, woran wir uns erinnern und worüber wir erzählen können. Er ist gewöhnlich nicht schmerzhaft und häufig sogar recht amüsant. Unter dem manifesten Inhalt ist der *latente* (verborgene) Inhalt. Das sind die tatsächlichen Motive, die zum Ausdruck kommen wollen, die für uns aber so schmerzhaft oder unangenehm sind, daß wir ihre Existenz nicht anerkennen wollen. Der Therapeut versucht diese verborgenen Motive aufzudecken, indem er die Symbole, die im manifesten Trauminhalt erscheinen, analysiert.

Die unbewußte Umwandlung des emotional schmerzhaften latenten Trauminhalts in einen weniger schmerzhaften manifesten nennt man *Traumarbeit.* Traumarbeit entstellt den Trauminhalt auf verschiedene Weise, wodurch die darin ausgedrückten Motive für den Träumenden weniger offensichtlich werden. So kann ein Student, der Angst hat, eine Prüfung nicht zu bestehen und von der Schule verwiesen zu werden, träumen, daß er sich einen Weg durch einen starken Schneesturm bahnt, während er von wilden Tieren verfolgt wird. Weniger entstellt wäre ein Traum, in dem eine Frau, die Feindseligkeit gegen ihren Mann verspürt, davon träumt, eine Ratte zu töten — die Bedeutung dieses Symbols wurde später aufgedeckt, da sie ihren Gatten häufig „die kleine Ratte" nannte.

Die freie Assoziation, ausgehend vom manifesten Trauminhalt, gibt dem Analytiker Hinweise auf den latenten Inhalt und ermöglicht ihm die Erklärung der wahren Bedeutung. Erfahrene Therapeuten, die mit den verschiedenen Entstellungen durch die Traumarbeit vertraut sind, können häufig einen Konflikt ausfindig machen, über den sich der Patient nicht bewußt ist. Der Gebrauch der Hypnose, um Träume *während* der Therapiesitzung zu ermöglichen, hat sich als effektiv herausgestellt, um Konfliktquellen aufzudecken und mit ihnen direkter umzugehen (Sacerdote, 1967).

Analyse der Widerstände. Während der freien Assoziation kann der Patient Widerstände zeigen, in Form von Unfähigkeit oder Widerwillen, bestimmte Gedanken, Wünsche oder Erfahrungen zu besprechen. Widerstände verhindern das Bewußtwerden verdrängter Sachverhalte, deren Erinnerung Unbehagen bereitet, zum Beispiel Inhalte, die mit dem Sexualleben oder mit feindlichen, beleidigenden Gefühlen gegen Eltern zusammenhängen. Manchmal zeigt sich der Widerstand, wenn der Patient zu spät zum vereinbarten Termin kommt oder ihn sogar „vergißt".

Werden solche Inhalte schließlich offen dargelegt, behauptet der Patient meistens, daß es zu belanglos, zu absurd, nicht zur Sache gehörig oder zu unangenehm ist, um es zu besprechen.

Der Psychoanalytiker der Freudschen Schule mißt solchen Themen, die der Patient *nicht* diskutieren will, besondere Bedeutung bei. Solche Widerstände faßt man auf als *Schranken* zwischen dem Unbewußten, in dem verdrängte Konflikte der psychischen Gesundheit schaden, und dem Bewußten, das rational vorgehen will. Sinn der Psychoanalyse ist, diese Widerstände abzubauen und den Patienten mit diesen schmerzhaften Gedanken, Wünschen und Erfahrungen zu konfrontieren. Der Abbau der Widerstände ist ein langer und schwieriger Prozeß, wird aber als unbedingt notwendig betrachtet, um das ganze Problem bewußt zu machen und damit auch zu lösen.

Analyse der Übertragung. Im Laufe der psychoanalytischen Behandlung entwickelt der Patient normalerweise eine emotionale Reaktion auf den Therapeuten, indem er ihn mit einer Person identifiziert, die im Mittelpunkt seiner früheren emotionalen Konflikte stand. Diese Phase der Therapie ist bekannt als *Übertragung.* In den meisten Fällen wird der Analytiker mit einem Elternteil oder einem Geliebten identifiziert. Die Übertragung nennt man *positive Übertragung,* wenn die Gefühle für den Therapeuten solche der Liebe oder Bewunderung sind, und *negative Übertragung,* wenn sie voll Feindschaft oder Neid sind. Häufig ist die Haltung des Patienten ambivalent, d. h. er hat sowohl positive wie auch negative Gefühle für den Therapeuten, so wie es Kinder häufig gegenüber ihren Eltern erleben.

Die Behandlung der Übertragung ist für den Analytiker schwierig und gefährlich, da der Patient leicht zu kränken ist; aber sie stellt einen wichtigen Teil der Therapie dar. Der Therapeut hilft dem Patienten die übertragenen Gefühle zu interpretieren und ihre Ursache in früheren Erfahrungen und Einstellungen zu suchen.

Es muß jedoch daran erinnert werden, daß der Therapeut kein perfekt programmierter objektiver Analysator dessen ist, was der Patient von

Auch Therapeuten sind Menschen

Wie das Fachurteil durch eigene persönliche Beteiligung des Therapeuten an den Problemen des Patienten gestört werden kann, zeigt sich an der Falldarstellung eines Psychiaters vor dem Krankenhauspersonal. (Kursive sind zur Betonung hinzugefügt worden.)

„*Ich* stelle Patient X in dieser Konferenz vor, da *ich* glaube, daß bei ihm besonders interessante Probleme für Diagnose und Therapie aufgeworfen werden. *Ich* glaube, er ist ein Grenzfall der Schizophrenie, der an einer akuten Identitäts-Verwirrung leidet. *Ich* würde gerne Ihr Urteil hören hinsichtlich der Rechtfertigung solcher diagnostischen Kategorien einschließlich der Dynamik und über das *Hauptproblem der Therapie,* nämlich die Schweigsamkeit und das Mißtrauen des Patienten."

„Beim ersten Interview war er ziemlich kooperativ, beantwortete die Fragen ziemlich leicht und schien eine Beziehung aufbauen zu wollen. Am folgenden Tag brachte er an der Tür zu meinem Arbeitszimmer einen Zettel an, worauf er seine homosexuellen Aktivitäten beschrieb. Nachdem ich ihm für die Nachricht gedankt hatte, sagte *ich* zu ihm: „Es ist schwierig zu einem Fremden zu sprechen", und versicherte ihm, er müsse nicht „alles" auf einmal enthüllen; es mag in der Tat Dinge geben, die er nie erzählen möchte, besonders da *ich* in zwei Monaten weggehen würde. *Ich* sagte dies, da *ich* einen gewissen Abstand zwischen uns haben wollte, damit sich der Patient frei fühlen würde, daß *ich* ihn nicht „ganz in Anspruch nehmen und unterdrücken wollte, wie es seine Eltern taten". So wurde *ich* weniger direktiv und die Interviews waren durch ihre Ruhe und die Aussagen des Patienten, er „könne hier gerade nicht sprechen", gekennzeichnet . . . Er schien sich zu fürchten und rationalisierte seine Furcht, indem er sagte, er könnte mit mir sprechen, „wenn er sich so fühlte" . . . und er projizierte, „als Sie meine Nachricht erwiderten, dachte ich, Sie fürchten mich wegen meiner Homosexualität". In späteren Interviews projizierte er sein Mißtrauen, indem er sagte: „Ich glaube nicht, daß Sie mich mögen, aber das macht nichts, da ich in jedem Fall mit Ihnen spreche, da Sie mein Arzt sind" . . .

„Er gab seiner Furcht vor einer Vertrautheit mit mir Ausdruck, als er sagte, er verstehe die Arzt-Patient-Beziehung so, daß der Arzt die Probleme des Patienten bespricht, als ob sie Gegenstände ohne Beziehung zum Menschen wären, und daß Ärzte nicht mit anderen Menschen zu nah in Berührung kommen. So sollte es für ihn sein."

Irgendein Kommentar? Wer projiziert und überträgt — Patient oder Therapeut?

sich gibt. Der Therapeut wird versuchen, „emotional unvoreingenommen" zu bleiben, aber er wird dennoch in seiner ganz persönlichen Art auf die Probleme des Patienten eingehen. In dieser intensiven Zweierbeziehung, die sich notwendigerweise ergibt, wenn sich zwei Personen jahrelang bis zu fünfmal die Woche treffen, um persönliche Probleme zu diskutieren, ist es für den Analytiker schwierig, immer psychologisch neutral zu reagieren.

Psychoanalytische Therapie seit Freud. Wie wir in Kapitel 9 gesehen haben, unterscheiden sich die Neo-Freudianer von Freud, weil sie der aktuellen sozialen Umgebung im Verhältnis zu den Kindheitserfahrungen relativ mehr Bedeutung beimessen. Der gleiche Unterschied erscheint auch in der neo-freudianischen Therapie, die gegenwärtige Situation des Patienten genauso wie seine vergangenen Erfahrungen zu verstehen. Die meisten neo-freudianischen Psychotherapeuten glauben auch, eine Heilung des Patienten nicht einfach durch Hilfe zum Verständnis seiner unbewußten Gefühle zu bewirken, sondern halten eine Führung des Patienten für notwendig, wenn er sich selbst und seine inadäquaten Verhaltensweisen ändert.

Freuds, und so ist es nicht überraschend, daß Konflikte als grundlegende Basis für neurotisches Verhalten ist heute auch in Frage gestellt worden, besonders in den nachfolgenden Zeiten. Viktorianische Zwänge und die allgemein akzeptierte religiöse Lehre von der Sünde erforderten eine Ableugnung der Sexualität zur Zeit Freuds, und so ist es nicht überraschend, daß die Unterdrückung der Sexualität ein allgemeines Problem seiner Patienten war. Auf Grund der starken Veränderungen in den sexuellen

Einstellungen, die seit einigen Jahren zu beobachten sind, ist sexuelle Unterdrückung weniger häufig Ursache für emotionale Störungen als „existentielle Krisen", Unfähigkeit, einen Sinn im Leben zu sehen, Charakterstörungen und Unfähigkeit, die sozialen Veränderungen zu verarbeiten.

Bewertung der psychoanalytischen Therapie. Man hat die Psychoanalyse häufig angegriffen wegen ihrer Verschlossenheit gegenüber Kritik und wegen mangelnder Überprüfbarkeit vieler Freudscher Konzepte und Hypothesen. Verhaltenstherapeuten haben eingewandt, daß die gegenwärtigen Probleme bei der Suche nach den vermutlich zugrundeliegenden Ursachen offensichtlich übersehen werden. Sie behaupten, daß das gegenwärtige Symptom auch das Problem *ist.* Mit welchem Recht, so fragen sie, kann der Psychoanalytiker bestimmen, was das „wirkliche" Problem des Patienten sei, während er das Problem, das der Patient behandelt haben will, beiseite schiebt.

Von einem praktischen Standpunkt aus ist die Psychoanalyse kritisiert worden, weil sie sehr viel Zeit und Geld vom Patienten verlange. Die Psychoanalyse will eine grundlegende und andauernde Persönlichkeitsveränderung bewirken, ein Ziel, das in der Regel mindestens zwei bis drei Jahre lang häufige Sitzungen mit dem Analytiker erfordert. Auch wenn es sich der Patient leisten kann, die nötige Zeit und das Geld für eine vollständige analytische Behandlung aufzubringen, sind die Ergebnisse nicht immer zufriedenstellend. Da der Erfolg der Psychoanalyse stark davon abhängt, ob der Patient eine tiefe persönliche Einsicht gewinnt, ist sie am besten geeignet für Leute mit überdurchschnittlicher Intelligenz und nicht zu starken Störungen wie zum Beispiel der Schizophrenie. Sie ist auch auf diejenigen zugeschnitten, die sprachlich begabt sind und sich selbst beobachten können, und für die, mit denen der *Analytiker* eine lange Zeit hindurch eine enge Beziehung aufrechterhalten kann.

Die wichtigste Frage ist natürlich, ob die Psychoanalyse tatsächlich die angestrebten Veränderungen bewirkt. Obwohl die Problematik des Heilungskriteriums am Ende dieses Kapitels ausführlicher behandelt wird, wollen wir hier doch einen instruktiven Probebereich besprechen und bewerten.

Ein Psychoanalytiker untersuchte 28 chronische Neurotiker, die er 8 bis 24 Jahre früher, durchschnittlich $2\frac{1}{4}$ Jahre lang, behandelt hatte. Ziel dieser Studie war, bleibende Persönlichkeitsveränderungen zu beurteilen — nach Angaben der Patienten selbst, dem Urteil des Analytikers und den Urteilen objektiver Beobachter einige Zeit nach Abschluß der Behandlung.

Die beständigsten Persönlichkeitsveränderungen, die von den Patienten genannt wurden, betrafen zwischenmenschliche Beziehungen. So berichteten Patienten von dauerhaften Verbesserungen im Umgang mit anderen Leuten, in ihrem Arbeitsvermögen, in der Freude an der Arbeit sowie in der Bereitschaft, am Leben und im Sexualbereich Gefallen zu haben. Im Gegensatz zur geläufigen Meinung stellte man fest, daß die Beseitigung neurotischer sexueller Hemmungen nicht dazu führte, daß die Patienten soziale Einschränkungen mißachteten, sondern daß sie dadurch eher von der Zwanghaftigkeit der sexuellen Bedürfnisse befreit wurden. 12 Patienten berichteten von einer beständigen Veränderung in der Realitätswahrnehmung, wobei sie Ausdrücke gebrauchten, wie „eine andere Art der Wahrnehmung", „eine reichere Skala an Erfahrungen", „Ich bin aus dem Nebel gekommen".

Man fand, daß die Analyse merklich auf die Persönlichkeit wirkte, auch wenn sich die Symptome nicht geändert hatten. Der Psychoanalytiker beurteilte die Ergebnisse folgendermaßen: 7 Fälle sehr zufriedenstellend, 15 zufriedenstellend, 2 unzufriedenstellend, 4 unklar. Von den Patienten selbst beurteilten 10 die Ergebnisse als sehr zufriedenstellend, 3 zwischen sehr zufriedenstellend und zufriedenstellend, 12 als zufriedenstellend, 2 gaben ungenaue Antworten und 1 bemerkte, daß die Ergebnisse unbefriedigend bezüglich seiner Homosexualität seien, sonst aber zufriedenstellend (Schjelderup, 1955).

Offensichtlich sind die verbalen Berichte der Patienten oder die globale Beurteilung durch den Therapeuten kaum objektive Daten, auf denen die Beurteilung einer Behandlung basieren kann. Ohne Kontrollgruppen für die Bewertung natürlich auftretender Verbesserungen, ohne zuverlässige Kriterien, die nicht durch Einstellungen und Placebo-Effekt beeinflußt werden, können wir die behaupteten „Erfolge" nicht angemessen beurteilen.

Andere Einzeltherapien

Wegen des Zeitaufwandes, der Kosten und des Umfangs der psychoanalytischen Therapie ist es nicht verwunderlich, daß Anstrengungen zur

Kürzung oder Vereinfachung der Behandlung gemacht wurden. Es gibt zu viele Abwandlungen und Alternativen der Behandlung, als daß man sie hier darstellen könnte, aber eine Auswahl davon soll einige der wichtigsten Unterschiede aufzeigen.

Direktive Beratung. Direktive Beratung ist die einfachste und kürzeste Art der Psychotherapie. Hier liefert der Therapeut offene Antworten auf Probleme, die den Klienten bewußt quälen. Direktive Beratung führen Lehrer, Pfarrer, Ärzte, Sozialarbeiter, Richter und Berufsberater genauso wie Mitarbeiter ärztlicher Beratungsstellen durch. Sie besteht aus Beruhigung, Vorschlägen, Interpretation, Befragung und Vergabe von Informationen.

Beratungen dieser Art sind wertvoll, besonders weil sie schnell Lösungen für vielerlei Probleme anbieten. In den Fällen jedoch, die mehr als nur Rat und Ermutigung bedürfen, liegen ihre Grenzen. Sie mag sogar nachteilig sein, wenn der Betroffene dadurch ermutigt wird, sich bei der Lösung seiner Probleme auf andere zu verlassen, oder wenn dadurch die Behandlung ernster emotionaler Störungen verzögert oder behindert wird.

Klienten-zentrierte Therapie. Eine vollständig *nicht*-direktive Technik ist die klienten-zentrierte Therapie, die weitgehend von Carl Rogers entwickelt wurde. Nicht-direktive Therapie basiert auf der Voraussetzung, daß eine ausreichend motivierte Person das eigene Problem bewältigen kann, wenn sie sich genügend von Selbsttäuschung und Furcht vor der Erkennung des Problems befreien kann. Dementsprechend wird der Patient im Interview ermutigt, frei über irgendetwas zu sprechen, was ihn quält, und das Problem nach eigenem Gutdünken anzugehen. Der Therapeut lobt und tadelt nicht, sondern akzeptiert alles, was auch immer gesagt wird, vielleicht wiederholt er es oder hilft dem Klienten, sich über seine eigenen Reaktionen klar zu werden.

Die theoretische Annahme der nicht-direktiven Therapie ist, daß es dem Patienten durch „Aussprechen" in permissiver Atmosphäre von alleine gelingen wird, gewisse Beziehungen zwischen seinen Gefühlen und seinem Verhalten zu sehen. Therapie wird allgemein als „Wachstumsprozeß" betrachtet, wobei der Patient seine eigenen Fähigkeiten nützt, um zu einer reiferen emotionalen Einstellung zu gelangen. Der Klient ist von Anfang an für sein eigenes Verhalten und seine eigenen Entscheidungen, genauso wie für den Verlauf der Therapie verantwortlich. Der Gedanke, „der Therapeut weiß es am besten", fehlt bei dieser Therapieform vollständig. Äußerlich betrachtet hat der Therapeut die Aufgabe, die vom Patienten geäußerten Gefühle zu „reflektieren". Von größter Bedeutung sind wahrscheinlich aber die verständnisvolle Haltung und die Anteilnahme des Therapeuten, die dem Klienten helfen, das Selbstvertrauen und die Kraft für schwierige Probleme zu entwickeln.

Der folgende Fall veranschaulicht das Vorgehen bei der nicht-direktiven Therapie und die charakteristische graduelle Veränderung von negativen zu positiven Gefühlen.

Maria Johanna Tilden (ein Pseudonym), 20 Jahre alt, wurde von ihrer Mutter zum Therapeuten gebracht. Sie schien vom Leben zurückgezogen, wobei sie den größten Teil des Tages schlafend, Radio hörend oder vor sich hin träumend verbrachte. Sie hatte ihren Beruf und alle Kontakte aufgegeben; nur selten nahm sie sich die Mühe, sich anzukleiden. Das erste Interview war vollkommen negativ, außer ihrer Zusage, zu weiterer Behandlung.

Frl. T.: „. . . Vor allem wenn ich mich mit anderen Mädchen vergleiche — ich fühle mich dazu überhaupt nicht in der Lage . . . sie machen immer einen so normalen Eindruck, und sie schlugen den Weg ein, den jedermann einschlagen sollte. Und wenn ich über mich selbst nachdachte, glaubte ich, „um Gottes willen, ich komme noch nicht einmal in die Nähe davon". Und es war ein schwerer Schlag, als — ich bemerkte gerade, daß es mit mir nicht vorwärts ging auf dem Weg, den ich gehen sollte — ich meine, ich kam einfach nicht voran."

Therapeut: „Es war nicht, daß Sie eifersüchtig waren, sondern daß Sie allmählich bemerkten, daß die anderen für Neues bereit waren, Sie selbst jedoch nicht." . . .

Frl. T.: „. . . Ich scheine immer Rückschritte zu machen. Ich sehe wirklich keinen Grund, warum ich leben sollte . . . Es ist komisch, für alle anderen sehe ich Gründe, aber für mich — ich glaube an die Fähigkeiten anderer Leute, aber bei mir kann ich keine finden."

Th.: „Sie können verstehen, warum andere Menschen leben wollen, aber für Sie selbst sehen Sie keinen Grund." . . .

Frl. T.: „. . . Es gibt etwas, worüber ich mir nicht klar werden kann — ich habe versucht, darauf zu kommen — was wäre, wenn ich diese Richtung einschlagen würde? Was will ich wirklich? Auch wenn ich intensiv über mich nachdenke, kann ich nicht erkennen, was ich wirklich will. Nur wenn ich sehe, was andere Leute wollen, glaube ich, daß es das sein könnte, was ich will. Es ist eigenartig und es gefällt mir nicht. Deshalb habe ich das Gefühl — daß — daß ich nicht das tun kann, was ich tun will, da ich gar nicht wirklich weiß, was ich will."

Th.: „Sie halten es nach dem bisher Erreichten für das beste, einfach ein Ziel zu nehmen, das für einen anderen gut ist. Aber Sie glauben nicht, daß es irgendeinen realen Gewinn gibt, den Sie wirklich wollen." . . .

Während des 5. Interviews berichtete Frl. T. über ihre ersten Versuche zur Verbesserung ihrer Situation, aber mit vielen Vorbehalten. Im 8. Interview fing sie an, ihr Verhalten objektiver zu betrachten.

Frl. T.: „. . . Wenn man aus einer Familie kommt, in der der Bruder aufs College gegangen ist, und jeder intelligent ist, stellt sich für mich die Frage, ob es nicht richtiger ist, mich so zu sehen, wie ich bin: nämlich nicht fähig, diese Dinge zu erreichen. Ich habe immer versucht, so zu sein, wie es andere haben wollten; aber jetzt frage ich mich, ob ich mich nicht so sehen sollte, wie ich bin."

Th.: „Sie fühlen, daß Sie in der Vergangenheit nach den Vorstellungen anderer gelebt haben, und momentan sind Sie sich nicht sicher, was zu tun richtig ist. Aber allmählich fühlen Sie, daß es am besten für Sie wäre, sich selbst so zu akzeptieren, wie Sie wirklich sind." . . .

Frl. T.: „Ja, das stimmt wohl. Ich weiß nicht, was mich so sehr verändert hat. Doch, ich weiß es. Diese Gespräche haben mir stark geholfen; und dann noch die Bücher, die ich gelesen habe. Ich habe gerade einen solchen Unterschied bemerkt. Ich stelle fest, daß meine Gefühle von mehr Gleichmut begleitet werden, sogar wenn ich Haß fühle. Es macht mir nichts aus. Ich fühle mich irgendwie freier. Ich fühle mich nicht mehr irgendwelcher Dinge schuldig" (Rogers, 1947).

Im Verlauf der Therapie gelang es der Klientin sehr gut, für sich selbst ein neues Verständnis zu entwickeln und ihre eigene Person zu bejahen. Von da an war die Anpassung ans Leben zufriedenstellender. Es kam nicht plötzlich, und es gab auch Rückschritte, aber die allgemeine Besserung war unverkennbar. Man beachte, daß der Therapeut zu keiner Zeit eine Entscheidung erzwang. Er führte keine neuen Gedanken ein, gab keine Ratschläge oder Beruhigungen oder moralische Ermahnungen. Er versuchte lediglich, die Gefühle und Einstellungen der Klientin zu reflektieren und klarzustellen, so daß sie sich selbst besser verstehen konnte.

Existentielle Psychotherapie. Eine andere Form der Behandlung, die *existentielle Psychotherapie,* ist keine einheitliche Theorie, sondern sie wurde zum gleichen Zeitpunkt unabhängig voneinander von mehreren Europäern entwickelt, die mit der orthodoxen Psychoanalyse unzufrieden waren (May, 1958). Diese Psychiater und Psychologen bemerkten, daß das derzeit häufigste Problem ein Gefühl der Entfremdung von der Umgebung, ein Verlust des Identitäts- oder Zugehörigkeitsgefühls war. Sie glaubten, daß durch die Psychoanalyse das Problem häufig größer wurde, da sie den Menschen noch mehr von seiner Umgebung ablenkten. Sie erwarteten sich auch vom Existentialismus eine Lösung des Leib-Seele-Problems, indem sie die Erlebnisse des Individuums (anstatt der körperlichen Ereignisse) als die grundlegende Wirklichkeit betrachteten.

Die existentialistische Persönlichkeitstheorie betont die Bedeutung individueller Wahl. Im erbarmungslosen und unerbittlichen Kampf des Lebens hält man die Freiheit des Menschen für absolut; die eigenen Entscheidungen bestimmen, was man sein wird. Deshalb sucht der existentielle Therapeut nach der ursprünglichen oder grundlegenden Entscheidung, die zum unangepaßten Verhalten geführt hat (Muuss, 1956).

Eine Schule der existentiellen Analyse, die *Logotherapie,* konzentriert sich auf das Bedürfnis des Menschen, einen Sinn im Leben zu sehen. Das „Verlangen nach einem Sinn" wird als das menschlichste Phänomen überhaupt angesehen, als die Eigenschaft, die ihn am meisten von den Tieren unterscheidet. Sie betonen Nietzsches Feststellung: „Derjenige, der ein Warum des Lebens begreift, überwindet fast jedes Wie". Der Mensch findet das „Warum" durch Selbstverwirklichung, die sich zusammensetzt einerseits aus der Freiheit, die Richtung des Handelns zu bestimmen, und andererseits aus der Verantwortung, so zu handeln, daß die ethischen Werte gefördert werden. Die Logotherapie legt besonderen Wert auf die Entwicklung geistiger und ethischer Werte (Weisskopf-Joelson, 1955).

Der existentielle Analytiker neigt dazu, seine Technik von Patient zu Patient zu verändern, da er eine flexible Haltung für notwendig erachtet. Deshalb ist auch die Vorgehensweise der existentiellen Psychotherapie weniger klar definiert als bei anderen Therapien.

Integrationstherapie. Hobart Mowrer glaubt, daß der neurotische Patient an einem moralischen Defizit leidet, weil seine Schwierigkeiten nicht von äußeren Hemmnissen stammen, sondern von verborgenen antisozialen Aktionen. Mowrers Methode der *Integrationstherapie* lehrt die Konsequenzen der Handlungen zu ertragen, anstatt Eltern oder anderen die Schuld an den Schwierigkeiten zu geben. Er ruft keine neuen unterschiedlichen moralischen Werte auf den Plan, sondern tritt für eine größere Treue gegenüber den bereits akzeptierten, aber mangelhaft befolgten Werten ein. Er glaubt, daß in Zukunft bei der Behandlung des emotional Kranken Schuld, Geständnis und Buße ernst genommen werden müssen.

Mowrer und Mitarbeiter glauben nicht, daß die Ursache-Wirkung-Beziehung, die der Stimulus-Reaktions-Gleichung zugrunde liegt, eine adäquate Erklärung für das menschliche Verhalten darstellt. Beim Menschen muß zwischen S und R etwas anderes intervenieren, nämlich *persönliche Verantwortung.* Das ist der Hauptgedanke. Um dem Patienten zu helfen, die Verantwortung wieder zu entdecken und zu akzeptieren, bedient man sich hier der Gruppentherapie, wo man frühere Missetaten offen gesteht, sie bereut und die Strafe annimmt, die man für seine Sünden *verdient.*

Neurosen sind Formen eines „Sündenzustandes", wie ihn die Religionen beschreiben. Zur Überwindung dessen wird dem Unbewußten wenig Bedeutung beigemessen, da die Entwicklung eines Gefühls für aktive Verantwortung das bedeutendste Ziel ist (Mowrer, 1964).

Es ist wahrscheinlich, daß Geständnis und Buße tatsächlich wirksame Mittel sind, damit sich der Betroffene von Schuld befreit, „unbelastet" und „geläutert" fühlt, wie man den Aussagen katholischer Studenten nach der religiösen Beichte entnehmen kann. Ebenso ist die Übernahme von Verantwortung für seine eigenen Handlungen eine notwendige Komponente der Reife; dies ist auch ein Ziel bei anderen Therapien. Jedoch scheint es ziemlich unwahrscheinlich, daß Schuld die Grundlage aller psychischen Störungen ist, daß alle Patienten ihrer Schuld Ausdruck geben können und daß allein dadurch die Persönlichkeit und Verhaltensstörungen geändert werden. Außerdem kann das Schuldgefühl einfach dadurch zunehmen, daß man verschiedene Verhaltensweisen und Erfahrungen als „sündhaft" bezeichnet.

Rationale Psychotherapie. Vertreter dieser Methode glauben, daß die meisten Neurotiker ihr irrationales Verhalten fortsetzen, weil sie sich selbst andauernd irrationale Dinge in einer Art Selbst-Dialog vorsagen; die Elemente davon müssen ans Licht gebracht werden. Zu den gebräuchlichsten irrationalen Gedanken, die von Eltern geweckt werden oder kulturell bedingt sind, gehört der deprimierende Gedanke, nicht sehr erfolgreich zu sein; weiterhin, daß es lebenswichtig sei, von jedermann geliebt und geschätzt zu werden, und daß man sich auf den Stärkeren verlassen sollte. Der Therapeut hilft dem Patienten, den irrationalen Dialog aufzudecken und in einen rationalen umzuwandeln: daß man zum Beispiel trotz gelegentlicher Mißbilligungen von anderen glücklich sein kann. Er ermutigt den Patienten auch, seine neuen Gedanken zu verwirklichen, auch wenn dieser Prozeß schmerzhaft sein kann.

Im Fall eines depressiven und zum Alkohol neigenden Patienten zeigte sich, daß er die Kunst der Glasmalerei erlernen wollte; dies war jedoch nur möglich, wenn er seine momentane Stelle beibehielt. Andererseits mußte er hier ziemlich viel Büroarbeit erledigen, die ihm nicht behagte. Deshalb versuchte er, diese Arbeit zu vermeiden und verübelte seinem Chef, daß er sie tun mußte. Durch den Therapeuten merkte er, daß er zu sich selbst sagte:

„Mein Chef läßt mich Bestandsverzeichnisse erstellen. Ich mache das nicht gern . . . Weil er mich dies tun läßt, ist er ein Schuft . . . Ich werde ihn hinters Licht führen und mich davor drücken . . . Und dann bin ich zufriedener."

Weil diese Gedanken so absurd waren, daß der Klient nicht wirklich daran glauben konnte, fügte er noch folgendes hinzu: „Ich hintergehe meinen Chef nicht wirklich; er sieht ja, was ich tue . . . Deshalb sollte ich eigentlich diesen Unsinn beenden und das Bestandsverzeichnis fertig machen. . . . Der Teufel solls holen, wenn ich es für ihn mache! . . . Aber ich werde gefeuert, wenn ich es nicht erledige . . . Warum ausgerechnet ich? . . . Und warum muß ich immer wieder in der Klemme stecken? . . . Ich bin wohl nicht tüchtig genug . . . Und die Leute sind gegen mich . . . Wozu soll das gut sein?" Der Therapeut schlug dem Patienten vor, daß er anstelle dieser Sätze, die zu einem Teufelskreis von Depression zu Verärgerung und wieder zur Depression führten, sich selbst etwa folgendes sagen sollte: „Bestandslisten machen ist langweilig ... Aber gegenwärtig ist es ein wichtiger Teil meiner Arbeit ... Und vielleicht lerne ich dabei etwas ... Deshalb wäre es für mich das Optimale herauszuholen." So konnte erledigen und dadurch aus dieser Arbeit für mich das optimale herauszuholen." So konnte der Therapeut mit dem Problem, keine Bestandslisten anfertigen zu wollen, die allgemeine Neurose des Patienten veranschaulichen und ihm zur Einsicht verhelfen, daß sein Alkoholismus auch eine Form der Vermeidung von Verantwortung für sich selbst sei. Schließlich konnte der Klient verstehen, wie wichtig es ist, Unvermeidliches anzunehmen, ohne anderen dafür Vorwürfe zu machen, und konnte dadurch auch seine Neurose überwinden (Ellis, 1958).

Die Wirksamkeit der rationalen Therapie wurde mit der von traditionelleren Techniken verglichen, wobei der Therapeut selbst die verschiedenen Methoden benutzte. Er begann als orthodoxer Psychoanalytiker und entschied sich schließlich für die rationale Therapie.

Da er sorgfältig alle Unterlagen seiner Fälle aufgehoben hatte, konnte er 78 Fälle mit rationaler Therapie mit 78 Fällen mit psychoanalytisch orientierter Therapie vergleichen, wobei jede Gruppe 61 Neurotiker und 7 Grenzfall-Psychotiker enthielt. Darüber hinaus gab es noch 16 Fälle, die mit orthodoxer Psychoanalyse behandelt wurden. Die nachfolgende Tabelle zeigt den Prozentsatz der Patienten, bei denen mit Hilfe der verschiedenen Behandlungsmethoden Besserungen erzielt wurden.

Tabelle 11-2. *Therapieerfolg*

	sehr deutliche Besserung	ansehnliche Besserung	geringe oder keine Besserung
orthodoxe Psychoanalyse	37 %	13 %	50 %
psychoanalytisch orientierte Therapie	45 %	18 %	37 %
rationale Therapie	46 %	44 %	10 %

Die rationale Therapie war offensichtlich den beiden anderen Methoden überlegen. Sie funktionierte am besten bei ziemlich intelligenten und jungen Personen mit relativ leichten Störungen. Es ergab sich kein Hinweis darauf, daß sie für eine bestimmte Art von Störung besonders geeignet sei (Ellis, 1957).

Diese Ergebnisse muß man mit Vorsicht betrachten, weil sich auch der Therapeut laufend korrigierte. Vielleicht drücken sie einfach die zunehmende therapeutische Fertigkeit aus, oder vielleicht ändert sich auch der Therapeut, weil *er* die beiden ersten Methoden nicht erfolgreich benutzte. Oder es mag sein, daß er einfach das fand, was er erwartete und finden wollte: größerer Erfolg für die von ihm bevorzugte Methode. Eine Beurteilung der Besserung durch eine unabhängige Person, die nicht wußte, wer mit welcher Methode behandelt wurde, hätte eine objektivere Überprüfung ermöglicht.

Kognitive Attributionstherapie. In manchen Fällen scheint das Problem des Patienten nicht so sehr in seinen Symptomen und Gefühlen zu liegen, als in der *Bedeutung,* die er ihnen beimißt. Versucht er die Ursachen für unbefriedigende soziale Beziehungen oder irrationale Gefühle zu finden, schreibt er sich selbst nichtvorhandene Abnormitäten zu.

Die folgende Fallstudie veranschaulicht, wie sehr Depression und Angst durch die Deutung verstärkt werden können, die zu den Symptomen hinzuinterpretiert wird.

Der Klient, ein lediger 25jähriger Mann, kam zur Therapie, weil er dachte, homosexuell zu sein. Er war äußerst beunruhigt bei diesem Gedanken und fand sich selbst häufig angsterfüllt und depressiv. Seine angenommene homosexuelle Eigenschaft basierte auf verschiedenen Beobachtungen. Der Sexualverkehr war unbefriedigend; er bemerkte, daß er häufig auf die Schrittgegend anderer Männer schaute; und er glaubte, sein Penis sei ungewöhnlich klein. Gerade diese letzte Annahme schien die Hauptquelle seiner Schwierigkeiten zu sein.

Die Therapie begann mit einer Erklärung optischer Gesetze, nämlich daß Objekte von oben gesehen, die in der gleichen Ebene wie die Sichtlinie liegen, kleiner erscheinen. Der Klient mußte sich dann in einem Spiegel betrachten. So konnte er überzeugt werden, daß seine Genitalien von „normaler" Größe waren. Der Therapeut erklärte auch, daß die Blicke des Klienten auf die Schrittgegend anderer Männer eine natürliche Folgeerscheinung seiner Sorgen über die Größe der eigenen Genitalien waren. Der Klient wurde so überzeugt, daß sein Verhalten lediglich ein Zeichen des Selbstvergleichs mit anderen sei und nicht der Homosexualität. Schließlich wurde ihm erklärt, daß seine unbefriedigenden sexuellen Erfahrungen keine Folge eines inadäquaten heterosexuellen Interesses seien, sondern daß sie eine „normale“ Konsequenz seiner Angst vor möglicher ungenügender Funktionsfähigkeit seien. Solche Diskussionen beseitigten schließlich die Symptome, dessentwegen der Klient die Therapie begonnen hatte. Er betrachtete sich nicht länger als homosexuell und seine Angst und Depressionen wurden weitgehend verringert (Neale, 1970).

Die Veränderung von Merkmalen, die sich der Patient zuschreibt, ist ein Nebenprodukt der meisten Therapien. Erst wenn der Patient seine Probleme offen diskutieren kann und die positiven Folgen seines offenen Verhaltens sieht, hört er auf, sich selbst als unabänderlich schlecht oder minderwertig zu betrachten. Statt dessen sieht er sein Verhalten als weniger grotesk, mehr der Regel entsprechend und häufig durch seine eigenen Fehlinterpretationen herbeigeführt.

Es ist hinreichend bekannt, daß Furcht das Verhalten stört und das Erreichen eines Zieles verhindert, so daß der Betroffene noch verstörter wird. Wenn er zusätzlich eine Erklärung für seine Furcht hat, wird er sich selbst wahrscheinlich als unterschiedlich von allen anderen betrachten: entweder als „nicht normal“ oder als „nicht denkfähig“. Jemand, der eine unerklärliche Erregung fühlt, kann sowohl euphorisch wie verärgert werden, je nachdem, wie sich die Leute um ihn herum verhalten (Schachter und Singer, 1962). Was würde geschehen, wenn man jemanden mit einer starken irrationalen Furcht eine falsche Erklärung für seine Erregung geben würde, so daß er sie als das logische Ergebnis einer tatsächlich harmlosen Situation interpretieren kann? Diese Methode ist benutzt worden, um Patienten zu helfen, spezifische Furcht zu bewältigen.

In einer Reihe von Untersuchungen ließ man Versuchspersonen, die einen Elektroreiz erwarteten, in dem Glauben, ihre physiologische Erregung entspräche entweder den Nebenwirkungen einer vorher eingenommenen Pille oder sei auf ein lautes Geräusch zurückzuführen. Wurden ihre furchtsamen Erregungen einer solch objektiven, nicht emotional bedingten Ursache zugeschrieben, dann reagierten sie auch auf den Schock weniger emotional. Im Vergleich zu Kontrollgruppen, denen diese falsche Interpretation nicht gegeben wurde, ertrugen sie stärkere Schocks und gaben weniger Schmerz an (Nisbett und Schachter, 1966). Sie zeigten auch eine bessere Anpassung bei Aufgaben, die Konflikte erzeugten (Ross, Rodin und Zimbardo, 1969).

Weiblichen Personen mit einer Rattenphobie gelang es viel häufiger, sich einer Labor-Ratte anzunähern und sie anzufassen, wenn man sie glauben ließ, daß die erlebten emotionalen Reaktionen durch eine neue Droge verursacht seien, die hinsichtlich ihrer Wirkungen auf die Sehschärfe getestet wurde. Diese Untersuchung verleiht der Ansicht der therapeutischen Wirksamkeit solcher „falscher“ Interpretationen Unterstützung, weil hier ein doppel-blindes Verfahren und eine operationale Definition der Furcht-Reduktion, nämlich Annäherung und Angreifen des phobischen Objekts, der Ratte, gebraucht wurden (Fraser, 1971).

Hypnotherapie. Berichte über die Anwendung der Hypnose zur Linderung von Schmerz, Angst, Konversionsreaktionen und anderen Symptomen gibt es seit dem Altertum. Ein systematisches Interesse an der Entwicklung der Hypnose als therapeutisches Instrument für die Behandlung emotionaler Störungen besteht jedoch erst seit dem 2. Weltkrieg. Von da an hat man die Hypnose sowohl in der Forschung als auch in der Ausbildung und klinischen Anwendung mit steigender Häufigkeit benutzt.

Die Hypnose auf sich allein gestellt ist noch keine Therapie. Sie wird eher zusätzlich zu einer Reihe von anderen therapeutischen Vorgehensweisen angewandt. Gegenwärtig wird sie bei allen Formen der Psychotherapie eingesetzt, angefangen bei der Psychoanalyse über die Schocktherapie bis zur Pharmakotherapie (Kroger, 1963; Schneck, 1959). Sie eignet sich besonders für psychosomatische Erkrankungen, phobische Reaktionen und psychisch bedingte Schwierigkeiten beim Lesen, Sprechen oder Lernen. Sie wird ebenfalls bei neurotischen und sogar bei psychotischen Patienten angewandt. Häufig werden Patienten an den Hypnosetherapeuten überwiesen, nachdem sie sich gegen andere Therapien resistent gezeigt hatten. Dadurch wird die Beurteilung der Wirksamkeit der Hypnotherapie problematischer als bei anderen Therapien. Und weil die Hypnose eine Zusatztherapie ist, muß ihre therapeutische Effektivität in Verbindung mit den anderen Behandlungen beurteilt werden.

Am häufigsten wird die Hypnotherapie bei der Altersregression gebraucht, wobei lang vergessene Kindheitsereignisse wieder ans Licht gebracht werden (Abbildung 11-4). Andere Techniken, die häufig mit der Hypnotherapie verbunden werden, sind Induktion von Träumen, Beeinflussung und Ausarbeitung normaler Träume, Altersprogression, Zeitverzerrung, Phantasieproduktion, tiefe Entspannung und Erhöhung des nichtverbalen sensorischen Bewußtseins (Wolberg, 1959). Die geschickte Anwendung der Hypnotherapie setzt sowohl eine Ausbildung in Psychotherapie als auch in den hypnotischen Techniken voraus. Unglücklicherweise scheint die Hypnose heute noch etwas mit der Aura der Schwarzen Kunst behaftet zu sein. Wegen der Befürchtungen der Patienten und der Abneigung der Therapeuten, mit ihr zu experimentieren, ist sie nicht so weit verbreitet wie sie sein könnte.

Bewertung der individuellen Psychotherapien. Die Kritik der beschriebenen und verwandten Psychotherapien hat sich auf ihren beschränkten Anwendungsbereich, ihre Exklusivität und ihre fragwürdigen Behauptungen hinsichtlich der Effektivität bezogen. Jede Behandlung mit besonderen Techniken, die von einem beruflich ausgebildeten Therapeuten in einem Eins-zu-Eins-Verhältnis über einen langen Zeitraum hinweg durchgeführt wird, ist zwangsläufig in ihrer Brauchbarkeit eingeschränkt. Die Ausbildung der Therapeuten ist teuer und langwierig und erfordert Fachleute als Lehrer. Dadurch wird die Zahl der möglichen Therapeuten gering gehalten. Auch erfordern alle beschriebenen Therapien besonderes Einfühlungsvermögen und umfassende intellektuelle Fähigkeiten vom Therapeuten. Diese Voraussetzungen bedingten unvermeidlich eine beträchtliche Variabilität hinsichtlich der Effektivität, sogar zwischen Therapeuten, die die gleiche Richtung vertreten. Es ist auch noch nicht klar, wie stark die Erwartungen des Therapeuten den Patienten dahin bringen, daß er Dinge feststellt, die er in Übereinstimmung mit der Theorie auch feststellen soll. Sogar bei der nicht-direktiven Therapie ist es für den Therapeuten schwierig, jede Interaktion zu vermeiden, damit er den Patienten auch nicht in subtiler Weise verstärkt, wenn er sich dem klinischen Zustand nähert, der als Kriterium für Besserung oder Heilung benutzt wird.

Konventionelle Psychotherapien sind unerreichbar oder unwirksam für viele Teile der Bevölkerung, nämlich für die Armen, Ungebildeten, Unintelligenten, Sprachschwachen, Süchtigen, Psychopathen und für die Psychotiker. Überdies verringert sich die Zahl der Patienten, die die Therapie beenden, sehr stark, da bis zu 60 % von denen, die einen Psychotherapeuten konsultieren, die Behandlung nach einigen einleitenden Besuchen abbrechen (Kirtner und Cartwright, 1958). Von denen, die bis zum Ende durchhalten, zeigen etwa 60 bis 70 % eine Besserung, gleichgültig, welche Therapie durchgeführt wurde (Frank et al., 1957).

Abb. 11-4. Ganz oben sieht man die normale Handschrift der Probandin, darunter ihre Schrift unter Hypnose mit der Vorstellung, sie sei 10, dann mit der Vorstellung, sie sei 6 Jahre alt. Ließ man sie an noch frühere Altersstufen denken, dann entstand ein unverständliches Gekritzel wie von einem Vorschulkind

Schließlich wurde die Kritik laut, daß die Psychotherapie eine teure Methode zum Erwerb einer vorübergehenden Bindung sei (Schofield, 1964). Daß dieser Aspekt grundsätzlich wichtig für den Erfolg einer Therapie ist, zeigt eine Untersuchung über die „Kraft der Freundschaft“. Psychotische Patienten, die 5 Monate lang von unausgebildeten, unerfahrenen Studenten „behandelt“ wurden, zeigten eindrucksvollere Besserungen als vergleichbare Patienten, die entweder keine Behandlung oder

Gruppenbehandlung durch einen Psychiater oder psychiatrischen Sozialarbeiter erhielten (Posner, 1966).
Derartige Kritiken und neue Entwicklungen haben ein größeres Interesse an Gruppentherapie, an praktischerer und kürzerer Ausbildung, an Therapie für „Unterprivilegierte" geweckt und haben auch zu einer Überprüfung der theoretischen Annahmen, Werte und Ziele der Psychotherapie geführt. Trotz dieser negativen Feststellungen kann es durchaus sein, daß Psychotherapie die beste Behandlung für ganz bestimmte Personen mit bestimmten Problemen ist, wenn sie von einem auffassungsfähigen und feinfühligen Therapeuten durchgeführt wird.

Gruppentherapie

In den letzten Jahren gab es viele Bemühungen, um auch mit Gruppen therapeutisch zu arbeiten. Gruppentherapie wird meist nicht-direktiv durchgeführt, wenn auch verschiedene Therapeuten die Gruppendiskussion in einem unterschiedlichen Ausmaß führen und prägen. Der Nutzen für die einzelnen Gruppenmitglieder rangiert von der einfachen Beruhigung auf Grund der Beobachtung, daß andere Personen auch ihren Kummer haben, bis zu einer tieferen und dauerhafteren Persönlichkeitsveränderung.

Verschiedene Techniken werden bei der Gruppentherapie angewandt, angefangen bei Spielgruppen für Vorschulkinder bis zu analytischen Gruppen für Jugendliche und Erwachsene, in denen der Schwerpunkt auf Interviews und Diskussionen liegt.
Analytische Gruppen. Die klassische psychoanalytische Therapie wurde auch auf Gruppen angewandt. Methoden und Grundlagen sind im wesentlichen dieselben, die im Abschnitt über die Psychoanalyse beschrieben wurden. Man versucht, sich dem Unbewußten durch die Technik der freien Assoziation und der Traumdeutung zu nähern. Das Problem der Übertragung wird wegen der vielseitigen Beziehungen, die sich in Gruppen bilden, komplexer. Jedoch behaupten Wolf und Schwartz (1962), daß unbewußte Materialien und Übertragungsphänomene in analytischen Gruppen schneller und vollständiger durchgearbeitet werden als bei individueller Behandlung.
Rollenspiel-Gruppen. Die Technik des Psychodramas ermöglicht dem Patienten, einen direkten Ausdruck seiner emotionalen Störungen, da er aufgefordert wird, verschiedene Lebenssituationen, die mit seinen Schwierigkeiten zu tun haben, darzustellen. Die theaterähnliche Atmosphäre des Psychodramas ermöglicht dem einzelnen, seine Probleme mit weniger emotionaler Spannung zu sehen als in der realen Situation (Moreno, 1946).
Zu Beginn der Sitzung hilft der Therapeut dem Patienten, die allgemeine Situation zu umreißen, die sich abspielen soll. Stützende Rollen im Drama werden gewöhnlich besonders ausgebildeten Hilfskräften zugewiesen. Ist die Szene festgelegt, spielt der Patient seine Rolle zwanglos, unterstützt von den Assistenten, die ihm helfen, die Situation realistisch zu „leben".
Wenn der Patient seine emotionalen Störungen im Psychodrama darstellt, ergibt sich für ihn eine sehr gute Gelegenheit zur Katharsis: er kann seine Ängste und gehemmten Wünsche zwanglos darstellen, da er sich in einer Atmosphäre befindet, die das reale Leben zwar nachempfindet, aber nicht dessen physische und psychische Gefahren und Konsequenzen enthält. In dieser geborgenen Atmosphäre kann er nicht nur zunehmendes Verständnis seiner emotionalen Probleme gewinnen, sondern er kann auch neue Verhaltensweisen für reale Lebenssituationen üben.
Selbsterfahrungsgruppen. Die häufigste Form der Gruppentherapie ist die Selbsterfahrungsgruppe mit etwa 6 bis 12 Teilnehmern. Ihr wesentliches Ziel ist, eine intensive menschliche Begegnung in kleinen Gruppen zu ermöglichen und besonders die Wechselbeziehungen und Gefühle, die während der Gruppensitzung auftreten, in einer Atmosphäre zu pflegen, die Offenheit, Ehrlichkeit, emotionale Feinfühligkeit und Kundgabe fördert. Sehr wichtig ist die sofortige und ehrliche Rückmeldung. Dem Teilnehmer wird gewöhnlich sehr viel Ermutigung und Zustimmung für Äußerungen und Verhaltensweisen gewährt, die die anderen Gruppenmitglieder gutheißen, aber auch eindeutige Kritik, wenn diese als negativ angesehen werden. Der Gruppenleiter kann sowohl direktiv wie nicht-direktiv vorgehen.
Selbsterfahrungsgruppen, die zunächst *T-Gruppen* genannt wurden, begannen vor mehr als 20 Jahren in den National Training Laboratories (Bethel, Maine). Vertreter der Gruppendynamik (Kapitel 8) versuchten Gruppen- und Führereigenschaften herauszuarbeiten. Die sozialen Bedingungen im Amerika von heute haben dafür gesorgt, daß die Gruppenbewegung Anklang fand und ihren Schwerpunkt mehr auf die allgemeine persönliche Entfaltung verlegte. Vielen Menschen mangelt es an guten

Beziehungen zu anderen, an irgendeiner vertrauten Gemeinschaft. Geographische und berufsbedingte Mobilität, Familieninstabilität, Aufhebung der Großfamilien, in denen normalerweise viele Verwandte nahe zusammen wohnten, Anonymität und Unpersönlichkeit hervorgerufen durch Massenerziehung, Massenverkehrsmittel, Massenkommunikation, große Häuserblocks, sie alle tragen zum Gefühl der Isolation des einzelnen bei. Selbsterfahrungsgruppen bieten die Gelegenheit für enge Beziehungen zu anderen — trotz zeitlicher Beschränkung und ohne Verbindlichkeit auf die Dauer.

Zusätzlich zum sozial-emotionalen Erlebnis ermöglichen Selbsterfahrungsgruppen auch den sozialen Vergleich mit anderen. Viele, die einer solchen Gruppe beitreten, fragen sich im Geheimen: „Mache ich einen angenehmen Eindruck? Bin ich begehrenswert, liebenswert? Bin ich so gut wie andere?"

Da diese Fragen weit verbreitet sind, bildeten sich immer mehr Selbsterfahrungsgruppen an den amerikanischen Universitäten. In zunehmendem Maße bedienten sich ihrer auch Kirche, Geschäftsunternehmen und private Organisationen. Hier bedeuten sie nicht mehr Therapie für Kranke, sondern auch für andere Menschen eine zusätzliche Möglichkeit, Probleme zu bearbeiten oder sich entfalten zu können, um mehr Freude am Leben zu finden, um mehr Selbstbewußtsein zu gewinnen und vielleicht auch, um eigene Wertvorstellungen und den Lebensstil zu überprüfen.

Wenn wir berücksichtigen, wie sehr wir uns verstecken, wie viele Masken wir tragen und wie häufig wir unsere wahren Reaktionen verbergen, dann ist es klar, daß eine ehrliche Gruppenerprobung in einer offenen Atmosphäre eine wichtige Lernerfahrung sein kann. Die Gruppenmitglieder können aufgeschlossener, ihrer eigenen Bedürfnisse und Gefühle bewußter und den Bedürfnissen und Gefühlen anderer gegenüber feinfühliger werden. Sie können allmählich auch besser die Ursachen ihrer Reaktionen auf andere und die Reaktionen anderer Leute auf sich selbst verstehen; und sie können anfangen, ehrlichere und offenere Beziehungen aufzubauen.

Selbsterfahrungsgruppen besitzen sicher ein starkes Gewicht beim Bemühen des modernen Menschen um Selbsterfüllung und Verwirklichung seines Bedürfnisses nach engeren Beziehungen, aber ihre bemerkenswerte Beliebtheit hat ebenso Probleme wie Vorteile geschaffen. Zum ersten Mal in der Geschichte suchen viele, relativ normale Menschen eine Behandlung, und es kann sein, daß sie die Art von Hilfe erhalten, die die Entstehung ernster emotionaler Probleme verhindern könnte. Wenn sich die Gruppentherapie als *ebenso* wirksam erweist wie die Einzeltherapie, dann hat dies einen doppelten Vorteil: mehrere Leute können gleichzeitig in einer Gruppe behandelt werden, und sie können sich die Kosten dafür teilen.

Auf der Gegenseite steht allerdings, daß viele Scharlatane nach besten Kräften die Beliebtheit der Selbsterfahrungsgruppen ausnutzen und Gruppen leiten, ohne dafür entsprechend ausgebildet zu sein. So wird auch berichtet, daß Gruppenmitglieder im Management-Training durch die intensive Gruppenerfahrung psychologischen Schaden erlitten haben (Occupational Mental Health Notes, Juli 1966). An manchen Universitäten gab es Selbsterfahrungsgruppen mit körperlichen Berührungspraktiken, wobei sehr viel physische Aggressionen von einigen Teilnehmern auftraten. Einige Studenten sollen ernstlich verletzt, gegen ihren Willen entkleidet oder der Mißbilligung der Gruppe und der Lächerlichkeit preisgegeben worden sein. Wegen der temporären Mitgliedschaft bei diesen Gruppen gibt es keine Katamnesen von den verletzten Mitgliedern, die Auskunft geben könnten, ob ein bleibender Schaden eingetreten ist.

Spieltherapie und Aktivitätsgruppen. Kinder zwischen 7 und 13 Jahren mit emotionalen Problemen kann man in Aktivitätsgruppen geben, die sich einmal in der Woche treffen. Sie bieten den Kindern Gelegenheit, sich selbst durch handwerkliche oder künstlerische Beschäftigung auszudrücken, aber auch zum Beispiel durch weniger künstlerisches Herumwerfen von Farben, Werkzeugen und anderem Material. Den Kindern wird erlaubt, ihre Aggressionen abzureagieren, ohne Kritik oder Einschränkung durch den Therapeuten; dieser versucht vielmehr für jedes Kind eine liebevolle und geachtete Atmosphäre zu schaffen. So wie die Kinder ein Gefühl für ihren eigenen Wert entwickeln, werden Ängste und Konflikte abgebaut, und allmählich zeigen sie angepaßtere Verhaltensweisen. So war es auch bei Richard. Mit 12 Jahren zeigte Richard heftige Wutanfälle, bei denen er seine Eltern mit Gegenständen bewarf. Er fürchtete sich auch sehr vor der Dunkelheit, lehnte es ab, sich zu waschen und sauber zu halten, konnte sich nicht mit

Welche Wirkungen haben Selbsterfahrungsgruppen?

Vorläufige Ergebnisse einer sehr gut geplanten und durchgeführten Untersuchung zur Einschätzung der Wirksamkeit von Selbsterfahrungsgruppen zeigen den Wert, aber auch die möglichen Gefahren dieser „therapeutischen“ Erfahrungen auf.

Die Gruppen wurden speziell für diese Untersuchung zusammengestellt; zur Verfügung standen 10 erfahrene Leiter, von denen jeder auf eine andere Art von Selbsterfahrungsgruppe spezialisiert war, und 251 Studenten. Die Studenten erhielten Testate, um die Forschung zu rechtfertigen und den Lehrwert dieses Experiments zu betonen. Man konnte mit drei verschiedenen Kontrollgruppen Vergleiche ziehen: mit eingetragenen Studenten, die aufgrund der Versuchspläne und anderer Gründe nicht berücksichtigt werden konnten; mit interessierten Freunden, die in diesem Semester nicht teilnehmen konnten; und mit jenen Studenten, die die Gruppe vor Abschluß aller 30 Stunden verließen.

Die Beurteilung war sowohl vielseitig als auch gründlich. Selbstberichte und andere Ratings wurden vor, während, sofort nach und sechs Monate nach der Gruppenerfahrung erstellt. Jeder Teilnehmer beschrieb seine Haltungen, Wertvorstellungen, Wahrnehmungen, Motivationen, Selbstachtung, soziale Erfahrungen und andere Aspekte von sich selbst und den Reaktionen auf andere und auf die Situation. Jeder Teilnehmer wurde auch von den anderen Teilnehmern, dem Gruppenführer und einer Anzahl Bekannten beurteilt. Die Vorgehensweise der Gruppen und der Führer wurde von 29 Beobachtern bewertet (zwei pro Gruppensitzung, die sich turnusmäßig über alle Gruppenführer verteilten).

Es wurde auf die folgenden Ergebnisse hingewiesen:

1. 75 % der Gruppenmitglieder berichteten von einer positiven Veränderung ihrer eigenen Person; bei den meisten von ihnen war das Gefühl der Veränderung anhaltend. 95 % der Teilnehmer meinten, daß die Selbsterfahrungsgruppen Bestandteil des akademischen Curriculums werden sollten. Das Selbstbewußtsein nahm bei den Gruppenmitgliedern in höherem Maße zu.
2. Das Ergebnis war bei verschiedenen Führern und verschiedenen Gruppen sehr unterschiedlich. In einigen Gruppen hatte die Erfahrung so gut wie keine Wirkung auf die Teilnehmer; in anderen Gruppen wiederum berichtete fast jeder, durch die Erfahrung beeinflußt worden zu sein. In manchen war die Wirkung auch gegensätzlich: So berichteten in einer bestimmten Gruppe 60 % von einer Veränderung, die aber zu gleichen Anteilen negativ wie positiv war. Einige Gruppen hatten keine Abspringer, in anderen verließen 40 % die Gruppe.
3. Die Gruppenführer waren sehr unterschiedlich hinsichtlich des Umgangs und der Art der Anregung und „Führung“, die sie gaben; dadurch wurden die Normen des entsprechenden Gruppenverhaltens in ihren Gruppen beeinflußt.
4. Die Gefühle, die die Selbsterfahrungsgruppen den Studenten vermittelten, variierten auch — für einige Bejahung der eigenen Person, für andere Verständnis und Teilnahme an anderen Personen, für wieder andere Rat oder geistige Anregung.
5. Durchschnittlich mag ungefähr ein Student pro Gruppe so nachteilig durch die Erfahrung beeinflußt worden sein, daß eine nachfolgende psychiatrische Behandlung begründet war. Dieser Prozentsatz war unter den Studenten der Experimentalgruppen höher als unter denen der Kontrollgruppen.
6. Die Autoren dieser Studie kommen gegenwärtig zu folgendem Schluß: „Es hat den Anschein, daß die allgemeine Bezeichnung ‚Selbsterfahrungsgruppen‘ eine große operative Streubreite der Führer bedeutet, die zu verschiedenen Arten der Gruppenerfahrung führen und unter Umständen zu vielen Arten des Lernens“ (Lieberman, Yalom und Miles, 1971).

anderen Kindern vertragen und war allgemein in der Nachbarschaft verschrien. Seine Mutter war übermäßig angespannt und überbesorgt, verlor häufig die Nerven, fing zu schreien an und schlug ihre Kinder. In der therapeutischen Aktivitätsgruppe zeigte Richard schnell Fortschritte. Er lernte, mit den anderen freundschaftlich auszukommen, wagte sich an immer schwierigere handwerkliche Aufgaben heran und wurde sogar in der Gruppe tonangebend. Ähnliche Besserungen zeigte er zu Hause und in der Schule. Währenddessen unterzog sich seine Mutter einer Einzeltherapie; schließlich gewannen sie und Richard ein zufriedenstellenderes Verhältnis zueinander (Slavson, 1950).

Gleichgültig, ob die Aktivitätstherapie in Gruppen oder einzeln durchgeführt wird, ein sehr wichtiger Aspekt ist das Freilassen angestauter Emotionalität mit Hilfe verschiedener Spieltechniken. Während der Spieltherapie kann sich das Kind spontan äußern, wobei der Therapeut nur wenig eingreift und lenkt. Vielleicht hat es hier zum ersten Mal Gelegenheit, seinen Gefühlen ohne Furcht vor Strafe oder Ablehnung freien Lauf zu lassen.

Eine beliebte Form der Spieltherapie ist das *Puppenspiel,* wobei der Therapeut dem Kind ein möbliertes Puppenhaus und eine Puppen-„Familie" anbietet. Das Kind soll nach eigenen Wünschen spielen; man sagt ihm, es könne die Puppen alles tun lassen, was es will. Die von dem Kind dargestellten Situationen stammen meistens aus den eigenen Familienerfahrungen. Aber im Gegensatz zum tatsächlichen Leben kann das Kind hier die Familiensituation kontrollieren und kann deshalb auch die Handlungsweisen der Figuren so ändern, daß seine eigenen unerfüllten Wünsche befriedigt werden (Sears, 1951). So kann es jene Puppe strafen oder sogar verstümmeln, die es mit einem Elternteil, einem Bruder oder einer Schwester identifiziert hat, gegen die es Feindschaft und Groll hegt. Aber es kann sich auch so darstellen, daß es die ersehnte Zuneigung in den Armen der Mutter erfährt. Anders ausgedrückt erlaubt die Spieltherapie dem Kind, seine emotionalen Probleme abzureagieren, ohne unangenehme Folgen fürchten zu müssen.

In der Spieltherapie kann der klinische Psychologe ganz einfach dem Kind ermöglichen, seine unterdrückten und verdrängten Gefühle zu äußern, er kann aber auch weitergehen und sie mit dem Kind interpretieren — abhängig vom individuellen Fall und vom Therapeuten. Gleichgültig, ob mit oder ohne Interpretation, die Spieltherapie ist für die Kinder oft vorteilhaft, weil sie sowohl ein Ablassen aufgestauter Gefühle ermöglicht als auch Gelegenheit bietet, mit Lösungsformen für persönliche Probleme zu experimentieren, was die Kinder in der wirklichen Situation eben nicht wagen.

Einige Therapeuten benutzen das überzeugende Puppenspiel: hier versuchen sie durch eine Art Verhaltensübung im Puppenspiel auch Veränderungen im realen Verhalten des Kindes herbeizuführen (Mann, 1957). Die Probleme des Kindes werden dabei einer Puppe zugeteilt, und das Kind wird dazu animiert, das Verhalten dieser Puppe so zu verändern, daß eine Lösung der Probleme erreicht wird.

In der Literatur fehlt allerdings die Beweisführung, daß die Spieltherapien in vorhersagbarer Weise die Persönlichkeit und das Verhalten der gestörten Kinder verändert (Ginott, 1961; Levitt, 1963). Für die Wirksamkeit der Spieltherapie gibt es jedoch Belege, vor allem wenn sie mit materiellen Verstärkern für sozial erwünschtes Verhalten gekoppelt wird.

11 Jungen im Grundschulalter wurden zufällig drei verschiedenen Behandlungsbedingungen zugeteilt, nachdem sie laut Angaben ihrer Lehrer sozial zurückgezogen, schüchtern, introvertiert, ohne Freunde, arm an Spontaneität und etwas unangepaßt waren. Jede Gruppe traf sich 14 Wochen lang je einmal wöchentlich zu einer 50minütigen Spielsitzung. Eine Gruppe erhielt keine Therapie, eine andere Spieltherapie und die dritte Spieltherapie verbunden mit der Ausgabe von Chips für erwünschtes Verhalten (Münzökonomie). Die Chips wurden ausgeteilt, wenn sich ein Junge einem anderen zuwandte und mit ihm sprach; sie konnten gesammelt werden und am Ende der Therapiestunde in materielle Verstärker (Süßigkeiten und Spielzeug) umgetaucht werden.

Keine dieser Behandlungen zeigte signifikante Wirkungen auf die Meßwerte der Produktivität, der Angst, der allgemeinen psychologischen Anpassung oder der körperlichen Aggression. Bei fünf anderen Verhaltensweisen zeigten jedoch die Mitglieder der „Kontrollgruppe ohne Therapie" überhaupt keine Veränderung, während sich das Verhalten in der „Gruppe mit Spieltherapie" bei zweien verbesserte und bei einem verschlechterte, dagegen verbesserten sie sich in der „Gruppe mit Spieltherapie und Chips" bei vier Meßwerten: Diese Kinder sprachen mehr miteinander, hatten engeren Kontakt und spielten mehr gemeinsam. Nach Urteilen ihrer Mütter hatten sie auch nach der Therapie weniger Probleme als vorher. In der „Gruppe mit Spieltherapie" sprachen die Kinder zwar weniger lange mit dem Therapeuten und waren auch mehr mit den anderen Kindern zusammen, aber die Zeit, die sie tatsächlich gemeinsam spielten, *nahm* im Laufe der Behandlung *ab* (Clement und Milne, 1967).

Diese Untersuchung zeigt, wie notwendig es ist, Therapieziele sehr spezifisch zu gestalten. Sie demonstriert auch, wie sehr die Beurteilung von „Erfolg" oder „Mißerfolg" von den besonderen Kriterien abhängt, die bei der Bewertung benutzt werden.

Neben dieser häufigen Form der Spieltherapie für Kinder gibt es eine Abwandlung, die einigen Erfolg bei der Behandlung von Erwachsenen mit emotionalen Problemen zeigte; hier kann sich der Patient durch schöpferische Tätigkeiten äußern. Aktivitäten wie Malen oder Bildhauerei ermöglichen dem erwachsenen Patienten, sich von seinen negativen Gefühlen gegenüber der Realität freizumachen und sie durch positivere Gefühle der Leistung zu ersetzen. Ein anderer Aspekt bei der Spieltherapie für Erwachsene ist einfach der, wieder „spielen" zu dürfen, das Kind im Erwachsenen zu entdecken und sich mit einer Beschäftigung um ihrer selbst willen und nicht für irgendeinen anderen Zweck befassen zu können.

Familientherapie. Häufig gehört der Patient einer Familie an, die selbst psychologisch gestört ist. Er kann dann als nur ein Element in einem psychopathologischen Gruppensystem gesehen werden. In solchen Fällen sollte man offensichtlich die Behandlung des ganzen interpersonellen Systems auf Gruppenbasis als lohnenswert ansehen. Die ganze Familie kann zu den Gruppensitzungen kommen; es können aber auch die Hauptbeteiligten eines Konflikts (zum Beispiel Mutter und Sohn oder Bruder und Schwester) aus den Gruppensitzungen mit einem Therapeuten Nutzen ziehen. Bei der Familientherapie kann jede der bereits diskutierten Gruppenmethoden angewandt werden. Eine Variante der Gruppentherapie wird in Child Guidance Centers von Gemeinden in Chicago angewandt. Etliche Mütter beobachten, wie ein Therapeut eine besorgte Mutter und anschließend, während deren Dabeiseins, ihre Kinder interviewte. Die Kinder kehrten dann in ein Spielzimmer zurück, in dem ihr Verhalten beobachtet und später den Müttern mitgeteilt wurde. Die Mutter bespricht nun die Situation mit dem Therapeuten, immer noch in Gegenwart der anderen Mütter, die die Interviews verfolgt haben. Dies kann wöchentlich wiederholt werden, bis alle Probleme geklärt sind. Jedesmal werden mehrere Fälle bearbeitet; gewöhnlich wartet eine Mutter einige Sitzungen als Beobachter ab, bis ihr eigenes Problem aufgegriffen wird. Das Anhören der Schwierigkeiten, die andere Familien haben, bewirkt eine objektivere Betrachtung der eigenen Probleme.

Bewertung der Gruppentherapie. Gruppentherapie bedarf wie die Einzeltherapie weiterer systematischer Untersuchung. Die bis jetzt vorhandenen Ergebnisse sind ermutigend. Die Gruppentherapie ermöglicht die Erfahrung, daß andere ähnliche Probleme haben, und liefert eine „sichere" Umgebung, in der man seine eigenen wirklichen Gefühle erforschen kann.

In einer Untersuchung auf der Station einer neuropsychiatrischen Klinik wurden Gruppen- und Einzeltherapie miteinander verglichen.

Vier Patientengruppen wurden verglichen; jede Gruppe setzte sich aus genauso vielen Nicht-Psychotikern, Kurzzeit-Psychotikern und chronischen Psychotikern zusammen. In einer Gruppe waren Arbeit, Tagesablauf und Psychotherapie gruppenorientiert. Die zweite Gruppe erhielt Gruppentherapie, aber individuelle Arbeitszuteilungen, während bei der dritten Gruppe sowohl Therapie als auch Arbeitszuteilung individuell waren. Die vierte Gruppe diente zur Kontrolle; sie bekam die gewohnte individuelle Arbeit, die allen Patienten auf der Station zugeteilt wurde, erhielt jedoch keinerlei Therapie.

Die Patienten der Gruppentherapie benötigten die kürzeste Behandlungszeit, während die in der Einzeltherapie eine längere Zeit brauchten. Die spätere Anpassung war gleich gut, unabhängig von der angewandten Therapie und den verordneten Tranquillizern. Das ebenfalls untersuchte Kriterium der beruflichen Rehabilitation nach der Entlassung zeigte, daß alle drei Gruppen signifikant über der Kontrollgruppe lagen, wobei die erste und die dritte Gruppe den höchsten Prozentanteil an ganztägig beschäftigten Mitgliedern hatte (Fairweather et al., 1960).

Bestimmte Patienten scheinen weniger von einer Gruppentherapie zu profitieren als andere, und häufig verlassen ein Viertel bis ein Drittel der Mitglieder die Gruppe. Bei der Suche nach einer Erklärung dafür fanden Psychologen drei Persönlichkeitscharakteristika, auf Grund derer eine Person offensichtlich optimalen Nutzen aus der Gruppentherapie im Gegensatz zur Einzeltherapie ziehen kann. Diese sind: die Bereitschaft, emotionale Beziehungen zu anderen aufzunehmen; die Fähigkeit, Ärger auszudrücken; und die flexible Wahrnehmung von Autorität.

32 Schwestern und Schwesternhelferinnen aus der Neuropsychiatrie nahmen freiwillig an einer

Reihe von Gruppensitzungen teil mit dem Ziel, Einsicht in die eigenen Gefühle zu gewinnen, womit auch gewisse Arbeitserleichterungen zu erwarten waren. Vor Beginn des Experiments wurden in einem Interview die drei oben genannten Charakteristika gemessen. Von jeder Schwester erhielt man einen Meßwert für jedes Merkmal. Die Sitzungen wurden über einen Zeitraum von 15 Wochen durchgeführt. Am Ende wurde jede Teilnehmerin nach ihren positiven oder negativen Reaktionen auf den Kurs befragt. Schwestern, die dazu tendierten, sich emotional „abzukapseln" (sehr vorsichtig in der Kontaktaufnahme zu sein), reagierten signifikant weniger positiv als solche, die nicht als „abgekapselt" klassifiziert wurden. Man fand auch signifikante Beziehungen zwischen den beiden anderen Charakteristika und dem Grad der Zufriedenheit mit den Wirkungen des Kurses. Darüber hinaus waren für eine Gruppe von Mädchen mit besonders hohen Werten bei den drei Merkmalen die Therapiesitzungen ungewöhnlich effektiv (Gruen, 1966).

Es soll angemerkt werden, daß solche Menschen, die zwar hohe Meßwerte bei den drei Charakteristika erzielten und damit Erfolgsaussichten für eine Gruppentherapie hätten, insgesamt nicht notwendigerweise besser angepaßt sind als andere. Sie können dafür in anderen Beziehungen neurotischer sein. Der emotional „Abgekapselte" kann hingegen einen höheren Grad an Persönlichkeitsintegration besitzen.

c Verhaltenstherapie

Verhaltenstherapie ist im wesentlichen eine Anwendung der Prinzipien der Konditionierungstherapie auf psychische Störungen. Grundlegend für diese Orientierung ist eine Ablehnung des Modells der „Geisteskrankheit" und damit auch der Annahmen über intrapsychische Dynamik und „geistig Kranke". Verhaltenstherapeuten behaupten, daß abnormes Verhalten auf die gleiche Weise entsteht wie normales Verhalten, nämlich durch einen Lernprozeß. Sie meinen, daß jedes pathologische Verhalten — außer bei bestehender organischer Ursache — am besten verstanden und behandelt werden kann im Sinne von ‚abnormen' Verstärkungsbedingungen, die zufällig mit dem gezeigten Verhalten assoziiert worden sind. Behandlung ist nötig, weil ein solches Verhalten dem Betroffenen mehr Unannehmlichkeiten als Vergnügen bereitet, oder es für ihn selbst oder andere bedrohlich ist. Typisch für diese Behandlung ist also, daß sie direkt auf die Modifikation des *Verhaltens* abzielt und nicht auf eine Modifikation des „Geistes", der „Persönlichkeit" oder irgendeiner anderen angenommenen inneren Ursache der „Geisteskrankheit".

Löschung

Der einfachste Weg, um unerwünschtes Verhalten zu beseitigen, ist manchmal, jede Art von Verstärkung zu unterlassen. Dadurch wird das Verhalten seltener und verschwindet schließlich ganz. Löschung ist in den Situationen therapeutisch sinnvoll, wo unerwünschtes Verhalten tatsächlich unbewußt verstärkt worden ist: solche Situationen scheinen im Alltagsleben ziemlich häufig zu sein. Zum Beispiel verstärken Erwachsene manchmal unabsichtlich unerwünschtes Verhalten, wenn sie den Kindern dafür besondere Aufmerksamkeit zuwenden.

Ein Schulklassen-Experiment ergab eine Zunahme von Fehlverhalten, wenn die Lehrer es besonders beachteten; es verringerte sich jedoch auf ein unter dem Üblichen liegendes Maß, wenn es die Lehrer ignorierten und ihre Aufmerksamkeit den Kindern schenkten, die sich angemessen verhielten (Madsen et al., 1968).

Eine andere Untersuchung zeigte, daß das äußerst zurückgezogene Verhalten eines Vorschulkindes dadurch verstärkt wurde, daß der Lehrer nur dann Aufmerksamkeit und Interesse für das Kind zeigte, wenn es alleine spielte, aber nicht, wenn es sich einer Gruppe anschloß (Allen et al., 1964).

Warum tut jemand immer wieder etwas, das ihm in der Folge Kummer und Schmerz bereitet, wenn er eigentlich auch etwas anderes tun könnte? Die Antwort erhält man zum Teil, wenn man die Verstärkung betrachtet, die Märtyrer erhalten. Hinter dem sichtbaren Leid, dem Schmerz und der negativen Verstärkung für den Körper liegt die positive Verstärkung für den „Geist"; d. h. das Wissen, etwas anderem als sich selbst zu dienen, und die Befriedigung, seinen eigenen Mut und Wert zu erfahren. In ähnlicher Weise haben auch viele gewöhnliche Verhaltensweisen (oder Symptome) vielfache Konsequenzen — zum Teil negative, zum Teil positive. Häufig halten subtile positive

Verstärkungen das Verhalten aufrecht trotz offensichtlich negativer Konsequenzen: Die starke Spannung, Irritierung und Kommunikationsschwierigkeit des Stotterers wird zum Teil wieder durch Aufmerksamkeit, Verständnis und fertige Entschuldigungen für Fehler oder Ablehnung, die durch das Stottern bedingt sind, ausgeglichen.

Klinische Psychologen wissen seit langem, daß solche *sekundären Gewinne* unangepaßtes Verhalten begleiten und auch aufrechterhalten. Viele Therapeuten glauben, daß solche Gewinne aufgegeben werden, wenn das verursachende Problem geheilt ist und sie nicht mehr benötigt werden. Im Gegensatz dazu glauben Verhaltenstherapeuten, daß das unangepaßte Verhalten das ganze Problem ist und daß man nur die Verstärkungskontingenzen ändern muß.

Unbeabsichtigte Verstärkung hält auch psychotisches Verhalten aufrecht oder fördert es.

In einem Fall wollten die Krankenschwestern eigentlich helfen; sie zeigten Anteilnahme und waren recht besorgt, wenn der Patient Wahnvorstellungen äußerte. Nachdem sie der Anweisung des Verhaltenstherapeuten folgten und die psychotischen Äußerungen übersahen, dafür normale verstärkten, nahm dieses abnorme Verhalten des Patienten merklich ab (Ayllon und Michael, 1959).

Typisch für das Pflegepersonal vieler Nervenkliniken ist es, die Patienten häufig zu fragen, wie sie sich fühlen. Dadurch kann sich die Aufmerksamkeit des Patienten auf seinen emotionalen Zustand konzentrieren, und es kann für ihn der Eindruck entstehen, daß „richtiges" Verhalten dann vorhanden ist, wenn man über seine Gefühle, ungewöhnlichen Symptome, Halluzinationen und so weiter nachdenkt und spricht. Tatsache ist: je seltsamer die Symptome und Äußerungen des Patienten sind, um so mehr Aufmerksamkeit wird ihm vom Personal zuteil, wenn auch in der Absicht, die „Dynamik" dieses Falles zu verstehen. Ein Patient, der von einem Interviewer gefragt wurde, ob es noch „irgendetwas gäbe, was ihn quäle", antwortete, „Sie meinen *Halluzinationen* oder *Sublimationen?*".

So schwierig es auch sein mag: die gutmeinenden Pfleger, Lehrer, Verwandten und Freunde, die jeweils die Verstärkung für angepaßtes Verhalten liefern, müssen statt dessen versuchen, solches Verhalten zu löschen. Es erfordert ein beträchtliches Maß an Zurückhaltung, sich nicht einzumischen, wenn ein Raufbold angreift, oder nicht zu erschrecken, wenn ein Kind bereit zu sein scheint, sich selbst zu verstümmeln; aber diese Methode „funktioniert". In diesen anderen Fällen verbindet man die Löschung unerwünschten Verhaltens typischerweise mit positiver Verstärkung für Reaktionen, die der Therapeut für richtig hält. Auf die Techniken der positiven Verstärkung wird später noch genauer eingegangen, ebenfalls auf das Problem, wer entscheiden kann, welches Verhalten „richtig" ist.

Desensibilisierung

Es ist schwierig, gleichzeitig glücklich und traurig zu sein oder entspannt und ängstlich. Diese Tatsache wird therapeutisch bei der *reziproken Hemmung* angewandt, die hauptsächlich von Joseph Wolpe (1958, 1969) entwickelt wurde. Eine Art der reziproken Hemmung ist die *Desensibilisierung.* Da Angst vermutlich als Hauptursache für die Unfähigkeit, positive Ziele zu erreichen, anzusehen ist, und für die Fixierung auf negative Ziele, lehrt man dem Patienten, die Angsterregung durch Entspannung zu vermeiden.

Desensibilisierung beginnt mit der Zusammenstellung der Reize, die beim Patienten Angst hervorrufen. Diese Reiz-Situationen werden dann in eine Hierarchie gebracht, von der schwächsten zur stärksten. Als nächstes folgt für den Patienten ein Entspannungstraining im Sinne einer progressiven tiefen Muskelentspannung. Dieses erfordert mehrere Sitzungen; Hypnose oder Drogen können eingesetzt werden, um angespannten Patienten das Erreichen einer vollständigen Entspannung zu erleichtern.

Schließlich beginnt die tatsächliche Desensibilisierung. Wenn der Patient in einem entspannten Zustand ist, soll er sich möglichst lebendig den schwächsten Angstreiz der Hierarchie vorstellen. Sobald er nur die geringste Angst fühlt, unterbricht er die Vorstellung und konzentriert sich wieder auf die Entspannung. Wenn er sich den schwächsten Reiz ohne Unbehagen vorstellen kann, geht er zum nächsten stärkeren über. Nach einigen Sitzungen kann er sich schließlich die schmerzlichste Situation der Hierarchie ohne Angst vorstellen: die Situation, die er früher nicht ertragen konnte. Diese Technik muß sehr vorsichtig gehandhabt werden, damit man während der allmählichen Annäherung an den schlimmsten Reiz nicht neuerlich Angst erzeugt. Sobald Angst auftritt, wird die gedankliche Vorstellung abgebrochen, der Patient entspannt sich wieder, und es wird bei einem schwächeren Reiz erneut begonnen. Wie bei anderen Konditionierungen gilt auch hier: Ist die Angst einmal vor einem bestimmten Reiz durch die Koppelung jenes Reizes mit Entspannung gelöscht, so tritt eine *Generalisierung* dieser Hemmung auch auf die nächst stärkeren betreffenden Stimuli der Hierarchie ein, wenn auch nicht in derselben Stärke. Die Desensibilisierung wirkt also sowohl direkt, indem sie Angst auf einen bestimmten Stimulus durch Entspannung reduziert, als auch indirekt, durch Generalisierung der Angstreduktion auf ähnliche Stimuli.

Desensibilisierung eignet sich sehr gut für die Behandlung von bestimmten phobischen Reaktionen, die durch die Erleichterung bei der Vermeidung der, oder Flucht vor den angsterzeugenden Stimuli aufrechterhalten werden. Umfangreiche Untersuchungen liegen von Therapien bei Schlangenphobien vor. Es mag seltsam erscheinen, daß therapeutisch überwundene Angstreaktionen auf den *Gedanken* an eine Schlange auch auf Situationen übertragen werden, in denen der Patient wirklich mit einer lebendigen Schlange konfrontiert wird. Es ist aber bewiesen, daß sich diese therapeutischen Wirkungen auf reale Lebenssituationen übertragen. Patienten, die wegen ihrer Schlangenphobie behandelt wurden, zeigen signifikant weniger Angst, wenn sie sich lebendigen, ungiftigen Schlangen nähern oder sie aufheben sollen (Abbildung 11-5). Diese Methode ist von traditionellen Psychotherapeuten angegriffen worden; sie würde nur die oberflächlichen Symptome behandeln, die dem Patienten zur Anpassung dienten; nähme man ihm auch noch diese, entstünde noch mehr Angst. Sie wurde damit verglichen, daß man mit dem Verdrehen einer Wetterfahne nicht die Windrichtung ändern, oder mit dem Verändern eines Thermometers nicht die Temperatur regulieren könne. Ein Psychoanalytiker würde behaupten, daß eine Schlangenphobie mit phallischer oder mythischer Symbolik verbunden ist und daß sich die Therapie mit diesen latenten Bedeutungen befassen müsse.

Auf Grund der vorliegenden Daten sind die Bedenken, daß die Beseitigung des einen Symptoms zum Auftreten eines anderen führt, das dessen Funktion übernimmt, nicht gerechtfertigt. Es scheint eher, daß die Beseitigung des Symptoms das Selbstvertrauen des Patienten steigert (er erkennt sich als jemand, der Angst überwinden und mit den Problemen fertig werden kann) und dies kann auch eine positive Wirkung auf andere unangepaßte, aber nichtbehandelte Reaktionen haben (Grossberg, 1964). Die Tabelle 11-3 zeigt Unterschiede zwischen der dynamischen und der Verhaltenstherapie auf, wie sie von zwei Verhaltenstherapeuten gesehen werden.

Eine erfolgreiche Anwendung der Desensibilisierung ist bei ganz verschiedenen menschlichen Problemen bekannt geworden, auch bei generalisierten Ängsten wie Prüfungsangst, Lampenfieber, Acrophobie (Angst vor Höhen), Agoraphobie (Angst vor großen Plätzen), Claustrophobie (Angst vor geschlossenen Räumen), Impotenz und Frigidität (Paul, 1969).

Reizüberflutung

Eine andere, gegenwärtig verbreitete Methode der Löschung ist die *Implosivtherapie*, bei der mit allen Mitteln versucht wird, im Patienten so viel Angst als möglich zu erzeugen. Auch Implosivtherapeuten betrachten neurotisches

Abb. 11-5. In den Untersuchungen, die hier illustriert sind, wurde die Desensibilisierung so durchgeführt, daß sich ein Modell-Therapeut in einer Reihe von abgestuften Schritten allmählich an die Schlange annäherte. Dies mußte dann von dem Probanden nachgemacht werden. So gelang es dem Probanden allmählich eine Schlange zu berühren, zu streicheln und zu halten, zuerst zwar noch mit Handschuhen, aber später mit bloßen Händen. Als Kriterium für „geheilt" galten bestimmte Reaktionen wie eine Schlange aufheben, sie loslassen und wieder fangen, sie nahe an das Gesicht halten und über den Körper kriechen lassen (Nach Bandura, Blanchard und Ritter, 1968)

Tabelle 11-3. *Vergleich zwischen dynamischer und Verhaltenstherapie (Nach Eysenck und Rachmann, 1965)*

Dynamische Therapie	Verhaltenstherapie
1. Basiert auf widerspruchsvoller Theorie, die nie genau in Postulaten formuliert ist.	1. Basiert auf folgerichtiger, sauber formulierter Theorie, die zu überprüfbaren Ableitungen führt.
2. Hergeleitet von der klinischen Beobachtung und ohne die notwendigen Kontrollbeobachtungen oder -experimente.	2. Hergeleitet von experimentellen Untersuchungen, die speziell auf testtheoretischer Grundlage geplant wurden; davon stammen die Folgerungen.
3. Betrachtet Symptome als sichtbares Ergebnis unbewußter Ursachen („Komplexe").	3. Betrachtet Symptome als unangepaßte, konditionierte Reaktionen.
4. Betrachtet Symptome als Zeichen von *Verdrängung*.	4. Betrachtet Symptome als Zeichen für fehlerhaftes Lernen.
5. Glaubt, daß die Symptomatik durch Abwehrmechanismen bestimmt wird.	5. Glaubt, daß die Symptomatik bestimmt wird durch individuelle Differenzen hinsichtlich der Konditionierbarkeit und der vegetativen Reaktionslage, genauso wie durch zufällige äußere Ereignisse.
6. Jede Behandlung neurotischer Störungen muß *historisch* orientiert sein.	6. Jede Behandlung neurotischer Störungen befaßt sich mit Verhaltensweisen, die *gegenwärtig* vorhanden sind; die historische Entwicklung ist weitgehend uninteressant.
7. Heilungen werden erreicht, wenn man die zugrundeliegende (unbewußte) Dynamik behandelt und nicht das Symptom selbst.	7. Heilungen werden allein durch die Behandlung des Symptoms erreicht; d. h. durch Löschung der unangepaßten konditionierten Reaktionen und durch Aufbau erwünschter konditionierter Reaktionen.
8. Interpretation der Symptome, Träume, Handlungen etc. ist ein wichtiger Bestandteil der Behandlung.	8. Interpretation, auch wenn sie nicht vollständig subjektiv und fehlerhaft ist, ist irrelevant.
9. Symptomatische Behandlung führt zum Auftreten neuer Symptome.	9. Symptomatische Behandlung führt zu andauernder Heilung, vegetative wie muskuläre konditionierte Reaktionen verschwinden.
10. Übertragungsbeziehungen sind wesentlich bei der Heilung neurotischer Störungen.	10. Persönliche Beziehungen sind nicht wesentlich für die Heilung neurotischer Störungen, obwohl sie unter gewissen Umständen nützlich sein können.

Verhalten als eine konditionierte Vermeidungsreaktion der angsterregenden Stimuli; aber sie glauben, daß Angst niemals gelöscht wird, wenn der angsterzeugende Stimulus immer vermieden wird, da es dann auch keinen Grund dazu gäbe (Stampfl und Levis, 1967).

Diese Begründung veranschaulicht der bekannte Witz von einem Mann, der immer umherging und dabei mit den Fingern schnalzte. Auf die Frage, warum er dies tue, antwortete er, daß dadurch die Tiger ferngehalten würden. Sagte man ihm, daß es in diesem Teil des Landes keine Tiger gäbe, rief er glücklich aus: „Es hilft tatsächlich!" Offensichtlich ist ein derartiges Verhalten löschungsresistent, da es seine eigenen Verstärkungsbedingungen setzt.

Um eine irrationale Furcht am wirksamsten zu löschen, glauben Implosivtherapeuten, daß für den Patienten das Erlebnis seiner vollen Angst notwendig sei, ohne dabei aber irgendeinen Schaden zu erleiden. Die therapeutische Situation ist so aufgebaut, daß der gefürchtete Reiz unter Bedingungen auftritt, bei denen der Patient nicht fortlaufen kann. Der Therapeut beschreibt möglichst drastisch eine äußerst angstvolle Situation, die sich auf die Angst des Patienten bezieht; er verlangt vom Patienten, sich selbst darin vorzustellen und provoziert ihn, diese Vorstellung möglichst intensiv zu gestalten. Man nimmt an, daß sich dadurch die eintretende Panik explosionsartig entlädt. Da diese Explosion innerlich ist, wird sie *Implosion* genannt; daher stammt der Begriff *Implosivtherapie*. (Der sich im Deutschen eingebürgerte Ausdruck heißt „Reizüberflutung".) Wird dies häufiger wiederholt, ohne daß der Patient Schaden erleidet, verliert der Reiz seine angstauslösende Kraft. Wenn keine Angst mehr auftritt, verschwindet das neurotische Vermeidungsverhalten, mit anderen Worten, es tritt eine Löschung ein.

Bei der Implosivtherapie beginnt man nicht mit der Vorstellung schwächerer Angstreize bis hin zu den stärksten, um die Entstehung der Angst von Anfang an zu verhindern, sondern der Patient muß sich die schrecklichste Szene, die er heraufbeschwören kann, so lebhaft wie möglich vorstellen. Diese Verfahrensweise und ihr Gegensatz zur Desensibilisierung wird am Beispiel von 10 Frauen mit Schlangenphobie verdeutlicht (versuchen Sie ebenfalls, sich die Szenen vorzustellen, die dabei provoziert wurden):

Es wurden sehr angsterregende Szenen mit Schlangen beschrieben, und die Probanden sollten sich diese Szenen so lebendig wie möglich mit all ihren Sinnen vorstellen:

„Stellen Sie sich vor, von einer mannsgroßen Schlange angegriffen zu werden; eine glitschige Schlange, die sich über Ihren ganzen Körper windet, die Sie langsam erwürgt. Die Schlange befindet sich an Ihrem Magen und verzehrt Sie von dort aus langsam und unerbittlich". In Abständen werden die Probanden daran erinnert, daß ihnen tatsächlich nichts geschieht. Nach einer einzigen 45minütigen Sitzung konnten 7 von 10 Probanden eine Schlange aufheben (Hogan und Kirchner, 1968).

Aversionstherapie

Es gibt einige Verhaltensstörungen, bei denen die erfolgsversprechendste Behandlung in einer ziemlich altmodischen Methode besteht, nämlich Bestrafung. Es handelt sich dabei um Probleme wie Abhängigkeiten (Süchte) verschiedener Art und „abweichendes" Sexualverhalten. Das Verhalten des Individuums (Rauchen, Trinken, Glücksspiel, Gebrauch starker Drogen) bringt unmittelbaren Genuß, hat aber auf lange Sicht negative Folgen für die Gesundheit oder für die Befriedigung anderer Bedürfnisse. Es kann aber auch sein, daß ein bestimmter Stimulus die Eigenschaft angenommen hat, eine konditionierte Reaktion auszulösen, die dem Patienten unerwünscht ist, wie zum Beispiel homosexuelle Erregung.

Obwohl das Prinzip der Strafe einfach ist, ist ihre wirksame Anwendung recht schwierig. Wie wir in vorangegangenen Abschnitten über das Lernen erfahren haben, gibt es zahlreiche Variablen, die den Lernvorgang beeinflussen, wenn man bestraft wird. Intensität, Dauer und Planungsschemata der Bestrafung sind von größter Bedeutung, ebenso ihre Vorhersagbarkeit bezüglich Wirkung, der Kontext ihres Auftretens, und ob sie mit auslösenden Stimuli gekoppelt (respondentes Konditionieren) oder ob sie eine Konsequenz des Verhaltens ist (instrumentelles Konditionieren).

Aversive instrumentelle Konditionierung wurde bei der Behandlung der Homosexualität und des Stotterns erfolgreich angewandt.

19 homosexuellen Männern wurden Dias von nackten oder nur teilweise bekleideten Männern und Frauen gezeigt. Der Patient betätigte einen Schalter, mit dem er die Projektionsdauer der Bilder bestimmen konnte. Wenn er das Bild eines Mannes nicht innerhalb eines bestimmten Zeitraums durch das nächste Bild ablöste, erhielt er einen schmerzhaften elektrischen Schock. Entfernen der männlichen Gestalt und Beendigung des Schocks wurden mit der Darbietung eines weiblichen Bildes gekoppelt. Der Patient konnte auch selbst einen „schockfreien" Zeitraum herbeiführen, wenn er ein weibliches Photo verlangte. Die Schocks wurden nach einem Zufallsplan intermittierender Verstärkung gegeben; die Behandlung erstreckte sich auf ca. 15 Sitzungen von 20 Minuten Dauer.

Untersuchungen im Zeitraum zwischen 2 und 14 Monaten nach der Behandlung waren ermutigend. Obwohl drei Patienten die Therapie nicht abschlossen und die Behandlung bei fünf nicht erfolgreich war, war die Homosexualität bei den anderen 11 Patienten fast vollständig beseitigt (Feldmann und McCulloch, 1964, 1965).

In einer anderen Untersuchung mußten Stotterer ungefähr eine Stunde lang laut lesen, um Ausgangsdaten für das Stottern zu erhalten. Dann sollten sie sehr langsam lesen, erhielten aber jedesmal, wenn sie stotterten, ein verzögertes akustisches feedback ihrer eigenen Stimme, das wie ein Schwall über sie hereinbrach. Wie wir bereits in Kapitel 6 sahen, wirkt ein verzögertes akustisches feedback für jemanden, der gerade spricht, sehr aversiv. Sobald der Patient ohne Stottern, aber noch langsam, lesen konnte, wurde seine Lesegeschwindigkeit allmählich gesteigert und das verzögerte feedback zur gleichen Zeit ausgeblendet. In der 70. Sitzung las er schneller als in der Ausgangsposition vor Beginn der Therapie, und er stotterte pro Minute bei weniger als bei einem Wort, im Vergleich zu 15 Wörtern bei Beginn der Therapie. Ein anderer Stotterer, dessen Training auf eine Woche zusammengedrängt werden mußte, zeigte sogar noch bessere Ergebnisse: die ursprüngliche Lesegeschwindigkeit wurde mehr als verdoppelt, ohne daß er dabei einmal stotterte (Goldiamond, 1965).

Um die Bedeutung von Auslösereizen für abweichende Wünsche und Verhaltensweisen zu modifizieren, bediente man sich der Gegenkonditionierung. Stimuli, die unerwünschte Reaktionen auslösen, werden gleichzeitig mit unangenehmen Stimuli, wie Elektroschock oder übelkeiterregenden Medikamenten gekoppelt. Das therapeutische Ergebnis mißt man an der abklingenden Wirkung der auslösenden Stimuli, eine unerwünschte konditionierte Reaktion im physiologischen Bereich oder im Verhalten hervorzurufen.

Die Behandlung eines Transvestiten mit dieser Aversionstechnik begann mit der Registrierung der sexuellen Erregung des Patienten, gemessen an der Häufigkeit und Dauer der Erektion. Eine Erregung zeigte sich nicht nur bei Photos von nackten Frauen, sondern auch beim Anblick seiner weiblichen Kleidungsstücke, die er in bestimmten Situationen und Freundeskreisen trug. Jedes einzelne Kleidungsstück wurde sukzessiv mit einem schmerzhaften Elektroschock gekoppelt. Nach der 15. Sitzung löste kein einziges Kleidungsstück mehr eine Erektion aus, aber die entsprechende heterosexuelle Reaktion auf den Körper einer Frau, die nicht gegenkonditioniert wurde, erzeugte noch sexuelle Erregung (Marks und Gelder, 1967).

Aversive Gegenkonditionierung ist mit gutem Erfolg bei einigen Alkoholikern angewandt worden. Ein Forscher berichtete von 96 %iger Abstinenz bei 26 Patienten zwischen 8 und 15 Monaten nach der Gegenkonditionierung (Blake, 1967). Jedoch zeigten andere Untersuchungen der aversiven Konditionierung bei Alkoholikern, aber auch bei starken Rauchern, nur gemischten Erfolg. Ein schwerwiegendes Problem, das die klinische Wirksamkeit der Aversionstherapie einschränkt, liegt darin, daß die Betroffenen zu leicht zwischen der „unsicheren" Therapiesituation im Labor und den Situationen außerhalb, wo sie wieder „sicher" trinken, rauchen, spielen und sich mal richtig gehen lassen können (d. h. ohne einen Schock zu bekommen), unterscheiden. Man kann sogar behaupten, daß diese aversiven Techniken bei Rauchern Angst verursachen, die durch die Erleichterung beim Rauchen außerhalb der Behandlungssituation verstärkt wird.

Positive Verstärkung

Der geschickte Einsatz positiver Verstärkung für unerwünschte Reaktionen, durchgeführt nach einem systematischen Plan, erwies sich in Schulen, Strafanstalten, Nervenkrankenhäusern und vielen anderen Einrichtungen als erfolgreich.

Sogar Patienten, die jahrelang vollständig stumm waren, obwohl sie vom Organischen her hätten sprechen können, konnten mittels operanter Techniken das Sprechen wieder ausüben (Isaacs, Thomas und Goldiamond, 1960).

In einer solchen Untersuchung konnte der Patient mit Geldmünzen oder dadurch, daß man für ihn Briefe schrieb, wenn er dafür „sprechen" würde, zuerst einmal dazu gebracht werden, daß er primitive Grundlaute formte. Das weitere Training führte allmählich zu vollständigen Wörtern und schließlich zu Sätzen. Nach 16 Sitzungen generalisierte sich das Sprechverhalten des Patienten vom Labor auf sein Verhalten auf der Station: zum erstenmal nach zwei Jahren sprach er wieder zu einem Pfleger. Da auch die Pfleger in die Verstärkungstechniken unterwiesen waren, konnten sie sich an der weiteren Behandlung beteiligen, und schließlich konnte der Patient wieder vollständig sprechen (Sherman, 1963).

Beeindruckende Erfolge konnten mit den operanten Konditionierungstechniken bei Verhaltensproblemen psychisch gestörter Kinder erzielt werden. Ein Beispiel dafür ist der folgende Fall:

Der Patient war ein dreijähriger Junge, der mit der Diagnose einer kindlichen Schizophrenie eingewiesen war. Das Kind aß nicht normal und zeigte auch im sozialen und verbalen Verhalten starke Auffälligkeiten. Er neigte zu wilden Anfällen mit Selbstaggression, stieß dabei seinen Kopf an Gegenstände, ohrfeigte sich, zog sich an den Haaren und zerkratzte sich das Gesicht. Er hatte eine Operation des Grauen Stars hinter sich, und es war für die Entwicklung einer normalen Sehfähigkeit notwendig, daß er eine Brille trug. Er weigerte sich jedoch, sie zu tragen und zerbrach eine nach der anderen.

Um dieses Problem zu lösen, setzten die Psychologen die Methode der Verhaltensformung (shaping) an. Ein Pfleger arbeitete täglich zwei- bis dreimal 20 Minuten lang mit dem Kind. Zuerst brachte er dem Kind bei, ein Stückchen Süßigkeit oder Obst beim Klicken eines Spielzeuginstruments zu erwarten. Das Klickgeräusch wurde bald ein positiver Verstärker. Dann begann das Training mit einem leeren Brillengestell. Zuerst wurde verstärkt, wenn das Kind den Rahmen anfaßte, dann, wenn es ihn hielt, dann, wenn es ihn herumtrug. Schließlich wurde jeder Schritt sukzessiver Annäherung des Gestells an die Augen verstärkt, bis es nach ein paar Wochen den Rahmen irgendwie auf den Kopf setzte und ihn endlich richtig trug. Durch weiteres Training lernte das Kind, die Brille bis zu 12 Stunden täglich zu tragen (Wolf, Mees und Risley 1964).

Operante Verstärkung wurde auch erfolgreich benutzt, um regredierte chronische Psychotiker allmählich wieder reaktionswilliger und dadurch für eine Behandlung aufnahmefähiger zu machen. Eine Technik, die sich auf die Hebeldruck-Methode zur Untersuchung operanten Konditionierens bei Tieren stützt, gebraucht einen Apparat, der für psychisch gestörte Menschen adaptiert wurde.

Die Geräte sind in schalldichten Räumen des Krankenhauses untergebracht. In jedem Raum stehen außer dem Reaktionsmechanismus (dem *Manipulandum*) und dem Ausgeber, ähnlich einem Süßwarenautomaten, nur ein Stuhl und ein Plastikbecher. Das Manipulandum, ein Metallgriff, kann bis zu 10 000mal pro Minute gezogen werden, obwohl die Verstärker (gewöhnlich Süßigkeiten oder Zigaretten) nur nach dem Plan einer bestimmten experimentellen Situation ausgegeben werden. Komplexe Zeitgeber und Registrationsgeräte laufen im Nebenraum, um die Reaktionshäufigkeit zu messen, während der Experimentator das Verhalten des Probanden durch eine Einwegscheibe beobachten kann.

Vorhergehende Untersuchungen hatten festgestellt, daß Irregularität der Reaktion für Psychosen typisch ist; sie nimmt mit der Ernsthaftigkeit des Zustands des Patienten zu, wobei die besondere Art der Psychose keine Rolle spielt. Psychotiker (im Gegensatz zu Normalen) zeigten auch dann noch Reaktionen, wenn es gar keine Verstärkung mehr gab. Nachdem sie gelernt hatten, das Manipulandum zu bedienen, um Süßigkeiten zu bekommen, betätigten sie es auch ohne Verstärkung stunden- und tagelang.

Ganz verschiedene Verstärker wurden hinsichtlich ihrer Wirksamkeit untersucht. Im allgemeinen erwiesen sich Süßigkeiten bei Psychotikern als effektiv. Manche reagierten auch häufiger, wenn die Verstärkung einfach im Anblick eines jungen hungrigen Kätzchens bestand, das einen Löffel Milch bekam — sichtbar hinter der Plexiglasscheibe des Ausgabeapparates (Abbildung 11-6).

Nur ungefähr 40 % der Patienten von Nervenkliniken können mit herkömmlichen Persönlichkeitstests untersucht werden, jedoch 80 % solcher Patienten mit dem Manipulandum. So dient das Gerät einem doppelten Zweck; es liefert einmal gute Indikatoren für die Ernsthaftigkeit der Störung, zum anderen fördert es die Reaktionsbereitschaft des Patienten auf externe Stimuli (Skinner, Solomon und Lindsley, 1954; Lindsley, 1956 a, 1956 b).

Modellernen. Positive Verstärkung allein kann ausreichen, um seltenes, aber bereits vorhandenes Verhalten zu forcieren: es kann aber eine langwierige und umständliche Technik sein, wenn neues Verhalten erlernt werden muß. Neue Reaktionen, besonders komplexer Art,

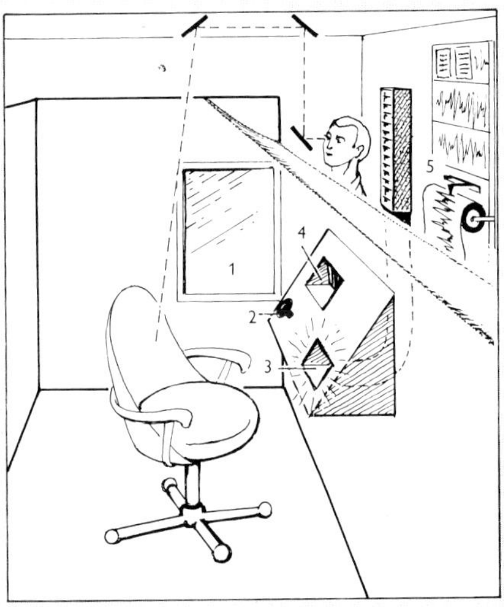

Abb. 11-6. Die Abbildung zeigt die Anordnung des Experimentierraumes. Die Zahlen geben an: (1) das Plexiglasfenster zum Nebenraum, (2) den Reaktionsknopf, der gezogen werden muß (Manipulandum), (3) den Platz wo das Bonbon oder andere Verstärker angeboten werden, (4) die Reizdarbietungsfläche und (5) die Registrierapparatur

können leichter erworben werden, wenn der Patient ein Modell beobachten und dieses nachahmen kann. Diese Nachahmung wird häufig mit positiver Verstärkung kombiniert.

In einem Therapieprogramm wurden schizophrene Kinder wegen ihrer Stummheit erstmalig mit mehreren Methoden behandelt, u. a. auch mit Verstärkung für Nachahmung. Zuerst wurden die Kinder belohnt, wenn sie überhaupt einen Ton von sich gaben. Später wurden sie für Lautäußerungen nur dann belohnt, wenn der Tonfall dem „Modellton" des Therapeuten ähnlich war. Durch den Aufbau eines immer größer werdenden Repertoires an verbalen Verhaltensweisen und durch die wachsende Imitationsbereitschaft wurden schließlich immer schwierigere kommunikative und soziale Verhaltensweisen eingeführt (Lovaas, 1968; Abbildung 11-7).

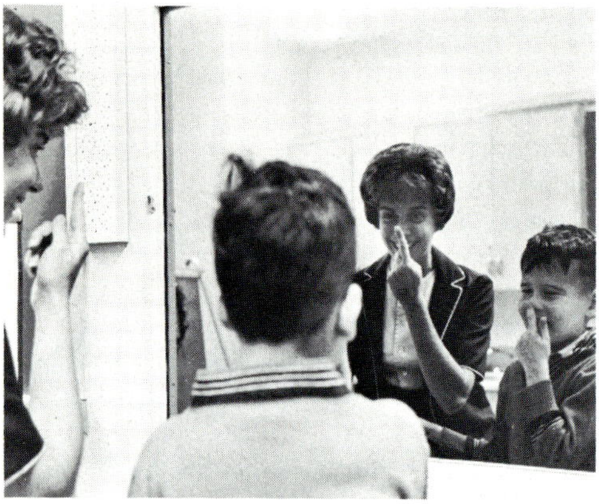

Abb. 11-7. Das Foto oben zeigt eine der ersten Imitationsübungen mit Billy, der im Alter von 7 Jahren noch nicht sprechen konnte und der seinen Eltern durch Tobsuchtsanfälle (bei denen sich seine Aggressivität sowohl gegen sich selbst als auch gegen andere wandte) das Leben zur Hölle machte. Im Bild unten erhalten Billy und ein anderer Junge unmittelbare Nahrungs-Verstärkung für soziale Interaktionen. Zwei Jahre später beherrschte er den Lesestoff und das Rechnen des 1. Schuljahres, war ausgeglichener, obwohl seine Sprache oft noch unklar war und er auch zu Hause noch Probleme hatte (Photos von Allen Grant)

Dieses Verfahren erfordert ein beträchtliches Maß an Geduld und Sorgfalt von seiten des Therapeuten. Eines der autistischen Kinder, mit denen Lovaas arbeitete, benötigte über 90 000 Versuche, bis es zuverlässig zwei Gegenstände benennen konnte.

Bandura (1969) zeigte, daß sowohl aggressive als auch kooperative Reaktionen durch positiv verstärkte Nachahmung von Modellen erlernt werden können. Sogar sozial stark zurückgezogene Kinder im Vorschulalter können neues Verhalten erlernen, wenn sie es in einem Film bei anderen belohnt sahen. Eine Gruppe dieser Kinder, die im Film die Interaktionen zwischen Kindern positiv verstärkt sah, zeigte im Vergleich zu einer entsprechenden Gruppe von zurückgezogenen Kindern, die nur einen Kontrollfilm sahen, eine merkliche Zunahme der sozialen Interaktionen (O'Connor, 1969).

Münzökonomie

In den letzten Jahren wurde in immer mehr Nervenkrankenhäusern der USA die „Münzökonomie" eingeführt. Diese Technik kann als ein Spezialfall positiver Verstärkung betrachtet werden. Die Patienten werden materiell verstärkt, wenn sie sich zum Beispiel mit sozial erwünschten Aktivitäten befassen wie körperliche Sauberkeit, rechtzeitiges Erscheinen zu Tisch und Ausführen zugeteilter Aufgaben. Die Bezahlung erfolgt in Chips (Spielgeld), für die man später bestimmte individuelle Extrawünsche erfüllt bekommt, wie zum Beispiel besonderes Essen, verlängerte Fernsehzeit, Einzelzimmer und Wochenendausgang.

Die Münzökonomie erwies sich häufig auch als wirksam, um erwünschtes Verhalten auch bei recht stark gestörten Patienten auszulösen. Gewöhnlich muß man zuerst mit sehr kleinen Schritten beginnen. So muß man anfangs den Patienten bereits dafür belohnen, daß er sich dem Pflegepersonal oder anderen Patienten überhaupt zuwendet. Dann kann man die Patienten durch einen Prozeß der graduellen Verhaltensformung dahin bringen, daß sie auch untereinander Gespräche anfangen. Schließlich können sie für komplexere Beziehungen untereinander, aber auch für andere wertvolle Aktivitäten belohnt werden.

Die Wirksamkeit der Münzökonomie ist in zahlreichen Studien gründlich untersucht worden. Patienten, die tatsächlich jahrelang dahinvegetierten, begannen wieder auf Menschen zu reagieren und konnten sogar Aufgaben, die sie vorher vernachlässigt hatten, mit Hingabe und Begeisterung erfüllen.

Münzökonomie wurde auch auf einer Station mit 86 chronisch Schizophrenen, die im Durchschnitt fast 25 Jahre lang hospitalisiert waren, durchgeführt. Diese Patienten waren äußerst teilnahmslos, sogar so weit, daß sie die grundlegendste persönliche Hygiene vernachlässigten.

Die Münzen konnten auf verschiedenste Weise verdient werden. Am meisten verstärkt wurden soziale Verhaltensweisen und rudimentäre Ansätze für eine berufliche Tätigkeit. Zumindest am Anfang erfolgte die Ausgabe der Münzen grundsätzlich unmittelbar. Geldstrafen (ebenfalls Chips) wurden genauso angewandt wie Belohnungen, um störende Aktivitäten zu beseitigen. Die reaktionsbereitesten Patienten konnten sogar „Kreditkarten" für besonderes Essen, Schlafen und Ausgehen verdienen, also für Privilegien, die ihnen sonst nicht zustanden. Die Ergebnisse waren außerordentlich beeindruckend. Verstöße gegen die Hausordnung sanken rapide. Die Patienten verhielten sich ihrer Umwelt gegenüber aktiver, was u. a. daraus ersichtlich war, daß sich die Zahl der Ausgänge nach Einführung der Münzökonomie vervierfachte. Ein Patient verließ das Hospital zum ersten Mal nach über 40 Jahren (Atthowe und Krasner, 1968).

Ein anderes Team von Verhaltenstherapeuten führte eine Reihe von Experimenten durch, in denen sie die Wirksamkeit einer Münzökonomie systematisch überprüften. Ihre Patienten waren chronische Psychotiker, denen im Krankenhaus Arbeiten zugeteilt wurden, die sie jedoch umständlich und unzuverlässig ausgeführt hatten; oft erschienen sie überhaupt nicht zur Arbeit. Nun führte man eine Münzökonomie zur Belohnung für erledigte Arbeiten ein. Es entwickelte sich eine bemerkenswerte Gewissenhaftigkeit. Die Patienten kamen zuverlässig und pünktlich zur Arbeit. Sie hörten nicht vorzeitig auf, obwohl sie sofort Erlaubnis dafür bekommen hätten.

Um die motivierende Wirkung der Münzökonomie direkt zu überprüfen, wurde die weitere Verstärkung von der Bereitschaft des Patienten abhängig gemacht, auf weniger beliebte Arbeiten überzuwechseln. Die Patienten erhielten jetzt die Verstärkung nur, wenn sie vorgeschriebene Arbeiten durchführten, die ihnen weniger lagen. Je mehr sie dies taten, um so mehr kontrollierte die Münzökonomie die Wahl der Arbeit.

Die Ergebnisse waren überzeugend. Die Patienten wechselten sofort zu den weniger beliebten Arbeiten über, sobald ihnen klar war, daß die fortgesetzte Verstärkung davon abhängig war. Schließlich wurden die Kontingenzen nochmals umgekehrt, und die Patienten wurden wieder für die ursprünglich bevorzugte Arbeit belohnt. Sofort wechselten sie wieder auf die belohnten Aufgaben über (Ayllon und Azrin, 1965).

Eine solche Kontrolle, wie sie in dieser Untersuchung vorgenommen wurde, ist bei Verhaltensuntersuchungen ziemlich häufig. Wenn man die Wirksamkeit einer Münzökonomie dadurch prüft, daß man zuerst beliebtere Arbeiten verstärkt, dann weniger beliebte und schließlich wieder die beliebteren, hat man den sogenannten „A-B-B-A"-Versuchsplan benutzt (Kapitel 1). Die experimentelle Bedingung, deren Ergebnisse getestet werden sollen, wird hergestellt, dann geändert, dann wieder hergestellt. Jeder Patient ist sein eigener Kontrolleur. In diesem Fall konnte die Wahl der Arbeit eindeutig der Verstärkung selbst zugeschrieben werden und nicht der „Zufriedenheit", die man durch die Arbeit erfährt, oder anderen Faktoren. Ayllon und Azrin fanden auch, daß eine unsystematische Ausgabe der Münzen, d. h. unabhängig von der gezeigten Leistung, oder die freie Vergabe der Belohnungen ohne den Gebrauch von Münzen zu einem starken Abfall in der Arbeit des Patienten führte.

Die Motivation der Patienten ist aus einer Zusammenstellung dessen ersichtlich, was sie bevorzugt mit den verdienten Münzen kauften. Der Erhalt einer Privatsphäre war bei weitem die begehrteste Vergünstigung noch vor dem Einkauf materieller Dinge und vor Urlaub von der Station. Individuelle Differenzen beschränken sich auf die Veränderung der Rangordnung zwischen diesen drei Vergünstigungen. Nur wenige Münzen wurden für Gespräche mit dem Personal, für religiöse Zwecke oder für Freizeitaktivitäten und Unterhaltung ausgegeben (Abbildung 11-8).

Münzökonomie ist auch unter anderen Bedingungen durchgeführt worden. Ein 14jähriger Junge zeigte übermäßig aggressives und destruktives Verhalten; in mehr als acht Schuljahren hatte er kein einziges Mal eine ausreichende Note erreicht, und er las noch wie ein

Abb. 11-8. Sobald die Patientin eine ihrer täglichen Pflichten, die auf der Arbeitskarte aufgeführt sind, erfüllt hat, erhält sie dafür Plastikmünzen, die sie für Mahlzeiten, Spaziergänge außerhalb der Station oder Einkäufe am Verkaufsstand auf der Station ausgeben kann (Münzökonomie). 14 Monate zuvor aß sie mit Händen vom Boden; jetzt arbeitet sie produktiv 8 Stunden täglich in einer beschützten Werkstätte

Zweitklässler. Mit Hilfe der Münzökonomie wollte man die Leseprobleme des Jungen behandeln. Anfangs erhielt er Münzen bereits dann, wenn er Wörter korrekt las. Diese konnte er in begehrte Belohnungen umtauschen, auch in bestimmte Geldbeträge. Eine allmähliche Ausformung wurde angestrebt, wobei das Kriterium für die Verstärkung zunehmend strenger wurde. Der Junge begann Sätze, später ganze Paragraphen zu lesen. Schließlich konnte er kurze Geschichten lesen und wurde belohnt, wenn er Fragen über den Inhalt beantwortete. Er machte nicht nur während des Trainings große Fortschritte, sondern er schien auch echt am Leseinhalt Interesse zu finden. Sein Fortschritt generalisierte sich auch auf andere Gebiete, und er erhielt zufriedenstellende Noten in allen anderen Unterrichtsfächern. Darüber hinaus wurde sein widerspenstiges Verhalten bedeutend seltener. Das Programm, das von einem Bewährungshelfer durchgeführt wurde, kostete insgesamt $ 20.31 für die Dinge, die sich der Junge mit seinen Münzen kaufte (Staats und Butterfield, 1965).

In naher Zukunft ist wohl eine weiter verbreitete Anwendung der Münzökonomie auf viele andere Fälle zu erwarten. Bisher wurde sie schon in etlichen Schulen angewandt, und einige Anhänger sehen sie bereits als Ersatz für das gegenwärtige Benotungssystem. Vom Gesichtspunkt des Schülers aus hat eine Münzökonomie folgende Vorteile: (a) Sie sorgt für eine eindeutige positive Bewertung einer Leistung, (b) sie bringt Beständigkeit und Vorhersagbarkeit, indem genau festgesetzt wird, was getan werden muß, um welches Resultat zu erzielen, (c) sie ist nicht abhängig von Stimmungen oder persönlichen Wertvorstellungen des Lehrers oder anderer Autoritätspersonen, (d) sie gibt dem Schüler vollkommene Freiheit, wofür er arbeiten will, und (e) sie garantiert, daß auch unauffällige, aber richtige Reaktionen erkannt und verstärkt werden; dadurch kann jeder in einer Klasse Erfolg und Anerkennung erreichen.
Kritiker schaudern davor zurück, von einem System überwuchert zu werden, das auf dem Profit-Motiv beruht. Sie behaupten, das Lernen werde so durch eine „Marktplatz-Mentalität" motiviert, die Bemühungen erfolgten nur für äußere Belohnung, und die Kinder hätten keine Gelegenheit, die Freude am Erkennen oder an intellektueller Leistung um ihrer selbst willen schätzen zu lernen.

Bewertung der Verhaltenstherapie

Die Berichte über die Wirksamkeit der Verhaltenstherapie sind allgemein ziemlich günstig mit einer Erfolgsquote zwischen 75 und 90 %. Durch diese vorläufigen Ergebnisse ermutigt, rechnen manche Verhaltenstherapeuten damit, daß bald Apparate bei der Korrektur des Verhaltens helfen und systematische Verstärkung liefern werden. Tatsächlich sind solche Geräte schon bei vielerlei Problemen getestet worden, wie bei Bettnässern, Lernstörungen und Rauchen (Schwitzgebel, 1968).

Im Vergleich zu anderen Therapien hat die Verhaltenstherapie zahlreiche Vorteile. Sie ist empfänglicher für die empirische Überprüfung als die analytische Richtung. Da die Behandlung auf fest umrissene Symptome abzielt, kommen Verhaltenstherapeuten in viel kürzerer Zeit ans Ziel als traditionelle Therapeuten. Dies bedeutet schnellere Erleichterung und finanzielle Ersparnisse für die Patienten, es können auch mehr Patienten von einem Therapeuten behandelt werden. Da die Therapie auf klar formulierten Lernprinzipien beruht und nicht von der Persönlichkeit, der Kommunikationsgeschicklichkeit oder der Interpretationsfertigkeit des Therapeuten abhängt, ist das Training leichter, kürzer und kann auch von nichtakademischen Assistenten durchgeführt werden. Es ist eindeutig leichter, Variablen in der Umgebung zu identifizieren und zu kontrollieren als die psychischen Variablen des „inneren Kerns der Seele".

Dennoch gibt es Vorbehalte gegenüber Wirksamkeit, Methoden und unbeabsichtigten Folgeerscheinungen der Verhaltenstherapie. Es gibt wenige Untersuchungen über die langfristigen Wirkungen dieser Methode, d. h. später als ein Jahr nach der Therapie. Die wohl am häufigsten angeführte Untersuchung, die zur Demonstration einer 90 %igen Heilungschance durch die Verhaltenstherapie herangezogen wird (Wolpe, 1960), enthält einen ernsthaften Stichprobenfehler. In die Endergebnisse sind nur die Patienten einbezogen, die zumindest 15 therapeutische Sitzungen hatten. Alle diejenigen, die während der ersten 14 Sitzungen ausschieden, wurden außer acht gelassen; dadurch wurde das Ergebnis zugunsten einer höheren Erfolgsrate beeinflußt.

Ernstere Kritik fällt auf die Frage, welches die wirksame unabhängige Variable bei der „Verhaltenstherapie" sei (Breger und McGaugh, 1965). In vielen Fällen scheinen sich Verhaltenstherapeuten nicht allein auf Konditionierungsverfahren zu verlassen, sondern ziehen zusätzlich auch traditionelle Beratungstechniken heran, wie zum Beispiel eine Diskussion darüber, in welcher Weise sich der Patient selbst helfen und Kontrolle über seine Beziehungen zu anderen gewinnen kann (Weitzmann, 1967).

Eine andere Kritik bezieht sich darauf, daß das wirksamste Werkzeug des Verhaltenstherapeuten in Wirklichkeit kognitive Manipulationen seien — daß die primären Operanda keine äußeren Verhaltensweisen seien, sondern Kognitionen wie Bilder, Angstgefühle, Erwartungen und Beurteilungen. In diesem Sinne kann argumentiert werden, daß die Verhaltenstherapie nicht deshalb funktioniert, weil sie die Verstärkung besonderer äußerer Verhaltensweisen manipuliert und aufrechterhält, sondern weil der Patient vielleicht zum ersten Mal eine vorhersagbare Umgebung erfährt, in der er klar die Folgen seines Verhaltens sehen und die Hilfsmittel aus der Umwelt so benutzen kann, daß er bekommt, was er will.

Wieder eine andere Kritik richtet sich gegen das unerwünschte *indirekte* Lernen, das durch die Verhaltenstherapie vielleicht gefördert wird, und gegen die Werte, die mit ihr vermittelt werden könnten. Wenn Belohnung zum Beispiel nur für oberflächliches Verhalten eintritt und in Übereinstimmung mit dem, was ein anderer als „gut" bezeichnet, kann der Betreffende den äußerlichen Eindruck, die blinde Konformität gegenüber sozial akzeptierten Normen, die soziale Anerkennung auf Kosten von Selbstanerkennung und die Handlung auf Kosten von Denken oder Fühlen überbewerten (D. Grossman, 1968).

Auch die Verhaltenstherapie hat ihre Grenzen; aber dennoch sollte dieser Aspekt nicht dazu führen, die positiven und einzigartigen Beiträge dieser Technik zu übersehen. Die Verhaltenstherapie hatte einen beträchtlichen Erfolg, ist vielversprechend und scheint die beste Methode zu sein, um hemmende Angst und bestimmte Phobien zu behandeln. Es gibt keinen Grund, warum die Verhaltenstherapie jede psychologische Störung heilen sollte, genausowenig, wie man von Penicillin erwarten kann, daß es Krebs heilt.

In den letzten Jahren, als die Verhaltenstherapie an Ansehen gewann, ist bereits etliche Male versucht worden, ihre Wirksamkeit mit der einer traditionellen Einsichtstherapie oder einer dynamischen Therapie zu vergleichen. Die Frage, welche Methode besser ist, ist besonders schwer zu beantworten, da die Effizienzbeurteilung einer jeden Psychotherapie wie auch die Durchführung kontrollierter Experimente bei gestörten Menschen ausgesprochen schwierig ist. In einem kürzlich durchgeführten Experiment mit „normalen" Probanden wurden einige dieser Schwierigkeiten überwunden: man verglich verschiedene Verfahrensweisen, um Lampenfieber zu heilen, eine Form der Angst, die einerseits genügend abgegrenzt ist, um strenge Kontrollen durchführen zu können, aber andererseits mit anderen Ängsten vergleichbar ist, um eine Generalisierung der Ergebnisse zu erlauben.

710 Studenten eines Pflichtkurses für „öffentliches Vortragen" füllten mehrere Angst- und Persönlichkeitstests aus. Gleichzeitig erhielten sie einen Brief mit der Information über eine Untersuchung bezüglich Ängstlichkeit beim öffentlichen Vortrag, verbunden mit dem Angebot, daß man einer begrenzten Zahl von Studenten Hilfe anbieten könne, um diese Angst zu überwinden. Diejenigen, die an solcher

Hilfe interessiert seien, sollten sich zur Teilnahme bereit erklären. Von den Interessenten wählte man jene 96 für das Experiment aus, die in der Testbatterie die höheren Angstwerte hatten. Von diesen bat man 74, eine Sprechprobe zu geben. Unmittelbar vor dieser Rede wurden bei jedem Probanden verschiedene Angst indizierende Meßwerte wie Pulsschlag und Hautwiderstand (ein Maß für die Emotionalität) erhoben. Während seiner Rede wurde der Proband von vier trainierten Studenten beobachtet, die auf einer Kontrolliste die sichtbare physische Angst vermerkten, wie Unruhe der Füße, zitternde Knie, bebende Stimme und schweres Atmen.

Nach der Testrede wurden diese Studenten einer von vier verschiedenen Gruppen zugeteilt. Die übrigen 22 Probanden, die als Kontrollgruppe keine Testrede gehalten hatten, trafen sich ohne besondere Therapie oder Kontakte in einem Klassenzimmer. Sie wußten nicht, daß sie Teil des Experiments waren, sondern absolvierten lediglich den regulären Vortragskurs. Jegliche Angstreduktion der Versuchspersonen konnte deshalb allein dem benutzten Verfahren zugeschrieben werden. Nach der Behandlung wurde die Wirksamkeit der verschiedenen Therapieformen beurteilt, wobei man sich auf die Testreden und auf die Verlaufsuntersuchung mit Persönlichkeits- und Angsttests stützte.

Fünf erfahrene, angesehene Psychotherapeuten nahmen an der Untersuchung teil. Alle bevorzugten zwar als Therapie die Einsichtsmethode, waren aber flexibel genug, um verschiedene Techniken anzuwenden. Jeder Therapeut führte jede Form der Behandlung durch. Die Studenten wurden einzeln behandelt und erhielten fünf 50minütige Sitzungen über einen Zeitraum von sechs Wochen. Dabei wurden folgende Behandlungen durchgeführt:

1. *Modifizierte systematische Desensibilisierung.* Diese Behandlung war eine schwach modifizierte Form der Therapiemethode von Wolpe, bei der für jeden Studenten eine Hierarchie der einzelnen Angstsituationen erstellt wurde. Nach kurzer Einübung in die Entspannungstechnik wurden die einzelnen Punkte der Angsthierarchie vorgestellt. Die Therapeuten hatten das Verfahren intensiv eingeübt, und sie waren gehalten, die gleiche freundliche und hilfsbereite Haltung einzunehmen wie bei der Einsichtstherapie.

2. *Einsichts-orientierte Psychotherapie.* Hier bediente sich der Therapeut traditioneller Interviewverfahren, um dem Patienten Einsicht in die Ursachen seines Problems gewinnen zu lassen. Gedankliche Vertiefung, Klarstellung und Interpretation der Gefühle des Probanden spielten eine große Rolle.

3. *Zuwendungskontrolle.* Hier sagte man den Studenten, ihre Angst sei größtenteils auf eine geringe Widerstandsfähigkeit gegen Streß zurückzuführen; sie könne aber durch Übung gesteigert werden. Das Training bestand darin, unter dem Einfluß eines „schnell wirkenden Tranquillizers“ an einer sehr belastenden Aufgabe weiterzuarbeiten, die normalerweise ziemlich viel Angst hervorrufe. Das Medikament würde das Aufsteigen von Angst während der Aufgabe verhindern und allmählich die Widerstandsfähigkeit gegen Streß steigern; dadurch könne der Patient auch mit anderen Belastungen fertig werden, wie zum Beispiel mit einer Rede ohne Tranquillizer. Die „belastungsstarke Aufgabe“ bestand darin, „Notsignale“ unter etlichen anderen akustischen Signalen zu identifizieren; diese waren auf Tonband aufgenommen und der Proband vernahm sie über einen Kopfhörer. In Wirklichkeit handelte es sich dabei um eine gewöhnlich stark ermüdende Aufgabe. Obwohl der Proband diese Sitzungen unter Aufsicht des Therapeuten absolvierte, bot sich ihm keine Gelegenheit zum Abreagieren oder zur Inanspruchnahme irgendwelcher therapeutischer Hilfe, da er fast immer das Tonband abhören mußte.

4. *Kontrolle ohne Behandlung im Klassenraum.* Zusätzlich zu den 22 Kontrollpersonen ohne besondere Therapie, die ohne ihr Wissen am Experiment teilnahmen, bildete man eine zusätzliche Kontrollgruppe aus 29 Probanden, die die reguläre Arbeit des Kurses durchführen und keine Behandlung erhielten. Man beobachtete sie jedoch aufmerksam, und sie wußten, daß sie Teil des Experiments waren. Nach der Testrede wurde ihnen gesagt, daß unglücklicherweise einer der Therapeuten in diesem Semester nicht mit den Studenten arbeiten könnte, daß sie aber die Behandlung im nächsten Semester haben könnten, wenn sie noch wollten. Man bat sie, dennoch zur gleichen Zeit wie die behandelten Studenten eine andere Testrede zu halten, damit die Daten vollständig seien.

Am wichtigsten für die Untersuchung der verschiedenen Behandlungswirkungen war eine Analyse der Veränderung der Angstmeßwerte zwischen den beiden Streß-Bedingungen vor und nach der Behandlung, da eine zweite

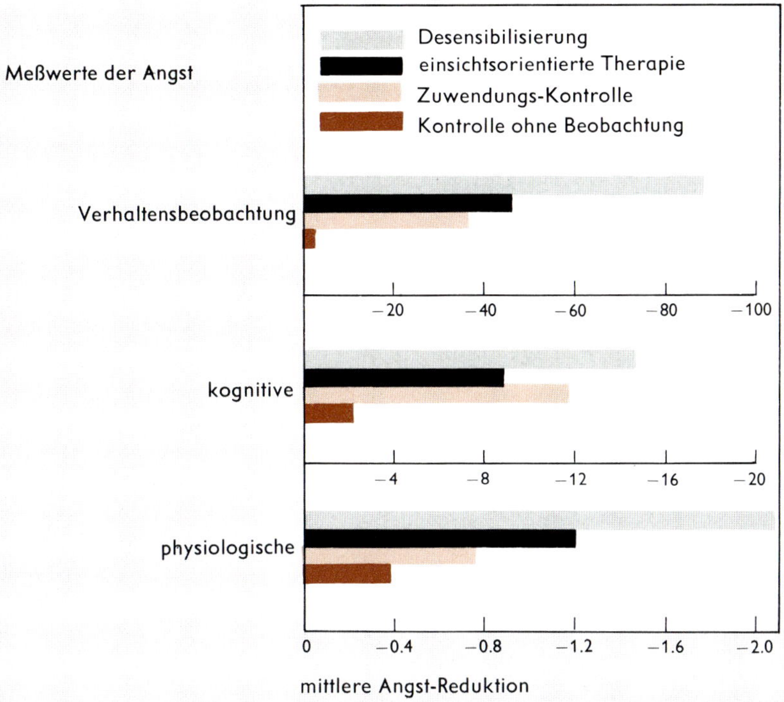

Abb. 11-9. Angst-Reduktion. Drei Arten der Angstmessung wurden angewandt: eine am „offenen" Verhalten orientierte durch Beobachter-Beurteilung äußerer Angstanzeichen; eine kognitive, abgeleitet von der Selbsteinschätzung der Versuchspersonen auf einer Angstskala; und eine physiologische durch Messung von Pulsschlag und Feuchtigkeit der Hände. In allen Fällen zeigte die Desensibilisierungs-Gruppe eine größere Angst-Reduktion als die anderen drei Gruppen (Nach Paul, 1966)

Testrede am Ende des Experiments gehalten wurde. Alle drei Behandlungsgruppen verbesserten sich signifikant mehr als die Kontrollen ohne Behandlung, wobei die Gruppe mit systematischer Desensibilisierung bei allen drei Angstmessungen vor der einsichtsorientierten und der Zuwendungskontrollgruppe lag. Außerdem wurden in der Desensibilisierungsgruppe bei allen drei Messungen mehr Probanden als „signifikant gebessert" betrachtet (Paul, 1966; Abbildung 11-9).

d Kombinierte therapeutische Methoden

Obwohl viele spezifische Techniken der Psychotherapie erprobt wurden, von denen einige auf ausgeklügelten Theorien und andere lediglich auf praktischen Erfahrungen beruhen, hat sich keine für jede Art von Störungen als wirksam erwiesen. Angesichts dessen gehen die meisten Therapeuten eklektisch vor, anstatt sich auf irgendein bestimmtes Verfahren zu beschränken.

Dieser breitere Versuch wurde zuerst von Adolph Meyer, einem berühmten Psychiater der Johns-Hopkins-Universität vorgeschlagen. Meyers Methodik, die die Untrennbarkeit *psychologischer* und *biologischer* Prozesse betont, ist als *Psychobiologie* bekannt geworden. Dieser psychobiologische Ansatz erstrebt ein Verständnis aller Faktoren biologischer, psychologischer und sozialer Art, die an der Störung beteiligt sind. Diese Gedanken führen zu einer *integrierten* Therapie, wobei verschiedene Techniken in verschiedenen Kombinationen gebraucht werden, vom individuellen Fall abhängig. So kann das besondere Behandlungsprogramm eines Patienten zum Beispiel aus Techniken zusammengestellt sein wie freie Assoziation, Traumanalyse, Hypnose, Psychodrama und somatischen Methoden, die für notwendig erachtet werden. Das Ideal einer solchen eklektischen Methode ist Flexibilität und Freiheit von theoretischem Dogmatismus; ein Versuch, die Therapie dem Problem anzupassen und nicht den Patienten an die Theorie des Therapeuten.

Anstaltspflege

Besser . . . Die vollständigste Form einer integrierten Therapie findet man in Nervenkrankenhäusern, in denen der Patient von einem Team behandelt wird, bestehend aus Psychiatern, Psychologen, Sozialarbeitern, Beschäftigungstherapeuten und anderen speziell ausgebildeten Angestellten, die alle mit ihren diagnostischen und therapeutischen Fähigkeiten teilhaben. Ernsthaft gestörten Patienten kann es richtig wohltun, in einer Anstalt mit sorgfältiger Beobachtung und Pflege zu leben. So wird er von schwierigen Entscheidungen befreit und muß nicht die vielen Frustrationen eines normalen Lebens ertragen. Schuldgefühle werden durch das Dasein anderer mit ähnlichen Schwierigkeiten verringert. Darüber hinaus kann der Patient nicht die körperliche oder finanzielle Sicherheit seiner selbst oder seiner Umgebung gefährden.

Unter der Lupe

Institutionalisierung: Ein gespaltenes Bild

Erfreuen Sie sich des zeitgenössischen Lebens in feinster Form und in aller Freiheit	Mittelalterliche Existenz in ihrer besten Form (es kann Sie Ihr Leben kosten)
1. Drei ausgewogene Mahlzeiten pro Tag, pünktlich serviert, kein Geschirr zum Spülen, keine Abfälle zum Hinaustragen.	Ideale Bedingungen zur Entindividualisierung, Anonymität zugesichert.
2. Sauberes, voll ausgestattetes Schlafzimmer, gestärkte Bettwäsche, Zimmermädchen.	Sterile Umgebung, keine Privatsphäre, dauernde Überwachung.
3. In ruhiger, abgelegener Lage, inmitten von Bäumen und Buschwerk.	Die gleiche Pflege, die man einer kaputten Maschine zuteil werden läßt.
4. Fernsehraum, Spielzimmer.	Befreiung von Entscheidungen, was man anziehen, essen oder tun soll, wann man zu Bett gehen oder aufstehen soll.
5. Sport, Unterhaltung und Hobbies unter Anleitung.	Befreiung von Verantwortung, keine Fehler und Fehlschläge mehr.
6. Freier Eintritt bei Filmvorführungen.	Alte Freunde und Verwandte werden nicht mehr Ihre Zeit beanspruchen.
7. Neueste Bücher und Zeitschriften in der Bibliothek.	Häufige persönliche Interviews durch fremde Personen.
8. Niedrige Verbrechensrate.	Keine Notwendigkeit oder Gelegenheit, Ihre sexuelle Adäquatheit unter Beweis stellen zu müssen.
9. Moderne medizinische Pflege.	Echt „abseitige“ Kameraden.
10. Interessante Kameraden; intelligentes Personal, erpicht darauf, mit Ihnen zu sprechen.	Schockapparaturen stehen zur Verfügung, damit Ihr Leben nicht zu depressiv wird.
11. Bleiben Sie so lange, wie Sie Lust haben.	Langfristiger Aufenthalt wird befürwortet.
Wenn Sie die leitenden Personen davon überzeugen können, daß *Ihnen* ein solches Leben gut tun wird, dann sollten Sie . . .	Wenn Sie Ihre Freunde und Lieben davon überzeugen können, daß Ihnen nichts anderes übrig bleibt, als „Sie wegzustecken“, dann werden Sie . . .
beim nächsten Nervenkrankenhaus einen Aufnahmeantrag stellen.	beim nächsten Nervenkrankenhaus einen Aufnahmeantrag stellen.

Das Leben in einer gut geführten Anstalt ist so normal wie es der Zustand eines jeden Patienten erlaubt. Gegenwärtig neigt man zu zunehmender Freiheit für die Patienten während der Hospitalisierung, damit sie normal leben und über sich selbst frei bestimmen können. Solche Vorkehrungen, mit denen man sich noch im Experimentierstadium befindet, haben in manchen Fällen Probleme aufgeworfen, zeigen aber in anderen großen therapeutischen Nutzen. In einem privaten psychiatrischen Krankenhaus in Massachusetts, dem Austen Riggs Center, teilen Patienten und Personal die Verantwortung und Zuständigkeit für die Verwaltung. Die Patienten leben in einem Gebäude, das einem Gasthof auf dem Lande ähnelt; jeder hat sein eigenes Zimmer und kann frei entscheiden, wie er seine Freizeit verbringt. Ein normales soziales Leben ohne Trennung nach Alter, Geschlecht oder Diagnose ist hier selbstverständlich. Von den Patienten wird ein bestimmtes tägliches Pensum als Teil des Arbeitsprogramms verlangt; wenn sie es nicht erfüllen, müssen sie sich vor einem Gremium aus Patienten und Personal verantworten. Aus einem freiwilligen Babysitter-Service, der von den Patienten ursprünglich wegen eines Ausflugs eingerichtet worden ist, entstand eine ganzjährige Krippe für Kinder des Personals und Ortsansässiger unter Leitung einer ausgebildeten Kindergärtnerin. Im allgemeinen scheint der Sozialisierungsprozeß, der in dieser Krankenhausgemeinschaft stattfindet, der individuellen Therapie eine bessere Erfolgschance zu geben (Talbot und Miller, 1965).

Den Anstaltspatienten stehen neben den rein medizinischen Einrichtungen auch eine Reihe anderer Möglichkeiten zur Verfügung. Die *Beschäftigungstherapie* ist zum Beispiel in allen guten Krankenhäusern üblich. Diese Bezeichnung bedeutet einfach nur Gesundwerden dadurch, daß man beschäftigt bleibt. Durch einfache rhythmische Aktivitäten wie Stricken, Weben, Nähen oder Polieren von Metall und Möbel werden überaktive Patienten beruhigt. Den depressiven Patienten kann durch eine anregende Beschäftigung geholfen werden, die nur ein Minimum an Anforderungen oder Routine enthalten. Musik, Theaterspiel, Kunstgewerbe und Sportkämpfe, die anhaltende Aufmerksamkeit und schnelle Entscheidungen erfordern, halten den Patienten davon ab, krankhaft über sich selbst nachzudenken und bieten ihm interessante und befriedigende Kontakte mit der Realität.

... oder schlechter? Die Anstaltspflege und Behandlung Geisteskranker ist ein medizinisches, finanzielles und soziales Problem. Jährlich werden in den USA über eine Million Patienten in Nervenkliniken betreut. Tatsächlich sind dort über die Hälfte aller Krankenhausbetten von Geisteskranken belegt, dies jedoch nicht deshalb, weil Geistesstörungen stärker vorherrschen als körperliche Krankheiten, sondern weil sie allgemein schwerer zu heilen sind und man mit ihnen daheim nicht so leicht fertig werden kann; daher ist eine längere Hospitalisierung erforderlich.

Die Gesamtkosten für diese Patienten werden in den USA auf $ 2.4 Milliarden pro Jahr geschätzt. Jeder Staat unterhält Nervenkliniken, und in einigen stellen die Zuwendungen für Pflege und Behandlung der Geisteskranken den größten Posten im Haushaltsplan dar. Dennoch sind in den Staaten trotz des starken Einsatzes für psychische Vorsorgeprogramme die Einrichtungen unzureichend. Fast alle staatlichen Krankenhäuser sind stark überfüllt. Obwohl die Zahl der Psychologen und Psychometriker in den letzten 30 Jahren stark gestiegen ist, gibt es noch nicht genügend ausgebildete Psychiater, Psychologen und anderes geeignetes Personal für eine angemessene Pflege der Geisteskranken.

Nur sehr wenige Einrichtungen für psychisch Kranke besitzen annähernd ideale Bedingungen für rehabilitative Maßnahmen. Es gibt viele staatliche Krankenhäuser, in denen die Bedingungen so schlecht sind, daß es einen nationalen Skandal gäbe, wenn sie bekannt wären, oder wenn sich die Steuerzahler intensiver darum kümmern würden.

In einigen gibt es nur einen Psychiater für über tausend Patienten. In anderen entscheidet man sich für eine Behandlung nur dann, wenn zu erwarten ist, daß der Patient günstig und schnell auf eine Therapie reagieren wird. Bei Patienten mit diesbezüglich schlechter Prognose oder bei denen, die nicht nach kurzer Zeit eine deutliche Besserung zeigen, wird die Behandlung notwendigerweise auf Pharmakotherapie und Beschäftigungsspiele reduziert, damit der Patient wenigstens umgänglich bleibt und keine Probleme aufwirft. Einer der Autoren dieses Buches sprach mit einem psychotischen Patienten, der seit 10 Monaten in einer Nervenklinik lebte. Zur Zeit des Interviews bestand dessen einzige Therapie darin, Saxophon spielen zu können, wenn er wollte. In vielen Veterans Administration Hospitals und

Zeitraum A 11 Ärzte	Zeitraum B 6 Ärzte
84% Entlassungen (während des 1. Jahres der Behandlung)	60% Entlassungen (während des 1. Jahres der Behandlung)
174 vermutlich lebenslänglich zu hospitalisierende Patienten	421 vermutlich lebenslänglich zu hospitalisierende Patienten
$ 4.872.000 (Kosten für diese 174 Patienten bei durchschnittlich $ 28.000 pro Patient)	$ 11.788.000 (Kosten für diese 421 Patienten bei durchschnittlich $ 28.000 pro Patient)

Abb. 11-10. Die Kosten ungenügender Behandlung. Die unökonomischen Auswirkungen falscher Sparsamkeit bei der Behandlung Geisteskranker werden deutlich am Beispiel von Hastings in Nebraska, wo ein gekürztes Budget die Herabsetzung der Ärztezahl von 11 auf 6 erforderte. In der Darstellung wird der personelle und finanzielle Aufwand für die 2 Jahre vor und die 2 Jahre nach der Kürzung verglichen
(Nach Cant, 1955)

in Universitätskliniken scheint die Behandlung wesentlich besser zu sein, als in staatlichen Einrichtungen.

Die Kosten pro Patient schätzt man in den VA-Krankenhäusern (Veterans Administration) auf durchschnittlich $ 75.00 pro Tag. Berücksichtigt man nun, daß manche chronisch Kranken 30 oder noch mehr Jahre dort untergebracht sind, kommt ein stattlicher Betrag an Behandlungskosten zusammen. Bei einer intensiven Pflege und einem günstigen Patient-Personal-Verhältnis in privaten Anstalten können die Kosten bis zu $ 1.000 in der Woche betragen. So belastet eine Anstaltspflege den Betroffenen, seine Familie und die Gesellschaft finanziell sehr stark.

Dieses Geld ist gut angelegt, wenn es dem Patienten hilft. Jedoch haben vor kurzer Zeit etliche Kritiken auf die nutzlosen und auch negativen Wirkungen dieser Einrichtungen hingewiesen. Ihre Praktiken seien autoritär (Holzberg, 1960), erniedrigend für den Patienten (Sarbin, 1967), entmenschlichend (Goffman, 1961) und krankmachend (Schwartz, 1960). Ein Wissenschaftler meinte dazu, „... das Wesen des einzelnen wird so festgelegt, daß der Patient, wenn auch von allen unbeabsichtigt, zu einem Objekt wird, an dem der psychiatrische Dienst abgeleistet werden kann. Zu einem Patienten deklariert zu werden, bedeutet, ein Dienstobjekt zu werden; eine Ironie, da der Patient keinen nennenswerten Dienst dadurch erhält" (Goffman, 1961, S. 379). Diese Situationen sind weiter verbreitet als man wünschen kann.

Zu häufig sieht man den Patienten als hilflose Figur, die vollkommen dem Einfluß des Personals ausgesetzt ist. Wie aber aus dem letzten Kapitel hervorgeht, sind die Patienten bei weitem nicht so unwissend oder passiv, wie es manchmal den Anschein hat. Wie soll man damit den Unterschied zwischen den beiden folgenden Antworten eines Schizophrenen (30 Jahre lang hospitalisiert) während des gleichen Interviews erklären?

F: Warum kamen Sie in die Anstalt?

A: Die Explosion fand 1921 statt. Pfefferkrieg von 1921. Erfaßte die alten Zahnarztstühle in Northport. Betraf Blumen und Macht. Das ist Piels Buch. Piels Buch in Abschnitten. Frau Piel natürlich. Das Hippo Tootsie ist ein Lied. Im Krankensaal 6 haben sie ein Lied. Tun Sie so was in die Pfanne. Das Hippo steckt im Paragraphengewicht. Sie gab mir zwei Beine und einen Rollstuhl, und wir gingen an die Spitze, und wir fuhren weg von Bremen, Brennen, Deutschland. Sammelten 22 Männer auf, die den Krieg verloren. Krieg von 1914 bis 1918. Man schickte sie in einen Schweinestall in Northport. Man brachte sie zurück von der

Stratosphäre mit dem Hippo Tootsie, der Pfeife Hippo. Das Hippo, das die Pfeife im Kraftwerk hält.
F: Wie denken Sie über das Krankenhaus?
A: Die Leitung ist ausgezeichnet. Mein höchstes Lob gilt Herrn Dr. B. (Anstaltsdirektor). Das Unterhaltungsprogramm, die Filme sind sehr gut. Bingo und die Cola-Parties sind prima. Ich würde nicht versuchen, irgendetwas zu verbessern.

Psychisch Kranke wenden Schmeicheleien genauso taktisch an wie „normale" Menschen; um positive Resonanz zu erhalten, versuchen sie so zu scheinen wie sie nicht sind (Jones, 1964). Sie äußern sich positiver über die Anstalt und das Personal, wenn ihre Aussagen identifiziert werden können als wenn ihre Bemerkungen anonym bleiben. Sie verstehen es auch, sich gesünder oder kränker zu stellen, wie zwei einfallsreiche Experimente zeigen; sie mögen uns veranlassen, unsere Auffassung von der passiven Rolle des Geisteskranken und die Bedeutung, die eine Hospitalisierung für die Patienten hat, zu überprüfen.

In einer Untersuchung wurden die Unterschiede in den Mittelwerten der mit „stimmt" beantworteten Fragen eines Persönlichkeitstests unter zwei verschiedenen Bedingungen aufgezeichnet: Eine Gruppe von hospitalisierten Patienten ließ man glauben, daß „stimmt" ein Anzeichen für die Geisteskrankheit sei, während man einer anderen vergleichbaren Gruppe sagte, daß „stimmt" ein Anzeichen für gesunde Einsicht sei. Jede Gruppe bestand sowohl aus „Neulingen", die allgemein gerne das Krankenhaus verlassen wollten (90 % werden in den ersten drei Monaten entlassen) und „Alteingesessenen" (die meisten von ihnen waren mehr als drei Jahre hospitalisiert), die generell lieber bleiben wollten. Die Neuzugänge antworteten mit „stimmt" signifikant häufiger, wenn es als Anzeichen für Gesundheit und nicht für Krankheit galt, während langjährige Patienten genau gegensätzlich antworteten (Braginsky et al., 1966).

Eine zweite Untersuchung verdeutlicht noch mehr, wie geschickt sich chronisch schizophrene Patienten dem Personal mehr oder weniger gestört zeigen können, und zwar je nach den erwarteten Konsequenzen, die das Krank- oder Gesünder-Erscheinen vermutlich haben wird.

Langjährige Patienten zeigten sich bei Befragungen durch das Personal eher als einigermaßen gesund, wenn davon abhängig gemacht

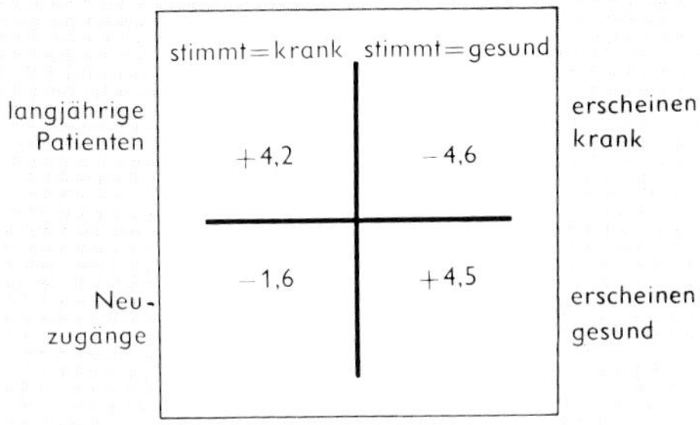

Abb. 11-11. Tendenz der Patienten, sich krank oder gesund zu stellen. Diese Tabelle zeigt den Mittelwert der mit „stimmt" beantworteten Fragen von Neuzugängen und von langjährigen Patienten im Verhältnis zu den Antworten einer Kontrollgruppe, die aus langjährigen Patienten bestand und denen keine Instruktion über die Bedeutung der Antworten im Sinne von „gesund" und „krank" gegeben wurde (Nach Braginsky, Braginsky und Ring, 1969)

wurde, ob sie auf der offenen Station bleiben konnten. Dagegen waren die Antworten signifikant pathologischer, wenn das Interview angeblich einer möglichen Entlassung diente. Sie gaben signifikant mehr *positive* Äußerungen über sich selbst in den „Entlassungs"-Gesprächen.

Einige Psychiater beurteilten die Pathologie dieser Patienten ohne Wissen um die experimentelle Beeinflussung. Es zeigte sich, daß sie die Ernsthaftigkeit der Krankheit nach den Selbstbeurteilungen der Patienten einstuften, nämlich *kränker* bei mehr negativen Äußerungen, *gesünder* bei mehr positiven Äußerungen über sich selbst. Diese chronischen, angeblich unmotivierten und unerreichbaren Patienten waren also in der Lage, sich genau auf die Variablen einzustellen, nach denen sie gewöhnlich diagnostiziert wurden. So manipulierten also die Patienten das Personal in subtiler Form (Braginsky und Braginsky, 1967).

Weitere Probleme entstammen den festgefügten Interessen der Krankenhausverwaltung, der vorherrschenden Hierarchie (der Machteinfluß eines Angestellten *nimmt* proportional zu seinem direkten Kontakt mit den Patienten *ab*) und den vorherrschenden bevormundenden anstelle von therapeutischen oder vorbeugenden Einstellungen. Dadurch werden Neuerungen nicht nur schwierig, sondern Heilungen können sogar gehemmt anstatt begünstigt werden.

Soziotherapie

Die Einzel- oder Gruppentherapie wird häufig mit verschiedenen Arten der Soziotherapie kombiniert. Dieser Begriff bezieht sich hauptsächlich auf die Veränderung der Umwelt des Patienten mit dem Ziel, daß sie hilfreicher und leichter durchschaubar wird. Die Soziotherapie eines gestörten Kindes kann zum Beispiel die Behandlung der Eltern bedeuten oder auch die Einweisung des Kindes in ein Pflegeheim.

Die Soziotherapie wird meist von einem psychiatrisch ausgebildeten Sozialarbeiter durchgeführt, in manchen Fällen unterstützt von Wohlfahrtsstellen oder anderen Fürsorgeeinrichtungen. Dieser Sozialarbeiter betreut die Familie des hospitalisierten Kranken auf verschiedene Weise; er hilft zum Beispiel, die finanziellen Probleme zu lösen oder betreut in manchen Fällen andere Familienmitglieder therapeutisch. Wie wichtig es ist, den Weg für die Rückkehr des hospitalisierten Kranken nach Hause zu ebnen, wird heute in einem größeren Ausmaß als je zuvor erkannt. Regelmäßige Nachvisiten des psychiatrischen Sozialarbeiters sind häufig eine wichtige Hilfe für die Wiederanpassung des entlassenen Patienten an die normale Gesellschaft.

Dem Coppice Hospital in Nottingham in England ist ein sozialtherapeutisches Zentrum namens „The Gateway" angegliedert. Dieses ist in einem separaten Gebäude untergebracht und wird gänzlich von einem gewählten Patientenkomitee verwaltet. Ärzte und Pfleger nehmen an den Komitee-Sitzungen nur auf Einladung hin teil und geben auf Anfragen Rat, haben aber kein Stimmrecht. Die Aktivitäten dieses Zentrums werden ausschließlich von den Patienten finanziert, und es gibt häufig Vorhaben, in die Ortsansässige einbezogen werden. Das Zentrum bietet dadurch den Patienten Gelegenheit, Verständnis und Verantwortungsbewußtsein zu entwickeln, es bietet ihnen aber auch bedeutsame Kontakte zur Außenwelt. Probleme und Konflikte, die in Verbindung mit diesem Zentrum entstehen, liefern oft den Inhalt für Gruppentherapiesitzungen in der Klinik (Woddis, 1960).

Psychische Gesundheitspflege in der Gemeinschaft

Die Joint Commission on Mental Health (1961) empfahl, keine Nervenkliniken mit größerer Kapazität als 1000 Betten zu bauen, akute Fälle durch kleinere Einrichtungen in der Heimatgemeinde sofort und ohne Warteliste zu behandeln und die vorhandenen großen staatlichen Einrichtungen sobald als möglich entweder zu räumen oder in Pflegeanstalten für chronisch physisch oder psychisch Kranke umzuwandeln. Einen entsprechenden Anfang machte der Community Mental Health Centers Act, der den Bau von Gemeinschaftszentren mit breitem Dienstleistungsangebot im ganzen Land ermöglichte. Je zahlreicher und besser diese Zentren ausgestattet werden, um so größere Hoffnung hegt man, daß immer mehr Hilfesuchende in ihren Gemeinden versorgt werden können, und die großen staatlichen Nervenkliniken bald der Vergangenheit angehören werden.

Diese Methode hatte bereits eindrucksvolle Ergebnisse erzielt, indem sich die Zahl derjenigen verringerte, die früher zu einer langfristigen Anstaltsbehandlung überwiesen wurden. In Duchess County im Staate New York, das die höchste Zugangsrate zu den staatlichen Krankenhäusern in allen Gemeinden des Staates New York aufwies, wurde 1960 eine spezielle Einrichtung geschaffen, um die Bedürfnisse der Patienten sorgfältiger zu untersuchen, akute Fälle intensiver zu pflegen und um in der Gemeinde andere Pflegemöglichkeiten für weniger ernsthafte Fälle bereitzustellen. Es stellte sich heraus, daß nur 25 % der Patienten, die unter diesen Vorkehrungen aufgenommen wurden, eingeliefert zu werden brauchten. Die anderen wurden durch Tagespflege oder andere Einrichtungen in der Gemeinde behandelt.

Solche breit angelegten Gemeindeeinrichtungen haben viele Vorteile. Bei sofortiger Pflege, die den Bedürfnissen des einzelnen entspricht, kann die gesamte Behandlungszeit stark verkürzt werden, und dem Patienten wie auch seiner Familie werden viel Leid und Schwierigkeiten erspart. Die Schande, die häufig mit einem „Wegschicken" verbunden ist, wird so verringert oder völlig verhindert. Der Patient wird davon verschont, sich einer einsamen, abgelegenen und unpersönlichen Institution anpassen zu müssen, und ihm wird ebenfalls das Problem erspart, nach einer langen Abwesenheit zurückzukehren und seinen Platz in der Gesellschaft wieder finden zu müssen.

Ersatzmöglichkeiten für die Hospitalisierung

Wahrscheinlich wird man sich zunehmend bei der Behandlung auch ernsterer Verhaltensstörungen von der Krankenhaussituation entfernen. „Psychiatrie ohne Ärzte", „Behandlung zu Hause" und „Vermieterinnen für Geisteskranke" sind zum Beispiel Schlagzeilen, die immer häufiger erscheinen werden, wenn sich solche Neuerungen als erfolgreich herausstellen.

Von Patienten geleitete beschützende Häuser. Fairweather und seine Mitarbeiter (1969) zeigten in einem experimentellen Programm, daß frisch entlassene psychisch Kranke außerhalb der Anstalt effektiv tätig sein können. Man fand ein Haus, in dem diese Patienten als Gruppe leben konnten. Zuerst war ein einziges Mitglied des Forscherteams anwesend, später nur mehr ein Laie. Die Patienten waren sich gegenseitig verantwortlich für die Regulierung ihres Verhaltens, für die Haushaltsführung, Besorgung und Zubereitung der Mahlzeiten und das Geldverdienen. Sie richteten einen Service für Gelegenheitsarbeiten ein, wodurch sie in drei Jahren ein Einkommen von über $ 50.000 erreichten. Sie teilten das verdiente Geld gemäß der Arbeitsleistung und Verantwortlichkeit eines jeden Patienten auf.

40 Monate nach ihrer Entlassung verglich man diese Gruppe mit 75 vergleichbaren Patienten, die zwar zur gleichen Zeit entlassen worden waren, aber keine derartige Erfahrung hatten. Die Mitglieder dieser Gruppe zeigten mehr Beständigkeit auf ihrem Arbeitsplatz, zeigten eine zufriedenstellendere Anpassung und nahmen mehr am Gemeinschaftsleben teil als die Kontrollpersonen. Ein einzelnes Mitglied dieses Hauses kostete die betroffenen Steuerzahler $ 6 pro Tag (Rausch und Raush, 1968).

Pflege der Psychotiker zu Hause. Andere Methoden zielen darauf ab, den Patienten gänzlich von der Anstalt fernzuhalten und die psychiatrische Pflege in seinem eigenen Haus zu ermöglichen. Der erste wissenschaftliche Beleg für dieses Vorgehen stammte aus einer Untersuchung in New York. Fast dreiviertel der 55 Schizophrenen, die zu Hause mit Drogen behandelt wurden und nur durch Besuche von Krankenschwestern überwacht wurden, benötigten keine Hospitalisierung. Eine Untersuchung im Medizinischen Zentrum der Universität Denver zeigte ebenfalls, daß psychisch Kranke auch zu Hause durch ein Team von psychiatrisch ausgebildeten Sozialarbeitern, die eine „Familienkrisen"-Therapie durchführten, wirksam behandelt werden konnten. Bei einem Vergleich der 75 so behandelten Patienten mit 75 hospitalisierten schnitten jene hinsichtlich der sozialen und persönlichen Anpassungswerte ebenso gut ab. Mehr als 80 % benötigten später keine Hospitalisierung mehr, und die anderen 20 % verbrachten nur ein Drittel der sonst üblichen Zeit in der Anstalt. Die finanziellen Einsparungen bei einer solchen Pflege zu Hause sind enorm im Vergleich zu den Kosten einer Anstaltspflege (Science News, August 10, 1968). Selbstverständlich eignet sich diese Vorgehensweise nur, wenn das Zuhause unterstützend wirkt und nicht zum Problem beiträgt.

Der Versuch, die Behandlung an die Hilfesuchenden heranzutragen, anstatt die Leute ausfindig zu machen und sie in die furchtbare Unpersönlichkeit und Formalität einer Anstalt einzuweisen, spiegelt sich in dem Trend wider, daß heute inmitten von städtischen Siedlungen psychische Gesundheitszentren errichtet werden (Gardner, 1970). Man hat therapeutische Einrichtungen gut sichtbar wie einen Laden in den Straßen ärmerer Stadtteile geschaffen, damit diejenigen, die Hilfe brauchen, davon erfahren und eher zu einer Beratung gehen.

Die Tradition der Pflegefamilien in Gheel. Während die Gemeinschaftspflege von Geisteskranken in den USA noch aufregend neu ist, gibt es eine solche Therapie bereits seit dem 15. Jahrhundert in der kleinen belgischen Stadt Gheel. Von den 2000 funktionellen Psychotikern und geistig retardierten Patienten in Gheel sind nur 300 in Anstalten. Die übrigen 1700 sind „zahlende Gäste" in den 7000 Haushalten der Gemeinde. Sie kommen in irgendeinem Alter für eine unbestimmte Zeit und bleiben oft dauernd in den Pflegefamilien dieser Gemeinde. Nicht nur die Familie, sondern auch die unmittelbare Nachbarschaft, in der der Kranke ist und manchmal aktiv teilhat, ist für ihn verantwortlich. Offensichtlich ist die Gemeinde damit zufrieden, daß dieser Prototyp der therapeutischen Gemeinschaft funktioniert. Die Forschung befaßt sich gegenwärtig mit den vielen höchst interessanten Fragen, die durch die Dauerhaftigkeit der Einrichtung aufgeworfen werden (Srule und Schrijvers, 1968).

Umwandlung der letzten Zuflucht in eine wirkliche Zuflucht. Ein ungewöhnlicher Vorschlag stammt aus der Analyse der Anstaltspflege für schwer gestörte Patienten, die, wie bereits erwähnt, von Braginsky und Mitarbeitern publiziert wurde (1969). Wenn chronische Patienten die Fluchtmöglichkeit in die Nervenklinik so sehr brauchen, daß sie sich kränker stellen als sie sind, dann könnte es sein, daß nicht die Behandlung, sondern die Möglichkeit des Sichzurückziehens den eigentlichen Wert einer Nervenklinik darstellt. Wenn dies zutrifft, kann man die gleiche Funktion auch billiger und für mehr Leute bereitstellen, und zwar ohne die sonst zu erwartende Stigmatisierung und ohne trügerische Techniken benutzen zu müssen, nämlich durch ein *kooperatives Sichzurückziehen.* Mit öffentlichen und privaten Mitteln könnten Zufluchtsorte geschaffen werden, wo jedermann „von allem loskommen" könnte, wenn die Anforderungen des täglichen Lebens zu groß werden. Jeder könnte sich an einem dieser Zufluchtsorte einen Tag oder das ganze Leben lang aufhalten. Weder Arbeit noch psychiatrische Behandlung würden verlangt. Die dort Ansässigen würden alle Aktivitäten planen — so wie es ihnen paßt. In einem gewissen Sinn wäre ein solcher Vorschlag ein Sanatorium für die Massen. Dies mag vielleicht zuerst furchtbar klingen und mit Spott bedacht werden. „Wer würde nicht zu einem so leichten Leben Zuflucht nehmen?" Wenn dies die allgemeine Reaktion wäre — falls nahezu jeder eine Flucht von der gegenwärtigen Gesellschaft willkommen hieße — sollten wir uns vielleicht überlegen, ob nicht einige Aspekte von diesen Zufluchtsstätten sinnvoll in unsere Gesellschaft eingegliedert werden könnten.

e Beurteilung des Therapie-„Erfolgs"

Nachdem die Darstellung der Techniken und Hilfsmöglichkeiten für emotionale oder Verhaltensprobleme abgeschlossen ist, müssen wir noch die oft diskutierte Frage stellen, wann ein Patient „geheilt" ist.

Wer? Wann? Wie? Nach Maßgabe welchen Kriteriums?

Sogar bei Versuchen, alltägliche Gewohnheiten wie zum Beispiel das Rauchen zu unterbinden, ist ganz deutlich, daß „Heilungen" nicht unbedingt dauerhaft sind. Die Beurteilung der Therapiewirkungen wird durch das gleiche Problem erschwert, aber auch noch durch andere. Wann ist der Patient geheilt? Wenn der Therapeut sichtbare Veränderungen in der Therapiesituation bemerkt, oder wenn sich der Patient „besser fühlt"? Wenn sich seine Besserung auch auf andere Situationen generalisiert? Wenn man (wer?) ihn ein Jahr nach Beendigung der Therapie für ‚gut angepaßt' (nach welcher Definition?) hält (nach welchem Maß?). Die angegebenen „Heilungsquoten" hängen davon ab, wie diese Fragen beantwortet werden.

Es ist klar, daß ein Therapeut nicht der beste Richter seines eigenen Erfolgs ist. Er will sich als zuständig und erfolgreich sehen. Neben der Tendenz, das zu sehen, was er sehen will, kann er seine „Heilungsquote" hochtreiben, indem er unbewußt schwierige Patienten dazu ermutigt, die Therapie abzubrechen, oder indem er ein unklar definiertes „Heilungs"kriterium anwendet. Sogar Eltern und Freunde, die eine Besserung des Patienten erwarten, neigen dazu, auch eine Besserung zu „sehen", und der Patient, der seinem Therapeuten gefallen will, wird berichten, daß ihm geholfen worden sei. Wer aber steht schon dem Patienten nahe genug, um beurteilen zu können, was tatsächlich mit ihm geschehen ist, und ist gleichzeitig objektiv genug, keine verzerrende Tendenz zu haben? Dies ist ein kompliziertes, ungelöstes Problem.

Veränderungen als Resultat der Therapie werden gewöhnlich mit verschiedenen Mitteln beurteilt. Es werden zum Beispiel eingesetzt: (a) der allgemeine Eindruck des Therapeuten von den Veränderungen, (b) Ergebnisse von Persönlichkeitstests, (c) das Verhalten des Patienten beim Interview, (d) Berichte von Freunden oder Verwandten, (e) Selbstberichte des Patienten, (f) Einstellung des Patienten und (g) bestimmtes sichtbares Verhalten des Patienten. Aber Einstellungsänderungen korrelieren nicht hoch mit tatsächlichen Verhaltensänderungen (Kapitel 8), und das Interviewverhalten oder ein Persönlichkeitswert liefern nicht notwendigerweise eine gültige Voraussage dafür, wie sich der Betroffene in einer anderen Situation verhalten wird. Welchen Feststellungen kann man glauben? Außerdem kann der gleiche Patient als gebessert oder nicht gebessert angesehen werden, je nach dem angewandten Kriterium.

Ganz abgesehen von den benutzten Meßwerten, spielt der vom Therapeuten angestrebte Inhalt oder die Art der Veränderung eine große Rolle, sei es eine größere Einsicht, Beseitigung einer unangenehmen Gewohnheit, Selbstsicherheit, Selbstverwirklichung oder irgendetwas anderes. Die Ziele einer bestimmten Therapie werden zum Teil durch das Konzept des Therapeuten gesetzt, zum Teil durch das, was der Patient sucht und zum Teil durch zeitliche und finanzielle Erwägungen. Therapie-

„Erfolg", der einen Patienten umgänglich und „hantierbar" macht, ist das nicht das gleiche, wie ein „Erfolg", durch den der Patient ein selbstbewußter, verantwortungsvoller Bürger wird. Sogar bei einem objektiven, unbeeinflußten Beurteiler werden die Antworten von einer Menge bereits früher festgelegter Definitionen und Vorgehensweisen abhängig.

Ein weiteres Problem bei der Einschätzung der Therapiewirkung ist das Fehlen adäquater Kontrollen. Bis vor kurzem behaupteten die Therapeuten gewöhnlich, daß ihre Anstrengungen der Mühe wert seien, da sie bei einem Teil ihrer Fälle Erfolg beobachteten. Der schwache Punkt in dieser Behauptung bringt ein grundlegendes Erfordernis für jede Beurteilung zum Vorschein, nämlich die Notwendigkeit angemessener Kontrollen und Kontrollgruppen. In der Tat verbessert sich die Anpassung häufig auch ohne irgendeine besondere Behandlung. Wenn sich also einige Patienten einer Stichprobe bessern, weiß man nicht, ob die Behandlung die ursprünglich kausale Variable war.

Für die Beurteilung der Wirksamkeit einer bestimmten Behandlung gilt das gleiche wie bei der Beobachtung der Wirkungen irgendeiner experimentellen Variablen. Wieviel trägt eine Behandlung zu einer Veränderung bei, d. h. über die *Ausgangsbasis* hinaus, unabhängig von den Veränderungen, die man bei einer unbehandelten Kontrollgruppe findet? Wenn ein Therapeut glaubt, daß sein Tun einen Unterschied bewirkt — und er muß daran glauben, um weiter arbeiten zu können — dann ist er abgeneigt, leidende Menschen einer Kontrollgruppe zuzuteilen. Jedoch gibt es ohne adäquate Kontrolle keine Möglichkeit zur Beurteilung dessen, daß die Therapie für die Besserung verantwortlich war; vielleicht hätte sich der Patient ganz einfach nach einer bestimmten Zeit von alleine erholt.

Schließlich ist es eine Binsenweisheit, daß die Meinungen der Ärzte voneinander abweichen. Die gleiche Verallgemeinerung gilt für die psychiatrischen Spezialisten.

In einem Fall begann ein Patient, der sich vorher geweigert hatte, mit den anderen in der Gruppe zu essen, zwei bis vier Flaschen Milch auf sein Tablett zu stellen und sie mit den anderen zu trinken. Der Therapeut betrachtete dieses Verhalten als ein Zeichen der Besserung, aber der Oberarzt meinte, daß es eine Regression auf eine infantile Stufe darstelle (Luchins, 1960).

Alles dies sind Gründe, warum wir heute nicht besser über die tatsächlichen Wirkungen der verschiedenen Therapien bei verschiedenen Patienten mit verschiedenen Problemen Bescheid wissen. Es fehlt nicht nur an objektiven, genauen, klar formulierten *Kriterien für die therapeutische Wirksamkeit*, sondern auch an unabhängig beurteilten und gut kontrollierten *Bewertungsuntersuchungen*. Die Beseitigung dieses Mangels stellt ein äußerst dringliches Bedürfnis der klinischen Psychologie und Psychiatrie dar.

Ist „keine Therapie" am besten?

Ein Psychologe erregte vor einigen Jahren Aufsehen, als er die folgenden Zahlen für Gruppen mit psychoanalytischer oder eklektischer oder überhaupt keiner Therapie veröffentlichte (Eysenck, 1952):

Tabelle 11-4. *Erfolge verschiedener Behandlungsmethoden (Nach Eysenck, 1952)*

Behandlungsmethode	Geheilte in %
Psychoanalyse	44 %
eklektische Behandlung	64 %
keine Psychotherapie	72 %

Es wurde bald darauf hingewiesen, daß die Patienten „ohne Psychotherapie" wahrscheinlich nicht mit den behandelten vergleichbar seien. Einige waren Versicherungs-Invaliden, andere waren Patienten in einem staatlichen Krankenhaus, wo das Besserungskriterium typischerweise niedriger ist als bei einem Therapeuten mit eigener Praxis. Darüber hinaus können die Versicherungs-Invaliden eine therapeutische Hilfe von allgemeinen Praktikern, die sie konsultieren, erhalten haben, und den Anstaltspatienten mag die allgemein therapeutische Umgebung der Anstalt geholfen haben (Rosenzweig, 1954).

Die kritische Bedeutung von sorgfältig durchgeführten Untersuchungen zur Bewertung von Therapieergebnissen wird durch einen Überblick von Bergin (1966) über 7 Arbeiten zum Vergleich der Psychotherapie mit überhaupt keiner Behandlung unterstrichen. Die durchschnittlichen Änderungen waren bei behandelten und unbehandelten Probanden gleich, aber es bestand eine größere Variabilität bei den behandelten Probanden. Bei einigen der behandelten Probanden verbesserte sich der Zustand sehr, während er sich bei anderen verschlechterte und sich bei einigen überhaupt nicht veränderte. Setzt man objektive und vergleichbare Berichte voraus — und dies ist eine schwer erfüllbare Voraussetzung —, dann könnte diese Variabilität verursacht sein durch die Art der Behandlung, die Fertigkeit des Therapeuten bei der Anwendung der Persönlichkeit des Therapeuten oder des Patienten oder auch durch zahlreiche andere unabhängige Variablen.

Ethische Probleme bei der Therapie

Jeder Versuch, eine andere Person zu ändern, ist mit einer ethischen Entscheidung, wie mit einer pragmatischen oder theoretischen verbunden. Einige Therapeuten vermeiden die Konfrontation mit solchen komplizierten Problemen, indem sie ihre Ziele nur unspezifisch formulieren. Aber jedes veränderte Verhalten wird von anderen Personen bemerkt; so muß der ganze Prozeß der therapeutischen Verhaltensmodifikation in einem weiten sozialen Kontext gesehen werden, der die Wertvorstellungen des Patienten, des Therapeuten und deren Gesellschaft, genauso wie Wertvorstellungen, die über eine Gesellschaft hinausgehen, enthält. Welche Werturteile würden *Sie* in den folgenden Fällen vertreten?

1. Ein Bombenschütze mit einer Höhenphobie möchte geheilt werden, damit er sich wieder der Besatzung seines Bombenflugzeuges anschließen und weiterhin Bomben zielsicher abwerfen kann.
2. Ein impotenter Mann wünscht sich verzweifelt eine große Familie. Die Beseitigung seines sexuellen Problems würde zur Überbevölkerung beitragen.
3. Ein Jugendlicher ist von dem Wunsch besessen, auf einem Gebiet Hervorragendes zu leisten unter Ausschluß aller anderen Interessen. Sie glauben, daß er durch Vielseitigkeit ein besser angepaßter Erwachsener werden wird, daß aber dadurch der Gesellschaft ein begabtes Talent verloren gehen könne.
4. Eine Frau genießt ihre aufreizende, lustvolle Seite, die sie zur Promiskuität animiert, und hat eine Abneigung gegen ihre konservative, zurückhaltende Seite, die solche Wünsche hemmt. Welche Seite würden Sie zu beseitigen versuchen, oder würden Sie beide miteinander verbinden wollen?
5. Ein radikaler Student mit der Überzeugung, die Gesellschaft sei korrupt und sein Leben wie auch das Ihrige würde vom „militärisch-industriellen Komplex" kontrolliert, will eine gewaltsame Revolution führen. Behandeln Sie ihn als paranoiden Geisteskranken und versuchen Sie, ihn wieder an die Gesellschaft anzupassen, oder versuchen Sie, Veränderungen in der Gesellschaft herbeizuführen, damit sie für die einzelnen erträglicher wird?
6. Ein Elternteil befragt Sie wegen eines Problems, wobei seine eigenen Bedürfnisse denen des Kindes entgegenstehen. Wie würden Sie in dem konkreten Fall antworten?

Georg war ein 8jähriger Adoptivsohn mit einem leicht unterdurchschnittlichen Intelligenzquotienten und litt stark unter der Konkurrenz seiner beiden netten und hübschen jüngeren Schwestern, die nach seiner Adoption geboren wurden. Verwirrt und in dem Gefühl, abgelehnt zu werden, kämpfte er um Aufmerksamkeit und Liebe auf vielerlei destruktiver Art. Seine Konzentrationsfähigkeit war gering und seine schulischen Leistungen waren ungenügend, auch im Verhältnis zu seinem IQ von 85. Seine Eltern waren der Meinung, das Kind sei retardiert und gehöre in eine Anstalt. Tatsächlich lehnten sie ihn so sehr ab, daß sie überhaupt nicht an einer Therapie interessiert waren, die ihnen nahegelegt wurde. Sie hatten sich nur eine Befürwortung für eine Heimeinweisung gewünscht und hatten kein Interesse daran, irgendeine Alternative zu erwägen oder abzuwarten, welche Fortschritte er durch eine Therapie machen würde (Menninger Clinic, 1969).

Da unsere traditionellen Wertvorstellungen in Widerspruch zu den Meinungen stehen, daß tatsächlich all diese Vorstellungen geändert werden müßten, ist die Rolle des Therapeuten als Wertvermittler für die Gesellschaft schärfer profiliert als je zuvor. Soll der Therapeut die statistische Definition von Normalität im Sinne dessen, was die Mehrheit will, unterstützen, oder soll er jede Seite beeinflussen und aneinander „anpassen", oder soll er die hohe Zahl der individuellen Störungen als Symptome der übergreifenden gesellschaftlichen „Krankheit" sehen und seine Anstrengungen auf eine Heilung der sozialen Pathologie ausrichten? Um heute die irritierten Gemüter der Menschen zu beruhigen, muß er eine vielseitige Rolle spielen, zudem in einer Zeit, in der Ärger häufiger als Freude ist.

Manche betrachten die ethischen Erwägungen bei der Definition der psychischen Störung vor jeder Behandlung im Sinne einer Ablehnung der „Norm" zugunsten des „Normalen".

„So wie sich die soziale Anomie ausbreitet, wie die Gesellschaft immer kränker wird, zweifeln wir daran, daß der mittelmäßige Mensch einer Geisteskrankheit oder Delinquenz entkommen kann, oder daß er sich der Gewalt von Diktatoren entziehen kann, oder daß es ihm gelingt, einen Atomkrieg zu verhüten. Die Normalverteilung läßt uns keine Hoffnung auf Rettung. Wir brauchen Bürger, die in einem positiveren Sinn normal, gesund und ehrbar sind" (G. Allport, 1969).

Ein Traum für die Zukunft oder ein Zunkunftsschock?

Ein Geisteskranker mit paranoiden Wahnvorstellungen begann zu phantasieren, er sei mit einer der Krankenschwestern, die er aber kaum kannte, verheiratet. Dieser Gedanke wurde weiterverfolgt, und er sah seine „Ehe" mit drei Kindern gesegnet und sein Leben mit Glück erfüllt. Bald verlor der stellenlose Junggeselle mittleren Alters das Interesse an der Arbeit, „falls sie überhaupt Wirklichkeit war", und kümmerte sich nur mehr um seinen Traum, „der, wenn er Wirklichkeit ist, wundervoll sei", wie er zum Therapeuten sagte.

Als er den Therapeuten nach dessen Meinung über die Realität oder Irrealität seiner Gedanken befragte, antwortete der Therapeut, daß sie eine Art Tagträume seien. An dieser Stelle führte der Patient seine Einsamkeit an, sein Älterwerden und die Tatsache, nicht verheiratet zu sein, und daß sich niemand darum kümmerte, wenn er morgen sterben würde. „Was", fragte er, „sollte ich tun, wenn mir meine Träume genommen würden? Was können Sie mir besseres anbieten als meinen Traum?"

Wie hätten Sie ihm geantwortet, wenn *Sie* der Therapeut wären? Ob Sie diesem Geisteskranken einen besseren Traum hätten anbieten können, hängt davon ab, ob *Ihnen* Ihre Gesellschaft die Möglichkeit für einen Traum der Zukunft anbieten kann. Heute glauben viele Leute, daß ein „zukünftiger Schock" — eine von Angst beherrschte Unfähigkeit, mit den schnellen Veränderungen unserer Gesellschaft fertig zu werden — alles ist, was uns die Zukunft bietet (Toffler, 1970). Wie diejenigen, die an einen besseren Traum glauben, erschlagen werden durch den Wahnsinn einer zerstörten Wirklichkeit eines Mörders, wird deren Traum auch sterben? Oder werden andere — vielleicht Sie — vortreten, um den Traum aufrechtzuerhalten, ebenso für die „Kranken" wie für die „Gesunden"?

Der Theologe Martin Buber (1957) schrieb: „Die wichtigsten Ereignisse in jener verkörperten Möglichkeit namens *Mensch* sind die gelegentlich auftretenden Anfänge neuer Epochen, die durch anfänglich unsichtbare und unbeachtete Kräfte bestimmt sind. Jedes Zeitalter ist natürlich eine Fortsetzung des vorhergegangenen, aber eine Fortsetzung kann eine Bestätigung oder eine Widerlegung sein" (S. 167).

Ob der Traum von einer besseren Zukunft bestätigt oder widerlegt wird, wird durch das *Verhalten* der *einzelnen* in der Gesellschaft bestimmt sein — wozu jeder einzelne bereit ist, um einen gemeinsamen Traum wahr werden zu lassen.

f Zusammenfassung

Bei jeder Therapie versucht eine Person eine andere auf eine bestimmte Art zu ändern. Sie wird entweder empfohlen oder verlangt, wenn das Verhalten einer Person nicht den sozialen Wertvorstellungen entspricht bzw. sie selbst oder andere stört.

Schocktherapie wird bei depressiven Patienten angewendet, um sie für eine Psychotherapie zugänglicher zu machen. Verlängerte Schlaftherapie wird in den USA kaum angewandt, aber die *Narkoanalyse* (die Patienten werden im Halbschlaf befragt, der durch eine chemische Substanz wie *Natrium-Pentothal* herbeigeführt wurde) hat sich als nützlich erwiesen, um vergessene Traumata in Erfahrung zu bringen. Die *Pharmakotherapie* schließt den Gebrauch von *Tranquilizern* ein, um Angst oder Erregung zu mindern, und von *Energetica,* um der Depression entgegenzuwirken. Auch andere Drogen wie *LSD* und *Mescalin,* die eine Regression und Desorganisation der Denkprozesse herbeiführen, sind in manchen Fällen nützlich. Die Wirkung von *Placebos* behindert eine genaue Einschätzung der Drogeneffekte. Vitaminmangelzustände können psychische Störungen herbeiführen oder verschlimmern. Eine *Therapie mit Vitaminen,* um eine optimale Konzentration der notwendigen Substanzen im Gehirn sicherzustellen, scheint einiges zu versprechen. Die *Psychochirurgie* wird heute nur selten durchgeführt. Jede somatische Therapie geht von somatischen Ursachen (und damit von einem medizinischen Modell) der Geistesstörung aus. Heute betrachten viele Kliniker die somatischen Therapien als nützliche Hilfen, um eine normale Funktionsfähigkeit des Gehirns zu sichern, sie sehen jedoch Geistesstörungen als *unangepaßtes Verhalten* an, zu dessen Behebung hauptsächlich das Wiedererlernen sozialer Interaktion erforderlich ist.

Soziale Einsichtstherapien sind *Gesprächstherapien,* in denen dem Patienten geholfen wird, sich seiner wahren Gefühle bewußt zu werden und sie auszudrücken, um dann adäquatere Einstellungen und Verhaltensweisen zu entwickeln. Die *psychoanalytische Therapie,* die auf dem Konzept von Freud basiert, zielt auf eine grundlegende Persönlichkeitsänderung ab und zwar durch Freilegung unbewußter Konflikte und vergessener Traumata. Andere Einzeltherapien sind: die *direkte Beratung* (hauptsächlich Ratschläge für gegenwärtige Probleme); die *klienten-zentrierte Therapie,* in der ein nicht-direktiver Therapeut die „sichere" Atmosphäre schafft, um den Klienten selbst vergessene Gefühle auffinden und mehr Selbstverständnis und Selbstbejahung entwickeln zu lassen; die *existentielle Therapie,* die die Wichtigkeit der persönlichen Entscheidung betont; die *Integritätstherapie,* die den einzelnen ermutigt, volle persönliche Verantwortung zu übernehmen; die *rationale Therapie,* mit der rationalere Selbstüberlegungen entwickelt werden sollen; die *kognitive Attributionstherapie,* bei der der Betreffende andere Erklärungen als Minderwertigkeit für die hemmenden Ängste findet; und die *Hypnotherapie,* die gewöhnlich in Verbindung mit anderen Therapien angewandt wird. Einzeltherapien sind teuer, zeitraubend, für viele Teile der Bevölkerung unerreichbar und vielleicht unpassend, schwer zu bewerten, aber in einigen Fällen vielleicht die beste Methode.

Zu *Gruppentherapien* gehören *psychoanalytische, Rollenspiel-, Selbsterfahrungs-, Spiel-* oder *Aktivitäts-* und *Familiengruppen.* Mit ihnen können mehr Personen behandelt werden, sie sind nicht so teuer und liefern einige Erfahrungen, die in der Einzeltherapie nicht möglich sind. Die *Verhaltenstherapie* behandelt nur sichtbares Verhalten und zwar durch Vergabe oder Zurücknahme von Verstärkungen. Varianten sind die *Löschung,* wo jegliche Verstärkung weggenommen wird, wenn die unerwünschte Reaktion auftritt; die *Desensibilisierung,* bei der ähnlich wie bei der *reziproken Hemmung* der Betreffende die Angst überwindet, indem er lernt, vollkommen entspannt zu bleiben, wenn die ehemals angsterregenden Reize auftreten; die *Implosivtherapie,* bei der die Person gezwungen wird, die gefürchteten Reize auszuhalten und gleichzeitig zu erfahren, daß sie keinen Schaden erleidet; die *Aversionstherapie,* bei der unerwünschte Reaktionen mit unangenehmen Reizen gekoppelt werden; die *positive Verstärkung,* bei der erwünschte Reaktionen ausgeformt werden durch befriedigende Konsequenzen; die *Nachahmung eines Modells,* bei der der einzelne die erwünschte Reaktion bei anderen sieht und dann verstärkt wird, wenn er sie selbst zeigt; und die *Münzökonomie,* die besonders in Institutionen wie in Schulen, Gefängnissen und Nervenkrankenhäusern angewandt wird: bei ihr kann man für bestimmte Verhaltensweisen Münzen verdienen, die wiederum irgendein besonderes Privileg gestatten. Solche Therapien erweisen sich als sehr erfolgreich, führen nicht zu Ersatzsymptomen, erfordern weniger Zeit als Gesprächstherapien und weniger Übung des Therapeuten.

Nervenkrankenhäuser können therapeutische Gemeinschaften sein oder entmenschlichende Bewahranstalten. Man tendiert zum Aufbau *gemeinschafts-orientierter Pflege* anstelle der örtlich weit entfernten Hospitalisierung, zur *Behandlung ambulanter Patienten,* zu *halboffenen Häusern* und anderen Programmen, *bei denen die Patienten größere Verantwortung übernehmen.*

Eine bessere Bewertung der Therapieformen wäre notwendig, ist aber wegen ungeeigneter Kontrollen, subjektiver Kriterien und unterschiedlicher Ziele schwierig. Dazu kommt noch das ungelöste Problem, welchen Interessen und Wertvorstellungen eine Therapie folgen sollte, wenn ein Konflikt zwischen den Wünschen der einzelnen und den Anforderungen der Gesellschaft besteht.

Anhang

Rauschmittel: Gebrauch und Mißbrauch von Drogen

Es gibt wahrscheinlich kein psychologisches Phänomen, das in so großen Teilen der Bevölkerung mehr Meinungen und Widersprüche ausgelöst hat als der Gebrauch und Mißbrauch von psychoaktiven Drogen. Einst waren diese Medikamente in ein Ghetto verbannt und nur bestimmten Künstlern und neugierigen Forschern bekannt. Heutzutage ist das „Ausprobieren" von Marihuana, LSD, Amphetaminen, Heroin, Meskalin und einer Vielzahl anderer Drogen in allen Rassen, Konfessionen, Gesellschaftsschichten und Berufsgruppen verbreitet. Wir hören heute täglich vom Tod an einer Überdosis von Medikamenten und vom Selbstmord unter Drogeneinfluß bei Halbwüchsigen aus Gymnasien und Mittelschulen. Die Söhne und Töchter von Richtern, Abgeordneten und prominenten Künstlern — den vermögenden, einflußreichen und geachteten Mitgliedern der Gesellschaft — werden wegen Drogenbesitz verhaftet. Die Drogenrevolution hat nicht nur vielen Menschen die bekannten Freuden und Gefahren gebracht; zusätzlich hat sie tiefgreifende Änderungen im Sozialgefüge eingeleitet und beeinflußt unsere Musik, unsere Mode, unsere Weltanschauung und unser geselliges Zusammenleben. Sie hat auch eine Art krimineller Subkultur an neuen Stellen und sogar in den konventionellen Gemeinschaften geschaffen.

Es erscheint offensichtlich, daß jedes Buch, das ein zeitgemäßes Bild der Psychologie geben will, an diesem Phänomen nicht vorbeigehen kann. Doch was interessiert Studenten an psychoaktiven Drogen? Würden Sie, wenn Sie niemals etwas probiert hätten, die gleichen Fragen stellen, wie wenn Sie regelmäßig Drogen einnehmen würden? Und dann, wessen Antwort ist genügend ausgewogen, aus erster Hand kommend und wissenschaftlich untermauert, um als gültige Antwort auf Ihre Fragen akzeptiert zu werden?

Unsere Lösung dieser Fragen ist relativ einfach und direkt. Als erstes gingen wir in verschiedene Psychologie-Vorlesungen und baten jeden Studenten, die Fragen aufzuschreiben, die er von einer Autorität auf diesem Gebiet beantwortet haben wollte. Die Streubreite in der Drogenerfahrung unter diesen Studenten war enorm.

Nachdem wir diese Fragen in eine sinnvolle Reihenfolge gebracht hatten, stellten wir sie in einem Interview der wohl in Amerika auf diesem Gebiet bekanntesten Autorität vor, Dr. David Smith, ärztlicher Direktor und Gründer der Haight-Ashbury-Free-Clinic. Er hat nicht nur eine Ausbildung in allgemeiner Medizin, Toxikologie und Kriminologie, sondern hat auch von Anfang an die Drogenszene in San Franzisco mitverfolgt. In seiner Klinik wurden über 100000 junge Drogenabhängige behandelt, und er selbst hat sich mit vielen von ihnen in der Klinik und auf der Straße befaßt. Er untersuchte auch die Entwicklung des Drogengebrauchs in den Kommunen der Westküste. Wir glauben, daß seine offenen und überlegten Antworten auf Fragen von Studenten die zur Zeit kompetenteste Ansicht über dieses Problem ist[1].

Was ist eine psychoaktive Droge?

Eine *psychoaktive Droge* ist ein Mittel, das seelisch-geistige Prozesse beeinflußt. Jede Droge dieser Art kann mißbraucht werden. Charakteristikum des Mißbrauchs ist, daß das Individuum wegen einer psychischen oder

---

1 The New Social Drug: Cultural, Medical, and Legal Perspectives on Marijuana (Dr. Smith, Prentice-Hall, 1970) and Love Needs Care: The Story of the Haight-Ashbury-Free-Clinic (Little, Brown, 1971). Die Adresse der Klinik: 409 Clayton St., San Francisco, California 34117.

physischen Abhängigkeit oder wegen beider ohne die Droge nicht mehr auskommen kann. Bei einer psychischen Abhängigkeit liegt ein starkes Bedürfnis vor, weiterhin diese Droge einzunehmen, um in eine euphorische Stimmung zu kommen oder ein Unbehagen zu beseitigen. Kann das Individuum die Droge nicht bekommen, wird es ängstlich, hat aber keine ernsthaften körperlichen Beschwerden. Fast jede psychoaktive Droge kann psychische Abhängigkeit bewirken. Nicotin, Alkohol, Coffein, Haschisch und Amphetamine sind Drogen, die psychische Abhängigkeit auslösen. Bestimmte Drogen können auch eine körperliche Abhängigkeit verursachen. Die wahrscheinlich bekanntesten dieser Kategorie sind die *Opiumderivate* Heroin und Morphin. Der längere Gebrauch dieser Drogen bewirkt, daß der Körper von ihnen abhängig wird, um normal funktionieren zu können. Wird die Droge nicht genommen, kommt es zu einer generalisierten körperlichen Reaktion, die man *Abstinenzsyndrom* nennt, und die in dem Patienten starke Beschwerden hervorruft. Wird diese Droge nicht weiter gegeben, hält dieses Syndrom mehrere Tage an.

In bestimmten Fällen kann der Entzug der Droge lebensgefährlich sein. Wenn jemand zum Beispiel eine körperliche Abhängigkeit von Alkohol oder von den Barbituraten, die allgemein als Schlaftabletten verwendet werden, entwickelt hat, kann der abrupte Entzug dieser Mittel Krampfanfälle hervorrufen und sogar zum Tod führen. Bei Alkoholentzug gibt es als weitere Reaktionsform das *Delirium tremens.* Bei anderen Drogen, die körperliche Abhängigkeit auslösen, etwa dem Heroin, verursacht der Entzug extremes Unbehagen, das über viele Tage andauert. Der Patient hat in dieser Situation eine laufende Nase, tränende Augen, Magenschmerzen und Muskelkrämpfe. Er fühlt sich wie bei einer schweren Grippe. Das Leben wird aber nur selten gefährdet. Die Angst vor den Entzugserscheinungen halten oft die Heroinsüchtigen vom Weg in die Entzugsklinik zurück. Viele nehmen deshalb das Mittel noch lange, obwohl sie keine euphorisierende Wirkung mehr davon haben, nur weil sie Angst vor den Entzugserscheinungen haben.

Was versteht man unter einer Drogengewöhnung?

Gewöhnung bedeutet, daß der Kranke die Dosis steigern muß, um den gleichen Effekt zu erreichen. Viele psychoaktive Drogen führen zu einer Gewöhnung. Dies ist eine der größten Gefahren bei der Selbstanwendung von Drogen wie Heroin, denn der Konsument muß die Dosis steigern, wenn er abhängig ist. Der Heroinhandel wird von organisierten Verbrechern kontrolliert, und der Konsument kann soweit in seiner Abhängigkeit kommen, daß er am Tag $ 50 bis $ 100 für seine Sucht ausgeben muß. Dies ist einer der Gründe, warum Heroinsüchtige kriminell werden und bleiben. Ich betrachte psychische Abhängigkeit von einer Droge nicht als gleichbedeutend mit Drogenmißbrauch. Viele Menschen sind abhängig von ihrer Tasse Kaffee am Morgen, bevor sie in den Dienst gehen. Bekommen sie diese Tasse Kaffee nicht, fühlen sie sich etwas ängstlich und unwohl während des Vormittags. Doch ruft diese Abhängigkeit nur selten gesundheitliche Probleme hervor und wird deshalb nicht als Drogenmißbrauch angesehen. Nach meiner Definition liegt *Drogenmißbrauch* dann vor, wenn gesundheitliche Störungen ausgelöst werden und jemand in gesellschaftliche oder wirtschaftliche Schwierigkeiten kommt.

Es ist oft behauptet worden, daß eine Droge zur nächst stärkeren führen wird. Wahrscheinlich die populärste dieser Schritt-für-Schritt-Theorie besagt, daß Marihuana zu Heroin führt. Doch nichts im Marihuana hat eine Beziehung zu einem Opiat wie Heroin. Marihuana besitzt keine narkotischen Eigenschaften und ähnelt mehr dem Alkohol. Jegliche Beziehung von Marihuana und Heroin ist wahrscheinlich ein Ergebnis der Tatsache, daß beide Drogen verboten sind und gesetzlich als Rauschgift eingestuft werden. Will man also Marihuana rauchen, muß man in die kriminelle Unterwelt, um an dieses Mittel heranzukommen. Wegen dieser Verbindung glauben viele, daß der Marihuanagebrauch legalisiert und aus der kriminellen Subkultur herausgenommen werden sollte. Die Verbindung zwischen Marihuana und den Drogen mit der höheren Suchtgefahr würde auf diese Weise zerstört.

Andere Drogen jedoch haben eine direktere und mehr kausale Beziehung zum Heroin. So entwickeln Leute, die Amphetamine oder andere Stimulantien in einer hohen Dosis nehmen, häufig Angst, Nervosität und wahnhafte Ideen. Sie verwenden dann Beruhigungsmittel wie die Barbiturate oder das Heroin, um ihre Nerven zu beruhigen, um schlafen zu können oder aus ihrer Wahn- oder wahnähnlichen

Stimmung herauszukommen. Fast jeder, der einen Mißbrauch mit Amphetaminen treibt, gelangt schließlich auch zum Mißbrauch dieser Beruhigungsmittel. Hier gibt es eine ziemlich direkte pharmakologische Verbindung zwischen zwei Drogen.
Zusätzlich kann innerhalb der gleichen Gruppe eine Kreuz-Gewöhnung bestehen. So wird zum Beispiel jemand, der dem Heroin verfallen ist, ebenso eine entsprechende Toleranz für Morphium haben, weil beide der gleichen chemischen Gruppe angehören. Ein anderer, der nach Seconal oder Secobarbital süchtig ist, kann genauso Nembutal oder Pentobarbital verwenden, weil alle diese Medikamente sedierende (sedativ wirkende) Hypnótica sind. Hierbei führt nicht eine Droge zur anderen, sondern die Drogen sind austauschbar, weil sie denselben Effekt haben. Der Suchtkranke wird deshalb die eine verwenden, wenn die andere nicht verfügbar ist.

Welche positiven und negativen Auswirkungen können Drogen auf die normale Persönlichkeit haben?

Drogen können eine Vielfalt von positiven und negativen Auswirkungen auf die Persönlichkeit haben. Befindet sich ein Mensch in einer sehr angespannten und belastenden Situation, kann ihm die Verwendung einer psychoaktiven Droge zum Beispiel helfen, die Angst zu vertreiben, so daß er besser arbeiten kann. In anderen Kulturen, in denen auf Übersinnliches sehr viel Wert gelegt wird, glauben viele Leute, daß halluzinogene Drogen einen fördernden Effekt auf die Persönlichkeit haben, weil sie die übersinnlichen oder religiösen Erlebnisse verstärken.
Aber die gleiche Droge, die diesen positiven Effekt hat, kann genauso sehr negative Auswirkungen haben. Wenn jemand unter dem Einfluß von Mitteln wie Alkohol oder Barbituraten steht, kann er eine Enthemmung entwickeln und ein Verhalten an den Tag legen, das er unter Bedingungen der normalen Hemmungen, die das antigesellschaftliche Verhalten verhindern, nicht zeigen würde. Dieses unangebrachte Verhalten kann sofort oder für die Zukunft eine störende Wirkung für sein Leben haben. Wenn jemand psychisch gestört ist, kann eine so potente Droge wie das LSD eine Psychose auslösen, die ohne den Drogenmißbrauch nicht aufgetreten wäre.

Können Sie beschreiben, was man unter dem Begriff „Bewußtseinserweiterung" versteht? Sind Drogen der einzige Weg dahinzugelangen? Was ist wahr an der Beziehung von Drogengebrauch und Kreativität (im künstlerischen, literarischen und wissenschaftlichen Bereich)?

Eines der Kennzeichen von psychedelischen oder halluzinogenen Drogen wie dem LSD ist es, daß sie uns neue Gedanken und Sinneseindrücke vermitteln, die die Ich-Grenzen oder die Trennung des Ichs von der Umgebung verwischen können. Unter dem Einfluß von LSD fallen Äußerungen wie „Ich bin eins mit dem Universum", „Ich sehe eine Welt wie nie zuvor" und so weiter. Derartige Drogenerlebnisse werden als „erweitertes Bewußtsein" beschrieben. Es ist jedoch wichtig hervorzuheben, daß das, was der eine als „erweitertes Bewußtsein" beschreibt, der andere als „Verrücktwerden" bezeichnet und genau das gleiche damit meint. Jene, die solch eine Erfahrung *positiv* deuten, neigen zu der Empfindung, daß die Drogen ihre Kreativität fördern. Es gibt kaum einen Anlaß zu der Vermutung, daß Drogen neue kreative Züge hervorbringen können, die nicht schon von vornherein da sind, doch könnte ein Künstler sagen, daß er neue Inspirationen für seine Werke bekommt und diese nach dem Gebrauch psychedelischer Drogen auch besser verwirklichen kann.
Da man allgemein annimmt, daß nur 10 % der Kreativität Inspiration und 90 % Perspiration sind, wird jemand, der sich mit Hilfe des Drogenmißbrauchs in einem ständigen Zustand des erweiterten Bewußtseins halten will, kaum je zu einer kreativen Leistung kommen. Darin liegt nämlich eines der Probleme der Drogenwirkung: Denkprozesse können gefördert werden, aber die Arbeitslust ist verringert. Wahrscheinlich versuchen viele junge Leute aus diesem Grund den Zustand des erweiterten Bewußtseins mit anderen Methoden wie der transzendentalen Meditation und dem Yoga zu erreichen. Offensichtlich macht eine ziemlich große Anzahl junger Leute auf der Suche nach dem erweiterten Bewußtsein eine Phase durch, in der sie psychedelische Drogen verwendet. Sie hören dann völlig auf und versuchen, ohne Drogen ein „natürliches High" zu erreichen.
Psychoaktive Drogen können eine deutliche Veränderung des Verhaltens hervorrufen, aber man kann nicht voraussagen, worin diese Veränderung bestehen wird. So kann zum Beispiel

eine Person ein auf das Zentralnervensystem wirkendes Mittel wie Alkohol zu sich nehmen und dabei sehr freundlich und gesellig werden, während ein anderer, der genauso viel trinkt, unfreundlich, streitsüchtig und gewalttätig wird. Diese Drogen beeinflussen das Verhalten, indem sie Hemmungen beiseite schieben, die das Individuum gewöhnlich hat.

Andere Drogen haben eine direktere Auswirkung auf das Verhalten. Stimulantien wie Amphetamine können über einen kurzen Zeitraum die Leistung verstärken, und einige Leute wie Athleten, Fernlastfahrer und Studenten, die bis tief in die Nacht hinein arbeiten, verwenden Drogen wie die Amphetamine, um ihre Leistung zu steigern. Jedoch kann diese Stimulierung zu einem irrationalen Verhalten führen, und ein etwas sensiblerer Mensch kann Angstzustände oder paranoische Ideen bekommen. Zumeist wird die Fähigkeit eines Menschen, auf Krisensituationen zu reagieren, durch Verwendung psychoaktiver Drogen verschlechtert; doch ist dies wiederum abhängig von der Dosis, der Persönlichkeit und der sozialen Umwelt.

Worin liegt der Zusammenhang zwischen dem „high“-Gefühl und einem veränderten Verhalten anderen gegenüber, speziell im Bereich der Liebe, der Sexualität und der Aggressionen?

Drogen können eine tiefgreifende Auswirkung auf zwischenmenschliche Beziehungen haben. Individuen, die einer Droge verfallen sind, erleben selbst mit Schrecken, wie sich ihr Leben mehr und mehr um die psychoaktiven chemischen Substanzen dreht. Sie können jegliches Interesse an geliebten Menschen, am Sexualleben und am Kontakt mit anderen Leuten verlieren. Ihr Interesse gilt nur noch den Drogen. Andere, die Drogen nur zur Entspannung verwenden, glauben oft, daß die Hemmungen, die sie anderen Menschen gegenüber haben, verschwinden, daß sie frei reden und sich anderen gegenüber ungezwungener verhalten können. Dies geschieht gewöhnlich bei Cocktailparties oder Pot-Parties.

Die Behauptung, daß irgendeine der hier besprochenen Drogen ein echtes Aphrodisiacum in dem Sinn sei, daß es sexuelle Appetenz und Leistungsfähigkeit steigert, ist nicht belegt. Eine Droge wird kaum ein Liebesempfinden einem anderen gegenüber hervorrufen können, wenn dies nicht schon von vornherein da ist. Man kann lediglich eine von der Person abhängige Zu- und Abnahme der sexuellen Erregung oder eines aggressiven Verhaltens beobachten. Zumeist hängt dies aber weniger von der Droge, sondern von der Persönlichkeit des Betreffenden und dessen sozialer Umgebung ab.

Wie sehr wird der Drogeneffekt durch die von ihm erwartete „Potenz“ und durch die Anwesenheit anderer bestimmt?

Wenn jemand fest daran *glaubt*, daß er eine bestimmte psychoaktive Droge einnimmt, kann er sich auch *vorstellen*, daß er ihre übliche Wirkung empfindet. In einer Untersuchung stellte sich heraus, daß Morphium in 70 % einer Gruppe die Schmerzen linderte. Als man einer ähnlichen Gruppe ein Placebo (Zuckerpille) statt Morphium gab, wurden immerhin 30 % schmerzfrei. Bestimmte Menschen können sich allein schon dadurch „high“ fühlen, daß sie eine bestimmte soziale Umgebung betreten, noch bevor sie eine Droge oder Alkohol zu sich genommen haben. Man kann dies ebenfalls als einen Placebo-Effekt bezeichnen. Die Erfahrung und die Erwartung, die jemand von einer bestimmten Droge hat, sind für die individuelle Drogenreaktion ausschlaggebend.

Können Drogen einen Nervenzusammenbruch bewirken? Warum treten „Horrortrips“ auf? Sind sie ein Zeichen einer Geistesstörung oder sind sie nur ein Warnsignal?

Jede Droge mit Auswirkung auf den seelisch-geistigen Zustand kann möglicherweise einen ernsten „Nervenzusammenbruch“ hervorrufen. Gewöhnlich tritt diese Form eines psychischen Zusammenbruchs auf, wenn die Person schon von vornherein eine gestörte Persönlichkeit war. Bestimmte Drogen rufen jedoch mit einer größeren Wahrscheinlichkeit diesen Zusammenbruch sogar bei durchaus normalen Personen hervor. Unter dem Einfluß von LSD können erhebliche Veränderungen in der Urteilskraft und im Denken erfolgen, oder es tritt eine intensive Veränderung der Wahrnehmung ein. Die Umgebung kann völlig verändert aussehen. Falls man vergißt, daß man unter Drogeneinfluß steht, kann man ernsthaft glauben, daß man verrückt wird, oder daß das Erlebnis nie mehr aufhören wird. So kann sich eine panische Angst oder ein akuter psychotischer Zustand entwickeln.

In solchen Fällen wird man unter Umständen antipsychotische Medikamente geben. Doch meistens ist es das beste für eine Person auf einem „Horrortrip“, daß man sie in eine ruhige Umgebung bringt und durch ein Gespräch von ihren furchterregenden Gedanken ablenkt.
Man kann also durch eine Droge wie LSD einen akuten „Nervenzusammenbruch“ erleben, ohne von ihr körperlich abhängig zu sein. Dagegen wird eine Person, die körperlich von einer Droge wie Heroin abhängig ist, nur selten einen Drogen-induzierten akuten Zusammenbruch erleben. Individuen mit einer gestörten Persönlichkeit werden mit größerer Wahrscheinlichkeit „bad trips“ haben; doch selbst Personen mit einer normalen Persönlichkeit können bei einer genügend hohen Dosis oder in einer genügend bedrohlichen Umgebung schreckliche Erlebnisse haben.

Wie wirkt sich Drogenmißbrauch auf den Allgemeinzustand aus? Welche Belege gibt es dafür, daß Drogen die Hirnfunktion beeinträchtigen können (Motorik, Koordination und Denken)?

Drogenmißbrauch kann äußerst ernste Störungen des Allgemeinzustandes sowie einzelner Körperfunktionen hervorrufen. Mißbrauch von Amphetaminen kann besonders bei Anwendung in Form von Spritzen zu Hepatitis, starkem Gewichtsverlust, Abscessen und anderen Hauterkrankungen führen. Die Art der Störung, die die Droge auf den allgemeinen Gesundheitszustand einer Person ausübt, hängt weitgehend von der Droge selbst und von der Anwendungsart ab. So ist es für den Gesundheitszustand weit schädlicher, eine Droge zu injizieren als sie oral einzunehmen.
Drogen können auf vielerlei Weise eine Hirnschädigung oder eine Zerstörung der Nervenzellen im Zentralnervensystem erzeugen. Am häufigsten wird das Gehirn durch Alkohol geschädigt. Der Grund liegt darin, daß der Alkoholiker enorme Mengen konsumiert und Alkohol sieben Calorien pro ml enthält. Der Kranke ißt deshalb zu wenig, und es kommt zu ernsten Ernährungsstörungen mit Leberschäden, Nervenentzündungen in den Beinen und schließlich zur Hirnschädigung, bei der Neurone des Zentralnervensystems zerstört werden. Jüngere Untersuchungen haben gezeigt, daß Alkohol auch direkte toxische Auswirkungen auf die Gehirnzellen hat, indem die Blutzirkulation und die Sauerstoffversorgung der Gehirnzellen beeinträchtigt werden. Andere Arten von Drogen wie die Barbiturate können ebenso Hirnschäden verursachen. Bei Überdosierung eines Barbiturates oder bei der Berauschung durch das Einatmen von Schnüffelstoffen kann die Atemfunktion stark gestört werden. Der Betreffende muß daran nicht gleich sterben, doch kann die Sauerstoffzufuhr zum Gehirn so gedrosselt sein, daß viele Zellen absterben. Und wenn Gehirnzellen einmal zerstört sind, regenerieren sie sich nicht, d. h. es wachsen keine nach.
Andere Drogen können psychische Funktionen beeinträchtigen, ohne zu einem Hirnschaden zu führen. So kann eine hohe Dosis von Stimulantien wie Amphetaminen zu einer starken, fortgesetzten biochemischen Störung des Zentralnervensystems führen mit langandauernden Wahnideen, Gedächtnislücken oder anderen Merkmalen einer Hirnschädigung. Doch verschwinden diese Wirkungen nach und nach, wenn die Person richtig ißt, schläft und von den Drogen abläßt. Obwohl Amphetamine ernste Störungen in der Chemie der Hirnfunktionen verursachen, ist noch nicht bewiesen, daß sie irreparabele Hirnschäden erzeugen.
Andere Drogen wie z. B. LSD können bei persönlichkeitsgestörten Individuen sehr langdauernde, schizophrenie-ähnliche psychische Reaktionen hervorrufen, die ihre Denkfähigkeit beeinträchtigen. Doch ist auch dies wieder eine psychische Störung und keine Hirnschädigung.

Gibt es einen Nachweis dafür, daß manche Drogen Chromosomen zerstören? Können Drogen bei Einnahme durch Schwangere das Neugeborene schädigen? Wenn ja, dann wie?

Gegenwärtig ist es sehr schwer zu sagen, ob irgendeine Droge zu Chromosomenschädigung beim Menschen führt, wenn die üblicherweise verwendete Dosis benutzt wird. Viele Laboruntersuchungen haben gezeigt, daß Drogen wie LSD Chromosomenschädigung verursachen, wenn sie in Reagenzgläsern mit menschlichen weißen Blutkörperchen zusammengebracht oder Tieren injiziert werden. Doch kann man diese Chromosomenschädigung auch mit einer Reihe anderer psychaktiver Drogen, einschließlich Nicotin, Coffein und gewisser Tranquilizer bei hoher Dosis erzeugen.
Wir können zur Zeit nicht mit Gewißheit sagen, daß Drogen wie LSD oder Marihuana eine

Chromosomenschädigung beim Menschen hervorrufen, da einige Untersuchungen dafür, andere dagegen sprechen. Die Wissenschaft braucht eben lange Zeit, um solch komplexe Fragen zu beantworten; und es müssen viele Experimente durchgeführt werden, um die Wahrheit über diese Fragestellung zu finden.

Doch wissen wir sicher, daß die Einnahme gewisser Drogen während der ersten Schwangerschaftsmonate, wenn die Organe des Fetus gebildet werden, zu einer Mißbildung oder Fehlgeburt führen kann. Ich würde jede schwangere Frau vor der Einnahme irgendeiner psychoaktiven Droge warnen, die stärker als Coffein ist.

Andere Drogen wie die Opiate können gesundheitliche Probleme bei Neugeborenen schaffen, weil sie die Placenta-Schranke überwinden (die Schranke zwischen dem Fetus und der Mutter) und die gleiche Art körperlicher Abhängigkeit beim Kind wie bei der Mutter hervorrufen. Falls also die Mutter heroinsüchtig ist, wird es das Baby genauso sein. Wenn das Kind entbunden ist, muß der Arzt eine Entzugsbehandlung durchführen und entsprechende Medikamente verabreichen. In diesem Fall kann dem Säugling Schaden zugefügt werden, wenn der Entzug nicht richtig gehandhabt wird.

Was sind „flashbacks" und warum treten sie auf?

„flashbacks" sind das Wiederauftreten eines Drogenerlebnisses ohne erneute Einnahme der Droge. Sie sind meistens nur bei LSD untersucht worden, doch können sie auch bei vielen anderen Drogen wie DOM oder STP (einem lang wirkenden Halluzinogen) auftreten. Sehr selten kommen sie bei Marihuana und solchen psychoaktiven Stoffen vor, die akute toxische Psychosen hervorrufen können.

Der „flashback" ist beim LSD am genauesten untersucht. Er kann zu jeder Zeit bis zu zwei oder drei Monaten nach der letzten Einnahme der Droge wieder auftreten. Manchmal taucht er sogar ein bis zwei Jahre später noch auf. „flashbacks" kommen mit einer viel höheren Wahrscheinlichkeit wieder, wenn die Person einen „Horrortrip" hatte. Da LSD im Körper sehr schnell umgewandelt wird, werden „flashbacks" nicht durch das Verbleiben der chemischen Substanz im Körper des Benutzers hervorgerufen, sondern stellen ein psychologisches Phänomen im Sinne einer gestörten Erlebnisverarbeitung dar. Häufig wird der Vergleich mit der Kriegsneurose gebracht. Bei einem „flashback" empfindet zum Beispiel ein Soldat ein gewaltiges Bombardement von Sinneseindrücken, ähnlich wie es auftrat, als in seiner Nähe eine Granate explodiert war, und der noch lange danach immer wiederkehrende Alpträume von diesem psychischen Trauma hat. Wenn er dieses Erlebnis nach und nach verarbeitet hat, verschwinden auch die wiederkehrenden Alpträume. Wir glauben, daß dieser psychische Mechanismus auch beim LSD-„flashback" wirksam ist. Bei einem „flashback" bitten manche um Hilfe, manche aber auch nicht. Einige Leute, die die Auswirkungen von LSD zu schätzen wissen, sehen den „flashback" als ein kostenloses LSD-Erlebnis an. Andere dagegen empfinden ihn äußerst unangenehm und werden so ängstlich, daß sie Hilfe beim Psychologen suchen. Von seiten der Therapeuten kann jedoch wenig Hilfe angeboten werden, außer bei der Verarbeitung des psychischen Problems, das bei der unangenehmen LSD-Reaktion auftrat.

Wann wird der Drogengebrauch zum Drogenmißbrauch? Gibt es eine typische Persönlichkeitsstruktur des Drogensüchtigen?

Intensive Benutzer durchlaufen gewöhnlich drei Stadien des Drogengebrauchs. Zuerst probieren sie aus Neugier oder unter dem Einfluß einer Gruppe eine Reihe psychoaktiver Stoffe aus. Dann entscheiden sie sich, ob sie von den meisten der ausprobierten Drogen ablassen und nur zeitweilig oder zur Entspannung auf einige wenige zurückgreifen wollen. So kann jemand gelegentlich Alkohol trinken oder „pot" rauchen. Während dieser periodisch auftretenden Freizeitaktivitäten wird der Betreffende kaum Schaden erleiden, wenn der Genuß nicht das Ausmaß einer Vergiftung erreicht. Es kann sich aber auch die Situation ergeben, sei es auf Grund sozialer Umstände oder persönlicher Probleme, daß man in ein Stadium hinübergleitet, in dem man drogenabhängig wird. Das bezeichnen wir dann als *Drogenmißbrauch*; denn von diesem Zeitpunkt ab beeinträchtigt die Einnahme einer Droge die Gesundheit, wie auch die wirtschaftliche und soziale Lage.

Es gibt viele Persönlichkeitsmerkmale, die eine Prädisposition für den Drogenmißbrauch darstellen. So kann jemand vor dem Gebrauch lange deprimiert gewesen sein oder eine gestörte Triebstruktur haben und nicht imstande sein, die Befriedigung aufzuschieben. Er kann unreif sein oder sehr empfindlich auf Belastungssituationen reagieren oder leicht beeinflußbar sein. Doch im allgemeinen können wir nicht von *der* Persönlichkeitsstruktur des Rauschgiftsüchtigen sprechen. Wir können nur sagen, daß es bestimmte Persönlichkeitsmerkmale gibt, die ein Individuum zu dieser oder jener Art des Mißbrauchs prädisponieren.

In welchem Maß stellt die Drogeneinnahme eine Reaktion auf Konformitätsdruck dar?

Neuere Untersuchungen haben gezeigt, daß die meisten jungen Leute anfangs eine verbotene Droge nicht auf Grund einer psychischen Störung, sondern aus Neugier und durch den Druck einer Gruppe nehmen. Offensichtlich ist der direkte oder indirekte Druck von Gruppen der Hauptfaktor für die Tatsache gewesen, daß die USA ein drogen-orientiertes Land wurde. Zum Beispiel versucht die Fernsehwerbung alle möglichen Artikel attraktiv zu machen, indem sie den Eindruck erweckt, daß alle gesellschaftlich hochstehenden Leute sie verwenden. Eine noch direktere Form einer Gruppenbeeinflussung ist der Zwang, dem sich ein junger Mensch ausgesetzt fühlt, wenn er Marihuana raucht, nur um einer bestimmten Gruppe anzugehören oder von ihr akzeptiert zu werden.

Ist einmal jemand in der Drogensubkultur gelandet, so wird sein Drogenkonsumverhalten weitgehend von den Einstellungen dieser speziellen Gruppe beeinflußt. Wenn die Subkultur sehr destruktiv ist, kann ein ungeheuerer Druck von der Gruppe ausgeübt werden, injizierte Amphetamine, Cocain, Heroin oder eine Reihe von Drogen mit großer Suchtgefahr auszuprobieren. Falls jemand in einer weniger destruktiven Drogensubkultur (etwa in einem College) ist, wird sich dieser Gruppendruck auf Drogen mit geringerer Suchtgefahr beschränken. Selten entschließt sich jemand im Anfangsstadium von selbst zum Drogengebrauch. Gewöhnlich wird er von seinen Freunden beeinflußt. Er will ihnen imponieren oder kein Außenseiter sein.

Wie begann die psychedelische „Blumenkinder“-Bewegung?

Um den Golf von San Franzisco herum entwickelte sich auf einmal der weitverbreitete Glauben, daß mit LSD und einem erweiterten Bewußtsein eine *Antikultur* errichtet werden könnte, die das Gegenteil der herrschenden Kultur in den USA, dem sogenannten Establishment, sein könnte. Diese Gegenkultur sprach nur von Liebe und Frieden; Besitz zu erlangen war nebensächlich; Erfahrung wurde über vernunftmäßiges Denken gestellt; destruktive Kräfte wie den Krieg, die Umweltverschmutzung, die Ausbeutung von Minderheiten und so weiter lehnte sie ab. Aus dieser frühen psychedelischen Subkultur entstanden der „Hippie“ und auch andere, unsere Kultur prägende Phänomene wie die Rockmusik, die Multimedia Licht-Show und neue Redewendungen wie „turn on“, „tune in“, „drop out“, „do your thing“ und so weiter. Der Grundgedanke war, aus dem herrschenden Wertsystem der Gesellschaft auszubrechen, das Bewußtsein zu erweitern, das Glück in den Drogen zu suchen und mit einer neuen Philosophie zu leben. Eine riesige Anzahl junger Leute strömte unglücklicherweise in das kleine Haight-Ashbury-Viertel in San Franzisco, das so zum Hippie-Zentrum der Welt wurde. Viele dieser jungen Leute waren psychisch gestört; andere waren zu naiv, um dem neuen Lebensstil gewachsen zu sein. Sie begannen, eine Reihe von Drogen auszuprobieren und gerieten dabei ziemlich häufig und kritiklos an das LSD. Schlimmer war, daß sie in zunehmendem Maß auf Drogen mit größerer Suchtgefahr umstiegen, insbesondere auf Amphetamine oder „*speed*“, wie man Methamphetamine in der Umgangssprache bezeichnet.

Wenn Amphetamine in hoher Dosis injiziert werden, erzeugen sie einen „flash“, eine blitzartig auftretende Erregung; das Individuum injiziert viele Male an einem Tag, um diese Reaktion zu bekommen. So kann man drei oder vier Tage hintereinander wach sein, ohne zu essen und zu schlafen. Wenn die Drogenwirkung nachläßt, tritt eine Erschöpfungsphase ein, während der man ein bis zwei Tage schläft. An das Erschöpfungsstadium kann sich eine langandauernde Depression anschließen. Ohne weitere Drogeneinnahme oder ärztliche Behandlung kann die Depression bis zur Planung des Selbstmords gehen. Während der „high“-Phase treten wahnhafte Ideen und Aggressivität auf. So wurde Haight-Asbury zu einem Schauplatz vieler Gewaltakte, als es zur „speed-Szene“ wurde. Die ursprünglich friedlichen „Blumenkinder“ nahmen sehr häufig Sedativa, um ihre Nerven zu beruhigen. Das Ergebnis ist, daß „Hashbury“ jetzt von jungen Heroinsüchtigen dominiert wird. Viele von ihnen haben früher Amphetamine genommen und begannen später mit Heroin, um die erregende Wirkung zu dämpfen.

Die abziehenden jungen Leute kehrten jedoch nicht immer nach Hause oder in ihre frühere Umgebung zurück, sondern gründeten häufig Kommunen in der Stadt oder auf dem Land. Viele von ihnen versuchten ohne Drogen ihr Bewußtsein zu erweitern, andere nahmen weiterhin Psychodrogen, um sich diesen Zustand der erweiterten Wahrnehmungsfähigkeit zu bewahren, auf den sie nicht mehr verzichten wollten. In unseren Untersuchungen fanden wir, daß Kommunen, die sich mehr zu einer stabilen Familienstruktur hin und von den Drogen fortbewegt haben, gesünder sind und Überlebenschancen haben. Kommunen, die drogenorientiert sind, haben eine viel geringere Chance, den Hippies oder deren Kindern ein gesundes Leben zu bieten.

Welcher Zusammenhang besteht zwischen Drogengebrauch und organisierter Kriminalität? Warum führt Drogenabhängigkeit zu erhöhter Kriminalität? Ist diese Feststellung unbestritten?

Organisierte Kriminalität ist vorwiegend beim Handel mit Opiaten wie Heroin zu finden. Ein Großteil des in der Welt verbreiteten Opiums wird in der Türkei angebaut. Davon wird eine große Menge nach Frankreich eingeschmuggelt, zu Heroin verarbeitet und anschließend illegal in die USA eingeführt. Dieser internationale Schmugglerring wird streng von organisierten Verbrechern kontrolliert. Daher ist es verständlich, wenn das in der Türkei angebaute Opium — dort nur ein paar Cents kostend — nach dem langen Weg in die USA dem Süchtigen für viele Dollars auf der Straße verkauft wird. Ist man einmal dem Heroin verfallen, muß man Unmengen Geld für seine Sucht aufbringen. Die Mehrzahl der mit Heroin verbundenen Vergehen oder Verbrechen fallen unter den Begriff der *sekundären Kriminalität*, die nur dazu dient, die Sucht zu ermöglichen. Die Männer begehen fast immer Eigentumsdelikte und Drogenhandelsdelikte, während Frauen sich der einen oder anderen Form der Prostitution zuwenden. Dieser kriminelle Lebensstil trägt am meisten zu deren Untergang bei. In New York City zum Beispiel werden 50 % der Eigentumsdelikte von Heroinsüchtigen verübt. Süchtige werden ständig auf der Suche nach Heroin sein, egal, wie streng die Gesetze sind, da sie keinen Ausweg sehen. Es ist klar geworden, daß man den Drogenhandel nur durch Behandlung des Süchtigen aus der Welt schaffen kann, weil damit die Nachfrage entfällt.

Andere Drogen können die Kriminalität noch direkter fördern. Amphetamine können zum Beispiel wahnhafte Ideen und Gewalttätigkeit anregen. Dies führt häufig zur Gewaltkriminalität. Aber auch die Enthemmung durch den Alkohol kann zu gesetzwidrigen Handlungen führen.

Warum glauben Sie, daß der Drogengebrauch so populär geworden ist? Glauben Sie, daß der Drogengebrauch und -mißbrauch in den nächsten zehn Jahren ansteigen oder abfallen wird? Und warum?

Psychoaktive Drogen werden aus vielen Gründen benutzt. Man sucht das Vergnügen, will sich von einer Mißstimmung befreien, sucht eine Erleichterung persönlicher Probleme, will das Bewußtsein erweitern, die Leistung fördern und so weiter. Viele Menschen entwickeln ein starkes Verlangen nach bestimmten Rauschgiften, weil sie ein spezielles Problem haben, mit dem sie nicht fertig werden. Die amerikanische Gesellschaft hat sich daran gewöhnt, Drogen in großer Menge zu nehmen. Das gilt für den medizinischen Gebrauch, genauso wie für den illegalen. Drogenabhängigkeit gab es in den USA schon seit langer Zeit, doch war sie weitgehend auf rassische Minderheiten und Bevölkerungsgruppen mit niedrigerem sozioökonomischen Standard beschränkt. In den letzten fünf bis zehn Jahren stieg dann der Gebrauch von illegalen Drogen vor allem bei jungen Leuten der mittleren und oberen Schichten rapide an. Sie griffen deshalb zur Droge, weil sie Entspannung, Flucht aus der Wirklichkeit und mystische Erfahrungen suchten. Für die Erklärung dieser Entwicklung gibt es viele Theorien. Eine besagt, daß dies die natürliche Folge einer bereits drogenorientierten Kultur wie der amerikanischen sei, in der der Wohlstand laufend zunehme. Eine andere geht von der Ansicht aus, daß mit zunehmendem Wissen über die Drogen auch der Wunsch zum Ausprobieren zunehme. Sobald Drogengebrauch ein anerkanntes und normatives Verhalten in einer bestimmten Kultur wird, haben deren Mitglieder immer mehr die Gelegenheit, andere bei der Drogeneinnahme zu beobachten. Drogen sind dann überdies leichter zu

erhalten, und der Konformitätsdruck zur Benutzung wächst.
Von einem anderen Gesichtspunkt aus gesehen scheint es, daß junge Leute sich heutzutage von den traditionellen Wertsystemen entfernt haben. In den fünfziger Jahren akzeptierte die sogenannte „schweigende Generation", was ihr von ihren Lehrern und Eltern über die Gefahren verbotener Drogen erzählt wurde, auch wenn es falsch war. Die jungen Leute der siebziger Jahre dagegen nehmen solche Informationen nicht als bare Münze: sie sahen sich in so vielen Dingen betrogen und suchten selbst die Wahrheit über die Drogen zu erforschen. Man muß also den zunehmenden Drogenmißbrauch als Symptom einer breiteren sozialen Neuorientierung und der Unruhe ansehen und nicht als dessen Ursache.

Könnten Sie etwas näher ausführen, für welches gesellschaftliche Phänomen dieser Drogenmißbrauch symptomatisch ist?

Ich glaube nicht, daß man ein bestimmtes Phänomen dafür verantwortlich machen könnte. Es ist bekannt, daß auch zu anderen Zeiten mit einem kulturellen Umbruch der Drogengebrauch anstieg. Während der Kriege oder in den Nachkriegszeiten hat es oft ein erschreckendes Anwachsen des Rauschgiftgebrauchs gegeben. Unsere Zeit ist besonders unbeständig, denn alle traditionellen Werte und Institutionen werden in Frage gestellt, und weder alt noch jung weiß, was die Zukunft bringen wird. Die Jugend sieht mit Skepsis die Probleme der Umweltverschmutzung, den Krieg in Vietnam, die Rassendiskriminierung und das Zusammenbrechen des monogamen Familienkerns. Obwohl sie oft keine bessere Antwort auf diese Probleme hat, übernehmen sie trotzdem nicht blindlings das Wertsystem ihrer Eltern. Hat man einmal damit begonnen, aus dem Wertsystem der herrschenden Kultur auszubrechen, aus welchen Gründen auch immer, fängt man an, vieles auszuprobieren, das von den Älteren nicht gebilligt wird. Dies äußert sich im politischen Protest, in neuen Formen des Zusammenlebens, einer freieren Einstellung zur Sexualität und im Drogengebrauch.
Aus diesem Grund glaube ich, daß der momentane Anstieg im Drogenkonsum symptomatisch für die Identitätskrise vieler Heranwachsender ist, als Spiegelbild der noch breiteren sozialen Unruhe. Viele junge Leute fühlen, daß sie keinen Platz in der modernen Gesellschaft haben; die zugewiesene Rolle erscheint ihnen nicht akzeptabel. Drogengebrauch ist also ein sehr kompliziertes Phänomen. Persönlichkeitsprobleme, jugendlicher Aufruhr, Identitätskrisen, Gesellschaftsprobleme — alles spielt eine Rolle. Selten ist die Droge selbst der einzige Faktor, der in Betracht gezogen werden muß, wenn jemand rauschgiftsüchtig wird.

Wie kann man einer Person am besten helfen, wenn sie auf einem „Horrortrip" ist? Wie sieht die Methadon-Behandlung aus? Was bedeutet das Englische System?

Wie kann man einer Person am besten helfen, wenn sie auf einem „Horrortrip" ist? Die Grundvoraussetzung ist, daß man sich ihr freundlich und in einer menschlichen Weise nähert. Falls möglich, soll man sie von äußeren Reizen abschirmen und sie in eine ruhige Umgebung bringen. Dort soll ein Erfahrener beruhigend auf sie einsprechen.
Wenn ein panikähnlicher Zustand auftritt, und jegliche Kommunikation vergebens ist, muß sie in ein Krankenhaus gebracht werden. Leider sind die meisten Krankenhäuser überfüllt und bieten keine ruhige Atmosphäre. Oft weiß das Personal nicht, wie man mit einem „Horrortrip" umgehen muß. Es ist gewöhnlich besser, den Betreffenden in eine Drogenklinik zu bringen, falls eine vorhanden ist.
Was ist die Methadon-Behandlung? Methadon ist ein langwirkendes orales Narkoticum. Es wurde während des Zweiten Weltkriegs in Deutschland synthetisiert, als die Einfuhr von Opium und Morphium abgeschnitten war. Es besitzt alle Eigenschaften anderer Morphinderivate, außer daß es eine längere Wirkungsdauer hat und nicht so „high" macht wie die kurzzeitig wirkenden. Darüber hinaus kann man es oral einnehmen. Wissenschaftler in New York City entdeckten, daß Methadon zwei positive Wirkungen hat, wenn es in hohen Dosen Heroinsüchtigen gegeben wird. Erstens blockiert es die Wirkungen des Heroins. Zweitens eliminiert Methadon das Bedürfnis nach Narkotica. Wenn die Süchtigen eine gleichbleibende Dosis Methadon bekamen, konnten sie ohne Heroin auskommen und damit auch die kriminelle Subkultur verlassen, um auf dem Weg der Rehabilitation fortzufahren. Es wurden sehr gute Ergebnisse mit der Methode der Methadon-Behandlung erzielt. Obwohl es

selbst eine Droge ist, von der man süchtig wird, ist die funktionelle Beeinträchtigung gering, solange der Behandelte auf der gleichen Dosis bleibt. Im Moment ist es die erfolgversprechendste Behandlung in Amerika. (Der Herausgeber: In der BRD und manchen anderen europäischen Ländern wird die Methadon-Behandlung sehr viel kritischer betrachtet bzw. abgelehnt.)
Mit dem Englischen System soll die mit der Heroinabhängigkeit verbundene Kriminalität ausgerottet werden, indem den Süchtigen Heroin zur Verfügung gestellt wird. In England können registrierte Süchtige zu den Drogen-Kliniken gehen und ihren täglichen Heroinbedarf holen; dazu bekommen sie eine Nadel und eine Spritze. Das bedeutet, daß sie nicht zu stehlen brauchen und kein kriminelles Leben führen müssen, um die Droge zu bekommen. Andererseits bleiben sie bei einem kurzzeitig wirkenden Opiat wie Heroin und nehmen es weiterhin mittels Injektion, wodurch der Verlauf der Rehabilitation beeinträchtigt wird. Meiner Meinung nach sind die Methadon-Kliniken weit besser als das britische System der Heroin-Kliniken.

Können Sie kurz die Organisation und die Ziele Ihrer Drogenklinik beschreiben?

Die Haight-Ashbury-Free-Clinic ist im Grunde eine Medizinische Klinik für Jugendliche. Wir haben eine Abteilung für öffentliche Gesundheit, eine Medizinische Klinik, eine Zahnklinik, eine Abteilung für Süchtige und eine psychiatrische Abteilung. In den vier Jahren seit der Gründung der Klinik sind mehr als 100 000 Drogen-Patienten zu uns gekommen. Die Schwerpunkte sind bei uns die akute Behandlung, Krisenintervention, Diagnostik und, wo es nur eben geht, gezielte Überweisungen. Mit anderen Worten, wir sehen zwar sehr viele Patienten, haben aber nur kurze Behandlungszeiten. Wir sind bestrebt, die Patienten in andere Therapieprogramme zu vermitteln, die längere Behandlungszeiten haben, zum Beispiel ein Methadon-Programm oder eine therapeutische Gemeinschaft wie die „Familie" im Mendocino State Hospital bzw. Synanon. Eine kleine Anzahl unserer Patienten kommt in ein Langzeitprogramm, wobei die verschiedensten Behandlungsmethoden auf unterschiedliche Personen angewandt werden. Häufig lassen wir Ex-Fixer mit besonders stark Süchtigen arbeiten. Wir haben eine psychiatrische Ambulanz, die es den Therapeuten ermöglicht, sich im persönlichen Gespräch mit den Problemen einzelner zu befassen. Wir haben eine Berufsberatung und eine kleine Wohnklinik.
Es kommen etwa 150 Patienten pro Tag zu uns. Es ist unmöglich, jeden dieser Patienten für eine langfristige Behandlung in unser Programm aufzunehmen. Dies wäre auch gar nicht erstrebenswert, da manch einem Patienten zum Beispiel in einer ländlichen Umgebung oder in einer Kommune besser geholfen ist. Die Behandlung in der Klinik ist kostenlos. Am Anfang hatten wir sehr häufig Patienten mit LSD-„Horrortrips", die nur eine Gesprächstherapie benötigten. Als sich die Drogenszene in der Umgebung änderte, mußten natürlich auch wir unser Programm und unsere Methode ändern und mehr kurzzeitige Behandlungsmöglichkeiten schaffen. Gegenwärtig besteht unsere Hauptarbeit in der kurz- und langdauernden Behandlung von Heroinabhängigen.

Die Klinik wird von Einzelspenden und Zuschüssen privater Stiftungen finanziert. Wir haben insgesamt 100 Leute, die sich zumeist noch in der Ausbildung befinden, und nur 15 werden regulär bezahlt. Die meisten sind junge Leute, die der Hippie-Kultur angehörten oder sogar Süchtige waren. Wir haben ungefähr 30 Assistenzärzte, 40 freiwillige Schwestern und zwei vollbezahlte Ärzte, die in unserem Drogenbehandlungsprogramm arbeiten.
Die meisten Patienten, die in unsere Klinik kommen, zogen von anderen Teilen des Landes nach San Franzisco. Die Haight-Ashbury Drogenkultur muß im Rahmen der zunehmenden Entfremdung der Jugend von der kranken Gesellschaft unseres Landes gesehen werden. Drogenmißbrauch ist nur ein Symptom dieses Krankheitsbildes. Solange wir uns nicht mit der Ursache der zunehmenden Entfremdung der amerikanischen Jugend befassen, haben wir wenig Hoffnung, unser Drogenproblem zu lösen.

Quellenangaben

Abbildungen und Zitate, auf die nicht an den entsprechenden Stellen im Buch hingewiesen wird, sind nachstehend genannt. Wir bedanken uns bei allen für die freundliche Unterstützung.

16 Photo courtesy of Pfizer Inc. (left); courtesy of Dr. B. F. Skinner (right).

19 Photos by Thomas Medcalf.

29 The Bettmann Archive (top); photo by James Ballard (bottom).

30 Photo by Dr. Philip G. Zimbardo (left); Wide World (upper right); Jester, Columbia University (bottom right).

34 The Bettmann Archive.

39 University College, London.

44 Courtesy of Dr. Edwin R. Lewis (left); courtesy of Dr. Sanford L. Palay (right).

50 From "Neurophysiology: A Primer" by C. F. Stevens, 1966, John Wiley & Sons, Inc. Reprinted by permission of the publisher.

54 Photo courtesy of Dr. Edwin R. Lewis.

56 From "Spatial and Temporal Aspects of Retinal Inhibitory Interaction" by F. Ratliff et al., Journal of the Optical Society of America, Vol. 53, 1959, pp. 110-121, by permission of the publisher (left): photo by James Ballard (right).

57 From "Frontiers in Physiological Psychology" by R. W. Russell, Editor, by permission of Academic Press and the author. Copyright 1966 Academic Press, Inc.

69 Courtesy of Dr. José M. Delgado.

72 "Monkey Hierarchy" by K. H. Pribram in Psychology: A Study of Science, Vol. 4, by S. Koch; permission of McGraw-Hill Book Company.

73 Courtesy of Dr. José M. Delgado.

74 From "The Harvey Lectures", Series 62, 1968, by permission of Academic Press, Inc., and the author.

83 Courtesy of Dr. Keith Nelson.

84 Reprinted by permission from "Scientific American", Photos by William Vandivert.

85 Reprinted from the "Journal of Comparative and Physiological Psychology", Vol. 56, No. 5, October 1963, p. 873, by permission of the American Psychological Association and the authors.

88 Courtesy of Dr. Archie Carr and Scientific American.

89 Courtesy of Dr. Einar Siqueland.

90 Courtesy of Dr. Eleanor J. Gibson.

92 From "Imprinting" by E. H. Hess, Science, Vol. 130, July 17, 1959, pp. 133-141, Figs. 1 and 2. Copyright 1959 by the American Association for the Advancement of Science.

98 Courtesy of Dr. Beatrice T. Gardner.

99 Courtesy of Dr. David Premack.

103 From "British Journal of Educational Psychology", 1966, pp. 305-306, by permission of the publisher.

108 Lesser, Gerald and Susan Stodolsky, "Learning Patterns in the Disadvantaged", Harvard Educational Review, 37, Fall 1967, pp. 568-569. Copyright 1967 by President and Fellows of Harvard College. Reprinted by permission of the publisher and the authors.

112 Magnum, photo by Ribound.

121 Courtesy of Eli Lilly and Company.

129 Laboratory, Brown University (upper right); reprinted from the "Journal of Comparative and Physiological Psychology", Vol. 56, 1963, pp. 73-77, by permission of the American Psychological Association and the author (left); from "Decrement and Recovery of Responses to Olfactory Stimuli in the Human Infant" by Trygg Engen and Lewis P. Lipsitt, Journal of Comparative and Physiological Psychology, 1965, 59, 312-316, by permission of the author (bottom).

132 Reprinted from the "Psychological Bulletin", Vol. 6, 1909, pp. 257-273, by permission of the American Psychological Association.

135 From "Central Inhibition in Cortical Conditioned Reflexes" by F. Morrell and M. Ross, The American Medical Association Archives of Neurology and Psychiatry, Vol. 70, 1953, p. 611, by permission of the publisher and the authors (upper); from "Electroencephalography and Clinical Neurophysiology", Vol.

10, 1958, pp. 487-502, Fig. 3, by permission of Elsevier Publishing Company (lower).

148 The New York Times.

150 Reprinted from the "Journal of Experimental Psychology", Vol. 51, 1956, p. 81, by permission of the American Psychological Association and the authors (left).

150 Reprinted from the "Journal of Comparative and Physiological Psychology", Vol. 52, 1959, pp. 359-363, by permission of the American Psychological Association and the authors (top).

151 Photo by John Sanderson (left); from "Journal of the Experimental Analysis of Behavior", 1961, 4, 281-284. Copyright 1961 by the Society for the Experimental Analysis of Behavior, Inc. (top).

152 Courtesy of Dr. Thomas Verhave (left); courtesy of Dr. B. F. Skinner (right).

153 From "Operant Discrimination of an Interoceptive Stimulus in Rhesus Monkeys" by Slucki, Adam, and Porter, Journal of the Experimental Analysis of Behavior, 1965, 8, 405-414. Copyright 1965 by the Society for the Experimental Analysis of Behavior, Inc.

154 Reprinted from the "Psychological Review", Vol. 56, 1949, pp. 51-65, by permission of the American Psychological Association and the author.

155 From "Primer of Operant Conditioning" by G. S. Reynolds. Copyright 1968 by Scott, Foresman and Co.

156 Courtesy of Dr. Neal E. Miller.

163 From "The Opportunity for Aggression as an Operant Reinforcer During Aversive Stimulation" by Azrin Hutchinson, and McLaughlin, Journal of the Experimental Analysis of Behavior, 1965, 8, 171-180. Copyright 1965 by the Society for the Experimental Analysis of Behavior, Inc.

165 Courtesy of Yerkes Regional Primate Research Center of Emory University, Atlanta, Georgia.

172 Photo by Wayne Schiska.

177 Reprinted from the "American Psychologist", Vol. 19, 1964, pp. 1-15, by permission of the American Psychological Association and the author.

178 From "Studies in Cognitive Growth" by J. S. Bruner et al., 1966 John Wiley & Sons, Inc. Reprinted by permission of the publisher (top left).

181-182 From "On Explaining Language", by E. H. Lenneberg, Science, Vol. 164, May 9, 1969, pp. 635-643, Table 1. Copyright 1969 by the American Association for the Advancement of Science.

187 Photo by Dr. Philip G. Zimbardo.

188 From "Retention as a Function of the Method of Measurement" by L. Postman and L. Rau, University of California Publications in Psychology, 1957, Vol. 8:3, p. 236. Originally published by the University of California Press; reprinted by permission of The Regents of the University of California.

191 From "Remembering: A Study in Experimental and Social Psychology" by F. C. Barlett, 1932 the Macmillan Company, by permission of Cambridge University Press.

192 Photo by Jean Martin, Montreal Neurological Institute. Courtesy of Dr. W. Penfield, from Penfield, W., "The Excitable Cortex in Conscious Man". Liverpool: Liverpool University Press, 1958.

193 Reprinted from an article by G. A. Sperling from the 1963 "Human Factors Journal", 5, 19-31, by permission.

202 From "Recognition Memory for Syntactic and Semantic Aspects of Connected Discourse", by J. S. Sachs, Perception and Psychophysics, 2(9), 1967, p. 441, by permission of Psychonomic Journals, Inc.

203 From "Narrative Stories as Mediators for Serial Learning" by G. H. Bower and M. C. Clark, Psychonomic Science, Vol. 14, 1969, pp. 181-182, by permission of Psychonomic Journals, Inc.

204 From "Advances in Computer-Based Education" by D. Alpert and D. C. Bitzer, Science, Vol. 167, March 20, 1970, pp. 1582-1590, Fig. 3, Copyright 1970 by the American Association for the Advancement of Science.

205 Courtesy of Dr. Richard Atkinson.

212-213 "EEG Characteristics During Various Stages of Sleep" by W. B. Webb, from the Bulletin of the British Psychological Society, 1965, Vol. 18, pp. 1-10. Copyright 1968 Collier-Macmillian, Inc.; courtesy of Dr. William Dement (right).

221 Cartoon by Reamer Keller, reprinted by permission of Adcox Associates Inc. (left); reprinted from the "Journal of Abnormal Psychology", Vol. 70, 1965, pp. 165-168, by permission of the American Psychological Association and the authors (right).

223 From "Attention, Vigilance and Cortical Evoked Protentials in Human", by M. Haider et al., Science, Vol. 145, July 10, 1964, pp. 180-182, Fig. 2. Copyright 1964 by the American Association for the Advancement of Science (left); from "Plasticity of Sensorimotor Development in the Human Infant" by B. L. White and R. Held in "The Causes of Behavior", edited by J. R. Rosenblith and W. Allinsmith,

1966 Ally and Bacon, by permission of B. L. White and R. Held (right).

224 Photo by Dr. Philip G. Zimbardo (top).

226 From "Journal of Personality", Vol. 35, 1967, pp. 91-180, by permission of Duke University Press.

227 Courtesy of Dr. Herman A. Witkin.

228 Reprinted by permission from "Scientific American", photos by William Vandivert.

229 NASA (bottom left); Yturralde, Gary Arts Studios (bottom center).

232 Courtesy of the Institute for Internation Social Research.

238 Courtesy of Dr. Norwood R. Hanson, from Hanson, N. R. "Patterns of Discovery". Cambridge University Press, 1958.

243, 244, 248 From "A Study of a Neglected Portion of the Field of Learning-the Development of Sensory Organization" by Robert Leeper, The Journal of Genetic-Psychology, 1935, 46, pp. 41-75, by permission of The Journal Press and the author.

245 From "The Perceived Size of Coins in Normal and Hypnotically Induced Economic States" by W. R. Ashley, R. S. Harper, and D. L. Runyon, American Journal of Psychology, Vol. 64, 1951, pp. 564-572, by permission of the University of Illinois Press.

246 Compiled from data presented in "Contemporary Psychophysics" by Eugene Galanter, from New Directions in Psychology by Roger Brown, Eugene Galanter, Eckhard H. Hess, and George Mandler. Used by permission of Holt, Rinehart & Winston, Inc. 1962.

254 From "An Experimental Study of Apparent Behavior" by F. Heider and M. Simmel, American Journal of Psychology, Vol. 57, 1944, pp. 243-259, by permission of the University of Illinois Press.

257 Arthur Rickerby; Life Magazine © Time, Inc.

265 From "A Textbook of Psychology" by D. O. Hebb, 2nd edition, 1966, p. 235, Fig. 75, by permission of W. B. Saunders Company and the author.

269 From "Animal Motivation: Experimental Studies on the Albino Rat" by C. J. Warden, 1931 Columbia University Press, by permission of publisher.

276 Wallace Kirkland, courtesy of Life, © 1954, Time, Inc.

277 Reprinted with permission from Matthew Wayner, "Thirst", Copyright 1964, Pergamon Press.

281 Alinari, Art Reference Bureau, New York.

290 Photos by Dr. Philip G. Zimbardo.

296 United Press International.

297 Courtesy of Dr. H. Schlosberg and the American Psychological Association.

298 United Press International.

301 From "Endocrines and the Central Nervous System" by R. Levine, Editor, Proceedings of the Association for Research in Mental Diseases, Vol. 43, 1966 Williams and Wilkins, by permission of the Association for Research in Nervous and Mental Disease.

305 Reprinted from the "Journal of Abnormal Psychology", Vol. 73, 1968, pp. 100-113, by permission of the American Psychological Association and the authors.

308 From "Varieties of Human Value" by C. Morris, table 12.1, copyright 1956 by The University of Chicago Press, used by permission and from "Sociometry", Vol. 23, No. 2, June 1960, pp. 163 and 164, by permission of the American Sociological Association.

310 From the "Nebraska Symposium on Motivation" edited by W. J. Arnold, © 1968 The University of Nebraska. Reprinted by permission.

311 Adapted from "The Psychology of Affiliation" by S. Schachter, 1959 Stanford University Press, by permission of the publisher.

316 Adapted from Schachter, 1959, by permission of Stanford University Press.

318 Courtesy of Dr. M. Brenner.

319 Adapted from "Informational Loss in a Social Setting", by Malcolm Brenner from "Mimeographed Technical Report", University of Michigan, 1970. Used by permission of the author.

326 Courtesy of Dr. Ronald Lippitt.

328-329 Excerpt from "Delegation" by Ernest Dale from "Enterprice, The Magazine of the Young Presidents' Organization", April 1967, by permission.

330 From "The Gang: A Study in Adolescent Behavior" by Bloch and Niederhoffer, Philosophical Library 1958, by permission.

334 Reprinted from the "Journal of Experimental and Social Psychology", Vol. 1, 1965, pp. 156-171, by permission of the American Psychological Association and the authors.

341 Reprinted from the "Journal of Abnormal and Social Psychology", Vol. 62, 1961, pp. 649-658, by permission of the American Psychological Association and the authors.

343 Reprinted by permission from "Scientific American", photo by William Vandivert.

346 From "Overcoming Resistance to Change" by Coch and French, Human Relations, 1948, Vol. 1, pp. 512-532, by permission of Plenum Publishing Corp.

348 Courtesy of Dr. Muzafer Sherif, from Sherif,

M. & Sherif, Carolyn, "An Outline of Social Psychology". (Rev. ed.) New York: Harper & Row, 1948, 1956.

357 Photo by Jean-Claude Lejeune.

364 "Fortune Tellers Never Starve" by W. L. Gresham. Esquire Magazine 1949. Copyright 1949 by W. L. Gresham. Reprinted by permission of Brandt & Brandt.

370 © Punch, London.

373 From Neal E. Miller-"Experimental Studies of Conflict" in "Personality and the Behavior Disorders", edited by J. McVicker Hunt. Copyright 1944 The Ronald Press Company, New York.

378 and 380 Guilford, J. P., "Persönlichkeit 5.A", 1971 Beltz-Verlag, Weinheim.

381 Reprinted from Psychological Review, Vol. 68, 1961, pp. 1-20, by permission of the American Psychological Association and the author.

388 From "The Varieties of Temperament" by William H. Sheldon et al., 1940 Harper & Row; and Journal of Personality, Vol. 18, 1950, pp. 440-453, by permission of Duke University Press.

390 United Press International.

393 Prepared by John Mayahara.

406 From "Understanding Ourselves and Others" by K. Haas, © 1965 by Prentice-Hall, Inc. Reprinted by permission.

410 © Punch, London.

415 From "Chapter VIII of Black Rage" by William H. Grier and Price M. Cobbs, © 1968 by William H. Grier and Price M. Cobbs, Basic Books, Inc., Publishers, New York. Reprinted by permission.

417 Figures 1, 2, 6, and 7 from "Children of Chrises" by Robert Coles, copyright 1964, 1965, 1966, 1967 by Robert Coles. Reprinted by permission of Little, Brown and Company in association with the Atlantic Monthly Press.

421 Photo by Charlotte Burron; courtesy of Mrs. Jane Elliott and ABC Television.

423 Photo by Mary Ellen Mark.

444 From "Naturalistic Observations on Chronically Hospitalized Patients: 1. The Effects of Strangers" by A. Hershkowitz, Journal of Nervous and Mental Diseases, 1962 Williams & Wilkins, Vol. 135, pp. 258-264, by permission of the Association for Research in Nervous and Mental Disease.

449 Photograph by John Scofield, © 1962 National Geographic Society (right); from "Social Class and Mental Illness: A Community Study" by Hollingshead and Redlich, 1958 John Wiley & Sons, Inc., p. 230. Reprinted by permission (left).

452 From "Forces in Urban Suicide", 1969 The Dorsey Press.

458 The Bettmann Archive (left).

463 Photo by Dr. Peter Witt, Division of Research, North Carolina Department of Mental Health, Raleigh, N.C.

475 Reprinted from the "Journal of Consulting Psychology", Vol. 13, 1957, pp. 344-350, by permission of the American Psychological Association and the author.

477 Photo by Bernard Hoffman, courtesy of Life, © 1942 Time, Inc.

485 Courtesy of Dr. Albert Bandura.

486 From "The Causes and Cures of Neurosis" by H. J. Eysenck and S. Rachman (San Diego: R. Knapp, 1965), by permission of the publisher, Routledge & Kegan Paul Ltd., and the authors.

489 Reprinted by permission of Ogden R. Lindsley.

492 Courtesy of California Department of Mental Health.

495 From "Insight vs. Desensitization in Psychotherapy" by G. L. Paul, 1966 Stanford University Press, by permission of the publisher.

498 Based on "New Medicines for the Mind: Their Meaning and Promise" from Public Affairs Pamphlet, No. 228, 1955 Public Affairs Committee, by permission of the publisher.

503 Reprinted from the "Journal of Consulting Psychology, Vol. 16, 1952, pp. 319-324, by permission of the American Psychological Association and the author.

Für Wiederabdruckgenehmigungen bedanken wir uns noch herzlich bei:

Brown, Reprinted with permission of The Macmillan Company from Psycholinguistics: Selected Papers by Roger Brown. Copyright © 1970 by The Free Press, a Division of the Macmillan Company.
Coles, Copyright © 1964, 1965, 1966, 1967 by Robert Coles. From Children of Crisis: A Study of Courage and Fear by Robert Coles, by permission of Atlantic-Little, Brown and Co.
Krim, From the book Views of a Nearsighted Cannoneer by Seymour Krim. Copyright 1948, 1951, 1952, 1953, 1956, 1958, 1959, 1960, 1961, 1968 by Seymour Krim. Published by E. P. Dutton & Co., Inc., and reprinted with their permission.
Kuder, From Kuder Preference Record, Vodational, Form C—Administrator's Manual by G. Frederic Kuder. © 1960, G. Frederic Kuder. Reprinted by permission of the publisher, Science Research Associates, Inc.
Manis, From Cognitive Processes by Melvin Manis. © 1966 by Wadsworth Publishing Company, Inc., Belmont, California 94002. Reprinted by permis-

sion of the publisher, Brooks/Cole Publishing Company.

Pfungst, Excerpts from Chapter One, from Clever Hans: The Horse of Mr. von Osten, by Oskar Pfungst. Edited with an Introduction by Robert Rosenthal. Copyright © by Holt, Rinehart & Winston, Inc. Reprinted by permission of Holt, Rinehart & Winston, Inc.

Pribram, From Psychology: A Study of a Science, Vol. 4 by S. Koch. Copyright © 1962 by McGraw-Hill, Inc. Used by permission of McGraw-Hill Book Company.

Rodgers, Copyright © 1963 by Williamson Music, Inc. Copyright renewed. Used by permission.

Webb, Reprinted with permission of The Macmillan Company from Sleep: An Experimental Approach by Wilse B. Webb. Copyright © by Wilse B. Webb, 1968.

Literaturverzeichnis

A

Abelson, R. P., Carroll, J. D.: Computer simulation of individual belief systems. American Behavioral Scientist **8,** 24-30 (1965).

Adametz, J. H.: Rate of recovery of functioning cats with rostral reticular lesions. Journal of Neurosurgery **16,** 85-98 (1959).

Adolph, E.: Regulation of body water content through water ingestion. In M. Wayner (Ed.), Thirst. New York: Macmillan 1964.

Akert, K., Koella, W. P., Hess, R., Jr.: Sleep produced by electrical stimulation of the thalamus. American Journal of Physiology **168,** 260-267 (1925).

Allen, K. E., Hart, B., Buell, J. S., Harris, F. R., Wolf, M. M.: Effect of social reinforcement on isolated behavior of a nursery school child. Child Development **34,** 511-518 (1964).

Allport, F. H.: Theories of perception and the concept of structure. New York: Wiley 1955.

Allport, G. W.: Personality and social encounter. Berkeley, Calif.: Beacon Press 1960.

Allport, G. W.: Ethical considerations in the definition of mental illness. In E. A. Southwell and H. Feldman (Eds.), Abnormal psychology: Readings in theory and research. Belmont, California: Brooks/Cole 1969.

Allport, G. W., Vernon, P. E., Lindzey, G.: Study of values. (3rd ed.) Cambridge, Mass.: Riverside 1960.

Alper, T.: The interrupted task method in studies of selective recall: A reevaluation of some recent experiments. Psychological Review **59,** 71-88 (1952).

Alper, T., Korchin, S. J.: Memory for socially relevant material. Journal of Abnormal and Social Psychology **47,** 25-37 (1952).

Alpert, D., Bitzer, D.: Advances in computer based education. Science **167,** 1582-1590 (1970).

Ames, A.: Visual perception and the rotating trapezoidal window. Psychological Monographs **65,** 7. Whole No. 234 (1951).

Anastasi, A.: Heredity, environment, and the question of "how?" Psychological Review **65,** 197-208 (1958).

Angermeier, W. F.: Kontrolle des Verhaltens. Berlin-Heidelberg-New York: Springer 1972.

Angermeier, W. F., Peters, M.: Bedingte Reaktionen. Berlin-Heidelberg-New York: Springer 1973.

Angermeier, W. F., Phelps, J. B.: Early experience and levels of noxious stimulation in monkeys. Psychologische Forschung **34,** 246-252 (1971).

Anokhin, P. K.: New conception of the physiological architecture of the conditioned reflex. In Intern symposium on brain mechanisms and behavior. Montevideo. Edition of first Sechenov Medical Institute. Moscow, U.S.S.R.: 1959.

Anokhin, P. K.: Electroencephalographic analysis of corticosubcortical relations in positive and negative conditioned reactions. In N. S. Kline (Ed.), Pavlovian conference on higher nervous activity. Annals of the New York Academy of Sciences **92,** 899-938 (1961).

Arnold, M. B.: Emotion and personality. New York: Columbia University Press 1960. 2. vols.

Aronson, E.: Some antecedents of interpersonal attraction. In W. J. Arnold and D. Levine (Eds.), Nebraska symposium on motivation. Lincoln: University of Nebraska Press 1969.

Aronson, E., Linder, D.: Gain and loss of esteem as determinants of interpersonal attractiveness. Journal of Experimental and Social Psychology **1,** 156-171 (1965).

Asch, S. E.: Forming impressions of personality, Journal of Abnormal and Social Psychology **41,** 258-290 (1946).

Asch, S. E.: Opinions and social pressure. Scientific American **193** (5), 31-35 (1955).

Aserinsky, E., Kleitman, N.: Regularly occuring periods of eye mobility and concomitant phenomena during sleep. Science **118,** 273-274 (1953).

Ashley, W. R., Harper, R. S., Runyon, D. L.: The perceived size of coins in normal and hypnotically induced economic states. American Journal of Psychology **64,** 564-572 (1951).

Atkinson, J. W. (Ed.): Motives in fantasy, action and society. Princeton: Van Nostrand 1958.

Atkinson, J. W.: An introduction to motivation. Princeton: Van Nostrand 1964.

Atkinson, R. C.: Computerized instruction and the learning process. American Psychologist **23,** 225-239 (1968).

Atthowe, J. M., Jr., Krasner, L.: Preliminary report on the application of contingent reinforcement procedures (token economy) on a "chronic"

psychiatric ward. Journal of Abnormal Psychology **73,** 37-43 (1968).
Ax, A. F.: The physiological differentiation between fear and anger in humans. Psychosomatic Medicinet **14,** 433-442 (1953).
Axelrod, J., Wurtman, R.: Biological rhythms and the pineal gland. Mental Health Program Reports No. 4 (1970).
Ayllon, T., Azrin, N. H.: The measurement and reinforcement of behavior of psychotics. Journal of the Experimental Analysis of Behavior **8,** 357-383 (1965).
Ayllon, T., Michael, J.: The psychiatric nurse as a behavioral engineer. Journal of the Experimental Analysis of Behavior **2,** 323-334 (1959).
Azrin, N. H., Hutchinson, R. R., McLaughlin, R.: The opportunity for aggression as an operant reinforcer during aversive stimulation. Journal of the Experimental Analysis of Behavior **8,** 171-180 (1965).

B

Balagura, S.: Influence of osmotic and caloric loads upon lateral hypothalamic self-stimulation. Journal of Comparative and Physiological Psychology **66,** 325-328 (1968). (a)
Balagura, S., Hoebel, B.: Self-stimulation of lateral hypothalamus modified by insulin and glucagon. Physiology and Behavior **2,** 337-340 (1967).
Bales, R. F.: Task roles and social roles in problem-solving groups. In E. E. Maccoby, T. M. Newcomb, and E. L. Hartley (Eds.): Readings in social psychology. (3rd ed.) New York: Holt, Rinehart & Winston 1958.
Bales, R. F.: Personality and interpersonal behavior. New York: Holt, Rinehart & Winston 1970.
Bandura, A.: Influence of models' reinforcement contingencies on the acquisition of imitative responses. Journal of Personality and Social Psychology **1,** 589-595 (1965).
Bandura, A.: Social-learning theory of identificatory processes. In D. A. Goslin (Ed.): Handbook of Socialization Theory and Research. Chicago: Rand McNally 1969.
Bandura, A., Walters, R. H.: Social learning and personality development. New York: Holt, Rinehart & Winston 1963.
Bandura, A., Ross, D., Ross, S. A.: Transmission of aggression through imitation of aggressive models. Journal of Abnormal and Social Psychology **63,** 575-582 (1961).
Barrie, J. M.: The admirable Crichton. London: Hodder 1939.
Bash, K. W.: Contribution to a theory of the hunger drive. Journal of Comparative Psychology **28,** 137-160 (1939).
Bavelas, A., Hastorf, A. H., Gross, A. E., Kite, W. R.: Experiments on the alteration of group structure. Journal of Experimental Social Psychology **1,** 55-70 (1965).
Bayley, N.: Behavioral correlates of mental growth: Birth to thirty-six years. American Psychologist **23,** 1-17 (1968).
Beach, F. A.: Hormones and behavior. New York: Holber 1948.
Beach, F. A.: The descent of instinct. Psychological Review **62,** 401-410 (1955).
Beach, F. A.: Normal sexual behavior in male rats isolated at fourteen days of age. Journal of Comparative and Physiological Psychology **51,** 37-38 (1958).
Beach, F. A.: Retrospect and prospect. In F. A. Beach (Ed.): Sex and behavior. New York: Wiley 1965.
Beck, A. T.: Depression. New York: Harper & Row 1967.
Bell, E. C.: Nutritional deficiencies and emotional disturbances. Journal of Psychology **45,** 47-74 (1958).
Bem, D. J.: Beliefs, attitudes, and human affairs. Belmont, Calif.: Brooks/Cole 1970.
Berger, E.: The psychology of gambling. New York: Hill & Wang 1957.
Bergin, A. E.: Some implications of psychotherapy research for therapeutic practice. Journal of Abnormal Psychology **71,** 235-246 (1966).
Berko, J.: The child's learning of English morphology. Word **14,** 150-177 (1958).
Berlyne, D. E.: Conflict, arousal, and curiosity. New York: McGraw-Hill 1960.
Berlyne, D. E.: Conflict and the orientation reaction. Journal of Experimental Psychology **62,** 476-483 (1961).
Bernard, J., Sontag, L. W.: Fetal reactivity to tonal stimulation: A preliminary report. Journal of Genetic Psychology **70,** 205-210 (1947).
Bernard, L. L.: Instinct. New York: Holt 1924.
Bernstein, B.: A public language: Some sociological implications of a linguistic form. British Journal of Psychology **10,** 311-326 (1959).
Bernstein, B., Henderson, D.: Social class differences in the relevance of language to socialization. Sociology **3,** 1-20 (1969).
Bernstein, D. A.: Modification of smoking behavior: An evaluative review. Psychological Bulletin **71,** 418-420 (1969).
Bettelheim, B.: Individual and mass behavior in extreme situations. Journal of Abnormal and Social Psychology **38,** 417-452 (1943).
Bettelheim, B.: Individual and mass behavior in extreme situations. In E. E. Maccoby, T. Newcomb, and E. Hartley (Eds.): Readings in social psychology. New York: Holt, Rinehart & Winston 1958.
Bichat, X.: Physiological researches upon life and death. Philadelphia: Smith & Maxwell 1809.
Bindra, D. B.: Motivation—a systematic reinterpretation. New York: Ronald 1959.
Bindra, D. B.: Interrelated mechanisms of reinfor-

cement and motivation, and the nature of their influence on response. In W. J. Arnold and D. Levine (Eds.): Nebraska symposium on motivation. Lincoln: University of Nebraska Press 1969.

Binet, A., Simon, T.: La mesure du développement de l'intelligence chez les jeunes enfants. Bulletin de la Sociétě Libre pour l'Etude Psychologique de l'Enfant **11,** 187-248 (1911).

Bird, C.: Social psychology. New York: Appleton-Century 1940.

Bishop, G. H.: Anatomical, physiological, and psychological factors in sensation of pain. In R. G. Grenell (Ed.): Progress in neurobiology. Vol. 5. Neural physiopathology. New York: Heuber 1962.

Blake, B. G.: A follow-up of alcoholics treated by behavior therapy. Behavior Research and Therapy **5,** 89-94 (1967).

Block, H. A., Niederhoffer, A.: The gang: A study in adolescent behavior. New York: Philosophical Library 1958.

Bogoraz, V. G.: The Chukchee: Social organization. New York: American Museum of Natural History 1909.

Bolles, R.: Theory of motivation. New York: Harper & Row 1967.

Bond. M.: The effect of first impression information upon behavior emitted during a subsequent interaction. Unpublished doctoral dissertation, Stanford University 1970.

Boring, E. G.: A history of experimental psychology. New York: Appleton-Century-Crofts 1950.

Borkowski, J. G., Spreen, O., Stutz, J. Z.: Ear preference and abstractedness in dichotic listening. Psychonomic Science **3,** 547-548 (1965).

Bower, G. H., Clark, M. C.: Narrative stories as mediators for serial learning. Psychonomic Science **14,** 181-182 (1969).

Bower, G., Trabasso, T.: Reversals prior to solution in concept identification. Journal of Experimental Psychology **66,** 409-418 (1963).

Bower, T. G. R.: Slant perception and shape constancy in infants, Science **151,** 832-834 (1966). (a)

Bower, T. G. R.: The visual world of infants. Scientific American **215,** 85-92 (1966). (b)

Brady, J. P., Levitt, E. E.: Nystagmus as a criterion of hypnotically induced visual hallucinating. Science **146,** 85-86 (1964).

Brady, J. P., Levitt, E. E.: Hypnotically induced visual hallucinating. Psychosomatic Medicine **28,** 351-363 (1966).

Brady, J. V.: Emotion and the sensitivity of psychoendocrine systems. In D. C. Glass (Ed.): Neurophysiology and emotion. New York: Rockefeller University Press 1967.

Braginsky, B., Braginsky, D.: Schizophrenic patients in the psychiatric interview: An experimental study of their effectiveness at manipulation. Journal of Consulting Psychology **31,** 543-547 (1967).

Braginsky, B. M., Braginsky, D. D., Ring, K.: Methods of madness: The mental hospital as a last resort. New York: Holt, Rinehart & Winston 1969.

Braginsky, B., Grosse, M., Ring, K.: Controlling outcomes through impression management tactics of mental patients. Journal of Consulting Psychology **30,** 295-300 (1966).

Brazelton, T. B.: Observation of the neonate. Journal of the American Academy of Child Psychiatry **1,** 38-58 (1962).

Breger, L. C., McGaugh, J. L.: Critique and reformulation of learning theory approaches to psychotherapy and neurosis. Psychological Bulletin **63,** 338-358 (1965).

Bremer, F.: Cerveau isolé et physiologie du sommeil. Comp. Rend. Soc. Biol. **193**(5), 1235-1241 (1935).

Brengelmann, J. C.: Persönliche Kommunikation, 1973.

Brenner, M.: Informational loss in a social setting. Mimeographed technical report, University of Michigan 1970.

Bridgman, P. W.: The logic of modern physics. New York: Maxmillan 1927.

Brindley, G. S., Merton, P. A.: The absence of a position sense in the human eye. Journal of Physiology **153,** 127-130 (1960).

Broadbent, D. E.: The role of auditory localization in attention and memory span. Journal of Experimental Psychology **47,** 191-196 (1954).

Broadbent, D. E.: Perception and communication. New York: Pergamon Press 1958.

Broadbent, D. E.: Attention and the perception of speech. Scientific American **206**(4), 143-151 (1962).

Brodeur, D. W.: The effects of stimulant and tranquilizer placebos on healthy subjects in a real life situation. Psychopharmacologia **7,** 444-452 (1965).

Brogden, W. J., Culler, E.: Experimental extinction of higher-order responses. American Journal of Psychology **47,** 663-669 (1935).

Brogden, W. J., Gregg, L. W.: Studies of sensory conditioning measured by the facilitation of auditory acuity. Journal of Experimental Psychology **42,** 384-389 (1951).

Brower, L. P., Cranston, P.: Courtship of the Queen Butterfly, Danaus Gillippus Berenice. 16 mm. sound film, serial number PCR 2123K, Psychological Cinema Register, Pennsylvania State University 1962.

Brown, C.: Manchild in the promised land. New York: Macmillan 1965.

Brown, R. W.: Language and categories. In J. S. Bruner, J. J. Goodnow, G. A. Austin (Eds.): A study of thinking. New York: Wiley 1956.

Brown, R.: The first sentences of child and chimpanzee. Unpublished mimeo report, Harvard University 1970.

Brownfield, C.: Deterioration and facilitation hypotheses in sensory deprivation research. Psychological Bulletin **61,** 304-313 (1964).

Brôzek, J.: Experimental investigations on nutrition and human behavior: A post script. American Scientist, June **51,** 139-163 (1963).

Brôzek, J., Guetzkow, H., Keys, A., Cattell, R. B., Harrower, M. R., Hathaway, S. R.: A study of personality of normal young men maintained on restricted intakes of vitamins of the B-complex. Psychosomatic Medicine **8,** 98-109 (1946).

Bruner, J. S.: The course of cognitive growth. American Psychologist **19,** 1-15 (1964).

Bruner, J. S., Goodman, C. C.: Value and need as organizing factors in perception. Journal of Abnormal and Social Psychology **42,** 33-44 (1947).

Bruner, J. S., Kenney, H.: On multiple ordering. On relational concepts. In J. S. Bruner, R. Olver, P. M. Greenfield, et al.: Studies in cognitive growth. New York: Wiley 1966.

Brunswick, E.: Perception and the representative design of psychological experiments. Berkeley: University of California Press 1956.

Buber, M.: The eclipse of God. New York: Harper 1957.

Burt, C.: The evidence for the concept of intelligence. British Journal of Educational Psychology **25,** 158-177 (1955).

Butler, R. A., Harlow, H. F.: Persistence of visual exploration in monkeys. Journal of Comparative and Physiological Psychology **47,** 258-263 (1954).

Bykov, K. M.: The cerebral cortex and the internal organs. New York: Chemical Publishing Co. 1957.

Byrne, W. L., et al.: Memory transfer. Science **153,** (3736), 658-659 (1966).

C

Caggiula, A.: Analysis of the copulation-reward properties of posterior hypothalamic stimulation in rats. Journal of Comparative and Physiological Psychology 1970, in press.

Cameron, P., Frank, R., Lifter, M., Morrissey, P.: Cognitive functionings of college students in a general psychology class. Paper presented at the meeting of the American Psychological Association, San Francisco, September 1968.

Cannon, W. B.: Bodily changes in pain, hunger, fear and rage. (2nd ed.) New York: Appleton-Century-Crofts 1929.

Cannon, W. B.: Hunger and thirst. In C. Murchison (Ed.): A handbook of general experimental psychology. Worcester, Mass.: Clark University Press 1934.

Cant, G.: New medicines for the mind: Their meaning and promise. Public Affairs Pamphlet No. 228. New York: Public Affairs Committee 1955.

Carmichael, L.: Ontogenetic development. In S. S. Stevens (Ed.): Handbook of experimental psychology. New York: Wiley 1951.

Carmichael, L., Hogan, H. P., Walter, A. A.: An experimental study of the effect of language on the reproduction of visually perceived form. Journal of Experimental Psychology **15,** 73-86 (1932).

Carr, A.: The navigation of the green turtle. Scientific American **212**(5), 78-86 (1965).

Cartwright, D., Zander, A. (Eds.): Group Dynamics. New York: Harper & Row 1968.

Catania, A. C.: Elicitation, reinforcement, and stimulus control. Paper presented at the Conference on the Nature of Reinforcement, University of Pittsburgh, June 1969.

Cates, J.: Psychology's manpower: Report on the 1968 national register of scientific and technical personnel. American Psychologist **25,** 254-263 (1970).

Cattell, R. B.: Personality and motivation: Structure and meaning. New York: Harcourt Brace Jovanovich, Inc., 1957.

Cattell, R. B.: The scientific analysis of personality. Baltimore: Penguin 1965.

Caudill, W., Weinstein, H.: Maternal care and infant behavior in Japan and America. Psychiatry **32,** 12-43 (1969).

Chafetz, M. E.: Clinical studies in alcoholism. Mental Health Program Reports **4,** 107-125 (1970).

Chandler, K. A.: The effect of monaural and binaural tones of different intensities on the visual perception of verticality. American Journal of Psychology **74,** 260-265 (1961).

Chaney, R. B., Webster, J. C.: Information in certain multidimensional signals. U.S. Navy Electronics Laboratory Report 1958, No. 1339.

Chicago Board of Health: Personal communication to the authors, September 1969.

Child, I. L.: The relation of somatotype to self-ratings on Sheldon's temperament traits. Journal of Personality **18,** 440-453 (1950).

Chomsky, N.: Syntactic structures. S'Gravenhage, Netherlands: Mouton 1957.

Chomsky, N.: A review of B. F. Skinner's Verbal behavior. Language **35**(1), 26-58 (1959).

Chomsky, N.: Language and the mind. Readings in Psychology Today. Del Mar, Calif.: CRM Books, 1969.

Chomsky, N., Halle, M.: Sound patterns of English. New York: Harper & Row 1968.

Christie, R., Geis, F. L. (Eds.): Studies in Machiavellianism. New York: Academic Press 1970.

Ciba Pharmaceutical Products: The rauwolfia story. Summit, N. J.: Author 1954.

Clark, C.: Personal communication to the authors, September 1970.

Clark, K. B., Clark, M. P.: Racial identification and preference in Negro children. In E. E. Maccoby, T. M. Newcomb, & E. L. Hartley

(Eds.), Readings in social psychology. New York: Holt, Rinehart & Winston 1958.
Clauser, G., Klein, H.: Münchner Medizinische Wochenschrift **99,** 896 (1957). Cited in Haas, Fink & Hartfelder 1959.
Clement, P. W., Milne, C.: Group play therapy and tangible reinforcers used to modify the behavior of eight-year-old boys. Proceedings, 75th Annual Convention, American Psychological Association, 1967.
Coch, L., French, J. R. P., Jr.: Overcoming resistance to change. Human Relations **1,** 512-532 (1948).
Cofer, C. N., Appley, M. H.: Motivation: Theory and research. New York: Wiley 1964.
Cohen, B. S., Ditman, K. S.: Prolonged adverse reactions to lysergic acid diethylamide. Archives of General Psychiatry **8,** 475-480 (1963).
Cohen, M. R., Nagel, E.: An introduction to logic and scientific method. New York: Harcourt Brace Jovanovich, Inc. 1934.
Colby, K. M.: Computer simulation of neurotic processes. In R. W. Stacy & B. D. Waxman (Eds.), Computers in biomedical research. New York: Academic Press 1965.
Colby, K. M., Watt, J., Gilbert, J. P.: A computer method of psychotherapy. Journal of Nervous and Mental Diseases **142**, 148-152 (1966).
Coleman, J. S.: A brief summary of the Coleman report. In Harvard Education Review Editorial Board (Eds.), Equal educational opportunity. Cambridge, Mass.: Harvard University Press 1969.
Collier, G.: Consummatory and instrumental responding as functions of deprivation. Journal of Experimental Psychology **64,** 410-414 (1962).
Collins, B. E.: Social psychology. Reading, Mass.: Addison-Wesley 1970.
Cook, S. W.: The production of "experimental neurosis" in the white rat. Psychosomatic Medicine **1,** 293-308 (1939).
Coons, E., Levak, M., Miller, N. E.: Lateral hypothalamus: Learning of food-seeking response motivated by electrical stimulation. Science **150,** 1320-1321 (1965).
Cowen, E. L., Beier, E. S.: Threat-expectancy, word frequencies, and perceptual prerecognition hypotheses. Journal of Abnormal and Social Psychology **49,** 172-182 (1954).
Cowles, J. T.: Food tokens as incentives for learning by chimpanzees. Comparative Psychology Monographs **14,** 1-96 (1937).
Craddick, R. A.: Size of witch drawings as a function of time before, on and after Halloween. American Psychologist **17,** 307 (1967).
Critchley, M.: Congenital indifference to pain. Annals of Internal Medicine **45,** 737-747 (1956).
Crocket, R., Sandison, R., Walk, A. (Eds.): Hallucinogenic drugs and their psychotherapeutic use. London: J. Q. Lewis 1963.
Culler, E., Finch, G., Girden, E., Brogden, W. J.: Measurements of acuity by the conditioned response technique. Journal of General Psychology **12,** 223-227 (1935).
Cumming, W., Berryman, R.: Matching behavior. Journal of the Experimental Analysis of Behavior **4,** 281-284 (1961).
Curry, F. K. W.: A comparison of left-handed and right-handed subjects on verbal and nonverbal dichotic listening tasks. Cortex, **3,** 343-352 (1967).

D

Dale, E.: Delegation. Enterprise, 36-37 (April 1967).
Darwin, C.: The expression of the emotions in man and animals. London: Murray 1872.
Davenport, W.: Sexual patterns and their regulation in a society of the Southwest Pacific. In F. Beach (Ed.), Sex and behavior. New York: Wiley 1965.
Davis, C. M.: Self-selection of diet by newly weaned infants. American Journal of Diseases of Children **36,** 651-679 (1928).
Davis, H.: Enhancement of evoked cortical potentials in humans related to a task requiring a decision. Science **145,** 182-183 (1964).
Davis, J. M.: Efficacy of tranquilizing and antidepressant drugs. Archives of General Psychiatry **13,** 552-572 (1965).
Davison, G. C., Valins. S.: Maintenance of self-attributed and drug-attributed behavior change. Journal of Personality and Social Psychology **11,** 25-33 (1969).
Davitz, J. R.: The language of emotion. New York: Academic Press 1969.
Day, R. S.: Fusion in dichotic listening. Unpublished doctoral dissertation, Stanford University 1968.
Day, R. S.: Temporal order judgments in speech: Are individuals language-bound or stimulus-bound? Paper presented at the ninth annual meeting of the Psychonomic Society, St. Louis 1969.
Day, R. S., Cutting, J. E.: Perceptual competition between speech and nonspeech. Paper presented at the eighteenth annual meeting of the Acoustical Society of America, Houston 1970.
Dearborn, G. V. N.: A case of congenital general pain analgesia. Journal of Nervous and Mental Disease **75,** 612-615 (1932).
DeCharms, R., Moeller, G.: Values expressed in American children's readers: 1800-1950. Journal of Abnormal and Social Psychology **64,** 136-142 (1962).
Delgado, J. M. R.: Physical control of the mind: Toward a psychocivilized society. New York: Harper & Row 1970.

Delgado, J. M. R., Roberts, W. W., Miller, N. E.: Learning motivated by electrical stimulation of the brain. American Journal of Physiology **179,** 587-593 (1954).

Dember, W. N.: Alternation behavior. In D. W. Fiske and S. R. Maddi (Eds.), Functions of varied experience. Homewood, Ill: Dorsey 227-252 (1961).

Dement, W. C.: The effect of dream deprivation. Science **131,** 1705-1707 (1960).

Dement, W. C.: A new look at the third state of existence. Stanford M.D. **8,** 2-8 (1969).

Dement, W. C., Henry, P., Cohen, H., Ferguson, J.: Studies on the effect of REM deprivation in humans and in animals. In S. Kety, H. Williams and E. Evarts (Eds.), Sleep and altered states of consciousness. Baltimore: Williams & Wilkins 1967.

Dement, W. C., Kleitman, N.: Cyclic variations in EEG during sleep and their relations to eye movements, body mobility and dreaming. Electroencephalography and Clinical Neurophysiology **9,** 673-690 (1957).

Desmedt, J. E.: Neurophysiological mechanisms controlling acoustic input. In G. L. Rasmussen and W. F. Windle (Eds.), Neural mechanisms of the auditory and vestibular systems. Springfield, Ill.: Thomas 1960.

Deutsch, J. A., Deutsch, D.: Physiological psychology. Homewood, Ill.: Dorsey Press 1966.

Deutsch, M., Gerard, H. B.: A study of normative and informational social influence upon individual judgment. Journal of Abnormal and Social Psychology **51,** 629-636 (1955).

Deutsch, M., Krauss, R. M.: The effect of threat on interpersonal bargaining. Journal of Abnormal and Social Psychology **61,** 181-189 (1960).

DeValois, R. L.: Neural processing of visual information. In R. W. Russell (Ed.), Frontiers in physiological psychology. New York: Academic Press 1966.

De Vos, G., Wagatsuma, H.: Japan's invisible race. Berkeley: University of California Press 1966.

Dice, N., Bagchi, B. K., Waggoner, R. W.: Investigation of effects of intravenous reserpine in disturbed psychotic and brain-damaged patients: Electroencephalographic correlation. Journal of Nervous and Mental Disorders **122,** 472-478 (1955).

Dichter, E.: Handbook of consumer motivations: The psychology of the world of objects. New York: McGraw-Hill 1964.

Dole, V. P.: A relation between non-esterfied fatty acids in plasma and the metabolism of glucose. Journal of Clinical Investigations **35,** 150-152 (1956).

Dollard, J., Miller, N. E.: Personality and psychotherapy. New York: McGraw-Hill 1950.

Doty, R. W., Beck, E. D. Kooi, K. A.: Effect of brain-stem lesions on conditioned responses of cats. Experimental Neurology **1,** 360-385 (1959).

Duffy, E.: Activation and behavior. New York: Wiley 1962.

Duncker, K.: On problem-solving. Psychological Monographs **58,** No. 5 (1945).

Duncker, K.: Über induzierte Bewegung (Ein Beitrag zur Theorie optisch wahrgenommener Bewegung). Psychologie Forschung **12,** 180-259 (1929). In W. D. Ellis (Ed.), Sourcebook of gestalt psychology. New York: Humanities Press 1950.

Dwornicka, B., Jasienska, A., Smolarz, W., Wawryk, R.: Attempt of determining the fetal reaction to acoustic stimulation. Acta Oto-Laryngologica, Stockholm, **57,** 571-574 (1964).

E

Ebbinghaus, H.: Memory. New York: Teachers College, Columbia University, 1913. (Originally published: Leipzig: Altenberg 1885.)

Edwards, A. E., Acker, L. E.: A demonstration of the longterm retention of a conditioned galvanic skin response. Psychosomatic Medicine **24,** 459-463 (1962).

Edwards, A. L.: Manual for the Edwards personal preference schedule. New York: Psychological Corp. 1959.

Edwards, A. L.: The measurement of personality traits by scales and inventories. New York: Holt, Rinehart & Winston 1970.

Eisner, B. G.: Notes on the use of drugs to facilitate group psychotherapy. Psychiatric Quarterly **38,** 310-328 (1964).

Ekman, P., Friesen, W. V.: The repertoire of nonverbal behavior categories, origins, usage, and coding. Semiotica **1,** 49-98 (1969).

Ekman, P., Sorenson, E. R., Friesen, W. V.: Pancultural elements in facial displays of emotion. Science **164,** 86-88 (1969).

Elliott, J.: Personal communication to the authors, October 1970.

Ellis, A.: Outcome of employing three techniques of psychotherapy. Journal of Clinical Psychology **13,** 344-350 (1957).

Ellis, A.: Rational psychotherapy. Journal of General Psychology **59,** 35-49 (1958).

Ellsworth, P. C., Henson, A., Carlsmith, J. M.: Staring as a stimulus to flight in humans: A series of field experiments. J. pers. soc. Psychol. 1970, in press.

Engen, T., Lipsitt, L. P.: Decrement and recovery of responses to olfactory stimuli in the human neonate. Journal of Comparative and Physiological Psychology **59,** 312-316 (1965).

Engen, T., Lipsitt, L. P., Kaye, H.: Olfactory responses and adaptation in the human neonate. Journal of Comparative and Physiological Psychology **56,** 73-77 (1963).

Epps, E. (Ed.): Motivation and academic achievement of Negro Americans. Journal of Social Issues **25** (1969).

Erickson, M. H.: Negation or reversal of legal testimony. American Medical Association Archives of Neurology and Psychiatry **40,** 548-553 (1938).

Erikson, E.: Childhood and society. New York: Norton 1950.

Erikson, E. H.: Identity: Youth and crises. New York: Norton 1968.

Evarts, E. V., Butler, R. N.: A review of the effects of chlorpromazine and reserpine in patients with mental disorders. In J. O. Cole and R. W. Gerard (Eds.), Psychopharmacology: Problems in evaluation. Washington: National Academy of Sciences — National Research Council 1959.

Eysenck, H. J.: The effects of psychotherapy: An evaluation. Journal of Consulting Psychology **16,** 319-324 (1952).

Eysenck, H. J.: The structure of human personality. (2nd ed.) London: Methuen 1960.

Eysenck, H. J., Rachman, S.: The causes and cures of neurosis. San Diego, Calif.: Knapp 1965.

F

Fairweather, G. W., Sanders, D. H., Maynard, R. F., Cressler, D. L.: Community life for the mentally ill: Alternative to institutional care. Chicago: Aldine 1969.

Fairweather, G. W., et al.: Relative effectiveness of psychotherapeutic programs: A multicriteria comparison of four programs for three different patient groups. Psychological Monographs **74,** (5, Whole No. 492) (1960).

Falk, J. L.: Limitations to the specificity of NaCl appetite in sodium-depleted rats. Journal of Comparative and Physiological Psychology **60,** 393-396 (1965).

Fantz, R. L.: Form preferences in newly hatched chicks. Journal of Comparative and Physiological Psychology **50,** 422-430 (1957).

Fantz, R. L.: Pattern vision in newborn infants. Science **140,** 296-297 (1963).

Faterson, H. F.: Organic inferiority and the inferiority attitude. Journal of Social Psychology **2,** 87-101 (1931).

Faucheux, C., Moscovici, S.: Le style de compotement d'une minorite et son influence sur les responses d'une majorite. Bulletin du Centre d'Etudes et Recherches Psychologiques **16,** 337-360 (1967).

Feather, N.: Valence of outcome and expectation of success in relation to task difficulty and perceived locus of control. Journal of Personality and Social Psychology **7,** 732-386 (1967).

Feldman, M. P., MacCulloch, M. J.: A systematic approach to the treatment of homosexuality by conditioned aversion: Preliminary report. American Journal of Psychiatry **121,** 167-171 (1964).

Feldman, M. P., MacCulloch, M. J.: The application of anticipatory learning to the treatment of homosexuality. I. Theory, technique and preliminary results. Behavior Research and Therapy **2,** 165-183 (1965).

Feldstein, A., Hoagland, H., Oktem, M. R., Freeman, H.: Mao inhibition and anti-depressant activities. International Journal of Neuropsychiatry **1,** 384 (1965).

Ferguson, L. R.: Personality development. Belmont, Calif.: Brooks/Cole 1970.

Ferriera, A. J., Winter, W. W.: Information exchange and silence in normal and abnormal families. In W. W. Winter and A. J. Ferriera (Eds.), Research in family interaction. Palo Alto, Calif.: Science & Behavior Books 1964.

Festinger, L.: A theory of social comparison processes. Human Relations **7,** 117-140 (1954).

Festinger, L.: A theory of cognitive dissonance. Stanford: Stanford University Press 1957.

Festinger, L., Schachter, S., Back, K.: Social pressure in informal groups. New York: Harper & Row 1950.

Fiedler, F. E.: A contingency model of leadership effectiveness. In L. Berkowitz (Ed.), Advances in experimental social psychology. Vol. 1. New York: Academic Press 1964.

Fieve, R. R.: Interdisciplinary studies of manic-depressive psychosis. Mental health program reports No. 4, 175-194 (1970).

Fine, R.: The psychology of blindfold chess: An introspective account. Acta Psychologia **24,** 352-370 (1965).

Fink, M., Klein, D. F., Kramer, J. C.: Clinical efficacy of chlorpromazine-procyclidene combination, imipramine and placebo in depressive disorders. Psychopharmacologia **7,** 27-36 (1965).

Fiske, D. W., Maddi, S. R.: Functions of varied experience. Homewood, Ill.: Dorsey 1961.

Fitzsimmons, J., Oatley, K.: Additivity of stimuli for drinking in rats. Journal of Comparative and Physiological Psychology **66,** 450-455 (1968).

Flavell, J. H.: The developmental psychology of Jean Piaget. Princeton: Van Nostrand 1963.

Fluckiger, F. A., Tripp, C. A., Weinberg, G. H.: A review of experimental research in graphology, 1933-1960. Perceptual and Motor Skills **12,** 67-90 (1961).

Folkins, C. H., Lawson, K. D., Opton, E. M., Jr., Lazarus, R. S.: Desensitization and the experimental reduction of threat. Journal of Abnormal Psychology **73,** 100-113 (1968).

Fortune: A good man is hard to find **33**(3), 92-95 (1946).

Foss, B. M.: Mimicry in Mynahs (Gracula Religiosia): A test of Mowrer's theory. British Journal of Psychology **55,** 85-88 (1964).

France, C. J.: The gambling impulse. American Journal of Psychology **13,** 364-407 (1902).
Frank, J.: Persuasion and healing. Baltimore: Johns Hopkins Press 1961.
Fraser, S.: The control of a phobic reaction by cognitive attribution therapy. Unpublished doctoral dissertation, New York University 1971.
Frederick, C. J.: An investigation of handwriting of suicide notes. Journal of Abnormal Psychology **73,** 263-267 (1968).
Freedman, D.: Hereditary control of early social behavior. In B. M. Foss (Ed.). Determinants of infant behavior. Vol. 3. London: Methuen 1965.
Freedman, J. L., Fraser, S. C.: Compliance without pressure: The foot-in-the-door technique. Journal of Personality and Social Psychology **4,** 195-202 (1966).
Freeman, W., Watts, J. W.: Psychosurgery. Springfield, Ill.: Thomas 1942.
French, J. D., Magoun, H. W.: Effects of chronic lesions in central cephalic brain stem of monkeys. American Medical Association Archives of Neurology and Psychiatry **68,** 591-604 (1952).
French, J. R. P., Jr., Israel, J., Os. D.: An experiment on participation in a Norwegian factory: interpersonal dimensions of decision-making. Human Relations **13,** 3-19 (1960).
French, J. R. P., Jr., Ross, I. C., Kirby, S., Nelson, J. R., Smyth, P.: Employee participation in a program of industrial change. Personnel **35**(3), 16-29 (1958).
Freud, S.: Three contributions to the sexual theory. Nervous and Mental Disease Monograph Series 1910, No. 10.
Freud, S.: An autobiographical study. London: Hogarth 1935.
Freud, S.: Collected papers. Vol. 5. Dostoevsky and parricide. London: Hogarth Press 1950.
Friedhoff, A. J.: Metabolism of DMPEA and its possible relationship to schizophrenia. In: The origins of schizophrenia. Proceedings of the First Rochester International Conference 1967.
Frijda, N. H.: Emotion and recognition of emotion. In M. Arnold (Ed.): Feelings and emotions. New York: Academic Press 1970.
Funkenstein, D. H.: The physiology of fear and anger. Scientific American **192**(5), 74-80 (1955).
Funkenstein, D. H., King, S. H., Drolette, M. E.: Mastery of stress. Cambridge, Mass.: Harvard University Press 1957.
Fuster, J. M.: Effects of stimulation of brain stem on tachistoscopic perception. Science **127,** 150 (1958).

G

Galambos, R.: Suppression of auditory nerve activity by stimulation of efferent fibers to cochlea. Journal of Neurophysiology **19,** 424-437 (1956).
Galanter, E.: Contemporary psychophysics. In New directions in psychology. New York: Holt, Rinehart & Winston 1962.
Galton, F.: Inquiries into human faculty and its development. London: J. M. Dent & Sons 1907. (Originally published: London: Macmillan 1883.)
Gantt, W. H.: Psychosexuality in animals. In P. H. Hoch and J. Zubin (Eds.): Psychosexual dèvelopment in health and disease. New York: Grune & Stratton 1949.
Gantt, W. H.: Reflexology, schizokinesis, and autokinesis. Conditional Reflex **1,** 57-68 (1966).
Ganz, L., Wilson, P.: Innate generalization of a form discrimination without contouring eye movements. Journal of Comparative and Physiological Psychology **63,** 258-269 (1967).
Gardner, E. A.: Serving an urban ghetto through a community mental health center. Mental Health Program Reports 1970, No. 4.
Gardner, R. A., Gardner, B. T.: Teaching sign language to a chimpanzee. Science **165,** 664-672 (1969).
Garner, W. R.: Good patterns have few alternatives. American Scientist **58,** 34-42 (1970).
Gastaut, H., Bert, J.: Electroencephalographic detection of sleep by repetitive sensory stimuli. In G. E. W. Wolstenholme & M. O'Connor (Eds.): The nature of sleep. London: Churchill 1961.
Gazzaniga, M. S., Sperry, R. W.: Simultaneous double discrimination response following brain bisection. Psychonomic Science **4,** 261-262 (1966).
Gebhard, P. H.: Situational factors affecting human sexual behavior. In F. Beach (Ed.): Sex and behavior. New York: Wiley 1965.
Gelernter, H.: Realization of a geometry theorem proving machine. Proceedings of the International Conference on Information Processing. Paris: UNESCO 1960.
Gerall, H. D., Ward, I. L., Gerall, A. A.: Disruption of the male rat's sexual behavior induced by social isolation. Animal Behavior **15**(1), 54-58 (1967).
Gerard, H. B.: Choice difficulty, dissonance and the decision sequence. Journal of Personality **35,** 91-108 (1967).
Gerard, H. B., Rabbie, J. M.: Fear and social comparison. J. abnorm. soc. Psychol. **62,** 586-592 (1961).
Gewirtz, J. L.: Deprivation and satiation of social stimuli as determinants of their reinforcing efficacy. In J. P. Hill (Ed.): Minnesota symposia on child psychology. Vol. 1. Minneapolis: University of Minnesota Press 1967.
Gewirtz, J. L.: Levels of conceptual analysis in environment—infant interaction research. Mer-

rill-Palmer Quarterly of Behavior and Development **15,** 7-47 (1969).
Gewirtz, J. L., Baer, D. M.: Deprivation and satiation of social reinforcers as drive conditions. Journal of Abnormal and Social Psychology **57,** 165-172 (1958).
Gibson, E. J.: The development of perception as an adaptive process. American Scientist **58,** 98-107 (1970).
Gibson, E. J., Walk, R. D.: The effect of prolonged exposure to visually presented patterns on learning to discriminate them. Journal of Comparative and Physiological Psychology **49,** 239-242 (1956).
Gibson, E. J., Walk, R. D.: The "visual cliff." Scientific American **202**(4), 67-71 (1960).
Gibson, E. J., Walk, R. D., Pick, H. L., Jr., Tighe, T. J.: The effect of prolonged exposure to visual patterns on learning to discriminate similar and different patterns. Journal of Comparative and Physiological Psychology **51,** 584-587 (1958).
Ginott, H. G.: Group psychotherapy with children: The theory and practice of play-therapy. New York: McGraw-Hill 1961.
Gluckman, M., Hirsch, J.: The response of obese patients to weight reduction: A clinical evaluation of behavior. Psychosomatic Medicine **30,** 1-11 (1968).
Goffman, E.: Asylums. New York: Doubleday 1961.
Goldberg, P.: Are women prejudiced against women? Transaction **5**(5), 28-30 (1968).
Goldfarb, W.: The effects of early institutional care on adolescent personality. Journal of Experimental Education **12,** 106-129 (1943).
Goldiamond, I.: Fluent and nonfluent speech (stuttering): Analysis and operant techniques for control. In L. Krasner and L. P. Ullman (Eds.): Research in behavior modification. New York: Holt, Rinehart & Winston 1965.
Goldstein, K.: The organism. Boston: Beacon Press, 1963.
Gollin, E. S.: A developmental approach to learning and cognition. In L. P. Lipsitt and C. C. Spiker (Eds.): Advances in child development and behavior. Vol. 2. New York: Academic Press 1965.
Goodner, C. J., Russell, J. A.: Pancreas. In T. C. Ruch and H. D. Patton (Eds.): Physiology and Biophysics. Philadelphia: Saunders 1965.
Gottesman, I. I.: Genetic variance in adaptive personality traits. Journal of Child Psychology and Psychiatry **7,** 199-208 (1966).
Graham, K. R.: Brightness contrast by hypnotic hallucination. The International Journal of Clinical and Experimental Hypnosis **17**(1), 62-73 (1969). (a)
Graham, K. R.: Eye movements during waking imagery and hypnotic hallucinations. Unpublished doctoral dissertation, Stanford University 1969. (b)
Greenblatt, G., Eastlake, D., Crocker, S.: The Greenblatt chess program. Proceedings of the Fall Joint Computer Conference. Washington, D. C.: Thompson 1967.
Greenwald, A. G., Brock, T. C., Ostrom, T. M.: Psychological foundations of attitude. New York: Academic Press 1968.
Gresham, W. L.: Fortune tellers never starve. Esquire **32**(5) (1949).
Grice, G. R.: The relation of secondary reinforcement to delayed reward in visual discrimination learning. Journal of Experimental Psychology **38,** 1-16 (1948).
Grier, W. H., Cobbs, P. M. Black rage. New York: Basic Books 1968.
Grimmett, H.: Personal communication to the authors, October 1970.
Grimshaw, L.: Obsessional disorder and neurological illness. Journal of Neurology, Neurosurgery, and Psychiatry **27,** 229-231 (1964).
Grinker, R. R., Spiegel, J. P.: Men under stress. Philadelphia: Blakiston 1945.
Grossberg, J. M.: Behavior therapy: A review. Psychological Bulletin **109,** 73-88 (1964).
Grossman, D.: On whose unscientific methods and unaware values? Psychotherapy: Theory, Research and Practice **5,** 43-54 (1968).
Grossman, S. P.: Physiological basis of specific and nonspecific motivational processes. In W. Arnold (Ed.): Nebraska symposium on motivation. Lincoln: University of Nebraska Press 1968.
Gruen, W.: Emotional encapsulation as a predictor of outcome in therapeutic discussion groups. International Journal of Group Psychotherapy **16,** 93-97 (1966).
Guetzkow, H. S., Bowman, P. H.: Men and hunger. Elgin, Ill.: Brethren 1946.
Guhl, A. M.: The social order of chickens. Scientific American **194**(2), 42-46 (1956).
Guilford, J. P.: Personality. New York: McGraw-Hill 1959.
Guilford, J. P.: Factorial angles to psychology. Psychological Review **68,** 1-20 (1961).
Guilford, J. P.: Discovering and measuring human intellectual abilities. Summary of the third annual California Conference on Higher Education. May 1964.
Guilford, J. P.: Intelligence: 1965 model. American Psychologist **21,** 20-26 (1966).
Guilford, J. P., Lacey, J. I. (Eds.): Printed classification tests (AAF Aviation Psychology Program Research Report No. 5). Washington: Government Printing Office 1947.
Guilford, J. P., Zimmerman, W. S.: The Guilford-Zimmerman Temperament Survey. Beverly Hills, Calif.: Sheridan Supply Company 1949.
Guion, R. M., Gottier, R. F.: Validity of personality measures in personnel selection. Personnel Psychology **18,** 135-164 (1965).
Gunter, R., Feigenson, L., Blakeslee, P.: Color vi-

sion in the cebus monkey. Journal of Comparative and Physiological Psychology **60,** 107-113 (1965).

Gurin, P., Gurin, G., Lao, R., Beattie, M.: Internal-external control in the motivational dynamics of Negro youth. In E. Epps (Ed.): Motivation and academic achievement of Negro Americans. Journal of Social Issues **25** (1969).

Guthrie, G. M.: The psychology of modernization in the rural Philippines. I.P.C. Paper No. 8. Quezon City: Ateneo de Manila University Press 1970. (a)

Guthrie, G. M.: The shuttlebox of subsistence attitudes. Paper delivered at the ONR-Maryland Symposium on Attitudes, Conflict and Social Change, May 1970. (b)

Guttman, N., Kalish, H. I.: Discriminability and stimulus generalization. Journal of Experimental Psychology **51,** 79-88 (1956).

H

Haas, H., Fink, H., Hartfelder, G.: Das Placebo-Problem. Fortschritte der Arzneimittelforschung **1,** 279-454 (1959). Translated in Psychopharmacology Service Center Bulletin **2**(8), 1-65 (1959). U.S. Department of Health, Education and Welfare, Public Health Service.

Haas, K.: Understanding ourselves and others. Englewood Cliffs, N. J.: Prentice-Hall 1965.

Haber, R. N. (Ed.): Contemporary theory and research in visual perception. New York: Holt, Rinehart & Winston 1968.

Haider, M., Spong, R., Lindsley, D. B.: Attention, vigilance, and cortical evoked potentials in humans. Science **145,** 180-182 (1964).

Hamilton, M.: Ten years of chlorpromazine. Comprehensive Psychiatry **6,** 291-297 (1965).

Hampson, S. L.: Determinants of psychosexual orientation. In F. Beach (Ed.): Sex and behavior. New York: Wiley 1965.

Harlow, H. F.: The formation of learning sets. Psychological Review **56,** 51-65 (1949).

Harlow, H. F. Harlow, M. K., Meyer, D. R.: Learning motivated by a manipulation drive. Journal of Experimental Psychology **40,** 228-234 (1950).

Harlow, H. F., McClearn, G. E.: Object discrimination learned by monkeys on the basis of manipulation motives. Journal of Comparative and Physiological Psychology **47,** 73-76 (1954).

Harriman, A. E.: The effect of a preoperative preference for sugar over salt upon compensatory salt selection by adrenalectomized rats. Journal of Nutrition **57,** 271-276 (1955).

Harrison, R.: Thematic apperception methods. In B. B. Wolman (Ed.): Handbook of clinical psychology. New York: McGraw-Hill 1965.

Hart, J. T.: Memory and the memory-monitoring process. Journal of Verbal Learning and Verbal Behavior **6,** 685-691 (1967).

Hartry, A. L., Keith-Lee, P., Morton, W. D.: Planaria: Memory transfer through cannibalism reexamined. Science **146,** 274-275 (1964).

Hartshorne, H., May, M. A.: Studies in the nature of character. Vol. 1. Studies in deceit. New York: Macmillan 1928.

Hashim, S. A., Van Itallie, T. B.: Studies on normal and obese subjects with a monitored food dispensing device. Annals of the New York Academy of Sciences **131,** 654-661 (1965).

Hastorf, A., Cantril, H.: They saw a game: A case study. Journal of Abnormal and Social Psychology **49,** 129-134 (1954).

Havighurst, R. J.: Developmental tasks and education. New York: Longmans, Green 1952.

Havighurst, R. J.: Human development and education. New York: Longmans, Green 1953.

Hayes, K. J., Hayes, C.: Imitation in a home-raised chimpanzee. Journal of Comparative and Physiological Psychology **45,** 450-459 (1952).

Heath, R. G.: A biochemical hypothesis on the etiology of schizophrenia. In D. Jackson (Ed.): The etiology of schizophrenia. New York: Basic Books 1960.

Hebb, D. O.: A textbook of psychology. Philadelphia: Saunders 1958.

Heckhausen, H.: Achievement motive research: Current problems and some contributions towards a general theory on motivation. In W. Arnold (Ed.): Nebraska symposium on motivation. Lincoln: University of Nebraska Press 1968.

Heider, F.: Social perception and phenomenal causality. Psychological Review **51,** 358-374 (1944).

Heider, F.: The psychology of interpersonal relations. New York: Wiley 1958.

Heider, F., Simmel, M.: An experimental study of apparent behavior. American Journal of Psychology **57,** 243-259 (1944).

Held, R.: Plasticity in sensory-motor systems. Scientific American **213**(5), 84-94 (1965).

Helfer, R. E., Kempe, C. H.: The battered child. Chicago: University of Chicago Press 1968.

Heller, C. S.: Mexican-American youth: Forgotten youth at the crossroads. New York: Random House 1966.

Helmholtz, H.: Handbuch der physiologischen Optik. New York: Dover 1952 (Originally published: Leipzig: Voss 1867).

Helson, R.: Sex differences in creative style. Journal of Personality **35,** 214-233 (1967).

Henry, J.: Homeostasis, society, and evolution: A critique. Scientific Monthly **81,** 300-309 (1955).

Hernández-Peón, R., Scherrer, H., Jouvet, M.: Modification of electrical activity in cochlear nucleus during "attention" in unanesthetized cats. Science **123,** 331-332 (1956).

Heron, W.: Cognitive and physiological effects of

perceptual isolation. In P. Solomon, et al. (Eds.): Sensory deprivation. Cambridge: Harvard University Press 1961.

Herrick, R. M., Myers, J. L., Korotkin, A. L.: Changes in S^D and S^Δ rates during the development of an operant discrimination. Journal of Comparative and Physiological Psychology **52,** 359-363 (1959).

Herrnstein, R. J.: Will. Proceedings of the American Philosophical Society **108,** 455-458 (1964).

Hershenson, M., Munsinger, H., Kessen, W.: Preference for shapes of intermediate variability in the newborn human. Science **147,** 630-631 (1965).

Hershkowitz, A.: Naturalistic observations on chronically hospitalized patients. 1. The effects of "strangers." Journal of Nervous and Mental Diseases **135,** 258-264 (1962).

Hershkowitz, A.: Personal communication to the authors, November 1970.

Hess, W. R.: Diencephalon: Autonomic and extrapyramidal functions. Monographs in biology and medicine. Vol. 3. New York: Grune & Stratton 1954.

Hess, E. H.: Space perception in the chick. Scientific American **195**(1), 71-80 (1956).

Hess, E. H., Imprinting. Science **130,** 133-141 (1959).

Hess, E. H., Polt, J. M.: Pupil size as related to interest value of visual stimuli. Science **132,** 349-350 (1960).

Hess, E. H., Seltzer, A. L., Shlien, J. M.: Pupil response of hetero- and homosexual males to pictures of men and women: A pilot study. Journal of Abnormal Psychology **70,** 165-168 (1965).

Hess, R. D., Tenezakis, M.: Guess what (who?) is most believable. Reported in The Stanford Observer **4**(8), 11 (1970).

Hetherington, E. M., Brackbill, Y.: Etiology and co-variance of obstinacy, orderliness, and parsimony in young children. Child Development **34,** 919-943 (1963).

Hichborn, F.: Story of the session of the California legislature of 1909, San Francisco 1909.

Hirsch, J.: Individual differences in behavior and their genetic basis. In E. L. Bliss (Ed.): Roots of behavior. New York: Hoeber 1962.

Hitler, A.: Mein Kampf. Cambridge, Mass.: Riverside Press 1933.

Hodgkin, A. L., Huxley, A. F., Katz, B.: Ionic currents underlying the activity in the giant axon of the squid. Archives of Scientific Physiology **3,** 129-150 (1949).

Hoebel, B., Teitelbaum, P.: Hypothalamic control of feeding and self-stimulation. Science **135,** 375-377 (1962).

Hoffer, A.: LSD: A review of its present status. Clinical Pharmacological Therapy **183,** 49-57 (1965).

Hogan, R. A., Kirchner, J. H.: Implosive, eclectic, verbal and bibliotherapy in the treatment of fears of snakes. Behavior Research and Therapy **6,** 167-171 (1968).

Hollingshead, A. B., Redlich, F. C.: Social class and mental illness: A community study. New York: Wiley 1958.

Holmes, D. S.: Differential change in affective intensity and the forgetting of unpleasant personal experiences. Journal of Personality and Social Psychology **15,** 234-239 (1970).

Holmes, O. W.: The poet at the breakfast table. Boston: Houghton Mifflin 1872.

Holzberg, J. D.: The historical traditions of the state hospital as a force of resistance to the team. American Journal of Orthopsychiatry **30,** 87-94 (1960).

Homme, L. E., de Baca, P. C., Devine, J. V., Steinhorst, R., Rickert, E. J.: Use of the Premack principle in controlling the behavior of nursery school children. Journal of the Experimental Analysis of Behavior **6,** 544 (1963).

Hood, A. B.: A study of the relationship between physique and personality variables measured by the MMPI. Journal of Personality **31,** 97-107 (1963).

Horsley, J. S.: Narco-analysis. New York: Oxford University Press 1944.

Horst, P.: Personality: Measurement of dimensions. San Francisco: Jossey-Boss 1968.

Hosokawa, B.: Nisei: The quiet Americans. New York: Morrow 1969.

Hovland, C. I., Janis, I. L., Kelley, H. H.: Communication and persuasion. New Haven: Yale University Press 1953.

Hubel, D. H., Henson, C. D., Rupert, A., Galambos, R.: Attention units in the auditory cortex. Science **129,** 1279-1280 (1959).

Hubel, D. H., Wiesel, T. N.: Receptive fields of single neurones in the cat's striate cortex. Journal of Physiology, London **148,** 574-591 (1959).

Hull, C. L.: Quantitative aspects of the evolution of concepts. Psychological Monographs **28,** (Whole No. 8) (1920).

Hull, C. L.: A behavior system: An introduction to behavior theory concerning the individual organism. New Haven: Yale University Press 1952.

Huxley, A.: The doors of perception. New York: Harper & Row 1954.

Hyden, H.: Acta Physiologica Scandinavica Supplementum 17 (1943).

I

Inbau, F. E., Reid, J. E.: Criminal interrogation and confessions. Baltimore: Williams & Wilkins 1962.

Insko, C. I.: Theories of attitude change. New York: Appleton-Century-Crofts 1967.

Irwin, O. C.: Infant speech: Development of vowel sounds. Journal of Speech and Hearing Disorders **13,** 31-34 (1948).

Irwin, O. C.: The effect on speech sound frequency of systematic reading of stories to infants. Unpublished study by the Iowa Child Welfare Research Station 1958. Reported in P. H. Mussen (Ed.): Handbook of research methods in child development. New York: Wiley 1960.

Isaacs, W., Thomas, J., Goldiamond, I.: Application of operant conditioning to reinstate verbal behavior in psychotics. Journal of Speech and Hearing Disorders **25,** 8-12 (1960).

Itard, J. M. G.: The wild boy of Aveyron. New York: Appleton-Century-Crofts 1962.

J

Jacobs, E., Winter, P. M., Alvis, H. J., Small, S. M.: Hyperbaric oxygen: Temporary aid for senile minds. Journal of the American Medical Association **209,** 1435-1438 (1969).

Jacobs, R. C., Campbell, D. T.: The perpetuation of an arbitrary tradition through several generations of a laboratory micro culture. Journal of Abnormal and Social Psychology **62,** 649-658 (1961). Copyright held by APA.

Jacobsen, C. F., Jacobsen, M. M., Yoshioka, J. G.: Development of an infant chimpanzee during her first year. Comparative Psychology Monographs **9**(1), 1-94 (1932).

Jacobsen, A., Kales, A., Lehmann, D., Zweizig, J. R.: Somnambulism: All night EEG studies. Science **148,** 975-977 (1965).

Jakobson, R.: Child, language, aphasia, and phonological universals. The Hague: Mouton 1968.

Jakobson, R., Halle, M.: Fundamentals of language. The Hague: Mouton 1956.

James, W.: Subjective effects of nitrous oxide. Mind **7,** 186-208 (1882).

James, W.: What is an emotion? Mind **9,** 188-205 (1884).

James, W.: The principles of psychology. Vol. 1. New York: Holt 1890.

James, W. T.: An analysis of esophageal feeding as a form of operant reinforcement in the dog. Psychological Reports **12,** 31-39 (1963).

Janis, I. L., King, B. T.: The influence of role-playing on opinion change. Journal of Abnormal and Social Psychology **49,** 211-218 (1954).

Jensen, D. D.: Paramecia, planaria and pseudolearning. Learning and associated phenomena in invertebrates. Animal Behavior Supplement **1,** 9-20 (1965).

Joint Commission on Mental Illness and Health. Action for mental health. New York: Basic Books 1961.

Jones, E.: Integratiation. New York: Appleton-Century-Crofts 1964.

Jones, E. E., Harris, V. A.: The attribution of attitudes. Journal of Experimental Social Psychology **3,** 1-24 (1967).

Jones, H., Scott, W.: Hermaphroditism, genital anomalies and endocrine disorders. Williams & Wilkins 1958.

Jones, L. V., Bock, R. D.: Multiple discriminant analysis applied to "ways to live" ratings from six cultural groups. Sociometry **23**(2), 163-164 (1960).

Jones, S. C., Panitch, D.: The self-fulfilling prophecy and interpersonal attraction. Journal of Experimental Social Psychology 1970, in press.

Jouvet, M., Delorme, F.: Locus coeruleus et sommeil paradoxal. C. R. Soc. Biol., **1959,** 895 (1965).

K

Kagan, J., Lewis, M.: Studies of attention in the human infant. Merrill-Palmer Quarterly of Behavior and Development **11,** 95-127 (1965).

Kamin, L. J.: Predictability, surprise, attention, and conditioning. In R. Church and B. Campbell (Eds.): Punishment and aversive behavior. New York: Appleton-Century-Crofts 1969.

Kamiya, J.: Operant control of the EEG alpha rhythm and some of its reported effects on consciousness. In C. Tart (Ed.): Altered states of consciousness. New York: Wiley 1969.

Kanner, L.: Autistic disturbances of affective contact. Nervous Child **2,** 217-250 (1943).

Kaplan, B.: The inner world of mental illness. New York: Harper & Row 1964.

Kaplan, E. L., Kaplan, G: A.: Is there such a thing as a prelinguistic child? In J. Eliot (Ed.): Human development and cognitive processes. New York: Holt, Rinehart & Winston 1970.

Katz, D.: The scriptochronograph. Quarterly Journal of Experimental Psychology **1,** 53-56 (1948).

Katz, E.: The two-step flow of communication: An up-to-date report on an hypothesis. Public Opinion Quarterly **21,** 61-78 (1957).

Katz, I.: The socialization of academic motivation in minority group children. In D. Levine (Ed.): Nebraska symposium on motivation. Lincoln: University of Nebraska Press 1967.

Katz, I.: Experimental studies of Negro-white relationships. In L. Berkowitz (Ed.): Advances in experimental social psychology. Vol. 5. New York: Academic Press 1970.

Kaufman, I., Rock, I.: The moon illusion. Scientific American **204,** 120-130 (1962).

Kavanau, J. L.: Behavior of captive white-footed mice. Science **155,** 1623-1639 (1967).

Keeton, W.: Biological sciences. New York: Norton 1967.

Kelley, H. H.: The warm-cold variable in first impressions of persons. Journal of Personality **18,** 431-439 (1950).

Kelley, H. H.: Attribution theory in social psychology. In D. Levine (Ed.): Nebraska symposium on motivation. Lincoln: University of Nebraska Press 1967.

Kellogg, W. N., Kellogg, L. A.: The ape and the child: A study of environmental influence on early behavior. New York: Hafner 1967. (Originally published: New York: McGraw-Hill 1933.)

Kelly, G. A.: Man's construction of his alternatives. In G. Lindzey (Ed.): Assessment of human motives. New York: Holt, Rinehart & Winston 1958.

Kessen, W.: The child. New York: Wiley 1965.

Kety, S. S.: Psychoendocrine systems and emotions: Biological aspects. In D. C. Glass (Ed.): Neurophysiology and emotion. New York: Rockefeller University Press 1967. (a)

Kety, S. S.: Relationship between energy metabolism of the brain and functional activity. In S. S. Kety, E. V. Evarts, and H. L. Williams (Eds.): Sleep and altered states of consciousness. Baltimore: Williams & Wilkins 1967. (b)

Keys, A., Brôzek, J., Henschel, A., Mickelson, O., Taylor, H. L.: The biology of human starvation. Minneapolis: University of Minnesota Press 1950.

Kiesler, C. A., Collins, R. E., Miller, N. E.: Attitude change: A critical analysis of theoretical approaches. New York: Wiley 1969.

Kimble, G. A.: Hilgard and Marquis' conditioning and learning. (2nd ed.) New York: Appleton-Century-Crofts 1961.

Kimura, D.: Cerebral dominance and the perception of verbal stimuli. Canadian Journal of Psychology **15,** 166-171 (1961).

Kimura, D.: Left-right differences in the perception of melodies. Quarterly Journal of Experimental Psychology **16,** 355-358 (1964).

King, J. H.: Brief account of the sufferings of a detachment of United States Cavalry, from deprivation of water, during a period of eighty-six hours while scouting on the "Llano Estacado", or " Staked Plains," Texas. American Journal of Medical Science **75,** 404-408 (1878).

Kinsey, A. C., Martin, C. E., Pomeroy, W. B.: Sexual behavior in the human male. Philadelphia: Saunders 1948.

Kinsey, A. C., Pomeroy, W. B., Martin, C. E., Gebhard, R. H.: Sexual behavior in the human female. Philadelphia: Saunders 1953.

Kinzel, A. F.: Body-buffer zone in violent prisoners. Paper presented at the meeting of the American Psychiatric Association, May 1969.

Kirtner, W. L., Cartwright, D. S.: Success and failure in client-centered therapy as a function of client personality variables. Journal of Consulting Psychology **22,** 259-264 (1958).

Klein, R. F., Bogdonoff, M. D., Estes, E. H., Jr., Shaw, D. M.: Analysis of the factors affecting the resting FFA level in normal man. Circulation **22,** 772 (1960).

Klerman, G. L., Cole, J. O.: Pharmacological Review **17,** 101 (1965).

Klimova, V. I.: The properties of the components of some orientation reactions. In: The orientation reaction and orienting-investigation of activity. Moscow: Academy of Pedagogical Sciences 1958.

Kline, N. S.: Use of Rauwolfia serpentina Benth. in neuropsychiatric conditions. Annals of the New York Academy of Sciences **59,** 107-132 (1954).

Klineberg, O.: Emotional expression in Chinese literature. J. abnorm. soc. Psychol., **33,** 517-520 (1938).

Kohts, N.: Infant ape and human child. Moscow: Museum Darwinianum 1935.

Krafft-Ebing, R. V.: Psychopathia sexualis. New York: Physicans & Surgeons Book Company 1932.

Kramer, M., Goldstein, H., Israel, R. H., Johnson, N. A.: A historical study of the disposition of first admissions to a state mental hospital. Experience of the Warren State Hospital during the period 1916-1950. Public Health Monographs 1955, No. 32.

Kretschmer, E.: Physique and character. (2nd ed.) New York: Harcourt Brace Jovanovich 1925.

Krim, S.: Views of a nearsighted cannoneer. New York: Dutton 1968.

Kringlen, E.: Schizophrenia in twins. Schizophrenia Bulletin, December 1969, Issue 1, 27-39.

Kroger, W. S.: Clinical and experimental hypnosis. Philadelphia: Lippincott 1963.

Krueger, W. C. F.: The effect of overlearning on retention. Journal of Experimental Psychology **12,** 71-78 (1929).

Kuder, G. F.: Administrator's manual, Kuder Preference Record. Chicago: Science Research Associates 1960. Copyright ©1960, by G. Frederick Kuder. Sample items reprinted by permission of the publisher.

Kuder, G. F.: Some principles of interest measurement. Educational and Psychological Measurement **30,** 205-226 (1970).

Kupalov, P. S.: Some normal and pathological properties of nervous processes in the brain. In N. S. Kline (Ed.): Pavlovian conference on higher nervous activity. Annals of the New York Academy of Sciences **92,** 1046-1053 (1961).

L

Lacey, J. I.: Somatic response patterning and stress: Some revisions of activation theory. In M. H. Appley and R. Trumbull (Eds.): Psychological stress: Issues in research. New York: Appleton-Century-Crofts 1967.

Lacey, J. I., Kagan, J., Lacey, B. C., Moss, H. A.: The visceral level: Situational determinants and behavioral correlates of autonomic response patterns. In P. H. Knapp (Ed.): Expression of the emotions in man. New York: International Universities Press 1963.

Landis, C., Cushman, J. F.: The relation of national prohibition to the incidence of mental disease. Quarterly Journal of Studies on Alcohol **5**, 527-534 (1945).

Landreth, C., Johnson, B. C.: Young children's responses to a picture inset test designed to reveal reactions to presence of different skin color. Child Development Monographs **24**, 63-80 (1953).

Lane, R. C., Singer, J. L.: Familial attitudes in paranoid schizophrenia and normals from two socioeconomic classes. Journal of Abnormal and Social Psychology **59**, 328-339 (1959).

Langner, T. S., et al.: Reported in the New York Times, March 2, 1970, p. 28.

Lashley, K. S.: Brain mechanisms and intelligence. Chicago: University of Chicago Press 1929.

Lashley, K. S.: An experimental analysis of instictive behavior. Psychological Review, **45**, 445-472 (1938).

Lashley, K. S.: Persistent problems in the evolution of mind. Quarterly Review of Biology **24**, 28-42 (1949).

Lashley, K. S.: In search of the engram. In: Physiological mechanisms in animal behavior: Symposium of the Society for Experimental Biology. New York: Academic Press 1950.

Latané, B. (Ed.): Studies in social comparison: Introduction and overview. Journal of Experimental Social Psychology **2**, Supplement No. 1 (1966).

Lazarsfeld, P. F., Berelson, B., Gaudet, H.: The people's choice. (2nd ed.) New York: Columbia University Press 1948.

Lazarus, R. S.: Emotions and adaptation: Conceptual and empirical relations. In W. J. Arnold (Ed.), Nebraska symposium on motivation. Lincoln: University of Nebraska Press 1968.

Lazarus, R. S., McCleary, R. A.: Autonomic discrimination without awareness: A study of subception. Psychological Review **58**, 113-122 (1951).

Leach, B. E., Heath, R. G.: The in vitro exodation of epinephrine in plasma. American Medical Association Archives of Neurology and Psychiatry **76**, 444-450 (1956).

Leach, B. E., et al.: Studies of the role of ceruloplasmin and albumin in adrenaline metabolism. American Medical Association Archives of Neurology and Psychiatry **76**, 635-642 (1956).

Leahy, A. M.: Nature-nurture and intelligence. Genetic Psychology Monographs **17**, 23-308 (1935).

Leeper, R.: A study of a neglected portion of the field of learning: The development of sensory organization. Pedagogical Seminary and Journal of Genetic Psychology **46**, 41-75 (1935).

Leeper, R. W.: A motivational theory of emotion to replace "emotion as disorganized response." Psychological Review **55**, 5-21 (1948).

Leiderman, H.: Imagery and sensory deprivation. Proceedings of the Third World Congress of Psychiatry, Montreal: University of Toronto Press, McGill University Press 1965.

Lenneberg, E. H.: On explaining language. Science **164**, 635-643 (1969).

Leo, J.: Women are said to be infringing on another men's prerogative: The freedom to curse. The New York Times, October 20, 1968, p. 49.

Leslie, J.: Ethics and practice of placebo therapy. American Journal of Medicine **16**, 854 (1954).

Lettvin, J. V., Maturana, H. R., McCulloch, W. S., Pitts, W. H.: What the frog's eye tells the frog's brain. Proceedings of the Institute for Radio Engineers of New York **47**, 1940-1951 (1959).

Leukel, F.: A comparison of the effects of ECS and anesthesia on acquisition of the maze habit. Journal of Comparative and Physiological Psychology **50**, 300-306 (1957).

Levine, J. M., Murphy, G.: The learning and forgetting of controversial material. Journal of Abnormal and Social Psychology **38**, 507-517 (1943).

Levitt, E. E.: Psychotherapy with children: A further evaluation. Behavior Research and Therapy **1**, 45-51 (1963).

Lewin, K.: Group decision and social change. In T. M. Newcomb and E. L. Hartley (Eds.), Readings in social psychology. New York: Holt, Rinehart, & Winston 1947.

Lewin, K., Lippitt, R., White, R. K.: Patterns of aggressive behavior in experimentally created social climates. Journal of Social Psychology **10**, 271-299 (1939).

Lewis, M. M.: Infant speech. London: Routledge and Kegan Paul 1951.

Lewis, O.: Life in a Mexican village: Tepoztlan restudied. Urbana, Illinois: University of Illinois Press 1963.

Liddell, H. S.: The conditioned reflex. In F. A. Moss (Ed.), Comparative psychology. New York: Prentice-Hall 1934.

Liddell, H. S.: Emotional hazards in animals and man. Springfield, Ill.: Thomas 1956.

Lieberman, M. A., Yalom, I. D., Miles, M. D.: The group experience: A comparison of ten encounter technologies. In L. Blank, G. G. Gottsegen and M. G. Gottsegen (Eds.), Encounter confrontation in self and interpersonal awareness. New York: Macmillian 1971.

Lindsley, D. B., Schreiner, L. H., Knowles, W. B., Magoun, H. W.: Behavioral and EEG changes following chronic brain stem lesions in the cat. Electroencephalography and Clinical Neurophysiology **2**, 483-498 (1950).

Lindsley, O. R.: Operant conditioning methods

applied to research in chronic schizophrenia. Psychiatric Research Reports **5,** 118-139 (1956). (a)

Lindsley, O. R.: Progress report I. An experimental analysis of psychotic behavior. Research Grant MH-977. National Institute of Health, June 1956. (b)

Linton, H. B., Epstein, L., Hartford, H.: Personality and perceptual correlates of secondary beginning strokes in handwriting. Percept. mot. Skills **12,** 271-281 (1961).

Linton, H. B., Epstein, L., Hartford, H.: Personality and perceptual correlates of primary beginning strokes in handwriting. Percept. mot. Skills **15,** 159-170 (1962).

Lipsitt, L. P.: Learning processes of human newborns. Merrill-Palmer Quarterly of Behavior and Development **12,** 45-71 (1966).

Lipsit, L. P., Engen, T., Kaye, H.: Development changes in the olfactory threshold of the neonate. Child Development **34,** 371-376 (1963).

Long, L.: Conceptual relationships in children: The concept of roundness. Journal of Genetic Psychology **57,** 289-315 (1940).

Lorenz, K.: Morphology and behavior patterns in closely allied species. In B. Schoffner (Ed.), Group processes. New York: Josiah Macy 1955.

Lovaas, O. I.: Learning theory approach to the treatment of childhood schizophrenia. In California Mental Health Research Symposium, No. 2. Behavior Theory and Therapy. Sacramento, California: Dept. of Mental Hygiene 1968.

Lubin, A.: A note on Sheldon's table of correlations between temperamental traits. British Journal of Psychology, Statistical Section **3,** 186-189 (1950).

Luby, E. D., Frohman, C. E., Grisell, J. L., Lenzo, J. E., Gottlieb, J. S.: Sleep deprivation: Effects on behavior, thinking, motor performance and biological energy transfer systems. Psychosomatic Medicine **22,** 182-192 (1960).

Luce, G. G.: Current research on sleep and dreams. Health Service Publication No. 1389. U.S. Department of Health, Education, and Welfare 1965.

Luchins, A. S.: An approach to evaluating the achievement of group psychotherapy. Journal of Social Psychology **52,** 345-353 (1960).

Luckhardt, A. B., Carlson, A. J.: Contributions to the physiology of the stomach. XVII. On the chemical control of the gastric hunger contractions. American Journal of Physiology **36,** 37-46 (1915).

Lundin, R. W.: Personality: An experimental approach. New York: Macmillan 1961.

Luria, A. R.: The mentally retarded child. Oxford: Pergamon Press 1963.

Luria, A. R.: The mind of a mnemonist. New York: Basic Books 1968.

Luria, A. R.: The functional organization of the brain. Scientific American **222**(3), 66-78 (1970).

M

McCain, G., Segal, E. M.: The game of science. Belmont, Calif.: Brooks/Cole 1969.

McClelland, D. C.: Toward a theory of motive acquisition. American Psychologist **20,** 321-333 (1965).

McClelland, D., Atkinson, J. W., Clark, R. A., Lowell, E. L.: The achievement motive. New York: Appleton-Century-Crofts 1953.

McClelland, D., Winter, D.: Motivating economic achievement. New York: Free Press 1969.

Maccoby, E. (Ed.): Development of sex differences. Stanford. Calif.: Stanford University Press 1966.

McConnell, J. V.: Memory Transfer through cannibalism in planaria. Journal of Neuropsychiatry **3,** 45 (1962).

McConnell, J. V., Jacobson, A. L., Kimble, D. P.: The effects of regeneration upon retention of a conditioned response in the planarian. Journal of Comparative and Physiological Psychology **52,** 1-5 (1959).

McConnell, R. A.: ESP and credibility in science. American Psychologist **24,** 531-538 (1969).

McGinnies, E.: Emotionality and perceptual defense. Psychological Review **56,** 244-251 (1949).

McGinnies, E., Sherman, H.: Generalization of perceptual defense. Journal of Abnormal and Social Psychology **47,** 81-85 (1952).

McGuire, W.: The nature of attitudes and attitude change. In G. L. Lindsey and E. Aronson (Eds.), The handbook of social psychology. Vol. III. Reading, Mass.: Addison-Wesley 1969.

Machiavelli, N.: Discourses. 2 vol. New York: Humanities 1950. (Originally published 1531.)

Machiavelli, N.: The prince. Baltimore, Md.: Penguin 1961. (Originally published, 1532)

MacKinnon, D. W.: An assessment study of Air Force officers. Part V. Summary and applications. WADC Technical Report 58-91 (V). Wright Air Development Center 1958.

MacLean, P. D.: Psychosomatics. In J. Field, H. W. Magoun, and V. E. Hall (Eds.), Handbook of physiology. Vol. 3. Washington, D. C.: American Physiological Society 1960.

McNair, D. M., Goldstein, A. P., Lorr, M., Cibelli, L. A., Roth, I.: Some effects of chlordiazepoxide and meprobamate with psychiatric outpatients. Psychopharmacologia **7,** 256-265 (1965).

MacNeilage, P. F.: EEG amplitude changes during different cognitive processes involving similar stimuli and responses. Psychophysiology **4,** 280-286 (1966).

McNemar, Q.: The revision of the Stanford-Binet Scale. Boston: Houghton Mifflin 1942.
McNemar, Q.: Lost: Our intelligence? Why? American Psychologist **19,** 871-882 (1964).
Madigan, F. C. (Ed.): Human factors in Philippine rural development. Cagayan de Oro City: Xavier University Press 1967.
Madsen, C. H., Jr., Becker, W. C., Thomas, D. R., Koser, L., Plager, E.: An analysis of the reinforcing function of "sit down" commands. In R. K. Parker (Ed.), Readings in educational psychology. Boston: Allyn & Bacon 1968.
Magoun, H. W.: Central neural inhibition. In M. R. Jones (Ed.), Nebraska symposium on motivation. Lincoln: University of Nebraska Press 1963. (a)
Magoun, H. W.: The waking brain. (2nd ed.) Springfield, Ill.: Thomas 1963. (b)
Mallory, E. B., Miller, V. B.: A possible basis for the association of voice characteristics and personality traits. Speech Monographs **25,** 255-260 (1958).
Malmo, R. B.: Activation: A neuropsychological dimension. Psychological Review **66,** 367-386 (1959).
Manis, M.: Cognitive processes. Belmont, Calif.: Wadsworth Publishing Co. 1966.
Mann, L.: Persuasive doll play: A technique of directive psychotherapy for use with children. Journal of Clinical Psychology **13,** 14-19 (1957).
Mann, R. D.: A review of the relationships between personality and performance in small groups. Psychological Bulletin **56,** 241-270 (1959).
Maranon, G.: Contribution à l'étude de l'action émotive de l'adrénaline. Revue Fr. Endocrinal **2,** 301-325 (1924).
Maris, R. W.: Forces in urban suicide. Homewood, Ill.: Dorsey Press 1969.
Mark, J. C.: The attitudes of the mothers of male schizophrenics toward child behavior. Journal of Abnormal and Social Psychology **48,** 185-189 (1953).
Marks, I. M., Gelder, M. G.: Transvetism and fetishism: Clinical and psychological changes during faradic aversion. British Journal of Psychiatry **113,** 711-729 (1967).
Marks, L. E., Miller, G. A.: The role of semantic and syntactic constraints in the memorization of English sentences. Journal of Verbal Learning and Verbal Behavior **3,** 1-5 (1964).
Marler, P.: Acoustical influences in bird song development. The Rockefeller University Review, Sept.-Oct. 8-13 (1967).
Martens, S., et al.: Glutathione levels in mental and physical illness. American Medical Association Archives of Neurology and Psychiatry **76,** 630-634 (1956).
Maslow, A. H.: Motivation and personality. New York: Harper & Row 1954.
Maslow, A. H.: Psychological data and value theory. In A. H. Maslow (Ed.), New knowledge in human values. New York: Harper & Row 1959.
Maslow, A. H.: Toward a psychology of being. Princeton, N. J.: Van Nostrand 1962.
Mason, D. J.: Judgments of leadership based upon physiognomic cues. Journal of Abnormal and Social Psychology **54,** 273-274 (1957).
Mason, J. W., Brady, J. V., Tolson, W. W.: Behavioral adaptations and endocrine activity. In R. Levine (Ed.), Endocrines and the central nervous system. Proceedings of the Association for Research in Mental Diseases. Vol. 43. Baltimore: Williams & Wilkins 1966.
Masserman, J. H.: Behavior and neurosis. Chicago: University of Chicago Press 1943.
Masters, W. H., Johnson, V. E.: Human sexual response. Boston: Little, Brown 1966.
Masters, W. H., Johnson, V. E.: Human sexual inadequacy. Boston: Little, Brown 1970.
May, R.: The origins and significance of the existential movement on psychology. In R. May, E. Angel, H. F. Ellenberger (Eds.), Existence: A new dimension in psychiatry and psychology. New York: Basic Books 1958.
Mayer, J.: Regulation of energy intake and body weight: The glucostatic theory and the lipostatic hypothesis. Annals of the New York Academy of Sciences **63,** 15-43 (1955).
Mayer, J.: Overweight: Causes, cost and control. Englewood Cliffs, N. J.: Prentice-Hall 1968.
Mayfield, E. C.: The selection interview: A re-evaluation of published research. Personnel Psychology **17,** 239-260 (1964).
Mead, M.: Coming of age in Samoa. New York: Morrow 1961. (Originally published, 1938.)
Mead, M., Bateson, G.: Balinese character. New York: Academy of Sciences 1942.
Meadow, W.: Changing attitudes toward women as revealed in anti-woman popular humor. Unpublished mimeograph report, Stanford University 1970.
Mehrabian, A.: Communication without words. In Readings in psychology today. Del Mar, Calif.: CRM 1969.
Melzack, R., Scott, T. H.: The effects of early experience on the response to pain. Journal of Comparative and Physiological Psychology **50,** 155-161 (1957).
Melzack, R., Wall, P. D.: Pain mechanisms: A new theory. Science **150,** 971-979 (1965).
Menninger Clinic, Children's Division: Disturbed children. San Francisco: Jossey-Bass 1969.
Merrill, R. M.: The effect of pre-experimental and experimental anxiety on recall efficiency. Journal of Experimental Psychology **48,** 167-172 (1954).
Meyer, W. U.: Reported in W. Arnold (Ed.), Nebraska symposium on motivation. Lincoln: University of Nebraska Press 1968.
Michelet, J.: Satanism and witchcraft: A study in medieval superstition. New York: Citadel 1962.

Milgram, S.: Behavioral study of obedience. Journal of Abnormal and Social Psychology **67,** 371-378 (1963).
Milgram, S.: Group pressure and action against a person. J. abnorm. soc. Psychol. **69,** 137-143 (1964).
Milgram, S.: Some conditions of obedience and disobedience to authority. Human Relations **18,** 57-75 (1965). (a)
Milgram, S.: Liberating effects of group pressure. Journal of Personality and Social Psychology **1,** 127-134 (1965). (b)
Mill, J. S.: A system of logic. (9th ed.) Vol. 1. Ratiocinative and inductive. London: Longmans, Green, Reader, & Dyer 1875. (Originally published, 1843.)
Miller, E. (Ed.): The neuroses in war. New York: Macmillan 1940.
Miller, G. A.: The magical number seven plus or minus two: Some limits on our capacity for processing information. Psychological Review **63,** 81-97 (1956).
Miller, G. A.: The psychology of communication: Seven essays. New York: Basic Books 1967.
Miller, G. A., Isard, S.: Some perceptual consequences of linguistic rules. Journal of Verbal Learning and Verbal Behavior **2,** 217-228 (1963).
Miller, G. A., Selfridge, J. A.: Verbal context and the recall of meaningful material. American Journal of Psychology **63,** 176-185 (1950).
Miller, N. E.: Experimental studies of conflict. In J. McV. Hunt (Ed.), Personality and the behavior disorders. Vol. 1. New York: Ronald Press 1944.
Miller, N. E.: Fear as an acquired drive. Journal of Experimental Psychology **38,** 89-101 (1948).
Miller, N. E.: Experiments on motivation. Science **126,** 1271-1278 (1957).
Miller, N. E.: Liberalization of basic S-R concepts: Extensions to conflict behavior, motivation and social learning. In S. Koch (Ed.), Psychology: A study of a science. New York: McGraw-Hill 1959.
Miller, N. E.: Learning of visceral and glandular responses. Science **163,** 434-445 (1969).
Miller, N. E., Dollard, J.: Social learning and imitation. New Haven: Yale University Press 1941.
Mills, R. B., McDevitt, R. J., Tonkin, S.: Situational tests in metropolitan police recruit selection. Journal of Criminal Law, Criminology, & Political Science Annals **57** (1), 99-106 (1966).
Mills, W. G.: The spirit in gambling. Sporting News **3,** (1953).
Milner, B., Penfield, W.: The effect of hippocampal lesion on recent memory. Transactions of the American Neurological Association **80,** 42-48 (1955).
Mischel, W.: Personality and assessment. New York: Wiley 1968.
Mischel, W.: Towards a reconceptualization of personality. Paper presented at the meeting of the Western Psychological Association, Vancouver, B. C., June 1969.
Moffitt, A. R.: Speech perception by infants. Unpublished doctoral dissertation, University of Minnesota 1968.
Mogar, R. E.: Current status and future trends in psychedelic (LSD) research. In C. Tart (Ed.), Altered states of consciousness. New York: Wiley 1969.
Moltz, H.: Contemporary instict theory and the fixed action pattern. Psychological Review **75,** 27-47 (1965).
Money, J.: Sex research: New developments. New York: Holt, Rinehart & Winston 1965.
Monitz, E.: Prefrontal leucotomy in the treatment of mental disorders. American Journal of Psychiatry **93,** 1379-1385 (1937).
Mook, D. G.: Oral and postingestional determinants of the intake of various solutions in rats with esophageal fistulas. Journal of Comparative and Physiological Psychology **56,** 645-659 (1963).
Moreno, J. L. (Ed.): Psychodrama and group psychotherapy. Monograph No. 18. New York: Beacon House, Inc. 1946. Quoted by permission.
Morgan, C. D., Murray, H. A.: A method for investigating fantasies: The thematic apperception test. American Medical Association. Archives of Neurology and Psychiatry **34,** 289-306 (1935).
Morland, J. K.: A comparison race awareness in northern and southern children. American Journal of Orthopsychiatry **36,** 22-31 (1966).
Morrell, F., Ross, M.: Central inhibition in cortical conditioned reflexes. American Medical Association Archives of Neurology and Psychiatry **70,** 611 (1953).
Morris, C.: Varieties of human value. Chicago: University of Chicago Press 1956.
Morruzzi, G., Magoun, H. W.: Brain stem reticular formation and activation of the EEG. Electroencephalography and Clinical Neurophysiology **1,** 455-473 (1949).
Moscovici, S., Lage, E., Naffrechoux, M.: Influence of a consistent minority on the responses of a majority in a color perception task. Sociometry **32,** 365-380 (1969).
Mosher, L. R., Feinsilver, D.: Special report on schizophrenia. National institute of Mental Health, April 1970.
Mowrer, O. H.: On the psychology of "talking birds"—a contribution to language and personality theory. In Learning theory and personality dynamics: Selected papers. New York: Ronald 688-726 (1950).
Mowrer, O. H.: Hearing and speaking: An analysis of language learning. Journal of Speech and Hearing Disorders **23,** 143-151 (1958).

Mowrer, O. H.: The new group therapy. Princeton, N. J.: Van Nostrand 1964.
Moyer, K., Bunnell, B.: Effect of stomach distention caused by water on food and water consumption in the rat. Journal of Comparative and Physiological Psychology **55,** 652-655 (1962).
Mulbar, H.: Interrogation. Springfield, Ill.: Thomas 1951.
Munn, N. L.: The effect of the knowledge of the situation upon judgment of emotion from facial expressions. Journal of Abnormal and Social Psychology **35,** 324-338 (1940).
Münsterberg, H.: On the witness stand: Essays on psychology and crime. New York: Clark Boardman 1927. (Originally published: New York: Doubleday, 1908).
Murray, E. J.: Sleep, dreams and arousal. New York: Appleton-Century-Crofts 1965.
Murray, H. A.: Explorations in personality. New York: Oxford University Press 1938.
Muuss, R.: Existentialism and psychology. Educational Theory **6,** 135-153 (1956).

N

Nakazima, S. A.: A comparative study of the speech developments of Japanese and American English in childhood. II. The acquisition of speech. Studia Phonologica **4,** 38-55 (1966).
National Office of Vital Statistics. Unpublished data, 1959. Reported in R. W. Maris, Forces in urban suicide. Homewood, Ill.: Dorsey Press 1969.
National Safety Council. Accident facts. Chicago: National Safety Council 1969.
Neale, J.: Personal communication to the authors, November 1970.
Nelson, K.: Accommodation of visual-tracking patterns in human infants to object movement patterns. Unpublished doctoral dissertation, Yale University 1970.
Newcomb, T. M.: Attitude development as a function of reference groups. In E. E. Maccoby, T. M. Newcomb, and E. L. Hartley (Eds.), Readings in social psychology. New York: Holt, Rinehart & Winston 1958.
Newcomb, T. M.: Persistence and regression of changed attitudes: Long-range studies. Journal of Social Issues **19,** 3-14 (1963).
Newell, A., Shaw, J. C., Simon, H. A.: Elements of a theory of human problem solving. Psychological Review **65,** 151-166 (1958).
Newell, A., Shaw, J. C., Simon, H. A.: Report on a general problem-solving program. In Proceedings of the International Conference on Information Processing. Paris: UNESCO 1960.
Nichols, R. C.: The National Merit twin study. In S. G. Vandenberg (Ed.), Methods and goals in human behavior genetics. New York: Academic Press 1965.
Nisbett, R. E.: Determinants of food intake in human obesity. Science **159,** 1254-1255 (1968).
Nisbett, R. E., Schachter, S.: Cognitive manipulation of pain. Journal of Experimental Social Psychology **2,** 227-236 (1966).
Nissen, H. W., Chow, K. L., Semmes, J.: Effects of restricted opportunity for tactual, kinesthetic, and manipulative experience on the behavior of a chimpanzee. American Journal of Psychology **64,** 485-507 (1951).
Nizer, L.: My life in court. New York: Pyramid 1961.
Novin, D.: The relation between electrical conductivity of brain tissue and thirst in the rat. Journal of Comparative and Physiological Psychology **55,** 145-154 (1962).
Nunnally, J. C.: Popular conceptions of mental health. New York: Holt, Rinehart & Winston 1961.

O

Occupational Mental Health Notes: July 1966.
O'Connor, R. D.: Modification of social withdrawal through symbolic modeling. Journal of Applied Behavioral Analysis **2,** 15-22 (1969).
Ogilvie, D. M., Stone, P. J., Shneidman, E. S.: Some characteristics of genuine versus simulated suicide notes. In P. J. Stone, D. C. Cunphy, and M. S. Smith (Eds.), A computer approach to content analysis. Cambridge, Mass.: MIT Press 1966.
O'Hara, C. E.: Fundamentals of criminal investigation. Springfield, Ill.: Thomas 1956.
Olds, J.: Neurophysiology of drive. Psychiatric Research Reports of the American Psychiatric Association **6,** 15-20 (1956).
Olds, J.: Self-stimulation of the brain: Its use to study local effects of hunger, sex, and drugs. Science **127,** 315-324 (1958).
Olds, J., Milner, P.: Positive reinforcement produced by electrical stimulation of septal area and other regions of the rat brain. Journal of Comparative and Physiological Psychology **47,** 419-427 (1954).
Olin, C. H.: Phrenology. Philadelphia: Penn 1910.
Oppenheimer, R.: Analogy in science. American Psychologist **11,** 127-135 (1956).
Osgood, C. E., Suci, G. J., Tannenbaum, P. H.: The measurement of meaning. Urbana, Ill.: University of Illinois Press 1957.
Osler, S. F., Fivel, M. W.: Concept attainment. I. The role of age and intelligence in concept attainment by induction. Journal of Experimental Psychology **62,** 1-8 (1961).
Osmond, H., Smythies, J.: Schizophrenia: New approach. Journal of Mental Science **98,** 300-315 (1952).

P

Pahnke, W. N., Richards, W. A.: Implications of LSD and experimental mysticism. In C. Tart (Ed.), Altered states of consciousness. New York: Wiley 1969.

Parkes, A. S., Bruce, H. M.: Olfactory stimuli in mammalian reproduction. Odor excites neurohumoral responses affecting oestrus, pseudopregnancy and pregnancy in the mouse. Science **134**, 1049-1054 (1961).

Pascal, G. R.: Handwriting pressure: Its measurements and significance. Character and Personality **11**, 234-254 (1943).

Paul, G. L.: Insight vs. desensitization in psychotherapy. Stanford: Stanford University Press 1966.

Paul, G. L.: Outcome of systematic desensitization. II. Controlled investigations of individual treatment technique variations, and current status. In C. M. Franks (Ed.), Behavior therapy: Appraisal and status. New York: McGraw-Hill 1969.

Pauling, L.: Orthomolecular psychiatry. Science **160**, 265-271 (1968).

Peck, M. L.: Paper presented at the Third Annual American Association of Suicidologists Convention, San Francisco 1970.

Penfield, W.: The excitable cortex in conscious man. Liverpool: Liverpool University Press 1958.

Penick, S., Smith, G., Wienske, K., Hinkle, A.: An experimental evaluation of the relationship between hunger and gastric motility. American Journal of Physiology **205**, 421-426 (1963).

Perin, C. T.: A quantitative investigation of the delay-of-reinforcement gradient. J. exp. Psychol. **32**, 37-51 (1943).

Petrinovich, L., Bolles, R.: Deprivation states and behavioral attributes. Journal of Comparative and Physiological Psychology **47**, 450-453 (1954).

Pfungst, O.: Clever Hans (the horse of Mr. Von Osten). New York: Holt, Rinehart & Winston 1911.

Phillips, J. L.: The origins of intellect: Piaget's theory. San Francisco: Freeman 1969.

Piaget, J.: The child and modern physics. Scientific American **196**(3), 46-51 (1957).

Pierrel, R., Sherman, J. G.: Train your pet the Barnabus way. Brown Alumni Monthly, February 1963, 8-14.

Pines, M.: Why some 3-year-olds get A's—and some get C's. New York Times Magazine, July 6, pp. 4-5, 10-17 (1969).

Pitts, F. N.: The biochemistry of anxiety. Scientific American **220**, 69-75 (1969).

Playboy: **16**(2) 46 (1969).

Polsky, N.: Hustlers, beats, and others. Chicago: Aldine 1967.

Posner, E. G.: The effect of therapists' training on group therapeutic outcome. Journal of Consulting Psychology **30**, 283-289 (1966).

Postman, L.: Learning and perception. In S. Koch (Ed.), Psychology: A study of a science. Vol. 5. New York: McGraw-Hill 1963.

Postman, L., Rau, L.: Retention as a function of the method of measurement. University of California Publications in Psychology **8**, No. 3 (1957).

Premack, D.: Reinforcement theory. In D. Levine (Ed.), Nebraska Symposium on Motivation. Lincoln: University of Nebraska Press 1965.

Premack, D.: A functional analysis of language. Paper presented at the meeting of the American Psychological Association, Washington, D.C. 1969.

Premack, D.: The education of Sarah. Psychology Today **4**(4), 54-58 (1970).

Prescott, D. A.: Emotion and the educative process. Washington, D. C.: American Council on Education 1938.

Pressey, S. L.: A simple apparatus which gives tests and scores — and teaches. School and Society **23**, (1926).

Pribram, K. H.: A review of theory in physiological psychology. American Review of Psychology **11**, 1-40 (1960).

Pribram, K. H.: Interrelations of psychology and the neurological disciplines. In S. Koch (Ed.), Psychology: A study of a science. Vol. 4. New York: McGraw-Hill 1962.

Pribram, K. H.: Emotion: Steps toward a neurophysiological theory. In D. C. Glass (Ed.), Neurophysiology and emotion. New York: Rockefeller University Press 1967.

R

Radke, M., Klisurich, D.: Experiments in changing food habits. Journal of the American Dietetics Association **23**, 403-409 (1947).

Rapaport, C.: Personal communication to the authors 1970.

Rappaport, M., Silvermann, J.: A sensor for schizophrenics. Behavior Today **1**(21), 1 (1970).

Ratliff, F., Hartline, H. K.: The responses of Limulus optic nerve fibers to patterns of illumination on the receptor mosaic. General Physiology **42**, 1241-1255 (1959).

Ratliff, F., Hartline, H. K., Miller, W. H.: Spatial and temporal aspects of retinal inhibitory interaction. Journal of the Optical Society of America **53**, 110-121 (1963).

Raush, H. L., Raush, C. L.: The halfway house movement: A search for sanity. New York: Appleton-Century-Crofts 1968.

Raven, B. H.: Social influence and power. In I. D. Steiner and M. Fishbeim (Eds.), Current studies in social psychology. New York: Holt, Rinehart & Winston 1965.

Ray, W. S.: Judgments of intelligence based on brief observations of physiognomy. Psychological Reports **4,** 478 (1958).

Razran, G. H. S.: Decremental and incremental effects of distracting stimuli upon the salivary CRs of 24 adult human subjects. Journal of Experimental Psychology **24,** 647-652 (1939).

Razran, G.: Introductory remarks. In N. S. Kline (Ed.), Pavlovian conference on higher nervous activity. Annals of the New York Academy of Sciences **92,** 816-817 (1961).

Reitman, W. R.: Cognition and thought. New York: Wiley 1965.

Reynolds, G. S.: A primer of operant conditioning. Glenview, Ill.: Scott, Foresman 1968.

Rheingold, H. L., Gewirtz, J. L., Ross, H. W.: Social conditioning of vocalizations in the infant. Journal of Comparative and Physiological Psychology **52,** 68-73 (1959).

Rhine, J. B.: Incorporeal personal agency: The prospect of a scientific solution. Journal of Parapsychology **24,** 279-309 (1960).

Riesen, A. H.: Arrested vision. Scientific American **183**(1), 16-19 (1950).

Riesen, A. H.: Stimulation as a requirement for growth and function in behavioral development. In D. W. Fiske and S. R. Maddi (Eds.), Functions of varied experience. Homewood, Ill.: Dorsey 1961.

Robinson, M. F., Freeman, W. J.: Psychosurgery and the self. New York: Grune & Stratton 1955.

Robinson, P., Rackstraw, S. J.: Variations in mothers' answers to children's questions as a function of social class, verbal intelligence, test scores, and sex. Sociology **1,** 259-276 (1967).

Rock, I., Harris, C. S.: Vision and touch. Scientific American **216**(5), 96-104 (1967).

Roethlisberger, F. J., Dickson, W. J.: Management and the worker. Cambridge, Mass.: Harvard University Press 1939.

Roffwarg, H. P.: Personal communication to the authors 1970.

Roffwarg, H. P., Muzio, J. N., Dement, W. C.: Ontogenetic development of the human sleep-dream cycle. Science **152,** 604-619 (1966).

Rogers, C. R.: The case of Mary Jane Tilden. In W. U. Snyder (Ed.), Casebook of non-directive counseling. Boston: Houghton Mifflin 1947.

Rogers, C. R.: On becoming a person: A therapist's view of psychotherapy. Boston: Houghton Mifflin 1961.

Rogers, C., Skinner, B. F.: Some issues concerning the control of human behavior: A symposium. Science **124,** 1057-1066 (1956).

Rogge, O. J.: Why men confess. New York: Nelson 1959.

Rohrer, J., Sherif, M. (Ed.): Social psychology at the crossroads. New York: Harper & Row 1951.

Rohrer, J. H., Baron, S. H., Hoffman, E. L., Swander, D. V.: The stability of autokinetic judgments. Journal of Abnormal Psychology **49,** 595-597 (1954).

Rolf, I. P.: Strucutral integration: Gravity, an unexplored factor in a more human use of human beings. New York: Author 1962.

Romanes, G.: Animal intelligence. New York: Appleton-Century-Crofts 1881.

Rosenblatt, J. S.: Effects of experience on sexual behavior in male cats. In F. Beach (Ed.), Sex and behavior. New York: Wiley 1965.

Rosenhan, D.: Some origins of concern for others. In P. H. Mussen, J. Langer, and M. Covington (Eds.), Trends and issues in developmental psychology. New York: Holt, Rinehart & Winston 1969.

Rosenzweig, S.: A transvaluation of psychotherapy: A reply to Hans Eysenck. Journal of Abnormal and Social Psychology **49,** 298-304 (1954).

Ross, L., Rodin, J., Zimbardo, P. G.: Toward an attribution therapy: The reduction of fear through induced cognitive-emotional misattribution. Journal of Personality and Social Psychology **12,** 279-288 (1969).

Rothman, M. A.: Response to McConnell. American Psychologist **25,** 280-281 (1970).

Routh, D. K.: Conditioning of vocal response differentiation in infants. J. dev. Psychol. **1,** 219-226 (1969).

Routtenberg, A.: The two-arousal hypothesis: Reticular formation and the limbic system. Psychological Review **75,** 51-80 (1968).

Routtenberg, A.: Current status of the two-arousal hypothesis. Paper presented at the International Congress of Psychology, London, July 1969.

Rozin, P.: Specific hunger for thiamine: Recovery from deficiency and thiamine preference. Journal of Comparative and Physiological Psychology **59,** 98-101 (1965).

Rubel, A. J.: Across the tracks: Mexican-Americans in a Texas city. Austin: University of Texas 1966.

Rubia, F. J.: Persönliche Kommunikation, 1973.

Rubin, E. Figure and ground. In D. C. Beardslee and M. Wertheimer (Eds.), Readings in perception. Princeton: Van Nostrand, 1958. (Originally published, 1921.)

Rubin, Z.: Measurement of romantic love. Journal of Personality and Social Psychology **16,** 265-273 (1970).

Ruch, F. L., Ruch, W. W.: The K factor as a (validity) suppressor variable in predicting success in selling. Paper read at a meeting of the American Psychological Association, Chicago, September 1965.

Ruff, G., Levy, E. Z., Thaler, V. H.: Factors influencing reactions to reduced sensory input. In P. Solomon et al. (Eds.), Sensory deprivation. Cambridge: Harvard University Press 1961.

Russek, M.: Participation of hepatic glucoreceptors in the control of intake of food. Nature **197,** 79-80 (1963).

S

Sacerdote, P.: Induced dreams. New York: Vantage Press 1967.

Sachs, J. S.: Recognition memory for syntactic and semantic aspects of connected discourse. Perception and Psychophysics **2**(9), 441 (1967).

Salapatek, P., Kessen, W.: Visual scanning of triangles by the human newborn. Journal of Experimental Child Psychology **3**(2), 155-167 (1966).

Samuel, A.: Studies in machine learning using the game of checkers. Part 2. Recent progress. IBM Journal, Nov. 1967.

Sarbin, T. R.: On the futility of the proposition that some people be labeled "mentally ill." Journal of Consulting Psychology **31,** 445-453 (1967).

Sarnoff, I.: Society with tears. New York: Citadel 1966.

Savage, C., Savage, E., Fadiman, J., Harmann, W.: LSD: Therapeutic effects of the psychedelic experience. Psychological Reports **14,** 111-120 (1964).

Schachtel, E. G.: Metamorphosis. New York: Basic Books 1959.

Schachter, J.: Pain, fear and anger in hypertensives and normotensives. Psychosomatic Medicine **19,** 17-29 (1957).

Schachter, S.: The psychology of affiliation. Stanford: Stanford University Press 1959.

Schachter, S.: Cognitive effects on bodily functioning: Studies of obesity and eating. In D. C. Glass (Ed.), Biology and behavior: Neurophysiology and emotion. New York: Rockefeller University Press 1967.

Schachter, S., Singer, J.: Cognitive, social and physiological determinants of emotional state. Psychological Review **69,** 379-399 (1962).

Schanberg, S. M., Schildkraut, J. J., Kopin, I. J.: Biochemical Pharmacology **16,** 393 (1967).

Schein, E. H.: Reaction patterns to severe, chronic stress in American prisoners of war of the Chinese. In H. Proshansky and B. Seidenberg (Eds.), Basic studies in social psychology. New York: Holt, Rinehart & Winston 1965.

Schein, M. W., Hale, E. B.: Stimuli eliciting sexual behavior. In F. Beach (Ed.), Sex and behavior. New York: Wiley 1965.

Schildkraut, J. J., Kety, S. S.: Biogenic amines and emotion. Science **156,** 21-30 (1967).

Schjelderup, H.: Lasting effects of psychoanalytic treatment. Psychiatry **18,** 109-133 (1955).

Schlosberg, H.: The description of facial expressions in terms of two dimensions. Journal of Experimental Psychology **44,** 229-237 (1952).

Schlosberg, H.: Three dimensions of emotion. Psychological Review **61,** 81-88 (1954).

Schneck, J. M.: Hypnosis in modern medicine. (2nd ed.) Springfield, Ill.: Thomas 1959.

Schneider, A. M.: Control of memory by spreading cortical depression: A case for stimulus control. Psychological Review **74,** 201-215 (1967).

Schofield, W.: Psychotherapy: The purchase of friendship. Englewood Cliffs, N. J.: Prentice-Hall 1964.

Schou, M.: Lithium in psychiatric therapy: Stock-taking after ten years. Psychopharmacologia **1,** 65-78 (1959).

Schutz, F.: Differences between the imprinting of the following and sexual reactions in mallards. Paper presented at the meeting of the XIXth International Congress of Psychology, London 1969.

Schwartz, G. E., Johnson, H. J.: Affective visual stimuli as operant reinforcers of the GSR. Journal of Experimental Psychology **80,** 28-32 (1969).

Schwartz, M. S.: Functions of the team in the state mental hospital. American Journal of Orthopsychiatry **30,** 100-102 (1960).

Schwitzgebel, R. L.: Survey of electromechanical devices for behavior modification. Psychological Bulletin **70,** 444-459 (1968).

Scott, W. A.: Research definitions of mental health and mental illness. Psychological Bulletin **55,** 29-45 (1958).

Sears, P. S.: Doll play aggression in normal young children. Psychological Monographs **65,** No. 6 (1951).

Sears, R. R.: Development of gender role. In F. Beach (Ed.), Sex and behavior. New York: Wiley 1965.

Sears, R. R., Maccoby, E. E., Levin, H.: Patterns of child rearing. Evanston, Ill.: Row, Peterson 1957.

Sears, Roebuck Catalogue, 1902: New York: Crown 1970.

Sechrest, L., Wallace, J.: Figure drawing and naturally occurring events: Elimination of the expansive euphoria hypothesis. Journal of Educational Psychology **55,** 42-44 (1964).

Secord, P. F., Dukes, W. F., Bevan, W.: Personalities in faces. I. An experiment in social perceiving. Genetic Psychology Monographs **49,** 231-270 (1954).

Segal, M. M., Shapiro, K. L.: A clinical comparison study of the effects of reserpine and placebo on anxiety. American Medical Association Archives of Neurological Psychiatry **81,** 392-398 (1959).

Segall, M. H., Campbell, D. T., Herskovits, M. J.: The influence of culture on perception. New York: Bobbs-Merrill 1966.

Segalman, R.: The conflict of cultures between social work and the underclass. Rocky Mountain Social Science Journal **2,** 161-173 (1965).

Seiden, R. H.: We're driving young blacks to suicide. Psychology Today **4**(3), 24-28 (1970).

Shaefer, E. S., Bayley, N.: Maternal behavior, child behavior, and their intercorrelations from infancy through adolescence. Monographs of the Society for Research in Child Development **28**(3, Whole No. 7), (1963).

Shankweiler, D., Studdert-Kennedy, M.: Identification of consonants and vowels presented to left and right ears. Quarterly Journal of Experimental Psychology **19,** 59-63 (1967).

Shaw, G. B.: The adventures of the black girl in her search for God. New York: Dodd, Mead 1933.

Sheldon, W. H.: The varieties of temperament. New York: Harper & Row 1942.

Sheldon, W. H., Stevens, S. S., Tucker, W. B.: The varieties of human physique. New York: Harper & Row 1940.

Sherif, M.: A study of some social factors in perception. Archives of Psychology **27,** No. 187 (1965).

Sherif, M., Hovland, C. I.: Social judgment: Assimilation and contrast effects in communication and attitude change. New Haven: Yale University Press 1961.

Sherif, M., Sherif, C. W.: An outline of social psychology. (2nd ed.) New York: Harper & Row 1956.

Sherman, J. A.: Reinstatement of verbal behavior in a psychotic by reinforcement methods. Journal of Speech and Hearing Disorders **28,** 398-401 (1963).

Shvachkin, N. Kh.: The development of phonemic perception in early childhood. In C. A. Ferguson and D. I. Slobin (Eds.), Readings in child language development, 1971, in press. (Originally published in Izvestiya Akad. Pedag. Nauk RSFSR **13,** 101-132 (1948).)

Sidman, M., Stoddard, L. T.: Programming perception and learning for retarded children. In N. R. Ellis (Ed.), International review of research on mental retardation. Vol. II. New York: Academic Press 1969.

Sigall, H., Aronson, E.: Liking for an evaluator as a function of her physical attractiveness and nature of the evaluations. Journal of Experimental Social Psychology **5,** 93-100 (1969).

Sigel, I., Roeper, A., Hooper, F. H.: A training procedure for acquisition of Piaget's conservation. of quantity: a pilot study and its replication. British Journal of Educational Psychology **86,** 301-311 (1966).

Simmel, E. C., Hoppe, R. A., Milton, G. A. (Eds.): Social facilitation and imitative behavior. Boston: Allyn & Bacon 1968.

Simon, H. A.: Motivational and emotional controls of cognition. Psychological Review **74,** 29-39 (1967).

Simpson, H. M.: Effects of a task-relevant response on pupil size. Psychophysiology **6,** 115-121 (1969).

Siqueland, E.: Further developments in infant learning. Paper read at the symposium in learning processes of human infants, XIXth International Congress of Psychology, London 1969.

Skeels, H. M.: Adult status of children with contrasting early life experiences. Monographs of the Society for Research in Child Development, **31**(3), 1-65 (1966).

Skinner, B. F.: Verbal behavior. New York: Appleton-Century-Crofts 1957.

Skinner, B. F.: Pigeons in a pelican. American Psychologist **15,** 28-37 (1960).

Skinner, B. F.: Teaching machines. Scientific American **205**(5), 90-102 (1961).

Skinner, B. F., Solomon, H. C., Lindsley, O. R.: A new method for the experimental analysis of the behavior of psychotic patients. Journal of Nervous and Mental Disease **120,** 403-406 (1954).

Slavson, S. R.: Group psychotherapy. Scientific American **183**(6), 42-45 (1950).

Slucki, H., Adam, G., Porter, R. W.: Operant discrimination of an interoceptive stimulus in rhesus monkeys. J. exp. Anal. Behav. **8,** 405-414 (1965).

Smith, J. A., Rutherford, A., Fanning, R.: A comparison of phenaglycodol (Ultran), meprobamate and a placebo in abstinent alcoholics. American Journal of Psychiatry **114,** 364-365 (1957).

Smith, O. A., Nathan, M.: Effects of hypothalamic and prefrontal cortical lesions on conditioned cardiovascular responses. Physiologist **7,** 259 (1964).

Snyder, F., Hobson, J. A., Morrison, D. R., Goldfrank, F.: Changes in respiration, heart rate, and systolic blood pressure in human sleep. Journal of Applied Physiology **19,** 417-422 (1964).

Sokolov, E. N.: Neuronal models and the orienting reflex. In M. A. Brazier (Ed.), The central nervous system and behavior. New York: Josiah Macy 1960.

Solley, C. M., Haigh, G. A.: A note to Santa Claus. Topical research papers. The Menninger Foundation **18,** 4-5 (1957).

Sontag, L. W., Baker, C. T., Nelson, V. L.: Mental growth and personality development: A longitudinal study. Monographs of the Society for Research in Child Development **23**(2), 11-85 (1958).

Spearman, C.: "General intelligence" objectively determined and measured. American Journal of Psychology **15,** 201-293 (1904).

Spears, W. C.: Assessment of visual preference and discrimination in the four-month-old infant. Journal of Comparative and Physiological Psychology **57,** 381-386 (1964).

Speisman, J. C., Lazarus, R. S., Mordkoff, A. M., Davison, L. A.: The experimental reduction of stress based on egodefense theory. Journal of

Abnormal and Social Psychology **68,** 367-380 (1964).
Spelt, D. K.: The conditioning of the human fetus in utero. Journal of Experimental Psychology **38,** 338-346 (1948).
Sperling, G.: The information available in brief visual presentations. Psychological Monographs **74**(11, Whole No. 498) (1960).
Sperling, G. A.: Model for visual memory tasks. Human Factors **5,** 19-31 (1963).
Sperry, R. W.: Mental unity following surgical disconnection of the cerebral hemispheres. The Harvey Lectures, Series 62. New York: Academic Press 1968.
Spong, P., Haider, M., Lindsley, D. B.: Selective attentiveness and cortical evoked responses to visual and auditory stimuli. Science **148,** 395-397 (1965).
Spranger, E.: Lebensform. (3rd ed.) New York: Stechert 1928.
Srule, L., Schrijvers, J.: The prototype therapeutic community. Paper presented at the meeting of the American Psychiatric Association 1968.
Staats, A. W., Butterfield, W. H.: Treatment of non-reading in a culturally deprived juvenile delinquent: An application of reinforcement principles. Child Development **36,** 924-942 (1965).
Stagner, R.: Homeostasis as a unifying concept in personality theory. Psychological Review **61,** 5-22 (1951).
Stampfl, T. G., Levis, D. J.: Essentials of implosive therapy: A learning theory-based psychodynamic behavioral therapy. Journal of Abnormal Psychology **72,** 496-503 (1967).
Stayton, S. E., Weiner, M.: Value, magnitude, and accentuation. Journal of Abnormal and Social Psychology **62,** 145-147 (1961).
Stein, L.: In S. Garutini and M. N. G. Dukes (Eds.), Antidepressant drugs. Amsterdam: Excerpta Medica Foundation 1967.
Stern, P. J.: The abnormal person and his world. Princeton: Van Nostrand 1964.
Stern, W.: The psychological methods of testing intelligence. Educational Psychology Monographs 1914, No. 13.
Sternbach, R. A.: Pain: A psychophysiological analysis. New York: Academic Press 1968.
Stevens, C. F.: Neurophysiology: A primer. New York: Wiley 1966.
Stevenson, H., Stewart, E.: A developmental study of racial awareness in young children. Child Development, **61,** 37-75 (1966).
Stodolsky, S., Lesser, G. S.: Learning patterns in the disadvantaged. Harvard Educational Review **37**(4), 546-593 (1967).
Stogdill, R. M.: Personality factors associated with leadership: A survey of the literature. Journal of Psychology **25,** 35-71 (1948).
Stone, C. P., Bakhtiari, A. B.: Effects of electroconvulsive shock on maze relearning by albino rats. Journal of Comparative and Physiological Psychology **49,** 318-320 (1956).
Strecker, E. A., Ebaugh, F. G.: Practical clinical psychiatry. (5th ed.) Philadelphia: Blakiston 1940. Quoted by permission.
Strickland, L.: Surveillance and trust. Journal of Personality **26,** 200-215 (1958).
Stromeyer, C. F., Psotka, J., West, M.: Eidetic imagery: A brief resume of studies in progress. Unpublished report, submitted to Nature 1969.
Strong, E. K., Jr.: Manual for Vocational Interest Blank for Men. Stanford: Stanford University Press 1951.
Stunkard, A., Koch, C.: The interpretation of gastric motility: Apparent bias in the report of hunger by obese persons. Archives of General Psychology **11,** 74-82 (1964).
Suchman, J. R.: The elementary school training program in scientific inquiry. Urbana, Ill.: University of Illinois Press 1962.
Sullivan, H. S.: The interpersonal theory of psychiatry. New York: Norton 1953.
Suppes, P.: Mathematical concept formation in children. American Psychologist **21,** 139-150 (1966).
Suppes, P.: On using computers to individualize instruction. In D. D. Bushnell and D. Allen (Eds.), The computer in education. New York: Wiley 1967.
Surgeon General's Office, U.S. Department of Health, Education and Welfare. Smoking and health: Report of the advisory committee to the Surgeon General of the public health service. Public Health Service Publication No. 1103. Washington, D.C. 1964.
Szasz, T. S.: The myth of mental illness. New York: Harper & Row 1961.
Szasz, T. S.: Psychiatric justice. New York: Macmillan 1965.

T

Talbot, E., Miller, S. C.: The mental hospital as a sane society. Trans-action **26,** 39-42 (1965).
Tart, C.: Altered states of consciousness. New York: Wiley 1969.
Teitelbaum, P.: The use of operant methods in the assessment and control of motivational states. In W. K. Honig (Ed.), Operant behavior. New York: Appleton-Century-Crofts 1966.
Teitelbaum, P., Epstein, A.: The lateral hypothalamic syndrome: Recovery of feeding and drinking after lateral hypothalamic lesions. Psychological Review **69,** 74-90 (1962).
Terman, L. M.: The measurement of intelligence. Boston: Houghton Mifflin 1916.
Terman, L. M., Merrill, M. A.: Measuring intelligence. Boston: Houghton Mifflin 1937.
Terman, L. M., Merrill, M. A.: The Stanford-Binet

intelligence scale. Boston: Houghton Mifflin 1960.
Terrace, H. S.: Erroless transfer of a discrimination across two continua. Journal of the Experimental Analysis of Behavior **6,** 224-232 (1963).
Teuber, H. L.: Lacunae and research approaches to them. In C. H. Millikan and F. L. Darley (Eds.), Brain mechanisms underlying speech and language. New York: Grune and Stratton 1967.
Thigpen, C. H.: Personal communication to the authors, August 1961.
Thigpen, C. H., Cleckley, H.: A case of multiple personality. Journal of Abnormal and Social Psychology **49**(1), 135-144 (1954).
Thigpen, C. H., Cleckley, H. A.: The three faces of Eve. New York: McGraw-Hill 1957.
Thomas, A., Chess, S., Birch, H. G., Hertzig, M. E., Korn, S.: Behavioral individuality in early childhood. New York: New York University Press 1963.
Thompson, R., McConnell, J. V.: Classical conditioning in the Planarian, Dugesia Dorotocephala. Journal of Comparative and Physiological Psychology **48,** 65-68 (1955).
Thorndike, E. L.: Animal intelligence. Psychological Review Monograph Supplement **2,**(Whole No. 8) (1898).
Thorndike, E. L.: The mental life of the monkeys Psychological Review Monograph Supplement No. 15 (1901).
Thorndike, E. L.: The elements of psychology. New York: Seiler 1905.
Thurstone, L. L., Thurstone, T. G.: Factorial studies of intelligence. Psychometric Monographs No. 2 1941.
Thurstone, L. L. Thurstone, T. G.: SRA primary mental abilities. Intermediate – ages 11-17. Chicago: Science Research Associates 1947.
Tinbergen, N.: An objectivistic study of the innate behaviour of animals. Bibliotheca Biotheoretica, Leiden **1,** 39-98 (1942).
Tinklepaugh, O. L.: An experimental study of representational factors in monkeys. Journal of Comparative Psychology **8,** 197-236 (1928).
Toch, H.: Violent men. Chicago: Aldine 1969.
Toffler, A.: Future shock. New York: Random House 1970.
Tolman, E. C.: Operational behaviorism and current trends in psychology. Collected papers in psychology. Berkeley: University of California Press 1950. (Originally published 1936.)
Tomkins, S.: A modified model of smoking behavior. In E. F. Borgatta and R. R. Evans (Eds.), Smoking, health, and behavior. Chicago: Aldine Publishing Co. 1968.
Triplett, N.: The dynamogenic factors in pacemaking and competition. American Journal of Psychology **9,** 507-533 (1897).
Trotter, W.: Instincts of the herd in peace and war. London: T. Fisher Unwin 1916.
Tsang, Y. C.: Hunger motivation in gastrectomized rats. Journal of Comparative Psychology **26,** 1-17 (1938).
Tschukitschew: Contributions of the Timiriazer Institute, 36 (1929). Cited in R. D. Templeton and J. P. Quigley, The action of insulin on the motility of the gastrointestinal tract. American Journal of Physiology **91,** 467-474 (1930).
Tuddenham, R. D.: The influence of a distorted group norm upon judgments of adults and children. Journal of Psychology **52,** 231-239 (1961).
Tulving, E., Patkau, J. E.: Concurrent effects of contextual constraint and word frequency on immediate recall and learning of verbal material. Canadian Journal of Psychology **16,** 83-95 (1962).
Turing, A. M.: Computing machinery and intelligence. Mind **59,** 433-460 (1950).
Turnbull, C. M.: Some observations regarding the experiences and behavior of BaMbuti Pygmies. American Journal of Psychology **74,** 304-308 (1961).

U

Underwood, B. J.: Spontaneous recovery of verbal associations. Journal of Experimental Psychology **38,** 429-439 (1948).
Unger, S. M.: Habituation of the vasoconstrictive orienting reaction. Journal of Experimental Psychology **67,** 11-18 (1964).

V

Vaitl, H.: Persönliche Kommunikation, 1973.
Valenstein, E., Cox, V., Kakolewski, J.: Modification of motivated behavior elicited by electrical stimulation of the hypothalamus. Science **159,** 1119-1121 (1968). (a)
Valenstein, E., Cox, V., Kakolewski, J.: The motivation underlying eating elicited by lateral hypothalamic stimulation. Physiology and Behavior **3,** 969-971 (1968). (b)
Valenstein, E., Cox, V., Kakolewski, J.: Re-examination of the role of the hypothalamus in motivation. Psychological Review **77,** 16-31 (1970).
Verhave, T.: The pigeon as a quality-control inspector. In R. Ulrich, T. Stachnik, and J. Mabry (Eds.), Control of human behavior. Glenview, Ill.: Scott, Foresman 1966.
Vogel, W., Broverman, D. M., Draguns, J. G., Klaiber, E. L.: The role of glutamic acid in cognitive behavior. Psychological Bulletin **65,** 367 (1966).
Von Békésy, G.: The ear. Scientific American **197** (2), 66-78 (1957).

W

Wagner, A. H.: Stimulus-selection and a "Modified continuity theory." In G. H. Bower and J. T.

Spence (Eds.), The psychology of learning and motivation. Vol. 3. New York: Academic Press 1970.

Wahler, R. G.: Infant social development: Some experimental analyses of an infant-mother interaction during the first year of life. Journal of Experimental Child Psychology **7**, 101-113 (1969).

Walker, D. R., Milton, G. A.: Memory transfer vs. sensitization in cannibal planarians. Psychonomic Science **5**, 293-294 (1966).

Walster, E.: The effect of self-esteem on romantic liking. Journal of Experimental and Social Psychology **1**, 184-197 (1965).

Watson, J. B.: Experimental studies on the growth of emotions. In C. Murchison (Ed.), Psychologies of 1925. Worcester, Mass.: Clark University Press 1926.

Watson, J. B., Rayner, R.: Conditioned emotional reactions. Journal of Experimental Psychology **3**, 1-14 (1920).

Weaver, W.: Science and people. Science **122**, 1255-1259 (1955).

Webb, W. B.: Sleep: An experimental approach. New York: Macmillan 1968.

Wechsler, D.: Wechsler intelligence scale for children. New York: Psychological Corp. 1949.

Wechsler, D.: Wechsler adult intelligence scale. New York: Psychological Corp 1955.

Wechsler, H., Grosser, G. H., Greenblatt, M.: Research evaluating antidepressant medications on hospitalized mental patients: A survey of published reports during a 5-year period. Journal of Nervous and Mental Disease **141**, 231-239 (1965).

Wegrocki, H. J.: A critique of cultural and statistical concepts of abnormality. Journal of Abnormal and Social Psychology **34**, 166-178 (1939).

Weisskopf-Joelson, E.: Some comments on a Viennese school of psychiatry. Journal of Abnormal and Social Psychology **51**, 701-703 (1955).

Weitzman, B.: Behavior therapy and psychotherapy. Psychological Review **74**, 300-317 (1967).

Welker, W. I.: An analysis of exploratory and play behavior in animals. In D. W. Fiske and S. R. Maddi (Eds.), Functions of varied experience. Homewood, Ill.: Dorsey 1961.

Wells, F. L.: A statistical study of literary merit. Archives of Psychology **16**, No. 7 (1907).

Wever, E. G.: Theory of hearing. New York: Wiley 1949.

Wever, E. G., Bray, C. W.: Present possibilities for auditory theory. Psychological Review **37**, 365-380 (1930).

White, B. L., Held, R.: Plasticity of sensorimotor development in the human infant. In J. F. Rosenblith and W. Allinsmith (Eds.), The causes of behavior. Vol. 1. (2nd ed.) Boston: Allyn & Bacon 1966.

White, R. W.: Motivation reconsidered: The concept of competence. Psychological Review **66**, 297-333 (1959).

Whiting, J. W. M.: Menarcheal age and infant stress in humans. In F. A. Beach (Ed.), Sex and behavior. New York: Wiley 1965.

Whiting, J. W. M., Kluckhohn, R., Anthony, A.: The function of male initiation ceremonies at puberty. In E. E. Maccoby, T. Newcomb, and E. D. Hartley (Eds.), Readings in social psychology. New York: Holt, Rinehart & Winston 1958.

Whorf, B. L.: Language, thought, and reality. J. B. Carroll (Ed.). New York: Wiley 1956.

Wiener, B.: Motivational factors in short-term retention. II. Rehearsal or arousal? Psychological Reports **20**, 1203-1208 (1967).

Williams, R. D., Mason, H. L., Smith, B. F.: Induced vitamin B_1 deficiency in human subjects. Proceedings of Staff Meeting, Mayo Clinic **14**, 787-793 (1939).

Williams, R. D., Mason, H. L., Smith, B. F., Wilder, R. M.: Induced thiamine (vitamin B_1) deficiency and the thiamine requirement of man: Further observations. Archives of Internal Medicine **69**, 721-738 (1942).

Williams, R. J.: Biochemical individuality. New York: Wiley 1956.

Williams, R. L., Agnew, H. W., Webb, W. B.: Sleep patterns in young adults: An EEG study. Electroencephalography and Clinical Neurophysiology **17**, 376-381 (1964).

Winokur, G.: Genetic factors in mood disorders. Mental Health Program Reports **4**, 215-235 (1970).

Winter, G. D., Nuss, E. M.: The young adult: Identity and awareness. Glenview, Ill.: Scott, Foresman 1969.

Winterbottom, M. R.: The relation of childhood training in independence to achievement motivation. Unpublished doctoral dissertation, University of Michigan 1953.

Witkin, H. A., et al.: Personality through perception. New York: Harper & Row 1954.

Witt, P. N.: Reported in Newsweek, August 10, 1970.

Woddis, G. M.: Medical World **93**(3), 255 (1960).

Wolberg, L.: Hypnotherapy. In S. Arieti (Ed.), American handbook of psychiatry. Vol. 2. New York: Basic Books 1959.

Wold, C. I.: Characteristics of 26,000 suicide prevention center patients. Bulletin of Suicidology **6**, 24-28 (1970).

Wolf, A. V.: Thirst: Physiology of the urge to drink and problems of water lack. Springfield, Ill.: Thomas 1958.

Wolf, A., Schwartz, E. K.: Psychoanalysis in groups. New York: Grune & Stratton 1962.

Wolf, M., Risley, T., Mees, H.: Application of operant conditioning procedures to the behavior problems of an autistic child. Behavior Research and Therapy **1**, 305-312 (1964).

Wolf, S., Wolff, H. G.: Human gastric function. (2nd ed.) New York: Oxford University Press 1947.
Wolff, P. H.: Observations on the early development of smiling. In B. M. Ross (Ed.), Determinants of infant behavior. Vol. 2. New York: Wiley 1963.
Wolff, P. H.: The development of attention in young infants. Annals of the New York Academy of Sciencies **118,** 815-830 (1965).
Wolpe, J.: Psychotherapy by reciprocal inhibition. Stanford: Stanford University Press 1958.
Wolpe, J.: Reciprocal inhibition as the main basis of psychotherapeutic effects. In H. J. Eysenck (Ed.), Behavior therapy and the neuroses. New York: Pergamon Press 1960.
Wolpe, J.: The practice of behavior therapy. New York: Pergamon Press 1969.
Worchel, P.: Anxiety and repression. Journal of Abnormal and Social Psychology **50,** 201-205 (1955).
Worden, F. G.: Attention and auditory electrophysiology. In E. Stellar and J. M. Sprague (Eds.), Progress in physiological psychology. Vol. 1. New York: Academic Press 1966.

Y

Yerkes, R. M., Morgulis, S.: The method of Pavlov in animal psychology. Psychological Bulletin **6,** 257-273 (1909).
Yoshii, N., Hockaday, W. J.: Conditioning of frequency – characteristic repetitive EEG response with intermittent photic stimulation. Electroencephalography and Clinical Neurophysiology **10,** 487 (1958).
Young, P. T.: Motivation and emotion. New York: Wiley 1961.
Young, P. T.: Evolution and preference in behavioral development. Psychological Review **75,** 222-241 (1968).

Z

Zajonc, R. B.: Social facilitation. Science **149,** 269-274 (1965).
Zajonc, R. B.: Social facilitation in cockroaches. In E. C. Simmel, R. A. Hoppe, and G. A. Milton (Eds.), Social facilitation and imitative behavior. Boston: Allyn & Bacon 1968.
Zarcone, V., Gulevich, G., Pivik, T., Dement, W. C.: REM deprivation and schizophrenia. In J. Wortis (Ed.), Recent advances in biological psychiatry. New York: Plenum Press 1970.
Zeaman, D., Smith, R. W.: Review and analysis of some recent findings in human cardiac conditioning. In W. F. Prokasky (Ed.), Classical conditioning. New York: Appleton-Century-Crofts 1965.
Zeigarnik, B.: Über das Behalten von erledigten und unerledigten Handlungen. Psychologische Forschung **9,** 1-85 (1927).
Zeller, A. F.: An experimental analogue of repression. II. The effect of individual failure and success on memory measured by relearning. Journal of Experimental Psychology **40,** 411-422 (1950).
Zigler, E.: Social deprivation and rigidity in the performance of feebleminded children: Journal of Abnormal and Social Psychology **62,** 413-421 (1961).
Zigler, E.: Motivational determinants in the performance of retarded children. American Journal of Orthopsychiatry **36**(5), (1966).
Zigler, E.: Motivational and emotional factors in the behavior of the retarded. Connecticut Medicine, August 1968.
Zigler, E.: Developmental versus difference theories of mental retardation and the problem of motivation. American Journal of Mental Deficiency **73**(4), (1969).
Zimbardo, P. G.: The effects of early avoidance training and rearing conditions upon the sexual behavior of the male rat. Journal of Comparative and Physiological Psychology **51,** 764-769 (1958).
Zimbardo, P. G.: The cognitive control of motivation. Glenview, Ill.: Scott, Foresman 1969.
Zimbardo, P. G., Montgomery, K. D.: The relative strengths of consummatory responses in hunger, thirst, and exploratory drive. Journal of Comparative and Physiological Psychology **50,** 504-508 (1957).
Zimmerman, R. R.: Analysis of discrimination learning capacities in the infant rhesus monkey. Journal of Comparative and Physiological Psychology **54,** 1-10 (1961).
Zubeck, J. P., Pushkar, D., Sansom, W., Gowing, J.: Perceptual changes after prolonged sensory isolation (darkness and silence). Canad. J. Psychol. **15,** 83-100 (1961).
Zweigenhaft, R.: Signature size: Key to status awareness. Journal of Social Psychology **81,** 49-54 (1970).

Sachverzeichnis

A

B

C

D

E

F

G

H

I

J

K

L

M

N

O

P

R

S

T

U

V

W

Y

Z